Y0-BKV-546

1820 Federal Census for Indiana

Compiled
by
Willard Heiss

The Genealogy Section of
The Indiana Historical Society
Indianapolis
1966
Reprinted 1975

PREFACE

The original record of the 1820 census for Indiana is in the National Archives. This compilation has been made from microfilm copy of that record. The schedule for Daviess County is not known to exist – consequently there is no information available for that county.

The page number listed with each household refers to the page as it appears on the original record. The pagination "is generally that which runs consecutively from beginning to end. . . ." Where the page lacks a number we have usually added *A* to the number of the previous page. However, there are some instances where the *A* was inadvertently omitted. In this case the un-numbered page will be indexed with the previous numbered page. An error was found too late to change in Jefferson County. The page following 291 has been copied as 302; likewise, the page following 292 was copied as 304.

The whole concept of pagination on the original census suggests that it may have been done by a character from *Alice in Wonderland.* The confusion is compounded by the fact that I found that sheets for Jennings County had at one time been in two pieces. When they had been assembled not a single left hand side matched a right hand side. I had these pages photographically reproduced, cut them apart and put them together properly. The information herein for Jennings County is correct. The page given will take you to the page on the original record where you may verify the name and the ages of the white males, but nothing more.

The following list will show the roll of microfilm on which each county record appears. At the same time I have set forth the abbreviations used for the county names.

Fourth Census of the United States, 1820, Microcopy No. 33,

Roll No. 13	Roll No. 14		Roll No. 15
CLARK	**CRAW**FORD	**ORAN**GE	**FAYE**TTE
DEARBORN	**DELA**WARE	**OWEN**	**RIPL**EY
FLOYD	**DUBO**IS	**PERR**Y	**SPEN**CER
FRANKLIN	**HARR**ISON	**SCOT**T	**SULL**IVAN
GIBSON	**JENN**INGS	**SWIT**ZERLAND	**WARR**ICK
JACKSON	**KNOX**	**VAND**ERBURGH	**WAYN**E
JEFFERSON	**LAWR**ENCE	**VIGO**	
PIKE	**MART**IN	**WABA**SH	
POSEY	**MONR**OE	**WASH**INGTON	
RANDOLPH			

Information on the township in which the householder may have lived has not been given. Very few township boundaries had been permanently fixed in 1820. Many counties do not show any subdivision. The extra effort to supply this limited information did not seem warranted. Also, not included are scattered marginal notes by some census takers giving the occupation of the householder.

All the information listed herein follows the form of the original census record with the exception of the listing of Negroes. Rather than using two columns, one for free and one for slave, we have consolidated these into one column. Symbols have been added which indicate by F or S the status of the Negro. In cases where this was not clear N has been used.

The greatest effort in this work has been in checking and verifying to make this an accurate reproduction of the original record. In places it almost seems that the census taker was writing in Sanskrit. However, names have been copied as they appear and no attempt has been made to correct the obvious errors. Some names are spelled phonetically. You are urged to search for every conceivable form that a name might take.

Nowhere was the name, Llewellyn, spelled in what is now considered to be the correct form. It is listed as: Lewallen, Lewellin, Lewelling, Luallen and Luellen. This is a more literate example of the problems that may confront the user of this volume.

Posey County presents a particularly vexing situation. Here a census taker who could barely write English was recording German names!

When using microfilm it is sometimes difficult to discern whether you are looking at a jot and tittle or a fly speck and a scratch. There are, no doubt, instances where we have changed an *e* into an *i* or an *l* into a *t*.

I am most grateful for the ability of Faye Wilkey who was able to transcribe the information from the microfilm onto IBM cards. To find a person who can recognize such names as Zephaniah, Zechariah or Ezekiel, is in itself remarkable in this day! I wish to thank Ruth Slevin who assisted me in checking and rechecking what sometimes seemed to be endless lists of names and numbers. Without the genius of Walter Shea, John Redding and Isaac Evans and their magical IBM machines, this book would not be in print.

Further, I am indebted to Robert McClarren and the Indiana State Library who contributed greatly to this project.

And lastly, I appreciate the patience of my wife and son who survive their vicissitudes with such equanimity.

W. H. – Indianapolis, 1965

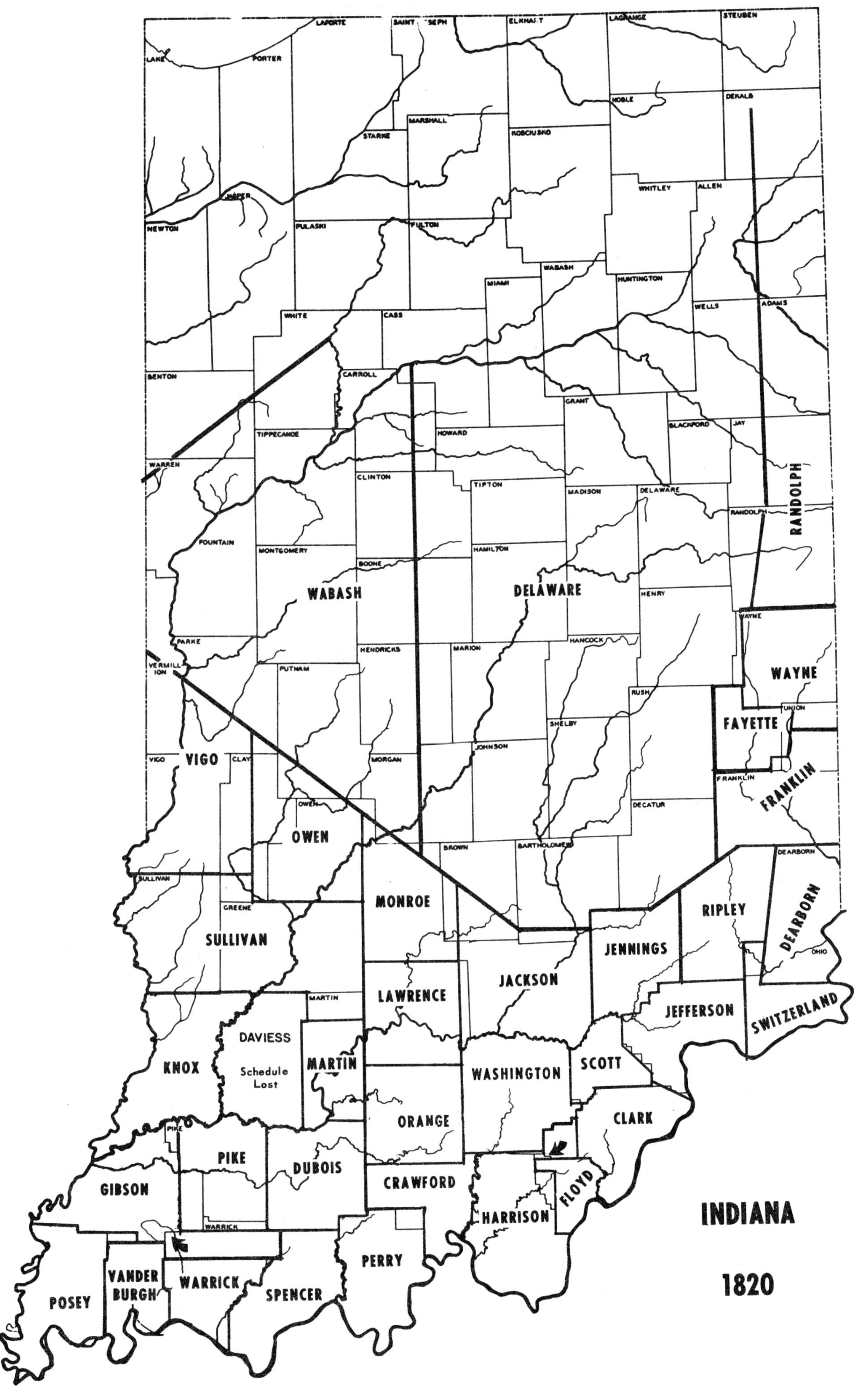

INDIANA
1820
LAPORTE
SAINT JOSEPH
ELKHART
LAGRANGE
STEUBEN
LAKE
PORTER
NOBLE
DEKALB
MARSHALL
STARKE
KOSCIUSKO
JASPER
WHITLEY
ALLEN
NEWTON
PULASKI
FULTON
WABASH
MIAMI
HUNTINGTON
WHITE
CASS
WELLS
ADAMS
BENTON
CARROLL
GRANT
TIPPECANOE
HOWARD
BLACKFORD
JAY
WARREN
CLINTON
TIPTON
MADISON
DELAWARE
RANDOLPH
FOUNTAIN
MONTGOMERY
BOONE
HAMILTON
WABASH
DELAWARE
HENRY
PARKE
HENDRICKS
MARION
HANCOCK
WAYNE
VERMILLION
PUTNAM
RUSH
SHELBY
FAYETTE
UNION
VIGO
VIGO
CLAY
MORGAN
JOHNSON
FRANKLIN
FRANKLIN
OWEN
OWEN
DECATUR
BROWN
BARTHOLOMEW
DEARBORN
SULLIVAN
MONROE
RIPLEY
GREENE
DEARBORN
SULLIVAN
JENNINGS
OHIO
JACKSON
MARTIN
LAWRENCE
JEFFERSON
SWITZERLAND
DAVIESS
Schedule Lost
KNOX
MARTIN
SCOTT
WASHINGTON
CLARK
ORANGE
PIKE
PIKE
DUBOIS
GIBSON
CRAWFORD
FLOYD
HARRISON
WARRICK
PERRY
VANDER BURGH
WARRICK
SPENCER
POSEY

ERRATA

p. 53 Abraham BUDD should read BIEDEL
p. 53 Edmond BUDD should read BIEDEL
p. 72 William CHORMAN should read CHRISMAN
p. 81 Elizabeth COMVAN should read CAMRON
p. 92 David C. CRESRY should read CRESSY
p. 93 John CRISMORE should read CHRISMAN
p. 164 George W. GURRITSON should read GARRITSON
p. 206 William HYLAND should read HYLARD
p. 210 Reuben JAGUITH should read JAQUITH
p. 213 Moses JINTEN should read JUSTIS
p. 248 Nancy PARMAN should read HARMON
p. 249 Over R. GORDAN should read JORDAN
p. 253 SAMUEL Mallory should read LEMUEL

Names Omitted

Robert Jones, Harrison county p. 46
Andrew Kelley, Harrison county p. 44
Ambrois Mallett, Knox county p. 84

Head of Household	Page	County	White Males (Under 10, 10-15, 16-18, 16-25, 26-44, 45 & over)	White Females (Under 10, 10-15, 16-25, 26-44, 45 & over)	Foreigners, Agriculture, Commerce, Manufacture	Free or Slave	Negro Males (Under 14, 14-25, 26-44, 45 & over)	Negro Females (Under 14, 14-25, 26-44, 45 & over)	Other not Indian
ILLEGIBLE	017	DELA	100001	03401	0100				
ILLEGIBLE	155	FLOY	100010	20100	0100				
ILLEGIBLE	154	SCOT	400010	10010	0100				
AGNESS OF COLOR	181	WAYN							
BEN	146	PERR	000000	00000	0000	S	0201	0001	
EPEPHRIDITUS	161	SCOT	200010	00100	0001				
GRINAGE	216	WASH	000000	00000	0000	F	0001		
LETUCE	253	WAYN	100000	00011	0000				
SARAH	101	SPEN				F	1000	1010	
AAVIS JESSE	109	LAWR	100010	10010	0100				
AAVIS REUBIN	109	LAWR	000010	00010	0100				
AAVIS WARNER	109	LAWR	100010	30010	0100				
ABAIR FRANCES	083	KNOX	000000	00000	0000				
ABBERNATH JOHN	045	FAYE	110101	12101	0100				
ABBERNATHY JAMES	049	FAYE	200010	20020	0100				
ABBET JOHN	283	JEFF	111101	11001	0200				
ABBET WILLIAM	283	JEFF	000010	00000	0100				
ABBETT SAMUEL	172	SWIT	211101	20010	0100				
ABBETT WILLIAM	300	PIKE	300010	10010					
ABBIT JAMES	301	PIKE	510020	11010					
ABBITT NATHAN	308A	POSE	121302	21011	0700				
ABBOT AARON	032	DELA	000100	00000	0100				
ABBOT ELI	071	DEAR	000100	10100	0100				
ABBOT ELIHU	222	FRAN	000001	10010	0100				
ABBOT JAMES	222	FRAN	010001	01210	0200				
ABBOT JAMES	147	PERR	320001	21010	0300				
ABBOT JAMES	022	DELA	000101	02101	0100				
ABBOT JAMES	187	VIGO	011201	00001	0400				
ABBOT JOSEPH	217	FRAN	200010	10100	0100				
ABBOT MARGARET	045	CLAR	010100	01001	0100				
ABBOT ROBERT	071	DEAR	010001	11110	0100				
ABBOT WILLIAM	071	DEAR	011301	22010	0100				
ABBOT WILLIAM L	071	DEAR	300010	00100	0100				
ABBOTT JAMES	290A	JEFF	200100	00010	0100				
ABBOTT JAMES	031	CLAR	100001	11010	0001				
ABBOTT JOHN	031	CLAR	000101	00001	0200				
ABBOTT JOHN	032	CLAR	300010	11010	0100				
ABBOTT MICHAEL	273	JEFF	210010	20010					
ABBOTT WILLIAM	033	CLAR	330010	21010	0400				
ABDON JOHN	116	DEAR	520001	01010	0101				
ABEL ENOCH	013	CLAR	200010	31010	0100				
ABEL PETER	122	MONR	200120	00100	0200				
ABEL POLLARD	263A	JACK	221210	30110	0100				
ABERCROMBIE HUGH	165	FRAN	010201	01101	0200				
ABERCROMBIE JAMES	165	FRAN	000100	00100	0100				
ABERCRUMBY ALEXANDER	237	GIBS	000010	21000	0100				
ABERNATHY BENJAMIN	218	FRAN	000100	00100	0100				
ABERNATHY HUGH	201	FRAN	211101	01001	0300				
ABERNATHY RICHARD	201	FRAN	000010	00100	0100				
ABERNATHY ROBERT	213	FRAN	210011	01021	0300				

Head of Household	Page	County	White Males (Under 10, 10-15, 16-18, 16-25, 26-44, 45 & over)	White Females (Under 10, 10-15, 16-25, 26-44, 45 & over)	Foreigners, Agriculture, Commerce, Manufacture	Free or Slave	Negro Males (Under 14, 14-25, 26-44, 45 & over)	Negro Females (Under 14, 14-25, 26-44, 45 & over)	Other not Indian
ABERNATHY THOMAS	201	FRAN	100100	00100	0001				
ABERNATHY WILLIAM	201	FRAN	100010	10100	0100				
ABLE FERDINAN	142	OWEN	100100	20011	0100				
ABLE IGNATINS ESQR	049	HARR	310101	31210	0100				
ABLE JOHN	120	DEAR	000001	00001	0100				
ABLE JOHN D	120	DEAR	000010	41001	0001				
ABLE JOSEPH	041	CLAR	100100	00100	0001				
ABLE TRAVIS	011	CRAW	201101	33010	0300				
ABORN ABBY B	142	FLOY	000000	00010	0000				
ABRAHAM THOMAS	122	MONR	101101	24001	0101				
ABRAMS BENJ	167	FRAN	020001	11101	0100				
ABRAMS GABRIEL	301	PIKE	210101	31101					
ABRAMS GEORGE	110	DEAR	100010	50010	0100				
ABRAMS ISRAEL	269	WAYN	200010	10010	0010				
ABRAMS JOSIAH	207	WAYN	200110	10100	0100				
ABSHEAR JAMES	097	SPEN	131101	31011	0500				
ABSHIER ABRAHAM	087	SPEN	130010	30000	0300				
ABSHIRE ABRAHAM	089	DEAR	000010	00100	0001				
ACARD CHRISTIAN	046	HARR	100010	40010	0100				
ACARD JOSEPH	046	HARR	100010	10100	0100				
ACARD JOSEPH	046	HARR	000101	00001	0100				
ACARD MOSES	046	HARR	100100	00010	0100				
ACKERMAN JOHN	117	DEAR	010010	00010	0100				
ACOLY WILLIAM	039	DUBO	010001	01010	0100				
ACRE THOS	278	JEFF	110010	21010	0100				
ACRES JESSE	209	WASH	000100	00100	0300				
ACRES PAUL	223	WASH	100010	10100	0100				
ACRES PHILLIP	059	HARR	000001	00031	0100				
ACRES STEPHEN	209	WASH	110102	01102	0200				
ACUFF JOHN	305A	POSE	210111	11301	0300				
ADAIR ISAAC	017	FAYE	100010	00000	0000				
ADAIR JAMES SR	017	FAYE	000001	01001	0000				
ADAIR JOHN	188	FRAN	110110	30110	0300				
ADAIR WILLIAM	075	RIPL	300010	10010	0100				
ADAM ABRAM	219	WAYN	110010	11101	0200				
ADAM WILLIAM	002	CLAR	210001	20010	0100				
ADAMS ALEXANDER	079	JENN	200010	00100	0001				
ADAMS ALEX	158	SCOT	200010	30010	0100				
ADAMS AMOS	091	KNOX	200010	20010	0100				
ADAMSON ARAN	245	WAYN	000100	20100	0100				
ADAMS BENJAMIN	208	WASH	100110	10100	0200				
ADAMS BENJAMIN	112	MART	212301	11001	0003				
ADAMS BENJAMIN	073	HARR	300010	00010	0000				
ADAMS CHARLES	308A	POSE	100020	00001	0200				
ADAMS DAVID	194	VIGO	000100	00100	0100				
ADAMS DAVID	081	JENN	000100	11101	0100				
ADAMS EDMOND	179	FRAN	400010	10100	0100				
ADAMS EDMOND	019	DELA	300010	00100	0100				
ADAMS ELI	049	FAYE	210010	10010	0100				
ADAMS ELISHA	089	DEAR	200100	00010	0100				
ADAMS ELISHA	298	PIKE	210010	13010					
ADAMS ELIZABETH	251	GIBS	100000	20010	0000				

Head of Household	Page	County	White Males (Under 10, 10-15, 16-18, 16-25, 26-44, 45 & over)	White Females (Under 10, 10-15, 16-25, 26-44, 45 & over)	Foreigners, Agriculture, Commerce, Manufacture	Free or Slave	Negro Males (Under 14, 14-25, 26-44, 45 & over)	Negro Females (Under 14, 14-25, 26-44, 45 & over)	Other not Indian
ADAMS FRANCIS	222	WASH	300100	00100	0100				
ADAMS GEORGE	049	FAYE	000010	10010	0100				
ADAMS GEORGE	089	DEAR	020101	00201	0100				
ADAMS GEORGE	221	FRAN	000101	01101	0200				
ADAMS GEORGE	122	MONR	100100	00100	0100				
ADAMS GEORGE	021	DELA	000210	10010	0100				
ADAMS JAMES	166	SWIT	200010	10100	0100				
ADAMS JAMES	186	VIGO	311201	21010	0500				
ADAMS JOHN	091	KNOX	200010	10100	0100				
ADAMS JOHN	084	KNOX	000100	00000	0001				
ADAMS JOHN JR	186	VIGO	100010	10100	0001				
ADAMS JOHN M	070	HARR	311110	12101	0200				
ADAMS JOHN	219	WAYN	000100	00100	0100				
ADAMS JOHN	011	FAYE	000020	20010	0101				
ADAMS JOHN	186	VIGO	110001	02201	0200				
ADAMS JOSEPH	162	SCOT	100110	00101	0100				
ADAMS JOSEPH	089	DEAR	100010	00010	0001				
ADAMS JOSEPH	226	FRAN	000010	10010	0100				
ADAMS JOSEPH	153	SCOT	100100	00101	0100				
ADAMS JOSEPH	139	WARR	200010	11010	0000				
ADAMS MARTIN	029	CLAR	010101	13001	0200				
ADAMS MATHEW	011	CLAR	210010	12010	0100				
ADAMS MOSES	056	DEAR	100001	22010	0100				
ADAMS PATRICK	180	FRAN	100101	00001	0200				
ADAMS PATRICK	022	DELA	000100	00100	0100				
ADAMS PATRICK	011	FAYE	000100	00100	0100				
ADAMS PETER	150	PERR	200010	10100	0100				
ADAMS POLLY	194	VIGO	000100	32101	0100				
ADAMS SAML	079	JENN	200100	30010	0100				
ADAMS SAMUEL	186	VIGO	200100	11101	0100				
ADAMS SAMUEL	091	KNOX	200010	10010	0100				
ADAMS SAMUEL SR	091	KNOX	100011	00101	0200				
ADAMS SAMUEL	048	CLAR	410001	21010	0200				
ADAMS SAMUEL	194	VIGO	000021	11100	0300				
ADAMS SOLOMON	170	SWIT	000100	00100	0100				
ADAMS THOMAS	038	CLAR	200010	10100	0100				
ADAMS THOMAS	202	FRAN	100010	00100	0001				
ADAMS WILLIAM	186	VIGO	120010	12010	0300				
ADAMS WILLIAM	186	VIGO	210101	01010	0300				
ADAMS WILLIAM	091	KNOX	100100	10100	0100				
ADAMS WILLIAM	226	FRAN	100010	10101	0100				
ADAMS WILLIAM	178	FRAN	000101	00101	0100				
ADAMS WILLIAM JR	178	FRAN	000010	20100	0100				
ADAMS WILLIAM	021	DELA	000100	00100	0100				
ADAMS WILLIAM	038	DUBO	100010	40010	0100				
ADAMS WILLIAM B	049	FAYE	000100	00100	0100				
ADAMS WILSON	099	LAWR	100010	20010					
ADAMSON ABRAHAM	117	MONR	300010	10010	0100				
ADAMSON DAVID	261	WAYN	200100	10100	0100				
ADAMSON DAVID	117	MONR	411110	10010	0300				
ADAMSON ISAAC	245	WAYN	100100	10100	0100				
ADAMSON JAMES	324	RAND	000100	10100	0100				

Head of Household	Page	County	White Males (Under 10, 10-15, 16-18, 16-25, 26-44, 45 & over)	White Females (Under 10, 10-15, 16-25, 26-44, 45 & over)	Foreigners, Agriculture, Commerce, Manufacture	Free or Slave	Negro Males (Under 14, 14-25, 26-44, 45 & over)	Negro Females (Under 14, 14-25, 26-44, 45 & over)	Other not Indian
ADAMSON JONATHAN	117	MONR	000100	11000	0100				
ADAMSON JONATHAN	245	WAYN	110001	22201	0100				
ADAMSON RACHAEL	100	LAWR	201100	11010					
ADAMSON SIMON	267	JACK	210010	40010	0100				
ADCOCK TRAVIS	325	RAND	000010	10100	0100				
ADDAMS JAMES	251	GIBS	100100	00100	0700				
ADDAMS SAMUEL	240	GIBS	200010	20100	0100				
ADDINGTON JAMES	171	WAYN	110111	10011	0300				
ADDINGTON BISHOP	161	WAYN	200100	01100	0100				
ADDINGTON JOSEPH	237	WAYN	410210	11010	0300				
ADDINGTON JOHN	171	WAYN	230010	30100	0400				
ADDINGTON WM	181	WAYN	112201	11001	0400				
ADDIS GEORGE	113	MART	000010	11100	0100				
ADDISON THOMAS	213	WAYN	000010	30010	0100				
ADDLEMAN WM	181	WAYN	020101	00200	0200				
ADDLER FRANCIS	091	KNOX	001101	10001	0100				
ADKASON ROBERT	108	LAWR	500010	00010	0100				
ADKINS DISSAMUS	004	CLAR	410101	10001	0200				
ADKINS HERSSEY	235	WAYN	110000	13010	0000				
ADKINS TIMOTHY	235	WAYN	000100	20100	0100				
ADKINSON SETH	237	GIBS	200110	21100	0100				
ADKINSON THOMAS	004	CLAR	300010	10100	0100				
ADMIRES JESSE	28 A	JEFF	100010	40100	0100				
ADMIRES WILLIAM	283	JEFF	100010	10010	0100				
ADRAIN ELINER	140	FLOY	000000	00101	0001				
ADUM JOHN	005	CLAR	000010	30100	0100				
AERES ABRAHAM	215	WASH	100100	00100	0100				
AGANS WILLIAM	127	ORAN	100110	01010	0200				
AGENS JAMES	223	FRAN	111210	12010	0100				
AGENS JOHN	162	SCOT	000100	00010	0100				
AGERS LANDINE	210	FRAN	300010	00010	0100				
AGIN JOHN	154	SCOT	000010	00010	0100				
AGINS WILLIAM	033	DELA	211101	22010	0200				
AGUNS WILLIAM	127	ORAN	510001	01010	0200				
AIGNER FREDK	318A	POSE	011101	00011	0000				
AIGNER FREDK	320	POSE	010001	01100	0000				
AIHELL LAWRENCE	168	SWIT	110110	31100	0001				
AIKENS REUBEN	293	JEFF	010001	12001	0100				
AIMLER JOHN	009	CRAW	211001	31010	0001				
AINLEY RICHARD	300	PIKE	000070	00000	7000				
AKENS JAMES	233	GIBS	123201	00001	0300				
AKERS GEORGE	015	CLAR	200010	20010	0100				
AKERS JAMES	144	FLOY	300010	11010	0100				
AKERS JOSEPH	146	FLOY	001201	10110	201				
AKERS SARAH	015	CLAR	010000	10001	0000				
AKERS THOMAS JR	143	FLOY	200100	00100	0100				
AKERS THOMAS SR	144	FLOY	110001	20001	0200				
AKIN DANIEL	017	DELA	320010	20010	0100				
AKIN JOSEPH	306A	POSE	000010	00100	0001				
AKINS ANDREW	221	WASH	000100	00100	0100				
AKINS DAVID	183	VAND	300100	00100	0100				
AKINS JOSIAH	133	FLOY	020010	30111	0100				

Head of Household	Page	County	White Males (Under 10, 10-15, 16-18, 16-25, 26-44, 45 & over)	White Females (Under 10, 10-15, 16-25, 26-44, 45 & over)	Foreigners, Agriculture, Commerce, Manufacture	Free or Slave	Negro Males (Under 14, 14-25, 26-44, 45 & over)	Negro Females (Under 14, 14-25, 26-44, 45 & over)	Other not Indian
AKINS WILLIAM	017	CLAR	420010	31010	0100				
ALAWAY ABRAHAM	141	OWEN	200010	31110	0100				
ALBAN JOSEPH	106	LAWR	100010	10100	0100				
ALBAN WILLIAM	106	LAWR	200100	10010	0100				
ALBERTSON JOHN	220	WASH	100001	00201	0100				
ALBERTSON ELISHA	209	WASH	000010	20010	0200				
ALBERTSON BENJAMIN	204	WASH	100010	21100	0100	F	1000	1000	
ALBERTSON JOSHUA	204	WASH	000010	11010	0100				
ALBERTSON ELIAS	204	WASH	210100	10100	0001				
ALBERTSON NATHAN	207	WASH	000010	10010	0100				
ALBERTSON HENRY	157	WAYN	000110	10010	0002				
ALBERTSON JOSHUA	159	WAYN	100110	00100	0101				
ALBERTSON BENJAMIN	159	WAYN	000100	00100	0001				
ALBERTSON TOMS	263A	JACK	300020	20010	0100				
ALBERTSON FRANCIS	253	WAYN	000020	31100	0100				
ALBERTSON JESSE	263	WAYN	200010	30010	0100				
ALBIN GEORGE	063	HARR	120001	23010	0200				
ALBIN JAMES	064	HARR	000100	10100	0100				
ALBIN JOHN	063	HARR	201101	21010	0200				
ALBIN PHILLIP	044	HARR	100010	00100	0100				
ALBRIGHT ANN	309A	POSE	020100	20200	0200				
ALBRIGHT ADAM	306	POSE	010001	00100	0100				
ALBRIGHT JOHN	306	POSE	010100	00100	0200				
ALBRIGHT WM	306	POSE	300010	10010	0100				
ALBY PETER	273A	JEFF	000010	10100	0001				
ALCORN JOHN	293A	JEFF	321110	10110	0200				
ALDEN ISAAC	119	DEAR	000100	00000	0100				
ALDEN SAMUEL	119	DEAR	000100	00100	0100				
ALDERMAN JAMES	217	FRAN	300001	31001	0100				
ALDERNOFF FREDERICK	174	FRAN	000010	40010	0100				
ALDERSON MOSES	135	ORAN	000010	10010	0100				
ALDORSON BENJAMIN	013	CLAR	011101	00001	0300				
ALDRED JAMES	017	CLAR	200010	00100	0100				
ALDRIDGE AARON	307	POSE	001100	10100	0100				
ALDRIDGE ERASMUS	295A	JEFF	110010	10100	0100				
ALDRIDGE EZEKIEL	307	POSE	400110	11110	0200				
ALDRIDGE ELIJAH	307A	POSE	300010	10010	0100				
ALDRIDGE EDMUND	027	FAYE	400010	00010	0100				
ALDRIDGE HENRY	115	MART	100010	10100	0100				
ALDRIDGE HENRY	305A	POSE	400010	01010	0000				
ALDRIDGE JOHN	197	WAYN	111100	01100	0200				
ALDRIDGE JOHN	307	POSE	000001	00101	0100				
ALDRIDGE NATHAN	015	FAYE	220210	20110	0100				
ALDRIDGE RHEUBEN	307	POSE	000100	10100	0100				
ALDRIDGE SAML	307A	POSE	200010	10010	0100				
ALDRIDGE SAML	310	POSE	221301	01001	0400				
ALDRIDGE WILLIAM	071	DEAR	210010	00010	0100				
ALDRIDGE WM	307	POSE	001110	20100	0200				
ALDRIDGE WM	307A	POSE	000010	10100	0100				
ALDRIGE NATHANIEL	019	DELA	000100	00100	0100				
ALEXANDER THOMAS	222	WASH	211211	01210	0500				
ALEXANDER ROBERT	005	FAYE	100300	10100	0102				

Head of Household	Page	County	White Males (Under 10, 10-15, 16-18, 16-25, 26-44, 45 & over)	White Females (Under 10, 10-15, 16-25, 26-44, 45 & over)	Foreigners, Agriculture, Commerce, Manufacture	Free or Slave	Negro Males (Under 14, 14-25, 26-44, 45 & over)	Negro Females (Under 14, 14-25, 26-44, 45 & over)	Other not Indian
ALEXANDER ROBERT	011	FAYE	100100	10100	0100				
ALEXANDER JAMES	013	FAYE	121301	01010	0100				
ALEXANDER SIMON	114	DEAR	200010	11010	0100				
ALEXANDER ASBURY A	038	DUBO	200110	11010	0200				
ALEXANDER WILLIAM	071	DEAR	200010	01010	0100				
ALEXANDER ELIZABETH	046	CLAR	000000	00101	0000				
ALEXANDER JOHN	056	DEAR	110010	32110	0100				
ALEXANDER JOHN	236	GIBS	000100	00210	0100				
ALEXANDER JOSEPH	212	FRAN	100100	00100	0100				
ALEXANDER JACOB	212	FRAN	111201	11110	0400				
ALEXANDER JOHN	212	FRAN	000101	00001	0100				
ALEXANDER JAMES	176	FRAN	001200	20110	0200				
ALEXANDER THOMAS	185	FRAN	400010	10010	0004				
ALEXANDER ROBERT	201	FRAN	200010	20010	0100				
ALEXANDER JOSEPH	204	FRAN	300010	00010	0100				
ALEXANDER SAMUEL	142	OWEN	000101	02001	0200				
ALEXANDER ABNER	142	OWEN	100020	30100	0200				
ALEXANDER JOHN	117	MONR	000100	00001	0100				
ALEXANDER ISAAC	038	DUBO	201210	21010	0300				
ALEXANDER JAMES	169	WAYN	010101	00401	0200				
ALEXANDER SAMUEL	169	WAYN	000010	00010	0000				
ALEXANDER JOHN	169	WAYN	200010	31010	0100				
ALEXANDER WM A	135	WARR	210010	11100	0000				
ALEXANDER JOHN	137	WARR	200201	12301	0000				
ALEXANDER BENJAMIN	163	WAYN	200010	01010	0100				
ALEXANDER ZEBULON	117	MONR	100010	10100	0100				
ALEXANDER CHARLES	300	PIKE	000010	30100					
ALEXANDER WM	315A	POSE	011211	00200	0500				
ALEXANDER REUBIN	268A	JACK	221201	11110	0100				
ALEXANDER WILLIAM B	276A	JEFF	111221	20100	0003				
ALEXANDERS JAMES	289	JEFF	210011	10011	1200				
ALFREY JOHN	168	SWIT	100100	10010	0100				
ALISON JOHN B	122	MONR	201201	25101	0200	S	0100		
ALISON ROBERT	083	KNOX	100020	10201	0000	S	1000		
ALKIER ARMONEAS	111	SULL	200010	10020	0100				
ALLABAUGH ADAM	157	SCOT	000010	00100	0001				
ALLAIR ANDREW B	119	DEAR	210010	11010	0100				
ALLBERT SAMUEL	179	WAYN	011001	20001	0300				
ALLCORN THOMAS	244	GIBS	121010	31010	0201				
ALLDRIGE JOHN	245	GIBS	101201	01010	0300				
ALLDRIGE JOHN	248	GIBS	000100	00100	0100				
ALLEE ISAAC	089	DEAR	010001	00001	0100				
ALLEE JAMES	089	DEAR	300010	20010	0100				
ALLEN ELIJAH	057	FAYE	010010	52010	0100				
ALLEN ADAM	229	WAYN	100010	20010	0100				
ALLEN ALEXANDER	168	SWIT	210010	01010	0100				
ALLEN ARCHIBALD	127	ORAN	010001	01101	0200				
ALLEN ARCHIBALD	005	CRAW	000100	10100	0100				
ALLEN CHARLES	090	KNOX	110001	20110	0100				
ALLEN CLAIBORN	071	DEAR	000010	30010	0100				
ALLEN DANIEL	065	HARR	330001	10001	0100				
ALLEN DAVID	149	PERR	141001	30110	0500				

Head of Household	Page	County	White Males (Under 10, 10-15, 16-18, 16-25, 26-44, 45 & over)	White Females (Under 10, 10-15, 16-25, 26-44, 45 & over)	Foreigners, Agriculture, Commerce, Manufacture	Free or Slave	Negro Males (Under 14, 14-25, 26-44, 45 & over)	Negro Females (Under 14, 14-25, 26-44, 45 & over)	Other not Indian
ALLEN EDWARD	180	VAND	011001	22101	0200				
ALLEN ELI	205	FRAN	010010	10100	0200				
ALLEN ELI	071	DEAR	200010	21010	0100				
ALLEN ELIEZER	004	CLAR	111110	22010	0200				
ALLEN ELIZABETH	009	CLAR	000000	00010	0000				
ALLEN ELKINNEN	225	WASH	000100	00100	0500				
ALLEN FRANCES	071	DEAR	030000	10001	0000				
ALLEN HEZIKIAH	056	HARR	311110	20100	0100				
ALLEN HUGH	229	WAYN	410010	10110	0100				
ALLEN HUGH	241	WAYN	200010	11100	0100				
ALLEN IRE	189	VIGO	000200	00100	0200				
ALLEN JACOB	152	SCOT	000001	00000	0001				
ALLEN JAMES	021	CLAR	100010	10100	0100				
ALLEN JAMES	212	WASH	110010	33010	0200				
ALLEN JEREMIAH	253	WAYN	010001	12001	0200				
ALLEN JOHN	205	FRAN	010001	10101	0200				
ALLEN JOHN	148	PERR	200110	00010	0000				
ALLEN JOHN	056	HARR	010111	01001	0100				
ALLEN JOHN	201	WAYN	000100	00100	0100				
ALLEN JOHN	105	LAWR	300010	23010					
ALLEN JOHN	288	JEFF	000100	00100	0100				
ALLEN JOHN JR	217	FRAN	110010	40110	0001				
ALLEN JONATHAN	201	WAYN	030001	01001	0400				
ALLEN JOSEPH	013	FAYE	100010	10100	0100				
ALLEN JOSEPH	202	WASH	300011	11011	0100				
ALLEN JOSEPH	087	KNOX	000100	00000	0100				
ALLEN JOSEPH L	181	FRAN	210010	11010	0100				
ALLEN JOSEPH	137	ORAN	101010	22010	0200				
ALLEN JOSIAH	177	FRAN	110010	01010	0100				
ALLEN JOSIAH	289A	JEFF	100010	30010	0100				
ALLEN LEWIS	129	ORAN	310001	21110	0300				
ALLEN LEWIS	099	SPEN	100100	00100	0100				
ALLEN MONTGOMERY	079	RIPL	300100	10100	0100				
ALLEN MOSES	284A	JEFF	220010	10010	0000				
ALLEN PETER	071	DEAR	300010	20010	0100				
ALLEN PHILLIS	006	CLAR	000000	00000	0000				1
ALLEN REUBEN	217	WAYN	400101	11101	0200				
ALLEN ROBERT	181	VAND	100100	10100	0100				
ALLEN ROBERT	311	POSE	400010	10010	0100				
ALLEN SARAH	225	WASH	140100	00101	0100				
ALLEN SARAH	073	RIPL	020100	21110	0300				
ALLEN SOLLOMON	184	FRAN	100110	01010	0200				
ALLEN SUSANNAH	105	LAWR	000000	01010					
ALLEN THOMAS	172	SWIT	000100	10100	0100				
ALLEN THOMAS	036	CLAR	110110	31010	0001				
ALLEN THOMAS	141	OWEN	010010	10100	0200				
ALLEN VALENTINE	056	HARR	100010	20010	0100				
ALLEN WILLIAM	036	CLAR	000001	00001	0000				
ALLEN WILL	289A	JEFF	010001	10101	0100				
ALLEN WILLIAM	278A	JEFF	200010	21010	0100				
ALLEN WM	175	WAYN	210010	20000	0200				
ALLEN WM	315	POSE	000020	01100	0200				

Head of Household	Page	County	White Males (Under 10, 10-15, 16-18, 16-25, 26-44, 45 & over)	White Females (Under 10, 10-15, 16-25, 26-44, 45 & over)	Foreigners, Agriculture, Commerce, Manufacture	Free or Slave	Negro Males (Under 14, 14-25, 26-44, 45 & over)	Negro Females (Under 14, 14-25, 26-44, 45 & over)	Other not Indian
ALLEN ZACHARIAH	097	SPEN	110101	02011	0200				
ALLENWORTH WILLIAM	091	SPEN	220101	00201	0200				
ALLEY DODDRIGE	184	FRAN	200010	40010	0100				
ALLEY JOHN W	025	FAYE	200010	30010	0100				
ALLEY JONATHAN	184	FRAN	200010	10010	0100				
ALLGOOD PRESLEY	128	ORAN	220010	00010	0200				
ALLHANDS JOHN SR	044	CLAR	110111	24410	0400				
ALLIGREE GILES	125	ORAN	110001	20010	0200				
ALLIN CLEMENT	250	GIBS	100010	20100	0100				
ALLIN GASHEM	241	GIBS	100100	10100	0100				
ALLIN PETER	189	VIGO	110002	12001	0300				
ALLINGTON WILLIAM	165	FRAN	100010	00100	0001				
ALLIS PETER	219	WASH	320110	10010	0400				
ALLISON DAVID H	149	FLOY	000010	11100	0100				
ALLISON JAMES	056	HARR	110010	20010	0100				
ALLISON JAMES	269	JACK	000100	00100	0001				
ALLISON JAMES	265	JACK	000001	02001	0100				
ALLORN MONTGOMERY	241	GIBS	001000	00100	0100				
ALLOWAY WILLIAM	005	FAYE	100010	00010	0001				
ALLRED ISAAC	179	WAYN	200010	10100	0100				
ALLRED THOMAS	159	WAYN	010010	10010	0001				
ALLY CYRUS	182	FRAN	300010	10100	0100				
ALLY DAVID	179	FRAN	101201	03201	0300				
ALLY JOHN	182	FRAN	210201	11201	0400				
ALLY PETER	182	FRAN	130010	30110	0400				
ALLY SAMUEL	182	FRAN	111101	11201	0300				
ALMAND MATHEW	157	WAYN	310010	10110	0201				
ALMON THOMAS SR	311	POSE	001100	10110	1200				
ALMON THOS JR	311	POSE	300010	20010	0100				
ALMY HUMPHEY	084	KNOX	010200	01001	0000				
ALMY TILINGHAST	084	KNOX	000100	00000	0000				
ALMY TONECA	086	KNOX	100010	10010	0000				
ALPHA CHRISTIAN	043	CLAR	000001	00010	0000				
ALPHA DANIEL	046	CLAR	000210	00100	0000				
ALPHA PERYAGRIN	087	SPEN	200010	10010	0100				
ALSAP JOHN	261A	JACK	500010	00010	0100				
ALSBURY THOMAS	028	DELA	200100	00100	0100				
ALSEP JAMES	246	GIBS	100010	10100	0001				
ALSEP WILLIS	246	GIBS	200010	10110	0100				
ALSMAN WILLIAM	201	FRAN	011101	01001	0200				
ALSOP JOHN	122	MONR	310210	21100	0100				
ALSOP JOSEPH	129	SULL	030010	10010	6002				
ALSPAW DAVID	129	ORAN	100010	20101	0100				
ALSTATT JOHN	207	WASH	000010	20010	0100				
ALSTOT JOHN	218	WASH	100010	20010	0100				
ALSTOT REAS	021	CLAR	100100	00100	0100				
ALSTOTT JOHN	020	CLAR	020101	00001	0200				
ALSUP REUBIN	257	GIBS				F	2000	3010	
ALSUP REUBIN	256	GIBS	012301	01001	0400				
ALTHIZER EPHRAIN	056	DEAR	100013	10100	0100				
ALTIZER ELIAS	315A	POSE	210110	12200	0300				
ALTON JOHN	088	KNOX	010111	10001	0400				

Head of Household	Page	County	White Males (Under 10, 10-15, 16-18, 16-25, 26-44, 45 & over)	White Females (Under 10, 10-15, 16-25, 26-44, 45 & over)	Foreigners, Agriculture, Commerce, Manufacture	Free or Slave	Negro Males (Under 14, 14-25, 26-44, 45 & over)	Negro Females (Under 14, 14-25, 26-44, 45 & over)	Other not Indian
ALTON JOSEPH	088	KNOX	300010	02010	0100				
ALVEY HENRY	150	PERR	100100	10100	0100				
ALVEY JOHN	149	PERR	200010	10100	0100				
ALVEY THOS T	149	PERR	000001	00001	0100				
ALVIS DAVID	223	WASH	200010	20010	0100				
ALVIS JAMES	058	HARR	200100	00100	0100				
ALVORD JAMES	212	WASH	100010	40010	0100				
ALWARD HENRY	007	FAYE	211101	21010	0001				
AMAS JESSE	023	DELA	000010	20010	0100				
AMBER JOHN	285A	JEFF	310101	11201	0200				
AMBLS BARNABAS	305A	POSE	122201	30002	0600				
AMELON MARGARET	085	KNOX	020000	00001	0000				
AMELUNG SOPHIA	083	KNOX	100100	01210	0010				
AMENCROY BENJAMIN	143	OWEN	000101	21110	0100				
AMICK JOEL	041	CLAR	100010	00010	0100				
AMICK NICHOLAS	038	CLAR	510010	11010	0100				
AMICK PETER	025	CLAR	120020	21010	0200				
AMICK PHILIP	308	POSE	010010	30010	0010				
AMMON RUFUS	261A	JACK	100210	00010	0202				
AMMON WILLIAM	218	WASH	000102	00100	0100				
AMMONS THOS	282	JEFF	100010	11010	0100				
AMO TAFFY	257	GIBS			1201	S	3201	2010	
AMOS JOHN	281	JEFF	200010	11100	0100				
AMOS WILLIAM	014	CRAW	100001	31010	2001				
ANABLE SAMUEL	104	DEAR	000010	01000	0001				
ANAM PETER	021	DELA	200010	21010	0100				
ANDERS ELIJAH	187	VIGO	210001	00100	0200				
ANDERSON ANDREW	089	DEAR	000101	00101	0100				
ANDERSON ARCHBALD	097	LAWR	121201	00101					
ANDERSON ALEX	281	JEFF	100100	00100	0100				
ANDERSON ALEXANDER	203	WASH	010001	20110	0200				
ANDERSON BARBARA	267	WAYN	002000	00001	0200				
ANDERSON DAVID	122	MONR	330011	10110	0100				
ANDERSON DANIEL	181	FRAN	300010	10010	0100				
ANDERSON DANIEL	183	FRAN	300010	10010	0100				
ANDERSON DAVID	295A	JEFF	210110	02020	2200				
ANDERSON GEORGE	122	MONR	210010	40010	0100				
ANDERSON HENRY	185	VIGO	310010	10010	0001				
ANDERSON ISAAC	006	CLAR	000000	00000	0100	F	0010	0010	
ANDERSON ISAAC	117	MONR	400010	10010	0100				
ANDERSON ISAAC	103	LAWR	300010	31010	0100				
ANDERSON ISAAC	191	VIGO	210001	21001	0200				
ANDERSON JOHN	179	WAYN	130200	20201	0200				
ANDERSON JAMES	077	RIPL	111201	22101	0400				
ANDERSON JOHN	111	SULL	000200	10100	0100				
ANDERSON JAMES	315A	POSE	111101	31110	0300				
ANDERSON JAMES	246	GIBS	111010	12010	0100				
ANDERSON JAMES	264	JACK	000001	00001	0100				
ANDERSON JOHN	276	JEFF	200010	10010	0100				
ANDERSON JAMES	276	JEFF	110010	40110	0100				
ANDERSON JOHN	277	JEFF	410010	10010	1100				
ANDERSON JAMES	278	JEFF	220110	21010	0200				

Head of Household	Page	County	White Males (Under 10, 10-15, 16-18, 16-25, 26-44, 45 & over)	White Females (Under 10, 10-15, 16-25, 26-44, 45 & over)	Foreigners, Agriculture, Commerce, Manufacture	Free or Slave	Negro Males (Under 14, 14-25, 26-44, 45 & over)	Negro Females (Under 14, 14-25, 26-44, 45 & over)	Other not Indian
ANDERSON JAMES	281	JEFF	121201	30010	0300				
ANDERSON JOHN	281	JEFF	011101	00401	0100				
ANDERSON JAMES	193	WAYN	010010	40000	0100				
ANDERSON JOHN	040	CLAR	110101	00001	0100				
ANDERSON JAMES	025	CLAR	020001	30110	0300				
ANDERSON JAS	155	SCOT	221201	30010	0300				
ANDERSON JAMES	097	LAWR	110010	10010	0				
ANDERSON JOSHUS	098	LAWR	610001	11110	0100				
ANDERSON JESSE	098	LAWR	300010	11010	0100				
ANDERSON JOHN	103	LAWR	200010	10100	0100				
ANDERSON JABEZ	049	CLAR	031540	00020	1003				
ANDERSON JAMES	028	CLAR	320101	00210	0101				
ANDERSON JAMES	150	FLOY	000001	00001	0000				
ANDERSON MATHEA G	150	FLOY	110010	00100	0200				
ANDERSON NOAH	125	ORAN	200200	20010	0200				
ANDERSON NOAH	032	CLAR	200010	10100	0100				
ANDERSON ROBERT	122	MONR	000200	10210	0102	S	0100		
ANDERSON ROBERT	111	SULL	220201	00011	0400				
ANDERSON ROBINSON	150	FLOY	100100	20010	0100				
ANDERSON SILAS	045	FAYE	001101	00111	0100				
ANDERSON SETH	043	HARR	110001	11110	0200				
ANDERSON SAMUEL	146	PERR	110111	50410	0002				
ANDERSON SPEEAR	128	ORAN	030010	40010	0400				
ANDERSON THOMAS	178	VAND	000410	10100	0004				
ANDERSON THOMAS	038	DUBO	000010	00100	0100				
ANDERSON THOMAS	129	SULL	320010	00111	0300				
ANDERSON THOS	277	JEFF	010010	00201	5100				
ANDERSON THOMAS	173	SWIT	000010	10100	0100				
ANDERSON WILLIAM	029	CLAR	200100	00100	0001				
ANDERSON WILLIAM J	122	MONR	420101	01101	0102	S	0100		
ANDERSON WILLIAM	122	MONR	100100	00200	0001				
ANDERSON WILLIAM	012	CRAW	200001	21010	0100				
ANDERSON WILLIAM	038	DUBO	000211	02101	0400				
ANDERSON WILLIAM	056	HARR	000010	10110	0100				
ANDERSON W G	289	JEFF	310010	20010	0100				
ANDERSON WILLIAM	277A	JEFF	201201	00001	0300				
ANDERSON WM	255	WAYN	000001	01001	0100				
ANDERSON WILLIAM C	173	SWIT	210010	11010	0101				
ANDERSON WILLIAM P	142	OWEN	000110	10010	0200				
ANDERSOW WILLIAM	281	JEFF	800110	10100	0200				
ANDRE JAMES	129	SULL	001110	30100	0200				
ANDREW AARON	123	DEAR	330001	10210	0100				
ANDREW CHRISTIE	117	MONR	000101	01010	0200				
ANDREW JAMES	117	MONR	110101	31010	0100				
ANDREW JOHN	128	ORAN	010010	00001	0100				
ANDREW LEAH	219	WASH	210000	12010	0100				
ANDREW MALCOLM	160	FRAN	010101	00401	0200				
ANDREW PEIRRE	087	KNOX	021110	21100	0300				
ANDREW SILAS	212	WASH	110010	21010	0200				
ANDREW THOMAS	117	MONR	000010	10010	0100				
ANDREWS A P	188	FRAN	000100	00000	0100				
ANDREWS DAVID	085	KNOX	000001	00000	0001				

Head of Household	Page	County	White Males (Under 10, 10-15, 16-18, 16-25, 26-44, 45 & over)	White Females (Under 10, 10-15, 16-25, 26-44, 45 & over)	Foreigners, Agriculture, Commerce, Manufacture	Free or Slave	Negro Males (Under 14, 14-25, 26-44, 45 & over)	Negro Females (Under 14, 14-25, 26-44, 45 & over)	Other not Indian
ANDREWS JOSIAH	080	JENN	001101	00010	0100				
ANDREWS JOHN	212	FRAN	000200	00201	0200				
ANDREWS ROBERT	177	WAYN	000111	10201	0200				
ANDREWS SILAS	167	SWIT	000101	00001	0000				
ANDREWS WILLIAM	089	DEAR	200010	10100	0100				
ANDREWS WILLIAM	217	WASH	100110	10010	0200				
ANGEL GEORGE	093	SPEN	000100	10100	0100				
ANGEL ROBERT	093	SPEN	000100	00000	0100				
ANGEL SAMUEL	142	FLOY	020010	00001	0300				
ANGEL THOMAS	099	SPEN	400010	20010	0100				
ANGELL BENJAMIN	265	WAYN	110110	10100	0100				
ANGELL DEXTER	190	VIGO	000040	00100	0103				
ANGEVINE JAMES	117	DEAR	310011	10021	0300				
ANSLEY DANIEL	106	DEAR	000100	10100	0100				
ANSLEY JOHN	071	DEAR	000001	00001	0100				
ANSON MONTGOMERY	146	PERR	200110	10010	0100				
ANTHIS FRANCES	093	KNOX	000001	00001	0100				
ANTHIS JACOB	093	KNOX	000010	00010	0100				
ANTHIS JOHN	093	KNOX	000001	00101	0100				
ANTHONY HENRY	175	FRAN	300010	20100	0100				
ANTHONY JOHN	182	VAND	200110	10010	0200				
ANTHONY WILLIAM	182	VAND	100010	10010	0100				
ANTOINE FRANCIS H	085	KNOX	110010	20100	0100				
ANTONY WILLIAM	174	FRAN	100010	30010	0100				
ANTRIM JAMES	089	DEAR	200010	20010	0100				
ANTWINE TAROP H	084	KNOX	000020	00001	0200				
AOEL BASIL	173	SWIT	000101	12001	0100				
APE JAMES	167	FRAN	000000	00111	1100				
APE JOHN	167	FRAN	000010	00010	1100				
APPLEGATE JOHN	140	FLOY	000010	30100	0100				
APPLEGATE SAMUEL	039	CLAR	210001	01130	0100				
APPLEGATE AARON	017	CLAR	410110	11110	0200				
APPLEGATE HEZEKIAH	155	SCOT	010001	11101	0100				
APPLEGATE ISIAH	072	HARR	211111	22110	0300				
APPLEGATE GARRET	072	HARR	000001	01010	0100				
APPLEGATE NATHANIEL	038	DUBO	110010	20010	0200				
APPLEGATE JOSEPH	043	HARR	110110	21010	0200				
APPLEGATE HEREKIAH	265	JACK	120010	20111	0100				
APPLEGATE RICHARD	029	FAYE	400010	30010	0100				
APPLEGATE THOMAS	038	CLAR	300010	10010	0100				
APPLEGATE THOS	155	SCOT	200200	00100	0200				
APPLEGATE WILLIAM	072	HARR	320101	10001	0500				
ARAWOOD JACOB	071	DEAR	320010	21110	0100				
ARB JOHN	060	HARR	000001	00001	0000				
ARBUCKLE FRANCIS	277A	JEFF	430000	12110	0000				
ARBUCKLE JOHN	161	SCOT	310111	31110	0200				
ARBUCKLE JOHN	079	JENN	100100	20100	0100				
ARBUCKLE JAS	156	SCOT	000001	00101	0001				
ARBUCKLE JOHN	277A	JEFF	000010	10100	0100				
ARBUCKLE MATHEW	080	JENN	300010	00100	0100				
ARBUCKLE NATHAN	281	JEFF	200010	10100	0100				
ARBUCKLE THOMAS	079	JENN	200010	00010	0100				

Head of Household	Page	County	White Males (Under 10, 10-15, 16-18, 16-25, 26-44, 45 & over)	White Females (Under 10, 10-15, 16-25, 26-44, 45 & over)	Foreigners, Agriculture, Commerce, Manufacture	Free or Slave	Negro Males (Under 14, 14-25, 26-44, 45 & over)	Negro Females (Under 14, 14-25, 26-44, 45 & over)	Other not Indian
ARCHER EDWARD	122	MONR	201201	33010	0200				
ARCHER JAMES L	217	WASH	300110	20200	0200				
ARCHER JESSE	106	LAWR	100100	10110	0100				
ARCHER JOHN	125	SULL	000100	10100	0100				
ARCHER THOMAS	235	GIBS	322210	10010	0300				
ARCHER WM A	252	GIBS	300001	10010	0100				
ARCHIBALD WILLIAM	089	DEAR	121101	10101	0100				
ARCHIBALD JOHN	147	PERR	001011	41010	0100				
ARDRAY JAMES	192	FRAN	000010	30010	0100				
ARERY ALEX	160	SCOT	300010	21010	0200				
ARGINBRIGHT JACOB	055	HARR	020110	11110	0200				
ARGINBRIGHT JOHN	057	HARR	110010	00100	0100				
ARGINBRIGHT FREDERIC	058	HARR	100010	01010	0100				
ARION COPELAND P	275	JEFF	011110	00001	0001	S	1000	1000	
ARMFIELD JONATHAN	207	WASH	200110	00100	0003				
ARMOR JOHN	189	FRAN	200010	20200	0100				
ARMOR ROBERT	224	FRAN	100010	31010	0100				
ARMS REUBEN	212	WASH	000010	10100	0100				
ARMSTHONG WILLIAM	056	DEAR	000010	20010	0100				
ARMSTRONG BENONI	220	WASH	310010	30010	0200				
ARMSTRONG JANE	221	WASH	010110	01311	0300				
ARMSTRONG WILLIAM	190	VIGO	410110	21010	0300				
ARMSTRONG ROBERT	179	VAND	100020	21010	7000				
ARMSTRONG JOHN JR	181	VAND	100100	10100	0100				
ARMSTRONG JOHN SR	181	VAND	200101	00001	0200				
ARMSTRONG THOMAS	168	SWIT	000310	01101	0001				
ARMSTRONG JOHN	089	DEAR	222201	10101	0100				
ARMSTRONG ANDREW	100	DEAR	110110	00100	0010				
ARMSTRONG WALTER	101	DEAR	311110	11110	0100				
ARMSTRONG JOHN	097	LAWR	310110	12010					
ARMSTRONG ANDREW	087	KNOX	000001	00301	0200	S	0100		
ARMSTRONG THOMAS	043	CLAR	010001	11210	0100				
ARMSTRONG WILLIAM G	032	CLAR	020100	10100	0100				
ARMSTRONG JAMES	211	FRAN	300010	20010	0100				
ARMSTRONG JOHN	174	FRAN	121101	12001	0300				
ARMSTRONG JAMES	177	FRAN	110101	00201	0200				
ARMSTRONG WILLIAM	193	FRAN	100020	40100	0200				
ARMSTRONG ROBERT	193	FRAN	000010	20010	0100				
ARMSTRONG JAMES	195	FRAN	010001	01101	0100				
ARMSTRONG HAWES	122	MONR	000200	00100	0002				
ARMSTRONG DAVID	122	MONR	020101	20101	0002				
ARMSTRONG ALEX	122	MONR	002401	12221	0400				
ARMSTRONG JOHN	122	MONR	300010	00100	0100				
ARMSTRONG EDWARD	122	MONR	000101	01110	0200				
ARMSTRONG MARY	122	MONR	000100	00210	0100				
ARMSTRONG FELIX	131	ORAN	000100	00100	0100				
ARMSTRONG GEORGE	073	HARR	010101	10101	0000				
ARMSTRONG JAMES	021	DELA	101210	00100	0100				
ARMSTRONG GEORGE	038	DUBO	200010	22010	0100				
ARMSTRONG JOSEPH	043	HARR	100100	10010	0100				
ARMSTRONG JAMES	046	HARR	000001	00001	0100				
ARMSTRONG GEORGE	061	HARR	220201	20010	0200				

Head of Household	Page	County	White Males (Under 10, 10-15, 16-18, 16-25, 26-44, 45 & over)	White Females (Under 10, 10-15, 16-25, 26-44, 45 & over)	Foreigners, Agriculture, Commerce, Manufacture	Free or Slave	Negro Males (Under 14, 14-25, 26-44, 45 & over)	Negro Females (Under 14, 14-25, 26-44, 45 & over)	Other not Indian
ARMSTRONG GEORGE	113	SULL	000020	00010	0200				
ARMSTRONG ELSBERY	312	POSE	200010	20010	0100				
ARMSTRONG MILES	248	GIBS	201201	32010	0300				
ARMSTRONG LANTY T	284	JEFF	010301	11001	0300				
ARMSTRONG THOS	286A	JEFF	000010	00100	0100				
ARNALE JOSEPH	278	JEFF	111301	21201	0300				
ARNET SAMUEL	279	JEFF	002201	01120	0300				
ARNET WILLIAM	191	VIGO	000110	40010	0200				
ARNET WILLIAM	216	FRAN	111101	22010	0300				
ARNETT JESSE	187	WAYN	000010	10000	0100				
ARNOLD ABIGAL	222	FRAN	200100	10101	0100				
ARNOLD BENJAMIN	122	MONR	101100	00100	0100				
ARNOLD BENJAMIN	112	DEAR	210010	00010	0100				
ARNOLD CALIB	191	VIGO	000010	00010	0000				
ARNOLD DAVID	053	HARR	000100	10100	100				
ARNOLD EPHRAIM	022	DELA	000100	00100	0100				
ARNOLD EPHRAIM	031	DELA	210001	11010	0100				
ARNOLD EVAN	031	DELA	000100	30100	0100				
ARNOLD GEORGE	074	HARR	000100	20100	0000				
ARNOLD JAS	139	WARR	310010	11010	0000				
ARNOLD JEREMIAH	300	PIKE	210010	40010					
ARNOLD JESSE	069	DEAR	000001	00000	0100				
ARNOLD JOHN	204	WASH	100100	10100	0100				
ARNOLD JOHN	222	FRAN	200010	00200	0100				
ARNOLD JOHN R	115	DEAR	300010	10200	0100				
ARNOLD JOSEPH	143	WARR	110102	00100	0000				
ARNOLD RICHARD	211	FRAN	211301	32101	0400				
ARNOLD RICHARD	053	HARR	230001	11110	0200				
ARNOLD WILLIAM	207	WASH	200010	00010	0600				
ARNOLD WILLIAM	022	DELA	000110	31110	0100				
ARNOLD WM	022	DELA	100010	00100	0100				
ARNOTT JACOB	079	RIPL	000010	00000	0001				
ARPAY JULIETT	087	KNOX	000000	00100	0000				
ARTERBERRY DANIEL	064	HARR	300010	10010	0100				
ARTHER ELIAS	266	JACK	010001	20001	0100				
ARTHER HENRY	017	DELA	000100	00100	0000				
ARTHUR BENJAMIN	030	DELA	021101	21001	0100				
ARTHUR JOHN	117	MONR	000100	10100	0100				
ARTHUR JOHN	031	DELA	100100	00100	0100				
ARTHUR JOSEPH	117	MONR	310010	31010	0200				
ARTHUR SAMUEL	117	MONR	530010	00010	0100				
ARTHURBOURN PRESLEY	004	CLAR	321110	11010	0100				
ARTHURS JAMES	056	DEAR	100010	10010	0100				
ARTMAN JOHN	148	PERR	110101	22110	0300				
ARTMEIR ANDEEW	320A	POSE	010001	10101	0000				
ASBY WILLIAM	089	KNOX	000001	00000	0100				
ASBY WILLIAM	301	PIKE	000010	00000					
ASH GEORGE	166	SWIT	200001	01010	0100				
ASH ISAAC	071	HARR	000100	20010	0100				
ASH JAMES	242	GIBS	000100	00000	0100				
ASH JOSEPH	218	WASH	200010	20110	0100				
ASH PATRICK	083	KNOX	000010	00000	1001				

Head of Household	Page	County	White Males (Under 10, 10-15, 16-18, 16-25, 26-44, 45 & over)	White Females (Under 10, 10-15, 16-25, 26-44, 45 & over)	Foreigners, Agriculture, Commerce, Manufacture	Free or Slave	Negro Males (Under 14, 14-25, 26-44, 45 & over)	Negro Females (Under 14, 14-25, 26-44, 45 & over)	Other not Indian
ASH ROBERT	240	GIBS	000010	01000	0100				
ASH RUBIN	064	HARR	010001	01001	0100				
ASH THOMAS S	245	GIBS	000101	00001	0200				
ASHABRANER DANIEL	037	CLAR	100010	32010	0100				
ASHABRANNER HENRY	034	CLAR	310010	10010	0100				
ASHBY BAYLISS	123	DEAR	110001	00101	0100				
ASHBY BENJAMIN C	090	KNOX	000100	00000	0100				
ASHBY BLADUS	167	WAYN	001101	02001	0200				
ASHBY ELENOR	302	PIKE	300000	01010					
ASHBY JAMES	301	PIKE	000010	30100					
ASHBY WARNER	302	PIKE	420010	10011					
ASHBY WILLIAM	123	DEAR	100010	00100	0100				
ASHER JOHN	022	DELA	200010	20010	0000				
ASHFORD JOHN	089	DEAR	000010	00000	0100				
ASHFORD WILLIAM	089	DEAR	010010	21010	0100				
ASHING WILLIAM	267	JACK	310001	11101	0100				
ASHLEY FRANCIS M	139	WARR	200100	00100	0000				
ASHLEY ROBERT	120	DEAR	000100	00000	0100				
ASHLEY THOS	313A	POSE	100110	30100	0200				
ASHLEY WILLAIM	120	DEAR	000100	00000	1100				
ASHLY JOHN	310A	POSE	000010	00101	0100				
ASHTEN JOSEPH	179	WAYN	001101	00101	0200				
ASHTON ABRAHAM	010	CLAR	010010	00100	0001				
ASHTON OLIVER	061	FAYE	000010	00000	0001				
ASHUR THOMAS	231	WAYN	110010	50010	0100				
ASHWERTH JOHN	064	HARR	320010	10010	0100				
ASHWORTH CHRIS	308	POSE	000100	00100	0010				
ASHWORTH JOHN SR	306	POSE	001201	00000	0300				
ASHWORTH JOHN	307A	POSE	200210	10010	0300				
ASHWORTH NATHAN	308A	POSE	200010	20010	0100				
ASKIN DAVID	054	HARR	000010	10100	0100				
ASKINS EDWARD	148	PERR	110011	21010	0200				
ASKY BENJAMIN	299	PIKE	200100	00100					
ASTON RICHARD SR	138	FLOY	000201	00011	0201				
ASTON RICHARD JR	042	CLAR	100010	10010	0100				
ASPINEWALL ELEAZAR	190	VIGO	000420	00300	0120	F	1000		
ATHA JAMES	143	OWEN	100110	10010	0100				
ATHEAM WILL	289A	JEFF	000020	02001	0200				
ATHEAN BENJAMIN	135	FLOY	200010	20100	0100				
ATHEAN HESEKIAH	135	FLOY	000101	00001	0200				
ATHEARN PRINCE	056	DEAR	100001	22101	0100				
ATHENS JOSEPH	138	ORAN	101211	01210	0201				
ATHERTON ELIJAH	107	SULL	100010	40010	0100				
ATHINS JESSE W L H	046	CLAR	000020	20100	0002				
ATHINSON CHARLES	014	CLAR	100100	20100	0100				
ATHY JOHN A	038	CLAR	300110	10010	0200				
ATIHLEY ELIJAH	099	LAWR	200010	10100	0100				
ATKINS HENRY	146	FLOY	000100	10100	0100				
ATKINS HENRY	070	HARR	210010	30010	0100				
ATKINS HINCH	131	SULL	120201	13210	0500	S	0110		
ATKINS REUBEN	285A	JEFF	010000	12001	0100				
ATKINS ROBERT	225	WASH	100010	30010	0400				

Head of Household	Page	County	White Males (Under 10, 10-15, 16-18, 16-25, 26-44, 45 & over)	White Females (Under 10, 10-15, 16-25, 26-44, 45 & over)	Foreigners, Agriculture, Commerce, Manufacture	Free or Slave	Negro Males (Under 14, 14-25, 26-44, 45 & over)	Negro Females (Under 14, 14-25, 26-44, 45 & over)	Other not Indian
ATKINS WILLIAM	148	FLOY	110211	11101	0400				
ATKINS WILLIS	058	HARR	200010	10010	0100				
ATKINSON JOHN	132	ORAN	100100	00100	0100				
ATKINSON JAMES	135	ORAN	100010	10100	0100				
ATKINSON JOSHUA	286	JEFF	110001	00110	0100				
ATKINSON JOSEPH	056	DEAR	321111	11010	0100				
ATKINSON ROBERT	176	FRAN	310210	11110	0300				
ATKINSON STEPHEN	215	WASH	000110	10100	0002				
ATKINSON THOMAS	135	ORAN	030101	02210	0500				
ATKINSON WILLIAM	173	SWIT	000010	31010	0100				
ATKISON ROBERT	327A	RAND	000200	00100	0100				
ATWOOD JAMES B	122	MONR	310010	10100	0001				
ATWOOD JOSEPH	034	DELA	000010	00000	0100				
AUGDEN MARY	157	SCOT	011200	10000	0200				
AULT MICHAEL	229	WAYN	301010	10010	0100				
AUSBURN SAMUEL	243	GIBS	110010	10010	0100				
AUSTIN CORNELIUS	056	DEAR	210010	10100	0100				
AUSTIN DANIEL	271	WAYN	300010	20100	0100				
AUSTIN DANIEL	092	KNOX	200010	10100	0100				
AUSTIN DANIEL	083	KNOX	000010	00000	0001				
AUSTIN DAVID	053	HARR	200010	20010	0100				
AUSTIN GEORGE	057	HARR	200010	40010	0100				
AUSTIN GEORGE	066	DEAR	100010	01010	0100				
AUSTIN JOHN	039	CLAR	200110	11100	0002				
AUSTIN JOSEPH	092	KNOX	200011	21010	0100				
AUSTIN LYMAN G	114	MART	000110	00110	0100				
AUSTIN PHILLIP	013	CLAR	210001	20010	0100				
AUSTIN SAMUEL	029	CLAR	310101	20010	0100				
AUSTIN SEYMER R	167	SWIT	000100	00000	0001				
AUSTIN STEPHEN	079	RIPL	100020	10111	0200				
AUSTIN WILLIAM	175	SWIT	000100	10100	0100				
AUTERITH ENGELHERD	319	POSE	002201	01001	0000				
AUXIER M	292A	JEFF	100101	02001	0101				
AVERY DANIEL	178	VAND	000010	00000	0001				
AVEY BENJAMIN	056	DEAR	141301	00200	0100	S	0100		
AVLIGNE LAURENCE	084	KNOX	000001	00000	0001				
AY KENNETH	109	LAWR	000100	10100	0100				
AYDELOTT BENJAMIN	061	HARR	000010	10100	0100				
AYDELOTT JOHN	074	HARR	000010	00100	0000				
AYDOLETT PARKER	178	VAND	101001	22010	0200				
AYRES ALEXANDER	059	FAYE	111201	11101	0300				
AYRES DAVID	180	FRAN	110010	10010	0200				
AYRES NATHANIEL	308A	POSE	100010	21010	0100				
AYRS CHRISTEPHER	234	GIBS	101200	00100	0200				
AYRS HENRY	234	GIBS	100100	10100	0100				
AYSWORTH AARON	183	VAND	310010	00010	0100				
BABB STEPHEN	006	CRAW	212101	01001	0400				
BABBCOCK NANCY	083	KNOX	100000	00101	0000				
BABBET CALVIN	044	CLAR	011110	01010	0001				
BABBIT DANIEL	161	SCOT	210010	21010	0001				
BABBIT JOAL	158	SCOT	410020	01310	0200				
BABBS JOHN	056	DEAR	000101	00001	0100				

PAGE 0015

Head of Household	Page	County	White Males (Under 10, 10-15, 16-18, 16-25, 26-44, 45 & over)	White Females (Under 10, 10-15, 16-25, 26-44, 45 & over)	Foreigners, Agriculture, Commerce, Manufacture	Free or Slave	Negro Males (Under 14, 14-25, 26-44, 45 & over)	Negro Females (Under 14, 14-25, 26-44, 45 & over)	Other not Indian
BABBS NOAH	056	DEAR	100100	00100	0100				
BABBS WILLIAM	012	CRAW	010010	31010	0100				
BABCOCK BILLINGS	026	DELA	100010	20010	0100				
BABCOCK GRLON	202	WASH	200010	20100	0100				
BABCOCK JAMES	112	DEAR	200100	10010	0100				
BABCOCK LEE	025	CLAR	000600	10100	0004				
BABCOCK SHIRMAN	046	HARR	111101	11001	0200				
BABCOCK YOUNG	046	HARR	100010	00100	0100				
BABCOOK HENRY S	032	CLAR	100010	00100	0001				
BABER HENRY B	083	KNOX	000010	00100	0000				
BACKHOUSE JAMES	185	FRAN	210101	20210	0003				
BACKUS MARVIN	167	SWIT	000010	20100	0100				
BACON AARON	307A	POSE	221110	12020	0500				
BACON EDMOND	308	POSE	300110	10010	2				
BACON JESSE	185	WAYN	100010	40010	0100				
BADELLETT JAMES	088	KNOX	000100	00100	0100	S	1000		
BADGER DANIEL	324A	RAND	221201	30010	0100				
BADGLEY ANTHONY	286A	JEFF	000100	10110	0001				
BADGLEY BENJ	287	JEFF	310001	30210	0100				
BADGLEY JOHN	284A	JEFF	000100	10010	0100				
BADOLETT ALBERT	083	KNOX	000010	10200	0000				
BADOLLETT JOHN	087	KNOX	010111	00011	0200				
BAGGERLY ISAAC	015	CLAR	101201	11010	0300				
BAGLEY CORNELIUS	018	CLAR	120101	02201	0200				
BAGLEY JOHN	167	SWIT	100100	10100	0100				
BAILEY ALEXANDER	121	SULL	000101	00000	0100				
BAILEY CHARLES	104	LAWR	220110	10101	0300				
BAILEY DAVID	003	CLAR	000100	10100	0100				
BAILEY EDWARD	124	ORAN	100011	31010	0100		0000	0100	
BAILEY ELIJAH C	057	HARR	000010	30010	0100				
BAILEY HENRY	325A	RAND	300010	10010	0100				
BAILEY HENRY	267A	JACK	300010	21010	1000				
BAILEY HEZEKIAH	057	DEAR	011310	00101	0200				
BAILEY ISAAC	058	HARR	320010	20010	0100				
BAILEY JAMES	037	DUBO	000100	00100	0100				
BAILEY JOHN JR	086	KNOX	100010	01010	0001				
BAILEY JOHN SR	086	KNOX	000101	02301	0001				
BAILEY JOHN	121	SULL	310010	02010	0300				
BAILEY JOHN	282A	JEFF	100100	00100	0100				
BAILEY JUDAH	085	DEAR	000120	40100	0002				
BAILEY OBADIAH	107	DEAR	100100	10010	0100				
BAILEY ROBERT	090	KNOX	220010	20010	0300				
BAILEY ROBERT	121	SULL	301201	10110	0300				
BAILEY SAMUEL	029	CLAR	100010	30100	0100				
BAILEY SAMUEL	282A	JEFF	000001	01001	0100				
BAILEY SETH	276A	JEFF	110010	40010	0100				
BAILEY STANTON	325	RAND	200010	10100	0100				
BAILEY WIATT	112	DEAR	000010	00100	0100				
BAILEY WILLIAM	117	DEAR	000010	10010	0100				
BAILEY WILLIAM	057	HARR	211111	00100	0200				
BAILS ALEXANDER	103	LAWR	011001	12210	0100				
BAILS WILLIAM	103	LAWR	100010	10010	0100				

PAGE 0016

Head of Household	Page	County	White Males (Under 10, 10-15, 16-18, 16-25, 26-44, 45 & over)	White Females (Under 10, 10-15, 16-25, 26-44, 45 & over)	Foreigners, Agriculture, Commerce, Manufacture	Free or Slave	Negro Males (Under 14, 14-25, 26-44, 45 & over)	Negro Females (Under 14, 14-25, 26-44, 45 & over)	Other not Indian
BAILS WILLIAM	135	ORAN	320010	11010	0300				
BAILY JOSEPH	289A	JEFF	000010	01001	0100				
BAILY JUSTICE	136	ORAN	000001	01001	0100				
BAILY ROBERT	271	WAYN	200100	10100	0100				
BAILY WILLIAM	154	FLOY	000010	00010	0100				
BAIRD ANDREW	089	SPEN	310001	12010	0200				
BAIRD BEDEN	089	SPEN	202001	12010	0200				
BAIRD BETSY	054	HARR	000100	02010	0100				
BAIRD GEORGE	366	RAND	000101	00010	0100				
BAIRD GRISSEY	071	HARR	001100	02001	0100				
BAIRD JAMES	142	FLOY	100010	31010	0100				
BAIRD JESSE	267	WAYN	400010	10010	0100				
BAIRD JOHN	229	WAYN	300100	00100	0100				
BAIRD JOHN	265	WAYN	010010	01110	0200				
BAIRD JONATHAN	057	HARR	000010	10100	0100				
BAIRD JONATHAN	093	SPEN	010011	40010	0200				
BAIRD PATRICK	249	WAYN	111201	02201	0300				
BAIRD PAUL	366	RAND	311110	11010	0100				
BAIRD PETER	054	HARR	200010	30010	0100				
BAIRD THOMAS	088	KNOX	010101	00111	0300	S	1000	1000	
BAIRD THOMAS	044	HARR	010010	01010	0300				
BAIRD THOMAS	233	WAYN	010002	20210	0200				
BAIRD WM	161	WAYN	300101	01201	0200				
BAIRD WM	233	WAYN	200010	20010	0100				
BAIRE ROBERT	274A	JEFF	001101	22101	0000				
BAISSER GEORGE	320	POSE	001211	01111	0200				
BAITHIS JOHN	089	KNOX	101111	10100	0200				
BAITY WILLIAM	031	DELA	100100	00100	0100				
BAITY WILLIAM	032	DELA	100010	00100	0100				
BAK MARTIN	320A	POSE	100010	20101	0100				
BAKE JACOB	196	FRAN	311201	12001	0101				
BAKER ABIEL	072	DEAR	000010	10100	0100				
BAKER ALEX	040	DUBO	100010	00100	0100				
BAKER ARON	014	CRAW	100100	00100	0001				
BAKER BARZILLA	040	CLAR	110001	41010	0100				
BAKER DANIEL	135	ORAN	120010	11100	0100				
BAKER DAVID	069	DEAR	210010	00100	0000				
BAKER EBEN	153	WARR	000010	10100	0001				
BAKER EBENEZER R	179	VAND	100010	10010	0000				
BAKER EDWARD	139	WARR	220010	20010	0000				
BAKER ELIJAH	226	FRAN	000100	10100	0100				
BAKER EZRRA	274	JEFF	100101	12010	0000				
BAKER FREDERICK	124	ORAN	010101	01301	0300				
BAKER HENRY	057	HARR	011101	10100	0100				
BAKER HENRY	117	DEAR	000300	10100	0100				
BAKER HUGH	156	SCOT	110010	30010	0100				
BAKER JOHN	158	SCOT	000010	30100	0100				
BAKER JOHN	092	KNOX	100010	30110	0100				
BAKER JOHN	072	DEAR	010101	01001	0100				
BAKER JOHN	177	FRAN	100001	10010	0001				
BAKER JOHN	051	FAYE	120101	11001	0200				
BAKER JOHN	135	WARR	100001	00010	0000				

Head of Household	Page	County	White Males (Under 10, 10-15, 16-18, 16-25, 26-44, 45 & over)	White Females (Under 10, 10-15, 16-25, 26-44, 45 & over)	Foreigners, Agriculture, Commerce, Manufacture	Free or Slave	Negro Males (Under 14, 14-25, 26-44, 45 & over)	Negro Females (Under 14, 14-25, 26-44, 45 & over)	Other not Indian
BAKER JOHN	139	WARR	110010	41010	0000				
BAKER JOHN L	318A	POSE	010020	10110	0000				
BAKER JOHN S	178	VAND	000100	00000	0000				
BAKER JOSEPH E	111	DEAR	200010	20100	0100				
BAKER JOSHUA	056	DEAR	100010	20110	0100				
BAKER JOSHUA	172	FRAN	220001	12001	0300				
BAKER JOSIAH	117	MONR	000010	20010	0100				
BAKER MAURICE	078	JENN	400120	20010	0100				
BAKER MICHAEL	205	WASH	100010	20100	0001				
BAKER MORRIS	104	LAWR	110010	31110	0100				
BAKER NATHAN	156	SCOT	100100	00100	0100				
BAKER NATHAN	158	SCOT	210010	00000	0000				
BAKER NATHANIEL	091	KNOX	001111	00101	0100				
BAKER PELIG	077	JENN	011201	03101	0100				
BAKER RICHARD	173	SWIT	200010	13010	0100				
BAKER SAMUEL	222	WASH	110001	00201	0300				
BAKER SAMUEL	191	VIGO	101121	00100	0202				
BAKER SOLOMON	158	SCOT	000100	00100	0100				
BAKER THOMAS	079	RIPL	100010	20100	0100				
BAKER THOS	141	WARR	101010	30200	0001				
BAKER THOS JR	141	WARR	100100	00100	0000				
BAKER VALENTINE	222	WASH	010100	20010	0200				
BAKER WILEY	156	SCOT	000100	00100	0100				
BAKER WILLIAM	142	OWEN	510022	00100	0000				
BAKER WILLIAM	156	SCOT	300010	10100	0001				
BAKER WILLIAM	134	ORAN	200100	00100	0100				
BAKER WILL	288	JEFF	300010	20010	0100				
BAKER WM	231	GIBS	000200	00000	0000	S	2000		
BAKER WM	141	WARR	311010	10010	0000				
BALCH JAMES	115	SULL	001101	00001	0000				
BALCH JAMES C	121	SULL	000200	10100	0200				
BALD SAMUEL	193	WAYN	200010	10100	0100				
BALD WILLIAM	237	WAYN	300010	10010	0100				
BALDEN ENOCH	106	LAWR	200100	00010					
BALDIN WM K	313	POSE	110010	10010	0200				
BALDING BAKER	090	KNOX	110010	20010	0200				
BALDING JOSEPH	091	KNOX	220001	20010	0300				
BALDRIDGE SAMUEL	173	WAYN	200101	01101	0200				
BALDWIN AMOS	097	LAWR	100030	10010	0001				
BALDWIN CHARLES	189	WAYN	310010	21000	0100				
BALDWIN DANIEL	189	WAYN	000001	00011	0100				
BALDWIN EDMOND	182	FRAN	200010	00100	0100				
BALDWIN ELIAS	235	GIBS	000100	00000	0100				
BALDWIN ELIZABETH	107	LAWR	000001	00100	0100				
BALDWIN GABRIAL	085	KNOX	000000	00000	0000	F	0010	0100	
BALDWIN JACOB	263A	JACK	000110	01010	0100				
BALDWIN JAMES	231	GIBS	000010	00001	0110	S	1000		
BALDWIN JESSE	237	WAYN	010010	42010	0200				
BALDWIN JESSE JR	163	WAYN	010010	42010	0200				
BALDWIN JONAS	168	SWIT	200310	20110	0002	F	0100		
BALDWIN JOHN	165	WAYN	110110	10000	0110				
BALDWIN JOSEPH	179	VAND	000201	31001	0300				

Head of Household	Page	County	White Males (Under 10, 10-15, 16-18, 16-25, 26-44, 45 & over)	White Females (Under 10, 10-15, 16-25, 26-44, 45 & over)	Foreigners, Agriculture, Commerce, Manufacture	Free or Slave	Negro Males (Under 14, 14-25, 26-44, 45 & over)	Negro Females (Under 14, 14-25, 26-44, 45 & over)	Other not Indian
BALDWIN NATHAN	189	WAYN	100100	10000	0100				
BALDWIN SAML	295	JEFF	100100	00100	0100				
BALDWIN THOMAS	165	WAYN	000110	00100	0210				
BALDWIN THOPHILUS	107	LAWR	200010	20010	0100				
BALDWIN WILLIAM	107	LAWR	000101	00101	0200				
BALDWIN WILLIAM	149	PERR	310010	21010	0200				
BALEMOOR NOAH	022	DELA	000010	10100	0100				
BALES ASA	125	SULL	000100	00100	0100				
BALES EDWARD	117	MONR	200010	00010	0100				
BALES GEORGE	267	WAYN	100010	20100	0100				
BALES JACOB	366	RAND	310010	00010	0100				
BALES JACOB	117	MONR	010111	21010	0300				
BALES JAMES	117	MONR	000001	10101	0100				
BALES JAMES IIND	118	MONR	100100	00100	0100				
BALES WILLIAM	193	VIGO	000110	10100	0200				
BALEY DAVID	171	WAYN	000110	00010	0200				
BALEY DAVID	191	WAYN	100001	00101	0100				
BALEY DAVID	211	WAYN	000001	00001	0100				
BALEY HUGH	237	WAYN	210001	20010	0200				
BALEY JOHN	195	WAYN	200010	10000	0100				
BALEY JOHN O N	241	WAYN	100010	10000	0100				
BALEY NICHOLAS	067	HARR	300100	10100	0100				
BALL ABNER	019	FAYE	110010	41010	0100				
BALL AMASA	086	DEAR	000001	10010	0001				
BALL BARNEY B	169	SWIT	000010	00010	0001				
BALL DAVID	310	POSE	200010	22110	0100				
BALL DOCTOR	009	FAYE	010010	30010	0100				
BALL JAMES	089	DEAR	000100	20100	0100				
BALL JONAS	169	WAYN	010010	00100	0001				
BALLARD DARIUS D	081	JENN	200100	00100	0001				
BALLARD ISAIAH	029	FAYE	100100	00100	0100				
BALLARD JOHN	023	CLAR	220111	21110	0300				
BALLARD JOHN M	081	JENN	110101	00311	0100				
BALLARD MARY	326	RAND	100000	10010	0100				
BALLARD WILLIAM	033	DELA	000110	21210	0200				
BALLARD WILLIAM	301	PIKE	400010	01010					
BALLDWIN LEMUEL	235	GIBS	212001	01001	0100				
BALLINGER GEORGE	222	FRAN	100100	00010	0100				
BALLINGER JESSE	325	RAND	200010	20101	0100				
BALLINGER JOHN	327	RAND	101101	11201	0100				
BALLINGER EDWARD	265	JACK	300010	10010	0100				
BALLINGER ELIZABETH	264	JACK	310000	00311	0000				
BALLINGER JOSHUA	237	WAYN	100010	32010	0100				
BALLINGTON ROBERT	190	VIGO	201010	01110	0000				
BALLON JAMES	292	JEFF	100010	20100	0100				
BALPH WILLIAM	173	SWIT	120100	21010	0100				
BALSDON SARDUCE	178	VAND	200010	10010	5100				
BALTINCORE PHILLIP	263	WAYN	321101	01300	0100				
BAMESBERGER JOHN	318A	POSE	011101	00101	0100				
BAMFORD MOSES	090	KNOX	110101	00001	0200				
BAMFORD ROBERT	090	KNOX	010100	00100	0100				
BANDLETT JOHN	008	CRAW	100020	11010	0001				

PAGE 0019

Head of Household	Page	County	White Males (Under 10, 10-15, 16-18, 16-25, 26-44, 45 & over)	White Females (Under 10, 10-15, 16-25, 26-44, 45 & over)	Foreigners, Agriculture, Commerce, Manufacture	Free or Slave	Negro Males (Under 14, 14-25, 26-44, 45 & over)	Negro Females (Under 14, 14-25, 26-44, 45 & over)	Other not Indian
BANE JOHN	171	SWIT	000100	00100	0100				
BANE ROBERT	291	JEFF	131301	31110	0400				
BANFIELD JOHN	081	JENN	301301	21101	0300				
BANISTER BURLE	023	DELA	011110	42100	0100				
BANISTER JOHN	019	FAYE	000100	20100	0100				
BANISTER WILLIAM	108	DEAR	011201	11201	0100				
BANKS ADAM	231	WAYN	221110	21110	0400				
BANKS ALSY	107	LAWR	001300	00011					
BANKS BURR	216	WASH	210010	10010	0100				
BANKS JESSE	054	HARR	400110	10100	0200				
BANKS JOHN	107	LAWR	000110	00100					
BANKS JOHN	169	WAYN	200010	11010	0001				
BANKS SAMUEL	054	HARR	000201	02001	0300				
BANKS THOS	107	LAWR	000100	00100					
BANNISTER BURWELL	170	FRAN	010110	42110	0200				
BANNISTER JOHN	021	DELA	100020	20100	0100				
BANTA ALBERT	366	RAND	310001	22110	0100				
BANTA DAVID	366	RAND	100100	00100	0100				
BANTA HENRY	167	SWIT	110010	03010	0100				
BANTA HENRY D	167	SWIT	220010	21010	0100				
BANTZ GEORGE W	272A	JEFF	100200	00010	0002				
BAR JAMES	300	PIKE	500001	00010					
BAR JOHN	294	JEFF	221401	22110	0500				
BARBE ELI	150	PERR	100200	00100	0100				
BARBE JESSE	150	PERR	120010	22001	0300				
BARBE PETER	148	PERR	020010	10010	0303				
BARBEE DAVID	017	DELA	000010	01010	0100				
BARBEE OLLIFF	020	DELA	312013	12010	0100				
BARBER CHARLES	036	CLAR	000100	00100	0100				
BARBER ELIPHILES	224	FRAN	010201	12201	0400				
BARBER HENRY	021	DELA	220010	00000	0100				
BARBER JAMES	187	FRAN	000010	20010	1001				
BARBER JOHN	177	FRAN	001110	01101	0200				
BARBER MOSES	120	DEAR	312210	21010	0100				
BARBER ROBERT	101	SPEN	301001	20110	0100				
BARBER SAMUEL	171	FRAN	210010	20010	1100				
BARBERS DANIEL	186	VIGO	120010	20010	0300				
BARBO FRANCES	087	KNOX	200001	13001	0100				
BARBOUR TIMOTHY	285	JEFF	011101	10201	0100				
BARCKETEN CHRISTIAN	319A	POSE	100000	00120	0000				
BARCULOO JOHN	120	DEAR	220010	21000	0100				
BARD EDWARD	189	WAYN	310101	21010	0100				
BARD WILLIAM	205	WASH	002211	11100	0004				
BARD WILLIAM	207	FRAN	200120	31010	0001				
BARDON JOHN	087	KNOX	000100	00000	1100				
BARE DAVID	033	CLAR	400010	10010	0100				
BARE HENRY	279	JEFF	400010	20010	0100				
BARE JACOB	031	CLAR	100020	20021	0100				
BARE OWEN	033	CLAR	310010	20010	0100				
BARGAIN JOHANNAS	119	DEAR	110001	10100	0100				
BARGE WILLIAM	078	JENN	100010	01001	1000				
BARGER ABRAHAM	150	PERR	310001	22110	0200				

PAGE 0020

Head of Household	Page	County	White Males (Under 10, 10-15, 16-18, 16-25, 26-44, 45 & over)	White Females (Under 10, 10-15, 16-25, 26-44, 45 & over)	Foreigners, Agriculture, Commerce, Manufacture	Free or Slave	Negro Males (Under 14, 14-25, 26-44, 45 & over)	Negro Females (Under 14, 14-25, 26-44, 45 & over)	Other not Indian
BARKER BENJAMIN F	183	VAND	000100	00100	0100				
BARKER DAVID	273	JEFF	000010	10100					
BARKER ELLIAS	196	WABA	201210	22110	0300				
BARKER HENRY	038	DUBO	200010	10010	0100				
BARKER HIRAM	125	DEAR	000100	20100	0100				
BARKER ISAAC	237	WAYN	220101	31101	0300				
BARKER ISAAC	191	VIGO	011311	10201	0000				
BARKER JAMES	014	CRAW	000010	41011	0100				
BARKER JESSE	246	GIBS	300010	10010	0100				
BARKER JOHN	300	PIKE	200010	42010					
BARKER JOSEPH	071	DEAR	320010	10110	0100				
BARKER MOSES	149	PERR	100010	20100	0100				
BARKER PHILLIP	049	HARR	200010	21010	0100				
BARKER SILVESTER	192	VIGO	001200	00001	0200				
BARKER THOMAS	117	MONR	100010	00100	0101				
BARKER THOMAS	237	WAYN	000100	00100	0100				
BARKER WM	235	GIBS	100030	22010	0300				
BARKEY CHRISTAIN	267A	JACK	121201	20101	0100				
BARKLEY BETSY	041	HARR	220000	11010	0000				
BARKMAN ABRAHAM	092	KNOX	310001	00201	0300				
BARKMAN HENRY	092	KNOX	321110	11010	0200				
BARKMAN JOHN	091	KNOX	110010	10011	0100				
BARLEY AARON	279	JEFF	110001	20010	0100				
BARLEY JOHN	005	CRAW	210001	21001	0200				
BARLEY WILLIAM	091	SPEN	100010	20010	0200				
BARLOW HENRY	020	DELA	110020	00000	0100				
BARLOW JEREMIAH	019	DELA	200010	10010	0100				
BARLOW LEWIS	019	DELA	001101	00001	0100				
BARLOW SAMUEL	148	PERR	010010	21010	0000				
BARLOW SOLOMON	071	DEAR	100001	12001	0100				
BARLOWS WILLIAM	162	SCOT	000001	10010	0100				
BARMORE DANIEL	066	DEAR	100010	00100	0002				
BARNABA JOHN	034	CLAR	200010	01011	0001				
BARNALEY SALLY	058	HARR	120200	12210	0000				
BARNARD ALLIS S	150	PERR	000000	30100	0000				
BARNARD RICHARD	088	KNOX	000001	00010	0100				
BARNARD RINEL	212	WASH	120010	20010	0301				
BARNARD SAMUEL R	212	WASH	300010	10010	0100				
BARNARD SAMUEL SR	212	WASH	010101	00201	0300				
BARNARD TRESTRAM	205	FRAN	100010	00100	0100				
BARNARD URIAH	325A	RAND	011101	00111	0100				
BARNARD WILLIAM	208	FRAN	210010	41010	0200				
BARNARD WILLIAM	209	FRAN	210010	32010	0200				
BARNELL OBED	261	WAYN	000001	10001	0001				
BARNES DAVID	079	JENN	120101	12001	0100				
BARNES FRANCIS	168	SWIT	100200	10100	1101				
BARNES JAMES	194	VIGO	211221	11110	0700				
BARNES JAMES	186	VIGO	000011	00010	0200				
BARNES LEONARD	282	JEFF	200010	20100	0100				
BARNES THOMAS	007	CRAW	300110	00010	0200				
BARNES WILLIAM	222	FRAN	000010	00001	0001				
BARNET ADAM	210	WASH	200110	22010	0100				

Head of Household	Page	County	White Males (Under 10, 10-15, 16-18, 16-25, 26-44, 45 & over)	White Females (Under 10, 10-15, 16-25, 26-44, 45 & over)	Foreigners, Agriculture, Commerce, Manufacture	Free or Slave	Negro Males (Under 14, 14-25, 26-44, 45 & over)	Negro Females (Under 14, 14-25, 26-44, 45 & over)	Other not Indian
BARNET BAILEY	072	DEAR	100020	20010	0100				
BARNET BYRUM	279	JEFF	100100	00100	0100				
BARNET GEORGE	298	PIKE	300010	12010					
BARNET JACOB	210	WASH	000010	20100	0100				
BARNETT ALEXANDER	007	CRAW	401101	11010	0300				
BARNETT CHARLES W	275	JEFF	010110	10100	0002				
BARNETT GEORGE	263	WAYN	000100	00100	0100				
BARNETT HUMPHRY	177	VAND	210001	22010	0200				
BARNETT JAMES	041	HARR	220201	13110	0400				
BARNETT JAMES	324A	RAND	000110	00000	0020				
BARNETT JOHN M	087	SPEN	031001	02101	0200				
BARNETT MARK	084	KNOX	210001	20110	0000	S	0200	1000	
BARNETT ZECHARIAH	091	SPEN	200010	00010	0100				
BARNEY JOHN	079	JENN	000001	00000	0100				
BARNHART JACOB	089	DEAR	000100	10100	0100				
BARNHART JOHN	102	DEAR	000010	20100	0100				
BARNHILL ROBERT	027	DELA	111211	22001	0400				
BARNHILL SAMUEL	027	DELA	100010	10000	0100				
BARNHILL WILLIAM	106	LAWR	001111	00201	0300				
BARNS ALEXANDER	186	VIGO	400001	01010	0200				
BARNS BENJAMINE	028	DELA	110001	20301	0100				
BARNS DAVIS	186	VIGO	200110	10010	0200				
BARNS GEORGE	018	CLAR	400201	02110	0300				
BARNS HUGH	141	OWEN	000111	00101	0100				
BARNS ISAAC	325A	RAND	400001	00110	0100				
BARNS JAMES	187	VIGO	200110	31010	0200				
BARNS JANE	036	CLAR	012200	22301	0000				
BARNS JESSE	107	LAWR	100010	32010					
BARNS JOHN	107	LAWR	000001	30010					
BARNS JOHN	118	MONR	100010	20100	0100				
BARNS JOHN	278A	JEFF	310010	21010	0100				
BARNS REUBEN	282A	JEFF	000100	00100	0100				
BARNS RUTH S	187	VIGO	210000	00010	0100				
BARNS ZACHARIAH	010	CLAR	000001	00010	0001				
BARNUM BARNA	081	JENN	410110	00010	0100				
BARR ABRAHAM	130	ORAN	000100	00100	0100				
BARR CHRISLAIN	287A	JEFF	200100	00100	0100				
BARR HENRY	079	JENN	200010	20100	0100				
BARR HENRY	294A	JEFF	000100	00100	0100				
BARR JOHN	242	GIBS	310101	11010	0200				
BARR SAMUEL H	084	KNOX	000100	00000	1000				
BARRACKMAN FREDERICK	038	CLAR	011201	00001	0300				
BARRET JANE	225	WASH	400000	10010	0100				
BARRET THOMAS	093	SPEN	100010	30010	0100				
BARRET WILLIAM	301	PIKE	210101	11010					
BARRETT JONATHAN	080	JENN	100110	40010	0100				
BARRICKLOW DANIEL	057	DEAR	020101	01001	0100				
BARRICKLOW FERRINGON	057	DEAR	210110	20010	0200				
BARRICKLOW EDWARD	057	DEAR	000100	10100	0100				
BARRICKLOW JOHN	057	DEAR	110222	00201	0300				
BARRICKMAN JACOB	204	FRAN	020201	12201	0300				
BARRIER PETTER	093	KNOX	201111	01020	0300				

Head of Household	Page	County	White Males (Under 10, 10-15, 16-18, 16-25, 26-44, 45 & over)	White Females (Under 10, 10-15, 16-25, 26-44, 45 & over)	Foreigners, Agriculture, Commerce, Manufacture	Free or Slave	Negro Males (Under 14, 14-25, 26-44, 45 & over)	Negro Females (Under 14, 14-25, 26-44, 45 & over)	Other not Indian
BARRIETT GEORGE	311A	POSE	211110	11001	0300				
BARRINGER JOHN	046	CLAR	101310	00200	0004				
BARRITT ABRAHAM	077	JENN	000010	32010	0100				
BARROW JOSEPH	085	KNOX	320011	11110	0010				
BARSALIEU CHARELES	084	KNOX	000100	00110	0001				
BARTHOLOMEW CATY	022	CLAR	000000	00101	0000				
BARTHOLOMEW JOHN	142	OWEN	101010	20100	0200				
BARTHOLOMEW DANIEL	086	DEAR	100010	20010	0001				
BARTHOLOMEW JOSEPH	048	CLAR	210201	22310	0300				
BARTLETT HEZIKIAH	133	FLOY	100001	00000	0100				
BARTLETT JOSEPH	147	FLOY	000110	10010	0200				
BARTLOW JAMES	191	FRAN	310101	01301	0300				
BARTLOW JOHN	019	FAYE	100010	20100	0100				
BARTMAS NANCY	309A	POSE	321500	10101	0700				
BARTON ALEXANDER	309	POSE	200010	20010	0100				
BARTON ALPHEUS	114	DEAR	210101	11010	0100				
BARTON DANIEL	309	POSE	100100	00100	0100				
BARTON JAMES	103	LAWR	000010	10100	0100				
BARTON JOHN	269	WAYN	200100	20100	0100				
BARTON JOHN	149	WARR	320010	20010	0000				
BARTON JOHN	309	POSE	200010	21010	0100				
BARTON JOSEPH	083	KNOX	310010	10010	0001				
BARTON MOSES	290A	JEFF	000010	10100	0001				
BARTON ROBERT	292	JEFF	000010	00000	0100				
BARTON SAML	315	POSE	100010	20010	0100				
BARTON THOS	306A	POSE	210001	01110	0200				
BARTON WILLIS	309	POSE	100100	10100	0100				
BARTON WILLIAM	113	DEAR	101101	41010	0100				
BARTON WM	309	POSE	011101	00101	0300				
BARZEL JOHN	209	WASH	400001	21010	0200				
BASCOMB GAYUS	173	SWIT	120010	12010	0001				
BASEY LISMON	030	DELA	410010	01110	0100				
BASH JOSEPH	203	FRAN	000010	20100	0100				
BASH MICHAEL	053	FAYE	200010	20011	0100				
BASNET JOHN	019	CLAR	310010	12000	0001				
BASS ARTHUR	209	WASH	000020	20100	0100				
BASS CHATHARINE	091	KNOX	110100	00010	0000				
BASS HOWEL	236	GIBS	120001	33010	0100				
BASS REUBEN	212	WASH	000000	00000	0400				
BASS WILLIAM	091	KNOX	000010	10010	0100				
BASSET THOMAS	075	RIPL	300010	00010	0100				
BASSET WILLIAM	075	RIPL	010101	01201	0200				
BASSETT ELISHA	283A	JEFF	200100	00100	0100				
BASSETT JOHNTHAN	202	FRAN	101111	10101	0200				
BASSETT NATHANIEL	202	FRAN	000010	00100	0001				
BASSETT THOMAS	175	SWIT	300010	00100	0100				
BASSITT DAVID S	137	FLOY	000020	10010	0010				
BASTIN HENRY	226	FRAN	130110	10010	0001				
BASTION SABRANA	181	FRAN	120010	40010	0101				
BATEMAN CARLETON	169	FRAN	000010	10200	0100				
BATEMAN HENRY	044	HARR	300101	22001	0200				
BATEMAN OWEN	229	WAYN	300001	10001	0100				

Head of Household	Page	County	White Males (Under 10, 10-15, 16-18, 16-25, 26-44, 45 & over)	White Females (Under 10, 10-15, 16-25, 26-44, 45 & over)	Foreigners, Agriculture, Commerce, Manufacture	Free or Slave	Negro Males (Under 14, 14-25, 26-44, 45 & over)	Negro Females (Under 14, 14-25, 26-44, 45 & over)	Other not Indian
BATEMAN WILLIAM	149	FLOY	001101	22001	0100				
BATES BENJAMIN B	012	CLAR	000010	10100	0100				
BATES CALIB	063	HARR	121110	42100	0200				
BATES DANIEL	145	WARR	100110	30010	0002				
BATES DOLLY	044	HARR	110100	01001	0400				
BATES DOLLY	055	HARR	210010	10010	0000				
BATES GILBERT	047	FAYE	420210	10010	0100				
BATES HERVEY	005	FAYE	100300	10200	0003				
BATES JAMES	261	JACK	000001	10001	0100	F	1000	0000	
BATES JAMES	213	FRAN	310010	21110	0200				
BATES JOHN	295A	JEFF	300020	01010	0100				
BATES RHEUBEN	145	WARR	100010	00100	0000				
BATES SAMUEL	065	HARR	100010	01000	0000				
BATES WILLIAM	039	FAYE	100100	10100	0001				
BATMAN NANCY	036	CLAR	210000	00001	0000				
BATSEN JONATHON	084	KNOX	000010	10010	0000				
BATSON MORDECAI	107	SULL	100001	10001	0200				
BATTERTON HENRY	117	MONR	211601	11010	0005				
BATTIN RICHARD	205	FRAN	500010	10010	0100				
BATTMAN JOHN	088	KNOX	000001	00110	0001				
BATY JAMES	302	PIKE	010010	10100					
BAUD EDWARD SR	157	WAYN	000001	01001	0100				
BAUER CHRIST	318A	POSE	011101	01101	0000				
BAUER GEORGE	320A	POSE	000200	01001	0000				
BAUMGARDIN GEORGE	079	JENN	200001	10001	0100				
BAVELIN JOSEPH	006	CRAW	100001	10100	0100				
BAW ARANDLEY	009	CRAW	400001	30010	0100				
BAXLEY BARBAS	070	HARR	110010	11010	0100				
BAXTER DANIEL	071	HARR	000030	10100	0000				
BAXTER DANIEL	289A	JEFF	000100	20100	0100				
BAXTER DANIEL	287	JEFF	000100	20100	0100				
BAXTER JAMES	288A	JEFF	110001	00101	0100				
BAXTER JOHN	326	RAND	100010	30010	0100				
BAXTER THEDIUS	025	DELA	110101	12010	0200				
BAXTER THOMAS	031	FAYE	010020	40010	0001				
BAXTER THOMAS	169	FRAN	200001	12010	0001				
BAYIDON ESTER	086	KNOX	000000	00000	0000	F	0000	0001	
BAYLER GEORGE	057	HARR	210010	20010	0100				
BAYLEY BENJAMIN	187	VIGO	010001	01001	0200				
BAYLEY HENRY	117	MONR	010001	01000	0100				
BAYLEY JAMES	117	MONR	101200	10001	0101				
BAYLEY THOMAS	117	MONR	100010	20100	0100				
BAYORE FRANCIS	085	KNOX	000010	00000	0000				
BAZLEY EDMOND	102	LAWR	010100	00000	0100				
BEACH C H	158	SCOT	100010	20010	0100				
BEACH JAMES	163	WAYN	000221	00001	0500	S	1000		
BEACH JOB A	119	DEAR	020110	41110	0100				
BEACH JOCOB	117	DEAR	000101	10101	0100				
BEACH SAMUEL	009	CLAR	000211	01110	0110				
BEACH WILLIAM	090	DEAR	011201	52010	0100				
BEACHAMP JOHN	135	ORAN	200010	21010	0100				
BEACHBORD WILL	289A	JEFF	200001	20100	0100				

Head of Household	Page	County	White Males (Under 10, 10-15, 16-18, 16-25, 26-44, 45 & over)	White Females (Under 10, 10-15, 16-25, 26-44, 45 & over)	Foreigners, Agriculture, Commerce, Manufacture	Free or Slave	Negro Males (Under 14, 14-25, 26-44, 45 & over)	Negro Females (Under 14, 14-25, 26-44, 45 & over)	Other not Indian
BEACHUM ZIPPORAH	120	DEAR	000000	21010	0000				
BEACON ELIJAH	076	JENN	000110	00100	0001				
BEADEN ROSWELL	032	FAYE	301101	33010	0100				
BEADLE LUTHER	264	JACK	310010	21010	0200				
BEAIR JAMES	024	DELA	100001	10100	0100				
BEALER THOMAS	211	WASH	400010	21010	0100				
BEALS DAVID	008	CRAW	200010	30100	0100				
BEALS JONATHAN	191	WAYN	010000	10010	0100				
BEALS JOSEPH	014	CRAW	310010	00010	0200				
BEALS JUNATH	157	WAYN	400250	00210	0302				
BEALS RUTH	010	CRAW	100000	00110	0000				
BEAM JACOB	043	CLAR	410201	22202	0300				
BEAMAN CARTER	085	KNOX	100010	00201	0000	S	0100	0011	
BEAMAN LYONS	085	KNOX	100010	20010	0100				
BEAMGARD PHILIP	135	FLOY	100010	00011	0100				
BEAMUS GEORGE	107	SULL	020010	30010	0300				
BEAN JAMES	072	HARR	200010	10010	0100				
BEAN STEPHEN	305A	POSE	100111	00100	0001				
BEANBLOSSOM CHRISTIA	069	HARR	000040	00101	0400				
BEANBLOSSOM ABRAHAM		HARR	100100	00100	0010				
BEANBLOSSOM MARTIN	067	HARR	400010	00010	0100				
BEARD ADAM	129	ORAN	221110	01110	0300				
BEARD ANN	186	VIGO	000100	00111	0100				
BEARD GEORGE	137	FLOY	200010	10010	0001				
BEARD JAMES	039	FAYE	000010	00010	0010				
BEARD JOHN	194	VIGO	210102	22010	0201				
BEARD JOHN	038	DUBO	400010	00010	0100				
BEARD MASON	012	CRAW	100010	10100	0100				
BEARD PETER	038	DUBO	200010	30100	0100				
BEARD SAMUEL	012	CRAW	300010	10010	0100				
BEARDSLEY JOHN	148	PERR	100210	00100	0000				
BEARE PETER	107	DEAR	200010	14010	0100				
BEASON RICHARD	125	SULL	020100	02010	0300				
BEATTY WILLIAM A	263A	JACK	220010	10010	0000				
BEATY CHARLES	172	SWIT	211101	20001	1100				
BEATY ELIZABETH	187	FRAN	100000	10010	0000				
BEATY HUGH	056	DEAR	010201	21101	0100				
BEAUCHAMP CHARLES	189	WAYN	300010	31010	0100				
BEAUCHAMP RUSS	191	WAYN	300010	10100	0100				
BEAUCHAMP HENRY	225	WAYN	320001	30010	0002				
BEAUCHAMP LEVI	255	WAYN	100010	20100	0100				
BEAUCHAMP NOAH	013	FAYE	210010	22010	0100				
BEAUCHAMP WM	189	WAYN	000101	00001	0100				
BECHET WILLIAM	025	CLAR	220101	21111	0300				
BECK DANIEL	007	CLAR	000010	30110	0100				
BECK DAVID	005	FAYE	100010	10100	0001				
BECK DAVID	015	CLAR	000100	10100	0100				
BECK FREDERIC	299	PIKE	130011	21001					
BECK GEORGE JU	216	WASH	000010	10200	0100				
BECK GEORGE SR	216	WASH	000311	00001	0500				
BECK HENRY	211	FRAN	120010	30010	0300				
BECK HENRY	299	PIKE	310001	20110	0				

Head of Household	Page	County	White Males (Under 10, 10-15, 16-18, 16-25, 26-44, 45 & over)	White Females (Under 10, 10-15, 16-25, 26-44, 45 & over)	Foreigners, Agriculture, Commerce, Manufacture	Free or Slave	Negro Males (Under 14, 14-25, 26-44, 45 & over)	Negro Females (Under 14, 14-25, 26-44, 45 & over)	Other not Indian
BECK JACOB	299	PIKE	000011	00002					
BECK JACOB JR	299	PIKE	001001	01001					
BECK JAMES	211	WASH	200110	20010	0100				
BECK JAMES	125	ORAN	000100	10100	0100				
BECK JAMES	024	DELA	000100	11000	0100				
BECK JEREMIAH	211	WAYN	421201	12110	0400				
BECK JESSE	123	SULL	400010	00110	0300				
BECK JOHN	216	WASH	000010	30010	0100				
BECK JOHN	195	WAYN	100100	10100	0100				
BECK PHILIP	216	WASH	100001	20010	1000				
BECK PRESTON	099	LAWR	210010	12010					
BECK SAML	209	WAYN	221110	20010	0300				
BECK SAMUEL	247	WAYN	310010	12000	0200				
BECK SOLOMON	195	WAYN	030110	40010	0300				
BECK THOMAS	083	KNOX	110001	20001	0000				
BECKELSHAMER JOHN	264	JACK	520110	01010	0100				
BECKER JACOB	319A	POSE	000011	00011	0100				
BECKET WILLIAM	216	FRAN	200010	10010	0100				
BECKNELL ALFRED	089	KNOX	000400	20100	0100				
BECKNELL JOHN	089	KNOX	211201	11001	0400				
BECKNELL MUNFERD	089	KNOX	100100	01000	0100				
BECKWITH GEORGE	173	SWIT	000010	10100	0100				
BECKWORTH SAMUEL	085	DEAR	400010	00010	0001				
BECKWORTH TITUS	105	DEAR	100100	00100	0001				
BECKWORTH ZENAS	026	DELA	101110	10010	0100				
BECRM CONROD	319A	POSE	001101	00101	0100				
BECTILE SAMUEL	263	WAYN	100100	20100	0100				
BEDELL ELIAS	091	KNOX	100111	00101	0100				
BEDELL ELIAS	092	KNOX	200010	41010	0200				
BEDWELL ENOCH	127	SULL	200100	00100	0100				
BEDWELL GEORGE	191	FRAN	000100	00100	0100				
BEDWELL JAMES	211	WAYN	200010	20100	0100				
BEDWELL JOHN	127	SULL	000010	40010	0100				
BEDWELL JONATHAN	211	WAYN	200010	20100	0100				
BEDWELL ROBERT	127	SULL	000201	01101	0300				
BEDWELL THOMAS	123	SULL	500101	21010	0200				
BEDWELL THOMAS	127	SULL	100010	00100	0100				
BEEBE DAVID	172	SWIT	120001	01001	0100				
BEEBE DUDLEY	288	JEFF	000101	00100	0100				
BEEBE FREDERICK	294	JEFF	000100	10010	0100				
BEEBE SAMUEL	057	DEAR	000010	00000	0001				
BEEBE SYLVESTER	294	JEFF	100100	10010	0100				
BEEBE TIMOTHY	294	JEFF	020001	00201	0100				
BEECH JOHN	183	VAND	000201	21110	0200				
BEECHER ALVA	266A	JACK	200021	30101	0100				
BEEK RACHEL	187	FRAN	000000	01010	0000				
BEEKES BENJAMIN U	092	KNOX	100020	32010	0100	F	3000	0010	
BEEKS JAMES	032	FAYE	210010	01001	0100				
BEEKS WILLIAM	092	KNOX	210020	10010	0100				
BEEL BENJAMIN	143	OWEN	120101	10000	0100				
BEEL ISAAC	143	OWEN	100100	10100	0100				
BEELER CHARLES L	137	FLOY	000010	00000	1001				

Head of Household	Page	County	White Males (Under 10, 10-15, 16-18, 16-25, 26-44, 45 & over)	White Females (Under 10, 10-15, 16-25, 26-44, 45 & over)	Foreigners, Agriculture, Commerce, Manufacture	Free or Slave	Negro Males (Under 14, 14-25, 26-44, 45 & over)	Negro Females (Under 14, 14-25, 26-44, 45 & over)	Other not Indian
BEELER CHARLES	033	DELA	200010	10100	0100				
BEELER GEORGE H	033	DELA	000200	00001	0200				
BEELER JACOB	029	DELA	200010	10010	0100				
BEELER SAMUEL	136	FLOY	110201	10211	0003				
BEEM MARY	142	OWEN	001210	02001	0201				
BEEM MICHAEL SR	269	JACK	100010	31010	0100				
BEEM MICHAL JR	267	JACK	100110	21010	0100				
BEEM NEELY	143	OWEN	000010	20010	0100				
BEEM RICHARD	265A	JACK	100010	00110	0100				
BEEMAN ANDREW	069	HARR	010001	00101	0000				
BEEMAN JAMES	073	RIPL	001200	10100	0200				
BEEMAN LYMAN	073	HARR	010010	01110	0000				
BEEMAN STEPHEN T	069	HARR	300100	30010	0100				
BEEN ISREAL	083	KNOX	000100	00000	0001				
BEESLEY ABRAM	159	WAYN				S	1010	0002	
BEESLEY THOMAS	177	WAYN	100020	00101	0101				
BEESON BENJAMIN	233	WAYN	300010	30010	0100				
BEESON DARIUS	189	WAYN	100100	20000	0100				
BEESON ISAAC	219	WAYN	000010	30100	0100				
BEESON JGAL	183	WAYN	100010	00010	0100				
BEESON THOMAS	233	WAYN	100010	10010	0100				
BEESON WM	219	WAYN	011001	20001	0100				
BEETLE JOHN	067	HARR	100100	10100	0000				
BEEZLEY THOS	098	LAWR	020211	20110	0300				
BEGGS JOHN	043	CLAR	000100	11321	0200				
BEIF JOHN	318A	POSE	000011	00110	0100				
BEKER JOHN	223	WASH	200010	30010	0100				
BELCHER JAMES	128	ORAN	100100	00100	0100				
BELCHER JESSE	006	CRAW	000100	10010	0100				
BELCHER JOHN	128	ORAN	011110	00010	0400				
BELCHER JOSEPH	128	ORAN	000100	00100	0100				
BELDEN AARON O	263A	JACK	200100	00100	0100				
BELDON AARON	267	JACK	111101	01000	0100				
BELEKER JAMES	134	ORAN	210010	20010	0100				
BELK JANE	217	FRAN	300000	22001	0000				
BELL ABEL	194	VIGO	000001	00111	0100				
BELL DANIEL	063	HARR	410011	11011	0200				
BELL ELIZABETH	175	SWIT	300001	10110	0100				
BELL GABRIEL	015	CLAR	100100	10100	0100				
BELL HENRY	054	HARR	200010	21010	0100				
BELL HUGH	043	FAYE	010001	42010	0100				
BELL JACOB	194	VIGO	011111	10011	0400				
BELL JAMES	166	SWIT	000100	10100	0100				
BELL JEREMIAH	108	DEAR	100010	31010	0100				
BELL JOHN	153	WARR	010200	10100	0001				
BELL JOHN	016	CLAR	020101	20001	0200				
BELL JOHN	176	FRAN	210010	22110	0200				
BELL JOHN	010	CRAW	301001	11010	0200				
BELL JOHN	285	JEFF	200010	32010	0000				
BELL JOHN	227	WAYN	100301	32220	0400				
BELL JOSEPH	041	FAYE	000011	00102	0100	F	0100		
BELL JOSEPH	022	CLAR	210010	31010	0100				

Head of Household	Page	County	White Males (Under 10, 10-15, 16-18, 16-25, 26-44, 45 & over)	White Females (Under 10, 10-15, 16-25, 26-44, 45 & over)	Foreigners, Agriculture, Commerce, Manufacture	Free or Slave	Negro Males (Under 14, 14-25, 26-44, 45 & over)	Negro Females (Under 14, 14-25, 26-44, 45 & over)	Other not Indian
BELL LANCELOTT	229	WAYN	100010	00100	0100				
BELL PHILLIP	056	HARR	200110	30010	0100				
BELL RICHAD S	064	HARR	000010	00100	0100				
BELL ROBERT	062	HARR	110310	30010	0100				
BELL ROBERT	097	SPEN	111101	12010	0300				
BELL SAMUEL	059	HARR	001111	11301	0200				
BELL SARAH	166	SWIT	201100	12010	0100				
BELL THOMAS	015	CLAR	210001	12001	0100				
BELL WILLIAM	083	KNOX	000010	00000	1001				
BELL WM	235	WAYN	100010	10100	0100				
BELLAMY SAMUEL	166	SWIT	400010	21010	0100				
BELLE ISAAC	069	HARR	300010	11010	0100				
BELLMAP JONAS	113	MART	000101	10201	0200				
BELLOWS HENRY	072	DEAR	000301	31001	0100				
BELLOWS LIDIA	013	CLAR	000000	00201	0000				
BELLOWS LOIS	013	CLAR	200000	10010	0000				
BELLOWS PETER	071	DEAR	000011	00001	0100				
BELLY BENJ	142	FLOY	100010	00000	0100				
BELRICHARD JOHN H	170	SWIT	210010	01010	1100				
BELT HENRY	077	RIPL	000100	20100	0001				
BELT JOHN	077	RIPL	220201	20101	0300				
BENACK JOHN BT	087	KNOX	000010	11010	0100				
BENARD FREDERICK A	028	CLAR	010101	00201	0100				
BENBOW BARCLAY	191	WAYN	400010	10010	0100				
BENBOW EDWARD	175	WAYN	010101	01000	0300				
BENBOW EVAN	175	WAYN	000100	00100	0100				
BENBOW JOHN	167	WAYN	600010	20000	0100				
BENCE JACOB	153	FLOY	100010	20010	0100				
BENDER JAME	273A	JEFF							
BENDER SAMUEL	273A	JEFF	100401	12110	1004				
BENDOW JOHN	081	JENN	000010	00000	0100				
BENEDICT JOHN	089	KNOX	020001	01010	0200				
BENEFIEL JOHN	129	SULL	110201	10101	0400				
BENEFIEL WILLIAM	129	SULL	000101	03101	0200				
BENEFIELD JAMES	037	FAYE	110101	00101	0100				
BENER DAVID T	083	KNOX	000010	31010	0010	S	0000	0100	
BENHAM JAMES	075	RIPL	210011	20010	0200				
BENHAM JOHN	058	HARR	300001	10010	0100				
BENHAM WILLIAM	072	DEAR	120001	30010	0100				
BENICE ALONZO W	019	DELA	000110	31100	0100				
BENJAMIN DANIEL	193	VIGO	310001	10210	0200				
BENJAMIN EZEKIEL	114	MART	231101	22110	0200				
BENNEFIELD GEORGE	291	JEFF	221301	11201	0400				
BENNET ABIJAH	066	DEAR	201201	11201	0100				
BENNET ARMSTED	253	GIBS	110010	40110	0100				
BENNET BENJAMIN	090	DEAR	300010	20010	0100				
BENNET DANIEL	066	DEAR	100010	00100	0100				
BENNET FISHER R	192	VIGO	111210	11000	0102				
BENNET GEORGE R	167	SWIT	200001	33010	0101				
BENNET HEZAHIAH	253	GIBS	121031	00001	0400				
BENNET JAMES	172	SWIT	200100	00010	0100				
BENNET JAMES	186	VIGO	120010	41010	0003				

Head of Household	Page	County	White Males (Under 10, 10-15, 16-18, 16-25, 26-44, 45 & over)	White Females (Under 10, 10-15, 16-25, 26-44, 45 & over)	Foreigners, Agriculture, Commerce, Manufacture	Free or Slave	Negro Males (Under 14, 14-25, 26-44, 45 & over)	Negro Females (Under 14, 14-25, 26-44, 45 & over)	Other not Indian
BENNET JAMES	014	CLAR	300010	00010	0100				
BENNET JAMES P	254	GIBS	100010	10100	0100				
BENNET JOHN	080	JENN	000010	10010	0100				
BENNET JOHN	014	CLAR	100100	00100	0100				
BENNET JOHN	113	DEAR	101110	10010	0100				
BENNET JOSEPH	161	FRAN	100100	00100	0100				
BENNET JOSEPH T	174	SWIT	200010	20100	0100				
BENNET MICHAEL	100	LAWR	010010	11010	0100				
BENNET ROBERT	090	DEAR	200010	20100	0100				
BENNET THOMAS	056	DEAR	200100	00100	0100				
BENNET WILLIAM	167	SWIT	000100	10100	0101				
BENNET WILLIAM	090	DEAR	010001	00010	0100				
BENNET WILLIAM	090	DEAR	200010	21100	0001				
BENNET WILLIAM	080	JENN	010201	01000	0300				
BENNETT ANTHONY	119	SULL	100300	00100	0300				
BENNETT ARCHIBALD	117	DEAR	000001	02002	0100				
BENNETT BROOK	275	JEFF	111101	32010	0003				
BENNETT ELIZABETH	016	CLAR	100000	10010	0000				
BENNETT GEORGE	032	FAYE	000100	01000	0100				
BENNETT JAMES	165	FRAN	020011	31001	0101				
BENNETT JAMES	317	POSE	110001	41110	0200				
BENNETT JAMES C	095	SPEN	001201	10100	0200				
BENNETT JAMES W	088	KNOX	210010	00201	0100				
BENNETT JOHN	317	POSE	200100	20100	0100				
BENNETT JOHN	107	SULL	000010	10110	0100				
BENNETT LEGROE	317	POSE	320401	11001	0700				
BENNETT ROBERT	197	WAYN	410110	10101	0200				
BENNETT THOMAS	107	SULL	010001	01101	0100				
BENNETT THOMAS	046	CLAR	000010	00000	0000				
BENNETT WILLIAM	093	SPEN	100010	10110	0100				
BENNETT WINGROVE	107	SULL	000100	10200	0100				
BENNETT WILLIAM	069	HARR	410010	10100	0400				
BENNETT WM	185	WAYN	000010	01000	0100				
BENNIFIELD ROBERT	108	LAWR	100010	00100	0100				
BENNIFIELD WILL B	287A	JEFF	210010	00100	0100				
BENNIFIELD ROBERT	221	WAYN	300010	10010	0100				
BENNIFIELD ROBERT SR	221	WAYN	000101	03200	0200				
BENNIFIELD WILLIAM	104	LAWR	000101	10200	0100				
BENNIGHT JOSEPH	190	VIGO	420111	10101	0700				
BENNINFIELD JOHN	221	WAYN	000100	00100	0100				
BENNINGES ACR	145	WARR	000010	00100	0000				
BENNITT JONATHAN	117	DEAR	210011	11110	0100				
BENSON ALVA	019	CLAR	001200	00100	0001				
BENSON BENJANIN	019	CLAR	210101	41010	0001				
BENSON CHARLES	077	RIPL	000001	00000	0100				
BENSON DAVID	314	POSE	000101	02101	0200				
BENSON HENRY	072	DEAR	300010	10100	0100				
BENSON JOHN J	247	GIBS	130010	20110	0100				
BENSON JOHN	286A	JEFF	100200	00100	0101				
BENSON JONATHAN	326	RAND	300010	00100	0100				
BENSON NATHANIEL	131	ORAN	010201	00101	0300				
BENSON WILLIAM	180	VAND	200010	20100	0100				

Head of Household	Page	County	White Males (Under 10, 10-15, 16-18, 16-25, 26-44, 45 & over)	White Females (Under 10, 10-15, 16-25, 26-44, 45 & over)	Foreigners, Agriculture, Commerce, Manufacture	Free or Slave	Negro Males (Under 14, 14-25, 26-44, 45 & over)	Negro Females (Under 14, 14-25, 26-44, 45 & over)	Other not Indian
BENSON WILLIAM S	101	DEAR	210010	40110	0100				
BENSON WM	247	GIBS	000010	10100	0001				
BENT LAWSON	056	HARR	200010	20100	0100				
BENTCT ARNOLD	320A	POSE	200010	00010	0000				
BENTEL GEORGE JR	320	POSE	010020	00010	0000				
BENTEL JOHN SR	319A	POSE	000011	00111	0000				
BENTLEY FRANCIS	177	VAND	000100	00000	1000				
BENTLEY JAMES	177	VAND	000100	00000	1000				
BENTLEY JOSEPH	073	RIPL	010010	40110	0000				
BENTLEY THOMAS	219	WASH	110010	12010	0200				
BENTLY ABLE	044	HARR	000211	02010	0300				
BENTLY ELISHA	188	VIGO	110110	00110	0300				
BENTLY GEORGE	044	HARR	100100	10010	0100				
BENTLY JOHN	183	WAYN	000001	00001	0100				
BENTLY WM	005	CRAW	010001	01010	0200				
BENTON CALVIN	122	DEAR	310001	12010	0100				
BENTON DAVID	262A	JACK	001201	10101	0100				
BENTON HENRY	263A	JACK	200010	01010	0100				
BENTON JOSEPH	224	FRAN	320010	00010	0100				
BENTON LEVI	165	FRAN	000001	00011	0100				
BENUM JOHN	088	KNOX	000100	00000	0100				
BENZENHOEFER JACOB	318	POSE	000101	00101	0200				
BENZINGER CONROD	318A	POSE	000001	11101	0100				
BERGEN CHRISTOPHER	291A	JEFF	210101	11111	0100				
BERGEN GEORGE	291A	JEFF	000100	00100	0100				
BERKEY HENRY	268	JACK	001100	00100	0100				
BERKLY HENRY	178	FRAN	200100	00010	0100				
BERKSHI E JOHN	151	FLOY	000010	20010	0100				
BERKSHIRE CHARLES	151	FLOY	300010	31010	0100				
BERKSHIRE HENRY	151	FLOY	000001	00001	0100				
BERNARD ROBERT	177	FRAN	301101	10010	0200				
BERNER FREDRICH	182	VAND	020001	00001	0200				
BERRY BENJAMIN	005	FAYE	021301	31010	0100				
BERRY BENJAMIN	243	WAYN	120301	10100	0200				
BERRY DANIEL	109	SULL	000100	20100	0100				
BERRY DAVID	209	FRAN	210010	11110	0100				
BERRY EZEKIEL	057	HARR	200010	00100	0100				
BERRY HENRY	176	FRAN	400110	20010	0002				
BERRY JOHN	118	MONR	300110	00100	0001				
BERRY JOHN	031	DELA	231110	30020	0300				
BERRY JOHN	160	SCOT	300010	30100	0100				
BERRY JOSEPH	117	MONR	110101	01010	0100				
BERRY JOSEPH	211	WAYN	300010	10100	0100				
BERRY MICHAEL	031	CLAR	200020	00010	0200				
BERRY NOAH	101	DEAR	210010	01001	0100				
BERRY THOMAS	209	FRAN	312210	10010	0300				
BERRY WILLIAM G	132	ORAN	410001	12110	0200				
BERRY WILLIAM	087	SPEN	000010	00010	0100	F	100		
BERRY WILLIAM J	125	ORAN	410001	12110	0200				
BERRY WM	183	WAYN	221201	10000	0400				
BERTON WILLIAM	102	LAWR	310010	11010	0100				
BESINGER BENJAMIN	146	PERR	000010	20010	0100				

Head of Household	Page	County	White Males (Under 10, 10-15, 16-18, 16-25, 26-44, 45 & over)	White Females (Under 10, 10-15, 16-25, 26-44, 45 & over)	Foreigners, Agriculture, Commerce, Manufacture	Free or Slave	Negro Males (Under 14, 14-25, 26-44, 45 & over)	Negro Females (Under 14, 14-25, 26-44, 45 & over)	Other not Indian
BESKSHIRE JOSEPH	151	FLOY	200010	00010	0100				
BESON RICHARD	324	RAND	210010	11010	0100				
BESS SARAH	010	CLAR	310100	12110	0100				
BESSON JOHN	320	POSE	001101	00101	0200				
BEST SAMUEL	057	DEAR	110010	12010	0100				
BETHEL CLOUD	129	ORAN	300010	00010	0100				
BETSLAR JOHN	125	ORAN	110001	10201	0200				
BETTENS PHILIP	172	SWIT	110101	01101	0100				
BETTS HEZEKIAH	161	WAYN	101101	21000	0001				
BEUCKERTON BENJAMIN	139	FLOY	110010	10100	0001				
BEVER MARTIN	100	LAWR	221101	23010	0300				
BEVERLIN WM	185	WAYN	500001	20010	0100				
BEVIN DAVID	071	DEAR	000010	10100	0100				
BEZION FRANCIS	084	KNOX	320110	11011	0000				
BIEDEL JAMES	045	CLAR	120001	30401	0100				
BIER JOHN	199	FRAN	320010	20010	0300				
BIGG JOHN	199	WAYN	200010	10101	0100				
BIGGAR JAMES	143	OWEN	110010	00100	0200				
BIGGS ANDREW	137	FLOY	000101	00100	0001				
BIGGS JOHN	021	CLAR	221101	21010	0200				
BIGGS JOSEPH	080	JENN	200010	10010	0100				
BIGGS ROBERT	021	CLAR	000101	00101	0200				
BIGLER DAVID	273	JEFF	000010	01010					
BIGS MATTHEW	102	DEAR	110001	11210	0100				
BILBY PETER	161	FRAN	240010	11110	0400				
BILDERBACK DANIEL	220	WASH	000010	00100	0100				
BILDERBACK JAMES	092	KNOX	000111	00200	0100				
BILDERBACK JOHN	092	KNOX	110010	00001	0100				
BILES CHARLES	264	JACK	020221	01001	0100				
BILES DAVID	264	JACK	210001	20010	0100				
BILES ISAAC	146	FLOY	100100	00100	0100				
BILES JAMES	263	JACK	100100	00100	0100				
BILL SAMUEL	043	FAYE	000111	32110	0100				
BILLENGSLY JAMES	089	DEAR	100100	20010	0100				
BILLINGS EDMOND	198	FRAN	100010	20100	0100				
BILLINGS INCREAS	090	KNOX	210101	21010	0400				
BILLINGS JOSEPH	198	FRAN	030101	10201	0400				
BILLINGS PIUIS	147	WARR	000100	00010	0000				
BILLINGS RICHARD	155	FLOY	100010	00100	0010				
BILLINGSLY JOHN	104	DEAR	000100	00110	0100				
BILLOPS ROBERT	222	WASH	000100	00200	0100				
BILLS ABRAHAM	117	DEAR	100001	30010	0100				
BILLS WILLIAM	174	SWIT	300110	21010	0200				
BINGAMAN CHRISTIAN	125	ORAN	200001	13010	0100				
BINGAMAN PETER	129	ORAN	310011	11010	0300				
BINGRAM WM	234	GIBS	200010	00010	0100				
BINIT JACOB	035	DUBO	000001	00010	0000				
BIRCH JANE	192	FRAN	000100	13501	0100				
BIRCH WILLIAM	168	FRAN	100010	11010	0100				
BIRCH WILLIAM	195	FRAN	200010	30011	0100				
BIRD DETANY	261	JACK	000000	00000	0100	P	0110	0221	
BIRD JAMES	071	HARR	000101	10001	0100				

Head of Household	Page	County	White Males (Under 10, 10-15, 16-18, 16-25, 26-44, 45 & over)	White Females (Under 10, 10-15, 16-25, 26-44, 45 & over)	Foreigners, Agriculture, Commerce, Manufacture	Free or Slave	Negro Males (Under 14, 14-25, 26-44, 45 & over)	Negro Females (Under 14, 14-25, 26-44, 45 & over)	Other not Indian
BIRD JOHN	305A	POSE	110101	02001	0300				
BIRD JOHN	071	HARR	000010	20010	0100				
BIRD JONATHAN	007	CRAW	000101	00101	0200				
BIRD WILLIAM	071	HARR	110010	41001	0100				
BIRDICK EUNICE	279A	JEFF	000000	11010	0000				
BIRELY DAVID	057	HARR	222210	20111	0400				
BIRELY PHILLIP	057	HARR	110013	12100	0100				
BIRON MICHAEL	083	KNOX	000100	00000	1001				
BIRSEL CALEB	056	DEAR	210010	21010	0100				
BIRTON JOHN	125	ORAN	210001	10001	0200				
BISHAT JOSEPH	019	DELA	000010	10010	0100				
BISHAT LEWIS	019	DELA	420010	02010	0100				
BISHER CHARLES	109	DEAR	000002	00100	0100				
BISHOP ABRAHAM	218	WASH	000110	00100	0200				
BISHOP AUSTIN	005	FAYE	000100	10100	0001				
BISHOP DANIEL	159	SCOT	200010	10010	0100				
BISHOP GEORGE	219	WASH	001201	00011	0200				
BISHOP JAMES	175	SWIT	000100	10100	0100				
BISHOP JOAB	122	DEAR	100100	00100	0100				
BISHOP JOAB	126	DEAR	020001	21001	0001				
BISHOP JONATHAN	007	FAYE	310010	20010	0100				
BISHOP LEWIS	168	FRAN	600010	02010	0100				
BISHOP NATHAN	265	WAYN	200012	30010	0300				
BISHOP PETER	174	SWIT	020101	11001	0200				
BISHOP PRESTON	201	WASH	300010	11010	0100				
BISHOP SAMUEL	212	WASH	000010	00100	0100				
BISHOP STEPHEN	180	FRAN	100010	20100	0100				
BISHOP WILLIAM	222	WASH	010200	10110	0300				
BISHOP WM B	157	WAYN	300110	10100	0100				
BISWICK PHILLIP	047	HARR	210010	10010	0200				
BLACK DAVID	301	PIKE	000010	10100					
BLACK EZEKIEL	313	POSE	000010	10010	0100				
BLACK HARRY	159	WAYN				S	1041	0001	
BLACK JAMES	032	CLAR	000100	00000	0100				
BLACK JAMES	117	SULL	200101	11010	0200				
BLACK JAMES	306A	POSE	330010	10010	0400				
BLACK JAMES	025	FAYE	200001	10101	0100				
BLACK JAMES	133	FLOY	121201	11201	0500				
BLACK JOHN	026	DELA	210010	21010	0100				
BLACK JOHN	153	WARR	300110	22010	0001				
BLACK JOHN	218	FRAN	000010	10100	0100				
BLACK JOHN	306	POSE	000010	00000	0000				
BLACK RICHARD	037	DUBO	010010	22100	0200				
BLACK ROBERT	255	GIBS	100100	00100	0100				
BLACK SAMUEL	269	WAYN	400010	00001	0100				
BLACK SAMUEL	147	PERR	000100	10100	0100				
BLACK SARAH	223	WAYN	000110	00201	0200				
BLACK THOS P	308	POSE	220010	02100	0010				
BLACK THOS SR	307	POSE	000101	00101	0200	S	1100	0100	
BLACK WILLIAM	301	PIKE	000100	00100	0000				
BLACK WILLIAM SR	301	PIKE	010101	21001					
BLACK WM	223	WAYN	210010	20010	0100				

Head of Household	Page	County	White Males (Under 10, 10-15, 16-18, 16-25, 26-44, 45 & over)	White Females (Under 10, 10-15, 16-25, 26-44, 45 & over)	Foreigners, Agriculture, Commerce, Manufacture	Free or Slave	Negro Males (Under 14, 14-25, 26-44, 45 & over)	Negro Females (Under 14, 14-25, 26-44, 45 & over)	Other not Indian
BLACK WM	307	POSE	200010	20010	0100				
BLACK WM SR	311A	POSE	010010	00010	0200				
BLACKAMORE WM	271	WAYN	411111	41310	0001				
BLACKARD RICHARD	022	DELA	300010	30010	0100				
BLACKBOURN THOMAS H	084	KNOX	100010	00110	0001				
BLACKBU N JOHN	162	FRAN	000010	00100	1001				
BLACKBURN EDWARD	162	FRAN	210010	12010	1001				
BLACKBURN EPHREM	001	CRAW	110010	31010	02				
BLACKBURN JAMES M	117	SULL	000100	00100	0100				
BLACKBURN JOSEPH	219	WASH	110010	31010	0200				
BLACKBURN WILLIAM	117	SULL	110101	12001	0000				
BLACKFORD ABEGAL	278A	JEFF	000000	00001	0000				
BLACKFORD ANTHONY	208	WASH	200010	20010	0100				
BLACKFORD ISAAC	085	KNOX	000010	00000	0000				
BLACKFORD ISAH	277A	JEFF	220010	21010	0100				
BLACKLEDGE JACOB	220	FRAN	110201	01001	0300				
BLACKLIDGE JAMES	180	FRAN	000100	20010	0100				
BLACKMAN NATHAN	085	KNOX	000010	00000	0001				
BLACKMAN SAMUEL	222	WASH	200010	20010	0100				
BLACKMAN THOMAS	222	WASH	100010	10010	0400				
BLACKMAN TRUMAN	189	VIGO	220110	00200	0100				
BLACKMON DAWSON	285A	JEFF	211201	02010	0002				
BLACKMORE ROBT	079	RIPL	300100	00010	0100				
BLACKWELL BENJAMIN	100	LAWR	100301	01011	0300				
BLACKWELL EZEKIEL	097	LAWR	200010	00020	0001				
BLACKWOOD JAMES	261A	JACK	100010	30010	0100				
BLADES ISAAC	170	FRAN	100010	03100	0100				
BLADES JOHN	169	FRAN	220101	40110	0300				
BLAGRAVES JAMES	035	DUBO	100010	10100	0100				
BLAGROVES ESTER	037	DUBO	210100	01001	0200				
BLAGROVES HARRISSON	037	DUBO	000100	00100	0100				
BLAIN ROBERT	117	MONR	010001	02201	0100				
BLAIR ABNER	118	MONR	100010	22010	0100				
BLAIR DAVID	022	DELA	100000	10010	0100				
BLAIR ENOS	117	MONR	100110	02010	0101				
BLAIR GRESY	107	LAWR	001100	00020	0100				
BLAIR JAMES	193	VIGO	000010	00001	0100				
BLAIR JAMES	105	LAWR	110010	11110	0100				
BLAIR JAMES	107	LAWR	000100	00100					
BLAIR JAMES	101	SPEN	200010	10010	0100				
BLAIR JAMES	121	SULL	010420	00301	0020				
BLAIR JOHN	193	VIGO	000010	22110	0100				
BLAIR JOHN	261A	JACK	000101	21110	0200				
BLAIR MICHAEL	193	VIGO	200100	10100	0100				
BLAIR RICHARD	077	RIPL	200010	10010	0100				
BLAIR ROBERT	107	LAWR	010301	21101					
BLAIR ROBERT	029	DELA	100010	00100	0100				
BLAIR SAMUEL	1 3	VIGO	220110	30010	0400				
BLAIR THOMAS	167	WAYN	020010	01000	0200				
BLAIR THOS	105	LAWR	000100	00100	0100				
BLAIR THOS	022	DELA	100010	10010	0100				
BLAIR WILLIAM	107	LAWR	200010	20100					

Head of Household	Page	County	White Males (Under 10, 10-15, 16-18, 16-25, 26-44, 45 & over)	White Females (Under 10, 10-15, 16-25, 26-44, 45 & over)	Foreigners, Agriculture, Commerce, Manufacture	Free or Slave	Negro Males (Under 14, 14-25, 26-44, 45 & over)	Negro Females (Under 14, 14-25, 26-44, 45 & over)	Other not Indian
BLAIR WM	022	DELA	000101	00200	0100				
BLAIR WM M	113	MART	221310	10010	0400				
BLAKE DAVID	066	DEAR	210101	11110	1000				
BLAKE GEO	281A	JEFF	101010	01001	0000				
BLAKE GEORGE	175	SWIT	100010	10100	0100				
BLAKE KENNETH A	207	WASH	410101	31020	0300				
BLAKE LEWIS	282A	JEFF	300110	20110	0200				
BLAKE SAMUEL	171	SWIT	000010	10100	0100				
BLAKE THOMAS C	126	DEAR	000010	00100	0001				
BLAKE THOMAS H	085	KNOX	000010	00000	0000				
BLAKE WILLOBY	130	ORAN	200101	20010	0200				
BLAKELY WILLIAM	021	CLAR	200010	00100	0100				
BLAN WILLIAM	125	ORAN	200010	10100	0100				
BLANC JOHN	168	SWIT	000010	00000	1100				
BLANCHARD HIRAM	014	CLAR	000100	10200	0001				
BLANCHARD CATHRINE	150	PERR	420000	00010	0200				
BLANCHARD ROSIVILE	019	DELA	000110	00100	0100				
BLANCHARD FREDERICK	048	HARR	400001	00010	0100				
BLANCHARD EZEKEL	216	WASH	210210	00100	0400				
BLANCHARD ROSWELL	044	CLAR	000110	00100	0101				
BLAND ABEL	262A	JACK	210010	30010	0100				
BLAND BENJAMIN	262	JACK	100001	01100	0100				
BLAND FRANCIS	125	ORAN	000000	10100	0100				
BLAND HENRY	132	ORAN	000100	00100	0100				
BLAND JAMES	290A	JEFF	011101	31110	0200				
BLAND JOHN	261A	JACK	300110	10100	0200				
BLAND MOSES	264A	JACK	300001	22010	0100				
BLAND THOMAS	135	ORAN	100010	10100	0100				
BLAND THOMAS	265A	JACK	210010	12010	0100				
BLANE JAMES	150	PERR	000001	02010	0100				
BLANE JOHN	146	PERR	100020	00010	0200				
BLANEY DANIEL T	083	KNOX	000010	00000	0001				
BLANK FRANCIS	317	POSE	000002	10010	0200				
BLANKENBAKER SAMUEL	207	WASH	100010	30010	0100				
BLANKENSHIP JAMES	280	JEFF	100001	33010	0100				
BLANKENSHIP ISAIAH	079	JENN	120110	11200	0100				
BLANKENSHIP LEWIS	081	JENN	200010	20010	0100				
BLANKINSHIP ISOM	281A	JEFF	000200	00010	0200				
BLANKINSHIP LEWIS	290A	JEFF	200010	20010	0100				
BLASDOL ELIJAH	090	DEAR	100100	10100	0100				
BLASDOL ENOCH	090	DEAR	320110	01110	0100				
BLASDOL JACOB FR	090	DEAR	200010	20010	0100				
BLASDOL JACOB SR	103	DEAR	100001	01010	0100				
BLASDOL JONATHAN	103	DEAR	100010	20010	0100				
BLAUVETT ABRAHAM	117	DEAR	010010	21010	0100				
BLAZE JOHN	299	PIKE	100100	10101					
BLEDSOE PTOLEMY	127	ORAN	100110	30100	0200				
BLESSINGS DANIEL	090	KNOX	000100	00100	1100				
BLEVENS WILLIAM SR	178	VAND	100101	10210	0200				
BLEVINS WARREN	133	ORAN	100010	00100	0100				
BLIN JOHN	161	FRAN	120101	20100	0300				
BLIN SAMUEL	161	FRAN	000001	00000	0000				

Head of Household	Page	County	White Males (Under 10, 10-15, 16-18, 16-25, 26-44, 45 & over)	White Females (Under 10, 10-15, 16-25, 26-44, 45 & over)	Foreigners, Agriculture, Commerce, Manufacture	Free or Slave	Negro Males (Under 14, 14-25, 26-44, 45 & over)	Negro Females (Under 14, 14-25, 26-44, 45 & over)	Other not Indian
BLINE JACOB	069	HARR	100010	20010	0100				
BLISS JAMES	072	HARR	010001	01110	0100				
BLISS NANCY	153	FLOY	100000	10010	0000				
BLIVEN EDWARD	009	FAYE	110010	21010	0100				
BLIZZARD NATHAN	034	CLAR	000010	30100	0100				
BLIZZARD WILLIAM	034	CLAR	100121	00210	0400				
BLIZZARD WM	313A	POSE	000010	41100	0100				
BLOCKRIDGE RICH	022	DELA	300010	30010	0100				
BLOCKSOM JOHN	188	VIGO	110001	00010	0300				
BLOCKSOM MOSES	192	VIGO	100010	10110	0100				
BLODGET DAVID	168	SWIT	120001	21000	0100				
BLODGET JEPTHA	172	SWIT	000100	00001	0100				
BLOOD MOSES	023	FAYE	210010	01020	0100				
BLOOD PUTMAN	071	HARR	200010	00100	0000				
BLOOM DAVID	015	CLAR	200020	00110	0101				
BLOOME FREDERICK	060	HARR	030101	40002	0200				
BLOOMER JOHN R	274	JEFF	000110	10100	0002				
BLOOMFIELD SAMUEL	117	MONR	100100	11100	0100				
BLOOSE HENRY	198	FRAN	200010	20010	0100				
BLOSHER MATHIAS	156	SCOT	300010	20020	0100				
BLOSS CHRISTIAN H	056	DEAR	100010	00101	0100				
BLOSS DORMAN	269	JACK	220001	21110	0100				
BLOTCHER ZEDEKIAH	038	DUBO	300001	20001	0100				
BLOUNT SAMUEL	203	WASH	200010	11010	0100				
BLOYD ELIJAH	109	LAWR	320110	00110	0100				
BLOYD JACOB	204	FRAN	000010	20010	0100				
BLOYD TUBBY	149	WARR	100010	21110	0001				
BLUE BENJAMIN	071	DEAR	200101	33010	0100				
BLUE DAVID	071	DEAR	010101	11110	0100				
BLUE JESSE	071	DEAR	100010	20100	0100				
BLUE JOHN	194	VIGO	110001	01001	0300				
BLUE JOHN	071	DEAR	010100	00100	0100				
BLUE JOHN	194	FRAN	210201	20100	0300				
BLUE WILLIAM	071	DEAR	210010	30010	0100				
BLUNK AMOS	045	HARR	010010	21010	0200				
BLUNK ANDREW	045	HARR	100201	01011	0300				
BLUNK JOHN	168	SWIT	200001	12201	0100				
BLUNK MOSES	141	FLOY	311101	11010	0100				
BLUNK THOS	099	LAWR	100010	11010	0100				
BLUNT ANDREW	327A	RAND	100010	20100	0100				
BLUNT ELI	324	RAND	300010	20010	0100				
BLUNT JOHN	239	WAYN	000100	10100	0100				
BLUNT THEO	316A	POSE	100200	10100	0000				
BLUNT WILLIAM	327A	RAND	000100	10100	0100				
BLUNT WILLIAM	327A	RAND	030001	11101	0100				
BLYTH CHARLES	070	HARR	210010	41001	0100				
BLYTHE ANDREW	241	GIBS	200101	02110	0200				
BOALMAN JOHN M	191	VIGO	200110	20200	0200				
BOALS WILLIAM	142	OWEN	320110	21010	0100				
BOARD GEORGE	098	LAWR	220011	30110	0300				
BOARDMAN AMOS	077	RIPL	111201	31010	0400				
BOARDMAN DAVID G	072	DEAR	500120	00111	0200				

Head of Household	Page	County	White Males (Under 10, 10-15, 16-18, 16-25, 26-44, 45 & over)	White Females (Under 10, 10-15, 16-25, 26-44, 45 & over)	Foreigners, Agriculture, Commerce, Manufacture	Free or Slave	Negro Males (Under 14, 14-25, 26-44, 45 & over)	Negro Females (Under 14, 14-25, 26-44, 45 & over)	Other not Indian
BOARDMAN SYLVESTER	183	VAND	200010	30010	0000				
BOAS GEORGE	267A	JACK	200010	10110	0100				
BOAS HENRY	265A	JACK	101101	21010	0100				
BOAS HENRY SENR	266A	JACK	000001	00001	0100				
BOATMAN HENRY	077	RIPL	300020	00100	0100				
BOCK OWEN	088	KNOX	200010	00100	0001				
BOCKMAN JOHN	267A	JACK	100100	10100	0100				
BODEN THOMAS	189	VIGO	000100	00100	1100				
BODKIN HUGH	325	RAND	111101	42010	0100				
BODY JAMES	275A	JEFF				F	1010	1010	
BOGARD BENJAMIN	011	CRAW	330010	31010	0400				
BOGARD JAMES	011	CRAW	110001	22110	0101				
BOGARD JOHN	173	SWIT	000100	10100	0001				
BOGARD WILLIAM	073	RIPL	000010	22201	0100				
BOGERT HENRY	141	FLOY	111320	11110	0010				
BOGGS ROBERT	063	HARR	110010	32010	0100				
BOGLE JAMES	213	WASH	100100	20010	0100				
BOGUE DILLAN	215	FRAN	300010	20101	0100				
BOGUE JESSE	206	WASH	000030	00100	0300				
BOGUE MARK	206	WASH	100001	00001	0100				
BOHANNON JAS	309A	POSE	300200	00100	0200				
BOICE JOHN	147	WARR	500010	20010	0000				
BOILTON CHATLAN	186	VIGO	000100	10100	0100				
BOIS ALLEN	071	DEAR	310101	11101					
BOIS JOHN	115	DEAR	220010	21010	0100				
BOISSEANX JOHN	172	SWIT	010001	00001	0100				
BOISSEAUX JOSEPH	174	SWIT	100100	10100	0100				
BOLCH AMOS P	191	VIGO	320010	10110	0500				
BOLDING JACOB	188	VIGO	010111	10110	0400				
BOLE THOMAS	217	WASH	020010	51010	0300				
BOLEN WILLIAM	154	SCOT	000001	10010	0100				
BOLENS JAMES	167	SWIT	100200	00100	2200				
BOLES EDMUND	131	SULL	210111	21011	0400				
BOLES EPHRAIM	159	WAYN	200010	00010	0001				
BOLES JOHN	314	POSE	100110	30100	0200				
BOLESBY ENOS	200	FRAN	100001	12010	0100				
BOLESBY LEVI	200	FRAN	000100	00100	0100				
BOLEY WILLIAM	161	SCOT	410001	21110	0100				
BOLIN ELLET	148	PERR	000000	00100	0101				
BOLIN THOMAS	148	PERR	110011	23001	0100				
BOLIN WILLIAM	150	PERR	300100	01010	0100				
BOLSOVER JONNATHAN	180	VAND	000011	00000	2200				
BOLTENHOUSE JOHN	210	WASH	210001	21411	0200				
BOLTINGHOUSE JOSEPH	150	PERR	010110	20101	0200				
BOMAN CHRISTOPHER	062	HARR	100010	00100	0100				
BOMAN JOHN	193	FRAN	200010	00010	0100				
BONARD EZEBELLA	311	POSE	120200	41110	0400				
BOND DANIEL	257	WAYN	000100	00100	0100				
BOND EXOM	045	FAYE	200010	20010	0100				
BOND JESSE	261	WAYN	321110	20110	0200				
BOND JOHN	119	SULL	000010	40010	0100				
BOND JOHN	210	WASH	000010	30110	0100				

Head of Household	Page	County	White Males (Under 10, 10-15, 16-18, 16-25, 26-44, 45 & over)	White Females (Under 10, 10-15, 16-25, 26-44, 45 & over)	Foreigners, Agriculture, Commerce, Manufacture	Free or Slave	Negro Males (Under 14, 14-25, 26-44, 45 & over)	Negro Females (Under 14, 14-25, 26-44, 45 & over)	Other not Indian
BOND JOHN	107	LAWR	100001	11010	0100				
BOND JOSEPH	191	WAYN	421210	11110	0300				
BOND JOSEPH	177	WAYN	300010	30010	0100				
BOND JOSHUA	091	KNOX	230110	11110	0200				
BOND JOSHUA	177	WAYN	210010	22010	0100				
BOND NATHAN	107	LAWR	201110	21010	0100				
BOND ORNAN	191	WAYN	100100	00100	0100				
BOND THOMAS	189	WAYN	320010	11010	0100				
BOND WILLIAM	107	LAWR	300100	00100	0100				
BONER DAVID	197	FRAN	210301	20100	400				
BONER HENRY	273A	JEFF	010010	10100	0000				
BONER PATRIC	213	WAYN	000010	00100	0100				
BONES HENRY	090	DEAR	000010	00100	0100				
BONESTEEL LUKE	017	DELA	110110	20010	0200				
BONHAM AARON	090	DEAR	100010	10100	0100				
BONHAM ISRAEL	125	DEAR	230001	21010	0100				
BONHAM ZEDEKIAH	124	DEAR	000011	10101	0100				
BONINE DAVID	209	WAYN	310010	10010	0200				
BONINE ISAAC	209	WAYN	200010	10010	0100				
BONINE MARY	209	WAYN	000200	00101	0200				
BONKER JEREMIAH	112	DEAR	000020	01010	0100				
BONNER JAMES	091	KNOX	001210	10010	0002				
BONNER ROBERT	175	SWIT	120001	31110	0100				
BONNER STEPHEN	245	WAYN	100100	00100	0100				
BONNER WILLIAM	083	KNOX	000100	00000	0001				
BONNETT JOHN	317	POSE	000011	00011	0200				
BONO FRANCES	087	KNOX	100010	20100	0100				
BONO JOHN BT	086	KNOX	100010	22010	0100				
BONO JOHN BT	087	KNOX	320111	01000	0300				
BONOM SUSAN	087	KNOX	000000	10000	0000				
BONSAW PIERE	084	KNOX	000010	00000	0000				
BONSTEEL AMOS	106	DEAR	100010	00100	0100				
BONTA COR	292A	JEFF	010001	20011	0100				
BONTEE JOHN	118	DEAR	000100	00101	0100				
BONTEE PETER	118	DEAR	010010	30010	1				
BONTY CORS	289A	JEFF	010101	02111	0200				
BONTY HENRY	073	RIPL	300110	23010	0100				
BONTY JACOB	210	WASH	300010	00010	0100				
BONTY JACOB	073	RIPL	200010	31010	0100				
BOOE BENJAMIN	007	FAYE	210110	21010	0100				
BOOE JOSEPH	007	FAYE	031301	30010	0100				
BOOIS MIGNON	017	DELA	200010	10010	0100				
BOOKAR DANIEL	077	RIPL	110011	40010	0100				
BOOKER A KILLIS	302	PIKE	200001	00010					
BOOKER DOSHA	127	SULL	210200	12210	0300				
BOOKER GEORGE	061	HARR	101010	43210	0200				
BOOKER ISAAC	117	SULL	000100	00100	0100				
BOOKER JACOB	119	SULL	210110	32110	0200				
BOOKER JACOB N	173	WAYN	210010	30010	0002				
BOOKER JESSE	044	CLAR	100110	11100	0002				
BOOKER JOHN	117	SULL	111120	10100	0300				
BOOKER SAMUEL P	173	WAYN	000010	00101	0010				

Head of Household	Page	County	White Males (Under 10, 10-15, 16-18, 16-25, 26-44, 45 & over)	White Females (Under 10, 10-15, 16-25, 26-44, 45 & over)	Foreigners, Agriculture, Commerce, Manufacture	Free or Slave	Negro Males (Under 14, 14-25, 26-44, 45 & over)	Negro Females (Under 14, 14-25, 26-44, 45 & over)	Other not Indian
BOOKES HALIFOX	076	JENN	000000	00000	0000	F	0201	2301	
BOOLARD JOHN	255	GIBS	200010	10200	0100				
BOON JOEL	267	JACK	100010	00100	0100				
BOON JOHN	326	RAND	100100	10010	0100				
BOON LUCY	073	HARR	000000	00000	0000	F	1000	0100	
BOON MILLY	024	CLAR	110100	21010	0000				
BOON OVID	215	WAYN	100201	01101	0300				
BOON RATLIFF	139	WARR	400011	02110	0002				
BOON WILL	289	JEFF	100100	20100	0100				
BOON WILLIS	101	SPEN	000100	20100	0100				
BOONE ELIJAH	100	LAWR	200100	00100	0100				
BOONE GEORGE	041	HARR	120010	12010	0300				
BOONE GEORGE	119	SULL	410010	11010	0300	F	0000	0001	
BOONE HEZEKIAH	135	ORAN	000010	10100	0100				
BOONE ISAIAH	041	HARR	230001	21010	0100				
BOONE JEREMIAH	100	LAWR	000101	00001	0200				
BOONE JOHN	041	HARR	010001	53010	0200				
BOONE JONOTHAN	068	HARR	401311	01201	0300				
BOONE MOSES	048	HARR	520110	01120	0400				
BOONE SAML	041	HARR	310110	21110	0200				
BOONE SOLOMAN	137	ORAN	120001	31301	0400				
BOONE SQUIRE	043	HARR	100100	00010	0100				
BOONE WILLIAM	074	HARR	100001	12010	0000				
BOOTH BEEBEE	204	WASH	000010	10100	0010				
BOOTH CHARLES	115	SULL	010001	21111	0100				
BOOTH JAMES	063	HARR	200010	21110	0100				
BOOTH JOHN	291A	JEFF	000010	10111	0100				
BOOTH JOHN	107	SULL	300001	32110	0200				
BOOTHE WADE	133	ORAN	101110	31010	0100				
BOOTS MARTIN	324A	RAND	100010	41010	0100				
BOOTS SAMUEL	180	FRAN	100010	20010	0001				
BORAN EZEKIEL	313A	POSE	100010	10100	0100				
BORDAN GAIL	279	JEFF	111210	11010	0003				
BORDELOW PEIRRE	087	KNOX	210101	21110	0100				
BORDEN GEORGE	043	HARR	000001	02201	0100				
BORDEN GIDEOU	154	SCOT	000010	00100	0100				
BORDEN GIDION	162	SCOT	000010	00100	0100				
BORDEN JOHN	013	CLAR	000110	00100	0200				
BORDEN JOHN	073	RIPL	110010	01010	0200				
BORDER JACOB	013	CLAR	100100	20010	0100				
BORDERS HENRY	299	PIKE	100101	10001					
BORDERS MICHAEL	012	CLAR	210101	31010	0200				
BORE THOMAS	324A	RAND	100100	21010	0010				
BORES VOLUNTINE	145	PERR	111301	00001	0600				
BORIN ABSALEM SEN	245	GIBS	200001	10010	0100				
BORIN ABSOLEM	241	GIBS	400010	10010	0100				
BORIN JOHN	241	GIBS	100100	10100	0100				
BORIN NICHOLIS	241	GIBS	020001	00101	0200				
BORIS JAMES A	178	VAND	000100	00000	0000				
BORRELL JOHN	080	JENN	120010	21110	0100				
BORRIN GEORGE	245	GIBS	100110	10100	0100				
BORTON JOHN	229	WAYN	200100	10010	0100				

Head of Household	Page	County	White Males (Under 10, 10-15, 16-18, 16-25, 26-44, 45 & over)	White Females (Under 10, 10-15, 16-25, 26-44, 45 & over)	Foreigners, Agriculture, Commerce, Manufacture	Free or Slave	Negro Males (Under 14, 14-25, 26-44, 45 & over)	Negro Females (Under 14, 14-25, 26-44, 45 & over)	Other not Indian
BORWAY JOHN BT	087	KNOX	100102	10100	0300				
BORWAY LOMBAIR	087	KNOX	010101	01101	0200				
BOSLEY ABRAHAM	128	ORAN	211201	12010	0400				
BOSORE GEORGE	130	ORAN	220010	00010	0100				
BOSS BENJAMIN	219	WAYN	100010	10010	0100				
BOSS FREDERICK	223	WASH	100100	00100	0100				
BOSS HENRY	219	WAYN	100100	00100	0100				
BOSS PHILIP	223	WASH	000010	00000	0100				
BOSTICK JOHN	109	SULL	310001	20010	0300				
BOSTON ARCHIBALD	104	LAWR	100010	20010	0100				
BOSTON BENJAMIN	057	HARR	210001	11201	0200				
BOSTON BEVERLY B	056	HARR	100010	20010	0100				
BOSTON BEVERLY B	144	FLOY	100010	20010	0100				
BOSTON ROBERT	057	HARR	010301	32001	0300				
BOSTON THOMAS	056	HARR	100010	20010	0100				
BOSWELL ABRAHAM	117	MONR	110010	11111	0200				
BOSWELL EZRA	159	WAYN	011110	21010	0001				
BOSWELL JOHN	273A	JEFF	000100	00100	0000				
BOSWELL JOHN	079	RIPL	021101	00101	0500				
BOSWELL LEVI	157	WAYN	200010	10010	0100				
BOSWELL MIRIAM	177	WAYN	000100	00011	0100				
BOSWELL WM	179	WAYN	100010	40100	0100				
BOTTOM THOMAS	268A	JACK	101100	20010	0100				
BOTTOMLY JOHN S	148	FLOY	200010	10010	0100				
BOTTON JAMES	035	FAYE	300010	00010	0100				
BOTTORF JOHN	037	CLAR	420210	01110	0300				
BOTTORFF ANDREW	032	CLAR	220010	10010	0200				
BOTTORFF GEORGE	032	CLAR	520110	11010	0200				
BOTTORFF HENRY	017	CLAR	400210	23010	0300				
BOTTORFF HENRY JR	045	CLAR	001110	30100	0200				
BOTTORFF JACOB	019	CLAR	420010	20100	0100				
BOTTORFF JOHN	049	CLAR	421110	01100	0300				
BOTTORFF JACOB	029	CLAR	120010	10010	0300				
BOTTORFF LEWIS	005	CLAR	210010	20010	0100				
BOTTORFF PETER	031	CLAR	000010	20100	0100				
BOTTORFF SAMUEL	005	CLAR	300010	11100	0100				
BOTTORFF WILLIAM	037	CLAR	000200	00100	0002				
BOTTORFF WILLIAM	014	CLAR	000100	00100	0001				
BOUCOURT THOMAS	273	JEFF	100010	01010					
BOUDINOT JOHN	121	SULL	100001	12101	0100				
BOUDINOTT ELISHA	084	KNOX	000100	00000	0000				
BOUGER LEWIS	182	VAND	101010	00010	0100				
BOUGH JOSEPH	117	MONR	200010	10010	0100				
BOULDRY JOHN	116	DEAR	200010	00100	0001				
BOULDRY JOHN	111	DEAR	000001	00001	0100				
BOULDRY SAMUEL	111	DEAR	100010	10100	0100				
BOULS JOHN	242	GIBS	000701	00000	0200				
BOUMAN CATHARINE	279A	JEFF	000010	00011	0000				
BOUND CORNELIUS	188	FRAN	210201	11010	0003				
BOUNTY DAIID	301	PIKE	000201	00101					
BOURDEON SAMUEL	138	FLOY	100010	00100	0000				
BOURN EZRA L	195	FRAN	100010	30010	0100				

Head of Household	Page	County	White Males (Under 10, 10-15, 16-18, 16-25, 26-44, 45 & over)	White Females (Under 10, 10-15, 16-25, 26-44, 45 & over)	Foreigners, Agriculture, Commerce, Manufacture	Free or Slave	Negro Males (Under 14, 14-25, 26-44, 45 & over)	Negro Females (Under 14, 14-25, 26-44, 45 & over)	Other not Indian
BOURN ISAAC	166	SWIT	200010	10020	0100				
BOURN SAMUEL	195	FRAN	100010	20010	0100				
BOUTHE WM	083	KNOX	000010	00000	0000				
BOUTON HENRY	003	FAYE	100010	20010	0001				
BOUTON STEPHEN	003	FAYE	100010	20010	0001				
BOVARD ROBERT	056	DEAR	200001	31010	0100				
BOWELL JOHN	020	CLAR	100010	30010	0100				
BOWEN EPHRAIM	325A	RAND	110101	30010	0100				
BOWEN ISAAC	117	MONR	000100	20101	0100				
BOWEN JOHN H	289A	JEFF	000010	10010	0100				
BOWEN SAMUEL	089	DEAR	120010	30010	1100				
BOWEN SOLOMON	241	WAYN	110101	11101	0200				
BOWEN WILLIAM	049	CLAR	100001	21010	0100				
BOWER ANDREW	027	CLAR	120102	21101	0300				
BOWER BAZIL	018	CLAR	100010	10100	0100				
BOWER HENRY	027	CLAR	010010	31010	0100				
BOWER JOHN	209	WASH	100100	30100	0200				
BOWER JOHN	054	HARR	210010	22010	0200				
BOWER SOLOMON	201	WASH	000010	11010	0000				
BOWERING SAMUEL	057	DEAR	100010	01010	0100				
BOWERS ADAM	027	CLAR	010101	00100	0200				
BOWERS DAVID	071	DEAR	400010	12010	0100				
BOWERS GEORGE	091	KNOX	000100	00000	0001				
BOWERS JOHN	057	HARR	100100	10010	0100				
BOWERS JOSEPH	028	CLAR	300010	20100	0010				
BOWERS SHELDUN	179	VAND	000100	00000	0000				
BOWGARD BENJAMIN	105	LAWR	100010	20100					
BOWGARD LIVE	105	LAWR	000100	00100					
BOWIN JOSEPH	048	CLAR	012310	11110	4000				
BOWLAND ELIZA	180	VAND	120000	20110	0000				
BOWLAND JOHN	029	CLAR	100100	00010	0001				
BOWLES DAVID	325A	RAND	300011	20010	0100				
BOWLIN JOHN	045	FAYE	100101	22110	0100				
BOWLIN JOHN	180	VAND	100110	42110	0100				
BOWLS ISAAC	220	WASH	220110	11210	0300				
BOWLS ROBERT	105	LAWR	110201	21010	0300				
BOWMAN BENJAMIN	035	FAYE	110001	11201	1100				
BOWMAN GEORGE	173	SWIT	000100	00100	0100				
BOWMAN HARRY	009	CLAR	000000	00000	0100	F	0010	0110	1
BOWMAN HENRY	219	WAYN				S	2010	1010	
BOWMAN JACOB	031	CLAR	420001	21010	0200				
BOWMAN JAMES	005	CRAW	200100	00100	0100				
BOWMAN JOHN	114	MART	300010	31010	0100				
BOWMAN JOHN	306A	POSE	000010	00010	0100				
BOWMAN JOHN	173	SWIT	001101	00101	0200				
BOWMAN JOHN	152	FLOY	210301	21110	0104				
BOWMAN LEONARD	011	CLAR	120101	32010	0200				
BOWMAN MARY M	122	DEAR	000000	01001	0000				
BOWMAN SAMUEL	144	FLOY	200110	10010	0200				
BOWMAN THOMAS	126	DEAR	010010	31010	0001				
BOWMAN WILLIAM	149	PERR	200010	10010	0100				
BOWMAN WILSON	070	HARR	210010	31010	0000				

Head of Household	Page	County	White Males (Under 10, 10-15, 16-18, 16-25, 26-44, 45 & over)	White Females (Under 10, 10-15, 16-25, 26-44, 45 & over)	Foreigners, Agriculture, Commerce, Manufacture	Free or Slave	Negro Males (Under 14, 14-25, 26-44, 45 & over)	Negro Females (Under 14, 14-25, 26-44, 45 & over)	Other not Indian
BOWNER JOHN	078	JENN	400010	20010	0100				
BOX THOS	104	LAWR	320010	20010	0100				
BOYCE JAMES	077	RIPL	100011	20100	0200				
BOYCE TIMOTHY	201	WASH	200010	20010	0100				
BOYCE WILLIAM	077	RIPL	100010	10010	0100				
BOYD ADAM	159	WAYN	100010	00010	0001				
BOYD ANDREW	148	PERR	000100	20100	0100				
BOYD ARCHIBALD	132	ORAN	200010	00010	0200				
BOYD BENJ	282A	JEFF	110201	21101	0200				
BOYD JAMES	032	FAYE	100100	10100	0001				
BOYD JAMES	072	DEAR	100010	30010	0100				
BOYD JAMES	117	SULL	210401	12210	0200				
BOYD JAMES	259	WAYN	300010	10100	0100				
BOYD JOHN	072	DEAR	000010	00100	0100				
BOYD JOHN	165	FRAN	000010	00001	100				
BOYD JOHN	259	WAYN	100010	00100	0100				
BOYD JOSEPH	267	WAYN	220101	10000	0300				
BOYD LONDON	003	CLAR	000000	00000	0200	F	0210	1401	
BOYD SAMUEL JR	243	WAYN	000100	10100	0100				
BOYD THOMAS	148	PERR	001000	01000	0100				
BOYD VIOLETTE	150	PERR	010000	00001	0100				
BOYD WILLIAM	115	SULL	000100	00100	0100				
BOYDS ARTHUR	237	WAYN	320010	20010	0200				
BOYEAU FRANCES	087	KNOX	010201	02001	0300				
BOYER CHRISTOPHER	031	CLAR	000101	00001	0200				
BOYER HENRY	030	CLAR	000010	10100	0100				
BOYER JOHN	049	CLAR	131110	41010	0004				
BOYER LEVY	036	CLAR	420001	02210	0200				
BOYER SAMUE	040	CLAR	100010	01010	0001				
BOYERS PHILLIP	033	CLAR	211110	13010	0001				
BOYLE JAMES	057	DEAR	210010	11010	1100				
BOYLE JAS	147	WARR	100010	40010	0000				
BOYLES ARCHEBALD	025	DELA	200010	30010	0100				
BOYLES JOHN	327	RAND	310101	21010	0100				
BOYLES WILLIAM	193	VIGO	000110	00200	1101				
BOYLES WILLIAM	129	SULL	000100	10010	0100				
BOYLS DAVID	148	PERR	000001	11010	0100				
BOYNTON JEREMY	192	VIGO	000020	10010	0200				
BOYOU LEWIS	087	KNOX	200200	00200	0200				
BOYS ABRAHAM	057	FAYE	000010	11010	0100				
BOZARTH JAS	309A	POSE	010010	00100	0100				
BRACKEN JOSEPH	117	MONR	100010	11100	0001				
BRACKENRIDGE THOMAS	125	ORAN	100010	00100	0100				
BRACKIN HENRY	023	DELA	001110	10101	0100				
BRACKLEY SAML	079	JENN	100010	20100	0100				
BRACKNEY HUDSON	129	ORAN	410010	10010	0200				
BRACKNEY JOHN	191	FRAN	200010	20100	0100				
BRACKNY NIMRAD	190	FRAN	100110	40011	0200				
BRADA CHARLES	291A	JEFF	400103	00200	0100				
BRADBURG JOHN	167	WAYN	100100	10100	0100				
BRADBURN JOHN	023	FAYE	010101	00010	0001				
BRADBURY JOSIAH	173	WAYN	200210	21010	0002				

Head of Household	Page	County	White Males (Under 10, 10-15, 16-18, 16-25, 26-44, 45 & over)	White Females (Under 10, 10-15, 16-25, 26-44, 45 & over)	Foreigners, Agriculture, Commerce, Manufacture	Free or Slave	Negro Males (Under 14, 14-25, 26-44, 45 & over)	Negro Females (Under 14, 14-25, 26-44, 45 & over)	Other not Indian
BRADEN JOHN	086	KNOX	110010	11010	0001				
BRADER CHARLES	288A	JEFF	400010	30020	0100				
BRADFORD FIELDING M	046	HARR	230121	20020	0100				
BRADFORD GEORGE	046	CLAR	100110	10200	0004				
BRADFORD JOHN	010	CLAR	110001	20010	0001				
BRADFORD JOSEPH	006	CRAW	100100	10010	0100				
BRADFORD WILLIAM	217	WASH	110001	12001	0200				
BRADFORD WILLIAM	090	DEAR	100100	10101	0001				
BRADLEY BENJAMIN	026	CLAR	000010	00000	0100				
BRADLEY BURR	205	WASH	000010	11100	0000				
BRADLEY DAVID	306	POSE	210010	30010	0200				
BRADLEY ELIJAH	313A	POSE	110010	00010	0100				
BRADLEY HENRY	022	DELA	001310	00010	0000				
BRADLEY HUGH	079	RIPL	000001	00000	0100				
BRADLEY ISIAH	064	HARR	000010	10100	0100				
BRADLEY JOHN	288A	JEFF	000110	00010	0200				
BRADLEY JOHN	307	POSE	000011	40100	0100				
BRADLEY VALENTINE I	083	KNOX	000010	12100	0000	S	1000		
BRADLEY WILLIAM	168	SWIT	200450	30120	0001	F	1000		
BRADLEY WILLIAM	262	JACK	210110	11101	0100				
BRADLY THOMAS	186	FRAN	010001	00101	1020				
BRADSHAW PLEASAUT	288	JEFF	200010	20010	0100				
BRADSHAW ROBERT	027	DELA	321210	00010	0400				
BRADWAY JAMES	207	WAYN	210010	11010	0200				
BRADWAY JOHN	199	WAYN	001201	01001	0200				
BRADWAY JOHN JR	199	WAYN	000100	10100	0100				
BRADWAY THOS	207	WAYN	300010	11010	0100				
BRADY ALEXANDER	247	WAYN	030001	11001	0300				
BRADY HENRY	262	JACK	000100	10100	0100				
BRADY JOHN	099	DEAR	100001	11020	0100				
BRADY JOHN	029	DELA	320010	31010	0100				
BRADY JOHN M	093	SPEN	230010	20010	0000				
BRADY WILLIAM	196	FRAN	110010	11010	010C				
BRAIDY JOSEPH	057	FAYE	400001	11010	0100				
BRAILS EPHRAIM	060	HARR	100100	00100	0100				
BRAILS TOBIAS	061	HARR	320001	20100	0100				
BRAMAN JAMES	013	CLAR	120001	11401	0100				
BRAMWELL JOHN	291	JEFF	100010	10010	0100				
BRAMWILL WILLIAM C	076	JENN	400220	00010	0002				
BRANAMAN ABRAHAM	266	JACK	100100	00100	0100				
BRANAMAN CHRISTIAN	209	WASH	010001	00001	0200				
BRANAMAN JACOB	209	WASH	400010	11010	0100				
BRANAN LAWRENCE H	165	WAYN	000100	10200	0011				
BRANCH VOLUNTINE	133	FLOY	000010	10010	0100				
BRANDAN ARMSTRONG	074	HARR	000210	02010	0000				
BRANDENBURG WILLIAM	167	SWIT	100020	30100	0001				
BRANDERBURGH HENRY H	212	FRAN	300010	21010	0100				
BRANDON EBENEZER	080	JENN	021211	21101	0300				
BRANDON JOHN	081	JENN	000100	00100	0100				
BRANEN ASA	143	OWEN	100100	00100	0100				
BRANETT FELIX	272A	JEFF	100020	21100	1001				
BRANHAM CHARLES	004	CLAR	101101	20010	0200				

Head of Household	Page	County	White Males (Under 10, 10-15, 16-18, 16-25, 26-44, 45 & over)	White Females (Under 10, 10-15, 16-25, 26-44, 45 & over)	Foreigners, Agriculture, Commerce, Manufacture	Free or Slave	Negro Males (Under 14, 14-25, 26-44, 45 & over)	Negro Females (Under 14, 14-25, 26-44, 45 & over)	Other not Indian
BRANHAM EBENEZER	077	JENN	000100	00000	0100				
BRANHAM ELIZABETH	072	HARR	010100	00010	0000				
BRANHAM JOHN	079	JENN	321110	02010	0001				
BRANHAM JOHN	167	SWIT	000100	00100	0100				
BRANHAM LINCEFIELD	283A	JEFF	410010	21110	0100				
BRANHAM ROBERT	285	JEFF	000010	30010	0100				
BRANHAM THOMAS	032	DELA	221301	30210	0200				
BRANHAM WM	153	WARR	000001	00000	0000				
BRANNAN JAMES	194	VIGO	300010	32010	0100				
BRANNICK WILLIAM	109	SULL	200010	10010	0100				
BRANNON JOHN	221	FRAN	300010	10210	0100				
BRANNON MOSES	123	DEAR	000100	10100	0100				
BRANNON WILLAIM	123	DEAR	000001	00101	0001				
BRANSON BRISCO D	208	WASH	020001	31101	0300				
BRANSON JACOB	191	WAYN	200010	20000	0100				
BRANSON OWEN	183	WAYN	110210	31010	0300				
BRANT ASHAIL	160	SCOT	100010	10100	0100				
BRANT EDWARD	145	WARR	200101	40320	0000				
BRANT JACOB	153	WARR	010100	10100	0000				
BRANT JOHN	147	WARR	300010	20110	0001				
BRASELTON JOHN	224	WASH	111210	31010	0400				
BRASELTON DAVID	232	GIBS	000100	00100	0010				
BRASHEAR ISAAC	196	WABA	320010	11111	0300				
BRASHEARS RIERSON	289	JEFF	511101	12010	0200				
BRASHER CHARLES L	100	DEAR	311302	11010	0002				
BRASHER JACOB	102	DEAR	131101	10010	0001				
BRASHER ROBERT	190	VIGO	200101	12110	0101				
BRASIER WILLIAM	024	DELA	000010	00100	0100				
BRASILTON JOHN	257	GIBS				F	3000	0100	
BRASLETON JOHN	236	GIBS	021321	21110	0403				
BRATTAIN JOHN	209	WAYN	420301	10101	0500				
BRATTAIN JOSEPH	209	WAYN	000100	00100	0100				
BRATTAIN ROBERT	205	WAYN	000001	00001	0001				
BRATTEN JONATHAN	207	FRAN	210010	41010	0200				
BRATTEN ROBERT	188	VIGO	301101	10011	0200				
BRATTON REUBEN	161	WAYN	300010	20000	0001				
BRAUM WM	157	WAYN	200010	10010	0100				
BRAWFORD JOHN	202	WASH	210010	32011	0200				
BRAWN WILLIAM	221	FRAN	100010	40010	0100				
BRAXTON THOMAS	135	ORAN	111111	00010	0300				
BRAY ABIJAH	132	ORAN	100100	10100	0100				
BRAY DANIEL	170	SWIT	100010	30010	0100				
BRAY EDWARD	131	ORAN	100010	10100	0100				
BRAY HENRY	126	ORAN	120010	42010	0300				
BRAY HENRY SR	136	ORAN	000001	01111	0100				
BRAY JOHN	170	SWIT	100201	00100	0300				
BRAY JOHN	132	ORAN	200010	31010	0100				
BREADING WILLIAM E	083	KNOX	000010	00000	0010				
BRECE JOHN JR	127	SULL	100010	10101	0100				
BRECE JOHN	127	SULL	012301	02001	0600				
BRECKENNIDGE GEORGE	168	FRAN	100110	11100	0002				
BRECKENRIDGE ROBERT	185	FRAN	100010	01010	0100				

Head of Household	Page	County	White Males (Under 10, 10-15, 16-18, 16-25, 26-44, 45 & over)	White Females (Under 10, 10-15, 16-25, 26-44, 45 & over)	Foreigners, Agriculture, Commerce, Manufacture	Free or Slave	Negro Males (Under 14, 14-25, 26-44, 45 & over)	Negro Females (Under 14, 14-25, 26-44, 45 & over)	Other not Indian
BREDLOVE WILLIAM	301	PIKE	210010	22010					
BREDON WILLIAM	212	WASH	300200	00200	0200				
BREEDEN BRYANT	070	HARR	110301	01001	0200				
BREEDER RICHARD	117	MONR	500010	20010	0100				
BREEDINS JOHN	070	HARR	000010	10010	0100				
BREEDLOVE JAMES	234	GIBS	000010	00110	0100				
BREEDLOVE ABRAHAM	234	GIBS	100100	00100	0100				
BREEK RICHARD	271	WAYN	000010	00100	0100				
BREEZE JOHN	128	ORAN	400010	00010	0100				
BREEZE ROBERT	128	ORAN	400011	20110	0200				
BRENTON HENRY	024	CLAR	000100	00100	0100				
BRENTON HENRY	299	PIKE	200201	12200					
BRENTON HENRY	300	PIKE	300010	10010					
BRENTON JAMES	300	PIKE	100001	01001					
BRENTON JOHN	037	CLAR	000100	10100	0100				
BRENTON PETER	300	PIKE	220010	10010					
BRENTON ROBERT	024	CLAR	341102	11011	0300				
BRENTON ROBERT	301	PIKE	100010	20100					
BRENTON WILLIAM	041	CLAR	220201	11101	0300				
BRESER WILLIAM	175	SWIT	100100	10010	0100				
BRETEWELL RICHARD	036	CLAR	000010	00010	0100				
BREVER JOHN	019	DELA	020101	10100	0100				
BREWEN JOHN	188	VIGO	100010	11100	0100				
BREWER ASA	269	WAYN	200010	22010	0100				
BREWER BENJAMIN	209	WASH	100001	00002	0300				
BREWER BENJAMIN	019	CLAR	000100	10100	0001				
BREWER BENJAMIN	104	LAWR	100010	10100	0100				
BREWER CHARLES	175	SWIT	300110	11010	0200				
BREWER DAVID	267	WAYN	310001	11001	0200				
BREWER ENOCH	073	RIPL	100010	30100	0100				
BREWER HENRY	018	CLAR	110101	20101	0100				
BREWER JACOB	079	JENN	100010	10010	0100				
BREWER JAMES	269	WAYN	000001	00001	0100				
BREWER JESSE	269	WAYN	220010	11010	0100				
BREWER JOHN	220	WASH	200010	10100	0100				
BREWER STEPHEN	041	FAYE	200010	20010	0001				
BREWER VINCENT	045	HARR	121101	10110	0300				
BREWNER ADAM	107	LAWR	110101	01101					
BREWNER CHRISTIAN	106	LAWR	100010	00100					
BREWNER DAVID	107	LAWR	000001	20100					
BREWNER JACOB	098	LAWR	210010	31010	0100				
BREWNIR HENRY	098	LAWR	100010	10100	0100				
BREWSTER CHARLES	165	SWIT	200100	00100	0100				
BREZE JAMES	305A	POSE	000200	01010	0002				
BRIAN JOHN	084	KNOX	000010	00000	0000				
BRIAN WILLIAM	214	WASH	100010	21010	0100				
BRIANT EDWARD	131	ORAN	111101	22001	0300				
BRIANT JOHN	125	ORAN	300100	20100	0100				
BRIANT WILLIAM	129	ORAN	000101	01110	0200				
BRIANT WM	139	WARR	100001	33010	0000				
BRIARS FRANCIS	310A	POSE	100010	10100	0100				
BRICKENRIDGE JOSEPH	185	FRAN	200010	01100	0001				

Head of Household	Page	County	White Males (Under 10, 10-15, 16-18, 16-25, 26-44, 45 & over)	White Females (Under 10, 10-15, 16-25, 26-44, 45 & over)	Foreigners, Agriculture, Commerce, Manufacture	Free or Slave	Negro Males (Under 14, 14-25, 26-44, 45 & over)	Negro Females (Under 14, 14-25, 26-44, 45 & over)	Other not Indian
BRICKLE ROBERT	209	FRAN	400010	10101	0001				
BRIDDLE CUTBIRTH	097	LAWR	110001	00101					
BRIDEL JOHN	110	DEAR	000001	22210	0100				
BRIDGE JOHN T	030	DELA	320010	11100	0100				
BRIDGEMAN MICHAEL	055	HARR	300110	11110	0100				
BRIDGES BARTHOLOMEW	072	DEAR	100010	10100	0100				
BRIDGES DILLWIN	209	WAYN	100100	00010	0100				
BRIDGES EDMOND	097	LAWR	100010	00100					
BRIDGES JAMES	072	DEAR	200010	30010	0100				
BRIDGES JAMES	201	WAYN	000100	20200	0100				
BRIDGES JAMES	209	WAYN	300010	20010	0100				
BRIDGES JOHN	079	JENN	210101	40200	0100				
BRIDGES JOHN	201	FRAN	100010	22010	0100				
BRIDGES NANCY	013	FAYE	100001	10100	0000				
BRIDGES SAMUEL	072	DEAR	100010	00101	0100				
BRIDGES WILLIAM	013	FAYE	000010	30100	0001				
BRIDGEWATER DANIEL	213	WASH	000100	20100	0100				
BRIDGEWATERS LEVI	135	ORAN	031211	00201	0500				
BRIDGWATER SAML	157	SCOT	001110	00200	0100				
BRIDGWATER LEVI	156	SCOT	020010	50010	0100				
BRIDLEMAN SAMUEL	237	GIBS	210010	20010	0100				
BRIENT JAMES	117	MONR	000001	00101	0100	S	0100		
BRIERLY THOMAS	029	FAYE	020020	10010	0200				
BRIGET GEORGE	210	FRAN	010001	01111	0200				
BRIGET JOHN	210	FRAN	000010	00000	0100				
BRIGGS JOHN	187	VIGO	110110	11110	0500				
BRIGGS SIMEON	271	WAYN	001000	30100	0100				
BRIGGS WILLIAM	186	VIGO	100200	00100	0002				
BRIGHT DAVID G	275A	JEFF	302301	22110	0001				
BRIGHT HINSON	170	SWIT	000100	10100	0100				
BRIGHT TOBIUS	247	GIBS	001201	11010	0300				
BRIGHT WILLIAM	170	SWIT	100100	20100	0100				
BRIGHT WILLIAM R	104	LAWR	000010	10100	0100				
BRIGHTMAN WALTER	153	FLOY	000101	00300	0300				
BRIGHTMAN WILLIAM D	146	PERR	000100	00100	0000				
BRIGHTMAN GEORGE C	268	JACK	200010	10100	0100				
BRIGHTS BETSY	248	GIBS	010000	12010	0000				
BRIGHTS DAVID	241	WAYN	100100	00100	0001				
BRIGS ABRAM	124	DEAR	310101	10010	2100				
BRIGS JOHN	273A	JEFF	000100	20111	0000				
BRIGS THOMAS P	231	WAYN	220001	10210	0100				
BRILES ADAM	057	HARR	000010	00100	0100				
BRILES GEORGE	057	HARR	100001	00100	0100				
BRILES HENRY	057	HARR	000100	20101	0100				
BRILES WILLIAM	268A	JACK	000100	10100	0100				
BRILEY JAMES	010	CRAW	000100	00100	0100				
BRILEY MARGET	010	CRAW	000100	00001	0100				
BRILEY SAMUEL	013	CRAW	110010	21010	0100				
BRINAGAR THOMAS	098	LAWR	200110	10010	0100				
BRINDLE WILLAAM	010	CLAR	111101	10001	0001				
BRINDLE WILLIAM	168	SWIT	200001	10100	0100				
BRINDLEY JOSEPH	139	FLOY	100100	00100	0001				

Head of Household	Page	County	White Males (Under 10, 10-15, 16-18, 16-25, 26-44, 45 & over)	White Females (Under 10, 10-15, 16-25, 26-44, 45 & over)	Foreigners, Agriculture, Commerce, Manufacture	Free or Slave	Negro Males (Under 14, 14-25, 26-44, 45 & over)	Negro Females (Under 14, 14-25, 26-44, 45 & over)	Other not Indian
BRINER GEORGE	136	ORAN	101101	00001	0100				
BRINER PETER	151	FLOY	000010	01000	0100				
BRINER PETER	136	ORAN	000001	00001	0100				
BRINER PETER	265	JACK	020101	21110	0100				
BRINKLEY JOHN	044	HARR	130001	30110	0300				
BRINSON ZEBULON	175	SWIT	221201	24010	0200				
BRINTON DEJIMERSY	039	DUBO	000000	10100	0000				
BRISBEN JOHN	286	JEFF	210101	00210	0200				
BRISCO PHILLIP	247	GIBS	110110	31010	0100				
BRISCOE WM	143	WARR	211120	20111	0001				
BRISCOE WM	005	CRAW	120201	21110	0500				
BRISON HUGH	221	FRAN	200010	10100	0100				
BRISON JAMES	213	FRAN	400010	00010	0000				
BRISON JAMES	223	FRAN	120010	41010	0200				
BRISON JOHN	225	FRAN	300010	32010	0200				
BRISON WILLIAM	026	DELA	210010	20010	0100				
BRISTOE JAMES	262	JACK	101110	10100	0100				
BRISTON CATTON	098	LAWR	000100	00100	0100				
BRISTOW JAMES	147	PERR	210010	11110	0200				
BRISTOW JOHN	143	OWEN	000111	20100	0200				
BRISTOW JOHN	145	PERR	220010	00010	0200				
BRISTOW LEROY C	099	SPEN	300010	20010	0100				
BRISTOW SAMUEL	101	SPEN	300010	11110	0100				
BRISTOW WILLIAM	099	SPEN	200010	10100	0100				
BRITAIN JAMES	027	CLAR	030001	10001	0100				
BRITAIN NATHAN	108	DEAR	310010	21010	0001				
BRITAN WILLIAM	035	DUBO	010101	00101	0300				
BRITEMAN HUGH T	017	CLAR	100011	00010	0100				
BRITON JOSEPH	143	OWEN	210101	10010	0200				
BRITT NELSON	220	WASH	100010	11010	0100				
BRITTAN ANSEL	099	LAWR	210010	00011					
BRITTAN NATHAN	312	POSE	000011	00100	0200				
BRITTEN JESSE	311A	POSE	300011	20010	0200				
BRITTENHAM WM	232	GIBS	100200	11000	0001				
BRITTON HENRY	071	DEAR	300022	00201	4400				
BRITTON JOHN	189	VIGO	000010	00100	0001				
BROADHEAD THOS	307A	POSE	000011	20010	0200				
BROADHEAD WM	307A	POSE	000010	22010	0100				
BROADSTREET THOMAS	265	JACK	210010	22010	0100				
BROADWELL HENRY	128	ORAN	100100	10100	0100				
BROADY JONATHAN	128	ORAN	000000	00000	0300	F	2110	3210	
BROCAW ISAAC	121	SULL	101110	10010	0001				
BROCHUS THOMAS	265	WAYN	100100	00100	0100				
BROCK ANDREW	051	FAYE	100010	10010	0100				
BROCK ELIAS	171	SWIT	100010	00010	0100				
BROCK ELIJAH	185	WAYN	200110	10010	0100				
BROCK EVAN	113	SULL	200110	10010	0200				
BROCK FRANCIS	051	FAYE	010201	01102	0300				
BROCK GEORGE JR	210	WASH	200100	00100	0100				
BROCK GEORGE	207	WASH	000101	00101	0200				
BROCK GEORGE	015	CLAR	100100	00100	0100				
BROCK JEREMIAH	092	KNOX	200010	20100	0100				

Head of Household	Page	County	White Males (Under 10, 10-15, 16-18, 16-25, 26-44, 45 & over)	White Females (Under 10, 10-15, 16-25, 26-44, 45 & over)	Foreigners, Agriculture, Commerce, Manufacture	Free or Slave	Negro Males (Under 14, 14-25, 26-44, 45 & over)	Negro Females (Under 14, 14-25, 26-44, 45 & over)	Other not Indian
BROCK JESSE	211	WASH	110101	01102	0300				
BROCK JOHN	225	WASH	320110	20110	0300				
BROCK JOHN	147	PERR	220010	10010	0300				
BROCK JOHN	069	HARR	310010	20010	0100				
BROCK LEWIS	211	WASH	110010	31110	0200				
BROCK MICHAEL	146	FLOY	111101	00101	0400				
BROCK PHILLIP	057	HARR	200010	21010	0100				
BROCK RICHARD	189	VIGO	221101	01001	0100				
BROCK RUEBEN	182	FRAN	300010	11010	0100				
BROCK SAMUEL	057	HARR	300010	31010	0100				
BROCKUS JOHN	193	WAYN	400010	10000	0100				
BRODDY JOSEPH	159	SCOT	110011	01000	0200				
BRODIE JAMES	105	SULL	110010	00100	0200				
BRODIE SAMUEL	105	SULL	300010	10010	0200				
BRODIE SARAH	105	SULL	110000	00110	0200				
BROKAW HENRY	106	DEAR	100010	30010	0100				
BROMFIELD DAVID	180	VAND	300010	10110	0100				
BRONTON JOSEPH	283A	JEFF	120010	10000	0100				
BROOK ALLEN	099	LAWR	100101	00110	0200				
BROOKART JACOB	042	CLAR	200320	01100	0100				
BROOKES WILLIAM	268	JACK	210010	22010	0100				
BROOKS ALPHEONSO	158	SCOT	000010	30100	0001				
BROOKS ANDREW	186	VIGO	000330	10200	0303				
BROOKS ANDERSON	087	KNOX	100010	10110	0100				
BROOKS ELI	163	FRAN	210010	21010	0100				
BROOKS ELIAS	179	FRAN	300010	00010	0100				
BROOKS GEORGE R	131	ORAN	100100	00100	0100				
BROOKS HENRY	087	KNOX	000100	00000	0100				
BROOKS JAMES	131	SULL	001210	01010	0003				
BROOKS JAMES	188	VIGO	210100	10010	0200				
BROOKS JOHN	294A	JEFF	220010	41100	0100				
BROOKS JOHN	157	SCOT	000101	00101	0100				
BROOKS JOHN	160	FRAN	310201	11010	4				
BROOKS MIKAJAH	129	ORAN	211101	21201	0300				
BROOKS MOSES	295A	JEFF	020010	40010	0100				
BROOKS NATHAN	038	DUBO	100010	21010	0100				
BROOKS NOR	287A	JEFF	000100	10100	0100				
BROOKS ROBERT	102	LAWR	211110	11110	0300				
BROOKS SAMUEL	294A	JEFF	300010	30010	0100				
BROOKS UMPHRY	287	JEFF	000001	00001	0100				
BROOKS WILLIAM	027	FAYE	200011	30010	0100				
BROOKS WILLIAM	087	KNOX	100010	10010	0100				
BROOKS WILLIAM	087	KNOX	010001	00101	0100				
BROOKS WILLIAM	137	ORAN	300010	20010	0100				
BROOKS WILLIAM	293	JEFF	120001	31010	0100				
BROOKS WILEY	295A	JEFF	100110	00010	0200				
BROOKS WM	233	WAYN	110010	20010	0200				
BROONER ABREHAM	252	GIBS	020001	11101	C001				
BROONER FREDERICK	251	GIBS	000001	10100	0100				
BROOX JOHN	324A	RAND	000100	00100	0100				
BROSHEARS SAML	141	WARR	021001	20010	0000				
BROSHIER EDWARD	166	SWIT	110001	31010	0100				

Head of Household	Page	County	White Males (Under 10, 10-15, 16-18, 16-25, 26-44, 45 & over)	White Females (Under 10, 10-15, 16-25, 26-44, 45 & over)	Foreigners, Agriculture, Commerce, Manufacture	Free or Slave	Negro Males (Under 14, 14-25, 26-44, 45 & over)	Negro Females (Under 14, 14-25, 26-44, 45 & over)	Other not Indian
BROTHERS DAVID	241	GIBS	200010	20100	0001				
BROTHERS JOSHUA	133	ORAN	200401	22001	0500				
BROTHERS WM	240	GIBS	310110	20010	0200				
BROTHERTON JOHN	218	WASH	120201	01001	0040				
BROTHERTON ABEL	102	DEAR	300010	11010	0100				
BROUGH JOHN	150	PERR	000011	10011	0200				
BROUGH SUSANNAH	150	PERR	000000	00011	0000				
BROULLETT PEIRRE	087	KNOX	300010	10010	0100				
BROULLETT MICHAEL	083	KNOX	110002	20010	0010				
BROWER ABRAHAM	090	DEAR	200201	13210	0100				
BROWER HENRY	235	WAYN	100010	00010	0100				
BROWER IACOB	077	JENN	000100	00100	0100				
BROWER ISAAC	105	DEAR	300010	01001	1001				
BROWERS JOHN	262A	JACK	210010	11010	0100				
BROWERSLOW ISAAC	278A	JEFF	000010	20100	0100				
BROWING RICHARD	101	LAWR	100010	31010	0100				
BROWN ABRAHAM	136	FLOY	100110	11010	0200				
BROWN ALEXANDER	129	ORAN	210010	21010	0100				
BROWN ANDREW	013	FAYE	310010	21010	0100				
BROWN BARTLET	071	RIPL	010001	02431	0100				
BROWN BASWELL	257	GIBS				F	0000	1000	
BROWN BASWELL	256	GIBS	000000	00000	0200				
BROWN BAZEL	232	GIBS	020130	20010	0110				
BROWN BENJAMIN	103	DEAR	120010	10010	0000				
BROWN BENJAMIN	012	CRAW	100020	20010	0001				
BROWN BENJAMIN	071	RIPL	030010	30210	0400				
BROWN BENJAMIN B	213	WAYN	200010	30010	0100				
BROWN BOLING	215	WASH	100010	40010	0200				
BROWN CHAPPLE W	025	DELA	000010	00010	0100				
BROWN CHARLES G	085	KNOX	000001	00000	1000				
BROWN COONROD	087	SPEN	421030	21010	0500				
BROWN DANE	045	HARR	301110	20011	0200				
BROWN DANIEL	059	HARR	100100	00100	0100				
BROWN DANIEL	066	DEAR	200010	10100	0010				
BROWN DAVID	087	KNOX	421210	10110	0400				
BROWN DAVID	057	DEAR	000011	11101	0000	S		1110	
BROWN DAVID S	128	ORAN	200100	00100	0100				
BROWN DAVID M	192	VIGO	100130	10010	0400				
BROWN DIXON	103	LAWR	200010	21010	0100				
BROWN EDWARD	139	FLOY	010101	20210	0031				
BROWN ELI	157	WAYN	000110	10010	0002				
BROWN ELISHA M	191	VIGO	301210	00210	0300				
BROWN ELIZABETH	179	VAND	110110	20010	0002				
BROWN ESTHER	271	WAYN	100001	00001	0100				
BROWN FRANCIS	209	WAYN	000000	01001	0000				
BROWN FREDERICK	059	HARR	310400	20100	0100				
BROWN GEORGE	059	HARR	300010	22010	0100				
BROWN GEORGE	251	GIBS	011010	31110	0100				
BROWN GEORGE	247	WAYN	101201	44010	0300				
BROWN GILBERT	161	FRAN	000100	00100	0100				
BROWN HENRY	097	LAWR	000100	20100					
BROWN HENRY	224	FRAN	100021	40010	0102				

Head of Household	Page	County	White Males (Under 10, 10-15, 16-18, 16-25, 26-44, 45 & over)	White Females (Under 10, 10-15, 16-25, 26-44, 45 & over)	Foreigners, Agriculture, Commerce, Manufacture	Free or Slave	Negro Males (Under 14, 14-25, 26-44, 45 & over)	Negro Females (Under 14, 14-25, 26-44, 45 & over)	Other not Indian
BROWN HENRY	208	FRAN	110101	10301	0100				
BROWN HENRY	059	HARR	200100	10100	0100				
BROWN HUGH	264A	JACK	021301	01000	0200				
BROWN ISAAC	220	FRAN	021210	10101	0200				
BROWN ISAIAH B	267A	JACK	102210	11000	0000				
BROWN ISHAM	171	SWIT	120011	31010	0100				
BROWN JACOB M	066	DEAR	000001	00010	0100				
BROWN JACOB	172	SWIT	000010	50010	0100				
BROWN JAMES	165	SWIT	400110	20100	0100				
BROWN JAMES	167	SWIT	100010	32010	0100				
BROWN JAMES	155	FLOY	300010	20100	0100				
BROWN JAMES	079	JENN	110001	20001	0100				
BROWN JAMES	117	MONR	000010	00100	0100				
BROWN JAMES	008	CRAW	020101	11010	0400				
BROWN JAMES	037	DUBO	200001	00101	0100				
BROWN JAMES	121	SULL	000010	00100	0100				
BROWN JAMES	265A	JACK	100100	00000	0100				
BROWN JAMES	264	JACK	121110	21010	0100				
BROWN JAMES	275A	JEFF				F	0011	0001	
BROWN JAMES	276	JEFF	010001	00310	0100				
BROWN JAMES	047	CLAR	000010	10000	1				
BROWN JAMES E	056	DEAR	100010	00100	0100				
BROWN JAMES	015	CLAR	100010	20010	0100				
BROWN JAMES	288A	JEFF	000000	00000	0000	F	3002	2100	
BROWN JEREMIAH	196	FRAN	100100	00100	0100				
BROWN JESSY	033	DELA	300010	10100	0100				
3ROWN JOEL	209	WASH	111111	11101	0300				
BROWN JOHN	313	POSE	200010	10100	0100				
BROWN JOHN	253	GIBS	100100	40100	0100				
BROWN JOHN	253	GIBS	000010	20100	0100				
BROWN JOHN	265A	JACK	210001	21110	0100				
BROWN JOHN H	273A	JEFF	000010	00100	0001				
BROWN JOHN	235	WAYN	120201	20001	0300				
BROWN JOHN	247	WAYN	300001	31010	0100				
BROWN JOHN	210	WASH	410010	12010	0200				
BROWN JOHN	204	WASH	000010	50110	0100				
BROWN JOHN	190	VIGO	400210	00010	0002				
BROWN JOHNSON	166	SWIT	001301	35001	0100				
BROWN JOHN SR	172	SWIT	001201	00001	0100				
BROWN JOHN JR	172	SWIT	200010	10100	0100				
BROWN JOHN	138	FLOY	000200	00000	0002				
BROWN JOHN	108	LAWR	031121	30010	0100				
BROWN JOHN	097	LAWR	100100	00100					
BROWN JOHN	091	KNOX	100100	11100	0100				
BROWN JOHN	147	WARR	000100	00000	0000				
BROWN JOHN	213	FRAN	000001	00011	0100				
BROWN JOHN	217	FRAN	000010	00100	0100				
BROWN JOHN	222	FRAN	200101	10010	0100				
BROWN JOHN	186	FRAN	000010	00000	1001				
BROWN JOHN	137	ORAN	100020	21010	0011				
BROWN JOHN	043	HARR	110010	10010	0105				
BROWN JOHN	087	SPEN	200010	20100	0010				

Head of Household	Page	County	White Males (Under 10, 10-15, 16-18, 16-25, 26-44, 45 & over)	White Females (Under 10, 10-15, 16-25, 26-44, 45 & over)	Foreigners, Agriculture, Commerce, Manufacture	Free or Slave	Negro Males (Under 14, 14-25, 26-44, 45 & over)	Negro Females (Under 14, 14-25, 26-44, 45 & over)	Other not Indian
BROWN JOSEPH	095	SPEN	300010	01010	0100				
BROWN JOSEPH	265	JACK	200010	10100	0100				
BROWN JOSEPH	257	WAYN	000100	00100	0100				
BROWN JOSEPH	271	WAYN	400010	22010	0100				
BROWN JOSEPH	221	WASH	320010	10010	0100				
BROWN JOSEPH	165	SWIT	100110	20010	0100				
BROWN JOSEPH R	231	GIBS	010010	00001	0000				
BROWN JOSEPH	148	PERR	100010	10100	0100				
BROWN JOSEPH	179	WAYN	000010	10010	0100				
BROWN JOSHUA	079	RIPL	200110	00100	0100				
BROWN LAMUEL	029	DELA	200011	12010	0100				
BROWN MAHLON	089	DEAR	000001	00010	0100				
BROWN MANASAH	089	KNOX	100010	20110	0001				
BROWN MARGARET	039	DUBO	001100	00101	0100				
BROWN MARGARET	043	CLAR	200000	20010	0000				
BROWN MARTIN	056	DEAR	310010	10010	0001				
BROWN MATHEW	218	FRAN	100010	20100	0100				
BROWN MICHAEL	224	WASH	100100	00010	0100				
BROWN MOSES	081	JENN	000110	00000	0200				
BROWN NANCY	057	HARR	110000	11010	0000				
BROWN NATHANIEL	262A	JACK	210010	30010	0100				
BROWN PARKER	075	RIPL	201110	32010	0100				
BROWN PATRICK	288	JEFF	000101	00211	0100				
BROWN PAUL	125	DEAR	111211	02201	0200				
BROWN PEGGY	213	WAYN	200100	00010	0100				
BROWN PHILLIP	211	WAYN	242301	40001	0400				
BROWN PHILLISS JR	215	WAYN	000010	00100	0100				
BROWN PRYER	025	DELA	100100	00000	0100				
BROWN RACHEL	014	CRAW	110000	31010	0001				
BROWN RICHARD	087	SPEN	001001	01111	0100				
BROWN ROBERT	049	HARR	100010	40010	0100				
BROWN ROBERT	144	FLOY	220110	22010	0400				
BROWN ROGER	057	DEAR	110201	01003	0300	S	1201	0100	1
BROWN SALLY	024	DELA	210100	12010	0100				
BROWN SAMUEL	208	WASH	300010	10010	0100				
BROWN SAMUEL	091	SPEN	231101	30210	0500				
BROWN SAMUEL	011	FAYE	120010	30010	0100				
BROWN SAMUEL	173	SWIT	000001	00001	0100				
BROWN SOLOMON	301	PIKE	200020	00110					
BROWN STEPHEN O	116	DEAR	200010	22010	0100				
BROWN THOMAS	205	WAYN	300010	40010	0001				
BROWN THOMAS	087	SPEN	000100	00000	0010				
BROWN THOMAS	205	FRAN	311110	11010	0200				
BROWN THOMAS	051	FAYE	201110	21010	0001				
BROWN THOMAS	224	WASH	411101	21110	0300				
BROWN THOMAS	190	VIGO	301110	12010	0300				
BROWN THOS H	272A	JEFF	111210	11110	0003				
BROWN TIMOTHY	086	DEAR	200001	11011	0001				
BROWN TIMOTHY	124	DEAR	000100	20100	0100				
BROWN TIMOTHY	071	DEAR	000100	10100	0100				
BROWN TIMOTHY	183	FRAN	000001	00001	0100				
BROWN VINCENT	043	HARR	220101	01110	0200				

Head of Household	Page	County	White Males (Under 10, 10-15, 16-18, 16-25, 26-44, 45 & over)	White Females (Under 10, 10-15, 16-25, 26-44, 45 & over)	Foreigners, Agriculture, Commerce, Manufacture	Free or Slave	Negro Males (Under 14, 14-25, 26-44, 45 & over)	Negro Females (Under 14, 14-25, 26-44, 45 & over)	Other not Indian
BROWN WALTER P	012	CLAR	021101	11011	0200				
BROWN WENDELL	151	FLOY	200010	00100	0100				
BROWN WILL	284A	JEFF	000010	42010	0100				
BROWN WILL P	285	JEFF	000010	00100	0100				
BROWN WILLIAM	287	JEFF	101201	31110	0300				
BROWN WILLIAM	222	WASH	311101	01010	0300				
BROWN WILLIAM	211	WASH	201101	42010	0200				
BROWN WILLIAM	215	WASH	000100	00100	0100				
BROWN WILLIAM FIELDS	090	KNOX	211110	11010	0200				
BROWN WILLIAM	208	FRAN	410010	01001	0200				
BROWN WILLIAM	215	FRAN	100100	00100	0100				
BROWN WILLIAM	182	FRAN	000001	00001	0100				
BROWN WILLIAM	118	MONR	000101	01001	0100				
BROWN WILLIAM	011	CRAW	100120	11100	0002				
BROWN WM	167	WAYN	110010	31000	0200				
BROWN WM	265	WAYN	221101	01010	0300				
BROWNFIELD ASY	046	CLAR	000100	00100	0001				
BROWNFIELD WILLIAM	015	CRAW	300001	10010	0100				
BROWNING JOSEPH	093	KNOX	010101	11200	0300				
BROWNING WESLEY	020	CLAR	100010	20010	0100				
BROWNLEE GEORGE	231	GIBS	000211	00120	1001				
BROWNLEE HUGH	013	FAYE	101101	21010	0001				
BROWNLEE JAMES	009	FAYE	200111	00100	0001				
BRUAT JOHN	025	DELA	000001	00001	0100				
BRUCE ARCHIBALD	090	DEAR	020001	00201	0100				
BRUCE AYMER	115	DEAR	221110	22110	0100				
BRUCE CLARLES	072	DEAR	100100	10100	0100				
BRUCE HENRY JR	116	DEAR	100010	11010	0100				
BRUCE HENRY	072	DEAR	220001	10110	0100				
BRUCE JAMES	116	DEAR	010001	01001	0100				
BRUCE JAMES	103	LAWR	300200	00100	0100				
BRUCE JAMES	072	DEAR	100100	10010	0100				
BRUCE JAMES	060	HARR	001201	01001	0100				
BRUCE NATHANIEL	224	WASH	110101	12201	0300				
BRUCE STEPHEN	072	DEAR	000100	00100	0100				
BRUCE THOMAS	129	ORAN	100010	00010	0100				
BRUCE WILLIAM	089	KNOX	301210	23100	0400				
BRUMBARGER JACOB	294A	JEFF	200001	20100	0100				
BRUMLEY JOHN	111	DEAR	100010	21010	0100				
BRUMMET BANNER	117	MONR	100010	30010	0100				
BRUMMET GEORGE	117	MONR	310010	21010	0100				
BRUMMET JAMES	117	MONR	000100	00100	0100				
BRUMMET JAMES	117	MONR	000001	00001	0100				
BRUMMET PEIRSON	117	MONR	400010	01010	0100				
BRUNDAGE WILLIAM	125	DEAR	000010	30010	0100				
BRUNDS TOBIAS	155	FLOY	310010	20100	0200				
BRUNDY STEPHEN	165	FRAN	000100	10300	0100				
BRUNER DAVID	173	SWIT	000100	00100	0100				
BRUNER PETER	039	DUBO	121110	21010	0400				
BRUNER SAMUEL	084	KNOX	010310	11110	0003				
BRUNER SAMUEL	057	DEAR	200010	20100	0100				
BRUNFIELD JOHN	257	WAYN	110101	12101	0200				

Head of Household	Page	County	White Males (Under 10, 10-15, 16-18, 16-25, 26-44, 45 & over)	White Females (Under 10, 10-15, 16-25, 26-44, 45 & over)	Foreigners, Agriculture, Commerce, Manufacture	Free or Slave	Negro Males (Under 14, 14-25, 26-44, 45 & over)	Negro Females (Under 14, 14-25, 26-44, 45 & over)	Other not Indian
BRUNNOR JOHN	086	KNOX	200110	41010	0000				
BRUNSIN ADIN	072	DEAR	110010	20010	0100				
BRUNSON REUBEN	231	WAYN	220010	31010	0200				
BRUSE ELISON	186	VIGO	100210	31010	0300				
BRUSH EDWARD	221	FRAN	200010	10200	0100				
BRUSHEL COONRODD	027	DELA	000020	00000	0101				
BRYAN BENJAMIN	072	DEAR	000101	00001	0001				
BRYAN HENRY	173	WAYN	000001	20101	0100				
BRYAN JUKE	229	WAYN	000010	00010	0100				
BRYAN SARAH	017	CLAR	000000	00000	0000				1
BRYANT JAMES	264	JACK	310301	21010	0200				
BRYANT JOHN JR	181	VAND	100010	10100	0100				
BRYANT JOHN SR	181	VAND	020101	01001	0300				
BRYANT JOSIAH	111	SULL	100010	10010	0100				
BRYANT NEEDHAM	302	PIKE	200001	10100					
BRYANT ROLLA	078	JENN	200100	10010	0100				
BRYANT WALTER	181	VAND	200110	10010	0200				
BRYANT WILLIAM	111	SULL	300010	10010	0200				
BRYANT WILLIAM	113	SULL	300010	20010	0300				
BRYANTS JOHN	241	WAYN	300010	10100	0100				
BRYERTON HENRY	174	SWIT	100100	00010	0100				
BUCH SARAH	155	FLOY	110000	21101	0100				
BUCHANAN DAVID	075	RIPL	101010	22110	0200				
BUCHANAN JOHN	149	WARR	200010	10010	0000				
BUCHANAN JAMES	056	DEAR	030010	41010	0100				
BUCHANAN WM B	073	RIPL	100100	10100	0100				
BUCHANAN WM H	073	RIPL	000100	10100	0100				
BUCHANAN WILLIAM	268	JACK	100100	00100	0100				
BUCHANNAN SAMUEL	024	CLAR	100010	10003	0100				
BUCHANNAN JOHN	289	JEFF	110111	41011	0300				
BUCHANON NATHAN	118	MONR	000100	00010	0100				
BUCHMAN DAVID	275	JEFF	100010	21010	0001				
BUCK BETSY	198	FRAN	210000	32110	0000				
BUCK COONRAD	173	SWIT	011201	01301	0200				
BUCK STEPHEN	016	CLAR	210010	10010	0001				
BUCK THOMAS	071	DEAR	200010	10010	0100				
BUCK WILLIAM M	023	FAYE	100010	10100	0100				
BUCK WILLIAM	200	FRAN	200010	11100	0100				
BUCKANAN WILSON	073	RIPL	111301	41010	0500				
BUCKANON ALEXANDER	118	MONR	000100	00001	0100				
BUCKENON JAMES	118	MONR	100010	30010	0100				
BUCKHAMAN WILLIAM	295	JEFF	200100	00100	0100				
BUCKHANAN WM	197	WAYN	100011	20200	0001				
BUCKHANNAN REBEKAH	045	CLAR	000200	00102	0001				
BUCKHANNAN NATHL	062	HARR	320210	30300	0200				
BUCKHANNON ROBERT	162	FRAN	000100	10100	0100				
BUCKHANNON ALEXANDER	062	HARR	100010	10010	0100				
BUCKHANNON JAMES	061	FAYE	210101	21010	0200				
BUCKHANNON WILLIAM	291	JEFF	110101	11010	0000				
BUCKLER JAMES	177	WAYN	000100	01000	0100				
BUCKLES JAMES	077	JENN	200201	00001	0100				
BUCKLES WILLIAM	081	JENN	100010	30100	0100				

Head of Household	Page	County	White Males (Under 10, 10-15, 16-18, 16-25, 26-44, 45 & over)	White Females (Under 10, 10-15, 16-25, 26-44, 45 & over)	Foreigners, Agriculture, Commerce, Manufacture	Free or Slave	Negro Males (Under 14, 14-25, 26-44, 45 & over)	Negro Females (Under 14, 14-25, 26-44, 45 & over)	Other not Indian
BUCKLEY SUSAN	225	FRAN	111100	10011	0200				
BUCKLIN WM G	139	WARR	100010	10100	0000				
BUCKLY ISAAC	218	FRAN	011110	11201	0300				
BUCKMAN BENJAMIN	144	FLOY	110001	12010	0101				
BUCKNER GEORGE	027	DELA	000010	10100	0001				
BUCKNER HENRY	010	CRAW	100001	10100	0100				
BUCKNER PRESLEY	028	DELA	011201	00101	0300				
BUCKNER RACHEL	242	GIBS	000100	11010	0100				
BUCKNER RICHARD	098	LAWR	100100	10010	0100				
BUCKSON EDWARD	085	KNOX	000100	00000	0001				
BUDD ABRAHAM	004	CLAR	000100	00100	0100				
BUDD EDMOND	004	CLAR	100010	20110	0100				
BUDD GILBERT	155	FLOY	100010	30010	0100				
BUDD ROBERT	195	WAYN	000010	10010	0001				
BUELL ELIAS	175	SWIT	000100	00100	0100				
BUELL HENRY	175	SWIT	100100	00100	0100				
BUELL SAMUEL	175	SWIT	110011	01210	0100				
BUFFINGTON NANCY	090	DEAR	100001	00000	0000				
BUFFINGTON JONATHAN	071	DEAR	200010	11100	0100				
BUFFINGTON JOHN	072	DEAR	410110	22110	0100				
BUFFINGTON JAHIEL	072	DEAR	000010	00102	0100				
BUFFINGTON JOHN	072	DEAR	300010	00010	0100				
BUFFORD MILTON	057	HARR	110001	00110	0100				
BUGHER HENRY	073	HARR	100110	30100	0000				
BUGHER JOHN	068	HARR	120100	01010	0100				
BUHLER FRED	320	POSE	100001	01010	0100				
BUIS STEPHEN	138	FLOY	020101	30101	0002				
BULARD RICHARD	254	GIBS	100010	30001	0100				
BULES ISAAC	197	WAYN	300010	20000	0100				
BULKLY DAVID	175	FRAN	111200	01201	0200				
BULL THOMAS	143	OWEN	420001	02010	0100				
BULL WILLIAM	225	WASH	210010	41021	0300				
BULLA ISAAC	211	WAYN	300010	12010	0100				
BULLA WM	163	WAYN	321110	20010	0500				
BULLAND POLLY	255	GIBS	011000	11101	0100				
BULLARD ISAAC	039	CLAR	000100	01001	0000				
BULLARD PETER	255	GIBS	000101	00100	0100				
BULLINGTON ROBERT	127	ORAN	320010	10010	0300				
BULLINGTON BENJAMIN	127	ORAN	131110	40010	0500				
BULLIT WILSON	137	WARR	200010	20100	0000				
BULLOCK CHARLES	041	CLAR	000010	20010	0100				
BULLOCK JOHN	089	DEAR	100101	01101	0100				
BULLOCK JOHN	012	CRAW	210010	21010	0101				
BULLOCK PETER	168	SWIT	000000	00000	0000	F	0001		
BULLOCK SAMUEL	045	CLAR	210401	32202	0203				
BULLOCK WILLIAM JR	040	CLAR	200110	00011	0100				
BULLOCK WILLIAM SR	041	CLAR	110001	11001	0100				
BULLON JAMES	187	VIGO	000020	00000	0200				
BULTER BEAL	215	WAYN	000111	10102	0200				
BULTER SAMUEL	215	WAYN	000010	20100	0100				
BUMP JOHN	029	DELA	100010	10100	0100				
BUMP THOMAS	029	DELA	001101	01001	0100				

Head of Household	Page	County	White Males (Under 10, 10-15, 16-18, 16-25, 26-44, 45 & over)	White Females (Under 10, 10-15, 16-25, 26-44, 45 & over)	Foreigners, Agriculture, Commerce, Manufacture	Free or Slave	Negro Males (Under 14, 14-25, 26-44, 45 & over)	Negro Females (Under 14, 14-25, 26-44, 45 & over)	Other not Indian
BUNCH DAVID	213	WASH	011101	31010	0300				
BUNCH ISHMAIL	179	WAYN	000001	02101	0100				
BUNCH JAMES	017	DELA	001000	00000	0100				
BUNCH RICHARD	167	WAYN	000100	00100	0100				
BUNCH WM	243	WAYN	200010	20010	0100				
BUNDAY GEORGE	267	WAYN	110010	20010	0100				
BUNDAY JOSIAH	235	WAYN	100110	30010	0200				
BUNDAY WM	255	WAYN	000010	40010	0100				
BUNDON LEANDER	287A	JEFF	100010	10010	0100				
BUNDURANT NOAH	292	JEFF	210010	20010	0100				
BUNDY ABRAHAM	209	WASH	020101	00111	0300				
BUNDY CHRISTOPHER	201	WASH	100100	00100	0100				
BUNDY CHRISTOPHER	157	WAYN	010101	00101	0300				
BUNDY GIDEON	133	ORAN	310001	11300	0201				
BUNDY JESSE	099	LAWR	200100	10010					
BUNDY MILES	080	JENN	100100	00100	0100				
BUNDY PHEBE	051	FAYE	000100	00001	0100				
BUNDY WM	225	WAYN	100010	22010	0100				
BUNKER OBED	181	WAYN	200010	31010	0100				
BUNKER REUBEN SR	177	WAYN	010001	00021	0100				
BUNKER REUBEN JR	177	WAYN	200001	00110	0100				
BUNNEL JOHN	243	WAYN	100010	40010	0100				
BUNNEL MILES	036	CLAR	000010	20010	0100				
BUNTIN HUGH	075	RIPL	100010	00100	0100				
BUNTIN ROBERT SR	083	KNOX	401111	12010	0000				
BUNTIN ROBERT JR	083	KNOX	000010	00000	0000				
BUNTON JOHN	100	LAWR	110001	32010	0200				
BUNTON SAML	099	SPEN	100010	00101	0100				
BUNYARD WILLIAM	168	FRAN	220001	21110	0200				
BUR DAVID	263A	JACK	000010	20200	0010				
BURCH DANE	153	SCOT	001120	11210	0300				
BURCH DANIEL	162	SCOT	001120	10121	0300				
BURCH ELIZABETH	124	DEAR	000000	10101	0000				
BURCH GEORGE	086	KNOX	000000	00000	0000	F	0010	1100	
BURCH HENRY	153	SCOT	100001	22001	0001				
BURCH HERY	162	SCOT	100001	22001	0001				
BURCH JOHN	117	MONR	410001	13001	0200				
BURCH SEBBY	278A	JEFF	100010	20100	0100				
BURCH WILLIAM	084	KNOX	000010	10100	0010				
BURCHAM DANIEL	169	SWIT	200010	10020	0001				
BURCHAM JOHN	267A	JACK	100010	21100	0100				
BURCHFIELD ROBERT	075	RIPL	010201	01001	0300				
BURCHUM SAMUEL	268A	JACK	010201	30110	0100				
BURDELOW NANCY	084	KNOX	001200	10001	0200				
BURFORD JONATHAN	186	VIGO	210010	11000	0001				
BURGE ISAAC	268	JACK	210001	23110	0100				
BURGE JOHN	012	CLAR	211101	32210	0100				
BURGE ROBERT	261	JACK	030010	20010	0100	F	0001	0000	
BURGER HANNAH	133	ORAN	000010	00001	0100				
BURGER JAMES	057	HARR	100100	00100	0000				
BURGER MICHAEL	057	HARR	000010	32111	0100				
BURGESS JAMES	209	WAYN	000100	10100	0100				

Head of Household	Page	County	White Males (Under 10, 10-15, 16-18, 16-25, 26-44, 45 & over)	White Females (Under 10, 10-15, 16-25, 26-44, 45 & over)	Foreigners, Agriculture, Commerce, Manufacture	Free or Slave	Negro Males (Under 14, 14-25, 26-44, 45 & over)	Negro Females (Under 14, 14-25, 26-44, 45 & over)	Other not Indian
BURGESS JOHN	181	WAYN	030001	11001	0400				
BURGESS MASON	137	ORAN	310001	30010	0200	F	0000	0010	
BURGESS MARTHA	207	WAYN	200200	02201	0200				
BURGESS NELSON	072	DEAR	100010	20010	0100				
BURGESS REBECCA	147	PERR	121000	10001	0300				
BURGETT GEORGE	262A	JACK	210001	21010	0100				
BURGETT MOSES	017	DELA	311101	11010	0400				
BURGOUR ANTHONY	086	KNOX	230010	00101	0000				
BURHART JOHN	181	VAND	500010	00101	0100				
BURK ENOCH	294A	JEFF	000000	00010	0000	S	2111	2110	
BURK GEO	294A	JEFF	000000	00000	0000	F	0101	0111	
BURK GEO	294A	JEFF	000000	00100	0000	S	1010	1000	
BURK JAMES	109	DEAR	200010	20010	0100				
BURK JESSE	157	WAYN	100010	00100	100				
BURK JOHN	099	DEAR	121101	00001	0100				
BURK JOHN	092	KNOX	100010	33010	0100				
BURK JOHN	087	KNOX	000010	00000	0001				
BURK JOHN	009	CLAR	010010	00010	0001				
BURK JOHN	195	WAYN	000201	00001	0003				
BURK LUCAS	225	WASH	112210	42010	0200				
BURK POLLY	273	WAYN	310000	20010	0100				
BURKE JAMES	155	FLOY	110001	11100	0200				
BURKE JOSETT	084	KNOX	001100	00101	0000				
BURKE LAURENCE	084	KNOX	100100	00100	0100				
BURKE WILLIAM	080	JENN	100101	10100	0200				
BURKETT ADAM	059	HARR	100100	10100	0100				
BURKETT JOSHUA	058	HARR	000101	11111	0100				
BURKETT SOLOMON	231	WAYN	200010	20010	0100				
BURKHART DAVID	031	DELA	000100	00000	0100				
BURKHART FREDERICK	196	WABA	310010	20010	0100				
BURKHART HENRY	196	WABA	100010	20010	0100				
BURKHART HENRY	117	MONR	000010	11100	0001				
BURKHATER ABRAHAM	212	FRAN	300201	12110	0200				
BURKHEART JACOB	057	HARR	100100	00100	0100				
BURKHEART JACOB SR	057	HARR	220010	40010	0100				
BURKUM ABSALOM	003	FAYE	200010	20100	0001				
BURLAND EDWARD	117	MONR	100200	10100	0002				
BURLE DANIEL	174	SWIT	100001	20010	1100				
BURLIN JOHN	252	GIBS	110010	20010	0001				
BURLINGAM WILL	282	JEFF	100010	10010	0000				
BURLINGAME LUCRETIA	017	DELA	110000	01010	0000				
BURLISON AARON	306A	POSE	210010	41010	0300				
BURMAN JOSHUA	190	VIGO	310010	10010	0200				
BURNAP JACOB	188	VIGO	000200	00100	0101				
BURNELL WILLIAM	107	SULL	430110	10010	0000				
BURNES JOHN	076	JENN	010010	10101	0101				
BURNET JACOB	090	DEAR	000010	50010	0100				
BURNET JEREMIAH	090	DEAR	410010	11110	0100				
BURNET JOHN	247	GIBS	100100	10100	0100				
BURNET THOMAS	158	SCOT	200010	22010	0100				
BURNETT ISAAC	324A	RAND	000110	00000	0010				
BURNETT JOHN	062	HARR	000100	10100	0100				

Head of Household	Page	County	White Males (Under 10, 10-15, 16-18, 16-25, 26-44, 45 & over)	White Females (Under 10, 10-15, 16-25, 26-44, 45 & over)	Foreigners, Agriculture, Commerce, Manufacture	Free or Slave	Negro Males (Under 14, 14-25, 26-44, 45 & over)	Negro Females (Under 14, 14-25, 26-44, 45 & over)	Other not Indian
BURNETT LEWIS	137	ORAN	000000	00000	0100	F	3010	3100	
BURNETT WILLIAM	003	FAYE	100010	30100	0001				
BURNETT WILLIAM	109	SULL	300010	00010	0100				
BURNHAM A B	206	FRAN	100010	20100	0001				
BURNHAM ABEL	208	FRAN	100110	10100	0001				
BURNHAM CALVIN	285A	JEFF	100011	11000	0200				
BURNHAM JOHN	140	FLOY	010111	00001	0102				
BURNS BARTLEMY	205	WAYN	220010	21010	0300				
BURNS JAMES	020	DELA	210010	10010	0100				
BURNS JAMES	031	DELA	210010	10100	0100				
BURNS JAMES	286	JEFF	320010	00010	0100				
BURNS JESSE	117	MONR	011201	00101	0100				
BURNS JOHN	213	FRAN	020001	01101	0100				
BURNS NICHOLAS	196	WABA	300010	10010	0100				
BURNS PATRICK	148	FLOY	100010	00010	0010				
BURNS PERRY J	045	HARR	200100	00200	0100				
BURNS SAMUEL	037	CLAR	000100	00100	0100				
BURNS THOMAS	057	DEAR	200010	22010	0100				
BURNS WILLIAM	057	DEAR	300010	21010	0100				
BURNSAW BEHEART	086	KNOX	000010	00000	0100				
BURNSIDE ANDREW	206	FRAN	100110	30021	0100				
BURNSIDE EDGEHILL	205	FRAN	100010	20100	0100				
BURNSIDE JOHN	161	SCOT	220301	10210	0500				
BURNSIDE ROBERT	152	SCOT	100010	10100	0100				
BURRELL FRANCIS	265A	JACK	020101	00101	0100				
BURRELL REUBIN	268	JACK	300010	20100	0100				
BURRES WILLIAM	203	FRAN	320010	20010	0200				
BURRETT WAKELY	014	CLAR	000010	10100	0001				
BURRILL BUTLER	057	HARR	100100	20100	0100				
BURRIS JESSE	005	CRAW	310001	21110	0200				
BURRIS MARGARET	034	CLAR	000010	13010	0100				
BURRIS THOMAS	007	CRAW	120010	30010	0300				
BURRIS THOMAS	045	HARR	220001	20010	0200				
BURRISSON SETH	325A	RAND	100100	10100	0100				
BURRITT ZAHMON	169	SWIT	100201	01001	0300				
BURROWS AARON	090	DEAR	000100	10100	0100				
BURROWS EPHRIAM	110	DEAR	311201	00001	0100				
BURROWS FREDERICK	080	JENN	300010	10010	0100				
BURROWS JAMES E	089	DEAR	001101	11101	0100				
BURROWS THOMAS N	086	DEAR	100010	00100	0001				
BURRUS SARAH	276	JEFF	001100	00010	0100				
BURT ASA	133	ORAN	010001	22110	0200				
BURT MASA B	014	CLAR	400010	22010	0100				
BURT ZENAS	209	FRAN	200100	00100	0100				
BURT ZEPHANIAH	209	FRAN	000001	11101	0100				
BURTAN DAVID	250	GIBS	210010	30010	0100				
BURTCH HIRAM	089	DEAR	400101	32211	0100				
BURTHNOT JOHN B	232	GIBS	500010	10010	0001				
BURTIS JESSE	178	VAND	210010	11010	0100				
BURTON CHARLES	151	FLOY	100100	00110	0100				
BURTON CLEMENT	150	FLOY	100100	00100	0100				
BURTON GEO	285A	JEFF	311301	01010	0202				

Head of Household	Page	County	White Males (Under 10, 10-15, 16-18, 16-25, 26-44, 45 & over)	White Females (Under 10, 10-15, 16-25, 26-44, 45 & over)	Foreigners, Agriculture, Commerce, Manufacture	Free or Slave	Negro Males (Under 14, 14-25, 26-44, 45 & over)	Negro Females (Under 14, 14-25, 26-44, 45 & over)	Other not Indian
BURTON JAMES	159	SCOT	110010	31010	0001				
BURTON JOHN	117	MONR	210131	31010	0203				
BURTON JOSEPH	151	FLOY	310001	01010	0100				
BURTON LENARD	199	WAYN	200010	00010	4001				
BURTON LEVI	065	HARR	210010	12010	0200				
BURTON NANCY	021	FAYE	320100	12210	0100				
BURTON WILLIAM	117	MONR	100001	00000	0100				
BURTRELL GEORGE	159	WAYN	000010	30011	0001				
BURTY JOHN	069	HARR	200010	30100	0100				
BUSBEY ISAAC	249	WAYN	000100	10100	0100				
BUSEY CHARLES	220	WASH	200110	21110	0200				
BUSEY GORGE	104	DEAR	100010	10100	1001				
BUSEY SAMUEL	221	WASH	300001	13110	0300				
BUSH ASA	090	DEAR	211210	11110	0100				
BUSH DAVID	222	WASH	100000	10201	0100				
BUSH J E	186	FRAN	002210	00100	0300				1
BUSH JACOB	324A	RAND	100010	30010	0100				
BUSH JAPHET	191	VIGO	000001	00001	0100				
BUSH JOHN	222	WASH	100010	40010	0100				
BUSH JOHN	089	DEAR	200010	30100	0100				
BUSH JOHN	090	DEAR	000100	00100	0100				
BUSH JOSEPH	222	WASH	000100	10100	0100				
BUSH MARTIN	056	DEAR	011110	20100	0100				
BUSH SOLOMON	210	WASH	310010	11101	0200				
BUSH STEPHEN	109	DEAR	000100	40100	0100				
BUSH THOMAS	143	OWEN	201202	32210	0300				
BUSH WILLIAM	025	DELA	330010	10010	0100				
BUSHEY FRANCES	085	KNOX	000010	00100	0100				
BUSHEY JOHN	087	KNOX	100010	00100	0100				
BUSHEY JOSEPH	087	KNOX	100010	20010	0100				
BUSHEY VITAL	087	KNOX	000010	00100	0100				
BUSHFIELD WILLIAM	103	DEAR	102301	01010	0001				
BUSHFIELD GEORGE T	103	DEAR	100010	30010	1				
BUSICK GABRIEL	134	ORAN	210010	21010	0200				
BUSKERK ABRAHAM	117	MONR	200010	31010	0100				
BUSKERK MICHAEL	117	MONR	300010	31010	0100				
BUSKIRK JAMES	153	FLOY	000100	00000	0100				
BUSLEY ISAAC	215	WAYN	300010	21010	0100				
BUSON JAMES	219	WAYN	000010	00100	0100				
BUSSEY HEZEKIAH	003	FAYE	300010	10010	0001				
BUSSI WILLIAM	011	CLAR	000010	00000	0000				
BUTCHER DAVID	213	WASH	300010	21010	0200				
BUTCHER DANIEL	117	MONR	100100	10100	0100				
BUTCHER JOHN	213	WASH	301110	13010	0200				
BUTCHER SOLOMON	117	MONR	200100	10100	0100				
BUTLER ABEL	148	PERR	300010	00100	0100				
BUTLER CHANCY	078	JENN	320210	12021	0100				
BUTLER ELI	185	WAYN	110010	31010	0200				
BUTLER GRAD	217	WAYN	120200	01101	0200				
BUTLER HIRAM	261	WAYN	200010	20100	0100				
BUTLER JACOB	020	CLAR	000001	00000	0001				
BUTLER JAMES	037	DUBO	000100	00100	0100				

Head of Household	Page	County	White Males (Under 10, 10-15, 16-18, 16-25, 26-44, 45 & over)	White Females (Under 10, 10-15, 16-25, 26-44, 45 & over)	Foreigners, Agriculture, Commerce, Manufacture	Free or Slave	Negro Males (Under 14, 14-25, 26-44, 45 & over)	Negro Females (Under 14, 14-25, 26-44, 45 & over)	Other not Indian
BUTLER JAMES	312	POSE	200110	11100	0200				
BUTLER JAMES	324	RAND	400010	20010	0100				
BUTLER JAMES	077	JENN	300010	30110	0100				
BUTLER JESSE	267A	JACK	101310	23110	0000				
BUTLER JOEL	017	DELA	000100	00000	0100				
BUTLER JOEL	078	JENN	000001	00001	0100				
BUTLER JOHN	300	PIKE	000110	10100					
BUTLER JOHN	312	POSE	110101	01101	0200				
BUTLER JOHN	077	JENN	120010	21010	0100				
BUTLER JONATHAN	280	JEFF	410012	00011	0200				
BUTLER NELSON	232	GIBS	000100	00000	0000				
BUTLER PALLEY	221	WAYN	100000	10010	0000				
BUTLER SUSAMMAH	011	CLAR	200200	10010	0002				
BUTLER THOMAS	098	LAWR	300010	00100	0100				
BUTLER THOMAS	077	JENN	200010	02110	0100				
BUTLER THOS	232	GIBS	000100	00000	0001				
BUTLER WILLIAM	106	LAWR	210010	10100	0100				
BUTLER WILLIAM	173	FRAN	300010	20010	0100				
BUTLER WILSON	313	POSE	210010	20000	0100				
BUTLER WM	217	WAYN	210010	42110	0100				
BUTLERS JOHN	037	DUBO	000001	00101	0100				
BUTNER BETSEY	124	ORAN	010000	00110	0000				
BUTNER ISAAC	287A	JEFF	010010	30100	0100				
BUTT BENJAMIN P	012	CLAR	000010	00000	0001				
BUTT EDMUND	207	WAYN	000100	40100	0100				
BUTT ISRAEL	073	HARR	101110	10000	0000				
BUTT JOHN	145	PERR	100100	10110	0100				
BUTTERFIELD JOHN	009	FAYE	240130	10010	0100				
BUTTERFIELD JAMES	089	DEAR	000001	001.0	0100				
BUTTERFIELD SUPPLY	115	SULL	100101	00100	0200				
BUTTRICK H E	273	JEFF	000000	00100					
BUWITH ARCHIBALD	143	WARR	110001	31010	0001				
BUZAN JESSE	261	WAYN	100010	10010	0100				
BYBA ALLEN	147	PERR	100010	10010	0100				
BYCOURT EDWARD	020	CLAR	030001	30210	0100				
BYCOURT FELIX	047	CLAR	210010	21011	0001				
BYCOURT SAMUEL	239	GIBS	200010	20010	0100				
BYCOURT SILAS	021	CLAR	000010	10100	0100				
BYEARGSON NICHOLAS	087	KNOX	220010	11200	0100				
BYERS SAMUEL	171	SWIT	200100	10100	0100				
BYERS SUSANNAH	279	JEFF	000000	00100	1000				
BYFOREL HENRY F	112	MART	201310	00100	0002				
BYRAM BENJAMIN	131	SULL	100010	21010	0100				
BYRAM LEWIS	125	ORAN	010001	01101	0200				
BYRAM SAMUEL	174	FRAN	000010	00000	0100				
BYRAM SAMUEL	121	DEAR	201101	40010	0100				
BYRELY JACOB	223	WASH	210010	11010	0200				
BYRN CATHERINE	056	HARR	010100	11010	0100				
BYRN CHARLES L	057	HARR	121101	10100	0100				
BYRN DAVID	074	HARR	100010	30010	0000				
BYRN TEMPLE C	057	HARR	221110	30010	0200				
BYRN THOMAS	070	HARR	010101	20101	0100				

Head of Household	Page	County	White Males (Under 10, 10-15, 16-18, 16-25, 26-44, 45 & over)	White Females (Under 10, 10-15, 16-25, 26-44, 45 & over)	Foreigners, Agriculture, Commerce, Manufacture	Free or Slave	Negro Males (Under 14, 14-25, 26-44, 45 & over)	Negro Females (Under 14, 14-25, 26-44, 45 & over)	Other not Indian
BYRNS SOLOMON	147	PERR	100010	00100	0100				
CABASHE PEIRRE	087	KNOX	000100	00100	0100				
CACHERAN JAMES	256	GIBS	010101	01001	0200				
CACHRAN JAMES	257	GIBS				F	1000	1000	
CADDINGTON MOSES	197	WAYN	011201	02001	0500				
CADRATE MARY	085	KNOX	000000	01010	0000				
CADWALLADER AMOS	265	WAYN	100010	20010	0100				
CADWALLADER BIRAM	265	WAYN	000100	10100	0100				
CADWELL ALBERT	030	DELA	100010	00100	0100				
CADY PETER	099	LAWR	111201	31010	0300				
CADY WILLIAM	099	LAWR	000100	00100	0100				
CAEUNOVER JAMES	269	WAYN	200010	40010	0100				
CAFFEE HENRY	176	FRAN	031110	20010	0200				
CAFFEE WILLIAM	180	FRAN	200010	30010	0100				
CAFFEY WILLIAM	149	PERR	200010	20010	0100				
CAFLINGER JACOB	029	CLAR	011301	13001	0500				
CAHILL ELISON	313A	POSE	000200	20100	0200				
CAIESS ANDREW	298	PIKE	300001	21110	0000				
CAIN ABIGAH	171	WAYN	010001	32200	0200				
CAIN DENNIS	055	FAYE	000101	02101	0101				
CAIN HARDY	189	WAYN	110010	21110	0100				
CAIN JACOB	279A	JEFF	211110	40100	0200				
CAIN JOHN	275	JEFF	000110	42010	0002				
CAIN JOHN	271	WAYN	100010	10100	0100				
CAIN JOHN SR	167	WAYN	120001	21101	0300				
CAIN MARTHA	210	WASH	011100	10001	0200				
CAIN PETER	285	JEFF	300100	00010	0100				
CAIN ROBERT	167	WAYN	120010	30000	0300				
CAIN SALLY	131	SULL	010000	30010	0000				
CAIN SOLOMON	099	LAWR	000010	10101					
CAIRY SAMUEL	031	FAYE	300010	23010	0100				
CAIRY SYLVANUS	035	FAYE	110010	41110	0100				
CALAWAY JAMES	119	SULL				F	1010	1100	
CALDWELL JOHN	027	FAYE	021110	30010	0100				
CALDWELL JOSEPH	027	FAYE	010101	10001	0100				
CALDWELL JOHN JR	027	FAYE	100100	00100	0100				
CALDWELL JOHN	051	FAYE	000001	00001	0100				
CALDWELL JOHN	091	DEAR	100010	30010	0100				
CALDWELL JAMES	125	DEAR	000201	32210	0100				
CALDWELL MANLOVE	029	FAYE	000010	20110	0100				
CALDWELL MARY	029	FAYE	310000	30010	0000				
CALDWELL PATRICK	049	CLAR	200010	12100	0001				
CALDWELL ROBERT	187	VIGO	000010	00100	0100				
CALDWELL SAMUEL	174	SWIT	100010	30100	0100				
CALDWELL SAMUEL	187	VIGO	000010	00100	0100				
CALDWELL TRAIN	023	FAYE	110210	30100	0100				
CALDWELL WILLIAM	186	VIGO	000010	30010	0100				
CALDWELL WILLIAM	101	DEAR	102401	31100	0100				
CALDWELL WILLIAM	043	CLAR	010001	01001	0100				
CALEY WILLIAM	053	HARR	100100	01000	0100				
CALFEE HENRY	184	FRAN	031110	21100	0200				
CALFETY JOSEPH	162	FRAN	100010	10100	0100				

Head of Household	Page	County	White Males (Under 10, 10-15, 16-18, 16-25, 26-44, 45 & over)	White Females (Under 10, 10-15, 16-25, 26-44, 45 & over)	Foreigners, Agriculture, Commerce, Manufacture	Free or Slave	Negro Males (Under 14, 14-25, 26-44, 45 & over)	Negro Females (Under 14, 14-25, 26-44, 45 & over)	Other not Indian
CALGOHOUN WM	249	WAYN	100001	11010	0100				
CALHOON TRUMAN	035	CLAR	112201	01010	0400				
CALHOUN JAMES	073	DEAR	100010	20100	0100				
CALHOUN JOHN	091	DEAR	000001	01211	0100				
CALHOUN ROBERT	065	HARR	110010	42010	0100				
CALICUT WILLIAM	080	JENN	200010	11010	0100				
CALKIN ELIJAH	058	DEAR	200010	31010	0100				
CALL JACOB	086	KNOX	000100	00000	0000				
CALL JOHN	054	HARR	300010	00010	0100				
CALLAHAN JAMES	105	DEAR	111401	02001	0100				
CALLAHAN THOMAS	223	WASH	000100	00100	0100				
CALLAWAY JESSE	125	DEAR	301110	10010	0100				
CALLAWAY JAMES	227	WAYN	001100	00100	0100				
CALLAWAY JOHN	263	WAYN	000001	00101	0100				
CALLAWAY MICAJAH	206	WASH	110001	41010	0200				
CALLAWAY REBEKAH	012	CLAR	100000	01010	0000				
CALLENDER ISAAC	182	VAND	200010	40010	0100				
CALLIWAY JAMES	105	LAWR	000200	10100					
CALLOWAY SAMUEL	040	CLAR	000001	00001	0100				
CALN EBENZR	295	JEFF	000010	00100	0001				
CALTON AMBROSE	099	LAWR	001111	00201					
CALVERT M W	287A	JEFF	000010	20100	0100				
CALVERT PATRICK	181	VAND	120010	12010	0200				
CALVERT ROBERT	123	SULL	211110	20010	0300				
CALVIN JOHN	057	DEAR	210200	00100	0200				
CAMARON ROBERT	033	CLAR	210010	11010	0100				
CAMBEL JOHN	016	CLAR	400010	20010	0100				
CAMBEL MARY	039	DUBO	100000	20010	0000				
CAMBELL JAMES	007	CLAR	410010	10010	0100				
CAMBELL JOHN	017	CLAR	100100	00100	0100				
CAMBERS ANTHONY	289	JEFF	000100	10100	0100				
CAMBRIDGE ELIZABETH	176	FRAN	000000	00000	0000	F	1200	1210	
CAMBRIDGE LITTLETON	175	FRAN	000000	00000	0000	F	0100	0100	
CAMERAN STEPHEN	128	ORAN	410001	12101	0200				
CAMMAC SAMUEL	159	WAYN	000300	00101	0201				
CAMMACK JAMES	326	RAND	002201	00111	0100				
CAMMACK JOHN	325A	RAND	500010	10010	0100				
CAMMEL JOSEPH B	023	CLAR	100010	30100	0100				
CAMMEL ROBERT	028	CLAR	010010	31310	0100				
CAMMONS EZEKIEL	257	WAYN	100010	20100	0100				
CAMMONS NATHAN	257	WAYN	100100	00100	0100				
CAMMORAN SAMUEL	149	PERR	200201	11210	0300				
CAMMORON EDWARD	149	PERR	210101	22100	0200				
CAMP ABRAHAM	257	GIBS			0300	S	3301	1101	
CAMP BENJ	143	WARR	320010	01010	0001				
CAMP JOHN	057	DEAR	100010	10010	0100				
CAMP REUBEN	011	CRAW	120021	00110	0500				
CAMPBELL ARCHIBALD	300	PIKE	100010	40010					
CAMPBELL ABNER	315	POSE	201102	42010	0200				
CAMPBELL ALEXANDER	276	JEFF	000100	10100	0100				
CAMPBELL ALLEN	077	JENN	021301	00101	0100				
CAMPBELL DAVID	080	JENN	200001	11100	0100				

Head of Household	Page	County	White Males (Under 10, 10-15, 16-18, 16-25, 26-44, 45 & over)	White Females (Under 10, 10-15, 16-25, 26-44, 45 & over)	Foreigners, Agriculture, Commerce, Manufacture	Free or Slave	Negro Males (Under 14, 14-25, 26-44, 45 & over)	Negro Females (Under 14, 14-25, 26-44, 45 & over)	Other not Indian
CAMPBELL ENOS	005	CRAW	300010	01010	0100				
CAMPBELL GEORGE	300	PIKE	200101	31010					
CAMPBELL GEO	281A	JEFF	000102	00101	1200				
CAMPBELL GEORGE	224	WASH	100010	00100	0100				
CAMPBELL HENRY	194	FRAN	300010	10100	0100				
CAMPBELL JAMES	287A	JEFF	300110	30010	0200				
CAMPBELL JOHN	156	SCOT	300010	21010	0100				
CAMPBELL JOHN	020	DELA	010010	00110	0100				
CAMPBELL JOHN	031	DELA	210010	41010	0100				
CAMPBELL JOHN	031	DELA	100010	10100	0100				
CAMPBELL JOHN	079	RIPL	000010	00000	0001				
CAMPBELL JOHN	135	WARR	100101	00100	0001				
CAMPBELL JAMES	300	PIKE	300010	30010					
CAMPBELL JOHN	276A	JEFF	000301	01010	0200				
CAMPBELL JOHN	173	SWIT	100010	31010	0001				
CAMPBELL JOHN	078	JENN	000001	00000	0000				
CAMPBELL JAS	145	WARR	000010	30100	0000				
CAMPBELL JOSEPH	211	FRAN	200100	20100	0100				
CAMPBELL JOHN	217	FRAN	210001	32001	0200				
CAMPBELL JAMES	217	FRAN	100020	11011	0200				
CAMPBELL JOHN	168	FRAN	000100	11000	0100				
CAMPBELL JANE	204	WASH	000200	11101	0500				
CAMPBELL ROBERT	173	SWIT	000000	00000	0000				
CAMPBELL ROBERT	179	VAND	100010	30100	0001				
CAMPBELL ROBERT	221	WAYN	200101	21201	0200				
CAMPBELL SAMUEL	078	JENN	200010	10100	0100				
CAMPBELL SAMUEL	278A	JEFF	200010	00010	0000				
CAMPBELL SAMUEL	193	FRAN	011101	01010	0200				
CAMPBELL STEPHEN	191	VIGO	100111	11010	0200				
CAMPBELL THOMAS	139	WARR	100010	30010	0000				
CAMPBELL WILLIAM	291A	JEFF	000200	00100	0200				
CAMPBELL WILLIAM	185	FRAN	100200	00100	1002				
CAMPBELL WILLIAM	154	SCOT	000101	10301	0200				
CAMPBELL WILLIAM	202	WASH	000100	00000	0300				
CAMPBELL WILLIAM	158	SCOT	211110	12110	0002				
CAMPBELL WILLIAM	162	SCOT	000100	10301	0200				
CAMPBELL WILLIAM L	102	LAWR	110010	12010	0200				
CAMPBELL WM	149	WARR	100010	10001	0000				
CAMPBELL WM	005	CRAW	000011	11001	0200				
CAMPBELL WM	135	WARR	100010	10100	0000				
CAMPBELL WM	135	WARR	000001	00001	0000				
CAMPELL JOHN	191	VIGO	031201	11100	0000				
CAMPLAIN THOMAS	035	CLAR	111101	22010	0200				
CAMPTON JAMES	179	WAYN	302210	21010	0200				
CANADA DAVID	015	CLAR	110010	32010	0100				
CANADA JOHN	239	WAYN	210201	11010	0200				
CANADA LIMAN	099	LAWR	000010	20100	0100				
CANADA WILLIAM	327A	RAND	000100	00110	0100				
CANADAY ROBERT	239	WAYN	110010	41010	0200				
CANADY HENRY	325A	RAND	011301	01101	0100				
CANADY JOHN	325	RAND	100100	10100	0100				
CANADY SAML	308	POSE	000010	10000	0020	S	0001		

Head of Household	Page	County	White Males (Under 10, 10-15, 16-18, 16-25, 26-44, 45 & over)	White Females (Under 10, 10-15, 16-25, 26-44, 45 & over)	Foreigners, Agriculture, Commerce, Manufacture	Free or Slave	Negro Males (Under 14, 14-25, 26-44, 45 & over)	Negro Females (Under 14, 14-25, 26-44, 45 & over)	Other not Indian
CANARY CHRISTIAN	107	SULL	200010	20100	0100				
CANARY JACOB	107	SULL	200010	30010	0100				
CANBY JT	274	JEFF	110010	11110	0010	S		0200	
CANE ANDREW	127	ORAN	000100	00100	0100				
CANE CORNELIUS	127	ORAN	000001	00001	0100				
CANE FRANCIS	073	DEAR	210010	20010	0100				
CANE RICHARD	074	DEAR	000010	01010	0100				
CANE SAMUEL	324	RAND	000010	40010	0100				
CANFIELD HEZEHIAH G	116	DEAR	120010	21110	0100				
CANNADA BOCTER	259	WAYN	210101	02101	0200				
CANNADA WM	259	WAYN	100100	20100	0100				
CANNADAY CHARLES	257	WAYN	210001	32310	0200				
CANNADY MATHEW	091	SPEN	000010	10010	0100				
CANNADY ROBERT	091	SPEN	000110	03000	0100				
CANNER CRAFFORD	231	WAYN	100001	21010	0100				
CANNON HENRY	090	KNOX	000000	00000	0100	S	0000	0010	
CANNON ISAAC	073	DEAR	120010	20010	0100				
CANNON ISAAC	074	DEAR	110001	10010	0000				
CANNON JOHN P	012	CRAW	121110	20010	0500				
CANNON JOSEPH	140	FLOY	000021	01010	1012				
CANNON SAMUEL	074	DEAR	100010	00100	0100				
CANON JUDAH	138	ORAN	000000	00000	0100	F	0010	0010	
CANTER SUSAN	050	HARR	000000	00001	0000				
CANTRELL DUKE	129	ORAN	200100	00100	0100				
CANTRIL WILLIAM	218	WASH	010010	30010	0200				
CANTRILL ABRAHAM	127	ORAN	000010	00100	0100				
CANTRILL JOHN	129	ORAN	000000	01101	0100				
CANTRILL MARK	216	FRAN	200100	00100	0100				
CANTRILL WOODY	204	FRAN	210101	30010	0300				
CANTWELL BERRY	141	WARR	100010	10010	0001				
CANTWELL EDWARD	321	POSE	210010	10100	0200				
CANUT JAMES	212	FRAN	300100	01010	0001				
CAONNINE SAMUEL	327A	RAND	000100	10100	0100				
CAPELEY GEORGE	222	WASH	300010	10010	0100				
CAPLINGER JACOB	056	HARR	000100	00101	0100				
CAPLINGER PHILLIP	056	HARR	100010	00010	0100				
CAPLINGER SAMUEL	291A	JEFF	210020	50110	0101				
CAR GEORGE	294	JEFF	000200	00000	2200				
CARABAUGH PETER	074	DEAR	120101	00302	0100				
CARBAUGH JACOB	073	DEAR	300010	20010	0100				
CARBERRY PETER	091	DEAR	300010	10100	0100				
CARBOUGH ABRAM	079	RIPL	100010	20010	0100				
CARDER AMSTARD	031	FAYE	211101	12101	0100				
CARDINAL JOSEPH	087	KNOX	210010	00010	0100				
CARDINAL NICHOLAS	087	KNOX	010010	31001	0010				
CARDWELL ROBT	149	WARR	000010	00010	0000				
CARE THOMAS	056	HARR	100010	10100	0100				
CAREY WILLIAM	204	WASH	100010	20100	0000				
CARFIELD NOYES	073	DEAR	410110	21010	0100				
CARGILL HARTFORD	194	VIGO	100320	21000	0500				
CARIS SIMON	203	WASH	111201	22001	0400				
CARLEY ELIJAH	079	JENN	200010	10100	0100				

Head of Household	Page	County	White Males (Under 10, 10-15, 16-18, 16-25, 26-44, 45 & over)	White Females (Under 10, 10-15, 16-25, 26-44, 45 & over)	Foreigners, Agriculture, Commerce, Manufacture	Free or Slave	Negro Males (Under 14, 14-25, 26-44, 45 & over)	Negro Females (Under 14, 14-25, 26-44, 45 & over)	Other not Indian
CARLEY RICHARD	080	JENN	010201	00201	0100				
CARLILE BETSEY	265	JACK	000000	01010	0000				
CARLILE RICHARD	179	VAND	310010	12010	0100				
CARLIN JAMES	035	CLAR	300001	10010	0100				
CARLISLE THOMAS	033	CLAR	000002	00010	0200				
CARLTON ISAAC	073	DEAR	100001	00301	0100				
CARLTON WILLIAM	224	WASH	210001	30010	0200				
CARLTON WM	248	GIBS	310010	11000	0100				
CARMACK ALLEN	206	WASH	300010	10010	0100				
CARMAN ELIJAH	202	WASH	310010	11010	0500				
CARMAN ISAAC A	091	DEAR	100100	00100	0100				
CARMAN JAMES	091	DEAR	210010	42110	0100				
CARMAN REUBEN	091	DEAR	010001	01010	0100				
CARMAN STEPHEN	103	DEAR	000101	01001	0200				
CARMICHAEL ANDREW	185	FRAN	200100	00100	0100				
CARMICHAEL ANDREW	200	FRAN	300010	20110	0100				
CARMICHAEL PATRICK	200	FRAN	200100	10100	0100				
CARMICHAEL DUNCAN	090	DEAR	210010	32011	0100				
CARMICHAEL PETER	008	CLAR	000120	01100	0003				
CARNEALE POLLY	198	FRAN	100000	00101	0000				
CARNEGAN ROBERT	077	RIPL	000010	00010	0100				
CARNES DAVID	029	FAYE	100010	00100	0100				
CARNES WM	077	RIPL	000010	01010	0100				
CARNEY JOHN	077	JENN	000001	00001	0100				
CARNEY PLEASANT H	077	JENN	200010	32010	0100				
CARNEY WM	316	POSE	111310	00100	0400				
CARNINE JOHN	167	SWIT	100100	11100	0100				
CARNINE RICHARD	167	SWIT	100010	40100	0100				
CARNS AARON	263	JACK	000100	00100	0100				
CARNS CYRUS	263	JACK	000100	00100	0100				
CARNS DAVID	204	WASH	100020	30100	0200				
CARNS DAVID	231	WAYN	200100	00100	0100				
CARNS KATHARINE	223	WASH	221100	00001	0300				
CARNS PEGGY	223	WASH	100000	00010	0200				
CAROTHERS WILLIAM	266	JACK	010010	30010	0100				
CARPENTER JOHN	106	DEAR	300110	31010	0100				
CARPENTER JOHN	030	DELA	300010	00100	0100				
CARPENTER THOMAS	043	HARR	210010	31001	0100				
CARPENTER SAML	312A	POSE	100100	10100	0100				
CARPENTER JACOB	281A	JEFF	200100	10100	0100				
CARPENTER ABNER	090	DEAR	000010	10100	0100				
CARPENTER PHILANDER	091	DEAR	000100	10100	0100				
CARPENTER WILLIAM	225	FRAN	200010	21100	0100				
CARPENTER WILLIAM	147	PERR	200010	10010	0100				
CARPENTER WM	171	WAYN	210010	01010	0001				
CARR ABSALOM	020	CLAR	100010	30010	0100				
CARR ELI	146	PERR	100010	10100	0100				
CARR ELIJAH	213	WASH	000100	10200	0100				
CARR ELISHA	213	WASH	100020	20010	0200				
CARR ELISHA	004	CLAR	000001	01110	0100				
CARR HENRY	262A	JACK	200100	30010	0001				
CARR JAMES	056	HARR	100010	01010	0100				

Head of Household	Page	County	White Males (Under 10, 10-15, 16-18, 16-25, 26-44, 45 & over)	White Females (Under 10, 10-15, 16-25, 26-44, 45 & over)	Foreigners, Agriculture, Commerce, Manufacture	Free or Slave	Negro Males (Under 14, 14-25, 26-44, 45 & over)	Negro Females (Under 14, 14-25, 26-44, 45 & over)	Other not Indian
CARR JAMES	079	RIPL	100010	10100	0100				
CARR JOHN FARMER	023	CLAR	400010	12010	0100				
CARR JOHN	172	SWIT	000100	10010	0100				
CARR JOHN GEN	044	CLAR	000010	20010	0000				
CARR JOHN SR	046	CLAR	110120	31010	0003				
CARR JONOTHAN	269	JACK	121110	13010	0100				
CARR JOSEPH	005	CLAR	110120	31010	0300				
CARR JOSEPH JR	020	CLAR	100100	00100	0100				
CARR MATTHEW	181	FRAN	320001	11210	0300				
CARR MOSES	037	CLAR	200100	00010	0100				
CARR ROBIN	197	FRAN	210311	00001	0500				
CARR SAMUEL	039	CLAR	200100	10010	0001				
CARR SAMUEL	261	WAYN	210110	41110	0300				
CARR SARAH	174	SWIT	000000	20010	0100				
CARR THOMAS	049	CLAR	110101	10202	0300				
CARR THOMAS	079	RIPL	121101	00001	0500				
CARR THOMAS	261A	JACK	110010	20000	0100				
CARR WILLIAM	100	LAWR	000010	30100	0100				
CARR WILLIAM	267A	JACK	000001	21010	0100				
CARREL DAVID	160	FRAN	010201	01001	0200				
CARREL HENRY	280A	JEFF	200010	20100	0100				
CARREL JOHN	280A	JEFF	010001	21010	0100				
CARRELL STEPHEN	175	FRAN	200010	20010	0100				
CARRENS JAMES E	093	KNOX	000020	00100	0100				
CARRICO CHARLES	117	SULL	010101	10210	0300				
CARRICO JOSIAH	123	SULL	010001	31110	0200				
CARRICO REASSON	119	SULL	100100	10100	0100				
CARROL BARTHOLOMEW	280A	JEFF	000001	00001	0100				
CARROL BENJAMIN	189	WAYN	100010	00010	0100				
CARROLL EDWARD	024	CLAR	520001	10011	0100				
CARROLL SAMUEL	265	JACK	210010	01010	0100				
CARSON ABRAHAM	138	ORAN	000001	00001	0100				
CARSON DAVID	217	WAYN	100010	10010	0100				
CARSON FELIX W	081	JENN	000100	10100	0100				
CARSON JOHN	189	FRAN	100100	20100	0100				
CARSON JOHN	315	POSE	100010	10100	0100				
CARSON JOSIAH	083	KNOX	000010	00000	0000				
CARSON JOSEPH L	189	FRAN	211101	12010	0300				
CARSON JOSIAH	189	WAYN	000100	00010	0100				
CARSON MARY	193	FRAN	130100	10110	0300				
CARSON RACHEL	316A	POSE	020200	00101	0400				
CARSON WALTER	080	JENN	000211	01001	0400				
CARSON WILLIAM	081	JENN	100010	10000	0100				
CARSON WILLIAM	002	CLAR	000001	00001	0100				
CART JOHN	150	PERR	020001	41010	0100				
CARTELL WILLIAM	327	RAND	000100	10100	0100				
CARTER BARNABAS	147	WARR	320001	22010	0000				
CARTER BENJ	313A	POSE	100110	41110	0100				
CARTER BENJM	021	DELA	200010	30100	0100				
CARTER CHARLES	215	WAYN	120010	01010	0100				
CARTER CHARLES	206	WASH	010001	01001	0200				
CARTER ELDRIDGE	312A	POSE	111210	11101	0300				

Head of Household	Page	County	White Males (Under 10, 10-15, 16-18, 16-25, 26-44, 45 & over)	White Females (Under 10, 10-15, 16-25, 26-44, 45 & over)	Foreigners, Agriculture, Commerce, Manufacture	Free or Slave	Negro Males (Under 14, 14-25, 26-44, 45 & over)	Negro Females (Under 14, 14-25, 26-44, 45 & over)	Other not Indian
CARTER ELEAZER	086	KNOX	100010	00100	0001				
CARTER HENRY	206	WASH	000010	00010	0100				
CARTER JAMES	069	HARR	220101	11010	0300				
CARTER JAMES	209	WASH	000100	10100	0300				
CARTER JEDDEDIAH	225	WASH	300001	02010	0200				
CARTER JEDDIAH	212	WASH	200001	02010	0100				
CARTER JOB	262A	JACK	400010	30010	0100				
CARTER JOHN	101	SPEN	220010	40010	0300				
CARTER JOHN	206	WASH	200010	10100	0100				
CARTER JOHN	153	WARR	100010	10200	0001				
CARTER JOHN	225	FRAN	310001	23001	0200				
CARTER JOHN	203	FRAN	000100	10100	0100				
CARTER JONATHAN	159	SCOT	011011	00011	0300				
CARTER JOSHUA	132	ORAN	110010	30100	0200				
CARTER LUKE	231	WAYN	210101	10201	0100				
CARTER MASON	089	SPEN	100010	10010	0100				
CARTER MCKINNEY	261A	JACK	320110	10010	0100				
CARTER MORRIS	091	SPEN	200010	30010	0100				
CARTER NATHANIEL	133	ORAN	310010	21010	0200				
CARTER NATHAN	024	DELA	101201	30310	0100				
CARTER NICHOLAS	196	FRAN	400010	00010	0100				
CARTER ROBERT	056	HARR	300010	10100	0100				
CARTER SAMUEL	024	DELA	100001	40010	0100				
CARTER SILAS	146	PERR	000000	00000	0000	S	0001	0111	
CARTER SOLOMON	187	WAYN	500010	10000	0100				
CARTER THOMAS	113	MART	400010	20010	0100				
CARTER THOMAS	069	HARR	000200	01010	0200				
CARTER THOS	279A	JEFF	000001	10200	0100				
CARTER THOMAS	097	SPEN	311101	12010	0300				
CARTER THOMAS	023	FAYE	320010	01110	0001				
CARTER TRAVERSE	262A	JACK	320010	01010	0100				
CARTER WIDOW	093	SPEN	101001	21310	0100				
CARTER WILLIAM	031	DELA	010201	10101	0300				
CARTER WILLIAM D ESQ	062	HARR	000010	10100	0100				
CARTER WILLIAM	097	SPEN	010010	30010	0200				
CARTER WILLIAM	154	FLOY	200010	10110	0100				
CARTER WM	147	WARR	220201	21010	0000				
CARTMAN ZACHARIAH	019	DELA	010010	21010	0100				
CARTNEY ANDREW M	196	WABA	000010	00000	0001				
CARTONE ABEL	102	LAWR	100010	00101	0100				
CARTRIGHT JOSEPH	023	CLAR	000001	12001	0100				
CARTRIGHT JOHN S	129	SULL	110021	21010	0400				
CARTRIGHT HEZEKIAH	325A	RAND	010101	31210	0100				
CARTRIGHT AHAS	325A	RAND	300010	00100	0100				
CARTRIGHT NOAH	040	CLAR	100100	00100	0100				
CARTWRIGHT WILLIAM	209	FRAN	120101	20101	0400				
CARTWRIGHT RED,K	310	POSE	011110	21100	0300				
CARTWRIGHT SAMUEL	310	POSE	200010	10010	0100				
CARTWRIGHT MARES	199	WAYN	100100	00100	0001				
CARTWRIGHT WM	201	WAYN	000100	00100	0100				
CARTWRIGHT JOHN	201	WAYN	000101	01001	0200				
CARTWRIGHT THOMAS	106	DEAR	010010	00010	1100				

Head of Household	Page	County	White Males (Under 10, 10-15, 16-18, 16-25, 26-44, 45 & over)	White Females (Under 10, 10-15, 16-25, 26-44, 45 & over)	Foreigners, Agriculture, Commerce, Manufacture	Free or Slave	Negro Males (Under 14, 14-25, 26-44, 45 & over)	Negro Females (Under 14, 14-25, 26-44, 45 & over)	Other not Indian
CARVER CHRISTIAN	173	SWIT	430001	10010	0001				
CARVER ELEZER C	059	FAYE	100010	20100	0100				
CARVER GEORGE	173	SWIT	000100	00100	0100				
CARVIN EDWARD	205	WASH	200010	11010	0000				
CARWILE JAMES	213	FRAN	211110	20010	0200				
CARY ANTHONY	085	KNOX	430010	10010	0000				
CARY JOHN	178	VAND	101110	11110	0200				
CARY PEIRRE	092	KNOX	110010	21010	0100				
CASE ABRAHAM	090	KNOX	110010	20010	0100				
CASE DAVID	169	FRAN	310011	30010	0001				
CASE EBENEZER	298	PIKE	310010	10010					
CASE HENRY	120	DEAR	100010	20010	0100				
CASE HENRY	174	FRAN	210010	21100	0101				
CASE ICKABUD	062	HARR	200010	11010	0100				
CASE ISMAH	191	WAYN	100101	01101	0200				
CASE JACOB	021	FAYE	110001	12111	0100				
CASE JACOB	037	DUBO	000010	20100	0100				
CASE JAMES	043	HARR	000001	00001	0100				
CASE JAMES	062	HARR	000001	00001	0100				
CASE JAMES	059	FAYE	200010	10010	0100				
CASE JOHN C JR	153	SCOT	220201	11001	0300				
CASE JOHN	298	PIKE	300010	21010					
CASE JOHN	028	DELA	000110	10100	0200				
CASE JOHN	174	FRAN	100001	00001	0000				
CASE JOHN P	174	FRAN	000200	10100	0002				
CASE NATHANIEL	143	FLOY	322210	11010	0500				
CASE NATHANIEL	326	RAND	200010	20010	0100				
CASE THOMAS	022	DELA	200010	10010	0100				
CASE THOMAS	297	PIKE	210210	20010	0000				
CASE WILLIAM	213	WASH	111201	42010	0400				
CASE WILLIAM	136	ORAN	320010	20010	0300				
CASEBIER DAVID	089	SPEN	310010	22011	0200				
CASEN THOMAS	211	FRAN	000010	40010	0100				
CASEN THOMAS	212	FRAN	001301	00001	0301				
CASEN WILLIAM	211	FRAN	000101	00001	0100				
CASEY DENNIS	076	JENN	000000	00000	0000	F	1010	3100	
CASEY EPHRAIM	076	JENN	000000	00000	0000	F	2010	1100	
CASEY STEPHEN	076	JENN	000000	00000	0000	F	0010	0010	
CASEY STEPHEN	081	JENN	000000	00000	0000				
CASEY THOMAS	182	VAND	100010	12000	0100				
CASEY WM	315A	POSE	000121	02300	0300				
CASH GEORGE	182	VAND	000010	10010	0100				
CASH JEREMIAH	128	ORAN	500010	10010	0100				
CASH MARY	008	CLAR	110000	01110	0000				
CASON CHARLES	167	FRAN	000010	00000	0001				
CASON ELIJAH	189	VIGO	110110	00010	0300				
CASON WM	197	WAYN	000001	00001	0100				
CASSADA SIMON	017	FAYE	100010	00010	0100				
CASSADA THOMAS	022	DELA	000101	01100	0100				
CASSADAY GEORGE	043	CLAR	201101	12211	0100				
CASSADY HUGH	123	DEAR	021101	01001	0100				
CASSADY JAMES	203	FRAN	110010	00010	0100				

Head of Household	Page	County	White Males (Under 10, 10-15, 16-18, 16-25, 26-44, 45 & over)	White Females (Under 10, 10-15, 16-25, 26-44, 45 & over)	Foreigners, Agriculture, Commerce, Manufacture	Free or Slave	Negro Males (Under 14, 14-25, 26-44, 45 & over)	Negro Females (Under 14, 14-25, 26-44, 45 & over)	Other not Indian
CASSADY JOHN	203	FRAN	110010	30010	0100				
CASSADY THOS	022	DELA	100010	00100	0100				
CASSADY WAIR	022	DELA	400010	10010	0100				
CASSADY WARE	022	DELA	500010	01010	0100				
CASSADY WILLIAM	022	DELA	200100	00100	0100				
CASSEL JOHN	115	SULL	000010	20010	0100				
CASSELBERY PAUL	316A	POSE	101101	21101	0200				
CASSELBERY THOS E	316A	POSE	400110	10010	0200				
CASSIDY JOHN	148	PERR	330010	21010	0500				
CASSMORE AUGUSTINE	097	LAWR	000010	00100	0001				
CASSON BLAZE	140	FLOY	000010	01000	0001				
CAST JONATHAN	007	CLAR	300010	21010	0100				
CASTATER MICHAEL	073	RIPL	100100	20100	0100				
CASTLE GEORGE	221	WASH	201201	22001	0100				
CASTLE ROSWELL	086	DEAR	200010	11100	0001				
CASTO ABEL	099	LAWR	200010	00100					
CASWELL DANIEL J	185	FRAN	000100	00000	0100				
CATER JOSEPH	181	VAND	100100	00100	0100				
CATER WILLIAM	181	VAND	200010	20010	0100				
CATES JEWELL DOIGE	121	DEAR	000010	00000	1001				
CATHCART HUGH	045	CLAR	120010	21010	0100	S	0001		
CATHCART ROBERT	231	WAYN	000001	00001	0100				
CATHCART ROBERT	231	WAYN	000001	00001	0100				
CATHER ROBERT	220	FRAN	011201	00201	0200				
CATLIN SETH	121	SULL	100010	20100	0100				
CATLIN THEODORE	221	WASH	100010	10100	0100				
CATLIN THOS H	102	LAWR	000100	10110	0100				
CATLIN WILLIAM	121	SULL	100100	00101	0100				
CATNEY FINEY	024	DELA	000100	10010	0100				
CATNEY MICHAEL	024	DELA	001101	00101	0100				
CATRILL BRADBERRY	162	FRAN	000100	00100	0100				
CATT DANIEL	299	PIKE	100100	10100					
CATT GEORGE	093	KNOX	220010	01111	0300				
CATT JOHN	056	HARR	101100	10100	0100				
CATT JOHN	299	PIKE	100010	31010					
CATT MICHAEL	092	KNOX	301201	23420	0100				
CATT MOSES	092	KNOX	300020	00210	0100				
CATT PHILIP	299	PIKE	300010	12010					
CATT PHILLIP	092	KNOX	000001	00101	0100	F	1000		
CATT THOMAS	093	KNOX	410010	10010	0001				
CATTERLIN JOSEPH	005	FAYE	000210	21010	0003				
CAUBLE ADAM	204	WASH	020401	30110	0700				
CAUDREY CALEB	280A	JEFF	100011	10101	0100				
CAUGHMAN MARY	155	SCOT	001100	12001	0000				
CAULKINS JOEL	212	WASH	200020	22010	0200				
CAVATT JOHN	276A	JEFF	220010	10110	0100				
CAVE JAMES	103	LAWR	200010	30010	0100				
CAVE JOHN	156	SCOT	100010	10001	4100				
CAVE THOMAS	136	ORAN	011001	31010	0300				
CAVENDER CHARLES	010	CLAR	111101	10201	0200				
CAVENDER JOHN	267A	JACK	010010	00010	0100				
CAVENDER WILLIAM	014	CLAR	100010	01200	0100				

Head of Household	Page	County	White Males (Under 10, 10-15, 16-18, 16-25, 26-44, 45 & over)	White Females (Under 10, 10-15, 16-25, 26-44, 45 & over)	Foreigners, Agriculture, Commerce, Manufacture	Free or Slave	Negro Males (Under 14, 14-25, 26-44, 45 & over)	Negro Females (Under 14, 14-25, 26-44, 45 & over)	Other not Indian
CAVENS JESSE	315	POSE	100001	20100	0100				
CAVENS REZEN	318	POSE	100010	20100	0100				
CAVENS SALLY	318	POSE	210000	00010	0100				
CAVET ANDREW	317	POSE	100010	00010	0100				
CAVINESS JOHN	100	LAWR	100100	00110					
CAWGILL CALEB	157	WAYN	100110	20010	0101				
CAWS DAVID	044	HARR	100010	40010	0100				
CAWSON JAMES	180	VAND	001110	00010	4300				
CEAVES WM	014	CRAW	000120	00010	0001				
CELLAMS JOHN	127	ORAN	310010	10010	0200				
CELLERS JAMES	065	HARR	220001	02010	0100				
CENTER WILLIAM	194	VIGO	300120	10110	0300				
CERINGTON JOHN	085	KNOX	000100	00000	0001				
CERNS WILL	282	JEFF	100100	10100	0100				
CHAFEE BENJAMIN	147	PERR	100100	00100	0100				
CHAFEY AUSTIN	084	KNOX	000100	00000	0001				
CHALFANT EVAN	171	WAYN	100100	00100	0100				
CHAMBELAIN JONATHAN	088	KNOX	110201	41000	0300				
CHAMBER AVERY	282A	JEFF	000100	10100	0100				
CHAMBERLAIN JOSPH SR	099	DEAR	001311	00101	0200				
CHAMBERLAIN EPHRAIM	074	DEAR	220001	20010	0100				
CHAMBERLAIN WILLIAM	074	DEAR	101201	43001	0100				
CHAMBERLAIN JOB	090	DEAR	300001	02201	0100				
CHAMBERLAIN JOSEPH	099	DEAR	100010	20010	0100				
CHAMBERLAIN ALEXANDE	192	VIGO	000110	30010	0200				
CHAMBERLAND J C	167	FRAN	000100	00010	0001				
CHAMBERLIN PEARCE	065	HARR	110101	22101	0100				
CHAMBERLIN ROBERT	065	HARR	000201	00001	0200				
CHAMBERLIN FREDERICK	065	HARR	421210	11010	0100				
CHAMBERS ALEXANDER	281A	JEFF	210112	21210	0300				
CHAMBERS ALEXANDER	091	KNOX	000101	01001	0100				
CHAMBERS ALEXANDER	077	JENN	210010	20010	0100				
CHAMBERS DAVID	118	MONR	200010	10100	0100				
CHAMBERS DAVID	091	KNOX	400010	11010	0100				
CHAMBERS ELIJAH	142	OWEN	141003	20110	0510				
CHAMBERS ENOCH	032	FAYE	111110	21010	0100				
CHAMBERS GEORGE	254	GIBS	220100	01010	0100				
CHAMBERS ISAAC	288A	JEFF	000100	20100	0100				
CHAMBERS ISAAC	194	VIGO	000320	00010	0201				
CHAMBERS JAMES	045	FAYE	300010	10010	0001				
CHAMBERS JOHN	205	WASH	300010	21010	0100				
CHAMBERS JOHN	118	MONR	200110	10100	0200				
CHAMBERS JOHN	118	MONR	000101	02010	0200				
CHAMBERS JOSEPH	032	DELA	100100	11100	0100				
CHAMBERS JOSEPH	032	DELA	100010	11100	0100				
CHAMBERS JOHN	302	PIKE	000201	00001					
CHAMBERS JAMES	284A	JEFF	200010	21101	0100				
CHAMBERS JOHN	091	KNOX	300110	00010	0200				
CHAMBERS JOSEPH	091	KNOX	310110	30110	1100				
CHAMBERS JAMES	091	KNOX	100100	10100	0100				
CHAMBERS JOHN JR	077	JENN	300010	00100	0100				
CHAMBERS JOHN	057	DEAR	200101	02110	0100				

Head of Household	Page	County	White Males (Under 10, 10-15, 16-18, 16-25, 26-44, 45 & over)	White Females (Under 10, 10-15, 16-25, 26-44, 45 & over)	Foreigners, Agriculture, Commerce, Manufacture	Free or Slave	Negro Males (Under 14, 14-25, 26-44, 45 & over)	Negro Females (Under 14, 14-25, 26-44, 45 & over)	Other not Indian
CHAMBERS JOSEPH	232	GIBS	110010	00100	0001				
CHAMBERS JOHN	081	JENN	000101	00001	0200				
CHAMBERS MANOLAN	166	FRAN	000010	30010	0001				
CHAMBERS MINER	174	SWIT	100010	10010	0100				
CHAMBERS NATHANIEL	207	WASH	110001	00201	0200				
CHAMBERS SAMUEL	090	KNOX	400010	01010	0100				
CHAMBERS SAMUEL	136	ORAN	111110	12111	0200				
CHAMBERS THOMAS	092	KNOX	220010	20010	0100				
CHAMBERS WILL	280A	JEFF	200010	10200	0100				
CHAMBERS WILLIAM	208	WASH	200010	00100	0100				
CHAMBERS WILLIAM	201	WASH	100010	10100	0100				
CHAMBERS WILLIAM	211	FRAN	210010	20100	0101				
CHAMBERS WILLIAM	118	MONR	400010	21010	0100				
CHAMBERS WILLIAM	263	JACK	000001	00101	0100				
CHAMNESS JOSEPH	241	WAYN	000100	00100	0100				
CHAMNESS JOSEPH	165	WAYN	100100	00100	0100				
CHAMNESS MICAJAH	267	WAYN	120001	10010	0100				
CHAMNESS WM	185	WAYN	100010	21100	0100				
CHAMNISS AARON	126	ORAN	010010	50010	0200				
CHAMPBELL ADLAI	127	ORAN	120001	00001	0100				
CHAMPBELL JOHN	132	ORAN	200110	20010	0100				
CHAMPBELL ROBERT	132	ORAN	310101	31210	0300				
CHANCE DANIEL	118	MONR	100010	20010	0100				
CHANCE JAMES	222	FRAN	210010	21010	0200				
CHANCE JOHN	118	MONR	110010	20010	0100				
CHANCE JOHN	073	DEAR	220010	20010	0100				
CHANCE JOSIAH	222	FRAN	000011	10010	0100				
CHANCE MARY	187	WAYN	100000	01001	0000				
CHANCE PURNEL	118	MONR	100001	22001	0100				
CHANCE REDDIN	187	WAYN	200010	10101	0001				
CHANCE TILMAN	118	MONR	000100	00100	0100				
CHANCE WILLIAM	190	FRAN	000110	00100	0200				
CHANCELER ISAAC	089	KNOX	301201	01210	0400				
CHANCELLAR DAVID	091	SPEN	000101	00101	0200				
CHANCY NATHAN	261	WAYN	100100	10100	0100				
CHANDET FREDERICK	169	SWIT	001001	01000	2001				
CHANDLER ANNE	118	MONR	110001	00111	0000				
CHANDLER ALFRED	079	JENN	000100	00100	0100				
CHANDLER BENJN	118	MONR	100100	00100	0100				
CHANDLER BRADDOCK	080	JENN	200010	10000	0100				
CHANDLER DANIEL	080	JENN	000101	00101	0100				
CHANDLER DAVID	084	KNOX	101101	11001	0001				
CHANDLER ELIJHA S	183	VAND	200000	10010	0000				
CHANDLER HARLEY B	179	VAND	000100	00000	0000				
CHANDLER JOHN	101	DEAR	100010	00100	0001				
CHANDLER JAMES	118	MONR	000010	30100	0100				
CHANDLER JOHN G	183	VAND	000100	00200	0000				
CHANDLER LEWIS	077	JENN	200100	20100	0100				
CHANDLER RANKIN	115	SULL	120101	10200	0400				
CHANG CHARLES	136	ORAN	220001	02101	0300				
CHANLER ISAIAH	209	WASH	000010	01010	0100				
CHANLER WILLIAM	209	WASH	010101	01001	0100				

Head of Household	Page	County	White Males (Under 10, 10-15, 16-18, 16-25, 26-44, 45 & over)	White Females (Under 10, 10-15, 16-25, 26-44, 45 & over)	Foreigners, Agriculture, Commerce, Manufacture	Free or Slave	Negro Males (Under 14, 14-25, 26-44, 45 & over)	Negro Females (Under 14, 14-25, 26-44, 45 & over)	Other not Indian
CHANY JOHN	215	WASH	300100	00100	0100				
CHAPAURE AUGUST	087	KNOX	000100	00100	0100				
CHAPEL SAMUEL	031	DELA	200100	20100	0100				
CHAPELL MICHAEL	122	DEAR	220011	00010	0001				
CHAPLE JOHN	090	KNOX	000010	21010	0100				
CHAPLOW WILLIAM	091	DEAR	310101	31110	1100				
CHAPMAN CHRISTOPHER	161	SCOT	100100	00100	0001				
CHAPMAN DANIEL	148	PERR	110101	02001	0300				
CHAPMAN ENOCH	166	FRAN	001201	01001	0200				
CHAPMAN EZRA	113	MART	000010	00100	0100				
CHAPMAN GEORGE	107	LAWR	100010	10010					
CHAPMAN JAMES	081	JENN	000001	22301	0100				
CHAPMAN JOSHUA	162	SCOT	110101	12201	0200				
CHAPMAN JOHN B	162	FRAN	100100	00100	0100				
CHAPMAN JOHN	100	LAWR	320010	21010					
CHAPMAN JONATHAN	179	FRAN	300010	00100	0100				
CHAPMAN JOSHUA	154	SCOT	110101	12201	0200				
CHAPMAN JOHN	205	WASH	100010	10100	0000				
CHAPMAN JOSEPH	181	VAND	200100	10100	0100				
CHAPMAN THOMAS	233	GIBS	210001	22010	0100				
CHAPMAN THOMAS	137	ORAN	000010	20100	0010				
CHAPMAN WILLIAM	181	VAND	101101	01001	0200				
CHAPMAN WILLIAM	019	DELA	200011	42201	0100				
CHAPPEL JACOB	300	PIKE	200110	30110					
CHAPPEL JOAB	300	PIKE	200010	01011					
CHAPPEL THOMAS	043	CLAR	111210	22210	0300				
CHAPPLE JESSE	047	HARR	000211	01101	0300				
CHAPPLE THOS	232	GIBS	000300	00100	0003				
CHAPPOW AMBROIS	084	KNOX	310010	00010	0100				
CHARLES AZER	126	ORAN	100100	30210	0100				
CHARLES JOEL	126	ORAN	300001	00010	0100				
CHARLES JOHN	161	WAYN	230010	30100	0400				
CHARLES JOSEPH	163	WAYN	010001	00001	0200				
CHARLES JOSEPH	225	WAYN	000010	10010	0100				
CHARLES RISDON	204	WASH	100010	30010	0001				
CHARLES SAMUEL	169	WAYN	011201	00100	0400				
CHARLEY GEORGE	059	HARR	120001	20201	0100				
CHARLEY PETER	059	HARR	300100	00010	0100				
CHARLTON SIMPSON	030	CLAR	200020	13010	0100				
CHASE ISAAC	204	WASH	100010	00010	0000				
CHASE JAMES	112	MART	000231	00000	0005				
CHASE JOHN	173	SWIT	320110	10201	0100				
CHASE LEONARD	090	DEAR	000010	10010	0100				
CHASE SARAH	058	DEAR	000100	00101	0100				
CHASE SETH	081	JENN	210201	10210	0200				
CHASE WILLIAM J	213	WASH	000100	00100	0100				
CHASEMAN RICHARD	261	WAYN	011210	40010	0100				
CHASTEEN VALLANTINE	154	SCOT	010101	01301	0200				
CHASTEEN WILLIAM	125	ORAN	100010	10010	0100				
CHASTEN VOLENTINE	161	SCOT	010101	01301	0200				
CHASTREN SAMUEL	286A	JEFF	200010	10100	0100				
CHATHAM JOHN	130	ORAN	200010	10100	0100				

Head of Household	Page	County	White Males (Under 10, 10-15, 16-18, 16-25, 26-44, 45 & over)	White Females (Under 10, 10-15, 16-25, 26-44, 45 & over)	Foreigners, Agriculture, Commerce, Manufacture	Free or Slave	Negro Males (Under 14, 14-25, 26-44, 45 & over)	Negro Females (Under 14, 14-25, 26-44, 45 & over)	Other not Indian
CHATSY JOHN	084	KNOX	000100	00000	0001				
CHAWNER JOHN S	264A	JACK	100010	20010	0100				
CHEEK FRANCIS	099	DEAR	000001	01001	0000				
CHEEK GEORGE	099	DEAR	310200	00100	0100				
CHEEK JAMES	090	DEAR	200000	01010	0100				
CHEEK JAMES	255	GIBS	200010	00010	0100				
CHEEK LUIS	254	GIBS	000101	00001	0100				
CHEEK NICHOLAS	099	DEAR	100001	11001	0100				
CHEEK PAGE	099	DEAR	000010	41110	0100				
CHEEK TAVNER	091	DEAR	030010	30010	0100				
CHEEK WILLIAM V	099	DEAR	110100	00100	0100				
CHEEK WM	255	GIBS	100100	00010	0100				
CHEEVER ABNER H	079	JENN	200010	10000	0100				
CHEEVER JOSHUA C	077	JENN	100010	10010	0001				
CHENOETH JAMES	284A	JEFF	000100	00100	0100				
CHENOWETH ABRAHAM	269	JACK	510010	00010	0001				
CHENOWETH ELI	188	VIGO	100010	20011	0100				
CHENOWETH ISAAC	187	VIGO	200110	00100	0200				
CHENOWITH MARY	187	VIGO	000200	01011	0200				
CHERRY ARON	122	DEAR	000001	00001	0100				
CHERRY THOMAS	091	DEAR	010010	01000	0100				
CHERRY WILLIAM	172	FRAN	101300	00020	0200				
CHERRY WM	316	POSE	000001	11110	0100				
CHESEMAN SAMUEL	187	VIGO	100200	10100	0200				
CHESNEY THOMAS	202	FRAN	220010	01010	0001				
CHESNUT BENJAMIN	101	LAWR	210010	30011	0100				
CHESNUT JACOB	101	LAWR	012210	31010	0200				
CHESNUT JACOB	118	MONR	011110	31010	0100				
CHESNUT JAMES	192	VIGC	100120	00100	0300				
CHESNUT JOHN	101	LAWR	100101	32001	0200				
CHESNUT WILLIAM	102	LAWR	000200	20100	0100				
CHESS JAMES	102	LAWR	211011	02010	0300				
CHESSER WILLIAM	148	PERR	111100	20010	0300				
CHEW JASEPH	298	PIKE	300010	10010					
CHEW JOHN	147	FLOY	100001	31201	0100				
CHILCOTE BENJAIMIN	058	DEAR	000100	00100	0100				
CHILCOTE ROBISON L	058	DEAR	010001	11001	0000				
CHILCOTT JOHN	264A	JACK	100010	00100	0100				
CHILD EZRA	213	WASH	300010	30010	0500				
CHILDERS BENJ	168	FRAN	400010	20010	0100				
CHILDERS JAMES	093	SPEN	200010	10100	0100				
CHILDS MORDICAI	136	FLOY	000100	00100	0001				
CHILENDON WM	232	GIBS	100010	10000	0100				
CHILSON JASON	110	DEAR	321511	01001	0200				
CHINN JESSEY	086	KNOX	000000	00000	0000	F	1010	0010	
CHINN THOMAS T	005	FAYE	000300	00010	0003				
CHINNEATH MARGARET	138	ORAN	000000	10100	0000				
CHINOITH THOS	286A	JEFF	121201	21110	0201				
CHINTAFFER PHILLIP	026	DELA	210010	21010	0100				
CHINWORTH JOHN	219	WASH	220101	00001	0400				
CHISENHALL SAMUEL	182	VAND	000001	00101	0100				
CHISENHALL WILLIAM	182	VAND	200010	00010	0100				

Head of Household	Page	County	White Males (Under 10, 10-15, 16-18, 16-25, 26-44, 45 & over)	White Females (Under 10, 10-15, 16-25, 26-44, 45 & over)	Foreigners, Agriculture, Commerce, Manufacture	Free or Slave	Negro Males (Under 14, 14-25, 26-44, 45 & over)	Negro Females (Under 14, 14-25, 26-44, 45 & over)	Other not Indian
CHISLEY SALLY	086	KNOX	000000	00000	0000	F	0010	0001	
CHISM EPHRAIM	172	FRAN	300110	10100	0200				
CHISM JOHN	277	JEFF	020010	61010	0100				
CHISM PETER	169	FRAN	200100	10100	0001				
CHISMAN JOHN B	099	DEAR	111201	20001	0100				
CHISMAN JOHN JR	099	DEAR	000011	00100	0100				
CHITENTON HOMER	238	GIBS	000100	10010	0100				
CHITTENDEN LYMAN	168	SWIT	320210	30010	0002				
CHITTY BENJAMIN	099	LAWR	000100	10010					
CHITWOOD JAMES	280A	JEFF	100100	10100	0100				
CHOCKERHAM WILLIAM	265A	JACK	121101	11011	0100				
CHORSMAN WILLIAM	046	CLAR	000100	00100	0001				
CHRISMAN WM	253	GIBS	000001	01010	0001				
CHRIST NICHOLAS	021	CLAR	300010	30010	0100				
CHRISTEE JAMES	073	RIPL	100010	21010	0100				
CHRISTEE LAMUEL	023	DELA	400010	01011	0100				
CHRISTEE WILLIAM	023	DELA	100010	30010	0100				
CHRISTIE ISAAC	292	JEFF	000100	00100	0100				
CHRISTY RICHARD	204	WASH	000000	00000	0100	F	3010	1010	
CHRISTY SAMUEL	207	WASH	400010	22010	0100				
CHRISTY WILLIAM	191	VIGO	010101	21010	0201				
CHRISTY WILLIAM	187	VIGO	010101	21010	0201				
CHRISWELL JAMES	075	RIPL	100100	10011	0100				
CHRITIE JUDITH	076	JENN	000000	00000	0000	F	0000	0100	
CHTWOOD AMOS	280A	JEFF	210201	21101	0300				
CHUMLEY JOHN	080	JENN	000001	01001	0100				
CHUMLEY JOHN	031	DELA	000001	00001	0100				
CHUNN ELIZA	044	CLAR	010000	20010	0000				
CHUNN THOMAS R	039	FAYE	101110	10010	0001				
CHURCH AMOS	178	FRAN	500110	00010	0002				
CHURCH ELIZABETH	187	VIGO	100000	10110	0000				
CHURCHILL ELDRED	073	DEAR	100100	00100	0100				
CHURCHILL JOSEPH	110	DEAR	000100	00000	0100				
CHUTE DANIEL	179	VAND	300011	00311	0000				
CIMLEY ROSANNA	145	WARR	000000	00001	0000				
CISSELL THOMAS	114	MART	100100	00100	0100				
CISSUN EMANUEL	038	DUBO	100010	00100	0100				
CLAPP WILLIAM	045	CLAR	111110	11010	0200				
CLARENATERS JACOB	118	MONR	200010	10010	0100				
CLAREWATERS DAVID	118	MONR	310010	10010	0200				
CLARK	154	SCOT	300010	31010	0100				
CLARK ABNER	090	DEAR	320001	20201	0100				
CLARK ABSALOM	214	WASH	200010	10100	0100				
CLARK ALEXANDER	109	LAWR	100010	00010	0100				
CLARK ALEXANDER	047	CLAR	000010	31010	0001				
CLARK ALEXANDER	113	SULL	000001	00000	0100				
CLARK AMOS	178	VAND	000210	20200	0000				
CLARK ARCHIBALD	175	SWIT	100010	00100	0100				
CLARK ARTEMAS	069	DEAR	000100	10100	0100				
CLARK AUSTIN	175	SWIT	200010	10100	0100				
CLARK BANASTER	215	WASH	000100	00100	0100				
CLARK BENJAMIN	078	JENN	100020	00010	0100				

Head of Household	Page	County	White Males (Under 10, 10-15, 16-18, 16-25, 26-44, 45 & over)	White Females (Under 10, 10-15, 16-25, 26-44, 45 & over)	Foreigners, Agriculture, Commerce, Manufacture	Free or Slave	Negro Males (Under 14, 14-25, 26-44, 45 & over)	Negro Females (Under 14, 14-25, 26-44, 45 & over)	Other not Indian
CLARK BENJAMIN	093	SPEN	320010	02010	0300				
CLARK CHARLES	109	SULL	510100	00010	0400				
CLARK DANIEL	127	SULL	300100	00100	0100				
CLARK DANIEL	211	WAYN	200010	10100	0100				
CLARK DANIEL	171	WAYN	200010	10100	0100				
CLARK DAURY	055	FAYE	000001	00001	0100				
CLARK DAVID	161	SCOT	100010	32010	0100				
CLARK DAVID JR	160	SCOT	100100	00100	0100				
CLARK ELI	057	DEAR	011201	10000	0200				
CLARK ELIJAH	032	CLAR	000010	12010	0001				
CLARK ELISHA	053	FAYE	000100	20100	0100				
CLARK ELIZABETH	246	GIBS	011201	12010	0200				
CLARK EPHRAIM	257	WAYN	241210	21010	0500				
CLARK FRANCIS	157	WAYN	110110	10001	0200				
CLARK GEORGE	090	KNOX	310010	20010	0100				
CLARK HENRY	097	LAWR	000010	10100	0001				
CLARK ISAAC	023	FAYE	100010	20100	0001				
CLARK ISAAC	057	DEAR	010110	30010	0200				
CLARK ISRAEL	189	WAYN	000001	00200	0100				
CLARK JACOB	118	MONR	200010	20010	0100				
CLARK JAMES	071	RIPL	000100	00100	0100				
CLARK JAMES	127	SULL	100010	11010	0100				
CLARK JAMES	157	WAYN	210130	11010	0311				
CLARK JAMES	173	SWIT	000001	00000	0100				
CLARK JAMES	136	ORAN	000200	10100	0002				
CLARK JAMES	011	CLAR	011101	52010	0200				
CLARK JEREMIAH	055	FAYE	100010	10200	0100				
CLARK JESSE	167	WAYN	010101	21000	0300				
CLARK JOEL	175	SWIT	101101	01101	0100				
CLARK JOHN	159	SCOT	000110	01010	0100				
CLARK JOHN	006	CLAR	101210	12110	0101				
CLARK JOHNSTON	222	FRAN	200001	20001	0100				
CLARK JOHN	142	OWEN	100100	10100	0010				
CLARK JOHN	152	SCOT	100010	00100	0100				
CLARK JOHN SR	156	SCOT	100001	03011	0100				
CLARK JOHN C	112	MART	000010	10201	0000				
CLARK JOHN	131	SULL	010201	22101	0300				
CLARK JOHN JR	157	WAYN	000200	00100	0002				
CLARK JOHN SR	205	WAYN	000001	02100	0100				
CLARK JOHN JR	211	WAYN	100100	00100	0100				
CLARK JOHN	218	WASH	100010	20100	0100				
CLARK JOHN E	205	WASH	000210	40010	0000				
CLARK JOSEPH	033	CLAR	000020	10100	0100				
CLARK JOSEPH	075	RIPL	200210	01210	0400				
CLARK JOSEPH	175	SWIT	100010	00100	0100				
CLARK JOSEPH	161	SCOT	300010	31010	0100				
CLARK JOSHUA	022	CLAR	200010	20010	0100				
CLARK JOTHAM	101	DEAR	120010	10010	0100				
CLARK JUSTICE	109	SULL	301112	10010	0400				
CLARK LEVI	143	WARR	110001	00011	0001				
CLARK LUTHER	099	DEAR	000010	31010	0100				
CLARK MARGARET	306	POSE	000000	20010	0000				

Head of Household	Page	County	White Males (Under 10, 10-15, 16-18, 16-25, 26-44, 45 & over)	White Females (Under 10, 10-15, 16-25, 26-44, 45 & over)	Foreigners, Agriculture, Commerce, Manufacture	Free or Slave	Negro Males (Under 14, 14-25, 26-44, 45 & over)	Negro Females (Under 14, 14-25, 26-44, 45 & over)	Other not Indian
CLARK MARTIN G	219	WASH	110111	21110	0410				
CLARK MARY	215	WASH	000000	00101	0000				
CLARK NATHANIEL	066	DEAR	120210	22110	0100				
CLARK RICHARD	216	WASH	000010	30010	0100				
CLARK ROBERT	147	PERR	300010	11010	0100				
CLARK ROBERT	118	MONR	000110	11011	2101				
CLARK ROBERT	128	ORAN	000001	00001	0000				
CLARK ROBERT	214	WASH	100010	01100	0100				
CLARK ROBERT SR	216	WASH	021201	00101	0500				
CLARK RUEBEN	325A	RAND	211101	31010	0100				
CLARK SAMUEL	216	WASH	100100	10010	100				
CLARK SAMUEL	067	DEAR	110010	50010	0001				
CLARK SAMUEL	143	OWEN	200110	10110	0300				
CLARK SAMUEL	063	HARR	000010	30010	0100				
CLARK SAMUEL	185	WAYN	200001	10010	0100				
CLARK THOMAS	186	FRAN	510010	01101	0100				
CLARK THOMAS	115	SULL	000101	00001	0200				
CLARK THOMAS	125	SULL	010100	20100	0200				
CLARK THOMAS B	033	DELA	100010	10200	0100				
CLARK THOS	097	LAWR	200010	30010	1000	F	0000	0001	
CLARK WARNER	315A	POSE	000001	00001	0100				
CLARK WILLARD	182	VAND	000010	00001	0001				
CLARK WILLIAM	103	LAWR	300010	10100	0100				
CLARK WILLIAM A	089	KNOX	520010	00010	0300				
CLARK WILLIAM	081	JENN	110011	10010	0100				
CLARK WILLIAM JR	014	CLAR	000100	00100	0001				
CLARK WILLIAM SR	014	CLAR	001211	32011	0300				
CLARK WILLIAM	212	FRAN	300010	10010	0100				
CLARK WILLIAM	127	SULL	100010	31010	0200				
CLARK WILLIAM	215	WASH	100010	10200	1000				
CLARK WILLIAM D	159	SCOT	100010	10010	0100				
CLARK WM	149	WARR	310100	20001	0001				
CLARK WM	171	WAYN	200100	10100	0100				
CLARK WM	175	WAYN				S	4010	1010	
CLARK WM	308A	POSE	210120	21110	0400				
CLARKE ELISHA	175	FRAN	000100	00100	0100				
CLARKE GEORGE	202	FRAN	200010	01010	0001				
CLARKE HANNAH	171	FRAN	120200	01101	0300				
CLARKE JAMES	155	FLOY	000000	00001	0000	F	2001	0200	
CLARKE JOHN	146	FLOY	100001	42010	0100				
CLARKE LEAKIN	261	JACK	121101	20110	0100				
CLARKE MALACHIA	163	FRAN	000100	00000	0100				
CLARKE SAMUEL	265	JACK	000100	00100	0001				
CLARKE THOMAS H	191	VIGO	100010	00100	0100				
CLARKE TILMON	140	FLOY	100010	00100	0001				
CLARKE WILLIAM	194	FRAN	000010	30010	0100				
CLARKSON ABNER	168	SWIT	010010	10010	0000				
CLARKSON CHARLES	159	SCOT	011210	34010	0300				
CLARKSON JOSEPH	037	DUBO	100101	00101	0200				
CLARY VACHEL	217	FRAN	001301	10401	0201				
CLATER GEORGE	155	FLOY	100010	10100	0001				
CLAUD JONATHAN	261	WAYN	121201	21010	0200				

Head of Household	Page	County	White Males (Under 10, 10-15, 16-18, 16-25, 26-44, 45 & over)	White Females (Under 10, 10-15, 16-25, 26-44, 45 & over)	Foreigners, Agriculture, Commerce, Manufacture	Free or Slave	Negro Males (Under 14, 14-25, 26-44, 45 & over)	Negro Females (Under 14, 14-25, 26-44, 45 & over)	Other not Indian
CLAWSON ABNER	167	WAYN	000100	20100	0100				
CLAWSON AMOS	163	WAYN	000100	00100	0100				
CLAWSON REBECA	181	WAYN	001100	10101	0100	S	0000	0201	
CLAWSON WM	171	WAYN	100010	30100	0100				
CLAXON CASSUS	288	JEFF	320010	21010	0100				
CLAYCOMB ADAM	092	KNOX	200010	00010	0100				
CLAYCOMB FREDERICK	091	KNOX	011201	01101	0200				
CLAYCOMB JOHN	146	PERR	310100	21210	0300				
CLAYPOOL JOHN	073	DEAR	000100	00000	0100				
CLAYPOOL NEWTON	005	FAYE	000440	00100	0008				
CLAYPOOL RUEBEN	033	DELA	000010	00100	0100				
CLAYTON ANDREW JOHN	199	FRAN	100010	00100	0100				
CLAYTON JAMES	134	ORAN	300010	32010	0100				
CLAYTON JOHN E	174	FRAN	000001	42010	0100				
CLAYTON WILLIAM	112	MART	001130	20010	0102				
CLEARWATERS REUBIN	118	MONR	111110	22010	0300				
CLEAVER JAMES	174	FRAN	000100	00100	0100				
CLEGHORN JOHN	005	CLAR	000001	00100	0100				
CLELAND JAMES	172	SWIT	110001	11010	1100				
CLEM JOHN	187	VIGO	110120	40010	0101				
CLEMENT JOHN	072	DEAR	000301	00100	0400				
CLEMENT THOMAS	128	ORAN	000010	20010	0100				
CLEMENT WM	153	WARR	110010	00010	0000				
CLEMENTS ISAAC	218	FRAN	100010	20110	0100				
CLEMENTZ JOSEPH D	112	MART	300540	11110	0014				
CLEMINS DAVID	118	MONR	000002	30010	0100				
CLEMMENS JOHN	158	SCOT	310010	00100	0100				
CLENDENEN SAMUEL	118	MONR	211101	20001	0300				
CLENDENIN JOHN G	137	ORAN	100010	10100	0010				
CLENDENNING JOHN	191	FRAN	200010	52110	0100				
CLENNEY CURTES	325	RAND	000010	40010	0100				
CLERA DANIEL A	086	KNOX	000000	00000	0000	F	0002	3110	
CLERK JOHN	011	CRAW	100010	10100	0100				
CLEVELAND EMAZIAH	002	CLAR	000100	10100	0100				
CLEVELAND EZER	002	CLAR	000100	00100	0100				
CLEVELAND EZER	131	ORAN	220010	21010	0300				
CLEVELAND JOHN	315	POSE	100200	00100	0200				
CLEVELAND MARSINA	002	CLAR	000001	12101	0100				
CLEVENGER DANIEL	217	WAYN	010010	40010	0100				
CLEVENGER JOB	217	WAYN	201101	11010	0100				
CLEVINGER JAMES	175	FRAN	220001	01201	0200				
CLEVINGER JOHN	175	FRAN	000100	10100	0100				
CLIFFIN BENJAMIN	103	DEAR	000201	20001	0100				
CLIFTON DANIEL	120	DEAR	010101	01101	0100				
CLIFTON ELIAS	005	CLAR	000101	10020	0100				
CLIFTON JOHN	119	DEAR	200010	10010	0100				
CLIFTON WILLIAM	124	ORAN	300001	10010	0100				
CLINE JAMES	118	MONR	110010	00020	0001				
CLINE CHRISTOPHER	075	RIPL	000010	30010	0100				
CLINE DANIEL	056	HARR	300010	50010	0100				
CLINE DANIEL	058	HARR	100010	32010	0100				
CLINE HENRY	299	PIKE	300010	10100					

Head of Household	Page	County	White Males (Under 10, 10-15, 16-18, 16-25, 26-44, 45 & over)	White Females (Under 10, 10-15, 16-25, 26-44, 45 & over)	Foreigners, Agriculture, Commerce, Manufacture	Free or Slave	Negro Males (Under 14, 14-25, 26-44, 45 & over)	Negro Females (Under 14, 14-25, 26-44, 45 & over)	Other not Indian
CLINE JACOB	102	LAWR	200010	20100	0100				
CLINE JAMES	247	GIBS	000100	10100	0100				
CLINE JOHN JR	056	HARR	000100	00010	0100				
CLINE JOHN	060	HARR	211101	00010	0100				
CLINE JOHN	292	JEFF	201210	43100	0100				
CLINE JOHN	026	CLAR	000100	00100	0100				
CLINE JOHN SR	056	HARR	120201	11100	0200				
CLINE LEVI	291	JEFF	100100	10100	0100				
CLINE MICHAEL	199	FRAN	000001	00001	0100				
CLINE PETER	202	FRAN	000100	00100	0001				
CLINES NICHOLAS	079	JENN	001100	20100	0100				
CLINGER ALEXANDER	073	DEAR	200010	10100	0100				
CLINGINGBEARD EDWARD	161	SCOT	310020	10010	0200				
CLININGS WILL	289	JEFF	200010	10010	0100				
CLINKINGBEARD JOAL	157	SCOT	110201	20001	0300				
CLINKINGBURD JOHN	161	SCOT	400010	10010	0100				
CLINKINGBURD WM	160	SCOT	000010	22200	0100				
CLIP PHILLIP	056	HARR	100010	01000	0100				
CLOAK JOHN	225	FRAN	101110	10101	0100				
CLOKE JOHN	268	JACK	400001	42011	0100				
CLOSE DAVID	057	DEAR	110201	30010	0100				
CLOSE JAMES	162	SCOT	100100	10100	0100				
CLOSE JAMES	154	SCOT	100100	10100	0100				
CLOSE JOHN JR	162	SCOT	100100	00100	0001				
CLOSE JOHN JR	154	SCOT	100100	00100	0001				
CLOSE JOHN SR	162	SCOT	220201	11001	0300				
CLOSSON WILLIAM	038	DUBO	100110	10010	0200				
CLOUD BAYLISS	125	DEAR	430010	11010	0100				
CLOUD HIRAM W	090	DEAR	000100	20100	0100				
CLOUD ISOM	291	JEFF	400010	11010	0100				
CLOUD JAMES	123	DEAR	210101	11101	0000				
CLOUD JOHN	126	ORAN	321101	21010	0300				
CLOUD JOSEPH	210	WASH	200001	23110	0100				
CLOUD LUCY	073	DEAR	010100	30010	0000				
CLOUD WILLIAM	124	DEAR	200010	10010	0100				
CLOUD WILLIAM B	124	DEAR	100100	00100	0100				
CLOVER CORNELIUS	078	JENN	010010	00100	0100				
CLOVER JAMES	122	DEAR	100010	20010	1100				
CLOVER PAUL	122	DEAR	010011	11011	0100				
CLOVER PETER	121	DEAR	200001	10010	0100				
CLOYD JAMES	279A	JEFF	210010	21010	0100				
CLOYER HENRY	285	JEFF	100001	00110	0000				
CLUM JOHN	162	FRAN	000100	01000	0100				
CLUM WILLIAM	163	FRAN	100010	10100	0100				
CLUTTER JOHN	139	WARR	200001	20010	0001				
CLUTTER MARY	139	WARR	110300	12101	0000				
CLUXTON JOHN	200	FRAN	210001	12101	0200				
COAL JOSEPH	160	SCOT	500000	00100	0100				
COALMAN JONATHAN	032	FAYE	110110	01100	0100				
COALMAN LEVI	043	FAYE	400010	00010	0001				
COALMAN SETH	059	FAYE	000010	30100	0100				
COALTER JOHN	108	LAWR	100100	00100	0100				

Head of Household	Page	County	White Males (Under 10, 10-15, 16-18, 16-25, 26-44, 45 & over)	White Females (Under 10, 10-15, 16-25, 26-44, 45 & over)	Foreigners, Agriculture, Commerce, Manufacture	Free or Slave	Negro Males (Under 14, 14-25, 26-44, 45 & over)	Negro Females (Under 14, 14-25, 26-44, 45 & over)	Other not Indian
COALTER SAMUEL	108	LAWR	100010	10100	0100				
COATES BENJ	313	POSE	600020	40110	0200				
COATES ERASTUS	083	KNOX	000100	00000	0000				
COATS HEZIKIAH	055	HARR	220103	21010	0200				
COATS SAMSON	101	LAWR	000010	20010	0100				
COBB DIXON	109	LAWR	000100	00100	0100				
COBB EBENEZER	086	KNOX	000100	20010	0000				
COBB SAMUEL	131	ORAN	010101	11101	0400				
COBB SEMER	097	LAWR	120201	12001					
COBB THOMAS	097	LAWR	100100	10100					
COBB THOMAS	284	JEFF	000100	20100	0100				
COBB WILL	294A	JEFF	100001	00100	0100				
COBBLE DAVID	216	WASH	200010	20100	0100				
COBBLE ELIZABETH	218	WASH	121200	32110	0400				
COBBLE PHILIP	216	WASH	210120	32010	0400				
COBLE CHRISTOPHER	026	CLAR	000100	10100	0100				
COBLE DAVID	041	CLAR	100010	22010	0100				
COBLE JOHN	038	CLAR	211111	21110	0200				
COFFETT GEORGE	233	WAYN	000100	10100	0100				
COFFIN ADAM	157	WAYN	100101	01110	0002				
COFFIN BARNABAS	267	JACK	210010	01010	0100				
COFFIN HEZEHIAH	119	DEAR	111101	01001	0100				
COFFIN JAMES	216	WASH	310110	11110	0300				
COFFIN LIONI	210	WASH	000102	02202	0400				
COFFIN MARMADUKE	222	WASH	110100	00100	0200				
COFFIN MATHEW	222	WASH	000001	10011	0100				
COFFIN NATHANIEL	207	WASH	001110	00010	0300				
COFFIN STEPHEN	205	WASH	200010	00200	0001				
COFFIN THOMAS	137	ORAN	230121	11101	0015				
COFFIN WILLIAM	208	WASH	111101	32001	0300				
COFFMAN ABRAHAM	118	MONR	111201	22211	0300				
COFFMAN JACOB	290A	JEFF	300010	01010	0100				
COFFMAN JOHN	207	FRAN	100100	00100	0100				
COFFMAN JOHN	274	JEFF	000210	10200	0003				
COFFMAN LEONARD	207	FRAN	000001	10010	0100				
COFFMAN RINEHEART	207	FRAN	000001	00001	0000				
COFFMAN SOLOMON	118	MONR	200010	00010	0100				
COFFOE HIRAM	221	WAYN	000100	10100	0100				
COFMAN ABRAHAM	262	JACK	300100	00010	0100				
COGGSHALL JOB	255	WAYN	100100	00100	0100				
COGGSHALL EDWARD	255	WAYN	000010	10100	0100				
COGGSHALL IRISTRAM	255	WAYN	200101	20110	0200				
COGGSHELL GEORGE	168	SWIT	100010	10010	0001				
COGHILL MATHEW	277	JEFF	310010	22011	0100				
COBLE JOSHUA	073	DEAR	230010	20010	0100				
COBURN JOSEPH B	226	FRAN	200010	20010	0001				
COBURN JOSEPH H	100	DEAR	200350	00410	0005				
COCHRAN AARON	173	SWIT	300110	12010	0101				
COCHRAN ALEXANDER	074	DEAR	000100	00100	0100				
COCHRAN ANDREW	284	JEFF	000010	10100	0100				
COCHRAN BENJAMIN	089	KNOX	220101	01110	0300				
COCHRAN DAVID	227	WAYN	300010	20010	0100				

Head of Household	Page	County	White Males (Under 10, 10-15, 16-18, 16-25, 26-44, 45 & over)	White Females (Under 10, 10-15, 16-25, 26-44, 45 & over)	Foreigners, Agriculture, Commerce, Manufacture	Free or Slave	Negro Males (Under 14, 14-25, 26-44, 45 & over)	Negro Females (Under 14, 14-25, 26-44, 45 & over)	Other not Indian
COCHRAN ENOCH	087	KNOX	200110	10201	0200				
COCHRAN FRANCIS	284	JEFF	000010	00100	0100				
COCHRAN GLASS	088	KNOX	021101	11001	0400				
COCHRAN HARPER	159	SCOT	000010	00100	0100				
COCHRAN ISAAC	074	DEAR	301110	22010	0100				
COCHRAN JAMES	272A	JEFF	010410	10200	0004				
COCHRAN JOHN	284	JEFF	100010	00010	0100				
COCHRAN JOHN	088	KNOX	000100	00100	0100				
COCHRAN WILLIAM	132	ORAN	200010	21010	0000				
COCHRON JAMES	201	WASH	010001	01002	0000				
COCHRUN WILLIAM	135	FLOY	100010	20100	0100				
COCKRAM JAMES JR	238	GIBS	400100	00100	0100				
COCKRAM WM	238	GIBS	000100	00100	0100				
COCKRAN JEREMIAH	086	KNOX	000100	00100	0000				
COCKRAN JOHN	158	SCOT	000110	00000	2200				
COCKRAN NANCY	008	CRAW	100000	02010	0000				
COCKRELL ALEXANDER	218	WASH	100010	00100	0100				
COCKS ARTHUR AARON	249	GIBS	100100	10100	0100				
COCKS PETER	019	DELA	000100	01000	0100				
COD GEORGE	253	GIBS	021001	30110	0100				
CODY SARAH	213	WAYN	000200	00001	0100				
COE SAMUEL	199	FRAN	300010	22010	0100				
COE WILLIAM	175	FRAN	020010	11010	0100				
COEN ABSALOM	091	DEAR	200110	21010	0100				
COEN EDWARD	171	SWIT	000001	00001	0100				
COEN GUSTAVIS	091	DEAR	110100	00100	0001				
COEN HENRY	173	SWIT	000010	40010	0100				
COEN JOSIAH	112	DEAR	100010	40010	0100				
COFFEE JOHN W	203	WASH	410010	00210	0200				
COFFEE MICAJAH	171	FRAN	000001	00001	0100				
COFFEE PHILLIP	302	PIKE	100010	20100					
COFFEE WILLIAM	117	MONR	200010	21010	0100				
COFFELT HENRY	195	WAYN	000010	01101	0100				
COGLE CHRISTEPHER	045	HARR	300010	01001	0100				
COGSHELL DANIEL	097	LAWR	100010	00100	0001				
COGSWELL WARNER	204	WASH	000100	10100	0100				
COGWELL LEONARD	282	JEFF	100010	00100	0100				
COHANOUR JACOB	107	LAWR	200001	31001					
COHRAN WILLIAM	105	SULL	010100	10100	0200				
COKE SAMEL	290	JEFF	121101	20001	0200				
COKER DENNIS	097	SPEN	100100	00010	0100				
COLAND MORDCI	056	HARR	120010	40010	0100				
COLBERT THOMAS	053	FAYE	000001	00100	0100				
COLCLASHER JACOB	128	ORAN	000100	20100	0100				
COLCLASHER JOHN	128	ORAN	200010	20100	0100				
COLCLASHER ABRAHAM	128	ORAN	000001	00002	0100				
COLCLASIER JOHN	219	WASH	000100	00100	0100				
COLCLASIER JACOB	219	WASH	101201	01110	0300				
COLCLASIER ABRAHAM	216	WASH	000100	10120	0100				
COLCLASIER DAVID	216	WASH	110121	10001	0500				
COLCLASIER JOHN	216	WASH	100010	20010	0100				
COLCLASIER DANIEL	215	WASH	102201	20210	0100				

Head of Household	Page	County	White Males (Under 10, 10-15, 16-18, 16-25, 26-44, 45 & over)	White Females (Under 10, 10-15, 16-25, 26-44, 45 & over)	Foreigners, Agriculture, Commerce, Manufacture	Free or Slave	Negro Males (Under 14, 14-25, 26-44, 45 & over)	Negro Females (Under 14, 14-25, 26-44, 45 & over)	Other not Indian
COLDEN JOHN	116	DEAR	221110	13101	0100				
COLDWATER JOHN	293A	JEFF	000001	10110	0100				
COLDWELL JOHN	160	FRAN	201101	21001	0200				
COLDWELL JAMES	311A	POSE	012210	41110	0400				
COLE BENJAMIN	174	SWIT	230010	30010	0100				
COLE BENJAMIN	187	VIGO	000000	00000	0100	F	3010	1010	
COLE BENJAMIN	073	DEAR	021311	21301	0200				
COLE CHARLES	075	RIPL	100100	00100	0100				
COLE DANIEL	174	SWIT	100010	10100	0100				
COLE ELEAZER	105	DEAR	212201	01001	0100				
COLE JAMES	121	DEAR	320001	11310	0100				
COLE JEREMIAH	075	RIPL	000100	00100	0100				
COLE JESSE	075	RIPL	120001	11100	0300				
COLE JOHN	168	SWIT	010010	31010	0100				
COLE JOHN	059	HARR	110010	21100	0100				
COLE LUTHER	102	DEAR	400010	02210	0001				
COLE MORDICI	024	CLAR	100110	11010	0200				
COLE SOLOMON	124	DEAR	200010	00200	0100				
COLE WILLIAM	124	DEAR	100010	00100	0100				
COLEMAN ABRAHAM	113	SULL	010111	00201	0400				
COLEMAN DANIEL	011	CLAR	000000	00000	0100	F	0000	1000	1
COLEMAN DANIEL	203	FRAN	300010	00010	0100				
COLEMAN ISAAC	083	KNOX	410320	11100	0001				
COLEMAN ISAAC	187	VIGO	020302	00000	0800				
COLEMAN JEREMIAH	086	KNOX	200010	00101	0010				
COLEMAN JOHN	279A	JEFF	100100	10100	0100				
COLEMAN JOHN	227	WAYN	000010	00011	0100				
COLEMAN NATHANL	309A	POSE	000001	00001	0100				
COLEMAN ROBERT	086	KNOX	010000	00000	1000				
COLEMAN ROBERT	085	KNOX	010000	00000	0000				
COLEMAN THOMAS	086	KNOX	000001	00000	1000				
COLEMAN WILLIAM L	086	KNOX	100110	01200	2010				
COLESCOTT JAMES S	136	FRAN	111111	20010	0003				
COLESON WILLIAM	036	CLAR	200001	00101	0100				
COLFNER THOMAS	199	FRAN	200010	10010	0100				
COLIER GABRIEL	221	FRAN	300100	10010	0100				
COLIER HEZEKIAH	215	WASH	000010	20010	0100				
COLIER JAMES	215	WASH	100100	00100	0200				
COLIER JOHN	215	WASH	200101	02001	0100				
COLLAMS GILBERT	125	ORAN	100001	21010	0100				
COLLARD JAMES	120	DEAR	000010	00100	0000				
COLLECUTT BEVERLY	029	CLAR	000010	21010	0100				
COLLET JOSEPHUS	192	VIGO	100220	00100	0000				
COLLET STEPHEN	192	VIGO	000320	00000	0000				
COLLETT CHARLES	180	FRAN	100101	12101	0200				
COLLIER JOHN	117	DEAR	100130	01010	4202				
COLLIER RICHARD	264A	JACK	010101	22001	0100				
COLLIER WILLIAM	264	JACK	000100	10100	0100				
COLLIN ALLEN	023	DELA	100100	10010	0100				
COLLINS AMOS	278A	JEFF	100010	00100	0100				
COLLINS AMOS	279A	JEFF	000010	10100	0100				
COLLINS ANDREW	272A	JEFF	210010	10030	0010				

Head of Household	Page	County	White Males (Under 10, 10-15, 16-18, 16-25, 26-44, 45 & over)	White Females (Under 10, 10-15, 16-25, 26-44, 45 & over)	Foreigners, Agriculture, Commerce, Manufacture	Free or Slave	Negro Males (Under 14, 14-25, 26-44, 45 & over)	Negro Females (Under 14, 14-25, 26-44, 45 & over)	Other not Indian
COLLINS BENJAMIN	160	SCOT	200010	30100	0100				
COLLINS DAVID	085	KNOX	000010	00000	0001				
COLLINS DAVID	091	KNOX	200101	01011	0200				
COLLINS GARTER	075	RIPL	100100	00100	0100				
COLLINS GEORGE	172	SWIT	211101	11110	0200				
COLLINS HENRY	123	SULL	200020	00010	0200				
COLLINS HENRY	057	DEAR	210010	10010	0100				
COLLINS JAMES	126	ORAN	000010	10010	0100				
COLLINS JACOB	053	HARR	000010	32100	0100				
COLLINS JAMES	038	CLAR	510010	10010	0100				
COLLINS JAMES	237	GIBS	100100	00100	0001				
COLLINS JAMES	085	DEAR	200100	00100	0001				
COLLINS JOHN	161	WAYN	520010	10000	0300				
COLLINS JOEL	121	SULL	100021	01011	0102				
COLLINS JOHN	220	FRAN	200010	20010	0100				
COLLINS JONATHAN	091	DEAR	220010	01101	0100				
COLLINS JOSEPH	092	KNOX	321110	10010	0100				
COLLINS JOHN	084	KNOX	200110	10100	0001				
COLLINS JOHN	027	DELA	010101	21201	0100				
COLLINS JOHN	047	CLAR	000100	10100	0000				
COLLINS JOHN	208	WASH	300110	00200	0200				
COLLINS JOHN	213	WASH	210110	32010	0300				
COLLINS JOHN	159	SCOT	100100	10010	0100				
COLLINS KERNS	022	CLAR	200010	41010	0100				
COLLINS MADISON	123	SULL	200010	00100	0100				
COLLINS RICHARD	155	SCOT	100010	00100	0100				
COLLINS SPENCER	160	SCOT	100010	10010	0100				
COLLINS THOMAS JR	155	SCOT	000100	00100	0100				
COLLINS THOMAS	159	SCOT	000001	02010	0100				
COLLINS WILLIAM	075	RIPL	010201	01101	0300				
COLLINS WILLIAM	091	KNOX	000001	00000	0000				
COLLINS WM E	159	SCOT	000001	00010	0100				
COLLINS ZACHARIAH	021	DELA	300010	20010	0100				
COLLINS ZEBULON	049	CLAR	100010	42210	0400				
COLLIT JOHN	192	VIGO	000101	00100	0000				
COLLOM JOHN M	170	SWIT	000000	00000	0000				
COLMAN DANIEL	301	PIKE	200100	00100					
COLMAN HENRY	302	PIKE	120210	12110					
COLMAN WILLIAM	301	PIKE	100010	11210					
COLSON WILLIAM	201	FRAN	110011	11010	0200				
COLTRIN JOHN	189	VIGO	300010	00010	0200				
COLTRIN WILLIAM	188	VIGO	010211	00201	0500				
COLTSTEN JAS	311A	POSE	200010	11010	0100				
COLVEN JAMES	316	POSE	110010	31010	0200				
COLVIN FIELDEN	255	GIBS	100010	23010	0100				
COLVIN JAMES	043	HARR	120110	21010	0200				
COLVIN JOBE SR	315	POSE	000001	11011	0100				
COLVIN JOBE JR	315	POSE	000100	10100	0100				
COLVIN JOHN	312	POSE	121110	32010	0300				
COLVIN LUTHER	309	POSE	000100	00100	0100				
COLVIN MOSES	309	POSE	210010	00010	0200				
COLVIN NATHAN	312	POSE	000100	10100	0100				

Head of Household	Page	County	White Males (Under 10, 10-15, 16-18, 16-25, 26-44, 45 & over)	White Females (Under 10, 10-15, 16-25, 26-44, 45 & over)	Foreigners, Agriculture, Commerce, Manufacture	Free or Slave	Negro Males (Under 14, 14-25, 26-44, 45 & over)	Negro Females (Under 14, 14-25, 26-44, 45 & over)	Other not Indian
COLVIN SAMUEL	182	FRAN	350101	11001	0400				
COLVIN WM	234	GIBS	011001	22010	0300				
COLWELL ANDREW	189	FRAN	320010	00110	0200				
COMAN GUIAS	137	WARR	420001	20110	0000				
COMBES LEWIS	038	DUBO	311110	11010	0200				
COMBES WILLIAM	150	PERR	200010	11010	0100				
COMBS BENJAMIN	170	SWIT	100201	30001	0300				
COMBS BENJAMIN	039	DUBO	300010	20010	0100				
COMBS BIRAM	063	HARR	100201	10110	0100				
COMBS DAVID	005	CLAR	000010	00011	0100				
COMBS ELIZABETH	142	FLOY	000000	00100	0000	S	1101	0010	
COMBS FELEX	047	HARR	000001	00000	0100				
COMBS JESSE	005	CLAR	110010	20010	0100				
COMBS JESSE	073	DEAR	100010	10100	0100				
COMBS JOHN	063	HARR	100100	00000	0100				
COMBS JOHN	040	CLAR	210010	20100	0100				
COMBS JOSEPH	021	CLAR	410010	21310	0100				
COMBS LEWIS	059	HARR	221110	11100	0200				
COMBS MICHAEL	213	WAYN	000100	20100	0100				
COMBS NANCY	005	CLAR	110200	00101	0200				
COMBS WILLIAM	192	VIGO	100010	62010	0200				
COMBS WILLIAM	037	CLAR	230210	01020	0300				
COMER ABNAR	261A	JACK	000100	01010	0100				
COMER JESSE	029	DELA	110010	31010	0100				
COMER JOHN	177	WAYN	100010	20010	0100				
COMER JOHN	075	RIPL	500001	00010	0100				
COMER JOHN	262	JACK	210010	20010	0100				
COMER JOSEPH	257	WAYN	100001	00100	0100				
COMER ROBERT	169	WAYN	101101	11011	0200				
COMER STEPHEN	189	WAYN	201301	11010	0300				
COMER THOMAS	269	JACK	010001	00011	0100				
COMINGORE DANIEL	277A	JEFF	100010	20010	0100				
COMMANS ROBERT	255	WAYN	001101	00001	0200				
COMMONS ISAAC	179	WAYN	000010	10010	0100				
COMMONS WM	247	WAYN	100010	30000	0100				
COMPANIOTT PEIRRE	087	KNOX	110010	21010	0100				
COMPANIOTT JOSEPH	087	KNOX	100010	00200	0100				
COMPO ANTOINE	084	KNOX	000200	00100	0000				
COMPO JAMES	324A	RAND	100011	20010	0100				
COMPTON SAMUEL	120	DEAR	321110	20010	0100				
COMPTON WILLIAM	047	CLAR	100100	00100	0001				
COMSTOCK BOTSFORE	273A	JEFF	100010	20010	0001				
COMSTOCK JOHN C	078	JENN	000100	00010	0100				
COMSTOCK OLIVER	150	PERR	130101	31301	0500				
COMVAN ELIZABETH	037	DUBO	200001	21210	0000				
CON WILLIAM	264A	JACK	310010	10010	0100				
CONARD HENRY	081	JENN	000010	00100	0100				
CONAWAY DANIEL	073	DEAR	110001	13001	0100				
CONAWAY JAMES	073	DEAR	410010	21011	0100				
CONAWAY JAMES	043	FAYE	100110	42211	0100				
CONAWAY JOHN	073	DEAR	000100	00100	0100				
CONAWAY JOHN	058	DEAR	000010	00000	0100				

Head of Household	Page	County	White Males (Under 10, 10-15, 16-18, 16-25, 26-44, 45 & over)	White Females (Under 10, 10-15, 16-25, 26-44, 45 & over)	Foreigners, Agriculture, Commerce, Manufacture	Free or Slave	Negro Males (Under 14, 14-25, 26-44, 45 & over)	Negro Females (Under 14, 14-25, 26-44, 45 & over)	Other not Indian
CONAWAY JOHN	203	WASH	100010	10010	0100				
CONAWAY ROBERTS	073	DEAR	400110	12010	0100				
CONAWAY SIMON	057	DEAR	110010	11010	0100				
CONAWAY SMIRIL	084	KNOX	000010	00000	0100				
CONAWAY WILLIAM	073	DEAR	000100	00100	0100				
CONAWAY WILLIAM	064	HARR	000100	10100	0100				
CONDIT MOSES	143	WARR	200010	10100	0000				
CONDRA JACOB	137	ORAN	220001	41010	0300				
CONDRA JOHN	009	CRAW	501010	21120	0200				
CONDUIT NANCY	047	CLAR	211300	01110	0000				
CONGER DAVID	112	DEAR	121201	00001	0100				
CONGER ZACHARIAH	112	DEAR	210010	00100	0100				
CONGLETON WILLIAM	266A	JACK	110111	31010	0100				
CONGO SEBASTON	254	GIBS	100111	01101	0100				
CONINGHAM JAMES	193	VIGO	210010	10010	0200				
CONKLIN ZEDEKIAH	135	ORAN	021101	00101	0400				
CONKLING ELIAS	102	DEAR	000010	00001	0100				
CONKLING RACHEL	177	FRAN	100000	30101	0000				
CONLEY JAMES	057	DEAR	200001	00010	0100				
CONLEY JAMES	099	LAWR	011210	02010					
CONLEY NANCY	057	DEAR	000000	40100	0000				
CONLEY SAMUEL	268	JACK	200010	31010	0100				
CONLIN JAMES	306	POSE	201211	12110	0002				
CONLY ABNER	160	SCOT	300110	20010	0200				
CONLY JOEL	108	LAWR	100100	01010					
CONLY JOHN	108	LAWR	210200	32210					
CONLY JOSIAH	108	LAWR	101110	32010					
CONMODY JACOB	139	FLOY	000010	00010	0001				
CONN JESSY	038	DUBO	210010	20010	0200				
CONN JOHN	155	FLOY	200010	10010	0100				
CONN JOHN	216	FRAN	100100	00100	0001				
CONN JOHN	154	SCOT	200010	20010	0100				
CONN JOSEPH	127	ORAN	011110	01010	0300				
CONN JOSEPH	038	DUBO	311310	11010	0400				
CONN JOSHUA	167	SWIT	200010	10100	0100				
CONNELL WILLIAM	128	ORAN	100010	30010	0100				
CONNELL WILLIAM	175	SWIT	120101	11001	0200				
CONNELLY ARTHUR	118	MONR	000010	10100	0100				
CONNER ABNER	221	FRAN	010001	00101	0200				
CONNER ANTHONY B	189	VIGO	210010	10010	0200				
CONNER DANIEL	057	FAYE	200010	10010	0100				
CONNER DANIEL	041	FAYE	200010	42010	0100				
CONNER GEORGE	091	DEAR	200010	20100	0100				
CONNER HUGH	190	VIGO	000100	00100	1100				
CONNER ISHAMEL	089	SPEN	320101	10110	0300				
CONNER JAMES	249	WAYN	100010	10100	0100				
CONNER JEPTHAH	091	DEAR	000100	20100	0100				
CONNER JOHN ESQ	057	FAYE	410001	00010	0100				
CONNER JOHN	097	SPEN	000110	00010	0200				
CONNER JOHN SR	137	FLOY	121310	20010	0000				
CONNER JOHN	026	DELA	520201	01110	0300				
CONNER JOHN	022	CLAR	410010	02010	0001				

Head of Household	Page	County	White Males (Under 10, 10-15, 16-18, 16-25, 26-44, 45 & over)	White Females (Under 10, 10-15, 16-25, 26-44, 45 & over)	Foreigners, Agriculture, Commerce, Manufacture	Free or Slave	Negro Males (Under 14, 14-25, 26-44, 45 & over)	Negro Females (Under 14, 14-25, 26-44, 45 & over)	Other not Indian
CONNER JOHNSEY	127	ORAN	310001	41010	0300				
CONNER JOHN	020	DELA	410010	00010	0100				
CONNER JOHN	020	DELA	210010	41010	0100				
CONNER JOHN	023	DELA	210001	20010	0100				
CONNER JOHN	031	DELA	400010	01100	0100				
CONNER JOHN	005	FAYE	101110	00010	0100				
CONNER JOHN	179	VAND	100010	10100	0001				
CONNER JOHN SR	179	VAND	000001	00001	0000	F	2000	1000	
CONNER LEWIS	293	JEFF	100010	20100	0100				
CONNER LEWIS	187	WAYN	320010	01100	0100				
CONNER MARY	291	JEFF	110000	03101	0000				
CONNER RICHARD	161	FRAN	030101	21001	0400				
CONNER ROBERT	245	GIBS	110200	10100	0100				
CONNER SALLY	054	HARR	310000	31010	0000				
CONNER WILLOUGHBY	081	JENN	000211	20200	0200				
CONNER WILLIAM	025	DELA	000220	00100	0400				
CONNER WM	219	WAYN	200010	20010	0100				
CONNERS SAMUEL	105	DEAR	300010	10001	0001				
CONNLY ABSALOM	285A	JEFF	300010	22010	0000				
CONNOR DADE	150	PERR	300010	21010	0100				
CONNOR JAMES	104	DEAR	100010	30010	0100				
CONNOR JOHN	148	PERR	000200	20100	0100				
CONNOR SAMUEL	148	PERR	320021	11010	0500				
CONNOR TERRENCE	148	PERR	100001	01101	0100				
CONNOR TERRENCE	150	PERR	100001	00101	0100				
CONNOR TERRENCE	150	PERR	100010	10010	0100				
CONNOR TIMOTHY	057	DEAR	520010	02010	0100				
CONNOR WILLIAM	176	FRAN	000100	00100	0100				
CONNOR WILLIAM	150	PERR	100100	10100	0100				
CONNOR WILLIAM	326	RAND	100100	00100	0100				
CONRAD ADAM	056	HARR	120110	30010	0200				
CONRAD DAVID	060	HARR	300100	10410	0100				
CONRAD GEORGE	047	HARR	010001	02311	0100				
CONRAD JACOB	060	HARR	410100	02100	0100				
CONRAD JOHN	071	HARR	000020	04100	0100				
CONROD JACOB	060	HARR	020101	01001	0200				
CONROD JOHN	060	HARR	100100	01000	0100				
CONROD PHILUP	037	DUBO	311201	10101	0500				
CONROD WILLIAM	037	DUBO	000100	00100	0100				
CONSTANT ARCHEBOLD	039	DUBO	000110	01010	0200				
CONSTANT DARKIS	137	ORAN	000000	00000	0000	F	1000	0001	
CONSTANT THOMAS	011	CLAR	000000	00000	0100	F	0101	0021	1
CONWAY CHARLES	326A	RAND	110001	22010	0100				
CONWAY JOHNSTON	043	CLAR	100010	10100	0100				
CONWAY WILLIAM	097	LAWR	000101	01001	0000				
CONWELL ELIAS	086	DEAR	100001	20200	0010				
CONWELL JAMES	167	FRAN	110010	31100	0100	S	1000		
CONZELMAN GEORGE	319A	POSE	001110	00101	0100				
COOK AARON	209	WAYN	000010	10010	0100				
COOK ASHER	202	WASH	000010	00010	0200				
COOK BENNET BRADLEY	029	FAYE	000010	31100	0100				
COOK CHARLES	074	DEAR	001201	00001	0100				

Head of Household	Page	County	White Males (Under 10, 10-15, 16-18, 16-25, 26-44, 45 & over)	White Females (Under 10, 10-15, 16-25, 26-44, 45 & over)	Foreigners, Agriculture, Commerce, Manufacture	Free or Slave	Negro Males (Under 14, 14-25, 26-44, 45 & over)	Negro Females (Under 14, 14-25, 26-44, 45 & over)	Other not Indian
COOK CORNELIUS	032	FAYE	100010	10010	0100				
COOK CORNELIUS	237	WAYN	200010	10020	0100				
COOK DANL	153	WARR	010201	02001	0000				
COOK DAVID	298	PIKE	201001	52010					
COOK DAVID	193	WAYN	200010	20000	0100				
COOK EMERY	180	VAND	200100	00100	0100				
COOK FRANCIS	187	FRAN	000100	00000	0001				
COOK GREENBURG	167	SWIT	200010	20010	0100				
COOK ISAAC	213	FRAN	100100	20100	0100				
COOK ISAAC	213	FRAN	101110	20010	0002				
COOK ISAAC	213	FRAN	111110	30110	0200				
COOK ISAAC	326	RAND	100001	30100	0100				
COOK JACOB	137	ORAN	100010	20010	0100				
COOK JACOB	165	WAYN	210010	11100	0100				
COOK JAMES	201	FRAN	210100	00100	0001				
COOK JAMES	237	WAYN	100100	00100	0100				
COOK JOHN	125	ORAN	000100	30100	0100				
COOK JOHN	020	DELA	320010	31010	0100				
COOK JOHN C	029	FAYE	121110	31010	0100				
COOK JOHN	045	FAYE	100010	00010	0001				
COOK JOHN	156	SCOT	100100	00100	0100				
COOK JOHN	115	DEAR	000100	20100	0100				
COOK JOSEPH	211	FRAN	110001	21001	0200				
COOK JOSEPH	255	WAYN	120001	20010	0100				
COOK LARKIN	175	SWIT	300011	40110	0100				
COOK LODWICK	073	DEAR	000100	00100	0100				
COOK NATHAN	255	WAYN	000100	20100	0001				
COOK ROBERT	325	RAND	200100	00100	0100				
COOK STEPHEN	043	CLAR	010120	30010	0100				
COOK THOMAS	213	FRAN	101111	32001	0300				
COOK THOMAS	163	WAYN	121110	12100	0400				
COOK ULYSSES	090	DEAR	010011	30110	0100				
COOK URIAH	213	FRAN	000100	00100	0100				
COOK WILLIAM	100	DEAR	012001	01101	0101				
COOK WILLIAM	073	DEAR	000100	00100	0100				
COOK WILLIAM	291	JEFF	110201	12010	0300				
COOK WM	177	WAYN	120000	50010	0100				
COOK WM	316A	POSE	311101	12011	0300				
COOK WM	213	WAYN	200010	10010	0100				
COOK WM	237	WAYN	000001	00001	0100				
COOK WRIGHT	205	FRAN	421010	10110	0200				
COOK ZIMRI	213	FRAN	300010	20010	0100				
COOK ZIMRI	215	WAYN	100011	10010	0100				
COOKE SAMUEL	066	HARR	000100	10100	0100				
COOKE STENY	049	HARR	000001	00101	0100				
COOKSEY THOMAS	173	FRAN	000010	00100	0100				
COOKSEY ZACHARIAH	173	FRAN	100010	10100	0100				
COOKSEY ZACHARIAH	173	FRAN	000001	01101	0000				
COOKSON ANDREW	073	RIPL	200100	10010	0100				
COOLEY ADONIJAH	203	WASH	200201	01101	0300				
COOLEY EDWARD	220	WASH	011101	00102	0300				
COOLEY JAMES	104	DEAR	000010	00100	0100				

Head of Household	Page	County	White Males (Under 10, 10-15, 16-18, 16-25, 26-44, 45 & over)	White Females (Under 10, 10-15, 16-25, 26-44, 45 & over)	Foreigners, Agriculture, Commerce, Manufacture	Free or Slave	Negro Males (Under 14, 14-25, 26-44, 45 & over)	Negro Females (Under 14, 14-25, 26-44, 45 & over)	Other not Indian
COOLEY JOHN	212	WASH	300010	00010	0100				
COOLEY JOHN	203	WASH	000010	00100	0100				
COOLEY JOHN	072	DEAR	100100	10100	0100				
COOLEY THOMAS	220	WASH	100010	20010	0100				
COOLY REUBIN	103	LAWR	000010	20010					
COOMBS JOEL	203	WASH	300010	11010	0100				
COOMS WILLIAM	199	FRAN	200010	00100	0100				
COON ISAAC	092	KNOX	010110	00001	0002				
COONRAD HENRY	011	CRAW	210220	21010	0100				
COONROD DANIEL	300	PIKE	120010	40100					
COONROD HENRY	300	PIKE	000020	10100					
COONROD JOHN JR	300	PIKE	210010	11010					
COONROD JOHN SR	300	PIKE	000001	00001					
COONS CHARLES	159	SCOT	200010	31110	0100				
COONS DANIEL	030	CLAR	100020	20200	0200				
COONS EPHRAIM H	162	SCOT	000110	00100	0200				
COONS EPHRAIM H	154	SCOT	000110	00100	0200				
COONS JOHN	045	CLAR	121202	30001	0200	S		0101	
COONS JOHN	030	CLAR	001001	00101	0200				
COONS MICHAEL	157	SCOT	200010	20010	0100				
COONSE MICHAL	254	GIBS	110010	20010	0100				
COONTZ SAM	020	DELA	220110	20010	0100				
COONY JEREMIAH	104	LAWR	000101	32210	0100				
COOP PHILIP	152	FLOY	100010	00100	0100				
COOPER ANN	186	FRAN	000000	01010	0000				
COOPER ASA	205	FRAN	100010	20010	0001				
COOPER BENJAMIN	100	LAWR	000010	10010					
COOPER DANIEL	023	CLAR	100100	10100	0100				
COOPER DANIEL	005	CLAR	100100	10100	0100				
COOPER EDMUND	201	WASH	111201	21201	0000				
COOPER GEORGE	073	DEAR	000010	10100	0100				
COOPER ISAIAH	142	OWEN	310010	11110	0100				
COOPER ISAAC	046	HARR	500101	12110	0300				
COOPER JAMES	193	WAYN	210100	00100	0100				
COOPER JAMES H	156	SCOT	100010	00100	0100				
COOPER JAMES	030	CLAR	410010	01010	0100				
COOPER JAMES JR	223	FRAN	110010	20010	0200				
COOPER JAMES	224	FRAN	221101	01010	0300				
COOPER JOEL	202	WASH	100010	20010	0200				
COOPER JOHN	137	ORAN	220010	20110	0300				
COOPER JOHN G	137	ORAN	100010	10010	0100				
COOPER JOHN SR	131	ORAN	001301	00001	0500				
COOPER JOHN JR	131	ORAN	100010	20100	0100				
COOPER JOHN G	014	CRAW	110010	00101	0001				
COOPER JOHN	204	WASH	010110	00000	0003				
COOPER JONATHAN	105	LAWR	100100	00100					
COOPER JONAH	043	HARR	010110	21010	0100				
COOPER JOSHUA	136	FLOY	010111	00101	0120				
COOPER JOSEPH	005	CLAR	110010	10010	0100				
COOPER LEVEN	073	HARR	000130	00200	0000				
COOPER MICAIL	180	VAND	000010	00000	1001				
COOPER MICHAEL	106	DEAR	000001	02101	0100				

Head of Household	Page	County	White Males (Under 10, 10-15, 16-18, 16-25, 26-44, 45 & over)	White Females (Under 10, 10-15, 16-25, 26-44, 45 & over)	Foreigners, Agriculture, Commerce, Manufacture	Free or Slave	Negro Males (Under 14, 14-25, 26-44, 45 & over)	Negro Females (Under 14, 14-25, 26-44, 45 & over)	Other not Indian
COOPER MOSES SR	227	WAYN	000001	00001	0100				
COOPER MOSES JR	227	WAYN	320110	20010	0300				
COOPER THOMAS	224	FRAN	000010	00100	0100				
COOPER VINCENT	022	DELA	000001	10010	0100				
COOPER WILSON	203	WASH	000100	00100	0100				
COOPER WILLIAM W	142	OWEN	320010	20010	0100				
COOPER WILLIAM	039	DUBO	100011	20101	0100				
COOPER WM	227	WAYN	300010	10010	0100				
COOPRIDER JOHN	061	HARR	200010	20010	0100				
COOPRIDER PETER	064	HARR	000001	00110	0100				
COOVERT BARGAIN	025	CLAR	400001	30011	0100				
COOVERT DANIEL	041	CLAR	110001	21301	0100				
COOVERT JOHN	044	CLAR	110120	11110	0200				
COOVERT PETER	048	CLAR	420110	10010	0200				
COPE CALEB	263	WAYN	000100	11100	0100				
COPE DAVID	285	JEFF	100110	42010	0200				
COPE JESSE	287	JEFF	410010	00020	0100				
COPE JONATHAN	286	JEFF	110001	21010	0100				
COPE WILL	287	JEFF	000010	00100	0001				
COPELAND HUGH	263A	JACK	200010	31000	0100				
COPELAND JOHN	175	WAYN	400010	11010	0100				
COPELAND JAMES	262A	JACK	500010	00010	0100				
COPELAND THOMAS	128	ORAN	410001	20020	0300				
COPEROS PETER	056	HARR	102301	02201	0400				
COPLAN WILLIS	121	SULL	100111	02001	0200				
COPLAN WILLIAM	287	JEFF	400010	00100	0100				
COPLAND WILLIAM	119	SULL	200210	00100	0200				
COPLIN CHARLES	010	CRAW	030111	01101	0300				
COPLIN JOHN	287	JEFF	000100	00100	0100				
COPLIN MARY	199	FRAN	000000	22010	0000				
COPLIN SAMUEL	293	JEFF	010201	01110	0300	S	1000		
COPLIN THOMAS	291A	JEFF	100100	00100	0100				
COPPLE JACOB	031	CLAR	100101	01011	0200				
COPPLE JOHN	026	CLAR	121111	11201	0300				
COPPLE JOHN	128	ORAN	220010	30110	0300				
COPPLE MARY	031	CLAR	100000	32010	0000				
COPPLES JOHN	026	CLAR	300010	22110	0200	S	0010		
COPSEY CHARLES C	053	FAYE	000100	00100	0100				
CORBIN ELIJAH	216	FRAN	210010	22010	0001				
CORBLY JERAMIAH I	027	DELA	000010	00100	0100				
CORD JOHN	268A	JACK	000010	20100	0100				
CORDER WILLIAM	302	PIKE	000010	10010					
CORDLE WILLIAM	155	SCOT	110001	30101	0001				
CORDNER ANDREW	077	RIPL	000010	10010	0100				
CORE HUGH	118	MONR	000010	00010	2100				
CORE JOHN	162	SCOT	200010	20010	0100				
CORE WILLIAM	161	SCOT	210010	22000	1100				
COREY DAVID	092	KNOX	000101	00001	0200				
COREY ELNATHAN	055	FAYE	000100	10100	0100				
COREY SUSANNA	109	DEAR	021100	10101	0000				
CORN CORNELIUS	020	DELA	210001	42100	0100				
CORN WILLIAM	160	SCOT	200110	20010	0200				

Head of Household	Page	County	White Males (Under 10, 10-15, 16-18, 16-25, 26-44, 45 & over)	White Females (Under 10, 10-15, 16-25, 26-44, 45 & over)	Foreigners, Agriculture, Commerce, Manufacture	Free or Slave	Negro Males (Under 14, 14-25, 26-44, 45 & over)	Negro Females (Under 14, 14-25, 26-44, 45 & over)	Other not Indian
CORNEL JOHN	283A	JEFF	100010	00100	0100				
CORNELIUS JAMES T	124	DEAR	200010	20100	0100				
CORNELIUS DANIEL	039	CLAR	110010	21010	0100				
CORNELIUS PHILIP	005	CRAW	200110	10100	0100				
CORNELIUS GREENBURY	247	WAYN	100010	20000	0100				
CORNELIUS GEORGE	255	WAYN	010001	01010	0200				
CORNELIUS ABSOLOM	255	WAYN	200100	10100	0100				
CORNELIUS JAMES	255	WAYN	100100	10100	0100				
CORNES EDWARD	077	JENN	100100	20100	0100				
CORNET WILLIAM	211	WASH	000010	50010	0100				
CORNICK SARA	243	GIBS	100000	10101	0000				
CORNIEA AMBROSE	087	KNOX	210010	11010	0100				
CORNIEA ANTOINE	087	KNOX	310010	20010	0200				
CORNILIUS ELIHU	309A	POSE	200010	22010	0100				
CORNWELL GEORGE	092	KNOX	200010	10100	0100				
CORNWELL JOHN	219	WAYN	000010	00010	0100				
CORRY DAVID	090	KNOX	000010	00000	0000				
CORRY DAVID	092	KNOX	200010	20100	0100				
CORUTHERS SAMUEL	087	KNOX	010101	01201	0200				
CORWIM JAMES	139	WARR	320001	10010	0001				
CORY ISAAC	219	FRAN	100100	00100	0001				
COSBY JOHN	005	CRAW	210001	21010	0200				
COSEBOOM CORNELIUS	090	DEAR	000010	00100	0100				
COSEBOOM WILLIAM	090	DEAR	010010	00100	0100				
COSLEY STEPHEN	015	CRAW	100100	00100	0100				
COSLOW JOHN	261	WAYN	000100	00100	0100				
COSMER HENRY	108	LAWR	220101	01201	0300				
COSTER JOHN	020	DELA	410001	21001	0100				
COSTON HENRY	184	FRAN	000000	00000	0000	F	2010	2100	
COTES JOHN	326A	RAND	220110	20010	0100				
COTHAM JAMES C	288A	JEFF	200010	10010	0100				
COTNER JOHN	041	HARR	410010	12010	0200				
COTTER ABNER	056	HARR	200100	10100	0100				
COTTINGHAM GEORGE L	154	FLOY	320101	11210	0200				
COTTON ALFRED J	113	DEAR	100100	00100	0100				
COTTON HENRY	171	SWIT	000100	00100	0100				
COTTON ISAAC	261	WAYN	111201	21101	0300				
COTTON JOHN	170	SWIT	000010	30010	0100				
COTTON JOSEPH	184	FRAN	210010	21010	0200				
COTTON NATHANIEL	174	SWIT	210010	32000	0100				
COTTON RALPH	174	SWIT	510010	01010	0100				
COTTON RALPH B	168	SWIT	000100	20010	0100				
COTTON ROBERT	286	JEFF	400010	10010	0100				
COTTON SIRUS	261	WAYN	000100	10100	0100				
COTTON WILLIAM	174	SWIT	131110	21101	0100				
COUGHORN WILLIAM	233	GIBS	100200	00100	0200				
COUICK FREDERICK	074	DEAR	100010	20010	0100				
COULEY ISAAC	211	WAYN	210010	20010	0200				
COULTER CHARLES	025	CLAR	200010	10010	0001				
COULTER CHARLES	217	WASH	200101	22010	0200				
COULTER THOMAS	084	KNOX	100001	02000	0000				
COULTON NATHAN	117	SULL	010001	00201	0200				

Head of Household	Page	County	White Males (Under 10, 10-15, 16-18, 16-25, 26-44, 45 & over)	White Females (Under 10, 10-15, 16-25, 26-44, 45 & over)	Foreigners, Agriculture, Commerce, Manufacture	Free or Slave	Negro Males (Under 14, 14-25, 26-44, 45 & over)	Negro Females (Under 14, 14-25, 26-44, 45 & over)	Other not Indian
COURTER JACOB	095	SPEN	200100	20110	0100				
COURTNAY JOHN B	029	CLAR	100100	20100	0100				
COURTNEY ARCHIBALD	261A	JACK	100010	20110	0100				
COURTNEY FENEY	264A	JACK	000100	10010	0100				
COURTNEY HENRY	091	KNOX	300010	00010	0100				
COURTNEY JAMES	261A	JACK	200010	10100	0100				
COURTNEY RUTHERFORD	268A	JACK	000100	00100	0100				
COURTRIGHT PETER	092	KNOX	000010	20100	0100				
COURTRIGHT JOHN	086	KNOX	211110	00010	0000				
COUSLEY THOS	279A	JEFF	120301	11001	0400				
COUTS JOHN	143	WARR	200010	31010	0000				
COVAL NATHANIEL	101	DEAR	100010	20100	0100				
COVEN MARY	301	PIKE	010100	01001					
COVERDALE ZADOK	120	DEAR	010010	00010	0100				
COVERDALE JACOB	120	DEAR	200111	10100	0100				
COVERDALE RICHARD	120	DEAR	220010	20001	0100				
COVERDALE PERRY	118	MONR	100010	00010	0100				
COVERDALE MATTHEW	262	JACK	010001	00000	0100				
COVINGTON ROBERT	066	DEAR	100000	00010	0001				
COVINGTON THOMAS	073	DEAR	200010	10100	0100				
COWAN DANIEL	170	SWIT	400010	20010	0100				
COWDEN JOHN	127	SULL	100010	32110	0100				
COWDER NATHAN	143	OWEN	400030	20411	0000				
COWELL JOSEPH	078	JENN	200010	00100	0001				
COWELSON MOSES	280	JEFF	110010	42110	0100				
COWEN JOHN	028	DELA	000201	02010	0300				
COWEN MILES	220	WASH	000010	10100	0100				
COWGILL MARY	117	SULL	011100	10010	0200				
COWHERD WILLIS	134	ORAN	110110	32010	0200				
COWLES JOSEPH	116	DEAR	320010	10010	0100				
COWLEY CORNELIUS	249	GIBS	110010	22001	0100				
COWLEY WILLIAM	028	DELA	000000	00000	0000				
COX ABSOLAM	310A	POSE	010001	00210	0200				
COX AMOS	118	MONR	000010	31010	0100				
COX ASA	291	JEFF	120001	10311	0100				
COX BENJAMIN	039	DUBO	200010	32010	0100				
COX BENJAMIN	326A	RAND	101210	22110	0100				
COX BENJM B	022	DELA	100200	20100	0100				
COX CARTER	107	LAWR	100100	00010					
COX CHARLES	022	CLAR	000100	00101	0100				
COX CHRISTOPHER	292A	JEFF	100110	20010	0100				
COX CHRISTOPHER	032	DELA	000100	00000	0100				
COX DANIEL	095	SPEN	300010	20010	0100				
COX EDWARD	147	WARR	030101	00101	0001				
COX ELIJAH	056	HARR	100001	00001	0100				
COX ELIJAH	327	RAND	000100	00100	0100				
COX ENOCH	268	JACK	000001	00001	0100				
COX EZ	285	JEFF	200010	30010	0100				
COX HARMAN	253	WAYN	000010	10100	0100				
COX HARMON	267A	JACK	200100	10100	0100				
COX HENRY	291	JEFF	100100	10100	0100				
COX ISAAC	199	WAYN	200010	11010	0001				

Head of Household	Page	County	White Males (Under 10, 10-15, 16-18, 16-25, 26-44, 45 & over)	White Females (Under 10, 10-15, 16-25, 26-44, 45 & over)	Foreigners, Agriculture, Commerce, Manufacture	Free or Slave	Negro Males (Under 14, 14-25, 26-44, 45 & over)	Negro Females (Under 14, 14-25, 26-44, 45 & over)	Other not Indian
COX ISAAC	008	CLAR	001220	01100	0004				
COX ISAIAH	326A	RAND	000100	00100	0100				
COX J M	292A	JEFF	100100	10100	0100				
COX JACOB	106	DEAR	000200	00100	0100				
COX JACOB C	120	DEAR	210001	30100	0100				
COX JACOB	225	FRAN	000100	00100	0100				
COX JACOB	031	DELA	100100	10100	0100				
COX JAHU	210	WASH	001101	00001	0200				
COX JAMES	179	VAND	000100	00000	0001				
COX JEREMIAH JR	177	WAYN	300010	30001	0100				
COX JEREMIAH	253	WAYN	420101	01110	0400				
COX JESSE	090	KNOX	320001	11110	0300				
COX JESSE	325	RAND	401201	13010	0100				
COX JESSE	263A	JACK	000010	30100	0100				
COX JOHN	324A	RAND	000220	00000	0100				
COX JOHN	326A	RAND	000001	10101	0100				
COX JOHN	326A	RAND	311110	01010	0100				
COX JOHN	217	WAYN	000011	00010	0200				
COX JOHN	259	WAYN	100010	30010	0100				
COX JOHN	192	VIGO	010010	20010	0200				
COX JOHN	101	DEAR	000010	10100	0100				
COX JOHN	137	FLOY	220010	31010	0003				
COX JOHN	113	MART	300010	10010	0100				
COX JOHN	031	DELA	100100	00100	0100				
COX JOHN	290A	JEFF	010001	01001	0100				
COX JOHN	294	JEFF	122201	12101	0100				
COX JOHN JR	315	POSE	211201	11010	0300				
COX JOHN JR	219	WAYN	100010	00010	0100				
COX JOHN JR	311	POSE	000100	00100	0100				
COX JOHN SR	311	POSE	001101	00101	0200				
COX JONATHAN PHILLIP	090	KNOX	000001	00001	0200	F	1201	2010	
COX JONATHAN	316	POSE	200010	30100	0100				
COX JONATHAN	325A	RAND	200010	10100	0100				
COX JOSEPH	179	VAND	000100	00001	0001				
COX JOSEPH	118	MONR	000100	20100	0100				
COX JOSEPH	032	DELA	000100	10100	0100				
COX JOSEPH	032	DELA	220100	00010	0300				
COX JOSEPH	167	WAYN	320020	10000	0301				
COX JOSHUA	327	RAND	000010	20100	0100				
COX MOSES	005	FAYE	000300	00100	0021				
COX NATHAN	265	JACK	211110	22010	0100				
COX PETER	031	DELA	000100	00100	0100				
COX PETER	095	SPEN	200100	00100	0100				
COX PETER	193	WAYN	110001	01010	0001				
COX PHINIAS	041	CLAR	110010	31010	0100				
COX RICHARD	192	VIGO	100111	10010	0200				
COX RUSSEL	288	JEFF	000100	00010	0100				
COX SAMUEL	019	FAYE	200010	10100	0100				
COX SAMUEL	090	KNOX	200010	31110	0100				
COX SIMON	326A	RAND	100100	00100	0100				
COX SOLOMON	267	JACK	000101	00001	0100				
COX SOLOMON	264	JACK	010201	13101	0100				

Head of Household	Page	County	White Males (Under 10, 10-15, 16-18, 16-25, 26-44, 45 & over)	White Females (Under 10, 10-15, 16-25, 26-44, 45 & over)	Foreigners, Agriculture, Commerce, Manufacture	Free or Slave	Negro Males (Under 14, 14-25, 26-44, 45 & over)	Negro Females (Under 14, 14-25, 26-44, 45 & over)	Other not Indian
COX STEPHEN	264A	JACK	220010	11010	0100				
COX THOMAS	091	DEAR	221201	20001	0100				
COX THOMAS	129	ORAN	300100	20010	0100				
COX TWINEYFOLD	316	POSE	200100	00010	0100				
COX WILLIAM	188	VIGO	100100	00100	0100				
COX WILLIAM	100	LAWR	100010	10010					
COX WILLIAM	225	FRAN	220201	10001	0400				
COX WILLIAM	268	JACK	221101	21102	0100				
COX WILLIAM	264	JACK	300010	10100	0100				
COX WM	213	WAYN	100010	00010	0100				
COX WM SR	165	WAYN	200010	30000	0100				
COY ARIEL	243	WAYN	210001	32110	0100				
COY BENJAMIN	168	SWIT	000100	00000	0100				
COY JOHN	099	LAWR	300010	10010					
COY JOHN	115	SULL	000100	10100	0100				
COY JOHN	287	JEFF	310010	00010	0100				
COY JOHN G	161	FRAN	100010	30010	0100				
COY LEVI	173	FRAN	000001	13001	0100				
COY MATHEW	029	DELA	001110	31110	0200				
COY SHUBAL	173	FRAN	000100	00100	0100				
COYEN ISAAC	298	PIKE	000100	00100					
COZINE JOHN	073	DEAR	000100	00100	0100				
COZINE MARTIN	074	DEAR	110001	02001	0100				
CRABB CHARLES	261	JACK	221301	11001	0200				
CRABB EDWARD	264A	JACK	000100	00100	0100				
CRABLE BENJAMIN	060	HARR	010201	00201	0300				
CRABLE JOHN	060	HARR	000001	00201	0100				
CRABLE JOSEPH	060	HARR	220101	10100	0200				
CRABTREE ELIZABETH	137	ORAN	100000	20100	0000				
CRABTREE JOHN	311	POSE	200010	22000	0100				
CRABTREE SARAH	131	SULL	000100	00001	0100				
CRABTREE WILLIAM	130	ORAN	100010	30100	0100				
CRABTREE WM	311	POSE	100010	20010	0100				
CRACK JEREMIAH	057	HARR	322101	13320	0100				
CRACRAFT JAMES	209	WASH	000100	20010	0100				
CRAFFORD JAMES	247	WAYN	000010	10000	0001				
CRAFFORD WM	247	WAYN	010201	00001	0200				
CRAFT CALEB A	067	DEAR	101110	22110	0020				
CRAFTON DAVID	156	SCOT	000010	10100	0100				
CRAFTON HENRY	156	SCOT	100010	30010	0100				
CRAFTON RACHEL	156	SCOT	000000	00001	0100				
CRAGE JOCK	215	WAYN	200010	20010	0100				
CRAGE JOHN SR	214	WASH	110001	00001	0200				
CRAGE JOHN JR	214	WASH	000100	20100	0100				
CRAGE THOMAS	214	WASH	100100	00100	0100				
CRAGUN CALEB	182	FRAN	100100	10100	0100				
CRAGUN ELISHA	182	FRAN	200010	20010	0100				
CRAIG ALEXANDER	125	SULL	131101	31010	0600				
CRAIG ALEXANDER C	265A	JACK	200410	10010	0001				
CRAIG DANIEL	091	DEAR	010010	00010	0001				
CRAIG DAVID	160	SCOT	100010	10100	0001				
CRAIG DAVID ESQR	072	HARR	001201	11010	0000				

Head of Household	Page	County	White Males (Under 10, 10-15, 16-18, 16-25, 26-44, 45 & over)	White Females (Under 10, 10-15, 16-25, 26-44, 45 & over)	Foreigners, Agriculture, Commerce, Manufacture	Free or Slave	Negro Males (Under 14, 14-25, 26-44, 45 & over)	Negro Females (Under 14, 14-25, 26-44, 45 & over)	Other not Indian
CRAIG GEORGE	166	SWIT	010110	24020	0100	F	1000		
CRAIG JAMES	049	FAYE	220110	24010	0200				
CRAIG JAS	156	SCOT	330010	10010	0100				
CRAIG JESSE	062	HARR	130010	32010	0100				
CRAIG JOHN	159	SCOT	300010	21010	0100				
CRAIG JOHN W	074	HARR	000400	00100	0000				
CRAIG JOHN	125	SULL	100100	10100	0100				
CRAIG JOHN	265A	JACK	100010	00110	0100				
CRAIG JOSEPH	156	SCOT	100010	00000	0100				
CRAIG JOSEPH	071	RIPL	320001	20120	0300				
CRAIG RADERICK JR	215	WAYN	000100	00100	0100				
CRAIG RADWICK SR	215	WAYN	020001	00101	0200				
CRAIG THOMAS	049	FAYE	000100	20100	0100				
CRAIG WILLIA	118	MONR	320010	20010	0100				
CRAIG WILLIAM	136	ORAN	000100	00000	0001				
CRAIG WM JR	215	WAYN	200100	10100	0100				
CRAIGE JOHN	028	DELA	100010	10100	0100				
CRAILL WILLIAM	262	JACK	310010	10100	0001				
CRALE SAMUEL	287	JEFF	200010	10010	0100				
CRAMPTON SAMUEL	171	WAYN	310010	11010	0200				
CRANDAL ELIHU	047	FAYE	210010	21010	0100				
CRANDLE ABRAHAM	168	SWIT	200001	21010	0100				
CRANDLE NATHANIEL	064	HARR	010010	31010	0100				
CRANDLE REED	109	DEAR	100100	10100	0100				
CRANDLE REED	064	HARR	300010	10010	0100				
CRANDLE WILSON	168	SWIT	000100	00010	0100				
CRANDON JOHN	091	DEAR	010101	00110	0100				
CRANE ASA	267A	JACK	100100	00100	0100				
CRANE DAVID	265A	JACK	010100	00100	0100				
CRANE EDMUND	073	RIPL	010015	31010	0100				
CRANE GEORGE	046	HARR	300010	10010	0100				
CRANE ICHABOD G	217	WASH	200020	10020	0200				
CRANE JABEZ	263A	JACK	000110	00100	0100				
CRANE JAMES	072	DEAR	310010	21010	0100				
CRANE JOEL A	169	FRAN	100010	10100	0001				
CRANE JONAS	263A	JACK	120101	11001	0100				
CRANE OBEDIAH M	264A	JACK	510310	11010	0100				
CRANE STEPHEN	209	FRAN	111101	31110	0300				
CRANE WILLIAM	079	JENN	211210	01010	0300				
CRANER THOMAS	191	WAYN	500010	20100	0100				
CRANFORD ISOM	225	WASH	000100	10100	0100				
CRANFORD JOHN	010	CLAR	100020	00100	0101				
CRANFORD MARVEL	225	WASH	100010	00100	0100				
CRARY JOHN	081	JENN	300010	00010	0100				
CRAUDER ISAAC	065	HARR	210010	20110	0100				
CRAVEN JAMES	045	HARR	200101	12010	0200				
CRAVEN JAMES JR	045	HARR	210010	20010	0100				
CRAVEN THOMAS	193	FRAN	200010	20010	0100				
CRAVEN WILLIAM	146	FLOY	120100	00100	0100				
CRAVEN WILLIAM	193	FRAN	100010	10010	0100				
CRAVENS JOHN	282	JEFF	200100	00100	0001				
CRAVENS JOSEPH	161	WAYN	300010	01100	0100				

Head of Household	Page	County	White Males (Under 10, 10-15, 16-18, 16-25, 26-44, 45 & over)	White Females (Under 10, 10-15, 16-25, 26-44, 45 & over)	Foreigners, Agriculture, Commerce, Manufacture	Free or Slave	Negro Males (Under 14, 14-25, 26-44, 45 & over)	Negro Females (Under 14, 14-25, 26-44, 45 & over)	Other not Indian
CRAVENS ROBERT	272A	JEFF	100100	01200	0000				
CRAVENS WILL	282	JEFF	110101	00020	0100				
CRAWDER MARK	147	PERR	100010	40010	0100				
CRAWFORD ANDREW	087	SPEN	100010	10100	0100				
CRAWFORD ALEXANDER	326A	RAND	000001	00001	0100				
CRAWFORD CALIB	188	VIGO	110111	22110	0400				
CRAWFORD DAVID	277A	JEFF	000100	00100	0100				
CRAWFORD ELIJAH	137	ORAN	000100	00100	0100				
CRAWFORD GEORGE	215	WASH	200110	10100	0200				
CRAWFORD ISAAC	284A	JEFF	300010	11100	0001				
CRAWFORD ISABEL	196	FRAN	000100	22101	0100				
CRAWFORD JOHN	278	JEFF	100100	10010	0100				
CRAWFORD JAMES	283A	JEFF	000001	00201	0100				
CRAWFORD JAS M	286	JEFF	100110	50011	0100				
CRAWFORD JAMES	105	LAWR	130010	02210	0100				
CRAWFORD JAMES	136	ORAN	000100	00100	0100				
CRAWFORD JOSEPH	137	ORAN	100012	22010	0200				
CRAWFORD JOHN	069	HARR	020001	40001	0100				
CRAWFORD THOMAS	327A	RAND	200010	41010	0100				
CRAWFORD THOS	285A	JEFF	101501	00002	0300				
CRAWFORD WILLIAM	105	LAWR	200010	10010	0100				
CRAWFORD WILLIAM	037	CLAR	220010	00010	0001				
CRAWFORD WILLIAM	069	HARR	100010	00100	0100				
CRAWFORD WILLIAM SR	071	HARR	211101	22001	0200				
CRAWFORD WILLIAM	277A	JEFF	200001	20010	0100				
CRAWFORD WILL	284A	JEFF	220110	21100	0100				
CRAWHAN DAVID	105	LAWR	000010	00100					
CRAWNOVER DANIEL	125	ORAN	100010	10100	0100				
CRAYTON THOMAS	299	PIKE	210101	32110					
CRAYTON WILLIAM	300	PIKE	100101	01010					
CREAGER JOHN	121	SULL	110001	11101	0200				
CREAGER THOMAS	105	SULL	310001	30001	0400				
CREAGER VALINTINE	107	SULL	200010	20100	0100				
CREAK ISAAC	249	GIBS	020010	21010	0100				
CREAK KILLEON	249	GIBS	000001	00001	0100				
CREAK KILLEAN	249	GIBS	100100	11100	0100				
CREARY WILLIAM	174	SWIT	200010	10100	0100				
CREATON CALIB	055	HARR	000010	42010	0000				
CREEK JACOB	250	GIBS	420010	11110	0100				
CREEK JOHN	197	FRAN	010101	42210	0200				
CREEK THOMAS	198	FRAN	000100	00100	0100				
CREEKMORE HORATIO	210	FRAN	110010	30010	0100				
CREELY CHARLES	087	KNOX	000100	00100	0100				
CREELY GEROME	086	KNOX	001101	00001	0200				
CREMER SIMEON	204	WASH	000100	10100	0100				
CRENSHEW WILLIAM	263A	JACK	321210	10120	0000				
CRESCELUS JOHN	059	HARR	000100	30100	0100				
CRESEMORE HENRY	268A	JACK	100010	20010	0100				
CRESIMORE JACOB	034	CLAR	310102	12010	0000				
CRESRY DAVID C	186	VIGO	100110	10010	0200				
CRESWELL ELIJAH	152	FLOY	200010	33010	0100				
CRESWELL JOHN	280A	JEFF	300110	20110	0200				

Head of Household	Page	County	White Males (Under 10, 10-15, 16-18, 16-25, 26-44, 45 & over)	White Females (Under 10, 10-15, 16-25, 26-44, 45 & over)	Foreigners, Agriculture, Commerce, Manufacture	Free or Slave	Negro Males (Under 14, 14-25, 26-44, 45 & over)	Negro Females (Under 14, 14-25, 26-44, 45 & over)	Other not Indian
RESWELL MATTHEW	192	FRAN	100010	10010	0100				
CRETH ROBERT	079	RIPL	110010	52110	0200				
CREWS BENJN	020	DELA	300010	30010	0100				
CREWS DAVID	197	WAYN	000001	00000	0001				
CREWS DAVID	020	DELA	100010	10000	0100				
CREWS ISAAC	197	WAYN	000100	00100	0100				
CRIDER JOHN	262	JACK	000010	00001	0100				
CRIDER MICHAEL	103	LAWR	001201	12001	0200				
CRIGLE DANIEL	223	WASH	030001	10010	0400				
CRIGLEN JOSHUA	057	FAYE	200010	30010	0100				
CRIPE SAMUEL	227	WAYN	220001	32010	0100				
CRISCELUS JOHN G	058	HARR	001101	01200	0100				
CRISLER BAYLEY	118	MONR	000001	00001	0100				
CRISMAN JACOB	282	JEFF	000001	02001	0000				
CRISMORE JOHN	048	CLAR	000101	01101	0200				
CRISMORE JOHN	049	CLAR	320101	21110	0002				
CRISS JOHN	146	PERR	400010	10010	0100				
CRISS NICHOLAS	264A	JACK	100010	32010	0100				
CRISS PRISCILLA	148	PERR	110200	12101	0200				
CRIST GEORGE	225	FRAN	420001	10111	0300				
CRIST GEORGE W	205	FRAN	221101	22010	0300				
CRIST GEORGE W	195	FRAN	000010	40010	0100				
CRIST JACOB	113	MART	210101	30110	0200				
CRIST JOHN	225	FRAN	110010	11010	0100				
CRIST WILLIAM	030	DELA	200010	00100	0100				
CRISTLER ALLEN	057	FAYE	100110	21010	0002				
CRITCHELL MOSES	079	RIPL	000100	00100	0100				
CRITCHFIELD AMOS	147	WARR	000101	00000	0000				
CRITTENDON HENRY	208	WASH	000010	31010	0100				
CROCK DAVID	093	KNOX	020301	02110	0200				
CROCKER BENJAMIN	195	FRAN	200020	11010	0101				
CROCKER JAS	161	SCOT	100001	00001	0100				
CROCKER JOHN	114	DEAR	200010	20010	0100				
CROCKETT JOHN	203	WASH	120010	30100	0300				
CROCKETT JOHN R	219	WASH	200010	20100	0100				
CROCKETT WILLIAM	219	WASH	010101	31111	0300				
CROKER JESSE	150	PERR	100010	10100	0100				
CROMWELL FIELDING	043	HARR	311120	12010	0200				
CROMWELL JOHN	067	DEAR	100010	10100	0001				
CROOK JOHN	101	LAWR	100100	01100	0100				
CROOKHAM JOHN	070	HARR	100210	10200	0000				
CROOKS JACOB	143	OWEN	100100	00100	0100				
CROOKS JAMES	196	FRAN	021101	00001	0300				
CROOKS JAMES JR	196	FRAN	000100	10100	0100				
CROOKS JAMES	113	MART	100300	01000	0003				
CROOKS MICHAEL	089	KNOX	020101	42101	0400				
CROPER ROBERT	048	HARR	400010	01010	0100				
CROPPER ELENOR	156	SCOT	010000	00001	0000				
CROPT JOSEPH	148	FLOY	200010	22210	0100				
CROSBY JOHN	089	KNOX	010100	30010	0200	S	0100		
CROSBY LEONARD	088	KNOX	200020	30010	0101	S	1000	0100	
CROSS AGUILLA	123	DEAR	110201	12101	0100				

Head of Household	Page	County	White Males (Under 10, 10-15, 16-18, 16-25, 26-44, 45 & over)	White Females (Under 10, 10-15, 16-25, 26-44, 45 & over)	Foreigners, Agriculture, Commerce, Manufacture	Free or Slave	Negro Males (Under 14, 14-25, 26-44, 45 & over)	Negro Females (Under 14, 14-25, 26-44, 45 & over)	Other not Indian
CROSS CHARLES	248	GIBS	000101	00001	0000				
CROSS CHESTER	264	JACK	000010	00100	0100				
CROSS ELI	212	WASH	000100	00100	0100				
CROSS JAMES	310	POSE	310100	11210	0200				
CROSS JAS	137	WARR	200010	20010	0000				
CROSS JOHN J	223	WAYN	000100	00000	0100				
CROSS JOHN	108	DEAR	400010	21010	0100				
CROSS JOSEPH	183	FRAN	100010	21010	0100				
CROSS MOSES	073	DEAR	100011	00101	0200				
CROSS PETER	310	POSE	110100	11101	0200				
CROTHER JOHN	279A	JEFF	201110	00100	0002				
CROTTS VALENTINE	224	WASH	210010	22010	0200				
CROUCH AARON	224	WASH	410010	10010	0200				
CROUCH BENJAMIN	113	DEAR	310010	01010	0100				
CROUCH EDWARD	032	FAYE	200001	10010	0100				
CROUCH JOHN	224	WASH	220010	01110	0300				
CROUCH JOHN	032	FAYE	200010	11100	0100				
CROUCH NATHAN	039	FAYE	000100	10100	0001				
CROW BENJAMIN	031	DELA	300110	10200	0100				
CROW DANIEL	259	WAYN	300010	10100	0100				
CROW ELIZABETH	125	SULL	100200	01001	0200				
CROW HANNAH	254	GIBS	010200	01001	0100				
CROW JAMES	134	ORAN	200010	00100	0100				
CROW JAMES	254	GIBS	100001	10100	0100				
CROW JOHN	132	ORAN	300010	00100	0100				
CROW JOHN	252	GIBS	100100	10100	0100				
CROW JOHN	224	WASH	100010	30010	0100				
CROW JOSHUA	225	WASH	300110	11010	0100				
CROW LEWIS	206	WASH	200020	41010	0200				
CROW ROBERT	254	GIBS	210110	30010	0100				
CROW WM	238	GIBS	210010	10100	0100				
CROWELL TOTER JR	174	SWIT	100101	20100	0100				
CROWLEY JAMES	249	GIBS	100110	00100	0100				
CROZIER DECKER	091	DEAR	320010	21110	0100				
CRUGER JOHN	067	DEAR	200110	20010	0020				
CRULE JAMES	056	HARR	210010	31000	0100				
CRULL JACOB	269	WAYN	311201	32001	0300				
CRULLIS WM	137	WARR	001000	10100	0000				
CRUM ANDREW	045	CLAR	100010	10200	0100				
CRUM COONROD	093	KNOX	220010	00110	0100				
CRUM HENRY	133	ORAN	000010	00011	0100				
CRUM JOHN	045	CLAR	430201	11110	0300				
CRUM MATHEAS	034	CLAR	321201	11010	0400				
CRUM PHILLIP	088	KNOX	100010	10100	0100				
CRUMB ABRAM	265	WAYN	010101	11101	0200				
CRUMB JOHN	118	MONR	300010	10010	0100				
CRUMB WM	225	WAYN	241101	41010	0400				
CRUMB WM JR	235	WAYN	100100	01000	0100				
CRUMBAUGH JACOB R	027	DELA	101120	21101	0002				
CRUME DANIEL	073	DEAR	030201	00101	0200				
CRUME MARKS	003	FAYE	000010	10100	0001				
CRUMMITT ALEXANDER	115	DEAR	200010	30010	0100				

Head of Household	Page	County	White Males (Under 10, 10-15, 16-18, 16-25, 26-44, 45 & over)	White Females (Under 10, 10-15, 16-25, 26-44, 45 & over)	Foreigners, Agriculture, Commerce, Manufacture	Free or Slave	Negro Males (Under 14, 14-25, 26-44, 45 & over)	Negro Females (Under 14, 14-25, 26-44, 45 & over)	Other not Indian
CRUMP RHODA	220	FRAN	110000	21010	0100				
CRUMWELL JOHN	213	FRAN	210110	30010	0101				
CRUNK JOHN	310	POSE	410010	30110	0200				
CRUSE HENRY	030	DELA	201101	11101	0100				
CRUSENBERRY JAMES	091	DEAR	000201	00101	0100				
CRUSENBERRY VINCENT	091	DEAR	030100	11010	0100				
CRUSON THOMAS	078	JENN	000010	10100	0100				
CRUTCHFIELD GEORGE	033	DELA	210001	01101	0100				
CRUTCHFIELD GEORGE	066	HARR	300001	01201	0100				
CRUTEHFORD JAMES	143	OWEN	000100	00100	0100				
CRUTEHLOW JAMES	147	PERR	010101	21200	0200				
CRUX HENRY	227	WAYN	230010	20010	0100				
CRYST JOHN	249	WAYN	000100	02000	0100				
CUBBAGE JAMES	010	CRAW	300010	11010	0100				
CUBERTSON JAMES	294	JEFF	000110	00100	0100				
CULB RICHARD	027	FAYE	111210	22101	0100				
CULBERSON JOSEPH	097	LAWR	100010	10100	0				
CULBERSON BENJAMIN	246	GIBS	200010	30100	0100				
CULBERSON ANDREW	251	GIBS	000100	00100	0001				
CULBERTSON WILLIAM J	168	SWIT	100100	10100	1100				
CULBERTSON WILLIAM S	168	SWIT	002201	00001	3300				
CULBERTSON CHARLES	286A	JEFF	200010	11210	0100				
CULBERTSON THOMAS	253	WAYN	200010	10010	0100				
CULBERTSON ROBERT	257	WAYN	400020	20100	0200				
CULL HUGH	205	WAYN	000101	00110	0100				
CULLER JOHN	118	MONR	000010	30100	0100				
CULLISON VALENTINE	220	WASH	300010	10010	0100				
CULLY JAMES	101	LAWR	100010	10001	1000				
CULLY JOSEPH	212	FRAN	000100	10100	0100				
CULLY JOSEPH	317	POSE	321101	30110	0300				
CULLY ROBERT	043	FAYE	000100	00000	0001				
CULLY SAML	305A	POSE	000010	10101	0100				
CULLY THOMAS	211	FRAN	220101	12001	0400				
CULLY THOS	316A	POSE	100010	32100	0100				
CULP CORNELIUS	057	DEAR	110010	01010	0100				
CULP JACOB	058	DEAR	400010	10010	0100				
CULP JOSEPH	175	SWIT	100100	20100	0100				
CULTON JAMES	137	ORAN	100100	10200	0001				
CULTON JOSEPH	143	FLOY	000211	01101	0300				
CULVER AARON	166	SWIT	000100	20010	0100				
CULVER JAMES	166	SWIT	000100	10100	0100				
CULVER SAMUEL	166	SWIT	121101	01001	0100				
CUMMINGS CALEB	090	DEAR	100110	10010	0100				
CUMMINGS ELI	149	PERR	000100	01001	0100				
CUMMINGS EPHRIAM	146	PERR	120010	31110	0300				
CUMMINGS EPHRAIM	147	PERR	120010	31110	0300				
CUMMINGS GIDEON	069	DEAR	101220	21010	0201				
CUMMINGS JOSIAH	149	PERR	100100	10010	0100				
CUMMINGS JOHN	150	PERR	101101	00010	0300				
CUMMINGS URIAH	148	PERR	201010	21000	0000				
CUMMINGS WILLIAM	146	PERR	200010	20010	0000				
CUMMINS DAVID	102	LAWR	110010	31010	0100				

Head of Household	Page	County	White Males (Under 10, 10-15, 16-18, 16-25, 26-44, 45 & over)	White Females (Under 10, 10-15, 16-25, 26-44, 45 & over)	Foreigners, Agriculture, Commerce, Manufacture	Free or Slave	Negro Males (Under 14, 14-25, 26-44, 45 & over)	Negro Females (Under 14, 14-25, 26-44, 45 & over)	Other not Indian
CUMMINS GABRIEL	030	CLAR	100100	00100	0100				
CUMMINS HAZEL	128	ORAN	000000	00000	0100	F	0010	1100	
CUMMINS HUGH	030	CLAR	100001	22110	0100				
CUMMINS JAMES	111	SULL	200201	10100	0300				
CUMMINS JAMES	043	CLAR	000110	01100	0200				
CUMMINS JOHN	031	CLAR	000010	00100	0001				
CUMMINS JOHN	177	FRAN	013301	00301	0300				
CUMMINS JOHN	111	SULL	000010	10100	0100				
CUMMINS JOHN	300	PIKE	110010	21010					
CUMMINS MAGOR	263A	JACK	010010	32001	0100				
CUMMINS MALUD	102	LAWR	300010	30010	0100				
CUMMINS ROBERT G	111	SULL	200010	11010	0100				
CUMMINS STEPHEN	122	DEAR	200010	10101	0001				
CUMMINS WILLIAM	030	CLAR	010010	01100	0001				
CUMMINS WILLIAM	069	HARR	320210	20010	0500				
CUMMINS WM	219	WAYN	100010	32010	0100				
CUMPTON KENNETH	182	VAND	241001	10010	0400				
CUNNINGHAM AARON	150	PERR	300010	22010	0100				
CUNINGHAM ALEXANDER	089	KNOX	000100	00100	0100				
CUNNINGHAM ANDERSON	206	WASH	200010	20010	0400				
CUNINGHAM ANDREW	253	GIBS	410001	20111	0100				
CUNNINGHAM DANIEL	009	FAYE	100101	02101	0100				
CUNNINGHAM ELIC	147	PERR	000100	00100	0100				
CUNNINGHAM ELIJAH	206	WASH	100100	00100	0100				
CUNNINGHAM FRANCES	086	KNOX	200010	23010	0000				
CUNINGHAM GEORGE	253	GIBS	000011	01000	0100				
CUNNINGHAM GEORGE	039	FAYE	000100	00100	0100				
CUNNINGHAM JAMES	233	WAYN	410010	10010	0100				
CUNNINGHAM JAMES	002	CLAR	530010	02110	0100				
CUNNINGHAM JOHN	070	HARR	001101	00101	0200				
CUNNINGHAM JOHN	091	DEAR	000100	10100	0100				
CUNNINGHAM JOHN	037	FAYE	301201	20101	0100				
CUNNINGHAM JOS L	281	JEFF	320101	00210	0200				
CUNNINGHAM JOSEPH	157	SCOT	331101	22010	0300				
CUNNINGHAM JOSEPH	002	CLAR	000100	00100	0100				
CUNINGHAM JOSEPH	093	KNOX	010201	01001	0300				
CUNNINGHAM JOSEPH SR	002	CLAR	000001	00001	0100				
CUNNINGHAM NATHANL F	117	SULL	300010	00010	0100				
CUNNINGHAM RICHARD	167	SWIT	000010	20200	0100				
CUNNINGHAM ROBERT	091	DEAR	000100	10100	0100				
CUNNINGHAM ROBERT	002	CLAR	110010	41010	0100				
CUNNINGHAM SAMUEL	107	DEAR	221201	11111	0100				
CUNINGHAN SAMUEL	195	WAYN	100010	10100	0100				
CUNINGHAM STUERT	253	GIBS	300010	12010	0100				
CUNNINGHAMTHOMAS	002	CLAR	300010	20010	0100				
CUNNINGHAM THOMAS	070	HARR	120010	31010	0300				
CUNNINGHAM WILLIAM	213	FRAN	300011	20000	0100				
CUNNINGHAM WILLIAM	002	CLAR	400010	02100	0100				
CUPP JOHN	103	LAWR	011110	20100	0300				
CURCK ALASON	192	VIGO	300100	30401	0200				
CURE JAMES	115	DEAR	110010	41010	0100				
CURL BENNETT	073	HARR	120101	00201	0200				

Head of Household	Page	County	White Males (Under 10, 10-15, 16-18, 16-25, 26-44, 45 & over)	White Females (Under 10, 10-15, 16-25, 26-44, 45 & over)	Foreigners, Agriculture, Commerce, Manufacture	Free or Slave	Negro Males (Under 14, 14-25, 26-44, 45 & over)	Negro Females (Under 14, 14-25, 26-44, 45 & over)	Other not Indian
CURL DUDLEY	118	MONR	122201	12101	0400				
CURLIE JOSHUA	308	POSE	110110	01100	0010				
CURRAN THOMAS	077	RIPL	220010	20010	0300				
CURRATHERS JAMES	111	SULL	000010	30010	0100				
CURRATHERS WILLIAM	111	SULL	100010	00100	0100				
CURRATHERS WILLIAM	121	SULL	200331	00210	0020				
CURREN SAMUEL	069	HARR	100010	20100	0100				
CURRETHERS THOMAS	111	SULL	200010	21010	0100				
CURREY WILLIAM	263	JACK	220101	10101	0100				
CURRIE JAMES	075	RIPL	010001	12010	0200				
CURRIE ROBT	277	JEFF	000110	00001	0200				
CURRIG DAVID	281	JEFF	310010	02010	0100				
CURRY AARON	253	GIBS	100100	00100	0100				
CURRY ANDREW	093	KNOX	200010	22010	0100				
CURRY ANNA	037	DUBO	110000	10010	0100				
CURRY DANIEL	193	FRAN	220011	22110	0300				
CURRY ELIAS	111	SULL	200100	00100	0100				
CURRY ELIJAH	263	JACK	300010	21010	0100				
CURRY HENRY	232	GIBS	200100	00100	0001				
CURRY ISAAC	056	HARR	000100	00100	0200				
CURRY ISRAEL	056	HARR	111201	21201	0300				
CURRY JAMES	186	VIGO	101110	10010	0100				
CURRY JAMES	005	CLAR	101110	10110	0100				
CURRY JAMES	241	GIBS	001210	01001	0200				
CURRY JAMES	197	FRAN	000100	00100	0100				
CURRY JAMES	128	ORAN	010010	40010	0200				
CURRY JOHN	204	WASH	100010	10100	0002				
CURRY JOHN	111	DEAR	000000	00000	0100	F	1010	2010	
CURRY JOHN	181	FRAN	100100	00100	0100				
CURRY JOHN	111	SULL	200010	10100	0100				
CURRY ROBERT	111	SULL	100010	20010	0100				
CURRY ROBERT	247	GIBS	101101	11010	0200				
CURRY SAMUEL	111	SULL	300010	00010	0100				
CURRY THOMAS	181	FRAN	010001	01101	0200				
CURRY THOMAS	193	FRAN	400010	10010	0100				
CURRY THOMAS	056	HARR	200010	30010	0100				
CURRY TORRENCE	073	DEAR	010101	00101	0200				
CURRY WILLIAM	111	SULL	110101	11101	0300				
CURRY WILLIAM	090	KNOX	210010	00010	0100				
CURRY WM D	005	CRAW	000100	00100	0100				
CURTAIN DANIEL	306	POSE	000010	10100	0100				
CURTICE ALANTHUS	011	FAYE	200010	21011	0100				
CURTICE AUGUSTUS	023	FAYE	000100	00100	0001				
CURTICE WM	312	POSE	200001	01001	0100				
CURTIS ARTHUR	029	CLAR	100100	00100	0100				
CURTIS EBENEZER	114	MART	400110	01110	0101				
CURTIS ELIMUEL	194	VIGO	000410	20010	0700				
CURTIS FREDERICK A	079	JENN	330001	10010	0000				
CURTIS JOSHUA	306A	POSE	100100	00100	0100				
CURTIS JOSEPH	255	WAYN	200010	20010	0100				
CURTIS RUTH	301	PIKE	100000	20010					
CURTIS SAMUEL C	189	VIGO	000500	20110	0500				

Head of Household	Page	County	White Males (Under 10, 10-15, 16-18, 16-25, 26-44, 45 & over)	White Females (Under 10, 10-15, 16-25, 26-44, 45 & over)	Foreigners, Agriculture, Commerce, Manufacture	Free or Slave	Negro Males (Under 14, 14-25, 26-44, 45 & over)	Negro Females (Under 14, 14-25, 26-44, 45 & over)	Other not Indian
CURTIS SPENCER	090	DEAR	000000	00000	0100	F	2210	0010	
CURTIS WILLIAM	076	JENN	300010	00010	0001				
CURTISS ELLIOTT	138	FLOY	000110	00010	0011				
CURTRIGHT RALPH	216	WASH	200100	10010	0100				
CURTUS BENJAMIN	024	CLAR	200010	00100	0100				
CURTUS BENNET	224	WASH	121101	10100	0400				
CURTUS JOSEPH	026	CLAR	000010	10010	0100				
CURTUS LOVE	026	CLAR	100000	11011	0000				
CURY JOHN	090	KNOX	000001	00001	0100	F	0100		
CUSHMAN NANCY	115	SULL	211100	11110	0300				
CUSSY HENRY	207	WAYN	210001	00001	0100				
CUSSY JAMES	207	WAYN	200100	10100	0100				
CUSSY THOS	207	WAYN	000100	00100	0100				
CUSTARD PAUL	233	WAYN	330000	11101	0200				
CUSTER ARNOLD	289A	JEFF	120201	01001	0300				
CUSTER REED	288	JEFF	000010	20010	0100				
CUSTER WILLIAM	286	JEFF	000110	00100	0200				
CUSTES ISAAC	291	JEFF	300010	10010	0100				
CUTBIRTH BENJAMINE	033	DELA	200301	02101	0400				
CUTLER BENJAMINE	034	DELA	000000	00100	0000				
CUTLER BENJAMIN	081	JENN	000101	00210	0200				
CUTLER BENJAMIN	032	DELA	000101	00111	0100				
CUTLER JACOB	152	SCOT	210320	23110	0500	F	0100	0100	
CUTLER JOHN	032	DELA	000100	00000	0100				
CUTLER LEONARD	079	JENN	500110	00010	0100				
CUTRITE WILLIAM	301	PIKE	100100	00100					
CUTSINGER JACOB	132	ORAN	200100	10100	0100				
CUTSINGER MARTIN	136	ORAN	110001	30101	0200				
CUTSINGERN GEORGE	019	DELA	200010	10010	0100				
CUTSTINE JOSEPH	119	DEAR	100101	00010	0200				
CUTTER ANDREW	103	DEAR	100020	00100	0001				
CUYKENDALL JOHN	190	VIGO	200010	20100	0100				
D CAMP CHARLES	186	FRAN	300110	00200	0002				
DAFFERN GEORGE	015	FAYE	200100	00100	0100				
DAGGET EBERNEZER	188	VIGO	310310	00100	0202				
DAGGS WILLIAM	059	HARR	100101	00101	0200				
DAGGS WILLIAM JR	063	HARR	100100	01001	0100				
DAIL PATTY	090	KNOX	010000	31010	0000				
DAILEY JACOB	035	CLAR	200010	20010	0100				
DAILEY JOHN	116	DEAR	200111	10101	0300				
DAILEY THOMAS	086	DEAR	100010	00100	1001				
DAILEY WILLIAM	077	JENN	200100	20100	0100				
DAILY AMOS	155	FLOY	210001	11010	0100				
DAILY CHARLES	025	CLAR	201201	21010	0300				
DAILY CHARLES	180	FRAN	320101	10010	0201				
DAILY CHARLES JR	022	CLAR	000100	00100	0100				
DAILY DAVID	039	CLAR	100100	00200	0100				
DAILY JAMES	172	SWIT	000100	10100	0100				
DAILY JESSE V	172	SWIT	200100	01100	0100				
DAILY JOHN	169	FRAN	000010	00000	0100				
DAILY PHILLIP JR	039	CLAR	100100	00100	0100				
DAILY PHILLIP SR	039	CLAR	001101	02001	0200				

Head of Household	Page	County	White Males (Under 10, 10-15, 16-18, 16-25, 26-44, 45 & over)	White Females (Under 10, 10-15, 16-25, 26-44, 45 & over)	Foreigners, Agriculture, Commerce, Manufacture	Free or Slave	Negro Males (Under 14, 14-25, 26-44, 45 & over)	Negro Females (Under 14, 14-25, 26-44, 45 & over)	Other not Indian
DAILY SAMUEL	022	CLAR	110010	20010	0100				
DAILY SILAS	153	FLOY	300010	30010	0100				
DAILY WILLIAM	019	FAYE	100100	00200	0100				
DAIRS SAMUEL	275A	JEFF				F	0010	0010	
DAKE SAMUEL	039	CLAR	000101	01001	0100				
DAKINS JAMES	218	FRAN	010001	00101	0100				
DAKMAN	083	KNOX	000010	00000	0000				
DALE ALEXANDER	027	FAYE	100011	20200	0100				
DALE GEORGE	105	LAWR	201110	00100	0100				
DALE GEORGE	100	LAWR	200010	00100	0100				
DALE JAMES	102	LAWR	300010	10010	0100				
DALE JAMES B	025	FAYE	200010	00100	0100				
DALE JOHN	027	FAYE	200100	00100	0100				
DALE JOSEPH	027	FAYE	110010	20100	0100				
DALE MATHEW	102	LAWR	100010	21010	0100				
DALE SAMUEL	104	LAWR	300020	21010	0100				
DALE SQUIRE	105	LAWR	200010	30010	0100				
DALE SYDNOR	005	FAYE	120500	00100	0001				
DALE WILLIAM	103	LAWR	210010	10021	0200				
DALLAHIDE JAMES	053	HARR	000011	01101	0200				
DALMAZZO JAMES	173	SWIT	100010	10100	1100				
DALRYMPLE DAVID	168	SWIT	000010	10100	0100				
DALY GEORGE	042	CLAR	200100	00200	0100				
DANAGHE HUGH M	135	WARR	300010	10100	0000				
DANE JOHN	237	WAYN	110010	20010	0100				
DANFORD JOHN	012	CRAW	300011	10101	0200				
DANFORD JOSIAH	011	CRAW	110010	21010	0101				
DANFORTH SIMEON	086	DEAR	000010	24210	0001				
DANFORTH WILL	284A	JEFF	110110	31010	0002				
DANHARD JESSE	207	WAYN	200010	10010	0100				
DANIEL	257	GIBS			0200	S	0002	2010	
DANIEL AARON	142	FLOY	010010	21010	0001	S	1010	0100	
DANIEL JOHN	145	PERR	000010	01000	0000				
DANIEL JOHN	307A	POSE	210111	22001	0200				
DANIEL JOSEPH	111	SULL	000100	30100	0100				
DANIEL PETER	146	PERR	110201	01100	0100				
DANIEL REBECCA	111	SULL	110000	11101	0200				
DANIEL RITCHARD	231	GIBS	010110	01110	0010				
DANIELS JOHN	091	DEAR	210010	22010	0100				
DANIELS JOSEPH	091	DEAR	000010	00010	0100				
DANIELS MARY	190	VIGO	100000	11010	0000				
DANIELS MERIER	085	KNOX	000100	00000	0001				
DANIELS WILLIAM	091	DEAR	030201	11010	0100				
DANLEY DAVID	084	KNOX	001100	00000	0000				
DANNER DAVID	295	JEFF	300020	21100	0200				
DANNER JOSEPH	125	ORAN	310010	12110	0100				
DANNER SAMUEL	295	JEFF	000021	00010	0200				
DANNING JAMES	119	MONR	200010	00010	0100				
DARBY ESRA	137	WARR	020210	30110	0001				
DARE ABIEL	195	FRAN	321201	21010	0400				
DARE ROBERT	183	FRAN	100010	40010	0100				
DARE ROBERT	202	FRAN	112210	22010	0003				

Head of Household	Page	County	White Males (Under 10, 10-15, 16-18, 16-25, 26-44, 45 & over)	White Females (Under 10, 10-15, 16-25, 26-44, 45 & over)	Foreigners, Agriculture, Commerce, Manufacture	Free or Slave	Negro Males (Under 14, 14-25, 26-44, 45 & over)	Negro Females (Under 14, 14-25, 26-44, 45 & over)	Other not Indian
DARINGER JACOB	291A	JEFF	300010	00100	0100				
DARLAND WILLIAM	266A	JACK	410010	02010	0100				
DARLING JAMES C	111	DEAR	010010	41010	0100				
DARLING JACOB	117	DEAR	001101	01001	0100				
DARLING JACOB JR	117	DEAR	100100	10100	0100				
DARLING THOMAS	092	DEAR	220010	11010	0100				
DARMER SAMUEL	022	DELA	221301	10010	0100				
DARMITH ISAAC	119	MONR	100010	31110	0001				
DARNALD EPHRAIM	088	KNOX	220010	00010	0100				
DARNEL EPHRAM	233	GIBS	220010	01001	0100				
DARRAGH SARAH	101	DEAR	110110	11010	0000				
DARROCH DANIEL	135	ORAN	300010	00010	0100				
DART JAMES	092	DEAR	200010	10101	0100				
DART LEVI	163	FRAN	100010	11010	0100				
DARTER JACOB	043	FAYE	020201	31110	0100				
DARTER SAMUEL	047	FAYE	000100	20100	0100				
DARTS WILLIAM SL	106	DEAR	100100	00100	0100				
DASHIELL CHARLES	111	DEAR	100020	20100	0100				
DASHIELL JOHN	111	DEAR	100010	40100	0100				
DASHNEY AMBROIS	191	VIGO	000101	00100	0020				
DASON ISAAC	019	DELA	100100	20010	0100				
DASSEN JOSEPH	019	DELA	200010	10010	0100				
DATTOR DANIEL	034	CLAR	200010	20010	0100				
DAUBENSPECK JOHN	051	FAYE	320010	20010	0100				
DAUGHARTY BARNA	235	WAYN	000001	00110	0100				
DAUGHARTY JAMES	235	WAYN	110010	30011	0001				
DAUGHERTY JESSE	146	PERR	200110	00100	0010				
DAUGHERTY GEORGE	125	ORAN	320001	21110	0100				
DAUGHERTY JOHN	126	ORAN	200010	22010	0100				
DAUGHERTY HENRY	126	ORAN	000020	41010	0101				
DAUGHERTY JOHN	128	ORAN	200010	20100	0100				
DAUGHERTY JOHN	093	SPEN	300200	11100	0200				
DAUGHERTY JOHN	109	SULL	010102	10001	0400				
DAUGHERTY JOHN	121	SULL	000100	10100	0200				
DAUGHERTY JOHN	182	VAND	100010	10010	4100				
DAUGHERTY JOHN SR	137	ORAN	100001	00101	0100				
DAUGHERTY WILLIS	115	MART	000100	00100	0100				
DAUGHTEN WILLIAM	301	PIKE	010001	00010					
DAUT JOHN	319	POSE	011101	11101	0000				
DAVENPORT CHARLES	308	POSE	100100	10101	0010				
DAVES NOAH	201	FRAN	501210	12010	0300				
DAVESON JOSEPH	255	GIBS	200110	10101	0200				
DAVID AARON	108	LAWR	000201	30010					
DAVID ANNE	262	JACK	011200	02010	0100				
DAVID DAVIS	097	DEAR	100010	20010	0100				
DAVID SAMUEL	247	WAYN	100010	31010	0001				
DAVIDSON ANDREW	277A	JEFF	300110	20020	0100				
DAVIDSON DANIEL	117	SULL	200011	22011	0300				
DAVIDSON JAMES	119	MONR	110201	22010	0300				
DAVIDSON JESSE	031	DELA	010101	00001	0000				
DAVIDSON JOHN	092	DEAR	310101	02010	0100				
DAVIDSON ROBERT	119	DEAR	000010	11010	0100				

Head of Household	Page	County	White Males (Under 10, 10-15, 16-18, 16-25, 26-44, 45 & over)	White Females (Under 10, 10-15, 16-25, 26-44, 45 & over)	Foreigners, Agriculture, Commerce, Manufacture	Free or Slave	Negro Males (Under 14, 14-25, 26-44, 45 & over)	Negro Females (Under 14, 14-25, 26-44, 45 & over)	Other not Indian
DAVIDSON THOS	279A	JEFF	000010	00000	0001				
DAVIESS HIRAM	113	MART	100100	01000	0001				
DAVIESS PHILIP	113	MART	120101	00101	0101				
DAVIS AARON I	032	DELA	000100	20100	0100				
DAVIS ABRAM	205	WAYN	300020	10100	0200				
DAVIS ADAM	132	ORAN	300110	21010	0200				
DAVIS AMOS	055	HARR	300010	20010	0100				
DAVIS ASA	014	CRAW	021001	43010	0001				
DAVIS ASA	167	WAYN	200001	20001	0100				
DAVIS BARNABAS	130	ORAN	020101	01210	0200				
DAVIS BARTHOLOMEW	200	FRAN	200010	00010	0100				
DAVIS BAXTER	067	DEAR	000020	00100	0020				
DAVIS BENJ	281	JEFF	420010	11200	0100				
DAVIS BENJAMIN	222	WASH	000001	00201	0100				
DAVIS BENJAMIN	188	VIGO	000021	00021	0300				
DAVIS BENJAMIN	181	VAND	000010	01010	0100				
DAVIS BENJAMIN	188	VIGO	200100	10100	0100				
DAVIS BENJAMIN	019	DELA	100100	10100	0100				
DAVIS BENJAMIN	250	GIBS	100100	00100	0100				
DAVIS CHARLES	021	FAYE	110110	21110	0100				
DAVIS DANIEL	172	SWIT	000100	00100	0100				
DAVIS DANIEL	130	ORAN	300010	11010	0100				
DAVIS DANIEL	055	HARR	100100	00100	0100				
DAVIS DANIEL	091	SPEN	120010	20100	0300				
DAVIS DAVID	173	SWIT	123401	12410	0100				
DAVIS EDWARD	066	HARR	111301	21010	0200				
DAVIS EDWARD	019	DELA	000010	00000	0100				
DAVIS ELIAS	172	FRAN	100010	20100	0100				
DAVIS ELIJAH	078	JENN	000101	01001	0100				
DAVIS ELIZABETH	047	CLAR	000100	10201	0001				
DAVIS EVAN	012	CRAW	100100	10100	0100				
DAVIS EZEKLE	071	HARR	110110	20010	0100				
DAVIS EZEKIEL	055	HARR	300100	00100	0100				
DAVIS EZRA	213	WASH	221210	22110	0500				
DAVIS FRANCES	027	FAYE	101101	32010	0100				
DAVIS FRANCIS	100	DEAR	000010	00100	0001				
DAVIS FRANCIS	023	CLAR	120001	21010	0100				
DAVIS FRANCIS	289A	JEFF	111101	12010	0200				
DAVIS GAREY	156	SCOT	100010	20100	0100				
DAVIS GEORGE	007	FAYE	100110	10010	0100				
DAVIS GEORGE	207	WASH	100010	31010	0100				
DAVIS GEORGE	085	KNOX	000010	00010	1100				
DAVIS GEORGE W	107	SULL	001100	00100	0200				
DAVIS GILFORD	115	SULL	000100	00100	0100				
DAVIS GRIFFEY	325A	RAND	110010	20110	0100				
DAVIS HENRY	207	WASH	210010	20010	0200				
DAVIS HEZEKIAH	020	DELA	010001	12010	0100				
DAVIS ISAAC	223	WASH	100020	20010	0200				
DAVIS ISRAEL	161	FRAN	000101	21010	0200				
DAVIS JACKSON	003	FAYE	100010	20010	0001				
DAVIS JACOB	149	PERR	310010	01100	0200				
DAVIS JACOB	068	HARR	120100	32010	0100				

Head of Household	Page	County	White Males (Under 10, 10-15, 16-18, 16-25, 26-44, 45 & over)	White Females (Under 10, 10-15, 16-25, 26-44, 45 & over)	Foreigners, Agriculture, Commerce, Manufacture	Free or Slave	Negro Males (Under 14, 14-25, 26-44, 45 & over)	Negro Females (Under 14, 14-25, 26-44, 45 & over)	Other not Indian
DAVIS JACOB	023	DELA	230010	30011	0100				
DAVIS JAMES	200	FRAN	010001	01000	0200				
DAVIS JAMES	068	HARR	320001	10010	0100				
DAVIS JAMES	054	HARR	020201	00301	0300				
DAVIS JAMES	206	WASH	120101	21101	0100				
DAVIS JAMES	170	SWIT	010301	02000	3300				
DAVIS JAMES SR	135	FLOY	120301	01010	0200				
DAVIS JAMES	039	CLAR	010001	32201	0200				
DAVIS JAMES	012	CLAR	301200	10100	0200				
DAVIS JAMES	007	FAYE	200010	10100	0100				
DAVIS JEPTHAE	178	FRAN	000010	20100	0100				
DAVIS JESSE	109	SULL	310112	31010	0400				
DAVIS JESSA	243	GIBS	200110	00100	0200				
DAVIS JESSE	208	WASH	100010	20010	0100				
DAVIS JOEL	184	FRAN	210001	20100	0100				
DAVIS JOEL	134	ORAN	000010	10010	0100				
DAVIS JOHN	149	WARR	510010	20001	0000				
DAVIS JOHN	058	DEAR	100010	00100	0100				
DAVIS JOHN F	170	FRAN	200010	30010	0100				
DAVIS JOHN	188	FRAN	520110	01010	0013				
DAVIS JOHN	142	OWEN	100100	00100	0100				
DAVIS JOHN	147	PERR	200011	00010	0100				
DAVIS JOHN	119	MONR	000100	00100	0100				
DAVIS JOHN H	130	ORAN	100010	10100	0100				
DAVIS JOHN	130	ORAN	100010	20100	0100				
DAVIS JOHN	023	DELA	100010	30010	0100				
DAVIS JOHN	054	HARR	213301	03001	0400				
DAVIS JOHN JR	054	HARR	000010	30100	0100				
DAVIS JOHN	141	WARR	002001	00001	0000				
DAVIS JOHN	250	GIBS	100100	00100	0100				
DAVIS JOHN	265	JACK	000100	20100	0100				
DAVIS JOHN	201	WAYN	200010	10010	0100				
DAVIS JOHN	239	WAYN	200010	10100	0001				
DAVIS JOHN	157	SCOT	310010	21010	0100				
DAVIS JOHN P	114	DEAR	211101	01110	0100				
DAVIS JONATHAN	079	JENN	100100	00100	0100				
DAVIS JONATHAN S	267	WAYN	200100	10100	0100				
DAVIS JOSEPH	055	HARR	100110	40110	0200				
DAVIS JOSEPH	262	JACK	100100	20100	0100				
DAVIS JOSEPH	144	FLOY	100010	20100	0100				
DAVIS JOSHUA	079	JENN	400010	10010	0100				
DAVIS JOSHUA	107	SULL	311101	01010	0400				
DAVIS LEVI	216	WASH	000101	22101	0200				
DAVIS MALACHIAH	366	RAND	100110	20100	0100				
DAVIS MARY	019	CLAR	030100	00001	0100				
DAVIS MILO R	054	HARR	000010	20100	0100				
DAVIS MOSES	284A	JEFF	500010	00010	0000				
DAVIS NANCY	111	DEAR	001300	00010	0100				
DAVIS NATHAN	188	FRAN	100210	22101	0000				
DAVIS NATHAN	007	FAYE	300110	00010	0002				
DAVIS NATHANIEL	080	JENN	311210	02100	0100				
DAVIS NEWEL	201	WASH	000100	00101	0000				

Head of Household	Page	County	White Males (Under 10, 10-15, 16-18, 16-25, 26-44, 45 & over)	White Females (Under 10, 10-15, 16-25, 26-44, 45 & over)	Foreigners, Agriculture, Commerce, Manufacture	Free or Slave	Negro Males (Under 14, 14-25, 26-44, 45 & over)	Negro Females (Under 14, 14-25, 26-44, 45 & over)	Other not Indian
DAVIS NICHOLAS	117	SULL	210010	30010	0300				
DAVIS OWEN	115	SULL	000200	30100	0200				
DAVIS PARNUEL	079	JENN	200011	21010	0100				
DAVIS PAUL	009	FAYE	120201	01001	0100				
DAVIS RANSOM	135	ORAN	300010	20010	0100				
DAVIS REZIN	027	FAYE	300010	20010	0100				
DAVIS RICHARD	150	PERR	110010	52010	0300				
DAVIS RICHARD	257	GIBS				F	1000	1000	
DAVIS RICHARD	246	GIBS	001320	00000	0300				
DAVIS ROBERT C	243	GIBS	210210	21110	0200				
DAVIS RUTH	011	CRAW	001100	00001	0100				
DAVIS SAMUEL	020	CLAR	100100	00100	0100				
DAVIS SAMUEL	173	WAYN	100011	20100	0101				
DAVIS SAMUEL	200	FRAN	100100	00100	0100				
DAVIS SAMUEL	173	SWIT	100010	32010	0100				
DAVIS SEPTIMUS	081	JENN	010010	20001	0100				
DAVIS SILAS	141	WARR	100100	20200	0000				
DAVIS SIMON	239	WAYN	200010	10100	0100				
DAVIS SOLOMON	280A	JEFF	210301	00211	0200				
DAVIS SPENCER	111	DEAR	000110	20010	0200				
DAVIS STEPHEN	190	FRAN	100101	00010	0100				
DAVIS STEPHEN	177	WAYN	000010	30100	0100				
DAVIS THEODORUS	146	PERR	411001	01210	0300				
DAVIS THOMAS	074	DEAR	100100	10100	0100				
DAVIS THOMAS	239	GIBS	100010	00100	0100				
DAVIS THOMAS	007	CRAW	000201	20001	0300				
DAVIS THOMAS C	054	HARR	100010	10100	0100				
DAVIS THOMAS	079	RIPL	310010	11010	0200				
DAVIS THOMAS	111	SULL	100001	20010	0100				
DAVIS THOMAS	262	JACK	101111	00101	0100				
DAVIS THOS	279A	JEFF	100010	10010	0100				
DAVIS THOS	280A	JEFF	010010	00110	0100				
DAVIS TIMOTHY	101	DEAR	100001	00000	0100				
DAVIS TRAVIS	170	FRAN	210010	30010	0200				
DAVIS URIAH	181	VAND	610010	01010	0200				
DAVIS WARD	173	FRAN	200010	41010	0100				
DAVIS WILLIAM	162	FRAN	100100	10101	0100				
DAVIS WILLIAM	103	LAWR	000010	10201	0100				
DAVIS WILLIAM	236	GIBS	000100	21010	0100				
DAVIS WILLIAM	170	FRAN	320010	10010	0100				
DAVIS WILLIAM	203	FRAN	421101	20101	0300				
DAVIS WILLIAM	055	HARR	100201	01011	0300				
DAVIS WILLIAM	095	SPEN	300111	22211	0200				
DAVIS WM	253	WAYN	100121	00001	0200				
DAVIS ZACHARIAH	193	FRAN	200010	10010	0100				
DAVIS ZACHARIAH	267A	JACK	300010	10010	0100				
DAVIS ZAPARMENUS	169	FRAN	110010	12010	0100				
DAVIS ZERY	038	DUBO	201101	21010	0300				
DAVIS ZIMRI	074	DEAR	011110	31010	0100				
DAVISON ARCHIBALD	188	VIGO	111201	20210	0500				
DAVISON DAVID	243	GIBS	000001	02210	0100				
DAVISON DANIEL	010	CRAW	100010	00100	0100				

Head of Household	Page	County	White Males (Under 10, 10-15, 16-18, 16-25, 26-44, 45 & over)	White Females (Under 10, 10-15, 16-25, 26-44, 45 & over)	Foreigners, Agriculture, Commerce, Manufacture	Free or Slave	Negro Males (Under 14, 14-25, 26-44, 45 & over)	Negro Females (Under 14, 14-25, 26-44, 45 & over)	Other not Indian
DAVISON JOHN	059	HARR	310001	10100	0100				
DAVISON JOHN	057	FAYE	100110	10010	0101				
DAVISON JOHN	091	SPEN	100010	12010	0100				
DAVISON JOHN	163	WAYN	410010	20010	0200				
DAVISON JOHN	224	FRAN	200010	31010	0001				
DAVISON THOMAS	013	CRAW	220101	21010	0100				
DAVISON THOS SR	279A	JEFF	001101	23001	0101				
DAVISS SOLOMAN	115	MART	322210	10010	0100				
DAVY SAMUEL	237	WAYN	440001	20010	0300				
DAWKEN EDWARD	233	WAYN	310010	00110	0200				
DAWKEY CAIN	261	JACK	000000	00000	0100	F	1010	4010	
DAWKINS WILLIAM	075	RIPL	000100	00000	0001				
DAWNEY JOHN	312	POSE	100010	20100	0100				
DAWSON ASA	032	FAYE	100100	00100	0100				
DAWSON BENJAMIN	100	LAWR	020010	01010					
DAWSON CHARLES	116	DEAR	420001	21010	0100				
DAWSON DAVID	133	ORAN	010201	00010	0400				
DAWSON ELIJAH	104	DEAR	230010	20010	0100				
DAWSON ELI	035	FAYE	000100	00100	0100				
DAWSON GARRISON	041	FAYE	100100	10100	0100				
DAWSON GEORGE	271	WAYN	001201	22001	0100				
DAWSON JAMES	183	FRAN	100010	30010	0100				
DAWSON JAMES	208	WASH	300010	00010	0100				
DAWSON JESSE	032	FAYE	111111	01101	0100				
DAWSON JOHN	097	LAWR	100010	20100					
DAWSON JOHN	017	DELA	000100	00000	0100				
DAWSON JOHN	103	DEAR	200001	11210	0100				
DAWSON JOSHUA	108	LAWR	000001	00010					
DAWSON JOSEPH	031	DELA	200000	10010	0100				
DAWSON MATHIAS	031	FAYE	121320	21010	0201				
DAWSON THOMAS	035	FAYE	000200	00100	0100				
DAWSON THOMAS JR	032	FAYE	100010	20010	0100				
DAWSON THOMAS SR	032	FAYE	000001	00001	0100				
DAWSON WILLIAM	032	FAYE	100100	00100	0100				
DAWSON WILLIAM	113	DEAR	200010	40100	0100				
DAY EDMUND	024	DELA	111110	32100	0100				
DAY ELIAS	262A	JACK	200010	04001	0100				
DAY JOHN D	135	WARR	000100	10100	0000				
DAY JOSEPH	133	FLOY	010110	00110	0200				
DAY LABEN	240	GIBS	231010	31110	0300				
DAY LETTY	264	JACK	001100	10101	0100				
DAY LOTT	061	FAYE	200100	10100	0001				
DAY MIDDETON	141	WARR	100010	01010	0000				
DAY RICHARD	201	WASH	320010	12000	0300				
DAY ROWLEIGH	168	SWIT	000020	00110	0200				
DAY SAMUEL	119	DEAR	000000	00000	0100	F	0100	0100	
DAY THO	145	WARR	310110	01010	0001				
DAY WILLIAM	149	WARR	000100	10100	0000				
DAYTON CALEB C	137	FLOY	200010	00100	0001				
DAYTON JONAH C	109	DEAR	300110	00010	0000				
DAYTON SAMUEL	058	HARR	200010	00100	0100				
DAZEY JACOB	112	DEAR	220001	21010	0100				

Head of Household	Page	County	White Males (Under 10, 10-15, 16-18, 16-25, 26-44, 45 & over)	White Females (Under 10, 10-15, 16-25, 26-44, 45 & over)	Foreigners, Agriculture, Commerce, Manufacture	Free or Slave	Negro Males (Under 14, 14-25, 26-44, 45 & over)	Negro Females (Under 14, 14-25, 26-44, 45 & over)	Other not Indian
DEAKINS WILLIAM	031	DELA	000100	00000	0100				
DEAL MICHAEL	044	HARR	100010	00100	0100				
DEAL DANIEL	152	FLOY	201101	32010	0200				
DEALY JAMES	225	WASH	220010	31010	0100				
DEAMER JAMES	114	DEAR	000010	10100	0100				
DEAN DANIEL	033	CLAR	211102	22011	0100				
DEAN ELIAS	220	WASH	320001	11010	0300				
DEAN HALLET B	137	ORAN	000200	00010	0011				
DEAN JEREMIAH	068	HARR	100300	10100	0100				
DEAN JOHN	116	DEAR	100101	01201	0100				
DEAN JOHN	123	SULL	300010	30010	0100				
DEAN NATHAN	055	HARR	320101	10210	0200				
DEAN NOAH	165	SWIT	300010	10010	0100				
DEAN RICHARD	149	PERR	110010	11010	0200				
DEAN ROBERT	073	RIPL	100010	10100	0100				
DEAN STEPHEN	149	PERR	300010	20100	0100				
DEAN SUSAN	059	HARR	300000	10010	0000				
DEAN WILLIAM	147	PERR	110010	30010	0200				
DEANS ISAAC	046	HARR	320010	21010	0100				
DEASKY LEIMEN	173	SWIT	010101	01401	0100				
DEATH GEORGE	017	FAYE	100010	30010	0100				
DEATS DAVID	034	CLAR	200110	10100	0100				
DEATS JOHN JR	020	CLAR	200010	30010	0100				
DEATS JOHN SR	037	CLAR	210101	01211	0002				
DEAVER MILES	149	PERR	100100	00100	0100				
DEBETTES DANIEL	168	SWIT	000102	00000	3002				
DEBICAU ANDREW	087	KNOX	010001	10110	0100				
DEBMORE JOHN	046	HARR	200011	10100	0100				
DEBRULER H P	298	PIKE	000100	10100					
DEBRULER WESLEY	298	PIKE	300010	10010	0000				
DECAMP ABRAHAM	104	DEAR	300100	10100	0100				
DECAMP SILAS	185	FRAN	010001	11010	0100				
DECAN CHARLES	119	MONR	000010	00100	0100				
DECKER AARON	298	PIKE	100010	10100					
DECKER ABRAHAM	092	KNOX	101211	00201	0100				
DECKER ABRAHAM JR	093	KNOX	100010	21010	0100				
DECKER ABREHAM	251	GIBS	110001	21100	0200				
DECKER DANIEL	093	KNOX	100010	22010	0100				
DECKER ELISABETH	256	GIBS	110000	20010	0100				
DECKER ELISABETH	257	GIBS				F	0000	1100	
DECKER ISAAC T	093	KNOX	100010	31010	0100				
DECKER ISAAC	093	KNOX	200010	00010	0100				
DECKER JACOB	254	GIBS	000010	12010	0100				
DECKER JEREMIAH	166	FRAN	010110	20010	0300				
DECKER JOHN	299	PIKE	200010	00100					
DECKER JOHN	254	GIBS	110010	20000	0200				
DECKER JOHN	150	FLOY	000010	40010	0100				
DECKER JOSEPH	065	HARR	400100	00200	0100				
DECKER JOSEPH SR	065	HARR	000010	00110	0100				
DECKER LUKE	093	KNOX	420101	01011	0300				
DECKER LUKE	254	GIBS	311010	11010	0200				
DECKER MOSES I	145	FLOY	000010	20100	0001				

Head of Household	Page	County	White Males (Under 10, 10-15, 16-18, 16-25, 26-44, 45 & over)	White Females (Under 10, 10-15, 16-25, 26-44, 45 & over)	Foreigners, Agriculture, Commerce, Manufacture	Free or Slave	Negro Males (Under 14, 14-25, 26-44, 45 & over)	Negro Females (Under 14, 14-25, 26-44, 45 & over)	Other not Indian
DECKER NICHOLIS	253	GIBS	200012	00010	0100				
DECKINGS WM	020	DELA	000000	30100	0100				
DECOURSEY	067	DEAR	000011	00011	0000				
DEDMAN ELIJAH	302	PIKE	221001	30011					
DEDMAN SAMUEL	302	PIKE	100001	00001					
DEDMAN WILLIAM	302	PIKE	220010	40010					
DEDRICK CHRISTIAN	300	PIKE	020101	00010					
DEDWAIR CHARLES	087	KNOX	000010	00000	0001				
DEE DANIEL	261	JACK	320001	10010	0001				
DEEDS JOHN G	327	RAND	320010	20010	0100				
DEEDS PHILLIP	327	RAND	100010	50010	0100				
DEEN JOHN	104	LAWR	100001	20100	0100				
DEEN JOSEPH	266A	JACK	110010	31010	0100				
DEETS THOMAS D	119	DEAR	320010	20010	0100				
DEFFENDOL JOHN	301	PIKE	000100	00000					
DEFORD CHARLES	225	FRAN	000001	20010	0100				
DEFORD SARAH	225	FRAN	200000	01011	0000				
DEFOREST JOSEPH	139	WARR	200010	00100	0000				
DEFROW GEORGE	207	WASH	000100	10100	0100				
DEFUR LEANDER	317	POSE	211101	22010	0200				
DEHAVEN ISAAC	023	FAYE	200010	20100	0100				
DEHAVEN SAMUEL	021	FAYE	120111	20110	0100				
DELABAR ARON	032	FAYE	100001	43110	0100				
DELAGIS JONATHAN	115	MART	100100	00100	0100				
DELANA JOHN	220	FRAN	000000	00000	0100	F	1010	4010	
DELANA JUSTICE	194	FRAN	010001	02001	0100				
DELANEY JESSE	030	DELA	010010	50010	0100				
DELAP WILLIAM	031	DELA	100101	00100	0200				
DELERICA BATEART	087	KNOX	000101	00300	0200				
DELERICA PEIRRE	087	KNOX	200101	00010	0100				
DELERISA LAURENCE	087	KNOX	200031	11110	0400				
DELIELE JOHN	087	KNOX	000100	21000	0100				
DELILE SECIL	087	KNOX	200000	20110	0000				
DELILO CHARLES	087	KNOX	210011	10010	0100				
DELLINGER CHRISTOPER	092	KNOX	100010	00100	0100				
DELLINGER JOHN	034	CLAR	200010	11110	0100				
DELLINGER WILLIAM	091	KNOX	000201	00201	0300				
DELONG JACOB	183	FRAN	220101	10010	0300				
DELONG NICHOLAS	192	VIGO	300100	00010	0000				
DEMAR BECKY	205	WASH	000000	00000	0000	F	2000	3010	
DEMAR LILLY	205	WASH	000000	00000	0000	F	0000	0001	
DEMENT JOHN	295	JEFF	000001	00001	0000				
DEMENT WILL	295	JEFF	200010	10010	0100				
DEMEREE DANIEL	167	SWIT	320010	10010	0100				
DEMEREE JOHN W	174	SWIT	100100	00100	0100				
DEMEREE PETER	174	SWIT	121101	20110	0100				
DEMOSS ANDREW	125	ORAN	111101	02101	0300				
DEMOSS JOHN	091	DEAR	000201	01101	0100				
DEMPSTER JAMES	135	FLOY	000010	00100	1001				
DENBA JOSEPH	070	HARR	211110	12011	0200				
DENBA MARYANNE	069	HARR	301100	20010	0100				
DENEAN JOHN M	191	FRAN	110010	10010	0100				

Head of Household	Page	County	White Males (Under 10, 10-15, 16-18, 16-25, 26-44, 45 & over)	White Females (Under 10, 10-15, 16-25, 26-44, 45 & over)	Foreigners, Agriculture, Commerce, Manufacture	Free or Slave	Negro Males (Under 14, 14-25, 26-44, 45 & over)	Negro Females (Under 14, 14-25, 26-44, 45 & over)	Other not Indian
DENION JOSEPH	084	KNOX	000010	00000	0100				
DENIZEN WILLIAM	017	FAYE	311301	12110	0100				
DENMAN ISAAC W	113	SULL	100100	10100	0100				
DENMAN WILLIAM	011	FAYE	100010	10010	0100				
DENNAN JAMES	078	JENN	210100	00010	0100				
DENNEY CHRISTOPHER	289A	JEFF	220001	11001	0100				
DENNIN ANTHONY	219	WASH	120010	31110	0300				
DENNING MICHAEL	173	SWIT	200010	00010	0001				
DENNING WILLIAM	217	WASH	000011	00011	0200				
DENNIS BENJAMIN	213	WAYN	000100	00100	0100				
DENNIS JACOB	104	DEAR	300010	01010	0010				
DENNIS JACOBS	059	DEAR	010101	02100	0100				
DENNIS JOHN	205	WASH	000000	00000	0000	F	1100	1010	
DENNIS JULIAN LEWIS	123	DEAR	001101	20010	0100				
DENNIS ROBERT	218	WASH	201401	10301	0500				
DENNISON JOHN	099	DEAR	210001	12010	0100				
DENNO PERSILLA	084	KNOX	211100	01010	0100				
DENNY DAVID	203	WASH	210110	31010	0300				
DENNY ELISHA	203	WASH	600010	10010	0100				
DENNY FIELDING	077	JENN	100001	21010	0100				
DENNY HENRY	268	JACK	010010	30110	0100				
DENNY JAMES	089	KNOX	000101	01001	0200				
DENNY JOHN	090	KNOX	100010	01010	0001				
DENNY JOHN	049	CLAR	010010	40010	0002				
DENNY JOHN	220	WASH	300010	01100	0100				
DENNY JOSEPH	104	LAWR	201110	32110	0200				
DENNY JOSEPH C	191	FRAN	000010	10100	0100				
DENNY PATRICK	141	FLOY	130201	10001	0012				
DENNY ROBERT	316A	POSE	100010	10110	0100				
DENNY SAMUEL	203	WASH	300110	30010	0200				
DENNY SIMON	131	ORAN	120101	11010	0200				
DENNY THOMAS	207	WASH	210210	21010	0400				
DENNY WILLIAM	203	WASH	000011	11100	0200				
DENNY WILLIAM	106	LAWR	310100	00200					
DENNY ZACHARIAH	136	ORAN	000001	01101	0100				
DENSLOW CHAPMAN	081	JENN	010001	51201	0100				
DENSLOW JOHN	081	JENN	100100	00100	0100				
DENSMORE JOHN	045	HARR	011200	01010	0100				
DENT DUDLEY	173	WAYN	300010	10100	0001				
DENT ENOCH	173	WAYN	100100	10100	0001				
DENTON ANDREW	115	MART	000100	00010	0100				
DENTON DAVID	064	HARR	820010	01010	0100				
DENTON JAMES	152	FLOY	100010	01010	0100				
DENTON JOSEPH	115	MART	000101	01010	0100				
DENTON JUSTUS	192	VIGO	200010	31100	0200	F	0000	0100	
DENTON JUSTUS	188	VIGO	200010	31100	0200				
DENWEDDEE MARGARET	276A	JEFF	111100	20110	1100				
DEPAUW JOHN	207	WASH	010310	12110	0003				
DEPEE ELIAS	188	VIGO	030001	30010	0400				
DEPEW ELIJAH	136	ORAN	210101	11110	0300				
DEPEW JAMES	133	ORAN	330010	23010	0200				
DEPHNY ABRAHAM	194	VIGO	001211	00100	0300				

Head of Household	Page	County	White Males (Under 10, 10-15, 16-18, 16-25, 26-44, 45 & over)	White Females (Under 10, 10-15, 16-25, 26-44, 45 & over)	Foreigners, Agriculture, Commerce, Manufacture	Free or Slave	Negro Males (Under 14, 14-25, 26-44, 45 & over)	Negro Females (Under 14, 14-25, 26-44, 45 & over)	Other not Indian
DEPOISTER	310	POSE	100010	00100	0100				
DEPREE LIDDY	253	GIBS	100110	00210	0200				
DEPRIEST JOHN	237	GIBS	301001	11120	0300				
DEPRIEST WM	237	GIBS	100010	00010	0100				
DEPUE ELIJAH	191	VIGO	200010	00100	0100				
DEPUTY JOSHUA	282A	JEFF	300140	11010	1203				
DEPUTY SALLY	080	JENN	220000	11010	0000				
DEREMIAH JOHN JR	220	WASH	200010	20010	0100				
DEREMIAH JOHN SR	220	WASH	000001	00001	0100				
DERHAM JOHN	225	WASH	000001	12001	0400				
DERINGER JOSEPH	075	RIPL	100100	10100	0100				
DERMINT GEORGE	016	CLAR	120001	41010	0100				
DEROME CHARLY HENRY	084	KNOX	000010	00100	1000				
DEROSEYEA MARY	086	KNOX	000000	10111	0000				
DERRY ABRAHAM	117	DEAR	200100	20100	0100				
DERUMPLE SAML	311A	POSE	300010	11010	0100				
DESAR PETER	186	VIGO	001000	00100	0100				
DESERENS FRANCIS L	172	SWIT	300010	20001	1100				
DESERENS JOHN D	174	SWIT	000100	00010	1100				
DETRAZ JOH	172	SWIT	000110	00100	2100				
DETRICK PETER	061	HARR	022210	40010	0100				
DETRICK PETER SR	043	HARR	020101	00101	0300				
DETTRO JACOB	035	CLAR	020000	00101	0200				
DETTRO JOHN	035	CLAR	000100	20100	0100				
DEVANPORT DAVID	213	WAYN	111110	10100	0200				
DEVANPORT JAMES	165	WAYN	210010	41000	0200				
DEVANPORT JESSE	165	WAYN	111110	32000	0100				
DEVE ZACHIRIAS	021	DELA	230010	30010	0100				
DEVEAR PATRICK	117	DEAR	010010	00000	0100				
DEVEN HANNA	055	HARR	010100	00010	0100				
DEVENDALL PHILLIP	255	GIBS	100101	13001	0100				
DEVENDALL SIMEAN	255	GIBS	100100	00070	0100				
DEVENISH STEPHEN	263A	JACK	100100	00100	0001				
DEVENPORT JESSE	261A	JACK	200100	00100	0100				
DEVENPORT WILLIAM	267	JACK	000100	00100	0100				
DEVINISH JAMES	155	FLOY	000010	00100	0100				
DEVINISH STEPHEN	031	DELA	000010	00000	0100				
DEVORE BENJ	292A	JEFF	300010	10010	0100				
DEVORE ELIJAH	292A	JEFF	200001	02201	0001				
DEVORE JOHN	092	KNOX	000100	10100	0100				
DEVOUR CASPER	074	DEAR	000001	01101	0100				
DEVVIN ALEXANDER	240	GIBS	030101	20301	0300				
DEWALL HENRY	202	WASH	301101	11210	0100				
DEWEES GEORGE W	190	VIGO	010020	11100	0120				
DEWEESE DAVID	212	WASH	000101	03201	0200				
DEWEESE LEWIS	16	FRAN	101101	00101	0100				
DEWEESE WILLIAM	16	F-AN	011200	10100	0200				
DEWESE EVIN	218	WASH	300020	20010	0200				
DEWIRE RICHARD	033	CLAR	000100	00100	0100				
DEWIT SAMUEL	074	DEAR	200010	00010	1100				
DEWIT SQUIRE	189	FRAN	100100	00100	0001				
DEWITT BARNETT	262	JACK	100010	20010	0100				

Head of Household	Page	County	White Males (Under 10, 10-15, 16-18, 16-25, 26-44, 45 & over)	White Females (Under 10, 10-15, 16-25, 26-44, 45 & over)	Foreigners, Agriculture, Commerce, Manufacture	Free or Slave	Negro Males (Under 14, 14-25, 26-44, 45 & over)	Negro Females (Under 14, 14-25, 26-44, 45 & over)	Other not Indian
DEWITT DANIEL	189	WAYN	100100	10100	0100				
DEWITT ELISHA	150	PERR	000101	01201	0200				
DEWITT ELISHA	043	FAYE	100010	00100	0100				
DEWITT ISAAC	262	JACK	000010	20100	0100				
DEWITT JOHN	058	DEAR	120001	10101	0100				
DEWITT JOHN	201	WASH	210110	11010	0200				
DEWITT WILLIAM	174	SWIT	020001	40101	0100				
DEWSSE JUBLEE	027	DELA	000110	00100	0100				
DEXTER JSAAC	058	DEAR	010001	20010	0100				
DICK DAVID	235	GIBS	310010	10010	0100				
DICK JAMES	289	JEFF	010100	00000	2100				
DICKARD JACOB	185	WAYN	100010	20100	0100				
DICKAY DAVID	153	WARR	100010	20010	0001				
DICKEN JOEL	189	VIGO	321211	21010	1500				
DICKEN PATRICK	158	SCOT	110100	00100	0100				
DICKEN PEMBERTON	118	MONR	000300	00100	0201				
DICKEN THOMAS	033	DELA	100001	20100	0100				
DICKENS JAMES	126	ORAN	120001	30110	0300				
DICKENS SAMUEL	091	DEAR	300010	20010	0001				
DICKENSON JESSE	276A	JEFF	100010	20010	0001				
DICKENSON ROBERT	221	FRAN	100001	00101	0100				
DICKERSON CHAS	143	WARR	301001	11101	0001				
DICKERSON JAMES	130	ORAN	400210	20100	0300				
DICKERSON JAMES	071	RIPL	200001	21010	0100				
DICKERSON JOHN	278A	JEFF	000101	00101	0200				
DICKES EPHRAIM	118	MONR	010101	02301	0200				
DICKES ROBERT	119	MONR	000100	10100	0100				
DICKEY GEORGE	077	RIPL	101001	02001	0200				
DICKEY HUGH	025	FAYE	011301	01101	0100				
DICKEY JOHN	025	FAYE	400010	11010	0100				
DICKEY JOHN	153	SCOT	100110	10100	0200				
DICKEY JOHN W	154	SCOT	000010	20200	0100				
DICKEY ROBERT	025	FAYE	100010	00100	0100				
DICKEY THOMAS	153	SCOT	200010	10100	0100				
DICKEY WILLIAM	025	FAYE	100110	30100	0100				
DICKEY WILLIAM	025	FAYE	011201	00200	0100				
DICKEY WILLIAM JR	025	FAYE	000010	20010	0100				
DICKEY WILLIAM JR	154	SCOT	100010	00100	0100				
DICKEYS WILLIAM	154	SCOT	000101	10001	0200				
DICKINS EPHRAIM	257	WAYN	100010	20100	0100				
DICKINSON HANNAH	162	FRAN	100100	01011	0100				
DICKINSON TOWNSEND	116	DEAR	200010	00100	0100				
DICKINSON ALEXANDER	225	FRAN	100100	10100	0100				
DICKINSON HARVEY	268	JACK	000100	00100	0100				
DICKINSON GRIFFITH	173	SWIT	010001	12010	0100				
DICKINSON JOHN	174	SWIT	200010	20100	0100				
DICKINSON WILLIAM	174	SWIT	000010	30010	0100				
DICKINSON ZEBULON	115	DEAR	020101	00101	0200				
DICKS JOSHUA	218	WASH	010100	10200	0000				
DICKS JOSHUA	111	SULL	010001	02101	0200				
DICKS SETH	111	SULL	000100	10100	0100				
DICKS WILLIAM	100	LAWR	300100	00100					

Head of Household	Page	County	White Males (Under 10, 10-15, 16-18, 16-25, 26-44, 45 & over)	White Females (Under 10, 10-15, 16-25, 26-44, 45 & over)	Foreigners, Agriculture, Commerce, Manufacture	Free or Slave	Negro Males (Under 14, 14-25, 26-44, 45 & over)	Negro Females (Under 14, 14-25, 26-44, 45 & over)	Other not Indian
DICKS WILLIAM	111	SULL	100110	20010	0200				
DICKSON ARTHUR	007	FAYE	010110	20010	0020				
DICKSON DAVID	308A	POSE	200110	20100	0000				
DICKSON FRANCIS	085	KNOX	000100	00000	1000				
DICKSON JAMES	204	FRAN	300010	20010	0100				
DICKSON JAMES	308A	POSE	100110	10010	0200				
DICKSON JAMES	316A	POSE	120010	01000	0300				
DICKSON JOSEPH	191	VIGO	000301	01011	0200				
DICKSON JOHN	192	VIGO	110130	31110	0500				
DICKSON JOHN	026	DELA	201211	21110	0300				
DICKSON JOHN	058	DEAR	100001	01301	0100				
DICKSON JOHN	308A	POSE	301110	11010	0200				
DICKSON PLATT B	015	FAYE	210010	13010	0100				
DICKSON ROBERT	121	DEAR	200010	00100	0100				
DICKSON SALLY	015	FAYE	310000	10010	0000				
DICKSON WILLIAM	176	FRAN	400010	10010	0100				
DICKSON WILLIAM	129	SULL	200010	20010	0100				
DICKUSOR ZADOCK	160	SCOT	100100	10010	0100				
DICKY JOHN	162	SCOT	100110	10100	0200				
DICKY JOHN	162	SCOT	000010	10200	0100				
DICKY THOMAS	162	SCOT	200010	10100	0100				
DICKY WILLIAM	162	SCOT	000101	10001	0200				
DICKY WILLIAM JR	162	SCOT	100010	00100	0100				
DIER SAMUEL	125	SULL	000300	00201	0300				
DIGGS ARMSBE	327A	RAND	200100	00100	0100				
DIGGS GEORGE	112	DEAR	310010	10010	0100				
DIGGS JOHN	116	DEAR	000100	10010	0100				
DIGGS THOMAS	092	DEAR	000001	00201	0100				
DIGGS WILLIAM	327A	RAND	000010	20100	0100				
DILL ABNER	119	MONR	200010	22010	0001				
DILL JAMES	100	DEAR	000222	10011	1100	S	0100		
DILL SAMUEL	161	WAYN	000010	00000	0100				
DILL THOMAS	067	DEAR	020010	00200	0100				
DILL WILLIAM	031	FAYE	200010	20100	0100				
DILLARD GEORGE	009	FAYE	400111	20010	0101				
DILLARD JOHN	132	ORAN	300010	10010	0100				
DILLARD WILLIAM	134	ORAN	100010	40010	0100				
DILLHORN ROBERT	159	WAYN	120010	30010	0001				
DILLIN DANIEL	219	WASH	200010	20010	0100				
DILLING ANDREW	131	ORAN	100010	10010	0100				
DILLINGER HENRY	150	FLOY	011301	13001	0400				
DILLON ROBERT	274A	JEFF	000010	01101	0001				
DILLOW JOSEPH	190	VIGO	100140	00100	0202	F	0000	1100	
DILLY STEPHEN	102	LAWR	331110	10110	0500				
DILSAVERY JOHN	166	SWIT	200010	41010	0100				
DILTZ HENRY	091	DEAR	021201	21001	0200				
DILZ ISAAC	031	FAYE	001210	00100	0100				
DIMICK WM B	231	GIBS	210110	02110	0020				
DIMMICK PERERE	067	DEAR	110010	13310	0010				
DIMMIT MILES	193	WAYN	000100	10101	0100				
DINGLER JACOB	318A	POSE	010001	00101	0000				
DINNER DAVID	046	HARR	001101	10201	0200				

Head of Household	Page	County	White Males (Under 10, 10-15, 16-18, 16-25, 26-44, 45 & over)	White Females (Under 10, 10-15, 16-25, 26-44, 45 & over)	Foreigners, Agriculture, Commerce, Manufacture	Free or Slave	Negro Males (Under 14, 14-25, 26-44, 45 & over)	Negro Females (Under 14, 14-25, 26-44, 45 & over)	Other not Indian
DINNER JOHN	046	HARR	410010	20010	0100				
DINNER SAMUEL	046	HARR	500010	20010	0100				
DINWEDDEE ALEXANDER	276A	JEFF	100100	00100	0100				
DIRE WILLIAM	029	DELA	100010	21010	0100				
DISBERRY JAMES	124	DEAR	220001	11101	0100				
DISHAN JACOB	136	ORAN	210001	01110	0300				
DISHER THOMAS	051	FAYE	101110	21010	0100				
DISHMAN JOHN	105	LAWR	100010	10100	0100				
DISHON JAMES	136	ORAN	000100	00100	0100				
DITCH HENRY	073	RIPL	200110	10010	0100				
DITIMORE MICUEL	008	CRAW	200010	00100	0100				
DITSLER JOHN	278A	JEFF	100100	10100	0100				
DITTAMORE JOHN	221	WASH	300010	20010	0100				
DITTAMORE MICHAEL	221	WASH	100101	10201	0200				
DITTEMORE THOMAS	136	ORAN	100020	20010	0200				
DITZLER CHRISTHAN	031	CLAR	100010	10010	0100				
DITZLER GEORGE	034	CLAR	000010	00100	0100				
DITZLER PETER	034	CLAR	000101	01101	0200				
DIVINE THOMAS	181	VAND	000010	20100	0100				
DIVVIN JAMES	238	GIBS	000010	20100	0100				
DIX PETER	215	WAYN	100101	10201	0200				
DIX ZACHARIAH	119	MONR	000100	00010	0100				
DIX ZACHARIAH	161	WAYN	100110	00000	0100				
DIXON AARON	129	ORAN	110010	10010	0100				
DIXON HENRY	283	JEFF	221201	20110	0201				
DIXON JACOB	134	ORAN	000010	00010	0100				
DIXON JAMES	217	WAYN	000010	00100	0100				
DIXON JAMES	100	LAWR	200010	30010					
DIXON JESSE	262	JACK	120010	13010	0100				
DIXON JOHN	137	ORAN	120001	00101	0400				
DIXON LEWIS	031	CLAR	110010	10100	0100				
DIXON OXEY	211	WASH	100020	11010	0200				
DIXON SILAS	100	LAWR	200020	10010					
DIXON SIMON	132	ORAN	210010	20010	0100				
DIXON THOMAS	263	JACK	000100	01000	0100				
DIXON WILLIAM JR	263	JACK	000010	10010	0100				
DIXON WILLIAM SR	263	JACK	000101	00001	0100				
DIXSON DAVID	115	SULL	120101	01201	0300				
DIXSON ELI	125	SULL	501201	01110	0400				
DIXSON JOSEPH	123	SULL	310101	02110	0200				
DIXSON NATHAN	127	SULL	201010	31010	0200				
DIXSON SOLOMON	127	SULL	120011	11110	0300				
DLEH JOHN	319	POSE	000000						
DOAN ARCHABALD	219	WASH	200010	20100	0100				
DOAN JACOB	219	WASH	001201	00100	0300				
DOAN JAMES	037	DUBO	000100	20110	0100				
DOAN THOMAS	217	WASH	121110	01110	0400				
DOBBINS JOHN	079	JENN	020001	31210	0100				
DOBSON JOHN	261A	JACK	200010	30100	0100				
DOCKINGS JESSE	316	POSE	210001	21110	0200				
DODD ANTHONY	048	HARR	110001	11401	0100				
DODD JOHN	173	SWIT	000001	10100	0100				

Head of Household	Page	County	White Males (Under 10, 10-15, 16-18, 16-25, 26-44, 45 & over)	White Females (Under 10, 10-15, 16-25, 26-44, 45 & over)	Foreigners, Agriculture, Commerce, Manufacture	Free or Slave	Negro Males (Under 14, 14-25, 26-44, 45 & over)	Negro Females (Under 14, 14-25, 26-44, 45 & over)	Other not Indian
DODD JUDUTHAN	167	SWIT	302201	02010	0100				
DODD SAMUEL	119	MONR	130010	40010	0001				
DODD WILLIAM	044	HARR	200010	10100	0100				
DODDRIDGE PHILLIP	223	WAYN	000001	10001	0100				
DODDS ANDREW	266	JACK	100100	10010	0001				
DODGE JOSHUA	143	FLOY	210010	21100	0100				
DODGE WM	314	POSE	310010	12410	0200				
DODSON DAVID	147	PERR	200010	00010	0100				
DODSON ELIJAH	205	WAYN	000100	00100	0001				
DODSON HIRAM	147	PERR	100101	00100	0100				
DODSON JOHN	149	PERR	010201	21001	0300				
DODSON LEVI	205	WAYN	000100	00100	0001				
DODSON MAJOR	205	WAYN	410101	30110	0003				
DOFANT JOHN BT	087	KNOX	000010	00100	0000				
DOFRAN ELIZABETH	039	DUBO	011230	01211	0000				
DOFRAN MIKEL	039	DUBO	000100	10100	0100				
DOGHERTY WILLIAM	102	LAWR	211101	31010	0300				
DOKE JAMES	115	MART	420010	11110	0200				
DOLAHAN ROSCAN	084	KNOX	000000	00010	0000				
DOLING SUSAN	092	KNOX	110110	12110	1200				
DOLL JACOB	069	HARR	200010	10010	0100				
DOLL JACOB	071	HARR	100201	01201	0200				
DOLLA JESSE	201	WAYN	000100	00010	0100				
DOLLA WM	201	WAYN	000001	00001	0100				
DOLLAR JAMES	178	FRAN	100010	10100	0100				
DOLLARHIDE ABRM	119	MONR	100100	00100	0100				
DOLLARHIDE JOHN	119	MONR	100010	10010	0100				
DOLLARHIDE JESSE	259	WAYN	300010	10100	0100				
DOLLARHIDE HEZEKIAH	259	WAYN	000001	00101	0100				
DOLLINS JOHN	221	WASH	021110	40110	0400				
DOLOHAM DANIEL	093	KNOX	000011	00001	0100				
DOLOHAM JOHN	093	KNOX	200010	20110	0100				
DOLPH STEPHEN	078	JENN	100010	21010	0100				
DOLPH STEPHEN	039	CLAR	000001	12101	0100				
DOLSTON GILBERT	135	FLOY	200010	10100	0001	S	0100		
DOLTEN BENJAMIN	098	LAWR	000110	10010	0100				
DOLTON BRADLEY	131	ORAN	000100	20100	0100				
DOLTON JOHN	212	WASH	300010	30020	0100				
DOLTON WIATT	325	RAND	000100	10010	0100				
DOLTON WILLIAM R	133	ORAN	001220	30120	0002				
DOLTY JONATHAN	086	KNOX	000100	00000	0000				
DONAGAN HIRAM	147	WARR	000100	10010	0000				
DONALDS JAMES W	279	JEFF	100020	20100	0000				
DONALDSON JOHN	307	POSE	000010	20100	0100				
DONALDSON JOHN	308	POSE	000101	10101	0010				
DONALDSON DAVID	308	POSE	200010	00100	0010				
DONE DAVID	133	ORAN	100010	00100	0100				
DONE EBENEZER	136	ORAN	230001	01010	0400				
DONE EPHRAIM	137	ORAN	110020	10200	0003				
DONE JAHU	108	LAWR	100100	10100	0100				
DONE JONATHAN	132	ORAN	102101	21201	0300				
DONE JOSHUA	108	LAWR	100100	10100	0100				

Head of Household	Page	County	White Males (Under 10, 10-15, 16-18, 16-25, 26-44, 45 & over)	White Females (Under 10, 10-15, 16-25, 26-44, 45 & over)	Foreigners, Agriculture, Commerce, Manufacture	Free or Slave	Negro Males (Under 14, 14-25, 26-44, 45 & over)	Negro Females (Under 14, 14-25, 26-44, 45 & over)	Other not Indian
DONE TUSANT	087	KNOX	000101	10010	0100				
DONE WILLIAM	134	ORAN	000100	10100	0100				
DONLEY JOHN	146	PERR	000010	10100	0001				
DONNAHOUGH MICHAEL	106	LAWR	300110	11010	0100				
DONNAHOUGH WILLIAM	106	LAWR	200010	20010					
DONNALD DAVID W	033	DELA	000100	20100	0100				
DONNELL JAMES	125	ORAN	200010	30010	0100				
DONNEPAN WM	114	MART	100300	00100	0300				
DONNER GEORGE	292A	JEFF	000001	00001	0000				
DONNER JACOB	293	JEFF	100010	00010	0100				
DONNER JOHN	288	JEFF	000010	10100	0100				
DONNIS ELISHA	231	WAYN	200010	00010	0100				
DONOHUE CHARLES	156	SCOT	210010	31010	0100				
DONOHUE PATRICK	171	SWIT	000001	00000	1100				
DONOUGH ANDREW	188	FRAN	310010	21110	0200				
DONUA HIRAM	105	LAWR	000100	00100	0100				
DONUA THOS	105	LAWR	111110	32001	0100				
DOOLEY JAMES	119	SULL	100010	10100	0100				
DOOLEY THOMPSON	221	WASH	000010	31010	0100				
DOOLITTLE THOMAS	161	SCOT	210001	11010	0100				
DOOLITTLE SAMUEL	086	DEAR	200010	10100	0001				
DOOLY JAMES	077	RIPL	000011	02001	0200				
DOOLY WM	077	RIPL	110100	01100	0200				
DOOY HENRY	273	WAYN	320010	20110	0200				
DOOY RICHARD	273	WAYN	000001	00011	0100				
DORAL WILLIAM	058	DEAR	200101	22010	0100				
DOREN MATHEW	039	FAYE	300100	20100	0001				
DORING TOM W	194	VIGO	111101	00101	0300				
DORITY GEORGE	194	VIGO	000020	00010	0200				
DORMAN HENRY	157	SCOT	000200	10100	0100				
DORMAN ISAAC	152	SCOT	000101	00001	0200				
DORMAN MILBY	074	DEAR	310001	11010	0100				
DORMAN SARAH	087	DEAR	001100	00001	0000				
DORMAN STEPHEN	074	DEAR	100200	10100	0100				
DORON SAMUEL	183	WAYN	210010	30010	0200				
DORRELL THOMAS	040	CLAR	100110	20100	0000				
DORSEY AZIL W	093	SPEN	320010	10110	0300				
DORSEY JOHN	274	JEFF	020 10	50120	0007				
DORSEY JOHN B	034	CLAR	000130	10100	0202				
DORSEY SAMUEL	272A	JEFF	210011	12101	0003				
DORSEY THOMAS	012	CLAR	310010	21010	0100				
DORTON ELSHRAIM	213	FRAN	200110	20200	0200				
DOSSEY AZIL W	039	DUBO	310010	00010	0300				
DOTSON GEORGE W	104	LAWR	210010	20010	0200				
DOTSON WILLIAM	174	SWIT	200010	20100	0100				
DOTSON WILLIAM	099	LAWR	000200	10010					
DOTY EPHRAIM	278	JEFF	000101	01200	0200	S	4000	3000	
DOTY FRANCIS	261A	JACK	010001	11101	0100				
DOTY JOHN	181	FRAN	111210	21001	0200				
DOTY JOHN	191	FRAN	100100	10100	0100				
DOTY JOHN	261A	JACK	100020	20100	0200				
DOTY NATHANIEL	166	FRAN	000100	00100	0100				

Head of Household	Page	County	White Males (Under 10, 10-15, 16-18, 16-25, 26-44, 45 & over)	White Females (Under 10, 10-15, 16-25, 26-44, 45 & over)	Foreigners, Agriculture, Commerce, Manufacture	Free or Slave	Negro Males (Under 14, 14-25, 26-44, 45 & over)	Negro Females (Under 14, 14-25, 26-44, 45 & over)	Other not Indian
DOUGAN JOHN	183	WAYN	000201	22001	0300				
DOUGERTY ROBERT	135	ORAN	400010	00100	0100				
DOUGHARTY RICHARD	185	FRAN	100100	10100	0001				
DOUGHERTY JOSEPH	108	DEAR	100010	31010	0100				
DOUGHERTY SAMUEL	109	LAWR	010110	30010	0100				
DOUGHERTY WILLIAM	101	LAWR	310020	10100	0300				
DOUGHERTY ROBERT	102	LAWR	230100	21110	0200				
DOUGHERTY ELIZABETH	113	MART	120220	11110	0500				
DOUGLAS CYRUS	265	JACK	320001	02011	0100				
DOUGLAS THOMAS	275	JEFF	110130	20200	0040				
DOUGLAS WILLIAM	201	WASH	000010	00010	0100				
DOUGLASS ADAM	048	HARR	100001	12310	0100				
DOUGLASS JOHN	027	DELA	200010	00000	0100				
DOUGLASS JAMES	058	DEAR	002201	33110	0100				
DOUGLASS ROBERT	163	FRAN	211101	11101	0300				
DOUGLASS THOMAS	058	DEAR	000100	00100	0100				
DOUGLASS WILLIAM	058	DEAR	000101	00011	0100				
DOURTHEY HENRY	083	KNOX	000100	00000	0001				
DOUTHET JOSEPH	279	JEFF	510101	21310	0200				
DOUTHETT JOHN	049	CLAR	000111	00110	0000				
DOW HENRY	013	CLAR	000100	30100	0100				
DOW HENRY	013	CLAR	001301	01001	0201				
DOW JOHN	264A	JACK	100100	00100	0100				
DOW JOSEPH	173	SWIT	200010	20110	1100				
DOW WILLIAM	294	JEFF	000101	00101	4100				
DOWBINS DOSIA	314	POSE	020100	21010	0200				
DOWDEN JAMES	268A	JACK	110010	20010	0100				
DOWDEN SAMUEL	092	DEAR	310012	00011	0100				
DOWDEN WILLIAM	268A	JACK	110010	10110	0100				
DOWDEN ZACHARIAH	264A	JACK	000100	10100	0200				
DOWDEN ZEPHENIAH	034	CLAR	100010	10010	0100				
DOWDER ZEPHENIAH	268A	JACK	000001	00001	0100				
DOWER AZARIAH	075	RIPL	000200	00100	0100				
DOWER GEORGE	075	RIPL	300010	00010	0100				
DOWERS JACOB	175	SWIT	000201	11001	0100				
DOWEYE JOHN	029	DELA	310010	11010	0100				
DOWLAND JOHN	263	JACK	321201	22010	0100				
DOWLAND JOHN	263	JACK	321201	22010	0100				
DOWLAND WILLIAM	211	WASH	320010	12010	0300				
DOWNARD JAMES	027	DELA	210010	31010	0100				
DOWNEN DAVID	316	POSE	300010	32010	0100				
DOWNEN JOSIAH	316	POSE	000010	21101	0100				
DOWNEN WM	315A	POSE	220201	21010	0500				
DOWNER GEORGE	286	JEFF	200010	50010	0100				
DOWNEY JAMES	058	DEAR	010001	10101	0100				
DOWNEY JAMES	315A	POSE	200010	00010	0100				
DOWNEY JAMES JR	058	DEAR	000100	00101	0100				
DOWNEY JOHN	247	GIBS	200010	10100	0100				
DOWNEY JOHN	058	DEAR	200010	22010	0100				
DOWNEY RICHARD	059	DEAR	210010	30010	0100				
DOWNEY ROBERT	136	FLOY	300010	10010	0001				
DOWNEY SAMUEL	017	DELA	100100	01000	0100				

Head of Household	Page	County	White Males (Under 10, 10-15, 16-18, 16-25, 26-44, 45 & over)	White Females (Under 10, 10-15, 16-25, 26-44, 45 & over)	Foreigners, Agriculture, Commerce, Manufacture	Free or Slave	Negro Males (Under 14, 14-25, 26-44, 45 & over)	Negro Females (Under 14, 14-25, 26-44, 45 & over)	Other not Indian
DOWNEY WM	313A	POSE	200010	20100	0100				
DOWNEY WM SR	314A	POSE	000201	01001	0300				
DOWNIN TIMOTHY	310	POSE	420010	11010	0300				
DOWNING JOHN	092	DEAR	000101	01010	0001				
DOWNING MICHAEL	208	WASH	420001	10001	0300				
DOWNING SAMUEL	265	JACK	000100	00100	0100				
DOWNS DAVID	119	MONR	000010	50010	0100				
DOWNS ELIAS	074	HARR	200100	20100	0000				
DOWNS EZEKIEL	009	CRAW	200010	00011	0100				
DOWNS JAMES	048	CLAR	220010	00020	0100				
DOWNS JAMES	001	CRAW	100100	10100	0100				
DOWNS JOHN	088	KNOX	000100	00100	0100				
DOWNS THOMAS	049	CLAR	010001	00101	0300	S	0010		
DOWNS URLANDOW	316A	POSE	000010	00000	0100				
DOWSON FEILDING	265	JACK	000010	20110	0100				
DOYL JACOB G	273	JEFF	200010	10110	0010				
DOYL JOSEPH	026	CLAR	100011	10100	0200				
DOYLE CONROD	156	SCOT	011201	01101	0200				
DRAKE ALEXANDER	085	KNOX	000100	00000	0000				
DRAKE BENJAMIN	074	DEAR	100100	10100	0100				
DRAKE DILLLARD	058	DEAR	000100	00100	0100				
DRAKE GEORGE	011	CLAR	000020	20100	0100				
DRAKE ISAIAH	179	WAYN	100100	00100	0100				
DRAKE JAMES	179	WAYN	100010	41010	0100				
DRAKE JAMES	109	SULL	121210	11210	0500				
DRAKE JESSE	058	DEAR	010001	00011	0100				
DRAKE JESSE	032	CLAR	100010	01011	0100				
DRAKE JOHN	114	MART	100011	10100	0100				
DRAKE JOHN JR	179	WAYN	100100	10100	0100				
DRAKE JOHN SR	179	WAYN	101110	00011	0200				
DRAKE MOSES	179	WAYN	100100	00100	0100				
DRAKE ROBERT	058	DEAR	111101	00110	0100				
DRAKE SAMUEL	085	KNOX	000100	00000	0000				
DRAKE WILLIAM	189	VIGO	210010	11010	0200				
DRAPER ABRAHAM	167	SWIT	600010	10010	0100				
DRAPER BENJAMIN	267A	JACK	100010	10100	0100				
DRAPER GIDEON	148	PERR	010010	21010	0200				
DRAPER JESSE	213	WAYN	001101	10010	0200				
DRAPER JESSE	267A	JACK	200001	40010	0100				
DRAPER JOSIAH	213	WAYN	001101	10010	0200				
DRAPER JOSEPH	205	WASH	100010	10010	0000				
DRAPER NATHAN SR	267	JACK	200001	01001	0001				
DRAPER NATHAN JR	264	JACK	100100	00100	0200				
DRAPER PETER	264	JACK	100100	00100	0100				
DRAPER PETER	222	WASH	000010	40010	0100				
DRAPER THOMAS	074	DEAR	300010	10100	0100				
DRAPER THOMAS	222	WASH	010001	00201	0200				
DRAPER WILLIAM	222	WASH	000100	10100	0100				
DRAPER WILLIAM	074	DEAR	120010	20010	0100				
DRAYTON WILLIAM	104	DEAR	000001	30010	0001				
DRENNING JOHN B	092	KNOX	410110	11110	0300				
DREW LANGSTON	317	POSE	000101	21101	0200				

Head of Household	Page	County	White Males (Under 10, 10-15, 16-18, 16-25, 26-44, 45 & over)	White Females (Under 10, 10-15, 16-25, 26-44, 45 & over)	Foreigners, Agriculture, Commerce, Manufacture	Free or Slave	Negro Males (Under 14, 14-25, 26-44, 45 & over)	Negro Females (Under 14, 14-25, 26-44, 45 & over)	Other not Indian
DREW WILLIAM C	186	FRAN	100010	11200	0100				
DREWER WILLIAM S	174	FRAN	200011	10010	0001				
DREWLEY SAMUEL	205	WAYN	420010	10010	0300				
DREWRY ARNOLD	227	WAYN	100010	00010	0100				
DREWRY EDWARD	249	WAYN	110010	41010	0100				
DREWRY ISAIAH	167	WAYN	320010	10100	0100				
DREWRY JAMES	163	WAYN	000100	10100	0101				
DREWRY JOHN	269	WAYN	200210	40010	0003				
DREWRY SAMUEL	185	WAYN	100010	21000	0100				
DREWRY SAMUEL	227	WAYN	100010	12010	0100				
DREWRY WM	175	WAYN	010101	00000	0201				
DRINKWATER PAUL	150	PERR	000010	00100	1100				
DRINKWATER JOSEPH	150	PERR	110010	00010	1100				
DRINKWATER THOMAS	099	SPEN	200010	20100	1100				
DRISKILL ELIJAH	211	WASH	101301	23101	0400				
DRISKILL ELISHA JR	211	WASH	100200	00100	0200				
DRISKILL ELISHA	211	WASH	310001	01110	0200				
DRISKILL WILLIAM	220	WASH	010010	12101	0200				
DROZ ZELIM HUMBERT	166	SWIT	000010	00010	1100				
DRUEWELL ALEXANDER	271	WAYN	000101	00100	0100				
DRUGANS SAMUEL	288	JEFF	120120	21010	0300				
DRULEY NICHOLAS	209	WAYN	410010	11010	0200				
DRULY JOHN	209	WAYN	200010	21010	0100				
DRUMMOND JAMES	049	CLAR	010101	02301	0100				
DRUMMOND ROBERT	165	SWIT	200010	10101	1100				
DRURER PETER	241	GIBS	000010	00000	0007				
DRUSE CHARLES	067	DEAR	010131	01010	0110				
DRYDEN JOHN	102	LAWR	000110	01110	0100				
DRYDEN JOHN	282A	JEFF	000110	10100	0200				
DRYSDALE WILLIAM	136	FLOY	100010	21010	0010				
DUBOIS ABRAM	059	DEAR	000020	00110	0200				
DUBOIS ACILLA	086	KNOX	300000	10010	0000				
DUBOIS AKIN	085	KNOX	400110	01010	0000				
DUBOIS MICHAEL	086	KNOX	200110	01100	0100				
DUBOISE ALEXANDER	199	FRAN	210020	21010	0200				
DUBOISE HANNAH	200	FRAN	301210	01101	0201				
DUBOISE JACOB	200	FRAN	000110	11210	0200				
DUBOND GARRET	222	FRAN	110010	11010	0100				
DUBRE BENJAMIN	107	SULL	301101	02010	0300				
DUCK JESSE	149	PERR	310010	10010	0200				
DUCKWORTH WILLIAM	090	KNOX	330010	10210	0400				
DUCKWORTH WILLIAM	113	SULL	100100	20100	0100				
DUCKWORTH JOHN	305A	POSE	110001	11111	0100				
DUCKWORTH WM	305A	POSE	100100	00100	0100				
DUCKWORTH EZEKIEL	306	POSE	010110	12010	0200				
DUCKWORTH THOS	307	POSE	100010	10200	0100				
DUCKWORTH WM	307	POSE	200010	21010	0100				
DUCKWORTH JOHN	307A	POSE	100010	32010	0100				
DUCKWORTH JAMES	318	POSE	400010	00200	0100				
DUDLEY JAMES	265	JACK	220101	10001	0100				
DUDLEY JAMES	031	DELA	200010	30100	0100				
DUDLEY RANSOM	225	WASH	120101	30101	0100				

Head of Household	Page	County	White Males (Under 10, 10-15, 16-18, 16-25, 26-44, 45 & over)	White Females (Under 10, 10-15, 16-25, 26-44, 45 & over)	Foreigners, Agriculture, Commerce, Manufacture	Free or Slave	Negro Males (Under 14, 14-25, 26-44, 45 & over)	Negro Females (Under 14, 14-25, 26-44, 45 & over)	Other not Indian
DUDLEY THOMAS	032	DELA	000100	00000	0100				
DUDLEY WILLIAM	017	DELA	000010	20100	0100				
DUERASON JAMES	031	DELA	000100	00000	0100				
DUERSON WILLIAM JR	044	CLAR	000401	10100	0003	S		0100	
DUFF DANL	309A	POSE	100010	20100	0100				
DUFF JOSEPH	240	GIBS	220010	32010	0100				
DUFFEY JOHN	282	JEFF	120101	02101	1200				
DUFFIELD THOMAS	119	MONR	000101	22101	0200				
DUFFIELD WIHAM	203	WASH	111101	01101	0300				
DUFFY ANDREW	283A	JEFF	000100	10100	0100				
DUFFY JAMES	285	JEFF	000100	10100	0100				
DUFIELD WILL	288	JEFF	100100	00100	0100				
DUFOUR DANIEL	169	SWIT	100001	12010	0100				
DUFOUR JOHN F	169	SWIT	310010	20110	0100				
DUFOUR JOHN JAMES	173	SWIT	200112	01010	0200				
DUGAN ARCHIBALD	058	DEAR	200010	20010	0001				
DUGAN GEORGE	173	SWIT	100100	10100	0100				
DUGAN JAMES	172	SWIT	100010	30010	0100				
DUGAN JAMES	175	SWIT	100011	30100	0100				
DUGGAN THOMAS	028	CLAR	110200	01100	0100				
DUGGANS RICHARD	092	DEAR	221101	22010	0100				
DUGGARD DAVID	137	ORAN	000000	00000	0100	F	1010	1100	
DUGGINS RUBIN	041	HARR	200010	40101	0100				
DUGLESS LIDDY	245	GIBS	031200	00001	0200				
DUIREAIR CHARLES	083	KNOX	100010	30010	0000				
DUKE CADET L	044	HARR	200010	30020	0100				
DUKE JOHN	191	WAYN	000100	00100	0100				
DUKES JOHN	178	VAND	220010	10010	0200				
DUKES ROBERT	312A	POSE	000010	40100	0100				
DULEY JACOB	022	DELA	100100	00100	0100				
DULEY JOHN	117	SULL	000010	00000	0100				
DULEY NATHANIEL	123	SULL	300010	10010	0100				
DUMAREE SAMUEL	290	JEFF	000001	01001	0100				
DUMARIE DANIEL	287	JEFF	200110	00100	0200				
DUMONT JOHN	175	SWIT	300010	10101	0100				
DUMONT RICHARD	174	SWIT	200010	10100	0100				
DUN JAMES	199	FRAN	310010	10010	0200				
DUNAAM HENRY	157	WAYN	210201	01110	0002				
DUNBAN JOHN	315A	POSE	200010	20010	0100				
DUNBAR ALEXANDER	147	FLOY	000010	30100	0100				
DUNBAR ARCHABALD	015	CLAR	000010	10100	0100				
DUNBAR JAMES	016	CLAR	100010	20000	0100				
DUNBAR JAS	156	SCOT	210001	11010	0100				
DUNBAR LORING	058	DEAR	001101	10001	0100				
DUNBAR WILLIAM	148	PERR	400010	20010	0100				
DUNBAR WM	197	WAYN	210001	11000	0001				
DUNCAN CHARLES	208	WASH	010001	00002	0200				
DUNCAN FLEMING	135	ORAN	000100	20100	0100				
DUNCAN GEORGE	131	ORAN	000010	20110	0100				
DUNCAN GEORGE SR	134	ORAN	000001	02001	0000				
DUNCAN JAMES	074	DEAR	010001	01001	0000				
DUNCAN JAMES	025	DELA	000010	00000	0000				

Head of Household	Page	County	White Males (Under 10, 10-15, 16-18, 16-25, 26-44, 45 & over)	White Females (Under 10, 10-15, 16-25, 26-44, 45 & over)	Foreigners, Agriculture, Commerce, Manufacture	Free or Slave	Negro Males (Under 14, 14-25, 26-44, 45 & over)	Negro Females (Under 14, 14-25, 26-44, 45 & over)	Other not Indian
DUNCAN JOHN	133	ORAN	100010	10100	0100				
DUNCAN JOHN	262	JACK	000010	10100	0100				
DUNCAN JOHN	025	DELA	100010	00010	0100				
DUNCAN NATHAN	263	JACK	000100	10100	0100				
DUNCAN PETER	218	FRAN	100010	10010	0100				
DUNCAN ROBERT	025	DELA	230001	31010	0100				
DUNCAN THOMAS	091	DEAR	212201	31010	0100				
DUNCAN WILLIAM	037	FAYE	200100	00100	0100				
DUNCAN WILLIAM	112	DEAR	100010	42010	0100				
DUNCAN WILLIAM	200	FRAN	100010	20010	0100				
DUNCAN WILLIAM	130	ORAN	200011	00101	0100				
DUNEGAN WILLIAM	125	SULL	000100	00110	0200				
DUNFORD HENRY W	131	SULL	000010	00310	0000				
DUNGAN BENJAMIN	032	FAYE	200010	23010	0100				
DUNGAN JOHN	280	JEFF	101211	22010	0400				
DUNGAN JOSEPH	049	FAYE	010010	40100	0100				
DUNGAN JOSIAH	277	JEFF	500010	10010	0100				
DUNGAN WILLIAM	037	FAYE	000100	00100	0100				
DUNHAM DAVID	209	FRAN	331101	01010	0400				
DUNHAM HEXFORD	181	VAND	000100	00100	0100				
DUNHAM IRA	205	FRAN	010100	00100	0100				
DUNHAM JOHN M	178	VAND	100001	00101	0200	F	0001		
DUNHAM ROSS	208	FRAN	210110	10010	0001				
DUNHAN ELISHA	195	WAYN	000100	10100	0100				
DUNIHUE DANIEL	215	WASH	210001	11010	0010				
DUNK CHARLES	179	VAND	300010	20010	0100				
DUNKIN GREENBURY	247	GIBS	100010	10100	0100				
DUNKIN JAMES D	115	SULL	111211	11010	0500				
DUNKIN JOHN	007	CLAR	110101	01101	0100				
DUNKIN LIDDY	241	GIBS	000200	01101	0200				
DUNLAP JAMES	219	WAYN	010010	31010	0100				
DUNLAP JASHES	067	DEAR	000020	10100	0002				
DUNLAP JOHN	213	FRAN	100010	00100	0100				
DUNLAP JOHN	201	WASH	000101	12201	0300				
DUNLAP MOSES	155	SCOT	100010	10010	0100				
DUNLAP STEPHEN S	202	WASH	200011	10100	0100				
DUNN ABNER	091	KNOX	000100	00000	0100				
DUNN ALEXANDER	149	PERR	100010	00100	0100				
DUNN BERRY	316A	POSE	000100	20100	0100				
DUNN ISAAC	101	DEAR	220010	22110	0100	S	0100	0100	
DUNN ITHABUD	023	CLAR	020001	21210	0200				
DUNN JAMES	033	DELA	010001	01201	0100				
DUNN JOHN	086	KNOX	100010	00010	0001				
DUNN JOHN	142	OWEN	201111	21210	0201				
DUNN JOHN	149	PERR	100010	00100	0100				
DUNN JOSEPH	202	WASH	100010	10210	0100				
DUNN MICAJAH	092	DEAR	220001	21201	0100				
DUNN NATHANIEL	058	DEAR	000010	01010	0100				
DUNN PERCILLA	035	CLAR	000000	00010	0000				
DUNN PHEBY	103	LAWR	100000	00101	0100				
DUNN ROBERT	091	KNOX	220010	11010	0100				
DUNN ROBERT	204	FRAN	210101	01010	0201				

Head of Household	Page	County	White Males (Under 10, 10-15, 16-18, 16-25, 26-44, 45 & over)	White Females (Under 10, 10-15, 16-25, 26-44, 45 & over)	Foreigners, Agriculture, Commerce, Manufacture	Free or Slave	Negro Males (Under 14, 14-25, 26-44, 45 & over)	Negro Females (Under 14, 14-25, 26-44, 45 & over)	Other not Indian
DUNN ROBERT	306A	POSE	120301	00101	0600				
DUNN SAMUEL	089	KNOX	011301	12001	0300				
DUNN SAMUEL	275A	JEFF				F	0010	1010	
DUNN SILAS	249	WAYN	000001	30100	0100				
DUNN WILLIAM	174	FRAN	011101	00001	0300				
DUNN WILLIAM	103	LAWR	300010	11010	0100				
DUNN WILLIAMSON	276	JEFF	420011	10110	0100	S	1000		
DUNNEG SAMUEL	299	PIKE	210010	01010					
DUNNING ASAEL	029	DELA	110110	01110	0100				
DUNNING MARK	084	KNOX	100102	01011	0001				
DUNNING THOMAS	118	MONR	200120	10010	0101				
DUNNIVAN CHARLES	202	FRAN	200010	10100	0100				
DUNNMAN WM	259	WAYN	200001	20010	0100				
DUNNON ANDREW	011	CRAW	221001	23110	1300				
DUNTON BURKET	121	SULL	000001	21002	0100				
DUPES FRANCIS	324	RAND	100001	20010	0010				
DUPEUS JAS	156	SCOT	100100	00100	0100				
DUPREE LEWIS	086	KNOX	320010	00201	0100				
DURANT CORNELIUS	077	RIPL	100011	10100	0200				
DURAS EZEKIEL	312A	POSE	200010	20010	0100				
DURBIN ELISHA	058	DEAR	210011	20011	0100				
DURBIN NICHOLAS	104	DEAR	410010	01110	0100				
DURBINE AMOS	081	JENN	320001	12001	0100				
DURBROW ANN MARIA	183	VAND	100000	01010	0000				
DURDOFF JOHN	205	WAYN	121110	31010	0400				
DUREE SAMUEL	292A	JEFF	200011	10001	0100				
DURELL JOHN	086	KNOX	110001	20100	0100				
DURELL STEPHEN B	086	KNOX	200020	10100	0200				
DURELL STEPHEN SR	086	KNOX	000101	00201	0100				
DURFEY ELISHA	183	VAND	110101	30100	0300				
DURHAM GEORGE	074	DEAR	000100	00100	0100				
DURHAM JEREMIAH	190	FRAN	100010	00010	0001				
DURHAM JESSE B	267A	JACK	500110	10010	0001				
DURHAM JOHN	089	KNOX	000101	00101	0100				
DURHAM JOHN	074	DEAR	200001	12102	0100				
DURHAM JOHN	074	DEAR	000100	10100	0100				
DURHAM THOMAS	187	VIGO	100010	20100	0001				
DURHAM THOMAS	036	CLAR	110010	31110	0100				
DURHAM WILLIAM B	266	JACK	300010	10100	0100				
DURHAN WILLIAM	192	VIGO	210121	11001	0300	F	0000	0200	
DURKEE ASAHEL	306A	POSE	100010	00100	0001				
DURKEY JOHN	186	VIGO	110401	20111	0500				
DURLEY ARTHUR	311	POSE	010211	00101	0500				
DURR GRAMPUT	319A	POSE	000010	02010	0000				
DURR MARY	317	POSE	321100	00111	0200				
DURR WILLIAM	193	FRAN	000000	00000	0000	F	1020	0010	
DUSHY DENNIS	104	DEAR	020101	10110	0001				
DUSKIN WILLIAM	119	MONR	200010	00010	0100				
DUSTON ISAAC	156	SCOT	000010	41010	0100				
DUSTON PETER	092	DEAR	110010	31110	0100				
DUSTY WILLIAM	006	CLAR	021110	21310	0200				
DUTCH MARY	155	SCOT	000010	00101	0100				

Head of Household	Page	County	White Males (Under 10, 10-15, 16-18, 16-25, 26-44, 45 & over)	White Females (Under 10, 10-15, 16-25, 26-44, 45 & over)	Foreigners, Agriculture, Commerce, Manufacture	Free or Slave	Negro Males (Under 14, 14-25, 26-44, 45 & over)	Negro Females (Under 14, 14-25, 26-44, 45 & over)	Other not Indian
DUTRAIN ELEXANDER	085	KNOX	110010	10020	0000				
DUTTON JOHN	119	MONR	300010	30010	0100				
DUTY MATHEW	314A	POSE	320010	20010	0300				
DUTY RICHARD	091	KNOX	020101	21201	0400				
DUTY WM	312A	POSE	111211	01001	0400				
DUVAUL CHARLES	291	JEFF	001201	00201	0300				
DUVORE SAML P	161	SCOT	211010	21010	0100				
DUWIT PETER P	157	SCOT	100001	00000	0100				
DUWIT PRICE	157	SCOT	010100	10200	0100				
DVANS JOHN	092	DEAR	210010	31010	0100				
DWIER PATRICK	188	FRAN	200010	20010	0001				
DWIGGIN JOSEPH	177	WAYN	000020	10010	0200				
DWIGGINS JAMES	187	WAYN	000001	32100	0100				
DWIGGINS JOHN	035	FAYE	320110	02110	0100				
DWINELL WILLIAM	036	CLAR	000101	00100	0100				
DWOLF NANCY	058	DEAR	111200	32010	0000				
DYAN PURRE	087	KNOX	000100	00000	0100				
DYE JEMIMA	217	WAYN	221100	20010	0100				
DYER CHARLES JR	055	HARR	100100	01010	0100				
DYER CHARLES SR	055	HARR	001210	10010	0100				
DYER EZEKIEL	119	MONR	200010	30000	0100				
DYER HUGH	039	DUBO	100100	00100	0100				
DYER JAMES	055	HARR	000010	00100	0100				
DYER WILLIAM	119	MONR	120010	31110	0100				
EACHES ABNER	178	FRAN	000010	20100	0100				
EADS DAVID	122	DEAR	110100	00100	0100				
EADS ELIJAH	122	DEAR	010112	01001	0100				
EADS HENRY	174	FRAN	010001	00001	0100				
EADS JONATHAN	174	FRAN	200110	31010	0200				
EADS THOMAS C	101	DEAR	100200	20200	0010				
EADS WILLAIM	121	DEAR	300010	21010	0100				
EADS WILLIAM H	186	FRAN	310110	11110	0020				
EARDALE ROBERT	294	JEFF	000120	00000	3200				
EARL ANN	190	VIGO	100020	11100	0020				
EARL JACOB	080	JENN	100010	10010	0100				
EARL JAMES	080	JENN	311101	12010	0200				
EARL JOSEPH	189	VIGO	100010	20010	1100				
EARLEY AGNESS	148	PERR	220000	01101	0200				
EARLEY JOHN	208	WASH	400010	00010	0100				
EARLY JAMES	115	DEAR	100010	40010	0100				
EARLY JOHN D	086	KNOX	000100	00000	0000				
EARNEST LEADWICK	111	SULL	020110	11010	0400				
EARNEST NATHANIEL	109	SULL	020010	21010	0300				
EARWOOD JOSEPH	081	JENN	110010	21010	0100				
EASLEY JOHN	043	FAYE	300001	02103	0100				
EASLEY WILLIAM	043	FAYE	300100	20010	0100				
EASLING HENRY	053	FAYE	100010	40001	0010				
EAST WILLIAM	211	WAYN	201201	22110	0400				
EASTER GEORGE	223	WASH	410101	11110	0300				
EASTES JOHN	217	FRAN	000100	10100	0100				
EASTES JOSEPH	088	KNOX	000100	00000	0000				
EASTES OBEDIAH	216	FRAN	310001	21210	0200				

Head of Household	Page	County	White Males (Under 10, 10-15, 16-18, 16-25, 26-44, 45 & over)	White Females (Under 10, 10-15, 16-25, 26-44, 45 & over)	Foreigners, Agriculture, Commerce, Manufacture	Free or Slave	Negro Males (Under 14, 14-25, 26-44, 45 & over)	Negro Females (Under 14, 14-25, 26-44, 45 & over)	Other not Indian
EASTES PHILOMON	217	FRAN	100100	00100	0100				
EASTIN CHARLES	161	SCOT	120440	21200	0110				
EASTIN DAVID	159	SCOT	110110	20010	0002				
EASTIN PHILIP	159	SCOT	100100	00100	0001				
EASTMAN NATHAN	081	JENN	100010	20010	0100				
EASTMAN NATHANIEL	080	JENN	100101	01001	0100				
EASTMAN PHILIP	067	DEAR	100200	20100	0002				
EASTMAN SOLOMON R	080	JENN	000200	10100	0100				
EASTON JOHN	075	DEAR	100010	10100	0100	S		0100	
EASTON NICHOLAS	266	JACK	300201	22010	0100				
EASTRIDGE ISAAC	128	ORAN	100010	10100	0100				
EASTRIDGE JAMES	131	ORAN	100010	20010	0100				
EASTRIDGE EPHRAIM	209	WAYN	021110	41010	0300				
EASTRIDGE JOHN	128	ORAN	300010	00010	0100				
EASTWOOD PETER	221	WAYN	100010	20010	0100				
EATON	084	KNOX	000100	00000	0001				
EATON ELI	271	WAYN	000100	10100	0100				
EATON GEORGE	314A	POSE	000001	01001	0100				
EATON JAMES	077	RIPL	120010	30010	0100				
EATON JOHN	314A	POSE	311110	11010	0300				
EATON MORGAN	121	SULL	200010	20010	0100				
EATON MORGAN	310A	POSE	100100	00100	0100				
EATON MORGAN	314A	POSE	100100	00100	0100				
EATON STEPHEN	314A	POSE	200010	00010	0100				
EATON THOS	314A	POSE	100100	41010	0100				
EATON WILLIAM	117	SULL	200010	10100	0200				
EATON WM	313A	POSE	000100	00100	0100				
EBERSON WM	163	WAYN	010001	01000	0100				
EBLEN JOSHUA	275	JEFF	100100	00100	0001				
EBLEN MICHAEL	284A	JEFF	110001	11101	0001				
ECCLES JOHN	292A	JEFF	011301	11001	0400				
ECVEN SAML	318	POSE	000200	00100	0200				
EDDINGTON JOHN	223	WASH	100100	20100	0100				
EDDLEMAN DANIEL	282	JEFF	211210	11010	0300				
EDDY CHARLES	088	KNOX	200010	20010	0100				
EDDY HIEGH	046	HARR	000100	01010	0100				
EDDY JOHN	092	DEAR	300010	10100	0100				
EDDY STEPHEN	008	CLAR	100010	00100	0100				
EDEN ELIAS	295	JEFF	000101	00101	0200				
EDER THOMAS	127	ORAN	000010	10100	0100				
EDES HOWEL	129	SULL	120010	30010	0300				
EDGEL JAMES	079	JENN	000100	00100	0100				
EDINGS JOHN	055	HARR	211201	10200	0200				
EDINGTON SILES	235	GIBS	200010	10100	0100				
EDINGTON THOS	278	JEFF	100101	00010	0100				
EDLEMAN JOHN	055	HARR	221201	31110	0300				
EDMINSTER JOSEPH	079	JENN	000010	30010	0100				
EDMOND GEORGE	182	VAND	220101	01110	0300				
EDMONDSON WM	119	MONR	300110	00100	0100				
EDMONSTON B B	035	DUBO	011201	01101	0300				
EDMONSTON JAMES	037	DUBO	420110	20110	0400				
EDMONSTON WILLIAM	035	DUBO	200100	00100	0100				

Head of Household	Page	County	White Males (Under 10, 10-15, 16-18, 16-25, 26-44, 45 & over)	White Females (Under 10, 10-15, 16-25, 26-44, 45 & over)	Foreigners, Agriculture, Commerce, Manufacture	Free or Slave	Negro Males (Under 14, 14-25, 26-44, 45 & over)	Negro Females (Under 14, 14-25, 26-44, 45 & over)	Other not Indian
EDMUNDS HENRY	310	POSE	410010	00010	0200				
EDMUNDS SAMUEL	189	VIGO	000100	10100	0001				
EDSON JOHN	170	SWIT	201101	30010	0200				
EDWARD CAIUS	143	OWEN	310010	10100	0100				
EDWARD HENRY	119	MONR	410010	01010	0100				
EDWARD JOHN	265	WAYN	100010	20100	0100				
EDWARD WILY	047	CLAR	000000	00000	0001	F	0201	1101	1
EDWARDS ABILIN	150	FLOY	000100	00100	0100				
EDWARDS ABNER	087	SPEN	010010	21010	0100				
EDWARDS DAVID	267	JACK	000010	10100	0100				
EDWARDS DAVID	101	SPEN	100121	22110	0300				
EDWARDS DAVID	148	FLOY	100101	21010	0300				
EDWARDS EBLIN	112	MART	100 00	02001	0004				
EDWARDS EDWARD	106	LAWR	300010	10010					
EDWARDS GRIFFITH	215	WASH	100010	30010	0100				
EDWARDS ISAAC D	220	WASH	000100	00000	0100				
EDWARDS ISAAC	152	FLOY	100100	00100	0100				
EDWARDS ISAAC	135	ORAN	220010	20010	0300				
EDWARDS JAMES	092	KNOX	100010	10110	0001				
EDWARDS JAMES	086	KNOX	100100	10100	0100				
EDWARDS JARRETT	105	SULL	000200	00101	0200				
EDWARDS JAMES	261	JACK	200100	10100	0100				
EDWARDS JONATHAN	213	WAYN	100101	00101	0100				
EDWARDS JOHN	044	HARR	100000	10100	0100				
EDWARDS JOSHUA	097	SPEN	110010	30010	0200				
EDWARDS JONATHAN	366	RAND	010020	20010	0100				
EDWARDS LEWIS B	084	KNOX	000100	00000	0001				
EDWARDS MERIDITH	124	ORAN	100101	31101	0300				
EDWARDS NANCY	282	JEFF	010100	00001	0100				
EDWARDS PETER	259	WAYN	200010	10100	0100				
EDWARDS RICHARD	134	ORAN	210010	30000	0200				
EDWARDS RICHARD	305A	POSE	320110	21110	0400				
EDWARDS THOMAS	130	ORAN	300010	10100	0100				
EDWARDS WILLIAM	267	JACK	100101	00011	0100				
EDWARDS WILLIAM	017	FAYE	210002	21010	0100				
EDWARDS WILLIAM	106	LAWR	100010	30100					
EDWARDS WM	163	WAYN	300010	41010	0100				
EDWARDS WM	213	WAYN	300010	40010	0100				
EDWARDS WRIGHT	119	MONR	310010	22111	0100				
EELS NATHAN	015	FAYE	400010	10010	0100				
EGANS JOHN	053	FAYE	100001	21010	0100				
EGBERT JOHN	127	SULL	500010	20010	0100				
EGGARS JAMES	045	FAYE	110010	41010	0100				
EGGARS WILLIAM	045	FAYE	200100	00100	0100				
EGGERS DANIEL	201	WAYN	000101	00100	0200				
EGGERS DANIEL JR	201	WAYN	300010	00010	0100				
EGGLESTON ELIPHALET	092	DEAR	000001	22110	0100				
EGGMORTON JOSEPH	182	FRAN	400010	00010	0100				
EHLER MARTIN	086	DEAR	200010	11010	0001				
EHLER MICHALL	112	DEAR	000011	00001	0200				
EHLER THOMAS	112	DEAR	000100	10100	0100				
EHMAN JACOB	319	POSE	010001	01101	0200				

Head of Household	Page	County	White Males (Under 10, 10-15, 16-18, 16-25, 26-44, 45 & over)	White Females (Under 10, 10-15, 16-25, 26-44, 45 & over)	Foreigners, Agriculture, Commerce, Manufacture	Free or Slave	Negro Males (Under 14, 14-25, 26-44, 45 & over)	Negro Females (Under 14, 14-25, 26-44, 45 & over)	Other not Indian
EHORWORTH MAGDELANA	320	POSE	001101	00011	0000				
EKENSPIKER FREDK	318A	POSE	000020	00003	0100				
ELAM JOHN	167	SWIT	200100	00100	0100				
ELDER DELE	092	DEAR	311301	11010	0100				
ELDER ELI	086	KNOX	100010	10010	0000				
ELDER JAMES	012	CLAR	300010	11010	0100				
ELDER SAML	158	SCOT	200010	20100	0100				
ELDERS WM	201	WAYN	200010	00010	0100				
ELDRIDGE JOHN	145	PERR	000010	20100	0100				
ELDRIDGE LEVI	278A	JEFF	200010	20010	0100				
ELDRIDGE SUSANA	306	POSE	020100	11010	0200				
ELDRIDGE WILLIAM B	111	SULL	100100	10100	0100				
ELESON CHARLES	310	POSE	200101	00201	0200				
ELESON CHARLES	251	GIBS	200011	10070	0001				
ELESON HUGH	310	POSE	300010	00100	0100				
ELEX JOHN	057	HARR	000100	10100	0000				
ELGIN JAMES	171	FRAN	310010	21010	0200				
ELGIN JESSE	213	WASH	411101	20101	0300				
ELGIN JESSE JR	214	WASH	000100	00100	0100				
ELGIN JOHN	214	WASH	100100	00100	0100				
ELI ADAM	216	FRAN	000021	01001	0200				
ELI SAMUEL	216	FRAN	241110	21110	0500				
ELI SIMON	216	FRAN	000001	00001	0000				
ELIOTT JAMES	179	VAND	000001	00000	1000				
ELIOTT ROBERT	245	GIBS	210010	02000	0100				
ELKIN WILLIAM F	039	FAYE	300010	10100	0100				
ELKINHORTS GEORGE	150	FLOY	100010	10010	0100				
ELKINS JOSHUA	312A	POSE	131110	50010	0500				
ELKINS JOSIAH	315	POSE	100010	31010	0100				
ELKINS SHEDRICK	315A	POSE	000001	00001	0100				
ELKINS WILLIAM	266	JACK	310100	20010	0100				
ELLEDGE BENJAMIN	047	HARR	200010	22010	0100				
ELLERSON MATTHEW	147	PERR	000001	10010	0100				
ELLERTON WILLIAM	327	RAND	410101	02110	0100				
ELLET JAMES	194	FRAN	000010	20010	0100				
ELLETT DANIEL	210	FRAN	110010	00100	0100				
ELLETT ROBERT	210	FRAN	010010	00100	0100				
ELLICKSON JEREMIAH	099	LAWR	030001	31010	0100				
ELLIDGE BOON	048	HARR	410010	10110	0200				
ELLIDGE WILLIAM	048	HARR	000010	00000	0100				
ELLINGWOOD RICHARD	114	DEAR	100010	30010	0100				
ELLIOT CHESTER	137	WARR	001100	20010	0000				
ELLIOT DANIEL	142	OWEN	200010	10010	0100				
ELLIOT EDWARD	119	MONR	121101	00001	0100				
ELLIOT ELIJAH	119	MONR	210010	12010	0100				
ELLIOT GEORGE	142	OWEN	320100	10100	0100				
ELLIOT JANE	059	DEAR	011200	00201	0100				
ELLIOT MICHAEL	028	DELA	400010	00010	0100				
ELLIOT RILEY	116	DEAR	200010	11000	1100				
ELLIOT SAMUEL	119	MONR	300010	20010	0001				
ELLIOTT ABRAHAM	173	WAYN	310410	30200	0303				
ELLIOTT ABSALOM	021	CLAR	000111	00101	0300				

Head of Household	Page	County	White Males (Under 10, 10-15, 16-18, 16-25, 26-44, 45 & over)	White Females (Under 10, 10-15, 16-25, 26-44, 45 & over)	Foreigners, Agriculture, Commerce, Manufacture	Free or Slave	Negro Males (Under 14, 14-25, 26-44, 45 & over)	Negro Females (Under 14, 14-25, 26-44, 45 & over)	Other not Indian
ELLIOTT ALEX MCCLURE	081	JENN	200010	00100	0100				
ELLIOTT ASA	205	FRAN	200110	10100	0200				
ELLIOTT BENJAMIN	167	WAYN	100010	01101	0100				
ELLIOTT CALEB	262	JACK	310010	20010	0100				
ELLIOTT EXIAM	261	WAYN	220101	11101	0200				
ELLIOTT FRANCIS	266A	JACK	100010	10100	0004				
ELLIOTT HENRY	217	WASH	100010	10010	0500				
ELLIOTT ISAAC	257	WAYN	000100	10100	0100				
ELLIOTT JACOB	215	WAYN	000010	40010	0100				
ELLIOTT JACOB	241	WAYN	200201	00101	0200				
ELLIOTT JACOB	257	WAYN	300001	20010	0100				
ELLIOTT JAMES	061	HARR	200010	01010	0100				
ELLIOTT JOHN	261	WAYN	000100	10100	0100				
ELLIOTT JOHN	111	SULL	000010	30010	0100				
ELLIOTT JOHN	139	WARR	000010	00010	0000				
ELLIOTT JOHN	266A	JACK	001200	00100	0101				
ELLIOTT JOHN	197	FRAN	100100	00010	0100				
ELLIOTT JOB	175	WAYN	110001	11010	0200				
ELLIOTT JOSEPH	225	WASH	020101	00301	0200				
ELLIOTT JOHN	088	KNOX	300010	10110	0100				
ELLIOTT LEVI	089	KNOX	100010	30010	0100				
ELLIOTT MATHEW	193	WAYN	300110	12000	0200				
ELLIOTT NATHAN	179	WAYN	200010	00100	0100				
ELLIOTT PETER	119	SULL	021211	02110	0400				
ELLIOTT PETER	184	FRAN	021101	00202	0300				
ELLIOTT PETER C	175	SWIT	000010	30100	0100				
ELLIOTT RACHAEL	213	WASH	010100	00110	0200				
ELLIOTT ROBERT	287	JEFF	310010	20110	0001				
ELLIOTT ROBERT	208	WASH	000010	10100	0100				
ELLIOTT ROBERT	088	KNOX	000401	01001	0400				
ELLIOTT ROBERT	173	FRAN	000001	00200	0100				
ELLIOTT SAMUEL	109	SULL	100010	00100	0100				
ELLIOTT SAMUEL	055	HARR	210010	11010	0100				
ELLIOTT SAMUEL	196	WABA	010010	31010	0200				
ELLIOTT STEPHEN	179	WAYN	000100	00010	0100				
ELLIOTT THOMAS	054	HARR	300010	00100	0100				
ELLIOTT WASHINGTON	209	WAYN	310010	21010	0200				
ELLIOTT WILLIAM	218	WASH	300100	00100	0100				
ELLIOTT WILLIAM	036	CLAR	210011	11010	0100				
ELLIOTT WILLIAM	012	CLAR	100101	10100	0101				
ELLIOTT WILLMOTT	173	WAYN	000000	01001	0000				
ELLIOTT WILLIAM	237	WAYN	420010	10010	0100				
ELLIOTTE ZIMRIE	127	ORAN	300110	10010	0100				
ELLIS DANIEL	136	ORAN	300010	20010	0100				
ELLIS ELIPHALET	175	SWIT	100010	10100	0100				
ELLIS JAMES	068	HARR	000100	01000	0100				
ELLIS JESSE	057	HARR	300010	00100	0100				
ELLIS JOHN	114	DEAR	220001	10210	0100				
ELLIS JOHN	113	MART	210001	21010	0100				
ELLIS JOHN	056	HARR	410001	33010	0100				
ELLIS JOHN	223	WAYN	110010	20010	0100				
ELLIS JOSEPH	056	HARR	200010	00100	0100				

Head of Household	Page	County	White Males (Under 10, 10-15, 16-18, 16-25, 26-44, 45 & over)	White Females (Under 10, 10-15, 16-25, 26-44, 45 & over)	Foreigners, Agriculture, Commerce, Manufacture	Free or Slave	Negro Males (Under 14, 14-25, 26-44, 45 & over)	Negro Females (Under 14, 14-25, 26-44, 45 & over)	Other not Indian
ELLIS JOSEPH	294	JEFF	100100	00100	0100				
ELLIS ROGER	075	RIPL	220010	31010	0200				
ELLIS ROLAND S	139	WARR	000100	00100	0000				
ELLIS ROWLAND	139	WARR	000101	00101	0000				
ELLIS SETH	266A	JACK	100220	00100	0004				
ELLIS STEPHEN	288	JEFF	020110	00310	0100				
ELLIS THOMAS	089	SPEN	000010	43010	0100				
ELLIS WILLIAM	105	SULL	000100	00100	0000				
ELLIS WYATT	115	DEAR	130001	30010	0100				
ELLISON ELISHA	059	FAYE	100010	20100	0100				
ELLISON JAMES	325A	RAND	210010	31010	0100				
ELLISON JAMES	208	WASH	100100	00100	0100				
ELLISON JOSEPH	133	ORAN	200010	31000	0100				
ELLISON JOHN	059	FAYE	010101	01110	0200				
ELLISON JOHN	143	WARR	200010	00100	0000				
ELLISON OLIVER	067	DEAR	000010	00100	0001				
ELLISON ROBERT	208	WASH	020011	01201	0300				
ELLISON THOS	290	JEFF	022210	00010	0300				
ELLISON TIMOTHY	057	FAYE	000010	20100	0100				
ELLISSON JOSHUA	253	WAYN	111110	21000	0200				
ELLIT WILL	288A	JEFF	000100	20010	0100				
ELLROD JOHN	104	LAWR	100100	00100	0100				
ELLROD WILLIAM	104	LAWR	100010	30010	0100				
ELLSBURY BENJAMIN	092	DEAR	000100	30100	0100				
ELLSWORTH JOSEPH	032	DELA	000100	10100	0100				
ELMORE BYARD	124	DEAR	100010	10100	0100				
ELMORE ELEAZAR	190	VIGO	000100	00100	0001				
ELMORE JOHN	124	DEAR	311110	41010	0100				
ELROD BENJAMIN	130	ORAN	000010	00010	0100				
ELROD JACOB	130	ORAN	100010	10010	0100				
ELROD JOHN	221	WASH	020001	00201	0300				
ELROD JOHN	130	ORAN	000010	20100	0100				
ELROD ROBERT	125	ORAN	010201	01111	0300				
ELROD STEPHEN	222	WASH	100010	10100	0100				
ELROD THOS	104	LAWR	000100	00010	0100				
ELSBURY JACOB	092	DEAR	220101	00301	0100				
ELSEY ROBERT	114	MART	000010	01100	0100				
ELSTON ISAIAH	165	SWIT	200010	20010	0100				
ELSTON ISAAC C	085	KNOX	000100	00000	0000				
ELSTON JESS	211	FRAN	000100	10100	0100				
ELSTON JOSIAH SR	207	WAYN	000100	20010	0100				
ELSTON JOSIAH JR	207	WAYN	210001	11200	0100				
ELSWORTH JAMES	085	KNOX	100010	20100	0001				
ELTZROTH JOHN	326	RAND	300010	12010	0100				
ELWELL ABRAHAM	035	FAYE	100310	11100	0102				
ELWELL JOHN	199	FRAN	120010	30010	0200				
ELWELL SAMUEL	194	FRAN	010101	00201	0200				
ELWOOD JAMES	022	CLAR	300001	21010	0100				
EMBER CHARLES	089	KNOX	000000	00000	0100	F	4001	1210	
EMBERSON JESSA	240	GIBS	021101	00010	0300				
EMBERSON RHUBEN	241	GIBS	400010	12100	0100				
EMBREY WM	234	GIBS	301300	10110	0400				

Head of Household	Page	County	White Males (Under 10, 10-15, 16-18, 16-25, 26-44, 45 & over)	White Females (Under 10, 10-15, 16-25, 26-44, 45 & over)	Foreigners, Agriculture, Commerce, Manufacture	Free or Slave	Negro Males (Under 14, 14-25, 26-44, 45 & over)	Negro Females (Under 14, 14-25, 26-44, 45 & over)	Other not Indian
EMBRY SEASER	090	KNOX	000000	00000	0100	F	2010	4010	
EMBRY TOBY	090	KNOX				F	2210	3110	
EMERSON JAMES	059	DEAR	100001	00100	1100				
EMLEY ANTHONY	039	FAYE	100020	10010	0002				
EMLEY ISAAC	059	HARR	100100	12000	0100				
EMMERSON EDWARD	269	WAYN	200010	10010	0100				
EMMERSON JOHNATHAN	242	GIBS	400010	10100	0100				
EMMERSON JESSE	204	FRAN	110030	20010	0102				
EMMERSON SAMUEL	086	KNOX	201220	10010	0200	S	0000	0001	
EMMERSON THOMAS	089	KNOX	111130	12210	0300				
EMMERT PETER	195	WAYN	110001	02110	0200				
EMMON SYRINES	147	FLOY	100100	10100	0100				
EMMONDS JESSE	262A	JACK	100100	01000	0100				
EMMONS JONATHAN	147	FLOY	200010	20100	0100				
EMMONS SAMUEL	147	FLOY	200110	10010	0200				
EMMONS WILLIAM	047	CLAR	100110	20100	0001				
EMPSON CORNELIUS	268A	JACK	000010	10100	0001				
EMPSON JOHN	269	JACK	130010	20010	0100				
EMPSON RICHARD	268A	JACK	110010	21110	0100				
ENDICUT AARON	314A	POSE	000001	10101	0101	S	1001		
ENDICUT JESSE	314A	POSE	210010	20100	0200				
ENDICUT JOHN H	314A	POSE	100010	00100	0100				
ENDICUT JOSEPH	314A	POSE	320010	20010	0300				
ENDICUT THOS SR	314A	POSE	111101	01010	0300				
ENDSLEY ABRAM	195	WAYN	302210	24010	0300				
ENDSLEY ANDREW	049	FAYE	131101	12211	0100				
ENDSLEY BENJAMIN	059	FAYE	020101	00001	0000				
ENDSLEY JAMES	223	WAYN	410010	11010	0000				
ENDSLEY PETER P	175	WAYN	200010	20010	0100				
ENDSLEY THOMAS	223	WAYN	200001	31010	0100				
ENDSLY ANDREW	195	WAYN	000001	00001	0100				
ENESS JOHN	239	GIBS	000010	30100	0100				
ENFIELD JACOB	061	HARR	100200	00100	0100				
ENFIELD THOMAS	061	HARR	020001	00001	0100				
ENGLE AARON	105	SULL	200100	00100	0100				
ENGLE JOHN	119	DEAR	111101	01010	1100				
ENGLE JOHN	129	SULL	010002	00001	0300				
ENGLE RICHARD	105	SULL	200010	01200	0100				
ENGLEMAN ABRAHAM	057	HARR	200010	10010	0100				
ENGLEMAN JACOB	055	HARR	200100	00100	0100				
ENGLEMAN JOHN	055	HARR	401110	21010	0200				
ENGLEMAN PHILIP	149	FLOY	200010	01100	0100				
ENGLEMAN PHILLIP	055	HARR	000001	00001	0100				
ENGLEMAN WILLIAM	056	HARR	110001	12010	0100				
ENGLETON ALEXANDER	186	VIGO	200020	20110	0200	F	0010		
ENGLISH CHARLES	059	DEAR	100010	21010	0100				
ENGLISH CHARLES	063	HARR	200010	00100	0100				
ENGLISH ELISHA G	158	SCOT	000200	00100	0200				
ENGLISH JOSEPH	079	JENN	100010	40010	0100				
ENGLISH STEPHEN	063	HARR	100010	31010	0100				
ENGLISH WILLIAM	151	FLOY	010001	10001	0100				
ENLOW HENRY	063	HARR	300010	10000	0000				

Head of Household	Page	County	White Males (Under 10, 10-15, 16-18, 16-25, 26-44, 45 & over)	White Females (Under 10, 10-15, 16-25, 26-44, 45 & over)	Foreigners, Agriculture, Commerce, Manufacture	Free or Slave	Negro Males (Under 14, 14-25, 26-44, 45 & over)	Negro Females (Under 14, 14-25, 26-44, 45 & over)	Other not Indian
ENLOW JOSEPH	038	DUBO	000001	00000	0100				
ENLOW JOSEPH	070	HARR	021101	00001	0400				
ENLOW LUKE	138	FLOY	100010	00100	0001				
ENNIS WILLIAM	324	RAND	211110	30110	0100				
ENOS WILLIAM C	274A	JEFF	200010	20010	0000	S		100	
ENOSS PETER	152	FLOY	200010	10100	0001				
ENSLEY SQUIRE D	032	DELA	000100	00100	0100				
ENSLOW HENRY	039	DUBO	100100	20100	0100				
ENSLY HUGH	033	DELA	200010	12010	0100				
ENT SAMUEL	075	DEAR	100010	10100	0100				
ENTERKIN JAMES	048	HARR	000011	01010	0100				
EOFF CORNELIUS	168	SWIT	000010	41100	0100				
EPERSON WM	213	WAYN	010001	01000	0100				
EPLER ABRAHAM	042	CLAR	121101	11101	0400				
EPLER JOHN	039	CLAR	100010	00010	0100				
ERB DAVID	205	FRAN	100010	10010	0100				
ERNA LEWIS	087	KNOX	200002	12010	0200	S	0000	0101	
ERRIS JONA	141	WARR	000001	01000	0000				
ERSKINE WILLIAM	182	VAND	010201	00101	6300				
ERVAN JAMES	319	POSE	200010	40010	0100				
ERVAN WILLIAM	101	LAWR	120010	20210	0300				
ERVIN HANSE	050	HARR	101110	10100	0200				
ERVIN JONES	104	LAWR	000010	11010	0100				
ERVIN WM	305A	POSE	200020	12010	0002				
ERWIN DAVID	146	FLOY	200010	20010	0100				
ERWIN EDWARD	093	SPEN	000110	30010	0200				
ERWIN JACOB P	203	FRAN	010010	41100	0002				
ERWIN JOHN SR	144	FLOY	000001	22001	0100				
ERWIN JOHN JR	144	FLOY	000100	00100	0010				
ERWIN JOSEPH	144	FLOY	000100	10100	0100				
ERWIN SIMON	144	FLOY	000100	10100	0100				
ERWIN WILLIAM	002	CLAR	120001	20010	0100				
ERWIN WM	143	WARR	100010	10010	0000				
ESARY JONATHAN D	150	PERR	420010	10010	0300				
ESBY HUGH	007	CLAR	310101	31010	0101				
ESKEW AMOS	053	FAYE	010111	01221	0300				
ESKEW DRURY	051	FAYE	200010	00100	0100				
ESLIH SAMUEL	148	PERR	310010	11010	0200				
ESLINGER CHRISTIAN	119	MONR	211210	22010	0300				
ESLINGER CASPER	055	HARR	220010	30110	0100				
ESLINGER JOHN	119	MONR	100010	32010	0100				
ESPEY HUGH	059	DEAR	300030	10110	0300				
ESPEY ROBERT	067	DEAR	000010	00100	0100				
ESTEB ABRAM	207	WAYN	000010	01110	0100				
ESTEB JACOB	207	WAYN	020110	31110	0200				
ESTEP ABRAM	273	WAYN	000001	01101	0100				
ESTEP ISAAC	205	WAYN	110001	10001	0200				
ESTEP JOHN	205	WAYN	300110	11110	0200				
ESTES BARTLEY	314A	POSE	100100	20200	0100				
ESTES THOS	314A	POSE	111210	01010	0400				
ESTES WM	314A	POSE	100100	00100	0100				
ESTILL ISAAC	156	SCOT	000110	10100	0100				

Head of Household	Page	County	White Males (Under 10, 10-15, 16-18, 16-25, 26-44, 45 & over)	White Females (Under 10, 10-15, 16-25, 26-44, 45 & over)	Foreigners, Agriculture, Commerce, Manufacture	Free or Slave	Negro Males (Under 14, 14-25, 26-44, 45 & over)	Negro Females (Under 14, 14-25, 26-44, 45 & over)	Other not Indian
ESTILL JOHN	156	SCOT	300010	20010	0100				
ETHERSON JOSEPH	293A	JEFF	000010	30010	0100				
ETHERTON ISIAEL	146	PERR	200010	10100	0000				
ETHERTON MARY	150	PERR	100100	20011	0100				
ETTER PETER	007	CLAR	400001	11010	0100				
EUBANK JOHN SR	092	DEAR	000401	01101	1300				
EUBANK JOHN JR	092	DEAR	000100	00100	1100				
EUBANK THOMAS	092	DEAR	000010	20100	1100				
EVAN THEOPHELUS	019	DELA	300001	21010	0100				
EVANS ABNER	119	MONR	220001	00301	0100				
EVANS ANDREW	141	OWEN	000100	10020	0100				
EVANS CALEB	100	LAWR	300010	11010					
EVANS EDWARD	113	DEAR	210010	11201	0100				
EVANS EDWARD	101	LAWR	220001	33001	0300				
EVANS ELIZABETH	236	GIBS	010100	01201	0100				
EVANS ELIZABETH	130	ORAN	201100	12010	0100				
EVANS GARRISON	123	SULL	000010	40010	0100				
EVANS JACOB	113	DEAR	200110	20010	0200				
EVANS JAMES	255	WAYN	100100	00100	0100				
EVANS JAMES	168	SWIT	100100	10100	0100				
EVANS JAMES	046	HARR	200100	10010	0100				
EVANS JAMES	135	WARR	100010	10100	0001				
EVANS JAMES	257	GIBS				F	0000	1000	
EVANS JAMES	256	GIBS	100010	11100	0100				
EVANS JESSE	191	WAYN	200010	10010	0100				
EVANS JESSE	141	OWEN	200111	10010	0100				
EVANS JOEL	043	HARR	210101	11010	0200				
EVANS JOHN	172	SWIT	411101	10101	1100				
EVANS JOHN M	099	LAWR	100100	00100					
EVANS JOHN	100	LAWR	001101	00001	0200				
EVANS JOHN	127	ORAN	000201	01101	0300				
EVANS JOHN	177	WAYN	310001	10010	0200				
EVANS JOHN	294A	JEFF	000000	00100	0000	S	1001	1000	
EVANS JOSEPH	118	DEAR	300010	01000	0100				
EVANS LABAN	092	DEAR	000100	00100	0100				
EVANS MOSES	188	VIGO	310010	10010	0300				
EVANS NANCY	092	DEAR	200010	00000	0000				
EVANS RACHEL	006	CLAR	110000	20010	0000				
EVANS RICHARD	180	VAND	000010	10010	3001				
EVANS RICHARD	099	LAWR	000100	10100					
EVANS ROBERT	100	LAWR	100010	20010	0100				
EVANS ROBERT	042	CLAR	510010	01010	0100				
EVANS ROBERT M	257	GIBS				F	0000	1000	
EVANS ROBERT M	256	GIBS	003210	10010	0200				
EVANS SAMUEL	092	DEAR	100010	30010	0100				
EVANS SAMUEL	143	OWEN	100110	10100	0100				
EVANS SOLOMON	075	RIPL	010100	10100	0200				
EVANS THOMAS	168	SWIT	000001	11001	0100				
EVANS THOMAS	113	MART	300010	20010	0100				
EVANS WILLIAM	224	FRAN	200002	31010	0200				
EVANS WILLIAM B	119	MONR	200010	20010	0100				
EVENS ABRAHAM	045	HARR	000100	10100	0100				

Head of Household	Page	County	White Males (Under 10, 10-15, 16-18, 16-25, 26-44, 45 & over)	White Females (Under 10, 10-15, 16-25, 26-44, 45 & over)	Foreigners, Agriculture, Commerce, Manufacture	Free or Slave	Negro Males (Under 14, 14-25, 26-44, 45 & over)	Negro Females (Under 14, 14-25, 26-44, 45 & over)	Other not Indian
EVENS BENJAMIN	044	HARR	010010	40020	0100				
EVENS CHARLES	137	WARR	300010	10100	0000				
EVENS GEORGE	048	HARR	100010	20010	0100				
EVENS JACOB	045	HARR	000100	00100	0100				
EVENS JAMES	045	HARR	200100	10100	0100				
EVENS JAMES	047	HARR	000101	11230	0200				
EVENS JESSE	268A	JACK	000010	20010	0100				
EVENS NATHL	045	HARR	000100	00100	0100				
EVENS THEFELIS	060	HARR	200010	21010	0100				
EVENS WILLIAM	045	HARR	011101	00010	0200				
EVERET ABRAHAM	009	CRAW	000010	00100	0100				
EVERHART JOHN	274A	JEFF	000020	20100	0000				
EVERITT JOHN	217	WASH	121301	10001	0600				
EVERLING GEORGE	080	JENN	200010	10010	0100				
EVERMAN ANDREW	029	CLAR	300010	20001	0100				
EVERSOL ABRAHAM	111	DEAR	300010	00010	0100				
EVERSOLE ABRAHAM	033	CLAR	400010	10010	0001				
EVERSOLE PETER	151	FLOY	310011	31010	0300				
EVERTON JAS	147	WARR	000010	00001	0000	S	0000	0010	
EVERTON JONA	153	WARR	200010	20100	0000				
EVERTON THOS	153	WARR	000110	40010	0000				
EVERTON WM	153	WARR	012001	21001	0001				
EVERTS TIMOTHY S	070	DEAR	000001	00000	0001				
EVERY GEORGE	058	HARR	121210	20010	0200				
EVERY JOHN	057	HARR	201201	32100	0100				
EVERY JOSEPH	058	HARR	010011	22011	0200				
EVIDENT ELIZABETH	172	SWIT	000100	00101	0100				
EVIDENT IRA	172	SWIT	000100	01000	0100				
EVILSESER GEORGE	055	HARR	100010	30010	0100				
EVILSESER ADAM	055	HARR	200010	00101	0100				
EVILSIZER JOSHUA	196	WABA	300010	00100	0100				
EVILSON WILLIAM	069	HARR	200010	21110	0100				
EVINS ANDREW	038	DUBO	000010	20100	0100				
EVINS JOSEPH	187	VIGO	200010	20100	0200				
EVINS ROBERT	223	WASH	400101	10001	0200				
EVINS THOMAS	222	WASH	030301	10201	0700				
EVRITT THOMAS	327A	RAND	300010	10100	0100				
EVVINS MOSES	189	VIGO	310010	10010	0300				
EWALTS JOHN	268A	JACK	300010	10010	0100				
EWART THOMAS	087	DEAR	000001	00101	0001				
EWERTS SYLVANUS	206	FRAN	000010	00100	0100				
EWIN WALTER	012	CRAW	000101	00001	0200				
EWING DAVID	219	FRAN	340001	10000	0300				
EWING GEORGE	084	KNOX	000100	00000	0000				
EWING GEORGE	149	PERR	100101	10021	0200				
EWING HENRY	180	VAND	400001	21210	0100				
EWING JAMES	007	CLAR	110101	21010	0200				
EWING JOHN	084	KNOX	000010	00000	0010				
EWING JOHN	204	FRAN	310101	11201	0300				
EWING JOHN	146	PERR	111000	21001	0300				
EWING JOSEPH	107	DEAR	010200	01001	0100				
EWING NATHANIEL	087	KNOX	010302	12201	0200	S	0000	1000	

Head of Household	Page	County	White Males (Under 10, 10-15, 16-18, 16-25, 26-44, 45 & over)	White Females (Under 10, 10-15, 16-25, 26-44, 45 & over)	Foreigners, Agriculture, Commerce, Manufacture	Free or Slave	Negro Males (Under 14, 14-25, 26-44, 45 & over)	Negro Females (Under 14, 14-25, 26-44, 45 & over)	Other not Indian
EWING ROBERT	147	PERR	220101	10201	0300				
EWING SAMUEL	107	DEAR	210010	21110	0100				
EWING THOMAS	261A	JACK	100010	00100	0100				
EWING WILLIAM	180	VAND	100010	20100	0100				
EWING WILLIAM	019	CLAR	000100	00010	0100				
EWING WILLIAM	213	FRAN	110001	21301	0200				
EWING WILLIAM H	266A	JACK	000100	00100	0010				
EWINGS AARON	311	POSE	210300	21311	0300				
EXTOR SOLOMON	274A	JEFF	100110	10100	0001				
EYESTONE GEORGE	047	FAYE	100001	22010	0100				
EYESTONE JONATHAN	047	FAYE	000100	00100	0100				
EZEKIEL HAZLE	191	WAYN	000001	00010	0100				
EZELL RANDOLPH	125	DEAR	100001	01010	0001				
FAGUIRE JAMES	245	GIBS	200110	12010	0200				
FAIN SAMUEL	142	OWEN	100010	00100	0101				
FAIRBANKS HARVEY	168	SWIT	100020	10010	0001				
FAIRCHILD ORMOND	179	VAND	000010	00100	0100				
FAIRCHILD JONNATHAN	182	VAND	010101	00001	0300				
FAIRCHILD ISAAC	183	VAND	010002	02102	0001				
FAIRCHILD ELAM	183	VAND	000010	10100	0001				
FAIRCHILD EDWARD	085	DEAR	100100	00100	0100				
FAIRCHILD EDWARD	086	DEAR	110020	11110	0010				
FAIRCHILD LEVI	092	DEAR	100101	01021	0100				
FAIRCHILD ALPHEUS	181	VAND	500010	00010	0100				
FAIRCHILD SETH	178	VAND	200010	20010	0100				
FAIRCHILD ZERAH	179	VAND	100010	10100	0100				
FAIRHUST JOHN	089	KNOX	110010	10110	0100				
FAIRHUST SAMUEL	089	KNOX	321301	11110	0300				
FAIRIS THOMAS C	091	KNOX	000010	00000	0100				
FAITH HENRY	067	HARR	201110	00010	0300				
FAITH JOHN	147	PERR	321001	10010	0400				
FAITH THOMAS ESQ	067	HARR	120201	11201	0300				
FALKENBURY JAMES	147	PERR	100010	21010	0100				
FALKENER FORDE	264	JACK	001201	00201	0200				
FALKNER JOHN	102	LAWR	110001	12010	0500				
FALLIS SAMUEL	173	SWIT	200100	31010	0100				
FALLS ROBERT	252	GIBS	420101	00010	0200				
FALLS TETRICK	175	SWIT	000001	31401	0100				
FANCHER JOHN	168	FRAN	200010	20010	0100				
FANNIER DAVID	145	FLOY	000001	00001	0100				
FANSHER RICHARD	031	DELA	011201	00001	0200				
FARABEE JOHN	203	WASH	300010	32010	0300				
FARELEY JOHN	097	LAWR	400010	00100					
FARES THOMAS	154	SCOT	500010	12010	0100				
FARGASON DANIEL	023	DELA	211110	31010	0100				
FARGO HURON	224	FRAN	221210	03012	0102				
FARGUSON JOHN	061	HARR	210010	12010	0100				
FARGUSON THOMAS	073	HARR	200110	12010	0000				
FARHER DANIEL	195	WAYN	011201	01001	0002				
FARIS AGNES	212	WASH	000000	00101	0400				
FARIS JAMES	038	CLAR	100010	10010	0100				
FARIS JOHN	038	CLAR	210010	10010	0100				

Head of Household	Page	County	White Males (Under 10, 10-15, 16-18, 16-25, 26-44, 45 & over)	White Females (Under 10, 10-15, 16-25, 26-44, 45 & over)	Foreigners, Agriculture, Commerce, Manufacture	Free or Slave	Negro Males (Under 14, 14-25, 26-44, 45 & over)	Negro Females (Under 14, 14-25, 26-44, 45 & over)	Other not Indian
FARIS JOSHUA	212	WASH	100010	20010	0100				
FARISS JOHN	148	PERR	320010	21010	0300				
FARLEY THOMAS	159	SCOT	100110	00100	0002				
FARLOW ENOCH	019	DELA	011110	52110	0100				
FARLOW GEORGE	253	WAYN	001101	00101	0200				
FARLOW GEORGE	119	MONR	100010	00010	0100				
FARLOW JOHN	249	WAYN	000100	00100	0100				
FARLOW JOHN	197	WAYN	100010	20100	0100				
FARLOW JOSEPH	133	ORAN	020101	20011	0400				
FARLOW LUCINDA	197	WAYN	000100	00201	0100				
FARLOW NATHAN	197	WAYN	100010	20100	0100				
FARLOW REUBIN	019	DELA	100010	10100	0100				
FARLOW SIMEON	253	WAYN	100100	00100	0100				
FARLOW WILLIAM	031	FAYE	100010	20100	0001				
FARLOW WM	197	WAYN	000010	30100	0100				
FARMAN JOHN	021	DELA	300013	00100	0100				
FARMER AARON	125	DEAR	100010	00100	0100				
FARMER DAVID	079	RIPL	010101	00101	0300				
FARMER EZEKEEL	301	PIKE	321010	12010					
FARMER FREDERICK	079	RIPL	100100	00010	0100				
FARMER HENRY	017	DELA	100010	21010	0100				
FARMER ISAAC	182	VAND	211010	21110	0300				
FARMER MICHAEL	324A	RAND	000100	00200	0100				
FARMER MICHAEL	100	LAWR	000100	00200					
FARMER NANCY	210	FRAN	100000	22010	0000				
FARMER WILLIAM	301	PIKE	300010	11010					
FARNHAM JOHN H	048	CLAR	000010	00000	0000				
FARNSLEY JOHN	045	HARR	300010	10100	0100				
FARQUAR RICHARD	044	HARR	020110	31110	0200				
FARR SHUBAL	293A	JEFF	100110	11010	0100				
FARRAND MATTHEW	121	DEAR	100010	01100	0100				
FARRAND MICHAL	123	DEAR	000010	20100	0100				
FARRAR CHESTER	092	DEAR	100100	10100	0100				
FARRAR HENRY	075	DEAR	000001	00001	0100				
FARRAR MATTHEW	100	DEAR	200010	20010	0010				
FARRAR SAMUEL	075	DEAR	020010	00100	1000				
FARRAR WILLIAM	092	DEAR	100010	10100	0100				
FARRELL JOHN B	097	LAWR	000100	10100					
FARRER ELIZABETH	075	DEAR	010200	11101	0000				
FARRINGTON JAMES	086	KNOX	000100	00000	0000				
FARRIS DAVID	106	LAWR	120010	02010	0300				
FARRIS GIDION	128	ORAN	100010	30010	0100				
FARRIS JAMES	039	DUBO	320001	10311	0300				
FARRIS PAUL	100	LAWR	320010	21010					
FARRIS WILLIAM	037	DUBO	310310	21110	0500				
FARRIV THOMAS	162	SCOT	500010	12010	0100				
FAUCH ABRAHAM	043	FAYE	020001	00001	0100				
FAUELER ELEMANDER	235	WAYN	200100	10100	0100				
FAUELER SARAH	235	WAYN	100200	22101	0200				
FAULKNER DANIEL P	046	CLAR	110560	21120	0001	S	0001		
FAULKNER JACOB	107	DEAR	000010	30000	0100				
FAULKNER ROBERT	107	DEAR	000111	00100	0100				

Head of Household	Page	County	White Males (Under 10, 10-15, 16-18, 16-25, 26-44, 45 & over)	White Females (Under 10, 10-15, 16-25, 26-44, 45 & over)	Foreigners, Agriculture, Commerce, Manufacture	Free or Slave	Negro Males (Under 14, 14-25, 26-44, 45 & over)	Negro Females (Under 14, 14-25, 26-44, 45 & over)	Other not Indian
FAULKNER ROBERT JR	107	DEAR	100010	10000	0100				
FAULKNER WILLIAM	125	ORAN	100010	00010	0100				
FAUROLE JACOB	224	FRAN	221110	13110	0001				
FAUSET JACOB	190	FRAN	310010	10010	0100				
FAUT JOHN	167	SWIT	110100	02110	0100				
FAUTS BOSTON	219	WAYN	130001	03001	0100				
FAVOUR THOMAS	293A	JEFF	100020	20200	0001				
FAVOURS THOMAS	023	DELA	100010	01000	0100				
FAWBUSH JAAM	032	DELA	100100	10100	0100				
FAWBUSH JOHN	061	HARR	010201	01010	0100				
FAWCET ROBERT	191	FRAN	200110	30010	0100				
FAWCET ROBERT SR	191	FRAN	000001	01001	0000				
FAWSET CHARLES	192	FRAN	400010	00010	0100				
FEARS EDWARD	009	CRAW	200100	00100	0100				
FEASLE JOHN	091	KNOX	000010	10200	0100				
FEATHER STEPHEN	289A	JEFF	000001	00101	0100				
FEGART EMANUEL	320A	POSE	200001	01201	0000				
FELL MAHLON	273	JEFF	000001	00001	0100				
FELLOWS EDMUND	077	RIPL	110110	10100	0100				
FELLOWS HART	083	KNOX	000100	00000	0000				
FELLOWS WILLIS	083	KNOX	020210	21010	0000				
FELLTON JOHN	084	KNOX	000100	00000	0100				
FELLTON TOLEN	089	KNOX	000100	00000	0100				
FELMEY JOHN	060	HARR	000010	21010	0100				
FELMEY MARTIN	060	HARR	000001	00100	0100				
FENCHER SAMUEL	105	DEAR	010001	00001	0100				
FENDER ABSALOM	108	LAWR	300010	21010	0100				
FENDER GABRIEL	233	WAYN	000001	00001	0100				
FENDER HENRY	217	WAYN	120110	30110	0300				
FENDER JOHN	217	WAYN	101110	20010	0200				
FENEY JOSEPH	264A	JACK	220010	30011	0100				
FENIS GEORGE	195	FRAN	400010	03010	0100				
FENNELL STEPHEN	067	DEAR	000001	00101	0000				
FENNING THOMAS	205	WASH	000100	00100	0000				
FENTAN BARTHOLOMEW	286A	JEFF	100010	20100	0100				
FENTON ELEAZAR	150	FLOY	010010	10010	0200				
FENTON JOHN	038	CLAR	100010	10100	0001				
FENTRESS EDWARD	261	JACK	110301	11201	0100	F	0010	0000	
FENTRISS PHAROAH	261	JACK	300010	10100	0100	F	0000	1000	
FENWICK ROBERT	149	FLOY	000010	00000	1100				
FERGASON DAVID	103	LAWR	220010	20010	0100				
FERGESON ELIZABETH	043	CLAR	001200	00001	0000				
FERGUSAN THOMAS	127	ORAN	000100	10100	0100				
FERGUSON ARTHUR	058	HARR	221101	23010	0200				
FERGUSON ALEXANDER	195	FRAN	030101	10011	0400				
FERGUSON JOSEPH	049	FAYE	000010	20200	0100				
FERGUSON JESSE	215	WASH	010010	01010	0100				
FERGUSON JAMES	205	WASH	220010	01110	0010				
FERGUSON JOEL	166	SWIT	230010	00010	0100				
FERGUSON JAMES	133	FLOY	110101	11100	0300				
FERGUSON JESSE	168	FRAN	100100	10100	0100				
FERGUSON JOHN	130	ORAN	100100	00100	0100				

Head of Household	Page	County	White Males (Under 10, 10-15, 16-18, 16-25, 26-44, 45 & over)	White Females (Under 10, 10-15, 16-25, 26-44, 45 & over)	Foreigners, Agriculture, Commerce, Manufacture	Free or Slave	Negro Males (Under 14, 14-25, 26-44, 45 & over)	Negro Females (Under 14, 14-25, 26-44, 45 & over)	Other not Indian
FERGUSON JAMES	087	SPEN	200010	02011	0100				
FERGUSON SAMUEL	031	FAYE	000100	10100	0100				
FERGUSON STEWART	212	WASH	300010	20100	0100				
FERGUSON WILLIAM	148	FLOY	200010	10100	0100				
FERGUSON WILLIAM	193	FRAN	122201	21010	0400				
FERRAND JOHN	075	DEAR	120010	42010	0100				
FERREE DEBORAH	101	DEAR	000000	11010	0000				
FERREE JOEL	117	SULL	301211	42310	0400				
FERREL CHARLES	180	VAND	410201	10110	0400				
FERREL JAMES	188	VIGO	111201	21010	0400				
FERREL JAMES JR	187	VIGO	100100	30100	0100				
FERREL JOHN	188	VIGO	000100	00000	0100				
FERRELL JAMES	168	SWIT	220010	11010	1100				
FERRILL WILLIAM	174	FRAN	211111	11101	0300				
FERRIS EZRA	101	DEAR	320010	10210	0010				
FERRIS FREDERICK	168	FRAN	201101	32010	0200				
FERRIS ISAIAH	114	DEAR	110010	32010	0100				
FERRIS JOHN	114	DEAR	000010	02010	0100				
FERRIS JOHN	224	FRAN	000010	30110	0100				
FERSUSON BENJAMIN	049	CLAR	100110	01100	030C				
FEUTON THOMAS	159	SCOT	101101	21110	0002				
FEWIATT DAVID	185	WAYN	000010	20010	0100				
FIANT DANIEL	037	FAYE	230020	51010	0001				
FICAS JOHN	177	VAND	200100	00100	0100				
FICH JAMES	277A	JEFF	200100	10110	0100				
FICH JOHN	277A	JEFF	001211	01101	0300				
FIDDLER BARBARY	093	KNOX	000100	00001	0000	F	1000	1000	
FIDLER JAMES	102	LAWR	110010	31110	0300				
FIEDLEY JAMES	083	KNOX	000010	00000	0000				
FIELD DANIEL	075	DEAR	000001	00001	0100				
FIELD JOHN	150	FLOY	200010	11010	0100				
FIELDER JOHN	239	GIBS	000010	00110	0100				
FIELDER RUNNEL	029	DELA	130010	11110	0001				
FIELDING JACOB	102	DEAR	000001	50010	0001				
FIELDS ABRAHAM	253	GIBS	100010	10100	0100				
FIELDS ABSALOM	108	LAWR	210200	21010	0100				
FIELDS ANNA	253	GIBS	221000	00001	0200				
FIELDS BENJAMIN	132	ORAN	100010	10010	0100				
FIELDS DANIEL	070	DEAR	120010	30010	0100				
FIELDS GRACE	127	SULL	010000	11101	0100				
FIELDS JAMES	183	FRAN	100010	30010	0100				
FIELDS JEREMIAH	108	LAWR	000010	20010	0100				
FIELDS JOHN	131	ORAN	110010	11010	0100				
FIELDS JOHN	127	SULL	120101	12210	0400				
FIELDS JOSEPH	101	LAWR	220001	01010					
FIELDS ROBERT	115	MART	002201	01101	0300				
FIELDS SAMUEL	127	SULL	010210	40201	0400				
FIELDS SETH JR	127	SULL	100100	20100	0100				
FIELDS SETH	127	SULL	010010	12010	0200				
FIELDS THOMAS	049	CLAR	000000	00000	0001	F		1000	
FIELDS WILLIAM	143	FLOY	100010	00010	0100				
FIELDS WILLIAM	108	LAWR	000001	00001					

Head of Household	Page	County	White Males (Under 10, 10-15, 16-18, 16-25, 26-44, 45 & over)	White Females (Under 10, 10-15, 16-25, 26-44, 45 & over)	Foreigners, Agriculture, Commerce, Manufacture	Free or Slave	Negro Males (Under 14, 14-25, 26-44, 45 & over)	Negro Females (Under 14, 14-25, 26-44, 45 & over)	Other not Indian
FIFE WM	245	WAYN	000101	01101	0100				
FIFER CHRISTOPHER	045	CLAR	000001	00001	0100				
FIGGINS GEORGE	147	PERR	420001	31010	0400				
FIGHT ANDREW	009	CLAR	010010	01100	0100				
FIKE ISAAC	020	DELA	000201	01101	0100				
FIKE JOHN	020	DELA	300001	00010	0100				
FILBY NELLY	178	FRAN	200000	00100	0000				
FILCH WILLIAM	277A	JEFF	100010	10100	0100				
FILFORD ROBERT	207	WASH	110010	11010	0100				
FILLIPS SAMUEL	032	DELA	211211	01000	0200				
FINCH ABRAHAM	150	PERR	200010	10010	0100				
FINCH CHARLES B	005	FAYE	300110	00010	0002				
FINCH HIRAM	015	FAYE	000100	00100	0100				
FINCH ISRAEL	025	DELA	200010	10010	0100				
FINCH JOHN	111	DEAR	000101	01101	0100				
FINCH JOHN	025	DELA	120101	21410	0200				
FINCH JONATHAN	111	DEAR	100010	20100	0100				
FINCH JUBAL	003	FAYE	200010	00110	0001				
FINCH NATHAN	075	DEAR	210010	21010	0100				
FINCH PHILIP	150	PERR	000100	00100	0100				
FINCH SOLOMAN	025	DELA	110020	12010	0200				
FINCH WILLIAM	150	PERR	000001	00001	0100				
FINCH WILLIAM S	079	JENN	000100	00100	0001				
FINCH YELVINGTON	316A	POSE	020101	01001	0400				
FINCHER JOHN	233	WAYN	000010	20011	0100				
FINCOURT THOS	279	JEFF	000100	10100	0001				
FINDLEY ABEL SR	265A	JACK	210001	32201	0100				
FINDLEY ABEL JR	266A	JACK	000010	40100	0100				
FINDLEY CYRUS	132	ORAN	100100	00100	0100				
FINDLEY DAVID	104	DEAR	110010	41010	0100				
FINDLEY DAVID	097	LAWR	000001	00101					
FINDLEY HUGH JR	261A	JACK	000100	10100	0100				
FINDLEY HUGH	262A	JACK	100100	00100	0100				
FINDLEY JAMES	165	FRAN	121110	21010	0300				
FINDLEY JESSE	136	ORAN	300200	00001	0200				
FINDLEY JOHN	266A	JACK	300010	00100	0100				
FINDLEY JOHN	097	LAWR	200010	10010					
FINDLEY SAMUEL	131	ORAN	200110	20001	0200				
FINDLEY WILLIAM	265A	JACK	000100	00100	0100				
FINE CHRISTAN	031	CLAR	000101	01101	0200				
FINEY THOMAS	232	GIBS	010010	00031	0100				
FINGES JOHN	106	LAWR	120010	22110	0300				
FINIS JOHN	021	DELA	200100	00100	0100				
FINLEY DAVID	025	CLAR	001201	42010	0100				
FINLEY HARVEY	214	WASH	100100	10010	0100				
FINLEY JAMES	024	CLAR	420010	10210	0100				
FINLEY JOHN	088	KNOX	000010	20010	0100				
FINLEY JOHN	155	SCOT	200010	31010	0100				
FINLEY SALLY	041	HARR	300000	20100	0000				
FINN JOHN	297	PIKE	000010	00000	0000				
FINNEY ROBT	077	JENN	200101	00010	0100				
FINNY JAMES	239	GIBS	220110	22110	0200				

Head of Household	Page	County	White Males (Under 10, 10-15, 16-18, 16-25, 26-44, 45 & over)	White Females (Under 10, 10-15, 16-25, 26-44, 45 & over)	Foreigners, Agriculture, Commerce, Manufacture	Free or Slave	Negro Males (Under 14, 14-25, 26-44, 45 & over)	Negro Females (Under 14, 14-25, 26-44, 45 & over)	Other not Indian
FINNY SAMUEL	236	GIBS	200010	10100	0100				
FIPPIN ANDREW	208	WASH	000001	00101	0100				
FIPPIN GEORGE SR	210	WASH	000011	00001	0200				
FIPPIN GEORGE JR	210	WASH	100010	20001	0100				
FIPPIN JOHN	210	WASH	000100	10100	0100				
FIPPIN THOMAS	210	WASH	200010	20010	0100				
FIPPS WILLIAM	211	WASH	120010	11010	0300				
FIPS JOHN	062	HARR	100010	30100	0100				
FIRGUSON WILLIAM	012	CLAR	101301	11111	0400				
FIRREL ANDREW	188	VIGO	000010	30110	0100				
FISCUS ADAM	221	WASH	000201	00001	0300				
FISH ISAAC	102	LAWR	300100	13010	0100				
FISH WILLIAM	104	LAWR	320010	22100	0300				
FISH WILLIAM	059	DEAR	330010	21110	0200				
FISHbY JOHN	011	CLAR	000120	00000	201				
FISHER ALEXANDER C	085	KNOX	000010	21100	0000	S	0000	0100	
FISHER ALEXANDER	086	KNOX	000010	10010	0000				
FISHER BARBAREY	027	CLAR	130000	01101	0000				
FISHER BENJAMIN	026	DELA	200010	20100	0100				
FISHER CHARLES	086	KNOX	000010	00000	0001				
FISHER DANIEL	181	WAYN	320010	30020	0100				
FISHER DAVID	065	HARR	111101	31010	0200				
FISHER DAVIE	185	WAYN	200010	10100	0100				
FISHER DAVID	086	DEAR	221210	21001	0000				
FISHER ELIJAH	261	WAYN	101110	41010	0200				
FISHER GEORGE	029	CLAR	202301	11111	0500				
FISHER HENRY	213	WASH	200010	30010	0100				
FISHER HENRY	073	RIPL	100020	01100	0200	F	0100		
FISHER JACOB	201	WAYN	100010	20100	0100				
FISHER JACOB	208	WASH	100010	10010	0100				
FISHER JACOB	059	DEAR	300010	20010	0100				
FISHER JACOB	027	CLAR	000100	00100	0100				
FISHER JAMES	157	WAYN	110010	30010	0200				
FISHER JAMES	216	FRAN	300010	12010	0100				
FISHER JAMES B	222	WASH	200010	00010	0100				
FISHER JOHN	255	WAYN	000010	00100	0100				
FISHER JOHN	218	FRAN	310001	20010	0200				
FISHER JOHN	113	MART	000010	20100	0100				
FISHER JOHN	163	WAYN	210101	11010	0300				
FISHER JOHN	251	GIBS	310111	10020	0100				
FISHER JONATHAN	114	DEAR	011110	00010	0100				
FISHER MARTIN	247	WAYN	120010	31010	0100				
FISHER MARY	027	CLAR	100000	11010	0000				
FISHER NATHAN	113	MART	100100	10100	0100				
FISHER NOAH	133	ORAN	300010	20010	0100				
FISHER PAUL	065	HARR	001100	00100	0100				
FISHER PETER JR	213	WASH	000100	10100	0100				
FISHER PETER SR	213	WASH	121201	11001	0500				
FISHER PURNAL	238	GIBS	000010	01000	0100				
FISHER STEPHEN	233	GIBS	000010	00100	0100				
FISHER THADEUS	132	ORAN	200010	21010	0100				
FISHER ZELIK	125	ORAN	000100	10101	0100				

Head of Household	Page	County	White Males (Under 10, 10-15, 16-18, 16-25, 26-44, 45 & over)	White Females (Under 10, 10-15, 16-25, 26-44, 45 & over)	Foreigners, Agriculture, Commerce, Manufacture	Free or Slave	Negro Males (Under 14, 14-25, 26-44, 45 & over)	Negro Females (Under 14, 14-25, 26-44, 45 & over)	Other not Indian
FISKILL HENRY	225	FRAN	120001	01001	0100				
FISLER JAMES	008	CLAR	210110	20010	0100	S	0100		
FISLER JOHN	032	CLAR	320010	20010	0100				
FITCH BROWN	099	DEAR	200100	00200	0100				
FITCH ELIAS	293	JEFF	210021	21010	0200				
FITCH HARRIS	101	DEAR	000100	00000	0010				
FITCH JOHN	282	JEFF	200101	22100	0000				
FITHIAN ENOCH	185	FRAN	000010	30010	0001				
FITHIN MASON	195	WAYN	100010	00010	0100				
FITSJILES JESSY	040	DUBO	100001	01001	0100				
FITSZPATRICK BARTHOL	223	FRAN	000010	22010	0100				
FITTS JOSEPH	121	SULL	220001	10101	0300				
FITZGARALD ELIZA	148	FLOY	000000	01110	0000				
FITZGERALD MORRISON	181	VAND	100200	10101	0200				
FITZGERALD ARCHIBALD	181	VAND	330010	10010	0200				
FITZGERALD JOHN	181	VAND	020001	10001	0300				
FITZGERALD THOMAS	150	PERR	000100	00100	0000				
FITZGERALD JOHN	119	MONR	100010	10110	0100				
FITZGERALD WILLIAM	181	VAND	100100	00100	0100				
FITZGERREL JESSE	007	CRAW	100001	01001	0100				
FITZJEREL JERET	233	GIBS	100100	00100	0100				
FITZJERRAL JAMES	236	GIBS	000011	01001	0200				
FITZJERRAL JOHNSON	236	GIBS	100210	30010	0200				
FITZJERREL JAMES	247	GIBS	500110	10100	0200				
FITZPATRICK HENRY	099	LAWR	000201	01101	0300				
FITZPATRICK JAMES	135	ORAN	101100	10100	0101				
FITZPATRICK JAMES	292	JEFF	100200	00110	0200				
FITZPATRICK JOHN	092	KNOX	000100	00010	0100				
FIX HENRY	032	CLAR	100110	00010	0001				
FIX JACOB	278A	JEFF	101301	01101	0300				
FIX JOHN	229	WAYN	101110	22010	0200				
FIX JOSEPH	229	WAYN	310010	11010	0200				
FLACK JOHN	198	FRAN	000100	00100	0100				
FLACK ROBERT	198	FRAN	100101	02001	0200				
FLAKE ADAM	075	DEAR	000001	00101	0100				
FLAKE MICHAEL	075	DEAR	120010	42010	0100				
FLAKE WILLIAM	075	DEAR	200101	00010	0100				
FLALFORD WIDOW	117	MONR	010000	31010	0000				
FLANARY JOHN	012	CRAW	100100	00100	0100				
FLEEHART JOHN	047	CLAR	002300	00100	0002				
FLEEK JOHN	021	FAYE	120001	00001	0100				
FLEENER ABRAHAM	206	WASH	200010	20100	0100				
FLEENER FREDERICK	206	WASH	200100	10100	0100				
FLEENER ISAAC	301	PIKE	100110	31010					
FLEENER JOHN	206	WASH	210001	21010	0200				
FLEMING JAMES	211	WASH	211101	11101	0300				
FLEMING JAS	158	SCOT	131101	11010	0200				
FLEMING JOSEPH	243	GIBS	100101	00121	0200				
FLEMING THOMAS	005	CRAW	000020	31010	0100				
FLEMING WILLIAM	159	SCOT	000101	00001	0110				
FLEMMING DAVID J P	173	WAYN	210410	21100	0104				
FLEMMING ENOCH	215	WAYN	211101	01001	0100				

Head of Household	Page	County	White Males (Under 10, 10-15, 16-18, 16-25, 26-44, 45 & over)	White Females (Under 10, 10-15, 16-25, 26-44, 45 & over)	Foreigners, Agriculture, Commerce, Manufacture	Free or Slave	Negro Males (Under 14, 14-25, 26-44, 45 & over)	Negro Females (Under 14, 14-25, 26-44, 45 & over)	Other not Indian
FLEMMING PETER	169	WAYN	001101	00102	0200				
FLEMMING ROBERT	167	SWIT	010001	32010	0100				
FLEMMING SAMUEL	157	WAYN	000100	00000	0100				
FLEMMING WILLIAM	013	FAYE	111110	21010	0100				
FLEMMON ALEXANDER	189	FRAN	410030	21010	0002				
FLENNING JOHN	282	JEFF	000010	20100	0100				
FLENOR JOHN	149	WARR	300010	20010	0000				
FLESHMAN JACOB	059	HARR	300010	00010	0100				
FLESHMAN JAMES	070	HARR	100110	30010	0200				
FLESHMAN JOHN	070	HARR	100110	01010	0200				
FLESHMAN WILLIAM	059	HARR	000010	02010	0100				
FLETCHER JOHN	221	WASH	200010	22010	0100				
FLETCHER PATCY	216	FRAN	200000	20100	0000				
FLETCHER THOMAS	317	POSE	010201	01201	0400				
FLETCHER VANDEMAN	223	WASH	111201	32010	0400				
FLETCHER WILLIAM	127	ORAN	110001	41110	0100				
FLICK CHRISTOPHER	128	ORAN	200010	30010	0100				
FLICK PHILIP	177	WAYN	000100	00100	0100				
FLICKNER JOHN	151	FLOY	200201	21010	0102				
FLIN DANIEL	105	LAWR	100010	00010					
FLIN JACOB	105	LAWR	300110	20010					
FLIN MARTIN	105	LAWR	110010	20010					
FLINN AARON	263	JACK	000010	01100	0100				
FLINN GEORGE	263	JACK	110001	01101	0100				
FLINN JACOB	266	JACK	121101	00000	0100				
FLINN JAMES	009	CRAW	110001	00010	0101				
FLINN JOHN	264A	JACK	100100	00100	0100				
FLINN JOHN	265	JACK	100100	10100	0100				
FLINN ROBERT	263	JACK	310010	11010	0100				
FLINN THOS	316	POSE	410001	01010	0200				
FLINN WILLIAM JR	263	JACK	000010	10100	0100				
FLINN WILLIAM SR	263A	JACK	000101	01101	0100				
FLINOR NICHOLAS	119	MONR	300110	00100	0100				
FLINT JOHN	199	FRAN	200010	20010	0100				
FLINT JOHN SR	199	FRAN	000101	02100	0200				
FLINT JOSEPH	221	WAYN	010001	00001	0100				
FLINT TEMPERANCE	198	FRAN	010100	00101	0200				
FLOOD BENJAMIN	199	FRAN	300010	20100	0100				
FLORANCE MARK	085	KNOX	000000	00000	0100	F	0001	1010	
FLOTRON FRANCIS	165	SWIT	300010	01010	1100				
FLOWER THOMAS	225	WASH	000001	00001	0200				
FLOWERS WILLIAM	091	KNOX	100120	30100	0101				
FLOYD DAVIS	054	HARR	101101	10010	0100				
FLOYD JONATHAN	129	ORAN	200010	10101	0100				
FOGERSON SAMUEL	188	VIGO	100100	10100	0100				
FOLEY OWEN	065	HARR	100010	20010	0100				
FOLKNER WILLIAM	098	LAWR	000100	00100	0100				
FOLLOW JOHN	015	CRAW	000001	10010	0100				
FOLLOWELL WILLIAM	013	CRAW	400010	44011	0100				
FOLLOWWELL LINSEY	008	CRAW	000100	00100	0100				
FOLLOWWILL MARTIN	011	CRAW	100100	10100	0100				
FOLLOWWILL JOHN	014	CRAW	010020	10010	0300				

PAGE 0137

Head of Household	Page	County	White Males (Under 10, 10-15, 16-18, 16-25, 26-44, 45 & over)	White Females (Under 10, 10-15, 16-25, 26-44, 45 & over)	Foreigners, Agriculture, Commerce, Manufacture	Free or Slave	Negro Males (Under 14, 14-25, 26-44, 45 & over)	Negro Females (Under 14, 14-25, 26-44, 45 & over)	Other not Indian
FOLSOM JEREMIAH	112	DEAR	100100	20100	0100				
FOLSOM RICHARD	107	DEAR	310010	00100	0100				
FONTAROY JOHN BT	087	KNOX	100002	00110	0000				
FOON JACOB	049	HARR	100100	20100	0100				
FOOT GEORGE	055	HARR	001100	10001	0100				
FOOT PHILLIP	109	LAWR	100121	00010	0100				
FOOT WILLIAM	109	LAWR	100010	20010	0100				
FORBES GEORGE	235	GIBS	000010	20100	0100				
FORBES JOHN	196	FRAN	300010	00011	0100				
FORBES WILLIAM	195	FRAN	310110	51010	0300				
FORBIS HUGH	125	SULL	000010	10100	0100				
FORBISH JOHN	248	GIBS	100100	00100	0100				
FORBISH WM	247	GIBS	210001	32210	0100				
FORD AUGUSTUS	193	VIGO	310010	20010	0200				
FORD CHAS	020	DELA	000100	10100	0100				
FORD GEORGE	013	CLAR	000010	10100	0100				
FORD JOHN	143	FLOY	100010	01101	0001				
FORD LEMUEL	049	CLAR	410210	10010	0000				
FORD NOAH	010	CRAW	111201	10110	0400				
FORD PATSEY	125	ORAN	000000	00001	0000				
FORD ROBERT	282	JEFF	210010	20010	0100				
FORD SILAS	005	FAYE	200010	20100	0001				
FORD TRUMAN	194	VIGO	010200	00100	0300				
FORD WILLIAM	223	WASH	100010	10010	0100				
FORD WILLIAM	070	DEAR	210010	21010	0001				
FORDUE FIRTICUS	102	LAWR	200100	20010	0100				
FORDYCE JAMES	200	FRAN	110201	10001	0300				
FORDYLE CYRUS	211	WASH	220110	11110	0400				
FOREDICE JAMES	219	FRAN	101112	00001	0101				
FOREMAN HENRY	212	FRAN	200010	10010	0100				
FOREST JOHN	068	HARR	100100	00100	0000				
FORESYTHE JAMES	226	FRAN	310010	00010	0200				
FORGASON ETHEL	192	VIGO	001110	52010	0200				
FORGASON THOMAS	188	VIGO	410010	10010	0401				
FORGESAN JOHN	237	GIBS	100010	10100	0100				
FORGISON KENDOR	157	SCOT	101101	31010	0200				
FORGUAERN DIXSON	119	SULL	220010	41010	0300				
FORNS DANIEL	073	HARR	100010	10100	0000				
FORR JAMES	067	HARR	120100	20010	0200				
FORSHNER GEORGE	319A	POSE	112010	11010	0000				
FORSITHE DAVID	038	CLAR	100100	00110	0001				
FORSYTH JOHN	049	CLAR	000020	00010					
FORSYTHE THOMAS	324	RAND	000100	00000	0001				
FORTENBURY WM	137	WARR	120100	10001	0000				
FORTENER LEWIS	088	KNOX	000020	00100	0200				
FORTNER ISAAC	173	WAYN	421111	21010	0103				
FORTNER JESSE	173	WAYN	100100	10100	0100				
FORTNER LEVI	163	FRAN	320001	21110	0200				
FORTUNE ALEXANDER	064	HARR	000010	20100	0100				
FORTUNE ELIC	147	PERR	001100	30100	0100				
FOSDICK WILLIAM	206	FRAN	000100	00100	0100				
FOSSE JOHN	123	DEAR	200020	11110	0200				

PAGE 0138

1

Head of Household	Page	County	White Males (Under 10, 10-15, 16-18, 16-25, 26-44, 45 & over)	White Females (Under 10, 10-15, 16-25, 26-44, 45 & over)	Foreigners, Agriculture, Commerce, Manufacture	Free or Slave	Negro Males (Under 14, 14-25, 26-44, 45 & over)	Negro Females (Under 14, 14-25, 26-44, 45 & over)	Other not Indian
FOSSEY RICHARD	220	WASH	010301	00201	0500				
FOSTER A	289	JEFF	000320	10200	0005				
FOSTER BARTLEY	214	WASH	010001	00101	0200				
FOSTER CHILON	182	FRAN	200001	23110	0001				
FOSTER DANIEL	062	HARR	310010	22010	0100				
FOSTER DANE	048	HARR	110110	00010	0200				
FOSTER DRURY	129	ORAN	000100	00100	0100				
FOSTER ELIAS	156	SCOT	100100	00100	0100				
FOSTER EZEKIEL	169	SWIT	100010	20010	0001				
FOSTER GABRIEL	281A	JEFF	220001	00101	0100				
FOSTER GEORGE	300	PIKE	000030	00000	3000				
FOSTER HIRAM	153	SCOT	000100	10100	0100				
FOSTER HIRAM	162	SCOT	000100	10100	0100				
FOSTER JAMES	119	DEAR	210101	22001	0100				
FOSTER JEREMIAH	011	CLAR	000010	00010	0001				
FOSTER JEREMIAH	169	SWIT	000010	00000	0001				
FOSTER JESSE	119	DEAR	100100	00010	0100				
FOSTER JOHN	019	FAYE	000010	20100	0100				
FOSTER JOSHUA	327A	RAND	100021	20100	0100				
FOSTER MANSHIP THOS	075	DEAR	100010	00100	0100				
FOSTER MERCY	213	WASH	200000	00010	0000				
FOSTER ROBERT	221	FRAN	320101	21010	0300				
FOSTER SAMUEL	035	CLAR	100010	00100	0100				
FOSTER SAML	312A	POSE	120001	30010	0300				
FOSTER SHEFFIELD	190	VIGO	000210	00100	0300				
FOSTER WILLIAM	042	CLAR	000100	00100	0000				
FOSTER WILLIAM	207	WASH	210201	12110	0400				
FOSTER WILLIAM	191	VIGO	010010	10200	0002				
FOSTER WILLIAM T	177	VAND	000100	00000	0010				
FOSTER WM	312A	POSE	010010	30010	0200				
FOSTER ZEBULIN	158	SCOT	121201	12101	0300				
FOUCH JOHN	222	FRAN	110301	31110	0401				
FOULKNER JAMES	119	DEAR	100100	10100	0100				
FOUNTAIN MOSES	007	FAYE	130110	10210	0100				
FOURDICE TARIES	098	LAWR	300010	20010	0100				
FOUSER JOHN	092	DEAR	000001	00000	0100				
FOUTS ANDREW	233	WAYN	220010	12010	0300				
FOUTS DANIEL	299	PIKE	100100	01100					
FOUTS DAVID	202	WASH	110110	10010	0300				
FOUTS DAVID	028	CLAR	021110	30011	0400				
FOUTS DAVID	299	PIKE	200011	21001	0				
FOUTS JACOB	213	WAYN	000001	00001	0100				
FOUTS JACOB	024	CLAR	111210	21011	0400				
FOUTS JACOB JR	026	CLAR	400010	10010	0100				
FOUTS JACOB	026	CLAR	100010	22010	0100				
FOUTS JACOB SR	026	CLAR	100001	01011	0100				
FOUTS JOHN	047	HARR	410010	00010	0100				
FOUTS LEVI	213	WAYN	100100	10100	0100				
FOUTS LEWIS	026	CLAR	000014	20010	0100				
FOUTS MILEY	055	HARR	120000	11010	0000				
FOUTS NOAH	031	FAYE	100200	20100	0100				
FOUTS NOEL	218	WASH	120010	40010	0300				

Head of Household	Page	County	White Males (Under 10, 10-15, 16-18, 16-25, 26-44, 45 & over)	White Females (Under 10, 10-15, 16-25, 26-44, 45 & over)	Foreigners, Agriculture, Commerce, Manufacture	Free or Slave	Negro Males (Under 14, 14-25, 26-44, 45 & over)	Negro Females (Under 14, 14-25, 26-44, 45 & over)	Other not Indian
FOUTS SARAH	207	WAYN	011100	00010	0100				
FOUTS WM	209	WAYN	110010	12010	0200				
FOWLER ABNER A	186	VIGO	000110	01100	0002				
FOWLER ANN	092	DEAR	121100	11010	0000				
FOWLER BENJAMIN	068	HARR	000100	01000	0100				
FOWLER GEORGE H	242	GIBS	300010	30010	0100				
FOWLER JACOB	127	ORAN	110101	60101	0100				
FOWLER JACOB	068	HARR	200101	23101	0200				
FOWLER JAMES	080	JENN	001001	01401	0200				
FOWLER JOHN	013	CLAR	100010	40010	0100				
FOWLER JOHN	024	DELA	221220	10010	0100				
FOWLER JOHN	325	RAND	000100	30100	0100				
FOWLER JOSHUA	079	JENN	100100	00100	0001				
FOWLER JOSHUA	145	FLOY	110201	00201	0500				
FOWLER MARTIN	149	WARR	100110	00100	0001				
FOWLER THOMAS	299	PIKE	100010	10100					
FOWLER WILLIAM	298	PIKE	100010						
FOX AMOS	059	DEAR	130010	21001	0100				
FOX BALTZER	022	DELA	400010	10010	0100				
FOX ELI	237	WAYN	000100	00100	0100				
FOX ELIJAH	267	JACK	000100	00100	0100				
FOX ELIJAH	259	WAYN	100010	20100	0100				
FOX FANNY	259	WAYN	100000	10010	0000				
FOX GEORGE	127	ORAN	120001	11211	0300				
FOX JOHN	168	SWIT	000100	00100	0100				
FOX JOHN	113	DEAR	000010	00100	0100				
FOX JOHN	045	HARR	000010	30010	0100				
FOX JOHN	221	WAYN	300010	10010	0100				
FOX JOHN	259	WAYN	300010	20010	0100				
FOX MICHAEL	221	WAYN	000101	00001	0200	S	2000	1000	
FOX PETER	113	DEAR	000010	10201	0100				
FOX PHILLIP	221	WAYN	000010	31010	0100	S	1000		
FOX STEPHEN	241	WAYN	120101	00110	0200				
FOX THOMAS	055	HARR	011110	11010	0200				
FOX WM W	193	WAYN	120010	30100	0100				
FOYLES JAMES	086	KNOX	100110	10020	0000				
FRAIM DANIEL	137	WARR	310010	20010	0000				
FRAIZER ABSALOM	028	CLAR	100100	01100	0001				
FRAKE WILLIAM	190	VIGO	000100	00100	0100				
FRAKES AARON	113	SULL	200010	10100	0100				
FRAKES COONROD	190	VIGO	100100	10100	0100				
FRAKES DANIEL	113	SULL	100100	00100	0100				
FRAKES DAVID	175	SWIT	100010	10100	0100				
FRAKES ELIAS	106	DEAR	000100	00100	0100				
FRAKES HENRY	039	DUBO	300001	10010	0100				
FRAKES JOHN	150	PERR	410010	00010	0200				
FRAKES JOHN	213	WASH	011201	01001	0400				
FRAKES JOSEPH	075	DEAR	200101	11110	0100				
FRAKES PHILIP JR	113	SULL	000010	00100	0100				
FRAKES PHILIP	113	SULL	101101	01001	0300				
FRAKES WILLIAM	107	DEAR	000100	20100	0100				
FRAKES WINNY	107	DEAR	000000	01010	0000				

Head of Household	Page	County	White Males (Under 10, 10-15, 16-18, 16-25, 26-44, 45 & over)	White Females (Under 10, 10-15, 16-25, 26-44, 45 & over)	Foreigners, Agriculture, Commerce, Manufacture	Free or Slave	Negro Males (Under 14, 14-25, 26-44, 45 & over)	Negro Females (Under 14, 14-25, 26-44, 45 & over)	Other not Indian
FRAKS ALEXANDER	012	CRAW	000210	10010	0300				
FRALEY DANIEL	169	WAYN	200110	00100	0100				
FRAME WM	235	WAYN	310010	10010	0100				
FRANAWAY ABRAHAM	177	VAND	000010	20100	0100				
FRANAWAY JOSEPH	177	VAND	101100	00100	0200				
FRANCE JOHN	312A	POSE	010001	22101	0200				
FRANCES WILLIAM	080	JENN	010001	02101	0100				
FRANCHEER EPHRAIM	017	DELA	101110	00121	0200				
FRANCIS JAMES	103	DEAR	100010	10010	0001				
FRANCIS JAMES	090	KNOX	020300	10100	0100				
FRANCIS WM	143	WARR	100010	10100	0000				
FRANCISS JOHN	290A	JEFF	021211	01311	0301				
FRANK GEORGE	069	HARR	100001	00000	0100				
FRANK JOHN	069	HARR	011111	02311	0500				
FRANK PETER	017	DELA	420000	00010	0100				
FRANK STEPHEN	017	DELA	420210	20112	0400				
FRANKHAM JAMES	117	MONR	100100	10100	0100				
FRANKLIN BENJAMIN	059	DEAR	100011	00100	0001				
FRANKLIN JOHN	119	MONR	100100	20010	0100				
FRANKLIN LUTHER	187	VIGO	110220	02101	0203				
FRANKS JOHN	066	HARR	002201	03001	0200				
FRANKS JOHN	068	HARR	022201	03001	0300				
FRASER JOSEPH	026	DELA	100010	00100	0100				
FRASHER JOSEPH	022	DELA	400000	10010	0100				
FRASHIER WILLIAM	327A	RAND	200100	00100	0100				
FRAYLEER JESSE	300	PIKE	100201	20001					
FRAZER DANIEL	060	HARR	000111	10011	0100				
FRAZER MARY	137	ORAN	120100	20010	0400				
FRAZER WILLIAM	110	DEAR	010010	21010	0100				
FRAZER WM	259	WAYN	100010	10100	0100				
FRAZIER ABSALON	193	WAYN	200100	00100	0100				
FRAZIER BENJAMIN	077	JENN	300020	10100	0200				
FRAZIER DAVID	325	RAND	100010	10200	0100				
FRAZIER DAVID	366	RAND	210010	41010	0100				
FRAZIER ELI	261	WAYN	200010	20100	0100				
FRAZIER FRANCIS	325	RAND	010001	00101	0100				
FRAZIER GIDIAN	326	RAND	300010	20010	0100				
FRAZIER JAMES	366	RAND	110201	11201	0100				
FRAZIER JOPE	265	WAYN	000010	00010	0100				
FRAZIER JOHN	271	WAYN	200010	10100	0100				
FRAZIER JOHN	105	LAWR	100001	01001					
FRAZIER JOHN	008	CLAR	000010	00100	0001				
FRAZIER JOHN	009	CLAR	000010	00100	0001				
FRAZIER JOSEPH	013	FAYE	300011	10010	0100				
FRAZIER PETER	013	FAYE	200010	30200	0100				
FRAZIER SAMUEL	366	RAND	100100	00100	0100				
FRAZIER SAMUEL	075	DEAR	020101	30110	0100				
FRAZIER THOMAS	325	RAND	200010	20010	0100				
FRAZURE JOHN	017	DELA	000100	00000	0100				
FRAZY HIAL	[illegible]	FRAN	000001	01001	0100				
FREAD JOHN	099	LAWR	112301	21010	0100				
FRED JOHN	160	FRAN	101100	30100	0100				

Head of Household	Page	County	White Males (Under 10, 10-15, 16-18, 16-25, 26-44, 45 & over)	White Females (Under 10, 10-15, 16-25, 26-44, 45 & over)	Foreigners, Agriculture, Commerce, Manufacture	Free or Slave	Negro Males (Under 14, 14-25, 26-44, 45 & over)	Negro Females (Under 14, 14-25, 26-44, 45 & over)	Other not Indian
FRED WILLIAM	162	FRAN	401110	00111	0200				
FREDEICK PETER	254	GIBS	320010	10100	0100				
FREDERIC MICHAEL	301	PIKE	100010	02010					
FREDERICK JACOB O	143	FLOY	110101	01101	0001				
FREDERICK MICHAEL	143	FLOY	100001	00001	0100				
FREDERICK PETTER	092	KNOX	210201	01101	0200				
FREDERICK LEWIS	092	KNOX	200111	02211	0300				
FREDERICK SABASTIAN	092	KNOX	100010	20010	0100				
FREDERICK MICHAL	255	GIBS	100100	00100	0100				
FREDLEY JACOB	044	HARR	000101	02201	0200				
FREDLY HENRY	054	HARR	320001	11010	0100				
FREDRICK PHILLP	254	GIBS	300010	10100	0100				
FREDRICK SEBATON	254	GIBS	010001	00101	0100				
FREE SPENCER	261	WAYN				F	3010	2010	
FREECE DANIEL	088	KNOX	300010	21010	0100				
FREEL CHARLES	031	FAYE	320010	11010	0100				
FREEL JAMES	029	DELA	121111	31201	0300				
FREEL JAMES	017	FAYE	100010	20100	0100				
FREEL JOHN	031	FAYE	010030	00100	0102				
FREELAND BENJN	119	MONR	300101	11110	0100	S	0100	1000	
FREELAND BENJAMIN	142	OWEN	000100	00100	0100				
FREELAND JOSEPH	143	OWEN	000101	01120	0100				
FREELAND JOHN	112	DEAR	111110	42010	0100				
FREELAND THOMAS	075	DEAR	000011	00100	0100				
FREEMAN ABSOLOM	133	ORAN	000010	01010	0100				
FREEMAN ASON	027	FAYE	111101	32010	0100				
FREEMAN BANJAMIN	133	ORAN	010101	00010	0300				
FREEMAN CHARLES B	166	SWIT	211110	32010	0100				
FREEMAN DANIEL	133	ORAN	110001	10001	0200				
FREEMAN DANIEL JR	135	ORAN	310010	20010	0200				
FREEMAN ELISHA	099	DEAR	100010	00010	0100				
FREEMAN HENRY	047	CLAR	000000	00000	0001	F	0101	0010	
FREEMAN JACOB	092	DEAR	110001	31201	0100				
FREEMAN JAMES W	102	LAWR	000100	00100	0100				
FREEMAN JOSHUA	136	ORAN	100100	10100	0100				
FREEMAN JOHN	136	ORAN	010110	21010	0200				
FREEMAN JOHN	172	SWIT	010001	11010	0100				
FREEMAN JOSHUA	126	DEAR	100100	00100	0001				
FREEMAN JOHN	107	LAWR	320010	21010	0100				
FREEMAN PHILLIP	070	HARR	200010	20100	0000				
FREEMAN SAMUEL	134	ORAN	400010	10010	0100				
FREEMAN THOMPSON	125	ORAN	100100	20101	0020				
FREEMAN WILLIAM	134	ORAN	100100	10100	0100				
FREEMAN WM	020	DELA	011110	50010	0100				
FREID JOHN	006	CRAW	120001	11001	0300				
FREMMER GEORGE J	060	HARR	010101	00001	0100				
FREMMER SAMUEL P	060	HARR	100010	10110	0100				
FRENCH CURTIS	070	DEAR	100010	00100	0000				
FRENCH DANE SR	072	HARR	101001	12001	0200				
FRENCH DANE JR	072	HARR	100101	00101	0100				
FRENCH DAVID	188	VIGO	100010	30010	0100				
FRENCH DAVIS	307A	POSE	100010	00100	0100				

Head of Household	Page	County	White Males (Under 10, 10-15, 16-18, 16-25, 26-44, 45 & over)	White Females (Under 10, 10-15, 16-25, 26-44, 45 & over)	Foreigners, Agriculture, Commerce, Manufacture	Free or Slave	Negro Males (Under 14, 14-25, 26-44, 45 & over)	Negro Females (Under 14, 14-25, 26-44, 45 & over)	Other not Indian
FRENCH ELISHA	070	DEAR	010101	10101	0100				
FRENCH ENOCK	173	SWIT	210010	12010	0100				
FRENCH FELIX	308A	POSE	000100	10110	0100				
FRENCH GEORGE	125	ORAN	300020	10100	0100				
FRENCH GEORGE	191	VIGO	410010	20100	0200				
FRENCH GEORGE	092	DEAR	310001	21010	0100				
FRENCH HENRY	119	SULL	210010	20010	0200				
FRENCH HENRY	152	FLOY	100001	00010	0100				
FRENCH JACOB	119	SULL	010010	30100	0200				
FRENCH JAMES	308	POSE	000010	12100	0010				
FRENCH JEREMIAH	175	FRAN	011101	10201	0200				
FRENCH JOHN I	102	DEAR	400010	22010	0001				
FRENCH JOSEPH	190	VIGO	100100	10100	0100				
FRENCH JOSEPH	113	DEAR	000010	10100	0100				
FRENCH JUPILEE	073	HARR	000000	00000	0000	F	0001	0000	
FRENCH MASON	072	HARR	200010	20010	0100				
FRENCH MICAH	026	DELA	000010	00000	0100				
FRENCH PAUL	044	HARR	220101	02101	0200				
FRENCH RALPH	308	POSE	010200	00000	1030				
FRENCH SAMUEL	125	ORAN	200010	10100	0100				
FRENCH SAML	159	SCOT	100010	20100	0001				
FRENCH ZEPHANIAH	078	JENN	110511	01001	0100				
FREND IGNATIUS	197	WAYN	200020	10000	0200				
FRENOIN ANTOINE	083	KNOX	000000	00000	0000				
FREW JAMES A	085	DEAR	200010	00110	0001				
FREZIER GEORGE	005	FAYE	120201	10001	0100				
FRICK FREDERICK	274A	JEFF	000010	20100	0001				
FRIED JOHN	213	WASH	000100	00100	0100				
FRIED JOSEPH	213	WASH	000100	00100	0100				
FRIEND JOSEPH	279	JEFF	001300	11101	0300				
FRIER JOHN	092	DEAR	320101	21010	0100				
FRILY JOHN	043	CLAR	000101	00101	0001				
FRISBIE ALPHA	145	WARR	000100	00100	0001				
FRISBY JONA	145	WARR	000101	00011	0001				
FRITCHIE HENRY	169	SWIT	000010	00000	1001				
FRITZER JOHN	109	DEAR	320010	20110	0100				
FROGETT MOURNING	264	JACK	000100	10001	0100				
FROKES NATHAN	019	DELA	000011	02300	0100				
FROMAN JACOB	109	DEAR	010201	11101	0200				
FROMAN JACOB	005	CRAW	100101	12201	0100				
FROMAN JOHN	106	DEAR	200100	00100	0100				
FROMAN PAUL	173	SWIT	430100	00310	0100				
FROST SIMEON	075	DEAR	001100	00000	0000				
FRUIT CATY	192	FRAN	100100	00010	0100				
FRUIT JONATHAN	192	FRAN	100010	30010	0100				
FRUIT MARTIN	176	FRAN	102201	13011	0300				
FRUITS GEORGE	191	FRAN	210010	30010	0100				
FRY AMOS	177	WAYN	320010	20010	0100				
FRY BENJAMIN	119	MONR	200110	22010	0200				
FRY DANIEL	103	LAWR	100010	20100	0100				
FRY GEORGE	102	LAWR	100010	10100	0100				
FRY GEORGE	035	CLAR	210010	20010	0100				

Head of Household	Page	County	White Males (Under 10, 10-15, 16-18, 16-25, 26-44, 45 & over)	White Females (Under 10, 10-15, 16-25, 26-44, 45 & over)	Foreigners, Agriculture, Commerce, Manufacture	Free or Slave	Negro Males (Under 14, 14-25, 26-44, 45 & over)	Negro Females (Under 14, 14-25, 26-44, 45 & over)	Other not Indian
FRY HENRY	103	LAWR	100100	20100	0100				
FRY HENRY	202	FRAN	111201	01001	0301				
FRYER EDMUND	199	WAYN	200010	20010	6100				
FRYER JOHN H	165	WAYN	110100	20000	0100				
FRYMIRE WILLIAM	148	PERR	110001	21010	0200				
FUAER MARTIN	021	DELA	000100	00000	0100				
FUEL MASON	284	JEFF	210010	31010	0100				
FUEL SPENCER	283	JEFF	420001	01010	0100				
FUGALE JOSEPH	229	WAYN	200010	00010	0100				
FUGASON JAMES	236	GIBS	210001	11010	0100				
FUGATE SAMUEL	091	KNOX	110001	00210	0100				
FUGETT JOB	225	WAYN	200010	20010	0100				
FUGIT JESSE	287A	JEFF	300010	10010	0100				
FUGIT JESSE	020	DELA	030101	11010	0100				
FUGUAY ISOM	139	WARR	320010	11010	0000				
FULFER ABRAHAM	135	ORAN	200010	00100	0100				
FULFER JOSEPH	136	ORAN	200010	31012	0100				
FULKERSON JAMES	102	LAWR	210001	11010	0200				
FULKS ANDREW	221	WASH	200010	21010	0300				
FULKS LEONARD	221	WASH	100010	40010	0100				
FULLENWEDER HENRY	011	CRAW	200010	10010	0100				
FULLER ALLEN	087	SPEN	100001	01001	0100				
FULLER AMASA	101	DEAR	000010	00000	0000				
FULLER ARCHIBALD	146	PERR	000110	00101	0200				
FULLER BENJAMIN	092	DEAR	100010	21010	0100				
FULLER BRITTAIN	219	WAYN	000001	00001	0100				
FULLER CHARLES	008	CLAR	210370	31021	0002	S		0100	
FULLER DANIEL	092	DEAR	200010	20010	0100				
FULLER DARLING	119	MONR	001101	12001	0200				
FULLER ELIJAH	107	DEAR	000010	00010	0100				
FULLER ISAAC	172	FRAN	000010	20010	0100				
FULLER JAMES	092	DEAR	300010	22010	0100				
FULLER JAMES	173	SWIT	000100	00100	0001				
FULLER JOHN	119	MONR	100100	10100	0100				
FULLER JOHN	092	DEAR	000020	20001	0200				
FULLER PALLEMON	075	DEAR	430010	00010	0100				
FULLER PORTER	183	VAND	120010	11010	0001				
FULLER THOMAS	099	DEAR	310010	21010	0100				
FULLER THOS	135	WARR	000110	40010	0000				
FULLIN CHARLES	051	FAYE	000100	00100	0001				
FULLIN JOHN	119	MONR	001101	31201	0200				
FULLIN JOHN	055	FAYE	100010	00010	0100				
FULLIN REUBIN	119	MONR	100200	00100	0200				
FULLIN SAMUEL	051	FAYE	000100	20100	0100				
FULLUM MICHAEL	127	SULL	011201	21101	0400				
FULTON ALEXANDER	167	WAYN	100010	50000	0001				
FULTON JAMES	106	LAWR	001201	00101	0000				
FULTON JOHN	059	DEAR	000001	00001	0100				
FULTON KATHARINE	106	LAWR	310200	01110	0300				
FULTON MARGARET	277	JEFF	100000	11010	0000				
FULTON SAMUEL	059	DEAR	010201	32001	0200				
FULTON WILLIAM	190	VIGO	000100	10100	0100	F	1000	0000	

Head of Household	Page	County	White Males (Under 10, 10-15, 16-18, 16-25, 26-44, 45 & over)	White Females (Under 10, 10-15, 16-25, 26-44, 45 & over)	Foreigners, Agriculture, Commerce, Manufacture	Free or Slave	Negro Males (Under 14, 14-25, 26-44, 45 & over)	Negro Females (Under 14, 14-25, 26-44, 45 & over)	Other not Indian
FULTON WILLIAM	067	DEAR	210010	11010	0100				
FUNK ABRAHAM	071	HARR	000100	10100	0100				
FUNK ARAN B	061	HARR	310110	31110	0200				
FUNK ELIZABETH	007	CRAW	010000	00101	0100				
FUNK ISAAC	071	HARR	510010	01110	0100				
FUNK JACOB	071	HARR	000001	00001	0000				
FUNK JOHN	008	CRAW	200010	30010	0100				
FUNK JOSEPH	007	CRAW	100100	00100	0100				
FUNK PETER	007	CRAW	200010	30010	0100				
FUNK WILLIAM	071	HARR	000100	00100	0100				
FUNKHOUSER ABRAM	119	DEAR	100100	00100	0100				
FUNKHOWSER MOSES	069	HARR	100100	00100	0100				
FURGERSON JOHN	285A	JEFF	000101	10101	0200				
FURGESON JOEL	028	DELA	210110	21010	0300				
FURGESON JOHN	235	GIBS	111001	22101	0200				
FURGESON ZECHARIAH	035	FAYE	121110	01010	0100				
FURGUSON BENJAMIN	197	WAYN	300010	40000	0100				
FURGUSON JOHN	197	WAYN	000011	00101	0200				
FURGUSON JOHN	197	WAYN	310010	20000	0100				
FURGUSON MOSES	197	WAYN	210010	10100	0100				
FURGUSON MICAJAH	231	WAYN	200010	20010	0100				
FURGUSON NIMROD	231	WAYN	100010	00100	0100				
FURGUSON WM	197	WAYN	110010	32100	0100				
FURGUSON WM	201	WAYN	000100	10100	0100				
FURLONG JOHN	009	CLAR	200010	01100	0001				
FURNACE CHRISTOPHER	206	FRAN	200010	00010	0100				
FURROW JOHN	251	GIBS	100010	10100	0100				
FURRS AZANAH	031	DELA	110010	00010	0000				
FURTNEY DANIEL	150	PERR	411001	22110	0400				
FURTUE MARTIN	187	FRAN	000000	00000	0000	F	0100	1100	
FURTUNE AARON	044	HARR	100100	20001	0100				
FUTH MARTIN	210	WASH	000201	02210	0300				
GABBARD JACOB	017	DELA	000010	40010	0100				
GABBARD WILLIAM	019	DELA	300110	20100	0100				
GABBERT PETER	102	LAWR	100010	30010	0100				
GABBERT SIMON	107	LAWR	020010	21010	0300				
GABON WILLIAM	042	CLAR	100001	10100	0100				
GADBERRY JAMES	218	WASH	410010	10010	0200				
GADDIS JOHN	080	JENN	000100	10100	0100				
GADOIN DAVID	172	SWIT	000010	00000	1100				
GAIER DELAM	318A	POSE	000100	00011	0000				
GAILY DAVID	150	PERR	020210	31010	0500				
GALAWAY PLESANT	097	SPEN	300010	10010	0100				
GALBRATH ROBT	261	WAYN	120010	02010	0001				
GALBREATH JOHN	160	SCOT	000100	00100	0100				
GALBREATH JOHN	225	WAYN	200010	30010	0100				
GALBREATH ISAAC	225	WAYN	200010	40010	0100				
GALBREATH DAVID	225	WAYN	000101	01101	0200				
GALBREATH JAMES	225	WAYN	100100	10100	0100				
GALBREATH SAMUEL	215	WASH	100010	32010	0100				
GALBREATH THOMAS	217	WASH	100010	20010	0100				
GALBREATH WILLIAM	112	DEAR	100101	12110	0100				

Head of Household	Page	County	White Males (Under 10, 10-15, 16-18, 16-25, 26-44, 45 & over)	White Females (Under 10, 10-15, 16-25, 26-44, 45 & over)	Foreigners, Agriculture, Commerce, Manufacture	Free or Slave	Negro Males (Under 14, 14-25, 26-44, 45 & over)	Negro Females (Under 14, 14-25, 26-44, 45 & over)	Other not Indian
GALBREATH WILLIAM	160	SCOT	300001	01301	0100				
GALBREATH WILLIAM	225	WAYN	000010	20010	0100				
GALE ISAAC	288A	JEFF	110020	20110	0200				
GALE JOHN	315A	POSE	320001	10010	0300				
GALE NICHOLAS	010	CLAR	000011	00011	0101				
GALLASPIE ANDREW	029	DELA	000100	00000	0100				
GALLAWAY ANDREW	068	HARR	210010	10020	0100				
GALLAWAY JOHN	147	FLOY	100010	20010	0100				
GALLEHER THOS	279A	JEFF	210001	20001	0100				
GALLEWAY DAVID	240	GIBS	210010	20200	0100				
GALLIMORE JOHN	027	CLAR	011111	01001	0200				
GALLION N D	186	FRAN	001210	00110	0120				
GALLION THOMAS	327A	RAND	000010	10010	0100				
GALLOWAY ELIHU	079	JENN	300010	10010	0100				
GALUSHA AZUBA	280	JEFF	011100	00010	0100				
GALYAN THOMAS	241	WAYN	001101	00001	0200				
GALYON JACOB	263	WAYN	200010	10010	0100				
GAMBLE HENRY	248	GIBS	000100	00100	0100				
GAMBLE JOHN	049	FAYE	200010	00100	0100				
GAMBLE JOSEPH	091	KNOX	000100	00100	0100				
GAMBLE WILLIAM	091	KNOX	001301	00301	0500				
GAMBLE WM	248	GIBS	020001	00210	0100				
GAMBLIN PEIRRE	087	KNOX	000010	10010	0100	F	1000	0000	
GAMMAN JAMES	213	WASH	200010	20010	0300				
GAMMON DREWRY	099	LAWR	200100	21010	0100				
GAMMON DREWRY	101	LAWR	200010	30010	0100				
GAN REIMOND	320A	POSE	001200	00111	0100				
GANT BRITTON	189	FRAN	241201	21110	0500				
GANT CADOR	175	FRAN	300100	00100	0100				
GANT DAVID	093	DEAR	211301	01110	0300				
GANT GILES	190	FRAN	200100	00100	0100				
GANT LARKIN	190	FRAN	000100	20100	0100				
GANT TYRE	175	FRAN	220011	21010	0200				
GANY ADAR	109	LAWR	120110	20010	0300				
GAPPIN STEPHEN	173	WAYN	000100	10100	0001				
GAPPIN ZECHARIAH	113	SULL	000100	10100	0100				
GARD ARAN	199	WAYN	110010	10010	0200				
GARD BENJAMIN	210	FRAN	100001	02001	0100				
GARD JOSEPHUS	201	WAYN	011101	21111	0400				
GARD LOTT	201	WAYN	200100	00100	0001				
GARDEN THOMAS	190	VIGO	200101	21010	1002				
GARDENER JOHN	090	KNOX	200010	20010	0100				
GARDENER PHINOAS	085	KNOX	000100	00000	0001				
GARDNER AARON	207	FRAN	000010	00100	0100				
GARDNER ALEXANDER	175	FRAN	120010	11010	0100				
GARDNER ANDREW	084	KNOX	101210	00100	0001				
GARDNER DAVID	207	FRAN	100010	10010	0100				
GARDNER ELIAS	208	FRAN	000001	00001	0000				
GARDNER ELIJAH	192	FRAN	201210	10110	0100				
GARDNER ENOCH	193	WAYN	200010	20000	0100				
GARDNER EPHRAIM	208	WASH	000001	00000	0100				
GARDNER HENRY	265	WAYN	300100	10100	0100				

Head of Household	Page	County	White Males (Under 10, 10-15, 16-18, 16-25, 26-44, 45 & over)	White Females (Under 10, 10-15, 16-25, 26-44, 45 & over)	Foreigners, Agriculture, Commerce, Manufacture	Free or Slave	Negro Males (Under 14, 14-25, 26-44, 45 & over)	Negro Females (Under 14, 14-25, 26-44, 45 & over)	Other not Indian
GARDNER HENRY	113	MART	000010	00100	0100				
GARDNER ISAAC	207	FRAN	100010	30010	0100				
GARDNER ISAAC	206	FRAN	000001	01201	0100				
GARDNER JOHN	109	LAWR	120010	10010	0100				
GARDNER JOHN	147	WARR	200001	00001	0001				
GARDNER JOHN	120	MONR	220010	21000	0100				
GARDNER JOB	265	WAYN	200100	00100	0100				
GARDNER LABAM	271	WAYN	200100	20100	0100				
GARDNER PAUL	206	FRAN	200010	22010	0100				
GARDNER RICHARD	206	FRAN	000100	30100	0100				
GARDNER ROBERT	146	PERR	000001	00010	0001				
GARDNER SAML	159	SCOT	100010	21010	0100				
GARDNER STEPHEN	263A	JACK	011201	01001	0100				
GARDNER SUSAN	193	FRAN	010000	10001	0000				
GARDNER THOMAS	189	FRAN	000001	00010	0100				
GARDNER THOMAS	206	FRAN	000010	00100	0100				
GARDNER WILLIAM	208	FRAN	100110	20100	0100				
GAREY WILLIAM	122	DEAR	000100	00100	0100				
GARLINGHOUSE JOHN	174	SWIT	300010	10100	0100				
GARNER ELIZABETH	255	GIBS	030000	21010	0100				
GARNER ELIZABETH	018	CLAR	200010	01301	0100				
GARNER HENRY	122	DEAR	321101	02010	0100				
GARNER JACOB	192	VIGO	101101	00100	0300				
GARNER JAMES	044	CLAR	000002	00101	0001				
GARNER JAMES JR	018	CLAR	100010	20100	0100				
GARNER JAMES	160	SCOT	000101	00001	0200				
GARNER JOHN	256	GIBS	000100	00100	0100				
GARNER JOHN	023	CLAR	310010	30010	0001				
GARNER JOSEPH	047	CLAR	100300	00100	0001				
GARNER NANCY	265	WAYN	001100	11110	0100				
GARNER RICHARD	254	GIBS	320001	20010	0100				
GARNER SHIVERAL	018	CLAR	100010	10100	0100				
GARNER SMITH	170	SWIT	000100	00100	0100				
GARNER WILLIAM	021	CLAR	100010	10100	0100				
GARR ABRAHAM	161	WAYN	010101	10001	0300				
GARR FIELDING	215	WAYN	100010	00100	0100				
GARR JONAS	161	WAYN	100010	00100	0100				
GARRET ELIJAH	036	CLAR	210101	20110	0200				
GARRET GIBSON	120	MONR	100010	11010	0100				
GARRET HENRY	249	GIBS	421001	01210	0300				
GARRET HENRY	093	DEAR	000101	01001	0100				
GARRET ISAM	366	RAND	100100	10010	0100				
GARRET PRESLEY	248	GIBS	110101	02102	0300				
GARRET SHUBLE	249	GIBS	300010	20111	0100				
GARRET THOMAS	366	RAND	100010	30010	0100				
GARRETT ABRAHAM	123	SULL	100010	00100	0100				
GARRETT CALEB	205	WASH	230010	40020	0000				
GARRETT GEORGE	217	WAYN	110010	20010	0100				
GARRETT GEORGE	091	KNOX	430102	10110	0400				
GARRETT HENRY	193	WAYN	120010	21100	0100				
GARRETT HENRY	179	WAYN	300010	10100	0100				
GARRETT HENRY	201	WASH	300010	20010	0100				

Head of Household	Page	County	White Males (Under 10, 10-15, 16-18, 16-25, 26-44, 45 & over)	White Females (Under 10, 10-15, 16-25, 26-44, 45 & over)	Foreigners, Agriculture, Commerce, Manufacture	Free or Slave	Negro Males (Under 14, 14-25, 26-44, 45 & over)	Negro Females (Under 14, 14-25, 26-44, 45 & over)	Other not Indian
GARRETT ISAAC	202	WASH	100100	20010	0001				
GARRETT JAMES	123	SULL	200010	20010	0100				
GARRETT JAMES	059	FAYE	000010	20100	0100				
GARRETT JACOB	202	WASH	210011	31111	0500				
GARRETT JOAB	097	SPEN	010101	22100	0200				
GARRETT JONAS	325A	RAND	000010	30100	0100				
GARRETT JOHN	257	WAYN	200010	31010	0100				
GARRETT JOHN	168	FRAN	000010	40010	0100				
GARRETT NATHAN	185	WAYN	020001	02101	0100				
GARRETT SIMEON	205	WASH	300010	11010	0100				
GARRETT SILAS	097	SPEN	200100	00100	0100				
GARRETT THOMAS	093	SPEN	000100	20100	0100				
GARRETT THOMAS	259	WAYN	000100	00100	0100				
GARRETT WILLIAM	205	WASH	300010	31010	0100				
GARRETT WILLIAM	089	KNOX	121210	00110	0500				
GARRETT WILLIAM	113	SULL	100010	10010	0100				
GARRIS JOHNSTON	114	MART	110201	00110	0100				
GARRIS JOSEPH	313A	POSE	200100	20100	0100				
GARRIS JOSEPH	312	POSE	000110	00101	0100				
GARRIS SHARP	312A	POSE	310101	10210	0300				
GARRISON ARTS	099	LAWR	100001	30010					
GARRISON ABRAHAM	308A	POSE	020001	00001	0100				
GARRISON AARON	093	DEAR	210110	10201	0100				
GARRISON ABAM	104	DEAR	121110	01101	0100				
GARRISON DANL	315	POSE	000010	50100	0100				
GARRISON EDMOND	104	LAWR	500010	00010	0100				
GARRISON ELIJAH	106	LAWR	000001	01001	0100				
GARRISON ELIJAH	308A	POSE	200010	10010	0100				
GARRISON ELIJAH	093	DEAR	020011	01101	0100				
GARRISON JOHN	093	DEAR	300010	12001	0100				
GARRISON JOHN B	125	DEAR	200100	10100	0100				
GARRISON JAMES	101	LAWR	001101	00100	0100				
GARRISON JOEL	215	FRAN	001101	00001	0101				
GARRISON JONATHAN E	115	SULL	301210	11010	0000				
GARRISON LEVI JR	093	DEAR	000102	01000	0100				
GARRISON LEVI SR	093	DEAR	020000	10111	0100				
GARRISON SAMUEL	222	FRAN	321310	00010	0201				
GARRISON SILAS	093	DEAR	511110	11010	0100				
GARRISON SILAS	125	DEAR	100100	00100	0100				
GARRITOON JACOB JR	133	FLOY	000200	00100	0200				
GARRITSON HUDSON	133	FLOY	200010	00100	0100				
GARRITSON JACOB SR	133	FLOY	000101	01201	0200				
GARRON GEORGE	028	CLAR	221110	20110	0400				
GARTON ELIJAH	101	LAWR	000011	00001	0100				
GARTON ELIJAH JR	101	LAWR	100100	31100	0100				
GARTON JAMES	109	LAWR	100010	20010	0100				
GARTON ROBERT	101	LAWR	100010	20100	0100				
GASAWAY THOS	282A	JEFF	220010	31110	0100				
GASKIN GEORGE	085	DEAR	000010	10100	0001				
GASKINS JOHN	214	WASH	210010	20100	0500				
GASKINS SAMUEL	214	WASH	110010	10100	0100				
GASKINS WILLIAM	211	WASH	000010	10103	0100				

Head of Household	Page	County	White Males (Under 10, 10-15, 16-18, 16-25, 26-44, 45 & over)	White Females (Under 10, 10-15, 16-25, 26-44, 45 & over)	Foreigners, Agriculture, Commerce, Manufacture	Free or Slave	Negro Males (Under 14, 14-25, 26-44, 45 & over)	Negro Females (Under 14, 14-25, 26-44, 45 & over)	Other not Indian
GASSAWAY NICHOLAS	040	CLAR	000001	01101	0100				
GASSI ELI	010	CLAR	100011	21010	1200				
GASTON ROBERT	172	SWIT	100100	20010	0100				
GASTON WM	235	GIBS	300010	10101	0100				
GATER BAZZELL	108	LAWR	310010	10010	0100				
GATER BRIC	108	LAWR	000010	20100	0100				
GATES AVERY	009	FAYE	010010	21010	0100				
GATES JACOB	191	FRAN	300010	20010	0100				
GATES JOHN	043	FAYE	100010	00100	0100				
GATES RICHARD JR	043	FAYE	001201	00001	0100				
GATES RICHARD SR	043	FAYE	100100	10100	0100				
GATES WM	213	WAYN	000100	00200	0100				
GATHER JAMES W	047	HARR	210110	10010	0200				
GAUGH CHARLES	261	WAYN	100100	10200	0100				
GAULDEN JONNATHAN	182	VAND	100010	00010	0100				
GAULT WILLIAM	083	KNOX	000100	00000	1010				
GAVE FRANCIS	085	KNOX	000100	00100	1001				
GAVIT JOHN	273	JEFF	010320	10300	0002				
GAVY JOHN	037	FAYE	100010	33010	0001				
GAW JOHN	093	DEAR	310010	22010	0100				
GAWYER JOHN	107	DEAR	000100	20100	0100				
GAY JESSE	137	WARR	010010	20100	0001				
GAY JOHN	169	WAYN	010001	02000	0200	S	0001	0001	
GAYMAN DAVID	184	FRAN	100010	20010	0100				
GAZURE RICHARD	190	VIGO	101101	30100	0002				
GEANNERET P	274	JEFF	000200	00000	2020				
GEARHART ABRAM	201	WAYN	100010	30100	0100				
GEATER FIELDING	170	FRAN	010010	21010	0100				
GEDDIS JAMES	280A	JEFF	120010	21010	0100				
GEDGE ELISHA	102	DEAR	310001	01010	0001				
GEER NANCY	089	SPEN	000100	12001	0100				
GEEVAR JAMES	021	DELA	210010	31110	0100				
GEIGER CATH	320A	POSE	001100	00110	0100				
GELASPEY JOHN	093	KNOX	211101	30110	0300				
GELLSPIE MEDDY	085	KNOX	000000	00010	1000				
GELLSPIE PATRICK	085	KNOX	000010	00010	1000				
GELVIN JAMES	075	DEAR	100010	20100	1100				
GENDING JOSEPH	137	FLOY	210010	10010	0100				
GENNOTE JOHN	002	CLAR	200100	00100	0100				
GENRING DERIUS	136	FLOY	200110	11010	0002				
GENTINEY LEWIS	097	LAWR	110100	22100					
GENTLE WILLIAM	208	WASH	210001	13010	0100				
GENTRY ELIZABETH	136	ORAN	200001	10010	0200				
GENTRY EPHRAIM	233	WAYN	000100	10100	0100				
GENTRY HUDSON	215	FRAN	320010	10001	0101				
GENTRY JAMES	093	SPEN	220010	21010	0300				
GENTRY JOSEPH	187	FRAN	000100	01100	0100				
GENTRY MAT	145	WARR	231101	41001	0000				
GENTRY WM	145	WARR	000100	20200	0000				
GENTRY WM	147	WARR	400010	10100	0000				
GEORGE ARCHIBALD	087	KNOX	100010	20100	0100				
GEORGE BENJ	160	FRAN	320101	11100	0400				

Head of Household	Page	County	White Males (Under 10, 10-15, 16-18, 16-25, 26-44, 45 & over)	White Females (Under 10, 10-15, 16-25, 26-44, 45 & over)	Foreigners, Agriculture, Commerce, Manufacture	Free or Slave	Negro Males (Under 14, 14-25, 26-44, 45 & over)	Negro Females (Under 14, 14-25, 26-44, 45 & over)	Other not Indian
GEORGE DAVID	209	WASH	400110	00020	0100				
GEORGE DOLLY	100	LAWR	101200	10101	0100				
GEORGE JAMES	065	HARR	310010	10010	0100				
GEORGE JAMES T	208	WASH	100010	10100	0100				
GEORGE MATTHEW	167	FRAN	130010	31010	0300				
GERARD REESE	076	DEAR	100010	00010	0100				
GERARD WILLIAM	075	DEAR	000010	10100	0100				
GERAUD FREDERICK	109	SULL	200010	30110	0200				
GERDLY SARAH	100	LAWR	200000	00100	0100				
GERRARD PETER	180	FRAN	010001	00001	0001				
GEST MARY	067	DEAR	300001	00100	0000				
GETTENBY WILLIAM	100	DEAR	000010	00100	1110				
GEVIES GEORGE	307A	POSE	002201	00001	0300				
GEX JOHN	210	WASH	001101	10001	0200				
GEX LUCIEN	168	SWIT	100300	20200	1001				
GHIRKIN RACHEL	217	WASH	120100	01001	0300				
GHOLSON FREDERICK	273A	JEFF	100010	30010	0001				
GIBBENS JAMES	224	WASH	300010	10010	0100				
GIBBONS JOHN	173	SWIT	300010	00010	1001				
GIBBS DANIEL	175	SWIT	100101	02301	0100				
GIBBS DANIEL	172	SWIT	100101	02301	0100				
GIBBS JAMES	064	HARR	100010	10100	0100				
GIBBS JOHN	059	DEAR	100010	34010	0100				
GIBSON ALEXANDER	147	FLOY	000001	00010	0001				
GIBSON BARNEY	120	MONR	311101	21010	0200				
GIBSON BURWELL	042	CLAR	220001	31210	0300				
GIBSON JAMES	059	DEAR	110001	21101	0100				
GIBSON JAMES	038	CLAR	100100	00010	0100				
GIBSON JOHN	093	DEAR	200141	11011	0300				
GIBSON JOHN	102	DEAR	000001	00000	0100				
GIBSON JOHN JR	049	CLAR	200010	31010	0100				
GIBSON JOHN SR	049	CLAR	010001	00201	0100				
GIBSON JOHN	059	DEAR	000100	20100	0100				
GIBSON JOHN	241	WAYN	110110	42010	0200				
GIBSON JOSEPH	049	CLAR	000010	00000	0000				
GIBSON ROBERT	178	VAND	000100	00000	0100				
GIBSON VALENTINE	324	RAND	220010	30010	0100				
GIBSON WILLIAM	075	DEAR	100010	30010	0100				
GIBSON WILLIAM	015	CLAR	100101	10100	0100				
GIDDINS WILLIAM	097	LAWR	200100	20100					
GIDEON HENRY	013	CLAR	000100	20200	0001				
GIDEONS ELIZABETH	158	SCOT	200000	20100	0000				
GIDNEY JOSEPH	118	DEAR	010201	01101	0200				
GIDNEY THOMAS	237	GIBS	000010	10010	0100				
GIFFETH ISEA	085	KNOX	200010	31100	0000				
GIFFIN JOHN	198	FRAN	200010	30010	0100				
GIFFORD ANNANIAH	025	FAYE	310001	20010	0100				
GIFFORD JACOB	033	CLAR	200110	20120	1001				
GIFFORD JESSE	136	ORAN	100010	41001	0200				
GIFFORD JOHN	112	DEAR	200010	00100	0100				
GIFFORD LEVI	131	ORAN	000010	10001	0100				
GIFFORD PELIG	032	DELA	100010	30100	0100				

Head of Household	Page	County	White Males (Under 10, 10-15, 16-18, 16-25, 26-44, 45 & over)	White Females (Under 10, 10-15, 16-25, 26-44, 45 & over)	Foreigners, Agriculture, Commerce, Manufacture	Free or Slave	Negro Males (Under 14, 14-25, 26-44, 45 & over)	Negro Females (Under 14, 14-25, 26-44, 45 & over)	Other not Indian
GILBERT AMOS	168	SWIT	110020	11200	0000				
GILBERT CURTIS	189	VIGO	110310	00100	0020				
GILBERT EZRA	174	SWIT	200010	10100	0100				
GILBERT GOLDSMITH C	327A	RAND	000010	00010	0100				
GILBERT JOSEPH	120	MONR	330010	10010	0100				
GILBERT JONATHAN	120	MONR	400030	11100	0300				
GILBERT JOSIAH	195	WAYN	300101	22110	0200				
GILBERT SAMPSON	309A	POSE	100101	02210	0100				
GILBERT THOS	211	WAYN	100010	40010	0100				
GILBERT WILLIAM	147	PERR	100010	30100	0100				
GILEREASE MARGARET	206	WASH	001300	00001	0300				
GILEREASE JAMES	208	WASH	000100	10100	0100				
GILEREASE WILLIAM	206	WASH	100100	10100	0100				
GILES HENRY	029	CLAR	200010	40010	0100				
GILES JOHN	209	WASH	310001	10010	0100				
GILES THOMAS	126	ORAN	220010	10110	0300				
GILESPIE ROBERT	059	DEAR	000100	00100	1100				
GILHAM LEVI	066	HARR	100100	20100	0100				
GILILAND JOSEPH	154	FLOY	210010	01001	0200				
GILINS BENJAMIN	157	SCOT	200100	00100	0100				
GILKERSON ROBERT	129	SULL	200010	21010	0100				
GILKEY ROBERT	011	FAYE	021420	21110	0100				
GILL ABSOLEM B	183	VAND	210010	20110	0000				
GILL JOHN	137	ORAN	010200	10100	0003				
GILL JOUTHROW	090	KNOX	000100	00000	0001				
GILL ROBERT	121	SULL	100110	00110	0100				
GILL SAML	307	POSE	320001	20010	0300				
GILL WILLIAM	107	SULL	211110	11010	0300				
GILL WILLIAM	119	SULL	120101	31010	0400				
GILLASPEY ROBERT	264	JACK	100010	20100	0100				
GILLASPEY GEORGE	264	JACK	000100	10100	0100				
GILLASPIE GAUN	045	CLAR	000111	00100	0200				
GILLASPIE JAMES	191	FRAN	100101	20010	0100				
GILLESPIE THOMAS	064	HARR	100010	00100	0000				
GILLESPIE WILLIAM	203	WASH	300010	20100	1000				
GILLETT ARCHIPPUS	179	VAND	000100	20100	0100				
GILLIAM JOHN	012	CRAW	200010	10101	0100				
GILLICHRIE S H	149	FLOY	000010	10100	0100				
GILLILAND RICHARD	167	SWIT	110001	00110	0100				
GILLILAND JOHN	168	SWIT	200010	41100	0000				
GILLILAND HUGH	067	HARR	200010	10010	0100				
GILLILAND THOMAS	174	SWIT	200010	21010	0100				
GILLIM JONATHAN	022	DELA	300010	30010	0100				
GILLISON WILLIAM	046	HARR	300100	20010	0100				
GILLISPAH AARON	023	DELA	000100	01000	0100				
GILLISPIE ISAAC	119	MONR	100100	20100	0100				
GILLIWICK ANDREW	006	CLAR	110001	22210	0001				
GILLMORE EPHRAIM	091	KNOX	110010	50012	0100				
GILLMORE JOHN	091	KNOX	000100	00000	0100				
GILLMORE ROBERT	088	KNOX	111201	32010	0300				
GILLMORE SAMUEL	245	WAYN	000100	00100	0100				
GILLUM DAVID	059	FAYE	000010	30100	0001				

Head of Household	Page	County	White Males (Under 10, 10-15, 16-18, 16-25, 26-44, 45 & over)	White Females (Under 10, 10-15, 16-25, 26-44, 45 & over)	Foreigners, Agriculture, Commerce, Manufacture	Free or Slave	Negro Males (Under 14, 14-25, 26-44, 45 & over)	Negro Females (Under 14, 14-25, 26-44, 45 & over)	Other not Indian
GILLUM DRURY	120	MONR	200001	01001	0100				
GILLUM JOHN	231	WAYN	110010	30010	0100				
GILLUM JONATHAN	059	FAYE	200101	11010	0100				
GILLUM ROBERT	231	WAYN	000010	20011	0100				
GILLUM THOMAS	231	WAYN	210010	30010	0100				
GILLUM WILLIAM	029	FAYE	100100	20010	0100				
GILMORE ALEXANDER	061	HARR	001101	32001	0200				
GILMORE JANE	011	CLAR	030100	00301	0100				
GILMORE JAMES	061	HARR	100100	10100	0100				
GILMORE JOHN W	177	VAND	110101	11010	0200				
GILMORE LUTHER	292	JEFF	220010	10010	0001				
GILMORE SARAH	170	SWIT	011000	00000	1100				
GILMORE WILLIAM	170	SWIT	300010	20100	0100				
GILSON SAMUEL	027	CLAR	200010	10010	0100				
GILSON WILLIAM	027	CLAR	010301	00001	0500				
GILSTRAP DAVID	218	WASH	100010	30010	0100				
GILSTRAP JESSE	103	LAWR	200010	20010	0100				
GILSTRAP PETER	220	WASH	100010	30100	0100				
GILSTRAP RICHARD	218	WASH	021101	41010	0400				
GILSTRAP WILLIAM	218	WASH	100010	10100	0100				
GILTNER ANDREW	027	CLAR	100010	10100	0100				
GILTNER ELIZABETH	030	CLAR	000100	10101	0100				
GILTNER GEORGE	224	FRAN	210210	20010	0300				
GILTNER JACOB	030	CLAR	100120	01110	0100				
GILTNER JOHN SR	028	CLAR	400010	21010	0100				
GILTNER MICHAEL	033	CLAR	301210	22010	0400				
GILWORTH JOHN	033	CLAR	000201	01001	0200				
GINN GABRIEL	053	FAYE	110010	31101	0100				
GINN JAMES	180	FRAN	000021	10001	0201				
GIPSON JULIAS	178	VAND	011110	22110	0300				
GIRNE WASHINGTON	031	DELA	200001	20001	0100				
GIRTING JEREMIAH	211	WAYN	420001	10010	0100				
GITLNER JOHN	031	CLAR	300010	10010	0100				
GIVAN GILBERT	111	DEAR	200010	00100	0100				
GIVAN JAMES	187	FRAN	000101	30010	0020	S	1000		
GIVENS CHARLES C	306A	POSE	100100	10100	0100				
GIVENS ELISHA	132	ORAN	120110	32010	0100				
GIVENS JOHN	319	POSE	100001	11010	0100				
GIVENS THOS	309A	POSE	210010	21010	0200				
GIVENS WM	309A	POSE	200010	00100	0100				
GIVINS JAMES	047	CLAR	100010	20110	0001				
GIVINS JOHN	119	MONR	200111	21010	0201				
GIVON GARRETSON	177	WAYN	210001	21010	0001				
GLADDEN EDWARD H	166	SWIT	000010	10100	0100				
GLADDISH JEREMIAH	299	PIKE	210010	01010					
GLANCEY JOSEPH	259	WAYN	000110	20010	0001				
GLANDEN JAMES	041	FAYE	310010	00010	0100				
GLASCOW SAMUEL	290	JEFF	310010	32110	0100				
GLASE ADAM G	045	HARR	100001	00010	0100				
GLASS DAVID	031	CLAR	100010	20100	0100				
GLASS JAMES	076	DEAR	010101	00201	0200				
GLASS JOHN	301	PIKE	000010	20010					

Head of Household	Page	County	White Males (Under 10, 10-15, 16-18, 16-25, 26-44, 45 & over)	White Females (Under 10, 10-15, 16-25, 26-44, 45 & over)	Foreigners, Agriculture, Commerce, Manufacture	Free or Slave	Negro Males (Under 14, 14-25, 26-44, 45 & over)	Negro Females (Under 14, 14-25, 26-44, 45 & over)	Other not Indian
GLASSON WILLIAM	267	JACK	000100	00100	0000				
GLAZEBROOK CLIFT	218	WASH	210010	11000	0200				
GLAZEBROOL WILLIAM	201	WASH	300010	30010	0100				
GLEN ISAAC B	127	ORAN	000100	00100	0100				
GLEN SAMUEL	125	ORAN	021201	10001	0400				
GLENN JAMES JUDGE	010	CRAW	411010	11011	0300				
GLENN JOHN ESQ	010	CRAW	400011	01101	0200				
GLENN JOSEPH	217	FRAN	000101	00101	0200				
GLENN MARGARET	076	DEAR	000100	00001	0100				
GLENN MARY	149	WARR	120100	00201	0000				
GLENN ROBERT	093	DEAR	100010	20100	0100				
GLENN ROBERT	136	FLOY	201220	21010	0201				
GLENN SAMUEL	010	CRAW	210001	02101	0200				
GLENN SAMUEL JR	010	CRAW	000100	00100	0100				
GLENN THOMAS	006	CRAW	000100	00100	0100				
GLIDEWELL NASH	194	FRAN	200010	10010	0100				
GLIDEWELL ROBERT	204	FRAN	001101	00101	0200				
GLIDEWELL ROBERT JR	175	FRAN	000010	00110	0100				
GLIDEWELL WILLIAM	203	FRAN	000010	20100	0100				
GLIMPSE EMANUEL	027	FAYE	400010	01001	0100				
GLISSON THOMAS	189	FRAN	320110	20010	0101				
GLORE JACOB	273A	JEFF	220010	01010	0000				
GLORE SAMUEL	273A	JEFF	100010	20010	0001				
GLOSSER FREDERICK	223	WASH	000001	00000	0100				
GLOVER ASA	266A	JACK	000110	00100	0002				
GLOVER JAMES	288A	JEFF	100010	30100	0100				
GLOVER JOHN	137	ORAN	300010	20010	0100				
GLOVER JOSEPH	101	LAWR	200110	20111	0200				
GLOVER LUCY	257	GIBS				S	1001	0200	
GLOVER STEPHEN	132	ORAN	200010	21010	0100				
GLOVER THOS	286	JEFF	210001	11101	0100				
GLOVER URIAH	133	ORAN	120101	21210	0300				
GLOVER ZECHARIAH	009	FAYE	221210	21010	0100				
GLOVIS WARE	097	LAWR	220010	00010	0				
GOAD GABRIEL	145	PERR	100021	00010	0300				
GOAD HALEY	145	PERR	000100	00100	0100				
GOAD JOHN	310	POSE	100401	02201	0500				
GOAD THOS	310	POSE	000100	00100	0100				
GOBEN WILLIAM	129	SULL	110010	41010	0300				
GOBIN JOHN	025	CLAR	100100	20100	0100				
GOBIN JOSEPH	157	SCOT	320010	01110	0100				
GOBIN WILLIAM	157	SCOT	200010	31100	0100				
GOBIN WILLIAM	025	CLAR	100001	10010	0100				
GOBLE DANIEL	189	VIGO	000010	00100	0100				
GOBLE DAVID	223	FRAN	231110	13010	0300				
GOBLE JACOB	021	FAYE	200010	21010	0001				
GOBLE JAMES	105	SULL	010201	11301	0400				
GOBLE ROBERT	200	FRAN	311110	00201	0300				
GOBLE STEPHNE	223	FRAN	240001	00010	0201				
GOBLE WILLIAM	147	PERR	000100	01000	0000				
GODARE ANDREW	084	KNOX	000101	21001	0200				
GODARE FRANCES	087	KNOX	111100	11110	0200				

Head of Household	Page	County	White Males (Under 10, 10-15, 16-18, 16-25, 26-44, 45 & over)	White Females (Under 10, 10-15, 16-25, 26-44, 45 & over)	Foreigners, Agriculture, Commerce, Manufacture	Free or Slave	Negro Males (Under 14, 14-25, 26-44, 45 & over)	Negro Females (Under 14, 14-25, 26-44, 45 & over)	Other not Indian
GODET CHARLES	016	CLAR	000001	00000	1100				
GODFREY ELIJAH	216	WASH	000010	00100	0100				
GODFREY ELEAZER	089	KNOX	100010	00100	0100				
GODFREY JOHN	324A	RAND	000110	00100	0010				
GODLEY WILLIAM	122	DEAR	100110	00100	0100				
GOE WILLIAM SR	049	FAYE	020201	12401	0300				
GOETZ JOHN JAMES	173	SWIT	000010	10100	1100				
GOETZ JOHN	320A	POSE	010001	01201	0000				
GOETZ JOSEPH	320A	POSE	120100	00101	0000				
GOFF ELIJAH	023	DELA	100010	13010	0100				
GOFF JOHN	222	FRAN	000100	00100	0100				
GOFF JOHN	165	WAYN	411101	10101	0200				
GOFF JOSHUA	266	JACK	000100	00010	0100				
GOFF SAMPSON	073	RIPL	000110	20100	0002				
GOFORTH WILLIAM	031	CLAR	220010	21010	0100				
GOFORTH WILLIAM	269	JACK	100001	41010	0100				
GOINGS CHARLES	137	ORAN	000000	00000	0100	F	2010	4010	
GOINGS CLABOURN	128	ORAN	000000	00000	0200	F	0101	0101	
GOINGS SIMEON	128	ORAN	000000	00000	0100	F	2201	4110	
GOLA DAVID	075	RIPL	200010	10110	0100				
GOLAY ELISHA	174	SWIT	400100	10010	0100				
GOLAY LOUIS F	170	SWIT	100010	00100	1100				
GOLDEN ANDREW	047	FAYE	000100	20100	0100				
GOLDEN EDWARD	006	CRAW	300110	30010	0100				
GOLDEN STEPHEN	047	FAYE	100010	30010	0100				
GOLDEN THOMAS L	014	CRAW	110010	40010	0100				
GOLDMAN GEORGE	091	KNOX	120111	31011	0200				
GOLDMAN JOHN	008	CRAW	401301	03110	0500				
GOLDMAN JOHN JR	008	CRAW	100100	10100	0100				
GOLDMAN MARTIN	091	KNOX	320010	10010	0100				
GOLDSBY BRIGS M	208	WASH	200010	00100	0100	F	0010		
GOLDSBY EDWARD	207	WASH	000111	12101	0300				
GOLDSBY GEORGE	208	WASH	000010	00010	0100				
GOLDSBY JOHN	123	SULL	200110	11010	0200				
GOLDSBY WILLIAM	273A	JEFF	100010	10100	0001				
GOLDSMITH DANIEL F	183	VAND	000010	00000	0001				
GOLDSMITH WILLIAM	061	HARR	100100	20100	0100				
GONNEL JOSEPH	117	MONR	130010	00010	0100				
GONTRAMAN HENRY	099	SPEN	020011	12001	0300				
GONZALES SIMON	086	KNOX	200001	12101	0100				
GOOD HENRY	029	FAYE	111120	01010	0003				
GOOD JOHN H B	159	SCOT	200010	10010	0100				
GOOD RICHARD	093	DEAR	000100	00000	1100				
GOOD THOMAS	091	SPEN	000110	01300	1100				
GOODAL JASON	031	DELA	000010	00100	0100				
GOODALE WILLIAM	290A	JEFF	110010	12010	0100				
GOODATELL JAMES R E	179	VAND	000010	00000	0000				
GOODDIN SAMUEL	253	GIBS	000012	30010	0100				
GOODEN WILLIAM	193	VIGO	200210	12210	0300				
GOODHUE JOHN	175	FRAN	100020	10010	0200				
GOODLUSE JAMES	160	SCOT	200110	00100	0002				
GOODMAN BARTLETT	090	KNOX	210010	31010	0200				

Head of Household	Page	County	White Males (Under 10, 10-15, 16-18, 16-25, 26-44, 45 & over)	White Females (Under 10, 10-15, 16-25, 26-44, 45 & over)	Foreigners, Agriculture, Commerce, Manufacture	Free or Slave	Negro Males (Under 14, 14-25, 26-44, 45 & over)	Negro Females (Under 14, 14-25, 26-44, 45 & over)	Other not Indian
GOODMAN GEORGE	120	MONR	220010	11110	0100				
GOODMAN JESSE	005	CRAW	200010	00100	0100				
GOODMAN JOHN	041	CLAR	100001	42010	0100				
GOODMAN JOHN	005	CRAW	111101	00101	0400				
GOODMAN THOMAS	044	CLAR	200010	10100	0100				
GOODMAN WM	009	CRAW	000010	20100	0100				
GOODNER JACOB	059	DEAR	120110	31010	0100				
GOODRICH ABNER	223	FRAN	000100	10100	0100				
GOODRICH CARMY	073	RIPL	001110	00200	0100				
GOODRICH GEORGE	223	FRAN	110010	20010	0100				
GOODRICH NATHAN	223	FRAN	001201	02001	0100				
GOODRICH SAMUEL E	146	PERR	100001	30010	0000				
GOODRICH WILLIAM	223	FRAN	200010	30010	0001				
GOODSON JOSEPH	207	WASH	110110	41010	0300				
GOODSPEED DAVID	102	DEAR	000010	00010	0001				
GOODWIN AMOS	005	CLAR	100010	22010	0100				
GOODWIN DANIEL	039	FAYE	030101	00101	0100				
GOODWIN ELEAZAR	071	HARR	010001	01101	0000				
GOODWIN ELIAS	120	MONR	300010	10010	0100				
GOODWIN JAMES	035	FAYE	300200	20010	0100				
GOODWIN JAMES	017	DELA	300010	21010	0100				
GOODWIN JEHU	093	DEAR	110010	10010	0100				
GOODWIN JOHN	019	CLAR	100010	10100	0100				
GOODWIN JOHN	120	MONR	100100	10100	0100				
GOODWIN JOHN	192	VIGO	210001	10001	0200				
GOODWIN LEMUEL	035	FAYE	000100	10010	0100				
GOODWIN MICAJAH	186	VIGO	100010	20010	0100				
GOODWIN MOSES	093	DEAR	321110	21010	0100				
GOODWIN OBEDIAH	120	MONR	000100	00100	0100				
GOODWIN SAMUEL	225	FRAN	000101	00001	0000				
GOODWIN SAMUEL	185	FRAN	211210	01010	0004				
GOODWIN SETH	120	MONR	120001	40110	0100				
GOODWIN WILLIAM	092	DEAR	410010	10010	0100				
GOODWIN WILLIS W	019	CLAR	301110	12010	0200				
GOODWIN WILLIAM	019	CLAR	010001	00101	0400	S	0200	3110	
GOODWIN WILLIAM	119	MONR	140001	20010	0400				
GOOSIO PETER	172	SWIT	201201	10010	0200				
GOOTEE THOMAS	113	MART	000200	20100	0200				
GOPPIN ELI	267	WAYN	221301	11010	0300				
GORDAN CHARLES	247	WAYN	001301	22001	0300				
GORDAN CHRISTIANA	290	JEFF	000000	00100	0100				
GORDAN JAMES	290	JEFF	000102	00201	0200				
GORDAN JOHN	215	WAYN	200010	30010	0100				
GORDAN JOSEPH	281	JEFF	100010	20100	0100				
GORDAN OVER R	249	GIBS	230110	20010	0200				
GORDAN SAMUEL	251	GIBS	000077	07107	0200				
GORDAN WILLIAM	203	WASH	100110	10010	0200				
GORDEN ANDERSON	107	LAWR	000010	30010					
GORDEN BAKER	178	VAND	100020	00000	2002				
GORDEN NOAH	089	SPEN	120110	40110	0400				
GORDEON JOSEPH	140	FLOY	100010	10100	0001				
GORDINIER DAVIUS	002	CLAR	100000	11101	0000				

Head of Household	Page	County	White Males (Under 10, 10-15, 16-18, 16-25, 26-44, 45 & over)	White Females (Under 10, 10-15, 16-25, 26-44, 45 & over)	Foreigners, Agriculture, Commerce, Manufacture	Free or Slave	Negro Males (Under 14, 14-25, 26-44, 45 & over)	Negro Females (Under 14, 14-25, 26-44, 45 & over)	Other not Indian
GORDON AARON	202	WASH	011201	01001	0300				
GORDON ANDERSON	195	WAYN	100110	20100	0200				
GORDON GEO	290	JEFF	000102	00201	0000				
GORDON HORSARD	208	WASH	300010	20100	0100				
GORDON JOHN	059	DEAR	000201	01001	0200				
GORDON JOHN	231	GIBS	020010	01001	0001				
GORDON SAMUEL	209	WASH	210001	10210	0200				
GORDON WILLIAM	207	WASH	310101	01101	0300				
GORDON WILLIAM	291A	JEFF	000100	20100	0100				
GORDON WILLIAM	181	FRAN	210110	32110	0200				
GORDON WILLIAM	038	DUBO	000100	00100	0100				
GORDSON JAMES	291A	JEFF	000100	00100	0100				
GORE FREDERICK	269	JACK	120001	01110	0100				
GORE LEVI	279A	JEFF	110010	20010	0100				
GORMAN JAMES	076	DEAR	000010	10000	0100				
GORMAN TEREAL	085	KNOX	410000	10110	2000				
GORMELEY MICHAEL	193	VIGO	000101	20010	0200				
GORRILL ELIZABETH	220	FRAN	100000	32001	0000				
GORTNEY THOMAS	316	POSE	000100	20100	0100				
GOSENBERRY HENRY	050	HARR	310010	12010	0100				
GOSS DAVID	013	CLAR	000301	21001	0400				
GOSS EPHRAIM	120	MONR	200102	01010	0200				
GOSS FREDERICK	267	JACK	100010	30010	0100				
GOSS GEORGE	013	CLAR	210110	22210	0200				
GOSS GEORGE JR	013	CLAR	000100	01000	0100				
GOSS GEORGE	120	MONR	100100	10100	0100				
GOSS JOHN	223	WASH	110010	10110	0200				
GOSS JONATHAN	182	VAND	000001	02101	0100				
GOSS JOSEPH	267A	JACK	100020	20010	0100				
GOSSETT JOSEPH	037	FAYE	100010	10100	0100				
GOSSETT JOHN	039	FAYE	000100	00100	0100				
GOSSETT JOHN	265A	JACK	400010	20010	0001				
GOSSETT WILLIAM	037	FAYE	100210	20201	0003				
GOSSETT WILLIAMSON	263A	JACK	111101	02010	0100				
GOTHERD ISAAC	181	VAND	200010	10010	0100				
GOTT MARY	179	WAYN	001100	32010	0100				
GOTT WM	014	CRAW	001001	00001	0100				
GOTTERWA JOSEPH	317	POSE	010110	00102	0200				
GOUDY JAMES	176	FRAN	200201	11101	0300				
GOUGHY SAML P	079	RIPL	100010	10010	0100				
GOULD ADOLPHUS	214	WASH	000010	00100	0300				
GOULD BENJAMIN	122	DEAR	111101	12001	0100				
GOULD JAMES	161	FRAN	100110	10110	0200				
GOULD JOHN	214	WASH	201111	10201	0300				
GOULD SOLOMON	059	DEAR	000001	00001	0100				
GOWEN JEREMIAH	120	MONR	100200	10010	0200				
GOWENS STEPHEN	075	RIPL	000200	10100	0200				
GOYORIES DELIUM	087	KNOX	100100	00020	0100				
GOYORIS JOSEPH	086	KNOX	010001	11201	0100				
GRACE GEORGE	015	FAYE	411210	10010	0100				
GRACE ISAAC	009	CLAR	200010	20010	0100				
GRACE REBECKAH	211	WASH	000000	20100	0000				

Head of Household	Page	County	White Males (Under 10, 10-15, 16-18, 16-25, 26-44, 45 & over)	White Females (Under 10, 10-15, 16-25, 26-44, 45 & over)	Foreigners, Agriculture, Commerce, Manufacture	Free or Slave	Negro Males (Under 14, 14-25, 26-44, 45 & over)	Negro Females (Under 14, 14-25, 26-44, 45 & over)	Other not Indian
GRACE RUSSEL	215	WASH	100020	00100	0200				
GRACE WILLIAM	212	WASH	000101	00101	0200				
GRADEY THOS	308A	POSE	000001	10010	0100				
GRADY JOHN	310	POSE	410010	21010	0200				
GRAFFAT GRIFFIN	020	DELA	010010	10010	0100				
GRAG JULY	242	GIBS	111000	00010	0200				
GRAGG ADAMS W	192	VIGO	110010	00010	0100				
GRAGG JAMES	012	CLAR	301310	00100	0004				
GRAHAM	076	JENN	000000	00000	0000	F	0010	0000	
GRAHAM AARON	002	CLAR	300001	33010	0100				
GRAHAM ANDREW	178	VAND	000200	00100	0002				
GRAHAM ELEAZER	091	KNOX	100100	00100	0100				
GRAHAM ELIZABETH	093	DEAR	000300	00002	0300				
GRAHAM GEORGE	020	DELA	200010	00010	0100				
GRAHAM HUGH	203	WASH	300010	00100	0100				
GRAHAM JAMES	273	JEFF	000010	00000					
GRAHAM JAMES	266	JACK	300010	10100	0100				
GRAHAM JAMES	079	JENN	010001	00100	0100				
GRAHAM JEREMIAH	262	JACK	000100	10100	0100				
GRAHAM JESSE	131	SULL	200010	10100	0100				
GRAHAM JOHN P	087	SPEN	200100	10100	0100				
GRAHAM JOHN W	095	SPEN	100100	10100	0100				
GRAHAM JOHN	125	DEAR	010010	00110	0100				
GRAHAM JOHN K	133	FLOY	200110	40010	0200				
GRAHAM JOHN	211	WASH	310201	10402	0400				
GRAHAM JONATHAN	107	SULL	310011	10011	0400				
GRAHAM JONOTHAN	268A	JACK	320010	41010	0100				
GRAHAM ROBERT	188	VIGO	220120	11110	0301				
GRAHAM SAML S	078	JENN	000110	01021	0100				
GRAHAM THOMAS SR	078	JENN	210301	11011	0100				
GRAHAM THOMAS	079	JENN	110010	20110	0100				
GRAHAM THOMAS	268A	JACK	000010	00011	0100				
GRAHAM WILLIAM	221	WASH	100010	22010	0100				
GRAHAM WILLIAM	135	WARR	100501	10100	0000				
GRAHAM WILLIAM	268A	JACK	000010	00010	0100				
GRAN ORMSBEY	187	VIGO	200020	00100	0002				
GRANER JAMES	177	FRAN	111111	21011	0300				
GRANK GEORGE	319A	POSE	002200	02011	0300				
GRANK REINBHOLD	320	POSE	011200	00111	0000				
GRANT ABRAM	110	DEAR	100100	10100	0100				
GRANT ADAM	115	SULL	000001	00202	0100				
GRANT ALLEN	093	SPEN	000001	00001	0100				
GRANT COLIN	168	SWIT	000010	00100	1100				
GRANT DANIEL	266A	JACK	000100	01000	0100				
GRANT GEORGE	060	HARR	010301	33001	0400				
GRANT JOHN	189	VIGO	200010	00100	0100				
GRANT LEE	060	HARR	000100	01000	0100				
GRANT WIAT	313	POSE	100100	30100	0100				
GRANT WILLIAM	008	CLAR	110001	30010	0100				
GRANT WILLIAM	054	HARR	011111	03110	0200				
GRANT WILLIAM	276	JEFF	100010	10010	0001				
GRANTHAM ABRAHAM	261	JACK	000100	00100	0100				

Head of Household	Page	County	White Males (Under 10, 10-15, 16-18, 16-25, 26-44, 45 & over)	White Females (Under 10, 10-15, 16-25, 26-44, 45 & over)	Foreigners, Agriculture, Commerce, Manufacture	Free or Slave	Negro Males (Under 14, 14-25, 26-44, 45 & over)	Negro Females (Under 14, 14-25, 26-44, 45 & over)	Other not Indian
GRANTHAM JOSEPH	209	WASH	200001	00101	0100				
GRANTHAM JESSE	206	WASH	100010	30100	0100				
GRANTHAM MOSES	209	WASH	000100	10100	0100				
GRANTHAM MOSES	206	WASH	000101	02101	0200				
GRASON ROBERT	016	CLAR	011111	01010	0300				
GRASS DANE	049	HARR	220010	30010	0100				
GRASS DANIEL	087	SPEN	400101	11100	0200				
GRASS HENRY	049	HARR	200010	00100	0100				
GRAVE JONATHAN L	177	WAYN	401101	11010	0100				
GRAVES ALVIN C	179	FRAN	201110	10100	0200				
GRAVES ALVIN	220	WASH	100010	00100	0100				
GRAVES CALVIN	140	FLOY	110010	11100	0001				
GRAVES DANIEL	005	CLAR	100010	20010	0100				
GRAVES DAVID	026	CLAR	000010	20100	0100				
GRAVES ELIAS	099	LAWR	000100	00100	0100				
GRAVES FOSTER	018	CLAR	000010	30100	0100				
GRAVES HENERY	005	CLAR	100010	20100	0100				
GRAVES HORACE	093	DEAR	210111	11110	0100				
GRAVES JACOB	076	DEAR	100101	00001	0100				
GRAVES JESSE	149	WARR	100010	00100	0000				
GRAVES JOHN	037	CLAR	000201	00001	0100				
GRAVES STEPHEN	093	DEAR	211101	11010	0100				
GRAVES WILLIAM	103	LAWR	110100	20100					
GRAVES WILLIAM	015	CRAW	200010	00100	0100				
GRAVES ZENAS	116	DEAR	000001	00001	0001				
GRAY ALEXANDER	269	WAYN	001201	01101	0200				
GRAY DANIEL	028	DELA	100001	12101	0100				
GRAY DAVID	019	CLAR	421110	11010	0300				
GRAY JACKSON	155	SCOT	300010	11010	0100				
GRAY JAMES	257	WAYN	100100	00100	0100				
GRAY JEDUTHUM	224	WASH	211110	11010	0300				
GRAY JESSE	283A	JEFF	310010	20010	0100				
GRAY JOEL	093	DEAR	100010	20010	0001				
GRAY JOHN	101	DEAR	300020	20100	0010	S		0100	
GRAY JOHN	109	LAWR	110201	01110	0300				
GRAY JOHN	076	DEAR	100001	32010	0100				
GRAY JOHN	024	CLAR	000010	50010	0001				
GRAY JOHN	167	WAYN	200001	20100	0100				
GRAY JOHN G	299	PIKE	300010	10100					
GRAY JOSEPH	224	WASH	101310	13010	0400				
GRAY JOSEPH	165	SWIT	431401	10010	0100				
GRAY MOSES	159	SCOT	200101	10100	0100				
GRAY ROBERT	008	CLAR	000100	00000	0001				
GRAY SAMPSON	267	JACK	400011	21110	0100				
GRAY SAMUEL	223	WASH	200010	30010	0100				
GRAY SARAH	139	FLOY	000000	11010	0000				
GRAY THOMAS	024	CLAR	010111	00301	0300				
GRAY THOMAS	115	SULL	121202	21001	0600				
GRAY WILKINSON	269	WAYN	000100	00100	0100				
GRAY WILLIAM	157	SCOT	200010	00100	0100				
GRAY WILLIAM	143	FLOY	100100	00100	0001				
GRAY WILLIAM	078	JENN	200100	20100	0100				

Head of Household	Page	County	White Males (Under 10, 10-15, 16-18, 16-25, 26-44, 45 & over)	White Females (Under 10, 10-15, 16-25, 26-44, 45 & over)	Foreigners, Agriculture, Commerce, Manufacture	Free or Slave	Negro Males (Under 14, 14-25, 26-44, 45 & over)	Negro Females (Under 14, 14-25, 26-44, 45 & over)	Other not Indian
GRAY WILLIAM	298	PIKE	310020	11110					
GRAY WILLIAM A	276A	JEFF	000000	00000	0200	F	1002	0010	
GRAY WM	115	MART	100100	10100	0100				
GREAR CHARLES	257	GIBS			0100	S	1010	1020	
GREATER FREDERICK	086	KNOX	000001	00010	0000				
GREATHOUSE WILLIAM	182	VAND	000201	30100	0300				
GREATHOUSE ISAAC	146	PERR	000011	00000	0000				
GREATHOUSE JOHN	087	SPEN	010100	00000	0100				
GREATHOUSE JONATHAN	093	SPEN	110010	30100	0200				
GREATHOUSE JOHN L	308	POSE	000100	00100	0010				
GREATHOUSE DAVID	308	POSE	330110	00100	0010				
GREEK ELI	076	DEAR	120101	11011	0100				
GREEN ABRAHAM	284A	JEFF	100010	20100	0001				
GREEN ALEVITIOUS	046	CLAR	430110	04020	0002				
GREEN AMOS	025	CLAR	100110	30210	0001				
GREEN ANDREW	102	DEAR	110301	01101	0000				
GREEN ANNA	037	DUBO	311110	00010	0100				
GREEN ANTHONY	150	PERR	200010	00010	0100				
GREEN DANIEL	051	FAYE	200010	10110	0100				
GREEN DAVID	098	LAWR	300010	20010	0100				
GREEN ELIZABETH	186	FRAN	100000	20201	0000				
GREEN ELIZABETH	038	DUBO	210000	22010	0100				
GREEN FREDERICK	173	SWIT	400011	40010	0200				
GREEN GEORGE	273A	JEFF	100110	00010	0010				
GREEN GRAVENER	135	ORAN	300001	00010	0100				
GREEN HAMPTON	259	WAYN	000100	00100	0100				
GREEN HANNAH	038	CLAR	000100	00111	0100				
GREEN HENRY	005	CRAW	411101	11110	0400				
GREEN J NATHANIEL	098	LAWR	011201	00111	0100				
GREEN JAMES	120	MONR	100100	20010	0100				
GREEN JAMES	038	DUBO	400010	01010	0100				
GREEN JAMES M	051	FAYE	000300	10101	0100				
GREEN JAMES	202	WASH	000100	10100	0200				
GREEN JAMES	078	JENN	230010	20010	0100				
GREEN JAMES	076	DEAR	001200	10100	0100				
GREEN JESSE	150	PERR	000211	00001	0300				
GREEN JESSE	327A	RAND	310010	22000	0100				
GREEN JOHN H	223	WASH	010201	11101	0400				
GREEN JOHN	214	WASH	100001	30100	0100				
GREEN JOHN	107	DEAR	200010	22010	0100				
GREEN JOHN	089	KNOX	210010	20010	0001				
GREEN JOHN	146	PERR	010001	21101	0000				
GREEN JOHN	291	JEFF	310010	10010	0100				
GREEN JOHN	183	WAYN	100100	20000	0100				
GREEN JOSEPH	222	WASH	010010	00010	0200				
GREEN JOSEPH	145	FLOY	000001	10100	0100				
GREEN JOSEPH	080	JENN	020001	01001	0100				
GREEN JOSEPH	311	POSE	010401	32001	0400				
GREEN MASHACK	040	DUBO	200010	10101	0200				
GREEN NATHANIEL	263	JACK	100120	10100	0300				
GREEN PETER	214	WASH	100200	10100	0200				
GREEN RANS B	013	FAYE	000010	10110	0100				

Head of Household	Page	County	White Males (Under 10, 10-15, 16-18, 16-25, 26-44, 45 & over)	White Females (Under 10, 10-15, 16-25, 26-44, 45 & over)	Foreigners, Agriculture, Commerce, Manufacture	Free or Slave	Negro Males (Under 14, 14-25, 26-44, 45 & over)	Negro Females (Under 14, 14-25, 26-44, 45 & over)	Other not Indian
GREEN REBEKAH	092	DEAR	000001	10100	0000				
GREEN RICHARD	006	CLAR	111110	11010	0001				
GREEN ROBERT	204	WASH	111201	22010	0400				
GREEN SAMUEL	038	DUBO	100010	10100	0100				
GREEN SOLOMON	120	MONR	201210	12010	0300				
GREEN SOVEREGN	280	JEFF	110001	20011	0001				
GREEN STEPHEN	167	SWIT	300100	40010	0100				
GREEN STEPHEN	076	DEAR	200010	10100	0100				
GREEN THOMAS	211	WASH	000101	30100	0200				
GREEN THOMAS	086	KNOX	010101	00000	0300				
GREEN WILLIAM	222	WASH	000110	00001	0200				
GREEN WILLIAM	225	WASH	110101	03201	0200				
GREEN WILLIAM	098	LAWR	301110	30010	0200				
GREEN WILLIAM	076	DEAR	100010	20010	0100				
GREEN WILLIAM	017	CLAR	100010	00100	0100				
GREENE PHONEAS	166	FRAN	000010	30010	0100				
GREENE PHONEUS	167	FRAN	000101	00001	0100				
GREENES ROBERT	005	CRAW	100001	21010	0100				
GREENFIELD JAMES	090	KNOX	200010	10010	0100				
GREENLEAF STEPHEN	168	SWIT	100100	00100	0100				
GREENLEE JOHN	075	DEAR	000010	10100	0100				
GREENLLE WILLIAM	075	DEAR	000001	02111	0100				
GREENOUGH WILLIAM	085	KNOX	000100	00000	0000				
GREENOUGH DEVEROCK	085	KNOX	000100	00000	0001				
GREENSTREET JESSE	245	WAYN	010010	22010	0200				
GREENSTREET THOMAS	217	WAYN	200010	10010	0100				
GREENTREE RICHARD	093	KNOX	100010	00100	0100				
GREENVILLE SAM	022	DELA	200010	20100	0100				
GREENWAY JOHN	302	PIKE	110102	31010					
GREER GEORGE	223	WASH	000310	10100	0400				
GREGERY WILLIAM	064	HARR	521210	31100	0400				
GREGG GEORGE	189	FRAN	100010	32110	0100				
GREGG ISRAEL	189	FRAN	200100	10100	0100				
GREGG JOHN	221	WASH	400010	10010	0100				
GREGG STEPHEN	189	FRAN	220010	30010	0300				
GREGG THOMAS	189	FRAN	110010	20110	0100				
GREGGS JAMES	207	FRAN	110010	32010	0200				
GREGORY BEVERLY	103	LAWR	130110	10110	0100				
GREGORY BETSEY	192	VIGO	010200	20101	0300				
GREGORY DAVID	148	PERR	000100	30100	0100				
GREGORY JAMES	102	LAWR	310210	21010	0200				
GREGORY JAMES	143	OWEN	000100	20100	0100				
GREGORY JOHN	143	OWEN	100100	10101	0100				
GREGORY JONATHAN	053	FAYE	231201	10101	0400				
GREGORY THOMAS	021	FAYE	300010	00010	0100				
GREGSBY NATHANIEL	062	HARR	010200	10100	0100				
GREMORE CHARLES	087	KNOX	210010	10010	0100				
GRESEN ISAAC	107	DEAR	100001	00100	1100				
GRESHAM LARENCE	066	HARR	000001	10001	0000				
GRESHAM PHILLIP	066	HARR	000100	00100	0100				
GRESHAM THOMAS	066	HARR	000100	10100	0100				
GREWEL SAM	022	DELA	200010	20010	0100				

Head of Household	Page	County	White Males (Under 10, 10-15, 16-18, 16-25, 26-44, 45 & over)	White Females (Under 10, 10-15, 16-25, 26-44, 45 & over)	Foreigners, Agriculture, Commerce, Manufacture	Free or Slave	Negro Males (Under 14, 14-25, 26-44, 45 & over)	Negro Females (Under 14, 14-25, 26-44, 45 & over)	Other not Indian
GREY ABSOLUM	326A	RAND	000010	10010	0100				
GREY ANDREW	327A	RAND	000010	22010	0100				
GREY DAVID	196	FRAN	021201	31101	0400				
GREY JESSE	324A	RAND	110010	40010	0100				
GREY JOHN SR	134	ORAN	020201	12010	0300				
GREY JOHN	366	RAND	421110	20020	0100				
GREY ROBERT	172	FRAN	100010	01100	0001				
GREY SAMUEL	191	FRAN	000010	01010	0100				
GREYER JAMES	013	FAYE	210110	31110	0100				
GREYHAM BURRELL	130	ORAN	410010	21010	0300				
GRIER RICHARD	128	ORAN	100010	30011	0100				
GRIFETH DANL	158	SCOT	010010	11010	0100				
GRIFFEE JONAS	093	DEAR	000001	30101	0100				
GRIFFETH BARTLEY	211	WASH	000111	01201	0300				
GRIFFETH HORATIO	212	WASH	200100	00100	0100				
GRIFFETH JOSEPH	211	WASH	120010	21010	0300				
GRIFFETH JAMES	212	WASH	100100	00100	0100				
GRIFFEY JOHN	129	ORAN	531101	10110	0400				
GRIFFIN ADAM	275A	JEFF				F	0010	1010	
GRIFFIN BENJAMIN	081	JENN	300100	00011	0100				
GRIFFIN CHARLES	275A	JEFF				F	2020	2110	
GRIFFIN DAVID	167	SWIT	100110	52010	0100				
GRIFFIN EBENEZAR	086	DEAR	110101	01010	0001				
GRIFFIN JACOB	163	WAYN	221210	10010	0400				
GRIFFIN JOHN	093	DEAR	120201	31111	0100				
GRIFFIN OWEN	024	DELA	000100	00000	0100				
GRIFFIN RALPH	285	JEFF	300011	10010	0200				
GRIFFIN RICHARD	133	ORAN	110101	10101	0400				
GRIFFIN WILLIAM	028	DELA	000010	00000	0100				
GRIFFIN WILLIAM	024	DELA	000100	00000	0100				
GRIFFIN YOKELY	161	WAYN	110001	51300	0101				
GRIFFITH ABEL	076	DEAR	300101	10010	0100				
GRIFFITH BENJAMIN	263	WAYN	000010	10100	0100				
GRIFFITH FRANCIS	115	DEAR	000101	00001	0100				
GRIFFITH GEORGE	125	SULL	110001	10110	0200				
GRIFFITH JOHN	119	MONR	100001	22110	0100				
GRIFFITH MARGARET	278	JEFF	000000	00001	0000	S	4000	3110	
GRIFFITH OWEN R	091	SPEN	100010	20100	0100				
GRIFFITH STEPHEN	229	WAYN	110010	21011	0200				
GRIFFITH THOMAS	077	JENN	220010	10010	0100				
GRIFFITH WILLIAM J	170	SWIT	120111	30011	0100				
GRIFFITH WILLIAM N	046	CLAR	211101	10020	0001				
GRIFFITH WILLIAM	126	ORAN	100100	00100	0100				
GRIFFITH WILLIAM C	133	ORAN	200100	00100	0001				
GRIFFY ALEXANDER	005	CLAR	220001	00010	0100				
GRIGGS GEORGE	212	WASH	100010	00100	0100				
GRIGS HUGH	251	GIBS	000700	00700	0700				
GRIGS JOSEPH	232	GIBS	300010	10000	0001				
GRIGSBY DEMPS	236	GIBS	000100	01000	0100				
GRIGSBY JOHN	236	GIBS	110011	11001	0200				
GRIGSBY REUBEN	101	SPEN	321101	21010	0400				
GRIGSBY TOLENN	314	POSE	200010	20100	0100				

Head of Household	Page	County	White Males (Under 10, 10-15, 16-18, 16-25, 26-44, 45 & over)	White Females (Under 10, 10-15, 16-25, 26-44, 45 & over)	Foreigners, Agriculture, Commerce, Manufacture	Free or Slave	Negro Males (Under 14, 14-25, 26-44, 45 & over)	Negro Females (Under 14, 14-25, 26-44, 45 & over)	Other not Indian
GRIGSBY WILLIAM	132	ORAN	200010	00100	0100				
GRIMES ABIJAH H	165	SWIT	100100	00100	0100				
GRIMES ALEXANDER	215	WAYN	100010	20010	0100				
GRIMES CHARLES	165	SWIT	100010	11010	0100				
GRIMES DAVID D	146	PERR	100010	10110	0001				
GRIMES DAVID	119	MONR	300110	10100	0100				
GRIMES ELIJAH	168	SWIT	100001	12100	0100				
GRIMES JACOB	212	FRAN	220010	21010	0101				
GRIMES JAMES	211	WAYN	200010	10010	0100				
GRIMES JOHN	079	RIPL	100010	10100	0100				
GRIMES LEONARD	031	DELA	000100	10100	0100				
GRIMES ROBERT	211	WAYN	100010	10010	0100				
GRIMES SAMUEL	031	DELA	100200	10100	0100				
GRIMES STEPHEN	166	SWIT	000101	21010	0100				
GRIMES STEPHEN	119	MONR	300110	10010	0000				
GRIMES THEODERICK	098	LAWR	000000	10100	0100				
GRIMES THOMAS	120	MONR	220201	00110	0201				
GRIMES THOMAS	120	MONR	100020	20010	0100				
GRIMES WM	205	WAYN	100001	31010	0100				
GRINSTEAD JOHN T	081	JENN	200010	00100	0100				
GRISHAM DUDLY	073	HARR	110010	10200	0000				
GRISHAM GEORGE	065	HARR	432210	12010	0400				
GRISHAM THOMAS	033	DELA	000100	10100	0100				
GRISSARD FREDERICK L	170	SWIT	100010	00010	1100				
GRISSOM JOHN	128	ORAN	400010	10010	0100				
GRISSOM THOMAS	233	GIBS	320010	20110	0100				
GRIST SIMON	217	FRAN	201201	02010	0300				
GRISWOLD JAMES	105	DEAR	100100	00100	0001				
GRISWOLD LOMAN	016	CLAR	100001	30010	0100				
GROAT ELIAS	085	KNOX	000100	00000	0000				
GROATER CHRISTAIN	086	KNOX	300010	00010	0000	S	1010	2000	
GROENDYKE JAMES	029	FAYE	311201	01010	0100				
GROGAN EDWARD	085	DEAR	100010	10010	1100				
GROGRAN WILLIAM	086	KNOX	000001	00000	0000				
GROMBLEY AKIN	084	KNOX	000101	00000	0000				
GROSCROSS JOHN	075	DEAR	100010	20010	0100				
GROSS COONROD	098	LAWR	100010	00100	0100				
GROSS DAVID	002	CLAR	112001	42010	0200				
GROSS JOHN	137	ORAN	001210	01001	0300				
GROSSCLOSE JOHN	013	FAYE	100100	01100	0100				
GROSSCLOSE JACOB	055	FAYE	000201	02200	0300				
GROUMLICK JACOB	193	FRAN	100010	20010	0100				
GROVE ENOS	175	WAYN	210101	10000	0200				
GROVE GEORGE	076	DEAR	320001	11010	0100				
GROVE GEORGE	076	DEAR	300010	00100	0100				
GROVE HENRY	076	DEAR	020101	00101	0100				
GROVE JACOB	179	WAYN	210010	32010	0100				
GROVE JOHN	076	DEAR	200100	10100	0100				
GROVE NATHAN	175	WAYN	210010	10100	0100				
GROVES BENJAMIN	273	JEFF	020131	01200					
GROVES DAVID	150	PERR	110101	20010	0300				
GROVES GEORGE	120	MONR	000100	10100	0100				

Head of Household	Page	County	White Males (Under 10, 10-15, 16-18, 16-25, 26-44, 45 & over)	White Females (Under 10, 10-15, 16-25, 26-44, 45 & over)	Foreigners, Agriculture, Commerce, Manufacture	Free or Slave	Negro Males (Under 14, 14-25, 26-44, 45 & over)	Negro Females (Under 14, 14-25, 26-44, 45 & over)	Other not Indian
GROVES JACOB	112	MART	100010	20110	0001				
GROVES JOHN	221	FRAN	100011	21011	0100				
GROVES LEWIS	027	DELA	300010	10010	0100				
GROVES MICHAEL	223	FRAN	000010	11101	0001				
GROVES PETER	211	WASH	200010	31010	0300				
GRUB JOSEPH	202	FRAN	210010	20010	0200				
GRUBB JACOB	218	WASH	200001	21010	0100				
GRUBBS EDWARD	093	DEAR	021110	10010	0100				
GRUBER HENRY	194	FRAN	300010	20010	0100				
GRUBS WILLIAM	125	DEAR	320011	10010	0100				
GRUWELL LAWRENCE	031	FAYE	111101	40010	0100				
GRUWILL JOHN	029	FAYE	121101	31110	0100				
GUARD DAVID	101	DEAR	300110	21210	0100				
GUARD EZRA	093	DEAR	320011	10010	0100				
GUARD HANNAH	093	DEAR	100100	11101	0000				
GUARD MOSES	101	DEAR	100110	01100	0001				
GUCHRIE JOHN	217	WASH	100010	20100	0100				
GUDGEL ISAAC	278	JEFF	000010	20100	0100				
GUDGEL JOHN	282A	JEFF	330010	21110	0100				
GUDGEL MAHLAN	278	JEFF	000100	00100	0100				
GUDGLE ELIZABETH	245	GIBS	101100	10101	0100				
GUDSEL NATHAN	278	JEFF	000100	10010	0100				
GUDSEL STEPHEN	278	JEFF	210010	01010	0100				
GUERKING JOHN	125	ORAN	000100	10100	0100				
GUERNSEY DANIEL	020	CLAR	000101	00001	0100				
GUERNSEY GUY	020	CLAR	200030	10010	0200				
GUERNSEY SEYMORE	020	CLAR	200010	20010	0100				
GUERNSEY WILLIAM	007	CLAR	100010	30010	0100				
GUERYEAR FRETHERECK	195	WAYN	211110	21110	0300				
GUESS JOSEPH	325	RAND	200010	30010	0100				
GUESS TIBATHA	078	JENN	100000	00210	0000				
GUEST JOHN	152	FLOY	010010	01010	1200				
GUFFEY JAMES	046	HARR	001111	10110	1100				
GUFFEY JOHN	046	HARR	000100	10100	0100				
GUFFEY WILLIAM R	152	FLOY	000100	10100	0100				
GUIAN THOMAS	075	DEAR	000020	00010	0100				
GUIE ROBERT	216	WASH	000100	00100	0100				
GUILLELAND JOHN	149	PERR	000100	00000	0100				
GUILLILAND ROBERT	150	PERR	301001	25001	0200				
GUIN JOHN	273	JEFF	000010	50010					
GUINN JOHN JR	044	HARR	220010	11010	0100				
GUION BENJAMIN	093	DEAR	210010	12010	0100				
GUISE ABSOLOM	213	WASH	200001	10010	0100				
GULICK WILLIAM G	042	CLAR	100010	20010	0002				
GULLAND ISAAC	143	OWEN	210010	20100	0000				
GULLET JOSHUA	102	LAWR	000110	30010	0100				
GULLICK JANATHAN	256	GIBS	200010	32010	0100				
GULLION JOHN	019	DELA	101101	00010	0100				
GULLIVER STEPHEN	265	WAYN	000101	01010	0200				
GULLY ADOLPHUS	174	FRAN	000010	10100	0001				
GULLY ELIAS	075	RIPL	100100	10010	0100				
GULLY SIMON	174	FRAN	200010	00010	0100				

Head of Household	Page	County	White Males (Under 10, 10-15, 16-18, 16-25, 26-44, 45 & over)	White Females (Under 10, 10-15, 16-25, 26-44, 45 & over)	Foreigners, Agriculture, Commerce, Manufacture	Free or Slave	Negro Males (Under 14, 14-25, 26-44, 45 & over)	Negro Females (Under 14, 14-25, 26-44, 45 & over)	Other not Indian
GULLY WILLIAM	161	FRAN	000110	00001	0100				
GUMM JOHN	130	ORAN	200010	10010	0100				
GUMP FREDERICK	217	WAYN	300101	00101	0002				
GUNN DAVID	154	FLOY	220010	01010	0300				
GUNN ELISAH	065	HARR	200010	22110	1100				
GUNN JAMES	220	FRAN	421202	30210	0400				
GUNN JOHN	053	HARR	000010	10100	0100				
GUOURD JOHN M	172	SWIT	000010	00100	1100				
GURRITSON GEORGE W	133	FLOY	010010	40010	0001				
GUTHERY ARCHIBALD	160	FRAN	110202	02010	0200				
GUTHREY HUGH	263	JACK	000001	30010	0100				
GUTHREY WILLIAM	264A	JACK	110010	30010	0100				
GUTHRIE DANIEL	105	LAWR	000001	00001					
GUTHRIE DANIEL	105	LAWR	331110	20010					
GUTHRIE JOHN	287A	JEFF	000100	20100	1100				
GUTHRIE JOHN	105	LAWR	120010	11010					
GUTHRIE RICHARD	285	JEFF	320101	01110	4200				
GUTHRIE RICHD	289	JEFF	310101	01110	0200				
GUTHRIE WM B	292	JEFF	310010	30010	0100				
GUTTROTT GEORGE	319	POSE	010001	00002	0100				
GUY WHILEY	263	JACK	100100	00100	0100				
GUYER HENRY	264	JACK	200010	20010	0100				
GUYER SAMUEL	264	JACK	100100	20011	0100				
GUYNN JOB	173	WAYN	100010	10100	0001				
GUYNN JOHN	245	WAYN	300010	21010	0100				
GUYNN SAMUEL	137	ORAN	400010	22010	0200				
GUYNOR LENARD	235	WAYN	000101	00101	0100				
GWARTNEY ANTHONY	072	HARR	300300	20200	0000				
GWARTNEY EPHRAIM	062	HARR	100020	10300	0200				
GWARTNEY JOHN	062	HARR	221120	31110	0100				
GWARTNEY THOMAS	062	HARR	100000	10100	0100				
GWARTNEY WILLIAM	062	HARR	100010	21100	0100				
GWATHONEY SAMUEL	009	CLAR	200110	20010	0100	S	0200		
GWIN THOMAS	247	GIBS	000100	00010	0100				
GWIN THORNHILL	198	FRAN	000010	00100	0001				
GWINN GEORGE	058	HARR	100010	00100	0100				
GWINN ISAM	054	HARR	001101	13001	0200				
GWINN JOHN	065	HARR	000001	00001	0100				
GWINN JOHN	055	HARR	000011	02101	0200				
GWINN JOHN SR	055	HARR	121110	11010	0200				
GWINN THOMAS	065	HARR	410101	01110	0000				
GYZER GEORGE	099	LAWR	210110	61010	0200				
HAAS EZRA	162	SCOT	100100	10100	0100				
HAAS JOHN	158	SCOT	200010	10100	0100				
HAAS MICHAEL	158	SCOT	000001	31101	0100				
HAASS EZRA	154	SCOT	100100	10200	0100				
HACKELMAN ISAAC	025	FAYE	300010	32010	0100				
HACKLEMAN ABRAHAM	169	FRAN	102210	12010	0300				
HACKLEMAN JACOB	174	FRAN	310010	20100	0001				
HACKLEMAN MICHAEL	057	FAYE	100010	10100	0100				
HACKLEMAN JACOB	021	FAYE	000001	00001	0100				
HACKLEMAN JAMES	169	FRAN	000100	20100	0100				

Head of Household	Page	County	White Males (Under 10, 10-15, 16-18, 16-25, 26-44, 45 & over)	White Females (Under 10, 10-15, 16-25, 26-44, 45 & over)	Foreigners, Agriculture, Commerce, Manufacture	Free or Slave	Negro Males (Under 14, 14-25, 26-44, 45 & over)	Negro Females (Under 14, 14-25, 26-44, 45 & over)	Other not Indian
HACKLEMAN JOHN	174	FRAN	200010	20010	0100				
HACKLEMAN RICHARD	189	FRAN	000100	11100	0100				
HACKLEMAN THOMAS	091	SPEN	200010	10000	0100				
HACKLER JOHN	102	LAWR	101200	10100	0100				
HACKLEY JAMES	324	RAND	000010	30100	0100				
HACKMAN BARBARA	059	HARR	000000	22201	0000				
HACKNEY JOHN	132	ORAN	000010	10100	0100				
HADDAN JOHN	123	SULL	300010	20010	0100				
HADDEN ISABELLA	117	SULL	020200	21101	0400	S	0110		
HADDEN JESSE	107	SULL	110010	30100	0100				
HADDEN SAMUEL	115	SULL	401010	21010	0200				
HADDIN DAVID	033	CLAR	110010	20010	0001				
HADDON JOHN	037	DUBO	110010	41010	0200				
HADEN THOMAS	224	WASH	200010	10010	0100				
HADGIS THOMAS	203	WASH	110010	20010	0200				
HADKINS ROBT	241	WAYN	200001	21010	0100				
HADLEY ELI	135	ORAN	300010	10010	0100				
HADLEY JAMES	135	ORAN	100010	10100	0100				
HADLEY JOHN	132	ORAN	100100	01100	0100				
HADLEY JOSHUA	136	ORAN	430010	11110	0400				
HADLEY SAML	091	SPEN	110001	30110	0100				
HADLEY THOMAS	132	ORAN	100101	01101	0200				
HADLOCK JAMES	171	SWIT	120101	01201	0100				
HADLOCK LEVI	171	SWIT	000100	00100	0100				
HAGAN GEORGE	212	WASH	100010	00010	0100				
HAGAR JOHN	160	FRAN	200010	10010	0100				
HAGAR WM V	021	DELA	001000	00000	0100				
HAGARMAN SIMON	123	SULL	200010	22010	0100				
HAGEN JOHN	043	CLAR	321301	10110	0001				
HAGER WILFORD	255	GIBS	200010	10010	0100				
HAGERMAN AARON	146	FLOY	100011	00011	0200				
HAGERMAN ANDREW	118	DEAR	100010	20010	0100				
HAGERMAN DANIEL	100	DEAR	000100	00100	0000				
HAGERMAN JOHN	133	ORAN	110401	21210	0005				
HAGERMAN PETER	173	SWIT	001000	00000	0000				
HAGGARD JOHN	266	JACK	110010	42010	0100				
HAGIN THEODORE	087	KNOX	000100	00000	0100				
HAGNIER LEWIS	321	POSE	010010	01001	0000				
HAGSHEAD DAVID	113	MART	000100	00100	0100				
HAGUE SAMUEL	265	WAYN	001101	03001	0200				
HAIKLE PHILIP	123	SULL	200010	10010	0100				
HAIL GARDNER	186	VIGO	000100	00100	0100				
HAINES GEORGE	107	DEAR	220101	21110	0100				
HAINES JOHN	118	DEAR	000100	00000	0100				
HAINES JOSEPH	112	DEAR	210001	30001	0100				
HAINES VINE	175	SWIT	010001	01010	0100				
HAINLEN GEORGE	319A	POSE	100111	10010	0000				
HAINS DANIEL	221	WASH	100011	41011	0200				
HAINS DANIEL	222	WASH	300110	01010	0200				
HAINS WILLIAM	063	HARR	300010	21010	0100				
HAIR JAMES	167	SWIT	100010	20100	0000				
HAIRE PETER	043	HARR	100001	00000	0100				

Head of Household	Page	County	White Males (Under 10, 10-15, 16-18, 16-25, 26-44, 45 & over)	White Females (Under 10, 10-15, 16-25, 26-44, 45 & over)	Foreigners, Agriculture, Commerce, Manufacture	Free or Slave	Negro Males (Under 14, 14-25, 26-44, 45 & over)	Negro Females (Under 14, 14-25, 26-44, 45 & over)	Other not Indian
HALBERSTADT ANTHONY	162	FRAN	010001	01011	0100				
HALBERSTADT JOHN	162	FRAN	200210	12010	0200				
HALBERSTADT THOMAS	162	FRAN	000010	30110	0100				
HALBERT JAEL	113	MART	111201	21101	0400				
HALCUT HARLOW	006	CLAR	000100	00100	0100				
HALE BRADFORD	155	SCOT	311110	11010	0200				
HALE DAN	266A	JACK	200010	20010	0100				
HALE JAMES	120	MONR	200101	10100	0100				
HALE JOHN	159	WAYN	100022	02110	0004				
HALE JOSEPH	326	RAND	121201	00101	0100				
HALE JOSHUA	113	SULL	300010	20100	0100				
HALE LEMUEL	081	JENN	410010	00010	0100				
HALE LEVI	093	SPEN	300101	03301	0200				
HALE NATHAN	179	VAND	000100	00000	0001				
HALE ROBERT M	285A	JEFF	000100	30010	0100				
HALE WM	007	CRAW	311010	11010	0300				
HALEY SYLVENUS	224	FRAN	010010	02101	0200				
HALFAIRE JACOB	106	LAWR	110101	01310					
HALKEM HOSA	240	GIBS	100010	41010	0100				
HALKEM TEBITHA	240	GIBS	210310	10201	0400				
HALL AARON	018	CLAR	200010	00100	0100				
HALL AARON	317	POSE	110001	21001	0100				
HALL ABNER	081	JENN	200010	00100	0100				
HALL AMOS	067	HARR	100101	00100	0100				
HALL AMY	325A	RAND	211200	00010	0100				
HALL BENJAMIN	167	SWIT	200100	10100	0100				
HALL BENJAMIN	077	RIPL	001200	10001	0200				
HALL BENJAMIN	193	WAYN	220101	10001	0200				
HALL CALVIN	102	DEAR	310011	22011	0100				
HALL CHARLES	032	CLAR	110110	11010	0300	S	0001		
HALL CLARK A	139	WARR	200101	22010	0000				
HALL CORNELIUS	006	CRAW	210010	33110	0200				
HALL DANIEL	085	DEAR	100010	30100	0100				
HALL DANIEL	142	OWEN	100100	00100	0100				
HALL DAVID	135	WARR	000010	20100	0001				
HALL DAVID	283A	JEFF	300010	10100	0100				
HALL EDWARD	120	MONR	000010	10100	0100				
HALL EDWARD	038	DUBO	010101	00001	0200				
HALL FREEBURN	077	RIPL	310010	31010	0200				
HALL GARRET	010	CRAW	000010	10100	0100				
HALL GILBERT	067	DEAR	311110	20110	0002				
HALL HENRY	114	MART	111101	00010	0200				
HALL HEZEKIAH	076	DEAR	001000	11011	0100				
HALL ISAAC JR	081	JENN	200010	30110	0100				
HALL ISAAC SR	081	JENN	000010	01011	0100				
HALL JAMES	191	VIGO	000010	10100	0100				
HALL JAMES	174	SWIT	310101	10110	0100				
HALL JAMES	009	CLAR	000001	00100	0001				
HALL JAMES	055	FAYE	000001	00201	0100				
HALL JESSE	146	PERR	100100	00100	0100				
HALL JOHN	106	DEAR	400010	10010	0100				
HALL JOHN	124	DEAR	000010	00100	1100				

Head of Household	Page	County	White Males (Under 10, 10-15, 16-18, 16-25, 26-44, 45 & over)	White Females (Under 10, 10-15, 16-25, 26-44, 45 & over)	Foreigners, Agriculture, Commerce, Manufacture	Free or Slave	Negro Males (Under 14, 14-25, 26-44, 45 & over)	Negro Females (Under 14, 14-25, 26-44, 45 & over)	Other not Indian
HALL JOHN	155	SCOT	000100	00101	0100				
HALL JOHN	076	DEAR	200010	20010	0100				
HALL JOHN G	171	FRAN	200010	10010	0100				
HALL JOHN	174	FRAN	000001	00101	0100	S	1100		
HALL JOHN	022	DELA	220010	11100	0100				
HALL JOHN	038	DUBO	200010	10100	0100				
HALL JOHN	089	SPEN	200020	10100	0200				
HALL JOHN	129	SULL	200012	01010	1100				
HALL JOHN	293A	JEFF	120011	00110	0100				
HALL JOHN	211	WAYN	300010	10010	0100				
HALL JONATHAN	064	HARR	000010	22010	0100				
HALL JOSEPH	031	DELA	000100	00000	0100				
HALL JOSEPH	040	DUBO	000110	00100	0200				
HALL JOSEPH	259	WAYN	000100	10100	0100				
HALL JOSEPH	094	DEAR	100100	01000	1100				
HALL JOSEPH	106	LAWR	000100	10100					
HALL JOSEPH	113	MART	000100	10100	0100				
HALL JOSHUA	010	CRAW	300010	30100	0100				
HALL PETER	018	CLAR	110101	31111	0200				
HALL RICHARD	217	WASH	000100	00100	0100				
HALL RICHARD J	060	DEAR	100010	10100	0100				
HALL RICHMOND	119	SULL	120010	12010	0300				
HALL ROBERT	106	LAWR	010121	02001	0300				
HALL SQUIRE	289A	JEFF	200010	30010	0100				
HALL STEPHEN H	171	SWIT	000100	00010	0100				
HALL THOMAS	025	FAYE	200010	20100	0100				
HALL THOMAS	118	DEAR	100010	40010	1100				
HALL THOMAS	040	DUBO	000001	11001	0100				
HALL TOMPLE	085	KNOX	001100	00000	0001				
HALL WILL	285	JEFF	000101	00001	0200				
HALL WILLIAM	216	WASH	310010	11010	0000				
HALL WILLIAM	180	VAND	320001	21110	1100				
HALL WILLIAM	106	LAWR	200010	30010					
HALL WILLIAM	038	DUBO	210010	21010	0100				
HALL WM	008	CRAW	400110	21010	0100				
HALL ZACHARIAH	288	JEFF	100100	10100	0100				
HALLET SAMUEL	167	FRAN	100010	20110	0100				
HALLET SAMUEL	125	ORAN	200020	00010	0200				
HALLETT JOHN	211	WAYN	300011	22010	0100				
HALSCLAW AMOS	065	HARR	310001	12001	0100				
HAM ELIZABETH	100	LAWR	111200	10020					
HAM HEZEKIAH	163	WAYN	120101	22001	0400				
HAM JOHN	237	WAYN	200010	20010	0100				
HAM MICKLEBERRY	113	SULL	300010	20010	0100				
HAMAKER SAML	156	SCOT	300010	00010	0100				
HAMBLETON GEORGE	143	OWEN	000010	30010	0100				
HAMBLETON JAS	156	SCOT	100010	10011	0100				
HAMBLIN ELIAKIM	032	DELA	200100	20100	0100				
HAMBLIN HENRY	032	DELA	000100	00000	0100				
HAMBLIN URIAH	032	DELA	110010	30100	0100				
HAMBLINS HENRY	187	WAYN	100010	10100	0100				
HAMBRICK WILLIAM	048	HARR	220010	11010	0200				

Head of Household	Page	County	White Males (Under 10, 10-15, 16-18, 16-25, 26-44, 45 & over)	White Females (Under 10, 10-15, 16-25, 26-44, 45 & over)	Foreigners, Agriculture, Commerce, Manufacture	Free or Slave	Negro Males (Under 14, 14-25, 26-44, 45 & over)	Negro Females (Under 14, 14-25, 26-44, 45 & over)	Other not Indian
HAMBY STEVEN	038	DUBO	100100	10100	0100				
HAMDEN JOHN D	279	JEFF	000101	00101	0100				
HAMILTON ANDREW	119	SULL	100110	00010	0200				
HAMILTON ARCHABALD	222	WASH	200010	01010	0100				
HAMILTON ANDREW	099	LAWR	100001	11201	0100				
HAMILTON ASA	060	DEAR	120101	20010	0100				
HAMILTON BENJAMIN	077	RIPL	001101	00101	0200				
HAMILTON BENJAMIN	201	WASH	010101	11101	0300				
HAMILTON DAVID	131	SULL	200010	00100	0100				
HAMILTON DANIEL	093	DEAR	100020	20200	0100				
HAMILTON GEORGE	007	FAYE	100011	20010	0100				
HAMILTON HENRY	073	RIPL	100100	00100	0100				
HAMILTON ISRAEL	210	FRAN	010010	33110	0200				
HAMILTON JAMES	055	FAYE	201201	01101	0200				
HAMILTON JAMES	073	RIPL	211201	11001	0300				
HAMILTON JAMES	107	SULL	110101	01110	0000				
HAMILTON JOHN	307	POSE	120020	01100	0200				
HAMILTON JAMES	273A	JEFF	000010	10000	0001				
HAMILTON JOHN	136	ORAN	100101	01111	1101				
HAMILTON JOHN R	177	VAND	100010	20200	0100				
HAMILTON JAMES	169	SWIT	010010	10101	0001				
HAMILTON JOHN	187	VIGO	320040	10110	0700				
HAMILTON JAMES	102	DEAR	000010	00110	0100				
HAMILTON JOSEPH	106	LAWR	000100	20100	0100				
HAMILTON JOHN	010	CLAR	011101	00001	0200				
HAMILTON JESSE	002	CLAR	200001	20010	0001				
HAMILTON JOHN	021	FAYE	200010	40110	0100				
HAMILTON NATHANIEL	007	FAYE	010001	12001	0100				
HAMILTON NANCY	202	WASH	000201	01001	0001				
HAMILTON NATHAN	053	FAYE	210010	10010	0100				
HAMILTON SIMERSON	098	LAWR	200100	00100	0100				
HAMILTON STEPHEN	221	FRAN	201201	31010	0300				
HAMILTON THOMAS	131	SULL	000120	00201	0300				
HAMILTON WILLIAM	033	CLAR	010110	00201	0002				
HAMILTON WILLIAM	121	MONR	200010	00100	0100				
HAMILTON WM	075	RIPL	000100	10102	0100				
HAMILTON WM	079	RIPL	200100	00100	0100				
HAMILTON WILLIAM	105	SULL	200200	11100	0200				
HAMILTON WALKER	287	JEFF	000100	10100	0100				
HAMILTON WILLIAM	287A	JEFF	300301	01201	0202				
HAMILTON WILLIAM	029	FAYE	300010	20010	0100				
HAMILTON WILLIAM	193	VIGO	300110	00100	0200				
HAMILTON WILLIAM	093	DEAR	100010	10100	0100				
HAMILTON WILLIAM B	118	DEAR	100010	10010	0100				
HAMILTON WRIGHT	122	DEAR	130101	00110	0100				
HAMILTON YALE	061	FAYE	100010	30100	0100				
HAMLIN EVERET	024	DELA	020010	50100	0100				
HAMLIN JOB	024	DELA	000001	01101	0100				
HAMMAND JONATHAN	276A	JEFF	210110	41010	0200				
HAMMER DAVID	326	RAND	010101	01201	0100				
HAMMER JOHN	218	WASH	200010	20100	0100				
HAMMER JOSEPH	047	FAYE	331110	00110	0100				

Head of Household	Page	County	White Males (Under 10, 10-15, 16-18, 16-25, 26-44, 45 & over)	White Females (Under 10, 10-15, 16-25, 26-44, 45 & over)	Foreigners, Agriculture, Commerce, Manufacture	Free or Slave	Negro Males (Under 14, 14-25, 26-44, 45 & over)	Negro Females (Under 14, 14-25, 26-44, 45 & over)	Other not Indian
HAMMERS FREDERICK	101	LAWR	221110	11011	0100				
HAMMERS GEORGE	101	LAWR	100100	00100	0100				
HAMMERS ISAAC	101	LAWR	000100	00100	0100				
HAMMERSLEY ABRAHAM	212	WASH	000001	00100	0100				
HAMMERSLEY JAMES	212	WASH	020110	40010	0400				
HAMMERSLEY JAMES	211	WASH	000100	00100	0100				
HAMMERSLY JOHN	099	LAWR	100001	11201	0100				
HAMMICK ABLE	030	CLAR	000100	10100	0200				
HAMMICK JACOB	030	CLAR	101001	21101	0200				
HAMMIL GARRELL	047	FAYE	010010	40010	0100				
HAMMILTON ADAM	268A	JACK	100010	00100	0100				
HAMMILTON JAMES	264A	JACK	300010	20010	0100				
HAMMILTON JOHN	265A	JACK	010001	00001	0100				
HAMMOND ABRAM	196	FRAN	021201	01101	0300				
HAMMOND ELIJAH	298	PIKE	310110	10011	0000				
HAMMOND JAMES	032	DELA	000100	01000	0100				
HAMMOND JOHN A	187	FRAN	000100	00000	0001				
HAMMOND JOHN	265A	JACK	100010	10100	0001				
HAMMOND LOT	167	SWIT	110010	31100	0100				
HAMMOND OLIVER	266A	JACK	200110	00200	0200				
HAMMOND SAML D	087	SPEN	021012	00010	0200				
HAMMOND SOPHA	087	SPEN	210010	02010	0100				
HAMNER JAMES	024	DELA	210010	20010	0100				
HAMNER WILLIAM	024	DELA	310010	01010	0100				
HAMPTON ANDREW	189	WAYN	000100	11100	0100				
HAMPTON EDWARD	186	FRAN	000000	00000	0000	F	0100	2120	
HAMPTON JAMES	024	DELA	100010	11000	0100				
HAMPTON JONATHAN	265A	JACK	111101	02001	0100				
HAMPTON JOHIEL	189	WAYN	000100	00100	0100				
HAMPTON STEPHEN	134	ORAN	030010	31010	0400				
HAMPTON WASHINGTON	299	PIKE	100010	00010					
HAMPTON WILLIAM	177	VAND	110010	10100	0200				
HAMPTON WILLIAM	024	DELA	110111	00201	0100				
HAMTON DAVID	189	WAYN	200100	00100	0100				
HANAGAN PATRICK	074	HARR	200010	10100	0000				
HANAWAY AMOS	083	KNOX	100001	11010	0000				
HANBY NATHL	139	WARR	010001	30201	0000				
HANBY SAML	143	WARR	100001	01010	0001				
HANBY WM	141	WARR	101000	00100	0000				
HANCOCK DAVID	155	FLOY	000100	10100	0100				
HANCOCK ELIZABETH	153	FLOY	000300	11001	0300				
HANCOCK HENRY	088	DEAR	000100	00001	0001				
HANCOCK JOHN	153	FLOY	200010	00010	0100				
HANCOCK JOSEPH	243	WAYN	320001	33010	0200				
HANCOCK JOHN JR	053	HARR	100100	00100	0100				
HANCOCK JOHN	053	HARR	111201	00201	0300				
HANCOCK JOHN	174	FRAN	200100	00100	0100				
HANCOCK MATHEW	053	HARR	100100	00100	0100				
HANCOCK PETER	087	DEAR	000100	00000	0001				
HANCOCK PETER	073	HARR	000000	00000	0000	F	0001	0000	
HANCOCK SAMUEL	053	HARR	100100	10100	0100				
HANCOCK THOMAS	153	FLOY	000100	10100	0100				

Head of Household	Page	County	White Males (Under 10, 10-15, 16-18, 16-25, 26-44, 45 & over)	White Females (Under 10, 10-15, 16-25, 26-44, 45 & over)	Foreigners, Agriculture, Commerce, Manufacture	Free or Slave	Negro Males (Under 14, 14-25, 26-44, 45 & over)	Negro Females (Under 14, 14-25, 26-44, 45 & over)	Other not Indian
HANCOCK THOMAS	121	MONR	010010	30010	0100				
HANCOCK WILLIAM	206	WASH	100100	10100	0100				
HANCOCK WILLIAM	088	DEAR	300110	10101	1001				
HAND AARON	186	VIGO	200010	10010	0001				
HAND AARON	265A	JACK	100001	10010	0100				
HAND AMOS	197	FRAN	100010	20010	0100				
HAND CHARELY	083	KNOX	100010	10100	0001				
HAND JOHN	197	FRAN	110101	00001	0300				
HAND JOSEPH	101	DEAR	000100	00100	0000				
HAND SYLVANUS	077	DEAR	100010	00100	0100				
HAND THOMAS	135	FLOY	111110	21110	0300				
HAND W HENRY	020	DELA	110020	00000	0100				
HANDLEY DANIEL	126	ORAN	000010	20100	0100				
HANDRY JOHN	309	POSE	200010	00010	0000				
HANDY JOHN	165	FRAN	200100	00100	0100				
HANE JOSIAH	150	PERR	000010	00100	0100				
HANES JAMES	020	DELA	310001	52101	0100				
HANES JOHN	132	ORAN	000100	20100	0100				
HANEY JOHN	273	JEFF	000010	00000					
HANKENS ISAAC	029	FAYE	220001	20210	0100				
HANKIN JOHN H	155	FLOY	310011	30100	0100				
HANKINS ABSALOM	293A	JEFF	200010	20100	0100				
HANKINS CLAYBORN	191	VIGO	220001	10001	0000				
HANKINS JOSEPH	293A	JEFF	020201	11101	0300				
HANKINS LEWIS	267A	JACK	100010	00100	0000				
HANKINS ROBERT	181	FRAN	000010	10101	0100				
HANKINS WILLIAM	293A	JEFF	300010	20100	0100				
HANKS JOSEPH	011	CRAW	100010	30100	0001				
HANKS PETTER	093	KNOX	000110	10200	0200				
HANKS WILLIAM	234	GIBS	010101	10301	0200				
HANLEY WILLIAM	039	DUBO	120010	30110	0300				
HANLIN DERBY	025	CLAR	000001	00001	0100				
HANLIN JAMES	025	CLAR	100010	30100	0100				
HANN EPHRAIM	075	RIPL	100010	13011	0100				
HANNA BARTHOLOWMEY	261A	JACK	100001	22101	0100				
HANNA ELIZABETH	213	FRAN	010100	01001	0200				
HANNA GRAHAM	204	FRAN	200010	10100	0100				
HANNA JAMES C	047	FAYE	100010	20010	0100				
HANNA JOHN	194	FRAN	021101	01101	0300				
HANNA JOHN	266A	JACK	000010	10100	0100				
HANNA JOHN J	217	FRAN	200100	00100	0100				
HANNA JOSEPH	204	FRAN	121101	01001	0300				
HANNA JOSEPH	266	JACK	400010	22120	0100				
HANNA ROBERT E	187	FRAN	000100	00000	0100				
HANNA ROBERT G	204	FRAN	200100	00100	0100				
HANNA ROBERT JR	186	FRAN	300110	11100	0200				
HANNA ROBERT SR	204	FRAN	010001	00001	0100				
HANNA SAMUEL	076	DEAR	010301	22001	0300				
HANNA SAMUEL	213	FRAN	300010	10010	0100				
HANNA WILLIAM	045	FAYE	000100	00100	0100				
HANNAH DAVID	172	FRAN	200010	22010	0001				
HANNAH JAMES	092	KNOX	110010	42101	0100				

Head of Household	Page	County	White Males (Under 10, 10-15, 16-18, 16-25, 26-44, 45 & over)	White Females (Under 10, 10-15, 16-25, 26-44, 45 & over)	Foreigners, Agriculture, Commerce, Manufacture	Free or Slave	Negro Males (Under 14, 14-25, 26-44, 45 & over)	Negro Females (Under 14, 14-25, 26-44, 45 & over)	Other not Indian
HANNAH JAMES	247	WAYN	020101	00011	0200				
HANNAH SAMUEL	247	WAYN	200010	20010	0100				
HANNEL JOHN	099	LAWR	100020	00110	0100				
HANNERS NOAH	147	WARR	100200	10101	0000				
HANNIFORD RICHARD	163	FRAN	100110	00100	1100				
HANNING WILLIAM	277	JEFF	000010	10101	4001				
HANNIS HENRY	165	SWIT	000001	01001	0100				
HANNIS WILLIAM	166	SWIT	000100	00100	0100				
HANNON ABRAHAM	095	SPEN	201201	01001	0300				
HANNON JAMES	265A	JACK	100010	00010	0100				
HANRY HARRY	137	WARR	220010	10010	0001				
HANSBERRY ELIZABETH	090	KNOX	000000	00001	0000				
HANSBOROUGH JOHN	107	SULL	000100	11100	0100				
HANSEL DAVED	196	FRAN	000001	00000	0000				
HANSELL CHRISTOPHER	196	FRAN	220101	30201	0300				
HANSELL THOMAS	117	DEAR	421101	00101	1100				
HANSIN SUSANNA	213	WAYN	210000	11010	0000				
HANSON BENJAMIN	047	FAYE	110110	20100	0200				
HANSON JOSEPH	053	HARR	200010	10100	0100				
HANSON MARTHA	053	HARR	000000	10100	0000				
HANSON WILLIAM	053	HARR	011101	20010	0100				
HARBACK HENRY	083	KNOX	000100	00000	0000				
HARBER JOSEPH	254	GIBS	010001	00010	0100				
HARBERT EBENEZAS	076	DEAR	111301	21100	0100				
HARBERT JOSEPH B	225	WASH	200010	21010	0100				
HARBERT ROBERT	286	JEFF	000100	00100	0100				
HARBIN EDWARD V	204	WASH	111101	00010	0000				
HARBIN JOHN	092	KNOX	010111	01010	0200				
HARBIN LEON	088	KNOX	000101	00100	0001				
HARBISON JAMES	214	WASH	220111	01110	0200				
HARBISON JOHN	066	HARR	000101	20010	0200				
HARBISSON ARTHUR	035	DUBO	110110	41010	0200				
HARBISSON JACOB	035	DUBO	120110	22000	0200				
HARBOUGH JOHN	063	HARR	000010	01010	0100				
HARBOULT HENRY	203	WASH	110001	10101	0200				
HARCOURT DANIEL	193	FRAN	000110	10100	0100				
HARCOURT JOHN	172	SWIT	100010	20010	0100				
HARCOURT RICHARD	173	SWIT	000100	12001	0100				
HARDEN CHARLES	179	WAYN	100110	32010	0100				
HARDEN JOHN	149	PERR	000100	10100	0000				
HARDEN JOHN	021	DELA	110002	31010	0100				
HARDEN NICHOLAS	311A	POSE	000010	30010	0100				
HARDEN SAUL	029	FAYE	100100	10100	0100				
HARDEN THOMAS	233	WAYN	321110	20010	0400				
HARDEN WILLIAM	003	FAYE	000200	00100	0002				
HARDESTY DANIEL	017	FAYE	200100	10100	0100				
HARDGRAVE WILLIAM	300	PIKE	020211	11101	0000	S	0100		
HARDIN AARON	218	WASH	200110	30010	0200				
HARDIN ABRAHAM	311	POSE	110111	11201	0301				
HARDIN HENRY	093	DEAR	010201	00101	0200				
HARDIN NICHOLAS	302	PIKE	011101	41010					
HARDIN STEPHEN	218	WASH	000001	00010	0100				

PAGE 0171

Head of Household	Page	County	White Males (Under 10, 10-15, 16-18, 16-25, 26-44, 45 & over)	White Females (Under 10, 10-15, 16-25, 26-44, 45 & over)	Foreigners, Agriculture, Commerce, Manufacture	Free or Slave	Negro Males (Under 14, 14-25, 26-44, 45 & over)	Negro Females (Under 14, 14-25, 26-44, 45 & over)	Other not Indian
HARDIN WILLIAM	120	MONR	000130	10100	0002				
HARDING DAVID	079	RIPL	220111	40410	0500				
HARDING DAVID JR	079	RIPL	200010	10010	0100				
HARDING EDE	031	FAYE	100010	10100	0100				
HARDING ELIAKIM	027	DELA	001310	00101	0400				
HARDING JOHN	027	DELA	120020	31010	0200				
HARDING MATTHEW	051	FAYE	200200	00100	0100				
HARDING ROBERT	027	DELA	100100	00100	0100				
HARDING SAMUEL	146	PERR	200110	30010	0200				
HARDISON BENJAMIN	084	KNOX	000100	00000	0000				
HARDISON HARDY	092	KNOX	100100	00100	0100				
HARDISTER SAMUEL	120	MONR	100010	10110	0001				
HARDMAN HENRY	224	WASH	410010	10010	0200				
HARDMAN JACOB	223	WASH	200010	30010	0100				
HARDMAN JOHN	241	WAYN	300010	20010	0100				
HARDON ELISHA	217	WASH	221210	22010	0200				
HARDON JOHN	217	WASH	200100	00100	0100				
HARDWICK THOMAS	262A	JACK	200001	10010	0001				
HARDWICK THOMAS SR	262	JACK	000001	00001	0100				
HARDY CHARLES	179	FRAN	110001	11301	0200				
HARDY DAVID	171	SWIT	200010	31010	0100				
HARDY JONATHAN	024	CLAR	420010	11110	0100				
HARDY KESIAH	252	GIBS	100000	00101	0000				
HARDY LUKE	246	GIBS	410110	20010	0100				
HARDY NATHANIEL	044	CLAR	000200	00000	0020				
HARDY RICHARD S	252	GIBS	000100	00100	0100				
HARDY WM	252	GIBS	000100	20100	0100				
HAREGRAVES ROBERT	040	DUBO	000001	01101	0100				
HAREGROVES JAMES	040	DUBO	100100	01010	0100				
HAREGROVES WILLIAM	040	DUBO	000110	00100	0200				
HARGIS JOHN	150	PERR	000100	20100	0100				
HARGRAVE HES	141	WARR	210101	02010	0001				
HARGRAVE JAMES	135	WARR	401010	00100	0000				
HARGRAVE JOHN	135	WARR	100010	20100	0001				
HARGRAVE WM	141	WARR	000100	10100	0000				
HARGROVE WM	149	WARR	220001	30210	0000				
HARIMAN SAMUEL	120	MONR	210100	00100	0001				
HARIS SAMUEL H		OWEN	100010	20100	0100				
HARISON ROBERT	283A	JEFF	001200	00000	0300	S	1010	4010	
HARKER THOS	187	FRAN	000010	00000	0100				
HARKINS GEO	286A	JEFF	200010	10100	0100				
HARKINS JOHN	135	FLOY	200201	00101	2200				
HARKMAN DANIEL	124	ORAN	200010	10010	0100		0100		
HARKMESS ANTHONY	125	DEAR	100010	20100	0100				
HARKRIDER BENJ	177	FRAN	000001	00210	0100				
HARLAN ARON	045	FAYE	100010	20010	0100				
HARLAN ELI	162	SCOT	100110	00100	0001				
HARLAN ELI	154	SCOT	100010	00100	0001				
HARLAN ENOS	003	FAYE	300110	10010	0002				
HARLAN GEORGE	005	FAYE	000220	00101	0004				
HARLAN ISAIAH	011	FAYE	000100	10100	0100				
HARLAN JOHN	212	FRAN	111111	11100	0301				

PAGE 0172

Head of Household	Page	County	White Males (Under 10, 10-15, 16-18, 16-25, 26-44, 45 & over)	White Females (Under 10, 10-15, 16-25, 26-44, 45 & over)	Foreigners, Agriculture, Commerce, Manufacture	Free or Slave	Negro Males (Under 14, 14-25, 26-44, 45 & over)	Negro Females (Under 14, 14-25, 26-44, 45 & over)	Other not Indian
HARLAN JOSHUA	043	FAYE	210010	22100	0100				
HARLAN JOSHUA	003	FAYE	011201	00101	0100				
HARLAN NATHAN	007	FAYE	200100	00100	0100				
HARLAN SAMUEL	017	FAYE	521301	01010	0200				
HARLAN VALENTINE	043	FAYE	200100	00101	0100				
HARLAND JOSHUA	179	WAYN	200010	10100	0100				
HARLAND LAMUEL	257	WAYN	000100	00100	0100				
HARLAND MARY	257	WAYN	021200	20101	0300				
HARLAND SAMUEL	235	WAYN	000100	00000	0100				
HARLAND VALENTINE	179	WAYN	200010	30010	0100				
HARLAND WM	257	WAYN	100100	10100	0100				
HARLEY J C	224	FRAN	200010	20010	0100				
HARLIN JOSHUA	131	SULL	100201	04101	0300				
HARLOW JOSHUA	265A	JACK	100110	00100	0100				
HARMAN ABRAHAM	063	HARR	210101	20101	0200				
HARMAN DANIEL	216	WASH	420010	11010	0300				
HARMAN DAVID	169	WAYN	000110	20100	0100				
HARMAN GEORGE	097	SPEN	100001	41001	0100				
HARMAN GEORGE	079	JENN	200010	20010	0100				
HARMAN JOHN	025	CLAR	200010	10100	0100				
HARMAN JOHN	097	SPEN	000100	00100	0100				
HARMAN JOHN	261	JACK	100010	00100	0100				
HARMAN JOSEPH	058	HARR	000001	00001	0100				
HARMAN JOSEPH	063	HARR	100100	00100	0100				
HARMAN LUIS	249	GIBS	310001	12010	0100				
HARMAN MOSES	223	WASH	200010	21100	0100				
HARMAN RICHARD	032	DELA	300010	20100	0100				
HARMAN THOMAS	097	SPEN	100100	00100	0100				
HARMAN WILLIAM	049	CLAR	300010	31010	0100				
HARMAN WILLIAM	183	FRAN	000010	00011	0100				
HARMAN WM J	313A	POSE	600010	00100	0100				
HARMASON PETER	027	DELA	100100	20100	0100				
HARMON ARIEL	191	VIGO	100110	11100	0200				
HARMON ELIZABETH	026	CLAR	210000	11001	0000				
HARMON LEVI	218	WASH	000100	20100	0100				
HARMON MATHIAS	220	WASH	120210	11010	0500				
HARMON SAMUEL	311A	POSE	111310	40110	0400				
HARMON STEPHEN	025	CLAR	200010	31000	0100				
HARMON SUSANAH	235	GIBS	000000	01001	0100				
HARMONSON POLLY	104	LAWR	000200	01101	0100				
HARNAL GEORGE	123	DEAR	100010	00100	0001				
HARNARD JOHN	205	WASH	000100	00100	0000				
HARNED JONATHAN	128	ORAN	300010	10100	0100				
HARNED WILLIAM	125	ORAN	111201	31010	0500				
HARNER SAMUEL	255	WAYN	000001	00001	0100				
HARNER SELBY	018	CLAR	000010	01010	0100				
HARNES MICHAEL	106	LAWR	010001	21001					
HARNESS ADAM	093	KNOX	200010	01100	0100				
HARNESS NATHANIEL	093	KNOX	300210	11010	0201				
HARNEY RILEY	204	FRAN	100010	10100	0100				
HAROE CALEB	219	WAYN	001301	11101	0400				
HARP VALARIAH	221	FRAN	000000	01011	0000				

Head of Household	Page	County	White Males (Under 10, 10-15, 16-18, 16-25, 26-44, 45 & over)	White Females (Under 10, 10-15, 16-25, 26-44, 45 & over)	Foreigners, Agriculture, Commerce, Manufacture	Free or Slave	Negro Males (Under 14, 14-25, 26-44, 45 & over)	Negro Females (Under 14, 14-25, 26-44, 45 & over)	Other not Indian
HARPER ADAM	233	GIBS	220010	10010	0100				
HARPER ASA	021	FAYE	100010	20010	0100				
HARPER CIRUS N	257	GIBS			0100	S	1010	2010	
HARPER EDWARD	007	FAYE	300010	12010	0100				
HARPER ELIJAH	045	FAYE	200010	00100	0100				
HARPER ELIZABETH	197	FRAN	010000	01001	0100				
HARPER EZEKIEL G	079	RIPL	000010	10010	0100				
HARPER EZEKIEL G	103	DEAR	000010	10010	0100				
HARPER GEORGE	090	KNOX	000411	01201	0500				
HARPER JACOB	089	KNOX	000210	10100	0003				
HARPER JAMES	061	HARR	100010	00010	0100				
HARPER JAMES	109	SULL	300010	00100	0200				
HARPER JAMES	193	VIGO	200301	13001	0400				
HARPER JOHN	294A	JEFF	000110	00000	2200				
HARPER JOHN	187	WAYN	000100	00101	0100				
HARPER JOHN	043	FAYE	100010	20100	0100				
HARPER JOHN	165	FRAN	200020	20010	0200				
HARPER JOHN	030	DELA	100100	20100	0100				
HARPER JOSEPH	163	FRAN	100110	10100	0200				
HARPER JUDATHAN	111	SULL	000100	20100	0100				
HARPER RACHEL	057	HARR	100000	01001	0000				
HARPER RICHARD E	131	SULL	000210	10100	0003				
HARPER THOMAS	197	FRAN	200110	20010	0200				
HARPER THOMAS	187	WAYN	300001	11101	0100				
HARPER THOMAS	089	KNOX	010100	00100	0002				
HARPER WILLIAM	221	FRAN	210010	40010	0100				
HARPER WILLIAM	165	FRAN	010001	11101	0200				
HARPER WILLIAM	109	SULL	300110	10010	0200				
HARPER WM	234	GIBS	000010	00000	0100				
HARPHAM JONATHAN	085	DEAR	300010	10010	0010				
HARPHAM SAMUEL	124	DEAR	200020	11010	0200				
HARRALL JESSE	107	DEAR	200020	30100	0100				
HARRAMAN ELIJAH	219	WASH	200301	00201	0400				
HARRED THOMAS	201	WASH	000010	00000	0100				
HARREL CHESTER	21	F-AN	021101	10101	0300				
HARREL GABRIEL	179	WAYN	000010	00001	0100				
HARREL ISAAC	057	FAYE	001110	32100	0100				
HARREL JEREMIAH	055	FAYE	010101	01001	0100				
HARREL STEPHEN	055	FAYE	210010	31010	0100				
HARREL WILLIAM	055	FAYE	100010	32010	0100				
HARRELL GABRIEL	076	DEAR	300010	01000	0100				
HARRELL PHILIPH	077	DEAR	300010	10100	0100				
HARRET JAMES	297	PIKE	110010	30010	0000				
HARRET MOSES	297	PIKE	100010	10100	0000				
HARRET SAM	020	DELA	100001	00100	0100				
HARRINGTON ABARAHAM	019	CLAR	300010	10100	0100				
HARRINGTON JOHN	257	WAYN	200110	32010	0001				
HARRINGTON JOHN	087	KNOX	211200	12001	0400				
HARRINGTON JOSEPH	080	JENN	100110	00001	0101				
HARRINGTON PETER	125	SULL	310010	21010	0200				
HARRINTON EZEKIEL	209	WASH	000010	00100	0500				
HARRIS ALLEN T	191	VIGO	000100	10010	0100				

Head of Household	Page	County	White Males (Under 10, 10-15, 16-18, 16-25, 26-44, 45 & over)	White Females (Under 10, 10-15, 16-25, 26-44, 45 & over)	Foreigners, Agriculture, Commerce, Manufacture	Free or Slave	Negro Males (Under 14, 14-25, 26-44, 45 & over)	Negro Females (Under 14, 14-25, 26-44, 45 & over)	Other not Indian
HARRIS ANSEL	188	VIGO	200120	00100	0200				
HARRIS ASHLEY	191	VIGO	100110	00011	0200				
HARRIS AUGUSTUS	290	JEFF	100010	10100	0100				
HARRIS BENJ	170	FRAN	100010	31010	0100				
HARRIS BENJAMIN	113	SULL	320001	22110	0400				
HARRIS CHARLOTTE	067	DEAR	000110	11221	0200	S		1000	
HARRIS CORNELIUS S	172	SWIT	200010	10010	0100				
HARRIS ELI	191	VIGO	100101	00001	0200				
HARRIS EMRY	183	WAYN	100100	00010	0100				
HARRIS GILLAM	070	HARR	200010	31001	0100				
HARRIS HUMPHREY	196	WABA	200010	10010	0100				
HARRIS JACOB	268	JACK	110001	01001	0001				
HARRIS JAMES	038	DUBO	110111	11101	0400				
HARRIS JAMES	185	WAYN	101110	00100	0100				
HARRIS JAMES	109	SULL	100100	10100	0100				
HARRIS JAMES	202	FRAN	300010	41010	0100				
HARRIS JANE	115	MART	000100	00100	0100				
HARRIS JERRY	050	HARR	310010	21010	0100				
HARRIS JESSE	077	RIPL	100100	00100	0100				
HARRIS JOHN	187	VIGO	000010	10100	0100				
HARRIS JOHN	059	DEAR	000100	00010	0100				
HARRIS JOHNSON	215	FRAN	000001	00001	0001				
HARRIS JOHN	187	FRAN	000100	00000	0100				
HARRIS JOHN	214	WASH	000100	10100	0100				
HARRIS JONAS	159	WAYN	510010	20110	0100				
HARRIS JONAH	214	WASH	100100	20100	0100				
HARRIS JOSHUA	195	FRAN	220110	12010	0100				
HARRIS MICAJAH	213	WASH	000001	00001	0100				
HARRIS MILLEY	312A	POSE	210100	10010	0200				
HARRIS NANCY	044	CLAR	000000	21010	0000				
HARRIS NATHANIEL	213	WASH	100010	31010	0100				
HARRIS NATHANIEL	149	PERR	210010	21101	0200				
HARRIS NELSON	038	DUBO	100010	21010	0100				
HARRIS NICHOLUS	035	DUBO	010201	11020	0400				
HARRIS OBADIAH	324	RAND	320002	21001	0100	S	0010		
HARRIS PETER	168	SWIT	100011	30010	0200				
HARRIS RICHARD	311	POSE	211210	11010	0400				
HARRIS ROBERT	171	SWIT	200101	03010	0100				
HARRIS SAMUEL	018	CLAR	100010	11010	0100				
HARRIS THOMAS	268	JACK	100010	21010	0100				
HARRIS THOMAS	219	WASH	010010	21010	0001				
HARRIS THOMAS	214	WASH	310011	20201	0300				
HARRIS TYRE	214	WASH	110010	22010	0200				
HARRIS WILLIAM	214	WASH	200100	21010	0100				
HARRIS WILLIAM	173	SWIT	000100	10100	0100				
HARRIS WILLIAM	187	VIGO	400010	22010	0100				
HARRIS WILLIAM	076	DEAR	210001	10010	0100				
HARRIS WILLIAM	188	FRAN	010100	00000	0002				
HARRIS WILLIAM	038	DUBO	310001	30010	0200				
HARRIS WILLIAM	038	DUBO	000010	00010	0100				
HARRISON ABRAM W	187	FRAN	000100	00000	0001				
HARRISON CALIB	025	DELA	211110	13010	0200				

Head of Household	Page	County	White Males (Under 10, 10-15, 16-18, 16-25, 26-44, 45 & over)	White Females (Under 10, 10-15, 16-25, 26-44, 45 & over)	Foreigners, Agriculture, Commerce, Manufacture	Free or Slave	Negro Males (Under 14, 14-25, 26-44, 45 & over)	Negro Females (Under 14, 14-25, 26-44, 45 & over)	Other not Indian
HARRISON CALIB	059	HARR	210001	20010	0100				
HARRISON DAVID	263A	JACK	000100	10100	0000				
HARRISON DAVID	181	VAND	200010	31010	0100				
HARRISON ELISHA	085	DEAR	430001	01210	0100				
HARRISON ELI	029	DELA	200010	10110	0100				
HARRISON EZEKIEL	059	HARR	300010	20010	0100				
HARRISON ELI	059	HARR	100010	00100	0100				
HARRISON ELISHA	183	VAND	000010	10100	0000				
HARRISON EDMUND	003	FAYE	210001	13010	0001				
HARRISON GEIRGE	162	FRAN	110010	40010	0001				
HARRISON GEORGE	014	CLAR	000010	30100	0100				
HARRISON HENRY	017	DELA	300010	01010	0100				
HARRISON JOSHUA	114	MART	022301	00110	0302				
HARRISON JOSIAH	065	HARR	300010	10010	0100				
HARRISON JOHN	065	HARR	210010	30010	0100				
HARRISON JOHN	097	SPEN	000301	00301	0100				
HARRISON JAMES	123	SULL	210200	11010	0400				
HARRISON JOSEPH	123	SULL	001111	10100	0300				
HARRISON JOHN	174	SWIT	000101	10010	0200				
HARRISON JOHN SR	178	VAND	100010	40010	0100				
HARRISON JOHN JR	181	VAND	000100	00100	0100				
HARRISON JOB	162	FRAN	211301	01001	0003				
HARRISON JOHN	077	DEAR	100010	30010	0100				
HARRISON NICHOLAS	205	WASH	001101	02001	0000				
HARRISON ROBERT	190	VIGO	210241	00200	0114	S	0100		
HARRISON RABECKAH	236	GIBS	110000	10210	0100				
HARRISON SIMMS C	083	KNOX	001110	00110	0000				
HARRISON THOMAS	212	WASH	300010	00100	0100				
HARRISON WESTLY	065	HARR	011100	00201	0100				
HARRISON WESLEY	117	SULL	400010	11300	0100	S	0000	1000	
HARRISON WILLIAM	123	SULL	200101	00102	0200				
HARRISON WILLIAM	171	SWIT	100100	10100	0100				
HARRISON WILLIAM	116	DEAR	100010	00100	0100				
HARRISON ZEPHENIAH	179	VAND	101201	21101	0000				
HARRISS EMERY	211	WAYN	010010	00010	0100				
HARRISS HARVEY	325A	RAND	100010	00010	0100				
HARRISS LOT	325A	RAND	100100	10100	0100				
HARRISS THOMAS	325	RAND	100200	00100	0100				
HARRISSON POLLEY	179	WAYN	210200	11010	0100				
HARROD GEORGE	037	CLAR	000100	00100	0001				
HARROD SARAH	004	CLAR	010000	01100	0100				
HARROD WILLIAM	042	CLAR	000001	02201	0100				
HARROL JAMES	076	DEAR	111101	30201	0100				
HARROL JONATHAN	191	WAYN	321110	00110	0100				
HARROM TIMOTHY	026	DELA	210010	20010	0100				
HARRY PHILIP	214	WASH	100100	20010	0600				
HART ALSALOM	077	DEAR	320001	10010	0100				
HART DANIEL	211	WAYN	200010	20100	0100				
HART DAVID	086	KNOX	000010	00000	0000				
HART DAVID	301	PIKE	000100	00000					
HART EDWARD	168	SWIT	000100	30100	0100				
HART HENRY	153	WARR	200100	00100	0000				

Head of Household	Page	County	White Males (Under 10, 10-15, 16-18, 16-25, 26-44, 45 & over)	White Females (Under 10, 10-15, 16-25, 26-44, 45 & over)	Foreigners, Agriculture, Commerce, Manufacture	Free or Slave	Negro Males (Under 14, 14-25, 26-44, 45 & over)	Negro Females (Under 14, 14-25, 26-44, 45 & over)	Other not Indian
HART ISAAC	162	FRAN	100010	00010	0100				
HART JOHN	127	ORAN	300110	10010	0200				
HART JOHN	239	WAYN	200010	00101	0100				
HART JOHN	149	WARR	010101	00201	0000				
HART JOSIAH	040	DUBO	000010	10100	0100				
HART PATRICK	173	WAYN	201211	01201	0003				
HART PHILIP	141	OWEN	021020	41110	1400				
HART URIAH	006	CRAW	300010	10100	0100				
HART WILLIAM	086	KNOX	000010	20010	0001	S	1000		
HART WILLIAM	235	GIBS	100010	00100	0100				
HART WILLIAM	184	FRAN	000200	10100	0101				
HART WILLIAM	001	CRAW	320010	00010	0300				
HART WM	149	WARR	100010	00100	0000				
HARTEMAN POLLY	186	VIGO	010100	10110	0200				
HARTER DAVID	265	WAYN	100100	02100	0100				
HARTER JOSEPH	197	FRAN	000010	00100	0100				
HARTER PHILIP	159	WAYN	300110	00010	0001				
HARTGRAVES THOS	307	POSE	000100	10100	0100				
HARTGRAVES ZEKIAL	307	POSE	201100	21110	0300				
HARTLEY ABSALOM	046	CLAR	200100	00100	0001				
HARTLEY JAMES	202	WASH	000001	00001	0100				
HARTLEY JOSEPH	267A	JACK	100100	00100	0100				
HARTLEY JOHN	267A	JACK	200100	10100	0100				
HARTLEY SAMUEL	202	WASH	300010	10010	0100				
HARTLEY THOMAS	094	DEAR	200001	42010	0100				
HARTLEY TILMAN	263A	JACK	000010	30010	0100				
HARTLEY WILLIAM	202	WASH	200010	10010	0100				
HARTLEY WILLIAM	019	CLAR	230010	20100	0100				
HARTLY JOHN	091	KNOX	100110	11010	0200				
HARTLY THOMAS	299	PIKE	200100	00100					
HARTMAN FREDERICK	168	FRAN	011111	11101	0300				
HARTMAN HENRY	168	FRAN	400010	00100	0100				
HARTMAN HENRY	320A	POSE	010001	01001	0100				
HARTMAN JACOB	168	FRAN	300200	00100	0200				
HARTMAN JOHN	019	CLAR	110001	10010	0001				
HARTON JOSEPH	23	GIBS	000100	00010	0000	U			
HARTPENCE JAMES	122	DEAR	210201	01201	0100				
HARTSAW JOHN	071	HARR	120001	33010	0300				
HARTSOCK JAMES	285	JEFF	120010	30010	0100				
HARTSOCK SAML	120	MONR	300010	20021	0100				
HARTSOCK WILLIAM	286A	JEFF	111110	21010	0200				
HARTUSS JAMES	211	WAYN	300010	40010	0100				
HARTWELL EPHRAIM	277	JEFF	121101	11010	0200				
HARTWELL EPHRAIM	281A	JEFF	310010	11110	0100				
HARTWELL WILLIAM	079	JENN	100010	20100	0100				
HARTWELL WILLIAM SR	078	JENN	000001	00001	0000				
HARTY DANIEL	025	DELA	210010	31010	0100				
HARTY JAMES	229	WAYN	100010	01010	0100				
HARVEY CHARLES	217	FRAN	200010	10010	0100				
HARVEY CHARATY	209	WASH	000000	00001	0200				
HARVEY DAVID	117	SULL	000010	00010	0100				
HARVEY FRANCIS	195	WAYN	100010	20100	0100				

Head of Household	Page	County	White Males (Under 10, 10-15, 16-18, 16-25, 26-44, 45 & over)	White Females (Under 10, 10-15, 16-25, 26-44, 45 & over)	Foreigners, Agriculture, Commerce, Manufacture	Free or Slave	Negro Males (Under 14, 14-25, 26-44, 45 & over)	Negro Females (Under 14, 14-25, 26-44, 45 & over)	Other not Indian
HARVEY HENNISSON	199	WAYN	000221	00100	0400				
HARVEY JAMES	014	CRAW	100100	00100	0100				
HARVEY JOHN	009	CLAR	000002	01010	1010				
HARVEY JOHN	169	WAYN	110010	01010	0200				
HARVEY JOHN	171	WAYN	420010	01010	0300				
HARVEY JOHN	210	WASH	200100	11000	0300				
HARVEY MARMADUKE	212	WASH	000100	10100	0100				
HARVEY MICHEAL	014	CRAW	010001	01100	0200				
HARVEY MICHAEL	161	WAYN	220010	30000	0100				
HARVEY ROBERT	199	WAYN	100000	02100	0100				
HARVEY ROBERT	255	WAYN	100110	30010	0200				
HARVEY ROBERT	212	WASH	100100	10100	0000				
HARVEY SAMUEL	259	WAYN	200111	30010	0200				
HARVEY WILLIAM	212	WASH	300010	20100	0100				
HARVEY WM	163	WAYN	200010	10010	0100				
HARVEY WM	247	WAYN	200010	20001	0100				
HARVY ALEXANDER	255	GIBS	000001	00001	0100				
HARVY ANDREW	256	GIBS	000010	00100	0100				
HARVY PHILOMON	218	FRAN	000001	00011	0100				
HARVY THOMAS	143	OWEN	200101	00010	0100				
HARWOOD EBENEZAR	060	DEAR	011201	31101	0100				
HARWOOD PHILLIP	167	FRAN	220001	10001	0100				
HARWOOD WILLIAM	160	FRAN	110001	20010	0200				
HARZELL GEORGE	201	WAYN	100010	21010	0100				
HASE JOHN	046	HARR	200010	00100	0100				
HASE WILLIS	037	DUBO	200010	10100	0100				
HASKELL HUNNEVILLE	166	SWIT	401101	10010	0100				
HASKINS ELISHA	113	MART	000101	01001	0100				
HASLET SAMUEL	152	SCOT	320002	01110	0201				
HASS FRANCIS	171	SWIT	010010	20100	0100				
HASTIE WILLIAM	278	JEFF	000100	00000	1100				
HASTINGS ISAAC	171	FRAN	000111	00101	0300				
HASTINGS JOB	171	FRAN	100010	20010	0100				
HASTINGS WILLIAM	171	FRAN	200010	20010	0100				
HASTINGS WM	171	WAYN	210001	30111	0200				
HASTINGS WM	157	WAYN	010010	40010	0100				
HASTON JOSEPH	108	LAWR	210010	21010	0100				
HASTY ABSOLAM	178	FRAN	311110	21010	0200				
HATCH CYRUS	168	SWIT	210010	11010	0001				
HATCH EBENEZAR	094	DEAR	300010	13110	0100				
HATCHET JOSEPH	158	SCOT	221110	11010	0020				
HATERBOUGH ANDREW	104	LAWR	200010	20010	0000				
HATFIELD BENJN	160	FRAN	100010	01100	0100				
HATFIELD ISAAC	192	VIGO	010200	00110	0300				
HATFIELD JONAS	117	SULL	121101	10010	0300				
HATFIELD JAMES	310A	POSE	000001	00010	0001				
HATFIELD JOHN	203	FRAN	110010	02001	0100				
HATFIELD RACHEL	263	WAYN	021300	00201	0300				
HATFIELD THOMAS	263	WAYN	300030	11010	0001				
HATFIELD WILLIAM	073	HARR	220010	20010	0000				
HATFIELD WM	313	POSE	000100	10100	0100				
HATHAWAY ABINTHAR	011	FAYE	100101	01010	0100				

Head of Household	Page	County	White Males (Under 10, 10-15, 16-18, 16-25, 26-44, 45 & over)	White Females (Under 10, 10-15, 16-25, 26-44, 45 & over)	Foreigners, Agriculture, Commerce, Manufacture	Free or Slave	Negro Males (Under 14, 14-25, 26-44, 45 & over)	Negro Females (Under 14, 14-25, 26-44, 45 & over)	Other not Indian
HATHAWAY DANIEL	112	DEAR	000110	00100	0100				
HATHAWAY ELKANAH	125	DEAR	111110	31010	0100				
HATHAWAY SHADRACH	067	DEAR	000110	10100	0002				
HATMACHER MICHAEL	171	SWIT	120010	20001	1100				
HATON ABRAHAM	031	DELA	211110	20010	0200				
HATTABOUGH GEORGE JR	208	WASH	000010	20100	0100				
HATTABOUGH GEORGE SR	208	WASH	000401	12001	0500				
HATTABOUGH JACOB	201	WASH	201110	30010	0200				
HATTABOUGH MICHAEL	207	WASH	000100	10100	0100				
HATTAIN ROBERT	293	JEFF	100100	10100	0100				
HATTON ASA	114	MART	110010	21010	0100				
HATTON ROBERT	166	SWIT	100100	10100	0100				
HAUFLER TOBIAS	318	POSE	010002	00001	0200				
HAUGER JOHN	216	WASH	000111	00201	0100				
HAUGER SOLOMON	218	WASH	100010	00100	0100				
HAUGH ISRAEL	187	WAYN	000002	01002	0200				
HAUGH JAMES	171	WAYN	100010	10100	0001				
HAUGH JESSE	191	WAYN	100010	02210	0100				
HAUGH JOHN	187	WAYN	400001	20000	0100				
HAUGH JOHN	187	WAYN	000300	01000	0001				
HAUGH JOHN	267	WAYN	000100	00100	0100				
HAUGH ORSEN E	273	JEFF	200200	10100	0000				
HAUGH PHILIP	120	MONR	110021	30010	0200				
HAUGHACRE JESSE	269	WAYN	100100	00100	0100				
HAUGHEE ARTHUR	150	PERR	221001	31001	0500				
HAUGHLAND JAMES	155	SCOT	200100	10100	0100				
HAUMHORST HARMON	137	FLOY	000020	00000	2002				
HAVARD JOHN	202	FRAN	000001	00000	0100				
HAVEN DAVID	279	JEFF	211110	11010	0100				
HAVEN ROBERT	163	FRAN	200010	21010	0001				
HAVENRIDGE JOHN	206	FRAN	011101	01001	0300				
HAVENS JOHN	079	RIPL	010010	01010	0100				
HAVENS RICHARDSON	173	SWIT	100010	10100	0100				
HAW ROBERT	252	GIBS	311211	01101	0300				
HAWES ROBERT	002	CLAR	012201	00001	0100				
HAWKIN JOHN	157	WAYN	110010	01110	0200				
HAWKINS ABRAHAM	104	LAWR	110101	10210	0300				
HAWKINS AMOS	169	WAYN	220110	20010	0200				
HAWKINS AMOS SR	169	WAYN	001101	00101	0100				
HAWKINS ARTHUR	234	GIBS	100100	10200	0100				
HAWKINS BENJAMIN	031	FAYE	000010	30100	0100				
HAWKINS DAVID	008	CRAW	200010	10100	0100				
HAWKINS DAVID	039	DUBO	220010	20010	0300				
HAWKINS DAVID	040	DUBO	000001	00000	0100				
HAWKINS HENRY	240	GIBS	100100	00100	0100				
HAWKINS JAMES	113	MART	210110	01011	0200				
HAWKINS JAMES	025	FAYE	100100	00100	0100				
HAWKINS JAMES	219	FRAN	000010	11010	0100				
HAWKINS JOSEPH	025	FAYE	000101	01001	0100				
HAWKINS JOHN	183	FRAN	110002	12101	0200				
HAWKINS JOHN JR	031	FAYE	400010	10010	0100				
HAWKINS JOHN	140	FLOY	000100	00000	0001				

Head of Household	Page	County	White Males (Under 10, 10-15, 16-18, 16-25, 26-44, 45 & over)	White Females (Under 10, 10-15, 16-25, 26-44, 45 & over)	Foreigners, Agriculture, Commerce, Manufacture	Free or Slave	Negro Males (Under 14, 14-25, 26-44, 45 & over)	Negro Females (Under 14, 14-25, 26-44, 45 & over)	Other not Indian
HAWKINS JOSEPH	299	PIKE	200010	22010					
HAWKINS JOHN	169	FRAN	200100	10100	0100				
HAWKINS MATTHEW	023	FAYE	010121	12101	0100				
HAWKINS NATHANIEL	044	CLAR	100200	00200	0000				
HAWKINS NATHAN	183	FRAN	300100	10100	0001				
HAWKINS NATHAN	191	WAYN	210010	30010	0100				
HAWKINS ROBERT	223	FRAN	300010	00010	0100				
HAWKINS THOMAS	244	GIBS	111201	21100	0300				
HAWKINS THOMAS	136	FLOY	200101	22211	0100	S	3000	1100	
HAWKINS WILLIAM C	283	JEFF	211101	22010	0100				
HAWKINS WILLIAM	143	OWEN	210101	20100	0000				
HAWKINS WM	175	WAYN	010010	01000	0100				
HAWLEY RICHARD	159	WAYN	000110	10000	0101				
HAWLEY ZALMON	077	RIPL	010101	20011	0300				
HAWN HENRY	203	WASH	200010	20010	0100				
HAWN JACOB	209	WASH	420010	21020	0100				
HAWN MARY ANN	203	WASH	011200	01201	0300				
HAWORTH GEORGE	327	RAND	300100	10100	0100				
HAWORTH WILLIAM	366	RAND	100010	10100	0100				
HAWORTH WILLIAM	327	RAND	200100	31110	0100				
HAWS ISRAEL	002	CLAR	200010	30010	0100				
HAWS JOHN	115	SULL	310020	22010	0300				
HAY JOHN D	083	KNOX	000011	20010	0010	S	1001	0010	
HAY SAMUEL	013	CLAR	210001	10110	0100				
HAY WILLIAM	276	JEFF	000101	02001	5200				
HAYCOCK DANIEL	171	SWIT	200001	22010	0100				
HAYDEN GEORGE	150	PERR	000001	10001	0100				
HAYDEN JOHN	060	DEAR	200010	00100	0001				
HAYDEN STEPHEN	210	FRAN	300010	21010	0100				
HAYES ABIAH	094	DEAR	200010	12010	0100				
HAYES ISAAC	085	DEAR	200200	10100	1000				
HAYES ISAIAH	077	DEAR	100010	21010	0100				
HAYES JAMES	094	DEAR	200010	11010	0100				
HAYES JAMES	106	DEAR	000001	00000	1100				
HAYES JHOH	093	DEAR	000010	00000	0001				
HAYES JOSEPH	094	DEAR	110010	40010	0100				
HAYES MARY	093	DEAR	300000	00101	0000				
HAYES RICHARD	076	DEAR	200401	10101	0300				
HAYMAN EUNICE	067	DEAR	100000	00010	0001				
HAYMOND THOMAS	174	FRAN	000100	00000	0100				
HAYNER JOHN	189	VIGO	120101	11010	0500				
HAYNER WILLIAM	189	VIGO	211210	10010	0300				
HAYNES JACOB	019	FAYE	310010	20010	0100				
HAYNS DANL	307A	POSE	110100	00001	0100				
HAYRS AZARIAH	234	GIBS	010101	02001	0200				
HAYS ALVIN	189	FRAN	100010	10100	0001				
HAYS BENJAMIN	298	PIKE	000001	01010					
HAYS ELIAS	298	PIKE	000100	00100					
HAYS EZEKEEL	298	PIKE	000101	01001					
HAYS GABRIEL	171	SWIT	510010	10010	0100				
HAYS GEORGE	312A	POSE	200010	12110	0100				
HAYS JAMES	173	SWIT	000100	10100	0100				

Head of Household	Page	County	White Males (Under 10, 10-15, 16-18, 16-25, 26-44, 45 & over)	White Females (Under 10, 10-15, 16-25, 26-44, 45 & over)	Foreigners, Agriculture, Commerce, Manufacture	Free or Slave	Negro Males (Under 14, 14-25, 26-44, 45 & over)	Negro Females (Under 14, 14-25, 26-44, 45 & over)	Other not Indian
HAYS JAMES	035	CLAR	200010	10010	0100				
HAYS JAMES	284A	JEFF	320010	10210	0000				
HAYS JOHN	109	LAWR	000010	30010	0100				
HAYS JOHN	091	KNOX	130110	10010	0100				
HAYS JOHN	366	RAND	100010	20010	0100				
HAYS JOHN	019	FAYE	411101	13101	0001				
HAYS JOHN	011	FAYE	000010	01000	0000				
HAYS JOSEPH	173	SWIT	311101	21000	0100				
HAYS JOSHUA JR	216	WASH	310010	00100	0200				
HAYS JOSHUA SR	216	WASH	000001	00001	0100				
HAYS MOSES	214	WASH	200010	20100	0100				
HAYS PRICE	196	WABA	000001	11201	0500				
HAYS SAMUEL	214	WASH	100010	20010	0100				
HAYS SAMUEL	283	JEFF	300010	30010	0100				
HAYS WILLIAM	202	FRAN	200010	10011	0100				
HAYS WILLIAM	113	MART	331310	22011	0100				
HAYSE JAMES	067	HARR	100100	10010	0100				
HAYSE LEWIS	020	DELA	000100	01100	0100				
HAYSTON GREEN	238	GIBS	100100	10100	0100				
HAYWARD JOHN	165	FRAN	300100	00010	0100				
HAYWARD SILAS	037	CLAR	100100	10100	0100				
HAYWOOD EBENZER	200	FRAN	000010	00000	0100				
HAYWOOD ROBERT	005	FAYE	000100	00100	0001				
HAYWOOR JAMES	200	FRAN	000100	00000	0001				
HAYWORD JOHN SR	165	FRAN	220001	10001	0100				
HAYWORTH JEREMIAH	188	VIGO	020010	31010	0300				
HAYWORTH JOEL	208	FRAN	300010	20010	0100				
HAYWORTH JONATHAN	213	FRAN	100010	00010	0100				
HAYWORTH JOHN	215	FRAN	401110	11010	0200				
HAYWORTH JOHN	121	MONR	420110	01110	0200				
HAYWORTH STEPHANAS	191	VIGO	011201	01001	0300				
HAZE JAMES	219	WAYN	221201	10001	0000				
HAZE SOLOMON	221	WAYN	310010	20110	0100				
HAZELET SAMUEL	121	MONR	200100	10100	0100				
HAZELET WILLIAM	121	MONR	000001	00001	0100				
HAZELRIGG FIELDING	005	FAYE	100010	10100	0001				
HAZELTON DANIEL	253	GIBS	000001	10101	0100				
HAZELTON JAMES	093	KNOX	110001	31010	0200				
HAZEN AARON	067	DEAR	200010	12010	0001				
HAZLE RICHARD	148	PERR	000010	10100	0100				
HAZLEWOOD JOSIAH	131	ORAN	000010	00300	0100				
HAZLEWOOD MERIDETH	131	ORAN	110100	10200	0200				
HAZZARD JOHN	047	CLAR	000200	00100	0002				
HEABERIDGE SAMUEL	199	WAYN	100110	10100	0200				
HEAD ANTHONY	209	WASH	011101	20110	0400				
HEAD GEORGE	125	ORAN	011110	43010	0100				
HEADBEY JOHN	193	VIGO	210010	30010	0200				
HEADLEY SAMUEL	212	WASH	200010	00010	0100				
HEADRICK JACOB	170	FRAN	220001	21010	0200				
HEADRICK WILLIAM	194	FRAN	100010	20110	0100				
HEADY BENJAMIN	165	SWIT	300010	00010	0100				
HEADY JAMES	262A	JACK	331101	11010	0100				

Head of Household	Page	County	White Males (Under 10, 10-15, 16-18, 16-25, 26-44, 45 & over)	White Females (Under 10, 10-15, 16-25, 26-44, 45 & over)	Foreigners, Agriculture, Commerce, Manufacture	Free or Slave	Negro Males (Under 14, 14-25, 26-44, 45 & over)	Negro Females (Under 14, 14-25, 26-44, 45 & over)	Other not Indian
HEADY JEAMS	025	DELA	511101	11001	0100				
HEADY SQUIRE	091	SPEN	200010	00100	0100				
HEADY THOMAS	120	MONR	510010	12110	0200				
HEALY JESSE H	161	WAYN	000101	20000	1100				
HEART ABSALOM	102	LAWR	000010	20010	0100				
HEART ANN	132	ORAN	000000	01010	0000				
HEART WILLIAM	017	FAYE	100100	00100	0100				
HEARVY WM	255	GIBS	000100	20200	0100				
HEATEN ABRAM	019	DELA	210110	20010	0100				
HEATH BENJ	286	JEFF	000100	10100	0100				
HEATH LAMBETH	026	DELA	000200	11100	0200				
HEATH MARTIN	287A	JEFF	210010	21010	0100				
HEATH RICHARD	295A	JEFF	010310	01100	0110				
HEATH SAMUEL	294A	JEFF	111001	01001	0200				
HEATH WILL	294A	JEFF	100100	10100	0100				
HEATH WILLIAM	089	KNOX	320010	20210	0300				
HEATH WILLIAM	048	CLAR	100001	11110	0100	S		0100	
HEATON DAVID	288A	JEFF	200101	02010	0002				
HEATON EBEN	107	DEAR	000100	10100	0100				
HEATON EBENEZER	031	FAYE	211110	20010	0100				
HEATON EBENEZER SR	031	FAYE	011101	01001	0100				
HEATON JESSE	077	DEAR	000010	00010	0100				
HEATON PATTERSON	267	WAYN	300010	20100	0100				
HEATON TITUS	107	DEAR	101201	21001	0100				
HEATON WASHINGTON	202	WASH	100011	24010	0200				
HEATON WILLIAM	210	FRAN	011201	10101	0400				
HEBARD ASA	161	FRAN	000010	10100	0100				
HECOCK DANIEL	007	CLAR	020111	20210	0301				
HEDDEN ELIAS	149	PERR	200001	01111	0300				
HEDDLE CRISTOPHER	194	VIGO	100010	20100	0001				
HEDDLESTON ALEXANDER	234	GIBS	111210	31010	0300				
HEDDY THOS D	312	POSE	000010	00001	0100				
HEDGCOCK JOHN O	020	CLAR	000101	00001	3200				
HEDGES JAMES	302	PIKE	320010	10010					
HEDGES JOSIA	145	WARR	110010	20010	0000				
HEDGES NATHANIEL W	194	VIGO	110020	31100	0300				
HEDGES PHILLIP	143	OWEN	110010	00010	0000				
HEDGES WILLIAM	143	WARR	100010	21010	0000				
HEDRICK ABRAHAM	065	HARR	111101	13010	0200				
HEDRICK HENRY	187	VIGO	100100	01100	0100				
HEDRICK JACOB	224	WASH	000010	10100	0100				
HEDRICK PETER	028	CLAR	100010	00100	0100				
HEDRICKS DAVID	221	WASH	000010	20010	0600				
HEDSPETH JACOB	251	GIBS	101010	10200	0100				
HEEGHTER ABRAM	121	DEAR	200010	10010	0001				
HEELER THOMAS	073	RIPL	201210	21110	0300				
HEFNER JOSEPH	208	WASH	000110	10100	0200				
HEINCR JANE	077	DEAR	001300	00001	0100				
HEISTAND ABRAHAM	044	HARR	110001	42010	0200				
HEISTAND CHRISLEY	061	HARR	200010	21010	0100				
HEISTAND HENRY	130	ORAN	101000	00100	0001				
HEISTAND HENRY	044	HARR	200010	10010	0000				

Head of Household	Page	County	White Males (Under 10, 10-15, 16-18, 16-25, 26-44, 45 & over)	White Females (Under 10, 10-15, 16-25, 26-44, 45 & over)	Foreigners, Agriculture, Commerce, Manufacture	Free or Slave	Negro Males (Under 14, 14-25, 26-44, 45 & over)	Negro Females (Under 14, 14-25, 26-44, 45 & over)	Other not Indian
HELDERMAN JOHN	092	KNOX	100010	50010	0100				
HELDRITH HENRY	273A	JEFF	200100	00100	0001				
HELIMOK JACOB I	037	FAYE	220010	11010	0100				
HELINS JACOB	131	SULL	100011	22010	0200				
HELM JAMES	277A	JEFF	000101	00011	0200				
HELM SAMUEL	057	FAYE	000100	00100	0100				
HELM WILLIAM	057	FAYE	001321	02001	0300				
HELMAN GEORGE F	065	HARR	011101	00101	0100				
HELMON RICHARD	084	KNOX	000100	00000	0001				
HELMS ABM	288	JEFF	200110	00200	0101				
HELMS JOHN	006	CRAW	000001	00010	0100				
HELMS JOHN	290	JEFF	210010	10100	0100				
HELMS MICHAEL	217	WAYN	300020	10010	0100				
HELMS SAMUEL	163	WAYN	100010	33010	0100				
HELMS SLARY	077	DEAR	100001	00010	0000				
HELMS THOMAS	008	CRAW	410010	22010	0200				
HELT DANIEL	193	VIGO	300010	00010	0100				
HELT JOHN	193	VIGO	100011	00010	0200				
HELT MICHAEL	193	VIGO	100010	20010	0100				
HELTABRAN PHILLIP	004	CLAR	100010	10100	0100				
HELUMS THOMAS	040	DUBO	220010	22010	0200				
HELVY JACOB	005	CRAW	110401	11101	0700				
HEMPHILL PETER	273	JEFF	010120	00010					
HENATE ANTOINE T	084	KNOX	400001	10010	0000				
HENBY SILVESTER	206	WASH	001201	01001	0200				
HENCELY GEORGE	090	KNOX	111110	22010	0300				
HENCH JAMES	129	ORAN	001301	01101	0300				
HENDERSON CHARLES	013	FAYE	010010	31010	0001				
HENDERSON JOHN	009	FAYE	500010	00110	0100				
HENDERSON ROBERT	212	WASH	200100	00100	0100				
HENDERSON SAMUEL	207	WASH	111110	11100	0300				
HENDERSON ROBERT	186	VIGO	000100	30200	0100				
HENDERSON ISAAC	094	DEAR	100010	00100	0100				
HENDERSON JOHN	094	DEAR	110010	31110	0100				
HENDERSON DANIEL	108	LAWR	310010	21000	0100				
HENDERSON JOHN	099	LAWR	100111	10011	0200				
HENDERSON JEREMIAH	103	LAWR	310101	21110	0300				
HENDERSON HANNAH	076	JENN	000000	00000	0000	F	1200	0110	
HENDERSON JOHN G	204	WASH	110110	00100	0002				
HENDERSON ANDREW	288A	JEFF	011201	00000	0300				
HENDERSON ALEXANDER	044	CLAR	110010	10110	0000				
HENDERSON JOHN	030	CLAR	100101	11310	0200				
HENDERSON RICHARD	211	FRAN	010101	10101	0200				
HENDERSON NATHANIEL	215	FRAN	200010	30100	0100				
HENDERSON ELI	215	FRAN	320010	20011	0100				
HENDERSON SALLY	180	FRAN	101200	10201	0200				
HENDERSON JOHN	186	FRAN	200310	00110	0004				
HENDERSON ABRAHAM	141	OWEN	100100	00100	0100				
HENDERSON JOHN	120	MONR	320010	00010	0200				
HENDERSON JAMES	135	ORAN	200010	20010	0100				
HENDERSON SAMUEL	171	WAYN	200010	10000	0100				
HENDERSON WILLIAM	294	JEFF	200010	30100	0100				

PAGE 0183

Head of Household	Page	County	White Males (Under 10, 10-15, 16-18, 16-25, 26-44, 45 & over)	White Females (Under 10, 10-15, 16-25, 26-44, 45 & over)	Foreigners, Agriculture, Commerce, Manufacture	Free or Slave	Negro Males (Under 14, 14-25, 26-44, 45 & over)	Negro Females (Under 14, 14-25, 26-44, 45 & over)	Other not Indian
HENDERSON WILLIAM	264A	JACK	000010	11000	0100				
HENDERSON DAVID	267A	JACK	100001	11101	0100				
HENDERSON ROBERT	264	JACK	120100	11201	0100				
HENDERSON EVE	275A	JEFF				F	0000	0101	
HENDERSON C A	276A	JEFF	000300	00101	0300				
HENDERSON WILL	279	JEFF	300001	10000	0001				
HENDERSON JOSEPH	181	WAYN	000010	50100	0100				
HENDERSON SHADRACH	215	WAYN	410001	21011	0100				
HENDERSON NATHAN	013	FAYE	100100	10100	0100				
HENDERSON WILLIAM	023	FAYE	210101	01110	0100				
HENDERSON WILLIAM	094	DEAR	000101	00001	0100				
HENDERSON WILLIAM	168	FRAN	300010	20010	0100				
HENDERSON WM	019	DELA	100010	10100	0100				
HENDOLITER FREDERICH	010	CLAR	101110	22010	1300				
HENDORSON WILLIAM	027	CLAR	100001	23010	0100				
HENDRAY ALEXANDER	186	VIGO	011321	01101	0600				
HENDRIA GIBSON	009	CLAR	000100	20100	0100				
HENDRICK ADAM	154	SCOT	000100	00100	0100				
HENDRICK ADAM	162	SCOT	000010	00100	0100				
HENDRICK GEORGE	120	MONR	200010	11010	0100				
HENDRICKS ABRAHAM	030	DELA	320010	21010	0001				
HENDRICKS THOMAS	037	CLAR	210011	20010	0100				
HENDRICKS DANIEL	147	PERR	200010	10010	0100				
HENDRICKS JAMES	150	PERR	200001	20010	0100				
HENDRICKS DAVID E	077	RIPL	010001	12110	0100				
HENDRICKS JAS	143	WARR	210001	12010	0000				
HENDRICKS JOHN	265	JACK	000100	30100	0100				
HENDRICKS JOHN	274	JEFF	300310	01100	0000				
HENDRICKS THOS	274A	JEFF	000010	00000	0000				
HENDRICKSON CORNELIU	011	FAYE	200010	10100	0100				
HENDRICKSON ABRAM	077	DEAR	000010	10100	0100				
HENDRICKSON ELIJAH	003	FAYE	200010	20110	0010				
HENDRICKSON JOSEPH	167	SWIT	000010	00100	0100				
HENDRICKSON MOSES	112	DEAR	210001	00010	0100				
HENDRIN ISAAC	158	SCOT	001001	11001	0100				
HENDRIX GEORGE	193	WAYN	300010	20010	0100				
HENDRIX HENRY	223	WAYN	111101	21001	0200				
HENDRIX ISAAC	223	WAYN	110001	00010	0200				
HENDRIX JOHN	193	WAYN	000100	00100	0100				
HENDRIX JOHN	223	WAYN	000100	00100	0100				
HENDRIX WM	195	WAYN	010010	41010	0100				
HENDRIXSON WILLIAM	039	DUBO	320001	11010	0300				
HENER SAMUEL	065	HARR	000100	00010	0100				
HENIAN WILLIAM	067	DEAR	000010	10010	0001				
HENLEY HEZEKIAH	215	WAYN	000010	00100	0100				
HENLEY JORDON	206	WASH	200010	10010	0100				
HENLEY MICAJAH	211	WAYN	100010	30010	0100				
HENLEY STEPHEN	036	CLAR	000100	00100	0100				
HENLY JESSE	025	CLAR	320201	10010	0300				
HENNING ARNOLD	182	VAND	000010	10100	0100				
HENNING JUDAH	042	CLAR	230101	10010	0500				
HENNINGS HILARUS	319A	POSE	000010	00121	0000				

PAGE 0184

Head of Household	Page	County	White Males (Under 10, 10-15, 16-18, 16-25, 26-44, 45 & over)	White Females (Under 10, 10-15, 16-25, 26-44, 45 & over)	Foreigners, Agriculture, Commerce, Manufacture	Free or Slave	Negro Males (Under 14, 14-25, 26-44, 45 & over)	Negro Females (Under 14, 14-25, 26-44, 45 & over)	Other not Indian
HENOPE JOEL	060	HARR	100101	00100	0100				
HENRICKSON JOHN	039	DUBO	321101	11001	0300				
HENRY AARON	093	DEAR	200010	30010	0100				
HENRY ELIJAH	099	LAWR	310110	01110					
HENRY FRANCIS	165	SWIT	300010	03001	0100				
HENRY GEORGE	073	RIPL	000100	10100	0100				
HENRY JOHN	290	JEFF	301110	31010	0100				
HENRY JOHN	196	WABA	110010	21010	0200				
HENRY JOHN	099	LAWR	200010	20010	0100				
HENRY JOHN R	085	KNOX	000100	00000	0000				
HENRY PETER	073	RIPL	111101	03110	0300				
HENRY ROBERT D	032	CLAR	200110	20100	0002				
HENRY ROBERT	165	SWIT	310010	10010	0100				
HENRY RUBIN	097	LAWR							
HENRY SAMUEL	167	SWIT	001301	02101	0100				
HENRY WIDOW	115	MART	001100	10010	0100				
HENRY WILLIAM	067	DEAR	100010	00100	0100				
HENSHAW HENRY	073	RIPL	500010	10010	0100				
HENSLEY BENJAMIN	103	LAWR	010110	00101	0300				
HENSLEY EDWARD	150	PERR	100101	10101	0100				
HENSLEY GABRIEL	218	FRAN	210001	11001	0200				
HENSLEY JOHN	150	PERR	410010	30010	0300				
HENSLEY JOSEPH	284A	JEFF	110010	21010	0100				
HENSLEY MARY	207	WASH	000000	01101	0000				
HENSLEY RICHARDSON	263A	JACK	400011	02110	0200				
HENSON COONROD	120	MONR	200010	10100	0100				
HENSON DAVID	181	VAND	100010	20010	0100				
HENSON ISAAC	108	LAWR	000100	20100	0100				
HENSON JAMES	325A	RAND	200010	00100	0100				
HENSON JEREMIAH	127	ORAN	410010	00010	0200				
HENSON JESSE	181	VAND	100010	30100	0100				
HENSON JOHN	098	LAWR	100110	21010	0100				
HENSON JOHN	120	MONR	001100	10100	0100				
HENSON JOHN	125	ORAN	211101	11010	0200				
HENSON JOHN	181	VAND	000100	00100	0100				
HENSON JOHN SR	181	VAND	010001	01001	0200				
HENSON RICHARD	319	POSE	010311	31211	0500				
HENSON SAML	305A	POSE	000010	00100	0100				
HENSON THOS	232	GIBS	100201	00110	6201				
HENTHORN ABRAHAM	022	CLAR	200011	10010	0200				
HENTHORN DAVID	022	CLAR	100010	10100	0100				
HENTHORN JOHN	022	CLAR	311110	13010	0300				
HENTHORN ROBERT	022	CLAR	410011	11010	0100				
HENTON THOS	290	JEFF	400001	10010	0100				
HEPLER JACOB	150	PERR	100001	11001	0100				
HERALL JOHN	055	HARR	000020	00100	0200				
HERBIN THOMAS	233	WAYN	100000	10010	0100				
HERD CHARLES	065	HARR	210001	02001	0100				
HERD ELISHA	247	GIBS	211001	10010	0200				
HERING JOHN	289A	JEFF	300011	30100	0100				
HERINGTON CHARLES	231	GIBS	100200	00100	011				
HERINGTON WM	231	GIBS	200020	01210	1020				

Head of Household	Page	County	White Males (Under 10, 10-15, 16-18, 16-25, 26-44, 45 & over)	White Females (Under 10, 10-15, 16-25, 26-44, 45 & over)	Foreigners, Agriculture, Commerce, Manufacture	Free or Slave	Negro Males (Under 14, 14-25, 26-44, 45 & over)	Negro Females (Under 14, 14-25, 26-44, 45 & over)	Other not Indian
HERKIN THOMAS	021	DELA	000010	20010	0100				
HERNDON CARTER	179	FRAN	001201	10010	0100				
HERNDON JHOMAS	162	FRAN	200010	30110	0100				
HERNDON WESLEY	185	FRAN	100110	10010	0002				
HEROD HIRAM	056	HARR	200010	30010	0100				
HEROLD ISAAC	267A	JACK	302301	10010	0100				
HERON ALEXANDER	109	LAWR	000100	10100	0100				
HERR GOTTLIEB	320A	POSE	110101	12110	0200				
HERREL ISAAC	088	KNOX	200010	21010	0100				
HERREL WILLIAM	088	KNOX	100010	20100	0100				
HERRELD JOHN	022	DELA	211101	12010	0100				
HERRELL FRANCIS	120	MONR	500010	00010	0100				
HERRELL JOHN	088	KNOX	500010	01010	0100				
HERRINDON RILEY	185	FRAN	000100	10100	0100				
HERRING F	292A	JEFF	000201	01101	0100				
HERRINGTON PETER	077	DEAR	110010	31020	0100				
HERRINGTON MEDAD W	019	CLAR	100211	13501	0400				
HERRINGTON THOMAS	219	WAYN	000001	00201	0100				
HERRINGTON WILLIAM	100	DEAR	100100	10100	0010				
HERRMAN JOHN	318A	POSE	000011	00201	0100				
HERRNDON ELLIOTT	186	FRAN	010001	01001	0200				
HERROD JAMES	152	SCOT	000011	00201	0100				
HERROD WILLIAM	158	SCOT	300010	20010	0100				
HERROLD ELISHA	263A	JACK	101201	10000	0001				
HERROLD JOHN	266A	JACK	000100	00100	0100				
HERRON WILLIAM	202	WASH	110010	20010	0100				
HERSK JOHN	028	DELA	100100	10100	0100				
HERST BENNETT	271	WAYN	000001	00001	0100				
HERST JOHN	221	WAYN	320011	21010	0100				
HERST THOMAS	221	WAYN	000010	10100	0100				
HERSTS DICKINSON	221	WAYN	200010	30100	0100				
HERTISON ABSALUM	037	DUBO	100010	21010	0100				
HERVEY JACOB	174	FRAN	400010	01010	0001				
HERVEY JAMES	218	FRAN	500110	01010	0200				
HERVEY WILLIAM	203	FRAN	200010	11010	0001				
HERVY THOMAS	218	FRAN	400010	00010	0100				
HERVY WILLIAM	219	FRAN	100010	20110	0100				
HESLEP JAMES	065	HARR	010001	00001	0000				
HESLER JOHN	037	FAYE	300010	22010	0100				
HESS APOLLOS	138	FLOY	310040	10310	0003				
HESSENFLOW JOSEPH	043	FAYE	000010	50010	0100				
HESSEY JOHN	068	HARR	400010	40010	0100				
HESSLOR JACOB	150	PERR	100110	10100	0100				
HESTER GEORGE	047	CLAR	000100	01020	0100				
HESTER JACOB	327	RAND	000101	10001	0100				
HESTER MATHIAS	045	CLAR	211201	03101	0300				
HESTER THOMAS	325	RAND	000100	10100	0100				
HESTON DAVID	327A	RAND	010110	10110	0100				
HETH DANIEL	060	DEAR	110101	10210	0100				
HETH ELIZABETH	074	HARR	111110	11010	0000				
HETH HENRY W	073	HARR	011110	11100	0000				
HETHER WILLIAM	125	ORAN	212201	23201	0400				

Head of Household	Page	County	White Males (Under 10, 10-15, 16-18, 16-25, 26-44, 45 & over)	White Females (Under 10, 10-15, 16-25, 26-44, 45 & over)	Foreigners, Agriculture, Commerce, Manufacture	Free or Slave	Negro Males (Under 14, 14-25, 26-44, 45 & over)	Negro Females (Under 14, 14-25, 26-44, 45 & over)	Other not Indian
HETON JONAH	324	RAND	110010	40010	0100				
HETREN DAN	019	DELA	310100	20010	0100				
HEUSTON CHRISTOPHER	173	SWIT	210001	20001	0100				
HEUSTON THOMAS	166	SWIT	000100	00100	1100				
HEWES DANIEL	112	MART	200001	22100	0000	F	0100		
HEWETT EDWARD	223	WAYN	000010	10010	0100				
HEWETT JOSEPH	223	WAYN	100010	00111	0100				
HEWIT ISRAEL	019	DELA	211110	40010	0100				
HEWITT GEORGE	171	SWIT	200010	10100	0100				
HEWITT ROBERTS	060	DEAR	000201	01201	0200				
HEWS PERLEY	315	POSE	000001	00101	0100				
HEWSTON JAMES	265	JACK	000101	02001	0100				
HEWSTON JOHN	265	JACK	000100	10100	0100				
HEY JOSEPH	148	FLOY	101211	12010	0500				
HIAT WM	177	WAYN	110101	40110	0200				
HIATT CHRISTOPHER	366	RAND	000011	00101	0100				
HIATT ELIZAR	157	WAYN	200110	10001	0001				
HIATT GIDEON	241	WAYN	000010	00100	0100				
HIATT ISAAC	179	WAYN	320001	20210	0100				
HIATT JOHN	173	WAYN	200010	31000	0100				
HIATT JOHN	239	WAYN	200010	20010	0100				
HIATT JOHN	241	WAYN	000101	02101	0300				
HIATT JONATHAN	326A	RAND	221311	20110	0100				
HIATT MESHACK	286	JEFF	120110	21010	0200				
HIATT SOLOMON	366	RAND	000010	00100	0100				
HIATT ZACHARIAH	324A	RAND	201110	22110	0100				
HIATTE EVAN	138	ORAN	100010	00100	0001				
HIBBET JAMES	093	DEAR	000010	30100	0100				
HIBNER JOSEPH	286A	JEFF	100010	00100	0100				
HICHCOCK JOHN	327	RAND	10010	10100	0100				
HICKLAND WILLIAM	080	JENN	120021	21201	0400				
HICKLEY JOHN	079	JENN	000010	00100	0100				
HICKLIN JAMES	090	KNOX	100100	00100	0100				
HICKLIN JONATHAN	090	KNOX	100011	02201	0200				
HICKMAN BENJAMIN	199	WAYN	220001	11110	0200				
HICKMAN DANIEL	073	RIPL	301101	00010	0100				
HICKMAN FRANCIS	120	MONR	000010	10100	0100				
HICKMAN JACOB SR	150	FLOY	000001	00010	0100				
HICKMAN JESSE SR	152	FLOY	000010	40100	0100				
HICKMAN JESSE JR	145	FLOY	100010	20100	0001				
HICKMAN JOHN SR	152	FLOY	220001	02210	0300				
HICKMAN JOHN JR	152	FLOY	410110	12210	0200				
HICKMAN MICHODEMUS	145	FLOY	110001	32001	0200				
HICKMAN NOAH	150	FLOY	000010	20100	0100				
HICKMON JAMES	152	FLOY	300010	11010	0100				
HICKOX BRADFORD	189	VIGO	321110	31010	0100				
HICKS	086	KNOX	000100	00000	0000				
HICKS DEMSY	128	ORAN	101101	01010	0200				
HICKS ELERY	073	RIPL	100100	00100	0100				
HICKS JOSEPH	085	KNOX	000100	00000	0001				
HICKS MOSES	143	OWEN	100100	10110	0100				
HICKS MOSES	121	MONR	000010	10100	0100				

PAGE 0187

Head of Household	Page	County	White Males (Under 10, 10-15, 16-18, 16-25, 26-44, 45 & over)	White Females (Under 10, 10-15, 16-25, 26-44, 45 & over)	Foreigners, Agriculture, Commerce, Manufacture	Free or Slave	Negro Males (Under 14, 14-25, 26-44, 45 & over)	Negro Females (Under 14, 14-25, 26-44, 45 & over)	Other not Indian
HICKS RICHARD	191	VIGO	200300	00100	0300				
HICKS SAMUEL	143	OWEN	430101	00010	0000				
HICKS WILLIAM	136	ORAN	000100	00100	0100				
HIDAY JACOB	030	DELA	100001	01101	0001				
HIDDY JAMES	040	DUBO	000010	00100	0100				
HIDY JOHN	191	FRAN	100210	10100	0200				
HIET JOSEPH	266A	JACK	100010	31010	0100				
HIETT JACOB	264	JACK	000002	01001	0200				
HIGBEE NEHEMIAH	175	FRAN	010010	20010	0100				
HIGBY ABEL	187	FRAN	120010	51010	0100				
HIGGIN JONATHAN	271	WAYN	101101	10001	0100				
HIGGINS DAVID	196	WABA	100100	00100	0100				
HIGGINS DANIEL	271	WAYN	001000	00100	0100				
HIGGINS ELI	180	VAND	000200	10100	0100				
HIGGINS HANAH	155	SCOT	100100	30110	0100				
HIGGINS HENRY	086	DEAR	010010	00000	0100				
HIGGINS JAMES R	205	WASH	100200	20100	0000				
HIGGINS JESSE	194	VIGO	111110	00010	0300				
HIGGINS JOEL	170	SWIT	421101	11001	1100				
HIGGINS JOHN	196	WABA	200010	10010	0100				
HIGGINS LUCIUS C	048	CLAR	000100	00000	0000				
HIGGINS MARTIN	165	SWIT	200020	20010	0200				
HIGGINS MARY	170	SWIT	410000	22010	0100				
HIGGINS PATTY	172	FRAN	300000	20020	0000				
HIGGINS RHODA	170	FRAN	001100	01011	0100				
HIGGS GEORGE	170	FRAN	210010	10010	0200				
HIGGS SAMUEL	135	FLOY	000001	00000	0100	S	1000	1100	
HIGGS WILLIAM	168	FRAN	200010	21110	0100				
HIGHFIELD THOMAS	261	WAYN	200010	20100	0100				
HIGHFIELD WILLSON	147	PERR	010010	11101	0200				
HIGHFILL THOMAS	074	HARR	026200	00010	0000				
HIGHFILL WILLIAM	064	HARR	000010	10100	0100				
HIGHNOTE ALEXANDER	225	WASH	200010	20010	0400				
HIGHNOTE PHILIP	223	WASH	000101	02201	0200				
HIGHT GEORGE W	327A	RAND	200210	01100	0100				
HIGHT JOHN	120	MONR	000100	10100	0001				
HIGHT THOMAS	262A	JACK	100010	10100	0100				
HIKES JACOB	007	CLAR	001001	00001	0200				
HILAND JOHN	067	DEAR	000100	00100	0001				
HILDEBRAND MICHAEL	175	SWIT	000001	00001	0100				
HILER WILLIAM	022	CLAR	210001	00010	0100				
HILL BENJAMIN	165	WAYN	311301	11001	0300				
HILL BENONI	326	RAND	100010	12010	0100				
HILL CHARLES	308A	POSE	000100	20100	0100				
HILL CHRISTOPHER	132	ORAN	200010	20210	0100				
HILL EDWARD	183	VAND	200010	11010	0100				
HILL ELI	093	DEAR	220010	20010	0100				
HILL ELIJAH S	009	CLAR	100010	00010	0001				
HILL EPHRAIM	147	PERR	220110	30010	0400				
HILL HENRY	147	PERR	020010	10001	0300				
HILL HENRY	326	RAND	100010	10010	0100				
HILL ISAAC	111	SULL	300010	22010	0100				

PAGE 0188

Head of Household	Page	County	White Males (Under 10, 10-15, 16-18, 16-25, 26-44, 45 & over)	White Females (Under 10, 10-15, 16-25, 26-44, 45 & over)	Foreigners, Agriculture, Commerce, Manufacture	Free or Slave	Negro Males (Under 14, 14-25, 26-44, 45 & over)	Negro Females (Under 14, 14-25, 26-44, 45 & over)	Other not Indian
HILL JAMES	060	DEAR	100010	10010	0100				
HILL JESSE	220	WASH	100010	00010	0040				
HILL JESSE	106	LAWR	220010	20010					
HILL JESSE	225	WAYN	410110	10010	0100				
HILL JOAB	150	PERR	010010	21010	0200				
HILL JOEL	217	WAYN	120110	10101	0100				
HILL JOHN	040	DUBO	000001	00001	0100				
HILL JOHN	185	WAYN	200010	20100	0100				
HILL JOHN	262A	JACK	020001	01001	0100				
HILL JOHN	279	JEFF	010101	11101	0200				
HILL JOHN	094	DEAR	200010	20010	0100				
HILL JOHN	090	KNOX	400010	21010	0100				
HILL JONATHAN	217	WAYN	120011	10101	0200				
HILL JOSEPH	129	ORAN	100010	31010	0100				
HILL JOSEPH	290	JEFF	221101	11121	0200				
HILL MOSES	040	DUBO	200010	10011	0100				
HILL MOSES G	077	RIPL	400010	20010	0001				
HILL NATHAN	169	WAYN	200010	20010	0100				
HILL RICHD	153	WARR	111014	02101	0001				
HILL ROBERT	165	WAYN	131510	30200	2520				
HILL ROBERT	131	SULL	000100	00100	0100				
HILL ROBERT	147	PERR	200110	20010	0200				
HILL ROBT	020	DELA	100010	00010	0100				
HILL SAMUEL	041	FAYE	210001	32101	0100				
HILL SAMUEL	189	VIGO	010100	01000	0010				
HILL SELA	278A	JEFF	110000	00010	0000				
HILL THOMAS	077	JENN	010101	00010	0100				
HILL THOMAS JR	080	JENN	000100	10100	0100				
HILL THOMAS	120	MONR	020111	10001	0100				
HILL THOMAS	040	DUBO	100100	00100	0100				
HILL THOMAS	105	SULL	010100	11100	0100				
HILL THOMAS SR	213	WAYN	020001	00101	0100				
HILL THOS	098	LAWR	200001	13210	0100				
HILL WILLIAM	094	DEAR	000100	30010	0001				
HILL WILLIAM	129	ORAN	000100	11100	0100				
HILL WILLIAM	135	ORAN	320010	10010	0300				
HILL WILLIAM	131	SULL	000010	01100	0100	S	0001	1000	
HILL WILLIAM	131	SULL	000010	01100	0100	F	1401	2101	
HILL WILLIAM	262A	JACK	210100	20100	0100				
HILL WM	167	WAYN	210010	21000	0200				
HILL WM	310A	POSE	010010	10010	0100				
HILLES JOSEPH	089	KNOX	200010	21010	0100				
HILLIS DAVID	289	JEFF	110010	30100	0100				
HILLIS EBR	290	JEFF	110010	40011	0200				
HILLIS JAMES	285A	JEFF	210010	21010	0100				
HILLIS JOHN	285A	JEFF	010101	21210	0200				
HILLIS MATHEW	285	JEFF	220010	21110	0100				
HILLS MOSES	215	WASH	000100	00100	0100				
HILLS PETER	193	VIGO	200110	20010	0101				
HILRE GARRET	136	FLOY	100100	00100	0001				
HILTON ARNOLD	103	LAWR	111201	11101					
HILTON JAMES	080	JENN	100010	10100	0100				

Head of Household	Page	County	White Males (Under 10, 10-15, 16-18, 16-25, 26-44, 45 & over)	White Females (Under 10, 10-15, 16-25, 26-44, 45 & over)	Foreigners, Agriculture, Commerce, Manufacture	Free or Slave	Negro Males (Under 14, 14-25, 26-44, 45 & over)	Negro Females (Under 14, 14-25, 26-44, 45 & over)	Other not Indian
HILTON TRUMAN	007	CLAR	010201	01111	0300				
HIMER JOHN	065	HARR	200010	20100	1100				
HIMES ANDREW	195	FRAN	210010	32110	0200				
HIMES MARTIN	142	FLOY	100110	10100	0001				
HINCHELL JESSE	031	DELA	000100	10100	0100				
HINCHY ISAIAH	209	WAYN	100010	00100	0100				
HIND ISRAEL	220	WASH	020101	11101	0100				
HINDER DAVID	148	PERR	000100	00100	0100				
HINDER ELIZABETH	148	PERR	000000	00101	0000				
HINDER JOHN	145	PERR	500010	00010	0100				
HINDLE CHRISTIAN	157	WAYN	300010	00100	0100				
HINDMAN ROBERT	114	MART	320110	12010	0200				
HINDS FRANCIS	282A	JEFF	100100	00100	0100				
HINDS JACOB	220	FRAN	000010	00001	0100				
HINDS JAMES	060	DEAR	300001	02010	0100				
HINDS PETER	220	FRAN	200010	20010	0100				
HINDS SOLOMON	049	CLAR	210010	30010	0001				
HINEMAN THOMAS	183	FRAN	210010	30010	0200				
HINER JOHN	077	RIPL	200010	00010	0100				
HINER THOMAS	079	RIPL	000010	10100	0100				
HINES BENJ	190	FRAN	210010	20010	0100				
HINES BENJAMIN	177	WAYN	201201	12101	0300				
HINES CADWELL	166	SWIT	000010	10100	0100				
HINES HENRY	180	FRAN	200010	30010	0100				
HINES LINDEN	139	WARR	000010	00010	0000				
HINES MICHAEL	217	FRAN	200010	00010	0100				
HINES OLNEY	139	WARR	200020	10011	0000				
HINES WILLIAM	105	LAWR	000100	10100					
HINGER WM	319A	POSE	010001	02001	0000				
HINKLE ANTHONY	203	WASH	310010	02010	0200				
HINKLE NATHAN	207	WASH	000101	12201	0200				
HINKSON GEORGE	007	FAYE	100001	30010	0100				
HINKSON JOHN	015	FAYE	000101	00011	0100				
HINKSON THOMAS	015	FAYE	221201	21010	0100				
HINKSTON JOHN	120	DEAR	100110	12101	0100				
HINMAN ASAHEL	137	WARR	000001	00001	0000				
HINMAN GEO	137	WARR	100010	11000	0000				
HINMAN LUTHER	169	FRAN	401101	02210	0200				
HINMAN SAML	141	WARR	310110	22110	0000				
HINSHAW POLLY	108	LAWR	100010	00010	0100				
HINSLEY JOSHUA	174	FRAN	010010	00010	0100				
HINSON JOHN	175	SWIT	110010	20010	0100				
HINTON DANIEL	150	PERR	311001	30201	0300				
HINTON GEORGE	108	LAWR	100100	10101					
HINTON GEORGE	135	ORAN	020001	00001	0200				
HINTON JAMES	170	SWIT	311101	11010	0200				
HINTON THOMAS	124	ORAN	200010	10100	0100				
HINTON WILLIAM H	106	LAWR	000100	00100	0100				
HINWOOD JOHN	223	WAYN	000010	20100	0100				
HIRE JACOB	026	DELA	100010	40010	0100				
HIRENS NANCY	257	GIBS				F	0110	0000	
HIRENS SAMUEL	250	GIBS	100010	31010	0007				

Head of Household	Page	County	White Males (Under 10, 10-15, 16-18, 16-25, 26-44, 45 & over)	White Females (Under 10, 10-15, 16-25, 26-44, 45 & over)	Foreigners, Agriculture, Commerce, Manufacture	Free or Slave	Negro Males (Under 14, 14-25, 26-44, 45 & over)	Negro Females (Under 14, 14-25, 26-44, 45 & over)	Other not Indian
HIRES JOHN	035	FAYE	300100	10010	0100				
HIRES WILLIAM JR	035	FAYE	000100	10010	0100				
HIRES WILLIAM SR	035	FAYE	111101	10001	0100				
HIRONES NANCY	256	GIBS	000000	10000	0100				
HIRSHMAN GEORGE	307A	POSE	200010	40010	0100				
HITCHCOCK WILLIAM	207	WASH	201201	22010	0300				
HITE ABRAHAM	272A	JEFF	000100	00100	0001				
HITT WM	113	MART	320010	00010	0100				
HITTERMAN ANNA	147	PERR	021100	00010	0000				
HIX WILLIAM	150	PERR	131001	41110	0500				
HIXER JOSHUA	055	FAYE	000010	00100	0100				
HIZER DANIEL	171	SWIT	010010	50010	0100				
HIZER EDWARD	061	FAYE	000010	00100	0100				
HIZER JOHN	171	SWIT	000010	00101	0100				
HOAG JAMES W	231	GIBS	221200	00101	0001				
HOARD WILLIAM	107	LAWR	200010	20100					
HOBACK MARKES	012	CRAW	200100	00100	0100				
HOBART ISAAC	103	DEAR	300010	11010	0100				
HOBBS ELISHA	205	WASH	300010	30010	0200				
HOBBS HENRY	184	FRAN	200010	20010	0100				
HOBBS JAMES	184	FRAN	000101	00001	0101				
HOBBS JAMES JR	184	FRAN	120010	30110	0100				
HOBBS JAMES	077	JENN	010020	10010	0002				
HOBBS JOSHUA W	078	JENN	000010	20010	0000				
HOBBS NATHAN	010	CRAW	000101	01001	0200				
HOBBS NEHEMIAH	310A	POSE	010110	00010	0300				
HOBBS ROBERT	174	FRAN	411101	00010	0200				
HOBBS WILLIAM	204	WASH	110110	21201	0600				
HOBOUGH ANDREW	012	CRAW	001001	02001	0200				
HOBOUGH SOLOMAN	065	HARR	100100	00010	0100				
HOBS ABNER	040	DUBO	000100	10100	0100				
HOBS EMERY	182	FRAN	010101	01101	0200				
HOBS JOHN	160	SCOT	100010	20100	0100				
HOBS VINCENT	160	SCOT	100010	00010	0100				
HOBS WILLIAM	177	FRAN	311101	10010	0300				
HOBSAN JACOB	129	ORAN	210210	11010	0200				
HOBSON GEORGE	245	WAYN	411101	12010	0300				
HOBSON GEORGE	166	SWIT	020001	21001	1100				
HOBSON JOHN	007	CLAR	100010	00100	0100				
HOBSON JOHN	125	ORAN	010001	00010	0200				
HOBSON JOSEPH	007	CLAR	000100	00100	0100				
HOBSON MELBURN	011	CLAR	100010	10100	0100				
HOBSON NATHAN	130	ORAN	310010	20010	0101				
HOBSON WILLIAM L	136	FLOY	100010	00100	0100				
HOBSON WILLIAM SR	035	CLAR	220101	11110	0200				
HOBSON WILLIAM JR	035	CLAR	000100	10100	0100				
HOBSON WM	229	WAYN	400010	00010	0100				
HOCKET EPHRAIM	309A	POSE	110012	10010	0100				
HOCKET HEZEKIAH	326	RAND	110110	20110	0100				
HOCKETT ISAAC	326	RAND	300010	20010	0100				
HOCKETT JOSEPH	326	RAND	100010	20100	0100				
HOCKETT STEPHEN	326	RAND	010201	01001	0100				

Head of Household	Page	County	White Males (Under 10, 10-15, 16-18, 16-25, 26-44, 45 & over)	White Females (Under 10, 10-15, 16-25, 26-44, 45 & over)	Foreigners, Agriculture, Commerce, Manufacture	Free or Slave	Negro Males (Under 14, 14-25, 26-44, 45 & over)	Negro Females (Under 14, 14-25, 26-44, 45 & over)	Other not Indian
HOCKETT STEPHENES	107	LAWR	310001	01010					
HOCKETT WILLIAM	326	RAND	300010	20010	0100				
HOCKINBERY PETER	175	FRAN	000010	00010	0100				
HOCKINS JOHN	237	GIBS	100100	10100	0100				
HOCKMAN JOHN	012	CRAW	100100	00100	0100				
HOCTRELL NATHAN	157	WAYN	200220	20110	0113				
HOD THOMAS	187	VIGO	300010	00100	0100				
HODGE EMMANUEL	113	MART	101110	32010	0200				
HODGE JESSE	325A	RAND	200011	20100	0100				
HODGE JOHN	098	LAWR	210010	31010	0100				
HODGE JOHN E	325A	RAND	121110	01110	0100				
HODGE LEWIS	190	VIGO	110021	40010	0003				
HODGE THOMAS	124	DEAR	000010	12010	0100				
HODGE WILLIAM	124	DEAR	200010	10000	0101				
HODGENS JAMES	087	KNOX	200110	21010	0200				
HODGENS JEREMIAH	087	KNOX	000100	10100	0100				
HODGENS WILLIAM	087	KNOX	210111	10011	0200				
HODGES ALLEN	202	WASH	200010	11010	0100				
HODGES BENJAMIN	165	WAYN	401110	12000	0300				
HODGES GEORGE	130	ORAN	011111	20301	0300				
HODGES JESSE	215	WAYN	310001	31010	0100				
HODGES JOHN	131	SULL	000100	10100	0100				
HODGES JOHN	211	WASH	100010	01110	0100				
HODGES PHILIP	120	MONR	100100	01000	0100				
HODGES RICHARD	077	RIPL	000010	10010	0100				
HODGES ROBERT	141	WARR	000110	10100	0000				
HODGES SAMUEL	079	RIPL	200010	30001	0100				
HODGES WILLIAM	077	RIPL	000200	10100	0200				
HODGIN WILLIAM	206	WASH	000301	01301	0300				
HODSON ENOS	366	RAND	200010	30010	0100				
HODSON HENRY	157	WAYN	000010	00010	0001				
HODSON HURR	325	RAND	200100	10011	0100				
HODSON ISAAC	366	RAND	000010	00100	0100				
HODSON JOHN	183	WAYN	400010	30010	0000				
HODSON SOLOMON	245	WAYN	020010	11010	0100				
HOEGG WILBER	121	SULL	000240	00110	0500				
HOERNLY JOHN	318	POSE	000012	00011	0300				
HOFF FREDERICK	065	HARR	100001	10010	0100				
HOFF ISAAC	085	KNOX	000100	00000	0001				
HOFF NATHAN	023	CLAR	310101	21210	0200				
HOFF SENOR	065	HARR	000100	10010	0100				
HOFFERT JACOB	135	ORAN	000100	00000	0100				
HOFFMAN JOHN	068	HARR	010100	20100	0100				
HOFFORD GEORGE	276A	JEFF	000100	10100	0100				
HOGAN DANIEL	093	DEAR	200100	10100	0100				
HOGAN DAVID	104	DEAR	100010	11010	0000				
HOGAN HERMAN	053	HARR	100100	10100	0100				
HOGAN JAMES	094	DEAR	000100	10100	0100				
HOGAN JOHN	071	HARR	100010	10010	0100				
HOGE MICHAEL	249	WAYN	001201	11001	0200				
HOGE SAMUEL	232	GIBS	210010	21010	0001				
HOGG JOHN	090	KNOX	310101	21011	0300				

Head of Household	Page	County	White Males (Under 10, 10-15, 16-18, 16-25, 26-44, 45 & over)	White Females (Under 10, 10-15, 16-25, 26-44, 45 & over)	Foreigners, Agriculture, Commerce, Manufacture	Free or Slave	Negro Males (Under 14, 14-25, 26-44, 45 & over)	Negro Females (Under 14, 14-25, 26-44, 45 & over)	Other not Indian
HOGG THOMAS	090	KNOX	000100	00000	0100				
HOGGATT WILLIAM	137	ORAN	200020	12010	0				
HOGGET PHILIP	224	WASH	001401	02001	0500				
HOGGETT MOSES	191	VIGO	110101	10201	0300				
HOGLAN THOMAS	218	FRAN	000100	30100	0100				
HOGLAND HENRY	063	HARR	100010	20010	0100				
HOGSHIRE JAMES S	107	DEAR	000111	02001	0200				
HOGSHIRE THOMAS	094	DEAR	200010	20100	0100				
HOGSHIRE WILLIAM	107	DEAR	000010	10100	0100				
HOGUE JOHN	088	KNOX	100010	12010	0100				
HOGUE JOSEPH	088	KNOX	100011	10010	0100				
HOGUE WILLIAM	186	VIGO	011411	10001	0701				
HOILE GEORGE W	084	KNOX	000001	00000	0001				
HOKE ANDREW	045	HARR	000001	00010	0100				
HOKE CORNELIUS	215	WASH	000101	01010	0300				
HOKE HENRY JR	214	WASH	100010	31010	0100				
HOKE HENRY SR	215	WASH	110041	10101	0300				
HOKE JOHN	045	HARR	100100	00100	0100				
HOLBERT SETH	125	ORAN	100100	10110	0100				
HOLCOMB BENJ	313A	POSE	000010	20010	0100				
HOLCOMB MIFO	083	KNOX	001100	00000	0000				
HOLCROFT NATHL	072	HARR	200310	10010	0300				
HOLCUM MATHUAS	239	WAYN	100101	10100	0200				
HOLDBROOKS WM	237	GIBS	400010	00010	0100				
HOLDBROOKS DANIEL	237	GIBS	000100	20100	0100				
HOLDCRAFT JOHN	175	SWIT	200010	10100	0100				
HOLDCRAFT RICHARD	167	SWIT	000101	01210	0100				
HOLDEN DENNIS	123	DEAR	311101	11010	0001				
HOLDER THOMAS	131	SULL	220111	31111	0500				
HOLDES ALSTON	137	WARR	210010	20010	0000				
HOLDSCLAW ANTHONY	168	SWIT	000000	00000	0000	F	0010	0101	
HOLEBROOKS GEORGE	236	GIBS	100001	00001	0100				
HOLEMAN AARON	263A	JACK	400110	00100	0200				
HOLEMAN BENNETT	306A	POSE	000100	20100	0100				
HOLEMAN ISAAC JR	265A	JACK	200010	10110	0100				
HOLEMAN ISAAC	263A	JACK	220010	11010	0100				
HOLEMAN ISAAC	007	CLAR	100001	01011	0100				
HOLEMAN MOSES	264A	JACK	000010	30100	0100				
HOLEMAN WILLIAM	269	JACK	200110	10010	0200				
HOLGATH RICHARD	175	SWIT	000200	01000	2200				
HOLIDAY AZARIAK	077	DEAR	210110	11010	0100				
HOLINBACK JACOB	161	SCOT	210001	20001	0100				
HOLINBEAK THOMAS	107	SULL	010301	11011	0400				
HOLINBECK LAURENCE	161	SCOT	000100	00100	0001				
HOLINGSWORTH ELIAS	029	DELA	310120	20211	0200				
HOLLAND ANDREW B	269	JACK	000010	00100	0100				
HOLLAND ELIJAH	039	FAYE	000010	11010	0001				
HOLLAND HENRY	032	FAYE	100010	20100	0100				
HOLLAND JOSHUA	199	WAYN	600001	10010	0100				
HOLLAND JOHN C	083	KNOX	010110	00100	0003	S	1000		
HOLLAND JOHN	187	FRAN	310010	11010	0100				
HOLLAND THOMAS	198	FRAN	300010	21010	0100				

Head of Household	Page	County	White Males (Under 10, 10-15, 16-18, 16-25, 26-44, 45 & over)	White Females (Under 10, 10-15, 16-25, 26-44, 45 & over)	Foreigners, Agriculture, Commerce, Manufacture	Free or Slave	Negro Males (Under 14, 14-25, 26-44, 45 & over)	Negro Females (Under 14, 14-25, 26-44, 45 & over)	Other not Indian
HOLLAND WILLIAM	212	WASH	100010	10100	0100	F	0301	1001	
HOLLAWAY DAYTON	175	WAYN	000100	11100	0010				
HOLLAWAY LEVI	085	KNOX	000010	00000	0001				
HOLLAWAY STEPHEN	159	WAYN	200010	00010	0001				
HOLLENBACK ANDREW	277A	JEFF	000100	00100	0100				
HOLLENBECK JACOB	154	SCOT	210001	20001	0100				
HOLLENSHEAD BENONA	081	JENN	300010	12010	0100				
HOLLER JOHN	210	WASH	300101	22010	0200				
HOLLER ZACHARIAH	210	WASH	000100	10100	0100				
HOLLEY LEVINA	083	KNOX	100000	11210	0000				
HOLLIDAY ABRAHAM	134	ORAN	100010	20100	0100				
HOLLIDAY HANNAH	132	ORAN	000020	10101	0200				
HOLLIDAY HESSKIAH	135	FLOY	100101	11010	0200				
HOLLIDAY JAMES	048	HARR	200010	01011	0100				
HOLLIDAY JAMES	235	WAYN	001210	10100	0100				
HOLLIDAY ROBERT	133	ORAN	220011	03201	0400				
HOLLIDAY SELAH	077	DEAR	300110	01010	0100				
HOLLIDAY SAMUEL	134	ORAN	200010	10100	0100				
HOLLIDAY SAMUEL	237	WAYN	211110	31010	0200				
HOLLIN ANTHONY	006	CRAW	100100	10100	0100				
HOLLINBECK JOHN	277A	JEFF	100010	10100	0100				
HOLLINGSWORTH ABRAHA	201	FRAN	100010	10100	0100				
HOLLINGSWORTH ABRAHA	089	KNOX	000010	01100	0100				
HOLLINGSWORTH BARNAR	089	KNOX	200010	00100	0100				
HOLLINGSWORTH CARTER	212	FRAN	600010	00010	0100				
HOLLINGSWORTH DANIEL	089	KNOX	120201	32110	0400	S	1000		
HOLLINGSWORTH DAVID	215	FRAN	032201	00001	0300				
HOLLINGSWORTH EZEHIE	205	FRAN	420010	21010	0300				
HOLLINGSWORTH GEORGE	204	FRAN	010001	00000	0200				
HOLLINGSWORTH ISAAC	028	DELA	100100	20010	0100				
HOLLINGSWORTH JACOB	213	FRAN	100001	30010	0100				
HOLLINGSWORTH JAMES	212	FRAN	011201	00101	0400				
HOLLINGSWORTH JESSEY	089	KNOX	000200	00100	0200				
HOLLINGSWORTH JOEL	204	FRAN	000100	00100	0100				
HOLLINGSWORTH JOHN	205	FRAN	300010	00100	0100				
HOLLINGSWORTH JOHN	089	KNOX	400110	30010	0100				
HOLLINGSWORTH JONATH	213	FRAN	010001	00101	0200				
HOLLINGSWORTH JOSEPH	089	KNOX	000001	00101	0200	S	0001		
HOLLINGSWORTH JOSEPH	325	RAND	230101	10110	0100				
HOLLINGSWORTH JOSIAH	213	FRAN	200010	20011	0100				
HOLLINGSWORTH LEVI	215	FRAN	120101	20201	0000				
HOLLINGSWORTH LEVI	089	KNOX	010100	10111	0100				
HOLLINGSWORTH MARTHA	089	KNOX	010000	00101	0100				
HOLLINGSWORTH PETER	089	KNOX	200011	31010	0100				
HOLLINGSWORTH RICHAR	213	FRAN	310010	11110	0200				
HOLLINGSWORTH THOMAS	089	KNOX	020001	11101	0400	F	0010	0000	
HOLLINGSWORTH WILLIA	089	KNOX	100110	00110	0200				
HOLLINGSWORTH WM	213	FRAN	120001	41010	0300				
HOLLIS EPHRIAM	045	HARR	400010	21010	0100				
HOLLIS JOHN	045	HARR	300100	10100	0100				
HOLLOW JAMES	006	CRAW	000001	00010	0100				
HOLLOWAY GOODWIN	192	VIGO	000520	10100	0403				

Head of Household	Page	County	White Males (Under 10, 10-15, 16-18, 16-25, 26-44, 45 & over)	White Females (Under 10, 10-15, 16-25, 26-44, 45 & over)	Foreigners, Agriculture, Commerce, Manufacture	Free or Slave	Negro Males (Under 14, 14-25, 26-44, 45 & over)	Negro Females (Under 14, 14-25, 26-44, 45 & over)	Other not Indian
HOLLOWAY JESSE	181	VAND	000100	00101	0100				
HOLLOWAY THOMAS	161	FRAN	221110	30010	0400				
HOLLOWELL THOMAS	209	WASH	200110	00200	0200				
HOLLOWELL ROBERT	217	WASH	002211	02001	0400				
HOLLOWELL JAMES	101	DEAR	200020	10011	0002				
HOLLOWELL SAMUEL	120	DEAR	300010	20010	0001				
HOLLOWELL WILLIAM	120	DEAR	100010	00100	0100				
HOLLOWELL MARY L	138	FLOY	000000	10010	0000				
HOLLOWELL HENRY	125	ORAN	320010	10010	0300				
HOLLOWELL JOHN	125	ORAN	001102	00002	0200				
HOLLOWELL JONATHAN	129	ORAN	000100	20100	0100				
HOLLOWELL SMITHSON	134	ORAN	100100	00100	0100				
HOLLOWELL NATHAN	134	ORAN	100100	00100	0100				
HOLLOWELL JESSE	135	ORAN	120010	00010	0300				
HOLMAN GEORGE JR	235	WAYN	000010	32110	0001				
HOLMAN GEORGE	215	WAYN	220011	00001	0100				
HOLMAN JAMES	209	WAYN	200010	20010	0100				
HOLMAN JESSE L	077	DEAR	100110	30010	0100	S	1000		
HOLMAN JOSEPH	257	WAYN	200010	40010	0100				
HOLMAN TANDY	311	POSE	000102	00100	0100				
HOLME JOHN	065	HARR	220010	00110	0100				
HOLMES BENJAMIN	268A	JACK	100100	00100	0100				
HOLMES FURGUS	264A	JACK	221201	31210	0100				
HOLMES GEO	295	JEFF	131301	30120	0400				
HOLMES HUGH	134	ORAN	110011	10010	0300				
HOLMES JOHN	294A	JEFF	210010	10100	0100				
HOLMES JOHN SR	294A	JEFF	100101	01001	0200				
HOLMES JOSEPH	130	ORAN	000100	00100	0100				
HOLMES NATHAN	180	FRAN	210201	30110	0400				
HOLMES ROBERT	264A	JACK	400010	00010	0100				
HOLMES SALMON	268A	JACK	000100	00100	0100				
HOLMES WILLIAM	268A	JACK	300010	30010	0100				
HOLMES WM W	194	VIGO	200010	15010	0100				
HOLMS JAMES	181	WAYN	100110	40010	0200				
HOLMS JOHN A	089	KNOX	000101	20101	0100				
HOLMS JOHN	105	LAWR	500001	12000	0100				
HOLMS JOSIAH L	086	KNOX	120010	00100	0100				
HOLMS WILLIAM	107	LAWR	200101	21201	0300				
HOLSAPPLE GEORGE	210	WASH	211110	41110	0400				
HOLSCLAW ENOCH	130	ORAN	200010	10010	0100				
HOLSCLAW HENRY	149	WARR	020010	31010	0000				
HOLSCLAW RICHARD	129	ORAN	300010	10010	0100				
HOLSELL REIZSON	315	POSE	220101	11010	0400				
HOLSTEAD SAMUEL	126	DEAR	220010	01010	0100				
HOLSTETLER CHRISTIAN	135	ORAN	200010	21010	0100				
HOLSTON ANDREW	271	WAYN	300010	10000	0100				
HOLSTON NICHOLA	149	FLOY	300010	10010	0100				
HOLT ADAM	009	CLAR	000100	10100	0001				
HOLT SIMON	261	JACK	000001	00001	0100				
HOLT THOMAS B	014	CLAR	310010	10010	0100				
HOLTON ALEXANDER	076	JENN	020010	10010	0100				
HOMES ISAAC	099	SPEN	220201	02011	0400				

Head of Household	Page	County	White Males (Under 10, 10-15, 16-18, 16-25, 26-44, 45 & over)	White Females (Under 10, 10-15, 16-25, 26-44, 45 & over)	Foreigners, Agriculture, Commerce, Manufacture	Free or Slave	Negro Males (Under 14, 14-25, 26-44, 45 & over)	Negro Females (Under 14, 14-25, 26-44, 45 & over)	Other not Indian
HONE PETER	090	KNOX	000101	00001	0000				
HONEYWELL GILLARD	121	SULL	010020	20010	0300				
HONN GEORGE	035	CLAR	100100	20020	0100				
HONN PETER	034	CLAR	000011	00001	0200				
HONNELL JACOB	212	WASH	000101	10001	0200				
HONSPAW LONARD	083	KNOX	000010	00000	0000				
HOOD CHARLES	193	VIGO	001201	01101	0300				
HOOD JOHN	036	CLAR	300001	32020	0100				
HOOD JOHN	290	JEFF	220010	10010	0100				
HOOD ROBERT	055	FAYE	000010	00100	0100				
HOOD WILLIAM	076	JENN	000000	00000	0000	F	3000	1211	
HOOKEN ROBT	154	SCOT	001001	00001	0200				
HOOKER ABNER	029	CLAR	010010	31010	0100				
HOOKER GEORGE	098	LAWR	100200	00100	0100				
HOOKER JACOB	161	SCOT	300100	00100	0100				
HOOKER ODUM	026	CLAR	300010	11010	0100				
HOOKER ROBERT	161	SCOT	001001	00001	0200				
HOOKER THOMAS	179	VAND	130011	32011	0200				
HOOKER WILLIAM	180	VAND	010010	10100	0100				
HOOKER WILLIAM	027	CLAR	310010	22010	0001				
HOOPENGARNER JACOB	263	JACK	100100	00100	0100				
HOOPENGARNER CONROD	263	JACK	020201	00011	0200				
HOOSER JACOB	031	DELA	000010	00000	0100				
HOOTON JACOB	076	DEAR	100100	10010	0100				
HOOVER ABRAHAM	264	JACK	400010	20010	0100				
HOOVER ABSALOM	259	WAYN	000010	00100	0100				
HOOVER ANDREW JR	175	WAYN	400010	10010	0100				
HOOVER ANDREW SR	175	WAYN	010001	00000	0200				
HOOVER DANIEL	041	FAYE	000010	20100	0100				
HOOVER DAVID	161	WAYN	110010	41000	0100				
HOOVER DAVID	308A	POSE	000100	00100	0100				
HOOVER DAVID	193	WAYN	020010	10100	0100				
HOOVER DAVID	216	WASH	300010	00100	0100				
HOOVER EMSLEY	259	WAYN	000100	10100	0100				
HOOVER FREDERICK	157	WAYN	220010	20010	0100				
HOOVER HENRY	161	WAYN	100010	03000	0100				
HOOVER HENRY SR	259	WAYN	211101	12110	0200				
HOOVER JACOB	218	WASH	000010	32010	0100				
HOOVER JACOB	167	WAYN	211110	32000	0300				
HOOVER JOHN	264	JACK	120010	11010	0100				
HOOVER LUSON	195	WAYN	210100	21000	0100				
HOOVER MICHAEL JR	041	FAYE	310010	10010	0100				
HOOVER MICHAEL SR	043	FAYE	000001	00000	0001				
HOOVER PETER	259	WAYN	000001	01002	0100				
HOOVER PHILIX	040	DUBO	101200	10010	0200				
HOOVER PHILIP	129	SULL	000100	01000	0001				
HOPE DAVID C	067	DEAR	100010	00100	0100				
HOPE JAMES	035	DUBO	200010	10010	0100				
HOPE SARY	038	DUBO	200000	10010	0000				
HOPEWELL JOHN	121	SULL	000010	10100	0100				
HOPEWELL LEWIS	121	SULL	000100	20100	0100				
HOPEWELL WILLIAM	095	SPEN	100100	10100	0100				

Head of Household	Page	County	White Males (Under 10, 10-15, 16-18, 16-25, 26-44, 45 & over)	White Females (Under 10, 10-15, 16-25, 26-44, 45 & over)	Foreigners, Agriculture, Commerce, Manufacture	Free or Slave	Negro Males (Under 14, 14-25, 26-44, 45 & over)	Negro Females (Under 14, 14-25, 26-44, 45 & over)	Other not Indian
HOPKINS EDWARD	179	VAND	110010	20210	0000				
HOPKINS HENRY	301	PIKE	310030	30010					
HOPKINS HENRY	265	JACK	000010	20100	0100				
HOPKINS ISAAC	122	DEAR	010101	30301	0100				
HOPKINS JOHN	043	CLAR	100010	10100	0100				
HOPKINS JOHN	302	PIKE	100010	10100					
HOPKINS JOHN	321	POSE	000101	00001	0200	S	0000	1000	
HOPKINS JOHN	089	KNOX	300030	10100	0300				
HOPKINS JOHN	080	JENN	200010	10010	0100				
HOPKINS JRANCIS	240	GIBS	230010	11100	0100				
HOPKINS LEMUEL	117	MONR	100010	10100	0100				
HOPKINS REBECCA	080	JENN	000110	10010	0200				
HOPKINS RICHARD	279	JEFF	110010	31110	0100				
HOPKINS ROBERT	048	CLAR	111001	03001	0200				
HOPKINS ROBERT	277	JEFF	000000	00000	0100	F	0200		
HOPKINS ROBERT	192	VIGO	100011	10010	0100				
HOPKINS SAML	080	JENN	110010	21010	0100				
HOPKINS STEPHENS	180	VAND	210101	00001	0200				
HOPKINS STEPHEN	127	ORAN	000001	12001	0100				
HOPKINS WILLIAM	301	PIKE	200010	20010					
HOPPER FRANCES	217	WASH	320000	11010	0200				
HOPPER JAMES	104	LAWR	210001	32101	0500				
HOPPER JAMES	290A	JEFF	200010	00100	0100				
HOPPER JOHN	269	WAYN	101110	31010	0200				
HOPPER MOSES	292	JEFF	001101	01100	0200				
HOPPER SAMUEL	158	SCOT	200010	10010	0100				
HOPPER SMALWOOD	290A	JEFF	100100	00100	0100				
HOPPING EPHRAIM	077	DEAR	320001	20010	0100				
HOPPKINS JAMES	090	KNOX	000438	00745	0300				
HOPSON JESSE	181	VAND	000100	10100	0100				
HOPSON WM	313	POSE	000110	00100	0200				
HORACE WILLIAM	191	VIGO	000010	00000	0100				
HORAS SILAS	099	LAWR	101110	11101	0200				
HORLIN PETER	108	LAWR	000100	00100					
HORN FREDRICK	262A	JACK	220001	40010	0100				
HORN NANCY	064	HARR	100000	31010	0000				
HORNADAY DAVID	300	PIKE	200020	20010					
HORNADAY ISAIAH	267A	JACK	300010	10100	0100				
HORNADY MOSES	192	FRAN	300010	00010	0100				
HORNBACK ABRAHAM	087	SPEN	000001	00001	0100				
HORNBACK BENJAMIN	087	SPEN	100100	10100	0100				
HORNBACK DAVID	101	SPEN	100010	20010	0100				
HORNBACK JONATHAN	088	KNOX	310110	21210	0300				
HORNBACK JAMES	182	FRAN	200001	10010	0100				
HORNBAY WILLIAM	182	VAND	100110	00010	4200				
HORNBROOK SAUNDER	180	VAND	221201	01201	2400				
HORNER JACOB	221	WASH	011301	20110	0500				
HORNER JOB	187	WAYN	200200	10100	0100				
HORNER WILLIAM	221	WASH	000100	00100	0100				
HORNEY SOLOMON	211	WAYN	400010	00010	0100				
HORNEY WILLIAM	124	DEAR	120001	10010	0100				
HORNISH JACOB B	161	WAYN	100010	00100	0001				

Head of Household	Page	County	White Males (Under 10, 10-15, 16-18, 16-25, 26-44, 45 & over)	White Females (Under 10, 10-15, 16-25, 26-44, 45 & over)	Foreigners, Agriculture, Commerce, Manufacture	Free or Slave	Negro Males (Under 14, 14-25, 26-44, 45 & over)	Negro Females (Under 14, 14-25, 26-44, 45 & over)	Other not Indian
HORNOR JOHN	208	WASH	210010	20010	0200				
HORRAM BENJAMIN	113	DEAR	320001	21010	0100				
HORRAM DANIEL	094	DEAR	220010	11010	0100				
HORRINGTON BENJAMIN	135	FLOY	000001	10100	0100				
HORSEY CLEMENT	108	LAWR	000201	00001	0000				
HORSEY SAMUEL	108	LAWR	000100	00101					
HORSLEY JOHN	077	DEAR	300010	20010	0100				
HORSLEY THOMAS	077	DEAR	200010	10010	0100				
HORSLY RICHARD	095	SPEN	210001	10100	0100				
HORTON ANTHONY	149	PERR	110000	42210	0200				
HORTON BARBARY	289A	JEFF	010010	01310	0100				
HORTON JAMES	287	JEFF	300010	20010	0100				
HORTON JOHN	104	LAWR	210010	10010	0100				
HORTON JOHN	290	JEFF	000100	00000	0100				
HOSEA WILLIAM	224	WASH	100010	10010	0100				
HOSKIN JACOB	099	SPEN	100010	10100	0100				
HOSKIN JESSE	093	SPEN	100010	30010	0100				
HOSKIN JOHN	099	SPEN	200010	20010	0100				
HOSKIN JOSEPH	099	SPEN	000101	00001	0200				
HOSKIN ROBERT	099	SPEN	000100	20100	0100				
HOSKINS GEORGE	148	PERR	410001	00210	0200				
HOSKINS JOHN	127	SULL	210010	30010	0200				
HOSKINS JONATHAN	325	RAND	200010	20010	0100				
HOSKINS RING	005	CRAW	410010	02110	0200				
HOSKINS SAMUEL G	102	LAWR	200010	30010	0100				
HOSKINS WILLIAM	093	SPEN	100100	00101	0100				
HOSTELLER JONATHAN	101	LAWR	100010	00010	0100				
HOSTETLER GEORGE	065	HARR	010310	10010	0200				
HOSTETLER JOSEPH	136	ORAN	110100	00100	0100				
HOTCHKISS JESSE	168	SWIT	110010	22010	0000				
HOTSCLAW JAMES	229	WAYN	010101	00101	0300				
HOTSCLAW JAMES JR	229	WAYN	210010	21001	0200				
HOUCHEN WM	250	GIBS	420010	21010	0200				
HOUCHENS JESSE	250	GIBS	100100	00100	0100				
HOUGH IRA	191	WAYN	210010	10010	0100				
HOUGH JOHN	183	WAYN	000100	00000	0001				
HOUGHLAND MOSES	155	SCOT	010001	32010	0100				
HOUGHLER DRUSILLA	115	SULL	100000	20010	0000				
HOUGHMAN BENJAMIN	268	JACK	010010	40010	0100				
HOUGHMAN ISAAC D	028	DELA	100020	10100	0200				
HOUGHUM ARON	031	FAYE	111110	21010	0100				
HOUGHUM GARNES	032	FAYE	101201	11111	0100				
HOUGHUM JONATHAN	041	FAYE	210010	33010	0100				
HOUGLAN ISAAC	160	SCOT	000100	20100	0100				
HOUGLAND AARON	281	JEFF	211101	11001	0200				
HOUGLAND HENRY	277A	JEFF	000010	21210	0100				
HOUGLAND SPENCER	160	SCOT	100010	30100	0100				
HOUK ADAM	216	FRAN	300010	40010	0100				
HOUK GEORGE	217	FRAN	200010	20010	0000				
HOUSE ADAM	102	LAWR	010010	11010	0100				
HOUSE BUCKETT	089	KNOX	400010	20010	0100				
HOUSE JACOB	032	CLAR	100010	30020	0100				

Head of Household	Page	County	White Males (Under 10, 10-15, 16-18, 16-25, 26-44, 45 & over)	White Females (Under 10, 10-15, 16-25, 26-44, 45 & over)	Foreigners, Agriculture, Commerce, Manufacture	Free or Slave	Negro Males (Under 14, 14-25, 26-44, 45 & over)	Negro Females (Under 14, 14-25, 26-44, 45 & over)	Other not Indian
HOUSE JAMES	120	MONR	000001	00001	0001				
HOUSE JOHN	060	DEAR	221101	01001	0100				
HOUSE LEVI	293	JEFF	000201	00001	0300				
HOUSE SAMUEL	188	VIGO	000200	00100	0200				
HOUSE ZELA	150	PERR	210010	10010	0200				
HOUSH ADAM	207	WASH	211211	20100	1000				
HOUSH ANDREW	207	WASH	201111	31010	0500				
HOUSH GEORGE	207	WASH	200010	30010	0100				
HOUSLEY ZACHARIAH	180	FRAN	100010	20100	0100				
HOUSTON LEORNARD SR	264	JACK	010101	01001	0100				
HOUSTON LITTLETON	044	CLAR	000010	20010	0001	S		0100	
HOUSTON WILLIAM	265	JACK	000100	10100	0100				
HOUT JACOB	129	SULL	011101	00001	0002				
HOUTCH JOHN	079	RIPL	000100	00000	0100				
HOUTS JACOB JR	129	SULL	201200	00010	0001				
HOUTS JOHN	120	MONR	310010	21010	0100				
HOVER DANIEL	308	POSE	100110	00100	0200				
HOVEY ABIEL	307	POSE	100020	32010	0100				
HOVEY ELEAZAR	115	SULL	111110	21110	0300				
HOVOY DANIEL	186	VIGO	200010	00010	0100				
HOW CALOIN	209	FRAN	100100	10100	0100				
HOW MELINDA	213	WASH	100000	12010	0000				
HOW THOMAS	033	DELA	420001	02110	0100				
HOWARD ALEXANDER	262A	JACK	200010	41010	0001				
HOWARD ANDREW	294A	JEFF	000000	00000	0000	F	0010	2010	
HOWARD BENJ N	077	DEAR	102201	00101	0100				
HOWARD CHARLES	146	PERR	200010	30010	0100				
HOWARD CORNELIUS	188	VIGO	300010	00010	0100				
HOWARD DAVID	119	SULL	101101	20010	0200				
HOWARD ELBERT	101	LAWR	300020	20100	0100				
HOWARD ELIZABETH	016	CLAR	011200	10001	0000				
HOWARD ELIZABETH	293	JEFF	100000	21010	0000				
HOWARD GEORGE	010	CLAR	100100	00100	0100				
HOWARD HIRAM	127	SULL	210010	10010	0200				
HOWARD ISAAC M	295	JEFF	200100	00110	0100				
HOWARD JAMES	124	ORAN	020101	12110	0400				
HOWARD JOHN	231	WAYN	000010	10100	0100				
HOWARD JOHN	271	WAYN	210010	40010	0100				
HOWARD JOHN	089	KNOX	000100	00000	0100				
HOWARD JOHN	094	DEAR	000010	30100	0100				
HOWARD JOHN B	145	FLOY	210010	20010	0100				
HOWARD JONUS	007	CLAR	101100	10100	0100				
HOWARD JONATHAN	134	ORAN	100010	10010	0100				
HOWARD JULIUS	101	LAWR	000001	00001					
HOWARD LEVEN	034	CLAR	200110	00100	0002				
HOWARD MIDDLETON	046	CLAR	001200	10200	0002				
HOWARD MOSBY	090	KNOX	200100	01000	0100				
HOWARD PAUL	263	WAYN	320001	11100	0001				
HOWARD SANDERS	101	LAWR	000100	00100	0100				
HOWARD SILAS	031	DELA	020201	00001	0300				
HOWARD THOMAS	060	DEAR	200001	13201	0100				
HOWARD THOMAS	219	WASH	001201	01101	0030				

Head of Household	Page	County	White Males (Under 10, 10-15, 16-18, 16-25, 26-44, 45 & over)	White Females (Under 10, 10-15, 16-25, 26-44, 45 & over)	Foreigners, Agriculture, Commerce, Manufacture	Free or Slave	Negro Males (Under 14, 14-25, 26-44, 45 & over)	Negro Females (Under 14, 14-25, 26-44, 45 & over)	Other not Indian
HOWARD WILLIAM	107	LAWR	200010	00010	0100				
HOWARD WILLIAM	090	KNOX	000010	00100	0100				
HOWARD WILLIAM	013	CLAR	010010	20010	0001				
HOWART JAHEW	191	VIGO	200100	00100	0100				
HOWE HUMPHREY	042	CLAR	000000	00000	0200	F	0010	1121	
HOWE JOHN	040	CLAR	000010	00100	0100				
HOWE JOSHUA	120	MONR	000020	20100	0020				
HOWE SAMUEL	189	VIGO	300010	01001	1100				
HOWE SILIS	060	DEAR	220110	11010	0100				
HOWE WAITE	171	FRAN	100001	00100	0100				
HOWEL BROOKS	131	SULL	300110	10100	1101				
HOWEL HUGH	016	CLAR	200010	11010	0100				
HOWEL JASON	243	WAYN	300010	40010	0100				
HOWEL JOBE	195	FRAN	410010	00100	0100				
HOWEL JOHN	105	LAWR	000010	00010	0100				
HOWEL JONATHAN	120	MONR	200010	10100	0100				
HOWEL JOSIAS	120	MONR	100100	10010	0100				
HOWEL MASON J	091	SPEN	020100	10010	0200				
HOWEL SAMUEL	089	SPEN	200010	22011	0100				
HOWEL WILLIAM	267	JACK	000100	00100	0100				
HOWELL CHATFIELD	195	FRAN	011111	00020	0300				
HOWELL JAMES	194	FRAN	021110	21110	0300				
HOWELL JOHN	194	FRAN	100010	20100	0100				
HOWERTON OBADIAH	099	DEAR	110010	21010	0100				
HOWERY SAMUEL	191	FRAN	310001	40010	0200				
HOWK ISAAC	047	CLAR	000010	00100					
HOWL JOHN	019	DELA	200010	10010	0100				
HOWLET WILLIAM	079	JENN	100001	00000	0100				
HOWRAN WILLIAM	209	FRAN	200010	30010	0100				
HOWRY JOHN GEORGE	111	DEAR	100010	10010	1100				
HOWSER DAVID	071	HARR	300010	40010	0100				
HOWSER ISAAC	048	HARR	200010	30010	0100				
HOWSER SAMUEL	071	HARR	200010	20020	0100				
HOYD JOHN	049	HARR	100010	40010	0100				
HOYE PAUL	142	FLOY	100010	10010	0010				
HOYT ELISHA	275A	JEFF	100011	20201	0101				
HOZIER LEWIS	161	WAYN	121101	20000	0300				
HOZIER WILLIAM	010	CLAR	210201	10101	0102				
HOZIER WM	255	WAYN	020010	30110	0100				
HUBBARD ELIJAH	065	HARR	100010	10010	0100				
HUBBARD JAMES	059	HARR	110101	10100	0200				
HUBBARD JAMES	077	DEAR	300010	20010	0100				
HUBBARD JOHN	077	DEAR	000001	00001	0000				
HUBBARD JOHN	203	WASH	321101	21201	0400				
HUBBARD JOHN	077	DEAR	310100	31010	0100				
HUBBARD NICHOLAS	210	WASH	120110	31111	0400				
HUBBARD PETER	267A	JACK	101101	12101	0100				
HUBBARD RICHARD	279A	JEFF	100001	42110	0100				
HUBBARD SAMUEL	203	FRAN	000011	00201	0000				
HUBBARD SOLOMON	077	DEAR	200010	10100	0001				
HUBBARD THOMAS	107	DEAR	400002	31010	0100				
HUBBARD WILLIAM D	203	FRAN	300010	00010	0100				

Head of Household	Page	County	White Males (Under 10, 10-15, 16-18, 16-25, 26-44, 45 & over)	White Females (Under 10, 10-15, 16-25, 26-44, 45 & over)	Foreigners, Agriculture, Commerce, Manufacture	Free or Slave	Negro Males (Under 14, 14-25, 26-44, 45 & over)	Negro Females (Under 14, 14-25, 26-44, 45 & over)	Other not Indian
HUBBEL HENRY	077	RIPL	010101	11001	0200				
HUBBELL JOHN	035	FAYE	110010	21210	0100				
HUBBELL JOHN SR	041	FAYE	000101	00001	0200				
HUBBERD JOHN	267	JACK	000100	00100	0001				
HUBBERT CHARLES	032	FAYE	020010	30010	0100				
HUBBLE BENJAMIN	262	JACK	200010	00100	1100				
HUBBLE ISAAC	123	SULL	111110	10010	0200				
HUCHERSON JAMES	021	DELA	100010	10010	0100				
HUCHINS ARTHUR	035	DUBO	200010	21010	0100				
HUCHINS CHARLES	178	FRAN	011301	32001	0300				
HUCKLEBERRY JACOB	042	CLAR	410101	01010	0200				
HUCKLEBERRY PETER	203	WASH	110010	42010	0200				
HUCKLEBERRY JOHN	038	CLAR	010101	00101	0300				
HUCKLEBERRY MARTIN	038	CLAR	100102	10110	0200				
HUCKLEBERRY DANIEL	038	CLAR	100100	00100	0100				
HUCKLEBERRY HENRY	038	CLAR	200110	21010	0200				
HUCKLEBERRY GEORGE	039	CLAR	110001	30010	0100				
HUCKLEBERY DAVID	042	CLAR	101210	00200	0200				
HUCKLEBERY ABRAHAM	042	CLAR	510010	11010	0200				
HUDDLE CONRAD	072	HARR	210101	12010	0200				
HUDDLESTON SAMUEL	220	WASH	000101	12100	0200				
HUDDLESTON JOB	220	WASH	210010	21110	0200				
HUDDLESTON ABEL	179	FRAN	000100	10100	0100				
HUDGEL JOSEPH	220	FRAN	000020	42110	0200				
HUDGELL THOMAS	220	FRAN	200010	21010	0100				
HUDILSON DAVID	133	ORAN	400010	10010	0100				
HUDLESTON JOHN	085	KNOX	000010	00000	0001				
HUDLESTON JONATHAN	206	FRAN	421110	11110	0400	S	1200	0001	
HUDLIN DAVID	125	ORAN	000100	20100	0100				
HUDSON CHRISTOPHER	119	DEAR	120001	20010	0100				
HUDSON DANIEL	035	CLAR	210111	01301	0301				
HUDSON DAVID	043	HARR	210001	00310	0100				
HUDSON EDWARD W	185	FRAN	201110	21010	0002				
HUDSON ISAAC	147	WARR	320001	30411	0000				
HUDSON JOHN	044	HARR	300010	10100	0100				
HUDSON JOHN	163	FRAN	010010	00001	0100				
HUDSON JOSEPH	174	FRAN	120202	02010	0100				
HUDSON MARY	163	FRAN	101100	00101	0100				
HUDSON ROBERT	044	HARR	100100	10100	0100				
HUDSON THOMAS	284	JEFF	412201	32010	0300				
HUDSON WILLIAM	121	DEAR	000010	00100	0100				
HUES JOHN S	143	WARR	101110	10100	0001				
HUETT JACOB	077	RIPL	310010	31010	0200				
HUFF ABLE	162	SCOT	000010	30100	0100				
HUFF ABRAHAN SR	265A	JACK	010002	11001	2000				
HUFF ABRAHAM JR	265A	JACK	100010	10100	0100				
HUFF ALEX	154	SCOT	000010	30100	0100				
HUFF AQUILLA	101	SPEN	310110	10010	0300				
HUFF DANIEL	162	SCOT	300010	21100	0100				
HUFF DAVE	154	SCOT	300010	21100	0100				
HUFF ELIJAH	306	POSE	100100	00100	0100				
HUFF FRANCIS	023	CLAR	100100	10010	0100				

Head of Household	Page	County	White Males (Under 10, 10-15, 16-18, 16-25, 26-44, 45 & over)	White Females (Under 10, 10-15, 16-25, 26-44, 45 & over)	Foreigners, Agriculture, Commerce, Manufacture	Free or Slave	Negro Males (Under 14, 14-25, 26-44, 45 & over)	Negro Females (Under 14, 14-25, 26-44, 45 & over)	Other not Indian
HUFF GABRIEL	220	WASH	310010	10010	0200				
HUFF JACOB	102	DEAR	101201	33010	0010				
HUFF JESSE	148	PERR	310010	13010	0200				
HUFF JOHN	204	WASH	300030	11100	0000				
HUFF JOHN	216	FRAN	010201	00201	0201				
HUFF MORGAN	045	CLAR	000010	01010	0100				
HUFF REUBIN	150	PERR	220201	21110	0500				
HUFF WILLIAM T	042	CLAR	010010	20011	0200				
HUFFMAN BENJAMIN	077	DEAR	300010	00010	0100				
HUFFMAN CATHERINE	021	CLAR	100010	00401	0000				
HUFFMAN CONRAD	077	DEAR	200110	10100	0100				
HUFFMAN FELIX	207	WASH	200010	00010	0100				
HUFFMAN JAMES	093	DEAR	000110	20010	0200				
HUFFMAN JACOB	089	SPEN	000010	30010	0100				
HUFFMAN JESSE	149	FLOY	100010	00010	0001				
HUFFMAN JOHN	143	OWEN	011110	00000	0300				
HUFFMAN JOHN	148	PERR	000010	00000	0002				
HUFMAN JOSEPH	085	KNOX	000000	00000	0000	F	0101	0001	
HUGGINS ADOLPHUS	073	RIPL	100010	10110	0100				
HUGGINS JAMES R	035	DUBO	100100	21100	0000				
HUGH EVINS	013	CRAW	000100	00010	0100				
HUGH JAMES	211	WASH	000100	00100	0100				
HUGH JESSE	009	FAYE	100100	00100	0100				
HUGH JOHN	171	WAYN	000020	40200	0001				
HUGH THOMAS	261	WAYN	100010	20010	0100				
HUGHBANKS THOMAS JR	156	SCOT	000100	10100	0100				
HUGHBANKS JAMES	159	SCOT	110001	10010	0100				
HUGHBANKS THOMAS	156	SCOT	410010	11010	0100				
HUGHES ALEXENDER	136	FLOY	100010	20010	0001				
HUGHES EDWARD	063	HARR	000100	20010	0100				
HUGHES JAMES	063	HARR	000100	10100	0100				
HUGHES JESSE	156	SCOT	210010	20200	0001				
HUGHES JOHN	094	DEAR	100010	00100	0100				
HUGHES JOHN	063	HARR	100010	30010	0100				
HUGHES NATHAN	063	HARR	000100	20100	0100				
HUGHEY JOSEPH	080	JENN	210001	22201	0100				
HUGHEY PETER	288	JEFF	001000	10100	0100				
HUGHS ANDREW	023	CLAR	110010	20011	0100				
HUGHS BENJAMIN	010	CLAR	000100	10100	0100				
HUGHS DAVID	284A	JEFF	100100	11100	0100				
HUGHS HARDY	106	LAWR	100110	10100	0200				
HUGHS JESSE	211	WASH	310001	22010	0200				
HUGHS JOHN	009	FAYE	400010	30010	0100				
HUGHS JOHN	078	JENN	011111	00000	0400				
HUGHS JOHN	206	FRAN	010010	31010	0001				
HUGHS ROBERT	010	CLAR	320101	01210	0200				
HUGHS SAML	079	JENN	311201	22010	0100				
HUGHS THOMAS	197	WAYN	000001	10000	0001				
HUGHS THOS	284A	JEFF	100011	12201	0200				
HUGHS WILLIAM	029	DELA	100010	10010	0100				
HUGHS WILLIAM	047	CLAR	110200	11100	0001				
HUGHS WILLIAM	075	RIPL	300200	00100	0200				

Head of Household	Page	County	White Males (Under 10, 10-15, 16-18, 16-25, 26-44, 45 & over)	White Females (Under 10, 10-15, 16-25, 26-44, 45 & over)	Foreigners, Agriculture, Commerce, Manufacture	Free or Slave	Negro Males (Under 14, 14-25, 26-44, 45 & over)	Negro Females (Under 14, 14-25, 26-44, 45 & over)	Other not Indian
HUGHS WILLIAM	119	SULL	200010	30010	0200				
HUITT JESEPH	180	FRAN	111301	32010	0400				
HUKILL JAMES	175	SWIT	100010	10100	0100				
HULCE NATHAN	226	FRAN	300010	21010	0100				
HULICK POWELL	194	FRAN	201101	12101	0300				
HULICK SAMUEL	278	JEFF	210101	12100	0100				
HULIN AMBROSE	089	KNOX	210101	02101	0200				
HULIN EDMOND	089	KNOX	100100	00100	0100				
HULIN JOHN	089	KNOX	400010	00010	0100				
HULIN JOHN	022	DELA	001201	42001	0100				
HULIN THOMAS	089	KNOX	000010	41010	0100				
HULL CHANCY	131	SULL	000001	01100	0001				
HULL WILLIAM	093	DEAR	000100	00100	0100				
HULL WILLIAM	223	FRAN	000100	10100	0100				
HUMBERT AMOS	253	WAYN	100010	20010	0100				
HUMBLE JOSIAH	293A	JEFF	310010	21011	0100				
HUMBLE JOSIAH	287	JEFF	310010	21010	0100				
HUMBLE MARGARET	021	CLAR	010000	21010	0000				
HUMBLE WILLIAM	076	DEAR	200010	11010	0100				
HUME AQUILLA	077	DEAR	100110	40100	0100				
HUME GEORGE	077	DEAR	110001	01200	0100				
HUME JOHN SR	224	WASH	021301	01101	0600				
HUME JOHN JR	224	WASH	000010	30100	0100				
HUME JOHN	109	DEAR	301110	03010	0100				
HUME PATRICK	077	DEAR	110010	20010	0100				
HUMMENWAY JOHN	180	VAND	320010	20110	0200				
HUMMER HARVEY	089	KNOX	000100	00000	0100				
HUMMER MARTHA	089	KNOX	001100	01001	0100				
HUMMER WILLIAM	089	KNOX	010300	20100	0004				
HUMPHNY LEWIS	041	CLAR	100010	10100	0100				
HUMPHRES JOHN	051	FAYE	100010	20100	0100				
HUMPHREY CORNELIUS S	289A	JEFF	310001	11110	0100				
HUMPHREY JOHN	056	HARR	100010	10110	0100				
HUMPHREY JAMES	285	JEFF	600010	00010	0100				
HUMPHREY JAMES	224	WASH	000210	22201	0300				
HUMPHREY JOHN	224	WASH	200100	00100	0100				
HUMPHREY WILLIAM	141	FLOY	000030	00000	0003				
HUMPHREY WILLIAM	145	PERR	000100	20010	0100				
HUN BENJAMIN	007	CRAW	330001	01101	0400				
HUNDLEY JOHN W	107	SULL	200010	10100	0100				
HUNGGOT JOBE	039	DUBO	010010	40010	0200				
HUNLEY JAMES	261	WAYN	000110	01010	0001				
HUNN JOHN	319	POSE	000002	00101	0200				
HUNNICUTT WILLIAM	088	KNOX	410001	21110	0100				
HUNT ABNER	111	SULL	101301	22001	0400				
HUNT ABSALOM	111	SULL	000100	00100	0100				
HUNT AUSTON	111	SULL	000100	10100	0100				
HUNT BARNABASS	165	WAYN	100100	00100	0100				
HUNT BAZIL	113	SULL	120101	00101	0500				
HUNT CHARLES	185	WAYN	000010	20100	0100				
HUNT DANIEL	129	ORAN	232301	20001	0600				
HUNT EDWARD B	181	WAYN	000100	10100	0100				

Head of Household	Page	County	White Males (Under 10, 10-15, 16-18, 16-25, 26-44, 45 & over)	White Females (Under 10, 10-15, 16-25, 26-44, 45 & over)	Foreigners, Agriculture, Commerce, Manufacture	Free or Slave	Negro Males (Under 14, 14-25, 26-44, 45 & over)	Negro Females (Under 14, 14-25, 26-44, 45 & over)	Other not Indian
HUNT EDWARD	326	RAND	320010	30110	0100				
HUNT GEORGE	187	WAYN	310001	01000	0200				
HUNT HENRY W	085	KNOX	000100	00000	1000				
HUNT IRA	263	WAYN	200010	10100	0100				
HUNT ISAAC	143	WARR	310010	10010	0000				
HUNT ISAIAH	210	WASH	200100	30010	0100				
HUNT JAMES	129	ORAN	300010	10010	0100				
HUNT JAMES	273	WAYN	310001	32010	0100				
HUNT JESSE	100	DEAR	200640	20210	0023				
HUNT JOHN	127	SULL	100010	20010	0100				
HUNT JOHN	273	JEFF	200010	01030	0000				
HUNT JOHN	191	WAYN	001101	00001	0100				
HUNT JOHN	273	WAYN	210010	31010	0001				
HUNT JOHN	059	DEAR	310010	01110	0100				
HUNT JOHN	168	SWIT	000140	10010	0001				
HUNT JONATHAN	165	WAYN	011101	42000	0101				
HUNT JONATHAN	273	WAYN	321101	30310	0200				
HUNT JONATHAN	160	FRAN	210010	31010	0200				
HUNT JOSIAH	114	MART	210201	12110	0400				
HUNT MESHAC	117	SULL	200201	22001	0000				
HUNT NATHANIEL	273	JEFF	200010	10010					
HUNT ROBERT	094	DEAR	200010	42010	0100				
HUNT SAML	207	WAYN	320010	01010	0200				
HUNT SMITH	185	WAYN	201110	20100	0100				
HUNT STEPHEN G	185	WAYN	002000	10100	0002				
HUNT TIMOTHY	273	WAYN	210001	01010	0200				
HUNT URIAH	191	VIGO	200010	42010	0100				
HUNT WILLIAM	187	FRAN	000010	20010	0010				
HUNT WILLIAM	324	RAND	010101	10100	0100				
HUNT WM	207	WAYN	300010	10010	0100				
HUNT WM	181	WAYN	121201	20001	0200				
HUNT WM SENR	167	WAYN	200010	01000	0100				
HUNT ZEMERE	111	SULL	110001	23010	0300				
HUNTER EDWARD C	221	WASH	210010	10100	0200				
HUNTER HARRIS	244	GIBS	110010	10010	0100				
HUNTER HENRY	250	GIBS	200010	10100	0100				
HUNTER HENRY	206	FRAN	120001	32110	0200				
HUNTER JAMES W	102	DEAR	200100	00110	0001				
HUNTER JOHN	246	GIBS	001301	00010	0307				
HUNTER JOHN	105	LAWR	000100	10100	0100				
HUNTER JOHN	134	ORAN	320010	21010	0200				
HUNTER JONATHAN	117	DEAR	020201	10201	0100				
HUNTER JOSEPH	117	DEAR	120001	00001	0100				
HUNTER PATRICK	046	HARR	010101	01300	0200				
HUNTER ROBERT	103	LAWR	201210	10101	0200				
HUNTER ROBERT	085	KNOX	010010	22011	0001				
HUNTER SAML	044	HARR	100100	00100	0100				
HUNTER WILLIAM	113	MART	300010	32010	0100				
HUNTER WM	171	WAYN	200100	00100	0100				
HUNTER WM	213	WAYN	200100	00100	0100				
HUNTINGTON NATHANIEL	190	VIGO	010010	00100	0000				
HUNTRESS ENOCH	101	DEAR	100010	10100	0001				

Head of Household	Page	County	White Males (Under 10, 10-15, 16-18, 16-25, 26-44, 45 & over)	White Females (Under 10, 10-15, 16-25, 26-44, 45 & over)	Foreigners, Agriculture, Commerce, Manufacture	Free or Slave	Negro Males (Under 14, 14-25, 26-44, 45 & over)	Negro Females (Under 14, 14-25, 26-44, 45 & over)	Other not Indian
HUPP SARAH	054	HARR	000100	00101	0100				
HUREN EPHRAIM	311A	POSE	110201	00201	0300				
HURGATE JOHN	215	WASH	300010	00100	0200				
HURLBURT CALEB	081	JENN	000001	00001	0100				
HURLBURT LEWIS	081	JENN	000100	00100	0100				
HURLBUTT ENAS	235	WAYN	201200	00010	0300				
HURST ABRAHAM	039	DUBO	210110	31110	0300				
HURST BEVERLY	059	HARR	200010	21010	0100				
HURST CHARLES	038	DUBO	000100	10100	0100				
HURST ELIJAH	059	HARR	220202	30102	0200				
HURST HENRY	059	HARR	010001	00010	0100				
HURST HENRY	289A	JEFF	300010	00010	0100				
HURST JAMES	224	WASH	011201	01001	0400				
HURST JAMES	225	WASH	100101	00001	0100				
HURST JOHN	225	WASH	100100	10100	0200				
HURST JOHN	059	HARR	001201	10201	0100				
HURST WILLIAM	039	DUBO	224201	02201	0200				
HURST WILLIAM	039	DUBO	100200	00100	0200				
HURST WILLIAM JR	203	WASH	400010	11010	0100				
HURST WILLIAM SR	203	WASH	000001	00001	0100				
HUSE ABSOLUM	090	KNOX	000000	00000	0100	F	4001	2010	
HUSSEY GEORGE	190	VIGO	000010	00000	0010				
HUSSEY THOMAS	028	DELA	000011	00000	0200				
HUST JOHN A	225	WASH	201101	01010	0300				
HUSTAND ABRAHAM	128	ORAN	220001	11100	0400				
HUSTAND JOHN	223	WASH	010101	21310	0300				
HUSTED CALEB	150	PERR	200010	21010	0100				
HUSTED JOHN	199	FRAN	100010	20010	0100				
HUSTES OLIVER	111	DEAR	010010	21010	0100				
HUSTIS MAJOR	111	DEAR	010200	11001	0100				
HUSTON ALEXANDER	201	WASH	221301	11010	0600				
HUSTON JACOB	241	WAYN	300010	20010	0100				
HUSTON JACOB	210	FRAN	300010	20010	0001				
HUSTON JOHN	017	FAYE	310001	02010	0001				
HUSTON JOHN	219	WASH	200010	01010	0100				
HUSTON LEONARD JR	267A	JACK	101110	00100	0100				
HUSTON LYDIA	231	WAYN	100000	01220	0000				
HUSTON MARY	077	DEAR	100000	10100	0000				
HUSTON SAMUEL	116	DEAR	100211	01102	0200				
HUSTON SAMUEL	202	WASH	300101	10010	0100				
HUSTON TENANT	106	DEAR	100100	00100	0100				
HUSTON THOMAS	207	FRAN	021102	21010	0300				
HUTCHENS JESSE	002	CLAR	300100	00010	0100				
HUTCHENSON DANIEL	263	WAYN	400100	00100	0100				
HUTCHENSON SOLOMON	284A	JEFF	210221	30010	0200				
HUTCHERSON JAMES	261A	JACK	010011	00001	0200				
HUTCHERSON WM	309A	POSE	100001	10100	0100				
HUTCHESON DAVID D	101	SPEN	100100	00100	0100				
HUTCHESON SARAH	094	DEAR	100000	00101	0000				
HUTCHESON THOMAS	036	CLAR	020001	21001	0200				
HUTCHESON WILLIAM	324A	RAND	000100	10100	0100				
HUTCHINS CATY	025	CLAR	101400	30101	0000				

Head of Household	Page	County	White Males (Under 10, 10-15, 16-18, 16-25, 26-44, 45 & over)	White Females (Under 10, 10-15, 16-25, 26-44, 45 & over)	Foreigners, Agriculture, Commerce, Manufacture	Free or Slave	Negro Males (Under 14, 14-25, 26-44, 45 & over)	Negro Females (Under 14, 14-25, 26-44, 45 & over)	Other not Indian
HUTCHINS FRANCIS	032	CLAR	400010	20010	0100				
HUTCHINS HEZEKIAH	241	WAYN	201110	10010	0100				
HUTCHINS JOHN	045	CLAR	220010	43010	0200				
HUTCHINS JOHN	191	WAYN	200010	31000	0100				
HUTCHINS JOHNSON	193	WAYN	000100	00100	0100				
HUTCHINS STEPHEN	048	CLAR	100010	20100	0100				
HUTCHINS THOMAS	191	WAYN	120010	20000	0100				
HUTCHINSON DAN	294A	JEFF	020010	20010	0100				
HUTCHINSON MATHAN	282	JEFF	110010	11010	0100				
HUTCHINSON SUSANNAH	193	VIGO	111111	22010	0400				
HUTCHINSON WILLIAM	253	WAYN	000100	10100	0100				
HUTSELL JACOB	278A	JEFF	000100	00100	0100				
HUTSON ANNANIAS	080	JENN	212301	02101	0400				
HUTSON JAMES	206	FRAN	300100	10100	0100				
HUTSON JAMES	245	WAYN	110010	41010	0100				
HUTSON JOHN	049	FAYE	000010	00100	0100				
HUTSON THOMAS	142	OWEN	300010	11110	0100				
HUTTO WILLIAM	264	JACK	220121	10110	0103				
HUTTON ABEL	098	LAWR	000100	10100	0100				
HUTTON ABLE	065	HARR	320101	10110	0200				
HUTTON JAMES	217	WASH	100100	00100	0100				
HUTTON LEONARD	217	WASH	010001	02211	0200				
HUVOY MARY	190	VIGO	310110	10010	0002				
HUZE ELIJAH	006	CRAW	000100	00100	0100				
HYATT GIDEON	292A	JEFF	000001	00001	0100.				
HYATT JOSHUA	166	FRAN	311110	20010	0200				
HYATT NATHANIEL	166	FRAN	010001	41010	0100				
HYATT SHARACH	075	RIPL	200110	30010	0200				
HYDE AMASA	175	SWIT	201200	00100	0200				
HYDE ANSEL	148	PERR	111102	31111	0500				
HYLAND WILLIAM	182	VAND	000310	00101	6301				
HYLER PETER	173	FRAN	110010	31010	0100				
HYMER SAMUEL	137	ORAN	000100	00000	0000				
HYMORE WILLIAM	267A	JACK	200010	10100	0100				
HYNEMAN JOHN	252	GIBS	110010	30110	0100				
HYNES HENRY	185	VIGO	100001	30010	0100				
HYNES JACOB	185	VIGO	000001	00001	0100				
HYNES PETER	274	JEFF	100120	01100	0000				
HYSMAN ALEX	315A	POSE	200011	20010	0200				
HYTES JOSEPH	281	JEFF	101010	01100	0001				
IDINGS DAVID	125	ORAN	000100	00010	0100				
IKENBURRY HENRY	208	FRAN	300200	10100	0200				
IKERD JOHN	103	LAWR	212002	21001	0300				
ILEN DAVID	088	DEAR	000010	20100	0100				
ILIFF JOHN	086	DEAR	100010	00010	0001				
ILIFF RICHARD	121	MONR	000010	22010	0001				
IMMELL HENRY	207	WAYN	200010	20010	0100				
IMMELL PETER	207	WAYN	021111	01310	0300				
IMMELL SAML	207	WAYN	000100	10100	0100				
INCHRUM FREEBORN	009	CLAR	100100	00100	0001				
INDERCOTT JOHN	264	JACK	200100	00100	0100				
INGALLS LEWIS	102	DEAR	000010	00200	0001				

Head of Household	Page	County	White Males (Under 10, 10-15, 16-18, 16-25, 26-44, 45 & over)	White Females (Under 10, 10-15, 16-25, 26-44, 45 & over)	Foreigners, Agriculture, Commerce, Manufacture	Free or Slave	Negro Males (Under 14, 14-25, 26-44, 45 & over)	Negro Females (Under 14, 14-25, 26-44, 45 & over)	Other not Indian
INGALS ABM	286A	JEFF	100010	20100	0100				
INGALS CHESTER	294	JEFF	000100	00100	0100				
INGALS CHESTER	295	JEFF	000001	00110	0100				
INGALS EBNEZAR	292	JEFF	220201	11201	0300				
INGARD JAMES	079	RIPL	100100	20100	0100				
INGERSUL DANIEL	125	SULL	110001	30010	0200				
INGERSUL PETER	127	SULL	020101	00101	0300				
INGHAM DEBORAH	015	FAYE	100000	21010	0000				
INGLAN JOHN	235	GIBS	100100	01000	0100				
INGLAND MARY	262	JACK	100000	00010	0100				
INGLE JOHN	180	VAND	401010	10210	0200				
INGLE JOHN	123	SULL	000110	00100	0200				
INGLE JOHN	223	WAYN	100010	00100	0100				
INGMAN CHARLES	125	SULL	100010	00100	0100				
INGMAN JOHN	125	SULL	300110	20010	0200				
INGRAM JAMES	109	SULL	000100	00100	0100				
INGRAM JAMES	295A	JEFF	000101	11101	0000				
INGRAM JOBB	021	CLAR	300010	10010	0100				
INGRAM MOODY	245	GIBS	200100	00100	0100				
INGRAM RITCHARD	236	GIBS	100010	22010	0100				
INGRAM ZEDEKIAH	109	SULL	220001	10102	0400				
INGRIM ANDREW JR	066	HARR	120010	40010	0100				
INGRIM ANDREW SR	066	HARR	210100	00100	0100				
INGRIM EZEKLE	066	HARR	100100	10100	0100				
INGRIM LENARD	066	HARR	100100	00100	0100				
INGRIM SALLY	066	HARR	200000	11100	0000				
INGRIM WILLIAM	066	HARR	100010	20010	0100				
INGRUM ANDREW	135	ORAN	100100	00100	0100				
INGRUM GEORGE	134	ORAN	100010	30010	0100				
INGRUM WILLIAM	005	CLAR	000100	00100	0100				
INGRUM WILLIAM	132	ORAN	100100	10100	0100				
INGRUM WILLIAM	136	ORAN	100010	20100	0100				
INLOW ABIGAIL	147	PERR	011000	11001	0000				
INLOW JESSE	005	CRAW	420001	20210	0300				
INLOW JOHN	147	PERR	200010	20010	0100				
INMAN CHARLES	036	CLAR	101110	30010	0001				
INMAN ISAIAH	048	HARR	210011	00101	0100				
INMAN JOHN	217	WASH	400010	01010	0100				
INMAN JOHN	077	RIPL	100110	40010	0200				
INMAN STEPHEN	077	RIPL	200010	30100	0100				
INMAN THOMAS	130	ORAN	100010	20010	0100				
INMAN THOS	309	POSE	001300	00100	0000				
INNES JANES	075	RIPL	200010	10100	0100				
INNIS JAMES	261	JACK	100011	20010	0100				
INNIS WILLIAM	262A	JACK	121211	01311	0100				
INWOOD WILLIAM	180	VAND	100010	10010	4100				
IRELAND ADAM	165	FRAN	000100	10100	0001				
IRELAND ELAM	169	WAYN	100100	01000	0100				
IRELAND JONATHAN	262	JACK	200010	20200	0001				
IRELAND WM	211	WAYN	000001	00001	0100				
IRISH HENRY	170	FRAN	000010	01001	0100				
IRISH SMITER	148	PERR	200001	10010	0100				

Head of Household	Page	County	White Males (Under 10, 10-15, 16-18, 16-25, 26-44, 45 & over)	White Females (Under 10, 10-15, 16-25, 26-44, 45 & over)	Foreigners, Agriculture, Commerce, Manufacture	Free or Slave	Negro Males (Under 14, 14-25, 26-44, 45 & over)	Negro Females (Under 14, 14-25, 26-44, 45 & over)	Other not Indian
IRONS EDWARD	105	LAWR	100101	00100					
IRONS WILLIAM	105	LAWR	200010	22010					
IRVIN ASAHEL	143	FLOY	000010	00000	0001				
IRVIN JAMES	085	KNOX	000100	00000	0001				
IRVIN JOHN	093	KNOX	200001	00101	0100				
IRVIN JOHN	366	RAND	210010	22010	0100				
IRVIN JOHN	277	JEFF	200020	21010	1100				
IRVIN ROBERT	202	WASH	000100	20101	0400				
IRVIN ROBERT	292	JEFF	100010	10100	0100				
IRVINS GEORGE	225	WAYN	020100	12010	0100				
IRWIN ALEXANDER	203	FRAN	230001	21101	0300				
IRWIN DANIEL	147	PERR	220001	02000	0300				
IRWIN JAMES	147	PERR	001000	20100	0100				
IRWIN MARTIN	204	FRAN	200100	00100	0100				
IRWIN ROBERT	145	PERR	100110	10010	0200				
IRWIN ROBERT	147	PERR	000001	10101	0000				
IRWIN SAMUEL	145	PERR	300010	02110	0100				
IRWIN THOS B	288A	JEFF	000200	00100	0101				
ISAACS ANNA	220	WASH	021200	00001	0400				
ISGRIG JOSHUA	113	DEAR	020010	40010	0100				
ISGRIGG DANIEL	079	RIPL	020201	10001	0500				
ISH GEORGE	227	WAYN	200010	10100	0100				
ISHEM GEORGE	223	FRAN	000010	20010	0100				
ISNIR PHILIP	023	DELA	200010	01000	0100				
ISRAEL JOHN	213	FRAN	110001	12201	0200				
ISUMINGER GEORGE JR	269	JACK	300010	10010	0001				
ISUNINGER GEORGE	265A	JACK	010001	02001	0100				
IVES ASA O	026	DELA	100010	10010	0001				
IVES NEHEMIAH R	094	DEAR	000010	00010	0100				
IVEY CURTUS	093	KNOX	000110	01100	0200				
IVEY JAMES	253	GIBS	000100	00100	0100				
IZZARD WILLIAM	024	CLAR	200010	10010	0100				
JACK JAMES	184	FRAN	100010	10010	0100				
JACK SAMUEL	221	WASH	000010	20100	0100				
JACK SAMUEL	173	SWIT	200010	20001	0001				
JACK WILLIAM	172	SWIT	100100	00100	0100				
JACKMAN ATWELL	223	FRAN	120010	31010	0100				
JACKMAN EDWARD	221	FRAN	300010	10100	0100				
JACKMAN VINCENT	124	ORAN	310010	22010	0200				
JACKMAN WILLIAM	190	FRAN	231210	21010	0400				
JACKMON MC	020	DELA	200000	01011	0000				
JACKSON	084	KNOX	000010	00000	0001				
JACKSON ALEXUS	025	DELA	010401	11101	0500				
JACKSON ANDREW	172	FRAN	120001	20010	0200				
JACKSON DANIEL	135	FLOY	100001	00100	0100				
JACKSON DANIEL	229	WAYN	101110	42010	0100				
JACKSON ELINEZER	229	WAYN	220010	20010	0100				
JACKSON ELZABETH	295A	JEFF	000200	10001	0200				
JACKSON ELIJAH	366	RAND	200100	00100	0100				
JACKSON ENOCH	094	DEAR	330101	10010	0100				
JACKSON EZIKIEL	094	DEAR	211110	22011	0100				
JACKSON FRANCES	085	KNOX	000000	00000	0000	F	1010	0100	

Head of Household	Page	County	White Males (Under 10, 10-15, 16-18, 16-25, 26-44, 45 & over)	White Females (Under 10, 10-15, 16-25, 26-44, 45 & over)	Foreigners, Agriculture, Commerce, Manufacture	Free or Slave	Negro Males (Under 14, 14-25, 26-44, 45 & over)	Negro Females (Under 14, 14-25, 26-44, 45 & over)	Other not Indian
JACKSON GEO	280A	JEFF	200010	10100	0100				
JACKSON GEORGE	145	FLOY	000100	01000	0100				
JACKSON GEORGE	172	SWIT	002201	00000	0100				
JACKSON GIDEON	289A	JEFF	000010	00100	0100				
JACKSON ISAAC	325	RAND	310010	10010	0100				
JACKSON ISAIAH	183	WAYN	000100	00000	0100				
JACKSON ISAAC	159	WAYN	300210	02010	0003				
JACKSON JAMES	325	RAND	100010	10100	0100				
JACKSON JAMES	281A	JEFF	210010	21100	0100				
JACKSON JAMES R	282	JEFF	100010	10100	0100				
JACKSON JAMES	229	WAYN	200110	41110	0100				
JACKSON JEHU	324	RAND	200010	20100	0100				
JACKSON JESSE	030	DELA	510010	00010	0100				
JACKSON JOSHUA	287	JEFF	200201	13010	0300				
JACKSON JOSEPH	273	WAYN	100100	10100	0100				
JACKSON JOHN	121	MONR	100100	10010	0100				
JACKSON JOSEPH	125	ORAN	012201	10000	0200				
JACKSON JOHN	053	HARR	300010	30010	0100				
JACKSON JOHN	058	HARR	210001	01010	0100				
JACKSON JOHN	125	SULL	100010	00100	0100				
JACKSON JOB	366	RAND	000010	10100	0100				
JACKSON JOHN	221	WASH	100100	00100	0100				
JACKSON JOHN	147	FLOY	000010	00100	0100				
JACKSON JOSEPH	084	KNOX	001201	00001	0003				
JACKSON JOHN	025	DELA	400010	10100	0100				
JACKSON JOSHUA	121	MONR	100010	20010	0100				
JACKSON LEWIS	121	MONR	100010	00010	0100				
JACKSON MARGARET	225	WASH	010100	01010	0300				
JACKSON MATHIAS	261A	JACK	100010	10100	0100				
JACKSON MAJOR	170	SWIT	100010	10010	0100				
JACKSON MELITON	267A	JACK	420010	00010	0100				
JACKSON MICAJAH	209	WAYN	100010	00101	0100				
JACKSON ROBERT	048	CLAR	111110	01110	0100				
JACKSON SAMUEL G	264A	JACK	000010	20000	0100				
JACKSON SAMUEL	218	WASH	111101	41111	0300				
JACKSON SAMUEL	147	FLOY	000001	00001	0100				
JACKSON SAMUEL	108	DEAR	310010	01100	0100				
JACKSON SAMUEL	205	WASH	010010	31010	0000				
JACKSON SAMUEL	143	OWEN	020111	00000	0500				
JACKSON THOMAS	210	WASH	100100	20010	0100				
JACKSON THOMAS	253	GIBS	200010	00100	0100				
JACKSON THOS	282A	JEFF	321210	10011	0300				
JACKSON THOS	295A	JEFF	420201	31010	0100				
JACKSON WILLIAM SR	016	CLAR	200201	00011	0300				
JACKSON WILLIAM JR	016	CLAR	100010	30010	0100				
JACKSON WILLIAM	121	MONR	100001	12001	0100				
JACKSON WILLIAM	121	MONR	000200	00000	0002				
JACKSON WILLIAM	121	MONR	000100	00100	0100				
JACKSON WILLIAM	019	DELA	010111	00101	0100				
JACKSON WILLIAM	324	RAND	020001	20101	0100				
JACKSON WILLIAM	209	WAYN	300010	00010	0100				
JACKSON WILLIAM	031	FAYE	010010	00010	0100				

Head of Household	Page	County	White Males (Under 10, 10-15, 16-18, 16-25, 26-44, 45 & over)	White Females (Under 10, 10-15, 16-25, 26-44, 45 & over)	Foreigners, Agriculture, Commerce, Manufacture	Free or Slave	Negro Males (Under 14, 14-25, 26-44, 45 & over)	Negro Females (Under 14, 14-25, 26-44, 45 & over)	Other not Indian
JACKSON WILLIAM	094	DEAR	120101	32010	0100				
JACKSON WILLIAM	288A	JEFF	200101	10010	0000				
JACKSON WILLIAM	078	DEAR	111101	01001	0100				
JACKSON WM	183	WAYN	300010	00010	0100				
JACKSON WM SR	209	WAYN	000001	00101	0100				
JACKSON ZEPHENIAH	015	CLAR	300010	20021	0100				
JACOB	083	KNOX	000000	00000	0000	F	1000		
JACOB LEVI	188	VIGO	100001	02010	0100				
JACOBS BENNETT	059	HARR	201210	20010	0200				
JACOBS DANIEL P	012	CRAW	100010	00100	0100				
JACOBS EDWARD G	268A	JACK	100010	21010	0100				
JACOBS ELIJAH	209	WAYN	000010	20001	0100				
JACOBS ELISHA R	128	ORAN	300010	20010	0200				
JACOBS ELI	034	CLAR	000020	10010	0200				
JACOBS GEORGE W	177	VAND	100110	10100	0200				
JACOBS JACOB	253	GIBS	020202	11102	0200				
JACOBS JAMES	059	FAYE	010001	11001	0100				
JACOBS JEREMIAH	133	FLOY	100001	11010	0100				
JACOBS JOHN	187	FRAN	310110	10110	0020				
JACOBS JOHN	059	FAYE	000100	00100	0001				
JACOBS JOHN	266A	JACK	200010	41010	0100				
JACOBS JOSEPH	030	CLAR	010002	02201	0100				
JACOBS MILLBORN	175	WAYN	000100	30100	0100				
JACOBS SAMEUL	085	KNOX	000020	10010	0020				
JACOBS SOLOMON	007	CLAR	200011	10010	0200				
JACOBS THOMAS	007	CLAR	100010	40010	0100				
JACOBS UDNEY H	060	DEAR	221110	10010	0100				
JACOBS WILLIAM	030	CLAR	000100	10100	0100				
JACOBS WM	161	WAYN	001200	00100	0100				
JACOBUS JOHN	160	FRAN	300010	10010	0100				
JACOBUS SIMON	166	FRAN	231101	12110	0100				
JADKIN SOLOMON	160	SCOT	001111	01111	0200				
JAGUESS JOHN	274A	JEFF	010101	11001	0020				
JAGUITH REUBEN	116	DEAR	040010	40010	0100				
JAMES DANIEL	157	SCOT	000011	00201	0100				
JAMES DAVID	187	WAYN	100100	10100	0100				
JAMES EDWARD	023	DELA	000010	31000	0100				
JAMES ELI	190	FRAN	300110	11010	0200				
JAMES ENOCH SR	094	DEAR	000011	00100	0200				
JAMES ENOCH JR	094	DEAR	000010	00000	0100				
JAMES ISAAC	094	DEAR	500010	02110	0100				
JAMES JAMES	143	OWEN	100201	00100	0000				
JAMES JAMES	121	MONR	000100	20100	0100				
JAMES JOHN	162	SCOT	100010	20100	0100				
JAMES JOHN	068	DEAR	000301	00101	0300				
JAMES JOHN	154	SCOT	200010	20100	0100				
JAMES JOHN	325A	RAND	210101	11001	0100				
JAMES JOSEPH	121	MONR	000100	10100	0100				
JAMES JOSEPH	157	SCOT	000100	00101	0100				
JAMES JOSEPH	102	LAWR	300011	20010	0100				
JAMES JOSIAH	090	KNOX	000020	10110	0200				
JAMES JULIUS	060	DEAR	200010	00200	0100				

Head of Household	Page	County	White Males (Under 10, 10-15, 16-18, 16-25, 26-44, 45 & over)	White Females (Under 10, 10-15, 16-25, 26-44, 45 & over)	Foreigners, Agriculture, Commerce, Manufacture	Free or Slave	Negro Males (Under 14, 14-25, 26-44, 45 & over)	Negro Females (Under 14, 14-25, 26-44, 45 & over)	Other not Indian
JAMES MARTIN	162	SCOT	210010	31010	0100				
JAMES MARTIN	154	SCOT	210010	31010	0100				
JAMES MARY	221	WAYN	000000	00001	0000				
JAMES PINKNEY	060	DEAR	000110	01020	0100				
JAMES RICHARD	125	ORAN	000010	10100	0100				
JAMES SAML	306A	POSE	110401	00101	0400				
JAMES THOMAS	157	SCOT	300010	10100	0100				
JAMES THOMAS	081	JENN	301111	10021	0200				
JAMES THOMAS	190	FRAN	000001	00001	0000				
JAMES WILLIAM	108	LAWR	310100	00010	0100				
JAMES WILLIAM	121	MONR	001100	10010	0100				
JAMES WM	249	WAYN	000010	00100	0100				
JAMESON SAMUEL	145	PERR	431010	01100	0500				
JAMISAN ROBERT	288	JEFF	000100	00100	0100				
JAMISON ALEX	289A	JEFF	210010	12110	0100				
JAMISON GARRETT	208	WASH	331301	20010	0700				
JAMISON HUGH	293A	JEFF	010001	10021	0100				
JAMISON JOHN	051	FAYE	110110	10010	0003				
JAMISON T	292A	JEFF	300020	10110	0200				
JAMISON THOS	289A	JEFF	000001	00001	0000				
JAMMASON JAMES	150	PERR	000001	00121	0100				
JANE DANIEL	174	SWIT	110010	31110	0100				
JANE WESLEY	212	WASH	121210	22110	0500				
JANKINS JAMES	092	KNOX	001120	11100	0201				
JAQUES CLARK	168	SWIT	200010	10100	0100				
JAQUESS GEORGE	086	KNOX	000100	00000	0000				
JARBO HENRY	149	PERR	000 00	10100	0100				
JARBO JOHN	149	PERR	110101	30110	0300				
JARBO JOSHUA	149	PERR	200001	11101	0100				
JARBO PETER	149	PERR	000100	00100	0100				
JARBO RICHARD	149	PERR	200100	00100	0100				
JARID SAMUEL	180	VAND	300010	00100	0100				
JARRED ELI	094	DEAR	210201	10210	0100				
JARRETT DAVID	223	WAYN	311110	11010	0100				
JARRETT ELI	221	WAYN	000101	00100	0100				
JARRETT LEVI	217	WAYN	300010	10010	0100				
JARRETT NATHANIEL	166	SWIT	220010	30110	0100				
JARRETT ROBERT	312A	POSE	200010	10100	0100				
JARRETT WM	217	WAYN	200010	10010	0100				
JARVERS HENRY	264	JACK	300010	20010	0100				
JARVIS BENJAMIN	183	WAYN	001210	41010	0300				
JARVIS EDWARD	126	ORAN	100100	00100	0100				
JARVIS JAMES	175	SWIT	200110	10100	0100				
JASON JOHN	038	DUBO	010301	31110	0500				
JEAMS THOS	019	DELA	200010	10100	0100				
JEAN JOHN	131	SULL	110001	00010	0100				
JEARDIN THOS	311A	POSE	210010	01110	0200				
JEDKINS DAVID	180	VAND	110001	01201	0200				
JEDKINS JESSE	181	VAND	010001	00001	0100				
JEFFERIES FRANCIS	077	JENN	211110	31010	0100				
JEFFERS C G	274	JEFF	300010	10010	0001				
JEFFERS ELIAS	012	CRAW	200010	20020	0001				

Head of Household	Page	County	White Males (Under 10, 10-15, 16-18, 16-25, 26-44, 45 & over)	White Females (Under 10, 10-15, 16-25, 26-44, 45 & over)	Foreigners, Agriculture, Commerce, Manufacture	Free or Slave	Negro Males (Under 14, 14-25, 26-44, 45 & over)	Negro Females (Under 14, 14-25, 26-44, 45 & over)	Other not Indian
JEFFERS JAMES S	312	POSE	000100	10100	0100				
JEFFERS ROBERT C	308	POSE	000010	30100	0100				
JEFFERSON THOMAS	188	VIGO	000100	10100	0100				
JEFFRES AMY	275A	JEFF	000101	00000	0000				
JEFFREY JOB	255	WAYN	200111	10100	0200				
JEFFREY WILLIAM	045	HARR	001101	21001	0200				
JEFFREY WM	221	WAYN	210010	21110	0100				
JEFFRIES ESA	054	HARR	100010	00100	0100				
JEFFRIES GOIN	024	CLAR	100100	10100	0100				
JEFFRIES JEREMIAH	221	WAYN	400001	11001	0100				
JEFFRIES THOMAS	302	PIKE	100100	00100					
JELLY SAMUEL	067	DEAR	200110	10110	0004				
JEMMISON GEORGE	125	SULL	320110	01010	0400				
JEMMISON JAMES	058	HARR	000010	41010	0100				
JENKIN WILLIAM	021	DELA	321220	20110	0100	P			
JENKINS ALEXANDER	060	DEAR	100010	00100	0100				
JENKINS ANN	190	FRAN	021200	10010	0300				
JENKINS BARTHOLOMEW	017	CLAR	100010	10010	0100				
JENKINS BENJAMIN	060	DEAR	100011	01201	0100				
JENKINS CHARRITY	017	CLAR	001200	00001	0100				
JENKINS DAVID	223	WAYN	120010	21010	0100				
JENKINS JEREMIAH	009	CRAW	100010	10100	0100				
JENKINS JOSEPH	205	WASH	010010	00010	0000				
JENKINS JOHN	133	FLOY	000010	10100	0100				
JENKINS JOHN M	121	MONR	000100	01100	0010				
JENKINS JOHN	133	ORAN	010101	02001	0300				
JENKINS LEONARD	034	CLAR	100010	10110	0100				
JENKINS MASON	006	CRAW	110000	20010	0100				
JENKINS NATHANIEL	212	WASH	100111	21011	0300				
JENKINS POLLY	136	ORAN	010000	01010	0100				
JENKINSON HENRS	188	FRAN	000011	10010	0001				
JENKS GIDEON	225	FRAN	200010	21010	0100				
JENKS STEPHEN	225	FRAN	100110	20010	0200				
JENKS WELCOME	212	WASH	111201	12101	0400				
JENNINGS ARON	158	SCOT	200110	10100	0200				
JENNINGS EDMUND	145	PERR	000010	00010	0100				
JENNINGS EZRA	157	SCOT	010010	40010	0100				
JENNINGS ELNATHAN	139	FLOY	000001	01101	0001				
JENNINGS JAMES	097	LAWR	010010	32110					
JENNINGS JONATHAN	074	HARR	020010	01110	0000				
JENNINGS OZIAH	281	JEFF	120201	11011	0300				
JENSON JAMES	098	LAWR	011101	00001	0100				
JENTRY DAVID	312A	POSE	111110	31010	0300				
JENTRY ELONDER	249	GIBS	121310	10101	0300				
JENTRY JOHN	250	GIBS	000010	00010	0100				
JERAD JOHN	020	DELA	110010	32010	0100				
JERRELL JAMES	089	KNOX	000100	40100	0100				
JERRELL WILLIAM	089	KNOX	010110	10010	0200				
JESSOP ABRAM	175	WAYN	100010	41010	0100				
JESSOP CALEB	125	SULL	230010	21110	0400				
JESSOP ISAAC JR	183	WAYN	000010	20020	0100				
JESSOP ISAAC	189	WAYN	300010	11010	0100				

Head of Household	Page	County	White Males (Under 10, 10-15, 16-18, 16-25, 26-44, 45 & over)	White Females (Under 10, 10-15, 16-25, 26-44, 45 & over)	Foreigners Agriculture Commerce Manufacture	Free or Slave	Negro Males (Under 14, 14-25, 26-44, 45 & over)	Negro Females (Under 14, 14-25, 26-44, 45 & over)	Other not Indian
JESSOP JACOB	175	WAYN	001301	00300	0300				
JESSOP JOHN	125	SULL	010101	10110	0300				
JESSOP NATHAN	257	WAYN	110010	10010	0100				
JESSOP NATHAN	255	WAYN	100010	51010	0100				
JESSUP ISAAC	175	SWIT	100010	20100	0100				
JESSUP JOHN	049	FAYE	200010	00100	1100				
JESSUP WALTER	175	SWIT	200010	10100	0100				
JESSUP WILLIAM	325	RAND	000101	10011	0100				
JEWEL JOHN	007	CRAW	300010	11010	0100				
JEWEL JOHN	008	CRAW	220010	01010	0300				
JEWEL JOHN	273	JEFF	111110	30100					
JEWEL JOHN	013	CRAW	220001	21010	0300				
JEWELL JAMES	286A	JEFF	100100	00100	0100				
JIMESON ADAM	039	DUBO	110010	11100	0100				
JIMISON ISAAC	105	LAWR	200010	20010	0100				
JINCKS JOHN	192	VIGO	000130	00400	0400				
JINKINS EZCHIEL	034	CLAR	100101	01201	0200				
JINNEY ABEL	263	WAYN	100010	22010	0100				
JINNY ISAIAH	094	DEAR	000100	00010	0100				
JINTEN MOSES	011	CRAW	001001	00001	0200				
JOB ABRAHAM	129	SULL	300100	00010	0100				
JOBE GEORGE	267	WAYN	100011	01210	0200				
JOBS SAML	207	WAYN	300010	31010	0100				
JOCKMAN ADVILL	020	DELA	010020	30010	0100				
JOHN BLACK	196	WABA	000000	00000	0000	F	1010	2010	
JOHN ENOCH D	185	FRAN	100010	10000	0100	S	1000		
JOHN JEHU	185	FRAN	000001	00001	0100				
JOHN JOHN	187	FRAN	110110	50010	0200				
JOHN JONATHAN	019	FAYE	311301	10201	0100				
JOHN ROBERT	187	FRAN	100010	40110	0100				
JOHNS JOHN	079	JENN	000010	20100	0100				
JOHNS JOHN W	044	HARR	210110	11010	0100				
JOHNS JOHN	075	RIPL	210110	01201	0300				
JOHNSON AARON	218	WASH	221110	20010	0400				
JOHNSON ABRAHAM JR	129	SULL	200010	01100	0200				
JOHNSON ABRAHAM	129	SULL	000101	01001	0200				
JOHNSON ABEL	235	WAYN	000010	00100	0001				
JOHNSON ABRAM	060	DEAR	400010	10010	0100				
JOHNSON ALEX	121	MONR	020010	43010	0300				
JOHNSON ALEXANDER	240	GIBS	111201	22010	0300				
JOHNSON ANDREW	269	JACK	000110	01001	0200				
JOHNSON ARCHIBALD	026	DELA	000101	43110	0200				
JOHNSON ARTHER	142	OWEN	000001	00001	0100				
JOHNSON ARCHABALD	206	WASH	010111	01101	0400				
JOHNSON BAILEY	131	SULL	210201	12110	0400				
JOHNSON BAILY	202	FRAN	310010	32010	0001				
JOHNSON BENJAMIN	111	DEAR	220010	10010	0100				
JOHNSON CHARLES	286A	JEFF	011201	11001	0200				
JOHNSON CHARLES	187	WAYN	100100	10100	0100				
JOHNSON CHITESTER	160	FRAN	300100	01000	0100				
JOHNSON DAVID	239	GIBS	100010	10100	0100				
JOHNSON DAVID	199	FRAN	010100	10010	0100				

Head of Household	Page	County	White Males (Under 10, 10-15, 16-18, 16-25, 26-44, 45 & over)	White Females (Under 10, 10-15, 16-25, 26-44, 45 & over)	Foreigners Agriculture Commerce Manufacture	Free or Slave	Negro Males (Under 14, 14-25, 26-44, 45 & over)	Negro Females (Under 14, 14-25, 26-44, 45 & over)	Other not Indian
JOHNSON DANIEL	113	SULL	211101	11010	0300				
JOHNSON DAVID	266	JACK	201101	00101	0100				
JOHNSON DANIEL	266	JACK	400010	11110	0100				
JOHNSON DAVID	141	OWEN	310210	01010	0400				
JOHNSON DANL	157	SCOT	300010	10200	0100				
JOHNSON DANIEL	160	SCOT	100010	30100	0100				
JOHNSON E	293	JEFF	110001	10010	0001				
JOHNSON EDWARD	099	LAWR	020301	01001					
JOHNSON ELIZABETH	250	GIBS	000000	00001	0000				
JOHNSON ELIAZER	155	SCOT	100100	00100	0100				
JOHNSON FERGUS	218	WASH	310001	31110	0200				
JOHNSON FRANCIS	206	WASH	100100	10100	0100				
JOHNSON GARLAND	199	WAYN	200010	10100	0100				
JOHNSON GABRIEL	174	SWIT	100101	42210	0100				
JOHNSON GEORGE	201	FRAN	200010	11010	0100				
JOHNSON GEORGE	121	MONR	110110	21010	0200				
JOHNSON GEORGE H	078	DEAR	000100	11100	0100				
JOHNSON GEORGE	243	GIBS	100100	10100	0100				
JOHNSON HENRY	199	FRAN	310001	11010	0200				
JOHNSON HENRY	152	SCOT	400010	10110	0100				
JOHNSON ISAAC M	263	WAYN	110010	01001	0001				
JOHNSON JAMES	268	JACK	210110	12310	0100				
JOHNSON JAMES	282A	JEFF	200010	00100	0100				
JOHNSON JAMES	113	SULL	100100	00100	0100				
JOHNSON JACK	076	JENN	000000	00000	0000	F	3010	1010	
JOHNSON JAMES	060	DEAR	310001	11010	0100				
JOHNSON JAMES	143	OWEN	100100	20100	0100				
JOHNSON JAMES	207	WASH	000110	00010	0200				
JOHNSON JAMES	108	LAWR	000100	00010	0100				
JOHNSON JAMES H	099	LAWR	110001	11001	0100				
JOHNSON JESSE	325	RAND	110210	20110	0100				
JOHNSON JESSE	103	LAWR	000100	20100	0100				
JOHNSON JESSE	080	JENN	100100	10100	0100				
JOHNSON JONATHAN	095	SPEN	300001	11010	0100				
JOHNSON JOHN	097	SPEN	200010	03101	0100				
JOHNSON JOHN	109	SULL	000100	00100	0100				
JOHNSON JOHN	117	SULL	000010	20110	0100				
JOHNSON JOHN	299	PIKE	210010	30010					
JOHNSON JOHN	300	PIKE	100010	00001					
JOHNSON JOHN	326	RAND	100010	10100	0100				
JOHNSON JOSEPH	266	JACK	000001	00001	0100				
JOHNSON JOSEPH	266	JACK	000100	10100	0100				
JOHNSON JOHN	195	WAYN	334210	10110	0600				
JOHNSON JOHN	117	MONR	410010	02010	0100				
JOHNSON JOHN	077	RIPL	120201	00110	0202				
JOHNSON JONATHAN	155	SCOT	200010	10010	0001				
JOHNSON JOSEPH	155	SCOT	101201	00201	0300				
JOHNSON JOSEPH G	204	WASH	100010	30010	0100				
JOHNSON JOHN	078	DEAR	110010	31010	0100				
JOHNSON JOHN L	046	CLAR	010010	11010	0100				
JOHNSON JOHN	243	GIBS	430010	11110	0100				
JOHNSON JOHN	143	OWEN	101210	10100	0200				

Head of Household	Page	County	White Males (Under 10, 10-15, 16-18, 16-25, 26-44, 45 & over)	White Females (Under 10, 10-15, 16-25, 26-44, 45 & over)	Foreigners, Agriculture, Commerce, Manufacture	Free or Slave	Negro Males (Under 14, 14-25, 26-44, 45 & over)	Negro Females (Under 14, 14-25, 26-44, 45 & over)	Other not Indian
JOHNSON JOHN	150	PERR	200010	11010	2100				
JOHNSON JOHN M	169	SWIT	110001	21110	0100				
JOHNSON JOHN	171	SWIT	200110	30010	0100				
JOHNSON JOHN	201	WASH	310100	10010	0200				
JOHNSON JOHN	159	SCOT	311210	11010	0201				
JOHNSON JONATHAN	160	SCOT	200010	10010	0010				
JOHNSON JOHN	223	WASH	000010	10100	0100				
JOHNSON JULIUS	112	MART	000100	00100	0000				
JOHNSON LARKIN	166	SWIT	000001	00001	0100				
JOHNSON MARK	079	RIPL	200010	00100	0100				
JOHNSON MENTER	233	WAYN	100010	01000	0100				
JOHNSON MENTER	185	WAYN	100010	00100	0100				
JOHNSON MICHAEL	103	LAWR	210301	20001	0200				
JOHNSON NANCY	256	GIBS	000000	00001	0000				
JOHNSON NATHAN	078	DEAR	200010	20010	0001				
JOHNSON PETER	129	SULL	210010	22010	0200				
JOHNSON PETER	159	WAYN	300310	10020	0004				
JOHNSON PETER	269	JACK	221110	12010	0100				
JOHNSON PEGGY	102	LAWR	211100	12010	0100				
JOHNSON RANSOM	204	WASH	000100	00100	0100				
JOHNSON REUBIN	152	SCOT	121110	21110	0200				
JOHNSON RICHARD	266	JACK	000010	20100	0100				
JOHNSON RICHARD	026	CLAR	000100	00100	0100				
JOHNSON ROBERT	157	SCOT	000001	00000	0100				
JOHNSON ROBERT	107	LAWR	110001	31000					
JOHNSON ROSWELL	079	RIPL	210001	12110	0200				
JOHNSON ROBERT	302	PIKE	111001	11321	0				
JOHNSON S S	292A	JEFF	000010	00000	0100				
JOHNSON SAMPSON	312	POSE	200010	40100	0100				
JOHNSON SAMUEL	286	JEFF	510110	11010	0200				
JOHNSON SAM	020	DELA	001201	01002	0000				
JOHNSON THOS	108	LAWR	100010	30010					
JOHNSON THOMAS N	112	MART	000220	10120	0102				
JOHNSON THOMAS	291	JEFF	100100	00100	0100				
JOHNSON THOMAS	250	GIBS	011010	22010	0300				
JOHNSON WIDOW	099	SPEN	020000	00010	0200				
JOHNSON WIDOW M	101	SPEN	110010	00010	0200				
JOHNSON WILLIAM	109	SULL	101301	31210	0500				
JOHNSON WILLIAM	266	JACK	000100	10100	0100				
JOHNSON WILL	286	JEFF	000100	10100	0100				
JOHNSON WILL	286A	JEFF	300001	41101	0001				
JOHNSON WILFORD	207	WASH	310010	20010	0200				
JOHNSON WILEY	218	WASH	000100	00100	0100				
JOHNSON WILLIAM	173	SWIT	210101	32001	0002				
JOHNSON WILLIAM	170	SWIT	000010	10100	0100				
JOHNSON WILLIAM	171	SWIT	210101	32010	0200				
JOHNSON WILLIS	166	FRAN	200010	10010	0100				
JOHNSON WILLIAM	143	OWEN	000010	00010	0100				
JOHNSON WILLARD	017	DELA	110100	10100	0100				
JOHNSON WM	079	RIPL	400010	10010	0100				
JOHNSON WM	163	WAYN	100301	01001	0400				
JOHNSON WM	215	WAYN	021101	22010	0200				

Head of Household	Page	County	White Males (Under 10, 10-15, 16-18, 16-25, 26-44, 45 & over)	White Females (Under 10, 10-15, 16-25, 26-44, 45 & over)	Foreigners, Agriculture, Commerce, Manufacture	Free or Slave	Negro Males (Under 14, 14-25, 26-44, 45 & over)	Negro Females (Under 14, 14-25, 26-44, 45 & over)	Other not Indian
JOHNSTON ABRAHAM	010	CLAR	220010	11001	0100				
JOHNSTON ANDREW	213	FRAN	000010	10010	0100				
JOHNSTON ALEXANDER	136	ORAN	400010	10010	0100				
JOHNSTON ANDREW	070	HARR	110110	00100	0200				
JOHNSTON ABEL	109	DEAR	031201	01001	0100				
JOHNSTON BETSEY	128	ORAN	220000	11010	0000				
JOHNSTON BETSEY	136	ORAN	000000	10100	0000				
JOHNSTON CALEB	125	DEAR	111210	21110	0100				
JOHNSTON CHARLES F	078	DEAR	400010	10010	0100				
JOHNSTON CASPER	124	DEAR	100010	10010	0100				
JOHNSTON CHARLES M C	182	VAND	310010	50100	1300				
JOHNSTON DAVID	137	ORAN	000101	12400	0200				
JOHNSTON DAVID D	010	CLAR	000010	10100	0100				
JOHNSTON DAVID	115	DEAR	000030	00100	0300				
JOHNSTON ELIAS	004	CLAR	431101	00011	0200				
JOHNSTON EZEKIEL	213	FRAN	221201	01301	0300				
JOHNSTON EDWARD	222	FRAN	320101	01010	0300				
JOHNSTON ELIZABETH	039	FAYE	020100	01101	0001				
JOHNSTON GEN W	083	KNOX	011010	10010	0000	S	0010		
JOHNSTON GEORGE	056	HARR	110010	42010	0100				
JOHNSTON HOMER	083	KNOX	310010	10210	0000				
JOHNSTON HENRY	045	HARR	120101	02101	0200				
JOHNSTON HUGH	286	JEFF	100010	30100	0100				
JOHNSTON ISAAC	051	FAYE	110010	31010	0001				
JOHNSTON ISAAC T	107	DEAR	000010	00000	0100				
JOHNSTON JAMES	015	CLAR	400110	10010	0100				
JOHNSTON JAMES SR	016	CLAR	410010	10010	0100				
JOHNSTON JOHN	016	CLAR	300010	20010	0100				
JOHNSTON JOHN	224	FRAN	200010	30010	0100				
JOHNSTON JOHN	213	FRAN	210010	11010	0200				
JOHNSTON JAMES	186	FRAN	011110	11100	0110				
JOHNSTON JAMES	137	ORAN	000010	30110	0100				
JOHNSTON JOHN	134	ORAN	200020	22010	0101				
JOHNSTON JOHN	057	HARR	000010	42010	0100				
JOHNSTON JOHN	053	FAYE	200010	10010	0100				
JOHNSTON JACOB	141	WARR	311001	20010	0000				
JOHNSTON JOSEPH	311	POSE	210010	21100	0200				
JOHNSTON JOSEPH	090	KNOX	000251	01182	0600				
JOHNSTON JOHN	074	HARR	300010	11010	0000				
JOHNSTON JAMES	179	VAND	240001	22010	0500				
JOHNSTON JOHN	094	DEAR	220010	20010	0100				
JOHNSTON JOSEPH	093	KNOX	000010	20100	0100				
JOHNSTON JAMES	115	DEAR	000212	00201	5500				
JOHNSTON JEREMIAH	121	DEAR	100111	00311	0300				
JOHNSTON JOHN	121	DEAR	000100	10010	0100				
JOHNSTON JOHN I	023	FAYE	210010	21010	0001				
JOHNSTON LEVI	133	ORAN	200100	10100	0100				
JOHNSTON LEVY	040	CLAR	010010	30010	0100				
JOHNSTON LANCELOT	015	CLAR	200011	20010	0200				
JOHNSTON LITTLE W	100	DEAR	000010	00100	0001				
JOHNSTON LEWIS	023	FAYE	020011	20101	0100				
JOHNSTON MICHAEL	131	ORAN	310010	11010	0200				

Head of Household	Page	County	White Males (Under 10, 10-15, 16-18, 16-25, 26-44, 45 & over)	White Females (Under 10, 10-15, 16-25, 26-44, 45 & over)	Foreigners, Agriculture, Commerce, Manufacture	Free or Slave	Negro Males (Under 14, 14-25, 26-44, 45 & over)	Negro Females (Under 14, 14-25, 26-44, 45 & over)	Other not Indian
JOHNSTON MASSY	09	DEAR	111100	10010	0000				
JOHNSTON MARY	094	DEAR	400000	10100	0000				
JOHNSTON MARGRETT	087	KNOX	000000	00101	0000				
JOHNSTON MINUS	005	CLAR	300010	20010	0100				
JOHNSTON NEHEMIAH	208	FRAN	000010	00100	0100				
JOHNSTON NICHOLAS	124	DEAR	000100	00100	0100				
JOHNSTON PEGGEY	087	KNOX	010000	21110	0000				
JOHNSTON PRESLEY	087	KNOX	210301	10110	0400				
JOHNSTON PETER	078	DEAR	000010	20100	0001				
JOHNSTON ROBERT	092	KNOX	200010	21010	0100				
JOHNSTON ROBERT	089	KNOX	000100	10100	0001				
JOHNSTON RUBER	091	KNOX	100100	00100	0100				
JOHNSTON SAMUEL	121	DEAR	300010	00010	0100				
JOHNSTON SAMUEL O	088	KNOX	000101	12201	0200				
JOHNSTON SAMUEL	104	DEAR	000010	10010	0001				
JOHNSTON THOMAS	108	DEAR	221101	00110	0100				
JOHNSTON THOMAS	092	KNOX	100001	40010	0100				
JOHNSTON THOMAS	090	KNOX	000100	00100	0000				
JOHNSTON THOMAS	027	DELA	510010	00010	0100				
JOHNSTON THOMAS F	241	GIBS	000010	00100	0001				
JOHNSTON WM	137	WARR	030010	21001	0001				
JOHNSTON WILLIAM	182	VAND	000100	01000	0100				
JOHNSTON WILLIAM	105	DEAR	001410	20100	0012				
JOHNSTON WILLIAM	122	DEAR	200010	00010	0001				
JOHNSTON WILLIAM	085	KNOX	030201	21101	0024				
JOHNSTON WILLIAM	074	HARR	101220	10100	0000				
JOHNSTON ZEPHINIAH	016	CLAR	000010	10100	0100				
JOLLIF ABNER	040	DUBO	300010	20010	0100				
JOLLIFF RICHARD	131	ORAN	200010	20010	0100				
JOLLY LEWIS	122	DEAR	000100	10010	0001				
JOLLY STEPHEN	183	VAND	000010	00010	0000				
JOLLY THOS	099	LAWR	221101	01110	0100				
JOLLY WILLIAM	077	RIPL	200100	10100	0100				
JONATHAN ATHERSTON	066	DEAR	000021	01010	1010				
JONEKIN NOAH	324	RAND	100010	20010	0100				
JONES AARON	209	FRAN	421110	10010	0200				
JONES ABRAM	183	FRAN	100100	10100	0100				
JONES ABRAHAM	195	FRAN	300010	30010	0100				
JONES ALLEN	128	ORAN	300010	31010	0100				
JONES ALLEN C	105	SULL	200010	00100	0100				
JONES AMOS J	309	POSE	300110	21010	0002				
JONES AMOS	265	WAYN	200100	20010	0100				
JONES ANDREW	205	WAYN	300120	00010	0300				
JONES ARTHUR	257	GIBS			0300	S	1030	0111	
JONES BENJAMIN	326	RAND	220010	10010	0100				
JONES CAWALLIDER	207	WASH	200010	20010	0100				
JONES CHARLES	307A	POSE	400010	20010	0300				
JONES CHARLES	250	GIBS	010010	10100	0100				
JONES DANIEL	173	SWIT	300010	10100	0100				
JONES DANIEL	183	WAYN	020001	20001	0001				
JONES DAVID	215	WASH	200011	00010	0100				
JONES DAVID	220	FRAN	020001	60201	0300				

Head of Household	Page	County	White Males (Under 10, 10-15, 16-18, 16-25, 26-44, 45 & over)	White Females (Under 10, 10-15, 16-25, 26-44, 45 & over)	Foreigners, Agriculture, Commerce, Manufacture	Free or Slave	Negro Males (Under 14, 14-25, 26-44, 45 & over)	Negro Females (Under 14, 14-25, 26-44, 45 & over)	Other not Indian
JONES DAVID	305A	POSE	000100	20100	0100				
JONES DAVID	325A	RAND	200100	10100	0100				
JONES DAVID	285	JEFF	201101	11001	0200				
JONES EDMUND	221	WAYN	210010	30010	0200				
JONES EDMUND	125	SULL	100010	00100	0100				
JONES EDWARD	211	WAYN	001110	02001	0100				
JONES EDWARD	165	WAYN	010101	02001	0100				
JONES ELIZABETH	311A	POSE	110000	12010	0100				
JONES ENOCH	314A	POSE	100010	00001	0001				
JONES EPAPHEA	137	FLOY	000001	00001	0010				
JONES EVAN	131	ORAN	302001	12001	0200				
JONES EZRA	192	VIGO	100520	02210	0500				
JONES FANNEY	213	WASH	100000	10010	0000				
JONES GABRIEL	091	SPEN	200010	21010	0100				
JONES GABRIEL	123	SULL	300020	10010	0200				
JONES GEORGE	007	FAYE	000010	00100	0001				
JONES GEORGE	187	VIGO	000101	00010	0200				
JONES GEORGE	073	HARR	100010	10100	0000				
JONES GEORGE	050	HARR	330010	31011	0400				
JONES GEORGE	262	JACK	310010	10010	0100				
JONES GORAH	011	CRAW	220110	21110	0400				
JONES HANBERRY	215	WASH	200101	10010	0200				
JONES HENRY	127	ORAN	021201	11001	0300				
JONES HENRY	050	HARR	101201	01000	0400				
JONES HENRY	091	SPEN	100010	30100	0100				
JONES HUBBARD	060	DEAR	000001	00001	0100				
JONES HULLUM	242	GIBS	300100	01000	0001				
JONES ISAAC	047	FAYE	000010	20110	0100				
JONES ISAAC	203	WASH	211110	12110	0300				
JONES ISAAC	087	KNOX	000101	12100	0100				
JONES ISAAC	088	KNOX	000010	20100	0100				
JONES ISAAC	029	DELA	110010	10010	0100				
JONES ISAAC	281	JEFF	200010	20010	0100				
JONES JAMES	262	JACK	000010	40010	0100				
JONES JAMES	279A	JEFF	140010	21010	0100				
JONES JAMES	068	DEAR	000202	00001	0021				
JONES JAMES JR	068	DEAR	400010	10010	0001				
JONES JAMES B	078	DEAR	200010	10010	0100				
JONES JAMES	184	FRAN	200011	11001	0200				
JONES JAMES	114	MART	200010	10010	0100				
JONES JAMES	136	ORAN	100100	00100	0100				
JONES JAMES	021	DELA	000110	30010	0100				
JONES JAMES	171	WAYN	110010	22000	0001				
JONES JAMES	256	GIBS	300010	31110	0000				
JONES JAMES	190	VIGO	000011	00101	0200				
JONES JAMES P	191	VIGO	000010	00100	0100				
JONES JAMES W	177	VAND	400020	31010	0200				
JONES JAMES	152	FLOY	120010	30010	0100				
JONES JAMES	163	FRAN	100010	12010	0100				
JONES JAMES	047	FAYE	111210	31010	0100				
JONES JANE	093	KNOX	100100	22210	0000				
JONES JEREMIAH	264	JACK	211101	22010	0100				

Head of Household	Page	County	White Males (Under 10, 10-15, 16-18, 16-25, 26-44, 45 & over)	White Females (Under 10, 10-15, 16-25, 26-44, 45 & over)	Foreigners, Agriculture, Commerce, Manufacture	Free or Slave	Negro Males (Under 14, 14-25, 26-44, 45 & over)	Negro Females (Under 14, 14-25, 26-44, 45 & over)	Other not Indian
JONES JEREMIAH	114	MART	001101	00100	0100				
JONES JESSE	239	WAYN	300001	11010	0100				
JONES JOB	205	WASH	000000	00000	0000	F	0100	3100	
JONES JOHN C	067	HARR	000010	00100	0000				
JONES JOHN	281A	JEFF	400001	02010	0100				
JONES JOHN	245	WAYN	000100	20100	0100				
JONES JOHN	223	WAYN	200010	10100	0100				
JONES JOHN D	158	SCOT	010010	11010	5100				
JONES JOHN	149	FLOY	000100	00100	0100				
JONES JOHN	092	KNOX	100020	40200	0100				
JONES JOHN	003	FAYE	300110	10100	0002				
JONES JONATHAN	217	WASH	301110	31010	0200				
JONES JONATHAN	136	ORAN	100010	10110	0100				
JONES JONNATHAN	182	VAND	000010	30100	0000				
JONES JOSEPH	031	CLAR	310101	12101	0300				
JONES JOSEPH	206	FRAN	200010	30010	0100				
JONES JOSEPH	211	FRAN	200010	30010	0100				
JONES JOSHUA	003	FAYE	200300	00100	0003				
JONES JOSHUA	174	SWIT	210101	01310	0100				
JONES LAWRENCE	097	SPEN	200010	30010	0100				
JONES LEAKIN	173	SWIT	000001	00001	0100				
JONES LEVEN	086	KNOX	000010	20100	0000				
JONES LEVI	175	WAYN	420320	21010	0001				
JONES LEVI	248	GIBS	000100	10100	0100				
JONES LEWIS	077	JENN	000100	10100	0100				
JONES MARTHA	141	WARR	001000	43010	0001				
JONES MARY	192	VIGO	210200	11010	0300				
JONES MICAJAH	181	WAYN	320010	21010	0100				
JONES MORGAN	163	WAYN	020001	01000	0300				
JONES NICHOLAS	308A	POSE	100300	00100	0300				
JONES OLIVER	183	WAYN	320010	10010	0100				
JONES OTIS	191	VIGO	010340	21010	0313				
JONES PATSEY	223	WAYN	001100	10010	0100				
JONES PETER	029	DELA	001101	12001	0100				
JONES PHELIX	242	GIBS	001100	10110	0200				
JONES PHILIP	202	WASH	100010	10100	200				
JONES PHILLIP	193	FRAN	000010	00010	0100				
JONES REBECCA	267A	JACK	110000	01010	0000				
JONES RICHARD	045	HARR	200010	30010	0100				
JONES RICHARD	181	WAYN	000100	00100	0100				
JONES ROBINSON	163	FRAN	200001	41010	0100				
JONES SAML	308A	POSE	000201	00001	0200				
JONES SAMUEL	126	DEAR	000100	10100	0001				
JONES SAMUEL	033	DELA	111201	21210	0200				
JONES SAMUEL	135	ORAN	210001	01110	0100				
JONES SAMUEL	185	WAYN	300010	32000	0100				
JONES SARAH	005	FAYE	000100	00101	0010				
JONES SARAH	086	KNOX	021100	00110	0100	S	1120	3010	
JONES SMITH	209	WAYN	300010	10010	0100				
JONES STEPHEN	045	CLAR	110201	22310	0400				
JONES STEPHEN	005	CLAR	110001	22210	0100				
JONES STEPHEN	324A	RAND	000010	20100	0100				

Head of Household	Page	County	White Males (Under 10, 10-15, 16-18, 16-25, 26-44, 45 & over)	White Females (Under 10, 10-15, 16-25, 26-44, 45 & over)	Foreigners, Agriculture, Commerce, Manufacture	Free or Slave	Negro Males (Under 14, 14-25, 26-44, 45 & over)	Negro Females (Under 14, 14-25, 26-44, 45 & over)	Other not Indian
JONES SUSAN	085	KNOX	010000	40010	0000				
JONES THOMAS	283A	JEFF	320010	12010	0100				
JONES THOMAS	247	WAYN	221110	31010	0200				
JONES THOMAS	044	HARR	010001	20001	0100				
JONES THOMAS	068	DEAR	100010	00100	0001				
JONES THOMAS	049	HARR	101110	10100	0100				
JONES THOMPSON M	095	SPEN	120002	10210	0200				
JONES THOMAS	101	SPEN	000001	01101	0100				
JONES THOS	277A	JEFF	301110	23010	0200				
JONES WESLY	103	LAWR	000100	10100					
JONES WILLIAM	013	FAYE	400010	20010	0100				
JONES WILLIAM	031	FAYE	221110	41010	0100				
JONES WILLIAM SR	217	WASH	000101	00001	0100				
JONES WILLIAM JR	217	WASH	000100	10100	0100				
JONES WILLIAM	159	SCOT	110010	30010	0100				
JONES WILLIAM	143	FLOY	020001	01101	0100				
JONES WILLIAM	104	LAWR	200010	11100	0100				
JONES WILLIAM	066	HARR	100001	20001	0200				
JONES WILLIAM	068	DEAR	000010	10101	0100				
JONES WILLIAM	023	CLAR	200010	12010	0100				
JONES WILLIAM	002	CLAR	100010	41010	0100				
JONES WILLIAM	182	FRAN	100010	10010	0100				
JONES WILLIAM	183	FRAN	310010	10100	0100				
JONES WILLIAM	121	MONR	200100	00010	0100				
JONES WILLIAM	072	HARR	100100	00100	0100				
JONES WILLIAM	050	HARR	000100	20100	0100				
JONES WILLIAM	057	FAYE	100010	20010	0100				
JONES WILLIAM	091	SPEN	201010	00100	0200				
JONES WILLIAM L	097	SPEN	100010	31000	0100				
JONES WILLIAM	267	JACK	321110	20012	0100				
JONES WM	223	WAYN	431110	10010	0500				
JONES YORK	142	OWEN	000000	00000	0000	F	3301	2010	
JONHSTON ISAAC	137	WARR	300100	00010	0001				
JONS JAMES	192	VIGO	000120	01100	0300				
JONSON ISAAC	192	VIGO	000100	10100	0100				
JONSTON ISAAC	039	DUBO	100010	10100	0100				
JORDAN ABRAHAM	113	DEAR	110010	21010	0100				
JORDAN DAVID	115	MART	300010	10100	0100				
JORDAN JOHN	245	WAYN	210101	12002	0200				
JORDAN LEVI	249	GIBS	200010	20010	0100				
JORDAN MOSES	014	CRAW	100110	30010	0100				
JORDAN WM	245	WAYN	300010	10010	0100				
JORDON NAOMI	206	WASH	100000	00101	0100	F	0100		
JOSEPH BARBARA	121	SULL	210100	01110	0200				
JOSEPH ELI	115	SULL	100010	20100	0100				
JOURDAN POLLY	092	KNOX	210200	01001	0300				
JOURDAN ROBERT	092	KNOX	200100	00100	0100				
JOURDAN THOMAS	091	KNOX	211101	22110	0200				
JOURNEY WILLIAM	091	KNOX	200100	00010	0100				
JOURNY WILLIAM	033	DELA	100010	00010	0100				
JUDD JOB	094	DEAR	000101	01001	0100				
JUDD JOHN	193	VIGO	110211	11110	0400				

Head of Household	Page	County	White Males (Under 10, 10-15, 16-18, 16-25, 26-44, 45 & over)	White Females (Under 10, 10-15, 16-25, 26-44, 45 & over)	Foreigners, Agriculture, Commerce, Manufacture	Free or Slave	Negro Males (Under 14, 14-25, 26-44, 45 & over)	Negro Females (Under 14, 14-25, 26-44, 45 & over)	Other not Indian
JUDD JOSEPH	094	DEAR	000010	20100	0100				
JUDD ORION	120	DEAR	000100	00100	0100				
JUDD PHINEAS	120	DEAR	000010	00100	0100				
JUDD SELAH	094	DEAR	000100	00100	0100				
JUDY JOHN	267A	JACK	030101	01010	0100				
JULEN WILLIAM	113	SULL	200100	00100	0100				
JULIAN GEORGE	055	FAYE	000011	20100	0100				
JULIAN GEORGE	253	WAYN	000001	00001	0100				
JULIAN GEORGE	029	FAYE	000100	00100	0100				
JULIAN GOE	055	FAYE							
JULIAN ISAAC	259	WAYN	000001	00101	0100				
JULIAN ISAAC	175	WAYN	300010	20010	0100				
JULIAN JACOB	259	WAYN	100010	20010	0100				
JULIAN JESSE	011	FAYE	000100	00100	0100				
JULIAN JOHN	051	FAYE	000010	11010	0100				
JULIAN RENNEY	005	FAYE	100100	20100	0100				
JULIAN RENNY	103	LAWR	000010	00000	0100				
JULIAN SHUBAL	257	WAYN	100100	10100	0100				
JULINN JOHN	019	DELA	000201	11310	0100				
JUNKINS JAMES	225	WAYN	310010	11010	0100				
JUSTICE DANIEL	090	KNOX	200110	20010	0100				
JUSTICE JAMES	165	WAYN	010110	01000	0300				
JUSTICE JAMES	009	FAYE	000021	20010	0100				
JUSTICE JOSEPH	195	WAYN	000001	00001	0100				
JUSTICE JONATHAN	229	WAYN	310001	12010	0200				
JUSTICE JOSEPH	009	FAYE	200011	10010	0100				
JUSTICE JOHN	011	FAYE	300011	20010	0101				
JUSTICE MORTON	110	DEAR	200010	00100	0100				
JUSTICE PATRICK	159	WAYN	520210	10000	0301				
JUSTICE WILLIAM	159	WAYN	000100	00001	0001				
JUSTUS PETER	076	JENN	100010	10010	0000				
KAIN ARNOLD	015	CLAR	200010	20010	0100				
KAIN DENNIS	027	CLAR	000012	00100	0100				
KAIN ZACK	043	CLAR	000000	00000	0100	F	0000	1000	1
KANE HUGH	039	CLAR	100100	10100	0100				
KANE JOHN	174	SWIT	000010	00100	0100				
KANE JOSHUA	166	SWIT	001110	00100	0100				
KANES ADAM	121	MONR	000101	01200	0200				
KANNADA DAVID	195	WAYN	220010	41100	0100				
KANNADA EDWARD	161	WAYN	000200	20100	0002				
KANNADA JOHN	259	WAYN	200100	00100	0100				
KANNADA LEWIS	197	WAYN	200100	00100	0100				
KANT DAVID	319A	POSE	000001	00101	0100				
KARNS WILLIAM	083	KNOX	200110	10010	0001				
KARON ARCHIBALD	086	DEAR	000100	00100	1010				
KARREL MOSES	053	FAYE	210101	01010	0200				
KATTS HENRY	212	WASH	100010	00100	0100				
KAUFFMAN SAMUEL	090	KNOX	100101	11110	0200				
KAUFMAN ABRAHAM	109	SULL	100100	10100	0100				
KAUSLER JOHN	083	KNOX	000010	00000	0001				
KAY FELTER	137	WARR	000010	00010	0000				
KAY RACHAEL	139	WARR	010000	20110	0000				

Head of Household	Page	County	White Males (Under 10, 10-15, 16-18, 16-25, 26-44, 45 & over)	White Females (Under 10, 10-15, 16-25, 26-44, 45 & over)	Foreigners, Agriculture, Commerce, Manufacture	Free or Slave	Negro Males (Under 14, 14-25, 26-44, 45 & over)	Negro Females (Under 14, 14-25, 26-44, 45 & over)	Other not Indian
KAYS JOHN	121	MONR	100010	10100	0100				
KEAIL JACOB	320	POSE	002201	01001	0200				
KEAN RICHARD	189	FRAN	111201	22010	0300				
KEAN WILLIAM	189	FRAN	000100	01000	0100				
KEANAN WILLIAM	048	CLAR	200010	20010	00				
KEARNS THOMAS	025	DELA	010110	40010	0101				
KEATH JOHN	089	KNOX	000110	00000	0200				
KEATH WILLIAM	090	KNOX	410010	11010	0100				
KEATHLEY HENRY	104	LAWR	200100	10100	0100				
KEATHLEY WILLIS	104	LAWR	300010	10100	0100				
KEATHLY JAMES	066	HARR	200010	00010	0100				
KEATHLY JOSEPH	103	LAWR	120010	31010	0100				
KEATHLY JOHN	103	LAWR	000010	00010	0100				
KEATHLY JOSEPH SR	066	HARR	100100	00100	0100				
KEATHLY JOHN SR	066	HARR	010001	00001	0100				
KEATHLY JOHN JR	066	HARR	210010	01010	0100				
KEATS SAML	160	SCOT	000100	00100	0100				
KEE LANDON	253	GIBS	071201	10201	0300				
KEEDY ABRAHAM	132	ORAN	000100	10100	0100				
KEEDY JOHN	136	ORAN	111110	22110	0200				
KEEL JACOB	135	WARR	000101	12110	0000				
KEEL PETER	170	SWIT	210001	23010	0100				
KEELER CALEB	163	FRAN	210010	11010	0100				
KEELER HEMAN	073	RIPL	000100	00100	0001				
KEELER SANFORD	053	FAYE	100010	20100	0001				
KEELING AMBROSE	219	WAYN	100010	31010	0100				
KEEN SAMUEL B	179	VAND	000100	00000	0000				
KEEN WILLIAM C	169	SWIT	000010	30110	0001				
KEENAN CAVIEN	040	CLAR	100101	00201	0200				
KEENE HENRY P	049	HARR	500010	11010	0100				
KEENEY JOHN SR	045	FAYE	010001	01001	0100				
KEENOSH ANTHONY	306A	POSE	100010	00010	0100				
KEENY JONATHAN	045	FAYE	330110	10010	0001				
KEENY PETER	045	FAYE	200100	00100	0100				
KEEPHEART THOMAS	254	GIBS	211010	01101	0200				
KEER JOSIAH	290A	JEFF	100001	32000	0100				
KEESLING JOHN SR	209	WAYN	001201	00101	0400				
KEESLINGS JAMES	215	WAYN	420010	10010	0100				
KEESSRACKER GEORGE	147	PERR	000201	01001	0300				
KEEVER JAMES	178	FRAN	010001	00101	0100				
KEFER GEORGE	207	FRAN	110010	12010	0200				
KEFFER GEORGE	207	FRAN	000100	00100	0100				
KEFFER THOMAS	196	FRAN	110110	11110	0200				
KEICHTLEY ROBERT	114	DEAR	000101	00201	1100				
KEID PHILIP	081	JENN	300010	22010	0100				
KEIGWIN JAMES	006	CLAR	000200	00100	0002				
KEISLING JACOB JR	245	WAYN	510010	10010	0200				
KEITH ALEXANDER	149	WARR	110101	31110	0000				
KEITH ALEXANDER	133	ORAN	000101	01111	0200				
KEITH DANIEL	262	JACK	000001	00311	0100				
KEITH HORATIA	156	SCOT	200010	10010	0100				
KEITH LOYA	156	SCOT	100010	01100	0100				

Head of Household	Page	County	White Males (Under 10, 10-15, 16-18, 16-25, 26-44, 45 & over)	White Females (Under 10, 10-15, 16-25, 26-44, 45 & over)	Foreigners, Agriculture, Commerce, Manufacture	Free or Slave	Negro Males (Under 14, 14-25, 26-44, 45 & over)	Negro Females (Under 14, 14-25, 26-44, 45 & over)	Other not Indian
KEITH NICHOLAS	171	SWIT	320010	20010	0100				
KEITH SAML A	080	JENN	400020	20010	0200				
KEITH WILLIAM	172	SWIT	200010	10010	0100				
KELL JEAN	251	GIBS	000110	10210	0200				
KELL JOHN	231	GIBS	000111	00011	0010				
KELL SAMUEL	078	DEAR	200010	31010	0100				
KELLBY JOHN	042	CLAR	030001	20101	0100				
KELLEMS ISAAC	005	CRAW	011100	00001	0100				
KELLEMS JAMES	005	CRAW	200010	20100	0100				
KELLEMS JAMES	006	CRAW	320010	41110	0300				
KELLER ABRAHAM	265	JACK	000300	00100	0100				
KELLER ADAM	079	JENN	300010	20010	0100				
KELLER ANDREW	209	WASH	001110	11010	0100				
KELLER DANIEL	139	FLOY	001110	20100	0001				
KELLER DANIEL	047	CLAR	000101	00101	0001				
KELLER DAVID	262	JACK	000001	00110	0100				
KELLER JACOB	265	JACK	101100	10100	0100				
KELLER JOHN	031	CLAR	111401	21301	0800				
KELLER JOHN	006	CRAW	410010	20010	0000				
KELLER JOHN	041	HARR	020301	11101	0500				
KELLER JONATHAN	046	HARR	200010	21010	0100				
KELLEY ABRAHAM	284	JEFF	310010	11110	0100				
KELLEY ABRAHAM	220	WASH	200001	00110	0100				
KELLEY GEORGE	121	MONR	100010	00200	0001				
KELLEY JAMES	213	WASH	300010	20010	0100				
KELLEY JOHN	284	JEFF	210010	21010	0100				
KELLEY JOHN	185	WAYN	110010	10100	0100				
KELLEY JOSHUA	143	OWEN	000011	00001	0000				
KELLEY JOSHUA	143	OWEN	100020	10100	0100				
KELLEY NICHOLAS	143	OWEN	110010	11000	0100				
KELLEY SAMUEL	284	JEFF	100010	20100	0100				
KELLIEN SAMUEL	187	WAYN	100100	10100	0001				
KELLION JACOB	160	SCOT	200101	00000	0100				
KELLOGG ENOS	112	MART	301110	01100	0100				
KELLY ANTHONY	031	CLAR	131201	11110	0400				
KELLY ASA	223	FRAN	200010	10010	0100				
KELLY BARBARY	017	CLAR	111100	22010	0100				
KELLY DAVID	190	VIGO	200010	00100	0100				
KELLY DAVIS	020	CLAR	300010	10100	0100				
KELLY DAVID	262A	JACK	010101	11101	0100				
KELLY ELIAS	037	CLAR	101100	00101	0200				
KELLY HENRY	093	KNOX	201211	22101	0300				
KELLY HENRY	060	DEAR	120100	00100	0100				
KELLY HUGH	020	CLAR	101201	00101	0101				
KELLY JACOB	261A	JACK	100010	10010	0100				
KELLY JAMES	005	CLAR	500010	10010	0100				
KELLY JOHN	145	FLOY	000010	20010	0100				
KELLY JOHN	033	CLAR	200010	20010	0100				
KELLY JOHN	101	SPEN	200010	00010	0100				
KELLY JOHN B	139	WARR	010100	30010	0000				
KELLY JOHN	263A	JACK	500010	10011	0100				
KELLY LAWRANCE	020	CLAR	000001	01001	0000				

Head of Household	Page	County	White Males (Under 10, 10-15, 16-18, 16-25, 26-44, 45 & over)	White Females (Under 10, 10-15, 16-25, 26-44, 45 & over)	Foreigners, Agriculture, Commerce, Manufacture	Free or Slave	Negro Males (Under 14, 14-25, 26-44, 45 & over)	Negro Females (Under 14, 14-25, 26-44, 45 & over)	Other not Indian
KELLY MICHAEL	112	MART	100020	10010	2101				
KELLY NATHAN	005	CLAR	010010	40010	0100				
KELLY SAMUEL	180	VAND	200010	10100	0100				
KELLY SAMUEL	005	CLAR	000100	10100	0100				
KELLY THOMAS	171	SWIT	000100	00100	0100				
KELLY WILLIAM	171	SWIT	010001	00301	0100				
KELLY WILLIAM	060	DEAR	100001	20010	0200				
KELLY WILLIAM	033	CLAR	200001	23110	0100				
KELLY WILLIAM	015	CLAR	510001	41010	0100				
KELLY WILLIS	215	FRAN	200101	31010	0200				
KELLY WILLIAM JR	089	SPEN	200010	20010	0100				
KELLY WILLIAM SR	089	SPEN	000101	00101	0100				
KELM WILLIAM	089	SPEN	000100	10000	0100				
KELSHAMMER JOHN	109	SULL	300010	00010	0100				
KELSO HUGH	215	WASH	300301	01210	0400				
KELSO JOHN	124	DEAR	410001	01010	0100				
KELSO JOSEPH	037	DUBO	100101	11210	0100				
KELSO JOSEPH J	037	DUBO	120010	11120	0300				
KELSO POLLY	205	WASH	000040	11210	0010				
KELSO ROBERT	060	DEAR	331110	10010	0100				
KELSO SAMUEL J	037	DUBO	100010	20010	0100				
KELSO SAMUEL	039	DUBO	210001	10001	0200				
KELSO SAMUEL	037	DUBO	010011	10100	0200				
KELSO THOMAS	037	DUBO	001111	00001	0300				
KELSOE WILLIAM	113	SULL	101110	40010	0200				
KELSY DANIEL	109	DEAR	100010	11010	0100				
KELSY WILLIAM	097	LAWR	000240	10100	0010				
KELUMS GILBURT	038	DUBO	000100	00100	0100				
KEMP GODLOVE	203	WASH	320010	10010	0100				
KENDALL JOHN R	147	FLOY	100010	21010	0100				
KENDALL THORNTON	135	ORAN	221101	00110	0500				
KENDALL WILLIAM	129	ORAN	200001	10201	0100				
KENEDA WILLIAM	029	FAYE	300010	20010	0001				
KENEDY CATY	316	POSE	210100	41010	0200				
KENEDY DAVID	306	POSE	010101	21100	0100				
KENEDY WILLIAM	072	HARR	020311	31211	0600				
KENMAN JEREMIAH	298	PIKE	000010	10100	0000				
KENMAN LEVI SR	298	PIKE	101001	00011					
KENNEDY ALEXANDER	273A	JEFF	230020	20010	0001				
KENNEDY JAMES	205	WASH	000010	10100	0001				
KENNEDY JAMES	144	FLOY	200010	10010	0100				
KENNEDY JAMES	165	FRAN	200010	20110	0100				
KENNEDY JOHN	213	WASH	010001	00001	0100				
KENNEDY JOSEPH	282	JEFF	010110	01201	0200				
KENNEDY JOHN	289	JEFF	000010	00100	0001				
KENNEDY JOHN	219	WASH	510010	00010	0020				
KENNEDY REUBEN	214	WASH	000201	10001	0300				
KENNEDY ROBERT	276	JEFF	210010	31010	0100				
KENNEDY SUSANNAH	211	WASH	100000	00100	0000				
KENNEDY THOMAS	144	FLOY	100010	00100	0100				
KENNEDY WILLIAM	202	WASH	310101	11210	0200				
KENNERLY EVERTON	178	VAND	110010	11110	0200				

Head of Household	Page	County	White Males (Under 10, 10-15, 16-18, 16-25, 26-44, 45 & over)	White Females (Under 10, 10-15, 16-25, 26-44, 45 & over)	Foreigners, Agriculture, Commerce, Manufacture	Free or Slave	Negro Males (Under 14, 14-25, 26-44, 45 & over)	Negro Females (Under 14, 14-25, 26-44, 45 & over)	Other not Indian
KENNY RICHARD	154	SCOT	010201	00001	0300				
KENT CARLTON	274A	JEFF	200010	20010	0000				
KENT DAVID	272A	JEFF	210130	02010	0004				
KENT EDMOND	187	WAYN	010001	00001	0100				
KENT HENRY	177	VAND	000201	00000	0300				
KENTING SOLOMAN	029	DELA	310001	10010	0100				
KENTLY JAMES	160	FRAN	001101	21001	0200				
KENWORTHY DAVID	366	RAND	021100	11010	0100				
KENYON SAML	137	WARR	010010	50010	0001				
KEOKE GODFREY	182	VAND	000100	00000	1001				
KEPHART GEORGE	268A	JACK	000001	00001	0000				
KEPLER GEORGE	317	POSE	001201	00101	0100				
KEPLER PETER	249	WAYN	120111	20110	0001				
KEPLEY GEORGE	066	HARR	020101	01110	0200				
KEPLEY JOHN	066	HARR	111201	01011	0300				
KEPLEY PETER	073	HARR	000000	00000	0000	F	0220	0000	
KEPLIN WILLIAM	023	DELA	310000	33100	0100				
KERBY JESSE	111	SULL	100100	00010	0100				
KERBY RITEHARD	143	OWEN	201120	41101	0200				
KERBY WILLIAM	266	JACK	120110	21110	0100				
KERCHMAN JANE	005	FAYE	210000	00010	0100				
KERCHWELL BENJAMIN	189	VIGO	110010	12010	0200				
KERK DANIEL	255	GIBS	100100	00100	0100				
KERK NANCY	274	JEFF	300300	30001	0300				
KERKEY IZDORE	084	KNOX	000010	00100	0000				
KERKEY PIERRE	084	KNOX	210010	00100	0000				
KERKMAN JAMES	235	GIBS	210010	22210	0100				
KERN ABRAHAM	101	LAWR	300010	22010	0100				
KERN JACOB	165	SWIT	111101	12001	0100				
KERN JACOB	171	SWIT	000100	00100	0100				
KERN PATRICH	179	VAND	000010	00000	0000				
KERN WILLIAM	101	LAWR	300110	10100	0100				
KERNES JOHN	143	FLOY	210102	21010	0400				
KERNS DANIEL	023	CLAR	110010	40011	0100				
KERNS ROBERT	021	CLAR	000010	20100	0100				
KERR ALEXANDER	025	FAYE	100010	30100	0100				
KERR JOHN	071	HARR	100010	00100	0000				
KERR MICHAEL	137	ORAN	000001	00120	0000				
KERR ROBERT	190	VIGO	100010	00100	0001				
KERR THOMAS G	131	ORAN	211110	00010	0300				
KERREL JOHN	252	GIBS	020001	30010	0100				
KERSEY DANIEL	114	DEAR	210010	21020	0100				
KERSEY STEPHEN	126	ORAN	000010	20100	0100				
KERTS CONRÁD	005	CRAW	332010	22010	0600				
KESHEL JOB	324	RAND	000010	00000	0010				
KESLER PAUL	218	WASH	210010	31010	0200				
KESNER CHRISTIAN	060	HARR	000100	03010	0100				
KESNER JACOB	061	HARR	200010	30200	0100				
KESNER JOHN	061	HARR	110010	20101	0100				
KESTER AZUBA	295	JEFF	200000	12010	0000				
KESTER DANIEL	036	CLAR	200010	10010	0100				
KESTER GEORGE	321	POSE	300201	20100	0300				

Head of Household	Page	County	White Males (Under 10, 10-15, 16-18, 16-25, 26-44, 45 & over)	White Females (Under 10, 10-15, 16-25, 26-44, 45 & over)	Foreigners, Agriculture, Commerce, Manufacture	Free or Slave	Negro Males (Under 14, 14-25, 26-44, 45 & over)	Negro Females (Under 14, 14-25, 26-44, 45 & over)	Other not Indian
KESTER JESSE	190	VIGO	000100	10100	0100				
KESTER JOHN	189	VIGO	000010	10100	0100				
KESTER NATHANIEL	189	VIGO	200110	20100	0200				
KESTER RHEUAME	189	VIGO	120000	00001	0300				
KETCHAM DAVID	113	DEAR	100010	20010	0100				
KETCHIN DANIEL	033	CLAR	100010	31100	0100				
KETCHUM JOHN	121	MONR	120130	31110	0201				
KETHCART PIERSON	217	WASH	100100	00100	0100				
KEVITT JOHN	233	WAYN	200010	30010	0100				
KEY CRARSEY D	220	WASH	200010	00010	0200				
KEY JEFFERSON	149	WARR	000100	00000	0000				
KEY JOHN	046	HARR	030101	30001	0200				
KEY THOMAS	252	GIBS	000100	11000	0100				
KEY WM	252	GIBS	020001	30010	0200				
KEYSER FREDERICK	079	JENN	320201	11001	0100				
KEYT HOSEA	211	WASH	000200	00100	0200				
KEYT JOHN	216	WASH	000201	01001	0300				
KIBBEE LUCIOUS	193	VIGO	220221	10020	0502				
KIBBY JOHN C	169	WAYN	010010	23010	0010				
KICKLAND ARON F	083	KNOX	100010	01110	0000				
KID LEWIS	105	LAWR	000100	00100	0100				
KID WILLIAM	105	LAWR	100100	00100	0100				
KIDD POLLY	064	HARR	100000	10010	0000				
KIDWELL DORCAS	045	FAYE	000000	01101	0000				
KIDWELL JAMES	178	FRAN	200010	20010	0100				
KIDWELL WILLIAM	045	FAYE	000200	00100	0100				
KIGER JOHN	181	FRAN	121101	01201	0200				
KIGER JOHN	269	WAYN	310010	10011	0200				
KIGOR JACOB	193	VIGO	000210	10010	0200				
KIGORE REUBIN	101	LAWR	100100	10100	0100				
KIKENDAL JOHN	274A	JEFF	210210	11211	0002				
KILBURN ELISHA	113	MART	200010	10010	0100				
KILBY ANDREW	044	HARR	210010	21101	0100				
KILGORE CHARLES	098	LAWR	020001	10001	0100				
KILGORE OBED	218	FRAN	202201	00101	0300				
KILGORE SIMPSON	098	LAWR	000100	10100	0100				
KILGOUR EZEKIEL	095	DEAR	241201	11100	0100				
KILGOUR JOHN	122	DEAR	200010	00100	1100				
KILK JAMES	121	MONR	200010	01100	2001				
KILLAM ADAM	046	HARR	001101	00011	0200				
KILLAM JOHN	077	JENN	200201	21101	0100				
KILLHAM WILLIAM	059	HARR	110010	20100	0100				
KILLIAM LENARD	046	HARR	200010	20100	0100				
KILLIAN JACOB	160	SCOT	100101	00101	0200				
KILLIEN DAVID A	043	HARR	110010	21010	0100				
KILLIHAM JOHN	077	JENN	100100	10100	0100				
KILLION MICHAEL	160	SCOT	000010	00100	0010				
KILLION MICHEAL	262	JACK	220010	10010	0100				
KILLPATRICK JOHN	301	PIKE	300100	30010					
KILSO AMBROSE	178	VAND	100110	00100	0200				
KILYAN DANIEL	203	WASH	230001	31010	0400				
KIM DANIEL	158	SCOT	200010	30100	0100				

Head of Household	Page	County	White Males (Under 10, 10-15, 16-18, 16-25, 26-44, 45 & over)	White Females (Under 10, 10-15, 16-25, 26-44, 45 & over)	Foreigners, Agriculture, Commerce, Manufacture	Free or Slave	Negro Males (Under 14, 14-25, 26-44, 45 & over)	Negro Females (Under 14, 14-25, 26-44, 45 & over)	Other not Indian
KIMBERLAND JOHN	157	SCOT	000200	00001	0200				
KIMBERLAND ABRAHAM	158	SCOT	311110	42010	0001				
KIMBERLIN ABRAHAM	028	CLAR	010100	10100	0100				
KIMBERLIN HENRY	058	HARR	321401	10001	0200				
KIMBERLY LENAS	076	JENN	110001	31010	0100				
KIMBLE GEORGE W	186	FRAN	101310	00100	0003				
KIMBLE LEMBERT	032	DELA	000001	00001	0000				
KIMBLE PHILUP	038	DUBO	300010	01010	0100				
KIMBLEY ISAAC	016	CLAR	100111	01100	0101				
KIMBRAE JAMES	129	ORAN	200010	30010	0100				
KIME DAVID	033	DELA	201110	20010	0200				
KIME MICHAEL	302	PIKE	000010	20010	0				
KIMED GEORGE SR	319A	POSE	000101	01010	0100				
KIMERLEY PETER	173	SWIT	100100	10100	0100				
KIMES HENRY	038	CLAR	000001	00101	0100				
KIMMERLY JOHN	098	LAWR	000120	00100	0100				
KINBULL JESSE	242	GIBS	011201	11101	0300				
KINCARD SMAUEL	094	DEAR	401201	01001	0100				
KINDALE ADAM	025	FAYE	100200	00100	0100				
KINDALE VACHEL	025	FAYE	410110	11101	0100				
KINDALL ALLEN	151	FLOY	000011	10010	0200				
KINDALL EWEL	163	WAYN	110110	21110	0300				
KINDALL LEWIS	151	FLOY	100010	40021	0100				
KINDALL SUSANNAH	143	FLOY	220100	01101	0200				
KINDALL THOMAS	171	WAYN	110010	21010	0200				
KINDER PETER	147	PERR	100100	10100	0100				
KINDLE HENRY	266A	JACK	100100	00101	0100				
KINDLE JAMES	059	HARR	200110	22100	0200				
KINDLE THOMAS	263A	JACK	111201	22010	0100				
KINDLE THOMPSON ESQ	050	HARR	300010	01010	0100				
KINDLE WILLIAM	058	HARR	200010	20010	0100				
KINDOLL JACOB KUY	084	KNOX	110011	11110	0100	S	0100	0010	
KINDRED BARTHOLOMEW	266	JACK	010001	10010	0100				
KINDRED DAVID	264	JACK	200010	30010	0100				
KINDRED EDWARD	269	JACK	200010	20100	0100				
KINDRED JOHN	266	JACK	120010	11110	0100				
KINEY WILLIAM	182	VAND	210001	01001	0000				
KING	033	CLAR	000010	00000	0001				
KING ALEXANDER	009	CRAW	500010	00010	0100				
KING BANJAMIN	053	HARR	110201	11000	0200				
KING CHIRSLEY	028	CLAR	210010	21010	0100				
KING CORNELIUS	134	ORAN	000100	20100	0100				
KING CORNELIUS	135	ORAN	010100	10100	0200				
KING DAVID	172	SWIT	000010	00100	0100				
KING DAVID	233	GIBS	200100	10010	0100				
KING ELISHA	221	WASH	000200	00000	0300	F	0001		
KING ELISHA	217	WAYN	000010	00100	0100				
KING G W	289	JEFF	000100	10100	1100				
KING GEO	289	JEFF	000101	00111	0200				
KING HENRY	190	VIGO	300010	10010	0100				
KING JAMES	129	ORAN	100010	20100	0100				
KING JAMES	079	RIPL	300001	10010	0100				

Head of Household	Page	County	White Males (Under 10, 10-15, 16-18, 16-25, 26-44, 45 & over)	White Females (Under 10, 10-15, 16-25, 26-44, 45 & over)	Foreigners, Agriculture, Commerce, Manufacture	Free or Slave	Negro Males (Under 14, 14-25, 26-44, 45 & over)	Negro Females (Under 14, 14-25, 26-44, 45 & over)	Other not Indian
KING JEREMIAH	117	MONR	100100	10100	0100				
KING JOHN	078	JENN	010010	20111	0100				
KING JOHN	078	DEAR	010001	01101	0100				
KING JOHN	028	CLAR	300001	22010	0100				
KING JOHN	233	GIBS	100100	00100	0100				
KING JOHN B	129	ORAN	300010	21010	0100				
KING JOHN	135	ORAN	010100	10100	0200				
KING JOHN S	289	JEFF	100100	10200	0100				
KING JOHN	274	JEFF	100010	00100	0010				
KING JOHN	027	FAYE	000110	11100	0100				
KING JOHN F	189	VIGO	000200	00100	0101				
KING JONATHAN	135	FLOY	200010	00100	0100				
KING JOSEPH	180	VAND	000100	00000	0001				
KING PETER	108	LAWR	200010	20100	0100				
KING PHINEAS	078	DEAR	000010	30100	0100				
KING RANSAL	277	JEFF	110010	20010	0100				
KING SAMUEL	233	GIBS	220001	21010	0100				
KING SAMUEL	217	WAYN	200010	30010	0100				
KING SIDNEY	079	RIPL	000110	00100	0100				
KING SOLOMON D	233	GIBS	000010	20011	0100				
KING SPENCER	275A	JEFF	000			F	1200	0100	
KING THOMAS W	078	DEAR	100100	10100	0100				
KING THOMAS	266	JACK	020001	51011	0100				
KING VICTOR	275	JEFF	000010	00100	0010				
KING WILLIAM	148	FLOY	320010	11010	0300				
KING WILLIAM	121	MONR	210010	21010	0100				
KING WILLIAM	071	HARR	200010	10100	0100				
KINGERY ANN	197	FRAN	010100	21010	0200				
KINGERY CHRISTIAN	207	FRAN	000001	00000	0100				
KINGERY MARTIN	207	FRAN	110001	23110	0200				
KINGERY SAMUEL	208	FRAN	210010	21110	0100				
KINGERY TOBIAS	045	HARR	230010	30010	0100				
KINGSBERRY JOHN	205	WASH	100010	00010	0000				
KINGSBURY ROBERT	180	VAND	010010	11010	5100				
KINGSBURY BENJAMIN	180	VAND	000001	00001	2100				
KINGSLEY SYLOANUS D	167	SWIT	100010	10100	0100				
KINGSY JACOB	201	WAYN	410110	11110	0400				
KINKADE ANDREW	009	CRAW	000100	20100	0100				
KINKADE JOHN	014	CRAW	010101	01101	0300				
KINKADE JOSEPH	009	CRAW	310002	11310	0200				
KINKADE WILLIAM	011	CRAW	000210	00100	0100				
KINKAID FRANCES	030	DELA	320101	21110	0200				
KINKAID JOSEPH	035	CLAR	010110	20100	0002				
KINLEY ISAAC C	325	RAND	300010	00100	0100				
KINMAN CIRUS	298	PIKE	000100	00100					
KINMAN DAVID	299	PIKE	120111	30010	0010				
KINMAN JAMES	298	PIKE	100101	00101	0000				
KINMAN JAMES	297	PIKE	210210	21010	0000				
KINMAN JEREMIAH	300	PIKE	000100	01000					
KINMAN JOEL	300	PIKE	100100	00100					
KINMAN JOHN	297	PIKE	110010	00010	0000				
KINMAN JOSEPH	300	PIKE	200010	20100					

Head of Household	Page	County	White Males (Under 10, 10-15, 16-18, 16-25, 26-44, 45 & over)	White Females (Under 10, 10-15, 16-25, 26-44, 45 & over)	Foreigners, Agriculture, Commerce, Manufacture	Free or Slave	Negro Males (Under 14, 14-25, 26-44, 45 & over)	Negro Females (Under 14, 14-25, 26-44, 45 & over)	Other not Indian
KINMAN LEVI JR	298	PIKE	200010	20010					
KINNAN JAMES SR	298	PIKE	000101	00001					
KINNEAR CAMPBELL	284	JEFF	000100	00100	0100				
KINNEAR JOHN	286A	JEFF	100010	10100	0100				
KINNEAR MICHAEL	284	JEFF	011101	10110	0100				
KINNEAR ROBERT	285	JEFF	000000	00000	0000				
KINNEMAN PHILIP	017	FAYE	100010	20100	0100				
KINNEMAN RICHARD	017	FAYE	100010	61100	0100				
KINNET SAMUEL	075	RIPL	101010	33010	0200				
KINNY RICHARD	162	SCOT	010201	00001	0300				
KINNY SAUL	158	SCOT	210010	20010	0100				
KINSER ADAM	029	DELA	200010	11210	0100				
KINSEY JESSY	038	DUBO	310101	21010	0300				
KINSLEY CALVIN	220	FRAN	201110	32011	0200				
KINSLEY JOHN	115	DEAR	100210	30010	0100				
KINTNER JACOB	054	HARR	030510	02110	0200				
KINTNER PETER	074	HARR	220201	21110	0000				
KINTON JOHN	201	FRAN	120010	30010	0200				
KINWORTHEY THOMAS SR	265	JACK	011201	00110	0100				
KINWORTHY THOMAS JR	266A	JACK	300010	11010	0100				
KINWORTHY JOHN	255	WAYN	121101	00110	0200				
KINYAN JOHN	209	WASH	000010	10100	0000				
KINYEN JAMES	039	FAYE	300010	00010	0001				
KIPHART CHARLES	077	RIPL	000001	00001	0100				
KIPHART JOHN	077	RIPL	100010	10100	0100				
KIPHART PHILIP	075	RIPL	100100	10010	0100				
KIPLEY ANDREW	066	HARR	200100	10100	0100				
KIPPERS JAMES P	013	FAYE	000010	10100	0001				
KIRBY ALEXANDER	135	ORAN	400010	10010	0100				
KIRBY EDWARD	132	ORAN	111110	12010	0300				
KIRBY JAMES D	169	SWIT	000200	01000	0010				
KIRBY JOEL	135	ORAN	200010	00112	0100				
KIRBY JOEL	075	RIPL	110010	22010	0200				
KIRBY JOHN	075	RIPL	000101	00001	0100				
KIRK HENRY G	083	KNOX	000100	00000	1010				
KIRK JOHN	295	JEFF	200100	10100	0100				
KIRK JOHN	125	ORAN	110010	30010	0100				
KIRK JOSEPH	066	HARR	400010	11010	0100				
KIRK MARY ANN	256	GIBS	220100	01201	0010				
KIRK NATHAN	196	WABA	000010	20100	0100				
KIRK WILLIAM	092	KNOX	300010	10010	0100				
KIRKHAM HENRY	121	MONR	211101	02000	0200				
KIRKHAM HENRY	062	HARR	230110	33110	0200				
KIRKINDALL JOHN	117	MONR	000100	10100	0100				
KIRKLAND JAMES	289A	JEFF	100010	00010	0100				
KIRKLEY ABRAHAM	076	JENN	200200	00110	0001				
KIRKMAN JAMES	108	LAWR	000200	00100	0100				
KIRKMAN JOHN	133	ORAN	100010	20100	0100				
KIRKMAN WILLIAM	125	ORAN	200010	10100	0100				
KIRKMAN WM	024	DELA	300010	10100	0100				
KIRKPATRICK WILLIAM	047	FAYE	321110	22110	0100				
KIRKPATRICK GEORGE	186	VIGO	000010	10100	0001				

Head of Household	Page	County	White Males (Under 10, 10-15, 16-18, 16-25, 26-44, 45 & over)	White Females (Under 10, 10-15, 16-25, 26-44, 45 & over)	Foreigners, Agriculture, Commerce, Manufacture	Free or Slave	Negro Males (Under 14, 14-25, 26-44, 45 & over)	Negro Females (Under 14, 14-25, 26-44, 45 & over)	Other not Indian
KIRKPATRICK JANE	150	FLOY	112300	13001	0200				
KIRKPATRICK MOSES	143	FLOY	100010	00000	0010				
KIRKPATRICK JOSEPH	101	LAWR	100010	31010	0100				
KIRKPATRICK WILLIAM	037	CLAR	200010	21010	0100				
KIRKPATRICK JOHN	016	CLAR	000001	00010	0100				
KIRKPATRICK WILLIAM	025	CLAR	210010	11010	0100				
KIRKPATRICK JAMES	073	HARR	400110	21010	0000				
KIRKPATRICK JAMES	245	GIBS	100110	30100	0002				
KIRKPATRICK CHARITY	264	JACK	200100	13101	0100				
KIRKWOOD GEORGE	187	VIGO	120010	31020	0300				
KIRMICHAEL WILLIAM	136	ORAN	320001	11010	0400				
KISER JESSE	194	VIGO	200010	00100	0100				
KISLER JACOB	264A	JACK	030001	00000	0100				
KISTEN HENRY	275A	JEFF	210220	21120	0004				
KISTLER FREDERICK	279A	JEFF	011201	00001	0300				
KISTLER JOHN	279	JEFF	100100	20100	0100				
KITCHELL PIERCY	181	FRAN	200301	20200	0300				
KITCHEN JAMES	013	FAYE	101101	32210	0100				
KITCHEN JOHN	180	VAND	100010	20100	0100				
KITCHEN WILLIAM	015	FAYE	110010	20110	0100				
KITCHIN THOMAS	241	GIBS	101011	00201	0200				
KITE LEWIS	216	WASH	000010	20100	0100				
KITHCART JOHN	053	HARR	000101	00101	0100				
KITHERS WILLIAM	101	LAWR	100110	10010	0000				
KITTERMAN ANNE	054	HARR	312300	00101	0200				
KITTERMAN PETER	064	HARR	400010	10010	0100				
KITTLE CATHARINE	078	DEAR	111300	31010	0100				
KITTLE JACOB	060	DEAR	000100	20100	0100				
KITTLE JOHN	078	DEAR	000100	10100	0100				
KITTLE SOLOMON	060	DEAR	200100	20100	0100				
KITUE EZEKIEL	316	POSE	310010	30010	0200				
KIVET GEORGE	306	POSE	000100	00100	0100				
KIVET HENRY	310	POSE	110010	00100	0100				
KIVET POLLY	306	POSE	100000	41100	0000				
KIVIT PETER	310	POSE	000010	20100	0100				
KIZAR JOSEPH	035	CLAR	000010	00101	1001				
KLEIN MATHEW	317	POSE	000101	02201	0000				
KLINCH DAVID	011	FAYE	210110	21210	0001				
KLINE GEORGE	221	FRAN	000010	00100	0100				
KLINE GEORGE	199	FRAN	100100	00100	0100				
KLINE JOHN	199	FRAN	100010	30010	0100				
KLUM JACOB	059	FAYE	020010	00100	0100				
KNADLE GEORGE	320	POSE	000011	10201	0200				
KNAPP AMOS	080	JENN	000120	10100	0100				
KNAPP ARUD	078	DEAR	011110	31010	0100				
KNAPP HIRM	078	DEAR	100100	10010	0100				
KNAPP JOHN	078	JENN	100010	20001	0100				
KNAPP NOAH	172	SWIT	200010	00100	0100				
KNAPP PERRY	197	WAYN	300010	01000	0001				
KNAPPER ANTON	320A	POSE	110010	00010	100				
KNAPPER JOHN	041	CLAR	200010	10100	0100				
KNAPPER THOMAS	040	CLAR	000100	00001	0100				

Head of Household	Page	County	White Males (Under 10, 10-15, 16-18, 16-25, 26-44, 45 & over)	White Females (Under 10, 10-15, 16-25, 26-44, 45 & over)	Foreigners, Agriculture, Commerce, Manufacture	Free or Slave	Negro Males (Under 14, 14-25, 26-44, 45 & over)	Negro Females (Under 14, 14-25, 26-44, 45 & over)	Other not Indian
KNAVE JACOB	028	CLAR	200001	00010	0000				
KNIFFING PATIENCS	188	VIGO	000000	00101	0000				
KNIGHT ABEL	181	WAYN	200010	00100	0100				
KNIGHT ANDREW	210	WASH	411210	01010	0100				
KNIGHT DAVID	177	VAND	210010	10110	0200				
KNIGHT ISAAC	301	PIKE	110010	22010					
KNIGHT ISAAC	177	VAND	111010	22010	0300				
KNIGHT JOHN	060	DEAR	021201	20110	0100				
KNIGHT JOHN	205	WAYN	200010	30010	0100				
KNIGHT SAML	077	RIPL	100010	10010	0100				
KNIGHT SOLOMON	181	WAYN	100100	10100	0100				
KNIGHT THOMAS	187	WAYN	330010	21000	0200				
KNIGHT WILLIAM	090	KNOX	000000	00000	0100	F	0001		
KNIGHTEN JESSE	121	MONR	331110	32020	0300				
KNIPE JOHN	229	WAYN	100001	22010	0100				
KNIPE THOMAS	229	WAYN	300010	10010	0100				
KNITZ CHARLES F	172	SWIT	410010	21010	0100				
KNODEL ALBERT	319	POSE	001201	11101	0200				
KNODLE HENRY	233	WAYN	000010	10100	0100				
KNODLE JACOB	233	WAYN	300010	02110	0100				
KNOTTS LAYTON	123	DEAR	110010	21010	0100				
KNOULTON STEPHEN	081	JENN	110301	01011	0400				
KNOWLING ZACHARIAH	094	DEAR	120001	20010	0100				
KNOWLTON ROBERT	007	FAYE	000131	00101	1002				
KNOX BENJAMIN	090	KNOX							
KNOX EBENEZAR	078	DEAR	100010	10100	0100				
KNOX GEORGE G	168	SWIT	101110	11110	0001				
KNOX JOHN	092	KNOX	000010	10100	0001				
KNOX WILLIAM	091	KNOX	200010	01010	0100				
KNOYER FELIX	055	HARR	000100	00100	0100				
KNOYER FREDERICK	055	HARR	100010	00200	0100				
KNOYER GEORGE	055	HARR	200010	30010	0100				
KNOYER JACOB	055	HARR	000010	00100	0100				
KNOYER LEWIS	055	HARR	400010	10100	0100				
KNOYER MICHAEL	061	HARR	100010	10010	0000				
KNOYER SAMUEL	061	HARR	020010	30010	0100				
KNUCKER WILLIAM	149	FLOY	000210	00000	3300				
KNUCKLES CHARLES	220	WASH	200100	00010	0100				
KNUCKLES DAVID	121	MONR	000100	10100	0100				
KNUCKLES ROBERT	209	WASH	411101	01010	0100				
KNUTT HENRY	195	WAYN	300010	00100	0100				
KNUTT WM	259	WAYN	000101	10100	0100				
KONOIG DAVID	319A	POSE	111010	11100	0000				
KOONS ABIGAIL	213	WAYN	311300	12001	0500				
KOONS DAVOLT	028	DELA	420110	01110	0200				
KOONS GASPER	121	MONR	200010	10010	0100				
KOONS JOHN	274A	JEFF	000001	00000	0001				
KOONS NICHOLAS	042	CLAR	000001	00000	0100				
KOONTS NICHOLAS	107	LAWR	000010	00000					
KORY SAMUEL	029	DELA	100010	30010	0100				
KRAHMER MELCHION	319	POSE	000001	01101	0100				
KRAK ABRAM	245	WAYN	000100	10010	0100				

Head of Household	Page	County	White Males (Under 10, 10-15, 16-18, 16-25, 26-44, 45 & over)	White Females (Under 10, 10-15, 16-25, 26-44, 45 & over)	Foreigners, Agriculture, Commerce, Manufacture	Free or Slave	Negro Males (Under 14, 14-25, 26-44, 45 & over)	Negro Females (Under 14, 14-25, 26-44, 45 & over)	Other not Indian
KRAK MARY	245	WAYN	100000	10100	0000				
KRANTS ELIAS	106	LAWR	300120	20010					
KRATSON BENJAMIN	243	WAYN	100110	00100	0100				
KRAUTER DAVID	318A	POSE	100010	01020	0000				
KRESS GEORGE	266A	JACK	011101	00001	0100				
KRESS HIRAM	269	JACK	200100	00100	0100				
KROM JOHN	200	FRAN	210010	11110	0200				
KUCHAVAS BENJAMIN B	324	RAND	000010	00000	0001				
KUHN CHRISTIAN	003	FAYE	000010	10100	0001				
KUNN MOSES	201	WAYN	020001	11110	0300				
KUNTZ FREDRICK	320	POSE	000002	01001	0200				
KURTZ JACOB	318	POSE	010002	00011	0000				
KURTZ JOHN	320A	POSE	111010	10010	2000				
KUTCH JOHN	121	MONR	210010	20010	0100				
KUYKENDALL NATHANIEL	093	KNOX	100010	20100	0100				
KUYKENDALL ABRAHAM	093	KNOX	011101	00100	0200	S	0200		
KUYKENDALL JACOB	091	KNOX	120101	11001	0100				
KUYKENDALL JOSEPH	088	KNOX	200210	20100	0300				
KUYKINDALL HENRY	186	VIGO	300010	01100	0100				
KYLE FREDERICK	272A	JEFF	300010	10010	1001				
KYLE JAMES	088	KNOX	210010	20010	0100				
KYLE JAMES	283A	JEFF	011101	02101	0002				
KYLE JOHN	273A	JEFF	310111	10110	1001				
KYLE THOMAS	115	DEAR	100011	10110	0100	S	0100	0010	
LACEY NEHEMIAH	263	JACK	300010	22010	0100				
LACKEY ALEXANDER	192	FRAN	201201	03101	0300				
LACKLIN JOSEPH	249	GIBS	100110	10010	0200				
LACOCK WILLIAM	175	SWIT	000410	00010	0100				
LACOCK WM	077	RIPL	100110	20100	0100				
LACY CHARLES	025	DELA	210010	41010	0100				
LACY EPHRAIM	157	WAYN	110201	10201	0003				
LACY FIELDING	013	FAYE	000010	10100	0100				
LACY JEREMIAH	089	SPEN	000010	10100	0100				
LACY JOHN	310A	POSE	120010	22010	0300				
LACY JOHN	255	WAYN	100010	10100	0100				
LACY JOHN	267	WAYN	200010	10010	0100				
LACY KIENER	099	SPEN	130001	01000	0300				
LACY PETER	269	WAYN	010101	10001	0200				
LACY SIMATHY	146	PERR	200010	10100	0000	U			
LACY WM	255	WAYN	000100	30100	0100				
LAD CHRISTOPHER	027	DELA	200010	32010	0100				
LADD JACOB	241	WAYN				S	0010		
LADD JOHN W	051	FAYE	000010	10100	0100				
LADD JOSEPH	191	WAYN	330101	21100	0200				
LADD MOSES	051	FAYE	111110	01100	0100				
LADD NOBLE	051	FAYE	000101	00011	0200				
LADERUTE ANTOINE	087	KNOX	010000	00000	0000				
LADERUTE LEWIS	087	KNOX	100100	10110	0100				
LAFFERTY JOHN	107	LAWR	000010	00010					
LAFFERTY SAMUEL	221	WASH	200010	10100	0100				
LAFFERTY THOMAS	221	WASH	011101	00001	0300				
LAFFOLLETT OBERT	154	FLOY	300010	30010	0100				

Head of Household	Page	County	White Males (Under 10, 10-15, 16-18, 16-25, 26-44, 45 & over)	White Females (Under 10, 10-15, 16-25, 26-44, 45 & over)	Foreigners, Agriculture, Commerce, Manufacture	Free or Slave	Negro Males (Under 14, 14-25, 26-44, 45 & over)	Negro Females (Under 14, 14-25, 26-44, 45 & over)	Other not Indian
LAFFOLTETT JACOB	155	FLOY	200010	30110	0000				
LAFFOVE ANTOINE	084	KNOX	010101	13101	0200				
LAFOY LAMBERT	085	KNOX	000100	00000	0000				
LAFUSE SAMUEL	211	FRAN	320010	21210	0400				
LAGAN ABSALOM	295A	JEFF	020110	51100	0100				
LAGINNEUR JACOB	224	WASH	310010	30010	0200				
LAGSTER MARGARET	039	DUBO	121100	20001	0200				
LAHUE PETER	093	SPEN	010001	00010	0100				
LAIKY SIMON	121	MONR	000101	22000	0100				
LAIN HENRY	187	VIGO	211311	11101	0301				
LAIN JAMES	305A	POSE	100101	01011	1				
LAISWELL JOHN	040	DUBO	311010	20010	0400				
LAKE AARON	147	PERR	220001	22120	0000				
LAKE JAMES	123	DEAR	300010	20010	0100				
LAKE JAMES	007	CLAR	100100	10100	0100				
LAKE WILLIAM	123	DEAR	220010	11010	0100				
LAKE WILLIAM	011	CRAW	100010	00100	0100				
LAKEY THOMAS	186	VIGO	000010	01000	0100				
LAKY RUTH	108	LAWR	020000	01011					
LAKY WILLIAM	097	LAWR	000001	11001					
LAM CALEB	287	JEFF	000100	00100	0100				
LAMAR BENJAMIN	099	SPEN	200301	30111	0300				
LAMAR ELIJAH	099	SPEN	200010	00100	0100				
LAMAR ISAAC	288	JEFF	200010	10010	0100				
LAMAR JAMES	099	SPEN	100100	01000	0100				
LAMAR JOHN	095	SPEN	100010	10100	0100				
LAMAR JONATHAN	129	ORAN	520010	00010	0500				
LAMAR RICHARD	219	FRAN	100010	20100	0001				
LAMAR SAML JR	089	SPEN	000010	20010	0100				
LAMAR URIAH	101	SPEN	011110	01001	0300				
LAMAR WILLIAM OF B	099	SPEN	000010	10100	0100				
LAMAR YOUNG	093	SPEN	000101	11101	0100				
LAMASTER ABRAHAM	156	SCOT	111110	13010	0200				
LAMASTER HUGH	156	SCOT	000100	00100	0100				
LAMASTER ISAAC	032	DELA	010011	11010	0100				
LAMASTER JAS	159	SCOT	320001	21010	0100				
LAMB AHIEL	068	DEAR	232201	11010	0100				
LAMB BARNA	253	WAYN	000100	10100	0100				
LAMB DORASTUS	150	PERR	000100	00001	0100				
LAMB GEORGE	079	DEAR	120101	31210	0100				
LAMB HENRY	147	FLOY	110310	42010	1103				
LAMB ISAAC	149	FLOY	220010	31010	0300				
LAMB ISRAEL	146	PERR	000010	30100	0100				
LAMB JACOB	149	FLOY	000100	10100	0100				
LAMB JAMES	175	WAYN	010101	01000	0200				
LAMB JEREMIAH	196	WABA	400010	30010	0100				
LAMB JOHN	137	FLOY	000100	00100	0001				
LAMB JOHN	102	LAWR	001110	01001	0100				
LAMB JOHN D	146	PERR	000200	10100	0000				
LAMB JOHN	187	WAYN	300100	10000	0100				
LAMB JONATHAN	191	WAYN	000100	10100	0100				
LAMB ODEN	061	HARR	100010	31010	0100				

Head of Household	Page	County	White Males (Under 10, 10-15, 16-18, 16-25, 26-44, 45 & over)	White Females (Under 10, 10-15, 16-25, 26-44, 45 & over)	Foreigners, Agriculture, Commerce, Manufacture	Free or Slave	Negro Males (Under 14, 14-25, 26-44, 45 & over)	Negro Females (Under 14, 14-25, 26-44, 45 & over)	Other not Indian
LAMB ROBERT	209	WASH	200110	20010	0200				
LAMB SIMEON	204	WASH	000001	00000	0100				
LAMB SIMEON	196	WABA	001201	01101	0200				
LAMB SOLOMON	145	PERR	000020	30010	0100				
LAMB THOMAS	241	WAYN	310101	22010	0100				
LAMB THOMAS	253	WAYN	100010	00000	0100				
LAMBDIN MATHEW	124	DEAR	000111	01101	0100				
LAMBERSON THOMAS	111	DEAR	100002	00100	0101				
LAMBERT DAVID	212	WASH	100010	10100	0100				
LAMBERT HUGH	186	VIGO	000100	10200	0100				
LAMBERT ISAAC	187	VIGO	220730	21210	0 02				
LAMBERT JAMES	095	DEAR	000010	01010	0100				
LAMBERT JAMES SR	095	DEAR	000010	10000	0100				
LAMBERT JOHN	203	FRAN	201110	20010	0100				
LAMBERT NATHANIEL	101	DEAR	000010	00100	0001				
LAMBERTSON SAMUEL	169	SWIT	100100	00100	0100				
LAMBERTSON REBEKAH	079	DEAR	000000	10010	0000				
LAMKIN EZRA	061	DEAR	210101	01101	0100				
LAMKIN WILLIAM	061	DEAR	100100	10010	0100				
LAMMA JAMES	179	VAND	300010	00100	0001				
LAMOR SAMUEL	101	SPEN	000001	00201	0100				
LAMOR WILLIAM	089	SPEN	201001	10001	0200				
LAMOUNT JOHN HENRY	088	KNOX	000001	00000	0100				
LAMPIN JAS	149	WARR	200010	20010	0000				
LAMSTON JOHN R	231	WAYN	100010	10100	0100				
LANCASTER MALLORY	170	SWIT	100010	20100	0100				
LANCASTER JACOB	223	FRAN	321201	12110	0300				
LANCASTER WRIGHT	211	WAYN	101101	01001	0200				
LANCASTER RIX	211	WAYN	100010	00100	0100				
LANCE JOHN	239	GIBS	100010	00100	0100				
LAND BEDERY	314	POSE	010000	22010	0100				
LAND JAMES	010	CRAW	100100	20100	0100				
LAND JESSE	095	DEAR	400010	11100	0100				
LAND MARY	187	FRAN	100000	00100	0000				
LANDEN WILLIAM	095	DEAR	000101	03001	0100				
LANDER JOHN	149	FLOY	001201	01010	0111				
LANDERS JAMES	121	SULL	220010	11010	0300				
LANDERS LEVI	084	KNOX	100010	31100	0000				
LANDERS WILLIAM	033	DELA	500010	00010	0100				
LANDES CHRISTOPHER	037	FAYE	221110	21020	0100				
LANDES HENRY	233	WAYN	000011	00001	0100				
LANDES SAMUEL	233	WAYN	000200	00100	0002				
LANDISS ISAAC	217	WASH	300010	30011	0100				
LANDMAN DANIEL	132	ORAN	431201	10110	0300				
LANDRES KIMBROW	174	SWIT	000101	00001	0200				
LANDRES SAMUEL	008	CRAW	200100	00100	0100				
LANDRUM THOMAS	205	WASH	111121	41110	0010	F	0100		
LANE AMOS	100	DEAR	400020	22010	0200				
LANE DANIEL	140	FLOY	100010	00100	0100				
LANE DANIEL C	073	HARR	200001	30110	0000				
LANE EDWARD	261A	JACK	000100	10100	0101				
LANE ELIJAH	299	PIKE	100100	20100					

Head of Household	Page	County	White Males (Under 10, 10-15, 16-18, 16-25, 26-44, 45 & over)	White Females (Under 10, 10-15, 16-25, 26-44, 45 & over)	Foreigners, Agriculture, Commerce, Manufacture	Free or Slave	Negro Males (Under 14, 14-25, 26-44, 45 & over)	Negro Females (Under 14, 14-25, 26-44, 45 & over)	Other not Indian
LANE FREDERICK	082	DEA-	000101	01101	0100				
LANE JACOB	034	CLAR	100020	10010	0100				
LANE JESSE	224	WASH	300010	31010	0100				
LANE JESSE	179	VAND	110100	00100	0100				
LANE JESSY	030	DELA	210002	22011	0100				
LANE JOHN	020	CLAR	410010	01010	0100				
LANE JOHN	264A	JACK	100100	10100	0100				
LANE JOHN	179-	VAND	211001	31110	0300				
LANE JOSEPH	179	VAND	000100	00100	0100				
LANE JOSEPH	286	JEFF	020301	10201	0300				
LANE PETER	286	JEFF	300010	00010	0100				
LANE SAML	047	HARR	200010	30110	0100				
LANE SAMUEL	093	KNOX	130010	30010	0100				
LANE THOMAS	140	FLOY	000010	10100	0100				
LANE THOMAS	050	HARR	311101	12110	0500				
LANE WILLIAM	208	WASH	111210	21010	0400				
LANES ROBERT	006	CRAW	110110	32010	0200				
LANG ARAN D	112	MART	100200	00100	0002				
LANG CHRIST	318	POSE	000002	00011	0100				
LANG JAMES	046	HARR	200010	20100	0100				
LANGDON PHILIP	203	WASH	000001	10101	0100				
LANGDON THOMAS J	211	WASH	100100	00100	0100				
LANGEDO CHARLES	086	KNOX	600110	10100	0100				
LANGER PETER	019	DELA	000100	10100	0100				
LANGFORD JAMES	099	SPEN	000010	02010	0100				
LANGFORD JOSEPH	099	SPEN	200010	20010	0100				
LANGFORD PERRY	066	HARR	100010	00100	0100				
LANGFORD STEPHEN	065	HARR	100010	10100	0100				
LANGFORD THOMAS	066	HARR	001100	00201	0100				
LANGLEY DAVID	095	DEAR	000110	10100	0100				
LANGLEY ELISHA	041	HARR	211101	22011	0200				
LANGLEY JOHN	179	WAYN	000001	00010	0100				
LANGLEY SALLY	143	WARR	101000	00010	0000				
LANGLEY THOMAS	078	DEAR	000011	00100	0001				
LANGTON DANIEL	088	KNOX	010201	00110	0301				
LANGTON SAMUEL	088	KNOX	000110	00110	0200				
LANHAM HENRY	165	SWIT	110001	01101	0100				
LANHAM HOWELL	170	SWIT	100010	20010	0100				
LANHAM THOMAS	165	SWIT	000100	10100	0100				
LANIER J F D	272A	JEFF	010200	00110	0000				
LANIUS JOHN	068	DEAR	000111	10001	0012				
LANKFORD JONATHAN	187	VIGO	200010	20000	0100				
LANKFORD MEAN	133	ORAN	010001	10010	0001				
LANMAN GEORGE	146	PERR	100010	10010	0100				
LANMAN JAMES	146	PERR	000101	10101	0100				
LANMAN JOHN	146	PERR	310010	11110	0100				
LANNEN JOHN	035	CLAR	200010	20010	0100				
LANNING JOSEPH	265	JACK	320011	11010	0100				
LANSDALE FRANCIS	167	SWIT	310010	20010	0100				
LANSSHER HENSON	181	VAND	200010	00010	0001				
LANTLEY SAMUEL	014	CRAW	200100	00100	0001				
LANXTON BEXNET	213	FRAN	201110	31110	0200				

Head of Household	Page	County	White Males (Under 10, 10-15, 16-18, 16-25, 26-44, 45 & over)	White Females (Under 10, 10-15, 16-25, 26-44, 45 & over)	Foreigners, Agriculture, Commerce, Manufacture	Free or Slave	Negro Males (Under 14, 14-25, 26-44, 45 & over)	Negro Females (Under 14, 14-25, 26-44, 45 & over)	Other not Indian
LANXTON JAMES	213	FRAN	100100	00100	0100				
LANXTON JOHN	213	FRAN	100100	00100	0100				
LAPLANT JOSEPH	086	KNOX	210001	22001	0000				
LAPLANT JOHN BT	087	KNOX	420101	12001	0300				
LAPTONT PIERRE	084	KNOX	000020	00110	0000				
LAREMORE HUGH G	049	FAYE	300010	10010	0100				
LAREW BENJAMIN	061	DEAR	000010	00101	0100				
LAREW GARRET	061	DEAR	100200	10100	0100				
LAREW JOHN	068	DEAR	010010	10100	0001				
LAREW MICHAEL	078	DEAR	010101	10010	0100				
LAREW WILLIAM	061	DEAR	210100	20100	0100				
LARGE EBENEZAR	086	DEAR	000010	20010	0100				
LARGENT NELSON	279	JEFF	311110	02100	0200				
LARIMORE DANIEL	289	JEFF	400010	00010	0100				
LARIMORE ISAAC	122	DEAR	200100	00010	0100				
LARIMORE JACOB	122	DEAR	112021	00100	100				
LARIMORE MORGAN	053	FAYE	200010	10010	0001				
LARIMORE MILES H	053	FAYE	000010	00100	0100				
LARIMORE THOMAS I	051	FAYE	120010	30010	0100				
LARK DAVID	032	DELA	100100	10100	0100				
LAROW HEZEKIAH	123	DEAR	110010	11010	0100				
LARRISON JAMES	174	FRAN	000100	00000	0100				
LARUE WILLIAM	235	WAYN	500010	01010	0100				
LASH JAMES	031	DELA	100110	20100	0010				
LASHBROOKS JOHN	131	ORAN	300100	20010	0100				
LASHER JACOB	146	PERR	000100	10100	0000				
LASLEY PETER	326A	RAND	330201	01100	0100				
LASON RICHARD	235	WAYN	301110	10010	0001				
LASSELLE HYASINTH	085	KNOX	300111	10110	1000		0111	1010	
LASSELLE JOSEPH	174	SWIT	200100	00100	0100				
LASTLY JOHN	209	FRAN	210010	23110	0100				
LASURE HENRY	079	DEAR	200010	20010	0100				
LASWELL JOHN	186	VIGO	310201	21210	0400				
LASYER FRANKLIN J	297	PIKE	210100	02001	0000	S	0010		
LATEMORE DANIEL	281A	JEFF	000001	00111	0000				
LATEREMORE LUCY	085	KNOX	000000	00000	0000	F	0000	1111	
LATHAM JOHN	121	MONR	010100	00100	0100				
LATHAM JOHN	121	MONR	110001	00001	0100				
LATHAM JONA	149	WARR	400010	10010	0000				
LATHEM WM	235	GIBS	110001	21001	0100				
LATHROP ERASTUS	175	SWIT	221210	31010	0100				
LATHROP EZRA	108	DEAR	110010	11010	0100				
LATHROP ISAAC	283A	JEFF	201301	02101	0400				
LATIMORE ELISHA	148	PERR	300110	00100	0300				
LATSHAW JOSEPH	117	SULL	501210	11210	0500				
LATTA MOSES	061	DEAR	310010	21010	0100				
LATTEREMOISE BATEASL	086	KNOX	100101	10010	0000				
LATTIMORE JOHN	081	JENN	221110	31010	0200				
LATTURE AUGUSTUS	117	SULL	000010	10010	0100				
LATTY JOHN	143	OWEN	300010	00110	0100				
LATTY WILLIAM	143	OWEN	310110	01020	0200				
LATURE JOHN BT	083	KNOX	100100	10100	0000				

Head of Household	Page	County	White Males (Under 10, 10-15, 16-18, 16-25, 26-44, 45 & over)	White Females (Under 10, 10-15, 16-25, 26-44, 45 & over)	Foreigners, Agriculture, Commerce, Manufacture	Free or Slave	Negro Males (Under 14, 14-25, 26-44, 45 & over)	Negro Females (Under 14, 14-25, 26-44, 45 & over)	Other not Indian
LATURE PIERRE	084	KNOX	000100	00000	0001				
LAUDHAM JOHN	294A	JEFF	520010	02010	0100				
LAUGHHUM HENRY	225	WASH	310010	11010	0200				
LAUGHLAN JOHN	102	LAWR	210010	30010	0200				
LAUGHLAN NATHAN	027	DELA	300100	00100	0100				
LAUGHLIN JAMES	027	DELA	100010	00010	0100				
LAUGHLIN JOHN	206	WASH	100201	13101	0300				
LAUGHLIN THOMAS	095	DEAR	100010	10010	0001				
LAUGHRY JOHN	022	DELA	220020	31000	0100				
LAUGHTER PHILLIP	091	KNOX	300101	00100	0002				
LAUGLIN WILLIAM B	182	FRAN	120010	12010	0300				
LAUNDES FRANCY	193	WAYN	020000	00001	0100				
LAUPPLE FREDK	319A	POSE	011101	11001	0000				
LAUPPLE JACOB	318A	POSE	010001	00101	0100				
LAURENCE DAVID	149	WARR	000010	01010	0000				
LAURENCE JOHN	024	CLAR	100100	00100	0100				
LAURENCE JOSEPH	135	WARR	112010	00001	0000				
LAURENCE SAML	139	WARR	010001	21101	0001				
LAUSSEN WM	244	GIBS	211201	21010	0300				
LAUTHAISE SAMUEL	235	WAYN	100100	00100	0100				
LAVELLETT MARY	085	KNOX	030200	00100	0000				
LAVERTY JAMES	193	VIGO	200010	32040	0100				
LAVERTY JOHN	193	VIGO	000010	00100	0100				
LAVERTY SAMUEL	193	VIGO	200010	11100	0100				
LAW DANIEL	137	ORAN	000100	20100	0100				
LAW JOHN	088	KNOX	010001	00001	0200				
LAW JOHN	084	KNOX	000100	00000	0000				
LAW JOWEL	282A	JEFF	520010	01100	0100				
LAW STEPHEN	293	JEFF	100010	12010	0100				
LAWDERBACK ABRAHAM	218	FRAN	000210	40010	0102				
LAWELL DAVID	089	SPEN	000010	20100	0100				
LAWER JACOB	233	WAYN	210001	20010	0100				
LAWER JOHN	231	WAYN	010010	30010	0100				
LAWER JOSEPH	233	WAYN	100010	30010	0100				
LAWMAN MARY	169	WAYN	000220	00201	0004				
LAWRANCE WILLIAM	026	CLAR	000001	01100	0100				
LAWRENCE DANIEL	120	DEAR	110001	11301	0100				
LAWRENCE ELIZABETH	108	DEAR	000000	00000	0000	F	5300	0101	
LAWRENCE GEORGE	119	DEAR	000100	00100	0100				
LAWRENCE ISAAC JR	119	DEAR	100100	10010	0100				
LAWRENCE ISAAC	119	DEAR	021201	00101	0100				
LAWRENCE JACOB	119	DEAR	200010	30100	0100				
LAWRENCE LANDON	007	CRAW	000020	10010	0200				
LAWRENCE PHILIP	119	DEAR	000100	10100	0100				
LAWRENCE SAML	149	WARR	200010	10100	0000				
LAWRENCE VALENTINE	119	DEAR	010121	00001	0100				
LAWRY	020	DELA	000000	01000	0000				
LAWSON ELIZABETH	053	FAYE	020000	01001	0100				
LAWSON JAMES	055	FAYE	200200	00100	0100				
LAWSON SAMUEL	271	WAYN	100100	10100	0100				
LAWYER DAVID	288A	JEFF	001301	01001	0100				
LAWYER HIRAM	288A	JEFF	200101	10010	0000				

Head of Household	Page	County	White Males (Under 10, 10-15, 16-18, 16-25, 26-44, 45 & over)	White Females (Under 10, 10-15, 16-25, 26-44, 45 & over)	Foreigners, Agriculture, Commerce, Manufacture	Free or Slave	Negro Males (Under 14, 14-25, 26-44, 45 & over)	Negro Females (Under 14, 14-25, 26-44, 45 & over)	Other not Indian
LAWYER MOSES	288A	JEFF	200010	00100	0100				
LAYMAN JOHN	095	DEAR	300010	01010	0100				
LAYTON DAVID G	114	DEAR	100100	00100	0100				
LAYTON MARY ANN	277	JEFF	120000	10201	0000				
LAYTON WILLIAM	283A	JEFF	300010	01010	0100				
LAZENNEUR JOHN	224	WASH	310010	11010	0200				
LAZIER LAWRENCE	111	DEAR	200010	10010	0100				
LEACH AMOS	097	LAWR	100010	00100	0001				
LEACH EXOM	183	FRAN	111101	00201	0300				
LEACH JOHN	005	CLAR	111101	20101	0200				
LEACH JOHN	252	GIBS	100101	22101	0200				
LEACH JOSHUA	002	CLAR	000100	00100	0100				
LEACH WM	247	GIBS	000101	01010	0200				
LEAGERWOOD WILLIAM	123	SULL	600020	30110	0101				
LEAMING JUDAH	030	DELA	300010	11010	0100				
LEAR JOHN D	078	JENN	000010	20011	0100				
LEAR PETER	061	DEAR	200010	41010	0100				
LEARNED JAMES S	061	DEAR	000100	00000	0100				
LEAS GEORGE	039	CLAR	100001	50010	0100				
LEAS WILLIAM	018	CLAR	110001	10010	0100				
LEAT ISAAC	251	GIBS	010100	10010	0100				
LEATH JOHN	021	DELA	100101	32110	0100				
LEATH WILLIAM H	021	DELA	000200	00000	0100				
LEATHERMAN JACOB	099	LAWR	210010	10011	0200				
LEATHERMAN CHRISTIAN	135	ORAN	200010	11210	0100				
LEATHERMAN JOHN	135	ORAN	210010	01000	0001				
LEATHERMAN SIPIO	261	JACK	000000	00000	0100	F	2011	2010	
LEATHERMAN FREDERICH	144	FLOY	200101	21001	0200				
LEATHERMOAN JOHN	144	FLOY	000100	00100	0100				
LEATHERS JONATHAN	128	ORAN	300010	21100	0100				
LEATON FRANCIS	088	KNOX	100002	20011	0100				
LEBO ISAAC	121	MONR	100201	22201	0300				
LEDGERWOOD SAMUEL	107	SULL	100010	40010	0200				
LEDGERWOOD SAMUEL	287	JEFF	121101	20010	0200				
LEE ABRAHAM	195	FRAN	210010	11110	0200				
LEE ABRAHAM	008	CRAW	000300	10100	0100				
LEE ANDREW	131	ORAN	000100	10100	0100				
LEE ANDREW	289	JEFF	200010	00010	0100				
LEE CHARLES W	167	SWIT	010100	02210	0000				
LEE CHELSEY	011	CLAR	100110	00000	0001				
LEE CLEMENT	132	ORAN	200110	33010	0200				
LEE DAVID	174	SWIT	200011	12001	0100				
LEE ELI	121	MONR	100210	00011	0201				
LEE ELY	290	JEFF	100010	10010	0001				
LEE GERSHOM	023	DELA	401110	10100	0100				
LEE HENRY	113	SULL	000010	20100	0100				
LEE JAMES	219	WASH	310010	20010	0200				
LEE JARRED	068	DEAR	000101	10101	0100				
LEE JOHN	099	LAWR	100010	10100					
LEE JOHN	084	KNOX	000010	01010	0001				
LEE JOHN	043	CLAR	130110	22010	0100				
LEE JOHN	200	FRAN	300010	00010	0100				

Head of Household	Page	County	White Males (Under 10, 10-15, 16-18, 16-25, 26-44, 45 & over)	White Females (Under 10, 10-15, 16-25, 26-44, 45 & over)	Foreigners, Agriculture, Commerce, Manufacture	Free or Slave	Negro Males (Under 14, 14-25, 26-44, 45 & over)	Negro Females (Under 14, 14-25, 26-44, 45 & over)	Other not Indian
LEE JOHN	133	ORAN	010201	31010	0400				
LEE JOHN	008	CRAW	100101	10111	0200				
LEE JOHN	010	CRAW	000010	00100	0100				
LEE JOHN	113	SULL	130010	21010	0400				
LEE JOHN	290	JEFF	210010	20010	0000				
LEE JOHN	294A	JEFF	001101	00111	0200				
LEE JONATHAN	216	WASH	200010	00010	0001				
LEE JOSEPH	107	DEAR	210110	21110	0100				
LEE JOSEPH	032	DELA	101110	00100	0100				
LEE JOSEPH	295	JEFF	111101	21101	0200				
LEE JOSIAH	174	SWIT	000100	00010	0100				
LEE JOSIAH	101	LAWR	100010	00010	0100				
LEE LEVI	167	WAYN	110010	30000	0100				
LEE MARK	032	DELA	200010	00010	0100				
LEE MOLLY	106	LAWR	300000	11010	0200				
LEE MOSES	099	LAWR	211201	20010					
LEE NATHAN	293A	JEFF	400101	12110	0100				
LEE NATHAN	287A	JEFF	200010	10010	0100				
LEE POLLY	190	VIGO	001000	01001	0100				
LEE RICHARD	080	JENN	420101	22011	0100				
LEE SAMUEL JOHN	083	KNOX	000010	00000	0010				
LEE SAMUEL	113	SULL	000100	10100	0100				
LEE SAMUEL	327	RAND	311210	10110	0100				
LEE SPENCER	131	ORAN	000100	10100	0100				
LEE THOMAS	299	PIKE	210010	31010					
LEE WILLIAM	214	WASH	030201	10101	0000				
LEE WILLIAM	219	WASH	220010	31010	0300				
LEE WILLIAM	200	FRAN	000010	20010	0001				
LEE WILLIAM	131	ORAN	000100	01000	0100				
LEE WM	008	CRAW	200220	20010	02				
LEECH FRANCES	091	KNOX	110010	12010	0100				
LEECH GEORGE JR	091	KNOX	000010	00100	0100				
LEECH GEORGE SR	091	KNOX	000001	01101	0100				
LEECH JAMES	166	SWIT	010010	10110	0100				
LEECH WILLIAM	183	FRAN	200110	10101	0200				
LEEDERS HENRY	022	DELA	100010	02010	0100				
LEEDS JAMES	077	RIPL	100200	10100	0100				
LEEDY DAVID	153	FLOY	400010	12110	0100				
LEEK JOEL	142	FLOY	321210	20010	0400	S	1100	2000	
LEEPER SAMUEL	277	JEFF	100010	11110	0000				
LEESON JAMES	111	DEAR	010210	32110	0100				
LEET ABRAHAM	300	PIKE	211201	32101					
LEETS JOHN	024	DELA	000100	00100	0100				
LEFEVER ABRAHAM	216	WASH	210101	31101	0600				
LEFFLER ISAAC	063	HARR	120011	31010	0200				
LEFFLER JETER	046	HARR	310001	21010	0200				
LEFFLER LEVI	041	HARR	100010	10010	0100				
LEFFOLET JESSE	044	HARR	210010	31010	0100				
LEFFORGE JOHN	173	FRAN	310001	01101	0200				
LEFFORGE JACOB	173	FRAN	000100	00100	0100				
LEFLER GEORGE	127	ORAN	101201	01010	0200				
LEFORGE ISAAC	189	VIGO	100101	10100	0100				

Head of Household	Page	County	White Males (Under 10, 10-15, 16-18, 16-25, 26-44, 45 & over)	White Females (Under 10, 10-15, 16-25, 26-44, 45 & over)	Foreigners, Agriculture, Commerce, Manufacture	Free or Slave	Negro Males (Under 14, 14-25, 26-44, 45 & over)	Negro Females (Under 14, 14-25, 26-44, 45 & over)	Other not Indian
LEGG THOMAS	025	FAYE	210010	11010	0001				
LEGG WALTER	159	WAYN	001200	00100	0002				
LEGG WILLIAM	025	FAYE	320110	00210	0100				
LEGRANGE AARON	241	GIBS	230110	30110	0300				
LEGRASS MICHAEL	290A	JEFF	000010	00100	2100				
LEHUE WILLIAM	059	HARR	000101	10101	0200				
LEHUE SPENCER	058	HARR	200121	30020	0200				
LEIPER JOHN	095	DEAR	300001	01010	0001				
LEIPER WILLIAM	197	FRAN	310010	01210	0200				
LEISCO MICHAEL	085	KNOX	000100	10010	0000				
LEISCO WILLIAM	085	KNOX	000101	00101	0000				
LEISTER ELIPHUS	197	FRAN	210010	11010	0100				
LEKE ADAM	092	KNOX	200010	30010	0100				
LELLIE JAMES	088	KNOX	000100	00301	0100				
LELLY SUSAN	056	HARR	010000	00010	0000				
LEMAR JAMES	114	MART	300020	11010	0200				
LEMASTER ABRAHAM	187	VIGO	110010	21110	0200				
LEMASTER SIMEON	234	GIBS	010200	10100	0100				
LEMASTERS RICHARD	095	DEAR	012001	21110	0100				
LEMING JAMES	281A	JEFF	200010	31010	0100				
LEMISTER CONRAD	302	PIKE	110010	10010					
LEMMIN JAMES	168	SWIT	110100	00100	0100				
LEMMING JERAMIAH	030	DELA	320001	22010	0001				
LEMMON JAMES	044	CLAR	000010	00100	0002				
LEMMON JAMES	008	CLAR	311210	00010	0100	S		0010	
LEMMON JERRY R	029	DELA	000100	10100	0100				
LEMMON JOHN M	044	CLAR	010110	30010	0002				
LEMMON JOHN	090	KNOX	100100	11000	0100				
LEMMON MATHIAS	212	WASH	321211	21100	0600				
LEMMON PETTY	090	KNOX	000110	00001	0200				
LEMMON ROBERT	201	WASH	010110	01010	0300				
LEMMON ROBERT	090	KNOX	110010	21110	0100				
LEMMON SAMUEL	090	KNOX	200010	20100	0100				
LEMMON SARAH	195	FRAN	000100	01211	0100				
LEMMON SARAH	005	CLAR	000000	11110	0000				
LEMMON THOMAS	213	WASH	100010	20010	0100				
LEMMON WILLIAM	090	KNOX	000010	20100	0000				
LEMMON WILLIAM	011	CLAR	320010	11010	0100				
LEMMON WILLIAM	125	SULL	100100	10100	0100				
LEMMOND JACOB	035	DUBO	320110	10010	0400				
LEMMOND JOHN	038	DUBO	020010	30010	0300				
LEMMONS MARY	039	DUBO	111200	01010	0200				
LEMON ELIAS	062	HARR	000100	10100	0100				
LEMON FRIEND	107	SULL	311120	12010	0500				
LEMON JAMES	043	HARR	020010	30010	0100				
LEMON JOHN	062	HARR	211101	11110	0200				
LEMON WILLIAM	109	DEAR	220010	30010	0100				
LENARD MARY	048	HARR	220000	23310	0100				
LENNIN PETER	206	FRAN	200010	10100	0100				
LENNIN SAMUEL	197	FRAN	200010	31010	0100				
LENNINGTON ABRAHAM	193	WAYN	310010	32010	0200				
LENNINGTON ISAAC	239	WAYN	210010	40001	0100				

Head of Household	Page	County	White Males (Under 10, 10-15, 16-18, 16-25, 26-44, 45 & over)	White Females (Under 10, 10-15, 16-25, 26-44, 45 & over)	Foreigners, Agriculture, Commerce, Manufacture	Free or Slave	Negro Males (Under 14, 14-25, 26-44, 45 & over)	Negro Females (Under 14, 14-25, 26-44, 45 & over)	Other not Indian
LENNON DAVID	198	FRAN	010001	41011	0100				
LENOR JACOB	044	HARR	311101	11001	0200				
LENOR JOHN	044	HARR	200010	10010	0100				
LENOR JOHN	061	HARR	000100	00100	0100				
LENOR PHILLIP	044	HARR	310010	20010	0100				
LENOVER BENJAMIN	085	DEAR	201101	11201	0001				
LENOX JAMES	153	FLOY	100100	00100	0100				
LENTRY SAMUEL	091	SPEN	010010	50010	0200				
LENTZ DAVID	319A	POSE	010201	00010	0200				
LENTZ JOHN	010	CLAR	111101	21010	0101				
LENTZ NICHOLAS	175	SWIT	010010	31101	0100				
LEONARD ABNER	190	FRAN	100100	10101	0100				
LEONARD DAVID	215	FRAN	010001	41010	0200				
LEONARD HENRY	109	LAWR	100010	30010	0100				
LEONARD JAMES	102	DEAR	400330	10110	0006				
LEONARD L M	275	JEFF	000020	01100	0020				
LEONARD LUTHER	211	FRAN	110010	22011	0200				
LEONARD NATHANIEL	243	WAYN	000100	00100	0100				
LEONARD NATHANIEL	243	WAYN	000110	10210	0100				
LEONARD SAMUEL	102	DEAR	010110	10010	0100				
LEONARD SAMUEL	176	FRAN	211301	21010	0400				
LEONARD THOMAS	126	ORAN	320101	11101	0500				
LEONARD THOMAS	253	WAYN	510010	01101	0200				
LERGEANT WILLIAM	221	WASH	120001	01001	0300				
LEROY ALEXIS	084	KNOX	010200	00210	0100				
LESLEY GEORGE	213	WAYN	000010	20100	0100				
LESLIE JAMES	058	HARR	100010	10100	0000				
LESLIE LEMAN	043	HARR	100100	00010	0100				
LESSLEY JAMES	238	GIBS	100301	00011	0300				
LESTER JOSEPH	193	VIGO	320010	11010	0300				
LESTER THOMAS	011	CLAR	221101	20010	0200				
LESTER WILLIAM	111	SULL	210011	21010	0400				
LESTRE DAVID	175	SWIT	110010	21010	0100				
LESTRE NOAH	166	SWIT	000010	10010	0100				
LESTRE THOMAS	166	SWIT	010001	02001	0100				
LETHRAM SAMSON	073	HARR	000000	00000	0000	F	2011	2110	
LETT ISHAM	078	JENN	300010	20010	0100				
LETT JESSY	038	DUBO	000100	10100	0100				
LETT RANDAL	298	PIKE	210101	32110					
LEVEL EZEKIAL	173	WAYN	310010	20010	0001				
LEVEL ROBERT	245	WAYN	030010	40010	0100				
LEVENWORTH SETH M	064	HARR	000050	00100	0000				
LEVENWORTH ZEBULON	014	CRAW	010010	01110	0100				
LEVERON ANTOINE	086	KNOX	100201	10100	0100				
LEVERTON ALLERSON	171	WAYN	100100	00100	0100				
LEVICA LAURENCE	087	KNOX	000100	00000	0000				
LEVINGSTON GEORGE	215	FRAN	021101	01200	0400				
LEVINGSTON ISAIAH	178	FRAN	100010	10010	0100				
LEVISTON JAMES	043	FAYE	010010	20100	0100				
LEVIT WALACE	079	DEAR	211101	01101	0100				
LEVITT BENJ	288A	JEFF	101301	01010	0400				
LEVITT DAVID	311	POSE	220010	21010	0300				

Head of Household	Page	County	White Males (Under 10, 10-15, 16-18, 16-25, 26-44, 45 & over)	White Females (Under 10, 10-15, 16-25, 26-44, 45 & over)	Foreigners, Agriculture, Commerce, Manufacture	Free or Slave	Negro Males (Under 14, 14-25, 26-44, 45 & over)	Negro Females (Under 14, 14-25, 26-44, 45 & over)	Other not Indian
LEVITT IGNAS	310A	POSE	300201	00200	0200				
LEVY JOHN	032	CLAR	100001	01001	0100				
LEVY SOLOMAN	014	CRAW	111001	11210	0300				
LEWALLEN MAK	310A	POSE	110010	21010	0200				
LEWALLER THOMAS	023	DELA	120001	10100	0100				
LEWELLIN SHADRICK	037	FAYE	100100	10100	0100				
LEWELLING SHEDERICK	210	WASH	211110	22010	0100				
LEWIN JOHN	192	VIGO	210020	20010	0200				
LEWIS AARON	313A	POSE	100100	10200	0100				
LEWIS ABNER	190	FRAN	200010	20010	0100				
LEWIS ABS	080	JENN	100001	10210	0100				
LEWIS ANTHONY	066	HARR	000010	00001	0100				
LEWIS CALEB	175	WAYN	100010	00100	0100				
LEWIS DANIEL	217	FRAN	200010	31010	0100				
LEWIS DAVID	182	FRAN	001101	12101	0200				
LEWIS DAVID	112	MART	000100	10100	0401				
LEWIS GEORGE	119	DEAR	320201	23210	0100				
LEWIS GEORGE	003	CLAR	010001	01301	0100				
LEWIS JACOB	031	DELA	211501	11010	0500				
LEWIS JACOB	282A	JEFF	200210	20011	0300				
LEWIS JAMES	171	SWIT	100100	10100	0100				
LEWIS JAMES	008	CRAW	111001	11001	0300				
LEWIS JAMES	037	FAYE	000000	00000	0000	F	2010	2100	
LEWIS JAMES	061	DEAR	210010	10010	0100				
LEWIS JAMES	113	MART	310210	00110	0100				
LEWIS JERUSHA	147	PERR	010000	00100	0100				
LEWIS JOEL	324A	RAND	100010	00001	0100				
LEWIS JOHN	020	CLAR	210001	22010	0200				
LEWIS JOHN	221	FRAN	000010	20100	0100				
LEWIS JOHN	182	FRAN	100100	20100	0100				
LEWIS JOHN	191	FRAN	100101	00100	0100				
LEWIS JOHN	113	MART	100020	01100	0200				
LEWIS JOHN M	124	ORAN	321201	11001	0500				
LEWIS JOHN	132	ORAN	201101	31010	0200				
LEWIS JOHN	020	DELA	200010	00010	0100				
LEWIS JOHN	079	RIPL	100110	00010	0100				
LEWIS JOHN	312	POSE	200010	20010	0100				
LEWIS JOHN	325	RAND	200010	21010	0100				
LEWIS JOHN	218	WASH	300010	20100	0100				
LEWIS JOHN	205	WASH	000020	00100	0000				
LEWIS JOHN	173	SWIT	000010	00010	0100				
LEWIS JOHN C	087	DEAR	000030	20110	0030				
LEWIS JONATHAN	123	DEAR	320010	30010	0100				
LEWIS JONATHAN	124	DEAR	130001	00201	0200				
LEWIS JOSEPH	261	WAYN	100100	10100	0100				
LEWIS JOSHUA	008	CRAW	100100	00100	0100				
LEWIS LEONARD	053	FAYE	400010	11010	0100				
LEWIS LEVINA	185	WAYN	310000	10010	0000				
LEWIS MORGAN	182	FRAN	000100	01000	0100				
LEWIS OLIVER	079	DEAR	000010	00010	0100				
LEWIS OLIVER	285	JEFF	210010	01110	0100				
LEWIS RICHARD SR	133	FLOY	011101	00001	0300				

Head of Household	Page	County	White Males (Under 10, 10-15, 16-18, 16-25, 26-44, 45 & over)	White Females (Under 10, 10-15, 16-25, 26-44, 45 & over)	Foreigners, Agriculture, Commerce, Manufacture	Free or Slave	Negro Males (Under 14, 14-25, 26-44, 45 & over)	Negro Females (Under 14, 14-25, 26-44, 45 & over)	Other not Indian
LEWIS SAMUEL	083	KNOX	000010	00000	0001	S	0000	1000	
LEWIS SAMUEL	168	FRAN	010310	20200	1004				
LEWIS SAMUEL	131	ORAN	130011	30030	0001				
LEWIS SIMON	178	VAND	000010	00010	0001				
LEWIS STEPHAN	254	GIBS	210001	11010	0100				
LEWIS THOMAS	074	HARR	000010	20100	0000				
LEWIS THOMAS T	169	WAYN	000110	10100	0001				
LEWIS THOMAS P	053	FAYE	221301	30010	0400				
LEWIS THOMAS	073	RIPL	100010	00100	0100				
LEWIS WILLIAM	180	VAND	001100	00100	0000				
LEWIS WILLIAM	166	SWIT	100100	10100	0100				
LEWIS WILLIAM	163	FRAN	100021	00100	0200				
LEWIS WILLIAM	213	FRAN	101200	00100	0200				
LEWIS WILLIAM	129	ORAN	211101	10001	0300				
LEWIS WILLIAM	079	RIPL	300010	20010	0100				
LEWIS ZIMRI	213	FRAN	110010	00100	0200				
LEWRIGHT MINUS	145	WARR	210010	21110	0001				
LEWZ DANIEL	318A	POSE	100001	01001	0000				
LEYDON PATRICK	149	FLOY	100011	00100	1200				
LIBY MIRAM	014	CRAW	331010	20010	0500				
LIDDLE STEPHEN	095	DEAR	100010	10010	1100				
LIDDLE WILLIAM	095	DEAR	020010	22210	0100				
LIDIKAY GEORGE	154	FLOY	120010	20010	0200				
LIETS JACOB	045	HARR	100001	10010	0100				
LIEURANCE ISOM	325	RAND	000100	00100	0100				
LIGGETT WILLIAM	207	WASH	200010	00100	0100				
LIGGITT ROBERT	074	HARR	100131	32110	0000				
LIGHT ABNER	143	OWEN	210100	10010	0100				
LIGHT RUSSELL	090	KNOX	001100	00000	0100				
LIGHTFOOT JAMES	074	HARR	100010	20100	0000				
LIGTON EDMUND	189	VIGO	001201	00001	0300				
LIKES PHILIP	302	PIKE	100010	20100					
LIKINS MARK	009	CRAW	200001	32010	0100				
LILLIE DAVID	090	KNOX	310011	00001	0010				
LIMEBARGER JOHN	263	JACK	310110	11001	0100				
LIMMIT WILLIAM	167	WAYN	300010	30000	0100				
LIMPUS ELIJAH	057	FAYE	100010	20011	0100				
LIMPUS ENOCH	057	FAYE	200010	11010	0100				
LIMPUS ISAAC	057	FAYE	200010	10010	0100				
LIMPUS LEVI	057	FAYE	010010	40010	0100				
LIMPUS PHEBE	057	FAYE	301100	20010	0000				
LINAUS GEORGE	040	DUBO	011110	01110	0300				
LINCH DAVID	192	VIGO	100110	00010	0200				
LINCH DAVID	188	VIGO	100010	00010	0100				
LINCH EDWARD	238	GIBS	031001	30201	0300				
LINCH ELIZABETH	008	CRAW	010010	00110	0200				
LINCH JOHN	121	MONR	200100	10100	0100				
LINCH PHILLIP	191	FRAN	210010	21010	0100				
LINCOLN AUSTIN	089	SPEN	200010	10200	0100				
LINCOLN HENRY	122	DEAR	010015	00100	0100				
LINCOLN THOMAS	097	SPEN	110110	12010	0300				
LINDEMON ELI	194	VIGO	210010	10010	0200				

Head of Household	Page	County	White Males (Under 10, 10-15, 16-18, 16-25, 26-44, 45 & over)	White Females (Under 10, 10-15, 16-25, 26-44, 45 & over)	Foreigners, Agriculture, Commerce, Manufacture	Free or Slave	Negro Males (Under 14, 14-25, 26-44, 45 & over)	Negro Females (Under 14, 14-25, 26-44, 45 & over)	Other not Indian
LINDER JOHN	066	HARR	200010	31010	0100				
LINDLEY DAVID	134	ORAN	111101	01000	0400				
LINDLEY FRANCIS S	174	SWIT	100300	11100	0100				
LINDLEY JAMES	134	ORAN	200110	31010	0100				
LINDLEY JAMES	165	WAYN	320010	02000	0200				
LINDLEY JONATHAN	130	ORAN	110100	10110	0000				
LINDLEY JONATHAN SR	136	ORAN	010101	10201	0300				
LINDLEY MOSES	095	DEAR	001101	01300	0100				
LINDLEY OLIVER	289	JEFF	401301	11101	0300				
LINDLEY OWEN	125	ORAN	100100	00100	0100				
LINDLEY OWEN	133	ORAN	300101	23110	0200				
LINDLEY RUEBIN	135	ORAN	100010	30100	0100				
LINDLEY SAMUEL	205	WASH	100101	42210	0200				
LINDLEY THOMAS	205	WASH	000100	20100	0100				
LINDLEY THOMAS	125	ORAN	100010	00100	0100				
LINDLEY THOMAS	131	ORAN	301101	31010	0300				
LINDLEY THOMAS	134	ORAN	100010	40010	0100				
LINDLEY THOMAS SR	134	ORAN	010001	00101	0200				
LINDLEY THOMAS T	135	ORAN	110110	21111	0300				
LINDLEY WILLIAM	205	WASH	020010	30010	0003				
LINDLEY WILLIAM SR	133	ORAN	000221	03101	0500				
LINDLEY WILLIAM	134	ORAN	201110	10200	0200				
LINDLEY ZACHARIAS	136	ORAN	310010	11010	0300				
LINDSAY JOHN	079	RIPL	000010	10100	0001				
LINDSAY NICHOLAS	121	MONR	000001	00001	0100				
LINDSAY SUSANNA	299	PIKE	010000	00101					
LINDSAY VINCENT	121	MONR	200020	10010	0200				
LINDSEY JAMES	078	DEAR	300102	00010	0001				
LINDSEY JOHN	032	DELA	300010	00100	0100				
LINDSEY POLLY	137	ORAN	030000	00100	0300				
LINDSEY SAMUEL	090	KNOX	010201	01001	0200				
LINDSEY THOMAS	078	DEAR	000100	20100	0100				
LINDSEY VACHEL	079	DEAR	211301	01101	0100				
LINDSEY VACHEL	086	DEAR	000100	00100	0001				
LINDSEY WILLIAM	085	KNOX	000100	00000	0000				
LINDSEY WILLIAM	086	KNOX	000001	00001	0000				
LINDSEY WILLIAM	039	CLAR	310201	20100	0300				
LINDSEY WILLIAM	142	OWEN	000020	40010	0200				
LINDSLEY IRA	185	FRAN	300110	00010	0002				
LINDSLY ABRAHAM B	084	KNOX	000010	10100	0000				
LINE DAVID	017	FAYE	220010	20010	0100				
LINE ELIHU	007	FAYE	200020	11010	0100				
LINE JOAB	132	ORAN	000100	00010	0100				
LINEBACK ADAM	171	SWIT	000110	10100	0100				
LINES AARON	172	FRAN	100010	40110	0100				
LINES HENRY	178	FRAN	320001	32010	0300				
LINES JOHN	168	FRAN	000100	00100	0100				
LINES JOHN W	174	FRAN	400100	20100	0100				
LINES MARY	176	FRAN	020000	32110	0200				
LINES RICHARD	172	FRAN	100001	11001	0000				
LINES ROBERT	172	FRAN	121101	20001	0300				
LINES RUEBEN	176	FRAN	300010	21011	0100				

Head of Household	Page	County	White Males (Under 10, 10-15, 16-18, 16-25, 26-44, 45 & over)	White Females (Under 10, 10-15, 16-25, 26-44, 45 & over)	Foreigners, Agriculture, Commerce, Manufacture	Free or Slave	Negro Males (Under 14, 14-25, 26-44, 45 & over)	Negro Females (Under 14, 14-25, 26-44, 45 & over)	Other not Indian
LINGAN JOSEPH A	044	CLAR	020011	00010	0004				
LINK JOHN	261	JACK	200010	02020	0100				
LINKHAM JOSHUA	054	HARR	220010	21010	0100				
LINN JAMES	033	DELA	000010	00100	0100				
LINN JOSEPH	210	WASH	300001	01001	0100				
LINSEY FREDRICK	255	GIBS	101001	11101	0100				
LINSEY JAMES	030	DELA	300110	01010	0200				
LINSEY JAS	156	SCOT	210001	30010	0100				
LINSEY JEREMIAH	324	RAND	010101	10001	0100				
LINSEY KITT	059	HARR	210010	02010	0100				
LINTON ANNACA	047	CLAR	000000	00000	0000	F		0211	
LINVILLE ISAIAH	078	DEAR	210010	30100	0100				
LINVILLE JOHN	223	FRAN	200010	00100	0100				
LINVILLE JAMES	183	FRAN	101101	00100	0100				
LINWELL DUDLEY	174	SWIT	000100	10100	0100				
LINXWATER GEORGE	178	VAND	010211	11101	0400				
LINXWILER PHEBY	182	VAND	200000	00100	0000				
LIONS ABRAHAM	045	FAYE	000100	01000	0100				
LIONS ABRAHAM	108	LAWR	000001	00011					
LIONS GREENBURY	027	FAYE	301110	11010	0100				
LIONS JAMES	137	FLOY	100010	20100	0100				
LIONS JAMES	010	CRAW	221101	22110	0300				
LIONS MOSES	045	FAYE	110001	02001	0100				
LIONS TIMOTHY	014	CRAW	000110	01000	0100				
LIPPARD WILLIAM	079	RIPL	020121	00201	0000				
LIPPARD WM JR	079	RIPL	100011	00100	0100				
LISMAN ADAM	129	SULL	300010	12110	0100	S	0000	0100	
LISMAN JAMES	129	SULL	000010	40020	0100				
LISMAN PETER JR	121	SULL	200010	10010	0100				
LISMAN PETER	121	SULL	000011	00201	0200				
LISTER JOHN	148	FLOY	100010	10011	1100				
LISTER JOSEPH	148	FLOY	000010	30010	1100				
LISTON EBENEZER	213	WASH	121101	00001	0200				
LISTON GEORGE	190	VIGO	000100	00100	0100				
LISTON JOSEPH	189	VIGO	301110	22010	0300				
LISTON WILLIAM	190	VIGO	200010	30010	0100				
LITHERLAND JAMES	029	CLAR	410010	22010	0100				
LITHERLAND JOHN	148	PERR	100111	53210	0300				
LITSING HENRY	117	SULL	100010	10100	0100				
LITSINGER LEONARD	309A	POSE	120010	21100	0300				
LITTELL ABM	121	MONR	110010	11010	0100				
LITTELL ELIAS	078	DEAR	300010	20010	0100				
LITTELL SAMUEL	074	HARR	110010	00100	0000				
LITTEN CALEB	265A	JACK	100100	00100	0100				
LITTEN HIRAM	265A	JACK	000010	20100	0100				
LITTERAL JOSEPH	108	LAWR	100100	10100	0100				
LITTERAL JOHN	108	LAWR	000001	12001	0100				
LITTEREL THOMAS	121	MONR	210110	21010	0100				
LITTLE ABSALOM	022	DELA	110010	20010	0100				
LITTLE ABSALOM SR	002	CLAR	000011	00001	0200				
LITTLE ABSALOM JR	002	CLAR	000010	00100	0100				
LITTLE ALEXANDER	204	WASH	320010	22010	0300				

PAGE 0245

Head of Household	Page	County	White Males (Under 10, 10-15, 16-18, 16-25, 26-44, 45 & over)	White Females (Under 10, 10-15, 16-25, 26-44, 45 & over)	Foreigners, Agriculture, Commerce, Manufacture	Free or Slave	Negro Males (Under 14, 14-25, 26-44, 45 & over)	Negro Females (Under 14, 14-25, 26-44, 45 & over)	Other not Indian
LITTLE AMOS	223	WASH	100010	32010	0100				
LITTLE CHAS	145	WARR	000001	00001	0000				
LITTLE JACOB	219	WAYN	100010	11010	0100				
LITTLE JOHN HENRY	125	SULL	300010	10010	0100				
LITTLE JOHN	193	WAYN	100010	00100	0100				
LITTLE JOHN	208	WASH	100010	10100	0100				
LITTLE JOHN SR	211	WASH	100201	22211	0300				
LITTLE JOSIAH	071	HARR	000100	10010	0100				
LITTLE PETER	249	WAYN	100001	31001	0200				
LITTLE RUBIN	071	HARR	120011	31101	0200				
LITTLE SHUBAL	146	PERR	000100	01000	0001				
LITTLE THOMPSON	012	CLAR	200010	30010	0100				
LITTLE URIAH	108	LAWR	200010	20100	0100				
LITTLEFIELD ELISHA	174	SWIT	220001	20110	0100				
LITTLEFIELD NEHEMIAH	114	DEAR	100010	31010	0100				
LITTLEJOHN WILLIAM	291A	JEFF	110001	00001	0100				
LITTLEJOHN JOHN	292A	JEFF	001211	01101	0301				
LITTLEJOHN JAMES	287	JEFF	100100	10011	0100				
LITTLER JOHN	267	JACK	230010	20110	0100				
LITTREL JOHN	043	FAYE	200010	10100	0100				
LITTREL SAMUEL	043	FAYE	001101	00101	0100				
LIVELY JOHN	039	CLAR	300010	23010	0100				
LIVI BARNET	187	FRAN	000010	00000	1001				
LIVINGS DANIEL L	175	SWIT	111110	20101	0200				
LIVINGSTON JOHN	181	VAND	100001	00001	0100				
LIVINGSTON JOHN	085	DEAR	211101	21010	0010				
LIVINGSTON ADAM D	106	DEAR	100010	20100	0100				
LIVINGSTON ELIZABETH	077	RIPL	001200	02001	0200				
LIZENBY JERY	134	ORAN	101110	10010	0002				
LIZINBEY THOMAS	297	PIKE	000100	00000	0000				
LLOYD WILLIAM H	125	DEAR	000100	20101	0100				
LOCK BENJAMIN	174	SWIT	010100	30001	0100				
LOCK JONAS	134	ORAN	200010	20100	0100				
LOCK PETER	174	SWIT	210001	31010	0100				
LOCK SAML	157	SCOT	000001	00001	0001				
LOCK SAMUEL	137	ORAN	000100	10100	0100				
LOCK THOMAS	133	ORAN	400010	10011	0100				
LOCK WILLIAM	165	SWIT	220010	10100	0100				
LOCK WM	167	WAYN	100010	41000	0100				
LOCKARD MARY	293	JEFF	011300	21001	0300				
LOCKHART JOHN	215	WASH	000100	00100	0000				
LOCKHART JOHN	097	LAWR	000010	00000	0001				
LOCKHART JONN	033	CLAR	001100	00100	0100				
LOCKHART JOHN	061	HARR	000000	10000	0100				
LOCKHART LEVI P	040	DUBO	200010	00100	0100				
LOCKHART LEVI	302	PIKE	110101	11201					
LOCKHART RICHARD	302	PIKE	100010	10010					
LOCKHART WALTER	223	WASH	200010	10010	0100				
LOCKHART WILLIAM	215	WASH	011211	32002	0100				
LOCKHART WILLIAM	028	CLAR	110001	01201	0100				
LOCKHART WILLIAM	129	ORAN	031101	21001	0500				
LOCKHEART MOSES	015	FAYE	210010	31010	0100				

PAGE 0246

Head of Household	Page	County	White Males (Under 10, 10-15, 16-18, 16-25, 26-44, 45 & over)	White Females (Under 10, 10-15, 16-25, 26-44, 45 & over)	Foreigners, Agriculture, Commerce, Manufacture	Free or Slave	Negro Males (Under 14, 14-25, 26-44, 45 & over)	Negro Females (Under 14, 14-25, 26-44, 45 & over)	Other not Indian
LOCKHEART THOMAS	125	SULL	100010	10100	0100				
LOCKMAN CHARLES	121	MONR	200100	10010	0100				
LOCKMAN THOMAS	121	MONR	001100	00100	0100				
LOCKMAN VINCEN	265A	JACK	110001	11110	0100				
LOCKRIDGE ROBERT	129	SULL	100010	20010	0001				
LOCKRIDGE WILLIAM	293A	JEFF	210011	20011	0100				
LOCKRIDGE GEORGE	293A	JEFF	000101	10100	0100				
LOCKRIDGE SAMUEL	293A	JEFF	110010	40010	0100				
LOCKWOOD JOHN	079	JENN	300010	10100	0100				
LOCKWOOD JAMES	080	JENN	200010	10010	0100				
LOCKWOOD JAMES	031	DELA	100100	00100	0100				
LOCKWOOD JOSEPH	192	VIGO	000010	00010	0001	F	0010		
LOCKWOOD JEREMIAH	086	KNOX	011101	11001	0200				
LOCKWOOD RICHARD	202	WASH	200010	10100	0100				
LOCKYEAR CHRISTOPHER	180	VAND	200010	20010	6100				
LOCY MOSES	061	DEAR	200101	30401	0100				
LODAR DANIEL	110	DEAR	020101	00010	200				
LODER JOHN	029	FAYE	020010	40010	0100				
LODGE JOHN	274	JEFF	100100	00210	0001				
LODIS JOHN	040	DUBO	300011	10100	1000				
LODWICK ABRAM	095	DEAR	010101	22200	0100				
LOE RICHARD	093	SPEN	000001	00010	0100				
LOFTAIN ISAAC	128	ORAN	410110	20010	0500				
LOFTON WILLIAM	219	WASH	111110	21010	0300				
LOGAN ALEXANDER	202	FRAN	000100	00100	0100				
LOGAN DAVID	113	MART	111201	21010	0200				
LOGAN DEBORAH	049	FAYE	000100	00001	0100				
LOGAN EZEKIAL	283	JEFF	110101	11301	0101				
LOGAN EZRA	148	PERR	110010	20010	0200				
LOGAN GEO	285A	JEFF	320210	11110	1300				
LOGAN HENRY	257	WAYN	210010	12010	0200				
LOGAN JAMES	231	WAYN	210010	00010	0100				
LOGAN JOHN	213	FRAN	100010	30110	0100				
LOGAN JOHN	178	FRAN	100001	10001	0100				
LOGAN ROBERT	204	FRAN	100010	00100	0100				
LOGAN SAMUEL	178	FRAN	000100	10100	0100				
LOGAN SAMUEL	061	FAYE	300010	00101	0100				
LOGAN SAMUEL	261	WAYN	100100	20100	0001				
LOGAN SAMUEL	049	FAYE	200010	31010	0100				
LOGAN SARAH	208	WASH	101300	02001	0300				
LOGAN SARAH	154	FLOY	100000	02011	0000				
LOGAN SARAH	268A	JACK	200000	11010	0100				
LOGAN THOMAS	049	FAYE	100010	10100	0100				
LOGAN WILLIAM	202	FRAN	210101	01101	0300				
LOGAN WILLIAM	061	FAYE	300100	10010	0100				
LOGON THOMAS	263	WAYN	000110	10100	0100				
LOGSDEN JOHN	104	LAWR	100100	20100	0100				
LOGSTON THOMAS	079	RIPL	200100	10100	0100				
LOGSTONE JOHN	147	PERR	000010	00100	0100				
LOISFIELD HENRY	038	DUBO	000001	00000	0100				
LOIT THOS	313	POSE	020010	32110	0300				
LOLLAR ISAAC	170	FRAN	100010	13010	0100				

Head of Household	Page	County	White Males (Under 10, 10-15, 16-18, 16-25, 26-44, 45 & over)	White Females (Under 10, 10-15, 16-25, 26-44, 45 & over)	Foreigners, Agriculture, Commerce, Manufacture	Free or Slave	Negro Males (Under 14, 14-25, 26-44, 45 & over)	Negro Females (Under 14, 14-25, 26-44, 45 & over)	Other not Indian
LOLLAR THOMAS	172	FRAN	101201	01001	0200				
LOLLMAN ADAM	266	JACK	000010	20100	0001				
LOLTON HENRY	141	FLOY	010001	10010	0001				
LOMAX ABEL	191	WAYN	310010	30010	0100				
LOMERT CHARLES	114	MART	520010	21010	0200				
LONG HIRAM	121	MONR	100100	00100	0100				
LONG ABRAHAM	284	JEFF	321201	11010	0300				
LONG ANDERSON	154	FLOY	100010	30010	0100				
LONG BENJAMIN	131	SULL	210210	01010	0400				
LONG EDWARD	054	HARR	320010	21010	0100				
LONG ELIAS	039	CLAR	100100	10100	0100				
LONG ELISHA	042	CLAR	010010	01001	0100				
LONG ELISHA	005	CLAR	010010	01001	0100				
LONG FREDERICK	185	WAYN	310010	02001	0200				
LONG HENRY	217	WAYN	310010	20010	0100				
LONG HENRY	269	WAYN	310001	00100	0100				
LONG JAMES	061	HARR	001001	01001	0100				
LONG JOEL	225	WAYN	200010	00100	0100				
LONG JOHN	083	KNOX	000100	00000	0000				
LONG JOHN W	046	CLAR	000410	00200	0004				
LONG JOHN	061	HARR	010001	01001	0100				
LONG JOHN	023	FAYE	000001	00001	0100				
LONG JOSEPH	207	WASH	000011	01101	0200				
LONG LEVI	061	HARR	110010	32010	0100				
LONG MARGARET	072	HARR	100000	00010	0000				
LONG MICHAEL	093	KNOX	000010	00000	0001				
LONG MICHAEL	040	CLAR	200010	31010	0100				
LONG NICHOLES	182	VAND	101201	01001	0500				
LONG ROBERT	197	FRAN	200110	10010	0002				
LONG ROBERT	072	HARR	110110	01010	0100				
LONG SOLOMAN	043	CLAR	100010	30010	0100				
LONG THOMAS	062	HARR	100010	01010	0100				
LONG THOMAS	064	HARR	100010	10100	0100				
LONG URIAH	091	KNOX	000010	00000	0100				
LONG WILLIAM	145	FLOY	200100	00100	0100				
LONG WILLIAM	284	JEFF	010101	02101	0200				
LONGACRE JOHN	171	FRAN	000200	02001	0200				
LONGACRE JOSEPH	249	WAYN	330001	21010	0300				
LONGACRE JOHN	249	WAYN	100010	10010	0001				
LONGBOTTOM JOSEPH	070	HARR	000100	00100	0000				
LONGEST CALEB	009	CRAW	310101	00101	0200				
LONGFELLOW JOHN	167	WAYN	010001	10101	0300				
LONGFELLOW JAMES	175	WAYN	000100	00100	0100				
LONGLEY THOMAS	100	DEAR	010110	21101	0000				
LONGMIRE GEORGE	212	WASH	220010	21010	0300				
LONGWELL MATHEW	219	WAYN	000110	01101	0200				
LONGWOOD CHRISTOPHER	070	DEAR	301101	20010	0001				
LONGWORTH FRANCIS	124	DEAR	000010	30001	0100				
LOOGS JOHN	207	WASH	000210	10100	0300				
LOOMAN MOSES	034	CLAR	121101	01101	0200				
LOOMIS JAMES	073	RIPL	100110	02010	0100				
LOON JEREMIAH	059	HARR	400100	00100	0100				

Head of Household	Page	County	White Males (Under 10, 10-15, 16-18, 16-25, 26-44, 45 & over)	White Females (Under 10, 10-15, 16-25, 26-44, 45 & over)	Foreigners, Agriculture, Commerce, Manufacture	Free or Slave	Negro Males (Under 14, 14-25, 26-44, 45 & over)	Negro Females (Under 14, 14-25, 26-44, 45 & over)	Other not Indian
LOOSE ABNER	097	SPEN	000110	20100	0200				
LOPER JAMES	202	FRAN	200010	10010	0001				
LOPER JAMES	215	FRAN	110101	01001	0300				
LOPP JACOB	067	HARR	000010	10010	0100				
LOPP JACOB	069	HARR	000010	11101	0100				
LOPP JOHN	149	FLOY	221110	30110	0400				
LOPP JOHN SR	066	HARR	110201	10101	0300				
LOPP JOHN	069	HARR	100100	00100	0100				
LORANCE PETER	102	LAWR	200010	10100	0100				
LORD JESSE B	102	DEAR	000010	11100	0001				
LORD THOMAS	070	DEAR	000100	11000	0100				
LORD WILLIAM	070	DEAR	000001	00001	0010				
LOREN DAVID	010	CLAR	310010	20100	0100				
LOREN JOHN	276A	JEFF	000001	11001	0100				
LOREY SOLOMON	095	DEAR	000000	10001	1100				
LORING DAVID	278A	JEFF	200010	01010	0100				
LORING EZEKIEL H	061	DEAR	210101	21101	0100				
LOSIGNANT FRANCIS	324	RAND	100010	20100	0100				
LOSS LEWIS	095	SPEN	210010	12010	0200				
LOSSIN JOHN	010	CLAR	100010	42010	1001				
LOTAR DAVID	115	DEAR	200010	13101	0100				
LOTT ISABEL	293	JEFF	200000	11010	0000				
LOTT JAMES	292	JEFF	000010	30010	0100				
LOTT JOHN	291A	JEFF	100100	00010	0100				
LOTT JOHN	291A	JEFF	000111	00101	0300				
LOTTON RALPH	061	DEAR	111201	11001	0100				
LOTTON THOMAS	219	WASH	000010	00000	0100				
LOUDEN GEORGE	040	CLAR	210001	32210	0200				
LOUDEN JOHN	028	CLAR	300010	10100	0100				
LOUDEN THOMAS	233	GIBS	200010	01010	0100				
LOUDENBACK DANIEL	017	FAYE	311301	11120	0100				
LOUDER CALIB	121	MONR	001101	02010	0100				
LOUDER JOSEPH	121	MONR	000010	00100	0100				
LOUDER RALPH	109	LAWR	300010	00010	0100				
LOUDERBACK PHILIP	045	FAYE	200010	41010	0100				
LOUDERBOUGH JOHN	116	DEAR	100010	50010	0001				
LOUDERS ABM	281A	JEFF	100011	30110	0100				
LOUDON HUGH	077	RIPL	200100	00100	0100				
LOUGHLIN PRISCILLA G	286	JEFF	121200	10010	0200				
LOUPLE DAVID	320	POSE	010001	00110	0000				
LOUT JOHN	139	WARR	310110	10010	0000				
LOVE DANIEL	069	HARR	300010	02110	0200				
LOVE DAVID	106	LAWR	001210	20100	0100				
LOVE DAVID	068	DEAR	310001	10010	0002				
LOVE GEORGE	021	FAYE	431320	12010	0100				
LOVE HANNAH	189	FRAN	200010	30010	0100				
LOVE HENRY	199	WAYN	200011	10100	0200				
LOVE JAMES	113	MART	010211	00101	0002				
LOVE JAMES	119	SULL	110001	32011	0200				
LOVE JOHN	295	JEFF	110001	11201	0100				
LOVE JOHN	312	POSE	000120	10100	0200				
LOVE JOHN	267	JACK	410110	01110	0100				

Head of Household	Page	County	White Males (Under 10, 10-15, 16-18, 16-25, 26-44, 45 & over)	White Females (Under 10, 10-15, 16-25, 26-44, 45 & over)	Foreigners, Agriculture, Commerce, Manufacture	Free or Slave	Negro Males (Under 14, 14-25, 26-44, 45 & over)	Negro Females (Under 14, 14-25, 26-44, 45 & over)	Other not Indian
LOVE LORENA	068	DEAR	000000	21100	0001				
LOVE RICHARD	265A	JACK	200010	00100	0100				
LOVE WILLIAM	095	DEAR	100010	10010	0100				
LOVE WM	316A	POSE	200010	40011	0100				
LOVEJOY JOHN	011	FAYE	100010	00100	0010				
LOVEJOY ZABINA	139	WARR	100010	10010	0000				
LOVELACE ELNATHAN	061	FAYE	200001	10010	0100				
LOVELACE ISAAC	299	PIKE	311101	20110					
LOVELESS BENJAMIN	159	SCOT	200100	10100	0100				
LOVELESS RICHARD	214	WASH	300010	10010	0100				
LOVET MARY	011	CRAW	010000	00001	0100				
LOVET REUBEN	011	CRAW	210010	20010	0100				
LOVING LORA	121	MONR	121100	21001	0100				
LOW GEORGE	314	POSE	000010	10100	0100				
LOW JAMES	203	WASH	010200	11100	0300				
LOW JOHN	061	DEAR	220010	21010	0100				
LOW JOHN	215	WAYN	210010	31010	0100				
LOW SAMUEL	167	FRAN	300010	11010	0100				
LOW THOMAS	101	SPEN	000100	20100	0100				
LOW WILLIS	031	DELA	200010	20010	0100				
LOWDEN JAMES	278A	JEFF	011201	10201	0200				
LOWDER WRIGHT	024	DELA	200100	00110	0100				
LOWE FREDERICK	225	WASH	200010	40010	0100				
LOWE JAMES	166	FRAN	100010	30010	0100				
LOWE JOSIAH	166	FRAN	210010	00010	0100				
LOWE SAMUEL	054	HARR	100100	10100	0100				
LOWE SETH	078	DEAR	210010	30010	0100				
LOWE WILLIAM	121	MONR	110201	11210	0300				
LOWERY JAMES	277A	JEFF	000010	00031	0100				
LOWERY JOSEPH	277A	JEFF	111101	11101	1200				
LOWERY ROBERT	161	SCOT	000010	00000	0100				
LOWERY SAMUEL R	095	SPEN	200100	10100	0100				
LOWERY THOS	276A	JEFF	010100	12100	0100				
LOWERY WILLIAM	029	FAYE	200010	00010	0100				
LOWRY JOHN	217	WASH	100010	20010	0100				
LOWRY ROBERT	077	JENN	200010	00200	0100				
LOWRY THOS	309A	POSE	000101	00210	0100				
LOWSTUTTER HENRY	171	SWIT	600010	01010	0100				
LOY ROBERT	017	CLA9	000000	00000	0100	F	0200	1200	1
LOYD JAMES	216	FRAN	000010	00100	0100				
LOYD ROBERT	148	FLOY	210010	30010	0200				
LUALLEN MESHACH	324A	RAND	021101	02001	0100				
LUCAS GEORGE	121	MONR	221101	00010	0200				
LUCAS JESSE	224	WASH	110101	11210	0300				
LUCAS JOHN	210	WASH	000001	00001	0100				
LUCAS JOSHUA H	121	MONR	120010	21010	0003				
LUCAS RICHARD	099	LAWR	200010	20100					
LUCAS SOLOMON	121	MONR	200011	00001	0200				
LUCAS THOMAS	121	MONR	300010	00100	0100				
LUCE BENJAMIN	239	WAYN	100010	10010	0100				
LUCE JOSEPH	239	WAYN	000201	12101	0300				
LUCE MATHIAS	237	WAYN	000100	00100	0100				

Head of Household	Page	County	White Males (Under 10, 10-15, 16-18, 16-25, 26-44, 45 & over)	White Females (Under 10, 10-15, 16-25, 26-44, 45 & over)	Foreigners, Agriculture, Commerce, Manufacture	Free or Slave	Negro Males (Under 14, 14-25, 26-44, 45 & over)	Negro Females (Under 14, 14-25, 26-44, 45 & over)	Other not Indian
LUCE ROBERT	191	FRAN	330010	10110	0400				
LUCE UNICE	227	WAYN	310000	11010	0100				
LUCH ISOM	021	DELA	104401	00100	0100				
LUCKENBILL HENRY	221	WASH	000111	00301	0300				
LUCKENBILL GEORGE	223	WASH	330010	20010	0400				
LUCUS EBER	025	FAYE	300010	11010	0100				
LUCUS STUDUS	095	DEAR	000010	00010	0100				
LUDENGTON ANNIAS	090	KNOX	000100	00000	0100				
LUDINGTON HARVEY	090	KNOX	110010	00010	0100				
LUDINGTON E	143	WARR	200110	10100	0001				
LUDLOW JAMES	041	HARR	100010	00110	0100				
LUDLOW STEPHEN	103	DEAR	110110	20020	0100				
LUELLEN THOMAS D	020	CLAR	100100	00010	0100				
LUIS DAVID	153	WARR	121101	20102	0000				
LUIS JOHN	135	WARR	010010	10010	0000				
LUKE JOEL	121	MONR	100010	00100	0100				
LUKE JOHN	121	MONR	010011	00001	0100				
LUKEN JOEL	131	ORAN	210101	21001	0300				
LUKENBILLE DAVID	142	OWEN	000010	10010	0100				
LUKES ELIJAH	246	GIBS	100100	10100	0100				
LUKES FIELDAN	246	GIBS	000100	00100	0100				
LUKES FRANCIS	246	GIBS	020101	00201	0200				
LUKES WILLIAM	049	HARR	000001	10001	0100				
LUMES SARAH	238	GIBS	210000	10010	0000				
LUMLEY WILLIAM	207	WASH	201101	20101	0200				
LUMPKIN JAMES	245	WAYN	000010	10100	0100				
LUMPKIN THOMAS	091	SPEN	000010	00000	0100				
LUND OLIVER	167	SWIT	301000	30100	0100				
LUNEY JOSEPH	022	DELA	100102	00100	0001				
LUNGA LAURENCE	087	KNOX	011101	00001	0100	F	0001	0000	
LUNSFORD MASON	050	HARR	000101	01201	0200				
LUNSFORD WILLIAM	049	HARR	200100	00010	0200				
LUNYA FRANCIS	084	KNOX	100011	01001	0100				
LUNYO LEWIS	086	KNOX	200010	30010	0100				
LUSK SOLMON	186	VIGO	000010	00100	0103				
LUSTER HUGH	133	FLOY	010101	21001	0300				
LUSTER JOHN	088	KNOX	320010	21110	0300				
LUSTER JOHN	299	PIKE	100010	10100					
LUTES DAVID	042	CLAR	110111	11010	0300				
LUTES GASPER	035	CLAR	000001	00010	0100				
LUTES HENRY	035	CLAR	110101	00110	0100				
LUTES MARTIN	167	SWIT	000000	00000	0000				
LUTHER CHRISTAIN	103	LAWR	000101	00010	0100				
LUTHER GEORGE	103	LAWR	100010	10100					
LUTHER JOSEPH	103	LAWR	000100	00100					
LUTHER MICHAEL	103	LAWR	000100	10100					
LUTHER PETER	014	CRAW	230020	02001	0500				
LUTHUR JONATHAN	014	CLAR	211110	11110	0100				
LUTTRELL SILAS	131	ORAN	112100	11100	0400				
LYBROOK JACOB	201	WAYN	011110	10010	0200				
LYBROOK JOHN	201	WAYN	110010	30011	0100				
LYBROOK PAUL	201	WAYN	000010	30100	0100				

Head of Household	Page	County	White Males (Under 10, 10-15, 16-18, 16-25, 26-44, 45 & over)	White Females (Under 10, 10-15, 16-25, 26-44, 45 & over)	Foreigners, Agriculture, Commerce, Manufacture	Free or Slave	Negro Males (Under 14, 14-25, 26-44, 45 & over)	Negro Females (Under 14, 14-25, 26-44, 45 & over)	Other not Indian
LYBROOK PHILIP	201	WAYN	100010	00100	0100				
LYBROOK PHILIP SR	201	WAYN	000001	01002	0100				
LYGHT POLLY	066	HARR	023400	00010	0100				
LYKINS DAVID	190	VIGO	110311	21111	0400				
LYKINS JAMES	366	RAND	000020	10010	0100				
LYNCH ABRAM	078	DEAR	200010	10100	0100				
LYNCH CLITON	134	ORAN	100010	00100	0100				
LYNCH ISAAC	168	SWIT	300110	10101	0002				
LYNCH JACKSON	134	ORAN	000010	00020	0100				
LYNCH JOHN	132	ORAN	110101	00101	0200				
LYNCH SARAH	139	FLOY	110200	00110	0000				
LYND JAMES	134	ORAN	210010	22010	0200				
LYND SAMUEL	134	ORAN	410111	12210	0002				
LYNDER HENRY	148	FLOY	100010	30010	0100				
LYNN CRAVEN	066	HARR	200010	10100	0100				
LYNN DANIEL	078	DEAR	200111	20101	0100				
LYNN DANN	306A	POSE	400101	32110	0200	S	0100		
LYNN HUGH	280	JEFF	100010	10010	0100				
LYNN JAMES	252	GIBS	100010	01100	0100				
LYNN JOHN	235	GIBS	000100	00000	0100				
LYON JOHN	107	DEAR	010010	40010	0100				
LYON JONATHAN	204	WASH	220001	11010	0000				
LYON JOSEPH	107	DEAR	100010	30010	0100				
LYON ROBERT	175	SWIT	000010	40010	0100				
LYON STEPHEN	145	PERR	100010	21000	0100				
LYONS DANIEL	197	WAYN	101100	00100	0001				
LYONS DAVID	188	VIGO	000020	20010	0200				
LYONS JAMES	013	CRAW	001111	00101	0100				
LYONS PRISCILLA	095	DEAR	110000	10010	0000				
LYONS WILLIAM	174	FRAN	000001	00100	0100				
LYSTER CORNELIUS	264A	JACK	111201	30201	0100				
LYSTER FRANCIS	264	JACK	100100	00100	0100				
M*INTIRE JOHN	273A	JEFF	001101	20210	0100				
MABBOT JOHN	201	WAYN	200010	20010	0100				
MABBOTT ANTHONY	201	WAYN	000101	00110	0100				
MACAMBEE LEVI	134	ORAN	100010	00100	0100				
MACBEE LEMUEL	213	WASH	100110	10100	0200				
MACE BENJAMIN	024	CLAR	120010	10110	0100				
MACEY ALBERT	325A	RAND	211101	20101	0100				
MACEY WILLIAM	325A	RAND	410010	10010	0100				
MACINTIRE JOHN	273A	JEFF	100010	10100	0000				
MACK JACOB	026	DELA	200001	10110	0100				
MACK OLIVER	175	SWIT	000201	22001	0100				
MACKEY AMELIA	079	DEA-	200000	20100	0000				
MACKLEHAE JOHN	058	HARR	310010	10010	0100				
MACKNEAL SARAH	225	WAYN	200000	10100	0000				
MACOM JAMES	325A	RAND	000100	20010	0100				
MACY CHARLES	159	WAYN	000010	00010	0001				
MACY GAMALIEL	121	MONR	010100	10100	0100				
MACY JONATHAN	185	WAYN	300010	11110	0100				
MACY LABAN	206	FRAN	000001	00101	0100				
MACY NATHANIEL	208	FRAN	000101	00011	0200				

Head of Household	Page	County	White Males (Under 10, 10-15, 16-18, 16-25, 26-44, 45 & over)	White Females (Under 10, 10-15, 16-25, 26-44, 45 & over)	Foreigners, Agriculture, Commerce, Manufacture	Free or Slave	Negro Males (Under 14, 14-25, 26-44, 45 & over)	Negro Females (Under 14, 14-25, 26-44, 45 & over)	Other not Indian
MACY REUBEN	245	WAYN	310001	22110	0300				
MACY WILLIAM	205	FRAN	431201	10010	0200				
MACY ZACEUS	207	FRAN	010101	10111	0300				
MADCALF THOMAS	097	SPEN	200010	00100	0100				
MADDEN WILLIAM	063	HARR	110011	10100	0100				
MADDY THOMAS	183	FRAN	200100	00100	0100				
MADEN JOHN	048	HARR	111212	01100	0400				
MADEN WILLIAM	041	HARR	320001	01201	0100				
MAINE SAMUEL	149	PERR	120001	20010	0300				
MAJOR FREDERICK	053	HARR	210010	30010	0100				
MAJOR WILLIAM	121	DEAR	010211	03101	0100				
MAJORS HENRY	049	HARR	100100	00100	0100				
MAKAWKSKEY PETER	039	CLAR	000010	00000	1100				
MAKEPEACE AMASA	029	DELA	310110	10110	0100				
MAKER ARCHILLES	169	FRAN	200101	12201	0002				
MAKER SETH	187	FRAN	000100	00000	0001				
MAKINSON SAMUEL	032	DELA	000010	00100	0100				
MALAT JOHN	095	DEAR	200010	01010	0100				
MALCOM DIANA	247	WAYN	001100	11001	0100				
MALCOM GEORGE	186	VIGO	100010	00010	0100				
MALCY JOHN	213	FRAN	210000	20010	0100				
MALEK DAVID	286A	JEFF	000010	20200	1000				
MALICOAT JOHN	207	WASH	000100	20010	0100				
MALIN JACOB	174	SWIT	000100	20100	0100				
MALIN JOSEPH	168	SWIT	410320	01100	0002				
MALLARD GEORGE	180	VAND	000010	00010	2100				
MALLERY CURTIS	025	DELA	111110	21010	0100				
MALLERY HIRAM	087	KNOX	000200	02201	0200				
MALLETT FRANCIS	085	KNOX	000010	11010	0000				
MALLETT FRANCES	087	KNOX	100010	31010	0100				
MALLETT LEWIS	087	KNOX	410010	22010	0100				
MALLETT PEIRRE	087	KNOX	000120	20100	0100				
MALLORY JOHN	146	PERR	000010	00100	0001				
MALLORY MOSES	146	PERR	000010	00100	0100				
MALLORY PETER	187	VIGO	310010	20010	0200				
MALLORY SAMUEL	146	PERR	010101	02101	0002				
MALOAN BENJAMIN	145	FLOY	311100	00000	0400				
MALOAN CHARLES	057	FAYE	000100	00100	0001				
MALOAN JOHN	057	FAYE	000001	00001	0000				
MALONE SAMUEL	193	VIGO	100010	00010	0100				
MALONEY ELIZA	085	KNOX	000000	00110	0000				
MALORY DAVID	186	FRAN	000000	00000	0000	F	0110	1100	
MALOTT ELI W	205	WASH	000110	00100	0020				
MALOTT ELIJAH	300	PIKE	000100	00100					
MALOTT REASON	324A	RAND	310010	10100	0100				
MAN ARON	009	FAYE	100100	10100	0100				
MANAGH THOMAS	204	WASH	210010	31120	0200				
MANAH JAMES	033	CLAR	020011	30010	0100				
MANANN JACOB	226	FRAN	000010	10100	0100				
MANANN MICHAEL	225	FRAN	210110	31010	0300				
MANFIELD WARD	295A	JEFF	202210	02101	0300				
MANFORD JAMES	168	SWIT	000100	10100	0100				

← For Mader to Main see page 256

Head of Household	Page	County	White Males (Under 10, 10-15, 16-18, 16-25, 26-44, 45 & over)	White Females (Under 10, 10-15, 16-25, 26-44, 45 & over)	Foreigners, Agriculture, Commerce, Manufacture	Free or Slave	Negro Males (Under 14, 14-25, 26-44, 45 & over)	Negro Females (Under 14, 14-25, 26-44, 45 & over)	Other not Indian
MANGRIM HENRY	237	GIBS	310001	11010	0100				
MANING GEORGE	276	JEFF	000101	01111	6001				
MANLEY JOHN	012	CLAR	100001	13010	0100				
MANLEY THOMAS	012	CLAR	000010	00010	0100				
MANLOVE GEORGE	027	FAYE	300011	10100	0100				
MANLOVE JOHN	025	FAYE	400010	10020	0100				
MANLOVE PRUDE	029	FAYE	400000	11010	0000				
MANLY JOHN	011	FAYE	100201	02201	0100				
MANLY WILLIAM	045	FAYE	300010	20010	0100				
MANN JESSE	163	WAYN	210101	01201	0300				
MANN JOHN	185	VIGO	100100	00100	0100				
MANN JOSIAH	107	SULL	100010	21010	0100				
MANN PETER	004	CLAR	211110	31010	0200				
MANN WILLIAM	192	VIGO	111201	21010	0400				
MANNIFOLD JOSEPH	243	WAYN	100010	10100	0100				
MANNIN DAVID	218	WASH	100010	30010	0100				
MANNIN JAMES	215	WASH	210101	22110	0300				
MANNIN JOHN	216	WASH	000100	10100	0100				
MANNIN JOSHUA	216	WASH	011201	43010	0000				
MANNIN WILLIAM	215	WASH	100100	10100	0200				
MANNIN WILLIAM	216	WASH	000100	10101	0100				
MANNING ARON	269	WAYN	300010	00010	0100				
MANNING HARVY	113	MART	300100	00100	0100				
MANNING REASHEAL	088	KNOX	000000	20010	0000				
MANNING THOMAS	233	WAYN	300010	00010	0001				
MANNING WM	249	WAYN	111101	20001	0100				
MANNON JOSEPH	240	GIBS	311201	20010	0300				
MANNORS JAMES	121	MONR	200010	10100	0001				
MANNVILLE CHARLES	089	KNOX	000100	10100	0100				
MANNVILLE THOMAS	089	KNOX	000100	00000	0100				
MANSFIELD JOHN	190	VIGO	220010	10010	0300				
MANSFIELD CHARLES	203	FRAN	000100	00000	0100				
MANSFIELD JAMES	007	CRAW	100100	00100	0100				
MANSFIELD WM	243	WAYN	100100	20100	0100				
MANSILL SAMUEL	180	VAND	100010	20010	5001				
MANSON JAMES	295	JEFF	000001	00001	0100				
MANSUR JEREMIAH	167	WAYN	110010	30100	0001				
MANTOOTH SARAH	023	FAYE	120000	10010	0000				
MANVILLE NICHOLAS	294A	JEFF	110110	00010	0100				
MANWARREN ROBERT	191	VIGO	000010	10100	0001				
MANWARRING THOMAS	160	FRAN	310001	02201	0200				
MANWARRING RICHARD	121	DEAR	011101	10101	0100				
MANWARRING SOLOMON	121	DEAR	000010	01110	0100				
MANZOR JOHN	062	DEAR	110010	30010	0100				
MAO PATSEY	127	ORAN	010000	22010	0000				
MAPES JOHN	266A	JACK	110110	20010	0100				
MAPLE BENJAMIN	221	FRAN	202201	21101	0102				
MAPLE JOHN	223	FRAN	300010	10100	0100				
MAPLE STEPHEN	223	FRAN	301110	00100	0101				
MAPLES LEVY	173	SWIT	300010	10010	0100				
MARCELL JACOB	139	FLOY	400010	00010	0001				
MARCH GEORGE	108	DEAR	010010	44010	0100				

Head of Household	Page	County	White Males Under 10 10-15 16-18 16-25 26-44 45 & over	White Females Under 10 10-15 16-25 26-44 45 & over	Foreigners Agriculture Commerce Manufacture	Free or Slave	Negro Males Under 14 14-25 26-44 45 & over	Negro Females Under 14 14-25 26-44 45 & over	Other not Indian
MARCH GEORGE	121	SULL	000010	00100	0010				
MARCUS JAMES	314	POSE	000100	00100	0100				
MARCUS WM SR	314	POSE	110301	01100	0500				
MARDECK ANN	327	RAND	010000	11010	0100				
MARDOCK JAMES	215	FRAN	500110	10010	0100				
MARES WILLIAM	217	WASH	300210	11011	0300				
MARICA JACOB	306A	POSE	000010	00010	0100				
MARINE CHARLES	187	WAYN	310010	22000	0100				
MARINE JONATHAN	189	WAYN	301210	03010	0300				
MARIS AARON	131	ORAN	211101	00010	0300				
MARIS GOERGE	131	ORAN	100100	00100	0100				
MARIS JAMES	204	WASH	300010	20010	0100				
MARIS THOMAS	135	ORAN	300010	13111	0100				
MARIV JOHN	134	ORAN	120010	21010	0200				
MARK ANDREW	005	CLAR	000101	00101	0200				
MARK JAMES	026	DELA	000010	00000	0100				
MARK JOSEPH	190	VIGO	000200	20200	0020				
MARKEL ABRAHAM	188	VIGO	230321	00001	0602				
MARKLE ABRAHAM A	192	VIGO	000100	10100	0100				
MARKLE JOHN	223	WAYN	000010	00100	0100				
MARKLE WILLIAM	032	DELA	121301	21201	0300				
MARKS WILLIAM	209	WASH	021201	00001	0100				
MARKWELL JOHN	202	WASH	320201	10110	1000				
MARKWELL JOSEPH	042	CLAR	200010	00100	0100				
MARKWORTH ADAM •	182	VAND	100010	00100	0100				
MARLEY FILDEN G	159	SCOT	000200	00010	0010				
MARLEY HENRY	107	LAWR	100010	00001					
MARLIN SAMUEL	161	FRAN	100010	10100	0100				
MARLING JOHN	264	JACK	220010	20010	0100				
MARLOW BENJAMIN	146	FLOY	000010	00000	0100				
MARLOW GEORGE	100	LAWR	100100	10100	0100				
MARLY BENJAMIN	107	LAWR	300010	01100					
MARLY JOHN	107	LAWR	000201	10010					
MARMEN JOSEPH	262A	JACK	300011	20100	0001				
MARMEN THOMAS	263A	JACK	210010	21010	0200				
MARMON DAVID	161	FRAN	100010	31010	0100				
MARNEY JOHN	084	KNOX	000100	00000	0001				
MARQUES ROBERT	292	JEFF	200110	10100	0200				
MARQUIS ELENEZER	288A	JEFF	200100	00100	0100				
MARQUIS GEO	288	JEFF	100100	00100	0100				
MARQUIS GEO	280	JEFF	000011	00000	0100				
MARQUIS JOHN	286	JEFF	000200	10100	0002				
MARQUIS SAML	288A	JEFF	110001	10001	0100				
MARRACK H B	300	PIKE	010111	01101	0				
MARRES ELISHA	312A	POSE	010110	10010	0300				
MARRS ALEXANDER	044	CLAR	001110	00010	0002	S		0100	
MARRS CHRISTOPHER	220	WASH	010001	10101	0200				
MARRS MARY	224	WASH	400000	10010	0000				
MARRS SAMUEL	224	WASH	200010	10010	0100				
MARRS WILLIAM	224	WASH	000100	20100	0100				
MARSH CYRUS G	223	WASH	100010	10010	0100				
MARSH DAVID	105	DEAR	100100	00100	0001				

Head of Household	Page	County	White Males Under 10 10-15 16-18 16-25 26-44 45 & over	White Females Under 10 10-15 16-25 26-44 45 & over	Foreigners Agriculture Commerce Manufacture	Free or Slave	Negro Males Under 14 14-25 26-44 45 & over	Negro Females Under 14 14-25 26-44 45 & over	Other not Indian
MARSH DAVID	148	PERR	200100	10010	0100				
MARSH ELIHU	138	FLOY	211330	21110	0203				
MADER RADOLPH	170	SWIT	110010	00001	3100				
MADILL SAMUEL	207	FRAN	010001	22301	0200				
MADILL THOMAS	207	FRAN	100010	00100	0100				
MADISON CHANNING	168	SWIT	100110	11100	0001				
MADISON WM	213	WAYN	330010	10010	0100				
MAGAUKY ARTHUR	058	HARR	100010	10100	0100				
MAGILL WILLIAM	217	WASH	300010	11020	0100				
MAGILL ZACHARIAH	137	ORAN	111101	42010	0400				
MAGNER JOHN	125	ORAN	100010	20010	0100				
MAGNIDER NORMAN B	174	SWIT	100001	01001	0100				
MAGNUS PERRY G	282	JEFF	100201	00410	0200				
MAHAN ANDREW	221	WASH	000100	00100	0100				
MAHAN JOHN	183	FRAN	000010	00010	0100				
MAHAN PETER	137	ORAN	410010	11010	0200				
MAHAN SAMUEL	099	LAWR	210010	20010	0000				
MAIDEN ALFORD	106	LAWR	100110	20010					
MAIDEN ANDREW	277A	JEFF	120001	20110	0100				
MAIDEN JAMES	103	LAWR	300012	20010					
MAIDLOW JAMES JR	179	VAND	200010	01010	5000				
MAIDLOW JAMES SR	180	VAND	001121	01001	3500				
MAIN CHRISTOPHER	259	WAYN	000100	00100	0100				
MAIN HYRAM	097	SPEN	000010	30010	0100				
MAINE JOHN	148	PERR	100100	00100	0100				
MAINE RILEY	150	PERR	100100	00100	0100				
MARSH JESSE	041	HARR	231101	11010	0200				
MARSH JOSEPH	043	HARR	000100	00100	0100				
MARSH JOSEPH	062	HARR	100010	00010	0100				
MARSH ROBERT	023	DELA	000100	10100	0100				
MARSH SAMUEL	079	DEAR	000001	00001	0100				
MARSH SAMUEL	141	FLOY	310121	22010	0005				
MARSH THOMAS	044	HARR	000100	00101	0100				
MARSH WILLIAM	048	HARR	000001	00000	0100				
MARSH WILLIAM	174	SWIT	400010	00010	0100				
MARSH WRIGHT	148	PERR	220020	11010	0000				
MARSHAL DANIEL	285A	JEFF	100020	30010	0101				
MARSHAL DAVID	031	FAYE	010001	00010	0100				
MARSHAL JAMES	013	FAYE	000010	10200	0100				
MARSHAL JAMES	221	WASH	120010	41010	0300				
MARSHAL JESSE	217	WASH	110010	31010	0200				
MARSHAL JOHN	287A	JEFF	210011	10010	0200				
MARSHAL JOHN	289	JEFF	100100	00010	0100				
MARSHAL RILEY	324	RAND	100100	00100	0100				
MARSHAL SAMUEL	107	DEAR	200010	00010	1100				
MARSHAL SAMUEL	169	WAYN	110010	31010	0200				
MARSHAL WILLIAM	100	DEAR	100010	00100	0001				
MARSHALL CHARITY	132	ORAN	010010	13011	0200				
MARSHALL ISAAC	032	DELA	000010	00000	0100				
MARSHALL ISAAC	268	JACK	410101	02401	0100				
MARSHALL JAMES	043	CLAR	022200	20001	0001				
MARSHALL JOHN	259	WAYN	000010	10100	0100				

Head of Household	Page	County	White Males (Under 10, 10-15, 16-18, 16-25, 26-44, 45 & over)	White Females (Under 10, 10-15, 16-25, 26-44, 45 & over)	Foreigners, Agriculture, Commerce, Manufacture	Free or Slave	Negro Males (Under 14, 14-25, 26-44, 45 & over)	Negro Females (Under 14, 14-25, 26-44, 45 & over)	Other not Indian
MARSHALL MILES	241	WAYN	300011	20100	0100				
MARSHALL ROBERT	280A	JEFF	000110	01100	1100				
MARSHALL WILLIAM P	121	DEAR	110001	30100	0100				
MARSHALL WILLIAM	267A	JACK	110010	01100	0100				
MARSHALL WILLIAM	267	JACK	221101	20010	0100				
MARSHEL JOHN	237	GIBS	100010	00100	0100				
MARTAIN HENRY	193	VIGO	200010	10100	0100				
MARTAIN JOHN	143	OWEN	201201	11010	0300				
MARTEN EVAN	013	FAYE	100100	00100	0001				
MARTEN FRANCIS	099	SPEN	100001	32011	0100				
MARTEN ISAAC	019	FAYE	000100	00100	0100				
MARTEN ISAAC	009	FAYE	100001	30110	0120				
MARTEN JACOB	025	FAYE	211110	21010	0100				
MARTEN JOHN	013	FAYE	200010	40010	0100				
MARTEN MOSES	059	FAYE	110001	21010	0100				
MARTHALL THOMAS	193	WAYN	210010	10010	0100				
MARTIN AARON	048	CLAR	011201	00200	0300				
MARTIN ABNER	222	WASH	410210	11110	0400	F	0000	0100	
MARTIN ABRAHAM	104	LAWR	310110	20010	0200				
MARTIN ARON	167	WAYN	010001	01000	0100				
MARTIN ARTHUR	100	DEAR	100110	20010	2100				
MARTIN ASA	114	MART	100010	10100	0100				
MARTIN CHARLES	180	VAND	200010	20100	0100				
MARTIN EDWARD	008	CRAW	411001	01010	0001				
MARTIN ELIZABETH	235	GIBS	120010	21110	0100				
MARTIN GEORGE	274	JEFF	100010	30010	0001				
MARTIN GEORGE	179	FRAN	200010	32010	0100				
MARTIN HATFIELD	155	SCOT	410000	00010	0100				
MARTIN HENRY	301	PIKE	000010	00100					
MARTIN HENRY	092	KNOX	100100	00100	0100				
MARTIN HIRAM	131	ORAN	000100	10100	0100				
MARTIN HUTSON	077	RIPL	130010	40010	0400				
MARTIN ISAAC	159	WAYN	210010	00100	0001				
MARTIN ISAAC	132	ORAN	200100	30100	0100				
MARTIN ISHAM	125	ORAN	000000	00010	0100	F	1001	1000	
MARTIN JAMES	233	WAYN	000100	10100	0100				
MARTIN JAMES	253	WAYN	100100	00100	0100				
MARTIN JAMES	181	WAYN	220010	21000	0100				
MARTIN JAMES	290A	JEFF	010010	00001	0100				
MARTIN JAMES	248	GIBS	420010	00010	0100				
MARTIN JAMES	292A	JEFF	000010	11001	0100				
MARTIN JAMES	046	CLAR	200010	10100	0001				
MARTIN JAMES	116	DEAR	100101	10010	0100				
MARTIN JAMES H	222	WASH	200010	30010	0100				
MARTIN JAMES	181	VAND	000001	00101	0100				
MARTIN JAMES JR	221	WASH	000100	00100	0500				
MARTIN JESSE	131	ORAN	000100	10100	0100				
MARTIN JESSE	150	PERR	020010	30010	0300				
MARTIN JOHN	066	HARR	502210	10110	0200				
MARTIN JOHN	071	HARR	000101	01111	0200				
MARTIN JOHN	185	WAYN	000010	30010	0100				
MARTIN JOHN	073	RIPL	000010	10100	0100				

Head of Household	Page	County	White Males (Under 10, 10-15, 16-18, 16-25, 26-44, 45 & over)	White Females (Under 10, 10-15, 16-25, 26-44, 45 & over)	Foreigners, Agriculture, Commerce, Manufacture	Free or Slave	Negro Males (Under 14, 14-25, 26-44, 45 & over)	Negro Females (Under 14, 14-25, 26-44, 45 & over)	Other not Indian
MARTIN JOHN	095	SPEN	310001	11010	0200				
MARTIN JOHN	254	GIBS	110001	10100	0001				
MARTIN JOHN	223	WAYN	000010	30010	0100				
MARTIN JOHN	131	ORAN	000011	00001	0100				
MARTIN JOHN	074	HARR	000002	00000	0000				
MARTIN JOHN B	083	KNOX	000010	00000	0001				
MARTIN JOHN	160	SCOT	100010	10100	0100				
MARTIN JOHN JR	222	WASH	210010	21010	0400				
MARTIN JOHN	216	WASH	000010	20100	0100				
MARTIN JOHN	194	VIGO	200010	00100	0100				
MARTIN JOHN SR	221	WASH	330201	00011	0100				
MARTIN JOSEPH	221	WASH	210101	12210	0300				
MARTIN JOSEPH JR	221	WASH	210010	20010	0200				
MARTIN JOSHUA	186	VIGO	120110	11101	0400				
MARTIN LEONARD	301	PIKE	000001	00001					
MARTIN LEWIS	221	WASH	111301	21010	0200				
MARTIN LITTEBURY	181	VAND	300010	20011	0100				
MARTIN MARTIN	311A	POSE	120001	32101	0300				
MARTIN MARY	233	WAYN	110100	11010	0100				
MARTIN MARTHA	142	FLOY	100000	01000	0000	S	2210	0000	
MARTIN MARY	172	SWIT	000000	01010	0000				
MARTIN NANCY	131	ORAN	200000	00010	0000				
MARTIN NANCY	217	WASH	300000	10010	0000				
MARTIN NIMROD	221	WASH	010001	00101	0200	F	0000	1000	
MARTIN PHILLIP N	242	GIBS	100010	10100	0100				
MARTIN REUBEN	127	ORAN	000100	10100	0100				
MARTIN RICHARD	071	HARR	021110	01110	0200				
MARTIN ROBERT	128	ORAN	000101	00001	0100				
MARTIN SAMUEL	150	PERR	200010	00100	0100				
MARTIN SAML	093	SPEN	100110	30010	0200				
MARTIN SAMUEL	107	SULL	301121	23110	0400				
MARTIN SAMUEL	221	WASH	100010	10100	0100				
MARTIN SIMON	197	WAYN	300010	00100	0100				
MARTIN STEPHEN	171	FRAN	310010	01210	0200				
MARTIN THEOPHILUS	109	DEAR	001101	22010	0100				
MARTIN THOMAS	181	VAND	200100	00100	0100				
MARTIN THOMAS	231	GIBS	000100	02010	0010				
MARTIN THOMAS H	240	GIBS	100010	20010	0100				
MARTIN THOMAS	198	FRAN	220010	32010	0300				
MARTIN THOMAS	114	MART	001110	11001	0200				
MARTIN THOMAS	066	HARR	200010	32010	0100				
MARTIN WILLIAM	222	WASH	400010	12010	0100				
MARTIN WILLIAM W	215	WASH	000010	40100	0000				
MARTIN WILLIAM	216	WASH	010101	11201	0300				
MARTIN WILLIAM	117	DEAR	300010	10010	0100				
MARTIN WILLIAM	106	LAWR	000100	10100					
MARTIN WILLIAM N	076	JENN	000010	00100	0001				
MARTIN WILLIAM	167	FRAN	200010	10010	0200				
MARTIN WILLIAM	171	FRAN	000010	40100	0100				
MARTIN WILLIAM	176	FRAN	000010	01010	0100				
MARTIN WILLIAM	182	FRAN	000100	00000	0100				
MARTIN WILLIAM	032	DELA	210001	12101	0200				

Head of Household	Page	County	White Males (Under 10, 10-15, 16-18, 16-25, 26-44, 45 & over)	White Females (Under 10, 10-15, 16-25, 26-44, 45 & over)	Foreigners, Agriculture, Commerce, Manufacture	Free or Slave	Negro Males (Under 14, 14-25, 26-44, 45 & over)	Negro Females (Under 14, 14-25, 26-44, 45 & over)	Other not Indian
MARTIN WILLIAM	276	JEFF	230201	10001	0300				
MARTIN WM	197	WAYN	300110	10100	0200				
MARTINDALE MILES	161	WAYN	200100	20100	0100				
MARTINDALE WM	241	WAYN	000100	30100	0100				
MARTINDALE JOHN	241	WAYN	020001	20001	0100				
MARTINDALE ELIJAH	241	WAYN	300010	10010	0100				
MARTINDALE JAMES	261	WAYN	110010	01000	0200				
MARTINDALE WILLIAM	263	WAYN	000100	30100	0100				
MARTINDALE MILES	263	WAYN	200100	21000	0100				
MARTINDALE MARTIN	263	WAYN	200010	30011	0100				
MARTINDALE JESSE	265	WAYN	100100	10100	0100				
MARTINDALE JAMES	165	WAYN	110010	00100	0200				
MARTINDLE MOSES	183	WAYN	300010	22010	0100				
MARTON JOHN	309	POSE	201101	33010	0200				
MARTS JACOB	214	WASH	220101	21010	0400				
MARTS JOHN	133	ORAN	000010	00010	0100				
MARTS PETER	227	WAYN	220010	30010	0100				
MARVILLE JANE	172	SWIT	100000	20010	0000				
MARVLE ELISHA	241	GIBS	210201	21101	0400				
MARVLE JOHN	242	GIBS	000100	10100	0100				
MARVLE PIRTYMAN	242	GIBS	120101	11101	0300				
MASEY ISAAC	222	WASH	000010	10010	0100				
MASH CHARLES	062	DEAR	200010	10100	0100				
MASH JEHU	269	JACK	410010	20011	0100				
MASKEL J	024	DELA	011411	11240	0100				
MASKEL JOEL	032	DELA	000100	00000	0100				
MASON ANDREW	015	CRAW	000010	10100	0100				
MASON ANDREW	107	SULL	210010	10110	0300				
MASON DANIEL	119	DEAR	210010	30010	0100				
MASON DANIEL	184	FRAN	200010	00100	0100				
MASON ELIJAH	129	ORAN	100001	00101	0000				
MASON GEORGE	118	DEAR	001201	01100	0100				
MASON HENRY	050	HARR	100010	00100	0100				
MASON HORATIO	057	FAYE	000100	00100	0110				
MASON JACOB	130	ORAN	300010	01010	0100				
MASON JACOB	095	DEAR	100010	20100	0100				
MASON JACOB	105	DEAR	301310	12110	0100				
MASON JAMES	107	SULL	220010	21010	0400				
MASON JOHN	101	LAWR	000210	11010	0100				
MASON JOHN	102	LAWR	000101	00101	0100				
MASON JOHN	102	LAWR	210100	11010	0100				
MASON LEWIS	324A	RAND	300010	30100	0100				
MASON NICHOLAS	119	DEAR	100100	00010	0100				
MASON PHILIP	118	DEAR	200010	00100	0100				
MASON PHILIP	059	FAYE	100010	00010	0001				
MASON RICHARD	101	SPEN	110101	11001	0200				
MASON ROBERT	095	DEAR	000111	00001	2300				
MASON ROBERT	095	DEAR	210010	10010	0100				
MASON SAMUEL	103	LAWR	320010	21010	0100				
MASON SAMUEL	101	SPEN	000010	10010	0100				
MASON THOMAS	120	MONR	210001	21110	0200				
MASON THOMAS JR	167	WAYN	100010	10100	0100				

Head of Household	Page	County	White Males (Under 10, 10-15, 16-18, 16-25, 26-44, 45 & over)	White Females (Under 10, 10-15, 16-25, 26-44, 45 & over)	Foreigners, Agriculture, Commerce, Manufacture	Free or Slave	Negro Males (Under 14, 14-25, 26-44, 45 & over)	Negro Females (Under 14, 14-25, 26-44, 45 & over)	Other not Indian
MASON THOMAS SR	173	WAYN	000101	00001	0200				
MASSEY JAMES	324	RAND	001201	00001	0100				
MASSEY ROBERT	324A	RAND	100010	20100	0100				
MASSEY TENSE	324	RAND	201200	10100	0100				
MASSEY WILLIAM	324	RAND	000100	00100	0100				
MASSICK JOHN	122	DEAR	100010	10100	0100				
MASSOTT JOSEPH	141	FLOY	000010	10010	0001				
MASTERS JOHN	171	FRAN	000101	00001	0200				
MASTERS JOHN	203	FRAN	220010	31010	0200				
MASTERS RICHARD	299	PIKE	100010	10100					
MASTERS THOMAS	019	FAYE	100010	20100	0100				
MASTERS WILLIAM	210	WASH	320020	20010	0400				
MASTERSON JAMES	089	SPEN	100100	10100	0100				
MASTERSON JOHN	093	SPEN	200201	10100	0200				
MASTERSON HUGH	095	SPEN	211001	21011	0200				
MASTERSON POLLEY	271	WAYN	110100	00101	0100				
MASTON EZEKIEL	111	DEAR	210001	11010	0100				
MATHENY DANIEL	141	OWEN	000100	00100	0100				
MATHENY JOSIAH	087	KNOX	020101	30002	0300				
MATHENY JOSHUA	141	OWEN	100010	31100	0100				
MATHENY WILLIAM	062	HARR	200010	22011	0100				
MATHER ABNER	212	WASH	300110	10010	0200				
MATHERS GORGE	162	FRAN	010010	31010	0200				
MATHERS MOSE	125	ORAN	100010	20100	0100				
MATHERS WILLIAM	015	CRAW	020201	10001	0500				
MATHES WILLIAM	117	SULL	100110	00100	0200				
MATHEW ALEXANDER	054	HARR	120010	20010	0200				
MATHEW EDWARD	005	CLAR	010001	23010	0100				
MATHEW JAMES	276	JEFF	211201	21110	0200				
MATHEW JOHH	018	CLAR	200010	20010	0100				
MATHEW JOSEPH	172	SWIT	000100	00100	1100				
MATHEW RANDLE	054	HARR	200010	10100	0100				
MATHEWS ALEXANDER	064	HARR	120010	20011	0200				
MATHEWS CHARLES	043	CLAR	220110	30110	0200				
MATHEWS ELIJAH	133	FLOY	111101	21001	0110				
MATHEWS JEREMIAH	196	WABA	210010	31010	0200				
MATHEWS JOHN	161	SCOT	300010	40010	0100				
MATHEWS JOHN	288	JEFF	010010	41010	0100				
MATHEWS JOB	141	WARR	421111	20110	0002				
MATHEWS MARY	294	JEFF	120000	11111	0000				
MATHEWS NATHAN	213	WASH	010101	12001	0200				
MATHEWS SIMON	213	WASH	300010	00100	0100				
MATHEWS THOMAS	191	FRAN	300020	32100	0101				
MATHEWS THOMAS T	267	WAYN	001211	01001	0100				
MATHEWSON OLIVER	231	GIBS	320010	01101	0010				
MATHIS BENJAMIN	038	CLAR	300010	22010	0100				
MATHIS JOHN	043	CLAR	000020	00020	0001				
MATHIS LITTLETON	004	CLAR	000100	00100	0100				
MATHIS ROBERT JR	030	CLAR	000100	00100	0000				
MATHIS ROBERT	036	CLAR	021001	00100	0300				
MATHIS RUBIN	037	DUBO	000010	20010	0100				
MATINGLY THOMAS	149	PERR	100100	10100	0100				

Head of Household	Page	County	White Males (Under 10, 10-15, 16-18, 16-25, 26-44, 45 & over)	White Females (Under 10, 10-15, 16-25, 26-44, 45 & over)	Foreigners, Agriculture, Commerce, Manufacture	Free or Slave	Negro Males (Under 14, 14-25, 26-44, 45 & over)	Negro Females (Under 14, 14-25, 26-44, 45 & over)	Other not Indian
MATLEY URIAH	266	JACK	100010	20100	0100				
MATLOCK DAVID	121	MONR	210010	10020	0100				
MATLOCK GEORGE	033	DELA	100010	30010	0100				
MATLOCK JAMES	121	MONR	210210	22010	0201				
MATLOCK JOHN	121	MONR	412210	11010	0400				
MATLOCK WILLIAM	121	MONR	111110	20010	0300				
MATNEY ELIAS	059	FAYE	300010	00100	0100				
MATOX JOHN W	257	GIBS				F	1100	0100	
MATOX JOHN W	256	GIBS	100101	20001	0300				
MATTELL AMBROIS	084	KNOX	210040	20011	0002	S	0000	1000	
MATTHEW LEVIN	062	DEAR	700001	22010	0100				
MATTHEWS AARON	105	LAWR	000100	00100					
MATTHEWS DAVID	095	SPEN	300110	10010	0200				
MATTHEWS DRAKE	143	WARR	000100	00100	0000				
MATTHEWS ELIZAGETH	053	FAYE	110100	01010	0100				
MATTHEWS GEORGE	028	DELA	230201	30010	0300				
MATTHEWS JAMES	263	JACK	210010	30010	0100				
MATTHEWS JAMES	107	LAWR	000000	00100					
MATTHEWS MATTHEW	105	LAWR	001110	00010					
MATTHEWS MATHEW	263	JACK	010001	00001	0100				
MATTHEWS THOMAS	263	JACK	200010	20010	0100				
MATTHEWS WILLIAM	105	LAWR	100010	01010					
MATTISON JESSE	170	FRAN	000010	00100	0100				
MATTOCKS NATHANIEL	217	WASH	000010	40100	0100				
MATTOX	113	MART	100210	10100	0200				
MATTOX EDWARD	063	HARR	110010	41010	0100				
MATTOX EDWARD SR	063	HARR	000001	00101	0000				
MATTOX JACOB	109	SULL	300010	11010	0100				
MAUDLIN JAMES	215	WASH	000100	10200	1000				
MAUDLIN MARK	215	WASH	220001	10001	0100				
MAUDLIN NATHAN	215	WASH	100010	40100	0500				
MAUGLAND MARY	280A	JEFF	000100	00202	0100				
MAULSBY DAVID	239	WAYN	310010	10010	0100				
MAULSBY JOHN	239	WAYN	311110	01110	0200				
MAUNCE THOMAS	241	GIBS	000100	10100	0100				
MAUZEY GEORGE	211	WASH	410010	02110	0200				
MAVITY MICHAEL	131	ORAN	200100	00011	0100				
MAXBURY ARASHA	182	VAND	100010	00100	0100				
MAXEDAN THOMAS SR	130	ORAN	100201	03001	0300				
MAXEDON ROBERT	127	ORAN	200100	00100	0100				
MAXEDON THOMAS	128	ORAN	110100	00200	0200				
MAXEY JACOB	081	JENN	210010	10010	0100				
MAXIM SILVESTER	238	GIBS	110110	20010	0200				
MAXLAH JOHN	153	WARR	100010	40010	0000				
MAXWELL DAVID H	121	MONR	200010	20010	0010	S	0000	0100	
MAXWELL EDWARD	276A	JEFF	001312	22211	0400	S		100	
MAXWELL HANAH	136	ORAN	011310	00101	0300				
MAXWELL HUGH	206	FRAN	011201	03201	0200				
MAXWELL JAMES	160	FRAN	200010	11010	0100				
MAXWELL JAMES	124	DEAR	220001	11010	0100				
MAXWELL JAMES	134	ORAN	000001	00000	0000				
MAXWELL JACOB	209	FRAN	000010	30010	0100				

Head of Household	Page	County	White Males (Under 10, 10-15, 16-18, 16-25, 26-44, 45 & over)	White Females (Under 10, 10-18, 16-25, 26-44, 45 & over)	Foreigners, Agriculture, Commerce, Manufacture	Free or Slave	Negro Males (Under 14, 14-25, 26-44, 45 & over)	Negro Females (Under 14, 14-25, 26-44, 45 & over)	Other not Indian
MAXWELL JOHN	107	LAWR	110201	03100	0000				
MAXWELL JOHN	276A	JEFF	111210	00010	0300				
MAXWELL JOHN	163	WAYN	030010	30010	0400				
MAXWELL JOHN	130	ORAN	020001	32311	0300				
MAXWELL JOSEPH	133	ORAN	100100	21100	0100				
MAXWELL RICHARD	105	SULL	451120	21110	0000				
MAXWELL SAMUEL C	276A	JEFF	400010	22010	0100				
MAXWELL SELE	216	WASH	120000	10010	0200				
MAXWELL THOMAS	206	FRAN	100100	00100	0100				
MAXWELL THOMAS	124	ORAN	000001	00001	0100				
MAXWELL THOMAS	008	CRAW	410010	10010	0200				
MAXWELL WILLIAM	206	FRAN	200010	00100	0100				
MAXWELL WILLIAM	125	ORAN	100100	00100	0100				
MAXWELL WILLIAM	125	ORAN	000010	20100	0100				
MAXWELL WILLIAM	125	ORAN	100100	00100	0100				
MAXWELL WILLIAM	127	SULL	000100	10100	0100				
MAXWELL WILLIAM	280	JEFF	000010	30100	0100				
MAY ANDREW P	049	CLAR	111110	00100	0000	S	0100		
MAY CHARLES	008	CLAR	300110	01010	0100				
MAY FRANCIS	126	ORAN	011201	11010	0300				
MAY GEORGE	219	WASH	010101	00101	0300				
MAY JOHN	121	MONR	100010	10100	0100				
MAY JOHN	265A	JACK	220010	31010	0100				
MAY SAMUEL	191	VIGO	100110	21110	0300				
MAY SIMON	084	KNOX	000000	00000	0001	F	0010	0010	
MAY SOLOMON	120	MONR	120010	11100	0100				
MAY THOMAS	079	DEAR	200103	00100	0100				
MAY WILLIAM	121	MONR	321201	21110	0300				
MAY WILLIAM	013	CRAW	200100	01100	0100				
MAYALL JOHN	137	FLOY	000010	10100	0001				
MAYALL ROBERT	120	DEAR	210010	21010	0001				
MAYFIELD GEORGE	121	MONR	000100	00100	0001				
MAYFIELD LEROY	121	MONR	300020	10010	0100				
MAYFIELD REUBIN	100	LAWR	100010	20100	0100				
MAYFIELD SUTHERLAND	287A	JEFF	100010	20010	0100				
MAYFIELD THOMAS	011	CRAW	110110	21010	0200				
MAYHA JOHN	147	PERR	300010	10010	0100				
MAYHALL TIMOTHY	233	GIBS	001211	01001	0300				
MAYHALL WILLIAM	233	GIBS	110100	30100	0100				
MAYHEW ELISHA	115	DEAR	121101	11201	0100				
MAYHEW JOHN	199	FRAN	100100	20100	0001				
MAYOR DAVID	191	VIGO	000010	10010	0002				
MAYS DAVID	047	FAYE	100010	10100	0100				
MAYS JANE	047	FAYE	000000	01001	0000				
MAYS JOHN	216	FRAN	220010	30010	0300				
MAYS SAMUEL	041	FAYE	100010	20010	0001				
MAYS SAMUEL	047	FAYE	200010	20010	0100				
MAYSE ELIJAH	093	KNOX	100100	10100	0100				
MAYSE JAMES	093	KNOX	100101	01100	0101				
MAYSE WILLIAM	093	KNOX	210001	01010	0200				
MCABE ARCHIBALD	109	DEAR	210201	02010	0200				
MCADAMS ALEX	156	SCOT	200010	31110	0100				

Head of Household	Page	County	White Males (Under 10, 10-15, 16-18, 16-25, 26-44, 45 & over)	White Females (Under 10, 10-15, 16-25, 26-44, 45 & over)	Foreigners, Agriculture, Commerce, Manufacture	Free or Slave	Negro Males (Under 14, 14-25, 26-44, 45 & over)	Negro Females (Under 14, 14-25, 26-44, 45 & over)	Other not Indian
MCADAMS DANIEL	150	PERR	101201	11010	0500				
MCADAMS SAMUEL	071	HARR	000001	00001	0000				
MCADAMS SAML JR	071	HARR	300010	20100	0100				
MCADAMS SOLL	073	HARR	000000	00000	0000	F	0000	1100	
MCADAMS SOOTER	062	DEAR	400010	20010	0100				
MCAFEE JOHN	261A	JACK	001401	43000	0100				
MCANELLY PETER	090	KNOX	000000	00000	0101	S	0000	2011	
MCARTHUR CHARITY	129	SULL	101200	11001	0200				
MCARTHUR JAMES	183	FRAN	000010	00100	0100				
MCARTHY JAMES	087	KNOX	000010	00000	0001				
MCAUNNAUGH JAMES W	106	LAWR	000100	10100	0100				
MCBEE JAHU	150	FLOY	000100	10100	0100				
MCBEE JAMES	056	HARR	000040	22010	0100				
MCBETH JAMES SR	174	SWIT	101101	01001	0200				
MCBETH JAMES JR	174	SWIT	100100	00010	0100				
MCBLANE EPHRIAM	037	DUBO	100100	10100	0100				
MCBRIDE ALEXANDER	143	OWEN	500010	10010	0100				
MCBRIDE ALLEN	006	CRAW	200110	00100	0100				
MCBRIDE DAVID	021	CLAR	100100	00100	0100				
MCBRIDE ISAAC	097	LAWR	000001	00000					
MCBRIDE JOHN	098	LAWR	200101	22201	0100				
MCBRIDE JOHN	101	LAWR	210010	11010	0300				
MCBRIDE JOHN	103	LAWR	210010	11110	0300				
MCBRIDE MARY	142	OWEN	011100	00010	0100				
MCBRIDE ROBERT	095	DEAR	310110	02010	0100				
MCBRIDE SAMUEL	098	LAWR	100100	00100	0100				
MCBRIDE WILLIAM	080	DEAR	000211	00110	0200				
MCBRIDE WILLIAM	116	DEAR	131101	20010	0100				
MCBROOM DAVID	125	ORAN	110100	01100	0100				
MCBROOM ISAAC	029	CLAR	000100	10100	0100				
MCBROOM JOHN	253	WAYN	001100	10010	0200				
MCBROOM WILLIAM	027	CLAR	000201	00001	0300				
MCBROOM WILLIAM	029	CLAR	100010	20100	0100				
MCBROWN JOHN	031	DELA	000100	00000	0100				
MCCABE ARMSTRONG	190	VIGO	110010	21010	0200				
MCCABE EZRA	219	FRAN	100010	10100	0100				
MCCAIN ROBERT	103	LAWR	100010	20010	0100				
MCCALE JAMES	286A	JEFF	020010	11010	0100				
MCCALL ALEXR	183	FRAN	200110	30011	0100				
MCCALL JAMES B	085	KNOX	200010	00010	0000				
MCCALL WILLIAM R	091	KNOX	000100	21100	0100				
MCCALLISTER ARCHIBAL	177	VAND	100010	20010	0100				
MCCALLISTER JOSEPH	177	VAND	100200	10111	0200				
MCCALLISTER JESSE	177	VAND	100010	23010	0100				
MCCALLOUGH WILLIAM	157	SCOT	010010	02010	0100				
MCCALLS	177	VAND							
MCCALLY HENRY	180	VAND	100301	32210	0300				
MCCALLY JOEL D	180	VAND	400100	10200	0100				
MCCALLY JOHN	186	VIGO	100010	20100	0100				
MCCALROY MARGART	275	JEFF	010420	00010	2004				
MCCAMANT JOHN	282A	JEFF	100010	01010	0001				
MCCAMBELL SAMUEL	042	CLAR	211200	00100	0004				

Head of Household	Page	County	White Males (Under 10, 10-15, 16-18, 16-25, 26-44, 45 & over)	White Females (Under 10, 10-15, 16-25, 26-44, 45 & over)	Foreigners, Agriculture, Commerce, Manufacture	Free or Slave	Negro Males (Under 14, 14-25, 26-44, 45 & over)	Negro Females (Under 14, 14-25, 26-44, 45 & over)	Other not Indian
MCCAMMAN MLLAN	276A	JEFF	011301	00000	0400				
MCCAMON HUGH	105	SULL	200100	10100	0100				
MCCAMON MATTHEW	119	SULL	000101	10001	0300	F	0100		
MCCAMON WILLIAM	119	SULL	200100	00100	0100				
MCCAMPBELL JAMES	214	WASH	100101	30110	0200				
MCCANE HAMILTON	298	PIKE	321010	10010					
MCCANE MARY	298	PIKE	020100	21010					
MCCANENT THOMAS	159	SCOT	000020	00100	0001				
MCCANN JAMES	041	FAYE	100100	00100	0100				
MCCANN JOHN	181	VAND	110010	21010	0200				
MCCANNEST ISAAC	158	SCOT	000011	20011	0100				
MCCANNON JAMES	162	FRAN	300010	20010	0100				
MCCANNON JOHN	190	FRAN	300010	20010	0100				
MCCARDLE PHILANOER	062	DEAR	100001	42110	0100				
MCCARLEY JAMES	047	CLAR	120100	00200	0004				
MCCARSON JACOB	174	FRAN	000010	20110	0100				
MCCARTHY JAMES	088	KNOX	000010	00000	0001				
MCCARTHY JOHN	090	KNOX	000110	00000	0200				
MCCARTNEY WILLIAM	030	DELA	411110	22010	0101				
MCCARTNEY ENOCH	288	JEFF	300010	10100	0100				
MCCARTNEY MCKAY	292A	JEFF	000100	10100	0100				
MCCARTNEY JAMES	281A	JEFF	120001	31210	0100				
MCCARTTY JONATHAN	293A	JEFF	020201	00001	0300				
MCCARTY ABNER	009	CRAW	100010	31010	0100				
MCCARTY BENJAMIN SR	037	FAYE	001101	00001	0100				
MCCARTY BENJAMIN	019	FAYE	100010	20100	0100				
MCCARTY CHARLES	077	RIPL	000100	00000	0100				
MCCARTY ENOCH	023	DELA	210010	10100	0100				
MCCARTY ENOCH	187	FRAN	300110	30100	0200				
MCCARTY JAMES	039	FAYE	400010	00010	0100				
MCCARTY JAMES	161	FRAN	100010	20010	0001				
MCCARTY JOHN	009	CRAW	200220	12010	0300				
MCCARTY JONATHAN	007	FAYE	000200	11100	0002				
MCCARTY NICHOLAS	288A	JEFF	100010	10100	0100				
MCCARTY OWEN	055	FAYE	200001	00010	0100				
MCCARTY PATRICK	025	FAYE	210001	01111	0100				
MCCARTY WILLIAM	025	FAYE	000010	50110	0100				
MCCARTY WILLIAM	005	CLAR	100020	10200	0200				
MCCARTY WM	009	CRAW	200010	11101	0100				
MCCARTY WM	263	WAYN	000100	00100	0001				
MCCARY WILLIAM	268	JACK	200010	30010	0100				
MCCASKEY JAMES	202	WASH	500010	21110	0100				
MCCASLAND WILL	280	JEFF	330101	00211	0200				
MCCASLIN ELIZABETH	158	SCOT	010200	00110	0200				
MCCASLIN WILLIAM	161	FRAN	100110	10100	0100				
MCCASLON JOHN	278	JEFF	100001	10101	0100				
MCCASLTON RICHARD	287	JEFF	100010	30100	0100				
MCCASTLEON JOHN	276A	JEFF	200010	10100	0100				
MCCASTNEY THOMAS	171	WAYN	101110	31010	0002				
MCCAUL REBEKAH	271	WAYN	020001	01001	0100				
MCCAW JAMES	193	FRAN	211110	32010	0300				
MCCAWL SAMUEL	249	WAYN	100010	00100	0100				

Head of Household	Page	County	White Males (Under 10, 10-15, 16-18, 16-25, 26-44, 45 & over)	White Females (Under 10, 10-15, 16-25, 26-44, 45 & over)	Foreigners, Agriculture, Commerce, Manufacture	Free or Slave	Negro Males (Under 14, 14-25, 26-44, 45 & over)	Negro Females (Under 14, 14-25, 26-44, 45 & over)	Other not Indian
MCCAY DANIEL	125	DEAR	020001	21001	1100				
MCCAY ISAAC	324A	RAND	120010	41010	0000				
MCCIDENT JOHN	088	KNOX	000001	00101	0000	S	1000		
MCCINNEY SOLOMON	023	DELA	100120	10100	0100				
MCCLAIN JACOB	042	CLAR	200010	20100	0100				
MCCLAIN JOHN	106	LAWR	200010	11010					
MCCLAIN MATTHEW	179	FRAN	200010	00100	0001				
MCCLAIN WILLIAM	157	SCOT	021002	41010	0200				
MCCLAIN WILLIAM	106	LAWR	100110	10100					
MCCLANAHAN JAMES	179	VAND	000120	00110	0300				
MCCLANAHAN JAMES	129	SULL	011201	20101	0400				
MCCLANAHAN THOMAS	129	SULL	200010	21100	1000				
MCCLANAHAN ROBERT	283	JEFF	300010	10011	0100				
MCCLANE CHARLES	073	RIPL	010001	00101	0100				
MCCLANE DANIEL	224	FRAN	000100	10100	0100				
MCCLANE JOHN	077	RIPL	100010	20100	0100				
MCCLANE NEAL	174	FRAN	240101	00001	0300				
MCCLAREY WILLIAM	186	FRAN	210100	21100	0001				
MCCLARKIN JOHN	197	FRAN	300010	00100	0100				
MCCLARKIN MATHEW	197	FRAN	110001	32101	0200				
MCCLARY JOHN	234	GIBS	100100	10001	0100				
MCCLARY ROBT	147	WARR	200010	10010	0000				
MCCLARY SAML	155	SCOT	311110	02010	0100				
MCCLARY WM	238	GIBS	100010	00100	0001				
MCCLASKEY ISAAC	208	WASH	220010	01011	0300				
MCCLASKY JAMES	075	RIPL	200010	11100	0100				
MCCLAY JAMES	030	CLAR	010002	00021	0200				
MCCLEARY BARTHOLOMEW	003	FAYE	000010	00100	0010				
MCCLELLAN ABRAHAM	105	SULL	210111	21010	0000				
MCCLELLAND JOSEPH	070	HARR	000001	11100	0100				
MCCLELLAND MASTIN	062	HARR	300010	00101	0100				
MCCLELLAND JOHN	289A	JEFF	000010	50010	0100				
MCCLELLAND JAMES	208	WASH	011101	00201	0300				
MCCLELLAND WILLIAM	144	FLOY	310001	32010	0200				
MCCLELLEN WILLIAM	006	CLAR	200100	00100	0001				
MCCLELLEN WILLIAM	290A	JEFF	210010	10010	0100				
MCCLELLEN JAMES	278	JEFF	100001	00101	0000				
MCCLELLEN RICHARD	278A	JEFF	100010	00100	0100				
MCCLELLEN JAMES	279A	JEFF	100002	00110	0100				
MCCLELLEN ROBERT	287A	JEFF	200010	20010	0100				
MCCLELLIN JOHN	288	JEFF	200010	22010	0100				
MCCLELLON THOS	109	LAWR	310001	21110	0100				
MCCLENNING ROBERT	104	LAWR	100221	30010	0200				
MCCLESTER JAMES	100	DEAR	201310	13010	0002				
MCCLINTICK JOHN SR	048	CLAR	000201	00001	0200				
MCCLINTICK SAMUEL JR	014	CLAR	101210	11100	0100				
MCCLINTICK JOHN JR	017	CLAR	110010	21110	0100				
MCCLINTICK WILLIAM	017	CLAR	000110	40010	0200				
MCCLINTICK SAMUEL	017	CLAR	000301	11001	0400				
MCCLINTOC WILLIAM	155	SCOT	000010	20010	0100				
MCCLINTOCK ROBERT	218	WASH	100100	10100	0100				
MCCLOTHLIN DANIEL	150	PERR	200010	31010	0100				

Head of Household	Page	County	White Males (Under 10, 10-15, 16-18, 16-25, 26-44, 45 & over)	White Females (Under 10, 10-15, 16-25, 26-44, 45 & over)	Foreigners, Agriculture, Commerce, Manufacture	Free or Slave	Negro Males (Under 14, 14-25, 26-44, 45 & over)	Negro Females (Under 14, 14-25, 26-44, 45 & over)	Other not Indian
MCCLOUD ISHAM	021	CLAR	100110	31110	0100				
MCCLOUD WILLIAM	173	SWIT	010001	22101	0101				
MCCLUNG JAMES	215	WASH	121101	40110	0002				
MCCLUNG JOHN	280	JEFF	120101	21210	0200				
MCCLUNG SAMUEL	280	JEFF	010002	22001	0100				
MCCLURE ALEXANDER	028	CLAR	000100	00010	0001				
MCCLURE DAVID	274	JEFF	310010	10010	0000	S		1000	
MCCLURE HUGH	125	DEAR	000110	10100	0200				
MCCLURE JAMES	239	GIBS	511010	00010	0002				
MCCLURE JAMES	242	GIBS	000100	00100	0100				
MCCLURE JAMES	172	FRAN	200010	00010	1001				
MCCLURE JAMES	123	DEAR	000110	10021	0100				
MCCLURE JOHN	188	FRAN	000100	00200	1100				
MCCLURE MATHEW	223	WASH	000010	10100	0100				
MCCLURE ROBERT	250	GIBS	000010	10700	0100				
MCCLURE SAMUEL	107	SULL	110010	20010	0200				
MCCLURE THOMAS	113	SULL	210010	12101	0200				
MCCLURE THOS	317	POSE	110201	02110	0400				
MCCLURE WILLIAM	184	FRAN	300110	12110	0200				
MCCLURE WILLIAM	073	RIPL	230010	30010	0200				
MCCLURE ZACHARIAH	021	CLAR	000100	00000	0100				
MCCLUTCHY JOHN	175	SWIT	000010	30100	0100				
MCCOFFRE EDWAR	193	WAYN	110010	10010	5100				
MCCOLLESTER DANIEL	290A	JEFF	110100	02001	0100				
MCCOLLISTER ALEXANDE	253	WAYN	100101	11210	0200				
MCCOLLOM DANIEL	314	POSE	010001	20011	0200				
MCCOLLON ISAAC	314	POSE	200010	20100	0100				
MCCOLLON STEPHEN	312A	POSE	000010	00001	0100				
MCCOLLOUGH DAVID	121	MONR	100220	01100	0004				
MCCOLLOUGH WILLIAM	121	MONR	010010	00011	0010				
MCCOLLOUGH JAMES B	276	JEFF	100010	10100	0100				
MCCOLLUM DUNCAN	169	SWIT	200100	00100	1100				
MCCOLLUM KEL	169	SWIT	300010	10100	1100				
MCCOLLUM PATRICK	208	FRAN	210101	21010	0002				
MCCOLMS GRIER	135	ORAN	400010	20010	0100				
MCCOMB JOSEPH	186	VIGO	231101	00010	0400				
MCCOMB WILLIAM	192	VIGO	100020	00100	0200				
MCCOMB WILLIAM	091	KNOX	000100	00100	0100				
MCCOMBS JOHUA	211	WAYN	000110	00001	0200				
MCCOMBS WILLIAM	028	CLAR	300010	00100	0100				
MCCOMBS WILLIAM	005	CLAR	000001	00001	0100				
MCCOMBS WILLIAM	220	FRAN	001121	01100	0100				
MCCONLEN JOHN	313A	POSE	100010	00100	0100				
MCCONNEL JOHN	022	CLAR	220101	10210	0200				
MCCONNEL JOHN	131	SULL	210101	32101	0400	S	0100		
MCCONNEL JOHN	131	SULL	210101	32101	0400	F	1110	1201	
MCCONNEL JAMES	091	SPEN	310010	11010	0200				
MCCONNEL PATRICH	145	PERR	310001	33001	0200				
MCCONNEL ROBERT	313A	POSE	100010	20100	0100				
MCCONNEL SAMUEL	022	CLAR	100100	00100	0100				
MCCONNELL JOHN	096	DEAR	400010	20010	0100				
MCCONNELL MARY	096	DEAR	011300	01101	0100				

Head of Household	Page	County	White Males (Under 10, 10-15, 16-18, 16-25, 26-44, 45 & over)	White Females (Under 10, 10-15, 16-25, 26-44, 45 & over)	Foreigners, Agriculture, Commerce, Manufacture	Free or Slave	Negro Males (Under 14, 14-25, 26-44, 45 & over)	Negro Females (Under 14, 14-25, 26-44, 45 & over)	Other not Indian
MCCOOL JOSEPH	145	WARR	111010	30010	0000				
MCCOPES WILLIAM	179	VAND	000300	21100	0003				
MCCORD ABRAHAM	086	DEAR	100010	20101	0002				
MCCORD ASA	089	KNOX	000010	20100	0100				
MCCORD BENJ	198	FRAN	000001	00001	0100				
MCCORD JAMES	109	SULL	100101	01211	0000				
MCCORD JOHN	025	DELA	000010	10100	0100				
MCCORD JOHN	198	FRAN	021110	00101	0100				
MCCORD WILLIAM	089	KNOX	000101	00101	0200				
MCCORD WILLIAM JR	089	KNOX	200010	10010	0100				
MCCOREL JOHN	135	WARR	021110	01200	0000				
MCCORKHILL DONGLISS	174	SWIT	100100	00001	0100				
MCCORKHILL ROBERT	171	SWIT	400010	10010	0100				
MCCORMAC JAMES	266A	JACK	100100	00100	0100				
MCCORMAC JAMES	027	DELA	100100	00100	0100				
MCCORMAC JOHN	027	DELA	300010	40100	0100				
MCCORMAC JOSEPH	029	DELA	100010	10100	0100				
MCCORMAC WILLIAM	101	LAWR	300100	00100	0100				
MCCORMACK JOSHOA	043	CLAR	010110	10110	0100				
MCCORMACK WALTER	048	CLAR	000010	00000	0000				
MCCORMACK WM	243	GIBS	000010	00000	0100				
MCCORMACK JOHN	261	JACK	000012	00101	0200				
MCCORMICK ROBERT	021	FAYE	210010	20010	0100				
MCCORMICK JOHN	021	FAYE	111101	01101	0100				
MCCORMICK SAMUEL	011	FAYE	410010	10010	0100				
MCCORMICK SAMUEL	175	SWIT	200010	10010	0100				
MCCORMICK DAVID	169	SWIT	000010	00010	1000				
MCCORMICK GEORGE	087	KNOX	210501	10010	0400				
MCCORNSON ANDREW	147	PERR	200010	20010	0100				
MCCORY CLEMMENT	004	CLAR	311201	01010	0200				
MCCOULOUGH JOHN	087	KNOX	100100	12000	0200				
MCCOUN JACOB	327	RAND	200100	10101	0100				
MCCOUNER WILLIAM	278	JEFF	200010	20010	0100				
MCCOWAN WM	316A	POSE	200010	00100	0100				
MCCOWEN EDWARD	061	HARR	310010	20010	0100				
MCCOWEN JAMES	060	HARR	010110	00110	0100				
MCCOWIN JAMES W	032	DELA	100010	00010	0100				
MCCOY ALEXANDER	131	SULL	120010	10101	0300				
MCCOY DANIEL JR	267A	JACK	000010	40100	0100				
MCCOY DANIEL SR	268A	JACK	001101	00001	0100				
MCCOY DAVID	121	MONR	000010	20100	0100				
MCCOY DAVID H	014	CRAW	000100	00100	0001				
MCCOY DAVID	017	DELA	220110	22110	0000				
MCCOY ELIZABETH	018	CLAR	000000	00001	0000				
MCCOY GEORGE	125	ORAN	000010	00010	0100				
MCCOY GEORGE	285A	JEFF	000010	20010	0100				
MCCOY JAMES	135	ORAN	100010	40100	0100				
MCCOY JAMES	224	WASH	210010	21110	0200				
MCCOY JAMES	030	DELA	111101	31201	0200				
MCCOY JOHN	149	WARR	200100	10100					
MCCOY JOHN	292A	JEFF	110010	00010	0100				
MCCOY JOHN	019	CLAR	330010	30110	0100				

Head of Household	Page	County	White Males (Under 10, 10-15, 16-18, 16-25, 26-44, 45 & over)	White Females (Under 10, 10-15, 16-25, 26-44, 45 & over)	Foreigners, Agriculture, Commerce, Manufacture	Free or Slave	Negro Males (Under 14, 14-25, 26-44, 45 & over)	Negro Females (Under 14, 14-25, 26-44, 45 & over)	Other not Indian
MCCOY JOHN	215	FRAN	110010	24010	0100				
MCCOY JOHN	133	ORAN	100110	10100	0100				
MCCOY LYDIA	188	FRAN	000000	00100	0000				
MCCOY MALICAI	202	WASH	101101	40110	0100				
MCCOY MARTIN	028	DELA	300010	10010	0100				
MCCOY MOSES	292A	JEFF	100100	00100	0100				
MCCOY RHEUBEN	153	WARR	100100	10100	0000				
MCCOY RICE	215	WASH	100010	30100	0200				
MCCOY ROBERT	092	KNOX	020201	01201	0200				
MCCOY SAMUEL	282	JEFF	221101	20201	0200				
MCCOY STEPHEN	268A	JACK	000100	00100	0100				
MCCOY THOMAS	075	RIPL	100100	20100	0100				
MCCOY THOMAS	294	JEFF	100100	20100	0100				
MCCOY THOMAS	247	WAYN	110001	32010	0200				
MCCOY THOS	147	WARR	000100	00100	0000				
MCCOY WILLIAM	179	FRAN	500001	31001	0100				
MCCOY WILLIAM	136	ORAN	200011	20010	0100				
MCCOY WILLIS	206	WASH	300010	10010	0100				
MCCOY WM	145	WARR	022001	32010	0000				
MCCOY WM	020	DELA	420010	11110	0000				
MCCOY WM	021	DELA	200010	21000	0100				
MCCRACKEN HENRY	206	WASH	100100	20100	0100				
MCCRACKEN MARK	113	DEAR	000100	00101	0100				
MCCRACKEN ROBERT	114	DEAR	100010	00100	0100				
MCCRACKEN WILLIAM	089	KNOX	000100	00000	0001				
MCCRACKEN VIRGIL	079	JENN	210001	21010	0100				
MCCRACKEN ROBERT	130	ORAN	200010	20010	0100				
MCCRACKEN WILLIAM	135	ORAN	300001	20111	0100				
MCCRACKEN ROBERT	136	ORAN	200010	00100	0100				
MCCRACKEN ALEXANDER	136	ORAN	200101	21201	0400				
MCCRADY DANIEL	039	CLAR	100010	10100	0100				
MCCRAKEN JOHN	125	ORAN	300010	00100	0100				
MCCRARY HUGH	174	SWIT	100200	10100	0200				
MCCRARY JAMES	217	WASH	310002	11011	0300				
MCCRARY JOHN	181	VAND	210101	11010	0300				
MCCRARY THOMAS	246	GIBS	100100	10200	0100				
MCCRARY WILLIAM	213	WASH	110010	31010	0200				
MCCRASTER THOMAS C	188	VIGO	000100	00100	0100				
MCCRAY MARTEN	011	FAYE	210201	01201	0101				
MCCRAY PHINEHUS	019	FAYE	010001	10001	0100				
MCCREARY JOHN	171	SWIT	300010	31100	0100				
MCCREARY THOMAS	175	SWIT	000001	00100	0100				
MCCREARY THOMAS	171	SWIT	000001	01001	0100				
MCCRORY JOHN	282A	JEFF	200011	10110	1100				
MCCROSKEY ROBERT	188	VIGO	100010	10100	0100				
MCCROSKEY JOHN L	293	JEFF	100010	40010	0100				
MCCRUTCHON JOHN	218	WASH	100010	30010	0100				
MCCUFFEY ABRAHAM	148	FLOY	000101	10001	0200				
MCCUFFRU WILLIAM	152	FLOY	200010	10010	0001				
MCCULICEK JOHN	086	KNOX	000010	00000	0100				
MCCULLA WILLIAM	135	WARR	000010	00000	0010				
MCCULLAR JAMES	135	WARR	000101	51010	0002				

Head of Household	Page	County	White Males (Under 10, 10-15, 16-18, 16-25, 26-44, 45 & over)	White Females (Under 10, 10-15, 16-25, 26-44, 45 & over)	Foreigners, Agriculture, Commerce, Manufacture	Free or Slave	Negro Males (Under 14, 14-25, 26-44, 45 & over)	Negro Females (Under 14, 14-25, 26-44, 45 & over)	Other not Indian
MCCULLEY HUGH	007	CLAR	000111	00101	0300				
MCCULLOCH HUGH	135	FLOY	000100	00100	0100				
MCCULLOCH DANIEL	186	VIGO	001100	10100	0101				
MCCULLOCK GEORGE M	135	FLOY	000010	31010	1100				
MCCULLOCK THOMAS	039	CLAR	100010	00001	0100				
MCCULLORYH WILLIAM	171	SWIT	000010	00100	0100				
MCCULLOUGH HUGH	045	FAYE	200110	22110	2100				
MCCULLOUGH JOHN	205	WASH	000010	00100	0001				
MCCULLOUGH JAMES	167	SWIT	100010	10010	1100				
MCCULLOUGH FRANCES	142	FLOY	000201	12101	0300				
MCCULLOUGH MOSES	213	WASH	100010	10100	0100				
MCCULLOUGH JOHN	073	RIPL	001211	11001	0300				
MCCULLOUGH JON JR	073	RIPL	300010	10100	0100				
MCCUM JOSEPH	277A	JEFF	110001	01111	0100				
MCCUN GARRET	140	FLOY	230001	00010	0001				
MCCUNDY DAVID	025	DELA	210110	21010	0100				
MCCUNE ANDREW	070	HARR	220001	32010	0100				
MCCUNE ANDREW	059	HARR	210100	00100	0100				
MCCUNE JAMES	070	HARR	100100	20010	0100				
MCCUNE JAMES	299	PIKE	200010	20100	0000				
MCCUNE JOHN	079	DEAR	000100	00100	0100				
MCCUNE SAMUEL	190	FRAN	110001	11200	0200				
MCCUNE SAMUEL	192	FRAN	000010	00000	0001				
MCCUNE THOMAS	070	HARR	100100	31001	0100				
MCCURDY SAMUEL	101	DEAR	100010	00100	0001				
MCCURDY WILL	288A	JEFF	100010	00010	1100				
MCCURE CHARLES	089	KNOX	300010	10010	0100				
MCCURE DANIEL	088	KNOX	000201	02101	0200				
MCCURE GEORGE	088	KNOX	101211	00101	0300				
MCCURE JOHN JR	087	KNOX	000110	00101	0300	S	2110		
MCCURE JOHN	088	KNOX	000010	10100	0100				
MCCURE JOHN	089	KNOX	100010	30010	0100	S	0000	3010	
MCCURE JOSEPH	089	KNOX	000010	20100	0100				
MCCURE MARGARETT	086	KNOX	100121	01211	0511	S	1200	1000	
MCCURE ROBERT	088	KNOX	000010	00100	0100				
MCCURE THOMAS	089	KNOX	400010	20110	0100				
MCCURRY ABM	281A	JEFF	200010	10010	0100				
MCCURRY EDWARD	011	CRAW	010010	20200	0200				
MCCURRY JACOB	078	JENN	000110	00010	0100				
MCCURRY SAMUEL	063	HARR	100010	00010	0100				
MCCUTCHAM SAMUEL SR	147	FLOY	110001	10001	0300				
MCCUTCHAN SAMUEL	147	FLOY	000100	10100	0100				
MCCUTCHAN JAMES JR	147	FLOY	000010	00010	0100				
MCCUTCHAN WILLIAM	146	FLOY	100010	00010	0100				
MCCUTCHAN SAMUEL	146	FLOY	100100	10100	0100				
MCCUTCHAN JAMES	146	FLOY	001101	12101	0000				
MCCUTCHAN JAMES	115	SULL	020101	50110	0400				
MCCUTCHEN JAMES B	117	SULL	200110	20010	0300				
MCCUTTION WILLIAM	086	KNOX	000001	00000	0000				
MCDADE JAMES	253	WAYN	100010	00010	0100				
MCDADE WILLIAM	222	WASH	100010	20010	0100				
MCDANIEL DANIEL	160	SCOT	200100	20100	0100				

Head of Household	Page	County	White Males (Under 10, 10-15, 16-18, 16-25, 26-44, 45 & over)	White Females (Under 10, 10-15, 16-25, 26-44, 45 & over)	Foreigners, Agriculture, Commerce, Manufacture	Free or Slave	Negro Males (Under 14, 14-25, 26-44, 45 & over)	Negro Females (Under 14, 14-25, 26-44, 45 & over)	Other not Indian
MCDANIEL JOHN A	242	GIBS	121010	41010	0100				
MCDANIEL JOSEPH	079	RIPL	000001	00001	0100				
MCDANIEL JOSEPH	135	WARR	000010	41010	0				
MCDANIEL JOHN	306	POSE	000001	00002	0100				
MCDANIEL JAMES	310A	POSE	210010	00010	0200				
MCDILL SAMUEL	302	PIKE	000010	20010					
MCDONALD ABNER	130	ORAN	220201	00001	0100				
MCDONALD ALEXANDER	132	ORAN	200010	20010	0100				
MCDONALD ALEXANDER	137	ORAN	000010	00010	0100				
MCDONALD ALAX	039	DUBO	000100	20100	0100				
MCDONALD CLEMENT	129	ORAN	000100	30010	0100				
MCDONALD DANIEL	130	ORAN	200001	20010	0100				
MCDONALD DANIEL	057	FAYE	310010	30110	0100				
MCDONALD DAVID	308	POSE	210010	01010	0020				
MCDONALD DANIEL	183	VAND	000100	10100	0100				
MCDONALD GEORGE	085	KNOX	230301	20020	0000				
MCDONALD JOHN	102	LAWR	210011	31010	0200				
MCDONALD JOHN	088	KNOX	120311	11101	0300	S	1000		
MCDONALD JOHN	067	HARR	200010	30010	0100				
MCDONALD JAMES	038	DUBO	021110	10101	0400				
MCDONALD JAMES	038	DUBO	000100	00100	0100				
MCDONALD ROBERT	277	JEFF	300110	20010	0200				
MCDONALD REASIN	172	SWIT	100010	10100	0100				
MCDONALD STEVEN	040	DUBO	100100	10100	0100				
MCDONALD SILVIS	035	DUBO	001100	00001	0200				
MCDONALD WILLIAM	189	FRAN	100010	40011	0100				
MCDONALD WILLIAM	127	ORAN	100100	10010	0100				
MCDONAUGH FRANCIS	068	DEAR	010010	21010	0001				
MCDONELE WILLIAM	142	OWEN	000010	40010	0100				
MCDONNALD PETER	042	CLAR	020011	10011	0400				
MCDONNALD GEORGE	044	CLAR	011201	23201	0002				
MCDONNALD JOHN	037	CLAR	420101	12010	0300				
MCDONNALD DANIEL	041	CLAR	310011	21010	0200				
MCDONNALD EBENEZER S	007	CLAR	000010	01010	0100				
MCDONNALD JAMES	012	CLAR	200010	10110	0100				
MCDONNEL JAMES	209	WASH	100010	00010	0200				
MCDONNOLD REUBIN	143	OWEN	210001	22201	0000				
MCDOUGAL JAMES	278A	JEFF	100010	30010	0100				
MCDOUGLE ROBERT	187	VIGO	100010	31010	0100				
MCDOUGUL GEORGE	139	FLOY	200010	10010	0001				
MCDOWEL DANIEL	241	GIBS	201010	10100	0200				
MCDOWEL JAMES	075	RIPL	000101	00010	0200				
MCDOWEL JOHN	075	RIPL	121101	21001	0400				
MCDOWEL JOSEPH M	182	VAND	200110	22010	0200				
MCDOWELL ALEXANDER	062	DEAR	300010	00100	0100				
MCELLEN HASE	067	HARR	310010	10210	0100				
MCELLEN ROBERT	067	HARR	000001	00001	0100				
MCELLISTER ZACHARIAH	208	WASH	200010	20010	0100				
MCELROY HENRY	105	SULL	200100	00100	0100				
MCELVOY THOMAS	256	GIBS	000010	00000	0100				
MCELWAIN ANDREW	193	VIGO	200010	00100	0100				
MCELWAIN JAMES	193	VIGO	300010	01010	0100				

Head of Household	Page	County	White Males (Under 10, 10-15, 16-18, 16-25, 26-44, 45 & over)	White Females (Under 10, 10-15, 16-25, 26-44, 45 & over)	Foreigners, Agriculture, Commerce, Manufacture	Free or Slave	Negro Males (Under 14, 14-25, 26-44, 45 & over)	Negro Females (Under 14, 14-25, 26-44, 45 & over)	Other not Indian
MCELWANE ANTHONY	039	DUBO	000110	20100	0200				
MCENTIRE ALEX	159	SCOT	000001	12001	0100				
MCEWING JOHN	031	DELA	111200	00100	0100				
MCFADDEN WILLIAM	161	SCOT	111111	11110	0300				
MCFADDEN WILLIAM	154	SCOT	111101	11010	0300				
MCFADDIN JOHN	307A	POSE	301210	11010	0300				
MCFADDON MACOMB	191	VIGO	000200	30100	0001				
MCFADEN ANDREW	306	POSE	200010	00100	0100				
MCFADIN ANDREW	306A	POSE	120010	40110	0300				
MCFADIN VOLLEY	306A	POSE	001400	00001	0400				
MCFAIL CORNELIUS	149	PERR	000001	32001	0100				
MCFALL BARNEY	138	ORAN	200100	20100	0001				
MCFALL JOHN	174	SWIT	000100	00100	0100				
MCFALL JOSEPH	032	DELA	121101	10201	0200				
MCFARLAN DEMAS	031	FAYE	300010	21010	0100				
MCFARLAND JAMES	102	DEAR	010010	02010	0001				
MCFARLAND JOHN	029	DELA	000010	20100	0100				
MCFARLAND GARRISON	193	FRAN	100010	11010	0100				
MCFARLIN DANIEL	147	PERR	310001	10010	0100				
MCFARLING MARGARET	089	SPEN	300000	11010	0100				
MCFATRIDGE JOHN	291A	JEFF	120001	01010	1100				
MCFETRIDG JAMES	251	GIBS	000100	00100	0100				
MCFETRIDG DANILL	253	GIBS	111001	00010	0200				
MCFHERSON ALEXANDER	096	DEAR	200010	22010	0100				
MCGAHAN THOMAS	096	DEAR	002201	02101	0100				
MCGAHOHEY ARCHIBALD	131	ORAN	210001	10101	0200				
MCGAIRRAK EBENEZER	048	CLAR	000010	00010	0000				
MCGARAH JAMES B	302	PIKE	000110	00110					
MCGARVIN KATHARINE	222	WASH	100101	01001	0200				
MCGARY HUGH	178	VAND	000010	00000	0000	F	0010		
MCGARY HUGH	246	GIBS	000010	10100	0100				
MCGARY ROBERT	257	GIBS				F	0100	0100	
MCGARY WILLIAM R	178	VAND	110101	10010	0000				
MCGEE BEN	016	CLAR	000000	00000	0000	F	0000	1000	1
MCGEE ELEXANDER	085	KNOX	000100	00000	0000				
MCGEE JAMES	264A	JACK	010301	00201	0100				
MCGEE JESSE	010	CRAW	100010	30010	0100				
MCGEE JOSEPH	275	JEFF	001110	20110	0002				
MCGEE ROBT	269	WAYN	200010	20010	0100				
MCGEE SAMUEL	041	CLAR	301020	00111	0003				
MCGEE WILLIAM	112	MART	100310	10110	0004				
MCGEORGE SAMUEL	026	DELA	000210	42010	0200				
MCGIFFIN JOHN	085	KNOX	200010	10010	0000				
MCGILL CHARLES	115	SULL	020101	40402	0000	S	0000	0010	
MCGILL HUGH	115	SULL	000100	10100	0100				
MCGILL JAMES	280A	JEFF	000100	00100	0100				
MCGILL JOHN	204	WASH	100101	10100	0200				
MCGILL ROBERT	115	SULL	011201	00201	0400				
MCGINNIS JAMES	188	FRAN	021110	30101	0101				
MCGINNIS JOHN	049	HARR	310010	10210	0100				
MCGLOAN JAMES	151	FLOY	200010	10100	1100				
MCGLOTHLIN THO	147	WARR	200010	00100	0000				

Head of Household	Page	County	White Males (Under 10, 10-15, 16-18, 16-25, 26-44, 45 & over)	White Females (Under 10, 10-15, 16-25, 26-44, 45 & over)	Foreigners, Agriculture, Commerce, Manufacture	Free or Slave	Negro Males (Under 14, 14-25, 26-44, 45 & over)	Negro Females (Under 14, 14-25, 26-44, 45 & over)	Other not Indian
MCGOMERY JOHN	244	GIBS	320010	20010	0100				
MCGONIGAL WILLIAM	023	CLAR	100010	00011	0001				
MCGOWEN JAMES	092	KNOX	000100	00100	0100				
MCGOWEN SARAH	092	KNOX	010000	00010	0100				
MCGOWEN SALLY	089	KNOX	001100	11010	0100				
MCGOWN HUGH	189	VIGO	120001	20010	0400				
MCGOWN WILLIAM	189	VIGO	111101	01001	0100				
MCGRAGER ANDREW	232	GIBS	030001	01010	0200				
MCGRAW DAVID	090	KNOX	000000	00010	0100	F	3010	1000	
MCGRAW FRANCES	031	FAYE	110010	10010	0001				
MCGRAW WILLIAM	032	FAYE	000010	20100	0100				
MCGREAR ALEXANDER	212	FRAN	000100	00100	0100				
MCGREAR WILLIAM	212	FRAN	111201	31001	0300				
MCGREEN ARICHIBALD	261	WAYN	300010	10010	0100				
MCGREW JOHN	249	WAYN	000100	10100	0100				
MCGREW ALEXANDER	127	ORAN	110010	20010	0100				
MCGREW CHARLES	214	WASH	200010	00201	0400				
MCGREW JAMES	219	WASH	210010	32110	0200				
MCGREW JOHN	214	WASH	220210	21010	0500				
MCGREW JOHN	215	WASH	001101	22010	2000				
MCGREW JOHN	203	FRAN	000100	00100	0100				
MCGREW SAMUEL T	249	WAYN	000100	10100	0100				
MCGREW WM	249	WAYN	210010	40010	0100				
MCGRIFF JOHN	192	VIGO	200010	10010	0100				
MCGRUNSHAN JAMES	143	OWEN	530010	21010	0100				
MCGUFFY EDWARD	108	DEAR	100011	30100	0100				
MCGUIGGIN JOHN	176	FRAN	000010	00010	0001				
MCGUIRE ELIJAH	073	RIPL	010110	41110	0300				
MCGUIRE ELIZABETH	004	CLAR	010000	10000	0000				
MCGUIRE FRANCES	155	SCOT	000001	00101	0100				
MCGUIRE FRANCIS	004	CLAR	000100	11100	0100				
MCGUIRE JOHN	191	FRAN	100010	10100	0100				
MCGUIRE JOHN	105	LAWR	210010	21210	0300				
MCGUIRE JOHN	089	KNOX	000100	00000	0000				
MCGUIRE MARY	177	FRAN	010010	41010	0200				
MCGUIRE WILLIAM	113	SULL	000010	00100	0100				
MCGUISTON WILLIAM	294	JEFF	000010	30010	0100				
MCGWIRE JOHN	236	GIBS	030101	01101	0200				
MCHALE DAVID	140	FLOY	120300	11110	2120				
MCHENRY GEORGE	141	OWEN	421101	11010	0400				
MCHENRY JOSEPH	174	SWIT	121101	30100	0200				
MCHINNEY ALEXANDER	217	WASH	000101	02201	0200				
MCINTIRE EDWARD	166	SWIT	100201	11100	0300				
MCINTIRE JAMES	172	SWIT	010001	00010	0100				
MCINTIRE JACOB	143	OWEN	210110	21010	0200				
MCINTIRE JOHN	047	HARR	200010	32010	0100				
MCINTIRE JOHN	297	PIKE	000100	00000	0000				
MCINTIRE JOHN	209	WASH	020110	03101	0100				
MCINTIRE KESSEY	047	HARR	200110	10221	0200				
MCINTIRE ROBERT	047	HARR	110010	40021	0200				
MCINTIRE ROBESON	327A	RAND	200010	20010	1000				
MCINTIRE ROBERT	217	WASH	113301	11101	0500				

Head of Household	Page	County	White Males (Under 10, 10-15, 16-18, 16-25, 26-44, 45 & over)	White Females (Under 10, 10-15, 16-25, 26-44, 45 & over)	Foreigners, Agriculture, Commerce, Manufacture	Free or Slave	Negro Males (Under 14, 14-25, 26-44, 45 & over)	Negro Females (Under 14, 14-25, 26-44, 45 & over)	Other not Indian
MCINTIRE SAMUEL	191	VIGO	120001	10001	0300	F	0100		
MCINTIRE THOMAS	175	SWIT	001200	00201	0100				
MCINTOCH GEORGE	049	HARR	400010	20010	0100				
MCINTOCH PETER	049	HARR	010001	00110	0000				
MCINTOCH WILLIAM	049	HARR	100010	40100	0100				
MCINTOSH JOSEPH	075	RIPL	000001	00001	0100				
MCINTOSH JACOB	199	WAYN	500010	30010	0100				
MCJONES WILLIAM	093	SPEN	100100	10100	0100				
MCKAIMY WILLIAM	018	CLAR	000001	10020	0100				
MCKAIN ANTHONY	061	DEAR	000010	00100	0100				
MCKAIN JOHN	061	DEAR	000010	00010	0100				
MCKAIN ROBERT	061	DEAR	000001	10001	0100				
MCKAN WILLIAM	121	MONR	220010	00010	0001				
MCKAWEN JAMES B	086	KNOX	100200	01110	0001				
MCKAY ABISHA	165	SWIT	300001	21000	0100				
MCKAY ABM	295	JEFF	210010	00010	0100				
MCKAY BARBARY	284	JEFF	000211	00221	0300				
MCKAY DAVID	285A	JEFF	500010	32010	0100				
MCKAY JAMES	282	JEFF	000010	20010	0100				
MCKAY JAMES	285A	JEFF	200010	30100	0100				
MCKAY JAMES	166	SWIT	110002	02001	0200				
MCKAY JOHN	148	PERR	200010	20010	0100				
MCKAY JOHN	295A	JEFF	320010	21010	0100				
MCKAY MARY	166	SWIT	000000	00001	0000				
MCKAY RO	295A	JEFF	000101	00001	0200				
MCKAY ROBERT III	165	SWIT	111111	00110	0300				
MCKAY ROBERT	285A	JEFF	200010	21010	0100				
MCKAY SAMUEL	290	JEFF	010010	20010	0100				
MCKAY THOS	284	JEFF	410010	00010	0100				
MCKAY URIAH	287A	JEFF	210010	30010	0100				
MCKAY WILLIAM	285A	JEFF	100100	00010	0100				
MCKAY ZACHARIAH	166	SWIT	220010	20010	0100				
MCKEAG ROBERT	124	DEAR	000010	20100	0100				
MCKEALEY ISAAC	023	DELA	321101	32110	0100				
MCKEE ALEXANDER	172	FRAN	400010	10000	0001				
MCKEE JOHN	089	KNOX	121110	01010	0300				
MCKEE JOHN	208	FRAN	300001	10010	0100				
MCKEE JOHN	062	HARR	100210	32101	0200				
MCKEE JOHN	109	SULL	130001	41010	0400				
MCKEE SAMUE	172	FRAN	001211	20100	0101				
MCKEE THOMAS	046	HARR	210010	22010	0100				
MCKEE WILLIAM	138	FLOY	100220	10100	0202				
MCKEE WM	012	CRAW	100110	42010	0200				
MCKEEHAN JOHN	077	JENN	120201	20110	0100				
MCKEERY WILLIAM	105	SULL	100201	01101	0400				
MCKEEVER WILLIAM	103	DEAR	000100	00100	0100				
MCKEGG ROBERT	264A	JACK	011101	11011	0100				
MCKENNIE CHARLES	003	FAYE	100101	00010	0200				
MCKENTIRE JOHN	239	GIBS	300100	00100	0100				
MCKENTIRE WM	239	GIBS	020001	00001	0100				
MCKERK RICHARD	252	GIBS	300200	00110	0200				
MCKESEL JACOB	279A	JEFF	000001	00001	0100				

Head of Household	Page	County	White Males (Under 10, 10-15, 16-18, 16-25, 26-44, 45 & over)	White Females (Under 10, 10-15, 16-25, 26-44, 45 & over)	Foreigners, Agriculture, Commerce, Manufacture	Free or Slave	Negro Males (Under 14, 14-25, 26-44, 45 & over)	Negro Females (Under 14, 14-25, 26-44, 45 & over)	Other not Indian
MCKETTRICK DAVID	079	DEAR	000010	10100	0100				
MCKETTRICK ROBERT	079	DEAR	101201	01111	0100				
MCKEW EDWARD	053	FAYE	100010	10100	0100				
MCKEY JAMES	039	DUBO	200010	10010	0100				
MCKEY JOHN	267	WAYN	122010	00110	0300				
MCKIBBY JAMES	245	GIBS	000010	01101	0100				
MCKIDY STEPHAN	244	GIBS	000120	01100	0200				
MCKILL DANIEL	091	KNOX	000010	00000	0000				
MCKIM JOHN	189	VIGO	200010	30010	0001				
MCKIM ROBERT	147	PERR	100101	30010	0300				
MCKIMMEY NATHANIEL	021	FAYE	001001	00010	0100				
MCKINA JOHN H	191	VIGO	200010	30010	0001				
MCKINCY EDAY	21	FRAN	100000	10010	0300				
MCKINDLEY JOHN	012	CLAR	100101	00201	0200				
MCKINLEY GEORGE	016	CLAR	210001	12010	0100				
MCKINLEY JAMES	015	CLAR	021101	11001	0200				
MCKINLEY JAMES	265	JACK	000100	10100	0100				
MCKINLEY JAMES	279	JEFF	100010	10010	0100				
MCKINLEY JOHN	279A	JEFF	000010	00000	0100				
MCKINLEY JAMES JR	013	CLAR	000100	10100	0100				
MCKINLEY JOHN JR	013	CLAR	000010	10100	0100				
MCKINLEY SAMUEL	279	JEFF	010301	32101	0400				
MCKINLEY SAMUEL	287	JEFF	000100	10100	0100				
MCKINLEY THOMAS	015	CLAR	100010	00010	0100				
MCKINNEY ARCHABALD	220	WASH	110001	53311	0200				
MCKINNEY ALEXANDER	224	WASH	020010	50010	0300				
MCKINNEY ALEXANDER	136	ORAN	100100	10100	0100				
MCKINNEY JOHN	120	MONR	310010	21010	0100				
MCKINNEY JAMES	121	MONR	200010	20100	0100				
MCKINNEY JOSEPH	032	DELA	000100	20100	0100				
MCKINNEY JOHN	264	JACK	000010	10100	0100				
MCKINNEY JAMES	249	WAYN	000100	10100	0100				
MCKINNEY JAMES	219	WASH	000100	30020	0100				
MCKINNEY JAMES	214	WASH	100410	10100	0100				
MCKINNEY PETER	207	WASH	121211	00001	0100				
MCKINNEY PETER	023	DELA	000100	00000	0000				
MCKINNEY THOMAS	217	WAYN	120010	22010	0200				
MCKINNEY WM	229	WAYN	100010	00010	0100				
MCKINNIE GERARD	013	FAYE	000010	10010	0100				
MCKINNON JOHN	209	WAYN	100010	00010	0100				
MCKINNY DAVID	136	ORAN	111301	00201	0400				
MCKINNY JOHN	115	DEAR	000100	00100	0100				
MCKINNY LAMBKIN	115	DEAR	111221	01211	0100				
MCKINSEY NEHEMIAH	190	VIGO	200100	00100	0100				
MCKINSEY RODERICK	053	HARR	000201	00001	0200				
MCKINSTREY WILLIAM	171	SWIT	010001	00000	0100				
MCKINZIE HENRY	124	DEAR	200101	22110	0100				
MCKINZIE WILLIAM	096	DEAR	200010	20100	0100				
MCKLEKANEY DAVID	122	DEAR	200100	10100	0100				
MCKLEM WILLIAM	083	KNOX	000010	00000	0000				
MCKNIGHT JAMES	194	FRAN	000301	00101	0300				
MCKNIGHT ROGER	132	ORAN	011301	10101	0400				

Head of Household	Page	County	White Males (Under 10, 10-15, 16-18, 16-25, 26-44, 45 & over)	White Females (Under 10, 10-15, 16-25, 26-44, 45 & over)	Foreigners, Agriculture, Commerce, Manufacture	Free or Slave	Negro Males (Under 14, 14-25, 26-44, 45 & over)	Negro Females (Under 14, 14-25, 26-44, 45 & over)	Other not Indian
MCKNTIRE DANIEL	061	DEAR	110010	30010	0100				
MCKOWEN JOHN	067	HARR	220111	01101	0300				
MCKRA WILLIAM	086	KNOX	000100	00000	0001				
MCLAHLAN WILLIAM	145	FLOY	040101	00110	0500				
MCLAIN GEORGE	171	WAYN	100100	00100	0100				
MCLAIN HENRY	171	WAYN	100010	20010	0100				
MCLAIN JESSE	257	WAYN	200010	30100	0100				
MCLAIN JOHN	276	JEFF	220101	01101	0200				
MCLAIN JOHN SR	157	WAYN	000001	00001	0001				
MCLAIN JOHN JR	159	WAYN	100010	20010	0001				
MCLAIN LEWIS	265	WAYN	100110	20010	0200				
MCLAIN SAMUEL	276	JEFF	000110	40011	0110				
MCLAIN WM	161	WAYN	300010	12100	100				
MCLALLEN CHRISTOPHER	204	WASH	200010	12010	0100				
MCLALLIN MOSES	203	WASH	200010	30010	0100				
MCLANE MATHEW	183	VAND	000001	00000	0000	S	1100	2020	
MCLANE ROBERT	124	ORAN	310010	10100	0200				
MCLANNAHAN JOSEPH	243	WAYN	100010	40010	0100				
MCLAUGHLIN JOHN	081	JENN	000101	23000	0200				
MCLAUGHLIN WM	022	DELA	000100	00100	0100				
MCLAUGHLIN WM	022	DELA	200010	30100	0100				
MCLAUGHLIN FRANCIS	022	DELA	321110	01001	0100				
MCLEAN MARY	178	VAND	100000	20010	0000				
MCLELLAN JAMES	267	WAYN	311110	10010	0100				
MCLEMON THOMAS	155	SCOT	100100	00100	0001				
MCLEROY JAMES	104	DEAR	000010	31110	0001				
MCLONE WILLIAM	015	CLAR	000010	20100	0100				
MCLUCAS JOHN	241	WAYN	000100	10100	0100				
MCLURE NATHANIEL JR	185	WAYN	000010	20010	0100				
MCLURE NATHANIEL	213	WAYN	110101	10421	0100				
MCLURE SAMUEL	090	KNOX	320010	10010	0100				
MCLURE THOMAS	213	WAYN	100010	10100	0100				
MCMACARTY GRACE	263	WAYN	000100	00101	0000				
MCMAHAN DANIEL	041	CLAR	210010	10100	0100				
MCMAHAN JAMES	125	ORAN	100010	20110	0100				
MCMAHAN JOHN	038	DUBO	000010	00100	0100				
MCMAHAN JOSEPH	038	DUBO	200130	00010	0300				
MCMAHAN JOHN	061	HARR	100010	42010	0100				
MCMAHAN JOHN	205	WASH	000100	00100	0000				
MCMAHAN MARTIN	308	POSE	200010	20100	0010				
MCMAHAN MORGAN	205	WAYN	110110	21010	0200				
MCMAHAN SAMUEL	008	CRAW	000101	00010	0200				
MCMAHAN WILLIAM	038	DUBO	410010	12010	0200				
MCMAHAW ALEXANDER	150	PERR	210010	20010	0200				
MCMALLARD DUNCAN	024	DELA	000100	00000	0100				
MCMANAMA HIRAM	076	JENN	000100	20200	0001				
MCMANNIS JOHN	202	WASH	100010	00010	0000				
MCMANNIS THOS	102	LAWR	200010	30100	0100				
MCMANNUS OWEN	193	WAYN	000111	00001	4002				
MCMANUS GEORGE	022	DELA	200100	00100	0100				
MCMANUS JAMES	022	DELA	010001	21010	0100				
MCMATH SAMUEL	117	DEAR	110001	22001	0100				

Head of Household	Page	County	White Males (Under 10, 10-15, 16-18, 16-25, 26-44, 45 & over)	White Females (Under 10, 10-15, 16-25, 26-44, 45 & over)	Foreigners, Agriculture, Commerce, Manufacture	Free or Slave	Negro Males (Under 14, 14-25, 26-44, 45 & over)	Negro Females (Under 14, 14-25, 26-44, 45 & over)	Other not Indian
MCMECKLE JOHN	063	HARR	110101	10001	0100				
MCMEEKAN SAMUEL	099	LAWR	000010	00100					
MCMEHAL JACOB	005	CRAW	010001	00000	0100				
MCMEHAN PETER	005	CRAW	201010	21010	0101				
MCMELLEN NATHAN	168	SWIT	210010	21010	0100				
MCMICKLE JOHN	111	SULL	210110	10010	0300				
MCMILIN KATHERINE	239	GIBS	000100	02101	0100				
MCMILLAN JOHN	276	JEFF	100010	20010	0100				
MCMILLAN RAWLEY JR	201	FRAN	000010	00010	0100				
MCMILLEN DANIEL	291	JEFF	200001	20010	0100				
MCMILLEN JAMES	277	JEFF	200100	10100	1100				
MCMILLEN JAMES	290A	JEFF	001100	21110	0200				
MCMILLEN LYDIA	277	JEFF	100000	11010	0000				
MCMILLIN JOHN	301	PIKE	100201	01100					
MCMILLIN RAWLEY	198	FRAN	000101	00301	0200				
MCMILLIN WILLIAM	047	CLAR	010110	00001	0002				
MCMILLON WILLIAM	115	SULL	411101	02101	0400				
MCMINDER CHRISTOPHER	079	JENN	300010	10011	0100				
MCMULLAN ARCHIBALD	068	DEAR	100001	10100	0001				
MCMULLAN HUGH	115	DEAR	121201	01001	0100				
MCMULLIN DANIEL	188	VIGO	310010	12110	0200				
MCMULLIN JOHN	191	VIGO	100010	30100	0100				
MCMULLIN ROBERT	027	CLAR	310001	11010	0100				
MCMUNN WILLIAM	180	VAND	001201	00201	0400				
MCMURRY JAMES	130	ORAN	000010	01110	0100				
MCNAMIE ELISAS	084	KNOX	200001	12010	0000				
MCNARY HUGH	132	ORAN	011201	00100	0300				
MCNAUGHT JOHN	143	OWEN	001010	20100	0100				
MCNAUGHT ROBERT	143	OWEN	000010	00001	0100				
MCNAUGHT THOMAS	142	OWEN	100010	41010	0100				
MCNEAL DANIEL	171	FRAN	300010	00010	0100				
MCNEAL JACOB	008	CLAR	011110	01100	0000	S	0200		
MCNEALY SALLY	091	KNOX	100000	02110	0100	S	0100		
MCNEANS THOMAS	205	WAYN	300010	20100	0100				
MCNEAR ROBERT	161	FRAN	200010	00100	0100				
MCNEEL ADAM	020	DELA	200010	10010	0100				
MCNEEL ADAM	059	FAYE	000100	10100	0100				
MCNEELEY MARY	095	DEAR	220100	11010	0000				
MCNEELEY WILLIAM	096	DEAR	200010	20010	0100				
MCNEELY DAVID	099	SPEN	100010	20010	0100				
MCNEELY DAVID	209	WASH	110010	30010	0300				
MCNEELY JAMES	099	SPEN	011001	00000	0200				
MCNEELY JEREMIAH	093	KNOX	000010	10100	0100				
MCNEELY SAML	099	SPEN	100010	20100	0100				
MCNEELY WILLIAM	097	SPEN	000100	10100	0100				
MCNELA JOHN	277A	JEFF	100100	02201	0100				
MCNEW BENJAMIN	181	VAND	011201	01000	0300				
MCNEW DANIEL	033	CLAR	100010	30100	0100				
MCNEW JEREMIAH	030	CLAR	210010	22010	0100				
MCNEW LEDOK	180	VAND	210001	10101	0100				
MCNEW RICHARD	211	WASH	210010	20010	0200				
MCNEW ZEDEKEAH	279A	JEFF	200210	21010	0200				

Head of Household	Page	County	White Males (Under 10, 10-15, 16-18, 16-25, 26-44, 45 & over)	White Females (Under 10, 10-15, 16-25, 26-44, 45 & over)	Foreigners, Agriculture, Commerce, Manufacture	Free or Slave	Negro Males (Under 14, 14-25, 26-44, 45 & over)	Negro Females (Under 14, 14-25, 26-44, 45 & over)	Other not Indian
MCNIELY ALEXANDER	181	VAND	000101	01101	0100				
MCNIGHT GEORGE	104	LAWR	100200	00100	0100				
MCNIGHT JOHN	201	WASH	000010	10010	0100				
MCNIGHT JOHN	014	CRAW	111012	12010	0001				
MCNIGHT ROBERT	201	WASH	000010	10100	0100				
MCNIGHT WILLIAM	201	WASH	110002	02101	0300				
MCNIGHT WILLIAM JR	201	WASH	200010	10100	0000				
MCNORRIS JOHN	197	WAYN	200100	22000	0100				
MCNULTY JOSEPH	287	JEFF	300010	00010	0100				
MCNUT SAMUEL	193	VIGO	310010	10010	0300				
MCNUTREY JAMES	013	CRAW	001011	00200	0300				
MCNUTREY JOHN	013	CRAW	000100	00100	0100				
MCNUTT ALEX	281	JEFF	110001	11210	0100				
MCNUTT ANDREW	089	SPEN	100011	10100	0100				
MCNUTT ARCHIBALD	086	KNOX	000100	00000	0001				
MCNUTT COLIN	172	SWIT	121301	00101	0300				
MCNUTT JAMES	192	FRAN	000010	40010	0100				
MCNUTT ROBERT	114	MART	021101	10010	0100				
MCNUTT WILLIAM	179	VAND	000010	00100	0000				
MCOMB JOHN	162	FRAN	310010	10000	0200				
MCPEAK EZEKLE	064	HARR	100001	20201	0100				
MCPHERSON GEORGE	099	LAWR	200010	20010					
MCPHETERS HUGH	205	WASH	100110	40010	0003				
MCPHETERS JOHN	221	WASH	110301	02211	0500				
MCPHETERS JAMES	215	WASH	400210	00010	0006				
MCPHETERS JAMES SR	215	WASH	420010	11110	0000				
MCPHETERS ALEXANDER	215	WASH	210010	11010	0000				
MCPHETERS JOHN C	215	WASH	200110	20010	0002				
MCPHETERS ALEXANDER	136	ORAN	100010	00010	0100				
MCQUEAN BENJAMIN	062	DEAR	010010	20100	0100				
MCQUERY MORGAN	326	RAND	100100	10100	0100				
MCQUILKIN SAMUEL	190	VIGO	110660	10200	000				
MCQUILLIN JOHN	031	CLAR	300101	10001	0002				
MCQUOID JOHN	198	FRAN	140001	20001	0500				
MCRAE A B	012	CRAW	020010	00110	0100				
MCRAE DANIAL A	012	CRAW	100010	00100	0100				
MCRAY MOSES	031	FAYE	100100	00100	0100				
MCRAY SAMUEL	027	FAYE	100010	40010	0100				
MCRAY WILLIAM	208	FRAN	200110	00101	0002				
MCREA ALEXANDER F	061	HARR	100030	20110	0200				
MCREA ALEXANDER	061	HARR	010001	00302	0100				
MCREA ALEXANDER	062	HARR	121201	20100	0200				
MCREA MURDOCK	062	HARR	100101	00101	0100				
MCSWEGAN PHILIP	168	SWIT	100100	00100	1001				
MCSWINE ROBERT	148	PERR	000100	00100	0100				
MCVAY WILLIAM	136	ORAN	000110	00001	0200				
MCVETTA WILLIAM	045	HARR	000001	00100	0100				
MCWETHY ANSIL	124	DEAR	000100	01000	0101				
MCWHEENY J	173	FRAN	000010	00010	0100				
MCWHERTER TYLER	218	FRAN	121201	21110	0300				
MCWILL JONATHAN	013	CRAW	200110	30100	0100				
MCWILLIAMS JOHN	005	CRAW	100010	20100	0100				

Head of Household	Page	County	White Males (Under 10, 10-15, 16-18, 16-25, 26-44, 45 & over)	White Females (Under 10, 10-15, 16-25, 26-44, 45 & over)	Foreigners, Agriculture, Commerce, Manufacture	Free or Slave	Negro Males (Under 14, 14-25, 26-44, 45 & over)	Negro Females (Under 14, 14-25, 26-44, 45 & over)	Other not Indian
MEACHAM MARY	137	ORAN	100100	01011	0200				
MEAD ELI B	113	DEAR	110010	10010	0100				
MEAD GRAVES	297	PIKE	110010	10100	0000				
MEAD JOHN	114	DEAR	001301	02001	0200				
MEAD JOSEPH	031	FAYE	101201	01001	0100				
MEAD LEVI	208	FRAN	010201	11001	0200				
MEAD LEWIS	062	DEAR	110010	11100	0100				
MEAD NATHANIEL	208	FRAN	000100	10100	0100				
MEAD ROBERT C	297	PIKE	100010	10100	0000				
MEAD THOMAS	297	PIKE	001101	00101	0000				
MEADS ISREAL	091	KNOX	000010	10100	0100				
MEAL CHARLES	092	KNOX	210010	10110	0100				
MEAL FREDERICK	093	KNOX	301521	21120	0400				
MEAL SOLOMON	092	KNOX	111110	10100	0200				
MEASON JOHN	088	DEAR	410010	00010	0000				
MECHAM MICH	073	HARR	000000	00000	0000	F	0010	0000	
MECHAM NELSON	073	HARR	000000	00000	0000	F	2011	3011	
MECHAM THOS	073	HARR	000000	00000	0000	F	3121	2201	
MECHAM WILLIAM	073	HARR	000000	00000	0000	F	0010	0000	
MECHANY MILENER	073	HARR	000000	00000	0000	F	1200	0102	
MEDAUGH CORNELIUS	199	FRAN	100010	20010	0001				
MEDCALF MARGARET	040	CLAR	000000	02010	0000				
MEDDACK EMANUEL	285A	JEFF	100101	20110	0100				
MEDDERS AARON	314A	POSE	300010	10010	0100				
MEDDERS THOS	311A	POSE	200010	20100	0100				
MEDLEE JOSEPH M	223	WASH	200010	11010	0100				
MEDLEY JAMES	091	KNOX	300010	00100	0100				
MEDLEY JAMES	284	JEFF	200210	10010	0003				
MEDLEY JOHN	089	KNOX	100010	00100	0100				
MEDLEY JOSEPH	091	KNOX	020100	01001	0300				
MEDLEY SAMUEL	091	KNOX	200100	10100	0100				
MEDOWS ISHAM	108	LAWR	321201	11100					
MEDSKER DAVID	106	DEAR	400110	20011	0100				
MEDZGAR PETER	109	SULL	100211	31101	1400				
MEED JOSIAH	275	JEFF	000010	10100	0001				
MEEDE ROBERT	274A	JEFF	010111	01011	0200				
MEEK ALEX A	272A	JEFF	310310	11020	0001				
MEEK BAZIL	080	JENN	020301	11110	0100				
MEEK DAVID	080	JENN	410010	21010	0001				
MEEK ISAAC	043	HARR	300010	20010	0100				
MEEK ISAAC	165	WAYN	400010	20100	0100				
MEEK JACOB	205	WAYN	000001	11001	0100				
MEEK JEREMIAH II	078	JENN	110010	30100	0100				
MEEK JEREMIAH	079	JENN	400010	12110	0100				
MEEK JEREMIAH L	195	WAYN	310010	21010	0100				
MEEK JEREMIAH	223	WAYN	111110	01200	0100				
MEEK JOHN SR	183	WAYN	001101	00001	0100				
MEEK JOHN	272A	JEFF	101210	00110	0000				
MEEK JOHN SR	273	WAYN	010101	01101	0200				
MEEK MOSES	197	FRAN	100010	23110	0100				
MEEK NATHAN	079	JENN	100010	02010	0100				
MEEK NATHAN	080	JENN	001101	00101	0100				

Head of Household	Page	County	White Males (Under 10, 10-15, 16-18, 16-25, 26-44, 45 & over)	White Females (Under 10, 10-15, 16-25, 26-44, 45 & over)	Foreigners, Agriculture, Commerce, Manufacture	Free or Slave	Negro Males (Under 14, 14-25, 26-44, 45 & over)	Negro Females (Under 14, 14-25, 26-44, 45 & over)	Other not Indian
MEEK RICHARD	080	JENN	220100	00010	0100				
MEEK SAMUEL	214	WASH	311101	11001	0300				
MEEK SAMUEL	078	JENN	121110	12110	0100				
MEEK SAMUEL	104	LAWR	310010	21010	0100				
MEEK SILVESTER	043	HARR	010101	02301	0200				
MEEK WILLIAM	081	JENN	200010	30010	0200				
MEEK WM JR	167	WAYN	000010	10100	0100				
MEEK WM SR	215	WAYN	300010	10100	0100				
MEEKER SARAH	062	DEAR	020000	01010	0000				
MEEKS ATHE	097	SPEN	400010	00100	0100				
MEEKS BENJ	153	WARR	110010	41010	0000				
MEEKS CHAS	147	WARR	200010	10100	0000				
MEEKS JOHN	153	WARR	201010	32010	0000				
MEEKS JOSEPH	188	FRAN	101110	30010	0002				
MEEKS PRUDY	149	WARR	200100	20201	0000				
MEEKS WM	149	WARR	120010	20010	0000				
MEGEHE JACOB	243	GIBS	200001	30100	0100				
MEGREW JOSEPH	126	ORAN	100010	10010	0100				
MEH SEBALD	320	POSE	000001	00021	0000				
MEHORNEY BENNET H	216	WASH	300010	20010	0100				
MEKERN LUKE	129	ORAN	200010	30010	0100				
MELKY HENRY	041	HARR	200001	02001	0100				
MELLENGAR ABRAHAM	039	CLAR	100010	33010	0100				
MELLON DAVID	011	FAYE	021101	10010	0100				
MELNERDER PETER	205	WAYN	130001	00200	0100				
MELONE JAMES	248	GIBS	210010	11010	0001				
MELONE JOHN	246	GIBS	520010	00010	0100				
MELOY JOHN	045	CLAR	210121	02211	0300				
MELSUR JOHN	121	MONR	200010	00010	0100				
MELTON ELIJAH	060	HARR	100200	00100	0200				
MELTON JOHN	060	HARR	011104	00101	0200				
MELTON MICHAL	231	GIBS	000010	02010	0000				
MELTON NATHANIEL	109	LAWR	300010	10010	0100				
MELTON THOMAS	114	MART	110101	11010	0200				
MELVIN JAMES	181	VAND	100100	00100	0100				
MELVIN JOHN	181	VAND	220010	20010	0100				
MENDELL JACOB	112	DEAR	100010	00100	0100				
MENDENHALL JACOB	210	WASH	400010	20010	0300				
MENDENHALL JOHN	159	WAYN	100100	20100	0001				
MENDENHALL GRIFFITH	159	WAYN	010200	00100	0002				
MENDENHALL MORDACAI	326	RAND	010101	11011	0100				
MENDENHALL ROBERT	326	RAND	100100	00100	0100				
MENDENHALL AARON	326	RAND	000100	00100	0100				
MENDENHALL MORDICA	227	WAYN	000001	00001	0100				
MENDENHALL ISAAC	259	WAYN	111210	21010	0300				
MENNET SAMUEL	165	SWIT	110001	31110	0100				
MENORNEY JAMES B	222	WASH	000001	00001	0100				
MENTLE GEORGE	103	DEAR	100010	01000	0100				
MENTOSH JAMES	009	CRAW	220010	20010	0300				
MERCHANT SAMUEL	174	F-AN	201110	10010	0200				
MERCK GEORGE	060	HARR	100101	21100	0200				
MEREDETH JOHN	210	WASH	300010	10010	0100				

Head of Household	Page	County	White Males (Under 10, 10-15, 16-18, 16-25, 26-44, 45 & over)	White Females (Under 10, 10-15, 16-25, 26-44, 45 & over)	Foreigners, Agriculture, Commerce, Manufacture	Free or Slave	Negro Males (Under 14, 14-25, 26-44, 45 & over)	Negro Females (Under 14, 14-25, 26-44, 45 & over)	Other not Indian
MEREDETH JAMES	210	WASH	000001	32001	0100				
MEREDITH SAMUEL	165	FRAN	120001	00101	0200				
MEREWETHER JOHN	150	FLOY	120001	33010	0300				
MERIAM JOHN	112	MART	000010	21440	0000	F	0100		
MERICK MOSES	087	DEAR	200010	01110	0001				
MERIT STEPHEN	147	WARR	100010	20110	0000				
MERPHEW NATHAN	027	FAYE	000010	60010	0100				
MERPHEY JOHN	031	FAYE	000010	00100	0100				
MERRELL BENJIMIN	044	CLAR	201101	12110	0200				
MERRELL JOSEPH	072	HARR	111110	10100	0000				
MERRICK EBENEZAR	079	DEAR	000101	30010	0100				
MERRICK STEPHEN	087	DEAR	100001	10010	0001				
MERRILL JACOB	202	WASH	100010	10100	0100				
MERRILL JOSEPH	173	FRAN	001101	10010	0200				
MERRILL SAMUEL	169	SWIT	100010	10100	0000				
MERRIMAN RICHARD	087	KNOX	000100	00000	0100				
MERRIT JOHN	151	FLOY	210010	21010	0200				
MERRITT EDWARD	265	JACK	200110	10100	0100				
MERRITT LUTHER	172	FRAN	210011	10010	0200				
MERRIWEATHER SAMUEL	008	CLAR	000010	21010	0002	S	0000	1000	
MERRY CORNELIOUS	086	KNOX	101101	00010	0001				
MERSHAWN ANDREW	027	FAYE	100001	30010	0100				
MESERVE WILLIAM	121	DEAR	000001	00200	0100				
MESSIC DAVID	159	WAYN	100010	10010	0001				
MESSIC ISAAC	159	WAYN	100100	00100	0001				
MESSINGER ABRAHAM	079	DEAR	000001	00101	0001				
MESSINGER JOHN H	079	DEAR	100010	00100	0001				
METCALF URI	081	JENN	300010	10010	0100				
METCALF WILLIAM	163	FRAN	200020	20110	2200				
METTS JOHN	177	FRAN	001101	00001	0200				
METTS PETER	158	SCOT	300100	11010	0100				
MEWHETER WILL J	286	JEFF	000010	00100	0000				
MEYER HENRY	130	ORAN	000301	01001	0400				
MEYER SAMUEL	127	ORAN	500010	10100	0100				
MGAHAN GEORGE	167	FRAN	100100	00100	0100				
MGUIRE JAMES	108	DEAR	220010	30010	0100				
MICHAEL CASPER	112	DEAR	020101	01101	0200				
MICHAEL CONSIDER	083	KNOX	000100	00000	0000				
MICHAEL HENRY	095	DEAR	100200	20100	0100				
MICHAEL JARED	112	DEAR	110010	10200	0100				
MICHAEL JACOB	113	DEAR	200010	11010	0100				
MICHAEL PHILIP	113	DEAR	120010	31211	0100				
MICHAEL SAMUEL	095	DEAR	010001	10001	0100				
MICHAM AGGY	073	HARR	000000	00000	0000	F	2100	3111	
MICHAM DAVY	073	HARR	000000	00000	0000	F	0010	0010	
MICHEL ROBERT	087	SPEN	000010	02010	0100				
MICHELL ISAAC	098	LAWR	210010	10010	0100				
MICHELL JAMES	100	LAWR	200100	00100	0100				
MICHELL JOHN	143	OWEN	210101	31110	0200				
MICHELL ROBERT	103	LAWR	200100	00100	0100				
MICHELL ROBERT	100	LAWR	210110	10010					
MICHELL SAMUEL	103	LAWR	201301	22001	0500				

Head of Household	Page	County	White Males (Under 10, 10-15, 16-18, 16-25, 26-44, 45 & over)	White Females (Under 10, 10-15, 16-25, 26-44, 45 & over)	Foreigners, Agriculture, Commerce, Manufacture	Free or Slave	Negro Males (Under 14, 14-25, 26-44, 45 & over)	Negro Females (Under 14, 14-25, 26-44, 45 & over)	Other not Indian
MICHNER ELIZABETH	195	WAYN	100100	41010	0100				
MICKS JAMES	273	JEFF	020020	12010					
MICLE BENNET	021	DELA	122510	21010	0100				
MIDAUGH DANIEL	194	FRAN	200010	30010	0100				
MIDCAP JOHN	077	JENN	010001	00010	0100				
MIDDLETON SAMUEL	186	VIGO	200010	10010	0100				
MIDDLETON DAWSON	047	HARR	000100	10100	0100				
MIDDOWS WILLIAM	237	WAYN	421210	11010	0300				
MIDKIFF ISAAC	199	WAYN	110010	30010	0100				
MIERS HENRY	006	CLAR	100010	30010	0100				
MIERS MICHAEL T	008	CLAR	220101	10101	0100				
MIERS MICHAEL	006	CLAR	130001	10101	0100				
MIEURE JOHN	085	KNOX	000100	00000	0000				
MIEURE WILLIAM	086	KNOX	000100	00000	0000				
MIKESEL JOHN A	033	CLAR	210120	10010	0000				
MIKESEL PETER	279	JEFF	410200	10021	0200				
MILAM MOSES	107	SULL	111101	02001	0500				
MILAM ROBERT	099	LAWR	000010	00100					
MILAM STEPHEN	119	SULL	321101	00010	0400				
MILAM WILLIAM	131	SULL	000100	20100	0500				
MILAN JOHN	064	HARR	100210	01010	0000				
MILBORN JOHN	307A	POSE	200010	20010	0100				
MILBOURN JIMMIMA	038	CLAR	100100	20010	0100				
MILBURN DAVID	250	GIBS	100200	20100	0300				
MILBURN ELONDER	252	GIBS	000000	00001	0000				
MILBURN ROBERT	232	GIBS	210020	21010	0002				
MILBURN ROBERT	107	SULL	200010	10010	0100				
MILBURN THOMAS	300	PIKE	200101	20010					
MILER PATSEY	145	PERR	210000	01100	0000				
MILES BENJAMIN	062	DEAR	210010	20110	0100				
MILES ELISHA	192	VIGO	001201	11000	0300				
MILES ELISHA	187	VIGO	001201	11000	0300				
MILES EVAN	288A	JEFF	231110	21110	0200				
MILES ISAAC	054	HARR	310002	00011	0100				
MILES JESSE	292	JEFF	310010	30010	0000				
MILES JOHN	170	SWIT	001110	11100	0100				
MILES JOHN	053	HARR	201101	22210	0200				
MILES NANCY	054	HARR	100100	20010	0100				
MILES NELSON	062	DEAR	000010	20100	0100				
MILES RICHARD	107	SULL	220010	20010	0400				
MILES THOMAS	054	HARR	220010	30010	0100				
MILES WM	219	WAYN	110210	21010	0300				
MILES ZEPH	054	HARR	121101	20110	0200				
MILEY DAVID SR	301	PIKE	110111	00000					
MILEY DAVID JR	297	PIKE	000100	20010	0000				
MILEY HENRY	298	PIKE	200010	10100					
MILEY HENRY	297	PIKE	220101	20101	0000				
MILEY JOHN	297	PIKE	100010	30010	0000				
MILHEAD ELINDA	155	SCOT	101100	11011	0100				
MILHOLLAND THOMAS	175	FRAN	002400	02000	0300				
MILIGAN JONATHAN	135	ORAN	200010	20010	0100				
MILIGAN SAMUEL	134	ORAN	100100	00100	0100				

Head of Household	Page	County	White Males (Under 10, 10-15, 16-18, 16-25, 26-44, 45 & over)	White Females (Under 10, 10-15, 16-25, 26-44, 45 & over)	Foreigners, Agriculture, Commerce, Manufacture	Free or Slave	Negro Males (Under 14, 14-25, 26-44, 45 & over)	Negro Females (Under 14, 14-25, 26-44, 45 & over)	Other not Indian
MILL ABEL	278A	JEFF	311301	01101	0400				
MILL ISAAC	241	WAYN	100010	40100	0100				
MILL JAMES	273	JEFF	131201	30010					
MILLACE EDWARD	133	ORAN	000101	12101	0200				
MILLACE NICKERSON	134	ORAN	000100	00100	0100				
MILLAR ABRAHAM	196	FRAN	300001	20010	0100				
MILLAR DANIEL	196	FRAN	300010	21010	0100				
MILLAR HAZAEL	199	FRAN	110010	11010	0100				
MILLAR JACOB	219	FRAN	410001	12010	0001				
MILLAR JACOB	196	FRAN	000100	10100	0100				
MILLAR JEREMIAH	199	FRAN	000100	00100	0100				
MILLAR JOHN	183	FRAN	210001	21110	0200				
MILLAR JOHN	196	FRAN	120101	11111	0100				
MILLAR JOHN	202	FRAN	220010	31010	0001				
MILLAR SAMUEL	219	FRAN	100120	00010	0102				
MILLAR SILAS	197	FRAN	450001	11010	0200				
MILLAR TOBIAS	196	FRAN	221201	31010	0500				
MILLAR WILLIAM	198	FRAN	310010	20010	0100				
MILLARE WILLIAM	186	VIGO	000010	00000	0001				
MILLAY JAMES	087	SPEN	000100	00110	0100				
MILLBURN JOSEPH E	115	DEAR	000010	30010	0100				
MILLBURN JOHN	252	GIBS	220110	20010	0200				
MILLBURN NATHAN	079	DEAR	000100	10100	0300				
MILLBURN ROBERT	080	DEAR	011201	00000	0100				
MILLEN GEORGE	175	SWIT	100010	10100	0100				
MILLER ABEL	019	DELA	110100	10011	0100				
MILLER ABRAHAM	088	KNOX	010001	01001	0100				
MILLER ABRAHAM	090	KNOX	320101	11111	0100				
MILLER ABRAHAM	267A	JACK	321101	20010	0100				
MILLER ABRAHAM	147	PERR	100010	20011	0100				
MILLER ABRAHAM	029	FAYE	310010	20010	0100				
MILLER ADAM	126	ORAN	210001	21010	0100				
MILLER ADAM	147	PERR	000010	10100	0100				
MILLER ADAM	039	DUBO	200110	10100	0200				
MILLER ADAM	269	JACK	210010	10010	0100				
MILLER ADAM	119	DEAR	230001	00010	0100				
MILLER ALEXANDER	150	PERR	000201	00201	0300				
MILLER AMOS	278	JEFF	221110	21010	0300				
MILLER ANTHONY	137	ORAN	100100	10100	0100				
MILLER BARNY	095	SPEN	210110	00110	0300				
MILLER BENJAMIN	276	JEFF	100011	30010	0100				
MILLER BENJAMIN	029	FAYE	001101	00001	0100				
MILLER BEVERLY	061	DEAR	430010	01020	0100				
MILLER BRISON	264A	JACK	100211	20100	0400				
MILLER CATHERINE	195	WAYN	112200	10010	0200				
MILLER CHRISTIAN L	019	FAYE	320010	11010	0001				
MILLER CHRIST	318A	POSE	000101	01001	0000				
MILLER CORNELIUS	062	DEAR	101110	20300	0100				
MILLER CRISTENA	217	FRAN	001200	01001	0200				
MILLER DANIEL	148	PERR	200010	32010	0100				
MILLER DANIEL	195	WAYN	222220	10110	0100				
MILLER DANIEL	178	VAND	000010	20100	0000				

Head of Household	Page	County	White Males (Under 10, 10-15, 16-18, 16-25, 26-44, 45 & over)	White Females (Under 10, 10-15, 16-25, 26-44, 45 & over)	Foreigners, Agriculture, Commerce, Manufacture	Free or Slave	Negro Males (Under 14, 14-25, 26-44, 45 & over)	Negro Females (Under 14, 14-25, 26-44, 45 & over)	Other not Indian
MILLER DAVID	241	WAYN	200010	31010	0200				
MILLER DAVID	243	WAYN	000010	20100	0100				
MILLER DAVID	241	GIBS	111010	32010	0101				
MILLER ELIZABETH	253	GIBS	300310	01110	0200				
MILLER ELIZABETH	205	WAYN	000010	00011	0100				
MILLER ELIZEBATH	144	FLOY	001300	02101	0300				
MILLER ELIZABETH	182	VAND	110100	01201	0200				
MILLER EPHRAIM G	068	DEAR	300010	20010	0001				
MILLER EVE	195	WAYN	000000	00001	0000				
MILLER GEORGE	311	POSE	200010	10100	0100				
MILLER GEORGE	098	LAWR	110010	10010	0100				
MILLER GEORGE	098	LAWR	400010	10010	0100				
MILLER GEORGE	029	DELA	220010	01010	0100				
MILLER HENRY	079	DEAR	300011	00100	0100				
MILLER HENRY	125	DEAR	000100	20100	0100				
MILLER HENRY	090	KNOX	412652	12653	0500				
MILLER HENRY	038	DUBO	200010	10100	0100				
MILLER HENRY	055	HARR	110010	42010	0200				
MILLER HENRY	113	SULL	300010	10201	0200				
MILLER HENRY	285	JEFF	000001	00101	0100				
MILLER HENRY	195	WAYN	110101	13010	0200				
MILLER ISAAC	029	DELA	000010	20100	0100				
MILLER ISAAC R	014	CLAR	000010	10011	0001				
MILLER ISAAC	067	HARR	220101	12101	0200				
MILLER ISAAC	079	DEAR	110001	21010	1100				
MILLER ISAAC	121	DEAR	320001	21010	0100				
MILLER JACOB	079	DEAR	111201	22001	0100				
MILLER JACOB	031	CLAR	110001	20010	0100				
MILLER JACOB	135	ORAN	200010	20010	0100				
MILLER JACOB	043	HARR	020010	02001	0100				
MILLER JACOB	058	HARR	100010	20100	0100				
MILLER JACOB	167	WAYN	200010	11100	0100				
MILLER JACOB	145	FLOY	120010	30200	0400				
MILLER JACOB	152	FLOY	000100	00000	0001				
MILLER JACOB	222	WASH	400010	20010	0100				
MILLER JACOB	194	VIGO	100100	00100	0100				
MILLER JAMES	050	HARR	230001	30010	0100				
MILLER JAMES	113	DEAR	000111	00011	0200				
MILLER JAMES	187	VIGO	300010	00010	0100				
MILLER JAMES	079	DEAR	110010	41010	1100				
MILLER JOB	095	DEAR	100010	31010	0100				
MILLER JOHN	165	WAYN	100001	22201	0100				
MILLER JOHN	055	FAYE	110110	30010	0101				
MILLER JOHN A	087	SPEN	030100	10110	2100				
MILLER JOHN	091	SPEN	000101	10101	0200				
MILLER JOHN	109	SULL	410010	01010	0100				
MILLER JOHN	295	JEFF	100101	03221	0002				
MILLER JOHN	308A	POSE	110001	21010	0200				
MILLER JOHN	271	WAYN	200010	20010	0100				
MILLER JOHN	097	LAWR	100010	20100					
MILLER JOHN	077	JENN	201401	20211	0400				
MILLER JOHN	048	CLAR	101612	01101	0200				

Head of Household	Page	County	White Males (Under 10, 10-15, 16-18, 16-25, 26-44, 45 & over)	White Females (Under 10, 10-15, 16-25, 26-44, 45 & over)	Foreigners, Agriculture, Commerce, Manufacture	Free or Slave	Negro Males (Under 14, 14-25, 26-44, 45 & over)	Negro Females (Under 14, 14-25, 26-44, 45 & over)	Other not Indian
MILLER JOHN B	005	CLAR	300010	00010	0100				
MILLER JOHN	238	GIBS	200100	10100	0100				
MILLER JOHN	197	FRAN	112301	11001	0202				
MILLER JOHN	149	PERR	431101	20310	0100				
MILLER JOHN	150	PERR	310210	12100	0300				
MILLER JOHN	173	SWIT	110001	00000	0100				
MILLER JOHN	182	VAND	100100	10200	0100				
MILLER JOHN CONST	171	SWIT	300010	10010	0100				
MILLER JOHN	037	FAYE	320001	00110	0100				
MILLER JOHN	013	FAYE	320201	20110	0100				
MILLER JONATHAN	213	WASH	000110	00000	0100				
MILLER JOSEPH M	115	SULL	111200	00100	0300				
MILLER JOSEPH	121	DEAR	110001	11001	0100				
MILLER JOSEPH	021	CLAR	100001	31310	0100				
MILLER LEVI	095	DEAR	210020	12010	0200				
MILLER MARTIN	068	HARR	100111	00100	0100				
MILLER MARTIN	049	HARR	000001	01010	0100				
MILLER MICAEL	205	WAYN	000010	00010	0100				
MILLER MICHAEL	165	WAYN	000010	00000	0100				
MILLER MICHAEL	091	SPEN	000010	10100	0100				
MILLER MICHAEL	126	ORAN	310010	11010	0300				
MILLER MICHAEL	031	FAYE	220310	01210	0100				
MILLER MICHAEL	111	DEAR	100010	21010	1100				
MILLER MORDACAI	208	WASH	100010	10010	0100				
MILLER NATHAN	308A	POSE	000100	00100	0100				
MILLER NOAH	062	DEAR	000001	00001	0100				
MILLER OLIVER	109	DEAR	010201	21210	0100				
MILLER PETER	055	HARR	320001	11210	0100				
MILLER PETER	161	WAYN	100010	30100	0100				
MILLER PETER S	253	GIBS	000100	10100	0100				
MILLER PETER	205	WAYN	300010	11010	0100				
MILLER PETER	237	WAYN	200100	10100	0100				
MILLER PETER	020	DELA	311110	21010	0100				
MILLER PHILUP	038	DUBO	000100	00001	0100				
MILLER PHILLIP	088	KNOX	110010	10010	0100				
MILLER PHILIP H	149	WARR	000010	10110	0000				
MILLER RANSOM	188	VIGO	000200	00100	0101				
MILLER ROBERT	283	JEFF	300110	12120	0200				
MILLER RUDY	079	DEAR	000100	10100	0100				
MILLER SAMUEL	166	SWIT	210010	00100	0100				
MILLER SAMUEL	314A	POSE	100100	00100	0010				
MILLER SAMUEL C	141	FLOY	201110	20100	0002				
MILLER SAMUEL	142	FLOY	040001	20210	0200				
MILLER SAMUEL	088	KNOX	200010	20010	0001				
MILLER SAMUEL	148	PERR	100100	00100	0100				
MILLER SAMUEL	123	SULL	000100	00100	0100				
MILLER THOMAS SR	095	DEAR	020001	10101	0100				
MILLER THOMAS JR	095	DEAR	000200	20100	0100				
MILLER THOMAS	209	FRAN	000010	30010	0100				
MILLER THOMAS	115	MART	000010	00100	0100				
MILLER THOS	308A	POSE	100010	01100	0100				
MILLER THOS	309A	POSE	010130	31010	0300				

Head of Household	Page	County	White Males (Under 10, 10-15, 16-18, 16-25, 26-44, 45 & over)	White Females (Under 10, 10-15, 16-25, 26-44, 45 & over)	Foreigners, Agriculture, Commerce, Manufacture	Free or Slave	Negro Males (Under 14, 14-25, 26-44, 45 & over)	Negro Females (Under 14, 14-25, 26-44, 45 & over)	Other not Indian
MILLER VALENTINE	067	HARR	100010	10010	0100				
MILLER WILLIAM	014	CRAW	110101	21001	0200				
MILLER WILLIAM	277	JEFF	200010	10010	0100				
MILLER WILLIAM	015	FAYE	111101	21110	0001				
MILLER WILLIAM	120	DEAR	010001	00011	0001				
MILLER WM	240	GIBS	070010	11010	0100				
MILLER WM	019	DELA	400010	00010	0100				
MILLES DAVID	006	CRAW	500010	10010	0100				
MILLET WILLIAM	286A	JEFF	100010	20100	0001				
MILLHOLLAN WILLIAM	192	VIGO	100010	00100	0001				
MILLHOLLAND JAMES	016	CLAR	100010	30300	0100				
MILLHOLLAND THOMAS	190	FRAN	400010	51010	0100				
MILLICAN DAVID	259	WAYN	000010	00100	0100				
MILLIGAN THOS	106	LAWR	100001	00010	0100				
MILLIKIN ELIAS	114	DEAR	111101	11001	0100				
MILLIKIN MATTHEW	114	DEAR	100010	20010	0100				
MILLIKIN WILLIAM	121	MONR	210201	12110	0300				
MILLIS GEORGE W	220	FRAN	100010	10100	0100				
MILLIS RICHARD	245	WAYN	000110	01010	0100				
MILLMAN POLLEY	235	WAYN	000000	11110	0000				
MILLMAN ROBERT	235	WAYN	100100	10100	0100				
MILLONER ROBERT D	143	OWEN	100100	04101	0000				
MILLS ALEXA	310	POSE	300010	30011	0100				
MILLS ARON	173	WAYN	100010	20000	0100				
MILLS ASA	212	FRAN	420001	02000	0100				
MILLS ASY	232	GIBS	000200	00000	0002				
MILLS CONSTANTINE	216	FRAN	100010	00010	0100				
MILLS CYRUS	112	DEAR	200010	30100	0100				
MILLS DANIEL	183	WAYN	210010	21001	0200				
MILLS DAVID	307A	POSE	420010	11010	0300				
MILLS ELISHA	181	WAYN	100100	00100	0100				
MILLS FELIX	305A	POSE	000100	00100	0100				
MILLS HEZEKIAH	189	WAYN	300010	00100	0100				
MILLS JAMES	238	GIBS	211201	11001	0300				
MILLS JAMES	191	WAYN	010101	00001	0300				
MILLS JAMES	165	SWIT	011110	30010	0100				
MILLS JAMES H	149	FLOY	100102	01000	100				
MILLS JESSE	315A	POSE	120001	31010	0300				
MILLS JOHN	237	WAYN	210010	32110	0200				
MILLS JOHN	046	CLAR	320001	20010	0001				
MILLS JOHN JR	041	CLAR	200010	20011	0001				
MILLS JOHN F	263	JACK	000010	30010	0100				
MILLS JONATHAN	189	WAYN	220010	20010	0100				
MILLS LEVI	101	SPEN	300010	00100	0100				
MILLS MOSES	239	WAYN	200010	30011	0100				
MILLS RICHARD	136	ORAN	210001	20010	0000				
MILLS RUBIN	038	DUBO	110010	21010	0200				
MILLS SAMUEL	149	PERR	000010	00100	0000				
MILLS THOMAS	255	WAYN	001200	10100	0200				
MILLS WILLIAM	179	VAND	000100	00000	0000				
MILLS WM	271	WAYN	301201	10001	0100				
MILLS ZENAS	112	DEAR	000001	00001	0100				

Head of Household	Page	County	White Males (Under 10, 10-15, 16-18, 16-25, 26-44, 45 & over)	White Females (Under 10, 10-15, 16-25, 26-44, 45 & over)	Foreigners, Agriculture, Commerce, Manufacture	Free or Slave	Negro Males (Under 14, 14-25, 26-44, 45 & over)	Negro Females (Under 14, 14-25, 26-44, 45 & over)	Other not Indian
MILNER AMOS	051	FAYE	000001	00101	0100				
MILNER JOHN	017	FAYE	210110	21010	0100				
MILOY JAMES	099	LAWR	100010	00100	0100				
MILROY JAMES	204	WASH	000110	10100	0200				
MILROY SAMUEL	202	WASH	410110	20110	0100				
MILSAP ROBERT	263	JACK	010301	00101	0300				
MILSAPS MOSES	211	WASH	011101	00001	0300				
MILSAPS ROBERT	211	WASH	000100	00100	0100				
MILTON DAVID	071	HARR	110020	32001	0200				
MILTON ELI	062	HARR	011101	00001	0100				
MILTON JESSE	063	HARR	400010	10100	0100				
MILTON RUBIN JR	062	HARR	010201	00001	0100				
MILTON RUBIN SR	062	HARR	010201	10001	0100				
MILTON THOMAS	088	KNOX	010111	10010	0200				
MINARD GEORGE W	109	SULL	101102	01000	0200				
MINARD SAM G	310A	POSE	310010	10010	0200				
MINDLE YENBY	013	CRAW	220101	10101	0400				
MINER ISAAC	092	KNOX	120011	10110	0100				
MINER JOHN	292A	JEFF	210001	31102	0100				
MINER JOSEPH	015	FAYE	220010	10200	0100				
MINER ROBERT	286	JEFF	301110	21311	0200				
MINER ROSWELL	087	SPEN	110010	02201	0100				
MINES THOMAS	234	GIBS	100010	10100	0100				
MINGLE GEORGE	060	HARR	001000	20100	0100				
MINGS AARON	280	JEFF	020010	02010	0100				
MINICK ADAM	129	SULL	000010	00100	0100				
MINNER JAMES	211	FRAN	000100	00100	0100				
MINNER MARY	199	WAYN	000000	00201	0000				
MINNER NOAH	199	WAYN	200100	00100	0100				
MINNER RACHEL	211	FRAN	311200	00101	0200				
MINNER WM	201	WAYN	100100	00100	0100				
MINNES CALVIN	235	GIBS	000010	02010	0100				
MINOR BEEBE O	288	JEFF	100110	20010	0001				
MINOR BENJAMIN	092	KNOX	200100	00100	0100				
MINOR WILLIAM	092	KNOX	110020	30110	0100				
MINTON JACOB	187	FRAN	200100	20100	0100				
MINTON JACOB	076	JENN	000001	11101	0100				
MINTON WILLIAM	076	JENN	000100	10100	0100				
MINTON WM	021	DELA	100010	00100	0100				
MINTONEY PETER	188	VIGO	000100	10100	0100				
MINTS WILLIAM	163	FRAN	210010	22010	0100				
MIRANDA JOHN O	157	SCOT	000110	20100	0101				
MIRE ABRAM	208	FRAN	311110	12110	0300				
MIRE JACOB	225	FRAN	000001	00001	0000				
MIREMAN WILLIAM	084	KNOX	000100	00000	0001				
MIRES EPHRAIM	015	FAYE	200010	10110	0100				
MIRES GEORGE	291	JEFF	200010	30100	0100				
MIRES HENRY	061	FAYE	100010	30010	0100				
MIRES JACOB	061	DEAR	321101	31001	0100				
MIRES JOHN	035	FAYE	200010	20100	0100				
MISER GEORGE	223	WAYN	110111	00101	0300				
MISNER CHARLES	096	DEAR	100010	20010	0100				

Head of Household	Page	County	White Males (Under 10, 10-15, 16-18, 16-25, 26-44, 45 & over)	White Females (Under 10, 10-15, 16-25, 26-44, 45 & over)	Foreigners, Agriculture, Commerce, Manufacture	Free or Slave	Negro Males (Under 14, 14-25, 26-44, 45 & over)	Negro Females (Under 14, 14-25, 26-44, 45 & over)	Other not Indian
MISNER HENRY	239	WAYN	000100	01100	0100				
MISONHAMMER JOHN	219	WASH	110110	21010	0300				
MITCHE STEPHEN	248	GIBS	100010	30100	0100				
MITCHEL ASARIAH	188	VIGO	410010	00010	0300				
MITCHEL ELIJAH	223	WASH	200010	31010	0100				
MITCHEL HENRY	210	WASH	000000	00000	0000	F	0100	0100	
MITCHEL JAMES	120	MONR	230001	02010	0100				
MITCHEL JAMES B	287	JEFF	000010	01010	0100				
MITCHEL JAMES	154	FLOY	230010	00000	0200				
MITCHEL JOHN	156	SCOT	311201	21010	0300				
MITCHEL JOHN	041	CLAR	000100	00100	0100				
MITCHEL JOHN M	288	JEFF	010010	30001	0100				
MITCHEL JOSEPH	188	VIGO	000101	00001	0002				
MITCHEL MILLAUN O P	276A	JEFF	100102	00000	0100				
MITCHEL ROBERT	214	WASH	100011	01101	0200				
MITCHEL THOMAS	201	WASH	120001	32110	0300				
MITCHEL THOMAS	214	WASH	321210	01210	0200				
MITCHEL WILLIAM	146	PERR	400010	10110	0100				
MITCHEL WILLIAM	032	DELA	000100	00000	0100				
MITCHEL WILLIAM	216	WASH	210010	10011	0100				
MITCHEL ZENUS	189	VIGO	001101	01001	0200				
MITCHELL ANDREW	040	CLAR	230101	20010	0200				
MITCHELL DAVID G	074	HARR	100020	10010	0000				
MITCHELL ELIJAH	191	VIGO	100010	10100	0100				
MITCHELL GILES	046	CLAR	210110	20010	0002				
MITCHELL JAMES	186	VIGO	200100	00100	0100				
MITCHELL JAMES	080	JENN	100010	20100	0100				
MITCHELL JOHN M	291A	JEFF	010010	30101	0100				
MITCHELL JAMES	264A	JACK	120002	22101	0100				
MITCHELL ROBERT	266A	JACK	000100	00000	0100				
MITCHELL ROBERT	291A	JEFF	210010	11010	0100				
MITCHELL R B	291A	JEFF	210010	30101	0100				
MITCHELL SAML	079	RIPL	200100	00100	0100				
MITCHELL THOMAS	291A	JEFF	220010	30010	0100				
MITCHELL WILLIAM	186	VIGO	200010	20010	0100				
MITCHELL WILLIAM	044	CLAR	101301	01101	0400				
MITCHELTREE GEORGE	115	MART	220210	12010	0300				
MITHELL ROBERT	194	VIGO	110110	10010	0101				
MITTE JOSEPH JR	087	KNOX	200020	00100	0200				
MITTE JOSEPH SR	087	KNOX	000101	00201	0100				
MIX NATHANIEL	172	SWIT	220010	22010	0100				
MIZE JAMES	145	FLOY	400001	02311	0100				
MIZE JOSEPH	207	WASH	110010	40100	0200				
MIZE REUBEN	208	WASH	201101	42010	0200				
MOBLEY DRURY	104	LAWR	200010	31010	0100				
MOBLEY EDWARD	127	ORAN	000100	00200	0100				
MOBLEY JOHN	033	CLAR	100111	01201	0300				
MOCH WILLIAM	148	PERR	100010	20010	0100				
MOCK DANIEL	149	PERR	200100	10100	0100				
MOCK DAVID	071	HARR	000100	00010	0100				
MOCK GEORGE	045	FAYE	100100	10100	0100				
MOCK GEORGE	070	HARR	310010	0010	0100				

Head of Household	Page	County	White Males (Under 10, 10-15, 16-18, 16-25, 26-44, 45 & over)	White Females (Under 10, 10-15, 16-25, 26-44, 45 & over)	Foreigners, Agriculture, Commerce, Manufacture	Free or Slave	Negro Males (Under 14, 14-25, 26-44, 45 & over)	Negro Females (Under 14, 14-25, 26-44, 45 & over)	Other not Indian
MOCK GEORGE.	125	ORAN	000100	10100	0100				
MOCK JACOB	071	HARR	200010	20001	0100				
MOCK JOHN	069	HARR	000001	00101	0000				
MOCK JONATHAN	070	HARR	100201	10110	0200				
MOCK JOSEPH	060	HARR	300100	30100	0100				
MOCK PETER	067	HARR	221221	10110	0300				
MODE JOHN	130	ORAN	120001	21101	0400				
MODESITT CHARLES	189	VIGO	100050	10110	0301				
MODLIN BENJAMIN	171	WAYN	011101	41100	0200				
MODLIN ENOCH	167	WAYN	000100	00100	0100				
MODLIN GEORGE	189	WAYN	310010	10010	0100				
MODLIN JESSE	189	WAYN	110101	00001	0200				
MODLIN WILLIAM	259	WAYN	220010	11010	0200				
MODLIN WRIGHT	255	WAYN	100100	10100	0100				
MOFFETT CHARLES	165	WAYN	220010	40000	0300				
MOFFETT JAMES T	121	SULL	000010	20000	0100				
MOFFETT JEREMIAH	161	WAYN	000010	00101	0100				
MOFFETT JOSEPH	327	RAND	121110	30010	0100				
MOFFETT SOLOMON	267	JACK	110010	31010	0100				
MOFFETT THOMAS	217	WAYN	120101	10310	0100				
MOFFETT THOMAS	233	WAYN	010010	31010	0200				
MOFFETT WALTEN	084	KNOX	110010	11100	0001				
MOFFETT WM	307	POSE	101201	01001	0200				
MOFFITT JOSEPH	003	FAYE	010400	20200	1002				
MOFFORD JOSIAH	086	KNOX	000100	00000	0000				
MOFFOTT JAMES T	083	KNOX	010110	20100	0002				
MOIER JOHN	207	FRAN	110010	33010	0200				
MOLL ABRAHAM	121	MONR	000101	01101	0200				
MOMSONEY JAMES	109	DEAR	000100	20100	0100				
MONACLE CHRISTOPHER	224	WASH	000101	00102	0200				
MONACLE GEORGE	220	WASH	100011	20200	0400				
MONACLE JOHN	208	WASH	100100	00100	0100				
MONACLE PETER SR	220	WASH	311201	01010	0400				
MONACLE PETER JR	224	WASH	000100	00100	0100				
MONAHAN JOHN	214	WASH	200010	01110	0300				
MONAHON JACOB	143	FLOY	100010	40010	0100				
MONARCH GEORGE	134	ORAN	100010	10100	0100				
MONCREEF ABNER	286	JEFF	000200	00100	0200				
MONCREEF WILLIAM	286	JEFF	110010	10010	0100				
MONCRIEF CALEB	076	JENN	100010	30010	0001				
MONDAY LARKIN	059	FAYE	300010	10010	0100				
MONEY MICHAEL	147	FLOY	100100	10100	0100				
MONEYHAM JANE	137	FLOY	000130	30010	2112				
MONGER ICHIEL	073	RIPL	100010	00100	0100				
MONGOMERY ROBERT	031	CLAR	100220	30010	0200				
MONGOMERY JOHN	023	DELA	130001	20010	0100				
MONGOMERY ROBERT	244	GIBS	300010	10100	0100				
MONHOLLAND JESSE	028	DELA	000200	00100	0200				
MONK MALICHI	009	CRAW	020101	20201	0300				
MONK SIMON	084	KNOX	010010	00000	2001				
MONROE CHARLES	279	JEFF	210001	10010	0100				
MONROE FELIX	281	JEFF	110010	31210	0100				

Head of Household	Page	County	White Males (Under 10, 10-15, 16-18, 16-25, 26-44, 45 & over)	White Females (Under 10, 10-15, 16-25, 26-44, 45 & over)	Foreigners, Agriculture, Commerce, Manufacture	Free or Slave	Negro Males (Under 14, 14-25, 26-44, 45 & over)	Negro Females (Under 14, 14-25, 26-44, 45 & over)	Other not Indian
MONROE GEORGE	053	FAYE	330101	20110	0200				
MONROE HUGH	017	FAYE	100010	00100	0100				
MONROE ISAAC	053	FAYE	000001	00001	0000				
MONROE JAMES	133	ORAN	110010	30010	0100				
MONRONY WILLIAM SR	062	DEAR	000121	00000	0000				
MONTAGUE THOS	107	LAWR	200020	10100					
MONTEAGUE THOMAS	049	CLAR	300010	00010	0000				
MONTGOMERY RICHARD	140	FLOY	400010	10010	0010				
MONTGOMERY RICHARD	085	KNOX	110411	10110	0005				
MONTGOMERY NANCY	026	DELA	312301	22111	0400				
MONTGOMERY WILLIAM	048	CLAR	300010	10010	0200				
MONTGOMERY JOHN	002	CLAR	120001	30002	0100				
MONTGOMERY JAMES	234	GIBS	221200	20010	0100				
MONTGOMERY SAMUEL	241	GIBS	200100	10000	0100				
MONTGOMERY SAMUEL	242	GIBS	010101	02201	0200				
MONTGOMERY JAMES	244	GIBS	210010	21010	0100				
MONTGOMERY WALTER	244	GIBS	410010	21010	0100				
MONTGOMERY JESSE	244	GIBS	010010	00100	0100				
MONTGOMERY JOHN	115	MART	220010	10210	0200				
MONTGOMERY ROBERT	128	ORAN	300110	10010	0200				
MONTGOMERY JOHN	068	HARR	000100	00010	0000				
MONTGOMERY ROBERT	068	HARR	321210	31010	0400				
MONTGOMERY JAMES	022	DELA	100010	10100	0100				
MONTGOMERY JOSEPH	073	RIPL	110202	32110	0300				
MONTGOMERY WM SR	027	CLAR	011201	00001	0200				
MONTGOMERY ISAAC	301	PIKE	221110	02010					
MONTGOMERY BENJAMIN	246	GIBS	310010	11100	0100				
MONTGOMERY THOMAS	247	GIBS	203010	00110	0300				
MONTGOMERY JOSEPH	250	GIBS	010201	21010	0400				
MONTGOMERY WILLIAM	278A	JEFF	100010	20100	0100				
MONTGOMERY ALEX	281	JEFF	300010	10100	0100				
MONTGOMERY ARCHBALD	281	JEFF	000010	10100	0100				
MONTGOMERY ROBERT	221	WAYN	001201	01001	0100				
MONTGOMERY WM	249	WAYN	310010	11010	0200				
MONTGOMERY PLATT	249	WAYN	100010	10100	0100				
MONTJOY EDWARD	249	WAYN	200001	21010	0200				
MONTOOTH HENRY	167	SWIT	200001	10100	0100				
MONTY ARCHABALD	161	SCOT	000100	10100	0100				
MOODY ALEXANDER	137	ORAN	321010	10010	0400				
MOODY HESTER	171	SWIT	221100	01101	0000				
MOODY JAMES	173	FRAN	100101	10100	0200				
MOODY SIMON	191	VIGO	301200	00100	0200				
MOOK FREDERICK	070	HARR	310010	21001	0100				
MOON GEORGE	100	LAWR	100010	00100					
MOON JOSEPH	100	LAWR	100010	00000					
MOON JOSEPH	259	WAYN	200020	30200	0100				
MOON MALLACHI	187	WAYN	010101	01101	0200				
MOONEY EDMOND	262	JACK	100100	00100	0100				
MOONEY JAMES	262A	JACK	200010	01100	0100				
MOONEY JOHN	189	VIGO	000101	00000	0200				
MOONEY JOHN	193	VIGO	000101	00000	0200				
MOONEY THOMAS	008	CLAR	110010	00000	0001				

Head of Household	Page	County	White Males (Under 10, 10-15, 16-18, 16-25, 26-44, 45 & over)	White Females (Under 10, 10-15, 16-25, 26-44, 45 & over)	Foreigners, Agriculture, Commerce, Manufacture	Free or Slave	Negro Males (Under 14, 14-25, 26-44, 45 & over)	Negro Females (Under 14, 14-25, 26-44, 45 & over)	Other not Indian
MOONEY WILLIAM	264A	JACK	011211	11101	0100				
MOOR EDWARD	233	GIBS	200010	01010	0100				
MOOR JAMES	022	DELA	111201	40101	0100				
MOOR JAMES	256	GIBS	010101	02010	0100				
MOOR JANE	002	CLAR	011200	10010	0100				
MOOR MICHAL	239	GIBS	000001	00001	0100				
MOOR WILLIAM	287A	JEFF	310010	11010	0100				
MOORE AARON	317	POSE	211110	10100	0200				
MOORE ABNER	122	DEAR	300010	11010	0100				
MOORE ABRAHAM	099	SPEN	200100	20100	0100				
MOORE ADAM	110	DEAR	211110	30010	0100				
MOORE ALEXANDER	179	FRAN	100010	00100	0001				
MOORE ALEXANDER	177	WAYN	001211	10001	0001				
MOORE ALEXANDER	087	KNOX	220001	20010	0300				
MOORE ALEXANDER	043	FAYE	410010	10100	0100				
MOORE ARTEMAS	171	FRAN	100010	00010	0100				
MOORE ARTHUR	118	DEAR	020001	21110	0100				
MOORE BARNETT	312	POSE	000010	40010	0100				
MOORE BENJAMIN	211	WAYN	000010	00101	0001				
MOORE CYRUS	175	SWIT	000010	00000	0100				
MOORE DANIEL	049	FAYE	331110	20210	0100				
MOORE DANIEL	004	CLAR	000101	01301	0200				
MOORE DAVID	129	ORAN	320010	01010	0300				
MOORE DAVID	161	WAYN	220010	20000	0100				
MOORE DAVID	325A	RAND	210020	31010	0100				
MOORE DAVID	171	FRAN	110010	10100	0100				
MOORE DEBORAH	269	WAYN	011100	00001	0101				
MOORE DOROTHY	174	FRAN	001200	10201	0200				
MOORE EDWARD	205	WAYN	220010	21100	0100				
MOORE EDWARD	126	ORAN	211101	20201	0500				
MOORE EDWARD	133	ORAN	200010	30010	0100				
MOORE ELISHA	008	CRAW	210001	23301	0200				
MOORE ELIZABETH	219	WASH	000230	00301	0300				
MOORE EZRA	170	FRAN	100010	10210	0100				
MOORE GARDNER	174	FRAN	100100	20100	0001				
MOORE GEORGE	134	ORAN	100100	10100	0100				
MOORE GEORGE	031	DELA	310100	11010	0100				
MOORE GILBERT	096	DEAR	000000	00000	0100	F	0101	0001	
MOORE HANNAH	171	FRAN	010000	01101	0100				
MOORE HENRY H	219	WASH	200010	32010	0100				
MOORE HENRY	167	FRAN	020010	30000	0100				
MOORE HENRY	121	MONR	100010	10010	0100				
MOORE HENSON	300	PIKE	120010	31010					
MOORE HUGH	309	POSE	100010	00010	0100				
MOORE JACOB	080	DEAR	100301	01002	0200				
MOORE JAMES B	145	FLOY	200110	00100	0200				
MOORE JAMES	182	FRAN	000011	00001	0100				
MOORE JAMES	121	MONR	100001	10010	0001				
MOORE JAMES	059	FAYE	021001	00201	0300				
MOORE JAMES	306A	POSE	200011	30010	0100				
MOORE JESSE	120	MONR	000100	00010	0001				
MOORE JESSE	031	DELA	100100	00100	0100				

Head of Household	Page	County	White Males (Under 10, 10-15, 16-18, 16-25, 26-44, 45 & over)	White Females (Under 10, 10-15, 16-25, 26-44, 45 & over)	Foreigners, Agriculture, Commerce, Manufacture	Free or Slave	Negro Males (Under 14, 14-25, 26-44, 45 & over)	Negro Females (Under 14, 14-25, 26-44, 45 & over)	Other not Indian
MOORE JESSE	179	WAYN	200001	22001	0100				
MOORE JOEL	205	WAYN	320101	21010	0300				
MOORE JOHN	237	WAYN	000010	51010	0100				
MOORE JOHN	249	WAYN	000200	00100	0001				
MOORE JOHN	079	DEAR	000100	00100	0100				
MOORE JOHN R	122	DEAR	000010	00100	0100				
MOORE JOHN	083	KNOX	000310	00100	0004				
MOORE JOHN	120	MONR	100100	10100	0100				
MOORE JOHN	120	MONR	310010	00010	0101				
MOORE JOHN	121	MONR	000120	10010	0001				
MOORE JOHN	126	ORAN	320001	11010	0300				
MOORE JOHN	126	ORAN	100010	10100	0100				
MOORE JOHN	136	ORAN	520010	00010	0400				
MOORE JOHN	067	HARR	000010	00000	0100				
MOORE JOHN	073	RIPL	000010	50010	0100				
MOORE JOHN W	315	POSE	100010	00010	0100				
MOORE JOHN	269	JACK	001210	00111	0200				
MOORE JOHN	224	WASH	000101	10100	0200				
MOORE JOHN	174	SWIT	300001	20010	0100				
MOORE JONATHAN	162	FRAN	100010	30010	0100				
MOORE JOSEPH	121	MONR	000001	00010	1000				
MOORE JOSHUA	261	JACK	300010	00010	0100	F	1111	0100	
MOORE JOSIAH	163	WAYN	110010	21010	0200				
MOORE LEVI	172	FRAN	200010	20010	0100				
MOORE LYDIA	182	FRAN	100000	00100	0000				
MOORE MARY	095	DEAR	400000	11010	0000				
MOORE MICHAEL	324	RAND	000100	00000	1010				
MOORE MORGAN	208	FRAN	000100	00100	0001				
MOORE MOSES	079	DEAR	000100	20100	0100				
MOORE NELSON	121	MONR	010300	01100	0101	S	0100		
MOORE PETER	181	FRAN	300010	11010	0100				
MOORE PETER	150	PERR	320001	00010	0000				
MOORE REUBEN SR	099	SPEN	000001	10001	0100				
MOORE ROBART	013	CRAW	200010	20010	0100				
MOORE ROBERT	088	DEAR	310110	31010	1101				
MOORE RODERICK	172	SWIT	010211	11101	0300				
MOORE SAMUEL	101	SPEN	210010	10010	0200				
MOORE SAMUEL	161	WAYN	211110	21000	0100				
MOORE SAMUEL	079	DEAR	000100	00110	0100				
MOORE SAMUEL	079	DEAR	000001	00000	0000				
MOORE SAMUEL	087	KNOX	110001	11000	0100				
MOORE SAMUEL	120	MONR	100010	10100	0100				
MOORE SILAS	135	ORAN	000100	00100	0100				
MOORE SUSANNAH	079	DEAR	021100	01001	0000				
MOORE THOMAS	188	FRAN	200010	00010	0001				
MOORE THOMAS	175	WAYN	010001	00010	0200				
MOORE WILLIAM	262A	JACK	230010	10010	0100				
MOORE WILLIAM SR	265	JACK	000021	01001	0100				
MOORE WILLIAM	108	LAWR	000100	20100	0100				
MOORE WILLIAM	121	MONR	211111	51010	0400				
MOORE WILLIAM	131	ORAN	000002	00001	0100				
MOORE WILLIAM	066	HARR	000001	00001	0000				

Head of Household	Page	County	White Males (Under 10, 10-15, 16-18, 16-25, 26-44, 45 & over)	White Females (Under 10, 10-15, 16-25, 26-44, 45 & over)	Foreigners, Agriculture, Commerce, Manufacture	Free or Slave	Negro Males (Under 14, 14-25, 26-44, 45 & over)	Negro Females (Under 14, 14-25, 26-44, 45 & over)	Other not Indian
MOORE WM	165	WAYN	200010	00200	0100				
MOORE WM SR	257	WAYN	011211	01101	0500				
MOOREHOUSE NEHEMIAH	110	DEAR	111201	02010	0100				
MOOREMAN ELI	187	WAYN	100100	00100	0100				
MOOREMAN JOHN	181	WAYN	510010	00010	0100				
MOORMAN ACHILUS	173	WAYN	020011	00000	0400				
MOORMAN URIAH	169	WAYN	010010	41010	0200				
MOOTRY WM	243	GIBS	100010	10100	0100				
MOOTRY ZAEARIAH	243	GIBS	000110	00100	0100				
MORCER JOHN	120	MONR	500010	11010	0100				
MORCKERT GEORGE	223	WASH	000001	00201	0100				
MORDIS NANCY	076	JENN	000000	00000	0000	F	0100	0010	
MORE ANDREW	121	SULL	310001	00010	0200				
MORE ELIAS	111	SULL	100010	20100	0100				
MORE ELIJAH	099	LAWR	000100	20100					
MORE EZEKIAL	033	DELA	100010	20100	0100				
MORE HUGH	075	RIPL	100010	10100	0100				
MORE JOHN	326A	RAND	130101	13100	0100				
MORE LEVI	160	SCOT	200010	10200	0100				
MORE RUBEN	189	VIGO	110010	20010	0200				
MORE SAMUEL	121	SULL	210001	10010	0200				
MORE THOS	104	LAWR	000010	21010	0100				
MORE WILLIAM	033	DELA	100100	00010	0100				
MORE WILSON	100	LAWR	010010	31001	0100				
MOREDOCK DANIEL	172	SWIT	100100	10100	0100				
MOREDOCK JAMES	173	SWIT	210001	20200	0100				
MOREHOUSE JAY	177	VAND	111010	10111	0200				
MORELAND RICHARD	049	HARR	000010	20100	0100				
MOREMAN JOHN	325	RAND	010001	01011	0100				
MORERODE JOHN D	172	SWIT	201312	13010	3301				
MOREY JAMES	267A	JACK	000010	20100	0100				
MORFITT MARY	141	FLOY	010110	00110	0020				
MORGAN ABSALOM	121	MONR	000100	20010	0100				
MORGAN ACHILLES	193	VIGO	121101	10001	0400				
MORGAN ADONIJAH JR	055	FAYE	000100	00100	0100				
MORGAN ADONIJAH SR	055	FAYE	010001	01200	0200				
MORGAN AMAZIAH	055	FAYE	200120	10110	0201				
MORGAN BENJAMIN	125	DEAR	000010	00000	0001				
MORGAN BENJAMIN	183	WAYN	001201	11001	0100				
MORGAN BEVERLY W	150	FLOY	100010	00100	0001				
MORGAN CHAS	149	WARR	120001	30010	0000				
MORGAN CHARLES	111	SULL	100100	20100	0100				
MORGAN DAVID	038	DUBO	211101	10010	0400				
MORGAN DAVID	064	HARR	220001	11010	0100				
MORGAN DAVID JR	064	HARR	100100	00100	0100				
MORGAN E E	008	CRAW	210010	11100	0200				
MORGAN EBENEZOR	005	CLAR	200010	10010	0100				
MORGAN EDWARD	116	DEAR	100001	10001	3000				
MORGAN EDWARD	125	DEAR	110001	11110	0100				
MORGAN ELIJAH	121	MONR	111201	01001	0100				
MORGAN ENOCH	125	DEAR	201101	22110	0100				
MORGAN ISAAC	204	WASH	200110	12110	0200				

Head of Household	Page	County	White Males (Under 10, 10-15, 16-18, 16-25, 26-44, 45 & over)	White Females (Under 10, 10-15, 16-25, 26-44, 45 & over)	Foreigners, Agriculture, Commerce, Manufacture	Free or Slave	Negro Males (Under 14, 14-25, 26-44, 45 & over)	Negro Females (Under 14, 14-25, 26-44, 45 & over)	Other not Indian
MORGAN ISAAC	126	DEAR	000010	20100	0010				
MORGAN JAMES	116	DEAR	000011	00000	0100				
MORGAN JAMES	086	KNOX	010201	12101	0200				
MORGAN JESSE	035	FAYE	100100	00100	0100				
MORGAN JOHN	091	SPEN	300010	10010	0100				
MORGAN JOHN	273	JEFF							
MORGAN JOSEPH	068	DEAR	000010	01010	0001				
MORGAN LAMBETH	148	PERR	400010	12110	0100				
MORGAN MARY	064	HARR	121210	30001	0300				
MORGAN MICHAL	116	DEAR	000001	00000	0100				
MORGAN MICAJAH	181	WAYN	000100	10100	0001				
MORGAN MOSES	020	DELA	130010	00010	0000				
MORGAN POLLEY	265	WAYN	100000	00110	0000				
MORGAN RANDLE C	093	KNOX	000120	00100	0003				
MORGAN ROBERT	273	JEFF	000000	00000					
MORGAN SAMUEL	148	PERR	200001	22010	0100				
MORGAN SARY	039	DUBO	411100	00010	0200				
MORGAN SAVIS	021	DELA	120010	30010	0100				
MORGAN SIMON	035	DUBO	100100	00100	0100				
MORGAN THOMAS	235	WAYN	100010	21010	0100				
MORGAN THOMAS	011	FAYE	210120	11101	0100				
MORGAN THOMAS	118	DEAR	100101	12101	0100				
MORGAN THOMAS	019	CLAR	210010	24110	0100				
MORGAN WILLIAM	021	CLAR	011102	41001	0300				
MORGAN WILLIAM	017	DELA	001000	00000	0100				
MORGAN WILLIAM	009	FAYE	100010	42010	0100				
MORGAN WILLIAM	100	DEAR	110301	10101	0010				
MORGAN WILLIAM	100	DEAR	110301	10101	0010				
MORGAN WILLIAM	116	DEAR	000201	03001	1100				
MORGAN ZADIACH	086	KNOX	210010	20010	0100				
MORING WALTER	263A	JACK	100110	10110	0100				
MORIS RITCHARD	143	OWEN	000010	32010	0100				
MORLEY JOHN	095	DEAR	210101	21110	0100				
MORNING JOHN	045	HARR	001101	00011	0100				
MORNING WILLIAM	045	HARR	110100	30010	0100				
MORREL JOHN	150	PERR	200010	20010	0100				
MORRES JOSEPH	202	WASH	301201	20210	0300				
MORRIS AARON	202	WASH	420010	01010	0100				
MORRIS ALEXANDER	004	CLAR	221101	10010	0100				
MORRIS ARAN JR	229	WAYN	011101	20030	0300				
MORRIS ARCHIBALD	091	KNOX	000100	00000	0100				
MORRIS ARON	181	WAYN	100010	00100	0100				
MORRIS B T	184	FRAN	000010	10100	0100				
MORRIS BENONI	210	WASH	300010	20110	0100				
MORRIS BETSEY	102	DEAR	200000	10010	0000				
MORRIS CALIBORN	096	DEAR	300010	11100	0100				
MORRIS CHRISTOPHER	013	CLAR	100010	22001	0100				
MORRIS DAVID	187	FRAN	020101	00101	0300				
MORRIS DAVID	017	FAYE	410010	11010	0100				
MORRIS DEMSEY	267	JACK	230010	10010	0100				
MORRIS EDWARD	205	WASH	211210	32010	0004				
MORRIS ENOCH	127	SULL	301201	32010	0600				

Head of Household	Page	County	White Males (Under 10, 10-15, 16-18, 16-25, 26-44, 45 & over)	White Females (Under 10, 10-15, 16-25, 26-44, 45 & over)	Foreigners, Agriculture, Commerce, Manufacture	Free or Slave	Negro Males (Under 14, 14-25, 26-44, 45 & over)	Negro Females (Under 14, 14-25, 26-44, 45 & over)	Other not Indian
MORRIS HENRY	101	SPEN	220010	30010	0300				
MORRIS ISAAC	041	FAYE	200110	10100	0001				
MORRIS JACOB	267	JACK	000001	01110	0100				
MORRIS JANE	132	ORAN	120300	10001	0600				
MORRIS JEHOASHAPHAT	202	WASH	300010	20020	0100				
MORRIS JESSE	213	WAYN	110020	11101	0200				
MORRIS JOHN	223	WASH	200010	10010	0100				
MORRIS JOHN	009	FAYE	100101	30001	0100				
MORRIS JOHN	089	KNOX	200100	10010	0100				
MORRIS JOHN	022	DELA	110110	21210	0100				
MORRIS JOHN	019	FAYE	111110	30210	0200				
MORRIS JOHN	051	FAYE	300100	00100	0100				
MORRIS JOHN	229	WAYN	000100	00100	0100				
MORRIS JONATHAN	225	WAYN	200010	01010	0100				
MORRIS LEVI	017	FAYE	000101	02101	0100				
MORRIS MAURICE	143	FLOY	500110	10110	0200				
MORRIS MOSE	101	LAWR	301101	22101	0200				
MORRIS OLIVER	101	LAWR	000100	20100	0100				
MORRIS REUBEN	261	WAYN	220010	10010	0200				
MORRIS RICHARD	223	WASH	100201	01201	0300				
MORRIS ROBERT	288	JEFF	100010	00100	0100				
MORRIS SARAH	187	WAYN	020100	20101	0100				
MORRIS STEPHEN	222	WASH	300010	20100	0100				
MORRIS TEHASHAFAL	267	WAYN	200010	10100	0100				
MORRIS THOS	313	POSE	100011	20101	0200				
MORRIS WASHINGTON	133	ORAN	100100	10100	0100				
MORRIS WILLIAM	090	KNOX	200110	10000	0100				
MORRIS WILLIAM W	044	CLAR	111201	20100	0002				
MORRIS WILLIAM	014	CLAR	020101	11100	0100				
MORRISON CHARLES	006	CLAR	100010	10010	0001				
MORRISON EPHRAIM	095	DEAR	200010	00100	0100				
MORRISON JAMES D	188	FRAN	100010	20100	0100				
MORRISON JOHN	083	KNOX	300010	10010	0000				
MORRISON JOHN	104	DEAR	421201	00110	0001				
MORRISON MARY AN	188	FRAN	200000	00010	0000				
MORRISON WILLIAM	089	KNOX	200101	00101	0200				
MORRISON WILIIAMS	010	CLAR	100110	10100	0001				
MORRISON WILLIAM C	265	JACK	110010	21010	0100				
MORRISSON ROBERT	161	WAYN	101410	10000	1032				
MORROW ALEXANDER	007	FAYE	420001	20010	0100				
MORROW ARCHIBALD	049	FAYE	010010	00001	0100				
MORROW JAMES	035	CLAR	200010	10100	0100				
MORROW JAMES	216	FRAN	221110	11010	0300				
MORROW JOHN	157	WAYN	112002	21101	0500				
MORROW JOHN	194	VIGO	220111	02001	0300				
MORROW SAMUEL	009	CRAW	200010	20010	0100				
MORROW THOMAS	205	FRAN	101101	00110	0300				
MORSE WM	079	RIPL	000100	10100	0100				
MORTAN JOHN	289	JEFF	110421	02110	3400				
MORTEN JAMES	087	SPEN	300110	20010	0200				
MORTON DAVID	019	DELA	200010	11000	0100				
MORTON JAMES J	185	WAYN	110240	10010	0105				

Head of Household	Page	County	White Males (Under 10, 10-15, 16-18, 16-25, 26-44, 45 & over)	White Females (Under 10, 10-15, 16-25, 26-44, 45 & over)	Foreigners, Agriculture, Commerce, Manufacture	Free or Slave	Negro Males (Under 14, 14-25, 26-44, 45 & over)	Negro Females (Under 14, 14-25, 26-44, 45 & over)	Other not Indian
MOSAN EDWARD	128	ORAN	110010	22011	0300				
MOSAR PHILIP	151	FLOY	100201	00101	0300				
MOSEBY ROBERT	147	PERR	300010	10100	0100				
MOSEBY SAMUEL	061	DEAR	110010	02010	0100				
MOSELEY ROBERT	252	GIBS	120101	32010	0300				
MOSER FREDERICK	067	HARR	200010	10100	0100				
MOSER JOHN	066	HARR	200010	02010	0100				
MOSER MARY	127	ORAN	421100	10210	0300				
MOSER TOBIAS	131	ORAN	010201	00101	0100				
MOSERS SAMUEL	070	HARR	120101	00111	0100				
MOSES ADAM	133	ORAN	120110	21010	0400				
MOSES ARDIAN	112	MART	010510	01010	0102				
MOSS BENJAMIN	117	DEAR	200001	01110	0100				
MOSS BENNEIAH	306A	POSE	010101	10010	0020				
MOSS DEMAS	111	DEAR	100010	10010	0100				
MOSS EDMUND	201	WAYN	000101	00201					
MOSS EDMUND JR	201	WAYN	000010	20100	0100				
MOSS JOHN	196	FRAN	000001	02401	0100				
MOSS LEMUEL	110	DEAR	000001	00011	0100				
MOSS WILLIAM	218	WASH	110010	23010	0200				
MOSS WM	201	WAYN	220010	30010	0300				
MOSS ZEALY	171	SWIT	110101	10101	0200				
MOSSBURGH HENRY	167	WAYN	200010	30010	0100				
MOTE ALISON	191	VIGO	200100	20110	0100				
MOTE JEREMIAH	192	VIGO	100100	00100	0100				
MOTE MARY	192	VIGO	100100	13101	0100				
MOTE WILLIAM	191	VIGO	311110	10010	0300				
MOTHERLY JANE	167	SWIT	100000	22101	0000				
MOTSINGER JACOB	223	WASH	000111	00001	0300				
MOTSINGER MICHAEL	224	WASH	100100	00100	0100				
MOTSINGER GEORGE	224	WASH	100100	10100	0100				
MOTSINGER JACOB	224	WASH	121110	31110	0400				
MOUFORD JOHN	235	GIBS	000010	00101	0100				
MOUGH ADAM	020	DELA	010010	20010	0100				
MOULDER JACOB	135	ORAN	220001	22110	0201				
MOULTON BENJAMIN	061	DEAR	000100	10010	0100				
MOULTON JOHN	061	DEAR	000010	40100	0100				
MOULTON LEVI	061	DEAR	000100	10100	0100				
MOULTON WILLIAM	061	DEAR	300010	10110	0100				
MOUNCE GARRET	244	GIBS	000100	00100	0100				
MOUNCE SMITH	244	GIBS	210001	11010	0200				
MOUNT AMOS	276A	JEFF	130301	10210	0400				
MOUNT DAVID	224	FRAN	030020	20110	0400				
MOUNT HEZEHIAH	180	FRAN	200010	20100	0100				
MOUNT MATHIAS	203	WASH	221201	21010	0500				
MOUNT THOMAS	205	WASH	200010	00010	0100				
MOUNTS ASA	125	SULL	010010	31010	0200				
MOUNTS CALEB	171	SWIT	110001	21211	0100				
MOUNTS JAMES	160	SCOT	100100	00100	0100				
MOUNTS JOSHUA	078	JENN	240001	00101	0100				
MOUNTS PROVIDENCE	171	SWIT	000200	20100	0200				
MOUNTS SAMUEL	007	CLAR	100101	20101	0200				

Head of Household	Page	County	White Males (Under 10, 10-15, 16-18, 16-25, 26-44, 45 & over)	White Females (Under 10, 10-15, 16-25, 26-44, 45 & over)	Foreigners, Agriculture, Commerce, Manufacture	Free or Slave	Negro Males (Under 14, 14-25, 26-44, 45 & over)	Negro Females (Under 14, 14-25, 26-44, 45 & over)	Other not Indian
MOUNTS THOMAS	171	SWIT	011401	01201	0300				
MOUNTS THOMAS	125	SULL	010100	00200	0200				
MOUNTS WILLIAM	203	WASH	100100	00100	0100				
MOUTRAY JAMES	315A	POSE	010001	20101	0200				1
MOVETTA SAML	044	HARR	000110	10100	0200				
MOVITA WILLIAM	053	HARR	320010	11010	0100				
MOW JOHN A	212	FRAN	110010	21100	0200				
MOWER GEORGE	071	HARR	030001	01010	0300				
MOWERY VALENTINE	224	FRAN	010001	20101	0100				
MOWRY PHILIP	127	SULL	120010	21010	0400				
MOYER J F	131	ORAN	000100	10100	0001				
MOYER JOHN B	100	LAWR	100010	10101	0100				
MOYER MOSES	131	ORAN	000100	00100	0100				
MOYERS ANDREW	106	LAWR	101110	30100	0100				
MOYERS JOHN	136	ORAN	011211	12001	0400				
MOZINGO JOHN	025	CLAR	320020	22011	0101				
MUCKINS JOHN	043	HARR	110010	02001	0100				
MUCKLAMERY JOHN	203	FRAN	000010	10001	0100				
MUCKLEWAIN JOHN	219	FRAN	200010	20010	0100				
MUGGRIDGE HENRY	106	DEAR	000101	00101	2200				
MUIR JAMES	073	RIPL	111110	30010	0300				
MULFORD JEREMIAH	062	DEAR	000100	01100	0100				
MULKY JAMES	009	CRAW	101100	10100	0100				
MULL DANIEL	141	OWEN	200011	21110	0100				
MULL SAMUEL	026	DELA	100010	20010	0100				
MULL TOBIAS	204	WASH	120010	41010	0300				
MULLEN WM	314A	POSE	311110	10010	0300				
MULLER DAVID	318	POSE	000011	00010	0200				
MULLICAN SARAH	104	LAWR	100000	01010	0000				
MULLIKIN JOHN G	135	FLOY	301121	02101	0202				
MULLIN CHARLES	137	ORAN	010101	00101	0200				
MULLIN JOHN	066	HARR	100100	00100	0100				
MULLINIX ELISHA	216	WASH	000010	50010	0100				
MULLINIX PREMENTER	218	WASH	100100	00100	0100				
MULLINS JOHN	132	ORAN	400010	20010	0100				
MULLINS JOHN	032	FAYE	201210	10110	0001				
MULLINS MELONE	242	GIBS	100010	10010	0100				
MULLINS WILEY	097	LAWR	200010	21100					
MULLIS JACOB	263	JACK	120001	32010	0100				
MULLOY JAMES	100	LAWR	000010	00010					
MULPHERD JOSEPH	216	WASH	120010	41010	0300				
MULROY JOHN	104	LAWR	310020	21010	0200				
MUNCAR GEORGE	279	JEFF	010112	10110	0200				
MUNDANE ELIJAH	225	WAYN	100010	10010	0100				
MUNDANE WM	231	WAYN	010010	10001	0100				
MUNDANE WM	225	WAYN	200010	00100	0100				
MUNDEN POLLY	196	WABA	310000	11110	0200				
MUNDLE ANDREW	134	ORAN	010010	30100	0200				
MUNDLE JAMES	103	LAWR	321210	20010	0100				
MUNDON LEVI	206	WASH	000101	01001	0200				
MUNDON LEVI JR	207	WASH	210010	21010	0200				
MUNDON NANCY S	203	WASH	110000	21010	0100				

Head of Household	Page	County	White Males (Under 10, 10-15, 16-18, 16-25, 26-44, 45 & over)	White Females (Under 10, 10-15, 16-25, 26-44, 45 & over)	Foreigners, Agriculture, Commerce, Manufacture	Free or Slave	Negro Males (Under 14, 14-25, 26-44, 45 & over)	Negro Females (Under 14, 14-25, 26-44, 45 & over)	Other not Indian
MUNGIN FRANCIS	085	KNOX	000010	20100	0000				
MUNK SAMUEL	014	CRAW	000100	00100	0100				
MUNN JAMES	170	SWIT	000010	20010	1100				
MUNROE ARTHUR	282A	JEFF	010101	01001	0200				
MUNROE AUSTUN	280A	JEFF	100010	10100	0100				
MUNROE MICHAEL	281	JEFF	111101	22110	0200				
MUNROE RANDAL	280A	JEFF	100100	10100	0100				
MUNROE ROBERT	281	JEFF	210010	21111	0100				
MUNSEY NATHANL	306	POSE	030201	10001	0600				
MUNSON ALANSON	284A	JEFF	000100	00100	0100				
MUNSON HERAM	080	JENN	020202	00011	0100				
MUNSON LEVI	113	DEAR	000100	00000	0100				
MURDOCK G L	188	FRAN	000010	20100	0100				
MURDOCK JOHN	261	WAYN	200210	30210	0001				
MURDOCK THOMAS	050	HARR	020101	21110	0200				
MURET CHARLES	172	SWIT	400010	20001	1100				
MURFEY WILLIAM	098	LAWR	000010	10100	0100				
MURFEY JOHN	098	LAWR	000100	20100	0100				
MURFIN JOHN	092	KNOX	000001	00110	0100				
MURPHEY ALBERT	217	WAYN	200010	10010	0100				
MURPHEY DANIEL	215	WASH	100010	20100	0100				
MURPHEY JAMES	212	WASH	300010	20010	0100				
MURPHEY JAMES J	134	ORAN	110001	01011	0100				
MURPHEY JOHN	274A	JEFF	000010	10100	0001				
MURPHEY JOHN	095	SPEN	120201	22010	0500				
MURPHEY JOHN	327	RAND	100100	10100	0100				
MURPHEY SAMUEL	263A	JACK	212220	22110	0002				
MURPHRY MILES	159	WAYN	320010	20010	0100				
MURPHRY PETER	112	MART	000010	10100	2001				
MURPHY ABRAHAM	150	PERR	610001	00001	0200				
MURPHY ALEX	121	MONR	100110	01010	0001				
MURPHY HUGH	243	WAYN	120010	10010	0100				
MURPHY JAMES	008	CLAR	200110	30010	0001				
MURPHY JAMES	315	POSE	241210	01101	0700				
MURPHY JAMES	263	WAYN	101110	10010	0001				
MURPHY JOHN	218	FRAN	000010	10100	0100				
MURPHY JOSEPH	210	FRAN	121101	20110	0300				
MURPHY JOSHUA	179	WAYN	310010	12010	0200				
MURPHY NATHANIEL	210	FRAN	000100	10100	0100				
MURPHY ROBERT	107	SULL	100210	30110	0200				
MURPHY ROBERT	161	WAYN	000100	02100	0100				
MURPHY SAMUEL	195	FRAN	212201	30010	0400				
MURPHY WILLIAM	062	DEAR	300010	00200	0100				
MURPHY WILL	284A	JEFF	110010	31001	0001				
MURRY BEN	261	JACK	000000	00000	0100	P	2010	0011	
MURRY ELIZABETH	101	LAWR	220100	21010	0300				
MURRY ELIZABETH	009	CRAW	200000	00110	0100				
MURRY JOHN	135	ORAN	100110	10010	0000				
MURRY JONATHAN	030	CLAR	010001	00010	0100				
MURRY RICHARD	059	HARR	000010	01010	0100				
MURRY THOMAS	134	ORAN	000110	00001	0101				
MURRY WILLIAM	092	KNOX	000000	00000	0100	F	0001		

Head of Household	Page	County	White Males (Under 10, 10-15, 16-18, 16-25, 26-44, 45 & over)	White Females (Under 10, 10-15, 16-25, 26-44, 45 & over)	Foreigners, Agriculture, Commerce, Manufacture	Free or Slave	Negro Males (Under 14, 14-25, 26-44, 45 & over)	Negro Females (Under 14, 14-25, 26-44, 45 & over)	Other not Indian
MURRY WILLIAM	061	DEAR	100011	40101	0200				
MURTIN SAML	207	WAYN	200010	00100	0100				
MUSE JAMES	248	GIBS	310110	01110	0200				
MUSGRAVE ANN	079	DEAR	410200	12210	0100				
MUSGRAVE SAML	143	WARR	000001	00001	0000				
MUSGROVE A G	006	CRAW	200110	22010	0100				
MUSICK ABRAHAM	262	JACK	110010	10100	0100				
MUSICK ASA	246	GIBS	100010	11100	0100				
MUSICK JOHN	247	GIBS	010001	00111	0100				
MUSSELMAN DANE	064	HARR	120110	31010	0100				
MUSSLEMAN DANIEL	081	JENN	000100	10100	0100				
MUSTIN SMITH	009	FAYE	000100	00100	0100				
MYARS JOHN	062	DEAR	100010	10100	0100				
MYARS ROBERT	123	DEAR	201201	02001	0100				
MYARS WILLIAM	121	DEAR	100010	30010	0100				
MYDORS ANTHONY	324A	RAND	001101	00001	0100				
MYERS ANDREW	174	SWIT	000100	00100	0100				
MYERS DAVID	208	WASH	421110	10110	0400				
MYERS DAVID	209	WASH	100100	00100	0100				
MYERS GEORGE A	209	WASH	010001	21101	0100				
MYERS HENRY	075	RIPL	201010	10100	0200				
MYERS JACOB	114	MART	100010	10100	0100				
MYERS JACOB F	215	WASH	000100	10100	0100				
MYERS JAMES	024	DELA	012301	01000	0300				
MYERS JOHN	079	JENN	200001	00010	0100				
MYERS JOHN	174	SWIT	000100	00100	0100				
MYERS JONATHAN	175	SWIT	311210	30110	0300				
MYERS LEWIS	075	RIPL	020110	41110	0400				
MYERS NOBLE I	120	MONR	000010	00000	0100				
MYERS SIMON	175	SWIT	510010	02010	0100				
MYERS THOMAS	079	RIPL	200010	00100	0100				
MYERS WILLIAM	032	DELA	000100	00000	0100				
MYRES FREDERICK	091	KNOX	010101	10101	0200				
MYRES GIDEON	227	WAYN	000100	00001	0100				
MYRES JACOB	091	KNOX	000100	10100	0100				
MYRES JOHN	086	KNOX	200010	00200	0100				
MYRES JOHN	071	HARR	300110	43010	0200				
MYRES SOLOMAN	125	ORAN	110010	31010	0200				
NABB JAMES	086	KNOX	000010	20100	0000				
NABORS ABRAHAM	177	FRAN	112210	20010	0300				
NACHBEUT FREDK	318	POSE	010102	00101	0300				
NAGGLE PETER	221	WASH	010010	41010	0200				
NAIBAL ABRAHAM	278	JEFF	210010	20110	0100				
NAIL JOHN	307A	POSE	000010	11010	0100				
NAIL THOS	104	LAWR	000010	00010	0100				
NAIL THOS	273	JEFF	210001	10001	0001				
NAIL WILLIAM	120	MONR	200010	20010	0100				
NAILER NICHOLAS	299	PIKE	000001	00001					
NAILGERS LEWIS N	112	MART	000410	30010	0004	F	0100		
NAILOR JOHN	216	FRAN	100010	10100	0100				
NANCE CLEMENT SR	154	FLOY	000001	00001	0100				
NANCE CLEMENT JR	154	FLOY	220020	30010	0101				

Head of Household	Page	County	White Males (Under 10, 10-15, 16-18, 16-25, 26-44, 45 & over)	White Females (Under 10, 10-15, 16-25, 26-44, 45 & over)	Foreigners, Agriculture, Commerce, Manufacture	Free or Slave	Negro Males (Under 14, 14-25, 26-44, 45 & over)	Negro Females (Under 14, 14-25, 26-44, 45 & over)	Other not Indian
NANCE GILES	154	FLOY	100100	10100	0100				
NANCE JAMES R	001	CRAW	300100	00100	0100				
NANCE JOHN W	065	HARR	100011	00100	0100				
NANCE MOSIAS	154	FLOY	120110	21010	0400				
NANCE WILLIAM	154	FLOY	210010	31010	0300				
NANER RICHARD	327A	RAND	000100	00000	0000				
NANTS WILLIAM	017	CLAR	000000	00000	0000	F	0000	1100	1
NAP DEBORAH	222	FRAN	001100	00101	0100				
NAPIER JOHN	140	FLOY	000100	00000	0001				
NAPLE WM	022	DELA	301110	10100	0100				
NASH JANE	055	FAYE	010000	10010	0000				
NASH JESSE	315A	POSE	210201	01110	0400				
NASH JOHN W	119	SULL	110101	21110	0200				
NASH SARAH	055	FAYE	200000	10010	0000				
NASH THOMAS	055	FAYE	010101	00001	0101				
NATHAN SAMPSON	267	WAYN	120101	32210	0200				
NATION ISAAC	268	JACK	210010	22010	0100				
NATION ISAAC	269	WAYN	210001	12001	0200				
NATION JOHN	157	SCOT	000101	10300	0200				
NATION LABAN	269	WAYN	110010	21010	0100				
NATION WILLIAM	158	SCOT	000010	00100	0100				
NATTER JOHN R	178	VAND	000100	00000	0100				
NAUN JAMES	246	GIBS	000001	21000	0001				
NAY BENNET	283	JEFF	200010	20010	0200				
NAYLOR CHARLES B	049	CLAR	100300	10010	0003				
NAYLOR JOHN	038	CLAR	000001	12101	0100				
NAYLOR WILLIAM	263A	JACK	000010	20010	0001				
NEAL DANIEL	220	FRAN	100010	00100	0100				
NEAL JAMES	224	WASH	400010	20100	0100				
NEAL JAMES	089	KNOX	211310	20010	0201				
NEAL JOHN	222	WASH	300100	11101	0100				
NEAL JOHN D	157	SCOT	020010	31010	0100				
NEAL JOHN	107	LAWR	320010	11010	0100				
NEAL JOHN	180	FRAN	101201	00001	0300				
NEAL MEEKS	311A	POSE	400010	11010	0100				
NEAL RACHAEL	220	WASH	000000	00101	0000				
NEAL RACHA	173	WAYN	110100	00000	0002				
NEAL SAMUEL	223	WASH	210010	10100	0200				
NEAL THOMAS	198	FRAN	100011	00010	0100				
NEAL THOMAS	201	FRAN	100100	10000	0100				
NEAL THOMAS	227	WAYN	210010	02010	0100				
NEAL WALTER	092	KNOX	200001	40010	0100				
NEAL WILSON	083	KNOX	000100	00000	0000				
NEALES CHRISTOPHER S	315	POSE	121401	11110	0700				
NEALY THOMAS	224	FRAN	210001	21010	0100				
NEAVILL GEORGE	284	JEFF	310101	30010	0200				
NEAVLING JOHN	190	VIGO	000010	00000	0001				
NECE JACOB	104	LAWR	120010	30010	0300				
NECKS JOHN	099	SPEN	121001	40110	0300				
NEEDHAM ISAAC	268	JACK	210010	20011	0100				
NEEDHAM JOHN	077	JENN	311211	02201	0100				
NEEDHAM JOSEPH	041	CLAR	100001	11011	0100				

Head of Household	Page	County	White Males (Under 10, 10-15, 16-18, 16-25, 26-44, 45 & over)	White Females (Under 10, 10-15, 16-25, 26-44, 45 & over)	Foreigners, Agriculture, Commerce, Manufacture	Free or Slave	Negro Males (Under 14, 14-25, 26-44, 45 & over)	Negro Females (Under 14, 14-25, 26-44, 45 & over)	Other not Indian
NEEDHAM THOMAS	182	VAND	000001	00000	0000				
NEEDHAM THOMAS	026	CLAR	200010	00010	0100				
NEEDHAM WILLIAM	290A	JEFF	200110	10100	0200				
NEEL EDWARD	119	SULL	200010	31110	0200				
NEEL JOHN	146	FLOY	300010	00010	1100				
NEELE WILLIAM	003	CLAR	020211	01121	0400				
NEELEY JANE	062	DEAR	010000	12010	0100				
NEELEY ROBERT W	211	WASH	111101	30010	0300				
NEELON LYDIA	096	DEAR	110100	02210	0100				
NEELY WILLIAM B	127	ORAN	100010	11100	0100				
NEES DANIEL	197	WAYN	100010	30000	0001				
NEESE MICHAEL	197	WAYN	300010	30000	0100				
NEFF DANIEL	163	FRAN	310110	30111	0300				
NEFF EBENAZER	163	FRAN	100110	31010	0001				
NEGIY ROBERT	148	PERR	000100	10010	0001				
NEIL ARCHIBALD	126	ORAN	011101	00010	0100				
NEIL ARTHUR	131	ORAN	010101	00001	0000				
NEIL JOHN	080	JENN	000010	20100	0100				
NEIL LEWIS	031	DELA	100100	00100	0100				
NEIL MOSES	080	JENN	000001	00001	0100				
NEILL JAMES	133	ORAN	000010	30100	0100				
NEITHERTON ABRAHAM	004	CLAR	310110	10110	0200				
NELAS GEORGE	079	RIPL	000010	00000	0001				
NELES MOSES B	147	PERR	320020	20010	0400				
NELSON ANDREW	015	FAYE	410010	20010	0100				
NELSON DANIEL H	284A	JEFF	030010	10010	0100				
NELSON DANIEL	179	FRAN	000001	13201	0000				
NELSON GEORGE	202	WASH	231201	10010	0600				
NELSON HEMAN	187	VIGO	020110	30010	0400				
NELSON JAMES SR	310A	POSE	221101	00201	0300				
NELSON JAMES	284A	JEFF	000010	10100	0100				
NELSON JOHN	172	SWIT	110010	11010	0100				
NELSON JOHN	149	FLOY	100010	10100	0100				
NELSON JOHN	062	DEAR	000101	02001	0100				
NELSON JOHN	185	WAYN	000001	20100	0001				
NELSON JOSEPH	199	WAYN	000101	02021	0200				
NELSON JOSHUA	047	FAYE	200011	00100	0100				
NELSON MARY	194	VIGO	100101	10101	0100				
NELSON NANCY	169	FRAN	320000	20100	0200				
NELSON NATHAN	173	SWIT	200001	00001	0100				
NELSON PLATO	011	CLAR	000000	00010	0100	S	0101	0210	
NELSON SAMUEL	075	RIPL	101301	32110	0400				
NELSON SAMUEL	266	JACK	210010	22010	0100				
NELSON SOUTHEY	268	JACK	320010	10010	0100				
NELSON WILLIAM	187	VIGO	010310	10100	0500				
NELSON WILLIAM	059	HARR	200100	10100	0100				
NELSON WM	313	POSE	300010	10010	0100				
NELSON WM	199	WAYN	100010	20010	0100				
NELSY MATTHEW	143	WARR	211010	23010	0000				
NELY JOHN J	257	GIBS				F	0000	1000	
NELY JOHN J	256	GIBS	010110	10210	0100				
NESBIT JAMES	314A	POSE	110110	21010	0002				

Head of Household	Page	County	White Males (Under 10, 10-15, 16-18, 16-25, 26-44, 45 & over)	White Females (Under 10, 10-15, 16-25, 26-44, 45 & over)	Foreigners, Agriculture, Commerce, Manufacture	Free or Slave	Negro Males (Under 14, 14-25, 26-44, 45 & over)	Negro Females (Under 14, 14-25, 26-44, 45 & over)	Other not Indian
NESLER JNO	316A	POSE	000100	10101	0100				
NESLER SOLOMON	310A	POSE	301210	22010	0300				
NESMITH JAMES	006	CLAR	000110	00100	0001				
NESTER ANDREW	182	VAND	000010	00100	0100				
NETHERTON JONATHAN	119	SULL	000010	30010	0100				
NETTLETON ISAAC S	315A	POSE	111500	21100	0600	S	0100		
NEUSOM PIERSAN	249	GIBS	100001	00101	0100				
NEUSON WM	249	GIBS	100100	00100	0100				
NEVER CONRAD	060	HARR	200100	00100	0100				
NEVILLS JOSIAH	077	RIPL	011110	33010	0100				
NEVINS JAMES	186	VIGO	400010	00100	0100				
NEVINS JEREMIAH	186	VIGO	111201	41001	0301				
NEVINS WILLIAM	186	VIGO	110010	41010	0200				
NEVITT DAVID	102	DEAR	100200	00200	0100				
NEW JOHN B	272A	JEFF	100110	00100	0002				
NEW ROBERT A	073	HARR	100010	30010	0000				
NEWBERRY DAVID	192	FRAN	000100	10100	0100				
NEWBERRY JAMES	191	FRAN	101110	30010	0002				
NEWBERRY JAMES	060	HARR	202200	31100	0100				
NEWBY BENJAMIN	207	WASH	000010	20100	0100				
NEWBY FRANCIS	210	WASH	200010	00010	0100				
NEWBY GABRIEL	265A	JACK	101301	32101	0100				
NEWBY MICHA	204	WASH	010110	10101	0020				
NEWBY NATHAN	262A	JACK	121201	01001	0101				
NEWBY ROBERT	267	JACK	000010	00010	0100				
NEWBY SAMUEL	067	HARR	221110	22010	0200				
NEWBY THOMAS	268	JACK	300201	21010	0100				
NEWBY WM	225	WAYN	120001	00001	0300				
NEWCOMB WILLIAM	120	MONR	010001	22210	0001				
NEWHOUSE JOHN	055	FAYE	411210	11010	0200				
NEWHOUSE JAMES	055	FAYE	221110	20010	0100				
NEWKIRK ABRAHAM	202	FRAN	020210	00010	0300				
NEWKIRK BARNABAS	173	SWIT	011201	01201	0100				
NEWKIRK BENJAMIN	266	JACK	221101	11110	0100				
NEWKIRK CORNELIUS	010	CRAW	220101	11101	0400				
NEWKIRK HENRY	263	JACK	000100	10100	0100				
NEWKIRK ISAAC	263	JACK	121110	10110	0100				
NEWKIRK RICHARD	208	WASH	300110	10010	0200				
NEWLAND GEORGE	023	CLAR	000001	10101	0100				
NEWLAND HARROD	047	FAYE	000101	21001	0200				
NEWLAND HARROD L	051	FAYE	000100	10100	0100				
NEWLAND JAMES	047	FAYE	100010	20010	0001				
NEWLAND JOHN	020	CLAR	210001	21110	0100				
NEWLAND PETER F	049	FAYE	000100	10100	0100				
NEWLAND WILLIAM	264A	JACK	100010	20100	0100				
NEWLIN JOHN	207	WASH	002201	22011	0300				
NEWLIN JOHN	216	FRAN	000210	00100	0101				
NEWLIN JOHN	105	LAWR	200010	20010	0100				
NEWLIN JONATHAN	132	ORAN	100010	20100	0100				
NEWLIN JONATHAN	105	LAWR	012201	01110	0100				
NEWLIN WILLIAM	132	ORAN	000010	00100	0100				
NEWLON WILLIAM	212	WASH	110010	32010	0200				

Head of Household	Page	County	White Males (Under 10, 10-15, 16-18, 16-25, 26-44, 45 & over)	White Females (Under 10, 10-15, 16-25, 26-44, 45 & over)	Foreigners, Agriculture, Commerce, Manufacture	Free or Slave	Negro Males (Under 14, 14-25, 26-44, 45 & over)	Negro Females (Under 14, 14-25, 26-44, 45 & over)	Other not Indian
NEWMAN ABIJAH	169	FRAN	100001	20010	0100				
NEWMAN CALEB	153	FLOY	300010	30010	0100				
NEWMAN PETER	180	VAND	121001	11001	8200				
NEWSOM JOEL	217	WASH	100010	10100	0100				
NEWSOME DAVID	128	ORAN	300010	20010	0100				
NEWSOME WILLIS	128	ORAN	110001	21100	0200				
NEWSON JOHN	219	WASH	100010	00100	0100				
NEWTON DANIEL	077	JENN	000100	00100	0000				
NEWTON GEORGE	113	MART	110110	11100	0101				
NEWTON HENRY	179	WAYN	200010	10010	0100				
NEWTON ISAAC	090	KNOX	000000	00000	0100	S	0000	0001	
NEWTON JOSEPH	077	JENN	010001	11010	0001				
NEWTON JOSEPH	227	WAYN	200010	00100	0100				
NEWTON LUTHER	080	JENN	020010	10010	0100				
NEWTON REUBEN	078	JENN	100100	00100	0100				
NEWTON RUBEN	190	VIGO	100010	20010	0001				
NEWTON WILLIAM	120	MONR	310010	10110	0100				
NICHELS JAMES	029	CLAR	100100	10100	0001				
NICHELS JAMES	213	FRAN	100011	00111	0100				
NICHELS RICHARD	183	FRAN	200010	31010	1100				
NICHELS WILLIAM M	087	SPEN	000010	00000	0100				
NICHELSON ROBERT	029	DELA	120010	40010	0100				
NICHILSON THOS	278A	JEFF	320210	21010	0300				
NICHLES WILLIAM	213	FRAN	100010	10100	0100				
NICHOLAS EZRA	085	KNOX	000100	00000	0001				
NICHOLAS HENRY	105	LAWR	000010	00100					
NICHOLAS HENRY	193	WAYN	100100	00100	0100				
NICHOLAS JOHN	105	LAWR	100010	10010	0100				
NICHOLAS JONATHAN	120	MONR	200011	10100	0100				
NICHOLES HENRY	179	FRAN	000100	10100	0100				
NICHOLES WILLIAM	162	SCOT	010010	21011	0100				
NICHOLLS MARY	195	FRAN	000000	00002	0000				
NICHOLLS MARY	199	FRAN	130000	23010	0000				
NICHOLS ELI	087	DEAR	000010	00100	0100				
NICHOLS GEORGE	080	DEAR	110001	00001	0100				
NICHOLS HENRY	045	FAYE	000100	00100	0100				
NICHOLS JOSEPH	127	ORAN	100100	10100	0100				
NICHOLS JOHN	217	WAYN	100110	11010	0200				
NICHOLS JOSHUA	127	ORAN	000201	10101	0200				
NICHOLS MARTIN	127	ORAN	000100	20010	0100				
NICHOLS NATHAN	128	ORAN	431310	12010	0100				
NICHOLS PROSPER	241	WAYN	200010	10100	0100				
NICHOLS RICHARD P	046	CLAR	100001	00300	0000				
NICHOLS THOMAS	032	CLAR	000010	00010	0001				
NICHOLS WILLIAM	154	SCOT	010010	21011	0100				
NICHOLS WILLIAM	045	FAYE	000101	00101	0100				
NICHOLSLON DANIEL	137	FLOY	000001	00001	0100				
NICHOLSON JAMES B	208	WASH	000100	00100	0100				
NICHOLSON LARKIN	208	WASH	110010	32100	0200				
NICHOLSON ELIJAH	208	WASH	000011	00100	0200				
NICHOLSON WILLIAM	209	WASH	210010	42010	0200				
NICHOLSON WILLIAM	211	WASH	021110	00010	0600				

Head of Household	Page	County	White Males (Under 10, 10-15, 16-18, 16-25, 26-44, 45 & over)	White Females (Under 10, 10-15, 16-25, 26-44, 45 & over)	Foreigners, Agriculture, Commerce, Manufacture	Free or Slave	Negro Males (Under 14, 14-25, 26-44, 45 & over)	Negro Females (Under 14, 14-25, 26-44, 45 & over)	Other not Indian
NICHOLSON THOMAS	211	WASH	110010	31010	0200				
NICHOLSON BENJAMIN	206	WASH	400010	11010	0100				
NICHOLSON SAMUEL	207	WASH	210101	02101	0300				
NICHOLSON WILLIAM	022	CLAR	100010	00100	0100				
NICHOLSON NANCY	022	CLAR	100000	00101	0000				
NICHOLSON THOMAS	026	CLAR	300010	20010	0100				
NICHOLSON LEONARD	120	MONR	200010	20010	0100				
NICHOLSON JOSEPH	005	CRAW	100100	10100	0100				
NICHOLSON JOHN	179	WAYN	110010	20010	0100				
NICHOLSON THOMAS	267	JACK	000010	20100	0100				
NICHOLSON ZACHARIAH	011	CRAW	130101	00101	0100				
NICKISON ABIJAH	073	RIPL	110010	00010	0100				
NICKLE JAMES	122	DEAR	200010	20010	0001				
NICKLES JAMES	213	FRAN	100010	10011	0100				
NICKSON ANDREW	256	GIBS	010200	02101	0200				
NICKUM JOSEPH	274	JEFF	100100	20100	0100				
NICOSON DAVID	131	SULL	200100	00100	0001				
NIDIFER JOHN	135	ORAN	100110	21010	0200				
NIDIVER FREDERICK	210	WASH	100010	21010	0100				
NIE JACOB	209	WASH	100001	01010	0100				
NIECE WILLIAM	189	VIGO	410010	00010	0002				
NIEHOLAS ANDRAS	143	OWEN	201111	10110	0100				
NIELY ALEXANDER	039	CLAR	101010	31010	0100				
NIELY CHARLES	034	CLAR	000001	52010	0100				
NIGHT MARKUS D	102	LAWR	300010	20110	0100				
NIGHT ROBERT	130	ORAN	210010	00010	0100				
NIGLEY DAVID	179	VAND	200130	21010	0000				
NIHOLAS JOSEPH	030	DELA	100100	10100	0100				
NILES ROBERT	150	PERR	210010	12010	0200				
NIPP GEORGE	051	FAYE	100010	32010	0001				
NIXON ANDREW	198	FRAN	310010	31010	0100				
NIXON CALEB	225	WAYN	100100	00100	0100				
NIXON FOSTER	207	WASH	100200	00100	0100				
NIXON JOHN	080	DEAR	000010	01010	0000				
NIXON JOHN JR	165	WAYN	000010	20000	0100				
NIXON JOHN SR	225	WAYN	000001	00101	0100				
NIXON JOHN B	009	FAYE	200010	30011	0001				
NIXON JOSEPH	205	WASH	100100	30200	0100				
NIXON JOSIAH	225	WAYN	300010	20010	0100				
NIXON THOMAS	366	RAND	000010	01010	0100				
NIXON WM	181	WAYN	100010	10010	0100				
NIXON ZACHARIAH	210	WASH	011101	30001	0300				
NOAKS ABRAHAM	156	SCOT	300010	10110	0100				
NOAL JOHN	314	POSE	110101	11201	0300				
NOBLE ALEXANDER	096	DEAR	430010	10010	0100				
NOBLE DANIEL	043	FAYE	200010	21010	0100				
NOBLE DAVID JR	047	FAYE	300010	10010	0100				
NOBLE DAVID SR	047	FAYE	000001	03001	0100				
NOBLE ELIJAH	068	DEAR	221110	20100	0100				
NOBLE JAMES ESQR	186	FRAN	120010	02120	0200				
NOBLE JAMES	038	DUBO	200101	32210	0200				
NOBLE JAMES	047	FAYE	200010	10010	0100				

Head of Household	Page	County	White Males (Under 10, 10-15, 16-18, 16-25, 26-44, 45 & over)	White Females (Under 10, 10-15, 16-25, 26-44, 45 & over)	Foreigners, Agriculture, Commerce, Manufacture	Free or Slave	Negro Males (Under 14, 14-25, 26-44, 45 & over)	Negro Females (Under 14, 14-25, 26-44, 45 & over)	Other not Indian
NOBLE JOSEPH	080	DEAR	000010	10100	0000				
NOBLE LEWIS	043	FAYE	420010	10110	0100				
NOBLE NOAH	186	FRAN	010200	00300	0200				
NOBLE SALLY	150	PERR	430000	30110	0100				
NOBLE THOMAS G	188	FRAN	000100	00000	0100				
NOBLE THOMAS	283A	JEFF	200010	00100	0100				
NOBLET ABRAHAM	217	WASH	200010	10100	0100				
NOBLET WILLIAM	217	WASH	211110	21110	0300				
NOBLIT JOSEPH	192	VIGO	130001	11110	0400				
NOE HIRAM	262	JACK	000100	00100	0100				
NOEL LEWIS	120	MONR	220110	11010	0200				
NOFLET ELISHA	297	PIKE	000010	21010	0000				
NOGGLE DAVID	213	WASH	111110	21200	0300				
NOGGLE GEORGE	025	FAYE	000010	32010	0100				
NOGROCE THOMAS	084	KNOX	000000	00000	0000	F	2001	1110	
NOIS BENJAMIN	113	DEAR	000100	00100	0100				
NOIS ISAAC	113	DEAR	221201	11101	0100				
NOLAND DANIEL	185	WAYN	100100	00100	0100				
NOLAND DANIEL	219	WAYN	100001	01101	0200				
NOLAND DANIEL SR	219	WAYN	100100	00100	0100				
NOLAND EDWARD	035	CLAR	200010	00100	0100				
NOLAND JAMES	249	WAYN	310010	20110	0200				
NOLAND OBED	047	CLAR	210001	10010	0001				
NOLAND STEPHEN	219	WAYN	000100	00100	0100				
NOLAND WESLEY	049	CLAR	300110	10010	0002				
NOLES DAVID	242	GIBS	230110	30010	0200				
NOLES EDDY	242	GIBS	300010	11100	0100				
NOLES ELIJAH	238	GIBS	100010	20100	0100				
NOLES JAMES	241	GIBS	110010	21100	0100				
NOLES JAMES	243	GIBS	010301	00000	0400				
NOLES JESSE	244	GIBS	300010	10100	0100				
NOLES JOHN	133	FLOY	000110	31010	0100				
NOLES PIRTYMAN	242	GIBS	321010	01010	0200				
NONTE ISAAC	324	RAND	000010	00000	0010				
NOON JOHN	264	JACK	000001	01010	0100				
NOONE POLLY	047	HARR	010000	00010	0000				
NORCROSS JOHN	249	WAYN	200010	10010	0001				
NORDIKE ISAAC	265	WAYN	010201	10001	0100				
NORISES WILLIAM	168	SWIT	000100	10010	1001				
NORMA WILLIAM	141	FLOY	100010	10010	0001				
NORMAN CHARLES	109	SULL	300110	01010	0300				
NORMAN JOHN	008	CLAR	000101	00001	0101				
NORMAN MOSES	113	MART	221101	10201	0200				
NORMAN SAMUEL	090	KNOX	420010	00010	0100				
NORMAN WILLIAM	216	FRAN	000100	00100	0100				
NORNING JAMES	060	HARR	000100	30010	0100				
NORRIS GEORGE	213	FRAN	110010	30010	0100				
NORRIS HEZEKIAH	079	RIPL	100010	11010	0100				
NORRIS ISAAC	267	WAYN	210010	21010	0200				
NORRIS JOHN	045	FAYE	110010	40010	0100				
NORRIS JOHN	036	CLAR	310101	51100	0300				
NORRIS JOSEPH	080	DEAR	011101	01301	0100				

Head of Household	Page	County	White Males (Under 10, 10-15, 16-18, 16-25, 26-44, 45 & over)	White Females (Under 10, 10-15, 16-25, 26-44, 45 & over)	Foreigners, Agriculture, Commerce, Manufacture	Free or Slave	Negro Males (Under 14, 14-25, 26-44, 45 & over)	Negro Females (Under 14, 14-25, 26-44, 45 & over)	Other not Indian
NORRIS MERRYBY	046	CLAR	100000	20010	0000				
NORRIS R S	213	FRAN	010100	00100	0200				
NORRIS RICHARD	080	DEAR	120201	11100	0100				
NORRIS WILLIAM	017	FAYE	100010	20100	0100				
NORRIS WILLIAM	213	FRAN	000001	01001	0100				
NORTH ABIJAH	062	DEAR	300110	00110	0100				
NORTH ASAHEL	062	DEAR	100010	00010	0100				
NORTH DANIEL	177	WAYN	000001	10001	0100				
NORTH GABREAL	059	HARR	300001	22001	0100				
NORTH LEVI	062	DEAR	000100	10100	0100				
NORTH LOTT	062	DEAR	000001	00101	0100				
NORTH RUFUS	062	DEAR	210010	11100	0100				
NORTHBURY JAMES F	081	JENN	000100	00100	0000				
NORTHRUP FREEGIFT	191	VIGO	000110	30010	0200				
NORTHRUP LEWIS	190	VIGO	220110	50110	0500				
NORTHWAY JAMES F	019	DELA	000000	00010	0100				
NORTON DANIEL	083	KNOX	000010	00000	0000				
NORTON DAVID	223	WAYN	100100	00100	0100				
NORTON ELIAS	191	WAYN	000110	00100	0200				
NORTON GIDEON	219	FRAN	100001	00100	0100				
NORTON JOHN	286A	JEFF	300010	30010	0100				
NORTON JOHN	223	WAYN	220010	11010	0100				
NORTON LOVE	174	SWIT	000000	00010	0000				
NORTON WILLIAM	080	DEAR	200010	10010	0100				
NORTON WILLIAM	152	SCOT	100100	01101	0001				
NORTON WILLIAM	325	RAND	010101	00100	0100				
NORTON WILLIAM	325	RAND	000200	00100	0100				
NORVA BENJAMIN	220	FRAN	300010	30010	0100				
NORWOOD GEORGE	229	WAYN	300010	00010	0100				
NOTT EPHRAIM	035	FAYE	000100	10100	0100				
NOTT JAMES	035	FAYE	010010	02010	0100				
NOTT NATHAN	035	FAYE	211010	22010	0100				
NOTT WILLIAM	041	FAYE	111101	31011	0100				
NOTT WILLIAM	178	VAND	000001	00000	0000				
NOWELL JOHN	309A	POSE	000010	30100	0100				
NOWLAND MATT R	027	DELA	220110	11011	0200				
NOYES JONATHAN	146	PERR	200010	00100	0001				
NUGAN JOHN	223	WAYN	220010	21110	0100				
NUGANT EDWARD	106	LAWR	230110	20030	0300				
NUGENT DAVID	146	FLOY	200010	10010	0100				
NUGENT IGNATIUS	148	FLOY	200010	40010	0200				
NUGENT JEREMIAH	180	FRAN	000100	00000	0100				
NUGENT JOHN	037	CLAR	210010	30010	0100				
NUGENT JOHN	205	FRAN	320001	11010	0200				
NUGENT LEVI A	148	FLOY	401220	32200	0501				
NUGENT WILLIAM	049	FAYE	000200	10100	0100				
NUNIMAKER JOHN	097	LAWR	000100	00100	0020				
NUNUM WILLIAM	213	FRAN	000010	10100	0100				
NUSIMAN JOHN	219	WASH	110010	32110	0200				
NUSLON JOHN JR	224	WASH	000100	00100	0100				
NUSUM JOSEPH	316	POSE	310010	10010	0200				
NUTTER BENJAMIN	201	WAYN	020001	00001	0300				

Head of Household	Page	County	White Males (Under 10, 10-15, 16-18, 16-25, 26-44, 45 & over)	White Females (Under 10, 10-15, 16-25, 26-44, 45 & over)	Foreigners, Agriculture, Commerce, Manufacture	Free or Slave	Negro Males (Under 14, 14-25, 26-44, 45 & over)	Negro Females (Under 14, 14-25, 26-44, 45 & over)	Other not Indian
NUTTER CLEMENT	149	WARR	000100	10100	0000				
NYE JOHN	112	MART	000010	20100	0000				
NYE JOSHUA	162	FRAN	020010	21010	0100				
NYHSWANGER JOHN	173	SWIT	200010	10100	0100				
NYSWONGER JOSEPH	086	KNOX	100100	00010	0001				
OADS JOSHUA	190	VIGO	210010	02200	0001				
OAKS DANIEL	101	LAWR	000010	20011	0100				
OAKS DAVID	099	LAWR	210010	21010	0100				
OAKS EDWARD	201	FRAN	111101	12001	0003				
OAKS JOHN	108	LAWR	000001	11010	0100				
OAKS PETER	084	KNOX	000000	00000	0000	F	3000	0010	
OAKS SAMUEL	101	LAWR	000100	10000	0100				
OAKS WILLIAM	174	SWIT	210010	20010	0100				
OARD AUSUSTA	040	CLAR	000100	00100	0100				
OARD JESSE	041	CLAR	000100	00001	0100				
OARD JOHN	044	CLAR	310010	20010	0100				
OARD WILLIAM SR	044	CLAR	210101	11101	0200				
OATMAN GEORGE	142	FLOY	300120	21101	0300				
OATMAN JESSE	058	HARR	000100	00100	0000				
OATMAN JOHN	057	HARR	630110	02010	0100				
OATMAN SAMUEL	178	FRAN	000010	00010	0100				
OBANION ABAGAIL	005	CRAW	001110	00001	0300				
OBRIAN ROBERT	113	MART	400010	00100	0100				
OBRIAN THOMAS	049	FAYE	000100	00000	1001				
OBRIEN JOHN	120	DEAR	100100	00101	0000				
OBRIEN JOHN	306	POSE	020030	00100	0300	I			
OBRIEN PATRICK	096	DEAR	300010	10100	0100				
OCKLETREE JOHN	090	KNOX	000101	01101	0300	S	0100		
OCONNER EDWARD	080	DEAR	000201	12101	1200				
ODALY EUGINE	293	JEFF	000100	00100	2100				
ODAM DAVID	265	WAYN	201201	00001	0300				
ODAM JOHN	265	WAYN	100100	00200	0100				
ODBER ELIAS	087	DEAR	100001	00010	0001				
ODLE GABRIEL	366	RAND	100010	30010	0100				
ODLE JAMES	265	WAYN	110001	11101	0100				
ODLE JOHN	217	FRAN	100100	10100	0100				
ODLE JOHN	324A	RAND	000201	11101	0100				
ODLE JOHN	265	WAYN	000100	00100	0100				
ODLE THOMAS	199	WAYN	510010	11110	0200				
ODLE WILLIAM	192	VIGO	000010	00100	0100				
ODLE WILLIAM	324A	RAND	200010	01100	0100				
ODLE WM	167	WAYN	220010	31000	0100				
OFFICER WILL	282	JEFF	200110	00010	0100				
OFFIELD WILLIAM	027	DELA	200100	00100	0100				
OGAN SAMUEL	169	WAYN	210110	30010	0200				
OGDEN JEDEDIAH	201	FRAN	100010	20010	0100				
OGDEN STEPHEN	074	HARR	000301	10010	0000				
OGDON DANIEL	201	FRAN	000100	00100	0100				
OGDON NERIE	187	FRAN	000010	21010	0001				
OGDON THOMAS	110	DEAR	200010	10100	0100				
OGLE HIRAM	173	SWIT	130110	30110	0100				
OGLE JOHN	044	CLAR	120101	30101	0200				

Head of Household	Page	County	White Males (Under 10, 10-15, 16-18, 16-25, 26-44, 45 & over)	White Females (Under 10, 10-15, 16-25, 26-44, 45 & over)	Foreigners, Agriculture, Commerce, Manufacture	Free or Slave	Negro Males (Under 14, 14-25, 26-44, 45 & over)	Negro Females (Under 14, 14-25, 26-44, 45 & over)	Other not Indian
OGLE LEVY	045	CLAR	000100	00100	0100				
OGLE WILLIAM	261A	JACK	200010	10100	0100				
OGLESBERRY JOHN	245	GIBS	000301	01101	0300				
OGLESBY DAVID	239	GIBS	000010	10100	0100				
OGLESBY JOSEPH	275	JEFF	300010	20110	0000				
OGLESBY WILLIAM	263	JACK	010010	20010	0100				
OGOUT JOSEPH	085	KNOX	210001	22001	0200				
OHARROW REBECKAH	025	CLAR	310000	01010	0000				
OHAVER JOSEPH	129	SULL	120101	02001	0200				
OLARUM JOHN	021	DELA	000110	10100	0100				
OLCOTT WILLIAM	080	DEAR	000010	00100	0100				
OLDAKER JACOB	269	WAYN	400020	00010	0100				
OLDERFIELD JAMES	190	FRAN	100010	10100	0100				
OLDHAM AZARIAH	068	DEAR	100010	30010	0001				
OLDHAM GEO	147	WARR	000010	30010	0001				
OLDHAM JAMES	324	RAND	210010	21010	0001				
OLDHAM JOHN	041	FAYE	110010	31010	0100				
OLDHAM MOSES	006	CLAR	111211	21111	0004				
OLDHAM STEPHEN	041	FAYE	201110	12110	0001				
OLDHARD WM	241	WAYN	110010	10010	0200				
OLDS DAVID	202	WASH	000010	00000	0100				
OLDS ELIJAH	261A	JACK	200101	02001	0100				
OLDS MARIUM	273A	JEFF	000000	12001	0000				
OLDUM WILLIAM	025	CLAR	021301	31001	0201				
OLER HENRY	237	WAYN	400010	10110	0100				
OLINGER JACOB	172	FRAN	100110	40010	0200				
OLIVER JOHN	034	CLAR	110110	20010	0002				
OLIVER JOHN	312	POSE	111201	10001	0400				
OLIVER JOHN	217	WAYN	120010	50010	0001				
OLIVER RICHARD	096	DEAR	000201	52110	0100				
OLIVER SARAH	255	WAYN	211100	10010	0100				
OLIVER THOMAS	137	FLOY	010001	20100	0002				
OLLIPHANT WILLIAM	202	FRAN	300001	11010	0001				
OLMSTEAD EBENEZAR	110	DEAR	001101	02001	0200				
OLMSTEAD JOHN	111	DEAR	200010	20010	0100				
OLMSTEAD WILLIAM	182	VAND	030010	20010	0200				
ONEAL HENRY	255	GIBS	000010	00100	0100				
ONEAL HEZAKIAH	012	CRAW	100001	10100	0001				
ONEAL NANCY	254	GIBS	110011	00000	0100				
ONEAL SARAH	005	FAYE	120000	02110	0000				
ONEAL THOMAS	293	JEFF	300010	10100	0100				
ONEAL WILLIAM	293	JEFF	000100	20100	0100				
ONEIL HENRY	073	RIPL	200010	10100	0100				
ONEIL JAMES	071	RIPL	200010	30010	0100				
ONEIL JAMES	295	JEFF	000010	00100	0100				
ONEIL JOHN	183	VAND	100010	31010	0100				
ONEIL JOHN	073	RIPL	000001	01101	0100				
ONEIL THOMAS	077	RIPL	110010	30010	0100				
ONLEY BENJAMIN	083	KNOX	000010	00000	0010				
ONSTOTT MARTHA	135	FLOY	100000	10010	0000				
OOTON DINNIS	005	CLAR	200010	20100	0100				
ORAM LEVI	168	SWIT	100100	10100	0100				

Head of Household	Page	County	White Males (Under 10, 10-15, 16-18, 16-25, 26-44, 45 & over)	White Females (Under 10, 10-15, 16-25, 26-44, 45 & over)	Foreigners, Agriculture, Commerce, Manufacture	Free or Slave	Negro Males (Under 14, 14-25, 26-44, 45 & over)	Negro Females (Under 14, 14-25, 26-44, 45 & over)	Other not Indian
ORAM SAMUEL	170	SWIT	100010	20001	0100				
ORCHARD ISAAC	216	WASH	201201	02001	0300				
ORCUTT ENOCH	062	DEAR	000100	10100	0100				
ORKET LIDDY	239	GIBS	100000	20110	0000				
ORR DAVID	197	FRAN	131101	20201	0200				
ORR JOHN	031	FAYE	101101	02001	0100				
ORR JOSEPH	165	SWIT	000110	30010	2200				
ORR ROBERT	009	FAYE	300010	10100	0100				
ORR TIMOTHY	009	FAYE	100001	32310	0100				
ORRELL JOHN F	048	CLAR	100100	10100	0000				
ORSBON PETER	295	JEFF	221110	31010	0200				
ORSBURN JOHN	109	SULL	000010	00001	0100				
ORSBURN WILLES C	232	GIBS	110010	10100	0100				
ORSTOURN ASA	085	KNOX	000100	00000	0001				
ORTEN JOHN J	131	ORAN	000010	31010	0100				
OSBORN AARON	101	SPEN	000010	11100	0100				
OSBORN ABARILLA	213	FRAN	000300	00101	0300				
OSBORN BENNET	213	FRAN	100010	00100	0100				
OSBORN EBER	300	PIKE	101201	13010					
OSBORN ELI	031	FAYE	201110	40110	0100				
OSBORN HANNAH	213	FRAN	110000	02110	0000				
OSBORN ISAAC I	273A	JEFF	100010	10010	0001				
OSBORN JAMES	182	FRAN	010100	00201	0100				
OSBORN JESSE	003	FAYE	012230	30100	0008				
OSBORN JOHN	120	MONR	220010	00110	0100				
OSBORN JOHN	031	FAYE	000010	20100	0100				
OSBORN JOHN	031	FAYE	000100	10200	0100				
OSBORN JOHN W	084	KNOX	000010	12000	1001	F	0001	0010	
OSBORN SAMUEL	309	POSE	100020	20010	0301				
OSBORN THOMAS	194	FRAN	300001	22010	0200				
OSBORNE DANIEL	202	FRAN	101210	20100	0002				
OSBORNE JAMES	174	FRAN	000100	10010	0100				
OSBORNE JAMES	201	FRAN	100010	00011	0010				
OSBORNE THOMAS	201	FRAN	011101	31001	0300				
OSBORNS SOLOMON	115	MART	201101	10010	0200				
OSBURN ABRAHAM	127	ORAN	110010	42110	0200				
OSBURN CHARLES	239	WAYN	211301	21010	0200				
OSBURN DAVID	245	WAYN	000001	01101	0100				
OSBURN DAVID	080	DEAR	311301	12110	0100				
OSBURN ENOCH	127	ORAN	100010	20100	0100				
OSBURN JAMES	010	CRAW	100010	00100	0100				
OSBURN JOHN	010	CRAW	021001	20110	0300				
OSBURN JONATHAN	245	WAYN	000100	00100	0100				
OSBURN JONATHAN	133	ORAN	020101	00100	0200				
OSBURN JONATHAN	125	SULL	121110	11101	0400				
OSBURN JONATHAN	010	CRAW	100010	10010	0100				
OSBURN JOSIAH	239	WAYN	000100	00100	0001				
OSBURN MARGARET	136	ORAN	001100	01001	0100				
OSBURN MARY	218	WASH	000000	00000	0000				
OSBURN NICHOLAS	105	LAWR	100011	30020	0200				
OSBURN ROBERT	010	CRAW	211101	12101	0400				
OSBURN SAMUEL	265	JACK	100110	20100	0100				

Head of Household	Page	County	White Males (Under 10, 10-15, 16-18, 16-25, 26-44, 45 & over)	White Females (Under 10, 10-15, 16-25, 26-44, 45 & over)	Foreigners, Agriculture, Commerce, Manufacture	Free or Slave	Negro Males (Under 14, 14-25, 26-44, 45 & over)	Negro Females (Under 14, 14-25, 26-44, 45 & over)	Other not Indian
OSBURN SAMUEL	012	CRAW	100100	20100	0100				
OSBURN SAMUEL	099	LAWR	100010	00010	0100				
OSBURN SILAS	111	SULL	100100	20100	0100				
OSBURN SOLOMAN	010	CRAW	022101	12111	0500				
OSBURN WM	007	CRAW	020010	51110	0300				
OSBURN WM	175	WAYN	121101	32110	0001				
OSBURN WM	263	WAYN	210201	41010	0001				
OSFORD AMBROSE	096	DEAR	220010	10010	0100				
OSGOOD CHARLES	096	DEAR	121101	10201	0100				
OSGOOD WARNER	122	DEAR	000010	10010	0001				
OSMAN ABRAM	080	DEAR	100101	00100	0100				
OSMAN MICHAEL	080	DEAR	200010	20101	0000				
OSMEN WILLIAM	133	ORAN	200010	11000	0100				
OSSBORN WILLIAM	212	FRAN	100110	30010	0100				
OTIS WILLIAM	117	DEAR	010010	10010	0100				
OTT HENRY	053	HARR	120010	11210	0100				
OVENSHIRE JAMES	174	SWIT	200010	20010	0100				
OVENSHIRE CHARLES	174	SWIT	100100	10100	0100				
OVERALL JAMES	073	HARR	000000	00000	0000	F	2010	2010	
OVERALL POSEY	149	WARR	100100	00100	0000				
OVERLAIN JOHN	127	ORAN	200010	22110	0100				
OVERMAN ABNER	366	RAND	000100	00100	0100				
OVERMAN BENJAMIN	209	WASH	200010	00100	0300				
OVERMAN CHARLES	040	CLAR	000001	01001	0100				
OVERMAN CORNELIAS	325A	RAND	000010	00100	0100				
OVERMAN ELI	366	RAND	500010	01010	0100				
OVERMAN ELI	216	WASH	100100	10010	0100				
OVERMAN EPHRAIM	325A	RAND	011201	01001	0100				
OVERMAN EPHRAIM	366	RAND	000110	10100	0100				
OVERMAN HENRY	207	WASH	111110	21001	0300				
OVERMAN ISAAC	366	RAND	011200	00010	0100				
OVERMAN JAMES	206	WASH	200010	10010	0100				
OVERMAN JACOB	040	CLAR	100010	30100	0100				
OVERMAN JOSEPH	253	WAYN	300010	10010	0100				
OVERMAN JOHN	206	WASH	200010	31010	0100				
OVERMAN JOSEPH	022	CLAR	210010	21010	0100				
OVERMAN NATHAN	247	WAYN	420010	02010	0200				
OVERMAN REUBEN	253	WAYN	100010	10100	0100				
OVERMAN SILAS	325A	RAND	000100	00010	1				
OVERMAN THAMER	324	RAND	010100	01001	1	N	1		
OVERMAN TONY	169	WAYN				S	5110	0110	
OVERSTREET JAMES R	138	FLOY	020001	00010	0001				
OVERTON DANDRIDGE	222	WASH	000010	40010	0400				
OVERTON GARLAND	043	HARR	010100	20110	0100				
OVERTON JOSHUA	317	POSE	121201	20020	0300				
OVERTURF CONRAD	073	RIPL	000110	10100	0000				
OVERTURF JACOB	073	RIPL	200010	31010	0100				
OVERTURF MARTEN	075	RIPL	100001	01011	0100				
OVERTURF SAMUEL	071	RIPL	200010	20010	0100				
OWEN BRACKET	077	JENN	200010	10010	0100				
OWEN GEORGE	264A	JACK	000010	00100	0001				
OWEN GUY	165	FRAN	010201	21001	0300				

Head of Household	Page	County	White Males (Under 10, 10-15, 16-18, 16-25, 26-44, 45 & over)	White Females (Under 10, 10-15, 16-25, 26-44, 45 & over)	Foreigners, Agriculture, Commerce, Manufacture	Free or Slave	Negro Males (Under 14, 14-25, 26-44, 45 & over)	Negro Females (Under 14, 14-25, 26-44, 45 & over)	Other not Indian
OWEN JOHN	155	SCOT	000100	10100	0100				
OWEN LEVY	038	CLAR	000100	00100	0100				
OWEN RHODA	105	DEAR	000110	00001	0200				
OWEN THADDIUS	116	DEAR	010201	00000	0100				
OWEN WALTER	263A	JACK	211110	30010	0100				
OWEN WILLIAM	029	FAYE	100100	10100	0100				
OWENS BEAUCHAMP	269	WAYN	200010	20000	0100				
OWENS DAN	264	JACK	010010	20010	0100				
OWENS DAVID	203	WASH	001101	21110	0200				
OWENS GEORGE C	276	JEFF	320010	10010	0100				
OWENS JAMES	264	JACK	100100	00100	0100				
OWENS JAMES	123	DEAR	310001	11001	0100				
OWENS JAMES	045	CLAR	210010	10010	0100				
OWENS JOHN	048	CLAR	010201	01001	0200				
OWENS JOHN W	121	SULL	011100	01010	0200				
OWENS JOHN	127	SULL	120010	30010	0300				
OWENS PATTEN	125	SULL	100010	00100	0100				
OWENS PLEASNAT	189	WAYN	300010	01010	0100				
OWENS SAMUEL	109	LAWR	110130	33010	0200				
OWENS STEPHEN	148	PERR	420010	21010	0300				
OWENS THADDEUS	167	SWIT	200100	10100	0000				
OWENS THOMAS	089	KNOX	120110	31010	0300				
OWENS THOMAS	146	PERR	200010	00100	0100				
OWENS THOS	281	JEFF	021110	42010	0200				
OWENS WILLIAM M	046	CLAR	100020	20101	0002				
OWENS WILLIAM	262	JACK	200010	20100	0100				
OWENS WM	225	WAYN	201101	13010	0300				
OWIN JAMES	032	DELA	100100	20100	0100				
OWIN JOSEPH	019	DELA	410010	10010	0100				
OWINGS DAVID	157	SCOT	100010	20100	0100				
OWINGS JOHN	157	SCOT	200010	10100	0100				
OWINS ALEXANDER	120	MONR	000030	22111	0020				
OWINS RANDAULPH	245	GIBS	010010	31010	0100				
OWNES ANDREW	098	LAWR	100010	10010	0100				
OWNES JAMES	098	LAWR	010001	22010	0100				
OWNES JOHN	098	LAWR	000100	20100	0100				
OWNES JOHN	098	LAWR	200100	10100	0100				
OWNES WILLIAM	101	LAWR	120010	10010	0100				
OYLER ABRAM	366	RAND	000010	00100	0100				
OYLER VALENTINE	366	RAND	000010	32010	0100				
OZBURN DANIEL	326	RAND	100010	10001	0100				
OZBURN JESSE	327A	RAND	000100	00100	0100				
OZBURN JOHN	326	RAND	100010	00100	0100				
OZBURN JONATHAN	366	RAND	200010	10110	0100				
PACE GEORGE	017	DELA	000010	00000	0100				
PACE JAMES	104	LAWR	110010	01010	0100				
PACE MATTHEW	017	DELA	000010	00000	0100				
PACE MATTHEW	024	DELA	010410	00001	0100				
PACE WILLIAM	089	KNOX	200010	20010	0100				
PACKWOOD ELISHA	013	CLAR	411201	12110	0300				
PACKWOOD SAMUEL	013	CLAR	200110	01100	0200				
PACKWOOD WILLIAM	013	CLAR	020001	22101	0200				

Head of Household	Page	County	White Males (Under 10, 10-15, 16-18, 16-25, 26-44, 45 & over)	White Females (Under 10, 10-15, 16-25, 26-44, 45 & over)	Foreigners, Agriculture, Commerce, Manufacture	Free or Slave	Negro Males (Under 14, 14-25, 26-44, 45 & over)	Negro Females (Under 14, 14-25, 26-44, 45 & over)	Other not Indian
PADDOCK CHARLES	209	FRAN	100010	00100	0100				
PADDOCK EBENEZER	191	VIGO	200102	00101	0300				
PADDOCK EBENEZAR	191	VIGO	221110	01010	0400				
PADDOCK JOSEPH	008	CLAR	010001	00001	0001				
PADDOCK TRUSTRINA	008	CLAR	100010	00100	0001				
PADDOCK WILLIAM	190	VIGO	211120	32110	0500				
PADDOX JOHN S M	060	HARR	100100	10100	0100				
PADDOX JONATHAN	067	HARR	100010	10100	0100				
PADDOX JOSEPH	067	HARR	120010	32010	0100				
PADGETT JONATHAN	090	KNOX	300011	11010	0000				
PADGETT NATHAN	211	WASH	100010	20100	1000				
PADGIT WILLIAM	081	JENN	120010	41010	0100				
PAGE BENJAMIN	096	DEAR	100010	00010	0100				
PAGE DOMINICE	087	KNOX	300020	01100	0200				
PAGE SAMUEL D	063	DEAR	021201	01201	0100				
PAGET RUBIN	038	DUBO	100010	11010	0100				
PAGETT HENRY	117	SULL	211111	22010	0400				
PAGETT JEREMIAH	129	SULL	000100	00100	0100				
PAGETT JOHN	117	SULL	321201	11201	0000				
PAGETT REUBEN	117	SULL	100010	00010	0100				
PAGGETT PLEASANT	102	LAWR	200010	00010	0100				
PAIGE JAMES	026	DELA	230001	11110					
PAIN JAMES	039	DUBO	100102	00100	1000				
PAIN JOHN	039	DUBO	100010	10100	0100				
PAIN JOHN	040	DUBO	000010	00000	0000				
PAIN THOMAS	183	FRAN	320010	30010	0200				
PAIN THOMAS	039	DUBO	000100	00100	0100				
PAIN WILLIAM	085	KNOX	010000	00000	0000				
PAINE AARON	127	ORAN	200010	10100	0100				
PAINE ADAM	127	ORAN	000001	00001	0100				
PALES JONATHAN	021	DELA	210001	32010	0100				
PALIN HENRY	165	WAYN	010110	10001	0300				
PALIN NIXON	165	WAYN	000100	00100	0100				
PALLOCK AARON	202	WASH	200010	10010	0200				
PALLOCK BENJAMIN	202	WASH	100010	10100	0100				
PALLOCK DIMPSEY	202	WASH	000010	23001	0300				
PALLOCK JOSHUA	202	WASH	221101	20100	0100				
PALLOCK MILES	202	WASH	200110	40110	0200				
PALMAR JOHN	262	JACK	111110	10010	1001				
PALMER AMOS	025	DELA	000010	00000	0100				
PALMER DANIEL	174	FRAN	110010	31010	0100				
PALMER DAVID	117	DEAR	200010	10100	0100				
PALMER HENRY	119	SULL	310010	22010	0600	F	0000	0100	
PALMER HENDERSON	255	WAYN	100100	01100	0100				
PALMER HENRY W	063	DEAR	110010	10100	0100				
PALMER JOHN	011	CLAR	110101	11101	0002				
PALMER JOHN	225	WAYN	000001	01301	0001				
PALMER JOHN	114	DEAR	400010	01110	0100				
PALMER JOSHUA	088	KNOX	000001	00000	0000				
PALMER JOSHUA	211	FRAN	020010	41010	0300				
PALMER JOSHUA	021	DELA	020010	41010	0100				
PALMER LEMUEL P	111	DEAR	200011	00100	0100				

Head of Household	Page	County	White Males (Under 10, 10-15, 16-18, 16-25, 26-44, 45 & over)	White Females (Under 10, 10-15, 16-25, 26-44, 45 & over)	Foreigners, Agriculture, Commerce, Manufacture	Free or Slave	Negro Males (Under 14, 14-25, 26-44, 45 & over)	Negro Females (Under 14, 14-25, 26-44, 45 & over)	Other not Indian
PALMER NATHAN B	272A	JEFF	311110	10011	0000				
PALMER THOMAS	105	DEAR	110010	21010	0001				
PALMER THOMAS	088	KNOX	110010	40010	0100				
PALMER THOMAS	079	RIPL	120010	10010	0100				
PALMER ZACCHEUS M	114	DEAR	010010	30010	0100				
PALMERTON HARVEY	174	SWIT	000100	00100	100				
PALSON THOMAS	221	WASH	110101	21001	0300				
PALSTEN THOMAS	053	HARR	100010	10100	0100				
PALSTEN WILLIAM	053	HARR	200010	00100	0100				
PANCAKE ISAAC	017	DELA	000010	00000	0100				
PANCAKE JACOB	092	KNOX	100010	02010	0100				
PANES JOHN	257	WAYN	100100	20100	0300				
PANGBURN WILLIAM	070	HARR	620001	10110	0300				
PAPNER SIMEON	019	DELA	010010	00010	0100				
PARCEL DAVID	190	FRAN	000010	20000	0001				
PARCO ALVER	137	WARR	000010	00200	0000				
PARISH LEVI	315	POSE	320210	10010	0600				
PARISHAW JOHN	267	JACK	000100	00100	0100				
PARISHAW JAMES	267	JACK	010001	01010	0100				
PARISHO BENJAMIN	127	ORAN	000010	10100	0100				
PARISHO JOSEPH	120	MONR	500010	00010	0100				
PARISHO JOHN	120	MONR	100010	10100	0100				
PARK ALEXANDER	277	JEFF	000001	02001	4001				
PARK ELIJAH	096	DEAR	100010	20100	0100				
PARK ISAAC	097	DEAR	100100	20010	0100				
PARK JACOB	097	DEAR	300010	20010	0100				
PARK JAMES	276	JEFF	100020	10100	4101				
PARK JANE	225	WASH	100100	12010	0100				
PARK JOHN	262A	JACK	000001	20010	0100				
PARK JOHN	018	CLAR	300010	10011	0100				
PARK JOSEPH	019	CLAR	220001	01010	0100				
PARK MARGARET	019	CLAR	000200	00001	0200				
PARK MATHEW	019	CLAR	000101	00001	0200				
PARK MICAJAH	097	DEAR	101201	01010	0100				
PARK SAMUEL	311A	POSE	010001	10101	0200				
PARK WILLIAM	277	JEFF	200010	10100	5001				
PARKE BENJAMIN	083	KNOX	100000	21110	0000	F	1000		
PARKER ABRAM	104	DEAR	200010	00010	0100				
PARKER ABSALUM	264A	JACK	320010	11010	0200				
PARKER ARCHIBALD	111	SULL	200100	10100	0100				
PARKER BARZEL	088	KNOX	000100	00100	0100				
PARKER BENJAMIN	177	WAYN	100100	10100	0100				
PARKER BENJAMIN	206	WASH	100200	10100	0100				
PARKER DANIEL	293	JEFF	100001	10010	0100				
PARKER FAYETT	089	SPEN	100100	00100	0100				
PARKER GEORGE	068	DEAR	100010	10010	0001				
PARKER GEORGE	183	VAND	030001	00101	0300				
PARKER HENRY	179	FRAN	111201	21010	0400				
PARKER HENRY	109	DEAR	110010	50010	0100				
PARKER ISAAC	113	SULL	221210	20210	0600				
PARKER ISAAC	220	WASH	000000	00000	0200	F	4010	1100	
PARKER JAMES	068	DEAR	200010	00100	0001				

Head of Household	Page	County	White Males (Under 10, 10-15, 16-18, 16-25, 26-44, 45 & over)	White Females (Under 10, 10-15, 16-25, 26-44, 45 & over)	Foreigners, Agriculture, Commerce, Manufacture	Free or Slave	Negro Males (Under 14, 14-25, 26-44, 45 & over)	Negro Females (Under 14, 14-25, 26-44, 45 & over)	Other not Indian
PARKER JAS	153	WARR	220001	21010	0001				
PARKER JEREMIAH	211	WAYN	010011	00201	0300				
PARKER JESSE	077	RIPL	000100	02001	0100				
PARKER JOHN	020	DELA	301210	20100	0100				
PARKER JOHN	032	DELA	410010	22110	0100				
PARKER JOHN	056	HARR	420001	20010	0100				
PARKER JOHN	179	VAND	100100	00100	0100				
PARKER JOHN	088	KNOX	010101	01101	0300				
PARKER JUSTUS	145	PERR	210010	11010	0200				
PARKER LEMUEL	105	SULL	210001	33110	0300				
PARKER NATHANIEL	047	CLAR	000110	00010	0002				
PARKER ROBERT	174	SWIT	102210	20200	0100				
PARKER STEPHEN	204	WASH	011101	42001	0300				
PARKER THOMAS	324	RAND	110010	30010	0100				
PARKER TIMOTHY W	016	CLAR	120111	30010	0001				
PARKERSON WILLIAM	148	PERR	000010	00100	0001				
PARKES ELIZA	157	SCOT	100010	20100	0100				
PARKEY JACOB	219	WASH	000010	10100	0100				
PARKHURST JACOB	031	FAYE	021211	21301	0300				
PARKINSON ABRAHAM	165	SWIT	420001	01111	0100				
PARKISON JAMES	083	KNOX	000100	00000	0001				
PARKS ALEX	152	SCOT	200100	00100	0100				
PARKS AMBROSE	099	LAWR	100010	10010					
PARKS ANN	128	ORAN	111201	10001	0400				
PARKS BENJAMIN	120	MONR	000010	31010	0100				
PARKS GEORGE II	120	MONR	100010	50010	0100				
PARKS GEORGE	120	MONR	020101	20010	0100				
PARKS HUGH JR	162	SCOT	100010	00010	0100				
PARKS HUGH SR	152	SCOT	011201	01001	0300				
PARKS HUGH JR	154	SCOT	100010	00010	0100				
PARKS JAMES	206	FRAN	300010	10010	0100				
PARKS JAMES	120	MONR	210010	40010	0100				
PARKS JOHN	101	DEAR	200100	00100	0001				
PARKS JOHN	128	ORAN	000100	10100	0100				
PARKS JOHN	157	SCOT	000100	10100	0100				
PARKS JONAS	081	DEAR	000010	10100	0100				
PARKS JONATHAN	086	DEAR	100010	00110	0001				
PARKS PLEASANT	100	LAWR	300010	00100	0100				
PARKS WILLIAM	081	DEAR	010101	02010	0100				
PARKS WILLIAM	120	MONR	200010	23210	0100				
PARKS ZEPHENIAH	081	DEAR	100100	00100	0100				
PARKUS WILLIAM	190	FRAN	100001	21010	0100				
PARMAN NANCY	248	GIBS	130000	20011	0000				
PARMER THOMAS M	241	GIBS	010001	00000	0007				
PARMER WILLIAM	013	FAYE	100001	20011	0100				
PARNELL JAMES	080	DEAR	210010	10010	0100				
PARNELL STEPHEN	080	DEAR	000211	02001	0100				
PARNELL WILLIAM	080	DEAR	100010	00100	0100				
PARR ARTHUR	203	WASH	000201	01001	0300				
PARR ENOCH	202	WASH	200010	10010	0500				
PARR JAMES	080	DEAR	100010	30100	0100				
PARR SAMUEL	083	KNOX	200010	00010	0001				

Head of Household	Page	County	White Males (Under 10, 10-15, 16-18, 16-25, 26-44, 45 & over)	White Females (Under 10, 10-15, 16-25, 26-44, 45 & over)	Foreigners, Agriculture, Commerce, Manufacture	Free or Slave	Negro Males (Under 14, 14-25, 26-44, 45 & over)	Negro Females (Under 14, 14-25, 26-44, 45 & over)	Other not Indian
PARR THOMAS	011	CRAW	320010	31110	1300				
PARRELS HENRY	100	LAWR	100010	00010					
PARRET JAMES	101	LAWR	020001	10110	0000				
PARRIS RICHARD G	035	FAYE	300110	22010	0100				
PARRIS WILLIAM	038	DUBO	320010	20010	0300				
PARRISH BARRACK	222	FRAN	210010	21100	0100				
PARRISH CABEL	313A	POSE	200200	34210	0200				
PARRISH EDMOND	021	DELA	100010	12010	0010				
PARSEN THOMAS	084	KNOX	000100	00000	0000				
PARSON JOSHUA	327A	RAND	220002	20110	0100				
PARSONS BETSEY	136	ORAN	000000	00101	0000				
PARSONS BENJAMIN	059	FAYE	000010	00000	0000				
PARSONS BENJAMIN	241	WAYN	010010	43110	0100				
PARSONS ELISHA	186	VIGO	320110	30010	1201				
PARSONS JAMES	120	MONR	101211	21111	0200				
PARSONS JOSEPH	267	JACK	200010	20100	0100				
PARSONS NATHAN	241	WAYN	100100	10100	0100				
PARSONS ROBERT	261	WAYN	100001	22010	0100				
PARSONS ROBERT	129	ORAN	200010	30010	0100				
PARSONS WM	213	WAYN	010001	11110	0200				
PARVIER SAMUEL	261	WAYN	320110	02010	0100				
PARVIN MARK	252	GIBS	110131	11010	0203				
PARVIN WILLIAM	236	GIBS	310001	00010	0100				
PARVIS JAMES	120	DEAR	310010	21010	0100				
PARVIS JOSHUA	121	DEAR	011101	10010	0100				
PARVIS WILLIAM	125	DEAR	100100	00110	0100				
PASELVOTE SAMUEL	038	DUBO	100100	10100	0100				
PASSMORE ELIZATH	316	POSE	300000	30100	0000				
PASTEN ELIAS	267	WAYN	200110	31000	0001				
PASWATERS ZAIL	157	SCOT	310001	00011	0100				
PATE ADAM	108	DEAR	200010	10110	0100				
PATE ADAM	115	DEAR	021101	22110	0200				
PATE C BIRD	108	DEAR	000100	00100	0100				
PATE CHARLES L	108	DEAR	200100	00110	0100				
PATE DANIEL	108	DEAR	001310	12010	0100				
PATE ELIZABETH	096	DEAR	000000	20100	0000				
PATE GEORGE	106	DEAR	500010	00110	0100				
PATE HENRY	096	DEAR	100010	30100	0100				
PATE HENRY	108	DEAR	120010	33010	0100				
PATE JACOB	096	DEAR	500010	00010	0100				
PATE JEREMIAH JR	108	DEAR	200010	10010	0100				
PATE JEREMIAH	108	DEAR	010102	01101	0100				
PATE SOLOMON	115	DEAR	100010	10010	0100				
PATERSON SAMUEL	207	FRAN	200010	10010	0100				
PATERSON WILLIAM	059	FAYE	000010	00000	0001				
PATRIC BRICE	008	CRAW	210001	20010	0300				
PATRIC MARTEN	011	CRAW	000100	10010	0100				
PATRICK EBENEZER	204	WASH	110110	00100	0003				
PATRICK ELI	006	CLAR	000100	10100	0001				
PATRICK JEREMIAH	034	CLAR	000010	00100	0100				
PATRICK JOHN F	089	KNOX	200110	00200	0200				
PATRICK MARTIN	191	VIGO	000020	00000	0200				

Head of Household	Page	County	White Males (Under 10, 10-15, 16-18, 16-25, 26-44, 45 & over)	White Females (Under 10, 10-15, 16-25, 26-44, 45 & over)	Foreigners, Agriculture, Commerce, Manufacture	Free or Slave	Negro Males (Under 14, 14-25, 26-44, 45 & over)	Negro Females (Under 14, 14-25, 26-44, 45 & over)	Other not Indian
PATRICK OBEDIAH F	089	KNOX	000010	00000	0100				
PATRICK PETER	019	CLAR	010010	41010	0100				
PATRICK ROBERT	032	DELA	300100	00100	0100				
PATRICK SAMUEL	038	CLAR	100001	00301	0100				
PATRICK WILLIAM	038	CLAR	100010	00010	0100				
PATRICK WILLIAM	007	CLAR	210101	01100	0200				
PATRICK WILLIAM	120	MONR	210010	10100	0002				
PATTEN JOHN	191	VIGO	200010	20010	0000				
PATTEN THOMAS	187	VIGO	300010	20011	0100				
PATTERSON KENNEDY	215	WASH	000001	10210	0100				
PATTERSON JOHN R	177	VAND	000100	00000	0001				
PATTERSON WILLIAM	182	VAND	200001	13110	0100				
PATTERSON SAML	159	SCOT	010012	01010	0011				
PATTERSON JOSIAH	159	SCOT	200010	20100	0001				
PATTERSON WILLIAM	162	SCOT	000020	00001	0300	F	2000		
PATTERSON JOHN	174	FRAN	000011	00201	0000				
PATTERSON THOMAS	096	DEAR	221310	11101	0300				
PATTERSON WILLIAM	102	LAWR	020001	20010	0300				
PATTERSON JOHN	085	KNOX	000100	00000	0001				
PATTERSON ROBT	081	JENN	130020	40100	0100				
PATTERSON ARTHER	083	KNOX	010020	30010	0010	S	0100		
PATTERSON SAMUEL	047	CLAR	210010	00010	0002				
PATTERSON ROBERT	030	CLAR	110210	31110	0300				
PATTERSON SAMUEL	030	CLAR	400010	11021	0100	S	0000	0010	
PATTERSON FRANCIS	036	CLAR	200020	21010	0002				
PATTERSON ROBERT JR	036	CLAR	100010	20100	0100				
PATTERSON JAMES L	004	CLAR	000001	10000	1100				
PATTERSON JOHN	207	FRAN	000001	00001	0000				1
PATTERSON ZERA	185	FRAN	300110	10100	0200				
PATTERSON JAMES	192	FRAN	000100	10100	0100				
PATTERSON WILLIAM	153	SCOT	000021	00001	0300	F	1000	1010	
PATTERSON JOSEPH	114	MART	100100	00100	0100				
PATTERSON JOHN	120	MONR	200010	10010	0100				
PATTERSON ROBERT	058	HARR	010101	03101	0200				
PATTERSON SAML	318	POSE	300010	31010	0100				
PATTERSON THOMAS	327	RAND	200001	20100	0100				
PATTERSON JAMES	276	JEFF	000110	11110	0200				
PATTERSON SAMUEL	277A	JEFF	100110	20100	0200				
PATTERSON JOHN	278	JEFF	200010	10010	5100				
PATTERSON JOHN	233	WAYN	230010	20010	0400				
PATTINGILL JAMES	192	VIGO	100010	11100	0100				
PATTISON WILLIAM	135	WARR	300100	00100	0002				
PATTON ALEXANDER	190	VIGO	100010	10100	0001				
PATTON ELIZABETH	218	WASH	310000	02020	0100				
PATTON HEZ E	289A	JEFF	000100	20010	0100				
PATTON HUSTON	286A	JEFF	120301	32201	0300				
PATTON ISAAC	113	SULL	200010	00100	0100				
PATTON JAMES	131	SULL	300010	01010	0100				
PATTON JAMES	194	VIGO	000100	10100	0100				
PATTON JAMES	180	VAND	100010	10100	0100				
PATTON JOHN	137	ORAN	100010	10010	0100				
PATTON JOHN	131	SULL	000010	20100	0100				

PAGE 0315

Head of Household	Page	County	White Males (Under 10, 10-15, 16-18, 16-25, 26-44, 45 & over)	White Females (Under 10, 10-15, 16-25, 26-44, 45 & over)	Foreigners, Agriculture, Commerce, Manufacture	Free or Slave	Negro Males (Under 14, 14-25, 26-44, 45 & over)	Negro Females (Under 14, 14-25, 26-44, 45 & over)	Other not Indian
PATTON JOHN M	283A	JEFF	100010	20110	0000				
PATTON MARTIN	009	CLAR	000010	00100	0100				
PATTON MARGARET	105	SULL	000000	10001	0000				
PATTON MARY	289A	JEFF	011200	00001	0200				
PATTON MATHEW	288A	JEFF	000002	00001	0100				
PATTON MATHEW H	075	RIPL	200010	20010	0100				
PATTON MICHAEL	194	VIGO	110110	32120	1101				
PATTON ROBERT	131	ORAN	100110	10100	0100				
PATTON THOMAS	041	FAYE	010011	21001	0100				
PATTON WILLIAM	043	FAYE	100010	10100	0100				
PATTON WILLIAM G	125	ORAN	300010	00010	0100				
PATTON WILLIAM	129	ORAN	301110	51010	0200				
PATY JAMES	213	FRAN	100010	30010	0100				
PAUGH JEREMIAH	007	CRAW	430010	10010	0400				
PAUL JOHN	273	JEFF	000021	11101	1100				
PAUL JOHN OF P	285	JEFF	400010	01110	0100				
PAUL MARSHFIELD	180	VAND	000201	10401	0300				
PAULEY CHRISTOPHER	008	CLAR	200010	00100	0001				
PAVEY ANDERSON	216	WASH	200010	20000	0100				
PAVEY SAMUEL	215	WASH	300010	00100	0100				
PAW HIRAM	120	MONR	000100	00100	0001				
PAWLEY ABRAHAM	120	MONR	100100	40100	0100				
PAWLEY ISAAC	120	MONR	100010	30010	0100				
PAXSON CARLES	140	FLOY	010220	11211	3021				
PAXTON JOHN	263	WAYN	000100	00100	0100				
PAYN JOHNSTON	081	DEAR	211210	31010	0200				
PAYN JOHN	062	DEAR	231102	01010	0100				
PAYN REBEKAH	062	DEAR	000010	42000	0000				
PAYNE ELIJAH	109	SULL	220010	41010	0300				
PAYNE JACOB	299	PIKE	000000	00000	0000	F		1011	1
PAYNE JEREMIAH	018	CLAR	120101	21110	0300				
PAYNE JOHN	222	WASH	000100	30100	0200				
PAYNE JOHN	277A	JEFF	021101	01101	0200				
PAYNE MILO	206	WASH	100010	00010	0100				
PAYTON JAMES	008	CRAW	210010	10110	0100				
PAYTON JOHN	018	CLAR	300010	21011	0100				
PAYTON LEWIS	061	HARR	221201	00201	0200				
PAYTON NIMRAEL	062	HARR	100100	00100	0100				
PAZTON JOHN A	183	VAND	000010	30010	0001				
PEA MARK	175	WAYN	100010	30010	0100				
PEA ABRAHAM	299	PIKE	510010	01110					
PEA GEORGE	021	FAYE	230010	20010	0100				
PEA JACOB	093	KNOX	000100	00100	0000				
PEA JACOB	298	PIKE	112001	22110					
PEA JOHN	092	KNOX	100001	11101	0100				
PEABODY DAVID	193	WAYN	200010	40000	0100				
PEABODY STEPHEN	175	SWIT	101201	10100	0100				
PEABODY STEPHEN	158	SCOT	000600	00000	0204				
PEACOCK ABRAM	327	RAND	000101	00100	0100				
PEAK NATHAN	174	SWIT	000001	00010	0100				
PEAK SAMUEL	175	SWIT	100200	10200	0100				
PEAL JOHN	306	POSE	000101	10001	0200				

PAGE 0316

Head of Household	Page	County	White Males (Under 10, 10-15, 16-18, 16-25, 26-44, 45 & over)	White Females (Under 10, 10-15, 16-25, 26-44, 45 & over)	Foreigners, Agriculture, Commerce, Manufacture	Free or Slave	Negro Males (Under 14, 14-25, 26-44, 45 & over)	Negro Females (Under 14, 14-25, 26-44, 45 & over)	Other not Indian
PEAL JOHN	255	WAYN	200010	10101	0100				
PEAL REUBEN	189	WAYN	000010	00001	0100				
PEARCE ISAAC	187	VIGO	200010	10100	0100				
PEARCE JOHN	187	VIGO	200010	30010	0100				
PEARCE PHILLIP	041	HARR	410020	11010	0200				
PEARCE THOMAS	180	VAND	000001	00000	1000				
PEARCY ROBERT	284	JEFF	300010	20010	0100				
PEARSALL SAMUEL	175	SWIT	100100	10100	0100				
PEARSAN ISAAC	129	ORAN	100010	10100	0100				
PEARSON ABRAHAM	054	HARR	420010	22010	0100				
PEARSON CHATWELL	093	KNOX	000101	00000	0200				
PEARSON DAVID	148	PERR	100010	20100	0100				
PEARSON HENRY	199	WAYN	100100	10100	0100				
PEARSON JAMES	137	ORAN	100320	00200	0200				
PEARSON JESSE	147	FLOY	200001	01201	0100				
PEARSON JESSE	120	DEAR	000100	10100	0100				
PEARSON JOSEPH	062	HARR	400101	21210	0200				
PEARSON JONATHAN	227	WAYN	100100	20100	0100				
PEARSON JOSEPH	182	VAND	100110	21011	0200				
PEARSON JOHN	188	FRAN	001200	10100	0002				
PEARSON JOHN	150	PERR	420010	10010	0300				
PEARSON JOSEPH	125	ORAN	000301	02010	0400				
PEARSON MICHAL	289	JEFF	100010	00010	0000				
PEARSON NATHAN	213	WAYN	320001	00110	0200				
PEARSON NATHAN	227	WAYN	311101	11101	0400				
PEARSON NANCY	235	WAYN	020000	31010	0100				
PEARSON PETER	181	WAYN	000100	00100	0100				
PEARSON WILLIAM	054	HARR	000001	00101	0100				
PEAS DARIUS	104	DEAR	001200	32010	0100				
PEASLEY ABRAHAM	063	DEAR	220110	12010	0100				
PEATT NEHEMIAH	158	SCOT	000010	00020	0001				
PECK ABRAHAM	152	SCOT	110110	10010	0200				
PECK ADAM	138	FLOY	100010	10010	0100				
PECK DANIEL	261A	JACK	020010	51110	0100				
PECK ISAAC	176	FRAN	100010	00010	0100				
PECK ISAAC	120	MONR	200010	00100	0100				
PECK JACOB	120	MONR	100010	40010	0100				
PECK JAMES	174	FRAN	100010	20100	0100				
PECK JAMES	237	GIBS	321001	10001	0100				
PECK JOSEPH G	137	ORAN	000110	10100	0003				
PECK OLIVER	237	GIBS	000100	20010	0100				
PECK RUFUS	012	CLAR	000110	11010	0001				
PECK SAMUEL	006	CLAR	000110	00210	0002				
PECK STEPHEN	275	JEFF	200010	00100	0001				
PECK WILLIAM	182	VAND	000101	12110	7200				
PECKENPAW HENRY	009	CRAW	000100	01000	0100				
PECKERD ALFRED	087	KNOX	000010	00000	0100				
PECKHAM ARNOLD	073	RIPL	000010	10100	0100				
PECKINGPAW PETER	145	PERR	300010	11010	0100				
PECKINGPAW JOHN	145	PERR	200010	10010	0100				
PECKINGPAW GEORGE	145	PERR	200001	02010	0100				
PECKINPAW PETER	010	CRAW	000101	01101	0200				

Head of Household	Page	County	White Males (Under 10, 10-15, 16-18, 16-25, 26-44, 45 & over)	White Females (Under 10, 10-15, 16-25, 26-44, 45 & over)	Foreigners, Agriculture, Commerce, Manufacture	Free or Slave	Negro Males (Under 14, 14-25, 26-44, 45 & over)	Negro Females (Under 14, 14-25, 26-44, 45 & over)	Other not Indian
PECKINPAW JOHN	012	CRAW	421010	31010	0400				
PECOCK AMOS	326	RAND	200010	00100	0100				
PECOCK WILLIAM	326	RAND	200110	30010	0100				
PECOR ALEXANDER	086	KNOX	000100	00100	0000				
PECTAL PETER	065	HARR	220001	21010	0100				
PEDLER JOHN	180	VAND	000010	20010	4000				
PEE DANIEL	254	GIBS	000110	01010	0100				
PEE GEORGE	021	DELA	420001	20010	0100				
PEEBLES ROBERT	117	SULL	000010	00110	0100				
PEEK CAGER	114	MART	210010	31010	0100				
PEEK SAMUEL	029	FAYE	000010	10010	0100				
PEEK WILLIAM W	118	DEAR	100100	00100	0100				
PEEOR FRANCIS	084	KNOX	000100	00000	0000				
PEFER MICHAEL	125	ORAN	210101	22110	0200				
PEGG JAMES	253	WAYN	000111	01110	0200				
PEGG JOAB	157	WAYN	200010	00100	0100				
PEGG JOHN	185	FRAN	101200	20100	0011				
PEIRCE ELEAZER	132	ORAN	110301	22010	0101				
PEIRCE ELIJAH	127	ORAN	100010	20010	0100				
PEIRCE PHILIP C	130	ORAN	010001	01001	0200				
PEIRCY EDMAN	157	SCOT	410101	30020	0100				
PELKEY JAMES	324A	RAND	100001	20100	0010				
PELKEY LOWRY	085	KNOX	000000	00000	0000	F	0010	0000	
PELKEY SERILLA	324A	RAND	100000	10110	0000				
PELL JAMES	047	HARR	301141	00110	0300				
PELL JOHN	047	HARR	210110	21010	0200				
PELL WILLIAM	047	HARR	120110	31101	0300				
PELL WILLIAM SR	047	HARR	021210	11001	0500				
PELTARE KATHERINE	007	FAYE	220000	11010	0100				
PENCE HENRY	033	DELA	000100	00100	0100				
PENCE JOHN	031	DELA	411201	11010	0300				
PENDAR WILLIAM	104	LAWR	000010	10010	0000				
PENDER THOS	102	LAWR	000100	00100	0100				
PENDLETON THOMAS M	215	WAYN	010101	02010	0102				
PENDTETON ROBT	079	JENN	200010	00100	0100				
PENEWEIGHT JOHN	212	FRAN	311100	21010	0300				
PENITENT JOHN	073	RIPL	001201	00001	0200				
PENIX WILLIAM	037	DUBO	000100	00100	0100				
PENN EPM	285A	JEFF	110010	12010	0101				
PENNINGTON CHARLES	177	VAND	100010	20100	0100				
PENNINGTON WILLIAM	066	HARR	210010	31010	0100				
PENNINGTON DIXON	066	HARR	100100	00100	0100				
PENNINGTON SACK	066	HARR	000001	00010	0100				
PENNINGTON EDWARD	066	HARR	200001	03201	0200				
PENNINGTON MOSES	009	CRAW	211110	40101	0300				
PENNINGTON PATSY	009	CRAW	110000	12010	0100				
PENNINGTON DENNIS	064	HARR	310010	21110	0100				
PENNINGTON WALTER	064	HARR	120010	10010	0100				
PENNOCK ALEXANDER	077	JENN	200010	30010	0100				
PENNOCK WIATT	068	DEAR	100010	00100	0100				
PENNY JOHN	015	CLAR	200101	12101	0101				
PENNY WILLIAM	015	CLAR	100100	00100	0100				

Head of Household	Page	County	White Males (Under 10, 10-15, 16-18, 16-25, 26-44, 45 & over)	White Females (Under 10, 10-15, 16-25, 26-44, 45 & over)	Foreigners, Agriculture, Commerce, Manufacture	Free or Slave	Negro Males (Under 14, 14-25, 26-44, 45 & over)	Negro Females (Under 14, 14-25, 26-44, 45 & over)	Other not Indian
PENNY WILLIAM	019	DELA	000300	10100	0100				
PENRIOSE JOSEPH	232	GIBS	000100	00002	0000				
PENTACOST ANDREW	210	FRAN	100011	10100	0100				
PENTACOST JOHN	210	FRAN	211301	20001	0400				
PENTACOST SIMON	212	FRAN	000100	20100	0100				
PENWELL AMENIUS C	217	WAYN	200010	00010	0100				
PENWELL GEORGE	023	FAYE	100010	30100	0100				
PENWELL JOHN	023	FAYE	010101	10201	0100				
PENWELL REUBEN	003	FAYE	200010	10100	0100				
PEOPLES HECTOR	080	JENN	000110	10010	0200				
PERCEFIELD PETER P	168	SWIT	000010	00100	0100				
PERCIVAL JABER	102	DEAR	110211	01012	0110				
PERDANN ABRAHAM	115	DEAR	220101	21001	0100				
PERDEW BENJAMIN	032	FAYE	200010	41010	0100				
PERDEW RICHARD	079	JENN	200010	40010	0100				
PERDUE EDWARD	089	KNOX	200110	00010	0200				
PERDUE FARGUS	089	KNOX	100010	10100	0100				
PERDUE JESSEY	089	KNOX	000100	00100	0100				
PERDUE NAOMI	045	CLAR	210100	01110	0200				
PERDUE NATHAN	021	CLAR	100100	20110	0100				
PERDUE WILLIAM	022	CLAR	000100	10100	0100				
PERIGO DANIEL	134	ORAN	110010	31010	0200				
PERIGO JANA	137	WARR	100100	01100	0000				
PERIGO ROMEO	143	WARR	010110	00010	0001				
PERKINS AUGUSTUS	021	DELA	010001	00001	0100				
PERKINS GARRET	168	SWIT	200210	11110	0001				
PERKINS JAMES	181	WAYN	120010	30010	0300				
PERKINS JESSE	021	DELA	000100	01100	0100				
PERKINS JOSHUA	021	DELA	220214	12010	0100				
PERKINS ROBT	021	DELA	200010	20100	0100				
PERKINS THOMAS	150	FLOY	100100	10100	0100				
PERKINS UTE	030	DELA	200010	30010	0100				
PERKINS WILLIAM	070	HARR	111211	11001	0400				
PERKISER JOHN	069	HARR	210010	41010	0400				
PERKY FREDERICK G	097	SPEN	110010	21010	0100				
PERNET JOHN	172	SWIT	100001	02110	1100				
PERRIN GLOVER	007	FAYE	100100	00100	0100				
PERRIN JACOB	045	HARR	200010	20010	0100				
PERRIN JOHN	015	FAYE	331402	12110	0001				
PERRIN LEMUEL	007	FAYE	000002	00001	0101				
PERRIN RANY C	170	FRAN	121101	00011	0100				
PERRINE DAVID	118	DEAR	410001	11010	0100				
PERRINE JOHN	096	DEAR	010001	22001	0100				
PERRON JAMES	007	CRAW	000001	00101	0100				
PERRON REUBEN	007	CRAW	310010	20001	0100				
PERRY ALLEN	028	CLAR	220001	20010	0100				
PERRY DAVID	007	CLAR	100010	20100	0100				
PERRY DAVID	006	CLAR	200100	20100	0100				
PERRY EDWARD	018	CLAR	000010	00100	0100				
PERRY FREEMAN	193	FRAN	120401	01101	0301				
PERRY JAMES	113	MART	200100	10100	0100				
PERRY JOHN	261A	JACK	200011	10010	0000				

Head of Household	Page	County	White Males (Under 10, 10-15, 16-18, 16-25, 26-44, 45 & over)	White Females (Under 10, 10-15, 16-25, 26-44, 45 & over)	Foreigners, Agriculture, Commerce, Manufacture	Free or Slave	Negro Males (Under 14, 14-25, 26-44, 45 & over)	Negro Females (Under 14, 14-25, 26-44, 45 & over)	Other not Indian
PERRY JOHN	016	CLAR	300010	21010	0100				
PERRY JOSEPH	019	CLAR	100010	10010	0100				
PERRY JOSEPH	252	GIBS	210110	21010	0301				
PERRY RANSOM	079	JENN	200010	41010	0100				
PERRY SAML	153	WARR	110010	11010	0000				
PERRY SAMUEL	097	DEAR	100010	10010	0100				
PERRY SYLVESTER S	139	FLOY	120001	30010	0010				
PERRY THOMAS	032	CLAR	200010	00010	0100				
PERRY WILLIAM	207	WASH	000010	00100	0100				
PERRY WILLIAM	190	VIGO	000010	00000	0100				
PERRY WILLIAM	261A	JACK	500010	10010	0100				
PERRY WILLIAM	261	JACK	000010	00100	0100				
PERSAN WM	008	CRAW	110010	20010	0200				
PERSON ABILEE	017	DELA	101211	13210	0300				
PERSON LUDLOW	008	CLAR	200110	00100	0002				
PERSON NATHAN	284A	JEFF	000010	00100	0100				
PERSONATE JAMES	267	WAYN	130101	11101	0200				
PERVINE MARY	024	CLAR	230000	10001	0000				
PERYEA PAUL	086	KNOX	000110	20101	0000				
PETER JOHN	101	SPEN	100010	20100	0100				
PETER MONTFORD	099	SPEN	100100	00100	0100				
PETER WILLIAM	099	SPEN	100301	01300	0300				
PETERS CHARLES	054	HARR	201310	20010	0300				
PETERS GEORGE	135	ORAN	210101	01010	0200				
PETERS GEORGE	172	SWIT	100010	00100	0100				
PETERS HENRY	080	DEAR	000010	00101	0100				
PETERS JAMES	043	HARR	210010	32010	0100				
PETERS JOHN	175	SWIT	310001	10010	0100				
PETERS JOHN	166	SWIT	100100	00100	0100				
PETERS JOHN	1.3	ORAN	000100	00100	0100				
PETERS JONATHAN	064	HARR	200201	02101	0300				
PETERS JOSEPH	190	FRAN	100010	10010	0001				
PETERS MICHAEL	041	FAYE	400010	10010	0100				
PETERS MICHAEL	166	SWIT	000100	00010	0100				
PETERS ROBERT	081	DEAR	100100	10100	0100				
PETERS SIMON	081	DEAR	100010	20010	0100				
PETERS STEPHEN	081	DEAR	020001	01300	0100				
PETERS WM	252	GIBS	100001	00010	0100				
PETERSON JOHN	119	DEAR	300010	10100	0100				
PETERSON PETER	141	FLOY	210001	20010	0001				
PETERSON SAMUEL	212	FRAN	210001	22010	0300				
PETRE ADAM	218	FRAN	400010	00010	0100				
PETRE JACOB	218	FRAN	021101	11001	0300				
PETTEIT ANTOINE	084	KNOX	000010	10100	0100				
PETTEIT MARY	084	KNOX	000000	00100	0000				
PETTET WILLIAM	044	CLAR	200100	00100	0100				
PETTICE JOHN	092	KNOX	000010	00100	0100				
PETTIGREW ROBERT	203	FRAN	300010	22010	0200				
PETTIS PETER	017	DELA	000010	00010	0100				
PETTIS SAML	078	JENN	100200	10101	0100				
PETTIS WM	012	CRAW	000100	00010	0100				
PETTIT DANIEL	045	CLAR	200010	10010	0100				

Head of Household	Page	County	White Males (Under 10, 10-15, 16-18, 16-25, 26-44, 45 & over)	White Females (Under 10, 10-15, 16-25, 26-44, 45 & over)	Foreigners, Agriculture, Commerce, Manufacture	Free or Slave	Negro Males (Under 14, 14-25, 26-44, 45 & over)	Negro Females (Under 14, 14-25, 26-44, 45 & over)	Other not Indian
PETTIT JOHN	045	CLAR	310001	00601	0200				
PETTY DANIEL	326A	RAND	000100	00100	0100				
PETTY JOSHUA	171	SWIT	100010	11100	0100				
PETTYJOHN JAMES	115	MART	300000	01010	0200				
PEW JOHN	224	WASH	210020	30010	0300				
PEWAD THOMAS	202	WASH	100100	00100	0100				
PEYTON DANIEL	018	CLAR	300010	10010	0100				
PEYTON GILBERT	315A	POSE	000010	00100	0100				
PEYTON JACOB	043	FAYE	410010	00010	0100				
PEYTON JARRET	012	CLAR	310010	21010	0100				
PEYTON JOHN	012	CLAR	000001	01010	0000				
PEYTON MICAJAH	012	CLAR	200201	12201	0300				
PEYTON WILLIAM	043	FAYE	100010	40011	0100				
PEYTON WILLIAM	121	DEAR	000010	20010	0000				
PHAR VICISSIMUS K	182	VAND	000100	00000	0100				
PHARISE DAVID	301	PIKE	300010	11100					
PHELPS ASA	261	JACK	010000	10010	0100	F	1000	0010	
PHELPS EBENEZAR	107	DEAR	010201	01001	0100				
PHELPS GEORGE	264	JACK	100100	10010	0100				
PHELPS JARANNAH	079	JENN	020010	02010	0100				
PHELPS REUBEN B	189	FRAN	000010	20010	0100				
PHELPS WILLIAM	224	WASH	511110	02010	0300				
PHIFER HENRY	046	HARR	000200	00201	0200				
PHILBUCK JONATHAN	103	DEAR	300001	11110	0001				
PHILIPS ABRAHAM	222	WASH	100010	10100	0100				
PHILIPS BENJAMIN	204	WASH	200010	20010	0000				
PHILIPS EDMUND	120	MONR	100010	10010	0100				
PHILIPS ELBERT	125	ORAN	000101	20100	0100				
PHILIPS FREDERICK	223	WASH	220001	10211	0300				
PHILIPS GEORGE	126	ORAN	121301	21001	0100				
PHILIPS GEORGE	095	SPEN	420010	20010	0300				
PHILIPS JOHN	080	DEAR	210001	10010	0100				
PHILIPS JOHN H	117	DEAR	000021	21110	0300				
PHILIPS JOHN	283	JEFF	200010	21010	0100				
PHILIPS JOHN	147	WARR	231010	12110	0000				
PHILIPS JOHN H	146	PERR	121010	00010	0000				
PHILIPS JOHN	120	MONR	100100	01001	0100				
PHILIPS LEWIS	109	LAWR	310001	21010	0300				
PHILIPS P N	293A	JEFF	000100	00100	0100				
PHILIPS ROBERT	149	PERR	000010	00101	0100				
PHILIPS ROBERT	217	WASH	020010	50010	0300				
PHILIPS ROBERT	190	VIGO	200110	20010	0101				
PHILIPS SOLOMON	120	MONR	000010	00100	0100				
PHILIPS THOMAS	137	ORAN	311101	10010	0200				
PHILIPS ZEKIAL	283	JEFF	200001	11011	0100				
PHILLEY RUBEN	190	VIGO	110210	10100	0102				
PHILLIPE JOHN	030	DELA	100011	10011	0200				
PHILLIPS CHARLES	238	GIBS	000111	00111	4200				
PHILLIPS ELISHA	306A	POSE	210010	10010	0100				
PHILLIPS EBENR	306A	POSE	100110	00100	0101				
PHILLIPS EDWARD	254	GIBS	400301	11110	0400				
PHILLIPS JOSHUA	278	JEFF	220001	01001	0100				

Head of Household	Page	County	White Males (Under 10, 10-15, 16-18, 16-25, 26-44, 45 & over)	White Females (Under 10, 10-15, 16-25, 26-44, 45 & over)	Foreigners, Agriculture, Commerce, Manufacture	Free or Slave	Negro Males (Under 14, 14-25, 26-44, 45 & over)	Negro Females (Under 14, 14-25, 26-44, 45 & over)	Other not Indian
PHILLIPS JOHN	092	KNOX	000010	00000	0100				
PHILLIPS JOHN	012	CLAR	100100	10100	0100				
PHILLIPS JOHN	015	CLAR	100001	34010	0100				
PHILLIPS JOSUA	017	CLAR	211111	01210	0300				
PHILLIPS JOHN	310	POSE	310101	20010	0200				
PHILLIPS JOHN	312A	POSE	100010	20100	0100				
PHILLIPS POLLY	255	GIBS	110201	21110	0102				
PHILLIPS ROBERT	173	SWIT	000010	00010	0100				
PHILLIPS RHODY	253	GIBS	000101	00101	0000				
PHILLIPS ROBERT	285	JEFF	400010	21010	0100				
PHILLIPS STASHA	006	CRAW	310000	01101	0100				
PHILLIPS WILLIAM	189	VIGO	100100	10100	0100				
PHILLIPS WM	255	GIBS	300010	01010	0101				
PHILPOTT JOHN	011	FAYE	201101	20001	0100				
PHILPOTT STEPHEN	009	FAYE	100100	00100	0100				
PHILPOTT WILLIAM	009	FAYE	100100	10100	0100				
PHIPPS SAMPSON	211	WASH	100010	00100	0100				
PHIPS BENJAMIN	109	LAWR	201121	11010	0200				
PHISLER JACOB	265	JACK	000010	20010	0100				
PHISLER JESSE	262A	JACK	200100	10100	0100				
PHISLER JOHN	265	JACK	000001	00001	0100				
PHISLER JOSEPH	265	JACK	000100	00100	0100				
PIATT JAMES A	16	FRAN	200010	00200	0001				
PIATTY JAMES	113	SULL	000100	10100	0100				
PICKARD JOHN	134	ORAN	100010	40010	0001				
PICKENS JAMES	133	ORAN	000010	01000	0100				
PICKENS JOHN	134	ORAN	100001	00301	0100				
PICKERAL DAVID	091	SPEN	100100	10100	0100				
PICKERAL SAMUEL	091	SPEN	010010	12001	0200				
PICKET HEATHCOTE	174	SWIT	011110	00100	0100				
PICKET JOHN	133	ORAN	220010	10010	0300				
PICKETT JEREMIAH	207	WASH	100010	00100	0100				
PICKLE FREDERICK	133	ORAN	000100	10100	0001				
PICKLER JAMES	214	WASH	000110	00001	0200				
PICKLER JOHN	214	WASH	100010	10100	0200				
PIERCE ANDREW	096	DEAR	100010	00010	0001				
PIERCE BENJAMIN	057	FAYE	000111	21001	0200				
PIERCE BURKETT	324A	RAND	100010	10100	0100				
PIERCE CHARLES SR	040	CLAR	000001	00001	0000				
PIERCE CHARLES JR	040	CLAR	310010	10010	0001				
PIERCE GEORGE	237	WAYN	000100	10100	0100				
PIERCE ISAAC	169	SWIT	210010	21010	0001				
PIERCE JASON	116	DEAR	200010	10110	0001				
PIERCE REBECKAH	117	SULL	220010	20020	0300				
PIERCE RUEBEN	040	CLAR	100010	10100	0000				
PIERCE SAMUEL	040	CLAR	100100	10100	0100				
PIERCE THOMAS	148	FLOY	300010	21010	1100				
PIERCE WILLIAM W	167	FRAN	100010	00100	0200				
PIERCE WILLIAM	099	SPEN	030101	50010	0400				
PIERSON ABIGAIL	101	LAWR	100100	22301					
PIERSON ENOCH	101	LAWR	000100	10101					
PIERSON HARRY	171	SWIT	100100	20100	0100				

Head of Household	Page	County	White Males (Under 10, 10-15, 16-18, 16-25, 26-44, 45 & over)	White Females (Under 10, 10-15, 16-25, 26-44, 45 & over)	Foreigners, Agriculture, Commerce, Manufacture	Free or Slave	Negro Males (Under 14, 14-25, 26-44, 45 & over)	Negro Females (Under 14, 14-25, 26-44, 45 & over)	Other not Indian
PIERSON ISAAC	326	RAND	000001	20010	0100				
PIERSON JACOB	220	WASH	300010	00100	0200				
PIERSON JOSEPH	244	GIBS	100010	21010	0100				
PIERSON MOSES	171	SWIT	000100	00100	0100				
PIERSON MOSES B	203	WASH	000100	00100	0100				
PIERSON WILLIAM	326	RAND	000101	00001	0100				
PIERSON WILLIAM	171	SWIT	201101	00100	0200				
PIERSON WM	238	GIBS	200010	20010	0100				
PIETY AUSTIN	148	PERR	300010	11100	0200				
PIETY THOMAS	090	KNOX	011101	10010	0000				
PIGEON PATRICK	087	KNOX	000100	00000	0100				
PIGGOTT JOSHUA	171	WAYN	010101	01101	0300				
PIGGOTT JOSEPH	257	WAYN	100001	03201	0100				
PIGMAN ADAM	051	FAYE	010010	20100	0100				
PIKE JAMES	096	DEAR	300010	00100	0000				
PIKE JOHN	190	VIGO	300020	20100	0200				
PIKE WM	261	WAYN	210010	21010	0200				
PIKE ZEBULON	096	DEAR	010101	20010	0100				
PILE JAMES	087	SPEN	300110	00010	0100				
PILE REBEKAH	006	CLAR	011100	12010	0000				
PILES DANIEL	103	LAWR	100110	00010					
PILES ELIJAH SR	116	DEAR	100101	10201	0100				
PILES ELIJAH JR	116	DEAR	100010	10100	0100				
PILES JACOB	108	LAWR	210010	21011					
PILES JOSEPH	108	LAWR	211110	22001					
PILES PETER	131	ORAN	201110	22110	0200				
PILES THOMAS	096	DEAR	000010	00100	0100				
PILGRIM JOHN	055	HARR	120302	20201	0500				
PILGRIM MIKEL	037	DUBO	101110	32110	0200				
PILLS ANDREW	204	WASH	111211	01101	0700				
PILMAN WILLIAM	040	CLAR	310010	11010	0100				
PINAR NATHAN	113	SULL	200010	20100	0100				
PINDLEY DAVID	124	ORAN	010001	00101	0200				
PINKLEY BENJAMIN	130	ORAN	210010	31010	0100				
PINNICK JAMES SR	126	ORAN	100201	12101	0400				
PINNICK JAMES JR	126	ORAN	100100	10100	0100				
PINNICK JOHN	133	ORAN	310010	11100	0300				
PINNICK NATHAN	129	ORAN	400010	00010	0100				
PINTER ISAAC	188	VIGO	311110	32010	0200				
PIPIN RICHARD	182	FRAN	000100	00100	0100				
PIPPY ELIZABETH	214	WASH	200000	11011	0200				
PIRSON BARTHOLOMEW	159	SCOT	100010	20010	0100				
PIRSON JAS W	159	SCOT	200010	20100	0001				
PIRTLE GEORGE	119	SULL	230210	01010	0100				
PISHER JOHN	084	KNOX	000100	00100	1001				
PISHER JOHN SR	084	KNOX	100001	10010	4001				
PITCHER JOHN	012	CLAR	100010	20100	0100				
PITMAN D	073	HARR	000000	00000	0000	F	0100	0000	
PITMAN JAMES	130	ORAN	100110	30010	0300				
PITMAN JOHN	040	CLAR	000010	20010	0100				
PITMAN LEWIS	129	ORAN	100010	43110	0100				
PITSON JOSHUA	123	SULL	200010	00120	0100				

Head of Household	Page	County	White Males (Under 10, 10-15, 16-18, 16-25, 26-44, 45 & over)	White Females (Under 10, 10-15, 16-25, 26-44, 45 & over)	Foreigners, Agriculture, Commerce, Manufacture	Free or Slave	Negro Males (Under 14, 14-25, 26-44, 45 & over)	Negro Females (Under 14, 14-25, 26-44, 45 & over)	Other not Indian
PITSOR SOLOMON	123	SULL	200100	00100	0100				
PITTIJOHN WILLIAM	017	CLAR	300010	00010	0100				
PITTMAN DAVID	062	HARR	210101	41210	0200				
PITTMAN JOHN	060	HARR	021101	03001	0020				
PITTMAN JOHN	060	HARR	200100	00100	0100				
PITTMAN LAWRENCE	060	HARR	100100	00100	0100				
PITTS MASON	123	SULL	310010	42010	0200				
PITTS WILLIAM	129	SULL	000111	41010	0020				
PLACK JOHN	087	KNOX	000020	00100	2200				
PLACKARD HENRY	032	DELA	400010	00100	0100				
PLASKET ROBERT L	045	CLAR	200110	10010	0200				
PLASKET SAMUEL	045	CLAR	100010	30010	0100				
PLASKET WILLIAM	032	CLAR	000010	20101	0100				
PLASTERS MICHAEL	114	MART	100110	32010	0200				
PLATT AGUR	081	DEAR	200001	20010	0100				
PLATT GILBERT	113	DEAR	301201	00010	0100				
PLATTS JONATHAN	243	WAYN	110101	00101	0200				
PLAUGHADAN JOHN	204	WASH	001201	01001	0300				
PLEASANT THOS	105	LAWR	111110	02110	0300				
PLESSING MICHAIL	318	POSE	001101	01011	0000				
PLEUR ABRAM	020	DELA	100010	00010	0100				
PLICARD CHRISTIAN	190	FRAN	010001	22001	0200				
PLICARD HENRY	190	FRAN	200010	00100	0100				
PLOUGH ISAAC	093	KNOX	300010	10010	0100				
PLOUGH JACOB	093	KNOX	100101	10000	0000				
PLOUGH SAMUEL	093	KNOX	000010	01100	0100				
PLOW COONROD	225	FRAN	200010	30010	0100				
PLUMER DANIEL	114	DEAR	100011	41020	0100				
PLUMER JOSEPH	114	DEAR	110010	21010	0100				
PLUMER LUTHER	114	DEAR	200010	10020	0100				
PLUMLY HENRY	166	FRAN	000010	10101	0001				
PLUMMER ALFRED	043	CLAR	000100	00100	0100				
PLUMMER BARRUCH	053	FAYE	010010	11010	0100				
PLUMMER CHARLES	043	CLAR	300010	31110	0100				
PLUMMER HENRY	068	DEAR	200000	01300	0100				
PLUMMER JOHN	199	WAYN	300010	10010	0100				
PLUMMER JOHN	053	FAYE	300001	20010	0100				
PLUMMER LEVI	057	FAYE	200010	50010	0100				
PLUMMER PHILIMAN	233	WAYN	311110	00110	0300				
PLUMMER THOMAS	053	FAYE	210101	20001	0100				
PLUMMER ZADOCK	022	DELA	100010	20010	0100				
PLUNKET NATHAN	226	FRAN	200102	00100	0100				
PLYMATE JOHN	078	JENN	010200	00010	0100				
POAR JOHN	106	LAWR	010001	10101	0100				
POCOCK SALEM	189	VIGO	000010	01100	0100				
POE BENJAMIN	246	GIBS	210101	20110	0200				
POE ISAAC	087	SPEN	021001	02001	0100				
POES ALEXANDER	099	LAWR	100100	00100					
POES REBRCIA	099	LAWR	500010	00010					
POGH ISAAC	075	RIPL	200010	00100	0100				
POGUE ELIZABETH	277	JEFF	210400	21010	0400				
POGUE GEORGE	030	DELA	011410	01001	0300				

Head of Household	Page	County	White Males (Under 10, 10-15, 16-18, 16-25, 26-44, 45 & over)	White Females (Under 10, 10-15, 16-25, 26-44, 45 & over)	Foreigners, Agriculture, Commerce, Manufacture	Free or Slave	Negro Males (Under 14, 14-25, 26-44, 45 & over)	Negro Females (Under 14, 14-25, 26-44, 45 & over)	Other not Indian
POGUE JAMES	113	SULL	100100	20101	0100				
POGUE THOMAS	021	FAYE	000100	10100	0100				
POGUE THOS	021	DELA	000100	10100	0100				
POI JOHN	099	LAWR	100100	01100					
POINDEXTER GABRIEL	138	FLOY	100301	11110	0100				
POLAND JONATHAN	096	DEAR	120010	10010	0100				
POLK ISAAC	161	SCOT	110010	00100	0100				
POLK ISAAC	154	SCOT	110010	00100	0100				
POLK JESSE	157	SCOT	100001	00101	0100				
POLK RICHARD	161	SCOT	100011	11010	0100				
POLKE CHARLES	090	KNOX	201111	23010	0200				
POLKE CHARLES	150	PERR	011201	00001	0400				
POLKE EDWARD	150	PERR	200100	00200	0100				
POLKE ROBERT	107	SULL	200100	00200	0100				
POLKE THOMAS	146	PERR	000101	11010	0200				
POLKE WILLIAM	090	KNOX	110010	32110	0200				
POLKS JOHN	145	WARR	020201	11001	0002				
POLLARD ELISHA	215	WASH	121101	11001	0400				
POLLARD JOHN	013	FAYE	000100	20100	0100				
POLLARD REUBEN	015	FAYE	001101	00001	0100				
POLLOCK J G	272A	JEFF	110110	00100	0300				
POLLOCK JOHN	124	DEAR	000010	00010	0000				
POND SIMON	224	FRAN	211201	11101	0400				
PONDRY RICH	147	WARR	300010	10010	0001				
PONROD JOHN	135	WARR	100101	10101	0000				
POOL BENJAMIN	027	CLAR	300010	10010	0100				
POOL ELIJAH	020	DELA	000100	30010	0100				
POOL ELIJAH	059	FAYE	000100	20100	0100				
POOL EPRAIM	081	JENN	200100	10100	0100				
POOL JOHN	083	KNOX	000200	01200	0000				
POOL JOHN	020	DELA	200001	00010	0100				
POOL JOHN	213	WAYN	120010	20101	0300				
POOL JOSEPH	081	JENN	410110	51010	0100				
POOL RICHARD	029	CLAR	100010	20100	0100				
POOL THOMAS	026	CLAR	000010	50010	0100				
POOL WILLIAM	026	CLAR	010101	00001	0200				
POOL WILLIAM	059	FAYE	200001	00010	0100				
POOLE GEORGE	040	DUBO	001200	00100	0200				
POOR ABRAHAM	159	SCOT	310001	20010	0100				
POOR HANNAH	203	WASH	101200	22010	0200				
POOR JAMES	124	ORAN	000010	20100	0100				
POP ELIJAH	009	CRAW	000101	00101	0100				
POPE ELIAH	015	CRAW	000100	10100	0100				
POPE PILGRIM	011	CRAW	000010	40010	0100				
POPE WILLIAM	213	WASH	410110	01110	0300				
POPINO WILLIAM	201	FRAN	000010	00010	0100				
POPPLE SEMEON	076	JENN	000010	00010	0100				
PORAM BERRY	324	RAND	000100	00000	0001				
PORTER AARON	279	JEFF	211110	11010	0002				
PORTER ALAX	039	DUBO	000010	00101	0100				
PORTER ALVA	006	CLAR	000010	00100	0001				
PORTER ANDREW	179	VAND	000100	00000	0000				

Head of Household	Page	County	White Males (Under 10, 10-15, 16-18, 16-25, 26-44, 45 & over)	White Females (Under 10, 10-15, 16-25, 26-44, 45 & over)	Foreigners, Agriculture, Commerce, Manufacture	Free or Slave	Negro Males (Under 14, 14-25, 26-44, 45 & over)	Negro Females (Under 14, 14-25, 26-44, 45 & over)	Other not Indian
PORTER BENJAMIN	194	VIGO	000120	00000	0003				
PORTER CHARLES	077	RIPL	200011	10100	0100				
PORTER CHRISTOPHER	130	ORAN	120010	40010	0001				
PORTER COLLISON	013	CLAR	220201	20011	0300				
PORTER DANIEL P	113	MART	000500	02100	0200				
PORTER DAVID	096	DEAR	200110	10000	0100				
PORTER DAVI	169	WAYN				S	0010	1200	
PORTER FRANCIS R	007	CLAR	100100	10100	0001				
PORTER GEORGE K	263A	JACK	100100	11100	0100				
PORTER HUGH	189	VIGO	000310	20200	0101				
PORTER HUGH	186	FRAN	121101	01001	0300				
PORTER JAMES	127	ORAN	000001	10100	0100				
PORTER JAMES	265	WAYN	000001	00101	0100				
PORTER JOHN	194	VIGO	200020	11100	0200				
PORTER JOHN	096	DEAR	100001	01101	0100				
PORTER JOHN	096	DEAR	200010	00000	0100				
PORTER JOHN	011	CRAW	310001	11100	0100				
PORTER JOSEPH	221	WASH	000101	01001	0300				
PORTER JOSHUA	011	FAYE	400010	31010	0100				
PORTER NANCY	096	DEAR	000100	00101	0100				
PORTER NATHANIEL S	168	SWIT	100010	20010	0001				
PORTER NICHOLAS B	135	ORAN	111101	31010	0200				
PORTER PREG	187	VIGO	100010	00100	0001				
PORTER ROBERT	007	FAYE	520001	11010	0100				
PORTER THOMAS	101	DEAR	000010	00000	0000				
PORTER TIMOTHY	081	DEAR	110001	10110	0100				
PORTER WILLIAM	089	KNOX	000010	00000	0100				
PORTESS JOHN	173	WAYN	111210	10100	0500				
POSEY RICHARD	089	KNOX	110101	42210	0200				
POSEY THOMAS	072	HARR	000010	01010	0000				
POST AARON	117	DEAR	200010	11010	0100				
POSTLEWEIGHT SAMUEL	085	KNOX	100010	00100	0001				
POSTON CHARLES	143	FLOY	310001	02010	0200				
POSTON LEVI	289	JEFF	200010	20100	0100				
POTIS GEORGE	165	FRAN	000201	02001	2300				
POTRIDGE RICHARD	128	ORAN	000000	00000	0300	F	1101	4010	
POTRINGHAM STEPHEN	113	MART	200010	00100	0100				
POTS JESSY	037	DUBO	000100	00101	0100				
POTS WILLIAM	221	FRAN	320010	10010	0300				
POTTER ARNOLD	117	SULL	010100	00100	0200				
POTTER BANJAMIN	175	SWIT	300010	10010	0100				
POTTER BENJAMIN	127	ORAN	200010	31010	0100				
POTTER ELISHA	007	CRAW	000001	00001	0100				
POTTER EPHRAIM	057	HARR	300100	00010	0100				
POTTER JOHN	177	VAND	100100	00100	0000				
POTTER JOHN B	080	JENN	200010	31010	0100				
POTTER JOHN	326A	RAND	211110	21010	0100				
POTTER JOSEPH	065	HARR	330110	20011	0200				
POTTER MARTIN	174	SWIT	000100	10010	0100				
POTTER MOSES	057	HARR	100010	40010	0100				
POTTER SAMUEL	267A	JACK	100010	22110	0100				
POTTER STEPHEN	324	RAND	000010	10010	0100				

Head of Household	Page	County	White Males (Under 10, 10-15, 16-18, 16-25, 26-44, 45 & over)	White Females (Under 10, 10-15, 16-25, 26-44, 45 & over)	Foreigners, Agriculture, Commerce, Manufacture	Free or Slave	Negro Males (Under 14, 14-25, 26-44, 45 & over)	Negro Females (Under 14, 14-25, 26-44, 45 & over)	Other not Indian
POTTER THOMAS	236	GIBS	111201	00001	0300				
POTTER THOMAS	120	MONR	030010	00010	0100				
POTTER THOMAS	255	WAYN	000010	20010	0100				
POTTER WM	007	CRAW	201100	20100	0100				
POTTORFF ANDREW	215	WASH	300010	00200	0100				
POTTORFF JOHN	210	WASH	320010	20010	0300				
POTTORFF MARTIN	206	WASH	321201	00101	0500				
POTTS ANDREW	061	HARR	000201	10101	0100				
POTTS DAVID	062	HARR	100010	20100	0100				
POTTS GEORGE	180	VAND	010010	00100	3100				
POTTS JACOB	064	HARR	300010	12100	0100				
POTTS JOSEPH	043	HARR	310010	31010	0100				
POTTS JOSEPH	062	HARR	310010	31010	0100				
POTTS NATHAN	249	WAYN	200010	20100	0100				
POTTS RICHARD F L	150	PERR	300010	10010	0100				
POTTS RUTH	204	WASH	000000	01010	0000				
POTTS SAMUEL	213	WAYN	020101	00201	0200				
POUGH WILLIAM	120	MONR	311101	02010	0100				
POUND THOMAS	189	VIGO	101211	11001	0100				
POUNDEL JOSEPH	031	DELA	100100	00100	0100				
POUNDS JOSEPH	136	ORAN	220201	30001	0400				
POUNDS SAML	155	SCOT	100010	20010	0100				
POWEL ABRAHAM	306A	POSE	100100	00100	0100				
POWEL EZEKIAL	101	SPEN	100010	20010	0100				
POWEL JAMES	243	WAYN	010101	00101	0200				
POWEL LEWIS	220	WASH	300001	13010	0100				
POWEL THOMAS	225	WAYN	000100	20100	0100				
POWEL WILEY	032	DELA	000010	00100	0100				
POWEL WILLIAM	101	SPEN	000100	10100	0100				
POWEL WILLIAM	117	SULL	100010	10100	0100				
POWEL WM	243	WAYN	410100	20100	0100				
POWELL AXIM	021	DELA	000100	10000	0100				
POWELL BENJAMIN	112	DEAR	100100	01100	0100				
POWELL DAVID	088	DEAR	320010	21010	0001				
POWELL ERASANUS	080	DEAR	210010	20100	0100				
POWELL GRACY	204	FRAN	000000	11301	0000				
POWELL IGNATIUS	147	PERR	011000	00001	0000				
POWELL JAMES	088	DEAR	200020	20001	0002				
POWELL JANE	225	WAYN	041100	10001	0500				
POWELL JOHN	062	DEAR	000010	20100	0100				
POWELL MARGARET	309	POSE	120100	00201	0300				
POWELL NATHAN SR	081	DEAR	020001	11001	0100				
POWELL NATHAN	081	DEAR	000100	00100	0100				
POWELL WILEY	178	FRAN	000010	20010	0100				
POWELL WILLIAM	298	PIKE	220210	21010					
POWELL WILLIAM	274A	JEFF	300210	11010	0020				
POWER WILLIAM	009	CLAR	030001	20010	0100				
POWERS DANIEL	203	FRAN	310010	31010	0100				
POWERS ISAAC	139	WARR	211201	20010	0000				
POWERS JOHN	203	WASH	000010	30100	0100				
POWERS JOHN	081	DEAR	100010	20010	0100				
POWERS JOHN R	065	HARR	100010	20100	0000				

Head of Household	Page	County	White Males (Under 10, 10-15, 16-18, 16-25, 26-44, 45 & over)	White Females (Under 10, 10-15, 16-25, 26-44, 45 & over)	Foreigners, Agriculture, Commerce, Manufacture	Free or Slave	Negro Males (Under 14, 14-25, 26-44, 45 & over)	Negro Females (Under 14, 14-25, 26-44, 45 & over)	Other not Indian
POWERS JOHN	139	WARR	301020	01010	0000				
POWERS JOHN	197	WAYN	000100	00100	0100				
POWERS NAHUM	078	JENN	000101	00001	0100				
POWERS THOMAS	178	FRAN	230110	22010	0300				
POWERS WILLIAM	011	FAYE	310001	21010	0100				
POWERS WILLIAM D	169	SWIT	200100	00100	0100				
POWERS WILLIAM	182	FRAN	200010	10100	0100				
PRAETOS HENRY	150	PERR	100010	10010	0100				
PRAITHER WILLIAM	078	JENN	100101	33010	0100				
PRATER JAMES	031	FAYE	000010	00000	0001				
PRATER JONATHAN	217	WAYN	000100	10100	0100				
PRATHER AARON	042	CLAR	300020	00110	0200	S	0010	0100	1
PRATHER ASHFORD	146	FLOY	200010	30010	0100				
PRATHER BASIL	205	WASH	200110	21010	0000				
PRATHER BAZIL JR	010	CLAR	200010	10010	0100				
PRATHER BAZIL R	014	CLAR	131401	31110	0500				
PRATHER BASIL	269	JACK	110010	22010	0100				
PRATHER ELISHA	266A	JACK	200010	10100	0100				
PRATHER JOSIAH	007	CLAR	200010	20100	0100				
PRATHER JOHN	014	CLAR	311310	00110	0400				
PRATHER JOSEPH	209	WAYN	001201	12101	0400				
PRATHER LLOYD	049	CLAR	120010	03001	0300				
PRATHER SAMUEL	034	CLAR	201211	21110	0201				
PRATHER THOMAS	267A	JACK	000001	00100	0100				
PRATHER WALTER	007	CLAR	000201	22010	0300				
PRATHER WILLIAM	037	CLAR	000100	10010	0100				
PRAY POLLY	183	WAYN	101100	11010	0100				
PREBLE JOBE	047	FAYE	010000	00011	0100				
PRENTICE PELEG	015	CLAR	200010	10010	0100				
PRENTIP THOMAS G	112	MART	210111	10110	0000				
PRENTIS JOHN M	112	MART	201310	10200	0310				
PRESSON JONATHAN	099	SPEN	320101	21110	0300				
PRESTON JAMES B	086	KNOX	000100	00000	0000				
PRESTON THOMAS	086	KNOX	000010	00000	1000				
PRETHERO WILLIAM	292A	JEFF	100010	20010	0100				
PREVO JAMES	167	WAYN	210001	22200	0200				
PREVO SAMUEL	167	WAYN	000100	00100	0100				
PREWIT ARCHD	159	SCOT	101201	00100	0201				
PREWNES JOHN	105	LAWR	100100	00100					
PRIBBLE STEPHEN	075	RIPL	121301	02101	0500				
PRICE DAVID	184	FRAN	100010	00010	0001				
PRICE DERASTUS	207	WASH	100010	40010	2100				
PRICE EDWARD	255	WAYN	101110	30010	0200				
PRICE FREDRICK	316	POSE	000010	10010	0100				
PRICE GILLISON	311A	POSE	100020	00100	0200				
PRICE JAMES	160	FRAN	120001	00101	0300				
PRICE JAMES	166	FRAN	020001	00101	0200				
PRICE JAMES	211	WAYN	001110	10100	0200				
PRICE JEDIAH	187	WAYN	000100	10100	0100				
PRICE JOHN JR	316	POSE	000101	10100	0100				
PRICE JOSEPH	162	FRAN	000010	00010	0100				
PRICE JOSEPH	117	SULL	410010	00110	0300				

Head of Household	Page	County	White Males (Under 10, 10-15, 16-18, 16-25, 26-44, 45 & over)	White Females (Under 10, 10-15, 16-25, 26-44, 45 & over)	Foreigners, Agriculture, Commerce, Manufacture	Free or Slave	Negro Males (Under 14, 14-25, 26-44, 45 & over)	Negro Females (Under 14, 14-25, 26-44, 45 & over)	Other not Indian
PRICE JOSEPH	315	POSE	000001	10101	0100				
PRICE LEVI	112	MART	203510	51010	1100				
PRICE PETER	191	VIGO	100010	10100	0100				
PRICE RICHARD P	083	KNOX	200000	30010	0001				
PRICE SAMUEL	162	FRAN	100010	11000	0100				
PRICE SAMUEL	093	KNOX	100001	00100	0100				
PRICE SARAH	253	WAYN	000000	20010	0000				
PRICE SILAS	163	FRAN	200100	20100	0100				
PRICE THOMAS	096	DEAR	100001	10010	0100				
PRICE THOMAS	159	WAYN	000201	00001	0002				
PRICE THOMAS	187	WAYN	200100	00100	0100				
PRICE WILLIAM	091	KNOX	100100	00100	0100				
PRICE WM	311	POSE	320010	11010	0300				
PRICE WM	254	GIBS	210001	20010	0100				
PRICHARD JESSE	029	FAYE	201201	21001	0100				
PRICHARD JOHN M	080	JENN	000110	00001	3200				
PRICHARD REES	202	WASH	210010	20110	0100				
PRIDDY DANIEL	031	FAYE	300010	20011	0100				
PRIDE THOS	300	PIKE	300020	20110					
PRIDE WILLIAM	300	PIKE	210010	31010					
PRIDE WOOLSEY	298	PIKE	011101	10010					
PRIDY ANNA	218	FRAN	200100	00201	0100				
PRIER ALLEN	081	DEAR	000010	20100	0100				
PRIER JOSEPH	081	DEAR	200010	10100	0100				
PRIEST OBADIAH	096	DEAR	310010	20020	0100				
PRIFOGLE PETER	162	FRAN	300010	20010	0100				
PRIMBALL HARVY	112	MART	300010	10010	0001				
PRINCE DAVID	222	WASH	200100	10100	0100				
PRINCE EDWARD	231	GIBS	100010	00101	0000				
PRINCE GODFREY	224	WASH	000001	00101	0100				
PRINCE JACOB	204	WASH	000010	10100	0100				
PRINCE JOHN	186	VIGO	000101	00000	0200				
PRINCE WILLIAM	231	GIBS	201110	02111	0010				
PRINGLE JAMES	203	WASH	121210	01010	0500				
PRIOR THOS	108	LAWR	000200	30010	1000				
PRIOR WESTLEY	249	WAYN	100100	10100	0100				
PRITCHARD HARMON	310A	POSE	000100	20100	0100				
PRITCHET EZEKIEL	080	DEAR	020101	02001	0100				
PRITCHET JOHN	246	GIBS	010001	01201	0100				
PROBUS WILLIAM	063	DEAR	001201	00001	0100				
PROCTER MOSES	282	JEFF	100200	00100	0100				
PROCTOR JOEL	197	FRAN	100010	00110	0100				
PROCTOR JOHN	325A	RAND	100100	40100	0100				
PROCTOR NATHAN	325A	RAND	000100	00100	0100				
PROTSMAN JOHN	174	SWIT	301401	10100	0100				
PROVIN JOHN M	158	SCOT	111101	00201	0300				
PROVOST SAMUEL	175	FRAN	200100	10100	0001				
PROW CHRISTIAN	210	WASH	310010	20100	0200				
PROW CHRISTIAN SR	210	WASH	110001	00101	0200				
PROW JOHN	210	WASH	000020	20010	0200				
PRUDEN AARON	068	DEAR	100010	00010	0001				
PRUET MOSES	021	FAYE	300010	01010	0100				

Head of Household	Page	County	White Males (Under 10, 10-15, 16-18, 16-25, 26-44, 45 & over)	White Females (Under 10, 10-15, 16-25, 26-44, 45 & over)	Foreigners, Agriculture, Commerce, Manufacture	Free or Slave	Negro Males (Under 14, 14-25, 26-44, 45 & over)	Negro Females (Under 14, 14-25, 26-44, 45 & over)	Other not Indian
PRUET WILLIAM	021	FAYE	200010	10100	0001				
PRUETT COLEMAN	120	MONR	011110	12010	0100				
PRUETT JOHN	125	ORAN	010010	23010	0200				
PRUITT JOHN H	187	WAYN	300010	00000	0100				
PRUITT MOSES	181	VAND	120010	30010	0300				
PRUITT SAMUEL	175	FRAN	200010	30010	0100				
PRUTTE WILLIAM	120	MONR	000200	00100	0200				
PRYOR JOHN A	071	RIPL	100110	10110	0002				
PRYOR NICHOLAS M	287A	JEFF	000010	20100	0001				
PUCKET JOSEPH	327A	RAND	500010	10010	0100				
PUCKET ZACHARIAH	327A	RAND	110110	22010	0100				
PUCKETT DANIEL	187	WAYN	030010	20200	0100				
PUCKETT ISOM	327A	RAND	210001	11201	0100				
PUCKETT THOMAS	327	RAND	120001	30010	0100				
PUCKITT BENJAMIN	165	WAYN	100101	02101	0200				
PUCKITT ISOM	192	VIGO	100120	10100	0300				
PUCKITT THOMAS	192	VIGO	221210	60201	0500				
PUGH ABEL	243	WAYN	300001	21010	0100				
PUGH CALEB	096	DEAR	000020	00000	0200				
PUGH ENOCH	096	DEAR	200001	10010	0100				
PUGH JAMES	142	OWEN	000110	10100	0200				
PUGH JOHN	105	SULL	300010	00101	0100	S	0100		
PUGH JOHN	272A	JEFF	100010	20010	0000				
PUGH JOSEPH	167	SWIT	000100	20101	0100				
PUGH LEVI	101	DEAR	010010	10001	0100				
PUGH WILLIAM	105	SULL	400010	20100	0300				
PUGH WILLOUGHBY	111	SULL	010010	10010	0200				
PUKHAM LEWIS	084	KNOX	100010	00100	0000				
PULER ALLEN	224	WASH	001200	10100	0200				
PULLAM M J	285A	JEFF	000101	11110	0200				
PULLIAM ZACHARIAH	085	KNOX	200010	00100	0000				
PULLIM BLAND B	215	WASH	000100	10100	0100				
PULLIUM ROBERT	294	JEFF	000001	00010	0100				
PUMPHREY NICHOLAS SR	051	FAYE	010201	10101	0300				
PUMPHREY NICHOLAS JR	051	FAYE	000100	10110	0100				
PUMPHREY NOAH	053	FAYE	100010	10111	0100				
PUMPHREY SILAS	045	FAYE	111110	22010	0100				
PUMROY GEORGE	107	SULL	200110	10010	0100				
PURCALL JOHN	100	LAWR	210001	02010	0200				
PURCEL DANL	099	SPEN	100010	40010	0100				
PURCEL JESSE	133	ORAN	200010	20010	0100				
PURCELL ANDREW	107	SULL	000100	00010	0100				
PURCELL ANDREW	093	KNOX	000120	00100	0300				
PURCELL BENJAMIN	073	RIPL	200110	10110	0200				
PURCELL CHARLES	316	POSE	100111	10100	0200				
PURCELL EDWARD	129	SULL	200101	03011	0300				
PURCELL HENRY	070	HARR	300100	00010	0100				
PURCELL JAMES	093	KNOX	210201	00110	0200				
PURCELL JOHN	092	KNOX	110010	11010	0100				
PURCELL JONATHAN	093	KNOX	000010	00100	0100				
PURCELL JOHN	077	RIPL	200110	10100	0200				
PURCELL JOHN	127	SULL	100010	20100	0100				

Head of Household	Page	County	White Males (Under 10, 10-15, 16-18, 16-25, 26-44, 45 & over)	White Females (Under 10, 10-15, 16-25, 26-44, 45 & over)	Foreigners, Agriculture, Commerce, Manufacture	Free or Slave	Negro Males (Under 14, 14-25, 26-44, 45 & over)	Negro Females (Under 14, 14-25, 26-44, 45 & over)	Other not Indian
PURCELL LARENCE	070	HARR	000111	00011	0200				
PURCELL MOSES	077	RIPL	200100	00100	0100				
PURCELL NOAH	088	KNOX	011311	21010	0401				
PURCELL REUBEN	196	WABA	000010	20100	0100				
PURCELL SAMUEL	073	RIPL	430010	10210	0300				
PURCELL URIAH	070	HARR	100100	00100	0100				
PURCELL WILLIAM	089	KNOX	000000	03001	0100				
PURDEN CHARLES	285	JEFF	100100	00100	0100				
PURDIE RICHARD	274	JEFF	000010	00000	0001				
PURDIN JOHN	280	JEFF	200010	10100	0100				
PURDY WILLIAM M	131	SULL	000020	30100	0002				
PURKEY JACOB	243	GIBS	100010	00001	0100				
PURKING ROBERT B	019	FAYE	100100	20100	0100				
PURKINS AUGUSTUS	021	FAYE	010001	00001	0100				
PURKINS JESSE	021	FAYE	000100	00100	0100				
PURKINS JOHN	021	FAYE	310010	40110	0100				
PURKINS NANCY	189	VIGO	100101	10100	0100				
PURKISER CHRISTOPHER	216	WASH	100010	30010	0100				
PURKISER JOHN	216	WASH	000100	10100	0100				
PURKISER SAMUEL	216	WASH	021101	01001	0400				
PURLEE JACOB	220	WASH	000010	20010	0100				
PURLIN ZACARIAS	106	LAWR	110010	31010					
PURRELL JONATHAN	105	SULL	110010	02010	0300				
PURSE JOHN T	179	VAND	000010	01010	3100				
PURSEL REUBEN	208	WASH	200001	20010	0100				
PURSEL WILLIAM	208	WASH	011101	01101	0300				
PURSEL WILLIAM	121	DEAR	310110	10020	0100				
PURSELL AARON	080	DEAR	100100	00100	0100				
PURSELL ELIZABETH	080	DEAR	000000	00001	0000	F	1000	1010	
PURSELL LAWRENCE	109	DEAR	200010	00010	0000				
PURSELL PETER	121	DEAR	101201	22110	0100				
PURSELL THOMAS	080	DEAR	110001	01010	0100				
PURSINGER LUKE	208	WASH	210110	32110	0300				
PURSINGER KATHARINE	208	WASH	020000	01001	0200				
PURSOLL JACOB	145	FLOY	200110	00010	0200				
PURTLE HENRY	091	KNOX	320110	10110	0200				
PURVIS WILLIAM	055	FAYE	300010	20010	0100				
PUTERBAUGH DANIEL	207	WAYN	200010	10010	0100				
PUTMAN HAZIAL	178	VAND	300210	11010	0003				
PUTMAN JAMES	023	FAYE	101010	31010	0100				
PUTNAM HOWARD	093	KNOX	001112	33120	0300				
PUTNAM LABAN	153	WARR	110010	41010	0000				
PUTNUM WM	237	GIBS	100100	10111	0100				
PUYER GEORGE	124	ORAN	000010	00100	0001				
PYLE EDWARD G	007	CRAW	110010	41010	0200				
PYLE JESSE	168	FRAN	020310	30010	0003				
PYMFORDAM ELIAS	235	GIBS	010010	01000	3010				
●UACUMBUSH PETER	147	FLOY	110010	52110	0200				
QUAIL SAMUEL	063	DEAR	210010	10010	0100				
QUAKENBUSH JAMES	107	LAWR	200010	10010	0100				
QUAKENBUSH JAMES	107	LAWR	100100	10100	0100				
QUEEN MARY	006	CLAR	000000	00001	0000				

Head of Household	Page	County	White Males (Under 10, 10-15, 16-18, 16-25, 26-44, 45 & over)	White Females (Under 10, 10-15, 16-25, 26-44, 45 & over)	Foreigners, Agriculture, Commerce, Manufacture	Free or Slave	Negro Males (Under 14, 14-25, 26-44, 45 & over)	Negro Females (Under 14, 14-25, 26-44, 45 & over)	Other not Indian
QUICK DAVID	150	PERR	320010	10010	0300				
QUICK JAMES	017	DELA	101101	22010	0200				
QUICK JOHN	174	FRAN	331210	21010	0400				
QUIGLEY PETER	044	CLAR	000010	00100	0001				
QUIK JOHN	103	LAWR	100101	00100	0100				
QUILLEN WILLIAM	097	LAWR	320001	12020					
QUILLINS JOHN	098	LAWR	220010	00010	0100				
RABB GEORGE	097	DEAR	120010	00010	0100	S	1100		
RABO JAMES	191	VIGO	000201	00000	1030				
RABURN CORNELIUS	130	ORAN	000110	01010	0100				
RACHELS BASWELL	316	POSE	300100	00100	0100				
RACINE ANDREW	087	KNOX	101311	10001	0200				
RACINE JOHN BT	085	KNOX	000110	01100	0000				
RACINE PEIRRE	087	KNOX	100100	10100	0100				
RADEHOFF ANDREW	041	HARR	000110	00101	0200				
RADLEY JOHN	063	DEAR	100001	10010	0101				
RADLEY JOHN	278A	JEFF	200100	00100	0000				
RAGAN JOHN	049	CLAR	000100	20100	0001				
RAGAN PEARSON	229	WAYN	100100	00100	0100				
RAGAN REZIN	231	WAYN	300010	00010	0100				
RAGAN THOMAS	227	WAYN	010201	00001	0400				
RAGER JACOB	319	POSE	000010	00100	0100				
RAGERS WM	315A	POSE	300010	20100	0100				
RAGIN SAMPSON	295A	JEFF	000000	00000	0000	F	2001	1001	
RAGON WILLIAM	030	DELA	000110	11010	0200				
RAHEL GEORGE	317	POSE	100010	10110	0000				
RAILEY JAMES	029	CLAR	011201	00001	0300				
RAILEY SAMUEL	004	CLAR	210010	01010	0100				
RAINBOW ADONIJAH	207	WAYN	100010	10100	0100				
RAINBOW NANCY	209	WAYN	010110	00100	0200				
RAINES THOMAS	031	DELA	010101	00001	0100				
RAINES WILLIAM	031	DELA	000100	00000	0100				
RAINS JAMES	227	WAYN	200100	00100	0100				
RAINS JOAB	227	WAYN	321110	20010	0500				
RAINS JONATHAN	119	MONR	211101	41010	0200				
RAINY ROBERT	146	FLOY	200010	20011	0100				
RALSBACK DAVID	217	WAYN	331201	10001	0100				
RALSTON ALEXANDER	217	WASH	000102	00000	0300	F	0000	0010	
RALSTON GAVIN	219	WASH	100100	00100	0100				
RALSTON JOHN	173	WAYN	100100	10010	0001				
RALSTON THOMAS	235	WAYN	000100	10010	0100				
RAMAGE THOMAS	187	VIGO	200101	02010	0300				
RAMAN A	014	CRAW	200110	01100	0000				
RAMBOW ABSALOM	183	WAYN	200020	40010	0200				
RAMBOW ISAAC	215	WAYN	010001	41210	0100				
RAMBOW JACOB	171	WAYN	000100	20100	0001				
RAMDEY LEVI	280	JEFF	100110	00100	0100				
RAMEL HENRY	202	FRAN	200101	00201	0100				
RAMEY SIMIAL	160	SCOT	000001	00000	0100				
RAMONL PHILIP	170	SWIT	000100	01100	1100				
RAMSAY AGUILLA	173	FRAN	200010	20100	0100				
RAMSAY JOHN	314A	POSE	100100	01000	0100				

Head of Household	Page	County	White Males (Under 10, 10-15, 16-18, 16-25, 26-44, 45 & over)	White Females (Under 10, 10-15, 16-25, 26-44, 45 & over)	Foreigners, Agriculture, Commerce, Manufacture	Free or Slave	Negro Males (Under 14, 14-25, 26-44, 45 & over)	Negro Females (Under 14, 14-25, 26-44, 45 & over)	Other not Indian
RAMSEE CHRISTOPHER	097	SPEN	011021	11101	0300				
RAMSEY ALLEN	093	KNOX	000101	01100	0100				
RAMSEY AQUILLA	093	KNOX	111202	11101	0300				
RAMSEY BENJ	280	JEFF	210010	20020	0100				
RAMSEY GEORGE	180	VAND	100010	10100	0100				
RAMSEY JAMES	040	CLAR	211301	11110	0200				
RAMSEY JOHN	280	JEFF	200110	10100	0100				
RAMSEY JOHN	113	SULL	100010	20100	0100				
RAMSEY JOHN	104	LAWR	320010	10010	0300				
RAMSEY JOHN	211	WASH	000001	10001	0100				
RAMSEY MARTHA	280	JEFF	111100	32110	0100				
RAMSEY THOS	280	JEFF	010001	10201	0100				
RAMSEY TOBIAS	172	FRAN	200110	20011	0100				
RAMSEY WATKIN	115	DEAR	320001	10020	1100				
RAMSEY WILLIAM	097	DEAR	220010	20010	0100				
RAMSEY WILLIAM H	093	KNOX	000010	40200	0100				
RAMSEY WILLIAM	081	JENN	000100	00000	0100				
RAMSON ISRAEL	069	HARR	000201	01010	0200				
RAMSYERE JACOB	170	SWIT	000201	00000	3300				
RAMY JAMES	174	FRAN	320010	10010	0200				
RAMY WILLIAM	174	FRAN	111101	31110	0300				
RAND JAMRS	108	DEAR	000010	00100	0100				
RAND THOMAS	108	DEAR	100201	10301	0200				
RANDAL ISAAC	032	CLAR	000100	00100	0100				
RANDAL JOHN B	023	FAYE	100010	10100	0001				
RANDALL WILLIAM	110	DEAR	100010	10100	0100				
RANDALS JOHN	288A	JEFF	010010	00100	0100				
RANDOLPH AARON	102	DEAR	000100	01100	0001				
RANDOLPH JOHN F	028	CLAR	001300	00100	0300				
RANDOLPH ROBERT	315A	POSE	300110	10010	0200				
RANDOLPH WILLIAM H	029	CLAR	000010	20100	0001				
RANEY CLEMENT	114	MART	110101	01110	0200				
RANEY JACOB	079	RIPL	230101	11010	0500				
RANEY JAMES	059	FAYE	300010	20010	0100				
RANEY JEREMIAH	114	MART	120001	00001	0200				
RANEY JOSEPH	113	MART	331101	02010	0300				
RANEY WM	235	GIBS	320001	10100	0100				
RANKEN JAMES	005	FAYE	200020	20010	0002				
RANKIN ALEXANDER	113	SULL	210301	01010	0600				
RANKIN JOHN	053	HARR	300110	30010	0200				
RANKIN JOSEPH	113	SULL	100100	10100	0100				
RANKIN SAML	158	SCOT	000011	00000	0020				
RANKIN SAMUEL S	187	VIGO	310310	11010	0100				
RANKIN WILLIAM	033	CLAR	001110	20100	0001				
RANKINS JAMES	313	POSE	300010	10200	0100				
RANKINS JEREMIAH	103	LAWR	300010	31010	0100				
RANSBORGER GEORGE	216	WASH	010011	00101	0300				
RANSDALE SANDFORD SR	153	FLOY	000010	11010	0100	S	1100	0100	
RANSFORD EDWARD	111	SULL	000010	10100	0100				
RANSFORD JOSEPH	111	SULL	210301	01101	0500				
RANSOM ELISHA	077	RIPL	110201	00010	0400				
RANSTEAD JAMES	165	SWIT	310011	20010	0200				

Head of Household	Page	County	White Males (Under 10, 10-15, 16-18, 16-25, 26-44, 45 & over)	White Females (Under 10, 10-15, 16-25, 26-44, 45 & over)	Foreigners, Agriculture, Commerce, Manufacture	Free or Slave	Negro Males (Under 14, 14-25, 26-44, 45 & over)	Negro Females (Under 14, 14-25, 26-44, 45 & over)	Other not Indian
RANY JOSEPH	100	LAWR	000211	02300	0200				
RANY STEPHEN	008	CLAR	200251	41130	0800	S	0001		
RAPER JOHN	169	WAYN	300010	21010	0100				
RAPER SUSAN	231	WAYN	100000	30100	0100				
RAPER WILLIAM	088	KNOX	000010	20010	0100				
RAPP GEORGE	317	POSE	000012	01022	0000				
RARDIN JOHN	192	FRAN	100200	10100	0100				
RARDIN JONATHAN	193	FRAN	100010	30010	0100				
RARDIN MOSES	192	FRAN	010001	01101	0200				
RAREY JOHN	193	VIGO	200010	21010	0100				
RARICK JACOB	117	DEAR	000100	00100	0100				
RASH JOSEPH	045	FAYE	200100	20100	0100				
RASH SAMUEL	193	VIGO	000010	00100	0100				
RASH WILLIAM	210	FRAN	100010	10100	0100				
RASHES JOHN	121	DEAR	000010	30011	0000				
RASOR ABRAHAM	218	WASH	200010	00100	0100				
RASOR GEORGE	122	DEAR	000100	00100	0100				
RASOR PETER	091	SPEN	000001	00001	0100				
RASOR SIMEON	091	SPEN	300010	00010	0100				
RATER JOHN	241	WAYN	230010	20011	0400				
RATHBURN THOMAS	293A	JEFF	201101	22101	0200				
RATLIFF BENJAMIN	220	WASH	300110	20100	0200	F	0000	0001	
RATLIFF DAVID	220	WASH	100010	41100	0100				
RATLIFF HANNAH	189	WAYN	002200	00201	0100				
RATLIFF JOB	239	WAYN	320010	10110	0300				
RATLIFF JOSEPH	011	CLAR	010101	00100	0100				
RATLIFF JOSEPH JR	163	WAYN	100010	10100	0100				
RATLIFF JOSEPH	189	WAYN	200010	31010	0100				
RATLIFF JONATHAN	227	WAYN	300010	20000	0100				
RATLIFF NATHAN	227	WAYN	100010	10010	0100				
RATLIFF RICHARD SR	263	WAYN	011010	01001	0100				
RATTS GODFREY	218	WASH	100010	11010	0100				
RAUSE WM	007	CRAW	221202	21101	0500				
RAVENCRAFT ISAAC	027	FAYE	200110	10010	0001				
RAVOLETT ANTOINE	087	KNOX	100010	00110	0100				
RAVOLETT FRANCES	087	KNOX	210010	00100	0100				
RAVOLETT LEWIS	087	KNOX	200010	11101	0100				
RAWLIEGH JOHN B	125	ORAN	300110	20010	0100				
RAWLINS DANIEL	119	MONR	100010	20011	0100				
RAWLINS RODNICK	120	MONR	100210	11110	0300				
RAWSON DANIEL	213	WASH	200301	23210	0400				
RAWSON JONATHAN	192	VIGO	000211	21001	0102				
RAWSON LUTES	137	WARR	111010	20010	0000				
RAY ANDREW	097	DEAR	000101	01110	0001				
RAY ANDREW	218	FRAN	000010	30100	0100				
RAY ARON	032	CLAR	200001	40110	0100				
RAY BARBARY	187	VIGO	320000	01010	0000				
RAY DAVID	092	KNOX	210110	20020	0100				
RAY DERUSHA	097	SPEN	202202	00010	0400				
RAY EDWARD	170	SWIT	100010	10010	0100				
RAY FRANCES	155	SCOT	010101	00401	0200				
RAY GEORGF	160	SCOT	000010	30100	0100				

Head of Household	Page	County	White Males (Under 10, 10-15, 16-18, 16-25, 26-44, 45 & over)	White Females (Under 10, 10-15, 16-25, 26-44, 45 & over)	Foreigners, Agriculture, Commerce, Manufacture	Free or Slave	Negro Males (Under 14, 14-25, 26-44, 45 & over)	Negro Females (Under 14, 14-25, 26-44, 45 & over)	Other not Indian
RAY HANNAH	200	FRAN	111100	01101	0200				
RAY JAMES B	188	FRAN	100100	00101	0100				
RAY JAMES	091	SPEN	300110	10100	0200				
RAY JAS	155	SCOT	000010	00010	0100				
RAY LEWIS	200	FRAN	000100	30100	0100				
RAY MARTIN M	188	FRAN	200100	10000	0001				
RAY ROBERT	108	DEAR	300010	10010	0100				
RAY ROBERT	075	RIPL	000201	02001	0300				
RAY SAMUEL	187	VIGO	100110	10100	0200				
RAY SILAS	079	RIPL	000100	30100	0100				
RAY WILLIAM	188	VIGO	300011	20010	0300				
RAY WILLIAM	186	VIGO	100110	30100	0200				
RAY WILLIAM	033	CLAR	100010	00010	0100				
RAY WILLIAM	089	SPEN	100010	11010	0100				
RAY WM	194	VIGO	010201	01201	1300				
RAYBURN WILL	281A	JEFF	300010	00100	0100				
RAYHILL MATHEW	202	WASH	420010	10010	0300				
RAYLE DAVID	171	SWIT	000100	00100	0100				
RAYLE JOHN	174	SWIT	020101	20001	0100				
RAYLE JOHN	171	SWIT	311401	11001	0100				
RAYLE WILLIAM	174	SWIT	000010	10100	0100				
RAYMAN LEWIS	161	FRAN	010010	10100	0002				
RAYMOND FRANCIS L	165	SWIT	310102	10010	1300				
RAYMOND FREDERICK	167	SWIT	000010	00000	1001				
RAYMOND TIMOTHY	014	CLAR	200010	21010	0001				
RAYWALT JOHN	031	CLAR	210220	22010	0401				
RAZOR CHRISTIAN	014	CRAW	100101	21111	0200				
REA DANIEL	021	FAYE	000020	20100	0200				
REABURN WM	239	GIBS	321001	20010	0200				
READ ISAAC	037	DUBO	000010	00100	0100				
READ SAMUEL	037	DUBO	020101	11001	0300				
READ GORGE	020	CLAR	120010	01110	0100				
READ JAMES	127	SULL	000101	00201	0200				
READAY GEORGE	105	SULL	100100	00100	0100				
READAY JOHN	105	SULL	111101	10110	0400				
READAY JOHN JR	127	SULL	000010	00100	0100				
READER JOSEPH	194	VIGO	400110	10110	0200				
READER MICHAEL	207	WAYN	000010	00100	0100				
READER SIMON	316	POSE	320001	22010	0300				
READFORD HENRY	191	VIGO	120020	11010	0001				
READFORD JAMES	191	VIGO	010010	30110	0200				
READFORD PETER	191	VIGO	100010	00100	0100				
REAGAN NICHOLAS	015	FAYE	200010	01010	0100				
REAL HENRY	240	GIBS	100010	20200	0100				
REAL JOHN	252	GIBS	110111	02010	0300				
REAMER HENRY	109	DEAR	100100	00100	0100				
REAMER HENRY	081	DEAR	000001	00001	0000				
REAMER PETER	109	DEAR	200010	10010	0100				
REAP SARAH	037	CLAR	110000	11010	0000				
REAS BENJAMIN	026	CLAR	200020	00100	0100				
REAS JOHN	024	CLAR	000001	21011	0100				
REAS JOSEPH	029	CLAR	210100	30100	0200				

Head of Household	Page	County	White Males (Under 10, 10-15, 16-18, 16-25, 26-44, 45 & over)	White Females (Under 10, 10-15, 16-25, 26-44, 45 & over)	Foreigners, Agriculture, Commerce, Manufacture	Free or Slave	Negro Males (Under 14, 14-25, 26-44, 45 & over)	Negro Females (Under 14, 14-25, 26-44, 45 & over)	Other not Indian
RECORD WILLIAM	115	DEAR	010001	01001	0100				
RECTOR ALFORD M	192	VIGO	000100	00100	0100				
RECTOR DANIEL	284A	JEFF	011101	00010	0101				
RECTOR FREDERICK C	305A	POSE	000120	00000	0000				
RECTOR GEORGE	192	VIGO	110001	12001	0300				
RECTOR H P	284	JEFF	100100	00100	0100				
RECTOR JACOB	253	WAYN	121201	42101	0100				
RECTOR JOHN	192	VIGO	200010	10100	0100				
RECTOR JOHN	284A	JEFF	000110	00100	0200				
REDARMELL JOHN	091	KNOX	310010	21010	0100				
REDD MORDECAI	172	SWIT	421110	11010	0100				
REDDING JAMES	037	FAYE	201101	22010	0001				
REDDING JOHN	003	FAYE	110100	10100	0001				
REDDING MATTHIAS	108	DEAR	020010	21101	0100				
REDDING NATHAN	273	WAYN	300010	10010	0100				
REDDING WILLIAM	108	DEAR	430010	01010	0100				
REDEN THOMAS	290A	JEFF	400010	20010	0100				
REDER CHARLES	067	HARR	100010	00010	0100				
REDFIELD HENRY	109	LAWR	100010	10100	0100				
REDFIELD RICHARD	149	FLOY	220201	10110	0300				
REDFORD LEWIS	084	KNOX	000100	00000	0001				
REDFORD RICHARD	084	KNOX	000100	30100	0000				
REDINBAUGH FREDERICK	277A	JEFF	300101	02201	0200				
REDINBAUGH GEORGE	277A	JEFF	000						
REDINBAUGH SAMUEL	278	JEFF	000110	00001	0200				
REDINGBURGH MACLIAH	192	VIGO	100010	20010	0100				
REDINGHOUSE ELIAS	083	KNOX	000100	00000	0001				
REDMAN GEORGE	083	KNOX	000010	10010	0000				
REDMAN JOHN C	017	CLAR	220010	11110	0100				
REDMAN JOSHUA W	003	CLAR	000010	10100	0100				
REDMAN REASIN	048	CLAR	210010	20010	0000				
REDUS ARON	219	WASH	010010	30100	0200				
REDUS JAMES	216	WASH	100101	21121	0300				
REDUS JOEL	217	WASH	000101	02201	0200				
REDUS JOHN	216	WASH	000100	00010	0100				
REDUS SAMUEL	205	WASH	000100	00100	0000				
REECE DEMPSEY	261	WAYN	000100	10100	0100				
REECE GEO	153	WARR	311101	12010	0000				
REECE HENDERSON	153	WARR	000100	00010	0000				
REECE JAMES	288	JEFF	300200	20010	0100				
REECE JAS	153	WARR	100010	10100	0000				
REECE SOLOMON	269	WAYN	010010	11110	0100				
REED A G	275A	JEFF	010200	00100	0000				
REED ADAM	021	DELA	010101	00001	0100				
REED ANDREW	176	FRAN	000010	30010	0100				
REED BIRCH	119	SULL	000101	00101	0200				
REED BURNETT	143	FLOY	000001	00001	0100				
REED CATHARINE	227	WAYN	010000	31010	0000				
REED DAVID	137	ORAN	000001	10201	0100				
REED EPHRAIM	150	PERR	120001	10201	0300				
REED EZRA	247	WAYN	000100	10000	0100				
REED FREDERICK	278A	JEFF	200010	10010	0100				

Head of Household	Page	County	White Males (Under 10, 10-15, 16-18, 16-25, 26-44, 45 & over)	White Females (Under 10, 10-15, 16-25, 26-44, 45 & over)	Foreigners, Agriculture, Commerce, Manufacture	Free or Slave	Negro Males (Under 14, 14-25, 26-44, 45 & over)	Negro Females (Under 14, 14-25, 26-44, 45 & over)	Other not Indian
REED GEORGE	003	FAYE	300210	20200	0101				
REED HAMLETON	189	VIGO	301110	00010	0200				
REED HENRY A	101	DEAR	000010	01100	0001				
REED HENRY	215	WAYN	100100	00100	0100				
REED HUGH	189	VIGO	100100	10100	0200				
REED ISAAC	169	SWIT	010030	42110	0001				
REED JACOB	022	DELA	221210	20010	0100				
REED JACOB	257	WAYN	100010	50010	0100				
REED JAMES	081	DEAR	110010	30010	0100				
REED JAMES	243	GIBS	100110	10100	0200				
REED JAMES	205	FRAN	200010	20010	0100				
REED JAMES H	152	SCOT	100100	00100	0000				
REED JAMES	045	HARR	000110	20010	0100				
REED JOHN	081	JENN	000101	02001	0200				
REED JOHN	025	DELA	100100	00100	0100				
REED JOHN	086	KNOX	000010	00000	0000				
REED JOHN	224	FRAN	310010	20010	0002				
REED JOHN	177	WAYN	000100	10100	0001				
REED JOHN W	295A	JEFF	200010	10010	0001				
REED JOHN	015	FAYE	300001	11010	0001				
REED JOSEPH	224	WASH	200010	10010	0100				
REED JOSHUA	137	ORAN	100110	00100	0200				
REED JOSHUA W	274	JEFF	010420	01201	0006				
REED MARY	209	WASH	010300	01001	0400				
REED ROBERT	124	ORAN	400011	00001	0100				
REED ROBERT	015	FAYE	200001	02010	1001				
REED SAMUEL	081	JENN	000100	00000	0100				
REED SUSAN	257	WAYN	021200	00010	0100				
REED THOMAS	196	WABA	100010	20010	0100				
REED THOMAS	199	FRAN	221101	22110	0400				
REED THOS	281	JEFF	130001	00201	0100				
REED THOS N	287	JEFF	000100	00100	0100				
REED WILLIAM	124	ORAN	110021	42011	0210				
REED WILLIAM	136	ORAN	100100	10101	0100				
REED WILLIAM	278A	JEFF	110010	20010	0100				
REEDER AMOS	194	VIGO	200010	20010	0100				
REEDER CHARLES	175	SWIT	000010	10100	0100				
REEDER JOHN	046	HARR	000010	01001	0100				
REEDER JONATHAN	173	SWIT	200001	12010	0100				
REEDER SARAH	243	WAYN	310000	01010	0100				
REEDY ANN	299	PIKE	100100	11010	0000				
REEDY JAMES	138	ORAN	000010	20100	0001				
REEDY JAMES	299	PIKE	100100	00100					
REEDY WILLIAM	298	PIKE	100100	00100					
REEL CLERK	010	CRAW	001000	00100	0100				
REEL GEORGE	092	KNOX	100010	00100	0100				
REEL JOHN	092	KNOX	130110	10210	0200				
REEL MICUEL	008	CRAW	110001	11201	0200				
REEMER DAVID	063	DEAR	100101	11101	0200				
REENO JOSEPH	085	KNOX	101200	10200	0100				
REES DAVID	005	CRAW	200011	01110	0100				
REES EPHRAIM D	021	FAYE	100010	10100	0100				

Head of Household	Page	County	White Males (Under 10, 10-15, 16-18, 16-25, 26-44, 45 & over)	White Females (Under 10, 10-15, 16-25, 26-44, 45 & over)	Foreigners, Agriculture, Commerce, Manufacture	Free or Slave	Negro Males (Under 14, 14-25, 26-44, 45 & over)	Negro Females (Under 14, 14-25, 26-44, 45 & over)	Other not Indian
REES JOHN SR	015	FAYE	001201	00101	1000				
REES JOHN JR	019	FAYE	200100	10010	0100				
REES JOHN SR	003	FAYE	011101	00001	0003				
REES JOSEPH C	007	FAYE	200010	30010	0001				
REES SALLY	007	FAYE	000001	00001	0100				
REES SUSANNA	097	DEAR	320100	10010	0100				
REES THOMAS	015	FAYE	400010	10200	1100				
REESE CALEB	325	RAND	000101	00111	0100				
REESE DAVID	202	FRAN	000100	20100	0001				
REESE WILLIAM	326	RAND	100010	00100	0100				
REEVE JABEZ	158	SCOT	011111	11011	0100				
REEVES ALLEN	091	KNOX	100010	10010	0100				
REEVES DAVID	077	RIPL	000100	00000	0100				
REEVES JOHN A	160	SCOT	000100	00100	0100				
REEVES JOHN	123	SULL	100100	00100	0100				
REEVES JOSEPH	119	MONR	210010	33010	0100				
REEVES POWELL	110	DEAR	200010	20010	0100				
REEVES ROBERT	160	SCOT	110010	20110	0100				
REEVES WILLIAM	091	KNOX	000100	00000	0100				
REEVES ZADOCK	131	SULL	100101	00100	0001				
REEVICK THOMAS	196	FRAN	200101	12010	0200				
REGAN ZENETH	044	HARR	110010	21101	0200				
REGGS CHARELES	037	CLAR	310020	00110	0200				
REICH CHRIST	320	POSE	001101	00001	0100				
REID ARCHIBALD	003	FAYE	031311	10101	0102				
REID JOHN	020	CLAR	000001	00111	0100				
REID JOHN	067	HARR	200010	20010	0100				
REID JOHN SR	067	HARR	111110	21011	0200				
REILEY ABRAHAM	070	HARR	300010	22010	0100				
REILEY JOHN C	083	KNOX	000110	00100	0001	F	0010		
REILEY JOHN	056	HARR	003311	01201	0000				
REILEY JOHN	114	MART	000200	10100	0200				
REILEY OWEN	086	KNOX	200001	20100	0000	S	1000	1100	
REILEY PHILLIP	093	KNOX	120101	02101	0300				
REILY DAVID B	085	KNOX	000100	01100	0000				
REILY JOHN	175	SWIT	300010	00100	0100				
REIN ROSSINA	320	POSE	001100	01001	0100				
REIP MARGRATH	320	POSE	001101	01011	0000				
REITENOUR GEORGE	324A	RAND	200010	00201	0100				
REMER JOHN	136	FLOY	000010	00100	0001				
RENARD BARBARA	003	CLAR	000000	01001	0000				
RENBARGER PHILLIP	324A	RAND	000100	00100	0100				
RENBARGER GEORGE	237	WAYN	000201	10101	0300				
RENBARGER PHILIP	237	WAYN	000100	00100	0100				
RENBARGER HENRY	237	WAYN	300100	10100	0100				
RENCH KATHARINE	051	FAYE	010240	01121	0203				
RENNICK HENRY	213	WASH	000100	20010	0100				
RENNO PRESLEY	174	SWIT	100010	30010	0100				
RENO BENJAMIN	104	DEAR	100010	20010	0100				
RENO ELIJAH D	104	DEAR	200010	10010	0000				
RENO GEORGE	104	DEAR	000011	00101	0100				
RENO JAMES	262A	JACK	000100	10100	0100				

Head of Household	Page	County	White Males (Under 10, 10-15, 16-18, 16-25, 26-44, 45 & over)	White Females (Under 10, 10-15, 16-25, 26-44, 45 & over)	Foreigners, Agriculture, Commerce, Manufacture	Free or Slave	Negro Males (Under 14, 14-25, 26-44, 45 & over)	Negro Females (Under 14, 14-25, 26-44, 45 & over)	Other not Indian
RENO WILLIAM	097	DEAR	110010	21000	0100				
RENSHAW ABRAHAM	181	VAND	000010	31011	0100				
RENT JAMES	023	CLAR	200100	00100	0100				
REPLEY WILL P	289	JEFF	100010	30010	0000				
RESHAURE JOHN	087	KNOX	110120	00100	0300				
RESUDEAN AUGUST	084	KNOX	300020	00010	0000				
RETHERFORD LARKIN	268	JACK	100010	00100	0001				
REVEER ABRAHAM D	136	FLOY	301110	00020	0001				
REVIS ICEM	238	GIBS	020010	20110	0100				
REVIS WM	238	GIBS	220010	21110	0200				
REYMAN JOSEPH	206	WASH	011301	01001	0500				
REYNALS BOWEN	037	CLAR	220010	00010	0100				
REYNALS SAMUEL	038	CLAR	410010	01010	0100				
REYNOLDS	084	KNOX	000010	00000	0000				
REYNOLDS ABRAHAM	098	LAWR	100110	00010	0100				
REYNOLDS BENJAMIN	107	DEAR	420010	22010	0100				
REYNOLDS CHARLES	033	DELA	100100	00100	0100				
REYNOLDS DAVID	192	VIGO	220101	01110	0400				
REYNOLDS DAVID W	184	FRAN	000010	00100	0001				
REYNOLDS DANIEL	058	HARR	000100	00100	0100				
REYNOLDS DANIEL	264A	JACK	111201	21000	0100				
REYNOLDS EBINEZER	241	WAYN	220101	10210	0300				
REYNOLDS ELI	097	DEAR	100100	00100	0100				
REYNOLDS ISAAC	097	DEAR	110101	10110	0100				
REYNOLDS JOHM M	103	DEAR	100001	12000	1001				
REYNOLDS JOSEPH	224	FRAN	110001	00101	0101				
REYNOLDS JEREMIAH	126	ORAN	010010	00100	0200				
REYNOLDS JOSEPH F	165	WAYN	400010	30000	0100				
REYNOLDS JAMES B	027	FAYE	300010	20101	0100				
REYNOLDS LARKIN	185	WAYN	000001	10001	0100				
REYNOLDS ROBERT S	083	KNOX	000010	00000	0010				
REYNOLDS SUSANAH	028	DELA	000000	00101	0000				
REYNOLDS S L	286	JEFF	401110	21010	0101				
REYNOLDS THOMAS	114	DEAR	210101	11010	0100				
REYNOLDS WILLIAM	041	FAYE	210010	20020	0100				
REYNOLDS WILLIAM	137	ORAN	001101	01011	0100				
REYNOLDS WM G	267	WAYN	220010	11000	0100				
REYNOLDS WM	269	WAYN	000101	00001	0200				
REZZLEY AARON	108	LAWR	100110	10010					
REZZLEY EPHRAIM	108	LAWR	310010	30010					
REZZLEY JESSE	108	LAWR	100010	00100					
REZZLEY RICHARD	108	LAWR	010201	11001					
REZZLEY SILAS	108	LAWR	100100	00100					
RHA BENJAMIN	021	DELA	000100	00000	0100				
RHA HIRAM	021	DELA	300010	10100	0100				
RHA HUGH	019	DELA	100010	30100	0100				
RHA JOHN	021	DELA	100100	00100	0100				
RHA MOSES	021	DELA	210101	01001	0100				
RHEA WILLIAM	182	FRAN	310010	10010	0100				
RHEDIC HAMILTON	098	LAWR	220001	20010	0100				
RHEUBOTTOM GEORGE	100	LAWR	000010	10100					
RHEUBOTTOM THOS	100	LAWR	100100	10010					

Head of Household	Page	County	White Males (Under 10, 10-15, 16-18, 16-25, 26-44, 45 & over)	White Females (Under 10, 10-15, 16-25, 26-44, 45 & over)	Foreigners, Agriculture, Commerce, Manufacture	Free or Slave	Negro Males (Under 14, 14-25, 26-44, 45 & over)	Negro Females (Under 14, 14-25, 26-44, 45 & over)	Other not Indian
RHEUBOTTOM SIMON	100	LAWR	121201	11201					
RHOADS HENRY	141	WARR	310001	20110	0000				
RHOADS JOSEPH	142	OWEN	200110	10000	0200				
RHOADS MARY	141	WARR	320100	10010	0000				
RHODES BALAM	022	DELA	100100	01000	0100				
RHODES HENRY	148	PERR	200010	10010	0100				
RHODES JACOB	286	JEFF	310010	20010	0100				
RHODES THOMAS	150	PERR	000001	00001	0100				
RHODES WILLIAM	137	ORAN	000100	00100	0001				
RHUARK REUBIN	107	LAWR	010110	01200	0200				
RIADON WM	249	WAYN	000010	00100	0100				
RIASON SAMUEL	193	VIGO	010010	10100	0200				
RIBBLE ADAM	205	WASH	000101	00101	0000				
RIBBLE JOHN	214	WASH	010010	50010	0200				
RIBBLE JOSEPH	218	WASH	110010	21010	0200				
RICE ABRAHAM	062	HARR	200010	00100	0100				
RICE AMOS	188	VIGO	100010	02010	0200				
RICE DEMSEY	209	WASH	310010	30010	0200				
RICE HENRY	073	HARR	320121	10201	0000				
RICE JACOB	012	CRAW	200010	32010	0100				
RICE JESSE D	108	DEAR	100100	00100	0100				
RICE JESSE	121	SULL	201110	10010	0200				
RICE JOHN	044	CLAR	000100	10010	0000				
RICE JOHN	101	DEAR	000001	00110	0100				
RICE JONATHAN	012	CRAW	110010	31110	0200				
RICE JORDAN	108	DEAR	100010	30010	0100				
RICE JOSEPH	065	HARR	020001	10101	0100				
RICE NATHAN	039	DUBO	200110	31010	0200				
RICE RICHARD	163	WAYN	100001	00101	0100				
RICE WILLIAM	188	VIGO	310301	21110	0004				
RICES EBENIZER	158	SCOT	130301	13010	0400				
RICH AMOS	281A	JEFF	100100	00100	0100				
RICH ELIJAH	113	DEAR	021111	10110	0100				
RICH GEORGE	103	LAWR	000100	00100					
RICH JAMES	015	CRAW	210010	10010	0200				
RICH JOSEPH	171	SWIT	010010	30010	0100				
RICH JOSEPH	261A	JACK	211110	00101	0100				
RICH JUSTUS	078	JENN	010010	11010	0100				
RICH LANDON	133	FLOY	100100	00101	0100				
RICHARD ELIZABETH	045	CLAR	220100	11110	0200				
RICHARD JAMES	081	DEAR	000000	00000	0100	F	0201	0010	
RICHARD KENALD	068	DEAR	210010	00110	0001				
RICHARD RICHARD	173	WAYN	000100	00000	0100				
RICHARDS BENJAMIN	068	HARR	100210	40100	0200				
RICHARDS GEORGE	263	JACK	011210	23010	0100				
RICHARDS GABRIEL	263	JACK	100010	10100	0100				
RICHARDS ISAAC	165	SWIT	010001	00001	0100				
RICHARDS JOHN	119	DEAR	000010	00100	0100				
RICHARDS JOHN	062	HARR	000010	10301	0100				
RICHARDS JOHN	127	SULL	000001	00001	0100				
RICHARDS MACY	051	FAYE	000100	00301	0100				
RICHARDS NICHOLES	203	WASH	210010	30010	0200				

Head of Household	Page	County	White Males (Under 10, 10-15, 16-18, 16-25, 26-44, 45 & over)	White Females (Under 10, 10-15, 16-25, 26-44, 45 & over)	Foreigners, Agriculture, Commerce, Manufacture	Free or Slave	Negro Males (Under 14, 14-25, 26-44, 45 & over)	Negro Females (Under 14, 14-25, 26-44, 45 & over)	Other not Indian
RICHARDS ROLEN B	250	GIBS	200010	10010	0100				
RICHARDS WILLIAM	211	WASH	310010	22010	0200				
RICHARDS ZADOCK	267	JACK	111201	23010	0100				
RICHARDSON IRA	219	WASH	000010	20100	0100				
RICHARDSON THOMAS	224	WASH	321101	11110	0400				
RICHARDSON DANIEL	225	WASH	410101	22210	0100				
RICHARDSON JAMES H	183	VAND	000210	00100	0001				
RICHARDSON SAMUEL S	188	VIGO	121401	00101	0700				
RICHARDSON SAMUEL	081	DEAR	110010	40010	0100				
RICHARDSON NATHAN	121	DEAR	000121	00101	0200				
RICHARDSON LETT	147	WARR	200110	10100	0000				
RICHARDSON ABEDNEGO	048	CLAR	010020	11010	0300				
RICHARDSON JOSEPH P	063	DEAR	100010	20100	0100				
RICHARDSON SENA	006	CLAR	200000	00100	0000				
RICHARDSON BENONI	225	FRAN	210010	20010	0100				
RICHARDSON NATHAN	226	FRAN	121101	21010	0300				
RICHARDSON WILLIAM	217	FRAN	211210	32010	0301				
RICHARDSON AARON	185	FRAN	000010	40010	0100				
RICHARDSON THOMAS	147	PERR	020101	00001	0300				
RICHARDSON LARKIN	150	PERR	000100	10100	0000				
RICHARDSON AMOS	150	PERR	400010	10010	0100				
RICHARDSON JONATHAN	150	PERR	400010	20100	0100				
RICHARDSON THOMAS	150	PERR	100100	00100	0100				
RICHARDSON EBENEZER	150	PERR	020010	41010	0300				
RICHARDSON RICHARD	127	ORAN	000010	00100	0100				
RICHARDSON GERSHOM	079	RIPL	210020	10010	0300				
RICHARDSON AMOS	089	SPEN	210010	21010	0200				
RICHARDSON JOHN	095	SPEN	300010	12010	0100				
RICHARDSON AARON	327A	RAND	000001	30010	0100				
RICHARDSON JOHN	277	JEFF	200010	10010	0100				
RICHARDSON JAS	141	WARR	100100	10100	0000				
RICHART JOHN	318A	POSE	010010	01110	0000				
RICHASON ARTHUR	216	WASH	320010	12010	0300				
RICHASON IVY	216	WASH	200010	40100	0100				
RICHASON THOMAS	214	WASH	200100	00100	0100				
RICHEE JAMES	287A	JEFF	100100	10100	0100				
RICHERSON JOEL	021	DELA	100010	10100	0100				
RICHERSON SAMUEL	023	DELA	021210	11010	0100				
RICHERSON JONATHAN	021	DELA	050100	11001	0100				
RICHERSON CABEL	021	DELA	000100	10100	0100				
RICHEY ADAM	024	CLAR	300010	10010	0100				
RICHEY ADAM	172	FRAN	131101	10210	0200				
RICHEY ELIZABETH	087	SPEN	100102	01000	0100				
RICHEY JAMES	035	DUBO	001301	10010	0400				
RICHEY JOHN	159	SCOT	300010	10010	0100				
RICHEY JOHN	088	KNOX	000010	00100	0100				
RICHEY JOHN JR	029	CLAR	200010	00100	0100				
RICHEY JOHN	025	CLAR	000001	10001	0100				
RICHEY SIMPSON	180	VAND	320010	10010	0100				
RICHEY WM H	161	SCOT	210010	21010	0010				
RICHIE WILLIAM	289	JEFF	010001	00001	0100				
RICHIE WILL R	286A	JEFF	300010	10010	0100				

Head of Household	Page	County	White Males (Under 10, 10-15, 16-18, 16-25, 26-44, 45 & over)	White Females (Under 10, 10-15, 16-25, 26-44, 45 & over)	Foreigners, Agriculture, Commerce, Manufacture	Free or Slave	Negro Males (Under 14, 14-25, 26-44, 45 & over)	Negro Females (Under 14, 14-25, 26-44, 45 & over)	Other not Indian
RICHISON JAMES	298	PIKE	120010	41010					
RICHMOND GEORGE	167	SWIT	100010	12010	0001				
RICHMOND JOHN	175	SWIT	100100	00100	0100				
RICHMOND LAWTON	167	SWIT	010010	30100	0000				
RICHMOND NATHANIEL	087	DEAR	000010	00010	0000				
RICHMOND NATHANIEL	030	DELA	011101	01001	0100				
RICHMOND ORAN	167	SWIT	000100	00100	0100				
RICHMOND SYLVESTER	175	SWIT	000110	00100	0100				
RICHY GIDEON	240	GIBS	300100	00100	0001				
RICHY JAMES	097	LAWR	000100	10100					
RICHY JOHN	234	GIBS	310100	00101	0100				
RICHY JOSEPH	246	GIBS	020110	21100	0200				
RICKET RICHARD	312A	POSE	210010	21110	0200				
RICKETS ABRAHAM	063	DEAR	300010	10010	0100				
RICKETS EDWARD	063	DEAR	100010	10010	0100				
RICKETS JOHN	063	DEAR	000010	20100	0100				
RICKETS NATHAN JR	063	DEAR	100010	30100	0100				
RICKETS NATHAN	063	DEAR	100001	01101	0100				
RICKETS REASON	042	CLAR	001101	03101	0200				
RICKETS ROBERT SR	063	DEAR	000201	02001	0100				
RICKETS ROBERT	063	DEAR	200100	10200	0100				
RICKETS WILLIAM	063	DEAR	122301	31001	0100				
RICKETS WILLIAM	063	DEAR	300010	20100	0100				
RICKETS WM	251	GIBS	420010	21010	0100				
RICKETT BENJAMIN	187	WAYN	100101	20001	0200				
RICKETT WILLIAM	173	SWIT	311110	11001	0200				
RICKMAN GEORGE	024	DELA	000100	00000	0100				
RICKS JOHN W	146	PERR	010100	10100	0010				
RICKSLEY JOHN H	205	WASH	300430	10200	0132				
RICORDS SAMUEL	063	DEAR	220010	21010	0100				
RICORDS THOMAS	063	DEAR	300010	00010	0100				
RIDDICK JOHN	031	DELA	000001	01010	0100				
RIDDICK WILLIAM	031	DELA	100010	31010	0100				
RIDDLE CHARLES	012	CRAW	000010	01010	0100				
RIDDLE DAVID	294A	JEFF	210010	10010	0100				
RIDDLE HENRY	027	DELA	100100	00010	0100				
RIDDLE JACOB	291A	JEFF	100010	10010	0100				
RIDDLE JOHN	012	CRAW	200010	30010	0100				
RIDDLE JOHN	169	SWIT	200100	00200	0001				
RIDDLE STEPHEN	108	LAWR	021310	12101					
RIDENNOWON JOHN	309	POSE	300200	10100	0200				
RIDENOUR JACOB	170	SWIT	000011	00010	0200				
RIDER GEORGE	203	WASH	200010	10010	0100				
RIDER JOHN	173	SWIT	210001	10100	0100				
RIDER STERN	067	HARR	100100	00100	0100				
RIDES DANIEL	186	VIGO	211201	00001	0400				
RIDGE BENJAMIN	119	MONR	100010	10010	0100				
RIDGE CHARLES	014	CRAW	400010	01010	0100				
RIDGE JAMES	006	CLAR	000200	00100	0001				
RIDGE JAMES	195	WAYN	010010	01010	0100				
RIDGE SAMUEL	024	CLAR	200101	02001	0200				
RIDGEWAY JOHN	216	WASH	000010	20100	0100				

Head of Household	Page	County	White Males (Under 10, 10-15, 16-18, 16-25, 26-44, 45 & over)	White Females (Under 10, 10-15, 16-25, 26-44, 45 & over)	Foreigners, Agriculture, Commerce, Manufacture	Free or Slave	Negro Males (Under 14, 14-25, 26-44, 45 & over)	Negro Females (Under 14, 14-25, 26-44, 45 & over)	Other not Indian
RIDGWAY CHANY	229	WAYN	101101	22010	0300				
RIDGWAY MARK	165	SWIT	110010	01000	0100				
RIDIX GEORGE	120	MONR	200010	00100	0100				
RIDLE JAMES	011	CRAW	211301	11010	0300				
RIDLEY WILLIAM	048	HARR	000010	00000	0100				
RIDLIN ABRAHAM	116	DEAR	020101	10101	0100				
RIDLIN TIMOTHY	112	DEAR	300010	20010	0100				
RIDOR JOHN	014	CLAR	110010	31010	0001				
RIECE ROBERT	026	DELA	510010	00010	0100				
RIED JOHN	028	DELA	000110	42010	0200				
RIED JOHN	043	CLAR	210010	01010	0001				
RIED JOHN	041	CLAR	010101	00200	0100				
RIED JONATHAN	022	CLAR	220101	21011	0200				
RIED SARAH	018	CLAR	020300	02001	0201				
RIEGER DAVID	090	KNOX	000010	10010	0100				
RIFE ABRAHAM	215	WASH	000010	00100	0200				
RIFFEE JOHN	205	WAYN	210010	02010	0001				
RIGGANS JAMES	098	LAWR	000110	10010	0100				
RIGGLE JAMES	037	CLAR	200010	20010	0100				
RIGGLE MICHAEL	004	CLAR	231001	12010	0200				
RIGGS BENSON	129	SULL	100200	00100	0101				
RIGGS CHARLES	131	SULL	030101	00101	0500				
RIGGS ELIAS	199	WAYN	000001	00101	0100				
RIGGS HEZEKIAH	129	SULL	100010	00100	0001				
RIGGS JAMES	003	CLAR	010201	11110	0300				
RIGGS JOHN	079	JENN	210010	12010	0100				
RIGGS JOHN	150	PERR	000010	00200	0100				
RIGGS MOSES	125	ORAN	200010	20100	0100				
RIGGS SAMUEL	097	LAWR	000100	10100	0001				
RIGGS SAMUEL	041	FAYE	300010	10100	0100				
RIGGS SARAH	097	DEAR	211100	10110	0000				
RIGHT LEVI	286A	JEFF	200010	31010	0100				
RIGHT SAMUEL	103	LAWR	000010	10100					
RIGLEY JOHN	223	WAYN	210001	20010	0100				
RIGNEY JOHN	133	ORAN	200010	10100	0100				
RIGNEY WILLIAM	135	ORAN	000202	22101	0200				
RIGSBY WILLIAM	208	FRAN	000010	30010	0100				
RIGWAY JONATHAN	117	SULL	120011	30010	0300				
RIGWAY JOSEPH JR	119	SULL	220010	30010	0300				
RIGWAY JOSEPH	119	SULL	001101	00001	0300				
RIGWAY LEVI	111	SULL	000100	00100	0100				
RIGWAY SAMUEL	107	SULL	100010	10010	0100				
RIKER ARTEMAS	160	FRAN	100100	01100	0100				
RIKER EURADUS	290	JEFF	211101	11001	0200				
RILEY ABRAHAM	129	ORAN	600010	10010	0100				
RILEY BENJAMIN	125	DEAR	000001	00001	0100				
RILEY DENNIS	097	DEAR	100010	20100	0100				
RILEY EDWARD	128	ORAN	000101	00001	0100				
RILEY ISAAC	128	ORAN	200000	20010	0100				
RILEY JAMES	145	PERR	320010	10110	0100	S	0000	0100	
RILEY JAMES	069	HARR	412210	12010	0000				
RILEY JAMES	215	WASH	010001	01201	0100				

Head of Household	Page	County	White Males (Under 10, 10-15, 16-18, 16-25, 26-44, 45 & over)	White Females (Under 10, 10-15, 16-25, 26-44, 45 & over)	Foreigners, Agriculture, Commerce, Manufacture	Free or Slave	Negro Males (Under 14, 14-25, 26-44, 45 & over)	Negro Females (Under 14, 14-25, 26-44, 45 & over)	Other not Indian
RILEY JOHN	109	LAWR	000021	00101	0200				
RILEY JOHN	038	CLAR	320001	21010	0400				
RILEY JOHN	040	DUBO	000010	20100	0100				
RILEY NATHAN	237	WAYN	220010	21010	0200				
RILEY RALPH	161	FRAN	000010	00100	0100				
RILEY WILLIAM	040	DUBO	000100	00000	0000				
RILEY WILLIAM	129	ORAN	500010	00010	0100				
RILEY WM	009	CRAW	100011	20010	0200				
RILLY JOHN	125	DEAR	100021	20010	0100				
RILY EZEKIEL	124	ORAN	200010	00010	0002				
RILY JONATHAN	186	VIGO	200110	10100	0200				
RINARD GEORGE	215	WAYN	100010	30100	0100				
RINCHART MARTIN	195	FRAN	000100	10100	0001				
RING JAMES	180	VAND	000010	01001	3001				
RING JOHN	020	DELA	021210	20010	0100				
RING JOHN	197	WAYN	000001	00001	0100				
RING JOHN	221	WAYN	210010	21010	0100				
RING PHILIP	209	WASH	100010	30010	0200				
RING RICHARD	195	WAYN	210010	00100	0100				
RING SOLOMON	206	WASH	100100	10100	0100				
RING WILLIAM	035	FAYE	100100	20100	0100				
RINGO PETER	173	WAYN	300010	11000	0001				
RINKER GEORGE	209	WASH	400010	10010	0100				
RINKER GEORGE	201	WAYN	102201	10001	0100				
RINKER LEVI	209	WASH	300010	30101	0100				
RIPERDEN JOHN	071	HARR	310010	12010	0200				
RIPPEY JOSEPH	249	WAYN	211101	21100	0001				
RIPPLE JOHN	224	WASH	000020	00010	0200				
RISBY JOSHUA	202	WASH	000010	20010	0100				
RISDEN NATHAN	032	FAYE	010001	10302	0100				
RISK WILLIAM	049	FAYE	110010	22110	0100				
RISLEY CHARLES	300	PIKE	220010	12010					
RISLEY DANIEL	091	KNOX	220101	10001	0000				
RISLEY DAVID	088	KNOX	120201	11101	0500				
RISLEY JOHN	301	PIKE	401101	21100					
RISLEY PHEBY	039	DUBO	310000	11210	0200				
RISLEY SAMUEL	143	OWEN	000010	30100	0100				
RITCHARDSON JOHN	186	VIGO	210020	22010	0200				
RITCHE GEORGE	119	MONR	410010	10010	0100				
RITÇHEE JAMES	126	DEAR	110001	01001	0100				
RITCHETT PRESLEY	177	VAND	310310	11010	0000				
RITCHEY JAMES	162	SCOT	300000	00000	0100				
RITCHEY JAMES	154	SCOT	300010	40010	0100				
RITCHEY JOHN	071	RIPL	210020	12210	0200				
RITCHIE ADAM	277A	JEFF	020201	00001	0300				
RITCHIE JOHN	285A	JEFF	110101	30111	0200				
RITCHIE THOMAS	080	JENN	020110	01110	0100				
RITCHY THOMAS	215	FRAN	210010	10210	0200				
RITE CHRISTOPHER	247	GIBS	100110	00100	0002				
RITE LEWIS	023	DELA	200210	00101	0100				
RITENBARK STEPHEN	134	ORAN	200001	10010	0100				
RITENOUR HENRY	089	KNOX	110120	00010	0200				

Head of Household	Page	County	White Males (Under 10, 10-15, 16-18, 16-25, 26-44, 45 & over)	White Females (Under 10, 10-15, 16-25, 26-44, 45 & over)	Foreigners, Agriculture, Commerce, Manufacture	Free or Slave	Negro Males (Under 14, 14-25, 26-44, 45 & over)	Negro Females (Under 14, 14-25, 26-44, 45 & over)	Other not Indian
RITTENHOUSE ENOCH	172	SWIT	100100	00100	0100				
RITTER JOHN	210	FRAN	000010	10100	0100				
RITTER MOSES	204	WASH	000100	00100	0001				
RITTES SARAH	271	WAYN	100000	23010	0100				
RIVES DANIEL	236	GIBS	300010	02101	0100				
RO EDWARD W	204	WASH	000010	20010	0100				
ROACH MARRARET	190	VIGO	000210	11210	0003				
ROADS DAVID	182	VAND	100100	10100	0100				
ROADS DAVID	069	HARR	000010	20100	0100				
ROADS JACOB	026	CLAR	100001	02101	0100				
ROADS JOHN	041	HARR	210001	22010	0200				
ROADS LEWIS	072	HARR	300110	10010	0100				
ROADS MICHAEL	061	HARR	200010	10100	0100				
ROADS SAMUEL	273	JEFF	100010	00100					
ROADS WILLIAM	129	ORAN	300100	00010	0100				
ROAN ELIPHALET	136	FLOY	110010	10010	0001				
ROATS GEORGE	172	SWIT	200001	30010	1100				
ROB JAMES	252	GIBS	230101	12201	0200				
ROBB DAVID	257	GIBS				F	0000	0001	
ROBB DAVID	256	GIBS	110301	32110	0200				
ROBB JAMES W	291	JEFF	200110	00110	0101				
ROBB JAS	310A	POSE	000100	11100	0100				
ROBB LYDDY	317	POSE	411400	11100	0500				
ROBB MARGARET	031	CLAR	021100	11010	0000				
ROBB THOMAS	324A	RAND	000100	00000	0010				
ROBB WM	254	GIBS	000010	10100	0100				
ROBBINS AARON	154	SCOT	000100	00100	0100				
ROBBINS DANIEL	131	ORAN	310010	21010	0100				
ROBBINS ISAAC	172	SWIT	000001	00101	0100				
ROBBINS JAMES	215	WAYN	200010	20010	0100				
ROBBINS JACOB JR	153	SCOT	000100	10100	0100				
ROBBINS JOSHUA	125	ORAN	020201	11211	0500				
ROBBINS JOHN	105	SULL	300010	10010	0200				
ROBBINS JOSEPH	120	DEAR	200010	10010	0100				
ROBBINS NATHAN	154	SCOT	000010	30010	0100				
ROBBINS NATHAN	154	SCOT	000001	00001	0100				
ROBBINS NATHANIEL	191	VIGO	300010	10100	0100				
ROBBINS THOMAS	063	DEAR	000010	40010	0100				
ROBBINS THOMAS	113	SULL	100110	00010	0200				
ROBERSON GEORGE	314A	POSE	020010	10010	0300				
ROBERSON HENRY	307A	POSE	100010	00100	0100				
ROBERSON ISAAM	313A	POSE	200100	10100	0100				
ROBERSON JOSEPH	306	POSE	200100	10100	0100				
ROBERSON JERIMIAH	308A	POSE	110110	10200	0200				
ROBERSON JAMES	310A	POSE	000100	10010	0100				
ROBERSON JONATHAN	313A	POSE	200031	21210	0300				
ROBERSON MOSES	306	POSE	120111	12001	0400				
ROBERSON STEPHEN	010	CRAW	300101	10010	0100				
ROBERT EBENEZAR	114	DEAR	020010	20010	0100				
ROBERT JAMES	114	DEAR	230010	10010	0100				
ROBERT THOMAS JR	177	WAYN	230102	20100	2000				
ROBERTS AARON	117	DEAR	200010	00100	0100				

Head of Household	Page	County	White Males (Under 10, 10-15, 16-18, 16-25, 26-44, 45 & over)	White Females (Under 10, 10-15, 16-25, 26-44, 45 & over)	Foreigners, Agriculture, Commerce, Manufacture	Free or Slave	Negro Males (Under 14, 14-25, 26-44, 45 & over)	Negro Females (Under 14, 14-25, 26-44, 45 & over)	Other not Indian
ROBERTS ALBERT	080	JENN	000100	10100	0100				
ROBERTS BASIL	015	FAYE	110020	22010	0100				
ROBERTS BENJAMINE	028	DELA	100010	21100	0100				
ROBERTS BETSEY	077	RIPL	310100	21010	0200				
ROBERTS BENJAMIN	225	WAYN	100101	10110	0200				
ROBERTS CHARLES	225	WAYN	210010	20010	0100				
ROBERTS CORNELIUS	032	DELA	000100	00100	0100				
ROBERTS DANIEL	113	DEAR	100010	50010	0100				
ROBERTS EDWARD	125	DEAR	320002	00010	0100				
ROBERTS EDWARD	073	RIPL	310001	30210	0300				
ROBERTS ELIAS	309	POSE	100010	12110	0000				
ROBERTS FRANCIS	171	SWIT	010010	30010	0100				
ROBERTS GAINS H	137	WARR	000010	20100	0000				
ROBERTS GEORGE	073	RIPL	210110	11010	0200				
ROBERTS HEZEKIAH	165	SWIT	021101	10101	0100				
ROBERTS ISAAC	050	HARR	000210	30020	0100				
ROBERTS JAMES	137	FLOY	000100	00100	0100				
ROBERTS JAMES	030	CLAR	000001	00001	0100				
ROBERTS JAMES	170	FRAN	310010	00010	0100				
ROBERTS JACOB	073	RIPL	100010	30100	0100				
ROBERTS JAMES	250	GIBS	000100	00100	0100				
ROBERTS JESSE	366	RAND	100010	20100	0100				
ROBERTS JOHN	085	KNOX	000010	00000	0001				
ROBERTS JOHN	086	KNOX	000100	00000	0000				
ROBERTS JOHN	080	JENN	200101	10201	0200				
ROBERTS JOHN	015	CLAR	200010	30010	0100				
ROBERTS JOHN	311	POSE	300010	12010	0100				
ROBERTS JOSEPH	247	GIBS	300100	70100	0100				
ROBERTS JOHN	250	GIBS	110101	11002	0200				
ROBERTS JOHN	166	SWIT	200100	20010	0100				
ROBERTS JOHN	172	SWIT	010001	00101	0100				
ROBERTS JOHN	160	FRAN	111101	10101	0300				
ROBERTS JOHN	212	WASH	000100	00100	0100				
ROBERTS JOHN	221	WASH	320010	11110	0400				
ROBERTS LAWRENCE	081	DEAR	100010	10100	0100				
ROBERTS LEMUEL	114	DEAR	030010	00011	0000				
ROBERTS LEWIS	211	WASH	200210	22110	0300				
ROBERTS LUCY	136	ORAN	101110	11010	0100				
ROBERTS MINOR	165	SWIT	010301	41201	0100				
ROBERTS MOSES	175	SWIT	200010	10010	0100				
ROBERTS NOAH	089	KNOX	000201	01011	0100				
ROBERTS PHINEAS	177	WAYN	111110	11000	0100				
ROBERTS REUBEN	114	DEAR	100010	10010	0100				
ROBERTS ROBERT R	099	LAWR	011210	00210	0200				
ROBERTS SAMUEL	114	DEAR	200110	02000	0100				
ROBERTS SAMUEL JR	115	DEAR	110010	31100	0100				
ROBERTS SILVESTER	157	SCOT	111001	31110	0100				
ROBERTS SOLOMON W	253	WAYN	000100	10100	0100				
ROBERTS THOS SR	211	WAYN	020011	00101	0300				
ROBERTS THOMAS	008	CRAW	411010	11110	0300				
ROBERTS WALTER	163	WAYN	400010	10010	0100				
ROBERTS WILLIAM	006	CRAW	010001	21101	0200				

Head of Household	Page	County	White Males (Under 10, 10-15, 16-18, 16-25, 26-44, 45 & over)	White Females (Under 10, 10-15, 16-25, 26-44, 45 & over)	Foreigners, Agriculture, Commerce, Manufacture	Free or Slave	Negro Males (Under 14, 14-25, 26-44, 45 & over)	Negro Females (Under 14, 14-25, 26-44, 45 & over)	Other not Indian
ROBERTS WILLIAM	101	SPEN	000010	10100	0100				
ROBERTS WINNEY	314A	POSE	000000	01200	0000				
ROBERTS WILLIAM	275	JEFF	100100	01100	0001				
ROBERTS WILLIAM	165	SWIT	100010	03001	0100				
ROBERTS WILLIAM	108	DEAR	300010	00010	0100				
ROBERTS WILLIAM S	139	FLOY	401211	02010	0400				
ROBERTS WILLIAM	139	FLOY	000100	00100	0001				
ROBERTS WM H	153	WARR	120101	01101	0000				
ROBERTSON MATHEW	207	WASH	311101	11110	0300				
ROBERTSON JOHN	192	VIGO	211110	21010	0100				
ROBERTSON WM	233	GIBS	410100	11011	0100				
ROBERTSON WILLIAM	017	DELA	000100	00000	0100				
ROBERTSON ARTHUR	017	DELA	000100	00000	0100				
ROBERTSON JOHN	019	DELA	200100	00100	0100				
ROBERTSON ISAAC	022	DELA	000010	30100	0100				
ROBERTSON ABRAHAM	245	GIBS	011001	00010	0200				
ROBERTSON SAMEL	290	JEFF	111101	00301	0200				
ROBERTSON JOHN	307	POSE	110010	40100	0200				
ROBERTSON NATHANIEL	245	GIBS	100201	00100	0200				
ROBERTSON JOHN	248	GIBS	710101	42100	0200				
ROBERTSON JOHN	264A	JACK	100010	30010	0100				
ROBERTSON GEORGE	264A	JACK	000010	20001	0100				
ROBERTSON ANDREW	265	JACK	000100	10100	0100				
ROBESON ABEL	017	FAYE	111101	41010	0100				
ROBESON MATTHEW	035	FAYE	221110	20110	0100				
ROBEY JAMES A	081	DEAR	200010	01100	0000				
ROBINAT ENOCH	030	CLAR	201201	34010	0300				
ROBINET ANDREW	026	CLAR	000100	00100	0100				
ROBINS ARON	162	SCOT	000100	00100	0100				
ROBINS ELIZABETH	090	KNOX	001100	01101	0100				
ROBINS G R	287A	JEFF	100010	20010	0001				
ROBINS JACOB JR	162	SCOT	000100	10100	0100				
ROBINS JACOB	157	SCOT	011101	21001	0200				
ROBINS JOHN	090	KNOX	400010	01010	0100				
ROBINS JOSEPH	152	SCOT	410110	31010	0101				
ROBINS MOSES	183	WAYN	011201	00011	0300				
ROBINS NATHANIL	161	SCOT	000001	30000	0100				
ROBINS NATHANIEL	161	SCOT	000001	00001	0100				
ROBINS PHILLEMON	027	CLAR	000001	41210	0100				
ROBINS RICHARD	152	SCOT	400010	10010	0100				
ROBINS SIMBRIGHT	009	FAYE	000001	00010	0100				
ROBINS WILLIAM	292	JEFF	000110	20100	0100				
ROBINSON ABRAHAM	172	FRAN	000011	10010	0100				
ROBINSON ANDREW	150	PERR	100010	10010	0000				
ROBINSON AMOS	119	MONR	300010	00100	0001				
ROBINSON ARMIT	167	SWIT	200100	10100	0100				
ROBINSON BOOTHE	210	WASH	010101	00101	0300				
ROBINSON BERRISFORD	219	WASH	000100	00100	0100				
ROBINSON CHARLES	012	CLAR	311110	02210	0200				
ROBINSON DANIEL	042	CLAR	000200	10100	0001				
ROBINSON DANIEL	286	JEFF	000001	42010	0100				
ROBINSON DANL	288A	JEFF	000001	42010	0100				

Head of Household	Page	County	White Males (Under 10, 10-15, 16-18, 16-25, 26-44, 45 & over)	White Females (Under 10, 10-15, 16-25, 26-44, 45 & over)	Foreigners, Agriculture, Commerce, Manufacture	Free or Slave	Negro Males (Under 14, 14-25, 26-44, 45 & over)	Negro Females (Under 14, 14-25, 26-44, 45 & over)	Other not Indian
ROBINSON ELI	023	CLAR	121210	40010	0300				
ROBINSON ELISHA	205	FRAN	200010	00100	0001				
ROBINSON ELIAS	283	JEFF	111110	31010	0200				
ROBINSON GEORGE	147	PERR	010001	02001	0200				
ROBINSON HENRY	029	CLAR	131301	10201	0700				
ROBINSON HEZEKIAH	023	CLAR	211210	21110	0300				
ROBINSON JOHN	281	JEFF	001200	00101	0200				
ROBINSON JOSEPH	026	CLAR	110111	12001	0400				
ROBINSON JOHN	026	CLAR	100110	30010	0100				
ROBINSON JOHN	172	FRAN	000100	00100	0100				
ROBINSON JOSEPH JR	029	CLAR	200010	20010	0100				
ROBINSON JAMES	029	CLAR	200010	00100	0100				
ROBINSON JACOB	039	CLAR	000100	00100	0100				
ROBINSON JOHN	042	CLAR	100700	00100	0100				
ROBINSON JAMES	023	CLAR	000010	00100	0100				
ROBINSON JAMES	178	VAND	211201	30001	0300				
ROBINSON JOSHUA V	180	VAND	200010	00100	0000				
ROBINSON JOSEPH	167	SWIT	000100	10100	0100				
ROBINSON JAMES	172	SWIT	100010	30010	0100				
ROBINSON JAMES	162	FRAN	211110	11011	0200				
ROBINSON JOSIAH	135	FLOY	200010	10100	0100				
ROBINSON JAMES	219	WASH	200010	10100	0100				
ROBINSON JOHN	202	WASH	220021	21101	0200				
ROBINSON JOHN	210	WASH	500010	01010	0100				
ROBINSON JOHN SR	219	WASH	000011	22010	0200				
ROBINSON MATHEW	290	JEFF	200100	20100	0100				
ROBINSON MIDDLETON	282A	JEFF	111101	31010	0100				
ROBINSON MOSES	257	WAYN	100010	40010	0001				
ROBINSON MATHEW	142	FLOY	000120	00010	0003				
ROBINSON NATHAN	023	CLAR	000001	10002	0100				
ROBINSON NATH	152	SCOT	000010	10100	0100				
ROBINSON NIEL C	023	DELA	000010	11100	0100				
ROBINSON NATHAN	077	JENN	101310	11101	0100				
ROBINSON NATHANIEL	080	JENN	101210	12101	0200				
ROBINSON ROBERT	045	CLAR	300111	10010	0100				
ROBINSON ROBERT	023	CLAR	221201	10001	0400				
ROBINSON RUSSEL	280	JEFF	001100	00100	0100				
ROBINSON ROBERT	202	WASH	121210	21000	0100				
ROBINSON SAML	080	JENN	000100	10100	0100				
ROBINSON SAMUEL	040	CLAR	220010	11010	0200				
ROBINSON SAMUEL	006	CLAR	000020	10100	0200				
ROBINSON WM	020	DELA	000010	00000	0100				
ROBINSON WM W	020	DELA	100101	01000	0100				
ROBINSON WILLIAM	272A	JEFF	200010	40110	0000				
ROBINSON WILLIAM	219	WASH	101101	32010	0200				
ROBINSON WILLIAM	032	CLAR	301201	13010	0001				
ROBINSON WILLIAM	040	CLAR	200001	11110	0001				
ROBINSON ZEPHINIAH	023	CLAR	211210	20010	0300				
ROBISON ABNER	088	KNOX	020101	21100	0400				
ROBISON ALLEN	063	DEAR	110010	10100	0001				
ROBISON DRURY	210	WASH	100100	10100	0100				
ROBISON JAMES	064	HARR	120010	11010	0200				

Head of Household	Page	County	White Males (Under 10, 10-15, 16-18, 16-25, 26-44, 45 & over)	White Females (Under 10, 10-15, 16-25, 26-44, 45 & over)	Foreigners, Agriculture, Commerce, Manufacture	Free or Slave	Negro Males (Under 14, 14-25, 26-44, 45 & over)	Negro Females (Under 14, 14-25, 26-44, 45 & over)	Other not Indian
ROBISON JOHN	156	SCOT	100010	20100	0100				
ROBISON JOHN	097	DEAR	200020	20110	0101				
ROBISON JOHN	116	DEAR	000100	20100	0100				
ROBISON MARTIN	086	KNOX	310010	00010	0001				
ROBISON MATHEW	048	HARR	201100	00100	0100				
ROBISON NATHAN	077	RIPL	100100	00100	0100				
ROBISON ROBERT	185	VIGO	000001	01101	0100				
ROBISON SIDNEY	106	DEAR	110111	00001	0300				
ROBISON STEPHEN	186	FRAN	000100	10100	0001				
ROBISON STEPHEN	114	DEAR	200010	01010	0100				
ROBISON THOMAS	084	KNOX	310100	00020	0001	S	0000	0010	
ROBISON WILLIAM	219	WASH	111201	01100	0400				
ROBIT FRANCIS	086	KNOX	000001	00000	1000				
ROBY HENRY	217	WASH	210101	24010	0300				
ROCK ROBERT	201	WASH	200010	20010	0100				
ROCKAFELLAR SAMUEL	161	FRAN	010001	01101	0200				
ROCKAFELLAR JOHN	163	FRAN	200110	42010	0200				
ROCKEYFELLOW HENRY	271	WAYN	100100	00100	0100				
ROCKWELL JONATHAN	192	VIGO	300110	11310	0200				
RODARMELL ABRAHAM	092	KNOX	100010	03110	0100				
RODDY CHRISTOPHER	169	WAYN	000001	00011	0001				
RODEBAUGH SETH	325	RAND	200010	10100	0100				
RODEBUCK PETER	006	CRAW	000311	00101	0103				
RODEN JAMES	131	ORAN	100010	00100	0100				
RODERICK FRANCES	092	KNOX	000100	00100	0100				
RODERICK JOHN	092	KNOX	210010	10010	0100				
RODERICK JOSEPH	092	KNOX	001101	10011	0000				
RODERROCK SOLOM	013	CRAW	100010	10100	0100				
RODES BOLSIR	221	WAYN	100100	00100	0100				
RODES JOHN	327	RAND	200200	00121	0100				
RODES JONATHAN	195	WAYN	300010	10010	0100				
RODES WILLIAM	327	RAND	300010	00100	0100				
RODES WM	217	WAYN	210010	11010	0100				
RODGERS ELIJAH	168	SWIT	200100	10100	0100				
RODGERS HENRY	168	SWIT	110100	20100	0100				
RODGERS JOHN	079	JENN	110010	30010	0100				
RODGERS JOHN H	079	JENN	100113	00100	0100				
RODGERS JOHN	167	SWIT	100100	00100	0100				
RODGERS STEPHEN	168	SWIT	000101	00001	0100				
RODGERS THOMAS	043	HARR	111101	22001	0200				
RODIER PETER C	151	FLOY	030001	00000	0100				
RODMAN HUGH	223	WASH	110010	40010	0200				
RODMAN JAMES	202	WASH	300010	10010	0200				
RODMAN JAMES SR	224	WASH	100001	32110	0100				
RODMAN SAMUEL	039	CLAR	010001	21101	0100				
RODMAN WILLIAM	205	WASH	220320	10010	0000	F	0100		
RODOLPH MICHAEL	223	WASH	000010	10100	0100				
RODRICK SIMEON	117	SULL	100100	00100	0100				
ROE CHARLES	237	WAYN	220001	20110	0200				
ROE DAVID	327A	RAND	000010	00010	0100				
ROE ISAAC	068	DEAR	020010	12010	0100				
ROE JACOB D	026	CLAR	100010	00010	0001				

Head of Household	Page	County	White Males (Under 10, 10-15, 16-18, 16-25, 26-44, 45 & over)	White Females (Under 10, 10-15, 16-25, 26-44, 45 & over)	Foreigners, Agriculture, Commerce, Manufacture	Free or Slave	Negro Males (Under 14, 14-25, 26-44, 45 & over)	Negro Females (Under 14, 14-25, 26-44, 45 & over)	Other not Indian
ROE WILLIAM N	327A	RAND	000010	10010	0100				
ROE WILLIAM	275A	JEFF	110001	01201	0000				
ROFF CHARLES	150	PERR	300010	12010	0100				
ROGER HENRY	149	FLOY	000010	10100	0100				
ROGERS ABSOLOM	089	SPEN	100010	01000	0100				
ROGERS ALEXA	310A	POSE	000010	40010	0100				
ROGERS ANDREW	030	CLAR	000110	02110	0200				
ROGERS AQUILLA	267A	JACK	100100	10010	0100				
ROGERS AQUILLA SR	268	JACK	000111	00101	0100				
ROGERS BENJAMIN	262A	JACK	000100	01000	0100				
ROGERS DAVID	119	MONR	110010	22010	0100				
ROGERS EBENEZAR	097	DEAR	220001	20001	0100				
ROGERS ELIJAH	293A	JEFF	300010	12010	0100				
ROGERS EZRA	023	FAYE	100100	20100	0100				
ROGERS HENRY	267A	JACK	000101	10001	0100				
ROGERS ISAIAH	326	RAND	100010	30010	0100				
ROGERS JAMES	097	SPEN	001001	00001	0100				
ROGERS JAMES	268	JACK	100010	00101	0100				
ROGERS JAMES R	030	CLAR	000010	30100	0100				
ROGERS JEREMIAH	268A	JACK	000100	10100	0100				
ROGERS JOHN	031	CLAR	100301	02010	0401				
ROGERS JOHN	223	FRAN	200011	21011	0100				
ROGERS JONATHAN	119	SULL	010101	01111	0000				
ROGERS JONATHAN	119	MONR	410010	00010	0100				
ROGERS LEWIS	263A	JACK	100100	00100	0100				
ROGERS LEWIS	188	VIGO	320010	20010	0300				
ROGERS LEWIS	099	LAWR	200010	31010					
ROGERS LEWIS	102	LAWR	200010	10010	0200				
ROGERS MATTHEW	093	SPEN	000101	00101	0200				
ROGERS PHILIP	223	WASH	100020	20100	0300				
ROGERS QUILLIN	024	DELA	001001	00100	0100				
ROGERS RANDOLPH	181	VAND	020001	00010	0200				
ROGERS ROBERT	286A	JEFF	210201	01102	0200				
ROGERS SAMUEL	119	MONR	221110	32110	0201				
ROGERS SAMUEL	030	CLAR	110010	22010	0001				
ROGERS SHADRICK	087	SPEN	000100	00000	0100				
ROGERS THOMAS	030	CLAR	321102	20110	0100				
ROGERS THOMAS	089	SPEN	101001	11001	0200				
ROGERS WILLIAM	181	VAND	000100	10100	0100				
ROGERS WILLIAM	063	DEAR	220201	10010	0100				
ROLF HAZEN	185	FRAN	321101	02001	0200				
ROLL A C	141	FLOY	300010	10010	0100				
ROLL BENJAMIN	064	HARR	220010	20010	0100				
ROLLENS JOSEPH	101	LAWR	100101	00200	0100				
ROLLER JACOB	090	KNOX	000010	30010	0100				
ROLLEY JOHN	129	SULL	000100	00100	0100	F	0010	1100	
ROLLF ASA	039	FAYE	210010	20010	0001				
ROLLF JAMES	039	FAYE	000001	00001	0000				
ROLLING MOSES	091	KNOX	000110	00001	0200				
ROLLINGS JOHN	265A	JACK	100100	00100	0100				
ROLLINS AARON	219	WASH	100010	51010	0100				
ROLLINS EDWARD	220	WASH	200101	21110	0100				

Head of Household	Page	County	White Males (Under 10, 10-15, 16-18, 16-25, 26-44, 45 & over)	White Females (Under 10, 10-15, 16-25, 26-44, 45 & over)	Foreigners, Agriculture, Commerce, Manufacture	Free or Slave	Negro Males (Under 14, 14-25, 26-44, 45 & over)	Negro Females (Under 14, 14-25, 26-44, 45 & over)	Other not Indian
ROLLINS NATHAN	156	SCOT	111301	40110	0400				
ROLLINS NICY	220	WASH	010000	20010	0100				
ROLLINS WILSON	220	WASH	200010	00100	0100				
ROLLINSON AARON	286A	JEFF	221201	10201	0300				
ROLLS JESSE	009	CLAR	000000	00000	0100	F	0001	0001	
ROLSTAN JAMES	243	WAYN	020201	11101	0200				
ROLSTON ANDREW	232	GIBS	110100	10100	0002				
ROLSTON JOSEPH	185	VIGO	011201	21110	1100				
ROMINE ABRAHAM	091	KNOX	000010	00100	0000				
ROMINE ISAAC	090	KNOX	300010	00010	0001				
ROMINE WILLIAM	024	CLAR	200010	20100	0100				
ROMOND JEREMIAH	191	VIGO	001210	00101	0300				
RONALDS CALEB	030	DELA	200010	20010	0100				
RONALDS HENRY	041	HARR	200001	21001	0100				
RONAN CHARLES	061	FAYE	100010	10101	0100				
RONEY MARGARET	220	WASH	210000	12010	0100				
ROOD JACOB	156	SCOT	110111	30310	0102				
ROOD MARTHA	156	SCOT	110200	02010	0200				
ROOF SAMUEL	087	DEAR	100010	10100	0100				
ROOKS ELIJAH	249	GIBS	010011	00011	0100				
ROOKS JOSEPH	326	RAND	410010	21010	0100				
ROOP JOEL	217	WAYN	120010	21210	0100				
ROOP MORGAN	176	FRAN	000100	10100	0100				
ROOS JOHN	019	DELA	000010	40100	0100				
ROOS WILLIAM	019	DELA	200010	10010	0100				
ROOT LOREN	189	VIGO	000101	00100	0200				
ROQUEST SAMUEL	084	KNOX	100010	02010	0000				
ROSABUCK JOHN	134	ORAN	000010	00100	0100				
ROSANBOUM CHARLES	097	LAWR	100010	10010	0001				
ROSDEL JESSE	113	SULL	000010	20100	0100				
ROSE ABRAHAM	215	FRAN	300010	10010	0100				
ROSE ABRAHAM	201	FRAN	011101	22010	0300				
ROSE DANIEL	181	VAND	200010	11100	0100				
ROSE ELISHA	204	WASH	310011	20010	0300				
ROSE FRANCES	155	SCOT	000010	31100	0100				
ROSE HENRY M	145	WARR	000100	00100	0001				
ROSE JAMES I	213	WASH	000010	00010	0100				
ROSE JESSE	195	WAYN	210010	10010	0100				
ROSE JOHN JR	141	FLOY	200010	11100	0001				
ROSE JOHN	077	JENN	200100	10100	0100				
ROSE JOSEPH	181	VAND	100201	30001	0300				
ROSE LEWIS	085	KNOX	000010	00000	0000				
ROSE MARTIN	088	KNOX	000101	02201	0600	S	2120	1010	
ROSE MATHIAS	086	KNOX	000010	00000	0010				
ROSE RICHARD	155	SCOT	210001	20100	0100				
ROSE SAMUEL	212	WASH	020010	30010	0300				
ROSE SAMUEL	041	CLAR	420101	10010	0400				
ROSE THOMAS	178	VAND	411201	22110	0500				
ROSE TIMOTHY	262A	JACK	131110	11101	0100				
ROSE URIAH	201	FRAN	310101	12010	0100				
ROSE WILLIAM	150	FLOY	100001	00101	0100				
ROSE WILLIAM	215	FRAN	000111	01001	0200				

Head of Household	Page	County	White Males (Under 10, 10-15, 16-18, 16-25, 26-44, 45 & over)	White Females (Under 10, 10-15, 16-25, 26-44, 45 & over)	Foreigners, Agriculture, Commerce, Manufacture	Free or Slave	Negro Males (Under 14, 14-25, 26-44, 45 & over)	Negro Females (Under 14, 14-25, 26-44, 45 & over)	Other not Indian
ROSE WILLIAM Y	202	FRAN	100100	00100	0100				
ROSEBERRY THOS	281A	JEFF	210101	22001	0200				
ROSEBERRY GEO	281A	JEFF	000100	00100	0100				
ROSEBERRY JOHN	097	DEAR	200010	00100	0100				
ROSEBERRY ISAAC	097	DEAR	200201	11011	0100				
ROSEBERRY THOMAS	080	JENN	200100	20100	0100				
ROSEBERY JOSEPH	243	GIBS	210101	11101	0200				
ROSEBROUGH ROBERT	175	SWIT	210010	12110	0100				
ROSECRANTZ RICHARD	149	PERR	000100	00100	0100				
ROSECRANTZ JOHN	149	PERR	000101	00101	0200				
ROSECRANTZ BENJAMIN	150	PERR	000001	00001	0000				
ROSELL ABEDNEGO	123	DEAR	000100	10010	0100				
ROSELL NELSON	007	CLAR	200010	20010	0100				
ROSEMAN JOSEPH	084	KNOX	000010	20010	0001				
ROSEN GEO	295	JEFF	100010	30010	0100				
ROSS CHARLES	020	CLAR	000010	00001	0100				
ROSS DAVID	175	SWIT	000100	00100	0100				
ROSS DAVID	033	DELA	300010	00010	0100				
ROSS GEORGE	046	CLAR	200010	10200	0001	S	0001		
ROSS JAMES	087	DEAR	000100	00000	0001				
ROSS JAMES	169	FRAN	310010	20010	0100				
ROSS JAMES	203	FRAN	200010	30010	0100				
ROSS JAMES	274	JEFF	100110	10100	0001	S	0010		
ROSS JAMES	276A	JEFF	300010	10010	1100				
ROSS JAS	157	SCOT	101001	00101	0100				
ROSS JOHN	167	SWIT	100100	20100	0100				
ROSS JOHN	141	FLOY	010001	00010	0100				
ROSS JOHN	085	KNOX	000010	00000	0000				
ROSS PHILANDER	165	FRAN	001110	30100	0100				
ROSS ROBERTS	081	DEAR	200010	20010	0100				
ROSS ROBERT	277A	JEFF	000001	00001	0100				
ROSS SAMUEL	290	JEFF	210010	22010	0100				
ROSS SARAH	050	HARR	120000	11000	0000				
ROSS SOLOMON	271	WAYN	201110	10010	0100				
ROSS WILLIAM	167	SWIT	101101	01001	0100				
ROSS WILLIAM	063	DEAR	200010	10100	0100				
ROSS WILLIAM	119	MONR	000010	20010	0100				
ROSS WILLIAM	095	SPEN	211010	11100	0200				
ROSSMAN THOMAS	084	KNOX	100210	20010	0002				
ROSWEL SHADIACH	077	RIPL	010010	00010	0100				
ROTH JACOB	326	RAND	200100	10010	0100				
ROTLEIF DANIEL	266A	JACK	110110	32010	0100				
ROULEY BUEL	139	FLOY	100110	20100	0002				
ROUND DANIEL	063	DEAR	200010	21010	0100				
ROUND JOHN	111	DEAR	100010	20010	0100				
ROUND PHILIP	063	DEAR	200101	21110	0100				
ROUNDER ABRAHAM	149	PERR	110001	11110	0200				
ROUSH WM	201	WAYN	000010	20010	0100				
ROUT GEORGE	252	GIBS	200010	10200	0100				
ROW HENRY	219	WASH	100010	10100	0100				
ROW PHILIP	219	WASH	000100	10100	0100				
ROW SAML	307A	POSE	101201	10121	0200				

Head of Household	Page	County	White Males (Under 10, 10-15, 16-18, 16-25, 26-44, 45 & over)	White Females (Under 10, 10-15, 16-25, 26-44, 45 & over)	Foreigners, Agriculture, Commerce, Manufacture	Free or Slave	Negro Males (Under 14, 14-25, 26-44, 45 & over)	Negro Females (Under 14, 14-25, 26-44, 45 & over)	Other not Indian
ROW WILLIAM	186	VIGO	000100	00100	0100				
ROWAN IACOB	047	HARR	400001	11010	0100				
ROWAN JOHN	077	RIPL	310110	20010	0300				
ROWAND ALEXR	280A	JEFF	010010	30010	0100				
ROWE DANIEL	060	HARR	200010	31010	0100				
ROWE GEORGE	028	CLAR	000110	30110	0001				
ROWE JAMES T	024	CLAR	000100	10100	0100				
ROWE JOHN E	036	CLAR	000100	10100	0100				
ROWE JOSEPH	145	PERR	101100	30010	0300				
ROWE PETER	136	FLOY	000001	40010	0001				
ROWE PHILIP	118	DEAR	100010	40010	1100				
ROWE ROBERT	118	DEAR	201210	10011	0100				
ROWE THORNTON	030	CLAR	000100	10100	0100				
ROWE WILLIAM	026	CLAR	101101	02001	0200				
ROWL JOHN	053	HARR	110010	10010	0100				
ROWLAND DAVID	045	CLAR	112211	41010	0300				
ROWLAND JESSE	264A	JACK	130001	11110	0001				
ROWLAND JOHN	211	WASH	200010	10010	0100				
ROWLAND PHILIP	109	DEAR	100110	30100	0100				
ROWLAND SALLY	145	PERR	111100	00110	0300				
ROWLAND WILLIAM	205	WASH	100010	10100	0000				
ROWLAND WILLIAM	049	CLAR	100210	31010	0003				
ROWLEY EVANS	119	MONR	200010	30010	0100				
ROWLING	066	HARR							
ROWLINS ENACK	066	HARR	000100	10100	0100				
ROWMAN SARAH	009	CLAR	010000	01001	0000				
ROWMAN WILLIAM	008	CLAR	200010	20100	0100				
ROWSER MARTIN	274A	JEFF	000210	10010	0003				
ROY JOHN	115	MART	210010	11010	0100				
ROY WILLIAM	119	MONR	211111	11110	0300				
ROYAL WILLIAM	148	PERR	420001	12010	0300				
ROYSE FREDERICK	221	WASH	000101	00001	0200				
ROYSE GABRIEL	221	WASH	100010	10010	0100				
ROYSE JOHN	038	DUBO	000110	40100	0200				
ROYSE JOHN	221	WASH	210210	21010	0400				
ROYSE JOSEPH	038	DUBO	310120	00020	0100				
ROYSE MARTIN	219	WASH	500010	10010	0100				
ROYSE WILLIAM	219	WASH	400010	00110	0100				
ROYSTEN ROBERT	023	FAYE	000010	10100	0001				
ROYSTER CHARLES	021	FAYE	120110	22010	0100				
ROYSTER STANHOPE	007	FAYE	200010	30010	0100				
RUARK WILLIAM	106	LAWR	100010	20010	0100				
RUBISON CALZA	214	WASH	001201	01101	0100				
RUBISON RICHARD	215	WASH	100010	20100	0100				
RUBLE HANNAH	088	KNOX	110100	01010	0200				
RUBLE HENRY	086	KNOX	022401	12001	0005				
RUBLE JOHN	113	DEAR	200001	20010	0100				
RUBLE SAMUEL	263	WAYN	100100	10100	0100				
RUBLE WILLIAM	087	SPEN	000100	00000	0100				
RUBOTTOM JOSEPH	132	ORAN	100010	10110	0002				
RUBY ABSOLEM	099	SPEN	000010	11010	0100				
RUBY PETTER	089	KNOX	220110	10110	0000				

Head of Household	Page	County	White Males (Under 10, 10-15, 16-18, 16-25, 26-44, 45 & over)	White Females (Under 10, 10-15, 16-25, 26-44, 45 & over)	Foreigners, Agriculture, Commerce, Manufacture	Free or Slave	Negro Males (Under 14, 14-25, 26-44, 45 & over)	Negro Females (Under 14, 14-25, 26-44, 45 & over)	Other not Indian
RUCHER ELLIOTT	177	FRAN	000100	00100	0100				
RUCKER REUBIN	261A	JACK	221110	11010	0100				
RUDDALL CORNELIUS	035	CLAR	111201	10201	0400				
RUDDICK ELISHA	265A	JACK	001110	00010	0001				
RUDDICK MORDICIA	261A	JACK	300010	00001	0100				
RUDDICK SOLOMON	263A	JACK	000100	00010	0100				
RUDDICK THOMAS	268	JACK	200010	00100	0100				
RUDDICK WILLIAM	268	JACK	400011	12010	0100				
RUDE JOHN	267	JACK	200010	20300	0100				
RUDE NOAH	091	SPEN	300300	20100	0300				
RUDE THOMPSON	220	WASH	500010	20010	0100				
RUDICEL CHRISTOPHER	161	FRAN	420010	30110	0300				
RUDICEL GEORGE	160	FRAN	201111	41010	0201				
RUDICEL JOHN	161	FRAN	000100	10100	0100				
RUDICEL MICHAEL	160	FRAN	121101	31010	0300				
RUDLEG WILLIAM	244	GIBS	400010	20010	0100				
RUDOLPH ALLEN	309	POSE	100110	00100	0002				
RUDYARD ISAIAH	100	LAWR	110010	00010					
RUE ABRAHAM	209	WASH	100010	20100	0100				
RUFF HANNAH	139	FLOY	000430	10201	0021				
RUFF REGON	318	POSE	010002	01010	0200				
RUGGLES WILLIAM B	266A	JACK	010010	01100	0000				
RUHEY GEORGE	106	LAWR	100100	00100					
RUHY PETER	106	LAWR	000001	00001	0100				
RUKER JESSE	229	WAYN	200100	00100	0001				
RUKER SAMUEL	229	WAYN	000100	00100	0001				
RUKER WM	165	WAYN	200110	20000	0002				
RUKER WM	269	WAYN	010001	01101	0200				
RUKINBROT MARGRETH	320	POSE	011100	01101	0000				
RUMBLE FREDERICK	256	GIBS	421201	00010	0400				
RUMBLE THOMAS	032	FAYE	020001	11101	0100				
RUMBLEY JAMES	032	FAYE	200010	11010	0100				
RUMBLEY JAMES SR	037	FAYE	000001	20010	0100				
RUMINGER JOHN	091	KNOX	100100	11000	0100				
RUMLEY THOMAS	066	HARR	210010	42110	0100				
RUNDELL JARED	109	SULL	010010	00100	0200				
RUNIAN THOMAS	221	FRAN	321111	21010	0400				
RUNION ISAAC	188	FRAN	000200	00100	0001				
RUNION ROBERT	180	FRAN	000010	10100	0001				
RUNION SAMUEL	272A	JEFF	000010	20100	0001				
RUNNELS EDWARD	208	WASH	020110	00210	0300				
RUNNELS EZEKIEL	238	GIBS	131210	11210	0300				
RUNNELS HUGH	095	SPEN	300010	31010	0100				
RUNNELS RICHARD	208	WASH	200010	20100	0100				
RUNNER DAVID	075	RIPL	000010	00001	0100				
RUNYAN PETER	243	WAYN	111210	31010	0001				
RUPE PETER	255	WAYN	110010	30010	0100				
RUPEL ROBERT	253	WAYN	100100	10100	0100				
RUPEL SAMUEL	253	WAYN	101201	22010	0200				
RUPING ROBERT	194	FRAN	010010	02010	0100				
RUPING WILLIAM	194	FRAN	000010	00010	0100				
RUPLE ROBT JR	080	JENN	100201	11201	0300				

Head of Household	Page	County	White Males (Under 10, 10-15, 16-18, 16-25, 26-44, 45 & over)	White Females (Under 10, 10-15, 16-25, 26-44, 45 & over)	Foreigners, Agriculture, Commerce, Manufacture	Free or Slave	Negro Males (Under 14, 14-25, 26-44, 45 & over)	Negro Females (Under 14, 14-25, 26-44, 45 & over)	Other not Indian
RUSECOW FRANCES	087	KNOX	300001	02010	0100				
RUSELL ROBERT	225	FRAN	200010	00010	0100				
RUSELL WILLIAM	143	OWEN	210010	52010	0100				
RUSH BENJAMIN	224	WASH	100110	21100	0200				
RUSH ELIJAH	127	ORAN	210000	22010	0300				
RUSH GEORGE	194	VIGO	100010	31010	0100				
RUSH GEORGE	031	CLAR	000101	00001	0200				
RUSH JOHN	262	JACK	210001	01010	0100				
RUSH PETER	194	VIGO	000010	30010	0100				
RUSHAVILLE MITCHEL	084	KNOX	100010	00100	0100				
RUSHEE JOSEPH	181	FRAN	200010	20010	0100				
RUSHEE PHILLIP	181	FRAN	200010	20010	0100				
RUSHEMBELL ANTOINE	086	KNOX	000010	00010	0000				
RUSHERVILL JOHN BT	087	KNOX	320010	20010	0200				
RUSK ROBERT	044	HARR	310201	02001	0200				
RUSSEL ARCHABALD	225	WASH	120010	20010	0100				
RUSSEL CALVIN	178	FRAN	000100	00100	0100				
RUSSEL CHARLES	057	HARR	130001	20010	0100				
RUSSEL CURTIS	209	WASH	100010	10100	0100				
RUSSEL DAVID	057	FAYE	000100	20100	0100				
RUSSEL GEORGE	028	CLAR	110100	30010	0001				
RUSSEL HENRY	223	WAYN	000201	00301	0100				
RUSSEL HEZEKIAH	023	FAYE	221101	11010	0100				
RUSSEL JAMES	011	CRAW	020001	10001	0300				
RUSSEL JOHN	026	CLAR	000001	30010	0100				
RUSSEL JOHN	030	DELA	110010	10010	0100				
RUSSEL JOHN	076	JENN	300100	00100	0001				
RUSSEL JOHN	015	FAYE	200010	30110	0100				
RUSSEL MARGARET	046	CLAR	100000	10010	0000				
RUSSEL ROBERT	027	DELA	210201	20001	0300				
RUSSEL THOMAS	209	WASH	200100	00100	0400				
RUSSEL WILLIAM	015	FAYE	000010	41010	0100				
RUSSELL GEORGE	129	ORAN	310010	10011	0200				
RUSSELL JAMES	177	FRAN	100110	32210	0100				
RUSSELL JAMES	263A	JACK	200010	10100	0010				
RUSSELL JAMES	182	VAND	100001	30100	0100				
RUSSELL LUTHER	187	FRAN	000101	00000	0002				
RUSSELL WILLAIM	225	FRAN	200010	20011	0300				
RUSSELL WILLIAM	182	FRAN	310001	41010	0200				
RUSSELL WILLIAM	127	ORAN	100301	11110	0400				
RUSSELL WILLIAM	263A	JACK	010010	50010	0100				
RUSSING JOHN	204	FRAN	200010	00110	0100				
RUSSLE ENOCH	022	DELA	500010	00010	0100				
RUSSLE WILLIAM	079	JENN	200010	20100	0100				
RUTER CALVIN	025	CLAR	000010	00000	0000				
RUTH JOHN	005	CRAW	111001	22001	0300				
RUTHERFORD WILLIAM	217	WASH	100010	20010	0100				
RUTHERFORD DAVID	218	WASH	011101	22010	0300				
RUTHERFORD HEZEKIAH	218	WASH	000100	00100	0100				
RUTHERFORD STEPHEN	168	SWIT	000100	20100	0100				
RUTHERFORD JOHN	170	SWIT	420010	20100	0100				
RUTHERFORD MARK	129	ORAN	011110	31010	0300				

Head of Household	Page	County	White Males (Under 10, 10-15, 16-18, 16-25, 26-44, 45 & over)	White Females (Under 10, 10-15, 16-25, 26-44, 45 & over)	Foreigners, Agriculture, Commerce, Manufacture	Free or Slave	Negro Males (Under 14, 14-25, 26-44, 45 & over)	Negro Females (Under 14, 14-25, 26-44, 45 & over)	Other not Indian
RUTHERFORD SHELTON	294A	JEFF	000100	00101	0100				
RUTLEDGE J	288A	JEFF	100001	22110	0100				
RUTLEDGE JACOB	281A	JEFF	200010	00100	0100				
RUTLIDGE J	295A	JEFF	001001	22101	0000				
RUTTEN SUSANNAH	027	FAYE	000100	00001	0100				
RYAN DANIEL	150	PERR	110010	31010	0200				
RYAN EDWARD	058	HARR	100010	10100	0100				
RYAN GEORGE	077	RIPL	101201	01101	0400				
RYAN JOHN	079	RIPL	000200	30100	0200				
RYAN JOSEPH	058	HARR	020201	11101	0100				
RYAN ROBERT	286	JEFF	200010	20100	0100				
RYBURN JOHN	174	FRAN	100020	21010	0200				
RYE HENLEY	325	RAND	000100	01000	0100				
RYKER JACOB S	280A	JEFF	000100	01080	0100				
RYKER JOHN	291	JEFF	000100	20100	0100				
RYKER JOHN	287	JEFF	010201	00201	0200				
RYKER L G	287A	JEFF	000010	30100	0100				
RYKER PETER	292A	JEFF	000200	00101	0101				
RYKER PETER	287A	JEFF	000010	30010	0001				
RYKER SAML S	280A	JEFF	000100	00100	0100				
RYKER SAMUEL J	288A	JEFF	000100	10100	0100				
RYKER SAMUEL	288A	JEFF	010101	11001	0200				
RYLEY FRANCIS	251	GIBS	310120	20010	0200				
RYNARD JEREMIAH	327A	RAND	000010	20100	0100				
RYNARD SOLOMON	327	RAND	100100	00100	0100				
RYNEARSON MINNY	167	F-AN	300010	20010	0000				
RYON THOMAS	022	CLAR	300100	00100	0100				
RYON WILLIAM	290A	JEFF	110010	11001	0100				
SACHETT NATHAN	048	CLAR	000010	00000	0000				
SACKET ENOCH	098	DEAR	121201	31010	0100				
SACKET JESSE	097	DEAR	000010	00100	0100				
SACKET JOHN	039	FAYE	000010	20010	0100				
SACKET SAMUEL	039	FAYE	000100	00100	0001				
SACKET THOMAS	200	FRAN	200010	11010	0100				
SACKETT DAVID F	173	WAYN	210010	21000	0001				
SADLER JOHN M	119	MONR	100010	03010	0100				
SADLOR JEREMIAH D	232	GIBS	000200	20100	0002				
SAEGHMAN WILLIAM	124	DEAR	100010	10010	0100				
SAFFER JAMES	063	HARR	100010	30010	0100				
SAFFER JOHN SR	043	HARR	010111	01301	0300				
SAFFER JOHN	046	HARR	000100	10010	0100				
SAFFER JONAH	043	HARR	100100	20010	0100				
SAGE GIDEON	081	DEAR	000100	10100	0100				
SAGE JEREMIAH	030	CLAR	000100	10001	0100				
SAGE JESSE	283	JEFF	000101	00001	0100				
SAGE JOHN	266A	JACK	220010	20010	1100				
SAGE JOHN	284A	JEFF	000100	10100	0100				
SAGE MORGAN	080	JENN	000100	30100	0100				
SAGE WILL	284A	JEFF	121101	10101	0200				
SAGO CALEB	281A	JEFF	200100	00100	0100				
SAILOR JACOB	077	RIPL	300010	10010	0100				
SAILORS JACOB	176	FRAN	300110	03210	0200				

Head of Household	Page	County	White Males (Under 10, 10-15, 16-18, 16-25, 26-44, 45 & over)	White Females (Under 10, 10-15, 16-25, 26-44, 45 & over)	Foreigners, Agriculture, Commerce, Manufacture	Free or Slave	Negro Males (Under 14, 14-25, 26-44, 45 & over)	Negro Females (Under 14, 14-25, 26-44, 45 & over)	Other not Indian
SAILORS MICHAEL	116	DEAR	100010	21010	0100				
SAINT THOMAS	206	WASH	300010	00100	0100				
SAINT WM	267	WAYN	210010	30010	0100				
SALES SAMUEL	215	WAYN	300010	10100	0100				
SALLY JAMES	095	SPEN	210010	20010	0200				
SALLY STEVEN	153	WARR	400010	11010	0001				
SALMON JACOB	261A	JACK	200010	10100	0100				
SALON THOMAS	007	FAYE	200110	20010	0100				
SALOR BENJAMIN	011	FAYE	330010	10110	0100				
SALOR JOHN	019	FAYE	000001	00001	0100				
SALORS CONRAD	174	FRAN	220101	22310	0400				
SALSBURY THOMAS	180	VAND	400010	10010	0100				
SALTMASH JOHN	100	DEAR	000110	00100	0002				
SALTMASH SAMUEL	097	DEAR	110010	10100	0100				
SALTMASH WILLIAM	097	DEAR	010101	00001	0100				
SALTSMAN PETER	309	POSE	000100	01000	0001				
SALTZMAN ANDREW	313	POSE	100100	10100	0100				
SALTZMAN DANIEL	313	POSE	100100	00100	0100				
SALTZMAN JOHN	313	POSE	120021	02010	0400				
SALYER CHARLES	049	FAYE	100100	00100	0100				
SALYER ELIZABETH	049	FAYE	000100	10001	0100				
SALYERS HENRY	293A	JEFF	510010	10010	0100				
SALYERS JEREMIAH	073	RIPL	300010	10010	0100				
SALYERS JOHN	291	JEFF	410010	01010	0100				
SALYERS WILLIAM	073	RIPL	000011	00011	0200				
SAMPL THOMAS	245	GIBS	000001	00001	0000				
SAMPLE ANDREW	170	SWIT	400010	11010	0100				
SAMPLE JACOB	201	FRAN	320010	10010	0101				
SAMPLE JOHN	327A	RAND	310030	10110	0100				
SAMPLE JOHN	003	FAYE	110201	00101	0003				
SAMPLE ROBERT	273	JEFF	100010	00100					
SAMPLE ROBERT	108	DEAR	000010	20100	0100				
SAMPLE URIAH	185	FRAN	000100	11000	0001				
SAMPLES JACOB	278	JEFF	100001	21001	0100				
SAMPSON BENJAMIN	093	KNOX	210001	11210	0100				
SAMPSON CALEB	075	RIPL	000010	20010	0100				
SAMPSON GEORGE W	167	SWIT	110010	21010	0100				
SAMPSON JOHN	153	FLOY	100010	30010	0100				
SAMPSON WILLIAM	154	FLOY	000101	01001	0200				
SAMPSON WILLIAM	091	KNOX	221101	21010	0200				
SAMPSON WYATT C	153	FLOY	200010	10100	0100				
SAMSSELLS SALLY	316A	POSE	100100	01101	0100				
SAMUEL JOHN	013	CRAW	000100	00100	0100				
SAMUEL JOHN SR	013	CRAW	110001	01201	0100				
SAMUELS JAMES	192	FRAN	200210	00010	0102				
SAMUELS JAMES	069	HARR	120201	21010	0200				
SAMUELS ROBERT	007	CRAW	000100	10100	0100				
SAMUELS WILLIAM	012	CRAW	200010	00100	0100				
SANCSTON WILLIAM	039	FAYE	100110	10100	0001				
SANDAGE MARY	150	PERR	000000	00001	0000				
SANDAGE THOMAS	150	PERR	300101	10000	0400				
SANDER THOMAS JR	089	SPEN	100100	20100	0100				

Head of Household	Page	County	White Males (Under 10, 10-15, 16-18, 16-25, 26-44, 45 & over)	White Females (Under 10, 10-15, 16-25, 26-44, 45 & over)	Foreigners, Agriculture, Commerce, Manufacture	Free or Slave	Negro Males (Under 14, 14-25, 26-44, 45 & over)	Negro Females (Under 14, 14-25, 26-44, 45 & over)	Other not Indian
SANDERS AMOS	166	FRAN	200010	20010	0100				
SANDERS BENJAMIN	006	CRAW	200100	00100	0100				
SANDERS HENRY JR	125	ORAN	200010	20000	0100				
SANDERS HENRY SR	125	ORAN	000001	00011	0100				
SANDERS HUGH	155	SCOT	300010	00011	0100				
SANDERS JACOB	163	WAYN	000100	00100	0100				
SANDERS JACOB	125	ORAN	100010	10010	0100				
SANDERS JONATHAN	125	SULL	000100	00100	0100				
SANDERS JOHN	125	SULL	200101	12110	0400				
SANDERS JOSEPH	189	VIGO	200100	00100	0100				
SANDERS JOHN	130	ORAN	300010	10100	0100				
SANDERS JOSEPH	130	ORAN	510001	00010	0100				
SANDERS NATHAN	121	SULL	100010	10100	0100				
SANDERS REBECCA	298	PIKE	200000	02301					
SANDERS RICHARD	129	ORAN	200001	01010	0100				
SANDERS ROBERT	021	FAYE	110001	41010	0100				
SANDERS SOLOMON	027	CLAR	100100	00100	0100				
SANDERS THOMAS	129	ORAN	010010	20100	0100				
SANDERS THOMAS SR	089	SPEN	010201	00001	0200				
SANDERS WILLIAM	089	SPEN	100010	00100	0100				
SANDERS WILLIAM	210	WASH	100120	10010	0300				
SANDERS WRIGHT	130	ORAN	200100	00100	0100				
SANDERS WRIGHT	032	DELA	200010	00100	0100				
SANDERSON ELIJAH	126	DEAR	301101	03101	0001				
SANDISON ROBERT	132	ORAN	300110	10010	0200				
SANDS JAMES	062	HARR	100100	10100	0100				
SANDS JOHN	062	HARR	200010	00100	0100				
SANDS WILLIAM	062	HARR	210001	20101	0200				
SANDY HENRY	221	WASH	000020	10201	0200				
SANDY JEREMIAH	119	MONR	200100	10100	0100				
SANDY THOMAS	119	MONR	100100	00010	0100				
SANDY WILLIAM	210	WASH	010001	11301	0200				
SANDY WILLIAM	023	CLAR	100010	00100	0100				
SANFORD GEORGE	013	FAYE	200110	22010	0100				
SANFORD GIDEON	080	JENN	010201	00201	0100				
SANFORD WILLIAM	080	JENN	110100	00100	0100				
SANKS GEORGE	100	DEAR	012300	10010	0001				
SANKS JOSHUA	098	DEAR	110002	20010	0100				
SANKY THOMAS	197	FRAN	501401	11110	0400				
SANS JAMES	091	SPEN	100010	10100	0100				
SAPHENFIELD JACOB	068	HARR	002210	41201	0200				
SAPHENFIELD GEORGE	068	HARR	210101	31110	0300				
SAPINGTON POLLY	263	JACK	200000	10010	0000				
SAPP ELIAS	149	PERR	020001	11001	0300				
SAPP JOHN	214	WASH	030101	10010	0100				
SAPP JOSEPH	214	WASH	200010	10010	0100				
SAPPENFIELD MICHAEL	067	HARR	210010	30010	0100				
SAPPENFIELD MATHEW J	067	HARR	100100	00100	0100				
SAPPENFIELD MICHAIL	067	HARR	010001	01000	0100				
SAPPENFIELD JACOB	067	HARR	000100	10000	0100				
SARBER PHILIP	101	DEAR	000201	00001	0100				
SARGANT ABLE M	156	SCOT	000001	00000	0010				

Head of Household	Page	County	White Males (Under 10, 10-15, 16-18, 16-25, 26-44, 45 & over)	White Females (Under 10, 10-15, 16-25, 26-44, 45 & over)	Foreigners, Agriculture, Commerce, Manufacture	Free or Slave	Negro Males (Under 14, 14-25, 26-44, 45 & over)	Negro Females (Under 14, 14-25, 26-44, 45 & over)	Other not Indian
SARGEANT PETER	081	DEAR	010210	20201	0200				
SARTER GEORGE W	089	KNOX	200010	30010	0100				
SARTWELL JUSTUS	097	DEAR	300001	20010	0100				
SARVER PETER	009	CRAW	000100	00100	0100				
SATER HENRY	165	FRAN	410001	11110	0200				
SATTERLEE GIDEON	180	VAND	100010	20100	0001				
SATTERLEE ELISHA	181	VAND	510010	02010	0001				
SATTERLEE ASA	181	VAND	000201	01100	0201				
SATTERLY JOHN	093	KNOX	100001	10010	0000				
SAUMBURN RICHARD	042	CLAR	100001	00001	0001				
SAUNDERS ALEXANDER L	140	FLOY	100100	10100	0001				
SAUNDERS BENJAMIN	265A	JACK	210010	11010	0100				
SAUNDERS EZEKIEL	182	VAND	100010	01010	0100				
SAUNDERS JOHN	071	RIPL	000001	02100	0100				
SAUNDERS JOHN S	178	VAND	100010	00100	0100				
SAUNDERS JEFFERY	182	VAND	000101	21211	0200				
SAUNDERS MAHLON	097	DEAR	000010	10010	0001				
SAUNDERS WILLIAM	222	FRAN	120101	10310	0002				
SAUNTON LATHAM	208	FRAN	030010	20010	0400				
SAURMAN PETER	069	DEAR	000001	00001	0010				
SAUSMAN DANIEL	209	FRAN	010011	10200	0001				
SAVAGE CHAPNES	007	CRAW	300010	10010	0100				
SAVAGE LAURA	100	DEAR	200010	20000	0000				
SAVAGE PETER	032	FAYE	000100	10100	0100				
SAVAGE WILLIAM	175	FRAN	300010	20010	0100				
SAVARY HENRY	220	WASH	220010	10010	0300				
SAWHEVENA VALENTINE	014	CRAW	000000	00010	0400				
SAWYER HIRAM	289A	JEFF	000100	00100	0100				
SAWYERS GEORGE	302	PIKE	001200	10200					
SAYRE WILLIAM	163	FRAN	000100	10100	0100				
SAYRES JAMES	084	KNOX	000010	00000	0010				
SCABHORN JACOB	091	KNOX	100201	12110	0000				
SCAGS JOHN	261	JACK	100100	00100	0000				
SCALES MARTHA	153	WARR	010100	12010	0000				
SCALES WILLIAM	302	PIKE	420010	22110					
SCANLAND JOHN	134	ORAN	000010	30010	0100				
SCANT FRANCES	085	KNOX	100010	10010	0000				
SCANTLIN JAMES	255	GIBS	100010	30100	0100				
SCANTLING SARAH	133	FLOY	100000	31100	0000				
SCANTWELL DAVID	019	DELA	210010	20010	0100				
SCARCE WM	157	WAYN	120010	30010	0300				
SCARLET JOHN	130	ORAN	000010	00100	0100				
SCARLET LAMUEL	125	ORAN	110301	21010	0400				
SCHAAL GEORGE	318A	POSE	022210	00011	0100				
SCHANBACKER JACOB	319	POSE	001110	00101	0100				
SCHEEL JACOB	318A	POSE	000011	01001	0100				
SCHIDMOR JOSEPH	142	OWEN	120101	51010	0600				
SCHIDMORE JOHN	142	OWEN	100100	00100	0100				
SCHMEIDT FREDERICK	173	SWIT	200010	10100	0100				
SCHMID AUGUST	319	POSE	010010	00120	1000				
SCHMID FREDK	319	POSE	001001	01101	0000				
SCHMID GEORGE SR	319A	POSE	010011	00010	0100				

Head of Household	Page	County	White Males (Under 10, 10-15, 16-18, 16-25, 26-44, 45 & over)	White Females (Under 10, 10-15, 16-25, 26-44, 45 & over)	Foreigners, Agriculture, Commerce, Manufacture	Free or Slave	Negro Males (Under 14, 14-25, 26-44, 45 & over)	Negro Females (Under 14, 14-25, 26-44, 45 & over)	Other not Indian
SCHMID GRIDERICA	319	POSE	001001	00101	0000				
SCHNABEL JOHN	320	POSE	010001	00020	0100				
SCHNEE JOHN	309	POSE	321810	30020	0001				
SCHNEKENBERGER JACOB	319	POSE	020001	00101	0100				
SCHOEFER DAVID	320	POSE	001101	00101	0200				
SCHOLLE JACOB	319	POSE	001121	00020	0200				
SCHOOLAR CHARLES	024	DELA	200010	30010	0100				
SCHOOLCRAFT GEORGE	034	DELA	500110	10010	0200				
SCHOOLEY JOHN	325A	RAND	010010	30010	0100				
SCHOONOVER PETER	126	DEAR	100010	10010	0100				
SCHOONOVER WILLIAM	144	FLOY	111301	21001	0400				
SCHOONOVER JOSEPH	166	FRAN	300110	10000	0200				
SCHOONOVER BENJ	166	FRAN	100001	11001	0100				
SCHOONOVER JEREMIAH	166	FRAN	320010	11010	0100				
SCHRICK JARRELL	221	WAYN	200010	10100	0100				
SCHRIVER LEWIS	319A	POSE	020010	00011	0000				
SCHRUM JOHN	218	WASH	110110	11010	0100				
SCHULE ADAM	320A	POSE	010020	00001	0000				
SCHWARTZ CHRISLEY	007	CLAR	331201	30010	0101				
SCHWARTZ GEORGE	010	CLAR	200020	10010	0000				
SCHWARTZ JOHN	010	CLAR	101201	12110	0300				
SCHWARTZ JOHN JR	010	CLAR	000100	30100	0100				
SCINNERS FREDERICK	294A	JEFF	200012	01000	0100				
SCOFIELD ELISHA	193	WAYN	100100	10100	0100				
SCOFIELD JAMES	161	FRAN	200010	20010	0100				
SCOFIELD ORR	165	WAYN	200001	00000	0100				
SCOGIN ELI	098	DEAR	220010	20010	0100				
SCOMP SAMUEL	091	KNOX	210101	22110	0300				
SCONCE JAMES	288	JEFF	000110	00101	0100				
SCOONOVER DAVID	008	CRAW	100001	00101	0100				
SCOOPE MICHAIL	235	WAYN	421110	30110	0301				
SCOOT JAS K	009	CRAW	300010	00100	0100				
SCOTT ABNER	191	VIGO	200010	21100	0001				
SCOTT ABRAM	087	DEAR	000100	00101	0001				
SCOTT ABRAHAM	145	PERR	200010	21100	1100				
SCOTT ALEXANDER	171	SWIT	010101	01010	0100				
SCOTT ALEXANDER	239	WAYN	110011	00101	0200				
SCOTT ANDREW	009	CRAW	300010	30010	0100				
SCOTT ANDREW	079	RIPL	020010	30010	0300				
SCOTT ARCHILUS	201	WASH	001101	00101	0200				
SCOTT ARCHIBALD	109	SULL	001210	10100	0000				
SCOTT BENJAMIN	206	WASH	000001	01011	0100				
SCOTT BENJAMIN	243	WAYN	200110	31010	0200				
SCOTT CHARLOTTE	007	CLAR	000200	02101	0200				
SCOTT CHARLES	059	FAYE	410001	11301	0100				
SCOTT CHARLES	107	SULL	210010	00100	0100				
SCOTT DANIEL	073	RIPL	000100	10100	0100				
SCOTT DAVID	239	WAYN	110010	31210	0100				
SCOTT DAVID	223	WASH	100100	10100	0100				
SCOTT DAVID	119	MONR	100100	10100	0100				
SCOTT DAVID	264	JACK	100001	10001	0100				
SCOTT DEMSEY	032	DELA	200110	10100	0200				

Head of Household	Page	County	White Males (Under 10, 10-15, 16-18, 16-25, 26-44, 45 & over)	White Females (Under 10, 10-15, 16-25, 26-44, 45 & over)	Foreigners, Agriculture, Commerce, Manufacture	Free or Slave	Negro Males (Under 14, 14-25, 26-44, 45 & over)	Negro Females (Under 14, 14-25, 26-44, 45 & over)	Other not Indian
SCOTT HARMON	224	WASH	100100	00100	0100				
SCOTT HENRY	088	KNOX	010010	00100	0100				
SCOTT ISAAC	133	ORAN	000010	10100	0100				
SCOTT ISAAC	267A	JACK	010020	40001	0100				
SCOTT JACOB	269	JACK	100010	10010	0100				
SCOTT JAMES	178	FRAN	310010	00010	0100				
SCOTT JAMES	276A	JEFF	100010	20010	1100				
SCOTT JAMES	194	VIGO	110001	20010	0200				
SCOTT JAMES	172	SWIT	110110	10010	0100				
SCOTT JAMES D	172	SWIT	300100	23110	0100				
SCOTT JAMES R	174	FRAN	420010	00011	0300				
SCOTT JAMES	086	KNOX	000212	00101	0400	/	01		
SCOTT JAMES	086	KNOX	000212	00101	0400	S	0010	0000	
SCOTT JAMES	048	CLAR	000021	01010	0000	S	001		
SCOTT JAMES W	213	FRAN	100010	30010	0100				
SCOTT JESSE	221	FRAN	300001	20010	0100				
SCOTT JOEL	053	FAYE	310010	20011	0100				
SCOTT JOHN	211	WASH	000100	10100	0100				
SCOTT JOHN	214	WASH	100010	21010	0100				
SCOTT JOHN C	214	WASH	100010	21010	0100				
SCOTT JOHN	173	SWIT	200010	00010	0100				
SCOTT JOHN	174	SWIT	200001	21001	0100				
SCOTT JOHN	170	SWIT	200010	13010	0100				
SCOTT JOHN	133	FLOY	200210	21010	0201				
SCOTT JOHN	145	FLOY	200010	01010	0100				
SCOTT JOHN	026	CLAR	000010	00100	0100				
SCOTT JOHN	244	GIBS	200110	10110	0200				
SCOTT JOHN	119	MONR	530101	10110	0200				
SCOTT JOHN	130	ORAN	000010	20010	0100				
SCOTT JOHN	006	CRAW	100110	30010	0100				
SCOTT JOHN	008	CRAW	110001	01001	0200				
SCOTT JOHN	010	CRAW	001102	01001	0300				
SCOTT JOHN	165	WAYN	100110	41000	0200				
SCOTT JOHN	055	FAYE	200011	40010	0200				
SCOTT JOHN	262	JACK	100010	30010	0101				
SCOTT JOHN	235	WAYN	210301	12001	0400				
SCOTT JOHN	245	WAYN	100100	00100	0100				
SCOTT JOHN	032	FAYE	200010	11010	0100				
SCOTT JOSEPH	047	FAYE	000100	01100	0001				
SCOTT MARTIN	006	CRAW	200010	32110	0100				
SCOTT MARY	047	FAYE	001200	01001	0001				
SCOTT MOSES	147	FLOY	000010	50010	0100				
SCOTT OLLY	205	WASH	211110	00100	0003				
SCOTT PETER	053	HARR	200010	10010	0100				
SCOTT POWEL	037	FAYE	000010	32010	0100				
SCOTT ROBERT	010	CRAW	000010	40010	0100				
SCOTT ROBERT	055	FAYE	000001	00201	0100				
SCOTT ROBERT	223	WASH	200010	10010	0100				
SCOTT ROBERT	223	WASH	000101	10010	0200				
SCOTT ROLLEY	268	JACK	100010	01010	0100				
SCOTT RUFUS	168	SWIT	200010	31010	0001				
SCOTT SAMUEL	180	VAND	200010	30010	0100				

Head of Household	Page	County	White Males (Under 10, 10-15, 16-18, 16-25, 26-44, 45 & over)	White Females (Under 10, 10-15, 16-25, 26-44, 45 & over)	Foreigners, Agriculture, Commerce, Manufacture	Free or Slave	Negro Males (Under 14, 14-25, 26-44, 45 & over)	Negro Females (Under 14, 14-25, 26-44, 45 & over)	Other not Indian
SCOTT SAMUEL T	087	KNOX	111111	01010	0001	S	3000	1200	
SCOTT SAMUEL	028	DELA	100010	00100	0100				
SCOTT SAMUEL	028	DELA	110210	11010	0300				
SCOTT SAMUEL S	069	DEAR	100020	00100	0001				
SCOTT SAMUEL	173	FRAN	020001	41001	0300				
SCOTT SAMUEL	119	MONR	120110	11010	0200				
SCOTT SUSAN	266	JACK	210010	21010	0100				
SCOTT THOMAS	088	KNOX	201110	30100	0200	S	0100		
SCOTT THOMAS	079	JENN	000001	00000	0100				
SCOTT THOMAS	024	CLAR	220010	31010	0100				
SCOTT THOMAS	217	FRAN	200100	10100	0001				
SCOTT THOMAS	035	DUBO	110010	22010	0200				
SCOTT WILLIAM	073	RIPL	100010	30010	0100				
SCOTT WILLIAM	047	FAYE	000010	10100	0001				
SCOTT WILLIAM	211	WASH	110100	20100	2100				
SCOTT WILLIAM	173	SWIT	200010	30100	0100				
SCOTT WILLIAM	092	KNOX	100010	10200	0100				
SCOTT WILSON	009	CRAW	000010	30100	0100				
SCOTT WM	159	WAYN	200010	02100	0001				
SCOTT WM	315	POSE	000100	00100	0100				
SCOTT WM C	010	CRAW	200010	10100	0100				
SCOTT WM L	010	CRAW	100100	20100	0100				
SCRANTON DANIEL	064	DEAR	010010	00100	0100				
SCRANTON JOSHUA	064	DEAR	010001	11101	0100				
SCRANTON MARTIN	064	DEAR	000100	20100	0100				
SCRANTON WILLIAM	064	DEAR	000100	00100	0100				
SCRANTON WILLIAM	082	DEAR	111201	01001	0100				
SCRANTORS HIRAM	064	DEAR	000100	00100	0100				
SCRAPER GEORGE	298	PIKE	110101	01001					
SCREACH POLLY	136	ORAN	100000	00010	0000				
SCRECH WM	011	CRAW	210010	21010	0200				
SCRIBNER HARVEY	140	FLOY	001100	00100	0010				
SCRIBNER JAMES	138	FLOY	000101	00010	0100				
SCRIBNER JOEL	140	FLOY	020311	32222	0222	S	0000	1000	
SCRITCHFIELD NATHANI	213	WASH	121201	21010	0100				
SCRITCHFIELD ARTHUR	212	WASH	001201	00100	0300				
SCRIVER JOHN	319A	POSE	010010	01001	0000				
SCROGGIN BENJAMIN	175	WAYN	000200	10100	0002				
SCROGINS JOSEPH	089	KNOX	110010	30010	0100				
SCRUTCHFIELD JOHN	054	HARR	000100	10100	0100				
SCRUTCHFIELD JAMES	054	HARR	200010	11110	0100				
SCRUTCHFIELD TERRY	064	HARR	010010	00010	0100				
SCRUTCHFIELD LUCY	064	HARR	000000	00201	0000				
SCUDDER ENOCH	175	SWIT	000100	00100	0100				
SCUDDER WILLIAM	175	SWIT	100010	30010	0100				
SEABROOK DANIEL	141	FLOY	100010	00100	0001				
SEAL JOHN	146	FLOY	100100	00100	0100				
SEALS JAMES	190	FRAN	200110	20010	0200				
SEALS MESSUR	119	MONR	000400	11100	0103				
SEALS STEPHEN P	119	MONR	000010	31010	0001				
SEALS WILLIAM	190	FRAN	300011	10010	0200				
SEALY JONAS	192	VIGO	110121	02131	0302				

Head of Household	Page	County	White Males (Under 10, 10-15, 16-18, 16-25, 26-44, 45 & over)	White Females (Under 10, 10-15, 16-25, 26-44, 45 & over)	Foreigners, Agriculture, Commerce, Manufacture	Free or Slave	Negro Males (Under 14, 14-25, 26-44, 45 & over)	Negro Females (Under 14, 14-25, 26-44, 45 & over)	Other not Indian
SEALY THOMAS R	163	FRAN	200010	20100	0100				
SEALY WILLIAM	082	DEAR	100100	00100	0100				
SEAMAN JOHN	043	HARR	100100	01010	0100				
SEAMAN JOHN	123	SULL	300011	00010	0200				
SEAMANS MICAJAH	194	FRAN	011101	02201	0300				
SEARCY MOSES	172	SWIT	200110	00100	0100				
SEARCY WILLIAM	172	SWIT	100010	10100	0100				
SEARGANT JOSEPH	100	LAWR	300010	20010	0100				
SEARGANT STEPHEN	109	LAWR	100020	30010	0100				
SEARGANT THOMAS	100	LAWR	000001	00001					
SEARLE THOMAS C	275	JEFF	020010	01210	0000				
SEARLES EBENEZER	147	FLOY	100010	10100	0100				
SEARLES EZRA	126	DEAR	200010	20010	0100				
SEARLES HENRY	146	FLOY	100010	10010	0100				
SEARLS JAMES	002	CLAR	100011	20010	0200				
SEARS ADAM	068	HARR	000100	10100	0100				
SEARS DANIEL	068	HARR	110001	10300	0100				
SEARS DAVID	118	MONR	200010	22010	0100				
SEARS GEORGE	067	HARR	200010	02010	0100				
SEARS HENRY	068	HARR	200010	31100	0100				
SEARS JACOB	068	HARR	110001	32001	0100				
SEARS JACOB	118	MONR	010010	31110	0100				
SEARS JAMES B	131	ORAN	300100	10100	0100				
SEARS JOHN	119	MONR	200110	20200	0100				
SEARS JOHN	133	ORAN	000001	11010	0100				
SEARS JOHN	068	HARR	001101	01001	0200				
SEARS REUBIN	118	MONR	330010	30210	0100				
SEATON EMERY	218	FRAN	000010	10100	0100				
SEATON SAMUEL	201	WASH	010020	01010	0300				
SEATONE JOHN	009	CRAW	010110	21010	0300				
SEBERN JOHN	280A	JEFF	100010	00010	0100				
SEBRE JAMES	278A	JEFF	500010	01010	0100				
SEBRISKEY ABRAHAM	213	WASH	100100	00100	0100				
SECHREST PETER	060	HARR	300010	21010	0100				
SECHRISE JACOB	223	WASH	000010	30100	0100				
SECRES INCREACE	239	WAYN	100100	10100	0100				
SECRES PETER	237	WAYN	300010	20010	0100				
SEDAM AMANUEL	005	CRAW	100020	01100	0100				
SEDAM HENRY	174	SWIT	710100	01110	0100				
SEDAM NICHOLAS	174	SWIT	210001	11010	0100				
SEDAN WILLIAM	205	FRAN	000010	00100	0001				
SEDGWICK RICHARD	201	WAYN	200010	30010	0100				
SEDWICK JOHN	119	MONR	100010	21010	0100				
SEE CHARLES F	249	WAYN	100001	2010C	0100				
SEE JOHN	249	WAYN	001201	20101	0200				
SEEDS JOHN	085	KNOX	000010	00000	0001				
SEEK JOHN	061	HARR	300010	11010	0100				
SEELEY JOHN	081	DEAR	120001	00001	0100				
SEELEY STEPHEN J	275	JEFF	200010	10100	0000				
SEELY JAMES	166	FRAN	000001	00001	0100				
SEELY JOHN	166	FRAN	200010	20010	0100				
SEELY SILUS H	190	VIGO	100110	10100	0002				

Head of Household	Page	County	White Males (Under 10, 10-15, 16-18, 16-25, 26-44, 45 & over)	White Females (Under 10, 10-15, 16-25, 26-44, 45 & over)	Foreigners, Agriculture, Commerce, Manufacture	Free or Slave	Negro Males (Under 14, 14-25, 26-44, 45 & over)	Negro Females (Under 14, 14-25, 26-44, 45 & over)	Other not Indian
SEELY THEADDEUS	166	FRAN	100100	10010	0200				
SEERS DAVID	101	LAWR	100010	00010	0100				
SEFTON JOHN	098	DEAR	100010	20010	1100				
SEGLER HENRY SR	143	FLOY	112401	00001	0000				
SEIGMAN PETER	014	CLAR	010001	20010	0100				
SEILY MORRIS	263A	JACK	200010	00200	0001				
SEISLOFF PHILIP	152	FLOY	221101	11101	0400				
SELBY JEREMIAH	299	PIKE	100101	01200					
SELBY JOHN	299	PIKE	000201	00010					
SELBY JOSHUA	298	PIKE	200010	20010					
SELBY L F	299	PIKE	000020	41010					
SELBY THOMAS	298	PIKE	100001	00001					
SELBY WILLIAM	091	KNOX	300110	30010	0200				
SELES JOHN	218	WASH	200110	30011	0200				
SELES SAMUEL	219	WASH	200010	10100	0100				
SELES WILLIAM	219	WASH	020010	31010	0300				
SELEY JANE B	053	FAYE	010100	01001	0100				
SELF BRADLY	308	POSE	000001	00001	0010				
SELF HENRY	141	FLOY	000001	01010	0100				
SELF THOMAS	125	ORAN	410110	01110	0300				
SELFRIDGE THOMAS	192	FRAN	000101	00101	0200				
SELLERS ISAAC	257	WAYN	230010	32011	0100				
SELLERS JOHN F	118	MONR	000010	10100	0100				
SELLERS MOSES	017	CLAR	000100	00100	0100				
SELLERS ROBERT	223	WASH	020111	00101	0500				
SELLERS SAML	157	SCOT	100001	21210	0100				
SELLERS WM	020	DELA	100010	00100	0100				
SELLINGS DAVID	152	FLOY	210010	41110	0200				
SELLS WILLIAM	210	WASH	100100	10100	0100				
SELSOR MAJOR	181	VAND	100010	10100	0100				
SELVY MOSES	034	DELA	200110	00100	0100				
SELWOOD HENRY	064	DEAR	000100	31100	0100				
SENDUSKY KILLEON	249	GIBS	000100	00100	0100				
SENEY OWEN	205	WAYN	000110	00101	0200				
SENEY REBECCAH	235	WAYN	210000	20001	0000				
SENKS ZACHARIAH	246	GIBS	401011	10010	0100				
SENSNEY PETER	063	HARR	110010	20010	0100				
SERGEANT THOMAS	055	FAYE	101110	32010	0200				
SERGENT ABSALOM	218	WASH	000001	02001	0100				
SERGENT ROSIN	219	WAYN	000010	10100	0100				
SERGENT SNOWDON	219	WAYN	000100	00100	0100				
SERING JOHN	274	JEFF	210110	20010	0000	S		1010	
SERING SAMUEL	087	DEAR	120001	01110	0100				
SERRING SAMUEL	172	FRAN	210010	11110	0100				
SERVER JOHN	060	HARR	100020	20010	0100				
SETH JOHN	082	DEAR	400010	00110	0100				
SETTLE JOHN	281A	JEFF	210210	02010	0300				
SETZER JOHN	091	KNOX	000101	00001	0200				
SETZER SAMUEL	091	KNOX	000010	00000	0100				
SEUCHT CHRISTOPHER	318A	POSE	000012	00110	0200				
SEVERS HENRY	119	MONR	000010	30010	0100				
SEVERS JACOB	308	POSE	200101	30010	0020				

Head of Household	Page	County	White Males (Under 10, 10-15, 16-18, 16-25, 26-44, 45 & over)	White Females (Under 10, 10-15, 16-25, 26-44, 45 & over)	Foreigners, Agriculture, Commerce, Manufacture	Free or Slave	Negro Males (Under 14, 14-25, 26-44, 45 & over)	Negro Females (Under 14, 14-25, 26-44, 45 & over)	Other not Indian
SEVERS JAMES	312	POSE	200010	10010	0100				
SEVERS SOL	145	WARR	100010	20100	0000				
SEWEL JOHN	130	ORAN	000010	00100	0100				
SEWEL PETER	267A	JACK	211210	12010	0100				
SEWEL THOMAS	125	ORAN	110010	00101	0200				
SEXTON ALEXANDER	011	FAYE	210101	01001	0100				
SEXTON AMOS	177	WAYN	000010	20010	0100				
SEXTON JAMES	013	FAYE	200010	10100	0100				
SEXTON SARAH	127	SULL	100000	21010	0000				
SEXTON WILLIAM	011	FAYE	000100	20100	0100				
SEYBOLD DEMSY	194	VIGO	200110	20110	0200				
SEYBOLD JOHN SR	128	ORAN	110101	20101	0300				
SEYBOLD JOHN JR	130	ORAN	100100	00000	0001				
SEYMORE HEZEKIAH	069	DEAR	200100	00100	0001				
SHABBOTT BAROR	085	KNOX	400110	11010	0000				
SHACKLEFORD THOMAS	172	SWIT	100100	10100	0100				
SHACKLES ABRAHAM	012	CRAW	010010	31010	0200				
SHAD JOSIAH	109	DEAR	030001	40010	0100				
SHAD SILAS	109	DEAR	000010	00010	1010				
SHAEFER GEORGE	317	POSE	000101	00101	0200				
SHAEFFER DANIEL	034	DELA	201110	10010	0100				
SHAFER GEORGE	233	GIBS	000100	00100	0001				
SHAFER JOHN	073	RIPL	000010	10100	0100				
SHAFER JOHN	291	JEFF	200001	11201	0100				
SHAFER PETER	057	FAYE	300010	10010	0100				
SHAFFER DANIEL	211	WAYN	300100	10100	0100				
SHAFFER DANIEL	211	WAYN	010001	00110	0200				
SHAFFER FREDERICK	082	DEAR	011201	10101	0100				
SHAFFER JOHN	193	FRAN	400010	10010	0100				
SHAFFER JOSEPH	211	WAYN	100010	20100	0100				
SHAFFER NICHOLAS	069	DEAR	120010	10010	0001				
SHAFFOR DANIEL	196	FRAN	200010	40010	0100				
SHAFFOR HENRY	200	FRAN	011101	00102	0200				
SHAFTON MARY	117	MONR	310000	30010	0100				
SHAKE SAMUEL	040	CLAR	001200	00000	0200				
SHALLODY EPHRAM	081	JENN	000100	10100	0100				
SHALLODY EDWARD	080	JENN	311201	01101	0300				
SHALLODY GEORGE	081	JENN	100001	02110	0100				
SHALLOWS DANIEL	211	WASH	211110	01010	0300				
SHALTS MATTHIAS	113	MART	100410	11100	1401				
SHANAN ROBERT	239	GIBS	000100	00000	0100				
SHANE ARTHUR	115	DEAR	000010	20100	0100				
SHANE BENJAMIN	237	WAYN	000100	00100	0100				
SHANK GEORGE	174	FRAN	100010	20201	0001				
SHANK JOHN	235	WAYN	100010	20010	0100				
SHANK JOSEPH	235	WAYN	100010	31010	0100				
SHANK PHILIP	166	SWIT	200010	00010	1100				
SHANKS MICHAEL	098	DEAR	001201	01001	0100				
SHANNAN GEORGE	277	JEFF	000111	00201	0300				
SHANNER ALEXANDER	090	KNOX	000100	00000	0100				
SHANNON HENRY	273A	JEFF	121110	31010	9000				
SHANNON JAMES	138	FLOY	100010	04010	0001				

Head of Household	Page	County	White Males (Under 10, 10-15, 16-18, 16-25, 26-44, 45 & over)	White Females (Under 10, 10-15, 16-25, 26-44, 45 & over)	Foreigners, Agriculture, Commerce, Manufacture	Free or Slave	Negro Males (Under 14, 14-25, 26-44, 45 & over)	Negro Females (Under 14, 14-25, 26-44, 45 & over)	Other not Indian
SHANNON JEREMIAH	029	CLAR	110110	00100	0002				
SHANNON JOHN	276	JEFF	000010	00100	0100				
SHANNON SAMUEL	200	FRAN	011201	01101	0100				
SHANNON WILLIAM	274	JEFF	211530	11010	1410				
SHANON SAMUEL	231	GIBS	111010	00010	0002				
SHANON SAMUEL	267A	JACK	100010	20100	0100				
SHANOR GEORGE	088	KNOX	200010	10110	0100				
SHARER WILLIAM	010	CLAR	100110	00100	0200				
SHARICE ADAM	084	KNOX	100001	11011	0001				
SHARP AARON	155	SCOT	100010	22010	0100				
SHARP GEORGE	243	GIBS	000001	00101	0100				
SHARP GEORGE	119	MONR	130001	10110	0100				
SHARP GEORGE	225	WAYN	110010	31110	0200				
SHARP JAMES	168	SWIT	100010	10100	1100				
SHARP JAMES	046	CLAR	510010	01100	0002				
SHARP JAMES	244	GIBS	300010	20010	0100				
SHARP JOHN	244	GIBS	310010	20100	0100				
SHARP LUKE	244	GIBS	210010	20010	0100				
SHARP MECAJER	243	GIBS	000010	00100	0001				
SHARP PETER	112	DEAR	100001	02111	0100				
SHARP RICHARD	366	RAND	310010	10010	0100				
SHARP THOMAS	243	GIBS	021021	00201	0300				
SHARP THOMAS	191	FRAN	000010	00100	0100				
SHARP WILLIAM	05	HARR	122211	22111	0400				
SHARP WM	244	GIBS	100010	00100	0100				
SHARP WM	181	WAYN	321201	00010	0400				
SHARP WM	225	WAYN	210210	11010	0400				
SHARY PATSY	238	GIBS	000000	31010	0000				
SHASTEEN ABSALON	214	WASH	100100	00100	0500				
SHASTEEN BARNET	215	WASH	220201	11010	0200				
SHASTEEN WILLIAM	215	WASH	000100	10100	0100				
SHASTERN RENNEY	214	WASH	220010	10110	0300				
SHATTO NICKOLAS	263A	JACK	010010	11010	0100				
SHATTOCK ASA	087	DEAR	100010	01100	0001				
SHATTUCK ELIPHALET	191	VIGO	210210	41110	0300				
SHAUFNER JOHN	182	VAND	420010	31010	0200				
SHAUL JACOB	030	DELA	100100	00100	0100				
SHAUL SAUL	030	DELA	200010	10010	0100				
SHAUNCE DAVID	041	FAYE	111110	31010	0100				
SHAVEN CHARLES	056	HARR	220001	30001	0100				
SHAVER SAMUEL P	014	CLAR	100010	00100	0001				
SHAVER THORNTON	089	KNOX	000100	00000	0100				
SHAW ALFRED	301	PIKE	000100	00100					
SHAW ANDREW	009	CLAR	000010	00100	0001				
SHAW BENANEWELL	012	CLAR	100101	12101	0101				
SHAW CHARLES	035	FAYE	200010	10100	0001				
SHAW ELI	063	DEAR	100010	32010	0100				
SHAW HAMILTON	077	RIPL	000100	10100	0100				
SHAW HOSEA	083	KNOX	110010	11010	0001				
SHAW HUGH	091	KNOX	100010	11010	0100				
SHAW HUGH	301	PIKE	110001	01001					
SHAW IBBIN	011	CLAR	010110	02010	0200				

Head of Household	Page	County	White Males (Under 10, 10-15, 16-18, 16-25, 26-44, 45 & over)	White Females (Under 10, 10-15, 16-25, 26-44, 45 & over)	Foreigners, Agriculture, Commerce, Manufacture	Free or Slave	Negro Males (Under 14, 14-25, 26-44, 45 & over)	Negro Females (Under 14, 14-25, 26-44, 45 & over)	Other not Indian
SHAW JAMES	075	RIPL	001201	21201	0300				
SHAW JAMES	231	WAYN	220010	30110	0100				
SHAW JOHN	231	WAYN	310001	00001	0200				
SHAW JOHN W MD	177	VAND	000010	01001	0000				
SHAW JOHN	004	CLAR	000001	00001	0100				
SHAW JOHN	192	FRAN	010001	02301	0200				
SHAW JOHN	119	MONR	000040	00010	3103				
SHAW JOHN	137	ORAN	000100	00100	0001				
SHAW JOHN	008	CRAW	100001	20101	0100				
SHAW JONATHAN	243	WAYN	200010	30010	0100				
SHAW JOSEPH	054	HARR	000010	00000	0100				
SHAW JPHN	064	DEAR	000100	00100	0100				
SHAW MOSA	016	CLAR	300010	20010	0100				
SHAW SALLY	191	FRAN	200000	10010	0000				
SHAW SAMUEL	171	SWIT	100100	00101	0100				
SHAW SAMUEL	077	RIPL	000100	10100	0100				
SHAW THOMAS	100	DEAR	100110	20100	0010				
SHAW THOMAS	012	CLAR	100100	00100	0100				
SHAW WILLIAM	177	VAND	000101	00100	0200				
SHAW WILLIAM	021	CLAR	000001	02001	0100				
SHAW WM	237	GIBS	000100	00100	0100				
SHAW WM	020	DELA	100001	33001	0100				
SHAWL PETER S	017	DELA	300000	30010	0100				
SHAY DAVID	231	WAYN	000010	31010	0100				
SHCANK JOHN	257	WAYN	310110	21010	0200				
SHEAKS GEORGE	101	LAWR	311221	22010	0100				
SHEALDS JAMES	187	VIGO	000010	00100	0100				
SHEARER BENJAMIN	152	SCOT	000210	10100	0003				
SHEARIN WILLIAM	117	DEAR	120010	01010	0100				
SHEARMAN BENNONA	293	JEFF	111110	10210	0200				
SHEARMAN ELSHA	293	JEFF	100010	10101	0100				
SHEARWOOD DANIEL	217	WASH	000100	00100	0100				
SHEARWOOD HUGH	217	WASH	110101	11001	0300				
SHEARWOOD DANIEL	218	WASH	320110	30210	0400				
SHEARWOOD JAMES	218	FRAN	200010	41010	0100				
SHEARWOOD ANN	220	FRAN	110010	00010	0000				
SHEATS JOHN	091	KNOX	310010	20010	0300				
SHED COBURN	106	DEAR	000010	13010	0100				
SHED LUTHER	279A	JEFF	100010	20100	0100				
SHEEK JOHN	097	LAWR	000011	00001	0010				
SHEELS THOMAS	255	GIBS	310001	10100	0100				
SHEENE	169	FRAN	000001	00001	0000				
SHEETS ANDREW	222	WASH	000001	12001	0100				
SHEETS FREDERICK	222	WASH	000001	00001	0100				
SHEETS JACOB	218	WASH	100100	10100	0100				
SHEETS JAMES	245	GIBS	000200	00000	0100				
SHEETS JOHN	272A	JEFF	201121	10120	0040	S		0100	
SHEETS LEWIS	274A	JEFF	200010	21010	0001				
SHEETS MARTIN	079	JENN	000100	10000	0100				
SHEETS PETER	171	SWIT	000010	31010	0100				
SHEETS ROBERT P	021	DELA	000100	00000	0100				
SHEILD ABEL	163	WAYN	200010	20100	0100				

Head of Household	Page	County	White Males (Under 10, 10-15, 16-18, 16-25, 26-44, 45 & over)	White Females (Under 10, 10-15, 16-25, 26-44, 45 & over)	Foreigners, Agriculture, Commerce, Manufacture	Free or Slave	Negro Males (Under 14, 14-25, 26-44, 45 & over)	Negro Females (Under 14, 14-25, 26-44, 45 & over)	Other not Indian
SHELBEY JOSEPH	188	VIGO	000010	30010	0100				
SHELBY EVAN	046	CLAR	111260	01010	0000	S	0100	0100	1
SHELBY ISAAC	043	CLAR	111120	30010	0000	S		0410	
SHELBY ISAAC	217	WAYN	220010	12010	0100				
SHELBY JOHN	221	WAYN	000010	00200	0100				
SHELBY JOSHUA	221	WAYN	000101	00001	0100				
SHELBY JOSEPH	221	WAYN	100020	20010	0200				
SHELDON JEREMIAH	169	SWIT	110001	01001	0000				
SHELDON NATHANIEL	110	DEAR	200100	10100	0001				
SHELL CHRISTIAN	225	WAYN	200001	20010	0100				
SHELL JOHN	119	MONR	000100	10100	0100				
SHELLABY GEORGE	078	JENN	000100	00010	0100				
SHELLEY JOHN	273	WAYN	010101	11010	0100				
SHELLHORN JOHN	186	FRAN	100110	10100	0100				
SHELLHOUSE GEORGE	017	FAYE	210010	22110	0100				
SHELOCK JOHN	053	FAYE	001101	00001	0100				
SHELTON ELIZABETH	145	WARR	000100	01001	0000				
SHELTON H	215	WASH							
SHELTON JAMES	045	HARR	100010	20100	0100				
SHELTON JAMES	145	WARR	000010	00001	0000				
SHELTON JEREMIAH G	032	CLAR	100010	20100	0100				
SHELTON JOHN	167	SWIT	100100	02201	0100				
SHELTON JOHN	223	WASH	210110	12210	0300				
SHELTON NANCY	215	WASH	000000	00001	0100				
SHELTON SARAH	208	WASH	031100	02010	0400				
SHEPARD JOHN	015	CRAW	100100	10100	0100				
SHEPARD POLLY	077	RIPL	020200	10201	0400				
SHEPARD WHEELER	077	RIPL	100110	10100	0200				
SHEPARD ZENAS	077	RIPL	000010	00000	0100				
SHEPHARD ALLEN	013	CLAR	000010	00100	0100				
SHEPHARD ELI	261	JACK	000010	00100	0100	F	0001	0000	
SHEPHARD SOLLOMON	172	FRAN	100010	20010	0100				
SHEPHERD CHRISTOPHER	064	DEAR	000100	00100	0100				
SHEPHERD JOHN	223	WASH	000010	10211	0100				
SHEPHERD JAMES	081	JENN	110101	41110	0200				
SHEPHERD JOHN	054	HARR	200010	30010	0100				
SHEPHERD JACOB	023	FAYE	100001	12010	0001				
SHEPHERD JOHN SR	222	WASH	000101	00001	0200				
SHEPHERD MILES	211	WASH	010010	41010	0200				
SHEPHERD NANCY	115	SULL	210000	10010	0100				
SHEPHERD PETER	267	JACK	100200	10100	0100				
SHEPHERD SOLOMON SR	217	FRAN	300001	01301	0100				
SHEPHERD STEPHEN	127	SULL	000010	00100	0100				
SHEPHERD THOMAS	222	WASH	200010	10010	0100				
SHEPHERD THOMAS	217	WASH	230101	10210	0500				
SHEPHERD WILLIAM	102	DEAR	100010	10010	0100				
SHEPHERD WILLIAM	118	DEAR	000110	20100	1100				
SHEPHERD WILLIAM	092	KNOX	000011	00100	0100				
SHEPHERD WILLIAM D	090	KNOX	000100	00000	0000				
SHEPHERD WILLIAM	080	JENN	100100	00100	0000				
SHEPHERD WILLIAM	081	JENN	100100	00110	0100				
SHEPHERD WILLIAM	063	DEAR	300110	10001	0101				

Head of Household	Page	County	White Males (Under 10, 10-15, 16-18, 16-25, 26-44, 45 & over)	White Females (Under 10, 10-15, 16-25, 26-44, 45 & over)	Foreigners, Agriculture, Commerce, Manufacture	Free or Slave	Negro Males (Under 14, 14-25, 26-44, 45 & over)	Negro Females (Under 14, 14-25, 26-44, 45 & over)	Other not Indian
SHEPHERD WILLIAM	024	CLAR	120110	40010	0100				
SHEPHERD WILLIAM	127	SULL	100010	00100	0100				
SHEPLEN JAMES	027	FAYE	011201	22101	0100				
SHEPLEN PHILIP	027	FAYE	000100	00100	0100				
SHEPPARD HENRY	292	JEFF	311101	11010	0200				
SHEREAD JOH	102	DEAR	300010	00010	0001				
SHERER RUEBIN	134	ORAN	210010	31010	0100				
SHERIDAN JESSE	049	HARR	400010	10010	0100				
SHERK JOHN	089	KNOX	100010	00100	0100				
SHERLEY WILLIAM	150	PERR	200010	10010	0100				
SHERMAN ARAN	047	HARR	001201	11101	0400				
SHERMAN BENJAMIN	109	SULL	100100	10100	0100				
SHERMAN BENJAMIN JR	115	SULL	011001	10110	0300				
SHERMAN NATHAN	287A	JEFF	110010	10010	0100				
SHERMAN RICHARD	093	SPEN	111002	11002	0200				
SHERMAN SAMUEL	109	SULL	300010	00010	0100				
SHERMAN WILLIAM	111	SULL	000200	00000	0200				
SHERN JAMES	192	VIGO	000010	30100	0100				
SHERREN CALEB	161	WAYN	100100	00100	001				
SHERRIT JOHN	038	DUBO	000110	11100	0200				
SHERWOOD COLE SR	177	VAND	002101	00001	0301				
SHERWOOD THOMAS	179	FRAN	400010	10011	0001				
SHERWOOD WILLIAM	219	WASH	100010	10010	0100				
SHETERLY HENRY	029	DELA	400010	10010	0100				
SHEVERLEAR BATEAST	092	KNOX	000010	10010	0100				
SHEWMAKE WILLIAM	137	ORAN	120000	11010	0100	F	0010		
SHEWMAKER JAMES	262A	JACK	300010	21010	0100				
SHEWMAKER LEONARD C	266A	JACK	111101	00001	0100				
SHEWMAKER JOHN	268A	JACK	010010	30100	0100				
SHEWRY MARTIN	019	DELA	500010	10010	0000				
SHEWSBERRY BENJ	284A	JEFF	100100	10100	0100				
SHIELAS WILLIAM	079	JENN	300111	11010	0300				
SHIELD RICHARD	162	SCOT	620010	00011	0100				
SHIELDS POLLY	118	MONR	000100	10010	0100				
SHIELDS ABIJAH	045	FAYE	000010	00100	0001				
SHIELDS JAMES	262A	JACK	010101	00010	0100				
SHIELDS JAMES JR	125	ORAN	000010	00100	0100				
SHIELDS JAMES SR	125	ORAN	111101	11201	0300				
SHIELDS JAMES	079	JENN	100200	10100	0100				
SHIELDS JAMES	028	DELA	000010	40010	0100				
SHIELDS JESSE	070	HARR	200010	43010	0200				
SHIELDS JOHN	097	DEAR	000100	10100	0100				
SHIELDS JOHN	195	FRAN	100010	10100	0100				
SHIELDS JOSEPH	043	HARR	220101	21010	0200				
SHIELDS JOHN	115	MART	200100	00100	0100				
SHIELDS JOHN	135	ORAN	000020	12010	0200				
SHIELDS MARGARET	041	FAYE	000300	00101	0300				
SHIELDS PATRICK	057	HARR	021101	11010	0400				
SHIELDS POLLY	043	HARR	100200	11010	0200				
SHIELDS RICHARD	154	SCOT	520010	00011	0100				
SHIELDS ROBERT	119	MONR	000020	00000	0200				
SHIELDS ROBERT	069	HARR	220010	30001	0100				

Head of Household	Page	County	White Males (Under 10, 10-15, 16-18, 16-25, 26-44, 45 & over)	White Females (Under 10, 10-15, 16-25, 26-44, 45 & over)	Foreigners, Agriculture, Commerce, Manufacture	Free or Slave	Negro Males (Under 14, 14-25, 26-44, 45 & over)	Negro Females (Under 14, 14-25, 26-44, 45 & over)	Other not Indian
SHIELDS ROLSTON	007	FAYE	000010	10100	0100				
SHIELDS SAMUEL W	146	FLOY	000100	10100	0001				
SHIELDS SAML	079	JENN	300010	11110	0100				
SHIELDS WILLIAM	115	SULL	100010	10100	0100				
SHILDS JOHN	089	SPEN	201001	11010	0100				
SHILLETTOE EDWARD	070	DEAR	100001	22101	0100				
SHILSNIRE JESSE	112	MART	020010	52010	0000				
SHIN JOEL	117	MONR	400010	01010	0100				
SHINER HENRY	262	JACK	121101	10210	0100				
SHINGLEDECKER ABRAHA	177	FRAN	200010	20010	0100				
SHIPLY MARY H	185	FRAN	110000	11010	0000				
SHIPMAN JAMES	266A	JACK	200010	30010	0100				
SHIPMAN JOHN	102	LAWR	000100	00100	0100				
SHIPMAN JOHN	268A	JACK	000100	00100	0100				
SHIPMAN NICHOLAS	268A	JACK	011201	00001	0100				
SHIPMAN SAMUEL	137	FLOY	000011	10100	0001				
SHIPMAN STEPHEN	102	LAWR	111101	21110	0100				
SHIPMAN STEPHEN	262	JACK	500010	01010	0100				
SHIPPY JARED	115	SULL	010100	20100	0200				
SHIRAULT ABNER	197	WAYN	000101	32100	0200				
SHIRK ANDREW JR	192	FRAN	200010	20010	0100				
SHIRK ANDREW SR	192	FRAN	000001	00001	0000				
SHIRK DAVID	194	FRAN	300010	20010	0100				
SHIRK JOSEPH	192	FRAN	100010	00100	0001				
SHIRK SAMUEL	189	FRAN	300010	00100	0100				
SHIRLEY AMBROSE	055	FAYE	000100	10100	0100				
SHIRLEY CHARLES	130	ORAN	200010	20100	0100				
SHIRLEY JACOB	125	ORAN	200101	20010	0300	F	0100		
SHIRLEY JOHN	145	FLOY	000200	20010	0002				
SHIRLEY JOHN	057	FAYE	411101	01010	0101				
SHIRTE JOHN	289	JEFF	210010	01000	0100				
SHISLAS ROBT	079	JENN	000010	00100	0100				
SHOARN SAMUEL	151	FLOY	110001	01101	0100				
SHOCKLEY DAVIS	049	CLAR	010001	10001	0000				
SHOCKLEY JAMES	038	CLAR	100100	00010	0000				
SHOCKLEY JOSHUA	079	RIPL	200010	30010	0100				
SHODGRASS WILLIAM	119	MONR	000100	00010	0001				
SHOEMAKER DANIEL	222	WASH	101111	00101	0000				
SHOEMAKER ELIAS	204	FRAN	400001	03110	0100				
SHOEMAKER JOHN	146	PERR	110010	21010	0200				
SHOEMAKER ADAM	149	PERR	201110	42011	0300				
SHOEMAKER STEPHEN	150	PERR	100010	20100	0100				
SHOEMAKER HENRY	068	HARR	300010	50210	0100				
SHOEMAKER THOMAS	044	HARR	231101	23001	0100				
SHOEMAKER THOMAS	045	HARR	230001	02201	0200				
SHOEMAKER HEZEKIAH	099	SPEN	330010	21210	0300				
SHOEMAKER BENJAMIN	125	SULL	010301	01301	0500				
SHOEMAKER DANIEL	325	RAND	330001	10010	0100				
SHOEMAKER HENRY	325A	RAND	000010	00000	0100				
SHOEMAKER EVAN	193	WAYN	322201	20001	0200				
SHOLTS FREDERICK	112	MART	210010	10110	0000				
SHOLTS JACOB	114	MART	100110	00100	0200				

Head of Household	Page	County	White Males (Under 10, 10-15, 16-18, 16-25, 26-44, 45 & over)	White Females (Under 10, 10-15, 16-25, 26-44, 45 & over)	Foreigners, Agriculture, Commerce, Manufacture	Free or Slave	Negro Males (Under 14, 14-25, 26-44, 45 & over)	Negro Females (Under 14, 14-25, 26-44, 45 & over)	Other not Indian
SHOOK CHRISTOPHER	069	HARR	200010	10010	0100				
SHOOK CHRISTOPHER	060	HARR	101201	31001	0200				
SHOOK DAVID P	100	DEAR	100010	21100	0000				
SHOOK HARMAN	198	FRAN	400010	20010	0100				
SHOOK HEZ%KIAH	105	DEAR	200200	11000	0010				
SHOOK JACOB	067	HARR	420110	10010	0300				
SHOOK JOHN SR	097	DEAR	220001	31110	0100				
SHOOK JOHN JR	097	DEAR	510010	10010	0100				
SHOOK JOHN	069	HARR	000100	10100	0100				
SHOOK JOHN	061	HARR	100001	31001	0100				
SHOOK PETER	097	DEAR	100100	10100	0100				
SHOOK PHILLIP JR	067	HARR	100101	10010	0200				
SHOOK PHILLIP	068	HARR	210010	11010	0100				
SHOOK WILLIAM	039	DUBO	100010	20010	0100				
SHOOKE JACOB	045	HARR	100010	30001	0100				
SHOONOVER ABRAM	020	DELA	100001	00110	0100				
SHORES JOSEPH	088	KNOX	100011	30110	0100				
SHORT ABEL S	032	CLAR	000110	10100	0100				
SHORT DANIEL	292A	JEFF	120101	00001	0100				
SHORT DAVID	182	FRAN	301101	01010	0100				
SHORT ELIJHA	295	JEFF	200101	11010	0100				
SHORT EZEKIEL	097	LAWR	000100	00100					
SHORT GEORGE	223	WASH	410010	10010	0200				
SHORT GEORGE	274A	JEFF	100110	00100	0002				
SHORT ISAAC	293	JEFF	100010	11100	0100				
SHORT JACOB	294A	JEFF	111111	01101	1200				
SHORT JOHN	220	WASH	520101	00110	0400				
SHORT JOHN	097	LAWR	310010	20100					
SHORT JOHN SR	101	LAWR	000201	00001	0200				
SHORT REUBIN	105	LAWR	200010	00100	0100				
SHORT SAML	137	WARR	000231	10100	0003				
SHORT THOS	105	LAWR	100010	10100	0100				
SHORT WESLY	101	LAWR	221110	21110	0100				
SHORTRIDGE SAMUEL JR	267	WAYN	200010	10100	0100				
SHORTRIDGE GEORGE	267	WAYN	110010	40010	0100				
SHORTRIDGE SAMUEL	267	WAYN	000101	11000	0200				
SHORTRIDGE JOHN	267	WAYN	000101	00100	0200				
SHOULLER PETER	084	KNOX	000010	00000	0001				
SHOUSE JOHN	262	JACK	110101	02210	0100				
SHOVER SIMON	020	DELA	132301	01110	0100				
SHOWERS ADAM	098	DEAR	210010	21010	0100				
SHRADER JOHN	004	CLAR	000010	00000	0100				
SHRAKE GEORGE	055	HARR	002301	01010	0100				
SHRINER CHARLES	202	FRAN	000100	00200	0001				
SHRINER SIMON	215	FRAN	300010	00010	0100				
SHRIVER PETER	318	POSE	000021	00011	1000				
SHROADS FRANCIS	153	WARR	310010	01100	0000				
SHRODE JOHN	097	SPEN	110110	20010	0300				
SHRODE WILLIAM	091	SPEN	212101	23110	0400				
SHROYER CHRISTIAN	119	SULL	200010	21100	0100				
SHUBRUSTY JOHN	006	CRAW	100101	10100	0100				
SHUCK ANDREW	167	SWIT	310010	20100	0100				

Head of Household	Page	County	White Males (Under 10, 10-15, 16-18, 16-25, 26-44, 45 & over)	White Females (Under 10, 10-15, 16-25, 26-44, 45 & over)	Foreigners, Agriculture, Commerce, Manufacture	Free or Slave	Negro Males (Under 14, 14-25, 26-44, 45 & over)	Negro Females (Under 14, 14-25, 26-44, 45 & over)	Other not Indian
SHUER JACOB	259	WAYN	100100	30100	0100				
SHUFF JOHN	171	SWIT	020101	00101	0100				
SHUFFIELD EPHRAIM	314	POSE	000200	10100	0000				
SHUFFLEBARGER SIMON	026	CLAR	100100	30100	0100				
SHUGART JOHN	187	WAYN	200100	10100	0100				
SHUGARTH GEORGE	175	WAYN	021101	20000	0200				
SHULL GEORGE	316A	POSE	000110	10100	0100				
SHULL JOSEPH	218	WASH	220010	21110	0300				
SHULLER LAURENCE S	083	KNOX	000010	00000	0000				
SHULT SUSANNAH	210	WASH	111100	41010	0200				
SHULTS CHRISTIAN	223	WASH	011101	02201	0300				
SHULTS PHILIP	223	WASH	211110	01010	0300				
SHULTZ JOHN	177	VAND	000101	01001	0101				
SHUTE SAMUEL	211	WAYN	230001	10101	0100				
SIBLEY SYLVESTER	191	VIGO	100200	01000	0002				
SIBLEY WILLIAM	180	FRAN	000000	00000	0000	F	2101	3001	
SIDDLE ATTICUS	159	WAYN	100300	01000	0111				
SIDES JOHN	240	GIBS	110010	21011	0100				
SIDES LEONARD	225	WASH	000010	20100	0200				
SIEBENTHAL JOHN F	174	SWIT	110041	41110	3103				
SIERS ALEXANDER	266	JACK	100100	00100	0100				
SIERS WILLIAM	261A	JACK	001110	10100	0100				
SIGLER DANIEL	143	FLOY	000100	00100	0100				
SIGLER GEORGE	143	FLOY	200010	10100	0100				
SIGMON JOHN	166	SWIT	200010	20100	0100				
SILER ADAM	100	LAWR	010101	00110					
SILER JEREMIAH	100	LAWR	100200	00100					
SILLIMON GOLD	138	FLOY	000101	00101	0101				
SILLIMON GEORGE	138	FLOY	100010	00100	0001				
SILLITE ELI	269	WAYN	100010	00000	0100				
SILMAN BENJ	312A	POSE	200010	30011	0100				
SILVER TOBIAS	319A	POSE	001101	00010	0100				
SILVERS BLETCHER	109	SULL	000010	22100	0100				
SILVERS FRANCIS	175	SWIT	210001	00210	0001				
SILVERS GEORGE	104	LAWR	300010	10110	0100				
SILVERTHORN JOHN	220	FRAN	110100	10100	0001				
SILVESTER EMERY	014	CLAR	310010	40110	0100				
SILVESTER PORDUE	017	CLAR	310010	20100	0100				
SILVEY THOMAS	051	FAYE	011301	11102	0100				
SIMINGTON ROBERT	285A	JEFF	101101	32011	1202				
SIMMONDS JOHN	114	MART	200100	20100	0100				
SIMMONDS JAMES	114	MART	000101	00000	0100				
SIMMONDS MOSES	114	MART	110101	10001	0100				
SIMMONDS STEPHEN	113	MART	000010	20100	0001				
SIMMONS CHARLES	309A	POSE	100010	10100	0100				
SIMMONS JEHOSHAPHAT	206	WASH	110010	11111	0200				
SIMMONS JOHN	017	CLAR	200020	10010	0200				
SIMMONS JOHN	181	WAYN	310301	11110	0400				
SIMMONS JOHN SR	217	WASH	111201	22000	0400				
SIMMONS JOHN JR	217	WASH	200100	01100	0100				
SIMMONS JOHN W	173	SWIT	210010	41010	0100				
SIMMONS JOHN	120	DEAR	000010	20100	0100				

Head of Household	Page	County	White Males (Under 10, 10-15, 16-18, 16-25, 26-44, 45 & over)	White Females (Under 10, 10-15, 16-25, 26-44, 45 & over)	Foreigners, Agriculture, Commerce, Manufacture	Free or Slave	Negro Males (Under 14, 14-25, 26-44, 45 & over)	Negro Females (Under 14, 14-25, 26-44, 45 & over)	Other not Indian
SIMMONS JOHN	070	DEAR	000001	00001	0000				
SIMMONS MOSES	037	DUBO	111301	01001	0500				
SIMMONS SETH	064	DEAR	110110	00100	0100				
SIMMONS THOS	294	JEFF	000100	00000	0000	S	1001	0110	
SIMMONS WILLIAM	181	FRAN	300100	20100	0100				
SIMMONS WM	255	WAYN	100010	20100	0100				
SIMMS JESSE	125	ORAN	200010	00110	0100				
SIMMS MICHAEL	118	DEAR	000000	00000	0100	F	1000	0100	
SIMMS NED	085	KNOX	000000	00000	0000	F	1010	0010	
SIMMURMAN NATHAN	320	POSE	001101	00101	0200				
SIMON ADAM	053	HARR	000101	11000	0100				
SIMON SAMUEL	097	LAWR	000010	30010					
SIMONSON CORIELIUS	192	FRAN	200010	10010	0100				
SIMONSON ELEONER	269	WAYN	011200	30001	0100				
SIMONSON MARY	089	KNOX	300000	00110	0000				
SIMPERS A	292A	JEFF	200001	21010	0100				
SIMPSON ALEXANDER	112	MART	100100	00010	0001				
SIMPSON ALEXANDER	275	JEFF	010001	22010	0001				
SIMPSON ALLEN	223	FRAN	101110	32010	0201				
SIMPSON ARCHEBALD	241	GIBS	010111	77101	0200				
SIMPSON COLIER	187	WAYN				S	2020	2100	
SIMPSON DAVID	184	FRAN	000010	30010	0100				
SIMPSON ELISAHA	099	LAWR	220020	20010					
SIMPSON GEORGE	207	WASH	200010	21010	0100				
SIMPSON GEORGE	088	KNOX	110001	30010	0001				
SIMPSON JESSE	144	FLOY	000100	00000	0001				
SIMPSON JOHN	186	VIGO	210010	21010	0101				
SIMPSON JOHN	313	POSE	000001	20001	0100				
SIMPSON JOHN	089	KNOX	000100	20100	0001				
SIMPSON JOHN	077	JENN	200100	10100	0100				
SIMPSON JOSHUA	035	FAYE	100100	00100	0100				
SIMPSON NATHAN	021	DELA	100200	20100	0100				
SIMPSON PATRICK	088	KNOX	020201	02101	0400				
SIMPSON THOMAS	113	MART	000100	00000	0001				
SIMPSON THOMAS	041	FAYE	111301	11002	0100				
SIMPSON WILLIAM	098	DEAR	230101	10110	0100				
SIMPSON WM	232	GIBS	000001	00000	0100				
SIMPSON WM	248	GIBS	200010	20100	0100				
SIMS ALEXANDER	218	FRAN	000010	00010	0100				
SIMS JAMES	179	FRAN	100010	01001	0100				
SIMS JAMES	266	JACK	100010	43010	0100				
SIMS JOSHUA	179	FRAN	420010	00210	0300				
SIMS LANGTHORN	107	LAWR	000100	10100	0100				
SIMS LARKEN	011	FAYE	220010	10010	0100				
SIMS PRESLY	107	LAWR	110101	00301	0100				
SIMS STEPHEN	005	FAYE	200010	20100	0001				
SIMS STERLING	101	LAWR	112201	32101	0300				
SIMS WIDOW	095	SPEN	200000	42001	0100				
SIMS WILLIAM	101	LAWR	100100	00100	0100				
SIMS WILLIAM JR	171	FRAN	300210	20110	0200				
SIMS WILLIAM	179	FRAN	100101	00011	0200				
SIMSON JOHN	249	GIBS	100010	00010	0100				

Head of Household	Page	County	White Males (Under 10, 10-15, 16-18, 16-25, 26-44, 45 & over)	White Females (Under 10, 10-15, 16-25, 26-44, 45 & over)	Foreigners, Agriculture, Commerce, Manufacture	Free or Slave	Negro Males (Under 14, 14-25, 26-44, 45 & over)	Negro Females (Under 14, 14-25, 26-44, 45 & over)	Other not Indian
SIMSON PETER	248	GIBS	000111	02101	0200				
SINCLAIR GEORGE	059	HARR	320100	11100	0100				
SINCLAIR JOHN	097	DEAR	000101	11010	0100				
SINCLAIR THOMAS	267	JACK	220001	21110	0100				
SINEX THOMAS	139	FLOY	110010	00100	0001				
SINGER GEORGE	171	SWIT	000001	32010	1100				
SINGGLETON LEWIS	023	DELA	320010	11010	0100				
SINGHORSE WILLIAM	160	FRAN	100010	10100	0100				
SINGHORSE MARY	166	FRAN	001100	11011	0100				
SINGLETON THOMAS	082	DEAR	311110	22010	0100				
SINK DANIEL	209	WASH	100021	10010	0100				
SINK IACOB	223	WASH	200010	20011	0300				
SINK JACOB	208	WASH	100010	10100	0100				
SINK PETER	220	WASH	000010	10100	0100				
SINK PETER SR	209	WASH	000001	10210	0300				
SINKER JOHN	041	HARR	410010	10010	0100				
SINKLAER AMOS	131	SULL	100100	10100	0100	S	0000	1110	
SINKLAER AMOS	131	SULL	100100	10100	0100	F	0001	0110	
SINKLAER ELI	131	SULL	200100	20100	0100				
SINKLAER JOHN	119	SULL	110101	00001	0300				
SINKLAER PARKER	107	SULL	100010	01000	0100				
SINNEN MATHIAS	099	LAWR	211201	20010	0300				
SINNOTT WILLIAM	011	CLAR	310001	20010	1100				
SINONSON JOHN S	047	CLAR	000100	02300	0000				
SIPE FREDERICK	285A	JEFF	110010	20010	0100				
SIPES PAUL	053	HARR	221101	20010	0200				
SIRKLE ANDREW	182	VAND	000100	10100	0100				
SIRKLE LEWIS	182	VAND	000101	00020	0100				
SIRMAN ISAAC	199	FRAN	000001	00001	0100				
SISBE DANIEL	188	VIGO	000010	10100	0100				
SISENEY WILLIAM	221	WASH	100010	20200	0100				
SISLOW JOHN	067	HARR	100010	01100	0100				
SISSON WILLIAM	077	RIPL	000010	01100	0100				
SIT WHITE	080	JENN	100100	10100	0100				
SITTENFIELD WILLIAM	324A	RAND	301110	30100	0100				
SITTER JOHN	197	WAYN	200010	11000	0001				
SIVEAT GEORGE	081	JENN	310011	11001	0200				
SIX JOHN	168	SWIT	110001	10010	0100				
SKAGS RODUS	107	LAWR	000110	31010	0100				
SKAGS WESLY	107	LAWR	010100	20100	0100				
SKATES JACOB	098	DEAR	000010	00010	0001				
SKATES JAMES SR	118	DEAR	000001	00001	0100				
SKATES JAMES JR	118	DEAR	410010	01010	0100				
SKEEN DAVID	289	JEFF	310110	10010	0200				
SKEENE WILLIAM	073	RIPL	100110	20100	0000				
SKELTON JACOB	238	GIBS	000101	11101	0100				
SKELTON JACOB SR	238	GIBS	220001	01001	0200				
SKELTON JOHN	248	GIBS	010101	32110	0300				
SKELTON WM	238	GIBS	400010	00100	0100				
SKELTON Z	153	WARR	211011	22010	0000				
SKIDMORE JOHN	193	VIGO	100010	22010	0100				
SKIDMORE JAMES	301	PIKE	210010	10001					

Head of Household	Page	County	White Males (Under 10, 10-15, 16-18, 16-25, 26-44, 45 & over)	White Females (Under 10, 10-15, 16-25, 26-44, 45 & over)	Foreigners, Agriculture, Commerce, Manufacture	Free or Slave	Negro Males (Under 14, 14-25, 26-44, 45 & over)	Negro Females (Under 14, 14-25, 26-44, 45 & over)	Other not Indian
SKIDMORE RALPH	221	WAYN	000001	00010	0100				
SKILHORN THOMAS	182	VAND	010030	00010	4300				
SKILMAN DAVID C	003	FAYE	000100	00100	0001				
SKILMAN THOMAS	106	DEAR	100100	10100	0100				
SKINNER ALEXR	080	JENN	220010	10010	0100				
SKINNER DANIEL	180	FRAN	000010	10100	0100				
SKINNER DANIEL	035	FAYE	100010	21010	0100				
SKINNER DAVID	221	WASH	000100	00000	0000				
SKINNER RHODY	251	GIBS	310010	00001	0100				
SKINNER THOMAS	179	FRAN	120101	22301	0400				
SKINNER THOMAS	184	FRAN	100010	20010	0100				
SKINNER WILLIAM	220	FRAN	200010	21010	0100				
SKIVER ALEX	313	POSE	100100	10100	0100				
SKIVER CATY	316A	POSE	010010	11101	0200				
SKURLOCK REUBEN	204	FRAN	200010	20010	0100				
SLADE SAMUEL	268A	JACK	311201	11010	0100				
SLAGLEY JOHN	216	WASH	000100	11100	0100				
SLANDAGE ARON	043	HARR	100001	22001	0100				
SLARIS DANIEL	142	OWEN	110001	20020	0200				
SLATER ALEXANDER	302	PIKE	110100	10201					
SLATER JAMES	307A	POSE	000010	10100	0100				
SLATER MARTIN	295	JEFF	111201	22101	0300				
SLATER PHILLIP	285A	JEFF	000100	10100	0100				
SLATER SAMUEL	302	PIKE	000100	10100					
SLAUGHTER JER	281	JEFF	100010	00100	0100				
SLAUGHTER HENRY	152	FLOY	200010	01010	0001				
SLAUGHTER JAMES B	073	HARR	100110	20100	0000				
SLAUGHTER JAMES	049	CLAR	001200	01100					
SLAUGHTERBACK JOHN	067	HARR	112201	11010	0300				
SLAUSON EZRA	069	DEAR	000001	00000	0100				
SLAVEN JOHN	189	VIGO	100010	22001	0100				
SLAVEN SAMUEL	189	VIGO	000100	31030	0100				
SLAVY ANDREW	087	SPEN	111010	11010	0300				
SLAWSON SIMON	168	SWIT	210001	32010	0100				
SLAWTER THOMAS	221	FRAN	011102	30301	0300				
SLEEDE SUSANNAH	009	CLAR	021120	10111	0300				
SLEETH ANNA	032	FAYE	001300	01101	0100				
SLEETH JANE	032	FAYE	100100	21010	0100				
SLEETH JOHN	032	FAYE	100102	22011	0100				
SLEETH JONAS	221	WAYN	100010	30100	0100				
SLEETH THOMAS	032	FAYE	210010	10010	0100				
SLEOTH NANCY S	022	DELA	001200	00111	0000				
SLIDER JOHN	037	CLAR	000100	00000	0001				
SLIDER JOSEPH	017	CLAR	000010	20200	0100				
SLIDER RICHARD JR	002	CLAR	100100	00100	0100				
SLIDER RICHARD SR	004	CLAR	220101	00001	0200				
SLIPP ABRAHAM	027	DELA	100001	02001	0100				
SLOAN ANDREW	005	FAYE	210110	00100	0002				
SLOAN ARCHIBALD	012	CRAW	121100	21010	0500				
SLOAN BENJ	200	FRAN	200010	20010	0100				
SLOAN ELIJAH	109	DEAR	300010	11010	0100				
SLOAN GEORGE	082	DEAR	430010	10010	0100				

Head of Household	Page	County	White Males (Under 10, 10-15, 16-18, 16-25, 26-44, 45 & over)	White Females (Under 10, 10-15, 16-25, 26-44, 45 & over)	Foreigners, Agriculture, Commerce, Manufacture	Free or Slave	Negro Males (Under 14, 14-25, 26-44, 45 & over)	Negro Females (Under 14, 14-25, 26-44, 45 & over)	Other not Indian
SLOAN JAMES	106	DEAR	200110	22010	0100				
SLOAN WILLIAM	142	FLOY	100010	01010	0001				
SLOCUM WILLIAM	140	FLOY	200010	10100	0001				
SLONE JAMES R	231	GIBS	000100	00010	0010				
SLONE JOHN	182	VAND	310010	11010	0100				
SLOTH JAMES	022	DELA	100000	12010	0000				
SLOVER ABREHAM	250	GIBS	410010	20310	0100				
SLOWN JOHN	279A	JEFF	011101	10201	0200				
SLUDER ISAAC	206	WASH	420010	40010	0300				
SLUSHER JACOB	031	DELA	300001	33010	0100				
SMALL ABRAHAM	225	WAYN	100010	10100	0100				
SMALL BENJAMIN	213	WAYN	011201	01101	0300				
SMALL ELEAZAR	097	DEAR	100100	00100	0100				
SMALL JACOB	098	DEAR	200010	00100	0100				
SMALL JAMES	087	SPEN	000100	20100	0100				
SMALL JESSE	165	WAYN	200010	10000	0100				
SMALL JOHN	087	KNOX	010401	21001	0003	S	1100	2000	
SMALL JOHN	171	WAYN	210001	42010	0200				
SMALL JONATHAN	325A	RAND	100100	10010	0100				
SMALL JOSHUA	325A	RAND	000100	00100	0100				
SMALL JOSIAH	161	WAYN	100010	10100	0100				
SMALL KNIGHT	098	DEAR	120101	01400	0100				
SMALL NANCY	097	SPEN	211000	20010	0200				
SMALL NATHAN	213	WAYN	120010	00001	0200				
SMALL OBADIAH	325	RAND	000010	11110	0100				
SMALL SAMUEL	213	WASH	300010	10010	0100				
SMALLWOOD ELIJAH	213	WASH	100010	20010	0100				
SMALLWOOD SAMUEL	213	WASH	420010	00010	0300				
SMALLWOOD GEORGE	267	JACK	010200	10100	0100				
SMALLY ABRAM	175	FRAN	310101	21310	0300				
SMALWOOD CATHERINE	035	CLAR	101300	01001	0200				
SMART JOHN	118	MONR	200010	11010	0100				
SMILEY DAVID	314	POSE	301210	21010	0300				
SMILEY NANCY	201	WASH	310000	11010	0100				
SMILEY THOMAS	213	FRAN	100010	00101	0100				
SMILEY WILLIAM	077	RIPL	010010	02010	0100				
SMILY JOHN	202	WASH	201310	12010	0200				
SMITH ADAM	247	WAYN	200010	30010	0100				
SMITH ADAM	041	CLAR	200201	22201	0100				
SMITH ADAM	209	FRAN	200010	01000	0100				
SMITH ADAM	089	KNOX	000100	00000	0100				
SMITH ALDON	028	CLAR	210110	20010	0101				
SMITH ALEXANDER A	115	SULL	100100	00100	0100				
SMITH ALEXANDER	196	FRAN	000101	10100	0100				
SMITH ALLEN	125	ORAN	200010	30010	0100				
SMITH ALLEN	310	POSE	310110	10010	0200				
SMITH AMOS	023	FAYE	100100	10100	0100				
SMITH ANDREW	119	MONR	010100	30010	0100				
SMITH ANDREW M	009	FAYE	231101	20110	0100				
SMITH ANTHONY	267	WAYN	200010	30010	0100				
SMITH ARCHIMEDUS	179	VAND	000010	00100	0000				
SMITH ARMSTED	011	CLAR	000000	00000	0100	F	0000	1000	

Head of Household	Page	County	White Males (Under 10, 10-15, 16-18, 16-25, 26-44, 45 & over)	White Females (Under 10, 10-15, 16-25, 26-44, 45 & over)	Foreigners, Agriculture, Commerce, Manufacture	Free or Slave	Negro Males (Under 14, 14-25, 26-44, 45 & over)	Negro Females (Under 14, 14-25, 26-44, 45 & over)	Other not Indian
SMITH ASA	287	JEFF	010001	11101	0100	S	1000		
SMITH ASA	150	FLOY	120011	11011	0201				
SMITH ASHBER	004	CLAR	200010	20100	0001				
SMITH ASHFORD	149	PERR	300010	00100	0100				
SMITH BALLARD	011	CLAR	101010	30100	0100				
SMITH BARNA B	292	JEFF	001000	10100	0100				
SMITH BASTION	087	KNOX	201210	03110	0101				
SMITH BENJ	180	FRAN	320010	21010	0300				
SMITH BENJAMIN	148	PERR	200010	00100	0100				
SMITH BENJAMIN	061	FAYE	000100	00100	0100				
SMITH BENJAMIN	163	WAYN	200010	40010	0100				
SMITH BENJ	277	JEFF	000301	02110	0400				
SMITH CALEB	061	FAYE	040310	20010	0500				
SMITH CALVIN	009	FAYE	000010	20110	0100				
SMITH CHARLES	083	KNOX	110010	11010	0010	S	2010	301	
SMITH CHARLES	054	HARR	001201	01401	0300				
SMITH CHARLES	231	WAYN	000100	10100	0100				
SMITH CHARLES	029	FAYE	201000	00100	0100				
SMITH CHRISTOPHER	214	WASH	310110	30010	0300				
SMITH DANIEL	026	CLAR	200010	51010	0100				
SMITH DANIEL	299	PIKE	100010	20111					
SMITH DANIEL	286A	JEFF	210201	21010	0100				
SMITH DANIEL	097	DEAR	000010	00100	0100				
SMITH DAVID	026	DELA	221110	33010	0100				
SMITH DAVID	243	GIBS	100110	20010	0101				
SMITH DAVID	175	FRAN	200010	30010	0100				
SMITH DAVID S	135	WARR	000130	10100	0000				
SMITH EBENAZER	219	FRAN	010001	02201	0200				
SMITH EDWARD M	085	KNOX	000010	00000	0001				
SMITH ELEAZAR	185	WAYN	100210	11110	0200				
SMITH ELIJAH	106	LAWR	100100	20100					
SMITH ELIZBETH	028	DELA	000000	00201	0000				
SMITH ELIZABETH	154	FLOY	010110	02201	0201				
SMITH ENOCH	121	DEAR	001301	21201	0000				
SMITH EZEKIEL	137	WARR	010011	10010	0000				
SMITH EZRA	011	CLAR	100101	11210	0001				
SMITH FREDERICK	068	HARR	400201	20001	0300				
SMITH G M	079	JENN	200120	00010	0100				
SMITH GARLAND	017	DELA	010010	41010	0000				
SMITH GEORGE M	039	FAYE	000110	20100	0001				
SMITH GEORGE	082	DEAR	100010	10010	0100				
SMITH GEORGE	082	DEAR	110010	12010	0100				
SMITH GEORGE	085	KNOX	000010	00000	0001				
SMITH GEORGE	064	DEAR	100021	10010	0200				
SMITH GEORGE	105	SULL	200201	13201	0000				
SMITH GEORGE	314	POSE	211101	32110	0300				
SMITH GEORGE	253	WAYN	020010	11110	0200				
SMITH GODFREY MOSSER	019	FAYE	100201	10200	0300				
SMITH HARRY	145	WARR	000011	31010	0001				
SMITH HARRY	135	ORAN	110010	21010	0100				
SMITH HEMY	324	RAND	000000	00100	0100	S	0110	2000	
SMITH HENRY	286A	JEFF	100010	20010	0100				

Head of Household	Page	County	White Males (Under 10, 10-15, 16-18, 16-25, 26-44, 45 & over)	White Females (Under 10, 10-15, 16-25, 26-44, 45 & over)	Foreigners, Agriculture, Commerce, Manufacture	Free or Slave	Negro Males (Under 14, 14-25, 26-44, 45 & over)	Negro Females (Under 14, 14-25, 26-44, 45 & over)	Other not Indian
SMITH HENRY	289	JEFF	100010	00100	0100				
SMITH HENRY	293A	JEFF	021110	40010	0020				
SMITH HENRY	110	DEAR	101110	10010	0100				
SMITH HEZEKIAH	032	CLAR	220200	01301	0101				
SMITH HOSEA	300	PIKE	210301	00001					
SMITH HUMPHREY	137	ORAN	000201	11201	0300				
SMITH ISAAC	092	KNOX	000100	10100	0100				
SMITH ISAAC	262	JACK	210010	02101	0100				
SMITH ISAAC	263	WAYN	210001	21210	0100				
SMITH JACK	207	WAYN	200010	10010	0100				
SMITH JACOB	149	FLOY	320001	00210	0300				
SMITH JACOB B	082	DEAR	100100	00100	0100				
SMITH JACOB	144	FLOY	011201	01101	0400				
SMITH JACOB	180	FRAN	300010	31010	0100				
SMITH JACOB	196	FRAN	210010	00100	0100				
SMITH JACOB	126	ORAN	010010	40010	0200				
SMITH JACOB	055	FAYE	000001	10000	0100				
SMITH JAMES	171	SWIT	000010	10100	0100				
SMITH JAMES	083	KNOX	000100	00000	1010				
SMITH JAMES	022	CLAR	110010	20010	0100				
SMITH JAMES	026	CLAR	211101	21010	0200				
SMITH JAMES	207	FRAN	111201	01001	0400				
SMITH JAMES	219	FRAN	200010	10100	0100				
SMITH JAMES	199	FRAN	100100	10100	0100				
SMITH JAMES	154	SCOT	310001	31010	0100				
SMITH JAMES	119	MONR	300010	30010	0100				
SMITH JAMES	129	ORAN	011210	21000	0400				
SMITH JAMES	062	HARR	330010	12110	0100				
SMITH JAMES	075	RIPL	000100	00100	0100				
SMITH JAMES	125	SULL	040101	10001	0400				
SMITH JAMES	245	GIBS	002301	00101	0300				
SMITH JAMES	265	JACK	121201	30010	0100				
SMITH JAMES	280A	JEFF	021201	20010	0300				
SMITH JAMES JR	009	FAYE	100010	21010	0100				
SMITH JAMES	214	WASH	000100	10100	0200				
SMITH JAMES	175	SWIT	100010	20100	0100				
SMITH JAMES	162	SCOT	310001	31010	0100				
SMITH JAMES	023	FAYE	311201	02001	0100				
SMITH JAMES	041	FAYE	010010	01010	0001	F	0100		
SMITH JANE	002	CLAR	010000	00001	0000				
SMITH JANE	170	SWIT	300000	12110	0100				
SMITH JEREMIAH	098	DEAR	330010	10010	0100				
SMITH JERUSHA	156	SCOT	011100	10001	0100				
SMITH JESSE	135	ORAN	322210	00010	0400				
SMITH JESSE	082	DEAR	100100	00100	0100				
SMITH JESSE H	003	FAYE	001200	00100	0001				
SMITH JOHN M	145	FLOY	100010	20100	0100				
SMITH JOHN A	099	LAWR	000001	20100	0100				
SMITH JOHN	088	KNOX	200010	20100	0100				
SMITH JOHN	046	HARR	120010	41310	0100				
SMITH JOHN	032	CLAR	100301	00100	0100				
SMITH JOHN	241	GIBS	000020	10100	0200				

Head of Household	Page	County	White Males (Under 10, 10-15, 16-18, 16-25, 26-44, 45 & over)	White Females (Under 10, 10-15, 16-25, 26-44, 45 & over)	Foreigners, Agriculture, Commerce, Manufacture	Free or Slave	Negro Males (Under 14, 14-25, 26-44, 45 & over)	Negro Females (Under 14, 14-25, 26-44, 45 & over)	Other not Indian
SMITH JOHN	196	FRAN	200110	10010	0200				
SMITH JOHN	114	MART	000401	22201	0500				
SMITH JOHN IIND	118	MONR	010101	12101	0100				
SMITH JOHN C	119	MONR	300110	02010	0101				
SMITH JOHN	119	MONR	211101	21010	0201				
SMITH JOHN A	133	ORAN	000010	00100	0100				
SMITH JOHN	135	ORAN	100101	02001	0200				
SMITH JOHN	068	HARR	000030	30010	0300				
SMITH JOHN	068	HARR	010001	01401	0100				
SMITH JOHN	043	HARR	100100	10010	0100				
SMITH JOHN W	045	HARR	200020	41020	0200				
SMITH JOHN	062	HARR	310010	00100	0100				
SMITH JOHN JR	169	WAYN	200010	00100	0001				
SMITH JOHN	053	FAYE	320010	11010	0100				
SMITH JOHN	059	FAYE	011101	11201	0300				
SMITH JOHN	095	SPEN	200010	20100	0100				
SMITH JOHN	119	SULL	200010	10010	0100				
SMITH JOHN SR	157	WAYN	200301	12001	0022				
SMITH JOHN	262A	JACK	100100	10100	0100				
SMITH JOHN B	279A	JEFF	510011	20011	0100				
SMITH JOHN	287	JEFF	200010	20010	0100				
SMITH JOHN	193	WAYN	300010	00000	0100				
SMITH JOHN	231	WAYN	100010	20010	0100				
SMITH JOHN	265	WAYN	100110	10100	0200				
SMITH JOHN	061	FAYE	000010	22010	0001				
SMITH JOHN MESSER	055	FAYE	100010	30010	0100				
SMITH JOHN	171	SWIT	100100	10010	0100				
SMITH JOHN	148	FLOY	020001	01201	3300				
SMITH JOHN	154	FLOY	000010	10100	0001				
SMITH JOHN	082	DEAR	100100	10100	0100				
SMITH JOHN	097	DEAR	211101	10001	0100				
SMITH JOHN	098	DEAR	311211	02111	2200				
SMITH JOHN	015	FAYE	200010	40010	0100				
SMITH JOHN	221	WASH	010002	11201	0300				
SMITH JOHN B	213	WASH	100010	10100	0100				
SMITH JOHN	179	VAND	000010	00000	0000				
SMITH JONATHAN	123	DEAR	310010	11010	0100				
SMITH JONAH	064	DEAR	000401	01101	0200				
SMITH JOSEPH	119	MONR	300010	21010	0001				
SMITH JOSEPH	006	CRAW	000100	10100	0100				
SMITH JOSEPH	179	VAND	000100	00100	0100				
SMITH JOSEPH	133	FLOY	301300	01000	4201				
SMITH JOSHUA	014	CLAR	210010	31110	0100				
SMITH LEMUEL	023	DELA	110301	20101	0400				
SMITH LEWIS	011	FAYE	100010	10100	0100				
SMITH MARTIN	101	LAWR	100100	10100	0100				
SMITH MARY	124	DEAR	200000	20010	0000				
SMITH MOLLY	046	CLAR	000000	00000	0001	F	0230	0000	1
SMITH MOSES	088	KNOX	100001	32010	0100				
SMITH MOSES	068	HARR	000100	00100	0100				
SMITH MOSES	009	CRAW	100110	20100	0100				
SMITH NATHAN	169	WAYN	200010	21010	0010				

Head of Household	Page	County	White Males (Under 10, 10-15, 16-18, 16-25, 26-44, 45 & over)	White Females (Under 10, 10-15, 16-25, 26-44, 45 & over)	Foreigners, Agriculture, Commerce, Manufacture	Free or Slave	Negro Males (Under 14, 14-25, 26-44, 45 & over)	Negro Females (Under 14, 14-25, 26-44, 45 & over)	Other not Indian
SMITH NATHANIEL	131	SULL	000100	10100	0100				
SMITH NATHL P	139	WARR	000010	00010	0000				
SMITH NATHAN	109	DEAR	300110	12010	0100				
SMITH NICHOLAS	085	KNOX	000110	00100	0002				
SMITH NICHOLAS I	220	WASH	310001	02010	0200				
SMITH NICHOLAS	222	WASH	211111	01010	0100				
SMITH NICHOLAS	211	WASH	200010	20010	0100				
SMITH NICHOLAS W	219	WASH	001200	10100	0200				
SMITH NOAH J	120	DEAR	200010	20100	0100				
SMITH OSWELL	279A	JEFF	110110	01110	0200				
SMITH PARDON	188	VIGO	000100	10100	0100				
SMITH PETER	207	WAYN	210010	20010	0100				
SMITH PETER	046	CLAR	000001	00100	0000	S	0100	0100	
SMITH PETER	055	FAYE	320010	11010	0100				
SMITH PETER MESSER	061	FAYE	200100	10010	0100				
SMITH PETER	277	JEFF	221201	01110	0001				
SMITH PETER M	009	FAYE	320001	12010	0100				
SMITH PETER	101	LAWR	000010	30010	0100				
SMITH PETTER	185	WAYN	210010	20010	0200				
SMITH PHILLIP	090	KNOX	000000	00000	0100				
SMITH RALPH	251	GIBS	230001	00010	0100				
SMITH RALPH	082	DEAR	211101	31101	0100				
SMITH REBECKAH	209	WASH	111100	21010	0200				
SMITH REUBIN	145	FLOY	000011	21101	0200				
SMITH REUBEN	326	RAND	000100	00100	0100				
SMITH RICHARD	082	DEAR	000010	10100	1100				
SMITH RICHARD	170	FRAN	111201	01001	0400				
SMITH RITEHIE	282A	JEFF	011110	00111	0000				
SMITH ROBERT	215	WASH	200110	23010	0200				
SMITH ROBERT	193	VIGO	100001	00010	0100				
SMITH ROBERT	110	DEAR	400001	22010	0100				
SMITH ROBERT	150	PERR	420001	01010	0300				
SMITH ROBERT	161	WAYN	211210	40000	0100				
SMITH ROBERT	282A	JEFF	100110	30011	0200				
SMITH SAML S	077	RIPL	310010	30410	0200				
SMITH SAMPSON	191	WAYN	200010	00100	0100				
SMITH SAMUEL	119	SULL	100200	11201	1300				
SMITH SAMUEL	1 1	FLOY	100010	00300	0001				
SMITH SAMUEL	326	RAND	010101	00001	0100				
SMITH SAMUEL	102	DEAR	120001	01201	0100				
SMITH SAMUEL	104	DEAR	110230	10100	0001				
SMITH SAMUEL	114	DEAR	300101	00210	0100				
SMITH SAMUEL	119	DEAR	100010	10100	0100				
SMITH SAMUEL	207	FRAN	000100	10100	0100				
SMITH SAMUEL	177	FRAN	200010	30010	0001				
SMITH SAMUEL	118	MONR	200010	10010	0100				
SMITH SAMUEL	159	SCOT	000010	50010	0100				
SMITH SARAH	102	DEAR	000020	10110	0100				
SMITH SILAS	168	SWIT	300010	31010	0100				
SMITH SILAS	087	KNOX	000010	00000	0001				
SMITH SIMEON	105	SULL	400201	01101	2300				
SMITH SOLOMON	279A	JEFF	000020	20010	0100				

Head of Household	Page	County	White Males (Under 10, 10-15, 16-18, 16-25, 26-44, 45 & over)	White Females (Under 10, 10-15, 16-25, 26-44, 45 & over)	Foreigners, Agriculture, Commerce, Manufacture	Free or Slave	Negro Males (Under 14, 14-25, 26-44, 45 & over)	Negro Females (Under 14, 14-25, 26-44, 45 & over)	Other not Indian
SMITH STAFFORD	058	HARR	321101	11101	0100				
SMITH STEPHEN	064	DEAR	200010	30010	0100				
SMITH STEPHEN	070	HARR	000001	01101	0100				
SMITH STEPHEN	063	HARR	000201	00001	0100				
SMITH THOMAS	154	FLOY	100010	10100	0100				
SMITH THOMAS	079	JENN	100010	40010	0100				
SMITH THOMAS	142	OWEN	202210	12010	0300				
SMITH THOMAS	184	FRAN	010101	00001	0100				
SMITH THOMAS S	132	ORAN	300010	00200	0100				
SMITH THOMAS	072	HARR	100100	10200	0100				
SMITH THOMAS	043	HARR	101101	02101	0100				
SMITH THOMAS	125	SULL	202401	00201	0100				
SMITH THOMAS	135	WARR	100100	10100	0000				
SMITH THOMAS	261A	JACK	200010	30100	0100				
SMITH TITUS	262	JACK	100001	10010	0100				
SMITH TOBIAS	015	FAYE	512210	23210	0300				
SMITH TUPHANIAH	073	RIPL	110101	20110	0200				
SMITH WALTER	064	DEAR	130101	00301	0100				
SMITH WALTER	175	SWIT	220001	10001	0100				
SMITH WARRIN	011	CLAR	220011	30010	0001				
SMITH WESTLEY A	160	SCOT	200010	31010	0100				
SMITH WILLIAM	054	HARR	110010	40010	0100				
SMITH WILLIAM	097	SPEN	200010	21010	0100				
SMITH WILL M	290	JEFF	000210	20100	0300				
SMITH WILLIAM D	293	JEFF	010102	01000	0100				
SMITH WILLIAM	325A	RAND	030210	10001	0100				
SMITH WILLIAM H	265A	JACK	410010	20010	0100				
SMITH WILLIAM	266A	JACK	100100	01100	0100				
SMITH WILLIAM	208	WASH	200110	30010	0200				
SMITH WILLIAM I	208	WASH	200110	30010	0200				
SMITH WILLIAM	174	SWIT	001101	00101	0100				
SMITH WILLIAM	178	VAND	000010	20010	0100				
SMITH WILLIAM	150	FLOY	000010	10100	0100				
SMITH WILLIAM	151	FLOY	310010	30010	0100				
SMITH WILLIAM	085	DEAR	101130	30010	0100				
SMITH WILLIAM	102	DEAR	100010	10010	0100				
SMITH WILLIAM	120	DEAR	000201	00001	0100				
SMITH WILLIAM D	120	DEAR	200010	30010	0100				
SMITH WILLIAM S	107	LAWR	100010	00010					
SMITH WILLIAM	092	KNOX	000000	00000	0100	F	0010	0100	
SMITH WILLIAM	098	LAWR	421301	01010	0100				
SMITH WILLIAM	079	JENN	100010	00010	0100				
SMITH WILLIAM	219	FRAN	100001	41101	0100				
SMITH WILLIAM	196	FRAN	200010	00100	0100				
SMITH WILLIAM	203	FRAN	200010	00100	0100				
SMITH WILLIAM	156	SCOT	200100	10100	0100				
SMITH WILLIAM	118	MONR	300010	30010	0100				
SMITH WILLIAM	134	ORAN	110110	00010	0200				
SMITH WILLIAM	067	HARR	000020	20010	0200				
SMITH WM	014	CRAW	000010	00000	0001				
SMITH ZADOCK	027	DELA	000010	10100	0100				
SMITHSON JOSHUA	169	SWIT	011320	10100	0002				

Head of Household	Page	County	White Males (Under 10, 10-15, 16-18, 16-25, 26-44, 45 & over)	White Females (Under 10, 10-15, 16-25, 26-44, 45 & over)	Foreigners, Agriculture, Commerce, Manufacture	Free or Slave	Negro Males (Under 14, 14-25, 26-44, 45 & over)	Negro Females (Under 14, 14-25, 26-44, 45 & over)	Other not Indian
SMITHSON MARTHA	257	WAYN	200000	20010	0000				
SMITHY GEORGE	069	DEAR	100010	00100	0100				
SMOCK ABRAHAM	105	SULL	400010	10010	0400				
SMOCK JACOB	287A	JEFF	000011	01001	0000				
SMOCK JER	279	JEFF	000010	00010	0100				
SMOCK PETER	280A	JEFF	310010	12010	0100				
SMOCK SAMUEL	287	JEFF	401310	12001	0400				
SMOOTS SAMUEL	071	HARR	200100	00010	0100				
SMOTHERS JOHN	118	MONR	100010	00100	0100				
SMUTHERS WILLIAM	219	FRAN	100011	20011	0200				
SMYTH EBENESER	039	DUBO	310210	11110	0400				
SMYTH SAMUEL	039	DUBO	110001	00000	0100				
SNAPP ABRAHAM F	087	KNOX	100211	21110	0200	S	0100	0200	
SNEAD CHARLES	009	CLAR	100010	10100	0100				
SNEDIGER LEWIS	021	FAYE	100200	00010	0100				
SNELL CALVEN	097	SPEN	000110	20100	0200				
SNELL JOHN P	117	DEAR	011201	11101	0200				
SNELL REBECKA	170	FRAN	000100	30110	0100				
SNIDER ANTHONY SR	154	FLOY	000010	00001	0100				
SNIDER ANTHONY	153	FLOY	310010	10110	0300				
SNIDER HENRY	224	WASH	300010	00010	0100				
SNIDER JACOB	153	FLOY	110101	32110	0200				
SNIDER JACOB	002	CLAR	300010	00010	0100				
SNIDER JACOB	135	ORAN	000010	52010	0100				
SNIDER JOHN	224	WASH	310010	11010	0200				
SNIDER JOHN	153	FLOY	310010	11010	0200				
SNIDER JOHN	278	JEFF	230010	11010	0100				
SNIDER MICHAEL	195	WAYN	012201	02001	0300				
SNIDER MICHAEL	035	FAYE	100200	10100	0100				
SNIDER SAMUEL	224	WASH	000100	00100	0100				
SNIDER SIMON	125	ORAN	010001	00010	0100				
SNISLEY CHRESTIAN	152	FLOY	201101	11001	0200				
SNODGRASS CHARLES	046	HARR	100010	20100	0100				
SNODGRASS ROBERT	046	HARR	030001	10101	0200				
SNODGRASS ALEXANDER	046	HARR	000100	10100	0100				
SNODGRASS SAMUEL	276A	JEFF	310010	31010	0100				
SNODGRASS HUGH	278	JEFF	310110	21110	0200				
SNODGRASS JOHN	263	WAYN	020010	00110	0100				
SNOOK HENRY T	104	DEAR	000100	10100	0000				
SNOOK PETER	204	FRAN	200010	00100	0100				
SNOVELL FREDERICK	309A	POSE	000010	00100	0001				
SNOW BENJAMIN	026	CLAR	000010	10100	0100				
SNOW GODFREY	111	DEAR	000100	10100	0100				
SNOW HERCULES	165	FRAN	100100	10100	0100				
SNOW LEMUEL	165	FRAN	010001	10401	0200				
SNOW LEMUEL JR	165	FRAN	200010	00100	0100				
SNOW PRINCE	039	CLAR	001001	01001	0001				
SNOW SAMUEL	278	JEFF	100300	10010	0001				
SNOWDON BENJAMIN	216	FRAN	000010	50100	0100				
SNOWDON JAMES	215	FRAN	000201	02101	0200				
SNOWDON PETER	212	FRAN	000100	10100	0100				
SNUKE JOHN	153	WARR	210001	21110	0002				

Head of Household	Page	County	White Males (Under 10, 10-15, 16-18, 16-25, 26-44, 45 & over)	White Females (Under 10, 10-15, 16-25, 26-44, 45 & over)	Foreigners, Agriculture, Commerce, Manufacture	Free or Slave	Negro Males (Under 14, 14-25, 26-44, 45 & over)	Negro Females (Under 14, 14-25, 26-44, 45 & over)	Other not Indian
SNYDER JOHN	05	HARR	000101	00101	0200				
SNYDER DAVID	088	KNOX	210101	21200	0200				
SNYDER GEORGE	041	HARR	000010	20010	0100				
SNYDER JOHN	215	WASH	300110	30010	0200				
SNYDER MORRIS B	087	SPEN	000100	00000	0010				
SNYDER REYNOLD	091	KNOX	401111	30210	0200				
SNYDER SAMUEL	093	SPEN	101111	03001	0300				
SNYDER WILLIAM	088	KNOX	310301	00110	0400				
SNYDER WILLIS	093	SPEN	031010	30010	0500				
SODEN JACOB	091	KNOX	110201	10110	0300				
SOESBY DANIEL	127	SULL	010121	01201	0400				
SOFIELD LEWIS	005	FAYE	000101	10001	0001				
SOLLENICE LAGOROUT	084	KNOX	110011	10010	1000				
SOLOMON HENRY	267	JACK	020010	10110	0100				
SOMERVILLE WM	118	MONR	100010	00100	1001				
SOMMERS JOHN	167	FRAN	100101	00100	0100				
SOMMERS JOAB	183	FRAN	100010	20010	0100				
SOMMERVILLE RICHARD	162	SCOT	220001	11210	0100				
SONER PETER	071	HARR	121201	00001	0300				
SONES ROBERT	046	HARR	200010	00100	0100				
SONGER ABRAHAM	126	ORAN	221301	11001	0100				
SONGER JACOB	108	DEAR	200100	10100	0100				
SONGER JOHN	082	DEAR	100010	10100	0100				
SONGER MARY	108	DEAR	200100	22001	0100				
SOOTS WILLIAM	081	DEAR	100010	20010	0100				
SORANTON ICHABALD	085	KNOX	000010	00000	0001				
SORRELL ELIZABETH	212	WASH	000100	00101	0000				
SORRELS REDMAN	127	ORAN	140010	40010	0400				
SOTHERLAND RANSOM	095	SPEN	000001	00001	0100				
SOUDERS CHRISTIAN	224	WASH	120001	11201	0300				
SOUDERS FREDERICK	224	WASH	120101	21010	0400				
SOUDERS JACOB	224	WASH	000010	00100	0100				
SOULES MOSES	189	VIGO	100110	10010	0200				
SOULES WILLIAM	189	VIGO	111301	11101	0400				
SOULES WILLIAM JR	189	VIGO	000100	00100	0100				
SOULS BENJAMIN	148	PERR	000001	10010	0100				
SOUNDS FRANCES	083	KNOX	200000	02010	0100	S	0010	0110	
SOUSLY CHRISTIAN	160	SCOT	100100	10100	0100				
SOUTH HENRY	107	SULL	311101	11201	0500				
SOUTH JOHN	107	SULL	120110	20101	0500				
SOUTHARD GEORGE	190	VIGO	000020	21010	0200				
SOUTHEAD BENJAMIN	125	DEAR	021210	21010	0100				
SOUTHWARD WILLIAM	146	PERR	100010	00010	0100				
SOVERNS B D	300	PIKE	110101	00101					
SOVREIGNS JOHN SR	239	GIBS	000101	10201	0100				
SOVRERGNS JOHN JR	239	GIBS	100010	40010	0100				
SOWDERS JONATHAN	262	JACK	001101	32001	0100				
SOWERS JOHN	056	HARR	000010	30010	0100				
SPADES BUGAN	277A	JEFF	000201	10110	0200				
SPAID DANIEL	092	KNOX	100100	00100	0100				
SPAID JOHN	298	PIKE	100010	00111					
SPAIN ABRAHAM	302	PIKE	020001	11001					

Head of Household	Page	County	White Males	White Females (Under 10, 10-15, 16-25, 26-44, 45 & over)	Foreigners, Agriculture, Commerce, Manufacture	Free or Slave	Negro Males (Under 14, 14-25, 26-44, 45 & over)	Negro Females (Under 14, 14-25, 26-44, 45 & over)	Other not Indian
SPAIN ARCHIBALD	092	KNOX	000100	00100	0100				
SPALDEN HENRY	010	CLAR	310010	10010	0100				
SPALDING JOSEPH	309	POSE	011120	10100	0000				
SPALDING JOHN	138	FLOY	100001	00100	0010				
SPALDING SARAH	138	ORAN	110000	20010	0000				
SPAN CHRISTINE	197	WAYN	300010	10000	0100				
SPAN JESSE	284A	JEFF	101201	32001	0300				
SPAN JOHN	286A	JEFF	000010	22110	0100				
SPANGLER CHARLES	038	CLAR	000100	00100	0001				
SPANGLER DAVID	035	CLAR	210201	22210	0300				
SPANGLER JOHN	179	FRAN	010001	00001	0100				
SPANGLER JACOB	109	DEAR	210001	21010	0100				
SPARKES WILLIAM	022	DELA	200010	30010	0100				
SPARKES ZACHARIAH	019	DELA	100010	10010	0100				
SPARKS	160	SCOT	201010	20010	0200				
SPARKS BAXTER	065	HARR	510110	01100	0100				
SPARKS EDWARD	160	SCOT	000100	00100	0100				
SPARKS ELIZA	097	DEAR	010110	01101	0100				
SPARKS ELIJAH	207	FRAN	100010	22010	0100				
SPARKS HAMLET	098	DEAR	000100	00100	0100				
SPARKS HECTOR	160	SCOT	100100	00100	0100				
SPARKS HENRY	263	JACK	200010	00100	0100				
SPARKS JAMES	261A	JACK	100010	10100	0101				
SPARKS JAMES	263	JACK	000001	02001	0100				
SPARKS JOHN	084	KNOX	000001	01201	0000				
SPARKS JOHN	045	HARR	100010	31010	0100				
SPARKS JOSHUA	161	FRAN	000100	00000	0100				
SPARKS JOSHUA	017	FAYE	000100	00100	0100				
SPARKS JOSEPH	035	FAYE	200110	00100	0100				
SPARKS LEONARD	160	FRAN	100010	10010	0100				
SPARKS MARTIN	084	KNOX	000020	00200	0002				
SPARKS MATTHEW	167	FRAN	000201	12110	0100				
SPARKS MOSES	266	JACK	200110	20100	0100				
SPARKS STEPHEN	265	JACK	221201	00110	0100				
SPARKS THOMAS	191	FRAN	100010	00100	0001				
SPARKS WESLEY	186	VIGO	100011	10101	0200				
SPARKS WILLIAM	155	SCOT	110010	40010	0100				
SPARKS WILLIAM	017	FAYE	320101	10110	0100				
SPARKS WRIGHT	167	FRAN	321110	40011	0100				
SPARLAIN GEORGE	134	ORAN	010001	00001	0200				
SPARTS CORNELIUS	273	WAYN	300010	11010	0100				
SPAUL SAML	158	SCOT	000001	10010	0100				
SPAW JOHN	223	WAYN	111101	21210	0200				
SPEAK AQUILLA	068	HARR	300000	01010	0100				
SPEAK SAMUEL	264	JACK	111101	11101	0100				
SPEAKS THOMAS	210	WASH	100100	00010	0200				
SPEAR DANIEL	279	JEFF	020010	01101	0100				
SPEAR JOHN	197	FRAN	100010	20010	0100				
SPEARS ANDREW	023	CLAR	100001	10100	0100				
SPEARS JANE	277	JEFF	000100	11211	1000				
SPEARS JOHN	266	JACK	110010	00010	0110				
SPEARS JOSEPH	105	LAWR	000010	00100					

Head of Household	Page	County	White Males (Under 10, 10-15, 16-18, 16-25, 26-44, 45 & over)	White Females (Under 10, 10-15, 16-25, 26-44, 45 & over)	Foreigners, Agriculture, Commerce, Manufacture	Free or Slave	Negro Males (Under 14, 14-25, 26-44, 45 & over)	Negro Females (Under 14, 14-25, 26-44, 45 & over)	Other not Indian
SPEARS MOSES	135	ORAN	510010	10011	0300				
SPEARS RICHARD	115	MART	310001	10010	0100				
SPEARS ROBERT W	189	VIGO	000100	00100	0100				
SPEARS SAMUEL	023	CLAR	010101	01000	0100				
SPEARS WILLIAM	149	PERR	310001	21201	0200				
SPEATH JOHN	319A	POSE	000010	00111	0000				
SPEELMAN JACOB	103	DEAR	000100	00000	0000				
SPEER JOSEPH	175	FRAN	000100	10100	0100				
SPEERS HENRY	021	DELA	200010	11000	0100				
SPEERS JACOB	184	FRAN	100100	00100	0100				
SPEITEL MATHEW	318A	POSE	000011	01001	0100				
SPEKNALL LEONARD	118	DEAR	300010	00100	0100				
SPELL HENRY	197	WAYN	100010	10000	0100				
SPENCE JAMES	008	CRAW	100010	30010	0100				
SPENCER CHARLES	008	CLAR	000000	00000	0002	F	0201	0101	
SPENCER CHARLES R	287A	JEFF	300010	00010	0100				
SPENCER CHARLES	193	WAYN	000100	00100	0001				
SPENCER DANIEL	136	FLOY	000100	00000	0001				
SPENCER ELIJAH	054	HARR	200010	10010	0100				
SPENCER JAMES	199	WAYN	100010	10010	0001				
SPENCER JANE	115	SULL	010101	12010	0200				
SPENCER JAMES	261	JACK	120001	10201	0100				
SPENCER JAMES K	210	WASH	000010	00100	0100				
SPENCER JOHN S	044	HARR	110001	10001	0100				
SPENCER JOSEPH	197	WAYN	200010	30000	0100				
SPENCER JOSEPH	199	WAYN	010001	11010	0100				
SPENCER JOHN	172	SWIT	300010	13010	0100				
SPENCER JOHN	210	WASH	011401	00001	0600				
SPENCER MATTHEW	079	RIPL	011111	10100	0500				
SPENCER MICHAEL	211	FRAN	200010	10100	0100				
SPENCER RANDLE	045	HARR	101100	11110	0100				
SPENCER ROBERSON	009	CRAW	000001	10001	0100				
SPENCER ROBERT	069	DEAR	000010	10100	0001				
SPENCER STEPHEN	064	DEAR	010101	10010	0100				
SPENCER THOMAS	082	DEAR	030011	11001	0100				
SPENCER THOMAS	231	GIBS	010001	00100	1010				
SPENCER THOMAS	175	SWIT	200010	10100	0100				
SPENCER WALTER	162	SCOT	000201	00301	0300				
SPENCER WALLER	154	SCOT	000201	00301	0300				
SPENCER WILLIAM	061	HARR	100100	20100	0100				
SPENCER WILLIAM	091	SPEN	310100	00100	0200				
SPENCER WILLIAM	199	WAYN	112010	00100	0100				
SPENGLER JACOB	319	POSE	010001	00001	0100				
SPERGEN JOHN	264A	JACK	100100	00100	0100				
SPICER LEMUEL	041	CLAR	000001	00001	0100				
SPICER UPSHIAR	041	CLAR	200100	00100	0100				
SPICKNALL LEONARD	082	DEAR	000211	00100	0100				
SPILLER THOMAS	159	SCOT	200010	11110	0000				
SPILLER WILLIAM	292	JEFF	100010	20111	0100				
SPILLMAN JAMES	241	GIBS	111212	00201	0300				
SPILLMAN JOHN	241	GIBS	400001	01110	0100				
SPILMAN SAMUEL	244	GIBS	400010	12010	0100				

Head of Household	Page	County	White Males (Under 10, 10-15, 16-18, 16-25, 26-44, 45 & over)	White Females (Under 10, 10-15, 16-25, 26-44, 45 & over)	Foreigners, Agriculture, Commerce, Manufacture	Free or Slave	Negro Males (Under 14, 14-25, 26-44, 45 & over)	Negro Females (Under 14, 14-25, 26-44, 45 & over)	Other not Indian
SPINING ISAAC	216	FRAN	200100	00100	0001				
SPLALDING GEORGE	125	ORAN	100100	10100	0100				
SPOON JACOB	172	SWIT	200010	22010	0100				
SPOONER ELEAZAN	115	SULL	000010	10100	0100				
SPOONER FREDERICK	134	ORAN	001301	01001	0300				
SPOOR DANIEL	171	SWIT	000100	00100	0100				
SPOOR ISAAC	174	SWIT	000010	21100	0100				
SPORE JACOB	064	DEAR	200010	20100	0100				
SPORTSMAN JAMES	179	VAND	100100	10100	0100				
SPORTSMAN LUKE	240	GIBS	100100	10100	0100				
SPRAGE HUMPHREY	034	CLAR	100010	10101	0100				
SPRAGLER JOHN	163	FRAN	212210	31010	0400				
SPRAGUE HEZEKIAH	174	SWIT	220001	10201	0100				
SPRAGUE HOSEAH	284A	JEFF	101111	30111	0300				
SPRATT ELIJAH	147	FLOY	000100	00010	0100				
SPRATT JOHN	119	SULL	310010	12110	0200				
SPRAY ABNER	191	WAYN	200010	11010	0100				
SPRAY JAMES	193	WAYN	200010	20000	0100				
SPRAY JAMES	263	WAYN	200010	20010	0100				
SPRIGG DAVID S	147	PERR	210010	20011	0200				
SPRIGGS EBENIZER	201	FRAN	010001	11110	0101				
SPRIGGS HENRY	201	FRAN	000100	00100	0100				
SPRING JOHN	265A	JACK	000001	01001	0100				
SPRING LEVI	266A	JACK	100010	31010	0100				
SPRING MARIA	086	KNOX	000000	00000	0000	F	1010	0001	
SPRING WILLIAM	086	KNOX	000000	00000	0000	F	1100	0010	
SPRINGER BARNABAS	157	WAYN	001120	00100	0102				
SPRINGER CHARLES	012	CRAW	210010	11100	0200				
SPRINGER CHARLES	017	CLAR	200010	00010	0100				
SPRINGER DENNIS	179	WAYN	100010	20010	0100				
SPRINGER ELIZABETH	149	PERR	020100	11101	0300				
SPRINGER GEORGE	149	PERR	000100	00100	0100				
SPRINGER GEORGE	159	WAYN	000010	00010	0001				
SPRINGER JOB	159	WAYN	100010	20000	0001				
SPRINGER JOHN H	267A	JACK	000010	00100	0100				
SPRINGER JOSEPH	146	PERR	000010	30010	0100				
SPRINGER JOHN	149	PERR	011100	11101	0300				
SPRINGER LEVI	107	SULL	000100	10100	0100				
SPRINGER MATTHEW	159	WAYN	000100	00100	0001				
SPRINGER NATHAN	222	FRAN	331101	10010	0400				
SPRINGER ROBERT	107	SULL	300010	21010	0200				
SPRINGER STEPHEN	159	WAYN	010001	00001	0000				
SPRINGSTEAD ISAAC	167	SWIT	100100	00100	0100				
SPRINGSTEAD CORNELIU	168	SWIT	000010	30011	0100				
SPRINGSTON ABRAHAM	091	SPEN	000001	00010	0100				
SPRINKLE GEORGE	182	VAND	010010	30110	0200				
SPRINKLE JOHN	137	WARR	202001	32010	0001				
SPRINKLE MICHAEL	150	PERR	422001	00010	0500				
SPRINKLE POLLY	137	WARR	000000	20100	0000				
SPROATT ISAAE	140	FLOY	000100	01110	0100				
SPROULL JAMES	123	SULL	000010	00000	0000				
SPROW WILLIAM	019	CLAR	200010	21010	0001				

Head of Household	Page	County	White Males (Under 10, 10-15, 16-18, 16-25, 26-44, 45 & over)	White Females (Under 10, 10-15, 16-25, 26-44, 45 & over)	Foreigners, Agriculture, Commerce, Manufacture	Free or Slave	Negro Males (Under 14, 14-25, 26-44, 45 & over)	Negro Females (Under 14, 14-25, 26-44, 45 & over)	Other not Indian
SPURGEON JAS	157	SCOT	120001	21010	0100				
SPURGIN JESSE	223	WASH	120010	31110	0300				
SPURGIN JOSEPH	204	WASH	000010	00200	0100				
SPURGIN JOSIAH	204	WASH	120010	41010	0300				
SPURGIN JOSEPH	222	WASH	210010	20010	0200				
SPURGIN SUSANNAH	223	WASH	121100	00010	0300				
SPURGIN WILLIAM	206	WASH	100010	30010	0100				
SQUIB ENOCH	064	DEAR	211201	11110	0100				
SQUIRES CALEB	017	FAYE	220010	11010	0100				
SRADER PETER	020	DELA	301010	20010	0100				
SREEVES JONATHAN	075	RIPL	300100	10100	0100				
STACY GEORGE	017	CLAR	100010	00100	0100				
STACY JAMES	020	CLAR	100200	01011	0200				
STACY WILLIAM	048	CLAR	400010	10010	0100				
STAFFORD BENJAMIN	123	SULL	220002	00101	0300				
STAFFORD ELI	267	WAYN	000100	00100	0100				
STAFFORD GIB	275A	JEFF				F	0010	1011	
STAFFORD GIDEON	098	DEAR	000010	43010	0100				
STAFFORD JOHN	169	FRAN	300001	42201	0100				
STAFFORD JESSE	123	SULL	200010	00100	0100				
STAFFORD JOHN	123	DEAR	000100	00100	0100				
STAFFORD JOHN	126	DEAR	110001	01001	0100				
STAFFORD ROBERT	033	DELA	430010	00020	0200				
STAFFORD SAMUEL	257	WAYN	100100	00100	0100				
STAFFORD THOMAS	123	SULL	200110	10010	0200				
STAFFORD THOMAS	161	WAYN	230010	21000	0100				
STAFFOW STEPNEY	275A	JEFF				F	0010	0010	
STAGE SAMUEL	112	DEAR	300010	11010	0100				
STAGG ABRAHAM	109	SULL	320101	20110	0500				
STAGG ELIJAH	189	VIGO	001000	00100	0100				
STAGG ELISHA	189	VIGO	000100	01000	0100				
STAGG JAMES	189	VIGO	200010	32010	0100				
STAGG JOHN	109	SULL	000100	10100	0100				
STAHL MARTIN	321	POSE	200001	11001	0100				
STAHT JOHN	318	POSE	010002	10000	0200				
STALCUP HENRY	129	ORAN	100100	20100	0100				
STALCUP JAMES	125	SULL	210010	10100	0200				
STALCUP PETER JR	129	ORAN	000100	10100	0100				
STALCUP SAMUEL	129	ORAN	100010	21200	0001				
STALCUP THOMAS	125	SULL	200010	00101	0100				
STALCUP WILLIAM	127	ORAN	100100	01100	0100				
STALEY JACOB	261	JACK	300241	00010	0100	F	0001	0001	
STALL EDWARD H	168	SWIT	401110	02010	0000				
STALLARD JAMES	019	FAYE	430010	00010	0200				
STALLER JOSEPH	112	DEAR	200010	10100	0100				
STALLINGS JOHN	306A	POSE	400020	30110	0200				
STALLINGS MOSES	310A	POSE	200100	10100	0100				
STALLINGS WILLIS	313	POSE	100010	30100	0100				
STALLINGS WM	313	POSE	100010	00010	0100				
STALLINGS JULIUS	313	POSE	300100	00010	0100				
STALLINGS JOHN JR	313A	POSE	100100	12200	0100				
STALLINGS WRIGHT	316	POSE	010101	00101	0400	S	0001	0100	

Head of Household	Page	County	White Males (Under 10, 10-15, 16-18, 16-25, 26-44, 45 & over)	White Females (Under 10, 10-15, 16-25, 26-44, 45 & over)	Foreigners, Agriculture, Commerce, Manufacture	Free or Slave	Negro Males (Under 14, 14-25, 26-44, 45 & over)	Negro Females (Under 14, 14-25, 26-44, 45 & over)	Other not Indian
STALLINS STEPHEN	132	ORAN	100010	10100	0100				
STALLION WILLIAM	062	HARR	300010	03001	0100				
STANDAFORD AQUILA	221	WASH	120010	32010	0300				
STANDAGE THOMAS	268	JACK	010001	00001	0100				
STANDERFORD EPHRAIM	068	HARR	310010	31100	0100				
STANDIFER WILLIAM	132	ORAN	310010	20010	0100				
STANDISH SILAS	013	CLAR	100010	20010	0100				
STANDLEY JESSE	210	WASH	301201	11110	0300				
STANDLEY JOSEPH	113	MART	200010	30010	0100				
STANDLEY THOMAS	223	WASH	000201	01300	0300				
STANDLEY WILLIAM	114	MART	100010	20010	0100				
STANDRIDG AARON	037	DUBO	300010	10010	0100				
STANDRIGE AARON	129	ORAN	300010	10100	0100				
STANDSBERRY ELIZABET	205	WASH	000000	30010	0000				
STANFIELD ASHLEY	178	VAND	200010	00100	0100				
STANFIELD SAMUEL	266A	JACK	121101	22110	0100				
STANFIELD JOHN	267	JACK	321201	00010	0100				
STANFORD JAMES	029	DELA	110001	10001	0100				
STANFORD PHILIP	245	WAYN	100100	10100	0100				
STANFORD THOMAS R	029	DELA	000100	20010	0100				
STANISWIER GEORGE	060	HARR	100010	01010	0100				
STANLES THOMAS	182	VAND	111001	11010	1001				
STANLEY ARON	205	WAYN	300010	20100	0100				
STANLEY CHARLES H	173	WAYN	100010	00100	0001				
STANLEY GEORGE	219	FRAN	400010	11010	0100				
STANLEY JOHN	205	WAYN	010010	42100	0100				
STANLEY JOSEPH	239	WAYN	210010	21110	0200				
STANLEY JOHN	189	WAYN	001101	00010	0100				
STANLEY JOHN	201	WAYN	231201	30210	0400				
STANLEY THOMAS	201	WAYN	000010	00100	0100				
STANLEY ZACHARIAH	205	WAYN	221110	32010	0300				
STANLY EDWARD	093	KNOX	001110	01100	0200				
STANLY JEREMIAH	209	WAYN	100100	00100	0100				
STANSBERRY WILLIAM	097	SPEN	300010	20010	0100				
STANSBURY JOHN	161	SCOT	000300	10100	0201				
STANSBURY JOHN	174	FRAN	120001	11100	0200				
STANSBURY HENRY	174	FRAN	000010	30100	0100				
STANSBURY CALIB	142	OWEN	300110	11010	0100				
STANSBURY DAVID	231	WAYN	400010	31010	0100				
STANTON JOHN	085	KNOX	000100	00000	1000				
STANTON RICHARD	327A	RAND	000100	00000	0000				
STANTON THOS	141	WARR	200010	20100	0000				
STAPLES JOSHUA	122	DEAR	000100	20100	0500				
STAPLES NATHAN	282A	JEFF	200010	22010	0100				
STAPLETON JOHN	148	PERR	100010	40010	0100				
STAPLETON ISAM	148	PERR	000101	00111	0100				
STAPP ELIAS	274	JEFF	300010	10010	0000				
STAPP MILTON	274	JEFF	200410	12200	0023				
STAR JOHN	265	JACK	100010	20110	0100				
STAR PHILLIP	102	LAWR	320010	00010	0300				
STARBUCK EDWARD	181	WAYN	222001	11001	0300	S	0010		
STARBUCK GEORGE	222	WASH	100010	10010	0100				

Head of Household	Page	County	White Males (Under 10, 10-15, 16-18, 16-25, 26-44, 45 & over)	White Females (Under 10, 10-15, 16-25, 26-44, 45 & over)	Foreigners, Agriculture, Commerce, Manufacture	Free or Slave	Negro Males (Under 14, 14-25, 26-44, 45 & over)	Negro Females (Under 14, 14-25, 26-44, 45 & over)	Other not Indian
STARBUCK PAUL	177	WAYN	110001	22110	0200				
STARBUCK TRISTRAM	237	WAYN	100100	30100	0001				
STARBUCK URIAH	207	FRAN	021201	10101	0400				
STARBUCK WM	171	WAYN	200110	30010	0200				
STARK ABNER	153	SCOT	300010	10100	0100				
STARK ABRAHAM	213	WASH	421110	21010	0200				
STARK ABRAHAM	020	CLAR	000100	00000	0001				
STARK ARCHABALD	219	WASH	000101	10100	0100				
STARK ASAATL	219	WASH	000101	01101	0200				
STARK BENJAMIN	161	SCOT	300001	23010	0100				
STARK BENJAMIN	154	SCOT	300010	23010	0100				
STARK CHARLES	155	SCOT	320010	11010	0100				
STARK DANIEL	155	SCOT	301310	32010	0300				
STARK DAVID	161	SCOT	410001	02010	0100				
STARK ELI	155	SCOT	200101	11100	0101				
STARK ELISHA	214	WASH	340010	10010	0100				
STARK ENOCH	029	CLAR	100100	10100	0100				
STARK ISAAC	155	SCOT	310110	10110	0200				
STARK JACOB	214	WASH	100101	12010	0300				
STARK JAMES	155	SCOT	210101	22110	0300				
STARK JAMES	093	SPEN	000010	30010	0100				
STARK JOHN	154	SCOT	010121	00111	0300				
STARK JOHN	161	SCOT	010121	00111	0300				
STARK JONATHAN I	162	SCOT	201101	33010	0200				
STARK JONATHAN I	153	SCOT	201101	33010	0200				
STARK LEONARD	214	WASH	200010	20100	0000				
STARK MOSES	155	SCOT	100010	20010	0100				
STARK PHEBY	214	WASH	000000	00010	0100				
STARK SAML	155	SCOT	000100	20200	0100				
STARK SAMUEL	219	WASH	100110	00200	0200				
STARK STEPHEN	214	WASH	110110	61110	0100				
STARK WILLIAM	095	SPEN	000101	01001	0200				
STARK WM	247	WAYN	510010	01010	0300				
STARKEY JOSIAH	138	FLOY	100010	01100	0010				
STARKS ABNER	162	SCOT	300110	10100	0100				
STARKS THOMAS	125	ORAN	000010	00011	0100				
STARLIN EBENEZER	172	SWIT	000010	31010	0100				
STARLING JAMES	265	WAYN	100110	32110	0200				
STARNETER ANDREW	251	GIBS	100001	00010	0100				
STARNOR GEORGE	090	KNOX	210010	00010	0100				
STARR BENJAMIN	222	WASH	110311	10101	0600				
STARR BENJAMIN	017	DELA	000201	10001	0100				
STARR IRY	029	FAYE	000010	20100	0001				
STARR JACOB	059	FAYE	100010	00010	0000				
STARR JASPER	161	WAYN	010201	00100	0300				
STARR JESSE	207	WAYN	100100	10100	0100				
STARR JOHN	007	CRAW	020010	30010	0100				
STARR JOHN	207	WAYN	210201	01001	0400				
STARRETT ROBERT	219	WAYN	000010	00010	1100				
STARRETT STEWART	048	HARR	200201	30210	0300				
STARRETT SAMUEL	219	WAYN	410010	10000	0100				
STATELES GEORGE	091	SPEN	300001	10010	0100				

Head of Household	Page	County	White Males (Under 10, 10-15, 16-18, 16-25, 26-44, 45 & over)	White Females (Under 10, 10-15, 16-25, 26-44, 45 & over)	Foreigners, Agriculture, Commerce, Manufacture	Free or Slave	Negro Males (Under 14, 14-25, 26-44, 45 & over)	Negro Females (Under 14, 14-25, 26-44, 45 & over)	Other not Indian
STAUNTON AARON	205	FRAN	220010	30110	0301				
STAUNTON JAMES	206	FRAN	011101	01101	0300				
STAUNTON WILLIAM	206	FRAN	011201	11001	0200				
STAUNTON ZACEUS	208	FRAN	120010	10120	0300				
STAWERS WILLIAM	023	DELA	10001	11010	0100				
STAZER FREDRICK	182	VAND	110010	00010	0100				
STCLAIR HENRY	080	JENN	200010	20010	0100				
STCLAIR JOHN	153	WARR	400100	00100	0000				
STEAMBARGER FREDERIC	032	DELA	200010	20010	0100				
STEAMBARGOR JOHN	032	DELA	100241	00211	0300				
STEAVENS ERZREA	090	KNOX	000001	00110	0000				
STEBBINS SAMUEL	005	FAYE	100101	00111	0001				
STEDHAM ZACHANAH	265	WAYN	300010	10010	0100				
STEDMAN JAMES	079	JENN	000100	00100	0100				
STEEL ELI	212	WASH	120001	11010	0300				
STEEL HANS	219	FRAN	310010	30010	0100				
STEEL HUGH	291	JEFF	213010	00201	0400				
STEEL JAMES	036	CLAR	410010	01010	0100				
STEEL JAMES A	143	OWEN	110010	31110	0200				
STEEL JOHN RANKIN	088	KNOX	000100	00000	0100				
STEEL JOHN	028	CLAR	200010	11010	0100				
STEEL LAURA	083	KNOX	000000	00100	0000				
STEEL NEMIEN	143	OWEN	011301	20111	0400				
STEEL ROBERT	028	CLAR	000001	00001	0100				
STEEL SAMUEL	177	VAND	200010	10000	0001				
STEEL SAMUEL SR	219	FRAN	201201	20011	0300				
STEEL SAMUEL	219	FRAN	200010	20100	0100				
STEEL WM	243	GIBS	300010	23010	0100				
STEEL WM	173	WAYN	100010	00100	0001				
STEELE JAMES	079	RIPL	000001	00000	0001				
STEELMAN MATHIAS	207	WAYN	100100	10100	0100				
STEEN JAMES	088	KNOX	200010	00100	0100				
STEEN JOHN	088	KNOX	000100	00100	0100				
STEEN MOSES	059	FAYE	300010	10100	0100				
STEEN RICHARD	088	KNOX	300101	21200	0200				
STEERE JAMES	268A	JACK	210001	22010	0100				
STEFAN JOSEPH	034	CLAR	211111	21011	0400				
STEIGERIN VICTORIA	319	POSE	010000	01101	0000				
STEILMAN MATHIAS	133	FLOY	100010	00100	0100				
STENCHFIELD DANIEL	180	VAND	100110	20100	0100				
STENNETT WILLIAM	131	ORAN	000020	01000	0200				
STENSON JAMES	173	WAYN	101111	10301	0500				
STEPHEN HENRY	137	FLOY	000010	10000	0001				
STEPHEN ISRAEL	040	CLAR	000201	00000	0300				
STEPHEN JOHN W	045	HARR	100010	22010	0100				
STEPHEN LEWIS	119	MONR	121101	00001	0200				
STEPHEN SARAH	125	ORAN	010000	10001	0100				
STEPHEN WELLS	020	DELA	100100	00100	0100				
STEPHEN WILLIAM	058	HARR	120101	12010	0200				
STEPHENS ABRAHAM	058	HARR	210010	12010	0100				
STEPHENS BENJAMIN	047	HARR	010010	10010	0100				
STEPHENS BENJAMIN JR	053	HARR	200010	30010	0100				

Head of Household	Page	County	White Males (Under 10, 10-15, 16-18, 16-25, 26-44, 45 & over)	White Females (Under 10, 10-15, 16-25, 26-44, 45 & over)	Foreigners, Agriculture, Commerce, Manufacture	Free or Slave	Negro Males (Under 14, 14-25, 26-44, 45 & over)	Negro Females (Under 14, 14-25, 26-44, 45 & over)	Other not Indian
STEPHENS BENJAMIN SR	053	HARR	101301	12000	0300				
STEPHENS BENJAMIN M	174	SWIT	310010	21010	0100				
STEPHENS CHARLES	082	DEAR	410010	01100	0100				
STEPHENS DARIUS	167	SWIT	200100	01100	0001				
STEPHENS EDWARD	307A	POSE	200001	10100	0100				
STEPHENS ENIOS	277	JEFF	210101	20010	0200				
STEPHENS ELIEL	021	FAYE	000100	00100	0100				
STEPHENS FRANCIS	266	JACK	010001	00001	0100				
STEPHENS HENRY	138	ORAN	100010	01100	0000				
STEPHENS ISAAC	203	FRAN	000100	10100	0100				
STEPHENS ISAAC	280A	JEFF	001110	32010	0200				
STEPHENS ISAAC	191	VIGO	000111	00001	0300				
STEPHENS JOSHUA	174	FRAN	342201	00310	0400				
STEPHENS JAMES	097	LAWR	000110	00110					
STEPHENS JOHN	177	FRAN	010010	31010	0200				
STEPHENS JAMES	177	FRAN	100010	30010	0200				
STEPHENS JUDE	177	FRAN	000200	00201	0200				
STEPHENS JAMES	203	FRAN	000001	00001	0000				
STEPHENS JACOB SR	138	ORAN	000111	00001	0002				
STEPHENS JAMES	074	HARR	200100	20100	0000				
STEPHENS JOHN	047	HARR	100110	10010	0200				
STEPHENS JAMES	050	HARR	210001	00010	0100				
STEPHENS JONATHAN	263	JACK	000010	33010	0100				
STEPHENS JOHN	262	JACK	100201	10110	0100				
STEPHENS JAMES	279A	JEFF	410010	20010	0100				
STEPHENS JOHN	283A	JEFF	110011	20010	1100				
STEPHENS MARY	138	ORAN	210000	12010	0000				
STEPHENS OBADIAH	082	DEAR	201130	30100	0100				
STEPHENS RANNA	107	DEAR	310010	30010	0100				
STEPHENS RICHARD	141	WARR	420010	21010	0000				
STEPHENS SIMEON	187	VIGO	000110	00100	0200				
STEPHENS THOMAS W	138	ORAN	100010	10100	0002				
STEPHENS THOMAS	061	HARR	120210	30230	0300				
STEPHENS THOS M	309A	POSE	000100	00100	0100				
STEPHENS VANCE	178	VAND	000200	00000	0002				
STEPHENS WILLIAM	053	HARR	410001	10010	0200				
STEPHENS WM	316A	POSE	230201	20001	0600				
STEPHENS WA***	048	HARR	100001	00010	0100				
STEPHENSON BENJAMIN	215	WASH	100100	10100	0100				
STEPHENSON ANDREW	115	DEAR	611110	02110	0100				
STEPHENSON PETER	098	LAWR	100100	20100	0100				
STEPHENSON CHARLES	064	DEAR	100010	20010	0100				
STEPHENSON HUGH	064	DEAR	010001	01010	1100				
STEPHENSON STEPHEN	146	PERR	000010	10001	0000				
STEPHENSON JOHN	149	PERR	310010	11110	0200				
STEPHENSON WILLIAM	067	HARR	000010	00000	0100				
STEPHENSON JAMES	067	HARR	000001	00011	0100				
STEPHENSON JOSEPH	021	DELA	100001	01110	0100				
STEPHENSON DAVID	022	DELA	110001	00201	0100				
STEPHENSON SAML	050	HARR	300010	01010	0100				
STEPHENSON JANE	054	HARR	300100	11010	0100				
STEPHENSON GEORGE	262A	JACK	200010	00010	0100				

Head of Household	Page	County	White Males (Under 10, 10-15, 16-18, 16-25, 26-44, 45 & over)	White Females (Under 10, 10-15, 16-25, 26-44, 45 & over)	Foreigners, Agriculture, Commerce, Manufacture	Free or Slave	Negro Males (Under 14, 14-25, 26-44, 45 & over)	Negro Females (Under 14, 14-25, 26-44, 45 & over)	Other not Indian
STEPHENSON ANN	266	JACK	000100	01010	0100				
STEPHINSON LAWSON	081	JENN	210010	00100	0100				
STEPHLETON JOHN	305A	POSE	000001	00010	0100				
STEPHSON PETER	067	HARR	210010	20010	0100				
STEPLETON JOHN	041	FAYE	300010	21010	0100				
STEPLETON JOHN	174	SWIT	100100	11100	0100				
STEPLETON ANDREW	168	SWIT	100001	00101	0100				
STEPLETON JOHN	041	HARR	310110	21110	0200				
STEPLETON JOSHUA	239	GIBS	000010	00000	0100				
STEPLETON JOSHUA	239	GIBS	000000	00110	0000				
STEPLETON FREDRICK	247	GIBS	100010	20100	0100				
STEPLTON JOSEPH	247	GIBS	000100	10000	0100				
STEPP JOHN	102	LAWR	200010	10100	0100				
STERN DAVID	181	VAND	100010	10100	0100				
STERNS ISAAC	118	MONR	000010	00010	0100				
STERRIT JAMES	064	DEAR	000010	20010	0100				
STERRIT JAMES	274	JEFF	000100	00000	0100				
STEVENS ELIJAH	061	FAYE	300010	00010	0100				
STEVENS EZEKIEL	027	FAYE	000100	20010	0100				
STEVENS HENRY	174	FRAN	200010	32010	0100				
STEVENS JACOB	071	HARR	110010	21010	0100				
STEVENS JAMES	073	RIPL	000100	10100	0100				
STEVENS JAMES	035	FAYE	100010	20010	0100				
STEVENS JOHN	069	DEAR	000001	00001	0100				
STEVENS JOSEPH	203	FRAN	000010	30100	0100				
STEVENS JOHN	006	CRAW	000100	10100	0100				
STEVENS JOHN	021	FAYE	011401	01101	0100				
STEVENS KING	059	FAYE	000100	00100	0100				
STEVENS ROBERT	061	FAYE	321110	21010	0200				
STEVENS SAMUEL	059	FAYE	100010	10100	0100				
STEVENS SOLOMON	073	RIPL	110101	21010	0300				
STEVENS SPENCER	217	WAYN	121101	10101	0300				
STEVENS STEPHEN C	168	SWIT	120010	11301	0000				
STEVENS WELLS	059	FAYE	100100	00100	0100				
STEVENS WM	207	WAYN	000100	10100	0100				
STEVENS WM	247	WAYN	200001	02010	0100				
STEVENSON ZADOC	037	FAYE	121001	00101	0100				
STEVENSON NICHOLAS	186	VIGO	100100	30100	0100				
STEVENSON MAHLON	187	VIGO	300010	10010	0001				
STEVENSON HENRY	187	VIGO	200010	20010	0100				
STEVENSON NICHOLAS	187	VIGO	000001	00101	0100				
STEVENSON JOHN	143	WARR	500010	00010	0000				
STEVENSON JAMES	071	HARR	210010	12010	0100				
STEVENSON JOSEPH	157	WAYN	200100	40010	0100				
STEVENSON GEORGE	215	WAYN	000201	00001	0100				
STEVENSON VINCENT	261	WAYN	200010	40010	0100				
STEWARD ALEX W	071	RIPL	100000	20100	0100				
STEWARD AMOS	079	RIPL	010010	00010	0001				
STEWARD ISAIAH	073	RIPL	200010	10000	0100				
STEWARD JAMES	039	FAYE	200010	00010	0001				
STEWARD JOHN	079	RIPL	200100	10100	0100				
STEWARD LEVI	107	LAWR	110001	20010					

Head of Household	Page	County	White Males (Under 10, 10-15, 16-18, 16-25, 26-44, 45 & over)	White Females (Under 10, 10-15, 16-25, 26-44, 45 & over)	Foreigners, Agriculture, Commerce, Manufacture	Free or Slave	Negro Males (Under 14, 14-25, 26-44, 45 & over)	Negro Females (Under 14, 14-25, 26-44, 45 & over)	Other not Indian
STEWARD STEPHEN	053	FAYE	200010	00010	0100				
STEWARD WILLIAM	099	LAWR	200010	00000	0100				
STEWARD WILLIAM	077	RIPL	000011	00010	0200				
STEWART ABRAHAM	192	VIGO	400010	01010	0200				
STEWART ALEXANDER	045	CLAR	300010	11010	0000				
STEWART ANN	170	SWIT	000000	00001	0100				
STEWART BARZILLA	113	DEAR	100110	20100	0100				
STEWART BENJAMIN	006	CRAW	100010	00010	0100				
STEWART CHARLES	292	JEFF	011101	00001	0200				
STEWART DAVID	281A	JEFF	000100	10100	0100				
STEWART DAVID	001	CRAW	321001	11010	0500				
STEWART DAVID	019	CLAR	211210	30110	0200				
STEWART DENNIS	112	DEAR	110001	10301	0100				
STEWART GEORGE	170	FRAN	200010	11010	0100				
STEWART GEORGE	187	VIGO	010201	42110	0400				
STEWART ISAAC	143	FLOY	100110	20200	0010				
STEWART JAMES	084	KNOX	110110	11100	0000				
STEWART JAMES	064	DEAR	010101	11201	0100				
STEWART JAMES	064	DEAR	000010	20100	0100				
STEWART JAMES	039	CLAR	200010	10100	0100				
STEWART JACOB	171	FRAN	100010	00100	0100				
STEWART JAMES	063	HARR	100110	20110	0100				
STEWART JESSEY	089	KNOX	010201	10301	0300				
STEWART JOHN	141	FLOY	300010	02010	0001				
STEWART JOHN	043	HARR	210010	21110	0100				
STEWART JOHN	063	DEAR	010001	01101	0100				
STEWART JOHN	125	ORAN	000100	00100	0100				
STEWART JOHN	135	ORAN	100000	32010	0100				
STEWART JOHN	294	JEFF	000030	00003	300				
STEWART JOHN	312A	POSE	311201	21100	0400				
STEWART JOHN	224	WASH	000200	10101	0200				
STEWART LAZARUS	007	CRAW	210001	22010	0200				
STEWART MATHIS	088	KNOX	000000	00000	0100	F	3001	3010	
STEWART MARTIN	064	DEAR	300010	20010	0100				
STEWART NATHANIEL	006	CLAR	301201	22010	0002				
STEWART ROBERT	148	FLOY	300010	10010	0100				
STEWART ROBERT R	143	FLOY	010100	20200	0100				
STEWART ROBERT	175	SWIT	100010	20100	0100				
STEWART SAMUEL	028	CLAR	000010	20201	0100				
STEWART SAMUEL	014	CLAR	210010	00010	0001				
STEWART SAMUEL	222	WASH	110111	21000	0300				
STEWART STEPHEN	063	DEAR	200010	21100	0100				
STEWART THOMAS	171	SWIT	110101	10101	0200				
STEWART WILLIAM I	165	SWIT	211110	00100	0200				
STEWART WILLIAM	024	CLAR	011101	41010	0300				
STEWART WILLIAM	170	FRAN	300010	00001	0100				
STEWART WILLIAM SR	170	FRAN	000001	00001	0100				
STEWART WILLIAM	128	ORAN	100010	40010	0100				
STEWART WILL	289A	JEFF	011201	00000	0300				
STEWERT JOHN	190	VIGO	100010	00000	1001				
STEWY THOMAS C	297	PIKE	200110	00100	0000				
STIBBINGS HORACE	079	JENN	100100	00100	0100				

Head of Household	Page	County	White Males (Under 10, 10-15, 16-18, 16-25, 26-44, 45 & over)	White Females (Under 10, 10-15, 16-25, 26-44, 45 & over)	Foreigners, Agriculture, Commerce, Manufacture	Free or Slave	Negro Males (Under 14, 14-25, 26-44, 45 & over)	Negro Females (Under 14, 14-25, 26-44, 45 & over)	Other not Indian
STICKLER JOHN SR	173	SWIT	000001	00101	0100				
STICKLER JOHN JR	173	SWIT	100010	00100	0100				
STIERMAN HUMPHREY	117	SULL	000001	00001	0100				
STIGALL JEREMIAH	183	WAYN	120010	12010	0300				
STIGERWALT PETER	211	WASH	321401	30001	0100				
STIGGLIMAN JOHN	253	WAYN	300010	10010	0001				
STILES ELIZABETH	211	FRAN	000000	00201	0000				
STILL MURPHEY D	203	WASH	311101	02001	0300				
STILLHORN JOHN	023	DELA	200010	10100	0100				
STILLWELL DAVID	242	GIBS	010001	10010	0100				
STILLWELL WM	242	GIBS	100010	10100	0101				
STILLWELL HENRY	114	MART	100010	10100	0100				
STILLWELL RICHARD	040	DUBO	000021	33101	0300				
STILLWELL RICHARD	050	HARR	000001	32101	0100				
STILTS JOHN	106	LAWR	120210	10010	0100				
STILTZ JACOB	318	POSE	000101	01010	0100				
STILWELL JEREMIAH	045	CLAR	000021	20101	0201				
STILWELL JACOB	040	CLAR	100010	30010	0100				
STINE HENRY	061	HARR	000100	00100	0000				
STINE PHILLIP	061	HARR	110001	02001	0100				
STINEBACK WILLIAM	165	FRAN	100010	10000	001				
STINSON JAMES	178	VAND	320010	11110	0000				
STINSON JOHN	005	FAYE	100010	33010	0100				
STINSON JOHN B	178	VAND	200010	32010	0100				
STINSON THOMAS	148	FLOY	010000	31010	0200				
STIP DAVID	221	FRAN	000110	10200	0200				
STIPE JOSEPH	075	RIPL	100010	30010	0100				
STIPES GEORGE	235	GIBS	000020	11010	0002				
STIPP ISAAC	019	DELA	300010	10010	0100				
STIPP JACOB	218	WASH	200010	20010	0000				
STIPP JOHN	162	FRAN	310001	01110	0200				
STIPP MICHAEL	162	FRAN	000100	00000	0100				
STIRGAN JOHN	013	CRAW	100100	00100	0100				
STITE NATHANIL	016	CLAR	400010	00010	0100				
STITES HENRY	143	FLOY	211110	02000	0300				
STITES JOHN	076	JENN	000010	11100	0001				
STITS JAMES	196	WABA	000010	10010	0100				
STITT SAMUEL	082	DEAR	100010	20010	0100				
STIVER JOHN	285A	JEFF	001201	11001	0200				
STJOHN DANIEL	169	FRAN	121210	31010	0300				
STOCKER ELI	222	WASH	000100	00111	0100				
STOCKER GEORGE	203	WASH	100010	10100	0100				
STOCKER JONATHAN	204	WASH	000201	11001	0300				
STOCKMAN BENJAMIN	100	DEAR	100100	00010	0001				
STOCKTON ISRAEL F	064	DEAR	310010	11010	0100				
STOCKWELL WILLIAM	215	WASH	200010	30010	0100				
STOCKWELL SAMUEL	049	CLAR	100110	41010	0100				
STOCKWELL ROBERT	233	GIBS	000010	00000	0010				
STOCKWELL CYRAS	275	JEFF	200100	10010	0000				
STODDARD ORAN	049	FAYE	320010	20110	0100				
STODDARD PHILO	080	JENN	100001	10010	0100				
STOFFER MATTHIAS	064	DEAR	230001	11010	0100				

Head of Household	Page	County	White Males (Under 10, 10-15, 16-18, 16-25, 26-44, 45 & over)	White Females (Under 10, 10-15, 16-25, 26-44, 45 & over)	Foreigners, Agriculture, Commerce, Manufacture	Free or Slave	Negro Males (Under 14, 14-25, 26-44, 45 & over)	Negro Females (Under 14, 14-25, 26-44, 45 & over)	Other not Indian
STOGSDAL DANIEL	285	JEFF	310010	22010	0100				
STOGTON WILLIAM	029	DELA	200010	31010	0100				
STOKE EDWARD	048	HARR	010001	00001	0100				
STOKER ZAKIAS	044	HARR	300010	10010	0100				
STOKES ANTHONY	324	RAND	000001	00000	0010				
STOKES JOHN	011	CRAW	200010	11011	0100				
STOKES MATHEW	193	VIGO	310001	11110	0200				
STOLCOPP WILLIAM	114	DEAR	200100	00100	0100				
STONE ASHBEL	007	FAYE	210010	21010	0100				
STONE BENJAMIN	064	DEAR	310010	12010	0100				
STONE CALVIN	139	WARR	310010	10010	0000				
STONE CLAVER	014	CRAW	010001	11002	0102				
STONE DANIEL	247	WAYN	000100	00001	0100				
STONE ELLIS	119	MONR	000010	40010	0100				
STONE EZRA	087	DEAR	100020	10100	0001				
STONE JERIMIAH	009	CLAR	100101	00001	0100				
STONE JESSE	113	DEAR	110010	21010	0100				
STONE JOHN	045	CLAR	111101	21301	0300				
STONE JOHN	119	SULL	100010	30100	0100				
STONE JOHN	012	CRAW	100010	20100	0100				
STONE JOHN	014	CRAW	100010	20100	0100				
STONE MARY	121	DEAR	020111	00000	0000				
STONE NINROD	033	DELA	020001	02101	0200				
STONE SAMUEL	175	SWIT	200010	10010	0100				
STONE SOLOMON	120	DEAR	000110	10100	0100				
STONE STEPHEN	036	CLAR	100100	20010	0100				
STONE THOMAS I	245	GIBS	003001	13311	0100				
STONE WILLIAM	129	ORAN	100010	31100	0100				
STONE WILLIAM S	073	RIPL	210130	10100	0400				
STONEMETS CASPER	146	PERR	000001	00001	0100				
STONER DANIEL	025	CLAR	400010	10010	0100				
STONER JOHN	182	VAND	200010	20100	0100				
STONER VALENTINE	025	CLAR	010001	00001	0100				
STONESIPHER HENRY	021	CLAR	011201	10001	0300				
STONESIVER JOHN	069	HARR	310010	31001	0100				
STOOP DAVID	168	FRAN	311310	02001	0300				
STOOPS JOHN	015	FAYE	000110	10010	0001				
STOREY MARGARET	168	SWIT	000100	00001	1100				
STORK JOHN	092	KNOX	000111	00200	0101				
STORM DANIEL	090	KNOX	100010	10100	0100				
STORM THOMAS	261A	JACK	211110	20010	0100				
STORM WILLIAM	032	DELA	200010	01000	0100				
STORMAN AGNESS	235	GIBS	011200	02001	0200				
STORMAN ROBERT	231	GIBS	000100	00010	0001				
STORMS CONRAD	075	RIPL	101301	20010	0400				
STORMS PETER	292	JEFF	000010	20011	0100				
STORMS PHILLIP	324	RAND	000010	00010	0100				
STORN JAMES	118	MONR	300010	10010	0100				
STORN JOHN	118	MONR	200011	10100	0200				
STOTT JAMES	076	JENN	000010	11110	0000				
STOTT RICHARD	076	JENN	010100	10100	0001				
STOTT THO	145	WARR	020001	00000	0000				

Head of Household	Page	County	White Males (Under 10, 10-15, 16-18, 16-25, 26-44, 45 & over)	White Females (Under 10, 10-15, 16-25, 26-44, 45 & over)	Foreigners, Agriculture, Commerce, Manufacture	Free or Slave	Negro Males (Under 14, 14-25, 26-44, 45 & over)	Negro Females (Under 14, 14-25, 26-44, 45 & over)	Other not Indian
STOTT WILLIAM T	078	JENN	200010	41010	0101				
STOTTER JACOB	112	DEAR	100100	20100	0100				
STOTTS JAMES	028	DELA	030201	21001	0200				
STOTTS LAVINA	104	LAWR	310000	10020	0300				
STOTTS ROBERT C	027	DELA	200100	10000	0100				
STOUGHTON WILLIAM	113	SULL	000001	00001	0100				
STOUT DANIEL	119	MONR	400010	22010	0001				
STOUT DAVID	366	RAND	220110	31010	0100				
STOUT ELISHUA	083	KNOX	110000	02010	0000	S	0100		
STOUT EPHRAIM	366	RAND	300100	00100	0100				
STOUT HEZEKIAH	290A	JEFF	510010	10010	0100				
STOUT JAMES	024	CLAR	100100	00100	0100				
STOUT JESSE	191	FRAN	001111	10101	0300				
STOUT JESSE	194	FRAN	211301	12202	0401				
STOUT JOHN	132	ORAN	310010	10010	0200				
STOUT JONATHAN	194	FRAN	300010	20010	0100				
STOUT JONATHAN	135	ORAN	400010	30010	0400				
STOUT JOSEPH	031	CLAR	211101	31202	0200				
STOUT JOSIAH	092	KNOX	111101	02001	0000				
STOUT SOLOMON	032	DELA	200110	10010	0100				
STOUT WILLIAM	173	SWIT	000100	20100	0100				
STOUT WILLIAM	126	DEAR	100010	10010	0100				
STOVALL BARTHOLOMEW	043	HARR	100010	20110	0100				
STOVER ABRAHAM	220	WASH	000100	20010	0100				
STOVER JAMES	181	VAND	010100	30210	0200				
STOVER JOHN	222	WASH	000010	00100	0100				
STOVER JOSEPH	327	RAND	100100	00100	0100				
STOVER SAMUEL	037	FAYE	130010	22010	0100				
STOWE MARVIL	027	DELA	300010	00001	0100				
STOWERS JOHN	263	JACK	110010	32010	0300				
STOYE PETER	142	FLOY	100200	00200	0002				
STRAHAKER CHRISTR	318A	POSE	000021	00110	0300				
STRAIN BARNET	222	WASH	100010	00100	0300				
STRAIN ELIE	233	GIBS	300100	40110	0100				
STRAIN JAMES	119	SULL	121411	20010	0300				
STRAIN JOHN	222	WASH	001201	03100	0300				
STRAIN THOMAS M	261A	JACK	100010	10100	0100				
STRANGE CORNWELL	127	ORAN	311101	22010	0300				
STRANGE JAMES	187	VIGO	110110	30010	0300				
STRANGE JOHN	132	ORAN	300010	20000	0000				
STRANGE WILLIAM	125	ORAN	010100	10010	0100				
STRANGE WILLIAM	132	ORAN	010100	10010	0100				
STRATTON BENJAMIN	157	WAYN	211201	22110	0003				
STRAUD JANE	068	HARR	030100	00001	0100				
STRAUGHAN WILLIAM	173	SWIT	40000	11011	0100				
STRAWBERRY CHRISTAN	194	FRAN	200010	20110	0100				
STRAWBRIDGE CHARLES	187	VIGO	000100	10010	0100				
STRAWHON JOBE	201	WAYN	100010	20100	0001				
STRAWN JOB	122	DEAR	230001	11210	0100				
STRAYERS JOHN	125	ORAN	210010	22110	0200				
STREATH DANIEL	085	KNOX	000000	00000	1000	F	0001	0010	
STREET ABRAHAM	017	FAYE	120101	00102	0001				

Head of Household	Page	County	White Males (Under 10, 10-15, 16-18, 16-25, 26-44, 45 & over)	White Females (Under 10, 10-15, 16-25, 26-44, 45 & over)	Foreigners, Agriculture, Commerce, Manufacture	Free or Slave	Negro Males (Under 14, 14-25, 26-44, 45 & over)	Negro Females (Under 14, 14-25, 26-44, 45 & over)	Other not Indian
STREET JAMES	181	FRAN	000001	32101	0100				
STREETER NATHAN	171	SWIT	200020	21020	0200				
STRETHARD RICHARD	121	SULL	100010	20010	0100				
STRIBBLING GEORGE	079	JENN	100010	20040	0100				
STRIBLING WYLLIS	077	JENN	200110	10100	0101				
STRIBLING THOMAS T	283A	JEFF	300010	22010	0000				
STRICKER WOLF	025	CLAR	020001	40010	1100				
STRICKLAND JOSEPH	273	JEFF	100101	11110					
STRICKLIN STEPHEN	237	GIBS	210101	01001	0200				
STRICKLIN ELISHA	237	GIBS	100100	10100	0100				
STRICKLIN AARON	247	GIBS	210001	10010	0100				
STRIKER STEPHEN	083	KNOX	000010	00000	0001				
STRINGER ELI	170	FRAN	220001	11010	0201				
STRINGFIELD JAMES R	011	CRAW	010010	20011	0100				
STRINGHAM DAVID	192	VIGO	010102	12001	0400				
STRODE JAMES	243	WAYN	100011	20100	0200				
STRONG BENJAMIN	039	FAYE	100010	10010	0001				
STRONG LEWIS R	215	WAYN	000100	00100	0001				
STRONG NATHAN	006	CRAW	100010	20100	0100				
STRONG NATHANIEL	035	FAYE	000201	00101	0200				
STRONG THOMAS	035	FAYE	100010	41010	0100				
STRONG WILLIAM	039	FAYE	010010	41010	0001				
STROPES LUSINDA	084	KNOX	011300	01010	0000				
STROTHER WILLIAM	064	HARR	313301	12010	0400				
STROUD ABRAHAM	127	ORAN	101100	11100	0100				
STROUD ISHAM	127	ORAN	110010	40010	0200				
STROUD JOHN	127	ORAN	110001	00201	0200				
STROUD JOHN	227	WAYN	010001	00201	0100				
STROUD JOSHUA	097	DEAR	200010	41110	0100				
STROUD JOSEPH	098	DEAR	400010	22010	0100				
STROUD REESE	194	VIGO	000000	00000	0100	F	2010	5010	
STROUD THOMAS	014	CRAW	411101	12110	0400				
STROUSE ADAM	113	MART	010110	00010	0200				
STROYERS LEWIS	126	ORAN	000001	00001	0001				
STRUPE PETER	223	WASH	100110	10010	0200				
STRUPY GEORGE	019	CLAR	111201	21101	0400				
STRUT GLARY	042	CLAR	020200	00101	0200				
STRUTT JACOB	039	CLAR	000100	00100	0100				
STRYKER ABRAHAM	095	SPEN	000010	00010	0100				
STRYKER ADRIAN	043	CLAR	011301	00101	0000				
STUART ABSALOM	163	WAYN	000100	00100	0100				
STUART ABSALOM	213	WAYN	000100	10100	0100				
STUART JOHN	038	DUBO	200010	21010	0100				
STUART JOHN	253	WAYN	310201	21201	0200				
STUART ROBERT	038	DUBO	110120	20011	0400				
STUBBLIFIELD JOHN	037	DUBO	000200	20100	0200				
STUBBS JESSE	222	FRAN	321110	31121	0400				
STUBBS MILES	098	DEAR	210001	20010	1100				
STUBBS RICHARD	098	DEAR	010110	01110	1100				
STUBBS ROBERT	098	DEAR	000010	01010	1100				
STUBBS THOMAS	104	DEAR	000001	00001	1100				
STUBBS WILLIAM	098	DEAR	000001	00010	1100				

Head of Household	Page	County	White Males (Under 10, 10-15, 16-18, 16-25, 26-44, 45 & over)	White Females (Under 10, 10-15, 16-25, 26-44, 45 & over)	Foreigners, Agriculture, Commerce, Manufacture	Free or Slave	Negro Males (Under 14, 14-25, 26-44, 45 & over)	Negro Females (Under 14, 14-25, 26-44, 45 & over)	Other not Indian
STUCK JOHN	149	PERR	220110	31110	0400				
STUCKER HENRY	278	JEFF	231111	11100	0300				
STUCKER JACOB	278A	JEFF	301401	13101	0500				
STUCKER JACOB	278A	JEFF	100010	00100	0100				
STUCKER JOHN	278	JEFF	010101	10201	0200				
STUCKER JOHN	279	JEFF	000100	10100	0100				
STUCKER MICHAEL	279A	JEFF	010101	10001	0200				
STUCKER PHILIP	221	WASH	211201	12010	0400				
STUCKER SAMUEL	278	JEFF	200100	10100	0100				
STUCKER WILLIAM	278A	JEFF	200010	20010	0100				
STUCKEY ISAAC	170	FRAN	300010	11021	0100				
STUCKEY JAMES	170	FRAN	000010	02010	0100				
STUCKY FREDERICK	114	MART	000100	10100	0100				
STUCKY MARTIN	113	MART	000100	00010	0001				
STUCKY SAMUEL	113	MART	320201	13110	0400				
STUDY HENRY	193	WAYN	330010	10010	0200				
STUDY JACOB	237	WAYN	200010	10100	0100				
STUERT ABLE	251	GIBS	100020	00100	1100				
STUERT JAMES	246	GIBS	120201	01101	0200				
STUERT WM	254	GIBS	320001	11110	0100				
STULCUP PETER SR	129	ORAN	220001	10010	0300				
STULL HENRY	081	JENN	000011	10100	0100				
STULL HENRY	073	HARR	100110	00100	0000				
STULL JOHN	068	HARR	111101	12010	0100				
STULL LAURANCE	249	GIBS	200010	10000	0100				
STULL LAWRENCE SR	316A	POSE	000111	00000	0300				
STUMAN FREDERICK	084	KNOX	000100	00000	0100				
STUMP JOSEPH	247	WAYN	100100	00000	0100				
STUMP LEONARD	243	WAYN	100010	10100	0100				
STUMP MARY	243	WAYN	011200	00001	0400				
STURDEVANT JAMES	212	WASH	220110	20110	0400				
STURDEVANT AZOR	174	FRAN	020101	01001	0100				
STURDIVIN UNICY	310	POSE	321100	01210	0200				
STURGEON DAVID	007	CRAW	100010	10100	0100				
STURGEON JOHN	008	CRAW	110101	30001	0200				
STURGES JEDEDIAH	203	FRAN	100010	30010	0100				
STURGES JOSEPH	311A	POSE	200010	00101	0100				
STURGES ROBERT	191	VIGO	110220	10100	0301				
STURGUS AUGUSTES B	232	GIBS	100100	00100	0001				
STURGUS ROBERT	083	KNOX	001100	00000	0001				
STURKE JOHN	300	PIKE	000100	00100					
STURM MICHAEL	061	HARR	300001	10100	0100				
STURR JEREMIAH	067	HARR	120110	31310	0200				
STUSMAN ABRAHAM	203	WASH	100010	20010	0100				
STUTESMAN MARY	044	CLAR	100000	00001	0000				
STUTESMAN JACOB	045	CLAR	000100	10200	0000				
STUTESMAN DAVID	045	CLAR	210201	20301	0200				
STUTESMAN SAMUEL	049	CLAR	020202	01110	0200				
STUTESMAN DANIEL	033	CLAR	000100	20100	0100				
STUTESMAN DANIEL	041	CLAR	200101	02210	0100				
STUTESMAN DAN	037	DUBO	000100	10100	0100				
STUTESMAN JACOB	037	DUBO	000101	10201	0200				

Head of Household	Page	County	White Males (Under 10, 10-15, 16-18, 16-25, 26-44, 45 & over)	White Females (Under 10, 10-15, 16-25, 26-44, 45 & over)	Foreigners, Agriculture, Commerce, Manufacture	Free or Slave	Negro Males (Under 14, 14-25, 26-44, 45 & over)	Negro Females (Under 14, 14-25, 26-44, 45 & over)	Other not Indian
STUTEVILLE MARTIN	093	SPEN	010210	32010	0300				
STUTEVILLE CHARLES	095	SPEN	000101	00101	0100				
STUTEVILLE JAMES	095	SPEN	211110	32010	0300				
STYTHE JONATHAN	142	FLOY	000011	01010	0200				
STYTHE ROBERT	153	FLOY	000100	00100	0100				
SUBLETT DANIEL	031	DELA	000100	00100	0100				
SUDDETH JARID	162	SCOT	200010	20100	0100				
SUDDITH JARID	154	SCOT	000010	10010	0100				
SUDDRETH JAMES	007	CRAW	000010	20100	0100				
SUDDRETH PATIENCE	007	CRAW	110000	00010	0100				
SUDY JOHN	035	FAYE	000010	10100	0100				
SUFFRINS JOHN	159	WAYN	000200	00100	0020				
SULCES JAMES	199	WAYN	300010	00010	0100				
SULEAR HENRY	047	FAYE	000010	00100	0000				
SULEVAN ABLE	244	GIBS	300010	10100	0100				
SULIVAN JOSEPH	100	LAWR	300010	10100					
SULIVENT ANDREW	178	VAND	220301	31101	0500				
SULLAN DAVID	324	RAND	010000	00000	0001				
SULLENDER WALLACE	265	JACK	200010	12110	0100				
SULLERS JOHN	145	PERR	000101	00001	0200				
SULLERS JOHN	145	PERR	000100	01000	0100				
SULLEVAN THOMAS	255	GIBS	110010	10010	0100				
SULLINGER RUBEN	090	KNOX	400210	22010	0102				
SULLINGER THOMAS	126	ORAN	300020	12010	0200				
SULLIVAN DANIEL	292	JEFF	410010	20010	0100				
SULLIVAN DANIEL	011	CLAR	100010	20110	0100				
SULLIVAN GEORGE R C	084	KNOX	210110	00100	0000	S	1000	1000	
SULLIVAN HENRY P	031	DELA	100100	10100	0100				
SULLIVAN HENRY	262A	JACK	100100	00100	0100				
SULLIVAN IEREMIAH	272A	JEFF	100011	01101	0000				
SULLIVAN JEREMIAH	167	SWIT	101100	00010	0100				
SULLIVAN JOSEPH	027	CLAR	200200	00100	0200				
SULLIVAN LEVIN	300	PIKE	021101	20110					
SULLIVAN NOAH	080	JENN	010010	00010	0001				
SULLIVAN NOAH	137	ORAN	100010	20010	0001				
SULLIVAN PARTRICK	262A	JACK	200100	03201	0100				
SULLIVAN THOMAS	179	WAYN	010101	11201	0200				
SULLIVAN WILLIAM	262A	JACK	100010	40100	0100				
SULLIVAN WILLIAM C	274	JEFF	000100	00101	0000				
SULLIVAN WILLIS	284	JEFF	200010	11110	0100				
SUMERS JACOB	068	HARR	110001	32001	0100				
SUMERVILLE RICHARD	154	SCOT	220001	21210	0100				
SUMMA FREDERICK	199	WAYN	221110	10110	0400				
SUMMA PETER	233	WAYN	100001	00110	0100				
SUMMERS ABLE	021	DELA	300100	10010	0100				
SUMMERS BRICE	039	DUBO	330100	00010	0400				
SUMMERS CLOE	205	WASH	000000	00000	0000	F	0000	0001	
SUMMERS ENOCH	118	MONR	400010	00100	0100				
SUMMERS GALVIN	221	WAYN	100100	00100	0100				
SUMMERS GEORGE	048	CLAR	210101	31010	0200				
SUMMERS JAMES	153	FLOY	000010	01000	0100				
SUMMERS JESSE	153	FLOY	000100	10100	0100				

Head of Household	Page	County	White Males (Under 10, 10-15, 16-18, 16-25, 26-44, 45 & over)	White Females (Under 10, 10-15, 16-25, 26-44, 45 & over)	Foreigners, Agriculture, Commerce, Manufacture	Free or Slave	Negro Males (Under 14, 14-25, 26-44, 45 & over)	Negro Females (Under 14, 14-25, 26-44, 45 & over)	Other not Indian
SUMMERS JOHN	019	DELA	110010	42201	0100				
SUMMERS JOHN	021	DELA	300010	01000	0100				
SUMMERS JOHN	247	GIBS	100100	00100	0100				
SUMMERS JOHN	261A	JACK	100010	31010	0100				
SUMMERS JOHN	257	WAYN	000111	02001	0100				
SUMMERS JOHN	090	KNOX	200101	20010	0200				
SUMMERS JOHN	033	DELA	000101	01001	0100				
SUMMERS MARY	153	FLOY	010000	00110	0000				
SUMMERS MICHAEL	071	HARR	231101	11010	0100				
SUMMERS POLLY	239	GIBS	200000	00110	0000				
SUMMERS SAMPSON	021	DELA	100100						
SUMMERS SIMON	221	WAYN	200101	03001	0300				
SUMMERS SUSANNAH	034	CLAR	300000	01010	0000				
SUMMERS THOMAS D	021	FAYE	100010	32010	0001				
SUMMERS WILLIAM	268A	JACK	100100	10100	0100				
SUMMEY PETER	223	WASH	220110	10010	0400				
SUMMS JOHN	037	FAYE	101101	01110	0100				
SUMNAR JOSHUA	255	WAYN	000101	00010	0200				
SUMNER CALEB SR	079	RIPL	010001	00201	0200				
SUMNER CALEB JR	079	RIPL	000100	00100	0100				
SUMNER PHILLIP	257	GIBS			0001	S	1010	0010	
SUMNER WM	165	WAYN	200110	10200	0100				
SUMNERS JESSE	089	SPEN	330100	10010	0300				
SUMNERS JOSEPH	246	GIBS	211001	00210	0200				
SUMNERS JOHN	089	SPEN	211010	30010	0200				
SUMNERS THOMAS	089	SPEN	220110	20011	0200				
SUMNEY JACOB	205	WAYN	100010	20100	0100				
SUMPLER ISOM	119	MONR	200100	11010	0100				
SUMPTER GEORGE	183	FRAN	111101	31010	0401				
SUNKINS WILLIAM	081	DEAR	210011	10010	0100				
SURBER JOHN	063	DEAR	100101	13010	0100				
SURVER PETER	145	PERR	001000	00100	0100				
SUTHARD BURTON	125	ORAN	100010	10010	0100				
SUTHERLAND JOHN	169	WAYN	100110	10000	0021				
SUTHERLAND LYDIA	169	WAYN	010000	01201	0000				
SUTHERLAND WM	169	WAYN	110200	10000	0003				
SUTHERLAND JOHN	173	WAYN	200010	20100	0100				
SUTHERLAND SALLY	264	JACK	011100	22010	0100				
SUTHERLAND SARAH	247	WAYN	000100	10001	0100				
SUTHERLAND ISAAC	247	WAYN	000100	00000	0100				
SUTHERLAND ABRAM	259	WAYN	100010	32010	0100				
SUTHERLAND ROGER	216	WASH	220101	22100	4000				
SUTHERLIN SAMPSON	133	ORAN	000100	00100	0100				
SUTHERLIN FENDEL	133	ORAN	220011	00010	0400				
SUTHERLIN JOHN	133	ORAN	000100	00100	0100				
SUTHERLIN PHILIP	134	ORAN	021501	11100	0800				
SUTHERLIN WILLIAM	136	ORAN	111201	20110	0400				
SUTION ISAAC	107	LAWR	000100	10100	0100				
SUTPHIN AURTHUR	035	CLAR	210101	01010	0200				
SUTTON ABSALOM	011	FAYE	100100	00010	0100				
SUTTON AMOS	041	FAYE	000111	12100	0200				
SUTTON ANN	097	DEAR	100010	00000	0000				

Head of Household	Page	County	White Males (Under 10, 10-15, 16-18, 16-25, 26-44, 45 & over)	White Females (Under 10, 10-15, 16-25, 26-44, 45 & over)	Foreigners, Agriculture, Commerce, Manufacture	Free or Slave	Negro Males (Under 14, 14-25, 26-44, 45 & over)	Negro Females (Under 14, 14-25, 26-44, 45 & over)	Other not Indian
SUTTON DANIEL	041	FAYE	200010	10010	0100				
SUTTON DAVID	286	JEFF	401110	22010	0200				
SUTTON DAVID	041	FAYE	111201	11001	0100				
SUTTON EPHRAIM	301	PIKE	110110	10100					
SUTTON JAMES	137	ORAN	110001	01010	0001				
SUTTON JAMES	031	FAYE	301220	02110	0002				
SUTTON JOHN	106	LAWR	500010	20001	0100				
SUTTON JOHN	078	JENN	000100	10010	0100				
SUTTON JOHN C	064	DEAR	130201	20010	0100				
SUTTON JOHN	154	SCOT	410010	00010	0100				
SUTTON JOHN	161	SCOT	410010	00010	0100				
SUTTON JOSEPH	196	FRAN	210201	10101	0400				
SUTTON JOSEPH	097	DEAR	020001	01001	0100				
SUTTON NATHAN	123	DEAR	200100	00010	0100				
SUTTON REUBEN	079	RIPL	211010	21010	0300				
SUTTON UMPHREY	173	WAYN	000100	10100	0100				
SUTTON ZACHARIAH	155	SCOT	110100	10100	0100				
SWAFFORD ISAAC	211	FRAN	200010	30010	0100				
SWAFFORD JERREMIAH	193	WAYN	521110	10010	0200				
SWAFFORD WILLIAM	269	WAYN	211101	00001	0200				
SWAIN ANTHONY	182	VAND	000100	00100	0000				
SWAIN DAVID	208	FRAN	000010	20010	0001				
SWAIN ELIHUE	239	WAYN	020101	00101	0300				
SWAIN JOHN R	112	MART	120302	00001	0004				
SWAIN PAUL	167	WAYN	010010	20301	0100				
SWAIN SAMUEL	325A	RAND	100010	20010	0100				
SWAIN THOMAS	207	FRAN	100010	10010	0100				
SWAIN THOMAS	239	WAYN	211101	21110	0200				
SWALLOW GARRET	082	DEAR	100010	10010	0100				
SWALLOW WM	177	WAYN	200010	21010	0100				
SWALS VOLENTINE	192	VIGO	250101	00001	1500				
SWAN JOHN	090	KNOX	000010	00000	0001				
SWAN JOHN	276	JEFF	100101	30101	101				
SWAN ROBERT	212	FRAN	121110	31020	0400				
SWAN THOMAS	193	VIGO	111110	22110	0300				
SWANGO JOHN	241	GIBS	110010	30010	0700				
SWANK JOSEPH	061	HARR	310010	10010	0100				
SWANK RICHARD	090	KNOX	320010	00010	0100				
SWANK WILLIAM	084	KNOX	000010	30100	0000				
SWANKS JOHN	066	HARR	210101	30201	0200				
SWANKS JOSEPH	044	HARR	410010	10010	0100				
SWANSON EDWARD	037	FAYE	200001	21010	0100				
SWANY JANE	014	CLAR	010000	10101	0000				
SWART WILLIAM		HARR	300010	31010	0100				
SWARTS JACOB	058	HARR	000100	20101	0100				
SWARTZE MICHAEL	151	FLOY	301401	12010	0400				
SWASSACK RICHARD	049	HARR	010001	32001	0100				
SWAYASE OBEDIAH	193	VIGO	100110	00010	0200				
SWEARIN CHRISTIAN	064	HARR	100010	40010	0100				
SWEARSON PETER	181	VAND	100001	24310	0000				
SWEENEY NATHAN	268	JACK	300100	10100	0100				
SWEENEY WILLIAM	068	HARR	000010	20010	0100				

Head of Household	Page	County	White Males (Under 10, 10-15, 16-18, 16-25, 26-44, 45 & over)	White Females (Under 10, 10-15, 16-25, 26-44, 45 & over)	Foreigners, Agriculture, Commerce, Manufacture	Free or Slave	Negro Males (Under 14, 14-25, 26-44, 45 & over)	Negro Females (Under 14, 14-25, 26-44, 45 & over)	Other not Indian
SWEENY BENJAMIN	119	MONR	100010	40100	0001				
SWEENY JOHN	268	JACK	141110	20011	0100				
SWEET ABM	282A	JEFF	000010	10100	0100				
SWEET BENJ	167	FRAN	200010	21010	0100				
SWEET ELIAS	282	JEFF	100110	00100	0000				
SWEET ISAAC	282A	JEFF	100010	20010	0100				
SWEET JACOB	282	JEFF	100010	00101	0000				
SWEETS JOHN D	024	DELA	000010	00100	0100				
SWENEY MORDACAI	214	WASH	010010	10100	0020				
SWETT WILLIAM P	193	FRAN	100010	30010	0100				
SWIFE JOHN	118	MONR	200010	30100	0100				
SWIFT CHRISTIAN	216	FRAN	121110	10001	0300				
SWIFT JAMES W	305A	POSE	000010	10100	0100				
SWIFT PAUL	104	DEAR	110010	31010	0010				
SWIFT ROBERT	007	FAYE	210010	02310	0001				
SWIM ELIJAH	208	WASH	210010	10011	0200				
SWIM JOHN	107	LAWR	100010	10010					
SWIM MICHAEL	107	LAWR	211110	21101					
SWIM OTHENIAL	189	FRAN	110100	30110	0001				
SWIM RICHARD	107	LAWR	100010	30100					
SWINDLER SAMUEL	280	JEFF	000100	10100	0100				
SWINE WILLIAM	124	ORAN	220001	30210	0100		0000	0001	
SWISHER ELIZABETH	366	RAND	101100	00201	0100				
SWISHER GEORGE	175	SWIT	310101	10301	0100				
SWISHER JESSE	269	WAYN	321101	12010	0100				
SWISSER GEORGE	075	RIPL	000100	10100	0100				
SWITZER JOSEPH	161	SCOT	010010	21110	0100				
SWITZER JOSEPH	041	CLAR	120010	11010	0100				
SWITZER WILLIAM	156	SCOT	310011	10010	0200				
SWONING DAVID S	013	CRAW	610010	11010	0200				
SWORD JONATHAN	020	DELA	200100	00100	0000				
SWORD SAMUEL	025	FAYE	001201	01101	0100				
SWORD WILLIAM	005	FAYE	000010	00100	0001				
SYBART JOSEPH	013	CRAW	200110	11010	0200				
SYBERT ADAM	071	HARR	001101	22101	0100				
SYBOLD HENRY	189	WAYN	201101	01010	0001				
SYLVESTER JOSEPH	113	DEAR	000010	40010	0100				
SYLVESTER LEVI P	288	JEFF	000300	10100	0201				
SYLVESTER SAMUEL	292A	JEFF	100010	00100	0100				
SYLVESTER WILLIAM	011	CLAR	200010	10010	0100				
SYMMOND SOLOMON	194	VIGO	300010	20010	0200				
SYMMS NANCY	119	MONR	000000	00101	0000				
SYMONDS ABRAM	183	WAYN	210101	11010	0300				
SYMONDS JESSE	253	WAYN	300010	00100	0100				
SYMONDS MATHEW JR	227	WAYN	000100	00100	0100				
SYMONDS MATHEW	227	WAYN	000010	21120	0100				
SYMONDS NATHAN	227	WAYN	100010	31010	0100				
SYMONDS THOMAS JR	227	WAYN	000010	10100	0100				
SYMONDS THOMAS	227	WAYN	400010	10010	0100				
SYMONS ALEXANDER	119	MONR	200020	10110	0200				
SYMS JOSHUA	017	DELA	421010	01110	0100				
TABBS MOSES	085	KNOX	100010	40010	0000				

Head of Household	Page	County	White Males (Under 10, 10-15, 16-18, 16-25, 26-44, 45 & over)	White Females (Under 10, 10-15, 16-25, 26-44, 45 & over)	Foreigners, Agriculture, Commerce, Manufacture	Free or Slave	Negro Males (Under 14, 14-25, 26-44, 45 & over)	Negro Females (Under 14, 14-25, 26-44, 45 & over)	Other not Indian
TABER JAMES	266A	JACK	000100	00000	0100				
TABER JESSE	269	JACK	010100	10100	0100				
TABER WILLIAM	269	JACK	321101	11010	0200				
TABLER JACOB	044	HARR	210010	12010	0100				
TABLER JOHN	044	HARR	100010	10100	0100				
TABLER PETER	044	HARR	021111	01002	0300				
TACREASE FRANCES	086	KNOX	010100	01001	0200				
TADLOCK ALEXANDER	127	ORAN	000010	10100	0100				
TADLOCK ELISHA	006	CRAW	310010	10010	0200				
TADLOCK JERIMIAH	007	CRAW	100100	10100	0100				
TAFFE GEORGE	004	CLAR	000100	00100	0001				
TAFFE JAMES	004	CLAR	100201	00101	0201				
TAFFE SARAH	037	CLAR	400000	00010	0000				
TAGGART JAMES	263	JACK	010101	10101	0100				
TAGUE DAVID	118	MONR	310101	10010	0201				
TAGUE GEORGE	172	SWIT	000010	31010	0100				
TAGUE JACOB	172	SWIT	000001	00001	0100				
TAGUE JACOB	091	KNOX	100010	00010	0100				
TAGUE JOHN	175	SWIT	320001	10010	0100				
TAGUE JOSEPH	294	JEFF	310101	31210	0200				
TAGUE WILLIAM	073	HARR	410010	21010	0000				
TAILOR JAMES L	035	FAYE	300100	00010	0001				
TAILOR JOHN	234	GIBS	220101	01110	0200				
TAILOR WM	237	GIBS	102000	00100	0200				
TAILOR WM SR	237	GIBS	100100	20200	0100				
TAIN DAVID	142	OWEN	311110	21010	0500				
TAIT HENRY	132	ORAN	310010	11010	0200				
TAIT JOHN	294	JEFF	100020	00000	3200				
TALBERT EDWARD	265	JACK	100100	00100	0100				
TALBERT JOHN	203	WASH	100021	21010	0100				
TALBERT WILLIAM	206	FRAN	400010	12010	0100				
TALBOLT DRUCILLA	071	RIPL	010210	10201	0100				
TALBOT JACOB	209	WAYN	000001	00001	0000				
TALBOTT DANIEL	291A	JEFF	101101	01001	0200				
TALBOTT R C	272A	JEFF	100110	10100					
TALBOTT R C	272A	JEFF	100110	10100	0000				
TALKINGTON WILLIAM	122	DEAR	310010	31100	0100				
TALMAN DAVID	073	RIPL	000010	10100	0100				
TALMAN EPHRAIM	073	RIPL	010001	12101	0200				
TALMAN STEPHEN	073	RIPL	200010	00100	0100				
TAMMAGE JESSE	057	FAYE	100100	10100	0100				
TANANTS HIRAM	143	WARR	410010	20010	0000				
TANDY MARY	165	FRAN	100000	10100	0000				
TANN GEORGE	090	KNOX	000000	00000	0100	S	0000	0100	
TANNER CHRISTOPHER	045	FAYE	000100	10100	0100				
TANNER JAMES	211	FRAN	100010	11010	0100				
TANNER STANTON	069	DEAR	100010	30010	0110				
TANNER THOMAS	116	DEAR	400011	11010	0100				
TANNIHILL ZACHARIAH	282	JEFF	300210	10010	0100				
TANSEY ELI	125	SULL	300100	00100	0100				
TAPLEY MOSES	069	DEAR	210010	01000	0001				
TAPP NEWTON H	174	SWIT	300011	10100	0100				

Head of Household	Page	County	White Males (Under 10, 10-15, 16-18, 16-25, 26-44, 45 & over)	White Females (Under 10, 10-15, 16-25, 26-44, 45 & over)	Foreigners, Agriculture, Commerce, Manufacture	Free or Slave	Negro Males (Under 14, 14-25, 26-44, 45 & over)	Negro Females (Under 14, 14-25, 26-44, 45 & over)	Other not Indian
TAPPIN SAMUEL	209	FRAN	300020	21010	0200				
TARBUTON ELI	141	OWEN	000010	00100	0100				
TARDICA MATHEW	085	KNOX	000001	00000	0000				
TARDY FRANCIS	174	SWIT	000100	00001	1100				
TARDY JOHN GABRIEL	165	SWIT	000100	00001	1100				
TARKINSON JOHN	118	MONR	310010	33010	0200				
TARKINTON SILVANUS	118	MONR	000010	10010	0100				
TARKINTON BURTON	118	MONR	000100	10100	0100				
TARKINTON JESSE	118	MONR	231201	01001	0300				
TARLTON JEREMIAH	074	HARR	010001	01001	0000				
TARLTON JOHN	266	JACK	000010	01010	0100				
TARRILL EDMOND	103	LAWR	020101	01201					
TASH WM	205	WAYN	200010	20100	0100				
TATE SAMUEL I C	044	CLAR	100210	10100	0000				
TATE THOMAS	130	ORAN	230010	21010	0400				
TATE WILLIAM	101	DEAR	100310	20100	0002				
TATUM JAMES	210	FRAN	300010	20110	0100				
TAYLER JOHN	068	HARR	422310	20210	0400				
TAYLER MAJER	068	HARR	310010	10010	0100				
TAYLER NATHAN	068	HARR	211310	40020	0300				
TAYLER RICHARD	009	CLAR	300111	01121	0201				
TAYLER ROBERT	068	HARR	011201	42010	0200				
TAYLER WILSON	068	HARR	200010	00000	0100				
TAYLOR AGNESS	177	FRAN	010000	00001	0100				
TAYLOR BAZILLA	108	LAWR	211211	21110					
TAYLOR BERRYMAN	107	SULL	201101	01002	0400				
TAYLOR CHISBROUGH	186	VIGO	100100	00100	0100				
TAYLOR CLITON	126	ORAN	001201	12001	0400				
TAYLOR DANIEL	148	PERR	210101	10201	0300				
TAYLOR DAVID	217	FRAN	100010	10010	0100				
TAYLOR DAVID	009	CRAW	200010	20100	0100				
TAYLOR DAVID	290A	JEFF	020010	32010	0100				
TAYLOR DAVID	092	KNOX	120010	21010	0100				
TAYLOR DUDLEY	286	JEFF	200010	20010	0101				
TAYLOR ELENOR	278A	JEFF	100300	00101	0300				
TAYLOR ELISHA SR	237	GIBS	000102	00001	0100				
TAYLOR FRANCIS	301	PIKE	200101	02001					
TAYLOR FRANK	086	KNOX	000000	00000	0000	F	0010	1101	
TAYLOR GAMALIEL	274A	JEFF	230010	11120	0300				
TAYLOR GEORGE	219	FRAN	200011	20110	2200				
TAYLOR GEORGE	022	DELA	420210	31010	0100				
TAYLOR GEORGE	302	PIKE	300010	40010					
TAYLOR GEORGE	157	SCOT	220001	22010	0100				
TAYLOR HENRY	261	JACK	000000	00000	0100	F	0010	0001	
TAYLOR HUMPHREY	146	PERR	200200	10100	0200				
TAYLOR ISAAC	123	DEAR	100010	30010	0100				
TAYLOR ISRAEL	324A	RAND	140201	10100	0100				
TAYLOR JACOB	311	POSE	000010	20100	0100				
TAYLOR JAMES	181	WAYN	000010	00100	0100				
TAYLOR JAMES	095	SPEN	100101	21110	0200				
TAYLOR JAMES	310A	POSE	300010	31100	0100				
TAYLOR JAMES	021	CLAR	120001	43010	0100				

Head of Household	Page	County	White Males (Under 10, 10-15, 16-18, 16-25, 26-44, 45 & over)	White Females (Under 10, 10-15, 16-25, 26-44, 45 & over)	Foreigners, Agriculture, Commerce, Manufacture	Free or Slave	Negro Males (Under 14, 14-25, 26-44, 45 & over)	Negro Females (Under 14, 14-25, 26-44, 45 & over)	Other not Indian
TAYLOR JAMES	181	VAND	200010	10010	0100				
TAYLOR JAMES N	166	SWIT	201101	12010	0100				
TAYLOR JOEL	217	WAYN	400010	20010	0100				
TAYLOR JOHN	127	ORAN	000100	10100	0100				
TAYLOR JOHN	135	WARR	020001	30010	0001				
TAYLOR JOHN	210	WASH	100001	12110	0200				
TAYLOR JONAH	175	SWIT	200010	30010	0100				
TAYLOR JOSHUA	108	LAWR	310010	11101					
TAYLOR LEVY	032	CLAR	300010	12010	0100				
TAYLOR LEWIS	143	WARR	200010	20110	0000				
TAYLOR MATTHEW	098	LAWR	320010	21010	0100				
TAYLOR MOSES	193	VIGO	000210	00101	0500				
TAYLOR NANCY	181	VAND	120100	00201	0200				
TAYLOR NICOLAS	153	WARR	310010	23010	0000				
TAYLOR NOAH	179	VAND	000100	00000	0000				
TAYLOR OBADIAH	148	PERR	100100	00110	0100				
TAYLOR POWELL	166	SWIT	100100	10100	0100				
TAYLOR R T	218	FRAN	300010	00010	0100				
TAYLOR RICHARD	177	FRAN	000100	00100	0100				
TAYLOR ROBERT	186	VIGO	000020	00100	0200				
TAYLOR ROBERT	046	HARR	011110	00110	0200				
TAYLOR ROBERT	115	SULL	010301	10101	0500				
TAYLOR ROBERT	276	JEFF	011301	00101	7301				
TAYLOR SAMUEL	243	WAYN	320010	20010	0100				
TAYLOR SAMUEL	206	WASH	000100	10100	0100				
TAYLOR SILAS	145	PERR	310001	00010	0200				
TAYLOR THOMAS	138	FLOY	210001	21100	0100				
TAYLOR THOMAS T	113	MART	210210	00110	0200				
TAYLOR THOS	294	JEFF	300010	20010	7100				
TAYLOR THOMAS	276	JEFF	000010	00110	0100				
TAYLOR WILLIAM	203	FRAN	000010	00100	0100				
TAYLOR WILLIAM	148	PERR	000100	10100	0100				
TAYLOR WILLIAM	149	PERR	200010	10100	0100				
TAYLOR WILLIAM	154	SCOT	100100	00100	0100				
TAYLOR WILLIAM	113	MART	100100	00100	0100				
TAYLOR WILLIAM	161	SCOT	100100	00100	0100				
TAYLOR WILLIAM	117	DEAR	000010	00000	1100				
TAYLOR WILLIAM	023	CLAR	020301	10301	0400				
TAYLOR WM	238	GIBS	100010	30100	0100				
TAYRE LEONARD	243	WAYN	100010	10100	0100				
TEAFTON WILLIAM	183	VAND	101110	01010	0000				
TEAGARDEN BASIL	131	ORAN	301310	21010	0400				
TEAGLE JOHN	183	WAYN	000001	11001	0100				
TEAGLE THOMAS T	189	WAYN	110010	10010	0100				
TEAGUE EDWARD	300	PIKE	100010	20100					
TEAGUE WILLIAM	118	MONR	100100	01001	0100				
TEAL ADAM	247	GIBS	130010	20100	0100				
TEAL SAMUEL	053	FAYE	000001	10010	0100				
TEEL JOHN	143	OWEN	100100	10100	0100				
TEEL NICHOLIS	245	GIBS	100001	31010	0100				
TEEL PETER	143	OWEN	200010	20010	0100				
TEEL SAMUEL	143	OWEN	300010	20010	0100				

Head of Household	Page	County	White Males (Under 10, 10-15, 16-18, 16-25, 26-44, 45 & over)	White Females (Under 10, 10-15, 16-25, 26-44, 45 & over)	Foreigners, Agriculture, Commerce, Manufacture	Free or Slave	Negro Males (Under 14, 14-25, 26-44, 45 & over)	Negro Females (Under 14, 14-25, 26-44, 45 & over)	Other not Indian
TEEL WILLIAM	245	GIBS	000010	20100	0100				
TEELS BENJAMIN	047	CLAR	100400	00200	0005				
TEEPLE JACOB	023	CLAR	201201	00001	0300				
TEEPLE JOHN	085	KNOX	000020	10010	0003				
TEGARDEN DANIEL	179	FRAN	000001	00001	0100				
TEID ARCHER	036	CLAR	000010	30010	0100				
TEIREL WILLIAM	105	LAWR	000100	00100					
TELL MOSES	100	LAWR	000010	11010	0100				
TEMPLE CALEB	009	CRAW	200100	00100	0100				
TEMPLETON JAMES	178	VAND	000100	00000	0001				
TEMPLETON ROBERT JR	175	FRAN	200010	20010	0100				
TEMPLETON WILLIAM	097	LAWR	210110	00100	000				
TEMPLETON WILLIAM	213	FRAN	100010	01001	0100				
TEMPLETON DAVID	178	FRAN	100010	11100	0100				
TEMPLETON ROBERT	178	FRAN	000101	01201	0200				
TEMPLETON WILLIAM	178	FRAN	100010	10000	0100				
TEMPLETON JOHN	204	FRAN	211202	21101	0302				
TEMPLETON THOS	305A	POSE	111111	11201	0500				
TENAICK JOHN	106	DEAR	100010	10110	0100				
TENEY HENRY	106	DEAR	310001	02110	0100				
TENEY MICHAEL	083	DEAR	110001	22010	0100				
TENNESON ROTT	089	SPEN	300010	10100	0100				
TENNESON THOMAS	089	SPEN	000100	01000	0100				
TENNYSON JOHN	091	SPEN	100010	12010	0100				
TERALL ESWARD	231	GIBS	210010	02110	0000				
TERALL WM	231	GIBS	100011	01011	1010				
TERIACK TARAS	086	KNOX	011100	00012	0000				
TERPIN OBIDIAH	142	OWEN	201201	10010	0300				
TERRE JOHN	131	SULL	000100	00100	0001				
TERREL ARCHILLES	282	JEFF	300020	10100	0200				
TERREL ISRAL	315	POSE	020010	31000	0300				
TERREL JAMES	041	CLAR	100010	41010	0100				
TERREL JOHN	107	LAWR	000100	10100	0100				
TERREL NANCY	106	LAWR	001200	01001					
TERRELL ENOCH	115	DEAR	110001	00001	0100				
TERRICK SAMUEL	026	CLAR	011310	22201	0200				
TERRIL EDMUND	081	JENN	320010	20010	0100				
TERRILL THOMAS	188	FRAN	200010	00200	0001				
TERRY ANNA	004	CLAR	210000	21010	0000				
TERRY ELISHA	146	PERR	000010	00100	0100				
TERRY JOHN	148	PERR	031101	00101	0400				
TERRY THOMAS	147	PERR	200010	00100	0100				
TERRY WILLIAM	064	HARR	210010	31010	0100				
TERRY WM	239	GIBS	210010	30010	0100				
TESH JACOB	225	WASH	100010	30010	0200				
TESH JOHN	225	WASH	310010	11010	0100				
TEST JOHN	188	FRAN	110110	13110	0200				
TEST SAMUEL	213	FRAN	001201	31210	0101				
TETRICK HENRY	151	FLOY	100010	20010	0100				
TEUCHT MICHAEL	318	POSE	001110	00101	0000				
TEVAULT GEO W	137	WARR	001001	10101	0000				
TEVEBAUGH GEORGE	300	PIKE	100010	20010					

Head of Household	Page	County	White Males Under 10 / 10-15 / 16-18 / 16-25 / 26-44 / 45 & over	White Females Under 10 / 10-15 / 16-25 / 26-44 / 45 & over	Foreigners / Agriculture / Commerce / Manufacture	Free or Slave	Negro Males Under 14 / 14-25 / 26-44 / 45 & over	Negro Females Under 14 / 14-25 / 26-44 / 45 & over	Other not Indian
TEVEBOUGH JACOB	188	VIGO	000210	00100	0201				
TEVEBOUGTH SOLOMON	188	VIGO	020201	00100	0500				
TEVERBOUGH JACOB	091	KNOX	000300	00101	0300				
TEVERBOUGH SOLOMON	091	KNOX	220110	11211	0400				
TEVERBOUGH ABRAHAM	114	MART	210010	21100	0100				
TEWELL CHARLES	114	MART	100010	10100	0100				
TEWELL JOHN	114	MART	400010	10010	0100				
THACKER ABBLE	091	KNOX	000100	10100	0100				
THACKEY JOHN	199	FRAN	200010	11010	0001				
THARE NOAH	181	FRAN	100010	10110	0100				
THARP ALFREE	191	WAYN	000100	10100	0100				
THARP ANDREW	271	WAYN	120010	41011	0100				
THARP BETSEY	201	WAYN	200000	00010	0000				
THARP BOOZE	021	FAYE	011110	12010	0100				
THARP COLLINS	030	DELA	000210	10101	0300				
THARP ELIHU	149	FLOY	120010	20010	0001				
THARP JACOB	235	WAYN	000010	31110	0001				
THARP JAMES	029	DELA	500010	21010	0000				
THARP JOHN	180	FRAN	000001	01102	0100				
THARP JOHN	181	WAYN	100010	10100	0100				
THARP JOHN	271	WAYN	211101	12101	0200				
THARP MOSES	046	HARR	100010	00110	0100				
THARP THOMAS	191	WAYN	010011	01001	0100				
THARP WILLIAM	013	FAYE	020010	00110	0001				
THATCHER BARTHOLOMEW	103	LAWR	201210	12010	0300				
THATCHER ELIJAH	082	DEAR	220001	01001	0100				
THAYER EMMA	187	VIGO	000110	00001	0100				
THERINGTON ROBERT	195	WAYN	400010	00010	0100				
THERMAN HENRY	242	GIBS	010001	22110	0100				
THERMAN JONSON	237	GIBS	000100	20100	0100				
THICKSTON ISAAC	280	JEFF	510010	00010	0100				
THICKSTON WILL	280	JEFF	100010	01010	0100				
THICKSTON ABM	281A	JEFF	200010	33110	0100				
THIEBANT FREDERICK	165	SWIT	101101	13110	1100				
THING SAMUEL	190	VIGO	100251	00010	0034				
THISLY HENRY	125	ORAN	200120	20010	0201				
THIXTON JOHN	092	KNOX	100101	21010	0200				
THOMAS ABIJAH	189	VIGO	000010	10010	0100				
THOMAS ANDREW	118	MONR	000100	10100	0100				
THOMAS ANTISSOS	199	WAYN	310001	10010	0200				
THOMAS BENJAMIN	187	WAYN	200010	32000	0100				
THOMAS BENJAMIN	187	WAYN	200010	31000	0100				
THOMAS BOOTH	078	JENN	100110	10010	0100				
THOMAS BRIANT	138	ORAN	010000	00000	0002	F	0010	2010	
THOMAS DAVID	143	OWEN	011301	21201	0500				
THOMAS DAVID	305A	POSE	211110	31010	0300				
THOMAS DAVID F	023	FAYE	100100	10100	0100				
THOMAS DAVID	037	FAYE	330010	00010	0100				
THOMAS ELIAS	290A	JEFF	310210	11010	0200				
THOMAS ELIJAH	187	WAYN	420110	10100	0200				
THOMAS ELIJAH	231	WAYN	100010	10100	0100				
THOMAS ELIJAH	081	JENN	010010	30010	0100				

PAGE 0407

Head of Household	Page	County	White Males Under 10 / 10-15 / 16-18 / 16-25 / 26-44 / 45 & over	White Females Under 10 / 10-15 / 16-25 / 26-44 / 45 & over	Foreigners / Agriculture / Commerce / Manufacture	Free or Slave	Negro Males Under 14 / 14-25 / 26-44 / 45 & over	Negro Females Under 14 / 14-25 / 26-44 / 45 & over	Other not Indian
THOMAS ELI	035	DUBO	210010	11010	0300				
THOMAS ELIJAH	190	VIGO	000100	00100	0100				
THOMAS EPHRAIM	037	FAYE	010101	10101	0100				
THOMAS EVAN	282	JEFF	000010	20200	0001				
THOMAS EVAN	081	JENN	001201	10000	0200				
THOMAS FRANCIS	163	WAYN	210010	21011	0200				
THOMAS FRANCIS	187	WAYN	210010	21001	0100				
THOMAS GEORGE	073	RIPL	000100	00100	0100				
THOMAS GEORGE	081	JENN	000010	00100	0001				
THOMAS HENRY	118	MONR	320010	21001	0300				
THOMAS HENRY	073	RIPL	000001	00101	0100				
THOMAS HOSEA	217	WASH	100100	10100	0100				
THOMAS ISAIAH	195	FRAN	400010	10010	0100				
THOMAS ISAAC	187	WAYN	110101	10100	0100				
THOMAS ISAAC	205	WASH	000300	10100	0002				
THOMAS JACOB	161	SCOT	000010	00100	0001				
THOMAS JAMES	225	FRAN	200010	10010	0100				
THOMAS JAMES	020	DELA	200010	10010	0100				
THOMAS JAMES	029	FAYE	300010	00100	0001				
THOMAS JAMES	104	LAWR	100001	00001	0100				
THOMAS JAMES B	104	LAWR	000100	00100	0100				
THOMAS JAMES	106	LAWR	100001	21000					
THOMAS JAMES	081	JENN	100010	10100	0100				
THOMAS JAS	321	POSE	410011	01110	3				
THOMAS JEREMIAH	167	SWIT	200010	10100	0100				
THOMAS JESSE	187	WAYN	100100	00100	0100				
THOMAS JESSEY	091	KNOX	000010	00100	0100				
THOMAS JOHN	285A	JEFF	100101	10010	0100				
THOMAS JOHN	187	WAYN	210001	01101	0100				
THOMAS JOHN W	325	RAND	300010	20100	0100				
THOMAS JOHN	262A	JACK	220010	21010	0100				
THOMAS JOHN JR	177	WAYN	100001	01101	0100				
THOMAS JOHN	081	JENN	100010	41011	0100				
THOMAS JOHN	037	FAYE	100100	10100	0100				
THOMAS JONATHAN	262A	JACK	100201	32110	0100				
THOMAS JONATHAN	021	CLAR	100010	20010	0100				
THOMAS JOSEPH	113	SULL	200011	30100	0200				
THOMAS JOSEPH	088	KNOX	000010	10100	0100				
THOMAS JOSEPH	021	CLAR	200010	10100	0100				
THOMAS JOSEPH	120	DEAR	202201	00101	0100				
THOMAS LEWIS	300	PIKE	300010	30010					
THOMAS LEWIS	145	PERR	110100	30010	0200				
THOMAS LEWIS	133	ORAN	120121	00111	0100				
THOMAS MARTHA	253	GIBS	000101	00000	0100				
THOMAS MICHAEL	299	PIKE	100100	10100	0000				
THOMAS MINOR	029	FAYE	010111	10100	0001				
THOMAS PATRICK	087	KNOX	000000	00000	0100	F	3011	2010	
THOMAS PETER	004	CLAR	200010	00010	0100				
THOMAS PHINEHAS	037	FAYE	000100	10100	0100				
THOMAS PIERCE	177	WAYN	100010	10100	0100				
THOMAS POLLY	035	CLAR	121100	00010	0200				
THOMAS RICHARD	017	FAYE	100101	00101	0100				

PAGE 0408

Head of Household	Page	County	White Males (Under 10, 10-15, 16-18, 16-25, 26-44, 45 & over)	White Females (Under 10, 10-15, 16-25, 26-44, 45 & over)	Foreigners, Agriculture, Commerce, Manufacture	Free or Slave	Negro Males (Under 14, 14-25, 26-44, 45 & over)	Negro Females (Under 14, 14-25, 26-44, 45 & over)	Other not Indian
THOMAS SOLOMON	187	WAYN	100110	30100	0100				
THOMAS STEPHEN	132	ORAN	100100	20100	0100				
THOMAS STEPHEN SR	187	WAYN	230010	33000	0100				
THOMAS THOMAS	204	FRAN	200010	10100	0100				
THOMAS TRUMAN	079	JENN	000100	00100	0100				
THOMAS WILLIAM	190	VIGO	000001	00001	0100				
THOMAS WILLIAM	103	LAWR	100010	00100	0100				
THOMAS WILLIAM	224	FRAN	121110	41110	0300				
THOMAS WILLIAM	146	PERR	201010	02100	0200				
THOMAS WILLIAM	021	DELA	100010	10010	0100				
THOMPSON JAMES	202	WASH	200010	20100	0200				
THOMPSON ABRAM	098	DEAR	100100	00100	0100				
THOMPSON ABRAHAM	192	FRAN	300010	10010	0100				
THOMPSON AARON	121	SULL	010020	20010	0300				
THOMPSON ALEXANDER	268A	JACK	000100	00001	0100				
THOMPSON ALEXANDER	276A	JEFF	010201	01101	0301				
THOMPSON ALEXANDER	029	FAYE	210110	11110	0100				
THOMPSON B LYDIA	271	WAYN	021100	10301	0200				
THOMPSON BENONI	083	DEAR	310010	20010	0100				
THOMPSON BENJAMIN	006	CLAR	100010	20100	0001				
THOMPSON CHARLES	099	SPEN	300010	10110	0100				
THOMPSON DUGALD	168	SWIT	100010	00100	1100				
THOMPSON DANIEL	005	FAYE	000100	00100	0001				
THOMPSON ELISHA	283	JEFF	100010	20110	0100				
THOMPSON ELIAZAR	097	SPEN	101001	00101	0200				
THOMPSON ENOCH	109	SULL	200010	20010	0100				
THOMPSON GEORGE	268	JACK	100101	13110	0100				
THOMPSON HENRY	181	VAND	200010	10100	0100				
THOMPSON IGNATIUS	149	PERR	000020	30100	0200				
THOMPSON JOSEPH	113	SULL	300001	20011	0100				
THOMPSON JAMES	267A	JACK	001101	00000	0100				
THOMPSON JAMES	268A	JACK	200010	30010	0100				
THOMPSON JOHN	268A	JACK	100100	10100	0100				
THOMPSON JANE	283	JEFF	000100	11201	0100				
THOMPSON JOHN	007	FAYE	010001	00101	0100				
THOMPSON JOSHUA	212	WASH	000011	00201	0200				
THOMPSON JOHN H	049	CLAR	300010	11010	0000				
THOMPSON JAMES	029	CLAR	000100	00100	0100				
THOMPSON JOSHUA	003	CLAR	200011	21010	0100				
THOMPSON JOHN	207	FRAN	000010	20010	0100				
THOMPSON JAMES	167	FRAN	000010	10111	0300				
THOMPSON JAMES	189	FRAN	000010	10100	0100				
THOMPSON JOHN	179	WAYN	121300	02000	0200				
THOMPSON JAMES	178	VAND	000100	00200	0000				
THOMPSON JOHN	179	VAND	300010	00010	0000				
THOMPSON JOHN	171	SWIT	300010	00010	0100				
THOMPSON JOHN	142	FLOY	210010	30110	0100				
THOMPSON JOHN	145	FLOY	111201	21010	0004				
THOMPSON JAMES	196	WABA	410110	11210	0200				
THOMPSON JOHN JR	201	WASH	310010	10010	0200				
THOMPSON JOSEPH	201	WASH	100100	10100	0000				
THOMPSON JOHN SR	201	WASH	021301	00001	0000				

Head of Household	Page	County	White Males (Under 10, 10-15, 16-18, 16-25, 26-44, 45 & over)	White Females (Under 10, 10-15, 16-25, 26-44, 45 & over)	Foreigners, Agriculture, Commerce, Manufacture	Free or Slave	Negro Males (Under 14, 14-25, 26-44, 45 & over)	Negro Females (Under 14, 14-25, 26-44, 45 & over)	Other not Indian
THOMPSON JOHN	013	FAYE	100100	10100	0100				
THOMPSON LEVI	206	WASH	011110	20010	0300				
THOMPSON LARENCE	063	HARR	000001	30101	0100				
THOMPSON MARTHA	206	WASH	221100	21010	0300				
THOMPSON MOSES	181	WAYN	201110	00100	0100				
THOMPSON MCKEE	265A	JACK	100100	00010	0100				
THOMPSON MOSES	202	WASH	130010	20010	0400				
THOMPSON PLATT S	069	DEAR	330010	10010	0100				
THOMPSON ROBERT	201	WASH	200010	30010	0100				
THOMPSON ROBERT	179	FRAN	000100	10100	0100				
THOMPSON REBECKA	197	FRAN	010110	01201	0100				
THOMPSON ROBERT	049	HARR	010101	00101	0100				
THOMPSON ROBERT	179	WAYN	000100	00100	0100				
THOMPSON ROBERT	253	GIBS	111010	21000	0200				
THOMPSON RICHARD	261A	JACK	100100	00100	0100				
THOMPSON ROGER	202	WASH	400101	13110	0100				
THOMPSON ROBERT	081	JENN	111110	42010	0100				
THOMPSON ROBERT	016	CLAR	020002	10101	0200				
THOMPSON SAMUEL	240	GIBS	120220	20010	0400				
THOMPSON SAMUEL	171	FRAN	000100	01100	0100				
THOMPSON SOPHIAH	275	JEFF	200000	22110	0000				
THOMPSON THOMAS SR	201	WASH	000101	01301	0000				
THOMPSON THOMAS JR	201	WASH	111110	41010	0000				
THOMPSON WILLIAM	015	FAYE	120110	30010	0100				
THOMPSON WILLIAM	206	WASH	300010	01010	0100				
THOMPSON WILLIAM	202	FRAN	001101	10101	0100				
THOMPSON WILLIAM	261A	JACK	320001	00010	0100				
THOMPSON WM	193	WAYN	110010	33110	0200				
THOMS ALLEN D	012	CRAW	110110	01100	0100				
THOMSON DORUS	107	DEAR	200010	10100	0100				
THOMSON DOUGLE	294	JEFF	120010	01100	0100				
THOMSON HENRY	050	HARR	510001	10010	0100				
THOMSON JAMES	118	MONR	120101	20110	0200				
THOMSON JAMES	294	JEFF	300101	12010	1200				
THOMSON JAMES	191	VIGO	100001	02110	0100				
THOMSON JOHN F	191	VIGO	011501	21201	0501				
THOMSON JOHN	039	DUBO	100020	20010	0200				
THOMSPON CHARLES	183	WAYN	211101	10010	0100				
THORN ABSOLUM	086	KNOX	200010	10100	0100				
THORN ASA	091	KNOX	000200	10100	0200				
THORN CHARLES	092	KNOX	210101	22111	0300				
THORN CHRISTIAN	209	WASH	010010	22010	0100				
THORN JACOB	091	KNOX	211201	12010	0300				
THORN JOHN	082	DEAR	000100	10100	0100				
THORN JOSHUA	092	KNOX	300011	10010	0000				
THORN MICHAEL	091	KNOX	211101	10001	0300				
THORN SAMUEL	083	KNOX	401410	10110	0004	S	1000		
THORN SAMUEL	286A	JEFF	200010	01010	0100				
THORN STEPHEN	120	DEAR	011110	12001	0100				
THORN SUSANNAH	279A	JEFF	110000	10010	0000				
THORN WILLIAM	080	JENN	200010	10010	0100				
THORN WILLIAM W	274A	JEFF	211210	21011	0003				

Head of Household	Page	County	White Males (Under 10, 10-15, 16-18, 16-25, 26-44, 45 & over)	White Females (Under 10, 10-15, 16-25, 26-44, 45 & over)	Foreigners, Agriculture, Commerce, Manufacture	Free or Slave	Negro Males (Under 14, 14-25, 26-44, 45 & over)	Negro Females (Under 14, 14-25, 26-44, 45 & over)	Other not Indian
THORN XENOPHON	069	DEAR	220010	11010	0000				
THORNBERRY JOSEPH	218	WASH	410010	21010	0200				
THORNBEY RICHES	022	DELA	220120	20010	0100				
THORNBOROUGH ABEL	171	WAYN	000010	30100	0001				
THORNBURG THOMAS	118	MONR	301110	12010	0100				
THORNBURG JOSEPH	325	RAND	100110	40010	0100				
THORNBURG NATHAN	325	RAND	000010	00000	0100				
THORNBURG MORGAN	325	RAND	411200	11001	0100				
THORNBURG ISAIL	325	RAND	100010	10100	0100				
THORNBURG EDWARD	326	RAND	000201	03101	0100				
THORNBURGH BENJAMIN	216	WASH	100100	10100	0100				
THORNBURGH AMOS	203	WASH	220001	31210	0300				
THORNBURGH THOMAS	189	WAYN	000100	10100	0100				
THORNBURGH WM	245	WAYN	200100	10100	0100				
THORNBURGH WALTER	245	WAYN	121301	00101	0300				
THORNBURGH JONATHAN	245	WAYN	200010	10100	0100				
THORNBURGH HENRY	253	WAYN	101101	12010	0100				
THORNBURGH WM	257	WAYN	120201	51110	0300				
THORNBURGH JOSEPH	263	WAYN	000010	21000	0100				
THORNBURGH JOSEPH	265	WAYN	000001	00001	0100				
THORNBURGH RICHARD	265	WAYN	000100	00100	0100				
THORNHILL WILLIAM	098	DEAR	200010	10010	0100				
THORNTON BENJAMIN	084	KNOX	000100	00000	0000				
THORNTON ELI	205	FRAN	121110	50110	0200				
THORNTON EDWARD	269	WAYN	222301	10001	0300				
THORNTON GEORGE W	083	DEAR	200010	31210	0100				
THORNTON HENRY P	159	SCOT	300110	12100	0200				
THORNTON JANE	217	WASH	000100	00101	0100				
THORNTON JOBE	289	JEFF	110010	42010	0001				
THORNTON LEVI	217	WASH	000100	00010	0100				
THORNTON LEVI	269	WAYN	100100	00100	0100				
THORNTON SAMUEL	268	JACK	300010	00010	0100				
THORNTON THEOPHILUS	217	WASH	010111	00501	0400				
THORNTON WILLIAM C	168	SWIT	100010	00100	0001				
THORNTON ZENETH	268	JACK	000200	00111	0100				
THORRINGTON SAMUEL	124	DEAR	121301	31101	0100				
THORRINGTON ELIZABET	125	DEAR	100000	11000	0000				
THRAIKILL PAYTON	147	WARR	411010	12111	0000				
THRAILKILL MOSES	081	JENN	000100	00000	0100				
THRAIRILL JAMES	087	KNOX	210101	21010	0200				
THRALL BENJAMIN	011	CLAR	000001	00001	0100				
THRALL FRIEND	174	SWIT	110001	30001	0100				
THRASH WILLIAM	098	DEAR	200010	10010	0100				
THRASHER BENJAMIN	170	SWIT	310010	00100	0100				
THRELDKELD MOSES	262A	JACK	310101	31110	0100				
THURBUR EDWARD	172	SWIT	100100	21010	0100				
THURMAND DAVID	128	ORAN	200201	00010	0300				
THURSTON E W	186	FRAN	010110	10200	0002				
THURSTON MORDECAI	170	SWIT	200010	20100	0100				
THURSTON PETER	165	FRAN	001201	00000	0300				
THURSTON SAMUEL	197	FRAN	011101	22101	0200				
TIBBETS ABNER	114	DEAR	000010	00010	0100				

Head of Household	Page	County	White Males (Under 10, 10-15, 16-18, 16-25, 26-44, 45 & over)	White Females (Under 10, 10-15, 16-25, 26-44, 45 & over)	Foreigners, Agriculture, Commerce, Manufacture	Free or Slave	Negro Males (Under 14, 14-25, 26-44, 45 & over)	Negro Females (Under 14, 14-25, 26-44, 45 & over)	Other not Indian
TIBBETS BENJAMIN	115	DEAR	111301	02101	0100				
TIBBETS JOHN	112	DEAR	100010	00100	0100				
TIBBETS WILLIAM	113	DEAR	110010	20010	0100				
TIBBS JOHN	011	CRAW	200010	12010	0100				
TIBBS JOSEPH	008	CRAW	221001	01001	0400				
TIBBS MOSES	125	DEAR	001101	00001	0100				
TIBBS WARREN	126	DEAR	100010	10010	0100				
TIBBS WILLOUGHBY	125	DEAR	100010	00010	0100				
TIBITS EBENEZER	117	MONR	100010	10100	0001				
TICE HENRY	039	FAYE	200001	20110	0001				
TICE JOHN	079	RIPL	000001	00001	0100				
TICHENOR MOSES	150	PERR	200010	30010	0100				
TICHNER BYRAM	189	VIGO	100200	00100	0100				
TICHNER ELIJAH	189	VIGO	200100	00100	0001				
TID PERCILLA	006	CLAR	000000	00000	0000	F	0100	0001	1
TIDD AMASI	167	FRAN	000010	00010	0001				
TIDD LEMUEL	167	FRAN	200010	30010	0000				
TIFFENY JOHN	264A	JACK	100010	01000	0001				
TILER OLIVER	012	CRAW	100020	10100	0101				
TILER PATRICK	097	LAWR	430101	10201					
TILERY THOMAS	037	DUBO	210010	20010	0200				
TILFER ALEXANDER	195	FRAN	320201	21310	0400				
TILFORD ALEXANDER	024	CLAR	000010	00010	0100				
TILFORD ALEX	280A	JEFF	221111	31010	0100				
TILFORD DAVID	047	CLAR	010010	00100	0000				
TILFORD JAMES	046	CLAR	000001	01001	0001				
TILFORD JOHN	029	CLAR	301101	21010	0300				
TILFORD SAMUEL	281	JEFF	000110	31110	0101				
TILL HENRY	165	SWIT	100010	40010	0100				
TILLET JACOB	313A	POSE	000100	00001	0100				
TILLETT JOBE	314A	POSE	021200	20100	0002				
TILLEY WILLIAM	171	SWIT	200010	20000	0100				
TILLINGHURST DULCINN	083	KNOX	000000	01010	0000				
TILLONE PETER	142	FLOY	000010	10100	0001				
TILLOTSON SYLVESTER	179	FRAN	410110	00010	0200				
TILTON JOHN	065	DEAR	010201	11101	0100				
TIMBERMAN ABRAM	176	FRAN	101110	43110	0200				
TIMMS JAMES	089	KNOX	101310	00101	0300				
TIMONS JOSEPH	089	KNOX	001210	20110	0200				
TINBROOK ABRAHAM	174	FRAN	210010	22010	0100				
TINCHER FRANCES	107	LAWR	100010	20010	0100				
TINCHER WILLIAM	097	LAWR	000010	00100					
TINDALL JOHN	113	MART	000110	00010	0101				
TINDALL THOMAS	112	MART	200100	00100	0100				
TINDALL WILLIAM	148	PERR	210001	20020	0100				
TINDALL WILLIAM	126	ORAN	110001	42010	0200				
TINDLE ANDREW	174	SWIT	100100	00100	0100				
TINDLE JOHN	174	SWIT	000001	01001	0100				
TINDLE JONATHAN	175	SWIT	000100	10100	0100				
TINGLE JEDIDIAH	075	RIPL	000100	00000	0001				
TINGLE THOMAS	161	SCOT	000001	22201	0100				
TINKLE HENRY	183	WAYN	100020	10000	0200				

Head of Household	Page	County	White Males (Under 10, 10-15, 16-18, 16-25, 26-44, 45 & over)	White Females (Under 10, 10-15, 16-25, 26-44, 45 & over)	Foreigners, Agriculture, Commerce, Manufacture	Free or Slave	Negro Males (Under 14, 14-25, 26-44, 45 & over)	Negro Females (Under 14, 14-25, 26-44, 45 & over)	Other not Indian
TINKLER JESSE	097	SPEN	310010	11110	0200				
TIPPS CONRADE	035	CLAR	100010	20010	0100				
TIPTON JOSEPH	054	HARR	100010	30010	0100				
TISDAIL FRANCES	083	KNOX	010000	01001	0000				
TISDAIL RICHARD	092	KNOX	000100	00000	0000				
TISHLER FRANCIS	028	CLAR	000001	00001	0100				
TISLO PAUL	300	PIKE	001210	00101					
TISLOW JOHN	300	PIKE	100010	10100					
TITUS JESSE	185	FRAN	100011	00100	0200				
TIZER AUGUSTUS	167	SWIT	210001	01101	0100				
TOBIAS ELIZABETH	158	SCOT	200010	00001	0001				
TOBIAS JOHN	158	SCOT	221101	10210	0200				
TOBIN GEORGE	150	PERR	010001	00101	0200				
TOBIN JOSEPH	146	PERR	000010	00100	0100				
TOBIN THOMAS	149	PERR	100010	20100	0100				
TOBY ELEAZAR	041	FAYE	110001	10010	0100				
TOD ABEL	021	DELA	100010	30010	0100				
TODD DAVID	300	PIKE	200010	10010					
TODD ELIZABETH	104	LAWR	000100	02001	0100				
TODD GEORGE	191	FRAN	010001	00101	0100				
TODD HENRY	177	FRAN	400010	21110	0100				
TODD HUGH	307	POSE	220001	10010	0300				
TODD JAMES	168	SWIT	200010	20100	0001				
TODD JANE	172	SWIT	211200	11001	0000				
TODD JOHN N	083	KNOX	000010	00000	0001				
TODD JOHN	036	CLAR	320201	00110	0200	S	0000	0010	
TODD JOHN	125	ORAN	400010	11010	0100				
TODD JOSEPH	168	SWIT	111101	00200	0100				
TODD ROBERT	309	POSE	100100	01000	0001				
TODD SAML	158	SCOT	300010	10010	0100				
TODD THOMAS	044	CLAR	310110	31010	0002				
TODD THOMAS J	047	CLAR	000100	00200	0000				
TODD THOMAS	065	DEAR	010101	01400	0100				
TODD THOS	103	LAWR	000100	10100	0100				
TODD WILLIAM	221	WASH	100010	00010	0100				
TODD WM	306A	POSE	400010	10010	0100				
TOLAN WILLIAM	040	DUBO	310010	11010	0300				
TOLBERT GEORGE	051	FAYE	100010	20010	0100	F	0000	1000	
TOLBERT JAMES	215	FRAN	000010	20110	0100				
TOLBERT JESSE	215	FRAN	001110	20100	0100				
TOLBERT RICHARD	215	FRAN	100010	00100	0100				
TOLBERT WILLIAM	047	CLAR	300010	22010	0000	S		0100	
TOLBY NANCY	035	DUBO	200010	22010	0100				
TOLER ASA	210	FRAN	000021	00101	0200				
TOLER ROBERT	079	JENN	000000	00000	0000				
TOLIVER CHARLES	107	LAWR	000201	22101	0300				
TOLIVER DAVID	107	LAWR	300010	10010	0100				
TOLIVER JOHN	106	LAWR	200110	30010					
TOLIVER JOHN	107	LAWR	100300	10100	0100				
TOLIVER WILLIAM	106	LAWR	200010	10010	0100				
TOLLES DAILEY	011	CRAW	000100	00100	0100				
TOLLES JESSE	005	CRAW	111001	02101	0300				

Head of Household	Page	County	White Males (Under 10, 10-15, 16-18, 16-25, 26-44, 45 & over)	White Females (Under 10, 10-15, 16-25, 26-44, 45 & over)	Foreigners, Agriculture, Commerce, Manufacture	Free or Slave	Negro Males (Under 14, 14-25, 26-44, 45 & over)	Negro Females (Under 14, 14-25, 26-44, 45 & over)	Other not Indian
TOLLIVER ABRAHAM	087	KNOX	000000	00000	0000	F	0010	1100	
TOMBLINSON SAMUEL	086	KNOX	000010	00000	0010				
TOMKINS THOMAS	188	VIGO	100120	30010	0200				
TOMLIN MATHEW	016	CLAR	001110	00010	0200				
TOMLIN SAMUEL	016	CLAR	111101	00110	0200				
TOMLINSON JOSEPH	132	ORAN	420201	11010	0400				
TOMLINSON JAMES	132	ORAN	100100	00100	0100				
TOMPKINS RITCHARD	234	GIBS	322001	10210	0300				
TOMPKINS SYLVENIS	083	KNOX	000100	00000	0000				
TOMPSON CHARLES	085	KNOX	000010	00000	0001				
TOMPSON JAMES JR	314	POSE	100100	00100	0100				
TOMPSON JOHN	043	HARR	200010	21010	0100				
TOMPSON LEVINA	312A	POSE	100000	22110	0000				
TOMPSON SAMUEL	089	KNOX	310301	31010	0400				
TONER EDWARD	223	FRAN	200310	21010	0300				
TONER JAMES	223	FRAN	100010	00100	0100				
TONER SAMUEL	053	FAYE	100010	00100	0100				
TONEY ALEXANDER	010	CRAW	200101	00110	0200				
TONEY JAMES	209	WAYN	000100	00010	0100				
TONEY PATON	125	ORAN	200100	00100	0100				
TONY SHEPHENTON	106	LAWR	321001	11101					
TOOL DANIEL	178	VAND	000010	00000	0001				
TOOL LAWERENCE	282A	JEFF	210101	20110	0200				
TOOPS HENRY	155	FLOY	200010	00100	0000				
TOOPS HENRY	046	HARR	110001	11001	0200				
TOOPS JOHN	046	HARR	000100	00100	0100				
TOOTHMAN JOHN	113	DEAR	310010	10020	0100				
TORR JOHN	128	ORAN	620001	20010	0400				
TORRENCE SAMUEL	123	DEAR	000010	10100	0100				
TORRENCE SAMUEL	192	FRAN	100101	01101	0200				
TOTHMAN JOHN	150	PERR	000100	10100	0100				
TOTTEN ARCHIBALD	293A	JEFF	000010	00100	0100				
TOTTEN WILLIAM	095	SPEN	100010	10100	0100				
TOTTON JAMES	007	CRAW	510010	10010	0200				
TOTTON JONAS	007	CRAW	011001	01201	0300				
TOURMAN GEORGE	113	MART	300102	21100	0100				
TOURTELLOTTE ABRAHAM	297	PIKE	000010	00000	0000				
TOWEL HENRY	134	ORAN	100010	10010	0000				
TOWEL JESSE	137	ORAN	000001	00001	0100	F	0100		
TOWEL JOHN	131	ORAN	020110	11100	0400				
TOWELL DANIEL	134	ORAN	100010	41010	0100				
TOWER ALPHEUS	064	DEAR	000100	10100	0100				
TOWER CEPHAS	111	DEAR	000100	20100	0100				
TOWER GIDEON	065	DEAR	000011	00100	0100				
TOWER JONATHON	064	DEAR	500010	01010	0100				
TOWLER ROBERT	079	JENN	100001	01010	0100				
TOWNER ELIJAH	180	VAND	300010	10100	0100				
TOWNROUGH JOHN	115	SULL	010001	00000	0200				
TOWNSDON JAMES W	232	GIBS	100010	10100	0001				
TOWNSDON NOAH E	232	GIBS	000100	00110	0100				
TOWNSEND ABIEL	073	RIPL	000110	10100	0100				
TOWNSEND ENOCH	139	FLOY	110001	01001	0011				

Head of Household	Page	County	White Males (Under 10, 10-15, 16-18, 16-25, 26-44, 45 & over)	White Females (Under 10, 10-15, 16-25, 26-44, 45 & over)	Foreigners, Agriculture, Commerce, Manufacture	Free or Slave	Negro Males (Under 14, 14-25, 26-44, 45 & over)	Negro Females (Under 14, 14-25, 26-44, 45 & over)	Other not Indian
TOWNSEND ENOCH	168	FRAN	210110	41110	0200				
TOWNSEND ENOCH	019	DELA	210010	41100	0100				
TOWNSEND ISAAC	111	DEAR	000001	10110	0100				
TOWNSEND JOEL	174	SWIT	200010	20100	0100				
TOWNSEND JAMES	098	DEAR	000010	30101	0100				
TOWNSEND JOHN	163	WAYN	110001	01001	0200				
TOWNSEND JONATHAN	211	WAYN	310010	00010	0100				
TOWNSEND JAMES	255	WAYN	210110	40010	0200				
TOWNSEND MOSES	053	HARR	511101	10011	0200				
TOWNSEND ROBERT	075	RIPL	100100	10100	0100				
TOWNSEND SILAS	219	WASH	200010	10100	0100				
TOWNSEND THOMAS	098	DEAR	100010	00010	0100				
TOWNSEND WILLIAM	219	WASH	210100	10100	0200				
TOWNSEND WILLIAM	088	KNOX	100100	22010	0100				
TOWNSEND WILLIAM	028	DELA	000101	00101	0200				
TOWNSEND WM	163	WAYN	100100	20110	0100				
TOWNSEND WM SR	215	WAYN	110010	20010	0101				
TOWNSON EURASTIS	238	GIBS	221010	10010	0200				
TOWNSON ISAAC	020	CLAR	300010	10010	0100				
TRABUE GEORGE I	217	WASH	100100	11100	0100				
TRACLE ROBERT	090	KNOX	100010	10100	0100				
TRAFFAD EDWARD	314A	POSE	200010	20010	0100				
TRAMPETER JOHN	318A	POSE	000101	01011	0000				
TRAUT DAVID	068	HARR	100010	00100	0100				
TRAVIS JAMES	286	JEFF	120110	30110	0200				
TRAVIS ROBERT	041	CLAR	000001	00001	0100				
TRAYLER JOEL	298	PIKE	200010	31001					
TRAYLER THOMAS	298	PIKE	110010	40110					
TRAYLER WASHINGTON	298	PIKE	100100	00100					
TREDWAY GRIFFIN	249	WAYN	200010	20010	0100				
TREDWAY JOHN	267	WAYN	100100	10100	0100				
TREET JOHN	142	OWEN	411101	01110	0200				
TRENARY BENJAMIN	149	PERR	220101	12020	0400				
TREON FREDERICK	141	FLOY	000020	00000	2002				
TRESINRIDER JOHN	057	HARR	230010	20010	0100				
TRESTER ELIZABERTH	083	DEAR	020400	01101	0200				
TRESTER MICHAEL	083	DEAR	310010	20010	0100				
TRIBBY JOHN	035	DUBO	000010	00000	0000				
TRIGGER SOLOMON	149	PERR	100001	01010	0100				
TRIGLE JOSEPH	035	CLAR	000010	00100	0000				
TRIMBLE DANIEL	175	WAYN	310010	20100	0200				
TRIMBLE ELISHA	102	LAWR	330010	20010	0100				
TRIMBLE JAMES	127	SULL	200201	21210	0300				
TRIMBLE MOSES	129	ORAN	300001	02010	0100				
TRIMBLE RICHARD	165	SWIT	000001	00001	0100				
TRIMBLE ROBERT	276A	JEFF	300010	20010	0001				
TRINDLE ALEXANDER	213	WASH	200010	20010	0100				
TRINKLE ADAM	218	WASH	000100	20100	0100				
TRINKLE CHRISTOPHER	218	WASH	000011	00001	0100				
TRINKLE FREDERICK	217	WASH	200010	20010	0100				
TRINKLE JACOB	217	WASH	400010	10010	0100				
TRINKLE JOHN	218	WASH	110010	41010	0200				

Head of Household	Page	County	White Males (Under 10, 10-15, 16-18, 16-25, 26-44, 45 & over)	White Females (Under 10, 10-15, 16-25, 26-44, 45 & over)	Foreigners, Agriculture, Commerce, Manufacture	Free or Slave	Negro Males (Under 14, 14-25, 26-44, 45 & over)	Negro Females (Under 14, 14-25, 26-44, 45 & over)	Other not Indian
TRIPPET WADEMAN	251	GIBS	200210	10010	0002				
TROOP JOHN	131	ORAN	110001	21110	0100				
TROSPER JOHN	004	CLAR	100100	00100	0100				
TROSPER NICHOLAS	017	CLAR	010001	00000	1200				
TROTTER JAMES	118	MONR	421210	01010	0300				
TROUGHBOUGH HENRY	059	HARR	320010	20010	0100				
TROUT DANIEL	070	HARR	001101	01011	0100				
TROUTMAN ADAM	281A	JEFF	001101	14101	0200				
TROUTMAN LEONARD	028	CLAR	300010	10100	0100				
TROUTNER JOSEPH	324A	RAND	120101	01010	0100				
TROVER LEONARD	115	MART	100001	00001	0100				
TROWBRIDGE DAVID	223	WASH	011302	22002	0500				
TROWBRIDGE WM	316A	POSE	100100	10100	0100				
TROXEL DANIEL	221	WAYN	000010	00100	0100				
TROXELE JOSEPH	285	JEFF	201210	13010	0200				
TRUBLOOD JOSIAH	108	LAWR	030001	20001	0100				
TRUCEDELL SILAS	114	MART	001101	00010	0100				
TRUCEDELL SILAS JR	114	MART	000100	10100	0100				
TRUE ABEL	117	DEAR	000001	00111	0100				
TRUE RUEBEN	117	DEAR	100010	10010	0100				
TRUEBLOOD NATHAN	205	WASH	300110	30120	0200	F	0100	0000	
TRUEBLOOD JOSHUA	206	WASH	011201	02001	0100				
TRUEBLOOD JAMES JR	206	WASH	000100	30100	0100				
TRUEBLOOD JAMES SR	206	WASH	200010	01100	0100				
TRUEBLOOD CALEB	206	WASH	200010	00020	0100				
TRUEBLOOD WILLIAM	206	WASH	210010	20010	0200				
TRUEBLOOD ABLE	206	WASH	120001	00010	0300				
TRUEBLOOD JOSEPH	192	VIGO	000001	00000	0001				
TRUEBLOOD CALIB	192	VIGO	011201	00101	0400				
TRUEBLOOD JOSEPH H	205	WASH	200010	10100	0000				
TRUEBLOOD WILLIAM	136	ORAN	210301	00010	0500				
TRUEBLOOD MARK	137	ORAN	400010	00100	0000				
TRUEKEY FRANCES	087	KNOX	100010	00100	0100				
TRUELOVE WM C	113	MART	310010	10010	0100				
TRUITT REILY	175	SWIT	010101	00101	0100				
TRUITT WILLIAM	174	SWIT	100100	00100	0100				
TRUKE JOHN	195	WAYN	100010	10100	0100				
TRULOCK ELIZABETH	093	KNOX	000000	01001	0000				
TRULOCK PARKER	157	SCOT	410301	12110	0400				
TRULOCK THOMAS	093	KNOX	100100	10100	0100				
TRUMAN JOHN B	050	HARR	100010	20120	0100				
TRUMAN JOSEPH	079	JENN	300010	00010	0100				
TRUMBO JACOB	281A	JEFF	100001	00001	0000				
TRUSDAL JOHN N	232	GIBS	100110	00200	0100				
TRUSDALE WILLIAM	083	KNOX	000100	00000	0000				
TRUSLER JAMES	007	FAYE	200010	10010	0100				
TRUSLER JAMES	219	FRAN	001201	00001	0201				
TRUSLER SAMUEL	21	FRAN	000100	00100	0100				
TRUSLER THOMAS	059	FAYE	000010	00001	0010				
TRUSTY DEMPSY	195	FRAN	000010	01010	0100				
TRYRES DENICE	084	KNOX	000100	00000	0010				
TUCKER DAVID	149	WARR	000100	30100	0000				

Head of Household	Page	County	White Males (Under 10, 10-15, 16-18, 16-25, 26-44, 45 & over)	White Females (Under 10, 10-15, 16-25, 26-44, 45 & over)	Foreigners, Agriculture, Commerce, Manufacture	Free or Slave	Negro Males (Under 14, 14-25, 26-44, 45 & over)	Negro Females (Under 14, 14-25, 26-44, 45 & over)	Other not Indian
TUCKER EDWARD	158	SCOT	000020	00010	0200				
TUCKER ELENOR	046	CLAR	001200	12301	0002				
TUCKER ENOCH	195	FRAN	000110	00100	0100				
TUCKER EPHRAIM	159	SCOT	200010	10010	0100				
TUCKER JAMES	141	FLOY	100110	21100	0002				
TUCKER JAMES	236	GIBS	000001	00000	0000				
TUCKER JAMES	247	WAYN	431101	00011	0300				
TUCKER JOEL	186	VIGO	100020	10010	0100				
TUCKER JOHN	212	FRAN	500010	10010	0001				
TUCKER JOHN	159	SCOT	100010	20100	0001				
TUCKER MARTIN H	001	CRAW	310110	11010	0300				
TUCKER NATHANIEL	124	DEAR	110110	31110	0100				
TUCKER PETER	149	WARR	100010	20100	0000				
TUCKER PETER	097	SPEN	121101	40010	0400				
TUCKER SAMUEL	195	FRAN	110010	20010	0001				
TUCKER STEPHEN	082	DEAR	120110	20100	0100				
TUCKER WALTER	173	FRAN	101211	22010	0300				
TUCKER WILLIAM C	154	FLOY	522301	00000	0500	S	2010	2010	
TUELL JESSE	269	JACK	131301	30010	0200				
TUELL JOHN	043	HARR	200010	20010	0100				
TULEY WYATT I	139	FLOY	011121	42010	0022				
TULLIS AMAS	213	WAYN	300010	00100	0100				
TULLIS AMOS	163	WAYN	300100	00010	0100				
TULLIS EZRA	261A	JACK	220010	20010	0100				
TULLIS JOHN W	263A	JACK	000100	20010	0100				
TULLIS JOHN	263	WAYN	101301	32010	0100				
TULLIS JONATHAN	265A	JACK	110010	21010	0100				
TULLIS MICHAEL	193	FRAN	110001	22001	0000				
TULLY CHRISTINA	098	LAWR	001100	01001	0100				
TULLY MARK	098	LAWR	100010	51010	0100				
TULLY WILLIAM	098	LAWR	100010	01010	0100				
TULY ENOS	008	CLAR	000100	00100	0001				
TUMHAM JOHN B	093	SPEN	110010	30010	0200				
TUMHAM THOMAS	093	SPEN	003001	00001	0300				
TUNGATE DENNIS	133	ORAN	120101	10010	0200				
TUNGATE JEREMIAH	137	ORAN	111201	02010	0400				
TUNGUIT JAMES	298	PIKE	000100	01001					
TUNGUIT JOHN	298	PIKE	100100	00100					
TUNING ELIZABETH	099	SPEN	220100	11201	0300				
TUNSTALL THOMAS	050	HARR	010101	31020	0100				
TUNY WOODRUFF	039	DUBO	200100	10100	0100				
TURBIN RALPH	167	SWIT	120010	51010	0100				
TURK THOMAS	267A	JACK	100010	10000	0100				
TURKEYHYSER LEONARD	081	JENN	001101	10010	0100				
TURLEY ISAAC	053	HARR	000100	10100	0100				
TURLEY JACOB	102	LAWR	100100	00100	0100				
TURLEY JOHN	106	LAWR	000010	00010	0700				
TURLEY THOMAS	053	HARR	000210	51010	0300				
TURLY BENJAMIN	101	LAWR	230010	30010	0100				
TURMAN SALLY	109	SULL	000200	01001	0200				
TURMAN THOMAS	115	SULL	100200	00200	0200				
TURMER JOSEPH	016	CLAR	100010	00100	0001				

Head of Household	Page	County	White Males (Under 10, 10-15, 16-18, 16-25, 26-44, 45 & over)	White Females (Under 10, 10-15, 16-25, 26-44, 45 & over)	Foreigners, Agriculture, Commerce, Manufacture	Free or Slave	Negro Males (Under 14, 14-25, 26-44, 45 & over)	Negro Females (Under 14, 14-25, 26-44, 45 & over)	Other not Indian
TURNBULL JOHN	135	FLOY	100010	03100	0100				
TURNER ANDREW	181	WAYN	000000	00000	0000	S	1001	2001	
TURNER CASANDANA	188	VIGO	120210	10001	0500				
TURNER DAVID	098	DEAR	010010	00201	0100				
TURNER HENRY SR	133	FLOY	011101	11101	0300				
TURNER HENRY JR	141	FLOY	000100	00101	0001				
TURNER JAMES	047	CLAR	100010	20100	0000				
TURNER JAMES P	188	VIGO	100010	10100	0100				
TURNER JAMES E	192	VIGO	000100	00200	0000				
TURNER JESSEY	092	KNOX	200001	00101	0100				
TURNER JOEL	082	DEAR	110110	31100	0100				
TURNER JOHN	183	WAYN	220001	12010	0200				
TURNER JOHN	215	WAYN	121001	00010	0100				
TURNER JOHN	065	DEAR	000100	00100	0100				
TURNER JOSEPH	150	PERR	210010	10010	0000				
TURNER JULIUS	131	ORAN	210010	00100	0200				
TURNER RICHARD	041	CLAR	020201	01201	0500				
TURNER ROBERT	174	SWIT	010010	00201	0100				
TURNER ROBERT	073	HARR	100001	10100	0000				
TURNER SMITH	172	SWIT	000001	10001	0100				
TURNER THOMAS	113	DEAR	400010	00100	0100				
TURNER WILLIAM	173	SWIT	310010	22010	1100				
TURNER WILLIAM	106	DEAR	200001	10100	1100				
TURNER WILLIAM	324	RAND	000010	10100	0100				
TURPAN LEWIS	086	KNOX	010010	00001	0100				
TURPIN PHEBY	225	WASH	001100	02010	0000				
TUSSLE DAVID	022	DELA	110100	10100	0100				
TUSTIN ELENER	084	KNOX	000000	00010	0000				
TUTHILL LEWIS	119	DEAR	100100	10010	0100				
TUTTLE AUSTER	187	VIGO	100210	10100	0001				
TUTTLE DANIEL	220	FRAN	131101	11101	0300				
TUTTLE DAVID	021	FAYE	100010	10100	0100				
TUTTLE EMOS	038	CLAR	000001	00111	0100				
TUTTLE GERSHAM	187	VIGO	200401	05001	0301				
TUTTLE WILL	285A	JEFF	100100	00100	0100				
TWADDLE JAMES	277	JEFF	220110	10110	0200				
TWADDLE JOHN	282A	JEFF	000010	00100	0100				
TWEDLE ISAAC	234	GIBS	101010	20100	0200				
TWEDLE JAMES	249	GIBS	200010	11200	0100				
TWEEDY PATRICK	077	JENN	210010	11100	1100				
TWIDDY JAMES	015	FAYE	310201	00110	0100				
TWIDDY ROBERT	017	FAYE	100100	00100	0100				
TWILLY WILLIAM SR	008	CLAR	100001	10010	0000				
TWILLY WILLIAM JR	008	CLAR	000100	10100	0100				
TWIT JOHN	044	HARR	200010	00100	0100				
TWITY JOHN	040	DUBO	000001	00001	0100				
TYLER ASEY	308A	POSE	110001	21010	0200				
TYLER DAVID	057	HARR	130010	30010	0200				
TYLER HEMAN D	161	FRAN	001110	22001	0200				
TYLER JAMES	021	DELA	211110	20101	0100				
TYLER JOHN B	057	FAYE	000010	00100	0001				
TYLER JOSEPH	181	VAND	000101	00011	0200				

Head of Household	Page	County	White Males (Under 10, 10-15, 16-18, 16-25, 26-44, 45 & over)	White Females (Under 10, 10-15, 16-25, 26-44, 45 & over)	Foreigners, Agriculture, Commerce, Manufacture	Free or Slave	Negro Males (Under 14, 14-25, 26-44, 45 & over)	Negro Females (Under 14, 14-25, 26-44, 45 & over)	Other not Indian
TYLER THOMAS	181	VAND	400010	01010	0100				
TYLOR GEORGE	020	CLAR	200010	00100	0001				
TYLOR YWELL	020	CLAR	510010	20110	0100				
TYNER ELIJAH	169	FRAN	100100	00100	0100				
TYNER HARRIS	013	FAYE	100100	30010	0100				
TYNER JAMES	023	FAYE	411110	10211	0100				
TYNER JAMES	031	FAYE	200100	00010	0100				
TYNER JOHN	027	FAYE	210110	12110	0100				
TYNER JOHN	169	FRAN	100100	00100	0100				
TYNER RICHARD	027	FAYE	100101	01301	0100				
TYNER SOLOMON	023	FAYE	210001	20010	0100				
TYNER WILLIAM	023	FAYE	000100	10100	0100				
TYNER WILLIAM	168	FRAN	030001	40210	0300				
TYRE JOHN	223	WAYN	100010	10100	0100				
TYSON ISAAC	008	CLAR	100010	01100	0001				
ULINERS JACOB JR	158	SCOT	200111	33010	0200				
ULLUM JOHN	127	SULL	100110	20010	0200				
ULMER DARIUS	022	CLAR	000000	20010	0000				
ULMER GEORGE	156	SCOT	200010	10100	0100				
ULSNER JACOB	160	SCOT	200100	00100	0100				
UMPHRES JOSEPH	251	GIBS	100010	22010	0100				
UMPHRES URIAH	251	GIBS	210100	00100	0100				
UMPHREYS GEORGE	235	GIBS	010001	11011	0000				
UMPHREYS GEORGE	239	GIBS	000100	00100	0100				
UNDALEY ISAAC	274A	JEFF	100010	10100	0001				
UNDERHILL JOHN	147	PERR	100010	00100	0000				
UNDERHILL WM	005	CRAW	100100	00100	0100				
UNDERHILL JAMES	008	CRAW	100001	32201	0100				
UNDERHILL DANIEL	193	WAYN	100100	00010	0100				
UNDERHILL WM	241	WAYN	220101	00010	0300				
UNDERHILL JOHN	245	WAYN	210001	31010	0100				
UNDERWOOD ELIHU	087	DEAR	400200	20100	0002				
UNDERWOOD JOHN	089	KNOX	000100	00000	0100				
UNDERWOOD WILLIAM S	003	CLAR	211110	21010	0200				
UNDERWOOD JAMES	129	ORAN	000100	20100	0100				
UNDERWOOD JOHN	129	ORAN	210101	22110	0200				
UNDERWOOD BENJAMIN	133	ORAN	410010	21010	0200				
UNDERWOOD JOHN	175	WAYN	200011	20100	0100				
UNDERWOOD LEWIS	183	WAYN	100100	00000	0100				
UNDERWOOD COLLY	289A	JEFF	001101	13001	0200				
UNDERWOOD JOSIAH	315	POSE	301201	22010	0000				
UNDERWOOD JACOB	284A	JEFF	000100	00100	0100				
UNDERWOOD JOHN	284A	JEFF	011211	00001	0300				
UNDERWOOD SALENA	285	JEFF	220000	20010	0000				
UNNION CHARLES	045	HARR	100001	00011	0100				
UNNION ELI	045	HARR	010001	11010	0200				
UNNION WILLIAM	045	HARR	101101	33001	0200				
UNTHANK JOHN	177	WAYN	210010	32110	0100				
UPCOTT JOHN R	140	FLOY	000010	32110	0100	S	1100	1000	1
UPDEGRAF WILLIAM	225	FRAN	300020	10010	0100				
UPDIKE PETER	177	FRAN	210010	20100	0100				
UPDYKE ELIJAH	173	FRAN	200010	20010	0100				

Head of Household	Page	County	White Males (Under 10, 10-15, 16-18, 16-25, 26-44, 45 & over)	White Females (Under 10, 10-15, 16-25, 26-44, 45 & over)	Foreigners, Agriculture, Commerce, Manufacture	Free or Slave	Negro Males (Under 14, 14-25, 26-44, 45 & over)	Negro Females (Under 14, 14-25, 26-44, 45 & over)	Other not Indian
UPDYKE ISAAC	193	FRAN	000001	01001	0100				
UPHAM DAVID	121	DEAR	220411	10010	0001				
UPJOHN THOMAS	176	FRAN	210010	30010	0200				
UPP WILLIAM	098	DEAR	000010	40010	0100				
UPPINHOUSE JAMES	166	FRAN	300010	10010	0100				
URMY JACOB	223	WASH	100101	00001	0200				
URMY JONATHAIN	015	CLAR	100100	00100	0100				
URSERY JOHN	312A	POSE	010010	20011	0100				
USHER THOMAS	150	PERR	000100	10100	0000				
UTTER AMOS	173	FRAN	100010	21010	0100				
UTTER ELI	173	FRAN	001101	00010	0200				
UTTER ZIMRI	061	FAYE	101200	10100	0100				
VAIRIN JUSTUS	173	SWIT	200200	00101	1100				
VALE JONATHAN	083	DEAR	100010	10000	0100				
VALLE MARY	087	KNOX	000000	01000	0000				
VALLELLEE ROBERT	287A	JEFF	200010	20100	0001				
VALLER ROSAN	084	KNOX	010000	00000	0000				
VAN ABSOLEM	181	VAND	210110	10010	0100				
VAN BLARAKIN MICHAEL	032	DELA	200100	00100	0100				
VAN BUSKIRK JOSEPH	225	WAYN	500100	00100	0001				
VAN MANN ELIAS	237	WAYN	000100	30100	0100				
VANADA JOHN	145	WARR	000010	00000	0000				
VANADA SOLOMON	143	WARR	200020	10010	0001				
VANASDAL JACOB	061	HARR	000100	20100	0100				
VANASDAL JOHN	061	HARR	111201	11001	0100				
VANASDAL SIMON	061	HARR	000010	20100	0100				
VANAUSDAL CHRISTOPHE	240	GIBS	000001	00101	0100				
VANBLARAKIM DAVID	017	DELA	000100	10100	0100				
VANBLARICUN JOHN	186	FRAN	211101	12001	0002				
VANBUSKIRK GEORGE	225	WAYN	010111	00101	0300				
VANCAMP CHARLES	185	FRAN	100020	10101	0101				
VANCAMP GIBERT	175	FRAN	200010	20010	0100				
VANCAMP ISAAC	102	LAWR	210101	32110	0200				
VANCAMP JOHN	141	OWEN	220111	10010	0400				
VANCE ABRAHAM	013	FAYE	000100	00100	0100				
VANCE CHRISTOPHER	128	ORAN	000010	20011	0100				
VANCE DAVID	214	WASH	410010	00010	0100				
VANCE GEORGE	065	DEAR	200010	22010	0100				
VANCE JOHN	009	FAYE	100110	00100	0001				
VANCLEAVE SQUIRE	214	WASH	100100	00100	0500				
VANCLEAVE JOHN	134	ORAN	400001	11110	0100				
VANCLEAVE BENJAMIN	134	ORAN	321101	20110	0500				
VANCLEEP JOHN	083	DEAR	300010	10110	0100				
VANCLEVE PETER	288	JEFF	210010	40010	0100				
VANDEGRIFT JAMES	019	FAYE	000110	10100	0001				
VANDEGRIFT JACOB	003	FAYE	200300	00100	0003				
VANDEGRIFT JAMES	003	FAYE	001101	00101	0000				
VANDEMAN JOHN	013	FAYE	100010	10010	0100				
VANDERBURG THOMAS	168	SWIT	200100	41100	0100				
VANDERVER CHARLES	311	POSE	201110	32010	0200				
VANDEVEER THOMAS	136	ORAN	111101	20100	0300				
VANDEVEER AARON	217	WASH	300011	13011	0200				

Head of Household	Page	County	White Males (Under 10, 10-15, 16-18, 16-25, 26-44, 45 & over)	White Females (Under 10, 10-15, 16-25, 26-44, 45 & over)	Foreigners, Agriculture, Commerce, Manufacture	Free or Slave	Negro Males (Under 14, 14-25, 26-44, 45 & over)	Negro Females (Under 14, 14-25, 26-44, 45 & over)	Other not Indian
VANDEVEIR JOHN JR	128	ORAN	220010	21010	0300				
VANDEVEIR JOHN SR	128	ORAN	000001	00001	0100				
VANDEVEIR GEORGE	128	ORAN	200010	20100	0100				
VANDEVEIR JOEL	128	ORAN	200010	10100	0100				
VANDEVENTER JOHN	086	KNOX	000010	00000	0001				
VANDEVER CHARLES	268A	JACK	300010	30010	0100				
VANDEVER JOHN	264	JACK	000010	00010	0100				
VANDEVER THOMAS	099	SPEN	300010	10010	0100				
VANDIKE SARAH	093	SPEN	111100	01100	0200				
VANDINE HENRY	194	VIGO	100020	00100	0200				
VANDINE THOMAS F	087	DEAR	100010	10001	0001				
VANDIVOR JOHN	193	VIGO	200010	00100	0100				
VANDOLLER JESSE	083	DEAR	220001	01301	0100				
VANDOLLER THOMAS	106	DEAR	100010	10100	0100				
VANDOLSON ABRAHAM	222	FRAN	000010	20100	0001				
VANDOLSON WILLIAM	222	FRAN	210010	10010	0100				
VANDOLSON HENRY	222	FRAN	000101	10101	0200				
VANDORIN JABOZ	079	JENN	200100	00100	0100				
VANDOVER THOMAS	147	PERR	220010	20010	0300				
VANDUZEN JACOB	231	GIBS	200001	01101	0010				
VANDY REUBIN	098	LAWR	100010	30010	0100				
VANDYKE JOSEPH	231	GIBS	200010	02010	0010				
VANDYKE PETER	176	FRAN	111120	20010	0200				
VANDYNE JACOB	173	FRAN	000001	01001	0100				
VANHEATON ABRAHAM	213	FRAN	001101	02000	0100				
VANHEATON JOSEPH	213	FRAN	000100	20010	0100				
VANHISE ISAAC	167	SWIT	332201	11201	0200				
VANHORN BENJAMIN	284	JEFF	100010	20100	0001				
VANHORN CORNELIUS	098	DEAR	020101	00101	0100				
VANHORN REALPH	177	VAND	100010	10100	0100				
VANHORN WILLIAM	121	DEAR	100100	00100	0100				
VANHOUTON WILLIAM	118	DEAR	011101	01010	0100				
VANKIRK JOSEPH	088	KNOX	100001	01101	0100				
VANKIRK JOHN	088	KNOX	100100	20200	0100				
VANLANDINGHAM ELIJAH	221	WASH	200010	20100	0100				
VANLANDINGHAM RICHAR	221	WASH	100101	00100	0200				
VANLANDINGHAM WM	217	WASH	300010	20100	0100				
VANLANDINGHAM JOHN	017	CLAR	200200	00100	0200				
VANMETER ABRAHAM	032	FAYE	011201	01211	0100				
VANMETER ISAAC	027	FAYE	110310	21201	0100				
VANMETER JOSEPH	218	WASH	400010	20010	0100				
VANMETER JOHN	006	CRAW	011101	10011	0400				
VANMETER JOSEPH H	031	DELA	000010	00100	0100				
VANMETER JOHN	032	FAYE	000010	30100	0100				
VANMETER JOSEPH	043	FAYE	010101	20001	0100				
VANMETER JOHN	045	FAYE	300010	10100	0100				
VANMETER WILLIAM	049	FAYE	000100	00100	0100				
VANMETER WILLIAM	202	WASH	000101	00000	2000				
VANNEST JOHN	190	VIGO	200110	31010	0300				
VANNETTER PETER	193	FRAN	221101	00010	0300				
VANNORMAN AARON	279	JEFF	131210	30010	0003				
VANNORMAN DANIEL	279	JEFF	020001	20001	0100				

Head of Household	Page	County	White Males (Under 10, 10-15, 16-18, 16-25, 26-44, 45 & over)	White Females (Under 10, 10-15, 16-25, 26-44, 45 & over)	Foreigners, Agriculture, Commerce, Manufacture	Free or Slave	Negro Males (Under 14, 14-25, 26-44, 45 & over)	Negro Females (Under 14, 14-25, 26-44, 45 & over)	Other not Indian
VANOSDAL CORNELIAS	327A	RAND	110010	30010	0100				
VANOSDALE JACOB	167	SWIT	500010	10010	0100				
VANOSDALE THEODORUS	168	SWIT	221110	22010	0100				
VANOSDOL JAMES	015	FAYE	310010	13010	0100				
VANOY NATHANIEL	032	DELA	000100	00000	0100				
VANPOOL PETER	087	KNOX	000010	00000	1100				
VANRANKEN JOHN	135	ORAN	011201	10101	0300				
VANSANT JAMES	177	WAYN	210001	20110	0001				
VANSE JAMES	009	FAYE	300100	10100	0100				
VANSICKLE WINECUP	017	FAYE	100010	10100	0100				
VANSICKLE JOHN	098	DEAR	310010	12010	0100				
VANSWANGER THOMAS	268	JACK	200110	00100	0100				
VANTASSEL LUKE	175	SWIT	000110	10100	0100				
VANTREASE WILLIAM	135	ORAN	000011	00501	0300				
VANVACTER JOSEPH	211	FRAN	110010	20010	0100				
VANVICKLE EVERT	079	JENN	300010	10010	0100				
VANWINKLE ISAAC	146	PERR	100100	30100	0100				
VANWINKLE ALEXANDER	148	PERR	110101	02001	0300				
VANWINKLE JAMES	148	PERR	300100	00100	0100				
VANWINKLE JAMES	007	CRAW	220001	10101	0300				
VANWINKLE JOSEPH	007	CRAW	200010	32010	0100				
VANWINKLE ABRAHAM	011	CRAW	210010	22011	0200				
VANZANDT FOSTER	087	SPEN	010010	10100	0100				
VANZILE PETER	117	DEAR	000100	10100	0100				
VANZILE WM	077	RIPL	100010	10100	0100				
VARIS JACOB	136	ORAN	000200	10100	0200				
VARNER JACOB	310	POSE	200001	11010	0100				
VARNES DAVID	229	WAYN	000100	10100	0100				
VARNHAM NEHEMIAH	294A	JEFF	100100	20010	0100				
VARVALL JOHN	080	JENN	000010	30011	0100				
VARY FRANCIS	136	FLOY	131101	30010	0200				
VASVILE ABRAM	118	DEAR	010101	10001	0100				
VATTAIRE JONATHAN	189	WAYN	100010	20100	0100				
VATTARIE DANIEL	189	WAYN	200100	31010	0100				
VAUGHAN BENJAMIN	148	PERR	111111	10001	0600				
VAUGHAN H	302	PIKE	200001	10100					
VAUGHAN JAMES	104	LAWR	100200	00100	0100				
VAUGHAN NATHANIEL	100	LAWR	011301	00010	0300				
VAUGHAN THOS	295	JEFF	411101	12100	0200				
VAUGHN ISAAC	203	WASH	210010	20010	0200				
VAUGHN JAMES	116	DEAR	011311	00201	0100				
VAUGHN JANE	069	HARR	110000	20110	0000				
VAUGHN JESSE	112	DEAR	000010	20010	0100				
VAUGHN LUKE	143	OWEN	120001	11010	0100				
VAUGHN OBADIAH	006	CRAW	010101	00101	0300				
VAUGHN PAYTON	037	CLAR	000100	00100	0100				
VAWTER ACHILLES	076	JENN	000320	30200	0103				
VAWTER BEVERLEY	292	JEFF	200110	10010	0200				
VAWTER JAMES	283A	JEFF	210010	01100	0100				
VAWTER JESSE	283A	JEFF	100011	10011	0100				
VAWTER JOHN	076	JENN	010020	11010	0100				
VEACH JEREMIAH	047	FAYE	200010	10100	0001				

Head of Household	Page	County	White Males (Under 10, 10-15, 16-18, 16-25, 26-44, 45 & over)	White Females (Under 10, 10-15, 16-25, 26-44, 45 & over)	Foreigners, Agriculture, Commerce, Manufacture	Free or Slave	Negro Males (Under 14, 14-25, 26-44, 45 & over)	Negro Females (Under 14, 14-25, 26-44, 45 & over)	Other not Indian
VEACH BENJAMIN	136	ORAN	400001	10010	0100				
VEACH ELIJAH	043	HARR	200100	10100	0100				
VEACH ISAAC	043	HARR	310010	11010	0100				
VEACH JACOB	014	CLAR	010010	42010	0100				
VEACH JAMES	047	FAYE	300010	10010	0001				
VEACH JEREMIAH	047	FAYE	200010	10100	0001				
VEACH JOHN	047	FAYE	110101	00010	0100				
VEACH KINSEY	064	HARR	100010	32010	0100				
VEACH NATHAN	043	HARR	100011	21111	0200				
VEAL ENOS SR	237	WAYN	000101	23110	0200				
VEAL ENOS JR	237	WAYN	200100	00100	0100				
VENDEARON HANNAH	142	FLOY	000000	00100	0000	S	0010	1101	
VENNATTE BENJAMIN	114	MART	110020	21010	0200				
VENO GABRIAL	087	KNOX	020001	30111	0200				
VENON JAS	295A	JEFF	000001	00001	0000				
VENOSDOL BENJAMIN	065	DEAR	110001	01101	0100				
VENTIONER JAMES	291	JEFF	220010	20010	0100				
VERDEMAN MORGAN	057	FAYE	200010	10010	0100				
VERDEMAN MARY	055	FAYE	000200	00001	0101				
VERDEMAN WILLIAM	055	FAYE	110110	00010	0100				
VERMILION MASON	146	FLOY	000010	00010	0100				
VERMILION ISAAC	146	FLOY	200010	00100	0100				
VERMILLE ROBERT I	167	SWIT	000100	10100	0100				
VERMILLIAN JAMES	125	ORAN	000010	00100	0100				
VERMILLION HORATIO	065	DEAR	000001	00010	0100				
VERNON JOSEPH	041	FAYE	500110	00100	0100				
VERNON WILLIAM	182	VAND	000010	00000	0001				
VESSEL MILLEY	041	CLAR	000000	00101	0000				
VEST JOHN J	211	WASH	300010	11010	0100				
VEST JOHN	159	SCOT	100100	20100	0100				
VEST MOSES	098	LAWR	000100	00100	0100				
VEST NATHANIEL	135	ORAN	000010	10100	0100				
VEST RICHARD JR	157	SCOT	010001	00001	0100				
VEST RICHARD	158	SCOT	320010	21010	0100				
VEST ROBERT	136	ORAN	000101	00101	0200				
VEST SAMUEL	211	WASH	010001	00102	0200				
VEST SAMUEL	210	WASH	200010	21100	0100				
VEST THOMAS	157	SCOT	140001	30010	0100				
VEST THOMAS	097	SPEN	000010	10010	0100				
VEST WILLIAM SR	212	WASH	100001	11001	0100				
VEST WILLIAM JR	212	WASH	110100	10100	0200				
VEST WILLIAM	097	SPEN	000001	00010	0100				
VICARS JAMES	298	PIKE	110010	30010					
VICKERS EDWARD	126	ORAN	110001	31011	0200				
VICKERS MARY	134	ORAN	310000	01010	0100				
VICKMEICE MICHAEL	320A	POSE	000002	00011	0200				
VICORY ABNER	107	SULL	430101	10110	0800				
VIGO FRANCES	088	KNOX	010101	00100	1200				
VIGUS JORDAN	074	HARR	100300	12100	0000				
VIKE JOHN	223	FRAN	300010	00010	0100				
VILNAVE ELEN	087	KNOX	000010	00000	0000				
VILTE PHILO	317	POSE	000011	01010	0200				

Head of Household	Page	County	White Males (Under 10, 10-15, 16-18, 16-25, 26-44, 45 & over)	White Females (Under 10, 10-15, 16-25, 26-44, 45 & over)	Foreigners, Agriculture, Commerce, Manufacture	Free or Slave	Negro Males (Under 14, 14-25, 26-44, 45 & over)	Negro Females (Under 14, 14-25, 26-44, 45 & over)	Other not Indian
VINAGE GEORGE	253	WAYN	210001	21110	0100				
VINAGE WM	253	WAYN	000100	00100	0100				
VINCENT CHARLES	179	WAYN	220010	22010	0100				
VINCENT JOHN	098	DEAR	311110	31010	0100				
VINCENT JOHN	171	FRAN	000101	01001	0200				
VINCENT JOHN	051	FAYE	200010	00010	0100				
VINCENT SAMUEL	083	DEAR	100001	30011	0100				
VINCENT WILLIAM	171	FRAN	100100	20100	0100				
VIND WILLIAM	021	FAYE	100010	20010	0100				
VINSON CHAS	145	WARR	000010	10100	0001				
VINSON GEORGE	144	FLOY	200001	10100	0100				
VINUM JESSE	010	CRAW	000010	20010	0100				
VINY SIMON	046	CLAR			2	N	2 2	1	
VINZANT JAMES	083	DEAR	200100	10110	0100				
VINZANT JAMES	031	DELA	310010	01100	0100				
VIOLETTE THORNTON F	165	SWIT	000100	00100	0100				
VIOLLETTE EDWARD	165	SWIT	000101	01101	0200				
VIRGILL JACOB	243	WAYN	300010	01001	0100				
VOLLER WILLIAM	104	DEAR	000100	00100	1001				
VOORE JACOB	171	WAYN	000011	00101	0200				
VOORE JACOB SR	171	WAYN	100010	20100	0100				
VOORHESS JOHN J	192	FRAN	100010	20020	0100				
VOORHIS ABRAHAM	200	FRAN	321101	30301	0400				
VORE ISAAC	177	WAYN	010010	40010	0100				
VORHIS CORNELIUS A	167	SWIT	310010	20100	0100				
VORIS GARRETT	125	ORAN	011201	00001	0300	F	0001		
VORIS JOHN	145	WARR	000100	32100	0000				
VORIS MARY	324A	RAND	100000	20100	0000				
VORIS OLIVER	171	WAYN	310010	21210	0200				
VOVIS ARON	024	DELA	000010	30010	0100				
VOYLES ABLE	219	WASH	200010	10100	0100				
VOYLES DANIEL	220	WASH	100010	00100	0100				
VOYLES DAVID	220	WASH	100010	30010	0100				
VOYLES JOHN	219	WASH	300010	10010	0100				
VOYLES JOSEPH	220	WASH	100100	00100	0100				
VOYLES MOSES	219	WASH	200010	00100	0100				
VOYLES ROLEN	220	WASH	411110	10010	0300				
VOYLES THOMAS	219	WASH	310010	11010	0200				
VOYLES WILLIAM	075	RIPL	000100	00100	0100				
WADDEL CHARLES	199	WAYN	000010	10100	0100				
WADDEL JAMES	199	WAYN	200010	00010	0100				
WADDLE AMOS	105	LAWR	100010	10200					
WADDLE CHARLES	211	FRAN	210101	11210	0300				
WADDLE DAVID	210	FRAN	000100	10100	0100				
WADDLE JOHN	105	LAWR	200010	30010					
WADDLE ROBERT	199	WAYN	300010	10010	0100				
WADE GEORGE	172	SWIT	120110	30010	0200				
WADE HIRAM	091	KNOX	000100	10100	0100				
WADE JAMES	216	WASH	300010	42010	0000				
WADE JOSHUA	315	POSE	220101	10001	0400				
WADE MERREDA	216	WASH	100011	31012	0200				
WADE SETH	015	CLAR	000100	10100	0100				

Head of Household	Page	County	White Males (Under 10, 10-15, 16-18, 16-25, 26-44, 45 & over)	White Females (Under 10, 10-15, 16-25, 26-44, 45 & over)	Foreigners, Agriculture, Commerce, Manufacture	Free or Slave	Negro Males (Under 14, 14-25, 26-44, 45 & over)	Negro Females (Under 14, 14-25, 26-44, 45 & over)	Other not Indian
WADE THOMAS	173	SWIT	410010	00100	0100				
WADE WILLIAM W	185	FRAN	100100	01100	0001				
WADE ZACH	316	POSE	100100	00100	0100				
WADKINS JOHN	161	WAYN	000010	00300	0100				
WADKINS JONATHAN	264A	JACK	210010	30010	0100				
WADOMS WILLIAM	059	FAYE	110010	20100	0001				
WADOMS WILSON	059	FAYE	000020	30010	0101				
WADWORTH THOMAS	125	ORAN	110010	20010	0100				
WAERS THOMAS	212	WASH	030001	10001	0400				
WAGER BENJ	180	FRAN	310010	10010	0100				
WAGER ELIAS	184	FRAN	000200	01000	0002				
WAGGONER ASHER	167	FRAN	200010	10010	0100				
WAGGONER ABRAHAM	101	LAWR	000100	00100	0100				
WAGGONER GEORGE	075	RIPL	240010	20010	0500				
WAGGONER GEORGE	223	WASH	200100	10100	0100				
WAGGONER HENRY	100	LAWR	110010	11010	0100				
WAGGONER HENRY SR	100	LAWR	000101	12001	0200				
WAGGONER JOHN	100	LAWR	000100	00100	0100				
WAGGONER JOHN	222	FRAN	400010	00010	0100				
WAGGONER JACOB	101	LAWR	320110	10010	0100				
WAGGONER JOHN H	079	JENN	000101	00301	0001				
WAGGONER LEWIS	080	JENN	300010	00100	0001				
WAGGONER MICHAEL	100	LAWR	000010	00010	0100				
WAGGONER SALLY	100	LAWR	100000	11010	0300				
WAGGONER WILLIAM	121	DEAR	300010	20010	0100				
WAGNER GEO	288A	JEFF	300010	10100	0001				
WAGNER GEORGE	318A	POSE	022201	00101	0100				
WAGNOR WILLIAM	183	VAND	101001	22010	0200				
WAGONER HENRY	182	VAND	010010	20100	0100				
WAGONER JACOB	100	LAWR	210011	11101	0200				
WAIMAN HENRY	019	DELA	100100	01000	0100				
WAITENBACK MATHEW	318	POSE	000021	00111	0100				
WAKEFIELD ABEL	170	FRAN	000101	01001	0200				
WAKEFIELD JOHN	117	MONR	100010	00000	0001				
WAKEFIELD JAMES	087	SPEN	100010	30010	0100				
WAKEFIELD WILLIAM	091	SPEN	100010	10100	0100				
WAKINS JAMES E	178	VAND	210001	11200	8000				
WALDEN DAVID W	306A	POSE	300010	31010	0100				
WALDEN ELIZABETH	136	ORAN	200000	12010	0100				
WALDEN ELIZABETH	099	DEAR	200100	20101	0100				
WALDEN ELIJAH	099	DEAR	431201	00210	0100				
WALDEN ELISHA	041	CLAR	030010	10010	0100				
WALDEN JESSE	117	MONR	210001	21010	0100				
WALDIN ABEDNEGO	117	MONR	410010	20010	0100				
WALDMAN CHRIST	318	POSE	010002	00101	0100				
WALDO LOORING A	173	WAYN	000110	20100	0002				
WALDO WALTER	142	FLOY	000001	00000	0100	S	0021	0110	
WALDOW FREDERICK	168	SWIT	020101	11301	0000				
WALDRIFF GEORGE	123	DEAR	400020	10101	0100				
WALDRIFF MARTIN	123	DEAR	011101	21001	0000				
WALDROUP JOSEPH	114	MART	000001	01001	0100				
WALK ABRAHAM	069	HARR	300010	21010	0100				

Head of Household	Page	County	White Males (Under 10, 10-15, 16-18, 16-25, 26-44, 45 & over)	White Females (Under 10, 10-15, 16-25, 26-44, 45 & over)	Foreigners, Agriculture, Commerce, Manufacture	Free or Slave	Negro Males (Under 14, 14-25, 26-44, 45 & over)	Negro Females (Under 14, 14-25, 26-44, 45 & over)	Other not Indian
WALKEN ROBERT	019	FAYE	100100	00100	0100				
WALKER	114	MART	100010	00100	0100				
WALKER WILLIAM	037	FAYE	200100	30100	0100				
WALKER AARON	214	WASH	210110	21110	0300				
WALKER ABRAHAM	086	KNOX	000100	00000	0000				
WALKER ALEXANDER	097	LAWR	000010	00010	0002				
WALKER ALEXANDER	048	CLAR	021110	10110	0400				
WALKER ALFERD	295A	JEFF	100100	00100	0100				
WALKER ANDREW	136	ORAN	000001	10201	0100				
WALKER BENJAMIN B	136	ORAN	000101	00001	0200				
WALKER BENJAMIN JR	083	DEAR	011300	11001	0100				
WALKER BENJAMIN	085	DEAR	000001	00000	0000				
WALKER CHARLES	069	HARR	210010	01010	0100				
WALKER DANIEL	098	DEAR	111201	02010	0100				
WALKER DAVID	027	CLAR	010101	11101	0200				
WALKER EDWARD	175	SWIT	121201	01010	0200				
WALKER ELBERT	022	DELA	100010	10010	0100				
WALKER ELIJAH	150	PERR	100010	10100	0100				
WALKER ELVERD	222	FRAN	100100	20100	0100				
WALKER FRANCIS	181	FRAN	000100	00100	0001				
WALKER GEORGE	233	WAYN	202210	12001	0300				
WALKER GEORGE	147	FLOY	000010	00010	1100				
WALKER GEORGE B	005	FAYE	000010	00100	0001				
WALKER HOWARD	148	FLOY	210010	21110	0200				
WALKER ISAAC	191	WAYN	100010	30010	0100				
WALKER ISAAC	089	KNOX	100010	00101	0001				
WALKER ISAAC	038	DUBO	200010	11010	0100				
WALKER JAMES	286	JEFF	000001	01001	0000				
WALKER JAMES	233	WAYN	001201	02201	0300				
WALKER JAMES	127	SULL	100210	22011	0300				
WALKER JAMES	087	DEAR	200010	00100	0100				
WALKER JAMES	092	KNOX	200010	00100	0100				
WALKER JAMES	065	DEAR	200100	20100	0100				
WALKER JAMES	181	FRAN	100010	00010	0100				
WALKER JAMES	147	PERR	100100	00100	0100				
WALKER JOHN	278	JEFF	000201	02001	0300				
WALKER JOHN	287A	JEFF	100010	00100	0100				
WALKER JOHN	183	WAYN	200010	10000	0100				
WALKER JOHN	308	POSE	200020	11010	0020				
WALKER JOHN	315A	POSE	001301	01001	0400				
WALKER JOHN	085	DEAR	200010	20000	0100				
WALKER JOHN	079	JENN	100011	30100	0200				
WALKER JOHN L	192	VIGO	000120	30010	0300				
WALKER JONATHAN	039	DUBO	300010	10010	0200				
WALKER JOSEPH	187	VIGO	210110	20210	0300				
WALKER LEWALLEN F	275	JEFF	100100	00100	0001				
WALKER OBEDIAH	268A	JACK	000201	00100	0100				
WALKER OLIVER	324	RAND	011311	21100	0100				
WALKER PHILIP	150	PERR	020100	21101	0200				
WALKER ROBERT	224	WASH	100100	00100	0100				
WALKER ROBERT	083	DEAR	200010	20010	0100				
WALKER ROBERT	006	CRAW	000010	00010	0100				

Head of Household	Page	County	White Males (Under 10, 10-15, 16-18, 16-25, 26-44, 45 & over)	White Females (Under 10, 10-15, 16-25, 26-44, 45 & over)	Foreigners, Agriculture, Commerce, Manufacture	Free or Slave	Negro Males (Under 14, 14-25, 26-44, 45 & over)	Negro Females (Under 14, 14-25, 26-44, 45 & over)	Other not Indian
WALKER SAMUEL	031	DELA	331010	21010	0200				
WALKER SAMUEL JR	219	WAYN	200010	00100	0100				
WALKER SAMUEL SR	273	WAYN	000201	00201	0300				
WALKER SAMUEL	035	FAYE	010101	32101	0100				
WALKER STEPHEN	065	DEAR	200100	10100	0100				
WALKER THOMAS	054	HARR	200010	10100	0100				
WALKER WM M	083	KNOX	000010	00000	0001				
WALKER WM	023	DELA	000010	00000	0100				
WALKER WM	199	WAYN	200100	00100	0100				
WALL ALEN	324	RAND	400010	30010	0100				
WALL ROBERT	217	WASH	221201	20110	0500				
WALL WILLIAM	218	WASH	100100	00100	0300				
WALLACE ALEXANDER	132	ORAN	211110	31110	0300				
WALLACE ANDREW	188	FRAN	321210	21010	0301				
WALLACE CYRUS	083	DEAR	000100	00100	0100				
WALLACE DAVID	079	RIPL	100010	01010	0001				
WALLACE FLOWRY	211	WASH	300010	00100	0300				
WALLACE JAMES H	274	JEFF	000100	10100	0001				
WALLACE JAMES	173	FRAN	520020	00020	0200				
WALLACE JOHN	231	WAYN	300020	00100	0200				
WALLACE JOSHUA	025	FAYE	100010	20010	0100				
WALLACE JOHN	107	SULL	100010	00100	0100				
WALLACE JOHN	294A	JEFF	100100	20100	0100				
WALLACE NATHAN	286A	JEFF	000001	10003	0001				
WALLACE SALLY	221	FRAN	200000	20010	0000				
WALLACE WILLIAM	274	JEFF	000110	41110	0002				
WALLACE WM	153	WARR	210010	31200	0000				
WALLAN JOHN	046	HARR	200010	20010	0200				
WALLER JACK	083	KNOX	000000	00000	0100	F	3010		
WALLER KISSIAH	150	PERR	000001	01001	0000				
WALLICK HENRY	173	SWIT	300010	20010	0100				
WALLICK JOHN	172	SWIT	300010	00010	0101				
WALLICK PHILIP	171	SWIT	010001	00101	0100				
WALLIN DANIEL	166	FRAN	000101	00001	0100				
WALLING JOSEPH	249	WAYN	410010	10110	0002				
WALLIS DAVID	011	CRAW	410001	10110	0200				
WALLIS ILAH	188	VIGO	210101	11010	0300				
WALLIS JOHN P	011	CLAR	100010	00110	0200				
WALLON ISAAC	215	WASH	100010	10010	0200				
WALLS DREWRY	167	WAYN	100100	00100	0100				
WALLS EBIN	309A	POSE	121211	11010	0002				
WALLS MANLOVE	128	ORAN	020001	00101	0300				
WALLS MATHEW	171	WAYN	200100	00100	0100				
WALLS RICHARD	125	SULL	000100	10100	0100				
WALLS SOLOMON	131	SULL	100100	30010	0100				
WALLS WILLIAM	129	ORAN	100100	10100	0100				
WALSH MARGARET	009	CLAR	101100	11010	0100				
WALSH PATRICK	038	CLAR	400010	22010	0100				
WALSON KESIAH	005	CRAW	121100	22101	0400				
WALSON WM	005	CRAW	000100	10100	0100				
WALTER JN,O	310A	POSE	230111	51110	0500				
WALTERS ALVIN	236	GIBS	110010	00010	0100				

Head of Household	Page	County	White Males (Under 10, 10-15, 16-18, 16-25, 26-44, 45 & over)	White Females (Under 10, 10-15, 16-25, 26-44, 45 & over)	Foreigners, Agriculture, Commerce, Manufacture	Free or Slave	Negro Males (Under 14, 14-25, 26-44, 45 & over)	Negro Females (Under 14, 14-25, 26-44, 45 & over)	Other not Indian
WALTERS BHEUBIN	236	GIBS	220100	01010	0100				
WALTERS ELIJAH	178	VAND	000100	00000	0100				
WALTERS JAMES	071	HARR	200010	31110	0000				
WALTERS RICE	248	GIBS	110010	20010	0100				
WALTERS STEPHEN	232	GIBS	110010	03000	0010				
WALTERS THOMAS	031	FAYE	200010	10010	0100				
WALTERS WM	248	GIBS	300010	21010	0100				
WALTERS WM	223	WAYN	200010	23010	0001				
WALTON ABRAHAM	283	JEFF	101210	12010	0300				
WALTON ANDREW	281A	JEFF	200010	10100	0100				
WALTON ISAAC	283	JEFF	000010	00100	0100				
WALTON JAMES A	065	DEAR	300110	20011	0100				
WALTON JOHN	281A	JEFF	000100	00100	0100				
WALTON NICHOLAS	065	DEAR	300010	10010	0100				
WALTRIP MARY	027	CLAR	300000	00010	0000				
WALTZ GEORGE	057	HARR	210201	11010	0200				
WALTZ HENRY	057	HARR	210010	10010	0100				
WAMPLER HENRY	118	MONR	211310	11110	0400				
WAMSLY ISAAC	189	FRAN	000100	10100	0100				
WAMSLY ISAAC SR	190	FRAN	021201	21101	0300				
WANDELL SARAH	032	FAYE	110100	02110	0100				
WANEMAN EMANUEL	017	CLAR	020010	01010	0100				
WARBRITTON RHUS	149	WARR	311101	11010	0000				
WARD AARON	109	DEAR	100010	40010	0000				
WARD AARON	135	FLOY	201101	10110	0200				
WARD CORNELIOUS	085	KNOX	000010	00000	0000				
WARD DAVID	107	DEAR	101110	21010	0100				
WARD EBENEZAR	065	DEAR	101110	02100	0100				
WARD FRANCIS	162	FRAN	100010	10010	0100				
WARD GRANVILLE	118	MONR	100010	30010	0100				
WARD ISAAC	206	FRAN	321101	10110	0400				
WARD JAMES	265	WAYN	000100	00100	0100				
WARD JAMES	158	SCOT	100320	20110	0050	F	0000	0001	
WARD JAS	147	WARR	100100	00101	0000				
WARD JOAB	324A	RAND	200010	10100	0100				
WARD JOEL	324A	RAND	000010	01010	0100				
WARD JOHN	182	FRAN	200010	00100	0100				
WARD JOHN	175	WAYN	000010	00100	0010				
WARD JOHN	161	FRAN	500010	02010	0001				
WARD JOSEPH	102	LAWR	200001	02001	0100				
WARD LINUS D	005	FAYE	300111	00010	0003				
WARD LUTHER	208	FRAN	000010	00100	0001				
WARD NATHAN	149	WARR	100010	10100	0000				
WARD REUBEN	299	PIKE	100010	00100					
WARD ROBERT	198	FRAN	100010	10100	0100				
WARD SAMUEL	163	FRAN	000010	00100	0001				
WARD STEPHEN	209	FRAN	001111	10101	0300				
WARD SYLVENAS	209	FRAN	211110	11010	0300				
WARD THOMAS	180	VAND	000010	00100	2100				
WARD THOMAS	167	WAYN	010001	00100	0200				
WARD UZAL	206	FRAN	120101	10101	0400				
WARD WICKLIFF	209	FRAN	200010	20010	0100				

Head of Household	Page	County	White Males (Under 10, 10-15, 16-18, 16-25, 26-44, 45 & over)	White Females (Under 10, 10-15, 16-25, 26-44, 45 & over)	Foreigners, Agriculture, Commerce, Manufacture	Free or Slave	Negro Males (Under 14, 14-25, 26-44, 45 & over)	Negro Females (Under 14, 14-25, 26-44, 45 & over)	Other not Indian
WARD ZEBEDIAH	099	DEAR	000011	01011	0200				
WARDEN SAMUEL	146	PERR	100010	00011	0001				
WARDEN WILLIAM	128	ORAN	300001	20010	0001				
WARDLE ROBT	152	SCOT	120201	00200	0300				
WARE ANDREW	207	WASH	110210	20010	0003				
WARE DANIEL	291	JEFF	021101	41201	0200				
WARE LINDSEY	136	ORAN	200010	21110	0200				
WARE SAMUEL H	293A	JEFF	100100	00100	0100				
WARE SAMUEL	286A	JEFF	100010	20100	0001				
WARE THOMAS	214	WASH	000001	00001	0100				
WARE WILLIAM	221	WASH	000010	50010	0100				
WAREN CHARLES R	008	CLAR	100010	00010	0001				
WARFIELD HENRY	011	CRAW	100010	00100	0001				
WARKMAN SAMUEL	195	WAYN	230010	11010	0400				
WARMAN ARON	155	SCOT	000100	10100	0100				
WARMAN HARRIT	181	FRAN	100000	10010	0000				
WARMAN JAMES	012	CLAR	210020	31010	0200				
WARMAN JOHN	155	SCOT	110001	10001	0001				
WARMAN THOMAS I	267	WAYN	010001	01111	0100				
WARMAN WILSON	261A	JACK	100010	20100	0100				
WARMAND JOHN	117	MONR	301101	31110	0200				
WARMOCK JAMES	118	MONR	000100	20100	0100				
WARNER ALFORD O	178	VAND	000100	01100	0000				
WARNER ELE	160	SCOT	100100	10100	0100				
WARNER JACOB	088	KNOX	211101	12010	0300				
WARNER JOHN	224	WASH	310010	10010	0100				
WARNER MICAJAH	189	WAYN	300010	01010	0100				
WARNER SAML	078	JENN	100010	40001	0100				
WARNER SEWELL	110	DEAR	010101	00001	0100				
WARNER STEPHEN	110	DEAR	000010	30010	0100				
WARNER WILLIAM W	178	VAND	000010	00100	0000				
WARNER WILLIAM	183	VAND	000111	10101	0000				
WARNER WILLIAM	170	FRAN	100010	00100	0100				
WARNOCK HUGH	065	DEAR	000100	10100	0100				
WARNOCK JACOB	037	FAYE	110001	00020	0100				
WARNOCK JAMES	065	DEAR	100010	00100	0100				
WARNOCK JOSEPH	066	DEAR	010201	01031	0100				
WARRAN JOEL	019	DELA	310010	10010	0100				
WARRELL ROBERT	124	ORAN	200110	00100	0100				
WARRELL SAMUEL	133	ORAN	100010	10100	0100				
WARREN AARON	041	CLAR	011110	02110	0300				
WARREN ALEXANDER	181	VAND	000010	00100	0100				
WARREN BARNARD M	187	VIGO	200101	00210	0200				
WARREN DAVID	239	WAYN	100100	00010	0100				
WARREN ELISHA B	100	DEAR	000010	01100	0010				
WARREN GABRIEL L	263	JACK	110001	11010	0100				
WARREN JAMES SR	239	WAYN	211101	01001	0200				
WARREN JAMES JR	157	WAYN	200010	10010	0100				
WARREN JOHN	027	DELA	000010	10010	0001				
WARREN JOHN	017	FAYE	211201	21011	0100				
WARREN JOHN	181	VAND	210010	30010	0100				
WARREN LEVI	181	VAND	300010	00100	0100				

Head of Household	Page	County	White Males (Under 10, 10-15, 16-18, 16-25, 26-44, 45 & over)	White Females (Under 10, 10-15, 16-25, 26-44, 45 & over)	Foreigners, Agriculture, Commerce, Manufacture	Free or Slave	Negro Males (Under 14, 14-25, 26-44, 45 & over)	Negro Females (Under 14, 14-25, 26-44, 45 & over)	Other not Indian
WARREN MATHIAS	181	VAND	300010	21010	0100				
WARREN MOSES	265	JACK	100010	10100	0100				
WARREN STEPHEN	046	CLAR	000001	21110	0002	S	0010		
WARREN STEPHEN B	035	CLAR	011101	10001	0200				
WARREN WILLIAM	181	VAND	010001	01001	0100				
WART LUKE	142	OWEN	200020	00100	0100				
WARTH ROBERT	093	KNOX	101201	22010	0300				
WARUN HOSSA	278A	JEFF	100000	10100	0000				
WASHBOURN ISAAC	043	CLAR	220002	00102	0100				
WASHBOURN ASA	047	CLAR	101110	21210	0002				
WASHBURN JOHN	166	SWIT	000100	10100	0100				
WASHER STEPHEN	293A	JEFF	100311	00201	0401				
WASHINGTON RACHEL	065	DEAR	000000	10100	0000				
WASHUM DANIEL	178	VAND	000010	00000	0001				
WASSEN GEORGE	117	MONR	000100	10100	0100				
WASSON ARCHIBALD	167	WAYN	101101	20000	0100				
WASSON CALVIN	163	WAYN	100100	00100	0100				
WASSON GEORGE A	129	SULL	100110	00101	0020	S	0001		
WASSON JAMES	129	SULL	000030	00010	0210	S	0000	1000	
WASSON JOHN	123	DEAR	100100	30110	0100				
WASSON JOHN	137	ORAN	200010	20010	0100				
WASSON JOSEPH	169	WAYN	010101	00101	0300				
WASSON NATHANIEL	169	WAYN	100001	21010	0100				
WASSON SARAH	137	ORAN	010000	02001	0100				
WASSON WILLIAM	121	DEAR	211101	03001	0100				
WASSON WILLIAM	121	DEAR	000100	00100	0100				
WASTNER JACOB	135	ORAN	000010	00100	0100				
WATERS ABNER	263	JACK	100010	40010	0100				
WATERS ELIJAH	142	OWEN	300010	20000	0100				
WATERS GEO	295	JEFF	100010	00100	0100				
WATERS THOMAS	075	RIPL	100010	40010	0100				
WATERS THOMAS	257	GIBS				F	0100	0001	
WATHERENTON DAVID	282A	JEFF	210010	21211	0100				
WATKINS DAVID	033	CLAR	100011	10010	0100				
WATKINS ELY	030	CLAR	010110	01001	0300				
WATKINS JAMES	058	HARR	111110	20110	0100				
WATKINS JAMES	063	HARR	210010	21010	0100				
WATKINS JESSE	214	WASH	100001	21010	0100				
WATKINS JOHN	099	DEAR	000000	00000	0100	F	1000		
WATKINS JOHN	058	HARR	100110	01010	0100				
WATKINS JOHN	063	HARR	101110	22010	0200				
WATKINS THOMAS	104	DEAR	100010	00100	0100				
WATKINS THOMAS	033	CLAR	300010	11011	0100				
WATKINS WILLIAM	188	VIGO	221210	20011	0500				
WATKINS WILLIAM	058	HARR	200010	20101	0100				
WATS RICHARD SR	211	WAYN	000001	00001	0100				
WATS RICHARD JR	211	WAYN	010010	41020	0100				
WATSON ABRAHAM	072	HARR	220020	31010	0300				
WATSON ABRAHAM JR	072	HARR	100100	00010	0100				
WATSON ALEXANDER	125	SULL	100100	10100	0100				
WATSON CORNELIUS	036	CLAR	100201	12001	0300				
WATSON DAVID	053	FAYE	200010	20020	0100				

Head of Household	Page	County	White Males (Under 10, 10-15, 16-18, 16-25, 26-44, 45 & over)	White Females (Under 10, 10-15, 16-25, 26-44, 45 & over)	Foreigners, Agriculture, Commerce, Manufacture	Free or Slave	Negro Males (Under 14, 14-25, 26-44, 45 & over)	Negro Females (Under 14, 14-25, 26-44, 45 & over)	Other not Indian
WATSON DAVID	181	FRAN	100101	00301	0101				
WATSON EBER	077	RIPL	110010	31010	0200				
WATSON FREDERICK	086	KNOX	211101	10001	0000				
WATSON HENRY	070	HARR	300101	00100	200				
WATSON ISAIHAR	113	MART	200001	21010	0100				
WATSON JACOB	207	WASH	110211	21201	0400				
WATSON JAMES	283	JEFF	000010	20010	0100				
WATSON JAMES	072	HARR	300010	20010	0100				
WATSON JAMES B	072	HARR	100100	10100	0100				
WATSON JOHN	022	CLAR	000010	20100	0100				
WATSON JOHN H	192	VIGO	000310	00000	0400				
WATSON JOHN	174	SWIT	100001	10001	0100				
WATSON JOHN	148	FLOY	000010	00010	1100				
WATSON JULIUS	077	JENN	121210	31110	0001				
WATSON MAJOR	112	MART	100010	00010	0001				
WATSON MARGARET	114	MART	110100	11010	0100				
WATSON MELINDA	195	WAYN	000100	00001	0001				
WATSON PEDIGO	130	ORAN	100010	10010	0100				
WATSON REBEKAH	022	CLAR	001200	00101	0200				
WATSON RICHARD	142	FLOY	011101	32010	0300				
WATSON ROBERT	009	CRAW	300101	10100	0200				
WATSON ROBT	081	JENN	100011	10100	0100				
WATSON WILLIAM	265	JACK	500010	02010	0100				
WATSON WILLIAM	276	JEFF	121310	30001	0400				
WATSON WILLIAM	143	OWEN	101110	00100	0000				
WATSON WILLIAM	066	HARR	000100	00100	0100				
WATSON WILLIAM ESQR	072	HARR	120211	20121	0600				
WATSON WILLIAM	111	SULL	000010	10010	0100				
WATSON WILLIAM	117	SULL	210010	00000	0300				
WATSON WM	163	WAYN	400010	20010	0100				
WATT RICHARD	213	WASH	210001	21310	0200				
WATTERS AMES	219	FRAN	000001	00001	0100				
WATTERS JOHN	219	FRAN	000010	30100	0100				
WATTERS RICHARD	194	FRAN	300010	10010	0100				
WATTERS SAMUEL	049	FAYE	110110	32010	0100				
WATTS ALEXANDER	223	WASH	200010	20010	0100				
WATTS ARTHUR	280A	JEFF	100010	00100	0100				
WATTS BENJAMIN	222	WASH	100100	00100	0100				
WATTS ISRAIL	031	FAYE	200010	10010	0100				
WATTS JAMES	069	HARR	210010	20100	0100				
WATTS JESSE	069	HARR	000010	10010	0100				
WATTS JOHN	149	FLOY	000100	01000	0100				
WATTS JOHNSTON	108	DEAR	110110	20010	0100				
WATTS JOHN	108	DEAR	110001	11101	0100	S	0100	2010	
WATTS JOHN	211	WAYN	310001	12200	0100				
WATTS MASON	073	RIPL	230001	12010	0300				
WATTS MOSES	191	VIGO	200010	20010	0001				
WATTS THOMAS	123	DEAR	320101	11001	0100				
WATTS WILLIAM	222	WASH	210101	41010	0300	F	0100		
WATTS WILLIAM	059	HARR	021101	00101	0200				
WATTSON JAMES	090	KNOX	000101	00110	0200				
WAUGHTEL FREDERICK	205	WASH	200010	20010	0000				

Head of Household	Page	County	White Males (Under 10, 10-15, 16-18, 16-25, 26-44, 45 & over)	White Females (Under 10, 10-15, 16-25, 26-44, 45 & over)	Foreigners, Agriculture, Commerce, Manufacture	Free or Slave	Negro Males (Under 14, 14-25, 26-44, 45 & over)	Negro Females (Under 14, 14-25, 26-44, 45 & over)	Other not Indian
WAUMAN CHRISTOPHER	077	RIPL	000001	00100	0100				
WAUMAN ELIJAH	077	RIPL	100100	10100	0100				
WAY ABEL	130	ORAN	411101	01110	0200				
WAY AMOS	098	DEAR	201210	11110	0100				
WAY ANTHONY	132	ORAN	000001	00010	0100				
WAY HENRY H	327A	RAND	001200	10100	0100				
WAY HULDEY	326	RAND	110000	00010	0000				
WAY IRA	287	JEFF	100110	30100	0100				
WAY ISAAC	005	FAYE	100300	00100	0003				
WAY ISAAC	099	DEAR	200101	10000	0100				
WAY JOHN	327A	RAND	012210	01010	0100				
WAY JOSEPH	133	ORAN	210011	12110	0200				
WAY MARTIN	287	JEFF	100001	10100	0100				
WAY PAUL	165	WAYN	310010	10000	0100				
WAY PAUL W	327A	RAND	110010	11010	0100				
WAY PHILIP	099	DEAR	300010	20100	0100				
WAY SETH	161	WAYN	110010	22000	0200				
WAY WILLIAM	327A	RAND	100100	00100	0100				
WAY WILLIAM	327A	RAND	010001	01101	0100				
WAYATT WILLIAM	086	KNOX	300210	10100	0201				
WAYMAN EDMUND	221	WASH	120001	00301	0300				
WAYMAN JACOB	055	HARR	000100	10100	0000				
WAYNE JOSEPH	003	CLAR	100100	00100	0100				
WEAL JESSE	295A	JEFF	100100	30100	0100				
WEAR DAVID	210	WASH	200010	30010	0100				
WEAR GEORGE	201	WASH	200010	20010	0100				
WEAR JAMES	084	DEAR	200010	10010	0100				
WEAR JOHN	201	WASH	000110	10100	0200				
WEAR THOMAS	175	FRAN	010001	00201	0200				
WEAR WILLIAM	214	WASH	000010	20100	0100				
WEARE JOHN	307	POSE	200010	10100	0000				
WEARE WM	307	POSE	020011	21101	0101				
WEARING JOSHUA	049	FAYE	200110	10110	2101				
WEASE DAVID	298	PIKE	200010	10100	0				
WEASE JOB	091	KNOX	100100	00100	0000				
WEASE JOHN	092	KNOX	100010	20010	0100				
WEASE PHILLIP	091	KNOX	011101	01001	0200				
WEATHER BENJAMIN	007	CRAW	100010	32010	0100				
WEATHERBY JAMES	075	RIPL	101010	33110	0200				
WEATHERFORD HARDIN	288A	JEFF	100101	20111	0200				
WEATHERFORD HARDIN	132	ORAN	000100	00100	0100				
WEATHERFORD JOHN	291	JEFF	100010	40010	0100				
WEATHERFORD HARDIN	137	ORAN	000100	00100	0100				
WEATHERHOLT JOHN	150	PERR	300010	11010	0100				
WEATHERHOLT HENRY	150	PERR	100100	10100	0100				
WEATHERHOLT JACOB	150	PERR	300010	10010	0100				
WEATHERMAN SIMON	262	JACK	021110	20010	0100				
WEATHERS DANIEL	008	CRAW	210010	01001	0100				
WEATHERS ISAAC	268	JACK	100010	30010	0100				
WEATHERS JOHN	009	CLAR	110010	02110	0001				
WEATHERS JOHN	127	ORAN	200110	22210	0200				
WEATHERS JOSEPH	127	ORAN	210010	21100	0200				

Head of Household	Page	County	White Males (Under 10, 10-15, 16-18, 16-25, 26-44, 45 & over)	White Females (Under 10, 10-15, 16-25, 26-44, 45 & over)	Foreigners, Agriculture, Commerce, Manufacture	Free or Slave	Negro Males (Under 14, 14-25, 26-44, 45 & over)	Negro Females (Under 14, 14-25, 26-44, 45 & over)	Other not Indian
WEATHERS JUDAH	127	ORAN	000000	00101	0000				
WEATHERS JESSE	083	DEAR	300010	21001	0100				
WEATHERS JOHN	083	DEAR	210011	12010	0100				
WEATHERS RICHARD	013	CRAW	320010	10101	0300				
WEATHERS ROBERT	261A	JACK	321101	10010	0100				
WEATHERS WILLIAM	083	DEAR	000010	10101	0200				
WEATHERS WILLIAM C	083	KNOX	200100	00100	0000				
WEATHERSPOON THOMAS	294	JEFF	020201	11101	9300				
WEAVER ADAM	280A	JEFF	300010	10100	0100				
WEAVER DAVIS	088	DEAR	000010	00010	0100				
WEAVER GEORGE	099	DEAR	011101	10101	0100				
WEAVER GEORGE	058	HARR	100100	10100	0100				
WEAVER HENRY B	099	DEAR	000100	10100	0000				
WEAVER HENRY G	102	DEAR	100000	10001	0100				
WEAVER JACOB	172	SWIT	120110	32010	0100				
WEAVER JAMES	103	DEAR	100240	10010	0110				
WEAVER JEREMIAH	213	WASH	000100	00000	0100				
WEAVER JERPER	192	VIGO	200010	20100	0100				
WEAVER JOHN	107	LAWR	100010	10100	0100				
WEAVER JOHN	089	KNOX	011110	20101	0100				
WEAVER JOHN	037	FAYE	320001	11021	1100				
WEAVER JOSEPH	105	LAWR	000010	00100					
WEAVER MICHAEL	281	JEFF	110110	22111	0200				
WEAVER MICHAE	127	ORAN	010001	10001	0200				
WEAVER PETER	175	WAYN	110001	11300	0200	S	2001		
WEBB ABEL	224	FRAN	100010	32110	0001				
WEBB ABEL	031	DELA	100100	33100	0100				
WEBB ASA	146	PERR	210010	10100	0100				
WEBB BARZILLA	185	FRAN	100010	10010	0001				
WEBB BENJAMIN	131	ORAN	300010	10100	0100				
WEBB DAVID	091	KNOX	000010	10100	0000				
WEBB DAVID	166	FRAN	100010	30100	0100				
WEBB EDWARD	057	FAYE	000101	00001	0200				
WEBB FOREST	023	FAYE	300011	20011	0100				
WEBB IRA	088	DEAR	200010	00100	0010				
WEBB ISAAC	143	WARR	100100	00100	0000				
WEBB ISOM	022	DELA	300010	20010	0100				
WEBB JAMES	119	SULL	313111	10101	0300				
WEBB JAMES	321	POSE	000100	00100	0100				
WEBB JESSE	023	FAYE	100010	30100	0100				
WEBB JOEL	039	DUBO	020101	20201	0300				
WEBB JOHN	024	CLAR	410010	11010	0100				
WEBB JOHN	039	DUBO	000100	10100	0100				
WEBB JOHN	057	FAYE	000100	00100	0001				
WEBB JOHN	319	POSE	001201	00110	0300				
WEBB JONATHAN	224	FRAN	010001	00301	0100				
WEBB JOSEPH	106	DEAR	000100	00100	1100				
WEBB JOSEPH	224	FRAN	001000	01000	100				
WEBB MARTIN	135	ORAN	100100	00100	0100				
WEBB WILLIAM	124	DEAR	310110	01010	0100				
WEBB WM	141	WARR	401101	31110	0001				
WEBBER JONAS	087	DEAR	000010	10010	0101				

Head of Household	Page	County	White Males (Under 10, 10-15, 16-18, 16-25, 26-44, 45 & over)	White Females (Under 10, 10-15, 16-25, 26-44, 45 & over)	Foreigners, Agriculture, Commerce, Manufacture	Free or Slave	Negro Males (Under 14, 14-25, 26-44, 45 & over)	Negro Females (Under 14, 14-25, 26-44, 45 & over)	Other not Indian
WEBBER NICHOLAS	175	FRAN	300010	00010	0100				
WEBEN CHRIST	320A	POSE	100111	01010					
WEBERD WILLIAM J	085	KNOX	000100	00000	0000				
WEBSTER AMOS	186	VIGO	100201	02001	0200				
WEBSTER CYRUS	077	RIPL	120010	50010	0300				
WEBSTER GEORGE	187	VIGO	100200	10100	0200				
WEBSTER HENRY	003	FAYE	000100	00100	0001				
WEBSTER JAMES	173	SWIT	223100	11010	0100				
WEBSTER JAMES	222	FRAN	200110	22010	0101				
WEBSTER JAMES	210	FRAN	300010	10100	0001				
WEBSTER NATHANIEL	077	RIPL	100020	30100	0100				
WEBSTER REUBIN	197	FRAN	100010	00100	0100				
WEBSTER RICHARD B	211	WASH	210010	12010	0200				
WEBSTER SAML	079	RIPL	410010	00010	0200				
WECKERLY WILLIAM	175	SWIT	400010	10010	0100				
WEDDEL DANIEL	265	JACK	020010	30311	0100				
WEDDEL EDWARD	266	JACK	000100	00100	0100				
WEDDEL JOHN	263	JACK	220010	21010	0100				
WEDDEL THOMAS	266	JACK	210101	21110	0100				
WEDDING LOYD	114	MART	100010	10100	0100				
WEDDING RANDOLPH H	194	VIGO	000120	00100	0003				
WEED STEPHEN B	285A	JEFF	200010	20010	1100				
WEEDMAN JACOB	006	CRAW	300010	02110	0100				
WEEKLY JOSIAH	223	WAYN	100010	30010	0100				
WEEKS JOHN	175	WAYN	110210	00210	0300				
WEEKS JOHN	177	FRAN	041101	02001	0500				
WEEKS JOSEPH	136	ORAN	200010	20010	0100				
WEIDMAN NICHOLAS	059	HARR	210200	10011	0100				
WEIGHMIRE DAVID	219	WAYN	200010	23010	0100				
WEIL FREDRICK	319A	POSE	002201	01001	0100				
WEIR ANDREW	111	SULL	000201	01001	0300				
WEIR ROBERT	113	SULL	010110	00100	0300				
WEIRFERTIN ANNA	320A	POSE	110000	10010	0000				
WEIST HENRY	173	SWIT	000001	00101	0001	F	0000	0100	
WELCH GEORGE	224	WASH	030101	00100	0500				
WELCH JAMES	225	WASH	200010	20100	0100				
WELCH JOHN	073	HARR	000000	00000	0000	F	0010	2010	
WELCH JOHN	189	VIGO	300010	30001	0100				
WELCH JOHN	065	HARR	200010	00100	0100				
WELCH SAMUEL	289	JEFF	010001	52110	0100				
WELCH STEPHEN	263	JACK	100010	10010	0100				
WELCH WILLIAM	211	WASH	200010	30010	0100				
WELCH WILLIAM	188	VIGO	400010	11010	0200				
WELCH WILLIAM	189	VIGO	400010	11010	0200				
WELCHEL JOHN	287A	JEFF	100110	11100	0101				
WELCHEL WILLIAM	287A	JEFF	300010	00100	0100				
WELDEN JONATHAN	167	SWIT	100100	00100	0100				
WELDEN RICHARD	167	SWIT	000100	10100	0100				
WELKER DANIEL	055	HARR	410010	01010	0100				
WELKEY SAMUEL	287	JEFF	200010	00100	0100				
WELKINSON JOSHUA	285	JEFF	120010	00110	0100				
WELL WM	135	WARR	100100	20010	0000				

Head of Household	Page	County	White Males (Under 10, 10-15, 16-18, 16-25, 26-44, 45 & over)	White Females (Under 10, 10-15, 16-25, 26-44, 45 & over)	Foreigners, Agriculture, Commerce, Manufacture	Free or Slave	Negro Males (Under 14, 14-25, 26-44, 45 & over)	Negro Females (Under 14, 14-25, 26-44, 45 & over)	Other not Indian
WELLER MATHIAS	203	WASH	201101	13010	0200				
WELLMAN BARNABAS	085	KNOX	001210	00100	0001				
WELLMAN JOHN	130	ORAN	200010	20100	0100				
WELLMAN SAMUEL	053	HARR	010210	00210	0200				
WELLS BENJAMIN	223	WASH	000101	00001	0200				
WELLS BENJAMIN	119	SULL	200010	20010	0100				
WELLS DAVID	213	WASH	010001	01011	0200				
WELLS DAVID	243	GIBS	111201	12110	0300				
WELLS FRANCIS	017	CLAR	320110	20010	0200				
WELLS HANNAH	250	GIBS	400000	10110	0100				
WELLS IRA	286	JEFF	101110	00010	0100	S	0100		
WELLS ISAAC	134	ORAN	020010	21110	0300				
WELLS JACOB	266	JACK	000010	10010	0100				
WELLS JAMES	003	CLAR	110010	22010	0100				
WELLS JESSE	128	ORAN	100100	00100	0100				
WELLS JESSE	020	DELA	100101	01000	0100				
WELLS JESSE	249	GIBS	000010	20100	0100				
WELLS JOHN	113	MART	100100	10100	0100				
WELLS JOHN E	177	WAYN	100100	00100	0100				
WELLS JOHNATHAN	248	GIBS	700200	00100	0101				
WELLS JOHN	249	GIBS	201010	11010	0100				
WELLS JOHN	283	JEFF	000201	12001	0300				
WELLS LEVI	283	JEFF	100010	20100	0001				
WELLS NATHAN	127	ORAN	000011	30100	0200				
WELLS RICHARD	213	WASH	100100	00100	0100				
WELLS SAMUEL	277A	JEFF	001101	00101	0200				
WELLS SAMUEL	084	DEAR	000000	00000	0100	F	5201	2001	
WELLS STEPHEN	133	ORAN	000010	53110	0100				
WELLS THOMAS	002	CLAR	300010	01010	0100				
WELLS THOMAS D	020	DELA	100100	10100	0100				
WELLS THOMAS	021	DELA	000010	00000	0100				
WELLS WILLIAM	136	ORAN	100010	20100	0100				
WELLS WILLIAM	277A	JEFF	100010	10010	0100				
WELLS WILLIAM	223	WASH	200110	00010	0200				
WELLS WILLIAM	214	WASH	000100	00100	0100				
WELLS WILLAIM	146	FLOY	000101	01110	0200				
WELLS WM	242	GIBS	110010	21000	0100				
WELLS ZACHARIAS	126	ORAN	310110	11010	0300				
WELLSON ALEX	281	JEFF	100010	10010	0100				
WELLSON JOSHUA	242	GIBS	400001	11010	0100				
WELPTON RICHARD	187	VIGO	010001	30010	0200				
WELSH ARNNEY	173	SWIT	100100	00110	0000				
WELSH DANIEL	084	DEAR	000011	10001	0100				
WELSH JAMES	167	SWIT	101201	11200	0000	F	0000	1000	
WELSH JOHN	183	FRAN	000210	01201	0100				
WELSH MATHEW	065	DEAR	201110	30010	0100				
WELSH OLIVER	166	SWIT	100100	10010	0100				
WELSH SHEPHEN	103	LAWR	000001	10010	0100				
WELSTER CHIPMAN	238	GIBS	000100	00100	0100				
WELTON DAVID	088	KNOX	210010	20010	0100				
WELTON JOHN	088	KNOX	110010	11010	0100				
WELTON JONATHAN	088	KNOX	000201	10101	0300				

Head of Household	Page	County	White Males (Under 10, 10-15, 16-18, 16-25, 26-44, 45 & over)	White Females (Under 10, 10-15, 16-25, 26-44, 45 & over)	Foreigners, Agriculture, Commerce, Manufacture	Free or Slave	Negro Males (Under 14, 14-25, 26-44, 45 & over)	Negro Females (Under 14, 14-25, 26-44, 45 & over)	Other not Indian
WELTON MARY	044	HARR	000100	00001	0100				
WELTON SOLOMON	268A	JACK	000100	10100	0100				
WELTON WILLIAM	091	KNOX	000010	00100	0100				
WEMER JACOB	210	FRAN	100100	10100	0100				
WEMIER JACOB	221	WAYN	120011	11010	0100				
WEMIER RODOLPH	219	WAYN	100010	31010	0100				
WENDLE AGUSTINE	070	HARR	120010	21001	0100				
WENDLE ANTHONY	070	HARR	000100	00010	0100				
WENDLE JOHN	069	HARR	101101	11100	0000				
WENER DANIEL	060	HARR	010101	01201	0200				
WENTINGER HEN	195	WAYN	200101	01001	0100				
WENTWORTH LEVI	069	DEAR	000010	00100	0001				
WERNER JANE	137	FLOY	100000	11010	0000				
WERNER JOHN F	137	FLOY	002310	00000	2004				
WERT ISAAC	293	JEFF	000100	00100	0100				
WERT JACOB	293	JEFF	100100	00100	0100				
WERT JER	293	JEFF	010001	00001	0100				
WERT REUBEN	293	JEFF	011110	00101	0200				
WEST ALEXANDER	115	SULL	100010	20100	0100				
WEST AQUILLA	161	WAYN	121101	10101	0400				
WEST DANIEL	312	POSE	100010	10010	0100				
WEST EPHRAIM	109	SULL	110001	00101	0000				
WEST GEORGE	196	WABA	000100	00100	0001				
WEST ISAM	137	WARR	200020	11010	0000				
WEST JACOB	274A	JEFF	100010	10010	0001				
WEST JAMES	245	GIBS	100010	20100	0100				
WEST JAMES	279	JEFF	320101	12010	0200				
WEST JESSE	073	HARR	001110	20001	0000				
WEST JOHN	291	JEFF	200010	10010	0100				
WEST JOHN T	278A	JEFF	400010	21010	0100				
WEST JOHN	279	JEFF	100200	12000	0200				
WEST L F	299	PIKE	320001	21010	00				
WEST NATHANIEL	255	GIBS	100001	10101	0100				
WEST RANDOLPH	239	GIBS	200001	22010	0100				
WEST REUBEN	287A	JEFF	011110	00101	0200				
WEST REUBEN	261	WAYN	000001	00001	0001				
WEST THOMAS S	255	GIBS	100010	30110	0100				
WEST THOMAS	215	FRAN	110010	31010	0200				
WEST THOMAS	185	WAYN	000010	21000	0100				
WEST THOS	306	POSE	010010	10010	0100				
WEST WILL	286	JEFF	310001	31010	0100				
WEST WM	185	WAYN	110010	21010	0200				
WESTCOTT EBENEZAR	112	DEAR	000010	20010	0100				
WESTCOTT JOHN	187	FRAN	000001	02001	0001				
WESTER WILLIAM	190	VIGO	200120	00200	0003				
WESTERFIELD JAMES	207	WAYN	310100	40100	0200				
WESTERFIELD SAMUEL D	215	WAYN	100010	00100	0001				
WESTFALL ABRAHAM	091	KNOX	000201	00101	0100				
WESTFALL ABRAHAM JR	091	KNOX	200010	10020	0100				
WESTFALL HENRY	215	WASH	110010	20011	0200				
WESTFALL HIRAM	250	GIBS	400010	11010	0001				
WESTFALL ISAAC	088	KNOX	011101	02002	0200				

Head of Household	Page	County	White Males (Under 10, 10-15, 16-18, 16-25, 26-44, 45 & over)	White Females (Under 10, 10-15, 16-25, 26-44, 45 & over)	Foreigners, Agriculture, Commerce, Manufacture	Free or Slave	Negro Males (Under 14, 14-25, 26-44, 45 & over)	Negro Females (Under 14, 14-25, 26-44, 45 & over)	Other not Indian
WESTFALL JOHN	092	KNOX	000100	01110	0100				
WESTFALL JOSEPH	127	SULL	410010	10010	0200				
WESTFALL JACOB	214	WASH	120101	11101	0400				
WESTFALL SAMUEL	007	CRAW	101010	20010	0100				
WESTFALL STEPHEN	058	HARR	101100	20100	0100				
WESTFALL THOMAS	093	KNOX	310010	12010	0200				
WESTFALL WM	009	CRAW	101001	02301	0200				
WESTNOR DAVID	088	KNOX	111201	22001	0400				
WESTON JOHN	226	FRAN	100100	00100	0100				
WESTON JOSEPH	208	WASH	210010	31001	0200				
WESTON JOSEPH	226	FRAN	311201	20110	0300				
WESTON THOMAS	208	WASH	000100	00100	0100				
WETHERO JOHN	240	GIBS	310220	20010	0400				
WETHERS JOHN	263A	JACK	200010	20100	0100				
WETHERS THOMAS F	219	WASH	100100	10100	0100				
WETSELL DANIEL	205	FRAN	220010	31011	0300				
WEVER MARY	135	FLOY	000000	00010	0000	S	2001	4000	
WHALAN WILLIAM	005	CLAR	100100	10100	0001				
WHALAND JAMES	002	CLAR	010101	11101	0101				
WHALER GEORGE	155	FLOY	010101	00001	0300				
WHALEY BENJAMIN	188	VIGO	211210	10010	0400				
WHALEY JOHN	298	PIKE	211201	10101					
WHALEY JOHN P M	167	SWIT	200010	10100	0000				
WHALEY WILLIAM	298	PIKE	300010	10010					
WHALING JOHN	019	DELA	200210	00100	0100				
WHEAT ABRAHAM	280A	JEFF	100010	20010	0100				
WHEAT DAVID	281	JEFF	200010	20010	0100				
WHEAT JOSEPH	053	HARR	311101	30010	0200				
WHEAT WILLIAM	199	FRAN	000001	00001	0100				
WHEATLEY JOSEPH	280	JEFF	100201	01201	0300				
WHEATLY JOHN	149	PERR	110201	32010	0400				
WHEATLY WALTER	028	CLAR	400010	00110	0001				
WHECHEL DAVIS	012	CRAW	010001	10100	0101				
WHECHEL WILLIAM	012	CRAW	010121	01010	0101				
WHEEDEN ALPHA	269	JACK	000100	00100	0100				
WHEEDEN STEPHEN	273A	JEFF	210001	21010	0100				
WHEELAR CLATEN	237	GIBS	000100	10100	0100				
WHEELEN WILLIAM	065	DEAR	000100	30100	0100				
WHEELER ALLEN	174	FRAN	100100	10100	0100				
WHEELER BENJAMIN	046	HARR	010111	02101	0200				
WHEELER BETHIA E	084	DEAR	100100	10000	0000				
WHEELER CHESLY	093	SPEN	131001	11101	0400				
WHEELER EBENEZER	168	SWIT	401010	02010	0001				
WHEELER ELNATHON	266A	JACK	200010	20110	0100				
WHEELER ELIAS	236	GIBS	020010	00100	0100				
WHEELER HENRY D	083	KNOX	201110	00100	1003				
WHEELER JAS	309A	POSE	200010	10100	0100				
WHEELER JAMES B	253	GIBS	000101	31110	0200				
WHEELER JAMES	146	PERR	001100	00100	0200				
WHEELER JESSE	211	WASH	340200	00100	0200				
WHEELER JOSEPH	182	VAND	111010	22010	9300				
WHEELER JOHN	083	DEAR	100010	20100	0100				

Head of Household	Page	County	White Males (Under 10, 10-15, 16-18, 16-25, 26-44, 45 & over)	White Females (Under 10, 10-15, 16-25, 26-44, 45 & over)	Foreigners, Agriculture, Commerce, Manufacture	Free or Slave	Negro Males (Under 14, 14-25, 26-44, 45 & over)	Negro Females (Under 14, 14-25, 26-44, 45 & over)	Other not Indian
WHEELER JOHN	063	HARR	100010	40010	0100				
WHEELER NATHAN	032	DELA	000100	00000	0100				
WHEELER NEHENIAH	267	JACK	010101	10001	0100				
WHEELER PATON	237	GIBS	200010	00100	0100				
WHEELER RICHARD	182	VAND	010010	00100	3100				
WHEELER SAMUEL	257	GIBS				F	0000	1100	
WHEELER SAMUEL	256	GIBS	200011	10100	0100				
WHEELER SAMUEL	084	DEAR	000100	00000	0100				
WHEELER SAMUEL	084	DEAR	122401	10010	0100				
WHEELER SAMUEL	237	GIBS	200010	10200	0100				
WHEELER THOMAS	146	PERR	210010	11100	0200				
WHEELER THOMAS	063	HARR	310010	20010	0100				
WHELCHEL JOHN	165	SWIT	210110	30010	0200				
WHELDEN SAMUEL	262A	JACK	212201	00100	0100				
WHELGEMUTH JACOB	320	POSE	001200	01001	0000				
WHERRETT WILLIAM	057	FAYE	300101	11201	0200				
WHESSLER SAMUEL	151	FLOY	200010	30010	0100				
WHETSAL JACOB	027	DELA	100101	12110	0200				
WHETSTONE MATHIAS	178	VAND	201110	11010	0102				
WHETSTONE DAVID	181	VAND	300011	11010	0100				
WHETSTONE HENRY	182	VAND	100110	42010	0100				
WHICUM JESSEY	088	KNOX	221101	20110	0300				
WHILEY LITTLE	311	POSE	011200	02100	0300				
WHIPPLE HENRY	166	SWIT	200010	10100	0100				
WHIPPLE JESSE	165	FRAN	301111	21001	0300				
WHIPPLE JEREMIAH	065	DEAR	000210	00100	0100				
WHISEL SUSANNAH	031	CLAR	001100	00101	0100				
WHISNAND GEORGE	118	MONR	100140	31100	0104				
WHITAKER DANIEL	106	DEAR	300010	00100	0100				
WHITAKER ELIZABETH	025	FAYE	200000	10010	0000				
WHITAKER JAMES	106	DEAR	210010	21010	0100				
WHITAKER JOHN	106	DEAR	300111	00010	1100				
WHITAKER JOHN	108	DEAR	000001	10001	0000				
WHITAKER JOHN	108	DEAR	000100	00000	100				
WHITAKER SAMUEL	157	WAYN	311201	12101	0400				
WHITAKER THOMAS	115	MART	000010	00000	0100				
WHITCOMB JOSEPH	138	FLOY	000210	10010	0010	S	0000	1010	
WHITCUM PHILO	084	DEAR	000100	20100	0100				
WHITE TOBITHA	177	WAYN	000200	10001	0300				
WHITE ABEL	173	FRAN	210110	33110	0200				
WHITE ALEXANDER	123	DEAR	100201	31010	0200				
WHITE AMBROSE	283A	JEFF	201100	00010	0100				
WHITE ASA	205	WAYN	200010	30010	0100				
WHITE BENJAMIN	051	FAYE	100100	00100	0100				
WHITE CALEB	264	JACK	100201	23110	0200				
WHITE DANIEL	083	DEAR	020010	32010	0100				
WHITE DAVID	191	VIGO	000010	00010	0100				
WHITE DAVID	266	JACK	020002	21010	0100				
WHITE EDITH	093	SPEN	400001	30100	0100				
WHITE EDWARD	078	JENN	100010	00010	0001				
WHITE ELI	116	DEAR	200010	20010	0100				
WHITE HUGH	113	SULL	110010	21010	0200				

Head of Household	Page	County	White Males (Under 10 / 10-15 / 16-18 / 16-25 / 26-44 / 45 & over)	White Females (Under 10 / 10-15 / 16-25 / 26-44 / 45 & over)	Foreigners / Agriculture / Commerce / Manufacture	Free or Slave	Negro Males (Under 14 / 14-25 / 26-44 / 45 & over)	Negro Females (Under 14 / 14-25 / 26-44 / 45 & over)	Other not Indian
WHITE ISAAC	201	WAYN	100010	20010	0100				
WHITE JACOB	077	RIPL	210010	11010	0200				
WHITE JAMES	204	WASH	111320	12210	0600				
WHITE JAMES	204	WASH	000110	00100	0002				
WHITE JAMES	161	SCOT	000010	20010	0111				
WHITE JAMES	099	DEAR	100010	00100	0100				
WHITE JAMES	181	WAYN	100010	20010	0100				
WHITE JAMES	275	JEFF	200010	20010	0001				
WHITE JOEL	011	FAYE	101201	13001	0100				
WHITE JOEL	173	SWIT	000100	00010	0100				
WHITE JOHN	225	WASH	100100	00100	0100				
WHITE JOHN	170	SWIT	000010	00000	1001				
WHITE JOHN	099	DEAR	100010	10000	0100				
WHITE JOHN	099	DEAR	010101	00201	0100				
WHITE JOHN	123	DEAR	100100	00100	0100				
WHITE JOHN	047	CLAR	000030	00010	0002	S		0100	
WHITE JOHN	017	CLAR	200010	22010	0100				
WHITE JOHN	018	CLAR	110010	20010	0100				
WHITE JOHN	198	FRAN	210010	31010	0200				
WHITE JOHN	202	FRAN	200010	20010	0100				
WHITE JOHN	117	MONR	001101	00101	0100				
WHITE JOHN	019	DELA	200001	42101	0100				
WHITE JOHN	039	DUBO	200100	00010	0100				
WHITE JOHN	181	WAYN	100100	10100	0100				
WHITE JOHN	183	WAYN	200010	13010	0100				
WHITE JOHN	109	SULL	010121	00201	0300				
WHITE JOHN C	109	SULL	100010	00100	0100				
WHITE JOHN	115	SULL	300020	20300	0400				
WHITE JOHN	013	FAYE	000100	00110	0100				
WHITE JONATHAN D	266A	JACK	000010	20010	0100				
WHITE JOSEPH	032	FAYE	001101	11110	0100				
WHITE JOSEPH	117	DEAR	000100	00100	0100				
WHITE JOSEPH	123	DEAR	100010	20100	0100				
WHITE JOSEPH	011	CLAR	000001	00201	0100				
WHITE JOSEPH	148	PERR	111201	31010	0500				
WHITE JOSEPH	136	ORAN	010101	21211	0300				
WHITE JOSEPH	266	JACK	000100	00100	0100				
WHITE LAFORD	145	FLOY	100010	41010	0001				
WHITE LEONARD M	126	ORAN	200010	00010	0100				
WHITE PARLEY	176	FRAN	010001	01001	0100				
WHITE PETER	065	DEAR	210010	20100	0100				
WHITE RICHARD	013	CRAW	100010	20010	0100				
WHITE RICHARD	299	PIKE	120010	20010					
WHITE ROBERT	196	FRAN	210101	11110	0300				
WHITE ROBERT	113	SULL	300010	30010	0200				
WHITE SAML	309	POSE	200010	10100	0001				
WHITE SAMUEL	109	SULL	110101	31110	0300				
WHITE SAMUEL	282A	JEFF	001201	00101	0200				
WHITE SAMUEL	205	WASH	000100	10100	0000				
WHITE SETH	113	MART	200010	20100	0100				
WHITE SIMPSON	112	MART	000110	02010	0105				
WHITE THOMAS	085	KNOX	000101	00001	0000				

Head of Household	Page	County	White Males (Under 10 / 10-15 / 16-18 / 16-25 / 26-44 / 45 & over)	White Females (Under 10 / 10-15 / 16-25 / 26-44 / 45 & over)	Foreigners / Agriculture / Commerce / Manufacture	Free or Slave	Negro Males (Under 14 / 14-25 / 26-44 / 45 & over)	Negro Females (Under 14 / 14-25 / 26-44 / 45 & over)	Other not Indian
WHITE THOMAS	179	FRAN	010001	00001	0200				
WHITE THOMAS	115	SULL	010020	11100	0200				
WHITE WILLIAM	017	FAYE	000100	00100	0100				
WHITE WILLIAM	225	WASH	100101	21101	0100				
WHITE WILLIAM	108	LAWR	300010	22000	0100				
WHITE WILLIAM	220	FRAN	210001	01110	0200				
WHITE WILLIAM	070	HARR	100010	20100	0000				
WHITE WILLIAM	115	SULL	110110	21010	0000				
WHITE WM	263	WAYN	000010	20010	0100				
WHITE ZEKIEL	236	GIBS	100110	20010	0100				
WHITEAKER EDWARD	088	KNOX	000010	20100	0100				
WHITEHEAD ISREAL R	168	SWIT	000100	00001	0000				
WHITEHEAD JESSE	126	DEAR	100100	00011	0001				
WHITEHEAD JOSEPH	105	LAWR	200010	20010	0100				
WHITEHEAD JOHN	098	LAWR	000100	10100	0100				
WHITEHEAD JOHN	126	ORAN	000100	00100	0100				
WHITEHEAD ARTHUR	007	CRAW	000110	11010	0200				
WHITEHEAD JOHN	057	FAYE	300110	20100	0200				
WHITEHEAD JOHN	077	RIPL	210010	10010	0100				
WHITEHEAD WILLIAM	098	LAWR	200010	10100	0100				
WHITEHEAD AMOS	266A	JACK	200110	11110	0100				
WHITEHEAD JOHN	273	WAYN	200010	03010	0100				
WHITEHEAD CHARITY	273	WAYN	000100	00001	0100				
WHITEHOUSE RICHARD	324A	RAND	000010	00100	0001				
WHITEINGER FRANCIS	225	WAYN	000001	00001	0100				
WHITELEY LASAWAY	019	DELA	000002	00010	0100				
WHITELOCK JOSEPH	217	FRAN	000100	00100	0100				
WHITELOCK ELISHA	220	FRAN	100010	10010	0100				
WHITELOCK WILLIAM W	220	FRAN	023401	10001	0500				
WHITELY ROBERT	102	LAWR	300100	12010	0100				
WHITEMAN JOHN	197	WAYN	310010	21000	0200				
WHITEMAN MATHEW	231	GIBS	200010	02101	0000	S	1		
WHITENHILL DAVID	135	WARR	300010	22010	0001				
WHITES RICHARD	273A	JEFF	101101	10101	0000				
WHITES THOMAS	273A	JEFF	200210	11010	0001				
WHITESELL WILL	281A	JEFF	520101	21110	0200				
WHITESIDES JANE	280	JEFF	001100	10011	0100				
WHITESIDES WILL	280	JEFF	200010	20100	0100				
WHITESILL JOHN	019	CLAR	211301	22001	0400				
WHITESITT CHARLES	045	FAYE	100110	10100	0002				
WHITFORD BENJAMIN	065	DEAR	200001	10010	0100				
WHITFORD WELCOME	009	CLAR	200010	00010	0001				
WHITHAM BENJAMIN	073	RIPL	200010	00100	0100				
WHITHAM JAMES	275A	JEFF	000010	00100	0000				
WHITHAM JAMES	073	RIPL	000001	00001	0100				
WHITHAM JOHN	075	RIPL	100010	10100	0100				
WHITHEAD JOHN	102	LAWR	210010	21000	0200				
WHITING CHARLES	314	POSE	100100	00100	0001				
WHITING CLEMENT	314	POSE	100110	10010	0001	S	0000	0100	
WHITIWGER JOHN	217	WAYN	210010	10010	0100				
WHITKINNAC JOHN	267	JACK	300010	11011	0100				
WHITMAN GEORGE	117	SULL	400010	10010	0200				

Head of Household	Page	County	White Males (Under 10, 10-15, 16-18, 16-25, 26-44, 45 & over)	White Females (Under 10, 10-15, 16-25, 26-44, 45 & over)	Foreigners, Agriculture, Commerce, Manufacture	Free or Slave	Negro Males (Under 14, 14-25, 26-44, 45 & over)	Negro Females (Under 14, 14-25, 26-44, 45 & over)	Other not Indian
WHITMAN JOHN	128	ORAN	000100	10100	0100				
WHITMAN JOHN	054	HARR	200010	32010	0100				
WHITMARSH CALVIN	099	DEAR	100110	00100	0100				
WHITMIRE MICHAEL	193	FRAN	400010	20010	0100				
WHITMORE HENRY	119	DEAR	000010	00100	0100				
WHITMORE JULIUS	063	FAYE	200010	00010	0001				
WHITNEY JACOB	272A	JEFF	300010	10010	0000				
WHITNEY JAMES	083	KNOX	100010	01010	0001				
WHITNEY MOSES	166	FRAN	310110	32010	0200				
WHITSETT JOHN	235	GIBS	100100	10100	0100				
WHITSIDE JAMES	234	GIBS	000100	01000	0100				
WHITSITT JOSEPH	233	GIBS	310001	12010	0000				
WHITSITT SAMUEL	283	JEFF	211110	23100	0200				
WHITSLEY ISAAC N	086	KNOX	000100	00000	0000				
WHITSON BENJ	279A	JEFF	011101	01101	0200				
WHITSON SALLY	268	JACK	000000	01010	0000				
WHITSON THOMAS	021	CLAR	400010	11010	0100				
WHITSON WILLIS	167	WAYN	110201	11000	0300				
WHITTAKER ANDREW	168	SWIT	000100	00010	0100				
WHITTELSEY SAMUEL	129	SULL	000111	00200	0200				
WHITTEN ELIJAH	084	DEAR	111301	20201	0200				
WHITTEN WILLIAM	099	SPEN	100010	10100	0100				
WHITTER JOSIAH	231	WAYN	210001	30001	0100				
WHITTICKER THOMAS	075	RIPL	200010	10100	0100				
WHITTICKER JAMES	075	RIPL	100010	30010	0100				
WHITTICKER JOHN	075	RIPL	001001	01001	0200				
WHITTINGHILL WILLIAM	101	SPEN	200100	11100	0100				
WHITTINGHILL PETER	101	SPEN	000001	00001	0100				
WHITTON ELIJAH	101	SPEN	130501	22101	0300				
WHITTON JOB	081	JENN	300010	21010	0100				
WHITTON WILLIAM	101	SPEN	000100	00010	0100				
WHITWORTH JOSEPH S	312	POSE	300010	00100	0100				
WHOERLE CHRIST	320A	POSE	000010	00101	0000				
WIANT ABRAM	099	DEAR	000100	00100	0100				
WIANT JOHN	099	DEAR	100010	20010	0001				
WIATT ALLEN	225	WASH	311110	00110	0100				
WIATT JOSEPH	205	WAYN	100010	00100	0100				
WIATT THOMAS	205	WAYN	000101	00001	0200				
WIBLE ADAM	216	WASH	311101	11110	0300				
WIBLE SAMUEL	134	ORAN	100010	10100	0001				
WICHIRSHAM JOHN JR	255	WAYN	200010	00010	0100				
WICK WM	247	WAYN	000100	20001	0100				
WICKARD JAMES	079	RIPL	100010	10100	0100	F	0100		
WICKERSHAM ISAAC	122	DEAR	100010	40010	0001				
WICKERSHAM CALEB	206	FRAN	211110	32000	0300				
WICKERSHAM JAMES	179	WAYN	400010	01010	0100				
WICKERSHAM JOHN	163	WAYN	100001	00111	0100				
WICKS DANIEL	069	DEAR	100110	00100	0002				
WICKS LEWIS	141	FLOY	200100	10200	0001				
WICKS MALANETON	113	DEAR	100110	20100	0100				
WICKS ZEPHANIAH	069	DEAR	200010	10010	0001				
WIDENER JOHN	090	KNOX	020100	30211	0300				

Head of Household	Page	County	White Males (Under 10, 10-15, 16-18, 16-25, 26-44, 45 & over)	White Females (Under 10, 10-15, 16-25, 26-44, 45 & over)	Foreigners, Agriculture, Commerce, Manufacture	Free or Slave	Negro Males (Under 14, 14-25, 26-44, 45 & over)	Negro Females (Under 14, 14-25, 26-44, 45 & over)	Other not Indian
WIDUP THOMAS	195	WAYN	100200	00100	0001				
WIEGAND GEORGE	320A	POSE	010001	20001	0100				
WIEN WILLIAM	075	RIPL	000010	20100	0100				
WIER JAMES	038	CLAR	201201	12020	0300				
WIER JAMES JR	018	CLAR	001200	10100	0003				
WIER JAMES	018	CLAR	331111	21010	0300				
WIER ROBERT	018	CLAR	120001	10001	0100	S	0100		
WIER ROBERT	173	FRAN	000010	00010	0100				
WIER SAMUEL	172	FRAN	030101	21110	0400				
WIGGINS JOHN	218	FRAN	000010	20010	0100				
WIGGINS JUHILMUS	145	WARR	031010	20000	0000	S	0010		
WIGGINS JUHILMUS	145	WARR	031010	20000	0000	F	3000	1000	
WIGGINS THERON	316	POSE	010100	00101	0200				
WIGGINS WILLIAM	176	FRAN	000010	20100	0100				
WIKESEL ADAM	222	FRAN	300010	20010	0100				
WILARD PETER	084	KNOX	000010	00000	0001				
WILBER BENJAMIN	065	DEAR	100010	02011	0100				
WILBER ROBERT	083	DEAR	121201	01201	0100				
WILBERT WM	014	CRAW	200010	00100	0100				
WILBORN JESSE Y	305A	POSE	210230	11010	0020				
WILBURN JOHN	156	SCOT	210001	42101	0100				
WILCHER JOSIAH	176	FRAN	101110	10100	0001				
WILCOX AARON	220	WASH	111301	20101	0500	F	0001	0010	
WILCOX ASHUR	213	WASH	111311	20010	0500				
WILCOX BENJAMIN	023	DELA	001101	01001	0100				
WILCOX DANIEL	169	SWIT	100100	20100	0000				
WILCOX ELIAS	141	WARR	001000	20100	0001				
WILCOX ISAAC	150	PERR	000001	00000	0000				
WILCOX THOMAS	112	MART	000200	00100	0001				
WILDER ELIAS	149	WARR	320101	12210	0000				
WILDER MICHAEL	194	VIGO	100011	20200	0200				
WILDMAN BENJAMIN	283A	JEFF	200110	10100	0200				
WILDMAN JAMES	289A	JEFF	011101	00200	0200				
WILDMAN JOHN	289A	JEFF	200010	10010	0100				
WILDMAN JOSEPH	283A	JEFF	100010	20100	0100				
WILDRIDGE JOHN	019	FAYE	100010	10100					
WILDRIDGE RALPH	163	FRAN	010101	01101	0200				
WILDS THOMAS	183	WAYN	200100	00010	100				
WILDS THOMAS	183	WAYN	200100	00010	0100				
WILEY ALLEN	172	SWIT	400100	11010	0100				
WILEY AQUILLA	114	MART	000010	10100	0100				
WILEY AQUILLA	075	RIPL	000100	00100	0100				
WILEY EDWARD	181	WAYN	200010	10010	0100				
WILEY JAMES	168	FRAN	400010	00010	0100				
WILEY JAMES	209	WASH	100010	01000	0100				
WILEY JOHN	205	WASH	200001	10101	0000				
WILEY JOSEPH	280A	JEFF	210010	32010	0100				
WILEY MOSES	126	DEAR	120101	00101	0100				
WILEY THOMAS	181	WAYN	100001	02001	0200				
WILEY WILLIAM R	171	SWIT	002210	10100	0100				
WILEY WILLIAM	075	RIPL	000100	00010	0100				
WILEY ZEAH SR	075	RIPL	011101	01001	0200				

Head of Household	Page	County	White Males (Under 10, 10-15, 16-18, 16-25, 26-44, 45 & over)	White Females (Under 10, 10-15, 16-25, 26-44, 45 & over)	Foreigners, Agriculture, Commerce, Manufacture	Free or Slave	Negro Males (Under 14, 14-25, 26-44, 45 & over)	Negro Females (Under 14, 14-25, 26-44, 45 & over)	Other not Indian
WILEY ZECHARIAH JR	075	RIPL	300010	10010	0100				
WILHITE EUHILLAS	292A	JEFF	011101	42001	0200				
WILHORT JOSHUA	276A	JEFF	410010	10010	0100				
WILKERSON JOHN	095	SPEN	120101	00101	0300				
WILKES SAMUEL	013	CRAW	320101	21110	0400				
WILKESON BRANNOR	143	WARR	210001	01010	0002				
WILKEY FRANCIS	295	JEFF	111110	30010	0100				
WILKEY WILL	294A	JEFF	300010	00100	0100				
WILKIE GEORGE	166	SWIT	002000	00000	2200				
WILKINS AMAS	215	WAYN	000001	21110	0100				
WILKINS ANDREW	109	SULL	201010	10100	0200				
WILKINS DAVID	109	SULL	201410	13110	0500				
WILKINS JAMES	283A	JEFF	320101	10301	0200				
WILKINS JOSHUA	156	SCOT	100110	00100	0200				
WILKINS LEE	295A	JEFF	100010	30100	0100				
WILKINS MICHAEL	192	FRAN	200010	30010	0100				
WILKINSON WILLIAM	148	FLOY	200010	10010	1001				
WILKINSON WILLIAM	147	PERR	210001	20100	0200				
WILKINSON JOHN	169	WAYN	010100	00000	0002				
WILKINSON PAUL	294A	JEFF	000010	20100	0001				
WILKINSON JOHN	282A	JEFF	300010	12010	0100				
WILKISON ABRAHAM	006	CLAR	000010	11010	0100				
WILKISON JOHN	077	RIPL	100010	40010	0100				
WILKS EDWARD	117	SULL	100010	01001	0200				
WILKS HENRY	012	CRAW	000110	10100	0200				
WILKS JOSEPH	239	GIBS	110101	01101	0200				
WILLAMS JOHN	099	DEAR	300010	10010	0100				
WILLARD JOHN D	043	CLAR	000101	10100	0100				
WILLCOX JAMES	241	WAYN	000010	01000	0100				
WILLCUTTS THOMAS	191	WAYN	111101	00101	0200				
WILLETS LEVI	271	WAYN	100110	02010	0200				
WILLETS ROBT	271	WAYN	000100	01000	0100				
WILLETS WILLIAM	271	WAYN	120010	41010	0200				
WILLEY HARVEY	110	DEAR	100010	10100	0100				
WILLEY NATHANIEL	083	DEAR	010101	00101	0100				
WILLFONG MICHAEL	212	WASH	301201	22010	0300				
WILLHETE JOHN H	288	JEFF	010100	30010	0100				
WILLIAM ALEXANDER	225	WASH	000100	20100	0100				
WILLIAM ELISHA	195	FRAN	010010	01110	0200				
WILLIAM ISAAC	165	WAYN	200010	20100	0100				
WILLIAM JESSE	175	WAYN	001200	00100	0003				
WILLIAM JOHN	039	DUBO	000100	20100	0100				
WILLIAM JOHN	157	SCOT	100010	40010	0100				
WILLIAM MOSES	117	MONR	001110	30101	0100				
WILLIAM NATHAN	213	WAYN	100010	41010	0100				
WILLIAM REMEMBERANCE	289	JEFF	000011	00101	0200				
WILLIAM RICHARD	097	LAWR	101111	10001	1000				
WILLIAM RICHARD	150	FLOY	020010	20301	0300				
WILLIAM THOMAS	013	CRAW	000001	00100	0001				
WILLIAMS AMOS	073	RIPL	200100	10010	0100				
WILLIAMS ANDERSON	267	JACK	100010	11100	0100				
WILLIAMS AZARIAH	239	WAYN	221201	12001	0500				

Head of Household	Page	County	White Males (Under 10, 10-15, 16-18, 16-25, 26-44, 45 & over)	White Females (Under 10, 10-15, 16-25, 26-44, 45 & over)	Foreigners, Agriculture, Commerce, Manufacture	Free or Slave	Negro Males (Under 14, 14-25, 26-44, 45 & over)	Negro Females (Under 14, 14-25, 26-44, 45 & over)	Other not Indian
WILLIAMS AMOS	247	WAYN	000001	00001	0100				
WILLIAMS ABSALOM	259	WAYN	310001	11110	0200				
WILLIAMS ANTHONY	210	FRAN	410110	02011	0200				
WILLIAMS ALEXANDER	184	FRAN	210010	01010	0200				
WILLIAMS ABSOLOM	129	ORAN	210001	10010	0100				
WILLIAMS ADDISON	008	CRAW	100110	30010	0100				
WILLIAMS ALLEN	020	DELA	331101	21100	0100				
WILLIAMS AZARIAH	115	DEAR	100100	10200	0001				
WILLIAMS BOYD	207	FRAN	100100	20100	0100				
WILLIAMS BENJAMIN	217	WAYN	000100	20100	0100				
WILLIAMS BENJAMIN	243	WAYN	001311	03101	0400				
WILLIAMS BENJAMIN	021	DELA	100010	10100	0100				
WILLIAMS BENJAMIN	023	DELA	200010	10010	0100				
WILLIAMS BENJAMIN	108	LAWR	000100	10100					
WILLIAMS BENJAMIN	021	FAYE	100201	22001	0100				
WILLIAMS BENJAMIN	099	DEAR	000011	21010	0001				
WILLIAMS CORNELIUS	198	FRAN	010010	30010	0100				
WILLIAMS CONSTANT	014	CRAW	010101	01010	0200				
WILLIAMS CALIB	213	WAYN	101100	00100	0100				
WILLIAMS CHARLES	214	WASH	000010	10100	0200				
WILLIAMS CHARLES	011	FAYE	300011	10010	0100				
WILLIAMS CORNELIUS	011	FAYE	410110	11010	0100				
WILLIAMS DANIEL	020	CLAR	100010	30010	0100				
WILLIAMS DAVID	127	ORAN	000010	01000	0100				
WILLIAMS DANIEL	031	DELA	100310	20100	0100				
WILLIAMS DANIEL	073	RIPL	200010	10010	0100				
WILLIAMS DANL	137	WARR	131201	22010	0001				
WILLIAMS DANIEL	168	SWIT	000020	01000	0001				
WILLIAMS EDWARD	291A	JEFF	220010	10010	0100				
WILLIAMS EDWARD	065	DEAR	110001	00001	0100				
WILLIAMS ELY	044	CLAR	100010	10010	0001				
WILLIAMS ELI	050	HARR	310010	22010	0100				
WILLIAMS ELI	071	RIPL	000100	00100	0100				
WILLIAMS ELIZABETH	293	JEFF	200001	00100	0000				
WILLIAMS EZEKIEL	366	RAND	100010	20100	0100				
WILLIAMS ENOCH	313A	POSE	100100	00100	0100				
WILLIAMS ELI	108	LAWR	000100	20210					
WILLIAMS EDWARD	122	DEAR	200010	20010	0100				
WILLIAMS GEO	141	WARR	310020	01100	0000				
WILLIAMS GEORGE	313A	POSE	100010	00101	0100				
WILLIAMS GEORGE	089	KNOX	210002	20010	0300				
WILLIAMS GEORGE	209	FRAN	411101	01010	0300				
WILLIAMS GEORGE	168	FRAN	101120	12010	0300				
WILLIAMS HEZEKIAH	157	WAYN	201120	10010	0002				
WILLIAMS HENRY	308A	POSE	100010	10100	0100				
WILLIAMS HENRY	098	LAWR	210110	22020	0100				
WILLIAMS ISAAC	022	DELA	200010	01010	0100				
WILLIAMS ISAAC	047	HARR	020211	00201	0300				
WILLIAMS ISAAC	189	WAYN	200010	20100	0100				
WILLIAMS ISAAC	223	WAYN	121101	10110	0100				
WILLIAMS ISAAC	100	LAWR	120010	11010					
WILLIAMS ISAAC	105	LAWR	310101	11210					

Head of Household	Page	County	White Males (Under 10, 10-15, 16-18, 16-25, 26-44, 45 & over)	White Females (Under 10, 10-15, 16-25, 26-44, 45 & over)	Foreigners, Agriculture, Commerce, Manufacture	Free or Slave	Negro Males (Under 14, 14-25, 26-44, 45 & over)	Negro Females (Under 14, 14-25, 26-44, 45 & over)	Other not Indian
WILLIAMS JOHN	053	FAYE	111101	22001	0200				
WILLIAMS JOHN	061	FAYE	000100	01000	0000				
WILLIAMS JASPER	075	RIPL	120201	11001	0500				
WILLIAMS JASPER JR	075	RIPL	200100	00010	0100				
WILLIAMS JOHN	129	SULL	001200	00100	0200				
WILLIAMS JOHN	141	WARR	100010	32010	0000				
WILLIAMS JESSE	161	WAYN	011101	00301	0200				
WILLIAMS JAMES	290	JEFF	121201	10200	0300				
WILLIAMS JOSEPH	290A	JEFF	000001	00001	0000				
WILLIAMS JESSE	311	POSE	000100	00100	0100				
WILLIAMS JOHN	311A	POSE	300201	12001	0200				
WILLIAMS JOHN	316A	POSE	000010	00100	0100				
WILLIAMS JOEL	262A	JACK	100100	10100	0100				
WILLIAMS JONAS	011	FAYE	110010	30010	0100				
WILLIAMS JOHN	215	WAYN	000010	20100	0001				
WILLIAMS JOHN	221	WAYN	100101	21001	0100				
WILLIAMS JACOB	227	WAYN	100010	20011	0100				
WILLIAMS JOSEPH	231	WAYN	300010	30010	0100				
WILLIAMS JAMES	239	WAYN	300010	02110	0100				
WILLIAMS JOHN	133	ORAN	111101	21001	0300				
WILLIAMS JOHN R	134	ORAN	420001	00210	0200				
WILLIAMS JESSE	014	CRAW	000010	00100	0001				
WILLIAMS JONATHAN	028	DELA	301100	00010	0100				
WILLIAMS JOSEPH	149	WARR	001001	01001					
WILLIAMS JOHN	018	CLAR	311110	21010	0300				
WILLIAMS JOSIAH	020	CLAR	200010	22010	0100				
WILLIAMS JOSHUA	208	FRAN	000100	00100	0100				
WILLIAMS JOSEPH	167	FRAN	200010	30010	0100				
WILLIAMS JAMES	171	FRAN	000010	00010	0100				
WILLIAMS JOHN	145	PERR	000100	10100	0100				
WILLIAMS JOHN	145	PERR	011001	00101	0200				
WILLIAMS JONATHAN	117	MONR	000100	10101	0100				
WILLIAMS JOHN	025	FAYE	000100	00100	0100				
WILLIAMS JOSEPH	092	KNOX	421201	00010	0500				
WILLIAMS JOHN	155	FLOY	020201	10201	0400	S	0100	3100	
WILLIAMS JAMES	084	DEAR	300010	00100	0100				
WILLIAMS JOHN	099	DEAR	100011	40100	0200				
WILLIAMS JOHN	102	DEAR	210010	11010	0100				
WILLIAMS JOHN	104	LAWR	220010	21210	0100				
WILLIAMS JAMES	108	LAWR	300010	00100					
WILLIAMS JOHN	210	WASH	000100	10100	0100				
WILLIAMS JAMES	215	WASH	001110	41010	0000				
WILLIAMS JAMES	207	WASH	101201	30001	0100				
WILLIAMS JOHN	180	VAND	320010	20010	0200				
WILLIAMS KERN	045	HARR	200010	10010	0100				
WILLIAMS LAMIEL	255	WAYN	100100	00100	0100				
WILLIAMS LEWIS	127	ORAN	211201	11001	0600				
WILLIAMS LYDIA	213	WASH	010000	11010	0100				
WILLIAMS LEWIS	181	VAND	200010	30010	0100				
WILLIAMS MATHEW	305A	POSE	110001	20010	0100				
WILLIAMS MILBOURN	025	FAYE	100100	00100	0100				
WILLIAMS MARY ANN	025	FAYE	021100	10001	0000				

Head of Household	Page	County	White Males (Under 10, 10-15, 16-18, 16-25, 26-44, 45 & over)	White Females (Under 10, 10-15, 16-25, 26-44, 45 & over)	Foreigners, Agriculture, Commerce, Manufacture	Free or Slave	Negro Males (Under 14, 14-25, 26-44, 45 & over)	Negro Females (Under 14, 14-25, 26-44, 45 & over)	Other not Indian
WILLIAMS MARKE	187	VIGO	100001	03201	0100				
WILLIAMS MATHIAS	108	LAWR	100010	00100					
WILLIAMS NEHEMIAH	291	JEFF	200010	11010	0100				
WILLIAMS NOTLEY	261A	JACK	300010	00100	0100				
WILLIAMS NATHAN	211	WAYN	C						
WILLIAMS NATHAN	245	WAYN	100100	00100	0100				
WILLIAMS OTHO	073	RIPL	100100	10100	0100				
WILLIAMS OWEN	191	WAYN	000010	11010	0100				
WILLIAMS POLLY	129	ORAN	010000	20110	0100				
WILLIAMS RICHARD	167	WAYN	200001	30000	0100				
WILLIAMS RICHARD	071	RIPL	200100	10100	0100				
WILLIAMS ROBERT	289	JEFF							
WILLIAMS RUFUS	312A	POSE	100110	10100	0200				
WILLIAMS RUSSEL	233	WAYN	100100	10100	0100				
WILLIAMS RICHARD	239	WAYN	310010	12010	0200				
WILLIAMS ROBERT	065	DEAR	200010	20100	0100				
WILLIAMS REAS	049	CLAR	100001	00101	0100				
WILLIAMS ROBERT	231	GIBS	020001	00110	2010				
WILLIAMS RICHARD	217	FRAN	200010	30010	0100				
WILLIAMS RALPH	220	FRAN	421110	21010	0400				
WILLIAMS REBECKA	181	FRAN	310100	00110	0100				
WILLIAMS RICHARD	005	CRAW	110101	11110	0300				
WILLIAMS ROBERT	017	FAYE	311110	22110	0100				
WILLIAMS STEPHEN	167	WAYN	300010	10000	0100				
WILLIAMS SAWYER	316A	POSE	001200	10100	0200				
WILLIAMS SAMUEL	181	WAYN	200010	31010	0100				
WILLIAMS STEPHEN	233	WAYN	310010	10010	0200				
WILLIAMS SAMUEL	023	FAYE	300010	21010	0100				
WILLIAMS THOMAS	084	KNOX	000100	00000	0100				
WILLIAMS THOMAS	225	FRAN	110010	21010	0200				
WILLIAMS THOMAS	171	FRAN	101111	01001	0200				
WILLIAMS THOMAS	053	HARR	000010	20100	0100				
WILLIAMS THOMAS	064	HARR	000010	20010	0100				
WILLIAMS THOMAS	053	FAYE	100100	00100	0001				
WILLIAMS THOS	299	PIKE	200010	00100					
WILLIAMS THOS	286A	JEFF	400010	00010	0100				
WILLIAMS VINCENT	104	LAWR	310110	02010	0100				
WILLIAMS VANE	044	HARR	321110	10010	0200				
WILLIAMS WILLIAM	083	DEAR	010001	22101	0001				
WILLIAMS WILLIAM	098	DEAR	100201	00101	0100				
WILLIAMS WILLIAM	091	KNOX	320010	10100	0400				
WILLIAMS WILLIAM	011	CLAR	100010	40110	0100				
WILLIAMS WILLIAM	209	FRAN	000100	00100	0100				
WILLIAMS WILLIAM	217	FRAN	310010	21011	0100				
WILLIAMS WILLIAM	195	FRAN	221101	10101	0100				
WILLIAMS WILLIAM	135	ORAN	000100	00010	0100				
WILLIAMS WILLIAM	020	DELA	100010	10100	0100				
WILLIAMS WILLIAM	023	DELA	110000	10010	0100				
WILLIAMS WM	173	WAYN	021101	01001	0300				
WILLIAMS WILLIAM	059	FAYE	210010	00010	0100				
WILLIAMS WM	316A	POSE	000101	11100	0100				
WILLIAMS WILLIAM	325	RAND	111101	01010	0100				

Head of Household	Page	County	White Males (Under 10, 10-15, 16-18, 16-25, 26-44, 45 & over)	White Females (Under 10, 10-15, 16-25, 26-44, 45 & over)	Foreigners, Agriculture, Commerce, Manufacture	Free or Slave	Negro Males (Under 14, 14-25, 26-44, 45 & over)	Negro Females (Under 14, 14-25, 26-44, 45 & over)	Other not Indian
WILLIAMS WILLIAM	262	JACK	410010	01010	0100				
WILLIAMS WILLIAM M	191	WAYN	200010	00100	0100				
WILLIAMS WILLIAM	235	WAYN	000100	00100	0100				
WILLIAMS WILLIAM	210	WASH	020101	01001	0100				
WILLIAMS ZACHARIAH	118	MONR	000100	01000	0001				
WILLIAMS ZADOCK	187	WAYN	000100	00000	0001				
WILLIAMSON SAMUEL	168	SWIT	200010	10010	0000				
WILLIAMSON THOMAS	098	DEAR	200010	00010	0100				
WILLIAMSON DAVID	109	DEAR	201201	01100	0100				
WILLIAMSON WILLIAM	110	DEAR	210010	11000	0100				
WILLIAMSON THOS	102	LAWR	100010	20100	0100				
WILLIAMSON JOHN	240	GIBS	310010	11010	0100				
WILLIAMSON HENRY	143	OWEN	100202	41411	0000				
WILLIAMSON ISAAC	117	MONR	000100	10100	0100				
WILLIAMSON HENRY	123	SULL	210010	20010	0200				
WILLIAMSON GEORGE	123	SULL	220010	20010	0300				
WILLIAMSON MOSES	123	SULL	000010	30020	0100				
WILLIARD OFTIN	083	KNOX	000010	00000	0000				
WILLIARD TITUS B	083	KNOX	000010	00000	0000				
WILLIMORE JACOB	092	KNOX	200200	00010	0100				
WILLINOTT JOSEPH	157	WAYN	010001	20101	6001				
WILLINSON JOHN	112	DEAR	110100	01001	0000				
WILLIS ABRAHAM	083	KNOX	000100	00000	0000				
WILLIS DAVID	239	WAYN	100010	01100	0100				
WILLIS ISAAC	163	WAYN	200010	10010	0100				
WILLIS JACOB	220	WASH	400010	00010	0100				
WILLIS JESSE	239	WAYN	000100	10100	0100				
WILLIS JOHN	211	FRAN	310100	10100	0100				
WILLIS JOHN	239	WAYN	000010	00100	0100				
WILLIS JOHN	165	SWIT	000110	00011	1200				
WILLIS JOSHUA	065	DEAR	200010	20010	0100				
WILLIS NOAH C	268A	JACK	200020	10011	0100				
WILLIS SAMUEL	243	WAYN	121311	00001	0300				
WILLIS SARAH	239	WAYN	000010	00101	0100				
WILLIS TRUSTRUM	209	FRAN	011110	41010	0200				
WILLIS WILLIAM	210	FRAN	000201	01101	0200				
WILLIS WILLIAM	023	DELA	200110	00100	0100				
WILLISON JAMES	025	DELA	100010	10100	0100				
WILLITT JESSE	165	WAYN	020301	11001	0103				
WILLITT THOMAS	196	FRAN	100001	00010	0001				
WILLITTS BRADY	257	WAYN	100100	00100	0100				
WILLITTS ELISHA	247	WAYN	100110	00000	0100				
WILLITTS ISAIAH	173	WAYN	300002	00100	0101				
WILLITTS ISAAC	257	WAYN	110101	02110	0200				
WILLMORE JOSEPH	091	KNOX	000100	00001	0001				
WILLS DANIEL	139	FLOY	000210	00010	0201				
WILLS GEORGE	150	FLOY	000010	20100	0100				
WILLS WILLIAM	180	VAND	100010	00010	3001				
WILLS WILLIAM	092	KNOX	000001	00000	0000				
WILLSON ALEX	282	JEFF	100010	20200	0100				
WILLSON BENJ	204	FRAN	100110	10100	0200				
WILLSON ELDER WM	176	FRAN	000001	00001	0000				

Head of Household	Page	County	White Males (Under 10, 10-15, 16-18, 16-25, 26-44, 45 & over)	White Females (Under 10, 10-15, 16-25, 26-44, 45 & over)	Foreigners, Agriculture, Commerce, Manufacture	Free or Slave	Negro Males (Under 14, 14-25, 26-44, 45 & over)	Negro Females (Under 14, 14-25, 26-44, 45 & over)	Other not Indian
WILLSON GABRIEL	190	VIGO	000100	00100	0100				
WILLSON GEORGE	223	FRAN	110001	01201	0200				
WILLSON GEO	281A	JEFF	310111	02201	0200				
WILLSON ISAAC	171	FRAN	010010	00010	0200				
WILLSON JAMES	286	JEFF	010010	00000	0100				
WILLSON JEREMIAH	191	VIGO	301111	00010	0300				
WILLSON JOHN	287	JEFF	300010	20100	0001				
WILLSON MARY	290	JEFF	010110	00021	0100				
WILLSON MORGAN	169	WAYN	100010	10100	0001				
WILLSON MOSES	280	JEFF	300010	00010	0100				
WILLSON NATHANIEL	285A	JEFF	010101	01101	0200				
WILLSON NANCY	288A	JEFF	000200	11110	0200				
WILLSON PATRICK	281A	JEFF	200010	31010	0100				
WILLSON ROBERT	179	FRAN	200010	20100	0100				
WILLSON SAMUEL	286A	JEFF	000010	20100	4100				
WILLSON SOLOMON	285	JEFF	310010	23110	0100				
WILLSON WILL	288	JEFF	000010	00100	0100				
WILLSON WILLIAM	020	DELA	300201	20001	0100				
WILLSON WILL	281A	JEFF	300010	10110	0100				
WILLSSON JAMES	161	FRAN	200010	10010	0100				
WILLY BARZILLA SR	021	CLAR	020101	01201	0200				
WILLY BARZILLA JR	021	CLAR	000010	10100	0001				
WILLY ELAM	059	HARR	100100	00101	0100				
WILLYARD GEORGE	079	RIPL	010201	21101	0400				
WILSEY NATHANIEL	209	FRAN	000001	01001	0100				
WILSEY WILLIAM	209	FRAN	100100	00010	0100				
WILSON ABEL	029	FAYE	000010	10100	0100				
WILSON ABIJAH	032	DELA	200100	01000	0100				
WILSON ALEX	081	JENN	000201	22201	0300				
WILSON ALEXANDER	146	FLOY	400101	02110	0100				
WILSON ALEXANDER	208	WASH	300010	00100	0100				
WILSON ALLEN	031	DELA	000010	00010	0100				
WILSON ANDREW	135	ORAN	000010	20010	0100				
WILSON ANDREW	011	FAYE	100100	10100	0100				
WILSON ANNA	147	WARR	300000	00010	0000				
WILSON BENJAMIN	083	DEAR	001301	11101	0100				
WILSON CHARLES	209	WASH	000100	10100	0100				
WILSON DANIEL	110	DEAR	011201	01100	0100				
WILSON DAVID	272A	JEFF	120500	00200	0004				
WILSON DAVID	192	VIGO	100010	10100	0100				
WILSON DAVID	183	VAND	000010	00010	0001				
WILSON DAVID	043	FAYE	200010	10010	0100				
WILSON EDWARD	091	KNOX	100200	10100	0100				
WILSON EPHRAIM	077	RIPL	001311	20300	0300				
WILSON FRANCIS	085	KNOX	000100	00100	1000				
WILSON FRANCES	086	KNOX	000010	10100	2000				
WILSON GABRIEL	111	SULL	000010	00100	0100				
WILSON GIDEON	029	FAYE	000100	11100	0100				
WILSON GRINER	233	WAYN	200010	10100	0100				
WILSON HARRISON	209	WASH	000100	00100	0100				
WILSON HARDY	023	DELA	000100	00100	0100				
WILSON HENRY	207	WASH	010010	10100	0200				

Head of Household	Page	County	White Males (Under 10, 10-15, 16-18, 16-25, 26-44, 45 & over)	White Females (Under 10, 10-15, 16-25, 26-44, 45 & over)	Foreigners, Agriculture, Commerce, Manufacture	Free or Slave	Negro Males (Under 14, 14-25, 26-44, 45 & over)	Negro Females (Under 14, 14-25, 26-44, 45 & over)	Other not Indian
WILSON HIRAM	047	CLAR	000100	00101	0001				
WILSON ISAAC	030	DELA	210001	21010	0100				
WILSON ISAAC	152	SCOT	100200	00200	0101	F	0100		
WILSON ISAIAH	119	SULL	210010	11010	0200				
WILSON JACOB	273	JEFF	110011	11010					
WILSON JACOB JR	021	FAYE	300100	00100	0100				
WILSON JACOB JR	027	FAYE	410110	12010	0100				
WILSON JAMES	129	ORAN	000100	10100	0100				
WILSON JAMES	021	DELA	221210	40010	0100				
WILSON JAMES	075	RIPL	100100	20100	0100				
WILSON JAMES	079	RIPL	110100	11010	0100				
WILSON JAMES	274A	JEFF	100230	11110	0004				
WILSON JAMES	074	HARR	100100	10010	0000				
WILSON JAMES I	204	WASH	110201	01111	0200				
WILSON JAMES	149	PERR	320010	10110	0300				
WILSON JAMES	125	ORAN	100110	11100	0200				
WILSON JAMES	188	VIGO	300020	00110	0200				
WILSON JAMES	147	FLOY	220010	12010	0300				
WILSON JAMES	084	DEAR	101301	31201	0100				
WILSON JAMES	167	SWIT	001111	01001	0100				
WILSON JAMES	224	WASH	100100	10010	0100				
WILSON JAMES	209	WASH	000100	00100	0100				
WILSON JASPER	125	ORAN	011101	01001	0300				
WILSON JESSE	077	RIPL	000010	30100	0100				
WILSON JOB	077	RIPL	000010	00010	0100				
WILSON JOEL	171	SWIT	000101	52010	0200				
WILSON JOHN	012	CRAW	300001	22110	0100				
WILSON JOHN	046	HARR	000100	00100	0100				
WILSON JOHN F	269	JACK	210010	21110	0100				
WILSON JOHN	229	WAYN	200010	20010	0100				
WILSON JOHN	129	ORAN	410010	22010	0100				
WILSON JOHN	132	ORAN	000010	50100	0100				
WILSON JOHN	137	ORAN	000010	40010	0100				
WILSON JOHN	092	KNOX	010101	10001	0200				
WILSON JOHN	081	JENN	300010	20010	0100				
WILSON JOHN	016	CLAR	000100	00100	0100				
WILSON JOHN	029	FAYE	100011	20010	0100				
WILSON JOHN M	051	FAYE	200010	10010	0100				
WILSON JOHN	011	FAYE	001101	00101	0100				
WILSON JOHN	209	WASH	310010	10010	0100				
WILSON JOHN	099	DEAR	200130	10010	0300				
WILSON JOHN	212	WASH	111210	21010	0400				
WILSON JOHN	202	WASH	220011	10110	0200				
WILSON JOHN	173	SWIT	010020	22001	0100				
WILSON JOSHUA	072	HARR	101301	00010	0000				
WILSON JOSEPH	046	HARR	200100	10100	0100				
WILSON JOSEPH	061	HARR	100001	30001	0100				
WILSON JOSEPH	225	FRAN	021110	31101	0300				
WILSON JOSEPH	125	ORAN	000101	10101	0200				
WILSON JOSEPH	092	KNOX	110010	21010	0100				
WILSON JOSEPH	017	FAYE	000100	20100	0100				
WILSON LEONARD	043	CLAR	21001.	21010	0100				

Head of Household	Page	County	White Males (Under 10, 10-15, 16-18, 16-25, 26-44, 45 & over)	White Females (Under 10, 10-15, 16-25, 26-44, 45 & over)	Foreigners, Agriculture, Commerce, Manufacture	Free or Slave	Negro Males (Under 14, 14-25, 26-44, 45 & over)	Negro Females (Under 14, 14-25, 26-44, 45 & over)	Other not Indian
WILSON LEWIS	316	POSE	010201	12001	0300				
WILSON MARTIN	023	DELA	300010	00100	0100				
WILSON MARY	268A	JACK	010200	01010	0100				
WILSON MARGARETT	137	ORAN	000100	00201	0100				
WILSON MOSES	282A	JEFF	100201	11100	0300				
WILSON NATHANIEL B	137	ORAN	010100	10100	0001				
WILSON OBEDIAH	125	ORAN	000000	00010	0100	F	1010		
WILSON OLADINE	087	DEAR	010300	00101	0100				
WILSON PATON	135	ORAN	200100	00100	0100				
WILSON PHILEMON	084	DEAR	100100	00100	0100				
WILSON PRISCILLA	058	HARR	010000	22010	0000				
WILSON ROBERT	081	JENN	000010	00100	0100				
WILSON ROBERT	030	DELA	000100	00100	0100				
WILSON SAM	023	DELA	112401	01010	0100				
WILSON SAMUEL	125	ORAN	000100	00100	0100				
WILSON SAMUEL N	092	KNOX	300010	00010	0100				
WILSON SAMUEL	077	JENN	000101	00101	0100				
WILSON SAMUEL	C43	FAYE	000010	00100	0100				
WILSON SARAH	315A	POSE	100000	11100	0000				
WILSON SOLOMON	023	DELA	200100	10200	0100				
WILSON SUSANA	132	ORAN	000000	10010	0000				
WILSON THOMAS	118	MONR	120110	21010	0100				
WILSON THOMAS	261A	JACK	000100	00100	0100				
WILSON THOMAS	037	CLAR	000010	20010	0100				
WILSON THOMAS	224	WASH	100100	00100	0100				
WILSON WALTER	236	GIBS	320011	00201	0200				
WILSON WASHINGTON	209	WASH	100100	10100	0100				
WILSON WILLIAM	167	FRAN	100101	22010	0100				
WILSON WILLIAM	171	FRAN	110010	40010	0200				
WILSON WILLIAM	129	ORAN	000100	00100	0100				
WILSON WILLIAM	077	RIPL	100010	20010	0100				
WILSON WILLIAM	209	WASH	110001	12101	0100				
WILSON WILLIAM	182	VAND	300001	00100	0100				
WILSON WILLIAM	161	SCOT	221101	00001	0300				
WILSON WM	153	WARR	000210	00000	0000				
WILT DANIEL	180	VAND	000100	00000	0000				
WILY SPENCER	168	FRAN	000010	10100	0100				
WILYARD JOHN	084	DEAR	000001	00011	0100				
WIMAN RAINS	006	CRAW	420101	02010	0300				
WIMMS JAMES	046	CLAR	001720	00010	0006				
WIMON HENRY	114	MART	000110	10100	0200				
WIMPLE JOHN	078	JENN	000010	00010	0100				
WINCET JOSEPH	193	VIGO	110010	10010	0200				
WINCHEL NATHAN	181	FRAN	110010	21011	0200				
WINCHEL SMITH	150	PERR	220010	10010	0300				
WINCHEL URIAH	150	PERR	310010	11010	0200				
WINCHELL JOHN	079	JENN	320021	31010	0100				
WINCHELL ROBERT	061	FAYE	211201	02001	0300				
WINCHESTER W W	141	FLOY	000011	01100	0002				
WINCHESTER JOHN	283	JEFF	111110	10010	0200				
WINCHILL PETER	204	FRAN	200010	10100	0100				
WINDERS JAMES	255	GIBS	320001	00010	0100				

Head of Household	Page	County	White Males Under 10 10-15 16-18 16-25 26-44 45 & over	White Females Under 10 10-15 16-25 26-44 45 & over	Foreigners Agriculture Commerce Manufacture	Free or Slave	Negro Males Under 14 14-25 26-44 45 & over	Negro Females Under 14 14-25 26-44 45 & over	Other not Indian
WINDSOR WILLIAM	165	SWIT	100100	10100	0100				
WINECOOP ISAAC	226	FRAN	200010	10100	0100				
WINEGARTNER FREDK	318A	POSE	000131	11101	1100				
WINEMETER JACOB JR	313	POSE	200010	10100	0100				
WINEMILLER CONROD	313	POSE	200011	31010	0300				
WINEMILLER JACOB SR	313	POSE	201101	01001	0200				
WINEMILLER JAS	316A	POSE	100010	00100	0100				
WINES MARTIN	127	SULL	000010	40010	0100				
WINGATE JOHN	161	SCOT	100201	02001	0300				
WINING JOHN	065	DEAR	110101	00301	0200				
WININGER WILLIAM	037	DUBO	120010	32010	0300				
WININGS ANDREW	099	DEAR	410011	21010	0100				
WINKELS JEREMIAH	266	JACK	310010	22010	0100				
WINKLER ADAM	299	PIKE	200010	10100					
WINKLER DAVID	153	WARR	211021	01001	0001				
WINKLER DANIEL	310	POSE	110001	32010	0200				
WINKLER JAMES	263A	JACK	100010	00010	0000				
WINKLER JOSEPH	153	WARR	000010	30010	0001				
WINKLER THOMAS	265A	JACK	000010	01010	0100				
WINKLEY JOSEPH W	084	DEAR	210010	10010	0100				
WINLKER DAVID	097	SPEN	000100	01000	0100				
WINN JAMES	267A	JACK	200010	10010	0100				
WINN WILLIAM	173	SWIT	000010	40010	0001				
WINN WILLIAM	171	SWIT	000010	40010	0100				
WINSAR THOS	295A	JEFF	120201	32011	0100				
WINSCOTT THOMAS	170	FRAN	300010	00010	0100				
WINSHIP JABEZ	169	FRAN	010101	01001	0200				
WINSHIP JESSE	007	FAYE	300010	20010	0100				
WINSHIP JOSEPH	003	FAYE	000101	10100	0002				
WINSLOW JAMES	207	WASH	111110	21010	0300				
WINSTANLEY JOHN	139	FLOY	320010	11010	0001				
WINTER IGNATIUS	149	FLOY	100001	00010	0100				
WINTER JOHN	060	HARR	210001	21010	0100				
WINTER JOHN	191	VIGO	010100	00100	0200				
WINTER SYLVY	191	VIGO	100000	01010	0000				
WINTERNIND JOHN	046	HARR	000101	11001	0200				
WINTERODE DAVID	172	SWIT	300100	20100	0100				
WINTERS JACOB	067	HARR	000010	10100	0100				
WINTERS LEVI	069	DEAR	200010	20010	0100				
WINTERS THOMAS	045	HARR	200010	00100	0100				
WINTERS THOMAS S	064	HARR	110010	30010	0100				
WINTERS TIMOTHY	212	WASH	210010	11000	0200				
WINTERS WILLIAM	062	HARR	401101	10201	0200				
WIRAM HARMAN	247	WAYN	200010	31010	0100				
WIRE JOHN	214	WASH	000100	20100	0100				
WIRE JOHN	091	SPEN	320101	20001	0300				
WIRE THOMAS	212	WASH	100100	00100	0100				
WIRE THOMAS	275	JEFF	200010	10010	0001				
WISE CONRAD	055	HARR	200010	20010	0100				
WISE GEORGE	058	HARR	010100	00100	0100				
WISE JACOB	127	ORAN	300101	03010	0100				
WISE JACOB	058	HARR	000100	10100	0100				

Head of Household	Page	County	White Males Under 10 10-15 16-18 16-25 26-44 45 & over	White Females Under 10 10-15 16-25 26-44 45 & over	Foreigners Agriculture Commerce Manufacture	Free or Slave	Negro Males Under 14 14-25 26-44 45 & over	Negro Females Under 14 14-25 26-44 45 & over	Other not Indian
WISE JAMES	291	JEFF	100010	10100	0100				
WISE JOHN	083	KNOX	000100	00000	0001				
WISE JOHN	064	HARR	100010	00100	0100				
WISE PETER	058	HARR	000001	01001	0100				
WISE SAMUEL	083	KNOX	000100	00000	0001				
WISEHART JOHN	148	PERR	100100	10100	0100				
WISEHART THOMAS	173	WAYN	520010	10010	0300				
WISEHART THOMAS	225	WAYN	320010	10010	0300				
WISEMAN ABRAHAM	067	HARR	300010	01010	0200				
WISEMAN ABRAHAM	011	CRAW	420101	00110	0400				
WISEMAN BENJAMIN	011	CRAW	000100	10100	0100				
WISEMAN ISAAC	040	CLAR	110010	31010	0100				
WISEMAN JAMES	069	HARR	110401	00201	0400				
WISEMAN PHILLIP	069	HARR	120010	00010	0100				
WISEMAN ROBERT	245	GIBS	121001	41010	0200				
WISEMAN WILLIAM	067	HARR	200110	20010	0200				
WISONG VALINTINE	366	RAND	000111	10001	0100				
WISSENSAND PAUL	104	LAWR	100010	10100	0100				
WITCHER BRICE	028	DELA	100010	10100	0100				
WITHAM MORRIS	013	FAYE	200010	21010	0100				
WITHERS THOMAS J	298	PIKE	201010	12021					
WITSMAN JACOB	133	ORAN	000100	00100	0100				
WITT ENOCH	209	WAYN	100010	20010	0100				
WITT JOHN	199	WAYN	220011	12000	0300				
WITT WM	201	WAYN	220010	11010	0100				
WITTER JACOB	208	FRAN	200010	10100	0100				
WITTER JOHN	208	FRAN	411110	12010	0300				
WITTSON JEHUE	229	WAYN	101301	01001	0400				
WITTY JACOB	268	JACK	000100	10100	0100				
WITTY WILLIAM	211	WASH	300010	11100	0100				
WITTY WILLIAM	135	ORAN	300010	10110	0001				
WOERNER WM	320A	POSE	101101	00100	0000				
WOHERTON RICHARD	269	WAYN	001301	00001	0100				
WOLCOTT JOSEPH	084	DEAR	001201	00101	0200				
WOLF GEORGE J	057	HARR	410010	01010	0100				
WOLF HENRY	023	FAYE	000010	10010	0100				
WOLF HENRY	126	ORAN	100010	21100	0100				
WOLF HENRY	055	HARR	310210	00000	0100				
WOLF JACOB	123	SULL	311301	21310	0500				
WOLF JOHN	128	ORAN	200110	11010	0100				
WOLF JOHN	055	HARR	300010	20100	0100				
WOLF PETER	129	ORAN	110010	20021	0100				
WOLF SAMUEL	056	HARR	100010	10100	0100				
WOLF SOLOMON	317	POSE	010001	00101	0100				
WOLFINGTON JAMES	131	ORAN	031101	10101	0400				
WOLFINGTON GEORGE	131	ORAN	000100	00100	0100				
WOLFINGTON ABRAHAM	131	ORAN	200010	10010	0100				
WOLFINGTON JOHN	132	ORAN	321110	11010	0400				
WOLFLERT FREDRICK	317	POSE	110001	00111	0200				
WOLTS HEZEKIAH	224	WASH	000010	20010	0100				
WOLVERTON GEORGE	038	CLAR	300010	00010	0001				
WONEKE JOHN	069	DEAR	100010	00100	0100				

Head of Household	Page	County	White Males Under 10 10-15 16-18 16-25 26-44 45 & over	White Females Under 10 10-15 16-25 26-44 45 & over	Foreigners Agriculture Commerce Manufacture	Free or Slave	Negro Males Under 14 14-25 26-44 45 & over	Negro Females Under 14 14-25 26-44 45 & over	Other not Indian
WOOBRORTON JOHN D	083	KNOX	000100	00000	0000				
WOOD ABRAHAM	216	WASH	000101	00001	0200				
WOOD ALEXANDER	037	FAYE	000001	00000	1100				
WOOD ALONZO	218	FRAN	000100	00100	0100				
WOOD ANDREW W	201	FRAN	100010	10100	0100				
WOOD ANSIL	182	VAND	200020	12110	0200				
WOOD ASHBURY	243	WAYN	200010	20000	0100				
WOOD BART	149	WARR	200110	00101	0000				
WOOD BENJ	167	FRAN	001210	10000	0100				
WOOD BENJAMIN	169	WAYN	100100	10100	0001				
WOOD BENONI	012	CLAR	110010	20010	0200				
WOOD CALEB	327	RAND	000100	00100	0100				
WOOD CHARLES	178	FRAN	200100	00100	0001				
WOOD DANIEL	216	WASH	100100	20100	0100				
WOOD DANIEL	264A	JACK	010101	22010	0100				
WOOD DAVID J	261	WAYN	200010	20100	0100				
WOOD ELIAS	081	JENN	200010	00010	0100				
WOOD ELIPHUS	137	WARR	100100	22100	0000				
WOOD ELIZABETH	144	FLOY	201300	00010	0300				
WOOD GEORGE	201	WASH	000100	00000	0000				
WOOD HANNAH	205	WAYN	310100	21110	0200				
WOOD HENRY	117	MONR	200010	20010	0100				
WOOD ISAAC	051	FAYE	100010	02010	0001				
WOOD ISAAC	149	FLOY	210010	21010	0100				
WOOD ISAAC	116	DEAR	000100	00000	0100				
WOOD ISAAC	144	FLOY	300010	12110	0100				
WOOD ISAAC	191	FRAN	020101	00101	0300				
WOOD JAMES	039	FAYE	000100	00100	0001				
WOOD JAMES	041	FAYE	200010	20010	0100				
WOOD JAMES N	042	CLAR	101102	11011	0100				
WOOD JAMES	065	DEAR	000010	00100	0100				
WOOD JEREMIAH	083	KNOX	210010	10110	0010				
WOOD JEREMIAH	043	HARR	000001	01201	0100				
WOOD JOHN	218	WASH	400010	20010	0100				
WOOD JOHN	204	WASH	000100	00100	0100				
WOOD JOHN	160	FRAN	110010	00100	1				
WOOD JOHN P	102	DEAR	000010	00001	0100				
WOOD JOHN	117	MONR	200010	20010	0100				
WOOD JOHN	039	DUBO	100100	11101	0100				
WOOD JOHN	280	JEFF	200010	00100	0100				
WOOD KERBY	180	VAND	100001	10010	4001				
WOOD KERNELIOUS	101	SPEN	200010	00100	0100				
WOOD LEVI	070	HARR	210010	11010	0100				
WOOD LEWIS W	186	FRAN	000100	00000	0100				
WOOD LUKE	178	VAND	010010	00010	0100				
WOOD MARY	012	CLAR	210100	21110	0100				
WOOD MATHEW	205	WASH	000010	20010	0000				
WOOD MOSES G	266A	JACK	010031	10010	0100				
WOOD ROBERT	168	SWIT	120001	31110	0100				
WOOD ROBERT	108	LAWR	000010	11010					
WOOD STEPHEN	088	DEAR	000020	00010	0100				
WOOD VINCENT	240	GIBS	200010	00010	0100				

Head of Household	Page	County	White Males Under 10 10-15 16-18 16-25 26-44 45 & over	White Females Under 10 10-15 16-25 26-44 45 & over	Foreigners Agriculture Commerce Manufacture	Free or Slave	Negro Males Under 14 14-25 26-44 45 & over	Negro Females Under 14 14-25 26-44 45 & over	Other not Indian
WOOD WILLIAM	200	FRAN	210010	31110	0100				
WOOD WILLIAM	101	SPEN	200010	11010	0100				
WOOD WILLIAM	109	SULL	100010	30100	0100				
WOOD WILLIAM	218	WASH	111301	11001	0500				
WOOD WINSLOW	084	DEAR	200020	00010	0100				
WOOD WM	219	WAYN	300010	11010	0100				
WOOD ZADOK	069	DEAR	000001	01001	0100				
WOOD ZEBEDEE	106	LAWR	200010	10010	0100				
WOOD ZEDIKIAH	039	DUBO	000001	00001	0100				
WOODALL JOHN	099	SPEN	100001	00010	0100				
WOODARD BARTLET	118	MONR	131111	31110	0200				
WOODARD ELISEY	117	MONR	200100	00100	0100				
WOODARD JAMES	213	WASH	200010	20010	0100				
WOODARD JONAH	211	WASH	000100	00100	0100				
WOODARD MARY	213	WASH	010000	00001	0400				
WOODARD SILAS	117	MONR	200010	30010	0100				
WOODBERRY JONATHAN	104	DEAR	220010	11110	0100				
WOODBURN ROBERT	280A	JEFF	200100	01000	0001				
WOODCOCK ALANSON	009	FAYE	100010	31010	0100				
WOODEN AMOS	090	KNOX	110010	20010	0000				
WOODEN WILLIAM	263	JACK	400010	11010	0100				
WOODFILL ANDREW	287	JEFF	220010	41110	0200				
WOODFILL DANIEL	290A	JEFF	010001	00111	0000				
WOODFILL DANIEL	290	JEFF	000010	00100	0100				
WOODFILL ELIZABETH	290A	JEFF	010000	02010	0000				
WOODFILL GABRIEL	290	JEFF	000001	00001	0000				
WOODFILL GABRIEL	290A	JEFF	000010	00010	0100				
WOODFILL JOHN	290A	JEFF	111111	22010	0200				
WOODFILL JOHN	285	JEFF	010010	11010	0100				
WOODFILL JOHN	288	JEFF	121110	13010	0200				
WOODFILL SAML	290	JEFF	200010	20100	0100				
WOODFIN DILLIN	137	ORAN	000100	00000	0100				
WOODFORD JULIUS	014	CRAW	000010	10100	0010				
WOODFUFF GAD	213	WASH	210001	10010	0200				
WOODHOUSE HENRY	093	KNOX	410010	10110	0100				
WOODMANSEE GABRIEL	268	JACK	120101	20110	0100				
WOODMANSEE JAMES	266	JACK	220010	11010	0100				
WOODRAM JAMES	100	LAWR	000100	00010					
WOODRAM WILLIAM	100	LAWR	310001	22001					
WOODRUFF CHARLES	139	FLOY	000110	01100	0002				
WOODRUFF NATHL	149	WARR	111010	11010	0000				
WOODRUFF SETH	136	FLOY	101951	12110	0213	S		0010	
WOODRY JOSEP	301	PIKE	300010	10010					
WOODS ANDREW	261	WAYN	100010	10110	0100				
WOODS DAVID	234	GIBS	200010	30010	0100				
WOODS EDWARD	038	DUBO	310010	00100	0200				
WOODS ELI	053	HARR	011101	00001	0100				
WOODS HENRY	118	MONR	300010	00100	0100				
WOODS ISAAC	240	GIBS	220010	20010	0200				
WOODS JAMES	065	DEAR	400010	00010	0100				
WOODS JAMES T	114	MART	200010	10010	0100				
WOODS JAMES	118	MONR	210010	30211	0100				

Head of Household	Page	County	White Males (Under 10, 10-15, 16-18, 16-25, 26-44, 45 & over)	White Females (Under 10, 10-15, 16-25, 26-44, 45 & over)	Foreigners, Agriculture, Commerce, Manufacture	Free or Slave	Negro Males (Under 14, 14-25, 26-44, 45 & over)	Negro Females (Under 14, 14-25, 26-44, 45 & over)	Other not Indian
WOODS JAMES	279A	JEFF	110010	00301	0100				
WOODS JAMES	235	WAYN	010001	11110	0200				
WOODS JEREMIAH	043	FAYE	330010	20010	0100				
WOODS JOHM	083	DEAR	300010	00010	0100				
WOODS JOHN	233	GIBS	220101	00010	0300				
WOODS JOHN	234	GIBS	000100	00100	0100				
WOODS JOHN	006	CRAW	000010	00010	0100				
WOODS JOHN	053	HARR	200010	00100	0100				
WOODS JOHN	049	FAYE	200010	10100	0100				
WOODS JOSEPH	092	KNOX	011201	01201	0300				
WOODS JOSEPH	233	GIBS	100100	02010	0100				
WOODS JOSEPH L	234	GIBS	120010	20101	0100				
WOODS JOSEPH SR	234	GIBS	000011	00001	0100				
WOODS MARK D	129	ORAN	210010	12010	0100				
WOODS NATHAN	125	ORAN	320010	11010	0300				
WOODS PATHERICK	237	GIBS	200011	12110	0200				
WOODS RICHARD	171	SWIT	210110	21010	0200				
WOODS SAMUEL	233	GIBS	300100	00200	0100				
WOODS SAMUEL	130	ORAN	010001	01101	0200				
WOODS SAMUEL	171	WAYN	212301	01100	0400				
WOODS THOMAS	125	ORAN	200200	10100	0100				
WOODSON GEORGE W	113	MART	100100	00100	0100				
WOODSUFF JOSIA	141	WARR	200010	00010	0000				
WOODWARD DAVIS	103	DEAR	000010	00100	0001				
WOODWARD JOHN	247	WAYN	101201	21001	0300				
WOODWORTH EZE	026	DELA	320110	31210	0300				
WOODWORTH ARTEME D	224	FRAN	310010	31010	0100				
WOODWORTH RILEY	169	FRAN	200100	41010	0100				
WOODWORTH JOSEPH	181	FRAN	120001	00101	0300				
WOODWORTH DYER	181	FRAN	000001	10001	0001				
WOODWORTH CALEB	073	RIPL	010010	00010	0002				
WOODY JAMES	105	LAWR	100010	00010	0100				
WOODY JOSEPH	104	LAWR	221110	30110	0100				
WOODY JOSEPH	191	WAYN	220001	30000	0100				
WOODY LEWIS	206	WASH	310110	11100	0300				
WOOLARD SAML	089	SPEN	330010	01110	0400				
WOOLARD WILLIAM	101	SPEN	201010	20110	0200				
WOOLEN TRUSTON	101	SPEN	110001	52110	0100				
WOOLERY JACOB	103	LAWR	100010	51010	0100				
WOOLEY DANIEL	073	RIPL	101110	21010	0300				
WOOLEY JAMES	075	RIPL	200010	00010	0100				
WOOLEY JOSEPH	124	DEAR	001110	22010	0100				
WOOLF PETER	254	GIBS	100010	00100	0001				
WOOLFEN GODFREY	300	PIKE	210001	21010					
WOOLFINGTON JOHN	204	WASH	000100	10100	0000				
WOOLFORD PETER	237	WAYN	200100	10100	0100				
WOOLLEY ZACHARIAH	177	FRAN	000100	00100	0100				
WOOLLIRY MICHAEL	105	LAWR	210110	12010					
WOOLLY MARY	178	FRAN	000100	00101	0100				
WOOLUST PETER	135	WARR	200100	20100	0001				
WOORUM ARCHABALD	218	WASH	100100	10100	0100				
WOOSTER JAMES	181	WAYN	100100	00100	0100				

Head of Household	Page	County	White Males (Under 10, 10-15, 16-18, 16-25, 26-44, 45 & over)	White Females (Under 10, 10-15, 16-25, 26-44, 45 & over)	Foreigners, Agriculture, Commerce, Manufacture	Free or Slave	Negro Males (Under 14, 14-25, 26-44, 45 & over)	Negro Females (Under 14, 14-25, 26-44, 45 & over)	Other not Indian
WOOTAN MOSES	007	CLAR	410010	10010	0100				
WOOTEN LEWIS	327	RAND	100100	00100	0100				
WORAN JONATHAN	158	SCOT	300010	10020	0100				
WORDEN BARNARD	173	SWIT	010001	00001	0100				
WORDEN JESSE	170	SWIT	300100	00010	1100				
WORICK MONTGOMERY	248	GIBS	001000	10110	0100				
WORK HENRY	043	CLAR	000100	00101	0100				
WORK JOHN SR	041	CLAR	200002	01102	0100	S	0000	0100	
WORK JOHN JR	042	CLAR	401110	10010	0100				
WORK JOSEPH	043	CLAR	100030	00100	0001				
WORK SAMUEL	043	CLAR	200011	11100	0100				
WORKMAN ABRAHAM	106	LAWR	300010	00010					
WORKMAN ISAAC	106	LAWR	110010	11010					
WORKMAN JEREMIAH	107	LAWR	100100	00200	0100				
WORKMAN JOHN	106	LAWR	000001	00000					
WORKMAN JOHN	106	LAWR	000100	20200					
WORKS ROBERT	019	DELA	100010	10010	0100				
WORLEY FREDERICK	209	WASH	120001	20010	0100				
WORLEY NATHAN	099	DEAR	310001	41100	0100				
WORMAN AARON	012	CLAR	000100	10100	0100				
WORNEL JOHN	160	SCOT	110010	11011	0100				
WORREL JAMES SR	005	CLAR	200201	11001	0300				
WORREL JOHN C	225	WASH	000100	00100	0400				
WORREL SAMUEL	235	WAYN	000001	00201	0100				
WORRELL ABRAM	265	WAYN	310010	10010	0100				
WORRELL ATTAWELL	265	WAYN	200001	12001	0200				
WORRELL ISAAC	212	WASH	000100	10100	0100				
WORRELL JAMES JR	018	CLAR	000100	10010	0100				
WORRELL JOSHUA	278A	JEFF	200010	10010	0100				
WORRELL JOSEPH	235	WAYN	310010	32010	0200				
WORRICK MICHAEL	018	CLAR	101101	11101	0200				
WORSEHAM JEREMIAH	015	FAYE	100010	30100	0100				
WORTHINGTON JAMES	159	SCOT	320010	20010	0001				
WORTHINGTON JOHN	216	FRAN	100010	20100	0100				
WORTHON ATHANASIOUS	008	CLAR	000100	00100	0001				
WORTS SAMUEL	233	GIBS	200100	20100	0100				
WOSSEN JOSEPH	243	GIBS	210010	21211	0100				
WOSTER JAMES	049	FAYE	300010	12010	0100				
WOSTER ROBERT	049	FAYE	020101	00101	0000				
WOVEL MORIS	135	WARR	200201	12101	0000				
WRIGHT AMOS	220	WASH	020101	30110	0400				
WRIGHT ANDREW	056	HARR	000010	02010	0000				
WRIGHT ASA	216	WASH	211210	32110	0100				
WRIGHT CALIB	118	MONR	200010	10100	0100				
WRIGHT CHARLES	201	WAYN	300010	10010	0100				
WRIGHT CHRISTOPHER	009	CRAW	100010	30010	0100				
WRIGHT DAVID	326A	RAND	121210	20010	0100				
WRIGHT DAVID	171	WAYN	300010	10000	0100				
WRIGHT ELIZABETH	209	FRAN	011300	00001	0400				
WRIGHT ELI	060	HARR	000200	20100	0200				
WRIGHT ELIJAH	191	WAYN	100001	31000	0100				
WRIGHT ELI	233	WAYN	100010	20010	0100				

Head of Household	Page	County	White Males (Under 10, 10-15, 16-18, 16-25, 26-44, 45 & over)	White Females (Under 10, 10-15, 16-25, 26-44, 45 & over)	Foreigners, Agriculture, Commerce, Manufacture	Free or Slave	Negro Males (Under 14, 14-25, 26-44, 45 & over)	Negro Females (Under 14, 14-25, 26-44, 45 & over)	Other not Indian
WRIGHT ELIJAH	171	WAYN	010010	51010	0200				
WRIGHT ELI	218	WASH	000100	00010	0100				
WRIGHT ELIJAH	218	WASH	300010	20010	0100				
WRIGHT ENOCH	209	FRAN	000100	20100	0100				
WRIGHT GEORGE	063	HARR	000101	00101	0100				
WRIGHT GEORGE	298	PIKE	000010	00100					
WRIGHT HARVEY	100	DEAR	000010	10010	0001				
WRIGHT HEZEKIAH	037	FAYE	000100	20100	0100				
WRIGHT IRA	084	DEAR	300010	11010	0100				
WRIGHT ISAAC B	093	SPEN	310010	00100	0200				
WRIGHT ISAAC	326A	RAND	000101	12001	0100				
WRIGHT JACOB	327A	RAND	100100	10100	0100				
WRIGHT JACOB	065	DEAR	200010	10100	0100				
WRIGHT JAMES	118	MONR	110110	32010	0100				
WRIGHT JAMES	135	WARR	200010	11100	0000				
WRIGHT JAMES	326A	RAND	320010	30010	0100				
WRIGHT JAMES	327	RAND	100100	10100	0100				
WRIGHT JAMES	201	WAYN	000010	00010	0100				
WRIGHT JAMES	235	WAYN	000001	00000	0100				
WRIGHT JESSE	118	MONR	000010	20100	0100				
WRIGHT JESSE	023	DELA	300100	00000	0100				
WRIGHT JOEL	231	WAYN	200010	20010	0100				
WRIGHT JOHN	326A	RAND	210110	30110	0100				
WRIGHT JOHN	327	RAND	210201	22110	0100				
WRIGHT JOHN	327A	RAND	100010	00010	0100				
WRIGHT JOHN	223	WAYN	210010	20010	0100				
WRIGHT JOHN	143	OWEN	200200	10011	0100				
WRIGHT JOHN IIND	117	MONR	121201	30010	0400				
WRIGHT JOHN	118	MONR	220220	10110	0104				
WRIGHT JOHN	220	WASH	210010	10110	0200				
WRIGHT JOHN	179	VAND	110001	00010	0100				
WRIGHT JOHN	170	SWIT	000001	00201	1100				
WRIGHT JOHN	084	DEAR	300010	10010	0100				
WRIGHT JOHN	086	DEAR	040010	10100	0001				
WRIGHT JONATHAN L	265A	JACK	100100	20100	0100				
WRIGHT JONATHAN	132	ORAN	520101	02101	0500				
WRIGHT JONATHAN	072	HARR	200110	21010	0200				
WRIGHT JONATHAN	171	WAYN	400010	11010	0100				
WRIGHT JONATHAN	216	FRAN	000001	00001	0001				
WRIGHT JONATHAN JR	216	FRAN	200010	10010	0000				
WRIGHT JORDAN	219	WAYN	100100	00010	0100				
WRIGHT JOSHUA	325	RAND	001201	02001	0100				
WRIGHT JOSEPH	089	SPEN	100011	21010	0100				
WRIGHT JOSEPH C	099	SPEN	100100	00101	0100				
WRIGHT JOSEPH	146	PERR	010230	00010	0020	S	0000	6100	
WRIGHT JOSIAH	117	MONR	200010	10100	0100				
WRIGHT JOSEPH	056	HARR	110011	11110	0100				
WRIGHT JOSHUA	218	WASH	000100	20100	0100				
WRIGHT LEVI	284	JEFF	200010	31010	0100				
WRIGHT LEVI	220	WASH	000100	20100	0400				
WRIGHT LEVI	209	WASH	000010	10100	0100				
WRIGHT NATHANIEL	109	DEAR	100020	10010	0100				

Head of Household	Page	County	White Males (Under 10, 10-15, 16-18, 16-25, 26-44, 45 & over)	White Females (Under 10, 10-15, 16-25, 26-44, 45 & over)	Foreigners, Agriculture, Commerce, Manufacture	Free or Slave	Negro Males (Under 14, 14-25, 26-44, 45 & over)	Negro Females (Under 14, 14-25, 26-44, 45 & over)	Other not Indian
WRIGHT NOAH	204	WASH	200010	10010	0100				
WRIGHT PETER	053	HARR	000001	00001	0100				
WRIGHT PETER B	109	DEAR	230001	20110	0100				
WRIGHT PETER	217	WASH	200010	30010	0100				
WRIGHT PHILBIRD	117	MONR	000211	00010	0200				
WRIGHT PHILBERT	233	WAYN	000001	00101	0100				
WRIGHT PHILBURD	222	WASH	200101	22110	0200				
WRIGHT PHILBURD	037	FAYE	000101	00101	0200				
WRIGHT RALPH	171	WAYN	100010	20100	0100				
WRIGHT RALPH	175	WAYN	001102	00000	0300				
WRIGHT REYNOLD	247	WAYN	300100	21010	0100				
WRIGHT RICHARD	117	MONR	300010	22010	0100				
WRIGHT ROBERT	063	HARR	210010	11010	0100				
WRIGHT ROBERT	084	DEAR	000001	00001	0000				
WRIGHT RUBIN	070	HARR	201110	10101	0200				
WRIGHT SAMUEL B	109	DEAR	000101	00001	0002				
WRIGHT SAMUEL	116	DEAR	201101	13010	0100				
WRIGHT SMITH	261A	JACK	001001	00110	0100				
WRIGHT THOMAS	165	SWIT	320001	10010	0100				
WRIGHT THOMAS	065	DEAR	100010	20011	0100				
WRIGHT THOMAS	198	FRAN	131101	02101	0400				
WRIGHT THOMAS	053	HARR	221201	00210	0200				
WRIGHT THOMAS	063	HARR	200010	00010	0000				
WRIGHT THOMAS	324	RAND	010031	10001	0000				
WRIGHT WHITELY	041	FAYE	110010	41010	0100				
WRIGHT WIDOW	099	SPEN	110100	31010	0200				
WRIGHT WILLIAM	203	WASH	001201	00001	0300				
WRIGHT WILLIAM	154	FLOY	211210	30010	0300				
WRIGHT WILLIAM	048	CLAR	030210	00210	0502				
WRIGHT WILLIAM	011	CLAR	100220	20010	2200				
WRIGHT WILLIS	205	FRAN	200010	03011	0400				
WRIGHT WILLIAM	089	SPEN	000001	00101	0100				
WRIGHT WILLIAM JR	089	SPEN	200100	32000	0100				
WRIGHT WILLIAM	095	SPEN	121101	31001	0400				
WRIGHT WILLIAM SR	298	PIKE	000101	00001					
WRIGHT WILLIAM JR	299	PIKE	100010	00100					
WRIGHT WILLIAM	326A	RAND	400010	10010	0100				
WRIGHT WM	197	WAYN	110010	20000	0100				
WRIGHTMOORJACOB	019	DELA	000100	20100	0100				
WRINGO WILLIAM	189	VIGO	000010	31010	0001				
WRITE GEORGE	190	VIGO	120231	21110	0302				
WRITESMAN ABRAM	193	WAYN	200110	32111	0101				
WRITTER CHRISTOPHER	210	FRAN	001201	00100	0200				
WRITTER SAMUEL	210	FRAN	200010	20011	0100				
WRYNOTT JAMES	265A	JACK	000010	20010	0100				
WYANT JOHN	091	KNOX	001110	11010	0200				
WYANT MARTHA	091	KNOX	010100	10201	0100				
WYAT JOHN	302	PIKE	200001	50011					
WYATT WM	205	WAYN	210110	10011	0100				
WYCOFF JAMES	078	JENN	200010	10001	0100				
WYETH ELISHA	173	FRAN	200010	22010	0001				
WYETH JONATHAN	117	MONR	100100	00100	0100				

Head of Household	Page	County	White Males (Under 10, 10-15, 16-18, 16-25, 26-44, 45 & over)	White Females (Under 10, 10-15, 16-25, 26-44, 45 & over)	Foreigners, Agriculture, Commerce, Manufacture	Free or Slave	Negro Males (Under 14, 14-25, 26-44, 45 & over)	Negro Females (Under 14, 14-25, 26-44, 45 & over)	Other not Indian
WYETH JOSHUA	173	FRAN	100010	40010	0100				
WYETT JEREMIAH	241	GIBS	100001	22101	0100				
WYETT WILLIAM	009	CLAR	100101	10100	0001				
WYKOFF JACOB	099	DEAR	000100	10001	0100				
WYKOFF RALPH	167	SWIT	000100	10100	0100				
WYMAN FREDERICK	222	WASH	300010	00100	0100				
WYMAN GEORGE	014	CRAW	000100	10100	0100				
WYMAN HENRY SR	222	WASH	010101	21111	0200				
WYMAN HENRY JR	222	WASH	100010	00100	0100				
WYMIE JOHN R	063	HARR	310210	00210	0200				
WYMIE JOSHUA	063	HARR	210010	11010	0100				
WYMIE JOSHUA SF	063	HARR	000001	00000	0100				
WYNCOOP ISAAC	166	FRAN	000010	20100	0100				
WYNN ISAAC	220	WASH	200010	40010	0100				
YAGER HENRY	124	DEAR	300010	10010	0100				
YAIO WILLIAM	145	FLOY	000110	00100	0200				
YANDES DANIEL	041	FAYE	300210	00021	0201				
YANDES SIMON	039	FAYE	100010	00100	0001				
YANDLE JESSE	069	HARR	200010	10100	0100				
YANDLE JESSE	070	HARR	200010	10010	0100				
YANDLE SAMUEL	070	HARR	000101	00011	0100				
YARBROUGH JOHN	136	FLOY	110110	00100	0101				
YARBROUGH JAMES	136	FLOY	110101	01001	0200				
YARBROUGH RICHARD	136	FLOY	000100	00000	0100				
YATES JAMES	010	CRAW	100100	10100	0100				
YATES JOHN	147	PERR	020010	00010	0300				
YATES JOHN	075	RIPL	100100	00100	0100				
YATES WILL	285A	JEFF	310001	22010	0100				
YATES WILLIAM	220	WASH	400010	02010	0100				
YATES WM	075	RIPL	100100	00100	0100				
YEAGER CONROD	060	HARR	200010	10010	0100				
YEAKLY MARY	133	ORAN	200000	10100	0000				
YEARNS JOHN	079	RIPL	100010	20010	0100				
YEARY HENRY	265	JACK	000100	10100	0100				
YEATS GEORGE	061	HARR	201110	20010	0200				
YEATS JOHN	010	CRAW	000101	11101	0200				
YEATS ROBERT	010	CRAW	210110	30010	0300				
YELINGIM ENOCH	312	POSE	210010	11210	0100				
YENUINE JACOB	152	FLOY	220010	20100	0300				
YGER NICHOLAS	190	VIGO	310010	21011	0200				
YOCOM JOHN	111	DEAR	111301	11110	0100				
YOCOM SAMUEL	111	DEAR	300010	00100	0000				
YOCUM PHILLIP	037	CLAR	000111	10201	0200				
YODER HENRY	077	RIPL	200010	10010	0100				
YODOR ATILLA	037	CLAR	111200	01001	0200				
YORK ELI	310	POSE	300010	30010	0100				
YORK ELIJAH	131	SULL	400010	20010	0200				
YORK JONES	308	POSE	100010	20010	0010				
YORK JOSHUA	214	WASH	000010	10010	0100				
YORK JOSHUA	174	FRAN	000000	00000	0100	F	3010	2001	
YORK SAMUEL	310	POSE	010101	00001	0300				
YORK SHUBEL	308	POSE	101001	01000	0200				

Head of Household	Page	County	White Males (Under 10, 10-15, 16-18, 16-25, 26-44, 45 & over)	White Females (Under 10, 10-15, 16-25, 26-44, 45 & over)	Foreigners, Agriculture, Commerce, Manufacture	Free or Slave	Negro Males (Under 14, 14-25, 26-44, 45 & over)	Negro Females (Under 14, 14-25, 26-44, 45 & over)	Other not Indian
YORK WM	308	POSE	000010	10100	0010				
YOST ISAAC	290	JEFF	130020	10100	0002				
YOTER DANIEL	039	CLAR	310101	02010	0100				
YOTER JACOB	037	CLAR	311101	21201	0200				
YOUCE JOSEPH	083	KNOX	000010	00000	0001				
YOUMAN JOHN	273A	JEFF	200101	12101	0002				
YOUNG ABIJAH	201	FRAN	000010	40010	0100				
YOUNG ADAM	319	POSE	101101	00110	0000				
YOUNG ADAM	135	WARR	210101	21020	0000				
YOUNG ALEXANDOR	034	CLAR	310010	10010	0001				
YOUNG AMAZIAH	175	SWIT	000010	00010	0100				
YOUNG ANDREW	149	WARR	100010	01000	0000				
YOUNG ANDREW	197	FRAN	300010	20010	0100				
YOUNG ANDREW	282	JEFF	100110	12110	0200				
YOUNG DAVID	049	HARR	000101	01001	0200				
YOUNG DAVID	165	WAYN	300010	23000	0100				
YOUNG DAVID	087	SPEN	001101	01001	0200				
YOUNG DAVID	098	LAWR	000010	20100	0100				
YOUNG ELIAZAR	093	SPEN	000100	10100	0100				
YOUNG EMANNEL	009	CLAR	220101	00110	0110				
YOUNG EPHRAIM	225	FRAN	110001	22011	0200				
YOUNG HEZ	289A	JEFF	100001	11001	0000	S		1000	
YOUNG HOSA	295	JEFF	120001	00110	0001				
YOUNG IRA	075	RIPL	000100	00100	0100				
YOUNG ISAISH	095	SPEN	100100	10100	0100				
YOUNG JACOB	223	WASH	000201	00001	0300				
YOUNG JAMES	206	WASH	110001	01201	0200				
YOUNG JAS	141	WARR	000010	00010	0000				
YOUNG JOHN	089	KNOX	001210	30010	0100				
YOUNG JOHN	153	WARR	201010	32010	0000				
YOUNG JOHN	046	CLAR	120001	40201	0001				
YOUNG JOSEPH	209	WASH	000010	20010	0200				
YOUNG LEWIS	217	WASH	000100	00100	0100				
YOUNG MATTHEW	097	SPEN	000010	30100	0100				
YOUNG NATHAN	181	VAND	100001	12101	0100				
YOUNG NATHAN	220	FRAN	100100	00101	0100				
YOUNG NICHOLAS	221	WASH	000310	11010	0400				
YOUNG PETER	079	RIPL	100101	02001	0101				
YOUNG REUBIN	265A	JACK	100100	10100	0100				
YOUNG RUTH	183	WAYN	000000	10012	0000				
YOUNG SAMPSON	130	ORAN	000100	00100	0100				
YOUNG SAMUEL	188	VIGO	200010	20100	0100				
YOUNG SILAS	174	FRAN	220011	30010	0200				
YOUNG THOMAS	217	WASH	000200	00100	0200				
YOUNG THOMAS	217	WASH	300010	00010	0100				
YOUNG THOMAS	048	HARR	022201	10110	0400				
YOUNG THOMAS	299	PIKE	201201	11211	0000				
YOUNG WHITTER	127	ORAN	000100	00100	0100				
YOUNG WILLIAM	217	WASH	311101	11011	0300				
YOUNG WM	177	WAYN	120010	01010	0300				
YOUNGBLOOD PETER	027	FAYE	000010	30100	0100				
YOUNGBLOOD JOHN	143	WARR	200100	10110	0001				

Head of Household	Page	County	White Males (Under 10, 10-15, 16-18, 16-25, 26-44, 45 & over)	White Females (Under 10, 10-15, 16-25, 26-44, 45 & over)	Foreigners, Agriculture, Commerce, Manufacture	Free or Slave	Negro Males (Under 14, 14-25, 26-44, 45 & over)	Negro Females (Under 14, 14-25, 26-44, 45 & over)	Other not Indian
YOUNGBLOOD JACOB	025	FAYE	100001	00101	0100				
YOUNGER STEPHEN	101	LAWR	000100	00100	0100				
YOUNGMAN JOHN	251	GIBS	011201	00210	0300				
YOUNGS OVID	049	FAYE	310010	11010	0100				
YOUNKIN SAMUEL	046	CLAR	000100	00000	0002	S	0202	001	
YOUNT BENJAMIN	160	SCOT	010010	30010	0001				
YOUSE ABNER	039	FAYE	110100	00100	0001				
YOUSE FREDERICK	039	FAYE	010221	01201	0100				
YOUSTLER JACOB	071	HARR	000201	00101	2200				
YOUTS ADAM	068	HARR	100001	20111	0100				
YOUTZ CONRAD	069	HARR	200010	20010	0100				
YUNT NICHOLAS	287	JEFF	210010	21011	1100				
YUTSLER MICHAEL	026	CLAR	000101	20010	0100				
ZABISKY CHRISTIAN	098	LAWR	000101	00001	0100				
ZARING PHILIP	203	WASH	120010	31000	0300				
ZEABRISKY HENRY	132	ORAN	100010	41010	0100				
ZEANE GEORGE	109	DEAR	310001	11010	0100				
ZEEK ADAM	165	WAYN	420010	11000	0001				
ZEFFRIES RUMELS	089	SPEN	200010	30010	0100				
ZELLER WM	319A	POSE	010001	00211	0000				
ZENER DAVID	263	JEFF	000100	10100	0100				
ZENER ELIZABETH	037	CLAR	122200	10001	0200				
ZENOR GEORGE	046	HARR	311201	11010	0300				
ZIGLAR PHILIP	205	WASH	000100	10100	0000				
ZIGLER JOHN	219	WASH	000010	00100	0100				
ZIGLER PETER	031	DELA	000100	00100	0100				
ZIGLER PETER	023	DELA	200010	30100	0100				
ZILLING GEORGE	004	CLAR	100001	02010	0100				
ZIMEMON FREDERICK	325A	RAND	100201	31010	0100				
ZIMERMAN SAMUEL	239	GIBS	121001	20110	0200				
ZIMMERMAN JACOB	180	VAND	000010	00000	0000				
ZINK DANIEL	117	MONR	010001	11100	0100				
ZINK JACOB	117	MONR	000100	10100	0100				
ZINN WILLIAM	026	DELA	200100	00100	0100				
ZION GEORGE	022	DELA	100010	30010	0100				
ZROINENDYKE JOHN	191	VIGO	001302	21110	0600				
ZURDEL PINODUS	318	POSE	000110	01000	0100